Karin Wieland

Die Geliebte des Duce

Das Leben der
Margherita Sarfatti
und die Erfindung
des Faschismus

Carl Hanser Verlag

1 2 3 4 5   08 07 06 05 04

ISBN 3-446-20484-9

© 2004 Carl Hanser Verlag München Wien
Satz: Fotosatz Reinhard Amann, Aichstetten
Druck und Bindung: Kösel, Kempten
Printed in Germany

Inhalt

Heimkehr in die Fremde ... 7

I. Venedig
Das Ghetto ... 13
Der Garten ... 23
Die Idee ... 31

II. Mailand
Der Salon ... 51
Der Krieg ... 76
Der Marsch ... 123

III. Rom
Die Ordnung ... 205
Dux ... 256
Der Feind ... 292

Retour ... 333

Anmerkungen ... 337
Bildnachweis ... 369
Personenregister ... 370

Heimkehr in die Fremde

Überraschend wie immer war sie von Wien nach Hause zurückgekehrt. Von der glänzenden, unterhaltsamen und aufregenden Welt des Westens war sie unvermittelt in den Osten geraten. Fremd fühlte sie sich im Hause ihrer Väter. Mit einem müden Lächeln beobachtete sie den seltsam gekleideten alten Mann, der ihr Vater war, beim Verrichten der Passah-Zeremonie. Sie fand die Welt wieder, die sie als Kind verlassen hatte. Noch immer führte Jehova sein Volk heraus aus Ägypten, und seit Generationen pilgerten sie durch die Wüste dem versprochenen Gelobten Land entgegen. Ihr Vater wußte, daß seine Tochter eine Spötterin und Ungläubige war. Er ahnte, daß ihr Weg ein anderer als der seine war. Von Kindheit an hatte sie sich von den verbotenen Göttern angezogen gefühlt. Sie liebte das Schöne, französische Romane, erotische Lyrik und die Kunst der Renaissance. Doch die Erinnerung an das Erbe der Väter und an ihre Kindheit im Ghetto verließen sie nicht. Sie bemerkte, wie zufrieden Vater, Mutter und Geschwister waren. Sie selbst würde nie solch eine Zufriedenheit empfinden können. Vergeblich suchte sie nach der freudigen Erregung, die sie als Kind beim Passah-Fest ergriffen hatte. Wie war es nur zu diesem Wunsch nach Emanzipation gekommen?

Das Leben ihrer Vorfahren im Ghetto war selbstbezogen und vollkommen gewesen. Zu Beginn des 13. Jahrhunderts waren sie als Vertriebene nach Venedig gekommen. Man erlaubte ihnen, abgesondert im Ghetto, doch unter den Christen zu leben. Sie hatten in sich die Ruhe des Ostens mit dem nervösen Eifer des Westens verbunden. Diese Welt war für sie heute nur noch ein Schatten. Wenn sie doch arm oder verfolgt gewesen wäre, dann hätte ihre Existenz wenigstens einen Sinn. Sie fühlte sich alt und leer.

Venedig war nicht mehr als eine melancholische Ruine, und die Juden wohnten jetzt in den prächtigen Palazzi untergegangener edler Geschlechter. Die Venezianer hatten wunderbare Dinge im Laufe ihrer Geschichte geschaffen. Nun bewunderten die Touristen, was von diesem Glanz übriggeblieben war. Und die Juden? Sie hatten nichts als ein paar Lieder für die Synagoge, doch sie waren stark. Sie waren aus Fleisch und Blut und nicht aus Stein oder Bronze. Was war das Geheimnis ihrer Stärke? Es war ihr festes Vertrauen auf Ihn, auf Ihren Gott. Wie typisch war ihr Vater! Ein Modernisierer unter den Modernen außerhalb, ein Gelehrter und Heiliger innerhalb des Hauses. Sie, seine Tochter, hatte keinen Glauben. Ihre Seele war dem Orient, ihr Intellekt dem Okzident verhaftet. Ihr Verstand war von der Wissenschaft genährt worden, die es verstand, alles zu klassifizieren und nichts zu erklären. Vielleicht kam die Verzweiflung, die von ihr Besitz ergriffen hatte, von dieser toten Stadt der Steine und des Wassers. Jurgenjew hatte recht: Nur die Jungen sollten hierherkommen.

Sie wußte nun, was ihr fehlte. Sie hungerte nach Gott. Nach dem Gott ihrer Väter. Ihr fehlte der Glaube, der die vergangenen Generationen miteinander verbunden hatte. Eine Welt ohne Gott war kalt und verantwortungslos. In Wien gab es einen Juden, der von einem jüdischen Staat träumte. Aber der jüdische Staat würde nie kommen. Diese seltsame Rasse konnte Städte für andere bauen, aber nicht für sich selbst. Ohne die Illusionen, die das Leben ihres Vaters bestimmten, wollte sie nicht weiterleben. Sie stand auf, ging zum Fenster und schaute hinaus in die Nacht. Sie sah den Mond über dem Canal Grande, sah die Gondeln mit den Liebespaaren. Sie dachte an das Verliebtsein, die Jugend und die Stärke, doch da war nur der schwache Widerhall eines längst vergangenen Gefühls. Sie sehnte sich nach dem Tod. Ein Leben ohne Gott schien ihr keinen Moment länger erträglich. Im schwarzen Wasser würde sie ihren Frieden finden. Sie schlich durch die halboffene Tür und den Flur mit den antiken Statuen entlang. Lautlos öffnete sie das Portal zum Wasser. Alles war friedlich. Sanft ließ sie sich in den Kanal gleiten. Sie kämpfte zunächst mit dem Wasser, doch dann besiegte sie ihren Lebenswillen.

Das war der negative Traum, der Margherita Grassini-Sarfatti ein Leben lang verfolgte. Es war nicht ihre eigene Geschichte, sondern eine literarische Fiktion über ihren Bruder. Niedergeschrieben hat sie Israel Zangwill[1], nachdem er in den neunziger Jahren des 19. Jahrhunderts die Familie Grassini in Venedig besucht hatte. Der Selbstmord als Lösung für das Dilemma des Juden im ausgehenden 19. Jahrhundert ist die pessimistischste Lösung, die Israel Zangwill in seinen Geschichten anzubieten hat. Das darin geschilderte Drama des heimgekehrten Sohnes läuft darauf hinaus, für die Tradition verloren zu sein und die Moderne nicht leben zu können.[2] Er ist aus Ägypten ausgezogen und irrt ohne Ziel durch die Wüste. Er weiß um die Verheißung vom Gelobten Land, doch der Weg dorthin ist ihm verstellt. Margherita fürchtete dieses von Zangwill geschilderte Drama ihr Leben lang. Es verfolgte sie wie ein Fluch.

Die Vätergeneration hatte das Ghetto verlassen und sich an dem Projekt »Nation« beteiligt, das ihnen Teilhabe an der Zukunft verhieß. Sie hatten eine doppelte Identität ausgebildet, waren Juden und Staatsbürger, Modernisierer und Bewahrer der Tradition zugleich. Die von ihnen gewählte Teilhabe an der Geschichte säkularisierte ihre Existenz. Die Väter und deren Väter sollten Menschen des 19. Jahrhunderts sein. Ohne Zweifel am Vorhaben der Moderne hatten sie sich als Fortschrittliche in der Politik und als Modernisierer in der Ökonomie mit den Christen die Werte der bürgerlichen Welt durchgesetzt. Doch die Teilhabe am Sieg des Fortschritts in Staat und Gesellschaft bedeutete, daß die Hoffnung auf Erlösung in die Privatheit abgedrängt worden war. Ihre Söhne und Töchter werden Menschen des 20. Jahrhunderts sein. Sie sind der Zukunft am nächsten und tragen schwer an der Tradition. Das Erbe der Aufklärung hat sich verbraucht, und sie können ihren Ursprung nicht begreifen. Mit Spott, Zynismus und Verzweiflung betrachten sie den historischen Kompromiß ihrer Väter. Sie wollen sich ganz der Geschichte verschreiben und das Kainsmal der kulturellen Immigration von ihrer Stirn wischen.

Margherita Grassini-Sarfatti war die Jüngste in einer Geschichte der Assimilation, die an ihr Ende gekommen war. Auch wenn ihre individuelle Assimilation geglückt war, blieb sie doch Teil eines Kollektivs, das seine Differenz zur Nation auszeichnete. Margherita wollte alles sein und wurde von der Furcht verfolgt, nichts zu sein. Die Entdeckung des Politischen wurde zum zentralen Gegenstand ihrer Abkehr von der Religion. Es war eine Politik, die sie als Elite bestätigte und im Kollektiv versteckte, eine Politik, die Terror anwandte, um ihre Prophezeiungen zu verwirklichen, eine Politik, die Erlösung durch Geschichte versprach. Margherita Grassini-Sarfatti wählte nicht den Tod, sondern den Faschismus.

I. Venedig

Palazzo Bembo, Venedig

Das Ghetto

Es gibt einen entscheidenden Ton im Eröffnungsakkord des Lebens eines Menschen, wenn es an einem berühmten Ort beginnt. Margherita Sarfattis Stadt der Herkunft war die Stadt des Ghettos und die Schatzkammer Europas zugleich. Sie wurde 1880 im Ghetto Vecchio in Venedig geboren. Erst wenige Jahrzehnte zuvor war es ihren Großeltern erlaubt worden, sich frei in der Stadt zu bewegen. Die Adresse ihres Geburtshauses verriet sie jedoch noch immer. Sie waren die Fremden, die geblieben waren. Ihr Großvater hatte den Palazzo im Ghetto gekauft, und ihr Vater wird ihn verlassen und gegen einen Palazzo am Canal Grande eintauschen. Die Spur der Herkunft wurde so verwischt, und Margheritas Eltern gehen ein und aus im Herzen der vormals verbotenen Stadt. Für Margherita Sarfatti war ihre Geburtsstadt Verhängnis und Versprechen zugleich. Venedig ist einer der zentralen Erinnerungsorte des europäischen Judentums, und sie wollte die Geschichte ihrer Vorfahren, die hier gezwungen worden waren, abgesondert zu leben, abschütteln. Und gleichzeitig versuchte sie, die Kunst und Kultur Venedigs für sich zu annektieren. An den Orten, die der Großvater, der Vater und die Tochter für ihr Leben wählten, läßt sich die Geschichte der venezianischen Juden und der italienischen Nation ablesen.

In der Legende von ihrer Entstehung liegt die ganze Anmaßung, die dieser Stadt eigen ist. Venedig läßt seine Geschichte im März, dem Monat der Schöpfung, des Jahres 421 beginnen. Vor den Goten Schutzsuchende hatten sich in dem unzugänglichen Gebiet der Lagunen zusammengefunden. Sie wollten unabhängig sein, ein Wesenszug, der, von dieser Legende untermauert, in der langen Geschichte der Stadt immer wieder beschworen werden wird. Die geographische Lage bot ihnen Schutz vor Invasionen, die in Italien seit jeher zahlreich waren. Die Flüchtlinge bauten sich Häuser aus Zweigen, die sie auf Holzpfählen, die in den Schlamm getrieben wurden, befestigten. Cassiodor, der römische Chronist, verglich sie mit Seevogelnestern, die sich halb auf dem Land, halb im Wasser befanden und wie Zykladen über die Wasserfläche verstreut waren. Das Meer und die Kommunikation mit den Fremden wurde ihr Geschäft. Ein Geschäft, mit dem sie zur Weltmacht aufstiegen.

Die große Konkurrentin Rom war mit Bruderblut besudelt, doch Venedig ist aus dem Wasser geboren. Schon immer war es christlich und schon immer war es frei. Cassiodor notierte verwundert, in Venedig habe man nicht das Pferd, sondern das Boot vor dem Haus angebunden. Es ist diese Mobilität auf dem Wasser, gepaart mit Profitstreben und Arroganz, wodurch Venedig zu einer wichtigen Macht des Mittelalters wurde. Der Handel und die Seefahrt waren die Quellen der politischen und der ökonomischen Expansion. Die Stadt, die nicht zu Reichsitalien gehörte, entwickelte sich zum Knotenpunkt der Beziehungen zwischen dem Orient und dem Okzident. Die Venezianer beschafften sich nicht nur Opium, Edelsteine, Seide und Gewürze, sondern sie sicherten sich zudem das Monopol auf Salz und trieben Handel mit Wolle, Zucker, Wein und Getreide. Die Stadt war ein großer und geschäftiger Umschlagplatz von Waren aus aller Welt, und die Venezianer sorgten mit einer gut dosierten Mischung aus Diplomatie und Gewalt dafür, daß der Handel nicht ins Stocken geriet. Der Reichtum der Stadt gründete sich auf ihre Mobilität in einer starren Welt. Das Patriziat investierte in Handel und Seefahrt, nicht in Grund und Boden; die Stadt gewann ihre Dynamik aus Spekulation und Unternehmergeist. Die gottlose Weltlichkeit der venezianischen Händler wurde seit jeher von Rom kritisiert. Sie hätten die Kreuzzüge als ein großes Geschäft zu ihrer Bereicherung genutzt, lautete einer der Vorwürfe. Die Venezianer galten als gewinnsüchtig und habgierig – ein Vorwurf, den sie mit den Juden teilten.

Im 12. Jahrhundert siedelten einige hundert Juden auf einer der zahllosen Inseln in der Lagune. Sie waren aus der feudalen Welt ausgeschlossen, und der Handel mit Geld, den man ihnen zuwies, war von den Christen als Sünde gebrandmarkt. Die Christen gaben dieses Geschäft an die Juden ab und verlangten etwas dafür. »Condotta« lautete diese Vereinbarung, die zeitlich begrenzt war. Die Condotta war ein Verhaltenskodex, auf den man sich in langwierigen Verhandlungen einigte und durch den die Beziehungen zwischen der Regierung und den Geldverleihern geregelt sowie die Zinssätze festgelegt wurden. Den Juden wurde die freie Ausübung ihrer Religion und Schutz vor Verfolgung zugesichert. Gegen Geld wurde Zeit in einem Schutzraum gewährt. Die christlichen Stadtväter ließen sich ihre Toleranz gut bezahlen. Immer wieder jedoch änderten sie die Bedingungen, unter denen es den Juden erlaubt war zu bleiben. Es war die Politik der Venezianer, die Juden als Fremde zu stigmatisieren, selbst jedoch gerade durch den uneingeschränkten Umgang mit dem Fremden reich zu werden. Die Heimat galt ihnen als Schutzraum vor dem Fremden, als Ort der Sehnsucht, an den man, aus der Fremde kommend, zurückkehrt. Doch es bestand eine eigentümliche Verwandtschaft zwischen Juden und Venezianern: Beide waren sie Kinder eines Exodus und lebten in gewissem Sinne außerhalb der feudalen Welt, wofür sie beide auch gehaßt wurden. 1492, als Kolumbus die Welt größer machte, vertrieben die »Katholischen Könige« Ferdinand und Isabella die Juden aus Spanien. Zum ersten Mal mußten sie sich entscheiden, ob sie ihre Religion dem Bedürfnis nach einer angestammten Heimat opfern wollten. Das Aufenthaltsrecht wurde ihnen gewährt, wenn sie sich taufen ließen. Doch die Christen mißtrauten den Konvertiten; sie begannen zwischen den »neuen« Christen mit unreinem Blut und den »alten« Christen mit reinem Blut zu unterscheiden.[1] 1501 wurde die Reise Vasco da Gamas nach Indien bestätigt. Für die Venezianer, die den gesamten Handel monopolisierten, war dies eine niederschmetternde Nachricht. Die Konkurrenz zwischen Juden und Christen verschärfte sich, denn die aus Spanien vertriebenen Juden waren bereit zu den Innovationen, die die erfolgsverwöhnten Venezianer ablehnten. Die Juden führten den Venezianern ihre Dekadenz vor Augen. Der Handel kann immer mehr Menschen aufnehmen als die primäre Produktion, und darum ist er das bevorzugte Metier des Fremden, der in einen Kreis eindringt, in dem die wirtschaftlichen Positionen bereits besetzt sind.[2] Nahezu unmerklich begann in diesen Jahrzehnten der Stern Venedigs zu sinken. Einer der späteren Lehrer Margherita Sarfattis, der Gelehrte Pompeo Molmenti, schrieb über diese Zeit: »Mit dem Ende des 15. Jahrhunderts ist zwar noch nicht der Zenit der venezianischen Macht erreicht, aber der jenes falschen Glanzes, der bereits die Keime von Korruption und Dekadenz in sich trägt: eine Lebensgier, eine Vorliebe für das Theatralische und Genießerische, die Zurschaustellung einer verblüffenden Macht.«[3]

Als zu Beginn des 16. Jahrhunderts über die Verlängerung der Condotta verhandelt wurde, hielten die jüdischen Vertreter den Zeitpunkt für gekommen, größere Zugeständnisse einzuklagen. Sie wußten, daß die Stadt ihre Kredite brauchte. Obwohl der Mittelpunkt jüdischen Lebens zunächst in Mestre blieb, kam es zu einer entscheidenden Wende in den Beziehungen. Die Geldverleiher durften kommen und gehen, wie sie wollten, und bei Gefahr wurde ihnen Schutz in der Stadt zugesichert. Schneller als erwartet trat dieser Umstand ein. Nach Ausbruch des Krieges gegen die Liga von Cambrai, zu der sich Papst Julius II., Ferdinand von Spanien und Kaiser Maximilian zusammengeschlossen hatten, verlor die Republik fast alle Städte ihres Hinterlandes. Viele der Bewohner flüchteten nach Venedig. Darunter befanden sich auch Juden, die, sofern sie vermögend waren, zunächst freundliche Aufnahme fanden. Doch das sollte sich schnell ändern. Auf einmal waren die Fremden überall. Weil die

Löwenrepublik lange Jahre des Krieges, durch neue Entdeckungen und durch Verschwendung schwer angeschlagen war, blieb sie angewiesen auf die Kredite der ungeliebten Juden. Erneut zeigt sich das seltsam antagonistische Verhältnis zwischen Venezianern und Juden: Je mehr die Venezianer gezwungen waren, sich aus der Welt des Handels zurückzuziehen, um so dringender brauchten sie die Juden und mußten ihnen Raum und Rechte ihrer Stadt verkaufen.

Venedig begann von seinen Ressourcen zu leben, zu denen auch die geduldeten Juden gehörten. Die Venezianer verließen die Fremde und kehrten heim in ihre einzigartige Stadt. Sie verabschiedeten sich von der Weite des Meeres und versuchten sich in der Enge ihrer Heimat zurechtzufinden. Der Effekt dieses Rückzugs war eine emotionale und soziale Verknappung des Raumes.[4]

Doch das Verlorene durfte nicht einfach verschwinden. Die Malerei diente der Fiktionalisierung der Stadt, die ihrer Macht verlustig zu gehen schien. Die Bilder konservierten den weiten Raum einer großen Zeit. Das Ghetto als genuin venezianische Erfindung ist ohne diesen Rückzug aus der Fremde nicht zu verstehen. Das Ghetto ist eine Art Kompromiß des jahrhundertelangen Feilschens um Zeit und Raum für Geld. Die Juden werden geduldet und weggesperrt. Man pflegt weiterhin die Aversionen gegen sie und versucht gleichzeitig, ihre technischen Fähigkeiten, ihren Reichtum und ihre intellektuelle Energie auszubeuten. Wie die Vergangenheit der Stadt sind sie nah und fern zugleich.[5]

Niccolo Machiavelli aus Florenz schätzte die Venezianer, die immer wieder in Kämpfen ihre Liebe zum Vaterland bewiesen hatten. In der mittelalterlich-feudalen Welt hatten sie eine vergleichsweise risikofreundliche und mobile Macht dargestellt. Doch obwohl die Stadt mit den europäischen Großmächten der Neuzeit nicht länger konkurrieren konnte, gelang es Venedig weiterhin, als glanzvoller Mittelpunkt Europas zu wirken. Dabei spielte nicht nur die Lage und die Kunst eine Rolle, sondern auch die politische Verfassung. Es schien, als sei in Venedig gelungen, den von den antiken Philosophen erdachten Staat zu verwirklichen: ein Gemeinwesen, das soziale Harmonie beschert und weder den einzelnen noch die Masse bevorzugt. In Wirklichkeit funktionierte der venezianische Staat wie ein geschlossener Konzern. Ein feines Regelwerk sorgte für hierarchisches Gleichgewicht, in der sich die venezianische Gesellschaft so gern selbst erkannte.

An der politischen Machtverteilung änderte auch der Niedergang Venedigs als Handelsmacht nichts. Dem Dogen war es als repräsentativer Macht vorbehalten, alljährlich am Himmelfahrtstag die Vermählung mit dem Meer vorzunehmen. Dieses Ritual wurde beibehalten, als sich die Braut Venedig bereits von ihrem Bräutigam zurückgezogen hatte. Beweglich und modern war Venedig im Mittelalter. Jetzt aber, als die Welt sich ausdehnte, blieb nur die Selbstverteidigung. In der alten Welt hatte Venedig als modern gegolten, in der neuzeitlichen Welt jedoch veraltete der Stadtstaat zunehmend.⁶

Nachdem Venedig durch die veränderte internationale politische und ökonomische Lage von einer Großmacht zu einer urbanen Attraktion geschrumpft war, begann die Stadt rhetorisch zu agieren. Teil dieser Rhetorik war die Ausbildung einer eigenen Ikonographie über die Stadt. Die Zeit der großen Taten war vorüber, und die Zeit der Fiktion begann. In den Bildern wirken die Erfahrungen der vielen Reisen aus der großen Zeit der Stadt nach. Auch Margherita Sarfatti, die sich als Tochter Venedigs und dessen Maltradition versteht, wird eine konkrete, leuchtende Malerei bevorzugen.

Oberste Maxime der venezianischen Politik war die äußere Unabhängigkeit. Venedig hat sich immer seiner Jungfräulichkeit gerühmt und ein heute zerstörtes Gemälde Tintorettos für den Palazzo Ducale zeigte »Venetia Vergine«. Die Juden galten als die Fremden schlechthin, die heute kommen und morgen bleiben. In den Juden bekämpften die Venezianer, was sie selbst einmal gewesen waren. Die Juden standen für die Wiederkehr des Verlorenen. Sie lebten zu Beginn des 16. Jahrhunderts nicht mehr außerhalb Venedigs, sondern hatten sich in der Stadt niedergelassen. Die Juden hatten Venedig seiner Jungfräulichkeit beraubt.

Im Jahre 1515 wurde der Ruf laut, die Juden auf eine kleine Lageneninsel zu schicken. Man wollte sie absondern und unter Kontrolle halten. Nachdem dieser Vorschlag abgelehnt worden war, verfiel man auf den Gedanken, die Juden im Norden der Stadt im Ghetto Nuovo – einer von Kanälen umgebenen Insel – unterzubringen. Mit Mauern, Brücken und Wächtern wäre dieser Teil der Stadt eine perfekte Festung. Trotz des Einspruchs von jüdischer Seite, sich dort nicht sicher zu fühlen, wurde der Vorschlag Gesetz. Den Juden blieben zehn Tage Zeit, um zu packen. Am 15. April 1516 war das erste Ghetto der Welt fertiggestellt.⁷

Das Ghetto war durch Kanäle von der übrigen Stadt getrennt. Die Außenfenster der Häuser, die der Stadt zugewandt waren, wurden mit Brettern zugenagelt, das jüdische Leben hinter hohen Mauern versteckt gehalten. Die Wächter der beiden Ein- und Ausgänge mußten die Juden bezahlen. Auf den Kanälen patrouillierten zwei Boote: kein Jude durfte unerlaubt das Ghetto verlassen und kein Christ das Ghetto betreten. Bei Einbruch der Nacht wurden die Juden im Ghetto eingeschlossen. Weil sie

17

nicht über Grundbesitz verfügen durften, waren es gezwungen, sehr hohe Mieten zu zahlen. Die Condotta galt auch für das isolierte Leben im Ghetto. Die Juden mußten dafür bezahlen, daß sie sicher und abgesondert unter Christen wohnen durften. Die Zeit, die vergeht, wurde im Falle der Juden zur Frist. Finanziert wurden mit ihrem Geld die Kriege und der Luxus, den die venezianische Oberklasse immer mehr zu lieben begann. 1541 kam das Ghetto Vecchio hinzu, in dem Margherita Sarfatti geboren wurde, und 1633 das Ghetto Nuovissimo.[8]

Erst in Venedig gelang – mit Hilfe des Wassers – die vollständige Abtrennung der Juden von den Christen, wie sie bereits beim Laterankonzil 1215 gefördert worden war. Das Ghetto stellte neue Anforderungen an das Jüdischsein. Es gab ein strenggeregeltes Drinnen und Draußen. Hinter den Mauern konnten die Juden sicher ihre Religion praktizieren und ihre Kultur pflegen.[9] Die Juden besaßen offiziell keinen Anteil an der geschichtlichen Tradition der Stadt. Das Ghetto bestätigt nochmals die Vorliebe der Venezianer für klar definierte Positionen und ist Ausdruck ihres berühmten politischen Realismus. Sie wollten aus der Nähe der Juden Gewinn ziehen, aber hielten sie auf Distanz. Das Ghetto war das »innere Ausland« (Sigmund Freud) der Stadt.

Die wichtigste Ressource Venedigs wurde ihre Vergangenheit. So berichtet Johann Wolfgang von Goethe aus Venedig: »Alles, was mich umgibt, ist würdig, ein großes respektables Werk nicht eines Gebieters, sondern eines Volkes. Und wenn auch ihre Lagunen sich nach und nach ausfüllen, böse Dünste über dem Sumpfe schweben, ihr Handel geschwächt, ihre Macht gesunken ist, so wird die ganze Anlage der Republik und ihr Wesen nicht einen Augenblick dem Beobachter weniger ehrwürdig.«[10] Die Juden waren von dieser Vergangenheit ausgeschlossen, sie hatten nicht teil an der geschichtlichen Tradition, durch die Venedig sich am Leben erhielt. Goethe weiß über sie auch nur zu berichten, daß sie ihre Gräber auf dem Lido nicht weit vom Meer gefunden haben, denn man wollte nicht, daß sie in geweihtem Boden ruhen. Das Ghetto schloß die Juden nicht nur des Nachts von der Stadt aus. Venedig war Mythos geworden und zehrte seine Vergangenheit auf. Hier waren die Juden Menschen ohne Geschichte. Man hatte ihnen zwar Raum in der Stadt gewährt, sie jedoch von der Zeit ausgeschlossen. Das Ghetto war wie ein Wartesaal, in dem Generationen von Juden auf den Untergang der Republik und damit auf eine neue Zeit hofften.

Shylock, Venedigs berühmtester Jude, ist eine Gestalt vom Ende des 16. Jahrhunderts. Vor allem den Engländern galt Venedig als die Stadt des Sittenverfalls und der Dekadenz. Deshalb war sie sehens- und erlebenswert. Venedig bildete den Bühnenraum für hemmungslose und grausame Leidenschaften. Im Ghetto lebten Levantiner, Portugiesen, Spanier und Deutsche, die ihre jeweiligen religiösen Traditionen wahrten und als Bankier, Hutmacher, Buchdrucker, Musiker oder Ärzte arbeiteten.[11] Die Arbeitslosen aus Handel und Industrie kamen oftmals in der Gastronomie oder im Theater unter. Venedig wurde schriller und lauter, seine Zeit begann abzulaufen.

Jean-Jacques Rousseau bemerkte, daß man nirgendwo so gut singen höre wie in Venedig.[12] Jeden Tag wurde ein Anlaß gefunden, ein Fest zu feiern. Das Gedenken an die Vergangenheit beschleunigte sich. Immer schneller jagten sich die Erinnerungen und lösten einen wahren Festtaumel aus. »Kein Tag, wo nicht ein Heiliger gefeiert würde, ein Held sich in Erinnerung brächte, ein Prior gewählt, ein Prokurator ernannt, eine Reliquie gezeigt, ein Oratorium gespielt, ein glanzvolles oder rührendes, pomphaftes oder komisches Schauspiel geboten wurde.«[13] Bei Empfängen von Gesandten oder Fürstlichkeiten, bei Konzerten oder Wahlen stellte man prunkvoll dekorative Festbauten, Triumphbögen oder Schiffe zur Schau, die pure Fassade waren. Die weise Herrschaft des Dogen war schon lange nichts anderes mehr als Schein. Die Politik war im Ritual erstarrt. Von der einstmals bewunderten besten Verfassung existierte nur noch die Choreographie der Hierarchien, die durch Farben und Prunk theatralisch gesteigert wurde. Die Vergangenheit wurde zur Maske der Stadt, eine Maske, hinter der alles erlaubt war. Nicht umsonst ist der Karneval das Fest, das Venedig zur Kosmopole des Vergnügens gemacht hat.[14]

»Alle Menschen in Venedig gehen wie über die Bühne: in ihrer Geschäftigkeit, mit der nichts geschafft wird, oder mit ihrer leeren Träumerei tauchen sie fortwährend um eine Ecke herum auf und verschwinden sogleich hinter einer andern und haben dabei immer etwas wie Schauspieler, die rechts und links von der Szene nichts sind, das Spiel geht nur dort vor und ist ohne Ursache in der Realität des Vorher, ohne Wirkung in der Realität des Nachher«, notiert Georg Simmel. Die Stadt war zum Phantom ihrer einstigen Größe herabgesunken, und von der Macht war nur die Kulisse übriggeblieben. Die Signoria ermöglichte den Eintrag in die Adelsliste gegen Zahlung eines zunächst hohen, dann immer weiter abgeschwächten Pauschalbetrags. Es gab verarmte Patrizier, die am Markusplatz mitbestimmten und denen die Stadt die Wohnung bezahlen mußte. Viele Nobili versuchten verzweifelt ihre Not zu kaschieren. Die venezianischen Edelleute entdeckten das Glücksspiel, bei dem sie nun das Schicksal herausfordern konnten.[15] Sie nutzten das Spiel zur standesgemäßen Inszenierung, denn hohe Verluste wie auch enorme Gewinne mit unbewegter Miene hinzunehmen bedarf großer Selbstbeherrschung.[16] Pietro Longhi wie auch Francesco Guardi haben Bilder aus dem Spielsalon gemalt. In der venezianischen Malerei des 18. Jahrhunderts finden sich denn auch keine religiösen oder historischen Motive mehr. »Geschichte, Mythos, Sage und Legende rücken in die Ferne; sie verschwinden bald ganz, und das Genre blüht auf, die Vedutenmalerei, das Interieur, das Stilleben.«[17] Doch den Genrebildern aus der venezianischen Alltag wohnt ein besonderer Schrecken inne. Die permanente Maskerade und das andauernde Fest machen dem Tod seinen Auftritt leicht. Die Szenarien des Phantastischen gehen mit denen des Unheimlichen einher. Es wird keine neue Welt geben, und »ob Rausch des Karnevals oder Prunk der Staatszeremonien, Genreszenen wie Fresken geben einen fernen Widerschein vom letzten Lebensglanz der ehemals festlichsten europäischen Stadt«.[18]

Die venezianischen Maler zeigen in ihren Bildern die Furcht, die über dem 18. Jahrhundert lag. Es hatte sich als galantes Fest herausgeputzt und endete mit dem Sturm auf die Bastille und der Hinrichtung Ludwigs XVI. Man wollte das Böse durch die Pracht der Feste bannen. Canaletto hat die Stadt in ihrer opernhaften Selbstherrlichkeit gemalt. Venedig ist auf seinen Bildern ein Spielzeug, das der weitausgreifenden Geste der Vergangenheit müde geworden ist. Die Bilder spiegeln eine transzendentale Bedürfnislosigkeit wieder, die Stadt ist sich selbst genug. Man fürchtete so sehr die Veränderung, daß sich nur noch Abenteuer ereigneten. Venedig wurde zum Fluchtpunkt einer untergehenden Kultur. Waren nicht Carlo Goldoni, Pietro Longhi und Giambattista Tiepolo aus dem einfachen Volk zu höchstem Ruhm aufgestiegen? Was konnte angesichts deren Erfolg die Idee der Gleichheit ausrichten? Man immunisierte sich gegen den Fortschritt und bemühte weiterhin das Bild von Venedig als dem Hort der Freiheit und Unabhängigkeit.

Die Juden waren zu dem großen Fest, das in Venedig ein Jahrhundert lang gefeiert wurde, nicht eingeladen. Nur mit Sondererlaubnis durften sie länger unter den Christen weilen. Mangels Platz baute man die Häuser im Ghetto in die Höhe. Immer wieder kam es zu Zusammenstürzen oder Feuersbrünsten. Nach wie vor ließen sich die Christen ihre Toleranz gut bezahlen, und die Juden fühlten sich im Ghetto geschützt vor Pogromen. Die Päpste sorgten dafür, daß die Emanzipation der Juden in Italien kein Thema wurde. Die alltäglichen Schikanen und ökonomischen Schwierigkeiten führten dazu, daß immer mehr Juden abwanderten. Den Angaben von Cecil Roth zufolge sank der Anteil der jüdischen Bevölkerung in Venedig von fünftausend Mitte des 17. Jahrhunderts auf eintausendfünf-

20

hundert ein Jahrhundert später. Am Ende des Jahrhunderts der Aufklärung und Galanterie waren die Juden Italiens verelendet.

Napoleon und die Philosophie verwandelten die Juden von Ausgestoßenen und Entrechteten in Bürger und Brüder. Unter Musikbegleitung und dem Jubel der Bevölkerung waren die Tore des Ghettos eingerissen worden. Auf der Piazza del Ghetto Nuovo wurden sie in Stücke gehauen und verbrannt. Man pflanzte einen Freiheitsbaum. Es wurden patriotische Lieder gesungen, getanzt, und eine Bürgerin schmückte den Baum der Freiheit mit einer Jakobinermütze. Die Regierung hatte abgedankt und sich mit der französischen Besetzung einverstanden erklärt, die in der Nacht vom 14. auf den 15. Mai stattfand. Am 17. Mai wurde eine Provisorische Munizipalität installiert, die verläßlich im Sinne der Franzosen zu handeln versprach. Der neuen Regierung gehörten auch drei Juden an. Christen und Juden feierten gemeinsam ihre Befreiung aus der politischen Sklaverei; offiziell waren sie nun als Bürger in patriotischer Liebe vereint.

Venedig interessierte Napoleon nicht. Mit großmütiger Grausamkeit bereitete er der Serenissima ein Ende. Im Großen Rat hatte vor der Eroberung Philosophie und Furcht dominiert, man lag bereits vor der Ankunft des »Bürgers General« auf Knien vor ihm. Venedig hatte sich in den Jahrhunderten seiner politischen Bedeutungslosigkeit neutral gegeben, es hatte sich überlebt, war harmlos und falsch geworden. Mit Ausrufung der neuen Freiheit, war Venedig, die Brüderlichkeit und Gleichheit im Schlepptau mit sich führte, war Venedig, die Erbin römischer Weisheit und Staatskunst, verblichen. Napoleon versetzte der »sterbenden Gottheit Venedig« (Ippolito Nievo) den Todesstoß. Er gerierte sich als Erbe der Römer, trug seinerzeit eine gewisse catonische Einfachheit zur Schau und drapierte seine Regierungszeit abwechselnd als römische Republik oder römisches Kaisertum.

Napoleon hat Europa verjüngt. Nach seinem Auftritt ist die Zeit der väterlichen Gestalten, die von Gottes Gnaden ihre Herrschaft ausüben, vorbei. Politik wurde von nun an mit Zukunftserwartungen verbunden, der soziale Aufstieg war zu einem Thema für die politischen Akteure geworden. Er setzte Energien frei, die im 19. und 20. Jahrhundert in der Selbstdarstellung der jungen Generation nachdauern sollten. Napoleon war der von der Revolution angekündigte »neue Mensch« auf dem europäischen Parkett. Das Volksheer und die politische Philosophie waren seine Mitstreiter bei der Befreiung Europas. Er verband die rationalen Kräfte der Aufklärung mit den irrationalen Energien der Revolution. Europa verdankte er als Erbe aus dem 18. Jahrhundert die rechtliche Gleichstellung, die religiöse Toleranz und die einheitliche Verwaltung. Als Schiller Rousseaus betrachtete er die Nation als Willens- und nicht als Abstammungsgemeinschaft. Er beleidigte und verstümmelte die alten Monarchien und setzte bislang unbekannte irrationale Nationalgefühle frei. Die Energie des Nationalen ließ sich nicht durch die Kraft der Vernunft bändigen. Nation war nicht länger ein Merkmal unter vielen, sondern wurde zum Merkmal schlechthin, zur Basis der politischen Organisation. So verkörpert Napoleon den Übergang zwischen dem rationalen 18. und dem nationalen 19. Jahrhundert. Der Heros Napoleon hat an der Erzeugung des emotional aufgeladenen Kollektivs Nation mitgewirkt. »Er spielte die weltgeschichtliche Rolle eines großen Zerstörers, der unfreiwillig die Gegenkräfte weckte, denen er schließlich zum Opfer fallen sollte.«[19]

Italien hatte er sich als Gesellenstück für seine Diktatorenlaufbahn ausgewählt. Er skizzierte dort, zu was er sich fähig fühlte: er konnte ein Heer in Zaum halten, eine Vorrangstellung für Frankreich erobern und sich als Befreier inszenieren. Wie Julius Cäsar durch die Eroberung Galliens sich als künftiger römischer Diktator empfohlen und dort das Regieren geübt hatte, so benutzte auch Napoleon Italien, um sich als Konsul für Paris zu beweisen. Das Land selbst interessierte ihn dabei nur am Rande. War Italien für seinen großen Widersacher Metternich nur ein geographischer, so war es für Napoleon nur ein politischer Begriff, und zwar im Sinne einer Politik für seine Karriere. Er plünderte in Italien Kunstschätze, installierte seine Verwandtschaft auf den Fürstenthronen, setzte an wichtigen Stellen aufgeklärte Männer aus dem Bürgertum ein und kehrte nach Paris zurück. Neben der territorialen Einheit war die Vereinheitlichung der Institutionen und die gemeinsame Prägung der verschiedenen Regionen des Landes Napoleons Verdienst. Die Städte wuchsen, das Straßennetz wurde ausgeweitet, es wurden Maßnahmen für das Unterrichts- und Gesundheitswesen ergriffen und Religionsfreiheit gewährt. Napoleon hatte Italien für Europa gewonnen.

Das anachronistische Venedig wurde zum Tauschobjekt degradiert zwischen der neuen Macht, die den Willen des Volkes repräsentierte, und dem habsburgischen Vielvölkerstaat. Im Oktober 1797 zogen österreichische Truppen in Venedig ein. Venedig wurde von Napoleon aus der Geschichte verstoßen. Die Juden dagegen wurden von Napoleon in die Geschichte entlassen. Auch wenn sie nach dem Einzug der Österreicher ihre bürgerliche Gleichheit verloren und erneut unter Einschränkungen zu leiden hatten, blieben die Tore des Ghettos verbrannt.

Der Garten

Ihre erste Erinnerung gilt dem Paradies. Gemeint ist das »nicht verlorene Paradies« ihrer Kindheit. »Ich wuchs auf im Zauber des Gartens einer Lagune«[20] lautet der Satz, mit dem die fünfundsiebzigjährige Margherita Sarfatti ihre Memoiren eröffnete. Ihr Paradies, das war der Garten des Palazzos, in dem sie groß geworden war. Das kleine Mädchen fand dort genügend Raum und Zeit, um seine lebhafte Phantasie auszubilden. Und hier – so will uns der Text der Erinnerung suggerieren – gedieh ihre später professionell fortgeführte Liebe zum Schönen. Ihr Sinn für das Ästhetische erwachte an einem Ort jenseits der Geschichte. Ihre Erinnerung an diesen Ort teilt sie mit niemandem. Sie gehört ihr allein, und es soll keiner glauben, daß sie sich nur an das erinnert, was andere ihr erzählt haben.

Allein im Raum hält sich das Unbewußte auf. Die Zeit lebt nicht im Gedächtnis. »Die aufgehobene Dauer kann man nicht wieder aufleben lassen. Man kann sie nur denken, und zwar auf der Linie einer abstrakten, jeder Stofflichkeit beraubten Zeit. Nur mit Hilfe des Raumes, nur innerhalb des Raumes finden wir die schönen Fossilien der Dauer, konkretisiert durch lange Aufenthalte.«[21] Die Erinnerung an unseren Anfang ist unserem Körper eingezeichnet. Allerdings bleibt die Kindheit nur in ahnungsvollen Träumereien wach und lebendig. Bei Sigmund Freud ist nachzulesen, »daß gerade diejenige Erinnerung, die der Analysierte voranstellt, die er zuerst erzählt, mit der er seine Lebensbeichte einleitet, sich als die wichtigste erweist, als diejenige, welche die Schlüssel zu den Geheimfächern seines Seelenlebens in sich birgt«.[22] Sarfatti betont, daß, wer seine Kindheit in solch einem Garten verbracht habe, geschützt sei gegen die Anfeindungen, die das Leben für ihn bereithält.

Margherita Sarfatti wächst in der marmornen Stadt im Grünen, inmitten von betörenden Blumen auf.[23] Sie ist die Eva, die ohne Adam im Garten Eden spielt. Hinter hohen Mauern vor den Zumutungen des Banalen geschützt, ist sie ihren Träumen und Begabungen ausgeliefert. Sie läßt sich dabei begleiten von Shelley, Proust und Zola. Die Worte der Dichter verbinden sich mit den Bildern aus dem Garten. Weit entfernt von der

Alltäglichkeit lebt sie traumverloren mit ihren geistigen Gefährten. Den Garten bestimmt sie als den wesentlichen Ausgangspunkt ihres Lebens. Von Anfang an war sie dem Zauber des Geheimnisvollen und Schönen verfallen. Die Außenwelt ist Teil ihrer Innenwelt. Sie schreibt Gedichte, die sie erträumt. Sie richtet ihre Worte nicht an andere, sondern an sich selbst.

Gegenpol zu den paradiesischen Freuden im Garten ist der düstere Palazzo, wo ihre Eltern wohnen. Die mit Kerzen beleuchteten Säle ängstigen sie. Margherita leidet unter Alpträumen von Hexen, Tod und Verderben. Sie will sich den Monstern stellen, und mit klopfendem Herzen reißt sie die Vorhänge zur Seite. Sie fürchtet den Palazzo, den steingewordenen Triumph ihrer Familie. Marco Grassini, ihr Großvater väterlicherseits, hatte ihn gekauft, nachdem die Juden volle Bürgerrechte erlangt hatten. Er war von einer Kleinstadt in ein Zentrum des neuen Italien gezogen. Grassinis Entschluß, einen Palazzo im Ghetto zu beziehen, spiegelt einen lebenspraktischen und einen lebensphilosophischen Kompromiß wider: er will teilhaben an der sich entwickelnden nationalen Öffentlichkeit und braucht dennoch den Rückzug in die jüdische Gemeinschaft.

Seine Heimat findet der Bürger Grassini noch immer im Ghetto. Louis Wirth hat von der ersten und von der zweiten Natur des Juden gesprochen. Die zweite Natur bildete sich im Kontakt mit der nichtjüdischen Welt aus. Sie war formal und von sozialer Distanz geprägt.²⁴ Auch nachdem er als Bürger des neuen Italien galt, die Ghettomauern eingerissen sind und ihm die Welt offensteht, zieht Marco Grassini das Leben im Ghetto einem Leben unter Christen vor. Die jahrhundertelange Tradition läßt sich nicht durch einen formalen Akt beenden, und die erste Natur wollte sich nicht der zweiten fügen. Die Isolation, in die die Juden gegen ihren Willen getrieben worden waren, war nun zu einer Bedingung ihres Lebens geworden. Sie befanden sich eingeschlossen in ihrer »Ghettohaut« (Ludwig Winder) und wollten in der Atmosphäre leben, in der sie groß geworden waren. Marco Grassini ist durch Tradition und Emotion²⁵ an das Ghetto gebunden. Seine Enkelin Margherita dagegen fühlt sich eingeengt und bedrückt von den Sitten und Riten ihrer Väter. Sie äußert dies in ihren Angstzuständen vor dem Palazzo, welcher der Ort der Familie und des religiösen Rituals ist. Waren ihre Vorfahren als Kollektiv durch Mauern den Christen separiert, so sieht sie sich als Individuum durch die Mauern ihres Gartens vom jüdischen Leben separiert. Das Draußen sind für sie nicht die Christen, sondern die Juden. Margherita befindet sich in einem gegnerischen Verhältnis zur Welt ihrer Väter. Sie nutzt ihre Phantasie und die weltliche Kultur des Romans, um der Enge der Familie, der Tradition und der Religion zu entkommen. Sie ist nicht anders als die Christen, sondern anders als die Juden.

So deutet sich die Revolte ihrer Existenz bereits in ihrer Liebe zum Garten ihrer Kindheit an.

Daß der Palazzo, in dem sie aufwächst, im Ghetto steht, erfahren wir nicht. Alle politischen und sozialen Einflüsse werden zugunsten der Schilderung der schönen Traumwelt verschwiegen. Wie verlief nun die politisch-gesellschaftliche Geschichte vom Großvater zur Enkelin? Was geschah zwischen dem Anfang und dem Ende des 19. Jahrhunderts mit den Juden Italiens? Wie eng verflochten ist die Familien- und Lebensgeschichte Margherita Sarfattis mit dem nationalen Einigungsprozeß?

Italien hatte seine große Vergangenheit, doch keine Gegenwart. Es war ein »stilles wunderbares Grabmonument«, wie Jacob Burckhardt geschrieben hat. Den Anschluß an die modernen Zeiten verdankte es der Hilfe des Eindringlings aus Paris. Stendhal bemerkt, durch Napoleons Regierung habe Italien drei Jahrhunderte der Entwicklung übersprungen. Unter Napoleon entstand eine neue Öffentlichkeit, die sich der Toleranz verpflichtet fühlte, was vor allem für die Juden ein Novum war.[26]

Die »Heilige Allianz«, die Metternich nach dem Sieg über Napoleon auf dem Wiener Kongreß schmiedete, beruhte auf einer Koalition von Kabinetten und nicht auf einem Bündnis der Völker. Italien wurde erneut in Kleinstaaten zerstückelt. Von den zehn Staaten, die wiedererstanden, befanden sich nicht weniger als fünf unter der Herrschaft der Habsburger. So muß jede Betrachtung Italiens von der Restauration 1815 bis zur Einigung 1866 von der Aufsplitterung des Landes in weitgehend voneinander isoliert existierende Regionen ausgehen. Außer den Staatsgrenzen gab es Zollbarrieren, unterschiedliche Transport- und Kommunikationsbedingungen wie auch verschiedene Erfahrungen mit politischer Herrschaft.

Dies alles gilt auch für die jüdische Bevölkerung Italiens, die mehr noch als ihre christlichen Nachbarn unter staatlicher Willkür zu leiden hatten. Allerdings hatten sie den Christen eine historische Erfahrung voraus: egal, wo sie lebten, sie galten als die Fremden, die man sich vom Leibe hielt. Die Juden wußten, daß sie existentiell auf das Projekt Nation angewiesen waren, doch sie konnten auf das Reservat ihres Glaubens zurückgreifen. Diese Erfahrung der Gleichzeitigkeit von religiöser und politischer Existenz markiert ihren Vorsprung im Einigungsprozeß. Vom Standpunkt des Soziologen aus hat Louis Wirth das Ghetto als eine Langzeitstudie zur Isolation bezeichnet. Diese war während der napoleonischen Herrschaft kurze Zeit unterbrochen worden. Doch mit der Restauration kehrten nicht nur die alten Regenten, sondern auch die alten Gesetze und damit die alte Diskriminierung zurück. Fast auf der gesamten Insel verloren die Juden nicht nur ihre politischen, sondern auch ihre bürgerlichen Rechte, die die Franzosen ihnen übertragen hatten. Aber die Juden kannten nun den Geschmack der Freiheit und vergaßen ihn nicht. Sie fanden sich eingebunden in einen nationalen Kommunikationsprozeß, der sich nicht mit ihrer Herkunft beschäftigte, sondern sie in ein großes Ganzes einband. Worin liegt die Erfolgsgeschichte der jüdischen Emanzipation in Italien begründet, die Primo Levi als einzigartig in der Welt bezeichnet hat? Wie kam es zu diesem plötzlichen Gleichklang der Juden und Christen als italienische Patrioten?

Die Juden gehörten zur schmalen Elite, die sich für die Modernisierung engagierte. Die Besonderheit der italienischen Einigung liegt nicht nur in der Verbindung der liberalen Kräfte des Adels mit den bürgerlichen Reformern, sondern ebenso in dem Bündnis von Christen und Juden. Ein Grund dafür ist einmal mehr die napoleonische Erfahrung. Die Aufklärung hatte sich in Italien kaum auf das intellektuelle Klima ausgewirkt, doch nach Napoleons Auftritt waren Freiheit und Nation keine abstrakten Begriffe mehr. Darin hatte er die modernen Christen und die modernen Juden geeint. Der französische Despot hatte den Italienern seine Vorstellung von staatlicher Ordnung und zivilisierter Gesellschaft aufgedrängt. Die Zentralisierung wurde während der Restaurationszeit von Reformern und Radikalen gleichermaßen als unbestreitbarer Vorzug gepriesen, da sie der regionalen Diversität, die die gesamtnationale Bewegung schwächte, entgegenarbeitete.

Der andere Grund für die wichtige Rolle der Juden bei der Einigung liegt darin, daß vor 1861 ein italienisches Bürgertum als solches überhaupt nicht existierte. Es gab kein geeint handelndes italienisches Bürgertum, sondern eine Vielzahl heterogener und fragmentierter bürgerlicher Schichten in den einzelnen Staaten, von denen allerdings nur wenige gesamtitalienisch dachten.[27] Die Juden dagegen hatten begriffen, daß ihre Chance gerade darin bestand, gesamtitalienisch zu denken. Jahrhundertelang hatten sie außerhalb der Kämpfe und Eifersüchteleien, die unter den Stadtrepubliken tobten, gestanden.[28] Die schmerzlich erfahrene Isolation wandelte sich zu ihrer Chance. Sie wurden zu Patrioten der ersten Stunde. Im Gegensatz zur Mehrzahl der Italiener waren sie häufig gebildet, urbanisiert, und sie stellten eine durch Tradition, Religion und historische Erfahrung geeinte Gruppe dar. Ihre im Ghetto bewährte Form der Selbsterziehung erwies sich dabei als entscheidender Vorteil. Die Chance der Emanzipation mußte nur genutzt werden.

Margheritas Großvater Marco Grassini gehörte zur Generation Cavour,

Der 1810 geborene Camillo Cavour war ein national denkender Aristokrat, der die bürgerlichen Tugenden schätzte. Ohne Schwert und Pferd, doch mit politischem Geschick und nüchternem Realismus gelang es ihm, Italien zu einen. Marco Grassini wurde 1816 in Coneglio als Sohn des Kaufmanns und Notars Abramo Grassini und dessen aus Venedig stammender Frau Margherita Morpurgo geboren. Er war ein junger Mann, der es wie Cavour mit dem Realismus der neuen Zeit hielt. Der junge Jude wollte Bescheid wissen, wie die bürgerliche Gesellschaft funktioniert, deshalb studierte er Jura. Die Generation Cavour kann sich zwischen Aufklärung und Romantik entscheiden, und doch gehört beides bereits der Vergangenheit an. Es war die Aufgabe dieser Generation, nach 1789 eine Idee der Freiheit zu ersinnen, die nicht an die »Terreur« erinnerte, und nach Napoleon eine Vorstellung von der Monarchie zu entwickeln, die nicht mit Despotie gleichgesetzt werden konnte. Sie wissen, daß die Restaurationszeit, in der sie leben, einer geborgten Vergangenheit gleicht, die nicht ihre Zukunft sein kann. Dieses Gefühl eint die national gesinnten Christen und die national gesinnten Juden. Dazu kommt, daß man in Italien des Risorgimento das Fremde als ein Modell betrachtet hat, das man übernehmen und von dem man lernen kann. So läßt sich die hohe Akzeptanz der jüdischen Beteiligung am Risorgimento und deren vorbildliche Integration in den Nationalstaat erklären.[29] Kaum eine andere Nation in Europa stand mit so großer Mehrheit hinter der Emanzipation der Juden wie die Italiener.

Die Leidenschaft der Generation Cavour in der Ablehnung oder Zustimmung zu einem politischen Modell des Zusammenlebens ist weniger ausgeprägt als bei ihren Vorgängern. Die zivile Aufgabe, die sich diese Generation nach all den hochfliegenden Träumen von Menschheitsbrüderung, von Terreur, von Repression und von Kriegen stellte, war die des Fortschritts. Marco Grassini erlebte in seiner Jugend das Aufkommen der Eisenbahn und des Dampfschiffs, die Straßen wurden von Gaslaternen beleuchtet, das moderne Bankenwesen entstand, und in der Landwirtschaft kamen Maschinen zum Einsatz. So öde und nüchtern die politische Situation auch war, so aufregend erschienen die Möglichkeiten, die Wissenschaft und Technik für die Zukunft des Menschen bereithielten. Marco Grassini ist ein typischer Vertreter seiner Generation. Er setzt sich zunächst für den politisch wenig verfänglichen technischen Fortschritt ein. Er hat Landbesitz geerbt und betreibt Landwirtschaft.[30] Die landwirtschaftlichen Großbetriebe waren Inseln der Modernität im ansonsten rückständigen Italien der Restaurationsphase. Auch Grassini experimentierte mit neuen Anbaumethoden und arbeitete an der Verbesserung des Geräts.

Der Patriotismus ist ein modernes Gefühl. Marco Grassini glaubte daran, daß eine nationale Revolution den freien Handel ermöglichen und ihm mehr Rechte bescheren würde. Die Abschaffung der Zensur würde auch die kulturelle Integration der Juden erleichtern. Doch durch die bewußte Einbindung in die Geschichte und in die Politik des Landes würde ein Säkularisierungsprozeß in Gang gesetzt, der den Juden nicht nur die Befreiung aus dem Ghetto, sondern auch die Entfremdung von ihrer Tradition brachte.[31]

Im März 1848 waren den Juden vom piemontesischen König Carlo Alberto bürgerliche Rechte zuerkannt worden, und er war losgezogen das Land zu einen, wurde jedoch von Radetzky besiegt. Carlo Alberto dankte zugunsten seines Sohnes Vittorio Emanuele II. ab, der Frieden mit den Österreichern schloß. Doch die Zeit arbeitete gegen die Habsburger. Nach der Schlacht gegen Napoleon III. verloren en schließlich das neue Italien hervor, welches für die italienischen Patrioten eine große Enttäuschung darstellte. Erst durch Volksabstimmungen gelang der Anschluß der Toskana, der Emilia, der Marken, Umbriens, Siziliens und Neapels. Am 18. Februar 1861 trat in Turin das erste italienische Parlament zusammen, und Vittorio Emanuele II. wurde zum König ausgerufen. Venetien wurde im preußisch-österreichischen Krieg und Rom durch den deutsch-französischen Krieg dazugewonnen.

Marco Grassini hatte an den erbitterten Kämpfen um Venedig teilgenommen, und nachdem sich das neue Italien konstituiert hatte, konnte auch er seine Lorbeeren empfangen: 1868 wurde er zum Ritter der Krone von Italien geschlagen und 1876 zum Offizier ernannt. Marco Grassini verkörperte den Typus des Aufsteigers. Bei dem Wandlungsprozeß, der sich im Verlauf des 19. Jahrhunderts vollzieht, drängen Beamte, Freiberufler und Kaufleute an die Spitze der Gesellschaft. Begleitet werden sie von kleineren Landbesitzern. Der adlige Großgrundbesitzer verschwindet und ermöglicht den Aufstieg der Verwalter, Pächter und bürgerlichen Landbesitzer. Grassini gehörte beiden Schichten an: er war Rechtsanwalt und er war Landbesitzer. Und, so muß man ergänzen, er war Jude. Er mußte politisch aktiv werden, um seine unwürdige Situation zu ändern.

Durch die Teilnahme an den Kämpfen des Risorgimento und durch die Erlangung bürgerlicher Rechte wurde für die Juden Italiens nach 1860 eine neue Phase eingeläutet. Im Vergleich zu anderen europäischen Staaten trafen sie dabei auf keinen nennenswerten Widerstand. Die erste Generation der Juden, die aus dem Ghetto in die bürgerlich-nationale Welt entlassen wurde, war vorwiegend mit praktischen Fragen beschäftigt. Es ging darum, wie man seine neugewonnenen Rechte und Pflichten wahrnahm, wie man seine Kinder erzog und wo man eigentlich wohnte.

Marco Grassini hatte sich an dem politischen Projekt der Nation beteiligt und auf die Zukunft von Wirtschaft und Wissenschaft gesetzt. Er war ein erfolgreicher und angesehener Bürger des neuen Italien, der 1870 zusammen mit seiner Familie seine Heimatstadt verließ. Er zog nach Venedig und kaufte den besagten gotischen Palazzo, in dessen Garten Margherita Jahre später spielen wird. Sie ist die Tochter von Marco Grassinis Sohn Amedeo, der im Revolutionsjahr 1848 geboren worden war. Doch ganz im Gegensatz zu dem ereignisreichen und chaotischen Jahr seiner Geburt war Amedeo ein konservativer Geist, der das junge bürgerliche Erbe seines Vaters bewahren und fortführen sollte.

Amedeo Grassini – wie sein Vater an der Universität Padua ausgebildet – war ein fähiger Jurist, der ein Vermögen geerbt hatte und strenggläubig war. Alles drei – Bildung, Geld und Glauben – setzte er ein, um in der Umbruchsituation nach der nationalen Einigung Einfluß zu gewinnen. Nachdem er einige Jahre freiberuflich gearbeitet hatte, wechselte er als finanzjuristischer Berater zur venezianischen Regierung. Dem Bürgertum Italiens öffneten sich nach der Einigung Karrieren in der Verwaltung, in der Diplomatie und im Heer, die bis dahin den Adeligen vorbehalten gewesen waren. Außerdem wurden durch den Nationalstaat neue Institutionen geschaffen, die weitere Karrieremöglichkeiten boten. Während in Frankreich das aufstrebende Bürgertum für den Umsturz verantwortlich war, entstand in Italien erst durch den Umsturz ein aufgeklärtes und selbstbewußtes Bürgertum. Darin liegt auch der große Unterschied zwischen der deutschen und der italienischen Einigung. In Preußen konnten die traditionellen Eliten nach 1871 ihre Herrschaft festigen, in Italien dagegen bildete sich dank der Einigung eine neue bürgerliche Elite. Die Juden waren wichtige Promotoren des Einigungsprozesses, und das neue Italien konnte auf ihre Energie, Bildung und Begabung nicht verzichten.

Amedeo Grassini profitierte nicht nur vom Vermögen seines Vaters, er konnte sich nicht zuletzt durch dessen politisches Engagement auf eine Vergangenheit berufen, die an die der Christen anschloß. 1890 wird auch er Ritter der Krone Italiens, und 1905 scheint er am Gipfel seiner Träume angelangt, als er auch einen Sitz im venezianischen Rat erringt. Margherita Sarfattis Vater gehörte zum Establishment des Nationalstaats, er war ein geachtetes Mitglied in der jüdischen Gemeinde und auch in katholischen Kreisen ein gerngesehener Gast. Doch führte er nicht nur die staatsbürgerlichen Aktivitäten seines Vaters fort und bewahrte die religiöse Tradition, Amedeo Grassini mehrte vor allem das Familienvermögen. Er hatte Einblick in die Finanzen der Stadt und wußte, daß es dringend an Geld für Investitionen fehlte. Er bewies ökonomischen Weitblick, indem er sowohl in den Ausbau des Nahverkehrssystems mit kleinen Motorbooten wie auch in den Bau von Luxushotels am Lido investierte. Eines davon, das Hôtel des Bains, sollte durch Thomas Manns Erzählung *Der Tod in Venedig* Weltruhm erlangen. Amedeo verdiente an der Vermarktung der Vergangenheit Venedigs und arbeitete bereitwillig daran mit, die Stadt in eine touristische Attraktion zu verwandeln. Er profitierte von der Geschichte der Stadt, die seine Vorfahren davon ausgeschlossen hatte, Geschichte zu machen.

Die Idee

Ihre erste Liebe war der Sozialismus. Sie begegnete ihm mit fünfzehn Jahren bei einem Urlaub an der Adria in Gestalt eines rothaarigen Anthropologieprofessors aus Florenz. Ihr sozialistischer Missionar erinnerte das gebildete Mädchen an eine Darstellung des heiligen Matthäus auf dem Gemälde eines toskanischen Meisters aus dem Quattrocento. Er schenkte ihr *Das Kapital* und Schriften des Grafen Kropotkin, sie revanchierte sich mit einem Bildnis Shelleys. Der unglückliche Professor warb vergeblich um ihren Körper und eroberte mit Marx ihren Geist.

Margherita Grassini glaubte, in der sozialistischen Idee eine geistige Heimat gefunden zu haben. Endlich hatte sie eine Erklärung für ihre Abneigung gegen den Lebensentwurf ihres Vaters. Sie träumte von einer Welt, in der alle gleich waren und ein Anrecht auf das Schöne hatten. Das junge Mädchen, das in luxuriöser Einsamkeit erzogen wurde, fühlte sich durch die edlen Gedanken des Sozialismus mit der Menschheit außerhalb des Palazzo verbunden. Marx hatte ihr einen Kontakt zu der Welt hergestellt, von der sie glaubte, daß sie die wirkliche sei.

Die Frage nach der Wirklichkeit beschäftigte nicht nur das junge Mädchen, es war die beherrschende Frage in Italien nach der Einigung. Der König hatte in seiner Thronrede die heroische Phase des neuen Italien für abgeschlossen erklärt und angekündigt, auf die Poesie werde nun die Prosa folgen. Die Politik hatte die Aufgabe, das neue Italien ein zweites Mal Wirklichkeit werden zu lassen. Das erste Mal war dies gelungen durch den Glauben an ein Ideal, durch viele verlorene und wiederaufgenommene Kämpfe, durch Hoffnung, Schmerz und Tränen. Nachdem der nationale Körper geschaffen war, mußte dem Ganzen nun der Geist eingegeben werden. Man hatte sich um die Wirtschaft, die Lage der Bauern, die Außenpolitik und die Erziehung zu kümmern. Der Geist der Poesie und die hehren Ideale mußten einer banalen Normalität weichen. Italien war in der Gegenwart angekommen. Ernüchtert mußten die Italiener feststellen, daß sie bereits zu Beginn des Jahrhunderts anderthalb Jahrhunderte der Entwicklung des übrigen Europa hinterher gewesen waren und daß sich daran nicht viel geändert hatte. Im Europa des Leviathan hatte Italien ein Refugium für ein schönes, tagträumerisches Dasein geboren. Die italienischen Patrioten hatten den Anschluß an das Europa des 19. Jahrhunderts geschafft, indem sie sich von den universellen Werten verabschiedeten. Sie wandten sich einer Aufgabe zu, die vorrangig national und politisch und nicht universell und kulturell war.[32] Die italienische Nationalstaatsbildung war charakterisiert gewesen durch eine für das Europa von 1861 erstaunlich fortschrittliche Verfassungsreform trotz ökonomischer, kultureller und sozialer Rückständigkeit. Doch der Freihandel kam nicht recht in Gang, Industrieerzeugnisse wurden weiterhin hauptsächlich importiert, und wie zukunftslos das neue Italien im Süden empfunden wurde, kann man an der hohen Zahl der Auswanderer in die Neue Welt ablesen.

Für die wirtschaftlichen, sozialen und politischen Fragen fanden die im Parlament vertretenen Politiker Antworten, die aus der Vergangenheit stammten. So imitierten die Rechten Cavours Praxis aus ökonomischer Modernisierung und Nationalliberalismus. Dabei setzten sie auf die Erziehung des ungebildeten Volkes und wollten das Land durch die bürgerliche Elite geführt und vertreten wissen. Im Gegensatz zu Cavour, der das Heroische in der Politik als eine kurzatmige Lüge verabscheut, und seine Ziele mit kalter Leidenschaftlichkeit verfolgt hatte, waren die beiden anderen wichtigen Politiker des Risorgimento, Giuseppe Mazzini und Giuseppe Garibaldi, Vertreter eines hochgestimmten Pathos des Volkes gewesen. Auf sie beriefen sich die im Parlament vertretenen Linken, obwohl die Zeit Mazzinis und Garibaldis schon lange vorüber war. Giuseppe Mazzini[33] war 1872 gestorben, nachdem er unter dem falschen Namen Mister Brown in das geinte Italien zurückgekehrt war. Er war zu diesem Zeitpunkt nicht nur ein Fremder im eigenen Land, sondern auch ein Fremder seiner Zeit. Sein Erbe an die Italiener war der Glaube an die Mission des Volkes. Der andere Gewährsmann der Linken war Garibaldi.[34] Er stilisierte sich als Verbindungsfigur zwischen dem heroischen Risorgimento und dem Sozialismus der Zukunft und galt bereits zu seinen Lebzeiten als überholt. Doch für die Italiener, die unter der Schmach litten, ihre Einigung militärischen Erfolgen fremder Mächte zu verdanken, verbindet sich mit dem Namen Garibaldi bis heute die Vorstellung vom kämpferischen Ruhm des soldatischen Italieners.

In den 1870er Jahren wechselte das Personal. 1878 starben kurz nacheinander zuerst König Vittorio Emanuele II. und dann Pius IX. Damit waren bis auf Garibaldi alle wichtigen Akteure des Risorgimento tot. Der Ré galantuomo, der bereit gewesen war, das Parlament als höchste Autorität zu akzeptieren[35], wurde entgegen seinem Wunsch nicht in der Grablege seiner Dynastie in Turin beigesetzt, sondern im römischen Pantheon, wo sein Grab die Langobardenkrone schmückte. Damit sollte zum Ausdruck gebracht werden, daß die savoyische Tradition zugunsten des neuen Italien zurückzutreten habe. Ferdinand Gregorovius berichtet in seinen *Römischen Tagebüchern* über den Tod des Königs und des Papstes. Er schreibt, man habe ein monarchisches Gefühl zur Schau getragen und der Tod von Vittorio Emanuele II. sei zur feierlichen Bestätigung der Einheit der Nation geworden. Der tote König hatte von Rom Besitz ergriffen, und sein Sohn Umberto »übernahm das Erbe seines Vaters im Quirinal mit der vollkommenen Sicherheit eines legitim gewordenen Zustandes.«.[36] Ungelöst war jedoch noch immer die Frage nach den Beziehungen des Königreichs Italien zur Römischen Kurie. Sie belastete vor allem auf internationaler Ebene das Auftreten des neuen Nationalstaates. 1871 hatte man versucht, das Problem durch einen innerstaatlichen Akt zu lösen.[37] Der Papst jedoch lehnte Verhandlungen über dieses Gesetz ab. Er bezeichnete es als Kriegsgesetz, das ihm ein feindlicher Sieger aufoktroyiert habe.

Kaum war der König tot, starb auch sein Widersacher. Seine Wahl 1846 war mit der Hoffnung auf mehr Liberalismus verbunden gewesen. Doch er war nicht der freie Geist, für den man ihn gehalten hatte. Der Augenzeuge Gregorovius bemerkt, daß das Volk nicht sonderlich erschüttert auf den Tod des Papstes reagiert habe. Er vermutet, der König habe mit seinem früheren Tod auch die Volkstrauer vorweggenommen. »So sind die beiden großen Figuren der italienischen Revolution von der Szene verschwunden; die alte Zeit wird mit ihnen bestattet, und über ihren Gräbern wird alles eins.«[38] Gregorovius wird nicht geahnt haben, wie sehr er mit diesen Zeilen die Zukunft vorwegnahm.

Im März 1876 kam es zum Regierungswechsel von der Rechten zur Linken, deren erster Ministerpräsident der 1813 geborene Agostino Depretis wurde. Depretis gehörte wie Marco Grassini der Generation Cavour[39] an. Er war 1848 in die Politik gekommen und 1873 zum Führer der Linken im Parlament aufgestiegen. Bevor er an die Macht kam, hatte er gegen die Sparpolitik der Rechten agitiert und eine neue Politik versprochen, die für Partizipation und Fortschritt stand. Doch der Kompromiß sollte zur Zauberformel von Depretis' Politik werden. Der an ihn gerichtete Vorwurf lautete, durch den zum Programm erhobenen »trasformismo« habe er das politische Leben zum Erliegen gebracht. Depretis verschleierte Gegensätze, ließ Widersprüche unbeantwortet, lavierte, jonglierte und unterlief solcherart eine oppositionelle Politik. Die Rechte befand sich nur nominell in der Opposition. Der trasformismo sorgte dafür, daß Depretis an der Macht blieb, und unterhöhlte das parlamentarische System. Während seiner Amtszeit trat Italien dem Dreibund bei und unternahm erste Schritte

33

in Richtung Kolonialpolitik. Sein Nachfolger wurde 1887 ein scharfer Kritiker des trasformismo. Mit dem achtundsechzigjährigen Francesco Crispi, der ihm begann eine neue Ära nationaler Politik. Crispi war ein charismatischer und demagogischer Typ, der den plebiszitären Konsens suchte. In seinen vielen vor allem der Außenpolitik gewidmeten Reden gab er sich als Mann des Volkes. Crispi versprach dem Land neuen Aufschwung und nationale Größe. Diejenigen, die sich von ihm Erlösung aus dem Stillstand erwartet hatten, wurden bitter enttäuscht. Wie sein Vorgänger arbeitete auch er mit dem bewährten System der trasformismo, eine Tatsache, die er jedoch bestritt. Crispi suchte als alter Gefolgsmann Garibaldis das internationale Abenteuer und fand es im Projekt der kolonialen Ausdehnung. Mit waghalsigen militärischen Unternehmungen, bei denen er auch schon mal den Oberbefehl innehatte, wollte er nicht nur von innenpolitischen Problemen ablenken, sondern auch für Italien eine gewisse Größe erreichen. Der ehemalige Revolutionär gefiel sich in der Rolle des imperialistischen Eroberers.

Ein weiteres Feld, auf dem Crispi seine Tatkraft unter Beweis stellte, war sein Kampf gegen die außerparlamentarische Opposition. Das waren zum einen die Katholiken und zum anderen die Sozialisten. Pius IX. hatte 1874 seine folgenreiche Enzyklika »Non expedit« verkündet, nach der es Katholiken unter Androhung der Exkommunikation verboten war, sich aktiv am politischen Leben des neuen Italien zu beteiligen. Nach päpstlichem Wunsch sollten die gläubigen Katholiken in eine Art innere Emigration gehen. Sein Nachfolger Leo XIII. bestätigte zwar die Grundsätze seines Vorgängers, doch er war insgesamt diplomatischer und versöhnlicher gestimmt. In Italien kam es nicht wie im Bismarck-Deutschland zum Kulturkampf, sondern die Katholiken existierten in einer stark subkulturelle Opposition im liberalen Staat. Auf die neuen sozialen Probleme, die die Industriegesellschaft mit sich brachte, versuchten sie Antworten zu geben, die aus der katholischen Soziallehre stammten. Es bildete sich eine katholische Vereinsbewegung, die im Norden ihr Zentrum hatte. Die katholische Subkultur erwies sich vor allem auf dem Lande als äußerst resistent.

Am Ende des Jahrhunderts faßte der Sozialismus in Italien Fuß. Die Enttäuschung über die Politiker des neuen Italien war groß und die politische Bühne frei für neue Akteure und neue Ideen. Die Jahre nach 1880 sind mit dem Aufbruch der italienischen Wirtschaft verbunden. 1897 wurden die Stahlwerke in Piombino gegründet und 1899 die Fiat-Werke. Wie in anderen europäischen Ländern auch hatten viele aus der ersten Unternehmergeneration zuvor der nationalen Bewegung angehört. So war Giovanni Pirelli, der Chef der Gummi-Werke, ein Weggefährte Garibaldis gewesen. Das Dreieck Genua-Mailand-Turin verkörperte die neue Zeit. Der Aufschwung in der Industrie arbeitete den Sozialisten zu, denn nun gab es überhaupt erst Arbeiter, die man organisieren konnte. Die italienischen Politiker, die bisher immer geglaubt hatten, die Arbeiterfrage sei ein Problem des Nordens Europas, erschraken über das selbstbewußte Auftreten der Vertreter des Proletariats. Der national ausgerichteten Politik setzten die Sozialisten die internationale Solidarität entgegen. Was Mazzini nicht erreicht hatte, sollte mit Marx gelingen: der Anschluß der Italiener an das moderne Europa. Voll Bewunderung blickten sie nach Deutschland, wo im gleichfalls spät geeinten Land der Aufbau einer effizienten und vorbildlich organisierten Arbeiterbewegung geglückt war, die trotz staatlicher Repressionen große Erfolge für sich verbuchen konnte. Der Anschluß Italiens an eine gesamteuropäische politische Entwicklung ist eines der Erfolgsgeheimnisse des Marxismus. Die Betrachtung der Geschichte als eine Folge von Klassenkämpfen verwandelte auch eine zweitrangige Nation wie Italien in einen Kombattanten im internationalen Kampf des Proletariats gegen das Kapital. Innenpolitisch empfahl sich der Sozialismus als eine wirkungsmächtige Idee gegen die Leere, die nach der Einigung entstanden war. Die Parlamentarier waren an einem reibungslosen Ablauf der Geschäfte interessiert und hatten den Kontakt zum Volk verloren. Ihre Vergangenheit als Heroen der Nation kaschierte nur schlecht ihre Gegenwart als Politiker, denen ihr Ideal abhanden gekommen war.

Für die jungen, gebildeten Italiener war der Sozialismus eine Art Befreiung. Wie Jünger des heiligen Franziskus zogen sie umher und predigten den Arbeitern die Marxsche Lehre vom besseren Leben. Eingebunden in eine internationale Glaubensgemeinschaft, konnten sie sich von den Ideen ihrer Väter und Großväter verabschieden. Der Marxismus bot ihnen eine Zukunft und ein Ziel, für das es sich zu kämpfen lohnte.

Doch es waren nicht die innenpolitischen Kritiker, sondern die kolonialen Großmachtsträume, die Crispi zu Fall brachten. Das Abenteuer in Afrika erwies sich als eine Spur zu groß für den alt gewordenen Barrikadenkämpfer. Als 1896 die Italiener vernichtend und mit hohen Verlusten bei Adua geschlagen wurden, mußte er seinen Rücktritt einreichen. Crispi hatte für eine weitere traumatische militärische Niederlage gesorgt. Davor verblaßten seine Heldenstücke für das Risorgimento, und 1901 ist er als verbitterter Mann gestorben.

Ihm folgte Giovanni Giolitti, der mit Unterbrechungen bis 1921 als Ministerpräsident amtierte. 1842 geboren, konnte er keine revolutionäre Vergangenheit für sich reklamieren. Giolitti stammte aus dem Piemont

35

aus einem Milieu, in dem man in den Staatsdienst ging. Im Gegensatz zu Crispi war er ein Pragmatiker und ein geduldiger Taktierer, der die Sozialisten für die parlamentarische Politik gewinnen und dadurch den politischen Raum weiten wollte. Er empfand es als seine historische Aufgabe, den Übergang vom Staat der Elite zum Staat des Volkes zu bewerkstelligen. Giolitti war der Überzeugung, daß Repression die falsche Antwort des bürgerlichen Staates auf die wachsende soziale Unruhe sei. Er war der Meinung, daß auch gläubige Katholiken gute Staatsbürger waren, und er warb in seinen Reden um deren nationale Seele. Die Zusammenarbeit mit den Sozialisten erwies sich als kompliziert, da man in den Reihen der Sozialisten uneins über den Kurs war, den man gegenüber dem bürgerlichen Staat einschlagen sollte.

Karl Voßler hat geschrieben, die Zeit Giolittis habe etwas Gepanzertes an sich gehabt. Der Piemontese vermied jegliches Gefühl und wird als Mann ohne Rhetorik geschildert, der sich an wirtschafts- und finanzpolitischen Fragen abarbeitete. Doch gerade mit diesem Stil verfehlte er das Volk, das er bilden und beteiligen wollte. Die Bedeutung Giolittis besteht darin, daß er sich der Einsicht in die historische Notwendigkeit der Partizipation der Volksopposition an der Politik nicht verschloß. Er wußte, daß die bisher von der Politik Ausgeschlossenen mit ihren Forderungen immer wichtiger wurden. Giolitti nahm die Zeichen der neuen Zeit wahr, doch er glaubte, die Errungenschaften des 19. Jahrhunderts reichten aus, um die Leidenschaften des 20. Jahrhunderts zu zähmen. Wie Amedeo Grassini gehörte er zur prosaischen Generation Italiens, die für die futuristische Poesie der Zukunft taub war.

»Es schien damals eine Zeit der Blüte zu sein; alles forderte zu Hoffnung und Wagemut heraus«, schreibt Giorgio Bassani in seinem Roman *Die Gärten der Finzi-Contini*.[40] Die ersten Jahrzehnte nach der Einigung verliefen für die jüdischen Bürger Italiens friedlich und produktiv. Keine Stadt ließ es sich nehmen, durch eine Piazza Cavour, Via Garibaldi oder Via Mazzini der jüngsten Vergangenheit zu gedenken. Auf die Topographie des Ruhmes der Antike und der Renaissance folgte die des Risorgimento. Auch die Juden fanden, daß ihre im Ghetto versteckten, oftmals heruntergekommenen Synagogen nicht mehr der angemessene Ausdruck ihrer Stellung seien. Primo Levi hat darüber berichtet, welche Diskrepanz herrschte zwischen der 1882 in Turin eingeweihten Synagoge, die viel Aufmerksamkeit und städtischen Raum beanspruchte, und der kleinen jüdischen Gemeinde, die sich jahrhundertelang möglichst still und unauffällig verhalten hatte.[41]

Margheritas Vater, Amedeo Grassini, beschloß, den von seinem Vater gekauften Palazzo zu verkaufen. Er verläßt das Ghetto und zieht 1894 mit seiner Familie an die Prachtstraße Venedigs, an den Canal Grande. Mit dem Kauf des Palazzo Bembo[42] behauptete er seinen Platz in der bürgerlichen Gesellschaft und stellte sich in die historische und kulturelle Tradition des Landes. Amedeo Grassini bewies durch diesen Umzug, daß er ohne das Ghetto Jude sein konnte und daß er sich inmitten von Christen zu behaupten wußte. Grassini okkupiert einen prominenten Ort in der Stadt und setzt sich erneut einer Bewährung aus. Er ändert sich und sein Haus und will dennoch seiner Herkunft treu bleiben. Als Bürger war er akzeptiert, doch als Jude führte er eine Sonderexistenz. Seine religiöse Praxis unterschied ihn von seinen Nachbarn. Während das Leben im Ghetto die erzwungene Demonstration der Verschiedenheit bedeutet hatte, muß ten die Juden nun ihre Gleichheit unter Beweis stellen. Amedeo Grassini bemühte sich, vor aller Welt als guter Bürger dazustehen, und privatisierte sein Jüdischsein. Er war zu Hause Jude und in der Öffentlichkeit Bürger. Nichts veranschaulicht diesen Spagat zwischen den Welten deutlicher als der Umzug in den Palazzo Bembo. Nach außen hin lebte er mit seiner Familie an einem der wichtigsten Orte der Stadt in einem Palazzo, das den Namen eines berühmten Dichters und Philosophen der Renaissance trug. Doch im Innern des Palazzo verrichtete er im Kreise seiner Familie die religiösen Rituale und stärkte seine jüdische Identität.

Emma Levi wurde Amedeo Grassinis Frau. Sie stammte aus einer Triester Wissenschaftler- und Bankiersfamilie. Einer ihrer Neffen war der Anatomieprofessor Giuseppe Levi, der Vater der Schriftstellerin Natalia Ginzburg. Durch die Heirat Amedeo Grassinis mit Emma Levi kam es zur Verbindung zweier Familien, die zur politisch-kulturellen Elite des Landes gehörten. Bei den Grassinis standen unternehmerische Energie und technische Innovationsbereitschaft im Vordergrund, bei den Levis Kultur und Wissenschaft. Was die beiden Familien einte, war ihr Glaube an den Fortschritt. In der »Epoche der nationalen Willensbildung« (Eugen Loos) von 1815 bis 1830 hatten sie der kleinen, intellektuellen Führungsschicht angehört, die ein gesamtitalienisches Kommunikationsnetz im noch ungeeinten Land bildete. Die Grassinis und die Levis gehören zu den neuen Eliten Europas, die die Stellung des Menschen in Natur und Kultur revolutionieren sollten. Der moderne Mensch ist geprägt durch Umwälzungen in Wissenschaft, Wirtschaft und Technik, aber auch durch veränderte Vorstellungen von Kultur, Gesellschaft und Geschichte, die zu Schlüsselbegriffen der Moderne wurden. Die Grassinis und die Levis sind Teil der säkularen Kulturintelligenz, »die aus eigener Autorität und in freier

Konkurrenz unter Berufung auf Vernunft, Philosophie, Wissenschaft und Schöpfertum die Wirklichkeit auszulegen beansprucht«.⁴³

Emma Grassini las viel, ließ in Paris schneidern und stand einem großen Haushalt vor. Sie hatte vier Kinder: 1871 war Colomba, genannt Lina, geboren, 1873 der einzige Sohn Marco Oscar, 1874 Nella und sechs Jahre später Margherita. Sie war die jüngste und gut bewacht. Ihre Kindheit war eng und luxuriös. Von der gegenwärtigen Welt hielt man sie fern, und die Vergangenheit, die sie umgab, gehörte nicht zu der Tradition, die ihr Vater sie lehrte. Obwohl auch ihr Vater sich von der Enge und den Kleinlichkeiten, die das Ghetto den Juden aufgezwungen hatte, befreien und sich an eine universelle Kultur anpassen wollte, konnte er nicht auf seinen jüdischen Grund verzichten. Durch die Aufnahme in den Nationalstaat hatten die Juden den schützenden Raum des Ghettos verlassen und das Kollektiv ihrer Herkunft aufgegeben. Margherita Grassini wuchs in einer Zeit auf, in der die Juden die Kosten der Assimilation zu spüren begannen und das Ghetto verklärten. 1878 ließ der Pariser Isaac Strauss das erste Mal rituelle jüdische Gegenstände, losgelöst von ihrem ursprünglichen Zusammenhang, als künstlerische und historische Objekte ausstellen. Das Heilige wurde in die profane Sphäre überführt, und die Assimilierten erlaubten sich nostalgische Gefühle. Das Ghetto wurde zum verlorenen Ort jüdischer Geschichte erklärt. Man sehnte sich nach einer authentischen jüdischen Welt.⁴⁴ Nahezu zeitgleich mit der Nostalgie für das Ghetto tauchen auch die ersten Rassetheorien auf.

Margherita Sarfatti kam aus dieser verschwindenden Welt. In ihren autobiographischen Aufzeichnungen erwähnt sie das Ghetto nicht. Vor das Problem gestellt, ihre Kindheit im Ghetto in eine erfolgreiche Entwicklungsgeschichte zu integrieren, entscheidet sie sich dafür, das Ghetto zu verleugnen. In ihrer Kindheit verbirgt sich ein Stigma, das nicht in ihre Gegenwart paßte. Sie verwandelt ihre unreine Geworfenheit in einen reinen Entwurf.

1929 hat »Donna Margherita« dem *American Hebrew* ein Interview gegeben. Darin berichtet sie über die wichtigste Entdeckung ihrer Kindheit und Jugend: über das Lesen. »Das wichtigste in meiner Jugend war die Entdeckung unseres großen Schriftsteller. Ich habe immer viel gelesen. Auch heute noch nimmt mich ein guter Roman völlig gefangen, besonders dann, wenn es um Liebe geht.«⁴⁵ An den schönsten Tagen des Jahres saß sie zu Hause und las. Durch die Hervorhebung des Lesens verstärkt sie in ihren Erinnerungen die Motive der Isolation, der Stille und der Langsamkeit, die sich bereits in ihrer Liebe zu dem Garten, der sie von der Außenwelt trennt, angekündigt hatten. Die Vergegenwärtigung des ersten Lesens ist eine Art »recherche du temps perdu«. Man spricht über die verlorene Zeit der Jugend, aber auch darüber, daß es die Welt, in der man las, nicht mehr gibt. Der stille Raum der Lektüre war Margherita Grassini zunächst wichtiger als der Kontakt zur Außenwelt. Wie der später von ihr verehrte Marcel Proust, der sich ein Versteck hoch im Baum suchte, um beim Lesen für die Blicke der Erwachsenen unerreichbar zu sein, verbarg sich auch Margherita Grassini im Garten mit einem Buch. Wir kennen diese Art, die Erklärung für ein ganzes Leben in der Erfahrung des frühen Lesens münden zu lassen, als eine charakteristische Form der Selbstthematisierung im 20. Jahrhundert.⁴⁶

Dann endete Margherita Grassinis kindliches Lesen, das Proust als »une façon d'un rêve« bezeichnet hat, und es begann ein Lesen, das ihr die Augen öffnete. Das kindliche Lesen hatte ihre Existenz im Garten der Lagunenstadt noch poetischer werden lassen. Aber schließlich drang selbst hinter diese Mauern der prosaische Geist, der in der Außenwelt regierte. Margherita Sarfatti wird ihr Leben lang eine Lesende bleiben, und hielt den Büchern ihrer Jugend die Treue. Auch als alte Frau konnte sie noch Shakespeare, Heine, Hugo und natürlich Dante aus dem Kopf zitieren. Sie blieb dem nationalen Kanon verpflichtet und ließ sich als gute Italienerin von der *Göttlichen Komödie* durchs Leben leiten. Ihre Lektüreerfahrung verweist auf ihre doppelte Identität als Jüdin in Italien des ausgehenden 19. Jahrhunderts. Sie ist einerseits Ausdruck jüdischer Tradition, andererseits markiert sie die entschiedene Abkehr von ebendieser Tradition. Wie ist das zu verstehen?

Von George Steiner stammt die Behauptung, nach der Zerstörung des Tempels habe das Judentum nur noch eine Heimat und das sei die des Buchs. »Wir gehen von Land zu Land, von Katastrophe zu Katastrophe, aber das Buch steckt in unserer Tasche. Wir lesen weiter *gemeinsam*. Wir lesen mit unseren Kindern, wir lernen auswendig, wir kommentieren, wir schreiben eben einen Text um den Text herum, und unser Paß, der einzige Paß, der mir wertvoll ist, ist eben das Recht, *im* Text eine Heimstätte zu finden.«⁴⁷

An keiner Stelle berichtet Margherita Sarfatti vom Studium der heiligen Bücher. In der Literatur hatte sie ein Kernelement der Weltlichkeit akzeptiert. Es war dies eine Weltlichkeit, die ihr Vater nicht gutheißen konnte. Er war ein Modernisierer im ökonomischen und technischen Bereich, doch seine spirituelle Basis bildete unverändert der jüdische Glaube. Seine Tochter hatte mit der monolithischen Einheit des Judentums gebrochen und war gierig nach dem eisigen und ironischen Geist der Moderne.

Durch den Auszug aus dem Ghetto hatte Margherita Grassini die »camera obscura« (Walter Pater) ihrer Kindheit verlassen. Der Palazzo Bembo war Ausdruck des neuen Lebensstils der Grassinis. Selbstbewußt reklamierten sie den Geburtspalazzo einer prominenten Renaissancegestalt als ihren Lebensraum. Damit demonstrierten sie ihren Anspruch auf Zugehörigkeit zur Nation. Ihr gesellschaftlicher und kultureller Status hatte sich geändert. Im Palazzo Bembo stellte sich die Frage nach dem Erbe neu. Was sollten sie aus dem Ghetto mitnehmen, bewahren, und mit welchen Werten sollten sie sich schmücken?

Im Innern des Palazzo am Canal Grande wurde die jüdische Religion und Tradition gepflegt und gleichzeitig der Auftritt der Kinder in der Außenwelt vorbereitet. Amedeo Grassini ließ seine Kinder zu Hause von Privatlehrern erziehen. Er allein entschied über die Erziehung seiner Kinder. Für seine jüngste engagierte er drei namhafte venezianische Gelehrte. Sie sollten sie unterweisen in der Geschichte und Kultur der Stadt, die nun auch die Juden als die ihre bezeichnen konnten. Sie sollten sie lehren, was wichtig ist und was nicht.

Der bereits erwähnte Pompeo Molmenti galt als Experte für venezianische Geschichte. Er liebte und verherrlichte die Maler seiner Heimatstadt, wobei er geschickt den politischen mit dem künstlerischen Mythos verknüpfte. Molmenti wurde nicht müde, den politischen Rang der Kunst hervorzuheben.[48] Er war Präsident der Academia di Belle Arti und mehrere Jahre Abgeordneter im Parlament.

Pietro Orsi hatte sich zunächst durch seine Studien über das italienische Mittelalter einen Namen gemacht. Angeregt durch den Einigungsprozeß, wandte er sich der zeitgenössischen Geschichte zu.[49] Er saß im Komitee zur Herausgabe der Schriften Cavours. Mit Orsi studierte das junge Mädchen Texte von Mazzini, Garibaldi und Cavour. Nach seiner Lehre spiegelt sich die Größe einer Nation in ihrer Kunst und in ihren Kriegen wider.[50]

Der dritte Lehrer hieß Antonio Fradeletto. Er war Venezianer und ebenfalls ein großer Bewunderer seiner Heimatstadt, über die er zahlreiche Bücher verfaßt hatte, er galt als angesehener Schöngeist und Literat.[51] Antonio Gramsci hat ihn als rhetorisch-sentimentalen Publizisten und Festredner bei großen Anlässen charakterisiert. Gramsci sah in ihm einen Typus italienischer Kultur, der im Verschwinden begriffen war und für den Patriotismus eine Art Berufsbezeichnung darstellte. Wie Amedeo Grassini war Fradeletto ein Generalsekretär der Biennale. Die Biennale entstand aus Anlaß der Feierlichkeiten zur Silberhochzeit von König Umberto I. und seiner Frau Königin Margherita im Jahr 1893. Der Rat der Stadt hatte beschlossen, daß Venedig dazu einen kulturellen Beitrag liefern sollte. Man wollte der Welt ein Zeichen für das nationale, moderne Italien setzen. Zur Auswahl der Künstler, die man zur Teilnahme aufforderte, wurde ein Gremium aus prominenten Bürgern und Künstlern gebildet, die entweder in Venedig geboren waren oder aber dort lebten. Stolz verkündete der Bürgermeister, die Biennale werde die besten Aktivitäten des modernen Geistes ohne Hinsicht auf die Nationalität des Künstlers präsentieren.

Antonio Fradeletto war die Aufgabe zugefallen, den Beschluß in die Tat umzusetzen. Als Rechter sah er Italiens Zukunft in den Händen einer gebildeten und verantwortungsbewußten Elite, die das Volk regiere und erzog. Seine Aufgabe bestand in der Vermittlung zwischen Politik und Kunst. Mit der Biennale wurde an die große Zeit der Stadt angeknüpft. Man wollte die Vergangenheit nutzen, um Geld mit dem Tourismus zu verdienen und Ansehen zurückzugewinnen. Es entsprach venezianischer Tradition, daß sich die Elite der Stadt um die Demokratisierung der Kunst bemühte. Charles Baudelaire hatte angesichts der *Exposition Universelle* 1855 in Paris festgestellt, daß für Ausstellungen diesen Ausmaßes eine postklassische Sensibilität notwendig sei. Es ging darum, Sachverstand des Generalsekretärs Fradeletto, wurde vorwiegend akademischer Malerei ausgestellt, der wachsende Einfluß der Symbolisten so gut wie nicht dokumentiert. Zwar zeigte man 1899 Werke von Hodler, Klimt und Khnopff, doch handelte es sich um nur wenige Bilder, die in der großen Ausstellung untergingen. Für die Vernachlässigung der Art Nouveau, des Jugendstils und des Symbolismus war Margheritas Lehrer mitverantwortlich. Seine Vorliebe für das abgelaufene Jahrhundert zeigte sich auch an der von ihm bevorzugten Innenarchitektur. Die Räume waren überfüllt, jeder Zentimenter Möbel und Wand üppig verziert. Dieser Salonstil war Ausdruck der allumfassenden Synthese, von der die 19. Jahrhundert träumte, aber zeugte auch von ästhetischer Ermüdung und historischer Erschöpfung. Die zeitgenössische Kunst wurde wie eine im Museum aufgebahrte Vergangenheit präsentiert. In diese Räume paßten die schweren, bärtigen Männer, die Europa regierten. Die jungen Futuristen in ihren nüchternen Anzügen hätten sich darin wie Fremdkörper ausgenommen.

Margherita Grassinis Lehrer waren Männer von Einfluß und Bildung. Fradeletto, Orsi und Molmenti hatten gemeinsam, daß sie die Vergangenheit lehrten und Verfechter der Gegenwart waren. Alle drei galten nicht nur als Experten für Kunst und Geschichte, sie agierten darüber hinaus in Politik und Kultur und zählten zur Prominenz des neuen Italien. Die Fünfzehnjährige genoß es, von solch wichtigen Männern unterrichtet zu werden. Die Lehrer stellten für sie die Verbindung zu einer anderen Kultur her. Amedeo Grassini wußte, daß das Ghetto zu einem vorrangig psychologischen Faktor geworden war, der sich auf den Geist und die Seele niedergeschlagen hatte. Durch die Unterweisung in einer anderen Kultur wollte Margheritas Vater seine Tochter von all den Eigenheiten, die das Ghetto den Juden aufgezwungen hatte, befreien. Die drei Lehrer lösten das Mädchen aus ihrer Ghettokindheit und lehrten sie eine Vergangenheit, die eine Geschichte ohne Juden war. Mit Orsi, Fradeletto und Molmenti setzte Margherita Grassini ihre kulturelle Immigration fort.

Schon bald war sie in ihrem eigenen Urteil so sicher, daß sie es wagte, ihren Lehrern zu widersprechen. Antonio Fradeletto wurde zur Zielscheibe ihrer Kritik. Im Gegensatz zu ihm mochte sie nämlich die Symbolisten. Die akademische Kunst dagegen war in ihren Augen verstaubt und anachronistisch. Fradeletto hatte Margherita nicht nur mit Machiavelli und Petrarca bekannt gemacht, sondern auch mit den Schriften des Engländers John Ruskin.[52] Ruskin wurde so etwas wie ihr vierter Lehrer. Er fügte der nationalkulturellen Ausprägung ihrer Erziehung noch eine moralische Komponente hinzu. Ruskin war es, der J.M.W. Turner gegen das viktorianische Kunstestablishment durchgesetzt hatte. Margherita wähnte sich in dessen Nachfolge, wenn sie Fradeletto gegenüber für die modernen Maler eintrat.

Venedig gab sich dem Verfall hin. Die Stadt versuchte gar nicht mehr, sich als Subjekt der Geschichte zu maskieren, sie fungierte bereitwillig als Objekt der melancholischen Nutzung. Es waren nun die Fremden, die die Stadt mythisierten und romantisierten. Nachdem in Europa endgültig das Zeitalter der Massen und der eisernen Industrie angebrochen war, flüchteten sich die Empfindsamen an den Lido, um dort ihren Weltschmerz zu kultivieren. Es waren die Künstler, die auf den geheimen Korrespondenzen zwischen der Stadtlandschaft und ihrer Seele beharrten. Man führte dort ein geisterhaftes und zeitloses Leben. Die Illusion ersetzte die Kommunikation. In Venedig fühlte sich der Mensch des 19. Jahrhunderts befreit vom Positivismus und der Industrie; er fühlte sich dem ungerührten Fortschreiten des Verfalls, dem Untergang und dem Tod ausgesetzt. Venedig ist das Symbol des alten Europa. Hier war nicht die Rechenhaftigkeit, sondern die Sorglosigkeit der herrschenden Klasse gewesen. In Paris hatte die philosophische Begründung der Freiheit zur Herrschaft des Volkes geführt. In Venedig dagegen verstand man unter Freiheit den Taumel des Festes. Mit der Maske war der Mensch frei von seiner Herkunft und seiner Stellung. Diese Freiheit vermittelte keine Botschaft, sie war antiintellektuell und offenbarte sich als pure Verschwendung.

Die Hofkünstler ohne Hof fanden ihr Exil am Canal Grande. Am Lido war es still, dort »schwimmt durch die Straßen der Fisch, und gespenstisch gleitet die Gondel über das grüne Wasser«.[53] Der Bühnenraum der Lagunenstadt hatte gar keinen Platz für die Massen, die andernorts die Geschicke lenken wollten. Venedig war ein Ort frei von Politik, eine Stadt ohne Energie und ohne Impulse für die Gegenwart. In Venedig darf der müde Künstler seinen Tränen freien Lauf lassen und sich anstecken lassen von dem kranken Organismus der Stadt. In Venedig stirbt Richard Wagner und wird Serge Djagilew begraben.

In den Augen der Fremden war Amedeo Grassini ein Agent des Ausverkaufs der Stadt. Das neue Nahverkehrssystem zerstörte das elegische Bild der schwarzen Gondeln im grünen Wasser. Für den ehemaligen Ghettobewohner begann erst die Zukunft. Sie lag für ihn in der Vermarktung der Vergangenheit. Nichts veranschaulicht Grassinis Einstellung zu seiner Stadt deutlicher als der Einbau eines Aufzugs in den Palazzo Bembo. Es war der erste Aufzug in einem venezianischen Privathaus und zeugte von dem gänzlich unsentimentalen Verhältnis, das Amedeo Grassini zum Kulturgut seiner Stadt unterhielt.

Die Tochter teilte in gewissem Sinne die Einstellung ihres Vaters Keiner hat so schonungslos mit dem pituresken Venedig aufgeräumt wie Margheritas geistiger Mentor John Ruskin. Er gehörte zu jenen »standesgemäßen Fremden schlechthin, und zwar den Fremden einer modernen Zeit, in der es viele neue Anlässe und Motive gab, im Ausland zu leben«.[54] John Ruskin kam nach Venedig, um in unermüdlichem Einsatz die Bauten der Stadt zu zeichnen, zu beschreiben, zu aquarellieren oder zu fotografieren. Viele der von ihm auf dem Papier erhaltenen Bauten wurden abgerissen oder durch Umbauten bis zur Unkenntlichkeit entstellt. Ruskin war gläubiger Protestant, und vielleicht rührt daher sein unsentimentales Verhältnis zur Gegenwart Venedigs und dessen Bewohnern. Ruskin litt unter den Veränderungen, für die unter anderem auch Margheritas Vater verantwortlich war. Vaporetti, Touristen und restaurierte Palazzi quälten ihn bis zum geistigen Zusammenbruch. Amedeo Grassinis Tochter lernte aus den Schriften Ruskins nicht nur eine nüchterne Betrach-

43

tungsweise ihrer Heimatstadt kennen. Von Orsi, Molmenti und Fradeletto war sie über den hohen Stellenwert der Kultur aufgeklärt worden. Doch erst Ruskin lehrte sie, daß es gerade der Fremde ist, der sich mit einer anderen Kultur identifizieren und schmücken kann. »Das Jüdische des westlichen Juden konnte sich nicht mehr für sich allein behaupten. Selbst in seiner jüdischen Identität – die er schließlich möglichst in der sicheren Dunkelheit privater Räume verbarg – hing der Jude von der nicht-jüdischen Autorität ab. Sie, die Nicht-Juden, waren die ›angesehenen Personen‹, die einzig und allein die Autorität besaßen, die Bedeutung des Jüdischseins zu definieren. (...) Für sich allein hatten die Juden einfach keinen Sinn. Eine Geschichte der Juden für sich allein las sich als eine Lüge, und als eine hermetisch undurchdringliche Lüge obendrein.«[55]

In ihrer Familie standen Technik, Wissenschaft, Politik und Ökonomie im Mittelpunkt. Doch Margherita will mehr. Durch Kultur will sie Anrechte aufs Ganze erwerben. Bereits die Schülerin versucht, auf neue Weise das Medium der Kultur zu annektieren, wenn sie mit Fradeletto über den Wert der akademischen Malerei streitet und selbst auf die Moderne setzt. Gleichzeitig jedoch nutzt sie die Kultur Venedigs zu ihrer Selbstdarstellung. Sie inszeniert ihr ›Äußeres‹, als sei sie eine von Tizian gemalte Figur. In diesem Sinne scheinen Eros und Geist ihrer Heimatstadt in ihr vereint. Kultur ist für Margherita zu einem Material der Verfügung geworden.

Die Entdeckung der Kultur Venedigs geht bei Margherita Grassini einher mit dem Erwachen ihres sozialen Gewissens. Margherita saß im Garten und las. Die Literatur bildete die imaginative Grundlage für ihr späteres politisches Engagement. Zola, Ibsen und Shaw sprengen den traditionellen familiären und religiösen Rahmen. Nachdem sie den Garten verlassen hat, steht sie nicht nur inmitten der Kultur, sondern sie beginnt auch, das Elend zu registrieren. »Es war der Sozialismus der ›Schandenempörung‹, die ethische Revolte gegen das niedrige skeptische Schmarotzertum der kleinen Tyrannen im Süden und der Spekulanten im Norden – es war jener Sozialismus, der auf geheimnisvollen geistigen Wegen beispielsweise bis zu meinem von Spiel und Studien begrenzten Leben, in einem stillen Haus mit klerikal-gesinnten Neigungen, vordrang.«[56]

Zusammen mit ihrer Schweizer Gouvernante wagt sie es, den schützenden Palazzo zu verlassen. Heimlich kauft sie Heftchen, in denen die Not der Arbeiter ausgemalt wird. Die »Heftchen-Proletarier« lehnen sich gegen ihr unwürdiges Leben auf und werden Sozialisten. Angeregt durch diese Lektüre, besucht sie arme Familien. Wir kennen diese Form politisierter Mildtätigkeit aus vielen autobiographischen Schilderungen.

44

Diese Besuche fungierten zumeist als Erweckungserlebnis einer sozial und politisch verantwortungsbewußten Bürgerin. Die Gouvernante ist für Margherita Grassini das wichtige Bindeglied, um von der Literatur über die angeblich wahren Geschichten, die man am Kiosk kaufen kann, schließlich in die Quartiere der Proletarier zu gelangen. In den Erinnerungen der Männer dieser Generation ist die Bedienstete oftmals mit dem sexuellen Erwachen verbunden; bei Margherita Grassini ist die Gouvernante die Mittlerin des sozialen Erwachens. Aus der Fiktion kommend, wird sie mit dem »Elend der Welt« konfrontiert. Doch Fiktion und Wirklichkeit stoßen sich in ihrem Fall nicht ab, sondern verstärken sich gegenseitig. Sie spürt in sich die Berufung, für eine bessere und schönere Welt zu kämpfen.

Angereichert wird diese Berufungsgeschichte noch durch die bereits erwähnte Begegnung mit dem rothaarigen Professor. Die Lektüre moderner Literatur, die verbotenen Besuche in der Außenwelt und die heimliche Beziehung zu einem Sozialisten künden den bevorstehenden Bruch mit dem Vater an. Das notwendige Initialdrama der Revolte im Palazzo ist ein Artikel Margheritas in der sozialistischen Zeitschrift *Avanti!*. Der Vater kommt ihr trotz des Pseudonyms auf die Schliche. Amedeo Grassini tobt. Dadurch verstärkt er die Hinwendung seiner Tochter zu einer Idee und einer Partei und ihre Abwendung von Herkunft und Familie. Nachdem der Skandal im Hause Grassini bekanntgeworden war, habe man von ihr als der »Roten Jungfrau« gesprochen, berichtet sie nicht uneitel. Dieser Name sei in Anlehnung an die Heldin der Pariser Commune, Louise Michel, gewählt worden.[57]

Der Text als Tat. Margherita war dabei, den Lebenskompromiß ihres Vaters zu gefährden. Amedeo Grassini gehörte zu den politischen Rechten und arbeitete eng zusammen mit Giuseppe Sarto, dem Kardinal von Venedig. Die beiden Männer waren sich einig in ihrer Ablehnung des Sozialismus und der Moderne.[58]

Amedeo Grassini ist antimodern, patriotisch und konservativ. Seine Tochter behauptet, ihr sei durch das Elend der Proletarier klargeworden, welcher Klasse sie angehöre. Sie beginnt sich ihrer Herkunft zu schämen. Dieses von ihr in Anschluß an Marx »Schandenempörung« genannte Gefühl markiert den Bruch mit der Assimilationsgeschichte des Großvaters und des Vaters. Sie schämt sich nicht ihrer Herkunft aus dem Ghetto, sondern ihrer Herkunft aus dem Palazzo. Sie nimmt einen Klassenstandpunkt ein und erklärt dadurch ihre jüdische Herkunft für bedeutungslos. Amedeo Grassini kennt den Zwiespalt zwischen politischer Loyalität und kultureller Konformität. Er löste ihn, indem er das Kulturerbe der Christen mit jüdischem Geist belebte. Den Druck des Projekts der Moderne erfuhr er erst richtig, als sich seine Tochter gegen die jüdische Tradition und Religion wandte. Das ehrgeizige jüdische Mädchen aus dem Palazzo war umgeben von einer Vielzahl kultureller Erfahrungen, die ihr bedeutungsvoll wurden, aber nicht zur Welt ihrer Väter gehörten. Margherita wählte als individuellen Ausweg aus der kollektiven Bindung den Sozialismus. Eine Welt, in der alles, was vorher war, nicht mehr galt, war das assimilatorische Projekt ihres jungen Lebens.

Die Heirat war die Lösung des Dilemmas mit dem Vater. 1895 hatte Margherita Grassini Cesare Sarfatti kennengelernt. Der Neunundzwanzigjährige paßte in die von ihrem Großvater und Vater geprägte Tradition: Cesare war ein an der Universität Padua ausgebildeter Rechtsanwalt. Seinen Militärdienst hatte er als Offizier beendet. Seine Familie stammte ursprünglich aus Frankreich. Die Sarfattis galten als eine wohlhabende und angesehene Familie. Cesare Sarfatti war ein korpulenter, dunkelhaariger Mann mit einem großen Schnurrbart. Die Fünfzehnjährige – an den Umgang mit älteren Herren gewohnt – schätzte seinen scharfen Verstand und seinen Sinn für Humor. Im Gegensatz zu ihren Lehrern und ihrer Familie hatte Cesare seine konservative Zeit bereits hinter sich. Als sie sich kennenlernten, trat er für eine antimonarchistische, an Mazzini orientierte Politik ein. Angeblich brachte ihn seine junge Freundin dazu, den Sozialisten beizutreten, indem sie ihm klarmachte, daß für sie nur ein Sozialist als Mann in Frage komme.

Der Vater war mit dem Freund seiner Tochter nicht einverstanden. Er fand ihn zu alt, sein gesellschaftlicher Rang und sein Vermögen erschienen ihm zu gering für seine Jüngste. Völlig indiskutabel war jedoch Cesares politische Einstellung. Amedeo Grassini kämpfte gegen den wachsenden Einfluß der Sozialisten in Italien und teilte seiner Tochter mit, daß er niemals einer Heirat mit Sarfatti zustimmen werde. Doch Margherita hatte sich bereits für Cesare als Fluchthelfer aus dem Palazzo entschlossen. Mit achtzehn Jahren heiratet sie. Die Trauung findet im Palazzo Bembo statt, die Hochzeitsreise geht über die Schweiz nach Frankreich. Ihre Ehe mit dem jüdischen, doch für die sozialistische Sache engagierten Rechtsanwalt führt sie aus dem rein dem ökonomischen und gesellschaftlichen Weiterkommen verpflichteten Elternhaus. Amedeo Grassini stattet seine Tochter mit einer großzügigen Aussteuer aus und entläßt sie aus dem Palazzo. Rückblickend hat sie ihre Entwicklung knapp kommentiert: »Mit dreizehn Jahren verliebte ich mich in die Malerei, mit fünfzehn in eine Idee, mit sechzehn in einen Mann. Mit siebzehn Jahren heiratete ich auf einen Schlag die Literatur, die Künste, diese Idee und diesen Mann.«

Die Ehe mit dem Juden Sarfatti könnte auch der Beginn einer Emanzipationsgeschichte sein, die Margherita in den Kreis ihrer Familie zurückführt. Doch ihre individuelle Wahl des Ehemannes war mit der Wahl eines neuen Kollektivs verbunden. Dieses Kollektiv war die sozialistische Partei.

Cesare Sarfatti machte sich einen Namen als Anwalt, der auch Sozialisten verteidigte. Er strebte selbst in die aktive Politik und hoffte auf einen Abgeordnetensitz im Parlament. Doch seine Bemühungen, in Venedig eine starke sozialistische Basis zu installieren, mußten scheitern. Dies lag zum einen am erbitterten Widerstand der konservativen und katholischen Elite der Stadt, zu der auch sein Schwiegervater zählte. Venedig war zum anderen kein Ort der Politik mehr. Die Stadt war ganz auf ihre Ästhetisierung und Vermarktung konzentriert. Es fehlte an Schwerindustrie und damit auch an Arbeitern, die man hätte organisieren können. Cesare Sarfatti ließ sich zur Wahl für die Sozialisten aufstellen. Er mußte eine bittere Niederlage einstecken. Mit seinen Ambitionen für die aktive Politik war er damit zunächst gescheitert.

Die Wahl des Mannes war ein Kompromiß zwischen ihrem alten und ihrem neuen Leben. Die Wahl des Kollektivs war ganz im Sinne der Zeit. Margherita Sarfatti, die vormals im Ghetto und dann im Palazzo abgeschlossen gelebt hatte, nimmt nun teil an der erweiterten Kommunikation des nationalen Italien. Der väterlichen Zensur ledig beginnt sie zu schreiben und veröffentlicht in kleineren sozialistischen Zeitschriften erste Texte zur Kunst. Konsequent setzt sie den Weg in die Öffentlichkeit fort. 1900 wird ihr Sohn Roberto und zwei Jahre später ihr Sohn Amedeo geboren. Die Ehe hatte zur Familie geführt und die Partei zu einem Beruf. Ehe und Partei hatten sie aus Tradition und Religion gelöst. 1902 verläßt sie zusammen mit Cesare und den Kindern die Stadt ihrer Herkunft. Wenn sie erfolgreich im neuen Jahrhundert sein wollten, mußten sie das morbide Venedig hinter sich lassen. Die Sarfattis ziehen nach Mailand in das Zentrum des neuen Italien und die Hochburg der sozialistischen Partei.

47

II. Mailand

Mario Nunes Vais:
Margherita Sarfatti (um 1915)

Der Salon

In Mailand begann das 20. Jahrhundert mit dem Bau eines Bahnhofs. Der Mailänder Bahnhof ist ein riesiges Gebäude aus Rauch, Glas und Stein, dessen Monstrosität Inbegriff der Hoffnungen und Sehnsüchte ist, mit denen man in der lombardischen Hauptstadt das neue Jahrhundert willkommen heißt. Der Bahnhof ist das Zentrum der Mobilität in der »Stadt der Arbeit«, wie Mailand von den Italienern auch genannt wird. Seine zweihundert Uhren zeigen mit schonungsloser Präzision das Verstreichen der Zeit an. Im Innersten war der Bahnhof »ein Ort der Begegnung zwischen einem veralteten, verknöcherten, unzivilisierten Italien und einer Epoche, die gierte nach Produktion, die auf den Knien lag vor der Produktion von Dingen in immer schwindelerregenderen Zahlen«.[1] In der Stadt, die sich in diesem Bahnhof erkannte, lebten die Ingenieure, die im Besuch der Oper oder beim Rendezvous stets ihren Rechenschieber in der Brusttasche trugen. Stendhal hatte das Mailand des frühen 19. Jahrhunderts als eine der glücklichsten Städte der Welt bezeichnet. Das Mailänder Bürgertum lebte erfolgreich, wohlhabend und selbstzufrieden, »gehalten vom gefetteten und brüderlichen Klima, von einer belebenden Speckbrühe«.[2] Aber das beginnende 20. Jahrhundert hatte der Stadt noch ein anderes Gesicht hinzugefügt: das der Arbeitersiedlungen, der Industrieanlagen, der Armut und der Verzweiflung. Das moderne und zugleich vitale Element Mailands waren seine Techniker und seine Arbeiter. Sie hatten einen neuen Glauben in die Kaufmannsstadt gebracht: Die Techniker vertrauten auf die Konstruktionswissenschaften, den Fortschritt und die Stabilität von Eisenbeton, während die Arbeiter ein besseres Leben suchten, den Lauf der Geschichte anklagten und auf den Sozialismus hofften. Es gab in Italien keine andere Stadt, die so auf den Geist des neuen Jahrhunderts setzte wie Mailand. Diese moderne Stadt war »eine riesige Schule, wo alles – Straßen, Schaufenster, Abfalleimer – Lektionen erteilt«.[3] Hier dominierte nicht wie in Venedig das einzelne, statuarische Bild, die äußeren Eindrücke unterlagen vielmehr einem raschen, ununterbrochenen Wechsel. Venedig zielte auf das Gemüt, Mailand auf den Verstand. Das

51

großstädtische Leben favorisiert den Zufall und ist doch auf Berechenbarkeit, Pünktlichkeit und Exaktheit ausgerichtet.

Margherita Sarfattis Weg von Venedig nach Mailand folgt der inneren Logik ihrer Familiengeschichte. Ihr Großvater Marco verließ zu einem Zeitpunkt gesellschaftspolitischer Umwälzungen die Provinz und zog ins Ghetto nach Venedig. Sein Sohn Amedeo nutzte die Chancen, die ihm das neue Italien zum Ausbau seiner Position bot. Er zog zu den Christen. Seine Tochter wählte sich so weit wie möglich vom Ghetto, das neue Italien zu ihren neuen Lebensmittelpunkt eine moderne Großstadt. Damit entfernte sie sich so weit wie möglich vom Ghetto, hatte man mit der vertrauten Gemeinschaft auf engstem Raum gelebt. Der Glaube und die Riten hatten für Schutz, Wärme und Geborgenheit gesorgt. Die Großstadt dagegen fordert von ihren Bewohnern Reserviertheit und Distanz, es gilt das Recht auf Mißtrauen, mit dem man anderen zunächst als dem Fremden begegnet. Diese eingeübte Distanz befreit den einzelnen aus der eifersüchtigen Begrenzung, die ihm das Leben in einer intimen Gemeinschaft auferlegt. Mailand bescherte dem Ghettokind Margherita Sarfatti ein großes Maß an persönlicher Freiheit. In Venedig zählte ihre Familie zu den Honoratioren der Stadt. Margherita war in Venedig eingebunden in einen familiären und noch immer religiös geprägten Rahmen. Mailand dagegen bedeutet den Neubeginn, denn Mailand war die aufsteigende Stadt im Italien des 20. Jahrhunderts.

Der Umzug untermauert ihren Bruch mit der jüdischen Vergangenheit. Sie will sich von ihren historischen Bindungen befreien und sucht die anonymisierende Macht der Großstadt. Das Fremde der neuen Stadt begreift sie als Chance. Im Gegensatz zum vertrauten Venedig mußte sie sich in Mailand darum bemühen, ihre Talente und Fähigkeiten zur Geltung zu bringen. Hier verstand sich nichts von selbst. Es bedurfte gewisser Inszenierungen der eigenen Person, um sich in der fremden Umgebung einen Namen zu machen.

Alles in der Stadt strebte nach Expansion: die Industrie, die Technik, die Produktion, der Konsum; sogar die Arbeiterbewegung. Margherita Sarfatti machte sich zunächst mit den Eigenheiten dieser Welt vertraut. Wo lagen die Energiezentren und Verzweigungspunkte dieses städtischen Kosmos? Das alteingesessene Bürgertum kam dabei nicht in Betracht. Sarfatti wollte zur neuen Elite des Landes gehören, die vom Norden aus die alten Männer in Rom das Fürchten lehrte. Sie kam nicht mit leeren Händen. Durch ihren Vater war sie mit dem jüdischen wie mit dem katholischen Milieu vertraut. Obwohl sie eine ausgesprochene Befürworterin der Moderne war, gewährte ihr sogar Papst Pius X. Audienzen. Der alte Freund Amedeos war ein radikaler Antimoderner, dem jedoch in diesem

Fall die persönlichen Beziehungen über die politischen Differenzen gingen. Andererseits machte sich ihr Mann in sozialistischen und zionistischen Kreisen einen Namen. Sie gehörte also zwei Netzwerken an, die sonst nichts miteinander zu tun hatten. Mit der biographischen Klugheit einer gelehrigen Tochter hatte sie Cesare als Mann gewählt, um dem Vater zu entkommen, ohne mit ihm zu brechen. Margherita war keine verlorene, sondern in allem eine gewinnende Tochter. Das genealogische und das soziale Prinzip stellten für sie keinen Gegensatz dar. Vielmehr suchte sie über ihre Familie den Weg in die Gesellschaft. Margherita mehrte das Erbe ihrer Herkunft, indem sie bei nur geringem Einsatz größtmögliche Selbständigkeit hinzugewann.

Im Salon der Anna Kuliscioff traf sich die sozialistische Elite Italiens. Der Salon war im vierten Stock an der Piazza del Duomo ganz in der Nähe der Galleria Vittorio Emanuele II. gelegen. Die Besucher saßen auf Ledersofas, die um die großen Fenster herum arrangiert waren. Das Quietschen der Straßenbahnen und das Rufen der Zeitungsverkäufer drangen nur gedämpft in den Raum. Jeder Sozialist, der etwas auf sich hielt, machte der Kuliscioff in ihrem Salon seine Aufwartung. So auch Margherita und Cesare Sarfatti, denen diese Art der politischen Zusammenkunft noch unvertraut war.

Der Salon ist ein Ort weiblicher Regiekunst. Die Salonnière stellt ihre Privaträume zur Verfügung, sie leitet und initiiert die Gespräche, sorgt für Harmonie und Wohlbehagen. Die besondere Kunst der Salonführung bestand darin, die Verhaltensregeln so zu handhaben, daß sie ohne jeden Zwang waren und der Salon als ein Ort freien sozialen Umgangs erschien. Im Salon kultivierte man Höflichkeit, Bildung und Geist. Da zählte das Argument; nicht Geld oder Blut. In der Figur der Salonnière hatte sich etwas von der aristokratischen Lebensform erhalten. »Ihre Präsenz im Salon ist auch das Ergebnis einer Erziehung, die auf einen anderen Präsentationsrahmen als die familiale Sphäre zielt.«[4] Die Salonnière muß dafür sorgen, daß die Balance zwischen unzweifelhafter Ehrbarkeit und zweideutiger Unterhaltsamkeit gewahrt bleibt. Sie darf weder langweilig noch leichtfertig sein und muß das Spiel mit den Worten, den Blicken und den Männern beherrschen. Sittsamkeit, die hohe Tugend der Bürgerstöchter, ist hier fehl am Platz. Die Salonnière übt eine subtile Macht aus, indem sie Gunst gewährt oder durch Ausschluß bestraft. Mit dem Siegeszug des Bürgertums, der Nationalstaatlichkeit und der Industrialisierung endet die Salonkultur. Dabei wird allerdings übersehen, daß in der zweiten Hälfte des 19. Jahrhunderts eine Gestalt auf der europäischen Bühne auftaucht, in sich die untergehende aristokratische Welt mit politischen

Zukunftsphilosophen verband. Der russische Anarchist bricht in Europa ein. Das 20. Jahrhundert kommt von der Peripherie.

Anna Kuliscioff war eine Vorbotin des kommenden Jahrhunderts der Revolution und der Ideologie. Als Margherita Sarfatti sie kennenlernte, galt sie als die graue Eminenz des italienischen Sozialismus. Anna Kuliscioff war die wichtigste Frau in Margherita Sarfattis Leben. Sie widmete ihr ein ganzes Kapitel ihrer Erinnerungen, und noch nach fünfzig Jahren spürt man die erbitterte Konkurrenz gegenüber der großen Rivalin, aber auch die Faszination, die Margherita Sarfatti für diese Frau empfand.

Ihre Getreuen durften sie »La signora Anna« nennen, für den Rest der Welt war sie »La Kuliscioff«. Die große Dame des italienischen Sozialismus war immer ganz in Schwarz gekleidet und trug eine schneeweiße Bluse. Sie rauchte ununterbrochen und war bekannt für ihre Durchsetzungskraft und ihren Willen. Sarfatti beschreibt sie als ein »kaltes, schönes Juwel«.

Anna Kuliscioff war bereits zu ihren Lebzeiten ein Mythos. 1854 als Anna Mikhailovna Rosenstein auf der Krim geboren, stammte sie aus einer reichen jüdischen Familie und verbrachte eine Jugend im Luxus. Sie genoß eine ausgezeichnete Erziehung und wurde mit siebzehn Jahren zum Studium in die Schweiz geschickt. In Zürich geriet sie in Kontakt mit exilierten russischen Revolutionären, brach ihr Studium ab und wurde eine Anhängerin Bakunins, den sie persönlich kennengelernt hatte. Der galt als Anwalt der unterdrückten Völker und propagierte das Brigandentum. Mit neunzehn Jahren heiratete sie einen russischen Genossen, der ebenfalls vornehmen Kreisen entstammte. Solche Heiraten waren üblich bei Revolutionären aus gutem Hause. Die Frau wurde dadurch aus den Fängen der Familie befreit, die nicht mehr für die Taten der Tochter verantwortlich war, so daß diese Art Heirat politische Emanzipation ausdrückte. Kuliscioff kehrte nach Rußland zurück und schloß sich zusammen mit ihrem Mann einer Gruppe an, die zu den Bauern und Arbeitern ging, um sie in ihrem Sinne zu erziehen. Anders als Margherita, deren Antrieb, politisch zu denken, aus der Fiktion geboren ist, wendet sich die wohlerzogene Anna den Armen zu. Sie erlebt Elend und Verzweiflung hautnah. Diese jungen Avantgardisten des politischen Bewußtseins waren enthusiastische Moralisten, die ihre politische Arbeit mit religiösem Eifer verrichteten. Sie agierten konspirativ, wurden häufig verhaftet, und ihre Erfolge nahmen sich eher bescheiden aus. Zu dieser Zeit war Anna noch nicht tonangebend, sie befand sich noch in der Ausbildung zur Berufsrevolutionärin. Kuliscioff wurde jedoch nie zum Typus der geschlechtslosen Genossin, sondern blieb umgeben von der Aura der schönen, kultivierten Frau.⁵ 1877 mußte sie Rußland verlassen. Es begann die Zeit ihres lebenslangen Exils.

Zuerst gibt sie sich einen neuen Namen und nennt sich Anna Kuliscioff. Sie phantomisiert ihre Existenz durch diese Namensgebung und nimmt damit etwas vorweg. Die Kuliscioff bleibt jedoch eine treue Tochter, trifft ihre Eltern bei deren Europareisen und erhält von zu Hause einen monatlichen Scheck. Ihre Apanage erlaubt es ihr, Revolutionärin zu sein. Der gepflegte Müßiggang der höheren Tochter hatte sich in selbstloses politisches Engagement gewandelt.

Die »russischen Jahre« wurden bestimmend für ihr weiteres politisches Leben. Als sie erneut ein Studium begann, wählte sie die Medizin. Ihr innerer Antrieb war es, den Armen zu helfen und dadurch selbst zu einem besseren Wesen zu werden. Bei russischen Schriftstellern wie Dostojewskij oder Tolstoi findet sich derselbe ernste Ton dem Alltäglichen gegenüber, der auch Anna eigen ist. Er geht auf eine christlich-altpatriarchalische Vorstellung von der kreatürlichen Würde des Menschen zurück, wie man sie so im Westen nicht kennt. Der russische Realismus – ob in der Literatur oder der Politik – war von einer im Westen unbekannten Radikalität. Das »Alles oder Nichts«, in dem sich Großartigkeit mit Dilettantismus mischt, prägt auch Anna. Mit schonungsloser Konsequenz änderte sie ihr Leben. Sie entsagte dem Luxus und wurde eine Verfolgte. In Rußland, an der Peripherie der Moderne, besaß man einen sicheren Instinkt für das, was im Zentrum krisenhaft und brüchig war. Anna fand zuerst im Anarchismus und dann im Sozialismus ihre Berufung. Sie wies sich selbst einen Platz zu und verließ ihre großbürgerliche Welt, die dem Untergang geweiht war. Die revolutionäre Bewegung bot ihr eine geistige Heimat und ein soziales Milieu, das ersetzte, was sie verloren oder verlassen hatte.

Ihr Exil beginnt mit einer Liebesgeschichte, die den Stoff für einen Roman abgeben könnte. In Lugano trifft sie Andrea Costa, den schönen, wilden Mann des italienischen Anarchismus. Er hatte bei Carducci studiert, der sich von der Intelligenz des jungen Mannes beeindruckt gezeigt hatte. Der Kampf für die Anarchie war für Costa eine Art Abenteuer. Er fühlte sich durch die Politik dem Leben näher. Costa war der Sohn eines Arbeiters aus der Romagna und Kuliscioff eine als Dame erzogene Russin. Sie trafen sich als politisch Exilierte, die ihr Vaterland hatten verlassen müssen. Das war die Grundlage für einen neuen Lebensentwurf. Denn der Glaube an die Veränderung der politischen Verhältnisse sorgte für neue Paarbildungen, die dem Ideal der romantischen Liebe sehr nahe kommen. Selbstlos für die gemeinsame Sache kämpfend, fühlen sich Costa und Kuliscioff ohne Heirat miteinander verbunden. Sie schwören sich zusammenzubleiben, solange die Liebe währt. Anna Kuliscioff und Andrea Costa sind Genossen und Liebende.

Den Winter 1877 verbringen sie in Paris. Der monatliche Scheck aus Rußland reicht kaum zum Leben, und Andrea Costa verdingt sich als Blumenverkäufer. Sie leben ganz ihrer Liebe und der Politik ergeben. Kuliscioff und Costa waren fünf Jahre ein Paar, und aus der Verbindung ging ihre Tochter Andreina hervor, die später von der Mutter erzogen wurde. Ihre gemeinsame Zeit ist geprägt von Ausweisungen, Verhaftungen, Anklagen, Gefängnisaufenthalten, Strategiediskussionen und materieller Not. Anna galt als gefährliche russische Nihilistin und ihr Geliebter als draufgängerischer Anarchist. Costa war Kuliscioffs große Leidenschaft. Durch ihn wurde sie zu einer intimen Kennerin der italienischen Verhältnisse und begann Italienisch zu lernen. Doch politisch bedeutsam wurde diese Liebe dadurch, daß Anna Kuliscioff Costa zur Konversion verführte. In den Jahren des Exils hatte sie gelernt, daß unter den ungleich liberaleren Bedingungen Europas der Anarchismus russischer Prägung erfolglos bleiben mußte. Anna Kuliscioff wandelte sich von der Anarchistin zur Sozialistin.

Costa, der die Aktion um jeden Preis forderte, genoß die Wollust der großen Idee und des Martyriums, wie sie der Anarchismus[6] bot. Andererseits liebte und respektierte er seine Frau, sie war der Mensch, der ihm am nächsten stand. Schließlich folgte er ihrem politischen Einfluß und sagte sich von der revolutionären Politik los. In einem Brief an seine Freunde erklärt er, sie hätten sich mit ihrer aktionistischen Politik zu weit vom Volk entfernt. Nüchtern konstatiert er, sie seien so sehr mit sich selbst beschäftigt, daß sie darüber die Nöte der Menschen vergessen hätten. Der Brief trägt ohne Zweifel die Handschrift seiner Geliebten. Nach Costas Konversion konnte das Paar auch politisch wieder in eine gemeinsame Zukunft blicken.

Ihre Einigung war allerdings nur von kurzer Dauer. 1882 beginnt sie sich von ihm zu entfernen, und 1885 bezeichnete sie als das Jahr, in dem ihre Liebesgemeinschaft mit Costa beendet war. Sie hatte genug von seinen ständigen Affären mit anderen Frauen und warf ihm vor, daß er sich zu wenig um die gemeinsame Tochter kümmere. Sie beginnt ein Medizinstudium in Bern, und er zieht als Abgeordneter in das Parlament in Rom ein. Costa warf seinen ehemaligen Genossen vor, sie fühlten sich als Poeten und nicht als Politiker. Er jedoch wollte mit seiner Politik Erfolg haben und Macht erringen. Die Träume vom heroischen Leben hatten sich erledigt. Jeder wußte, daß dahinter die Frau aus Rußland stand. Durch ihre Liebe und ihren Einfluß hatte Anna Kuliscioff eine wichtige Position innerhalb der italienischen Linken errungen.

56

Nach der Trennung fühlte sie sich ausgebrannt und erschöpft. Bereits zwei Jahre zuvor hatte sie einer Freundin gestanden, sie habe genug davon, eine »wandernde Jüdin« zu sein, und sehne sich nach Ruhe. Die fand sie bei Filippo Turati.[7] Als sie sich kennenlernten, fühlten sich beide heimatlos, und er litt außerdem unter seinen schwachen Nerven. Als Paar gelang es ihnen, sich persönlich und politisch zu stabilisieren. Aus völlig unterschiedlichen politischen Welten stammend, verschmolzen die beiden zu einer Einheit, die Italiens Politik im ausgehenden 19. Jahrhundert und beginnenden 20. Jahrhundert maßgeblich mitbestimmen sollte. Zehn Jahre vor ihrer Begegnung war Turati Monarchist und Kuliscioff Anarchistin, als sie sich zur Sozialistin wandelte, nahm er zu republikanischen Kreisen auf, und 1885 war sie eine in ihrem Glauben gefestigte Marxistin und er ein Positivist und Menschenfreund. In den Jahren zwischen dem Beginn ihrer Beziehung und der Gründung der Sozialistischen Partei wandelte sich Turati unter Kuliscioffs Einfluß zum reformbereiten Sozialisten. Durch seine Konversion hatte sie erneut einen wichtigen Part bei der Gestaltung italienischer Politik gespielt. Wieder hatten sich persönliche Liebe und politische Leidenschaft in der Beziehung zwischen ihr und einem Mann miteinander verbunden. Sie schien prädestiniert für die Rolle der Frau im Hintergrund, die Einfluß über den Mann ausübt. Dabei stilisierte sie sich als die geheimnisvolle Fremde, die wohlvertraut mit der Macht war.

Nachdem sie ihr Medizinexamen abgelegt hatte, arbeitete sie in den Mailänder Armenvierteln. Ihrer russischen Erfahrung treu bleibend, wollte sie bei den Ausgebeuteten und Entrechteten sein. Diese aufopferungsvolle Arbeit bestärkte sie in ihrem Glauben an den Sozialismus. Turati und Kulscioff bildeten eine lebenslange Liebes- und Arbeitsgemeinschaft: sie verfügte über theoretisches Wissen und verstand es, sehr schnell wichtiges Material für eine Rede oder Vorlage aufzubereiten. Turati wiederum gab diesem Material die richtige Form und den »Sound« ein. Er versorgte ihn mit Ratschlägen und Informationen. Jeder von ihnen ging seiner Arbeit nach und befand sich dennoch in vollständiger Abhängigkeit vom anderen. Er kannte den Norden des Landes, die Gesetze, die Industrie und das Parlament, während sie vorgab, um die Nöte des Volkes zu wissen, und den Süden liebte, der sie mit seinen Problemen an ihre Heimat Rußland erinnerte. Die beiden waren so miteinander verbunden, daß Kuliscioff fühlte, sie seien »zwei in einem«.[8] Das öffentliche Gesicht des Paares war Filippo Turati, der im Parlament und in der Partei agierte, das private Anna Kuliscioff, die Salonnière. Als ihr gemeinsames Kind bezeichneten sie die Zeitschrift *Critica Sociale*.⁹ Sie fungierte als Chefredakteurin, er war der Herausgeber.

Critica Sociale begriff das Paar als ein Kampfinstrument, mit dem es für breite Unterstützung zur Gründung einer Partei warb. Sie reklamierten mit *Critica Sociale* eine intellektuelle Führerschaft in Italien und wollten mitspielen im europäischen Konzert der reformbereiten Sozialisten. Die Zeitschrift war Kopf und Herz der italienischen Linken und wurde richtungsweisend für eine ganze Generation. Die Redaktionsräume der 1891 gegründeten Zeitschrift waren ebenfalls im Appartement an der Piazza del Duomo gelegen. Zwei Wände des Zimmers waren mit Bücherregalen zugestellt und durch zwei große Fenster blickte man auf »das geschäftige Leben« (Massimo Bontempelli) Mailands. Außerdem befanden sich zwei weit auseinanderstehende Ledersessel in dem Zimmer sowie zwei Schreibtische, die sich gegenübergestellt waren.¹⁰ Diese Schilderung des Redaktionszimmers stammt von Sarfatti. Argwöhnisch und neugierig hat sie die Mechanismen der Arbeits- und Liebesbeziehung beobachtet und studiert. Anna Kuliscioff und Filippo Turati waren Genossen und Gefährten, ganz so, wie sie es sich mit ihrem Mann Cesare gewünscht hätte.

Anna Kuliscioff war maßgeblich für die Gründung der Sozialistischen Partei verantwortlich. Sie zog die Fäden im Hintergrund. Ihr Ziel war es, die schlummernden Kräfte der Proletarier zu wecken und deren Interessen zu organisieren. Sie sollten sich selbst vertreten und dadurch das korrupte liberale System schwächen. Mit viel Geschick gelang es dem Paar, seine politischen Gegner vor allem aus dem anarchistischen Lager auszuschalten. Dabei zahlte sich aus, daß Anna Kuliscioff eine intime Kennerin ihrer jetzigen Gegner war. Sie bekannte sich 1892 zu einer Partei, die sich die Partei der deutschen Sozialisten zum Vorbild nehmen sollte.¹¹ Sie erklärte, eine einzige entwicklungsfähige Zelle sei wertvoller als eine große Masse, der es an Disziplin mangele. Man kann spekulieren, ob sie mit dieser Zelle nicht Turati und sich meinte.

Ganz im Gegensatz zu Margherita Sarfatti akzeptierten beide den Marxismus als wissenschaftliches Dogma, an dem sie nicht zweifelten. Er galt als die unhinterfragbare Wahrheit und Basis ihres Lebens und ihrer Arbeit. Der Glaube an die Theorie kam aus ihrer Eingebundenheit in die Praxis. Es ging nicht um die Prüfung von Argumenten, sondern um die Sicherung einer Überzeugung. Theorie war ihnen eine Religion, die sie praktizierten. Im Marxismus hatten sie ein System zur Erklärung der Welt gefunden, das ihrem politischen Verhalten die Richtung vorgab und trotzdem vollständig frei von göttlichen Einflüssen war. Die nach deutschem Vorbild gegründete Sozialistische Partei war die erste moderne Partei Italiens. Die Partei war Resultat und Symptom der Krise des 19. Jahrhunderts, in der Europa einen industriellen, technologischen und mentalen Wandel erlebte. Ihre Gründungsfiguren stammten aus dem Arsenal des 19. Jahrhunderts und wollten das 20. mitgestalten.

Anna Kuliscioff war die Femme fatale, die politisch wurde. Als Russin verkörperte sie das andere Europa, sie ist die Frau von Bildung und Eleganz, die zielstrebig das Wahre sucht. Ihr Medium ist der Mann; als Gefährtin findet sie ihre Rolle im Exil. Enttäuscht von der Leidenschaft für die Revolution und für den Geliebten, bringt sie ihr Leben in ruhigere Fahrwasser. Bedingungslos steht sie für den Reformkurs ein und glaubt an den Marxismus. Ihre Instrumente in diesem Kampf sind ihr Salon, ihre Zeitschrift und ihr Mann.[12]

Filippo Turati war der verhinderte Künstler, der Parteiführer wird. 1857 in der Nähe von Mailand als Sohn eines Beamten und Hobbyliteraten geboren, fühlte er sich schon früh zum Poeten berufen. Dazu paßte, daß er melancholisch veranlagt war und sich seiner Nerven wegen in ärztliche Behandlung begeben mußte. So reiste er in Begleitung seiner Mutter nach Paris, um sich von Doktor Charcot, dem berühmten Leiter der Salpêtrière, bei dem später Freud seine Studien zur Hysterie begann, behandeln zu lassen. Nach Abschluß seines Jurastudiums in Bologna zog er nach Mailand. Dort schloß er sich der literarischen Avantgarde an. Die Scapigliaturi gelten als Vorläufer der Veristen.[13] Ihr bevorzugtes Thema war das Großstadtelend, welches sie drastisch schilderten, um dadurch den Bürger zu schockieren. Für sich selbst hatten sie die Rolle der Bohèmiens vorgesehen. Turatis Karriere als Politiker ist von Mailand und von der Literatur nicht zu trennen. In Mailand begegnete er einer Gesellschaft, in der der Einfluß der großen Banken und Unternehmen dominierte. Fasziniert und abgestoßen zugleich beobachtete er den rätselhaften Arbeitsrausch, der die Menschen ergriffen hatte, aber er zeigte sich auch verführbar durch die Blicke der schönen Mailänderinnen. Doch neben der Stadt und der Literatur war es seine Neurasthenie, die ihn zum Sozialismus brachte.[14] Er verschrieb sich unterschiedlichen politischen Zielen, doch erst der Sozialismus kurierte ihn von seinem Leiden. War er zuvor teils Journalist, teils Jurist, teils Poet und teils Soziologe gewesen, so bündelte er nun all diese Fähigkeiten, indem er ein ganzer Sozialist wurde. Durch den Sozialismus heilte er seine Nerven. Es war eine Frau, die ihn in die Geheimnisse der Marxschen Theorie einweihte und dadurch seinen vagen humanistischen Gefühlen eine eindeutige Stoßrichtung gab. Turati war voll Respekt für seine Heilerin, und Sarfatti bemerkt nicht ohne Häme, er habe sie ihr als »La Kuliscioff« vorgestellt. Durch die Verbindung mit der früheren Frau Andrea Costas war er nun auch ein Mann mit Vorleben und in den internationalen Sozialistenadel aufgenommen.

Turatis große Zeit waren die Jahre zwischen 1892 und 1912, als er den italienischen Reformismus prägte. Er verabscheute Gewalt und betonte die ethische Notwendigkeit des Sozialismus. Wenn Turati vom Klassenkampf sprach, meinte er damit den Kampf des Proletariats für Reformen. Die Arbeiterklasse mußte erst erzogen werden, bevor sie die Regierungsgeschäfte übernehmen konnte. Für ihn fiel Revolution und Evolution zusammen. »Jede neue Schule, jeder aufgeklärte Geist, jeder aufrechte Gang, jedes Ahnden von Mißbrauch, jedes Gesetz zum Schutz der Arbeiter, jede einzelne Aktion davon ist ein revolutionäres Teilchen, das der Masse hinzugefügt wird. Der Tag wird kommen, wenn Schneeflocken zur Lawine werden.«[15] Immer wieder forderte er seine Genossen dazu auf, sich realistisch am Machbaren zu orientieren. Sein reformerischer Eifer brachte ihm allerdings viele Gegner im sozialistischen Lager ein, er galt entweder als naiv oder als Verräter. Turatis Waffen waren seine allseits gut informierte Frau, sein missionarischer Eifer und seine Sprache. Robert Michels hat über Turatis Sprache bemerkt, sie könne das Blut zum Kochen bringen, einem ins Gesicht schlagen und zärtlich sein. Seine Metaphern werden als grandios und unvergleichlich gepriesen, er pflegte einen energischen, lebendigen und nervösen Sprach- und Schreibstil.

Natalia Ginzburg, die als Kind Turati im Haus ihrer Eltern begegnete, beschreibt ihn als einen Mann, so groß wie ein Bär, mit einem grauen Kauzbart. Turati wird ein Hang zur Konzilianz und zur Ehrenhaftigkeit nachgesagt. Er war stolz auf seinen gesunden Menschenverstand. Als Befürworter einer pragmatischen Politik war er für die Kooperation mit den Bürgerlichen, wenn diese den Arbeitern nutzte. Sein eigentlicher politischer Partner war Giolitti, der das bürgerliche Lager anführte. Turati hatte sich gegen schwere Anfeindungen von seiten der Syndikalisten wie auch der reformerischen Rechten zur Wehr zu setzen. Er begrüßte nämlich im Gegensatz zu seinen Kritikern die Jahre Giolittis als Jahre der Konsolidierung. Die Barrikaden wollte der reformfreudige Parteiführer ins Museum verbannen, die Zeiten waren friedlich geworden. Der undramatische Fortschritt und Giolittis Politikstil, der weder Reaktion noch Revolution förderte, kamen Turati entgegen. Auch er wollte vor allem Ruhe, um durch Reformen zu gestalten. Im Parlament widmete man sich auf unspektakuläre Weise der Modernisierung des Landes. Es ging um Bildung, Erziehung, den Süden und die Armee. Anna Kuliscioff und Filippo Turati hatten den Boden dafür bereitet, daß Giolittis Politik bei den sozialistischen Abgeordneten mehrheitliche Zustimmung fand. Der Vorwurf ihrer Gegner lautete, sie hätten die Partei zu einer Wählervereinigung für die Bürgerlichen gemacht. Denn je größer der Druck aus dem Innern der Partei wurde, desto kompromißbereiter zeigte sich Turati nach außen.

Am Ende schwächten die Glaubenskämpfe über den Einsatz von Gewalt, über die historische Rolle des Proletariats, über Sinn und Unsinn der Wahlen die Partei und arbeiteten Giolitti zu. Der Stratege der Bürgerlichen zog den Sozialisten durch seine Kooperationsangebote die Zähne. Es gelang ihm, ihnen das Monopol auf die soziale Frage streitig zu machen. Dabei war das bürgerliche Lager alles andere als schlagkräftig und gefestigt. Der giolittismo war ganz auf seinen Erfinder zugeschnitten. Der nutzte die Beziehungen zu den einzelnen Abgeordneten als Basis seiner Macht. Die politische Organisation der italienischen Liberalen war nur schwach entwickelt, denn man war der Meinung, straffe Parteiorganisation und -disziplin führe zur Unterjochung des Abgeordneten und sei mit dem Prinzip liberalen Parlamentarismus unvereinbar. Diesen Umstand wußte Giolitti zu seinem Vorteil auszunutzen. Er rekrutierte seine Abgeordneten aus der regionalen Honoratiorenschaft. Prototyp war ein Provinzanwalt, der vertraut mit den lokalen Problemen und Machtstrukturen war und darüber hinaus keine größeren politischen Ambitionen hegte. Der brave Bürger fühlte sich fremd in Rom, suchte nicht die großen parlamentarischen Auftritte, scheute die Öffentlichkeit und neigte selbst auch zum Patronageprinzip. Mit diesen Männern gelang es Giolitti, das parlamentarische Leben auf möglichst niedrigem Niveau zu halten, sie waren das Material, aus dem er seine Mehrheiten bildete. Er begriff Politik als einen Austausch von Transaktionen.

Giovanni Giolitti war Positivist, der den rationalen Herrschaftsglauben von der Wissenschaft auf die Politik ausgeweitet hatte. Als Jurist und Bürokrat vertraute er nur der rationalen Beherrschbarkeit, alles Regelwidrige, Visionäre war ihm zuwider. Dabei war seine Ordnungswut durchaus gepaart mit politischer Schläue. Mit einem gewissen Geschick verstand er es, seine Gegner gegeneinander auszuspielen oder deren erfolgreiche Konzepte zu imitieren. An Turati gerichtete Angebote zur Regierungsbeteiligung schürten den Haß der politischen Gegner und paralysierten die Sozialistische Partei.[16]

Giovanni Giolitti war das Gegenüber des Paares und der Dritte in diesem Bunde. Es gab auch Situationen, in denen Anna Kuliscioff eifersüchtig auf die Nähe der beiden Männer war. So warf sie Turati vor, er versetze sich permanent in die Situation der Regierung, so daß man meinen

61

könne, er gehöre bereits dem Kabinett an. Anna Kuliscioff bescheinigte Giolitti eine große Zukunft als moderner Politiker. Sie schien zu spüren, daß er etwas verkörperte, was ihr fehlte. Als Exilantin war ihr die Institution des Parlaments fremd. Als ehemalige Anarchistin war sie keine politischen Rechte. Turati und sie wechselten täglich Briefe. Der Brief diente ihnen als endlose Beschwörung einer Einheit, die sich in der Abwesenheit bestätigt.[17] Er unterrichtete sie in seinen täglichen Briefen aus Rom über Hintergründe, Intrigen und Pläne. Sie versorgte ihn in ihren Briefen mit Ratschlägen und Informationen aus Mailand. Turati war mit dem Zentrum der Macht in Tuchfühlung. Kuliscioff mußte es scheinen, als stehe sie über Turati mit Giolitti in Verbindung. So fühlte sie sich im Dialog mit der Macht.

Turati war Giolitti nicht nur durch seinen positivistischen Ansatz nahe. Beide wollten sie in Ruhe arbeiten, um das Land an das übrige Europa anzuschließen. Giolitti befand sich mit seiner Politik nach dem Patronageprinzip dabei eindeutig im Vorteil. Er konnte auf die in Italien seit jeher verbreitete lokale Cliquenwirtschaft zurückgreifen und die Zersplitterung des Landes nutzen. Bei ihm dominierten Namen, nicht Ideen. Gegen diese jahrhundertealten Strukturen konnte auch der zentralistisch organisierte Parteiapparat der Sozialisten nichts ausrichten. Man wollte den Anschluß ans Neue, aber das Alte nicht dafür aufgeben. Aber bei allem Sinn fürs Taktische und Praktische fehlte diesem Dreierbund das Gespür für die Kräfte des 20. Jahrhunderts. Kuliscioff und Turati gelang es nicht, die Partei dauerhaft auf ihre Linie einzuschwören. Mit purer Evolution war der Bedarf an Revolution nicht zu befriedigen. Kuliscioff, Turati und Giolitti waren wichtige Akteure des ausgehenden 19. Jahrhunderts. Die femme fatale, der verhinderte Künstler und der politische Positivist bereiteten jeweils auf ihre Art den Bruch mit der Vergangenheit vor, aber sie verstanden die Welt danach nicht mehr.

Anna Kuliscioff wirkte eigentümlich modern in den gepanzerten Jahren Giolittis, und trotz ihres politischen Pragmatismus entwickelte sie sich zu einer eher romantischen, geheimnisvollen Gestalt. Eine ganze Generation Frauen wurde beeinflußt von ihrer neuen Art der Männerbeziehung. Ob mit Costa oder mit Turati, die Kuliscioff war die Frau, die sich der Konvention widersetzte und dadurch Dynamik in die festgefügten traditionellen Vorstellungen der Italiener über die Beziehung von Mann und Frau brachte. Natalia Ginzburg berichtet, wie die beiden zu Figuren wurden, die ihr Denken und Leben beeinflußten, ohne daß sie näher gekannt hätte. In ihrer Familie wurde beständig von ihnen gesprochen, und vor allem hielt ihre Mutter hielt die Erinnerung an dieses große Paar wach.[18] Der Legende nach gab es eine Tochter, die jedoch einen anderen Namen trug. Die Eltern Ginzburgs sprachen von Kuliscioff und Turati nur als Paar, ließen jedoch offen, ob es sich um Bruder und Schwester oder um Geliebte handelte.

Margherita Sarfatti war zweiundzwanzig, als sie die achtundvierzig Jahre alte Anna kennenlernte. Sie verkehrte regelmäßig bei Kuliscioff, obwohl ihr die dort zugewiesene Rolle nicht leichtfiel. Von Venedig war sie eine gewisse öffentliche Aufmerksamkeit gewohnt. Im Mailänder Salon war sie zunächst eine namenlose Fremde, die einen Platz am Rande des Geschehens einnahm. Im Salon gab es nur eine Primadonna, und die hieß Anna Kuliscioff. Margherita näherte sich ihr voll Ehrfurcht, denn die Kuliscioff galt als einflußreich und mächtig, während sie selbst noch auf der Suche nach einer Aufgabe war, mit der sie sich einen Namen machen konnte. Anna Kuliscioff pflegte die Attitüde einer Frau mit Vorleben. Dazu zählten drei Männer und zwei Konversionen. Man hielt sie gemeinhin für eine leidenschaftliche Frau, die sich nun als Hüterin einer Idee gefiel. Sie sah sich gerne in der Rolle der Anwältin des Volkes und der politischen Muse.

In ihrem immer gleichen Habit versinnbildlichte sie enthaltsame Standhaftigkeit. Sie war gegen die Versuchung gefeit. Was auch immer geschah, sie blieb sich und damit der sozialistischen Idee treu. Es ist bezeichnend, wie Margherita Sarfatti rückblickend ihr ehemaliges Vorbild charakterisierte: »Einst blond und schön, jetzt durchsichtig und gänzlich verblüht, mit welkem Gesicht und Haaren von verblichenem Gold, strömte sie trotz der Gicht, die ihre Knochen verunstaltet hatte, den magnetischen Zauber und die Kraft eines Herrscherwillens aus. In diesem, von den Gefängnissen Rußlands, Frankreichs und Italiens zermarterten Körper lebte ein erlauchtes Gehirn, vielfach geschliffen wie ein Diamant, aber auch so gefühllos und hart wie ein solcher. Sie hatte sich nie geschont, seit sie als achtzehnjährige Beamtentochter in das Elend eines litauischen Dorfes gegangen war, um, wie es das nihilistische Evangelium vorschrieb, ›primitiv‹ zu werden und sich dem Volke zu nähern; zwei Jahre hatte sie so in der rohen ›Isba‹, der Hütte der Landbewohner, zugebracht und sich ihre karge Nahrung mit Wäschewaschen in eisigem Wasser verdient. Auch das Leben als Revolutionärin hatte in ihrem Körper gezehrt.

Idealistin und Stoikerin, ohne Schwächen und ohne Leidenschaften, lebte sie nur für das sinnlich Faßbare und für die Idee; im Grunde ihrer russischen Seele war sie mystisch veranlagt, dabei aber nüchtern, wie es die Russen in der praktischen Wirkung ihres Intellekts sind. Eitel war sie nicht, aber voll stolzen Ehrgeizes. Die gewundenen und verqueren Wege waren ihr so natürlich, daß sie unfähig war, direkt aufs Ziel loszuschlagen;

so beherrschte diese wahrhaft bedeutsame Frau aus dem Dunkeln heraus die Massen, gegen das Parlament und gegen die Presse, wobei sie den sie umgebenden Männern nach außenhin den Anschein der Macht und des Handelns überließ, etwa in der Art wie im großen Katharina von Medici den Thron gegen König und Höflinge behauptet hatte. Aber allen diesen Genies der verwickelten Gedankenintrige, Katharina von Medici oder Cesare Borgia, war es nie gelungen, sich andere als sehr mittelmäßige menschliche Werkzeuge dienstbar zu machen, und sie mußten ihr wundervolles, aus dem Nichts erschaffenes Gewebe wieder ins Nichts zerrinnen sehen, weil der rote Faden der Realität darin fehlte. Und ebenso erging es im kleinen trotz ihrer außergewöhnlichen Gaben dieser Metaphysikerin in der Politik, Anna Kulischkoff. Solche Geschöpfe enden immer mit dem Bankrott.«[19]

Margherita Sarfatti zählte sich natürlich nicht zu den Mittelmäßigen, mit denen Anna Kuliscioff sich umgab. Sie beanspruchte für sich eine höhere Warte, von der aus sie ihre besiegte Konkurrentin nachträglich analysiert und beurteilt. Im Gegensatz zu Anna Kuliscioff liebte Margherita modische Kleidung, teuren Schmuck, Pelze und luxuriöse Bequemlichkeit. 1908 war Amedeo Grassini gestorben, und ihr Erbe hatte sie zu einer wohlhabenden Frau gemacht. Ihre Existenz hatte sich durch die Ehe und die Kinder konsolidiert. Es war ihr in sehr kurzer Zeit gelungen, das Bild von der aufsässigen, reichen Tochter vergessen zu machen und sich als ernstzunehmende, kritische Intellektuelle zu präsentieren. Ohne die feste Basis von Ehe und Familie wäre ihr diese Verwandlung nicht gelungen. Gemeinsam mit ihrem Mann und ihren mittlerweile drei Kindern – ihre Tochter Fiammetta war 1903 geboren – bezog sie ein großzügiges Appartement am Corso Venezia. Das war nicht irgendeine Adresse. Die alte Poststraße nach Venedig ist eine elegante, breite Avenue von historischem und literarischem Rang. Sie kommt in Alessandro Manzonis *I Promessi Sposi* vor, und Napoleon wie auch Vittorio Emanuele II. hatten dort residiert. Wer dort wohnte, gab zum Ausdruck, daß er in der Gesellschaft eine Rolle spielte. Sarfatti war angekommen im neuen Italien. Das Erbe erlaubte es ihr, den Kindern eine gute Ausbildung zu finanzieren und selbst ein sorgenfreies, bequemes Leben zu führen.

Das Parkett im Salon an der Piazza del Duomo war glatt. Die Salonnière wachte darüber, daß man den Sozialismus nicht vergaß. Als Margherita Annas Tochter einmal stolz ein erst kürzlich erstandenes Schmuckstück präsentierte, kam es fast zu einem Eklat. Andreinas Mutter fuhr dazwischen und setzte, ohne einen Blick auf das glitzernde Etwas zu werfen, zu einem Monolog über die schlechte Bezahlung der Arbeiter an. Die Szene zeigt, daß die Kulicioff durchaus diese junge Frau aus der Lagunenstadt wahrgenommen hatte. Zwischen den beiden Frauen herrschte Neid und Konkurrenz. Sie hätten in ihrem Charakter nicht unterschiedlicher sein können, kamen sich in ihren Zielen jedoch sehr nahe. Beide wollten sie herrschen und bestimmen. Margherita Sarfatti neidete der Kuliscioff ihre Position und ihre Macht. Das Kapitel ihrer Memoiren, in dem sie über die Kuliscioff schreibt, ist »Der Salon, der Italien kommandierte« tituliert. Daß von einem Salon Kommandos ausgehen, war sicherlich ein von Sarfatti kalkuliertes Paradox. Sie schwärmt von dem wunderschönen Costa und findet Turati häßlich. Er erinnert sie an einen negroiden Faun. »Er war eine Art Hamlet: Gewissen und Trägheit lähmten ihn, sobald es zu einem Entschluß und zu einer Tat kam. Dieser auf die Jurisprudenz und Literatur eingeschworene brave Präfektensohn, der unter seinen geistigen Aktiven die juristische Doktorwürde und ein sentimentales, leicht humanistisches Buch poetischer Übertragungen aus dem Englischen zu verzeichnen hatte, sonst aber aller soziologischen und volkswirtschaftlichen Studien entbehrte – dieser brave Präfektensohn, selbst ein Beamter in spe, war mit 25 Jahren in Neapel, als er sich in einer pessimistisch-neurasthenischen Krise befand, der Kuliscikoff begegnet, und die kluge und despotische Ausländerin hatte es fertiggebracht, aus diesem Mann das Haupt einer jugendlichen Umsturzpartei zu machen.«[20]

Mit gezieltem Hintersinn insinuiert sie die Impotenz des großen Paares, wenn sie berichtet, Anna Kuliscioff habe einen Art Kult um Giolitti getrieben und sei ihm sehr zugeneigt gewesen. Damit streicht sie eine Schwachstelle des großen Paares heraus: Sie hatten gemeinsam nicht genügend Kraft, um mit Giolitti auf gleicher Augenhöhe verkehren zu können. Dafür wäre nötig gewesen, die Partei von der Regierungsbeteiligung zu überzeugen, was dem schlauen Fuchs Giolitti allerdings auch wahrnehmbare Zugeständnisse abgefordert hätte. Weil sie dieses Ziel verfehlten, stand für Sarfatti fest, daß das Paar nicht über ausreichend politische Potenz verfügte. Am Ende waren sie einem Patronagepolitiker und Cliquenwirtschaftler auf den Leim gegangen.

Margherita Sarfatti trifft in Anna Kuliscioff auf eine Frau, an deren Beispiel sie studiert, wie man zu Einfluß gelangen kann. Sie lernt eine Liebes- und Arbeitsgemeinschaft kennen, die sie in ihrer Ehe vermißt. An Anna erkennt sie, daß der Weg zur Macht über einen Mann führt. Der Mann als Projekt der Frau. Leidenschaft war die Quelle und das Paar das Modell für eine Politik des Neuen. Politik und Liebe konnten eine sehr explosive Mischung sein.

Doch zunächst mußte sie den Kampf gegen »den einzigen Mann des italienischen Sozialismus«, wie sie Anna Kuliscioff nannte, aufnehmen. Wenn sie in Mailand erfolgreich sein wollte, hatte sie sich mit keiner anderen zu messen. Dafür verfügte sie über einen ungeheuren Vorteil: sie war schön, reich und jung, was sie auch rücksichtslos einzusetzen wußte. Etwas abfällig bemerkt sie, Anna sei sicherlich früher einmal eine schöne Frau gewesen. Sie beobachtet die schwindende sexuelle Attraktivität der Älteren mit der Genugtuung derer, deren Zeit noch kommen wird. Sie selbst wird als eine blonde, triumphierende Schönheit geschildert. Das blieb nicht ohne Eindruck auf die Ältere. Im geheimen neidete die Kuliscioff der Sarfatti ihre Jugend, ihren Reichtum und ihre Unbeschwertheit. Sie hatte ihr unstetes Leben in ein festes Korsett gepreßt, und die Unbeweglichkeit ihrer Existenz wurde ihr angesichts der jungen Frau schmerzhaft bewußt. Anna Kuliscioff spürte, daß Margherita Sarfatti eine ernsthafte Gegnerin für sie werden könnte. Sie versuchte die Gefahr herunterzuspielen, indem sie sich über sie lustig machte und deren Reichtum als Makel anprangerte. So berichtete sie im Dezember 1910 Turati, daß die reiche Margherita bei ihr gewesen sei und sie unbedingt zum Frühstück habe einladen wollen. Doch sie habe dankend abgelehnt.

Anna Kuliscioff und Margherita Sarfatti waren beide Jüdinnen, Feministinnen und Sozialistinnen. Ihre jüdische Herkunft spielte vordergründig keine Rolle und findet in ihren Erinnerungen oder den Aufzeichnungen von Zeitgenossen so gut wie nie Erwähnung. Die Salonière Kuliscioff galt als führender Kopf der feministischen Richtung bei den Sozialisten. Als sie nach Italien kam, existierten erste Ansätze einer Diskussion über die Rolle der Frau in der Gesellschaft. Sie selbst sah das Problem freilich vorwiegend ökonomisch. Sie engagierte sich für den Achtstundentag, gleichen Lohn für gleiche Arbeit, sorgte sich um Sicherheitsmaßnahmen und Gesundheitsvorschriften. 1890 hatte sie ihre wichtigste Schrift *Il Monopolio dell'Uomo* veröffentlicht, in der sie für die Umgestaltung der beruflichen und privaten Beziehungen durch den Sozialismus eintrat. Sorgsam war sie darum bemüht, die traditionellen Vorstellungen der Italiener über Ehe und Mutterschaft nicht allzusehr in Frage zu stellen. An Diskussionen darüber, ob Frauen eine Klasse seien oder nicht, war sie nicht interessiert. Ihrem populistisch geprägten Politikstil kam es gleichwohl entgegen, als Anwältin der doppelt Unterdrückten und Ohnmächtigen aufzutreten. Sie betonte, daß ihr Arbeit in den Armenvierteln Mailands ausgebildet hatte. Margherita Sarfatti dagegen thematisierte Sexualität, Mutterschaft und freie Liebe. Sie forderte umfassende sexuelle Aufklärung vor allem für die jungen Frauen, die völlige Gleichstellung von Frau und Mann in allen Bereichen und wies den besonderen Schutz für Frauen zurück. Die Bürgerin gebärdete sich als Bohémienne. Dogmatische Treue empfand Margherita Sarfatti ihr Leben lang als langweilig und nutzlos. Während Anna Kulisciof ihr Leben lang über ihre Günstlinge wachte, machte sich die Sarfatti unbekümmert daran, nach vielen Seiten Kontakte zu knüpfen. Sie fand ihre Bekannten auch außerhalb des eng gesteckten sozialistischen Zirkels und hielt sich für alle Einflüsse offen.

Margherita wußte, daß Anna Kulisciof, die im Gegensatz zu ihr die freie Liebe auch praktiziert hatte, ihre Situation als Schande empfand. Sie fühlte sich schuldig ihrer Tochter gegenüber, denn sie war der Auffassung, dem Kind durch dessen illegitime Geburt Schaden zugefügt zu haben. Sie hielt Andreina von der Politik fern und fürchtete ihren eigenen schlechten Einfluß auf das Kind. Die Tochter enttäuschte die Mutter nicht und wurde eine gläubige Katholikin und Mutter von fünf Kindern. Die Vernachlässigung der Ökonomie und die Hervorhebung der Sexualität muß man bei Sarfatti auch als bewußte Absetzung von ihrer Konkurrentin begreifen. Doch sowohl Anna Kulisciof als auch Margherita Sarfatti diente das feministische Engagement zur Lösung eines persönlichen Problems. So war die Kulisciof als Politikerin, die für die Rechte der Frauen einstand, nicht länger eine Fremde, sondern sie gehörte dazu. Die Politisierung ihres Geschlechts nationalisierte sie in gewissem Sinne und internationalisierte die Italienerinnen. Für die Sarfatti waren ihre feministischen Aktivitäten nicht zuletzt hilfreich beim Einstieg in die politische Publizistik. Zu keinem Zeitpunkt ihres Lebens hatte Margherita Sarfatti auch nur daran gedacht, sich mit der ihr zugedachten Rolle als Dame der Gesellschaft, Ehefrau und Mutter zufriedenzugeben. Sie verstand sich vielmehr als Kritikerin der Gesellschaft und wollte durch ihren Lebensstil und ihren betont lockeren Umgang mit Kindern und Ehe beweisen, daß es auch anders geht.

Ein Beruf war für Frauen ihres Standes nicht vorgesehen, also mußte sie ihn erfinden. Aufgrund ihres Erbes war sie finanziell abgesichert, und sie hatte in Cesare einen Mann gefunden, der die Unabhängigkeit seiner Frau als Ausdruck seiner eigenen politischen Überzeugung betrachtete. Seitdem sie den venezianischen Garten verlassen hatte, galt es als ihr erklärtes Ziel, eine Figur des öffentlichen Lebens zu werden. Als Jüdin aus dem Ghetto und als Frau mußte sie ihre Form der Öffentlichkeit erst schaffen. Ihre ersten Versuche in diese Richtung unternahm sie in kleinen sozialistischen und feministischen Blättern. Da sie gut schreiben konnte und als umfassend gebildet galt, hatte sie zumeist Erfolg damit. Sie veröffentlichte in der Zeitschrift der Feministischen Sektion Mailand *Unione Femminile* wie auch in der florentinischen *La Rassegna Femminile*. Der Feminismus war ein Thema, das nationale wie auch internationale Beachtung fand. Der Kreis der Autoren war überschaubar, und es war relativ einfach, an der öffentlichen Diskussion teilzunehmen. Ein philantropisches Anliegen war Margherita Sarfatti fremd, ihr feministisches Engagement speiste sich aus dem ihr eigenen Streben nach Einfluß und Unabhängigkeit.

Die große Tradition der Antike und der Renaissance lastete schwer auf Italiens Künstlern. Vornehmlich die Literaten hatten sich im akademischen Elfenbeinturm von der Wirklichkeit abgeschlossen. Die Klassizisten des späten 18. Jahrhunderts übten sich noch nach Jahrhunderten in der formalen Imitation von Dantes Versen. Der Inhalt des Geschriebenen, so schien es, diente als bloßer Vorwand zur Repräsentation prunkvoller Verse und feierlicher Prosa. Im Risorgimento entstand eine Literatur, die geprägt war von der Absage an den Klassizismus und getragen von der Sehnsucht nach Befreiung und nationaler Verbrüderung. Dazu muß man wissen, daß nach 1870 die Mobilität im neuen Italien durch Verwaltung und Verkehr enorm zugenommen hatte. Das betraf Menschen und das betraf Meinungen. Eine Folge der administrativen und politischen Einheit war, daß Lehrer, Staatsbeamte und Offiziere ihre angestammte Region verlassen mußten. Dialekte wurden abgeschwächt, es entstand eine gemeinsame Sprache. Ein nationaler Kunst- und Literaturmarkt mit Verlagen, Zeitungen und Zeitschriften begann sich zu etablieren. Diese rein technischen und administrativen Veränderungen blieben nicht ohne Auswirkungen auf die Literatur. Die klassischen Höhen waren in weite Ferne gerückt, und die Dichtung präsentierte sich zeitgebunden. Nicht mehr Ideen oder Ideale waren von Bedeutung, sondern der Blick richtete sich auf die schnöde Wirklichkeit. Was nutzte ein formvollendetes Sonett, wenn es die Mehrzahl der Italiener gar nicht lesen konnte?

Die große Illusion einer Kontinuität von der Antike über die Renaissance zum Risorgimento drohte in der Umbruchsituation zur Moderne zu zerbrechen. Armut, Analphabetentum, ökonomische Rückständigkeit und soziales Gefälle ließen sich nicht länger totschweigen. Die Frage, vor die sich die Literaten gestellt sahen, war, wie man diese soziale Zerrissenheit des Landes in einem Medium der Imagination und der Fiktion zum Ausdruck bringen konnte. Die Antwort erhoffte man sich von einer Wissenschaft der Gesellschaft. Was Auguste Comte Soziologie genannt hatte, führte heraus aus den Illusionen der Kultur. Die Wissenschaft bot sich als vermittelnde Instanz zwischen Kultur und Gesellschaft an.

68

Das Phantom des Volkes, von der Linken wie von der Rechten gefürchtet, tauchte in der Literatur wieder auf. In den veristischen Romanen, die gegen Ende des 19. Jahrhunderts geschrieben wurden, findet man den humanitären Rest des Risorgimento wieder. Einer der Hauptvertreter des Verismus, Giuseppe Verga, setzte sich produktiv mit Zola auseinander. Aus Sizilien stammend, plante er seine Romanfolge über »Die Besiegten« in Mailand. Verga bereitete mit seinen späten Romanen den Italienern das Bad in der Wirklichkeit, zu dem ihnen der Literaturkritiker Francesco De Sanctis geraten hatte. »Der bloße Ton der Erzählung zwingt uns hinab in die geistige Niederung und Beschränktheit des gedrückten, stumpfen, tierisch leidenschaftlichen und stupid ergebenen Bauernvolkes.«[21] Verga erzählt in immer neuen Variationen die Geschichte der Auflösung und des Zerfalls einer patriarchalischen Rasse. Das Aufgeben der Tradition und der Heimat zugunsten des Neuen und Unbekannten macht die Menschen elend und unglücklich. Auch wenn die Protagonisten in Vergas Romanen äußerlich erfolgreich sein mögen, bleibt ihnen das Erreichte innerlich fremd. Die veristischen Romane führen dem italienischen Bürgertum vor Augen, daß die psychologische, gesellschaftliche und kulturelle Einigung des Landes längst noch nicht erreicht ist. Diese Literatur kam einer prosaischen Generation entgegen, denn sie schätzte an ihr die rationale Erklärung des Elends und fühlte sich dennoch emotional ergriffen. Auf die pathetischen Ausschweifungen des Risorgimento folgte die kalte, unpersönliche Schilderung der Verlierer des neuen Italien. Ziel der veristischen Schriftsteller war es, daß das Geschriebene in keinerlei Verbindung mit dem Verfasser stand und daß man den Eindruck gewann, es sei von selbst entstanden. Diese Haltung war der vielleicht heftigste Angriff auf die Kulturpflege der Klassizisten mit den großen Namen aus der Vergangenheit. Die edlen Gefühle, die die Veristen ablehnten, plagten dagegen die Sozialisten.

Von Marx bezog die unzufriedene Generation die Lehre, wie man selbst Geschichte machen kann. Von seinen Schriften fühlten sich die Jungen und Begeisterungsfähigen angesprochen, die ihre Zukunft nicht länger dem überlebten Liberalismus überlassen wollten. Der Marxismus bot ein Ideal und einen Auftrag. Wer die Kräfte der Erde unterwarf, dem gehörte die Geschichte. So wie in der Produktivkraftentwicklung die Quellen, so lagen in der Organisation die Mittel zur Umgestaltung von Geschichte und Gesellschaft. Vom Marxismus lernte die junge Generation des geeinten Italien die enorme Bedeutung von Macht und Organisation. Von daher versteht sich das Drängen auf die zentralistische Organisation der Sozialistischen Partei. Der traditionellen Politik der Patronage wurde die neue Politik der Organisation entgegengesetzt. Die Sozialisten machten sich daran, die Geschichte umzudeuten, und wollten die Sieger sein. Doch die Sozialistische Partei tat sich schwer mit Kunst und Kultur. Die Gründe dafür sind in der italienischen Geschichte zu suchen. Kultur und Kunst waren in Italien immer mit der katholischen Kirche verbunden. Die Kirche gab die Themen vor, förderte die Künstler und übte Zensur aus. Volkskultur bedeutet immer auch Volksfrömmigkeit. Die Sozialisten hatten eine ausgesprochene Scheu davor, sich auf dieses ihnen fremde und bereits besetzte Terrain zu wagen, sie hielten sich statt dessen an die ihnen angestammten Bereiche von Ökonomie und Technik. Ihr Ziel war die wissenschaftlich-technische Verfügbarkeit der Welt, und da war kein Platz für die Eigendynamik und Autonomie der Kultur.

Hier lag die ganz eigene Chance für Margherita Sarfatti mit ihrer besonderen Geschichte. Das Projekt des Großvaters war Romantik und Politik gewesen, das des Vaters Nostalgie und Technik. Als Juden gehörten sie zum neuen Kollektiv der Nation, und sie hatten ihrer Familie eine angenehme finanzielle Basis geschaffen. Doch die Väter, die eine Welt wirtschaftlichen Erfolgs und nüchterner Redlichkeit errichtet hatten, vermißten den Glanz, der ihrem Leben einen höheren Sinn verleihen würde. Das ästhetische Projekt, das diesen Glanz versprach, überantworteten sie ihren Kindern. So wurde der Künstler als Gegenentwurf zum Bürger am Ende des Jahrhunderts zu einer umworbenen und erwünschten Gestalt. In den Zirkeln der neuen Elite ging es freilich nicht allein um die Ausbildung eines anmutigen Lebensstils, sondern um die Aneignung intellektueller Substanz. Dazu kam bei den Juden noch die Hochschätzung der Bildung als Grundlage ihrer Assimilation. »Der eigentliche Wille des Juden, sein immanentes Ideal ist der Aufstieg ins Geistige, in eine höhere kulturelle Schicht. (...) Eine ›gute‹ Familie meint also mehr als das bloß Gesellschaftliche, das selbst mit dieser Bezeichnung sich zubilligt; sie meint ein Judentum, das sich von allen Defekten und Engheiten und Kleinlichkeiten, die das Ghetto ihm aufgezwungen, durch Anpassung an eine andere Kultur und womöglich eine universale Kultur befreit hat oder zu befreien beginnt.«[22] So sorgte Amedeo Grassini dafür, daß seine Tochter von den besten Lehrern unterrichtet wurde. Er ließ sie auf seine Kosten zu einer intimen Kennerin italienischer Geschichte und Kultur ausbilden und plante damit ihren gesellschaftlichen Aufstieg. Margherita erwarb ästhetische Kultur nicht zur Zierde oder als Statussymbol, es war die Luft, die sie atmete. Politik und Wirtschaft, Kunst und Wissenschaft gehörten zum Wertekanon der bürgerlichen Gesellschaft, die sich ihrer Gegenwart so sicher war und auf die Gestaltung der Zukunft vertraute.

Margherita lebte bewußt in Widersprüchen. Die gezielte Provokation war ihr Stil. So fand sie die meisten ihrer Schwestern von der feministischen Front häßlich und spottete über deren formlose Reformkleider. Sie genoß es, als schöne, reiche und gutangezogene Frau Aufsehen zu erregen und durch ihren Intellekt und ihre Bildung zu beeindrucken. Schließlich gehörte sie der jungen Generation an. In der Partei suchte sie nicht Wärme und Kameradschaftlichkeit, sondern Einfluß und Macht. Sie verhielt sich loyal und nicht unterwürfig zur Partei, denn sie wollte durch Leistung und Engagement wirken. Durch den Umzug in die lombardische Hauptstadt hatte sie das religiöse Reservat ihrer Familie verlassen. Mitgenommen hatte sie die Aura der schönen Venezianerin und ihre ästhetische Versiertheit.

Die Kritikerin und Sammlerin Sarfatti begriff Kunst als Material, das ihr zur Verfügung stand, und nicht als Autorität, der man sich zu unterwerfen hat. Ihr Ziel war es, eine wichtige Figur in diesem einflußreichen Metier zu werden. Was Anna Kuliscioff für die sozialistische Politik war, wollte sie für die sozialistische Kunst sein. Ab 1904 schreibt sie für den *Avanti della Domenica*, eine Wochenzeitung, die Wert auf literarischen Ausdruck legte. Die Übernahme der Zeitung durch die Sozialistische Partei war ein erster Schritt in Richtung Kulturpolitik. Im *Avanti della Domenica* veröffentlichten prominente Autoren einfach geschriebene Texte für den ungebildeten Arbeiter. Der Aufstieg ihres Mannes Cesare in der Parteihierarchie eröffnete auch ihr neue Möglichkeiten. Sie hatte begonnen als freie Mitarbeiterin gelegentlich Kunstkritiken für die nach dem Vorbild des deutschen *Vorwärts* gegründete Zeitung *Avanti!* zu schreiben. Ab 1908 wurde daraus eine regelmäßige Zusammenarbeit. Sie veröffentlichte unter dem Pseudonym *El Sereno*, das spanische Wort für Nachtwächter. Aber ihre Rolle im politischen und kulturellen Leben war nach wie vor eher marginal, und durch ihr Pseudonym machte sie sich wichtiger, als sie in Wirklichkeit war. Noch hatte sie ihre gesellschaftliche Position nicht gefunden. Dafür bedurfte es einer neuen Lesart ihrer Geschichte. Als Jüdin hatte sie keine Probleme mit dem Hegemonialanspruch der Kirche auf Kunst und Kultur. Sie ist jedoch noch immer die Fremde, die sich einer Gruppe nähert, an deren Tradition sie nicht teilhat.[23] Ihr Großvater und Vater üben sich noch in der Teilhabe an der katholischen Zivilisation, die Enkelin und Tochter will jedoch das Pantheon der Kultur erobern. Sie will vom Zuschauerrang aus auf die Bühne springen. Die christliche Tradition besitzt zwar für sie keine Autorität, aber sie birgt auch keinen Schutz. Margheritas erster Schritt, sich Wissen über die fremde Kultur anzueignen, war der Unterricht durch ihre drei Lehrer im Palazzo Bembo am Canal Grande. In Mailand begann dann das Kapitel der Eroberung und der Teilhabe. Von Orsi, Molmenti und Fradeletto war sie über den hohen Stellenwert der Kultur aufgeklärt worden. Doch erst von dem Protestanten Ruskin lernt die Jüdin Sarfatti, daß es gerade der Fremde ist, der sich mit einer anderen Kultur auseinandersetzen und schmücken kann.

Als echte Venezianerin behauptete sie, die Liebe zur Kunst durch Venedig und Venedig wiederum durch Ruskin erst verstanden zu haben. Die sozialistische Kunstkritikerin weist in Ruskins Namen das Konzept der l'art pour l'art zurück. Ihre Unterstützung finden Kunstwerke, die einen ethischen oder moralischen Standpunkt einnehmen. Sie macht sich Ruskins Gedanken zu eigen, daß der Kritiker die Intention und Ideale des Künstlers an seine Leser weiterzugeben habe. Der Kritiker übersetzt die Sprache der Kunst. Sarfattis Kunstverständnis war weder von der Stadt ihrer Herkunft noch vom Sozialismus zu trennen. Sie sezte sich dafür ein, die Kunst unter die Arbeiter zu bringen, und schwärmte von der Erziehung der Massen durch die Kunst. Doch sie hatte ein gutes Auge und war für die platte Abbildung der Ideologie in der Kunst nicht zu haben. Bereits früh legte sie den Grundstein zu ihrer Sammlung. Jeden ihrer zahlreichen Parisaufenthalte nutzte sie, um Galerien zu besuchen und um Kunst zu kaufen. So hatte sie auf ihrer Hochzeitsreise ein komplettes Set an litographischen Arbeiten von Henri Toulouse-Lautrec erworben. Sie war die erste Italienerin, die dessen Bilder kaufte. Toulouse-Lautrec war so etwas wie der Chefchronist der Pariser Unterwelt, und es war üblich, sich über seine Bilder zu mokieren. Er selbst hatte seine vornehme Herkunft aus einem angesehenen Grafengeschlecht abgelegt und war bei der Demimonde heimisch geworden. Seine Bilder von Lesbierinnen, Prostituierten, Tänzerinnen und Alkoholikern waren in ihrer universellen Obszönität eine Art Karikatur der herrschenden Gesellschaft. Das gefiel Sarfatti. Obwohl sie in Sicherheit und Luxus lebte, liebäugelte sie mit einem Leben abseits bürgerlicher Normen.

Ihre Anerkennung als seriöse Kritikerin ließ nicht lange auf sich warten. 1903 erhielt sie einen Preis für ihre Arbeiten über die fünfte Biennale in Venedig. Ihr prominenter Kollege Ugo Ojetti befand jedoch, ihre Kritiken seien eher an die Künstler denn an das Publikum gerichtet. Er lobte ihre umfassende Bildung und ihr unerschrockenes Urteil, das nicht immer der vorherrschenden Meinung entsprach. Margherita Sarfatti war eine der ersten Frauen Italiens, die sich auf das von Männern dominierte Feld der Kunstkritik wagte, und sie war entschlossen, dabei nicht zu scheitern.

Der Preis war eine Anerkennung ihrer Arbeit, doch es war eben nur der dritte Rang, der ihr zugewiesen wurde. In ihren ersten Mailänder Jahren ist Margherita vorrangig Beobachterin. Sie hat die Welten gewechselt und spürt, daß sie sich neu orientieren und leiten lassen muß. Als Randfigur beobachtet sie das Treiben im Salon, studiert die Beziehungen zwischen Kuliscioff und Turati, versucht Kontakte zu knüpfen und sich ins Gespräch zu bringen. Durch die Begegnung mit Anna Kuliscioff wird ihr bewußt, was sie hat und was sie noch braucht. Sie genießt die Freuden ihrer Herkunft, das heißt ihr Erbe, ihre Bildung und die Verbindungen ihrer Familie. Ihr Mann und ihre drei Kinder sind emotionaler Rückhalt und Ausweis ihrer Weiblichkeit, doch zu keinem Zeitpunkt sind sie alleiniger Mittelpunkt ihres Lebens. Sie wird nicht müde, ihren venezianischen Humor in Absetzung von der russischen Melancholie zu preisen. Sie beansprucht eine gelungene Assimilation für sich und die Ihren und läßt die russische Exilantin spüren, daß sie die eigentliche Fremde ist. Mit ihrer Jugend und ihrer Schönheit erregt sie Aufsehen im sozialistischen Salon. Selbstbewußt betont sie die Differenz zur sittsam gewordenen femme fatale des vergangenen Jahrhunderts.

Cesare Sarfatti war ein erfolgloser Politiker. Er hatte sich Turatis Reformkurs angeschlossen und agierte als dessen Gefolgsmann im Mailänder Stadtparlament. Neben seiner Arbeit als Anwalt engagierte er sich in der Mailänder Volksuniversität, einer sozialistisch inspirierten Schule für Arbeiter. Nach dem von Turati formulierten Schneeballprinzip wollte man die Arbeiter durch Bildungsarbeit dazu erziehen, ihre Interessen selbst zu formulieren und zu vertreten. 1908 versuchte er, einen Sitz im Parlament in Rom zu erringen, und scheiterte damit. »Armer alter Sarfati, von allen Positionen ausgeschlossen«, kommentierte die Kuliscioff in einem Brief an die Turati nicht ohne Schadenfreude. Den Glauben an den Sozialismus teilte das Ehepaar, den an den Zionismus vertrat Cesare allein. Seine Frau interessierte das Judentum nicht, sie studierte lieber die katholische Kultur. In seiner Familie hatte es mehrere Rabbis gegeben, und Cesare nahm seine jüdische Herkunft auf seine Art ernst. Er schloß sich begeistert der zionistischen Bewegung an. Die Zionistische Gruppe Mailands war die größte in ganz Italien, und innerhalb dieser Gruppe nahm Cesare eine wichtige Position ein. Im stenographischen Protokoll der Verhandlungen des VI. Zionisten-Kongresses in Basel im August 1903 findet der besondere Umstand Erwähnung, »dass entgegen allen anderen Erfahrungen dort (in Italien; K.W.) nicht die armen untersten Klassen, sondern die reichen und geistig höchststehenden Juden sich unseren Kreisen anschließen.«[24] Italien wird in den Protokollen immer wieder als beispielhaftes Land hervorgehoben. Wenige Jahre zuvor hatte der Rabbiner Sonnino aus Neapel erklärt: »Ich, Jude und Italiener, zwei Namen, die meinen Ohren angenehm klingen, der ich mein Vaterland innig liebe, freier Bürger eines Landes, in dem Unduldsamkeit und Antisemitismus fast unbekannte Wort sind, fühle mit den Millionen unglücklicher Brüder, die schwer bedrückt sind. Ihrer sollte ich vergessen? Nie in meinem Leben.«²⁵ Cesare Sarfatti war der orthodoxen Tradition der Großväter entfremdet, aber auch das sogenannte Drei-Tage-Judentum der Väter, das sich auf die Verrichtung weitgehend unverstandener Rituale an den hohen Festtagen beschränkte, konnte ihn nicht zufriedenstellen. Der gleichen Generation wie Theodor Herzl angehörend, wollte er sich von den Gesetzestreuen gleichermaßen absetzen wie von den Liberalen.

Am 30. und 31. August 1897 hatte der Erste Zionisten-Kongreß in Basel stattgefunden, der Herzls Idee gewesen war. »Die Juden saßen an den Flüssen Babylons und haben geweint, als sie an Zion dachten. Am Rhein bei Basel haben sie beschlossen, nicht mehr zu weinen«, kommentierte Israel Zangwill.²⁶ Herzl hatte seine Vorstellung vom Zionismus in seinem 1896 veröffentlichten Buch *Der Judenstaat* festgehalten. Die Juden sind für ihn durch äußeren Druck zusammengehaltenes Volk, und der Antisemitismus ist ihr ständiger Begleiter. Nur in einem eigenen jüdischen Staat, in dem die Juden über sich selbst bestimmen könnten, wäre seiner Ansicht nach das »Judenproblem« gelöst. Er wollte den Prozeß der nationalen Befreiung und der territorialen Sammlung der Juden in Gang setzen. Theodor Herzl hat mit seiner Heimat, dem liberalen Europa, gebrochen, als er den Auszug der Juden betrieb. Es waren vor allem die Jungen, die sich ihm anschlossen. Sie wollten ein nach außen hin wirksames Leben führen. Cesare Sarfatti fand im Zionismus wie im Sozialismus ein Kollektiv und einen Auftrag in der Geschichte. Die vollständige Assimilation kam für ihn ebensowenig in Frage wie der Rückzug ins Ghetto der Religiosität.

Für Italien galt Frankreich als eine Art Labor, in dem die politischen und gesellschaftlichen Experimente abliefen, die den Prozeß der Modernisierung begleiteten. Die Reaktionen auf die Dreyfus-Affäre waren verschieden. Während die Demokraten und Linksliberalen sich in ihrem Kampf für Menschenrechte herausgefordert fühlten, raunten die Jesuiten, es handle sich um eine Verschwörung der Juden gegen die katholische Kirche, und auch die Sozialisten waren bis zum Eingreifen Zolas der Meinung, es gehe um ein Komplott reicher französischer Juden.²⁷ Im Januar 1889 war in der *Critica Sociale* zu lesen: »Die Mutter aller Revolutionen hat sich Uniformen unterworfen, ist vergiftet von der Inquisition und durchzogen von der Dummheit des Antisemitismus. Sie fällt auf napoleonische Zustände brutaler Gewalt zurück. Der revolutionäre Idealismus der Franzosen ist tot.«[28] Für die Sozialisten im Umkreis der *Critica Sociale* war die Dreyfus-Affäre um 1900 vorüber. Nicht so für die jungen Intellektuellen der italienischen Avantgarde. Sie litten unter Giolitti, der in ihren Augen ein falscher Demokrat war, und verstanden nicht, warum Turati mit ihm kooperierte. Die Dreyfus-Affäre hatte in Italien die Diskussion über die Werte und die Kosten der Moderne eröffnet.

Ein geradlinger Weg in die Politik war Margherita Sarfatti aufgrund ihres Geschlechts verwehrt. Sie wußte, daß sie, um zu Einfluß zu gelangen, eine vermittelnde Position anstreben mußte. Hatte sie diese erst einmal erreicht, würde ihr kommunikatives Geschick und ihr von Vater und Ehemann erworbener Einfluß dabei helfen, ihre Position auszubauen. Für den Geist der künstlerischen und intellektuellen Avantgarde zeigte sich die Sozialistin als durchaus empfänglich. Nachdem sie in Mailand einige bescheidene Erfolge für sich verbucht hatte, fehlte ihr die Herausforderung. Ihr Mann mit seinem erfolglosen Streben nach politischer Macht war in den Jahren des Aufbruchs alt geworden. Seine zionistische Position blieb ihr fremd. Sie ignorierte erfolgreich ihre jüdische Herkunft und ging ihren eigenen Weg in die nationale Öffentlichkeit. Ihre feministischen Schwestern waren von der neuen Zeit überholt worden, und im Salon der Kuliscioff kam ihr der Ton auf einmal seltsam altmodisch vor. Margherita Sarfatti hatte zwar ihre Selbständigkeit erreicht, doch es fehlte ihr die Macht. Diese befand sich noch immer in den Händen der positivistischen, prosaischen Generation, die nicht die ihre war. Der nüchterne Stil der Ära Giolittis begünstigte das Entstehen eines gefühlsbeladenen, irrationalen Lebensgefühls. Die Zeit für eine neue Poesie war reif.

Der Krieg

Der Angriff erfolgte völlig unerwartet: Am 20. Februar 1909 veröffentlichte der Pariser *Figaro* das Manifest einer künstlerischen Avantgarde, mit dem das 20. Jahrhundert eröffnet wurde.[29] Das Besondere daran war neben Stil und Inhalt dessen Herkunft. Der Verfasser stammte nicht aus Paris, der Hauptstadt der Kunst des 19. Jahrhunderts, sondern aus Mailand. Filippo Tommaso Marinetti entdeckte den Haß als Movens für die Kunst des angebrochenen Jahrhunderts. Der Name der von ihm ins Leben gerufenen Gruppe war Programm: die Futuristen proklamierten offen ihre gewaltsame Abneigung gegen den Vatikan, den Liberalismus, die Österreicher und den Historienplunder der Väter- und Großvätergeneration. Nachdem Italien für Jahrhunderte die Künste der Welt angeführt hatte und immer wieder stolz auf seine glorreiche Vergangenheit verwies, war seine gegenwärtige Kunst schon lange von einem ausgeprägten Akademismus gelähmt. Die Futuristen wollten die Italiener aus dieser Lähmung befreien und nannten sich »*Futurismus*« der europäischen Bewegung der Kunst. Marinetti begriff Avantgarde ganz im ursprünglichen Sinne des Wortes als eine militärische Vorhut in eine noch ungesicherte Zeit. Der Künstler rief sich zum Retter aus, denn die Politik hatte versagt. Marinetti sah sich in der Rolle des unbewaffneten Propheten, der als Diktator eines starken und kriegerischen Italien die Langeweile und die Tradition besiegt.

»Von Italien schleudern wir unser Manifest voll mitreißender und zündender Heftigkeit in die Welt, mit dem wir heute den ›*Futurismus*‹ gründen, denn wir wollen dieses Land von dem Krebsgeschwür der Professoren, Archäologen, Fremdenführer und Antiquare befreien.

Schon zu lange ist Italien ein Markt von Trödlern. Wir wollen es von den unzähligen Museen befreien, die es wie zahllose Friedhöfe über und über bedecken.«[30]

Die europäische Jugend war des Erbes ihrer Väter überdrüssig. »Man hat manchmal die Empfindung, als hätten uns unsere Väter, die Zeitgenossen des jüngeren Offenbach, und unsere Großväter, die Zeitgenossen Leopardis, (...) als hätten sie uns, den Spätgeborenen, nur zwei Dinge hinterlassen: hübsche Möbel und überfeine Nerven. Die Poesie dieser Möbel erscheint uns als das Vergangene, das Spiel dieser Nerven als das Gegenwärtige.«³¹ Marinetti setzt dieser dekadenten Sensibilität der Fin-de-siècle-Künstler einen optimistischen Aktivismus entgegen. Die futuristische Avantgarde sagt sich von der Geschichte los, um die Zukunft zu leben.

Die Futuristen reklamierten großspurig den Anspruch, etwas vollkommen Neues zu begründen. Sie priesen den revolutionären Patriotismus, die Liebe zur Gewalt und die Schönheit der Technik. Dies gipfelte in der poetischen Verherrlichung des Krieges. »Wir wollen den Krieg verherrlichen – diese einzige Hygiene der Welt – den Militarismus, den Patriotismus, die Vernichtungstat der Anarchisten, die schönen Ideen, für die man stirbt, und die Verachtung des Weibes.«³²

Marinetti befreite sich von der Last der Empirie und pries die Wonnen der Ekstase. Ihn interessierte weder das Gewußte noch das Geglaubte. Gezielt griff er die ästhetischen Positionen an, auf die das europäische Bürgertum seine Kulturhoheit gründete. Er wandte sich vom wissenschaftlichen Wahrheitsanspruch des 19. Jahrhunderts ab und ersetzte ihn durch die spontane, intuitive Assoziation. Der Umbau der europäischen Seele hatte begonnen.

Den ersten Futuristen lernte Margherita Sarfatti rein zufällig kennen. Im April 1909 besuchte sie die Ausstellung einer Mailänder Galerie, um darüber in ihrer Kunstkolumne im *Avanti!* zu berichten. Bereits beim Betreten der Galerie fiel ihr eine Gruppe junger Männer auf, die eifrig am Diskutieren war. Ihr Mittelpunkt bildete ein großer Mann, der weder Schlips, Kragen noch Mantel, sondern einen schwarzen Pullover trug. Von all den ausgestellten Bildern und Skulpturen fühlte sie sich am meisten von einer Radierung angezogen, die eine alte Frau beim Nähen zeigte. »Gefällt es Ihnen, Signora?« hörte sie eine Stimme hinter sich sagen. Als sie sich umdrehte, stand sie dem jungen Mann im schwarzen Pullover gegenüber, der sie neugierig musterte und sich als Künstler der Radierung zu erkennen gab. Sein Name war Umberto Boccioni. Margherita Sarfatti lud ihn zum Mittagessen ein, und dies war der Beginn einer intensiven, spannungsreichen Freundschaft.

Boccioni war zwei Jahre jünger als Margherita. Er war in Reggio Calabria geboren und hatte sich zunächst als Journalist und Schriftsteller versucht. 1900 war er nach Rom gezogen und hatte dort zu malen begonnen. Wie viele andere italienische Künstler auch verbrachte er einige Monate in Paris und schrieb sich später an der Kunstakademie in Venedig ein. Aber auch ihn zog es nach Mailand, wo er sich mit kleinen Aufträgen von Verlagen und Zeitschriften über Wasser hielt. In Mailand hatte er Luigi

Russolo und Carlo Carrà kennengelernt. Sarfatti schreibt, Carrà habe ausgesehen wie er hieß: klein, quadratisch und mürrisch. Er hatte bei einem Dekorationsmaler gelernt und ebenfalls kurze Zeit in Paris gelebt. Wie Boccioni arbeitete er für Zeitungen und für die Werbung, Russolo war über die Musik zur Malerei gekommen. Er war im Gegensatz zu Carrà sehr lebhaft, immer in Bewegung und spitzfindig. Russolo war an der Restaurierung von Leonardos Abendmahl in Santa Maria delle Grazie beteiligt. Die drei Freunde bildeten zusammen mit Gino Severini und Giacomo Balla die »ersten Fünf« der futuristischen Malerei. Der 1871 in Turin geborene Balla war der Älteste. Auch er lebte in Rom. 1900 hatte er bei seinem obligatorischen Parisaufenthalt[33] die Spätimpressionisten kennengelernt. »Giacomo Balla kehrte zu uns aus Paris zurück, begeistert von den neuen Tendenzen, und brachte auch einige Bilder mit, die in ihrer malerischen Qualität und künstlerischen Auffassung sehr wohl den Vergleich mit Pissarro oder Claude Monet aushalten konnten. So brachte er etwas Licht in die Kunstnacht, die über Rom hereingebrochen war, und leitete äußerst geschickt und mit ganz seltener Ernsthaftigkeit unsere ersten Schritte«, erinnerte sich Severini[34], der seine toskanische Heimat verlassen hatte, um in Rom sein Glück zu versuchen. Doch das Rom der Moderne war Paris. Er übersiedelte 1906 dauerhaft nach Paris. Severini – nach Sarfatti von großer toskanischer Eloquenz – war von da an international eingebunden und gut bekannt mit Picasso, Modigliani und Braque. Wie die meisten italienischen Künstler und Intellektuellen fühlten sich auch die fünf Freunde von der europäischen Entwicklung aus- und abgeschlossen. Im Gegensatz zu Paris oder London war jede italienische Großstadt schlicht Provinz. Der Hauptstrom der großen Ideen zog an Italien vorüber.

Die Moderne kündigte sich mit dem Autoritätsverlust der überlieferten Symbol- und Ideensysteme an. Keiner verfuhr radikaler mit der Vergangenheit als Filippo Tommaso Marinetti, weshalb Gottfried Benn im Futurismus das Gründungsereignis der modernen Kunst in Europa sah. Marinetti wurde als Sohn eines wohlhabenden Rechtsanwalts 1876 in Alexandria in Ägypten in einem Haus am Meer geboren. »Ich begann in Rosa und Schwarz; ein blühendes, gesundes Bübchen zwischen den koksfarbigen Armen und Brüsten meiner sudanesischen Amme.« Als Jahre später Pariser Künstlerkollegen sich anschickten, exotische Welten zu erobern, konnte Marinetti beruhigt in Mailand bleiben: er hatte das farbenreiche, wunderliche und stürmische Leben auf einem anderen Kontinent bereits hinter sich. Mit siebzehn Jahren wird er allein nach Paris geschickt, um sein Abitur zu machen. Er lernt die Frauen, die Revolte und die Symbolisten kennen. Bevor er sich jedoch ganz der Kunst verschreibt, absolviert er auf Wunsch seines Vaters ein Jurastudium in Pavia.

Marinetti war ein gutaussehender junger Mann mit markanten Gesichtszügen, einer auffallend hohen Stirn und einem dunkelbraunen Schnurrbart, wie ihn der junge deutsche Kaiser Wilhelm II. trug. Das Haar trug er gescheitelt und sanft zur Seite gekämmt. Er war schlank und stets sehr gut gekleidet. Er war der Typ Mann, der gerne eine dezente Blüte im Knopfloch trägt. Auf den frühen Fotografien erinnert er an eine Gestalt aus Prousts Welt. Nach Abschluß seines Studiums in Italien war er nach Paris zurückgekehrt. Er arbeitete als Redaktionssekretär bei Zeitschriften wie *La Plume, Vers et Prose, La Vogue* oder *La Revue Blanche*. Marinetti lernte in diesen Jahren die Pariser Kunstszene sehr gut kennen, was von entscheidendem Vorteil für seine späteren Auftritte war. Auf Rezitationstourneen, die ihn durch die Theater Italiens und Frankreichs führen, trägt er Texte der klassischen Moderne vor. Er verbreitete die Verse von Charles Baudelaire, Paul Verlaine, Arthur Rimbaud, Gustave Kahn und Stéphane Mallarmé. In diese Zeit fällt eine der wichtigsten Entdeckungen Marinettis: sein Talent im Umgang mit einem Publikum. Es bereitete ihm keinerlei Schwierigkeiten, die Menge im Saal zu begeistern, gegen sich aufzubringen und zu erregen. Dabei setzte er seine exotische Herkunft, seine katzenartigen Bewegungen, seine kräftige Stimme und seine rhetorische Begabung ein, um die Zuschauer zu unterhalten und zu Reaktionen zu animieren.

Die einen hielten ihn für einen dekadenten Snob und die anderen für einen romantischen Träumer. Er galt als eine Mischung aus Prahlhans und Don Giovanni – in jedem Fall jedoch fand er Beachtung. So hält André Gide einen Besuch Marinettis in seinem Tagebuch fest: »Um zwei Uhr Besuch eines gewissen Marinetti, Leiters einer Revue für künstlerischen Schund namens *Poesia*. Er ist ein Dummkopf, sehr reich und sehr eingebildet, der sich nie hat zum Schweigen bringen können.«[35] Kurz vor der Jahrhundertwende verließ er Paris und zog nach Mailand. Marinetti wohnte wie Margherita Sarfatti am Corso Venezia. Doch das war nicht ihre einzige Gemeinsamkeit. Das väterliche Erbe machte Marinetti wie auch die Sarfatti reich. Sie verfügten beide über ausreichend Zeit, waren gebildet, sprachen mehrere Sprachen und konnten ein sorgenfreies Leben führen. Ihren Zeitvertreib konnten sie frei wählen.

1905 war von Marinetti i amici in einem römischen Literatencafé die Idee geboren worden, eine internationale Zeitschrift für Lyrik zu gründen. Der Name *Poesia* war schnell gefunden, die Redaktionsräume befanden sich in Marinettis Wohnung, und das Ganze wurde Giosuè Carducci gewidmet. Als Motto wählte man naturgemäß einen Dantevers: »Hier soll die tote Dichtung neu entstehen.«³⁶ Noch erweist Marinetti den alten Meistern alle Ehre. Der Aufgabe, die er sich mit *Poesia* gestellt hatte, sollte Marinetti treu bleiben: er verstand sich als eine Art Katalysator, der den im Ausland nur wenig beachteten italienischen Künsten Renommée verschaffen wollte. Auf seine Weise versuchte er das Land zu öffnen und an die Moderne anzuschließen. Sein eigentlicher Durchbruch gelang ihm jedoch erst mit dem Futuristischen Manifest. Die Plazierung im *Figaro* beweist, daß er der exzellente Manager der Kunst war, als den ihn Marcel Duchamps bezeichnet hat. *Le Figaro* war nämlich nicht nur das Organ des konservativen französischen Bürgertums, sondern galt auch als wichtiges Blatt zur Veröffentlichung von literarischen Manifesten. 1886 war darin das Manifest über den Symbolismus publiziert worden und 1891 das der Scuola Romana. Marinetti nutzte wie so häufig das bereits Vorgegebene kongenial.

»Wir haben die ganze Nacht gewacht – meine Freunde und ich – unter den Moscheeampeln mit ihren durchbrochenen Kupferschalen, sternenübersät wie unsere Seelen und wie diese bestrahlt vom eingefangenen Glanz eines elektrischen Herzens. Lange haben wir auf weichen Orientteppichen unsere atavistische Tätigkeit hin und her getragen, bis zu den äußersten Grenzen der Logik diskutiert und viel Papier mit irren Schreibereien geschwärzt.

Ein ungeheurer Stolz schwellte unsere Brust, denn wir fühlten, in dieser Stunde die einzigen Wachen und Aufrechten zu sein, wie stolze Leuchttürme oder vorgeschobene Wachposten vor dem Heer der feindlichen Sterne, die aus ihren himmlischen Feldlagern herunterblickten.«

Die Verfasser bekennen sich zu Rebellion, Ekstase, Gewalt und Aggression; sie verherrlichen die Technik, das Automobil, die Lokomotive und das Flugzeug; sie verachten das Weib, die Museen, den Moralismus und die Archive. Sie rufen dazu auf, Feuer an die Regale der Bibliotheken zu legen, die Leinwände alter Gemälde zu zerfetzen und ohne Erbarmen die ehrwürdigen Städte dem Erdboden gleichzumachen. Mit diesem Manifest bewies Marinetti sein Gespür für die Zeit. Die Kampfansage, die das Futuristische Manifest enthielt, traf ins Schwarze und gab die Unruhe der künstlerischen und intellektuellen Generation um 1900 wieder. Diese Generation konnte weder von den Liberalen noch von den Sozialisten gegen den Positivismus und gegen den evolutionären Gedanken in der Politik breitgemacht.

Die jungen Leute waren Erbende und wollten Eroberende sein. Sie waren eklektisch in ihren Interessen, beweglich im Geist und wollten sich keinem geschlossenen Denksystem unterwerfen. Die Unruhe der Resignation, der beißende Spott und die hochfahrende Idee: das war ihre Grundstimmung. Gegen die sture Fortschrittsgläubigkeit setzten sie den Zweifel und die Spekulation. Ausgerechnet Italien, das nach Georges Bataille so faszinierend wirkte, weil es zurückgeblieben war, machte sich zum Vorkämpfer der modernen Welt. »Wichtig ist allein der Umstand, daß Italien mit dem Futurismus seine Funktion als Sprachrohr der Welt wiederaufzunehmen schien. Einen Augenblick lang gab der Futurismus den Italienern das Gefühl, die dringenden Bedürfnisse der jungen Generation in anderen Ländern zum Ausdruck gebracht zu haben.«³⁷ Doch zunächst gab es dieses Wir, von dem im Manifest die Rede war, gar nicht. Marinetti war allein und das Wir pure Fiktion. Sein Zeitgenosse Giuseppe Prezzolini hat ihn am besten charakterisiert: »Er war mit jenem geheimnisvollen Sinn begabt, den Scharlatane, abenteuernde Politiker, Geschäftsreisende und Hasardeure besitzen und der sie in gewisser Weise zu Propheten macht. Ihr Beruf zwingt sie, die klare Vernunft und die helle Vorstellungskraft zu mißachten und sich der Macht des Zufalls anzuvertrauen, die in der Tiefe der Geschichte geheimnisvoll waltet. Was sie im einzelnen sagen, entbehrt der Präzision; ihre Begründungen sind unsicher, die allgemeinen Behauptungen voll von Widersprüchen. Wenn man solchen Menschen zuhört, tappt man lange im dunkeln. Trotzdem verfügen sie über prophetische Kräfte, die rational denkende Köpfe nicht besitzen.«³⁸ Es war Umberto Boccioni, der Marinetti zur Gruppe als Ausdruck der Bewegung verhalf.

Boccioni war arm und rebellisch. Er genoß es, in einer Stadt Tür an Tür mit den Arbeitern zu leben, die die Maschinen bedienten und als die Agenten der Zukunft galten. In Mailand wohnten mehr Künstler, Ingenieure und Mechaniker als in den übrigen Städten Italiens; hier gab es die meisten Telefone, Verlage, Schreibmaschinen und Zeitungen. Und dennoch durchlebte Boccioni immer wieder depressive Phasen, in denen er unter dem »modernen Sentimentalismus« »seiner Zeit und der »Degeneration« seines Landes entsetzlich litt. So notierte er am 14. März 1907 in sein Tagebuch: »Ich fühle, daß ich das Neue malen will, die Ergebnisse unserer industriellen Zeit! Ich fühle mich angeekelt von den alten Mauern, von den alten Palästen, von den alten Motiven und den alten Erinnerungen! (...) Ich will etwas Neues, etwas Ausdrucksvolles, etwas Erregendes! (...) Die ganze so wunderbar große Vergangenheit deprimiert mich – ich will endlich etwas Neues!« 1910 besuchte er einen futuristischen Rezitationsabend. Marinetti und die von ihm verpflichteten Vortragskünstler skandierten ihre Forderungen und rezitierten Gedichte. Die Vortragenden waren feierlich und ernst gestimmt, während das Publikum sie verlachte, durch Zwischenrufe die Stimmung anheizte und sich köstlich amüsierte. Boccioni, der nicht der Unterhaltung wegen gekommen war, zeigte sich fasziniert von der Idee, das geistige und künstlerische Leben Italiens zu erneuern. Ein gemeinsamer Bekannter arrangierte schließlich eine »zufällige« Begegnung der beiden Künstler auf dem Mailänder Bahnhof. Marinetti und Boccioni verstanden sich sofort. Boccioni trommelte seine Künstlerfreunde zusammen, sie trafen sich in Marinettis luxuriösem Haus, verfaßten gemeinsam das Manifest der futuristischen Maler und traten damit dem Futurismus bei.

»An die jungen Künstler Italiens!
Der Schrei der Auflehnung, den wir ausstoßen, womit wir uns den Idealen der futuristischen Dichter anschließen, kommt nicht von einer ästhetischen Vereinigung, sondern drückt den brennenden Wunsch aus, der heute in den Adern jedes schaffenden Künstlers wallt. (...) Wir lehnen uns gegen die blinde Bewunderung alter Bilder, alter Statuen und aller alten Gegenstände auf und gegen die Begeisterung für alles, was wurmstichig, schmutzig und von der Zeit zerfressen ist; und wir halten die übliche Verachtung für alles, was jung, neu und voller Leben ist, für ungerecht und verbrecherisch. (...) Wie unsere Vorfahren Stoff für ihre Kunst aus der religiösen Atmosphäre zogen, die auf ihre Seelen drückte, so müssen wir uns an den greifbaren Wundern des zeitgenössischen Lebens inspirieren, an dem eisernen Netz der Geschwindigkeit, das die Erde umspannt, an den Überseedampfern, den Dreadnoughts, den wunderbaren Flügeln, die die Lüfte durchziehen, den von Finsternis umgebenen Unterseebootfahrern und dem angespannten Kampf um die Eroberung des Unbekannten. Und können wir unempfindlich bleiben bei der frenetischen Aktivität der großen Städte, der völlig neuen Psychologie des Nachtlebens, der fiebernden Gestalten des Viveur, der Kokotte, des Apachen und des Trunkenboldes?«

Durch die Verbindung mit Marinetti fanden die bislang unbekannten Maler plötzlich Beachtung. Der Druck der Erwartung lastete auf ihnen, denn mit dem Abfassen eines Manifests war es nicht getan. Von den »Fünf« hatte keiner ein akademisches Diplom. Sie schlugen sich mit Gelegenheitsarbeiten durch, trafen sich in schäbigen Cafés und träumten von der Umgestaltung der Kunst und der Welt. »So trafen wir uns also jeden Abend im Mailänder Café Centro in der Via Carlo Alberto, das für uns einen Treffpunkt darstellte, wie für die Macchiaioli das *Café Michelan-*

gelo in Florenz. Heitere und hitzige Diskussionen fanden statt, und die Malerei, die damals in Mode war, hing uns allen zum Hals heraus. Damals benutzte man einfach das Wunderwort *modern* – und alle Brücken mit der alten Malerei waren abgebrochen! Uns interessierte es nicht zu wissen, wohin nun eigentlich der Weg führen sollte; uns genügte der sehnsüchtige Wunsch, etwas ganz Neues aus der Taufe heben zu können!«[39] Sie ähneln Figuren aus den Romanen Zolas. Während sie tagsüber ihr hartes Brot verdienen, studieren sie des Nachts. Die »Fünf« haben den Ehrgeiz der Arbeiter, die durch den Besuch der Abendschule Ingenieure werden wollen, und die Radikalität armer Studenten, die häufig in anarchistischen Kreisen anzutreffen waren. Gelegentlich illustrierten sie sozialistische Zeitschriften, fühlten sich jedoch nicht der Partei zugehörig. Es mag sein, daß der eine oder andere auch den Salon der Kuliscioff besucht hat. Doch dies war nicht ihre Welt. Die Sozialistische Partei hatte ihren Enthusiasmus und ihre Begeisterung eingebüßt. Wie viele ihrer Generation verstanden sich die jungen Männer diffus als Sozialisten, aber die Sozialistische Partei lehnten sie ab. Severini erinnert sich in seiner Autobiographie daran, daß sie die Beziehung zwischen dem Künstler und der Gesellschaft anfänglich überhaupt nicht interessierte. Sie lasen Marx oder Engels, aber auch Friedrich Nietzsche und Walt Whitman. Mit dem Enthusiasmus der Jugend schlossen sie sich den Forderungen der Arbeiter an. Mit großer emotionaler Sympathie befanden sie sich auf seiten der Unterdrückten und sahen ihre Gegner im Bürgertum und dem herrschenden Liberalismus, doch parteipolitisch organisieren ließ sich ihr Gefühl nicht.

Am Ende des 19. Jahrhunderts hatte der Positivismus und der Historismus alle Werte relativiert. Zwischen verschiedenen Kunststilen der Vergangenheit konnte man sich beliebig das passende Dekor auswählen; das hierarchische Wertgefüge war dabei zu zerfallen. »Nachdem die Väter die Welt erobert und die Beute ihrer Eroberungen in Weltausstellungen präsentiert hatten, blieb der Jugend um 1900, der ›Sohnesgeneration‹, wie schon Hermann Broch sie rückblickend nannte, nichts mehr zu unterwerfen, nichts mehr zu erobern. Sie ist dazu verurteilt, in einem symbolischen Raum immer schon begangener Taten, immer schon eroberter Welten, immer schon gekämpfter Schlachten zu leben.«[40]

Die Verbindung zwischen dem Dandy Marinetti und der Malerbohème aus der Vorstadt gestaltete sich erfolgreich. Marinetti hatte seine Gefolgschaft gefunden, die er fördern und fordern konnte. Ein Freund von ihm berichtet über seine Begegnung mit den jungen Künstlern in Marinettis Haus: »Plötzlich sehe ich im dunklen Flur vier schwarzgekleidete Männer vor mir, die Jacken bis zum Kragen zugeknöpft, fast wie Uniformen:

evangelische Pastoren oder Verschwörer aus ›Madame Angot‹? Die vier Männer waren Boccioni, Carrà, Russolo und noch einer (...). An diesem Abend im *Savini* wirkte Marinetti so ruhig wie jemand, der sich von einer großen Last befreit hat: ›Jetzt ist der Futurismus auch in der Malerei geboren worden‹, sagte er zufrieden. Er erzählte mir von der sechsstündigen Veranstaltung am Nachmittag, und vor meinen Augen nahmen die vier schwarzen Figuren, die ich wie Schatten über die Korridors hatte marschieren sehen, wieder Gestalt an.«[41] Die »Fünf« sahen nach der Begegnung mit Marinetti die Welt anders. Ihr neuer Freund war studiert und hatte bereits mehrere Bücher veröffentlicht. Marinetti war im Gegensatz zu ihnen ein reicher Mann, der sich in der Welt auskannte und ein angenehmes Leben führte. Von Malerei verstand er allerdings nicht mehr als jeder andere gebildete Bürger. Doch was sein Auftreten, seine Lebensart wie auch sein Gespür und seine Kenntnis der neuesten ästhetischen Entwicklungen anbelangte, war er den Provinzmalern weit überlegen. Er hatte ein ausgeprägtes Bewußtsein von den Funktionsweisen des künstlerischen Marktes und nutzte dies, um seine Kulturrevolution durchzusetzen.[42]

Diese ungleiche Künstlergemeinschaft wählte Mailand als ihren Lebens- und Arbeitsmittelpunkt. Vor allem die bildenden Künstler waren fieberhaft auf der Suche nach dem im Manifest versprochenen futuristischen Ausdruck. Sie präzisierten und analysierten ihre alltäglichen Großstadterfahrungen. So dachten sie beispielsweise darüber nach, wie man die Reflektion der elektrischen Lampen auf einem Gesicht oder auf einer regennassen Straße darstellen könnte. Boccioni berichtete, die Idee, den Betrachter mitten im Bild zu plazieren, sei ihm auf der Piazza del Duomo gekommen, als er beobachtete, wie die Menschen sich ihm näherten und sich wieder entfernten. Nachts trafen sie sich in den angesagten Bars der Stadt, um sich ohne historische oder philologische Gelehrsamkeit, dafür aber mit »ungestümer Fröhlichkeit« der Ausarbeitung ihrer Methoden zu widmen. Alles war futuristisch: die Kellner, das Gläserklappern, die Freudenmädchen, das elektrische Licht, der Zigarettenrauch, der Rausch, die Päderasten und die Zuhälter. Die Gestalten der Nacht saßen mit am Tisch, wenn die italienische Kunst wiedergeboren wurde. Im Gegensatz zu den Sozialisten wählten die Futuristen öffentliche Orte für ihre Zusammenkünfte. Die Atmosphäre und der Stil eines Salons entsprach nicht der von ihnen gewünschten Außendarstellung. Sie suchten nicht das handverlesene Publikum, sondern die breite Öffentlichkeit. Nicht in der Abgeschlossenheit der Akademien wird futuristische Kunst gemacht, sondern in Bars, Restaurants oder Cafés. Marinetti stellte seine Künstlergemeinschaft allabendlich im Mailänder Lokal Savini zur Schau[43] und sorgte dafür, daß er und die Seinen im Gespräch blieben. Während die Sozialisten der Salonnière Kuliscioff ihre Honneurs machten, vergnügten sich die Futuristen in aller Öffentlichkeit. Sie verkörperten das Italien des neuen Jahrhunderts. Die Kunst hatte ihren Sitz mitten im Leben.

Margherita Sarfatti förderte die Futuristen. Es störte sie nicht, daß Marinetti die Sozialisten verachtete und verlachte. So hatte er sich in seinem 1905 veröffentlichten Theaterstück *Roi Bombance* (Re Baldoria) über »die großen Köche der Weltglückseligkeit« lustig gemacht. Damit war das verfeindete Triumvirat der Sozialistischen Partei gemeint gewesen, nämlich Filippo Turati, Enrico Ferri und Arturo Labriola. Den imperialistischen, kriegslüsternen Phantasien der Futuristen schenkte sie keinerlei Beachtung; sie zeigte sich jedoch begeistert von der Idee der Wiederbelebung großer, nationaler Kultur. Sarfatti erkannte, daß ihr die zufällige Bekanntschaft mit Boccioni eine Chance bot. Endlich hatte sie eine Alternative zu den mittlerweile langweiligen Salonabenden bei der Kuliscioff gefunden. Schon lange hatte sie genug davon, abseits zu stehen und sich von oben herab behandeln zu lassen. Sollte doch die Kuliscioff bis an das Ende ihrer Tage die Asketin und Märtyrerin mimen. Auch wenn sie Sozialistin war, wollte sie ihre Schönheit und ihren Reichtum zur Schau stellen und genießen. Margherita Sarfatti mußte akzeptieren, daß sie nur außerhalb des Einflußbereichs der Anna Kuliscioff erfolgreich sein konnte. Ihre Besuche im Salon wurden seltener. Sie arbeitete hart an ihrer Reputation als Kunstkritikerin und begann sich einen neuen Kreis von Freunden aufzubauen. Vom sozialistischen Establishment wechselte sie zur künstlerischen Avantgarde.

Die Futuristen betonten ihre Außenseiterposition gerne durch ihre Kleidung und ihren Lebensstil. Boccioni zum Beispiel trat mit dicken, braunen Samthosen, einer schwarzen Pelzmütze und Stiefeln nach Kosakenart auf. Wie Carrà bemerkt, wirkte er in diesem Aufzug wie ein junger, anmutiger und unbesiegbarer Barbar. Severini trug bevorzugt Halbschuhe, um zu zeigen, daß seine Strümpfe an jedem Bein von anderer Farbe waren. Sie hatten wenig Geld, feierten gerne und gaben vor, ein ausschweifendes sexuelles Leben zu führen. Ihre sinnlichen Wünsche sollten immer sofort in Erfüllung gehen, und sie verachteten den ökonomisch sparsamen Bürger. Margherita war von dieser Mischung aus Jugend, Genie, Kunst, Liebe, Sex und Armut angezogen. Sie stimmte Marinetti zu, wenn er erklärte, daß es darum gehe, das Leben brutal in die Kunst einzuführen. Das Milieu, welches der von ihr geschätzte Toulouse-Lautrec gemalt hatte, lernte sie nun durch ihre neuen Freunde etwas näher kennen. Auch sie trat für die freie Liebe ein und fühlte sich in der moralinsauren Atmosphäre sozialistischer Gesellschaften unwohl. Im Gegensatz zu vielen ihrer Genossen hatte Sarfatti auch homosexuelle Freunde, und der mexikanische Maler Diego Rivera, der sie 1912 kennenlernte, behauptete, sie habe ein Verhältnis mit der französischen Futuristin Valentine de Saint Point gehabt. Gleichwohl hielt sie genügend Abstand zu den jungen Künstlern, denn sie wollte ihre Machtposition nicht durch leichtfertige Abenteuer gefährden. Als Kunstkritikerin konnte sie den Futuristen zu dem Ruhm verhelfen, nach dem sie sich so sehr sehnten. Das Engagement für eine bestimmte Kunst gehörte genauso zu ihrem Beruf wie Phantasie, Wissen und Instinkt. Doch durfte sie nie in den Verdacht geraten, einen Künstler nur deshalb zu fördern, weil sie eine Affäre mit ihm hatte. Als Frau und Kritikerin befand sie sich außerhalb des Künstler-Wir, welches Marinetti propagiert hatte. Wie immer wußte Margherita Sarfatti einen Nachteil in einen Vorteil zu verwandeln. Ihre Begeisterung für die Avantgarde machte sie nicht nur in bürgerlichen, sondern vor allem auch in den sozialistischen Kreisen bekannt. Sie nutzte den Nimbus der Verruchtheit, der die Futuristen umgab, um sich selbst auch interessanter zu machen. Sie galt als eine Frau mit Einfluß, die ihr Gespür für das Kommende auszeichnete.

Als sie die jungen Männer kennenlernte, hieß deren Vorbild noch Giovanni Segantini, der mit seinen alpinen Melancholien neben Ferdinand Hodler, den Wiener Sezessionisten und Max Klinger zu denjenigen Künstlern zählte, die sich als Seher und Erwählte fühlten und auf der Suche nach Einheit und Harmonie waren. Was Segantini als Maler des 19. Jahrhunderts noch aus der künstlerischen Introspektion schöpfen wollte, wurde für die Futuristen als Künstler des 20. Jahrhunderts zu einer Frage der Technik. »Der Futurismus in seiner ersten Phase konnte Eingang finden in die avancierten Ästhetiken, weil er die Technik und industrielle Lebenswelt nicht mehr lediglich thematisierte, was seit der Mitte des 19. Jahrhunderts zum festen Repertoire der Moderne geworden ist, sondern weil er die neuen Techniken selbst in die Künste einzuschreiben vermochte.«[44] Die Erfindung des Films durch die Gebrüder Lumière, die Entdeckung der Röntgenstrahlen, der verstärkte Einsatz der Fotografie in Wissenschaft und Kunst[45] sowie die Psychoanalyse[46] sind Techniken, bei denen es um das Sichtbarmachen geht. Die futuristischen Künstler nehmen die Herausforderung durch die Technik an. Die Nerven des Künstlers schließen sich mit den technischen Apparaturen zusammen, um das Unbewußte und Unsichtbare zum Erscheinen zu bringen.

Die ersten Ausstellungen der Futuristen wurden von den einen Kritikern erleichtert, von anderen enttäuscht aufgenommen. Erleichtert waren diejenigen, die das Manifest als Programm verstanden hatten. Sie sahen Bilder, die sie nicht erschreckten, sondern erfreuten. Boccionis Gemälde von der Peripherie der Stadt atmen noch die Sehnsucht nach dem freien Feld, nach einem Leben ohne rauchende Schornsteine und karge Fabrikgebäude; es sind Bilder des Übergangs. Enttäuscht dagegen war vor allem der einflußreiche Kritiker der Florentiner Zeitschrift *La Voce*, Ardengo Soffici. Er war selbst Künstler und hatte lange Jahre in Paris gelebt. Die erhoffte Befreiung vom Provinzialismus der italienischen Kunst fand er bei den Futuristen nicht. Für ihn war der Brandstifter Boccioni ein braver Maler, der nichts riskierte und alles beim alten beließ. Er bescheinigte den Futuristen mangelndes poetisches Gefühl und machte sich lustig über deren Imitation des längst überholten Segantini.

Margherita Sarfatti sah ihre Aufgabe als Kritikerin darin, das futuristische Lebensgefühl den Italienern näherzubringen. Sie machte sich Gedanken über die biographischen und psychologischen Hintergründe eines Gemäldes und hatte sich einen stilistisch ausgefeilten Schreibstil zugelegt. Die Handschrift des Kritikers mußte erkennbar sein, um Erfolg zu haben. Sarfatti stellte gerne ihre Bildung und ihr Wissen zur Schau. Als Sammlerin kaufte sie Bilder aus Boccionis präfuturistischer Phase. Als wichtiges Kunstwerk feierte sie das 1911 gemalte »Tre Donne«: »Er stellte das große Gemälde ›Tre donne‹ aus, das durch seinen ungewöhnlichen Umgang mit Licht geprägt ist. Es ist nicht erstarrt in der Tradition des italienischen Divisionismus, sondern scheint aktiv und zart, konsistent in seiner malerischen Emotion. Boccioni hat ein ausgeprägtes Gefühl für das Maß, er versteht es, die Kräfte ruhig und angenehm zu verteilen. Die ausgefallenen Farben wirken auf diese Weise tiefer und intimer. In den dargestellten Gestalten sehen wir eine, die geprägt ist von großer Melancholie, und die andere wirkt energetisch und entschlossen. Die beiden jungen Frauen sind um die Gestalt der Mutter gruppiert, die starke, gute Mutter, die immer noch so groß wirkt trotz des Schmerzes, der sie zerstört. Wir erkennen darin die Liebe des Sohnes zu seiner Mutter, die ihn zu so vielen wunderbaren Bildern und Skulpturen animierte.«[47] Sarfatti förderte die jungen Maler nicht nur durch ihre Kritiken, sondern kümmerte sich auch um Käufer für deren Bilder und warb um Sponsorengelder. Es war allein ihrer Patronage zu verdanken, wenn die unbekannten Künstler Stipendien von Mailänder Industriellen erhielten. Sie wirkte vermittelnd nicht nur in der Öffentlichkeit, sondern auch im privaten Bereich. Die Sammlerin und Kritikerin erhoffte sich durch ihr Engagement direkte Einflußnahme auf die Künstler. Margherita Sarfatti wollte von »ihren Künstlern« hofiert werden und ließ sie immer wieder spüren, daß sie es war, die sie großmachen konnte.

1912 schließlich stellten sich die Futuristen der Pariser Öffentlichkeit. Im Vorwort zum Ausstellungskatalog erklärten sie in gewohnter Manier ihre Einzigartigkeit. In Italien mag dies verwegen gewesen sein, in Paris war es jedoch nahezu hybrid. »Ohne uns rühmen zu wollen, können wir erklären, daß diese erste Ausstellung der futuristischen Malerei in Paris auch zugleich die wichtigste Ausstellung italienischer Malerei darstellt, die je dem Urteil Europas unterbreitet wurde! In der Tat sind wir jung und unsere Kunst ist außerordentlich revolutionär! Mit unseren Experimenten und Realisationen, die bereits viele Imitatoren von Talent und zahlreiche Plagiatoren ohne Talent gefunden haben, haben wir uns an die Spitze einer neuen Bewegung der europäischen Malerei gesetzt, die wohl eine andere Richtung verfolgt, aber in gewissem Sinne parallel mit der der Post-Impressionisten, Synthetisten und Kubisten von Frankreich verläuft, die von ihren Meistern Picasso, Braque, Derain, Metzinger, La Fauconier, Glezes, Léger, Lhote u.s.w. angeführt wird. Obwohl wir den Heroismus dieser wahren Meister bewundern, die eine lobenswerte Verachtung für den Merkantilismus in der Kunst und Haß gegen den Akademismus gezeigt haben, so müssen wir uns doch leider im vollkommenen Gegensatz zu ihrer Kunst erklären! Denn sie versteifen sich geradezu darauf, das Unbewegliche zu malen, das Erstarrte und alle nur möglichen statischen Aspekte der Natur, sie verehren die Tradition von Poussin, Ingres und Corot und lassen auf diese Weise mit einem Beharrungsvermögen für die Vergangenheit ihre Kunst altern und versteinern, das uns absolut unverständlich ist! Wir, die wir der Zukunft zugewandt sind, suchen, im Gegenteil einen Stil der Bewegung, was niemals vor uns versucht worden ist.«[48] Von Boccioni wurde unter anderem »Die Abfahrenden«, »Kräfte einer Straße« gezeigt und von Carrà »Gerüttel einer Droschke«, »Bahnhof von Mailand« oder »Was die Straßenbahn mir erzählt hat«. Cézanne, der sich noch mit dem Landauer zum Zeichnen fahren ließ, wie Apollinaire spottete, war den automobilbegeisterten Italienern in der malerischen Entwicklung jedoch weit voraus. Die Grundlage von Cézannes Kunst war die Farbe und nicht eine Idee: »Die Farbe ist der Ort, wo unser Gehirn und das Weltall sich begegnen.«[49]

Zur Ausstellungseröffnung in die Galerie Bernheim Jeune am 5. Februar 1912 erschien *tout Paris*. Soffici kommentierte hämisch, der Erfolg der Futuristen sei der Erfolg eines Skandals. Vom Pariser Chefkritiker und Freund der Kubisten, Guillaume Apollinaire, wurden die Italiener für ihre Anmaßung abgemahnt. »Die Futuristen sind junge Maler, die eine Menge Lob verdienten, wenn sich nicht durch die Prahlerei und die Überheblichkeit ihrer Manifeste jede Nachsicht ausschließen würde, die wir sonst geneigt wären, ihnen gegenüber walten zu lassen.«⁵⁰ Boccioni bezeichnet er als den Begabtesten der Truppe, wenn er auch nur Picasso nachahmte. Über Marinetti macht er sich lustig und schreibt, dieser wolle die Rolle übernehmen, die früher der heilige Franziskus von Assisi gespielt habe. Er träume davon, ein Neuerer der Künste zu sein, und dabei sei der Futurismus nichts weiter als die italienische Nachahmung zweier französischer Stilrichtungen, nämlich des Fauvismus und des Kubismus. Um weiterhin Frankreich als Nachfolgerin des Italien der Renaissance feiern zu können, schreckt Apollinaire auch nicht vor unseriösen Argumenten zurück. »Die futuristischen Künstler werden aus den fetten Pfründen der futuristischen Bewegung unterstützt, mit Sitz des Hauptquartiers in Mailand, und stehen sich deswegen finanziell nicht schlecht. Die meisten der jungen Kubisten dagegen, die heute eine der nobelsten und geistigsten Kunstauffassungen vertreten, sind von allen Mitmenschen verlassen worden, werden von der Presse beschimpft und leben praktisch in halber Armut, wenn nicht sogar in völliger Mittellosigkeit.«⁵¹ In die Arroganz und den Neid Apollinaires mischten sich Neugierde und auch eine Art heimlicher Bewunderung.⁵² Marinetti, der »gallisierte Italiener« (Guillaume Apollinaire), hatte die Tage in Paris perfekt organisiert. Die gesamte Presse war mobilisiert, jedes der ausgestellten Bilder wurde in verschiedenen Größen und Formaten fotografiert, dann ein Maler nach dem anderen einzeln und schließlich alle zusammen mit Marinetti.⁵³ Am Vorabend der Ausstellung verkündete eine Lichtreklame in tanzenden Buchstaben den Parisern bis zwei Uhr nachts die Namen der italienischen Maler. Am Tag nach der Ausstellung waren die Zeitungen voll mit Berichten und Fotos über den Abend in der Galerie. Ganzseitig wurde die Fotografie der Futuristengruppe mit dem steifen Hut auf dem Kopf veröffentlicht. Die Italiener waren dabei, Paris einzunehmen.

Ende Februar ging die Tournee weiter nach London. Die eintrittspflichtige Ausstellung war gut besucht, es wurden viele Kritiken veröffentlicht und Bilder verkauft. Der Auftritt Marinettis gestaltete sich als ein großer Erfolg, und dank des englischsprachigen Ausstellungskatalogs verbreiteten sich die futuristischen Ideen auch in England.⁵⁴ Nächste Station war Berlin. Im Gegensatz zu London und Paris findet die von Herwarth Walden organisierte Ausstellung zunächst kaum Beachtung. Boccioni, der kein Wort Deutsch spricht und unter dem schlechten Wetter leidet, telegrafiert den Mißerfolg nach Mailand.⁵⁵ Marinetti reiste daraufhin mit tausend futuristischen Flugblättern an. Sie fuhren mit einer Pferdedroschke durch die Stadt und brachten ihre Botschaft unter die Leute. Marinetti hielt zwei Vorträge, dann fand die Ausstellung endlich die gewünschte Beachtung. Erneut hatte sich gezeigt, daß der Futuristenchef ein begabter Werbestratege war, dem es gelang, Kunst in einen erweiterten Kommunikationszusammenhang einzuspeisen.⁵⁶ Die italienischen Futuristen hatten bewiesen, daß sie mithalten konnten mit dem modernen Tempo und Fortschritt. Italien hatte endlich wieder einen internationalen Kulturexportartikel.

Margherita Sarfatti war fasziniert davon, wie gekonnt der Großbürger Marinetti als Bürgerschreck agitierte und sich dabei als Produzent heroischer Energien verstand. Ihrer Ansicht nach waren es die Futuristen, die »für frischen Wind in den bürgerlichen Wohnstuben sorgten«.⁵⁷ Als Künstler war Marinetti eher ein Epigone, doch seine Performances und seine Werbung waren einzigartig. Sarfatti begegnete Marinetti anläßlich des Prozesses um seinen Roman *Mafarka-le-futuriste*.⁵⁸ Der Roman war 1910 in Paris fertiggestellt worden, fast zeitgleich mit dem Roman des Exilitalieners Gabriele D'Annunzio *Forse che si, forse che no* und Rainer Maria Rilkes *Die Aufzeichnungen des Malte Laurids Brigge*. Während Rilke der modernen Lebenswelt mit Abwehr gegenübersteht, verherrlicht D'Annunzio den Mythos der Maschine, und Marinetti schließlich übersteigert diesen noch, indem er die übermenschliche Geburt einer futuristischen Kampfmaschine feiert. Im Oktober 1910 wurde Marinetti in Mailand angeklagt, mit diesem Roman gegen Sitte und Anstand verstoßen zu haben. Der Prozeß, der eigentlich als Abschreckung gedacht war, wurde von ihm zu Werbezwecken genutzt: Die Zukunft, die Jugend, die Freiheit und die Kunst saßen auf der Anklagebank. Angeklagt wurden sie von einer passatistischen⁵⁹ Justiz, die sich in den Händen einer korrupten Regierung befand.

Am Eröffnungstag war der Gerichtssaal brechend voll mit Neugierigen, Freunden und Unterstützern, die lauthals das Geschehen kommentierten. Natürlich verlas der Angeklagte eines seiner mittlerweile berühmten Pamphlete und wurde dafür ausgiebig von seinem Publikum gefeiert. Am Ende des ersten Prozesses wurde er freigesprochen und im Triumphzug aus dem Gerichtssaal getragen. Der Freispruch ging nicht zuletzt auf das Konto seiner ausgezeichneten Verteidiger, von denen einer Margheritas Mann war. Er hatte in seinem Plädoyer ausführt, daß, wenn man Marinetti wegen Pornographie verurteile, gleiches Recht für Michelangelo und Canova gelten müsse. Er zitierte anstößige Stellen aus Romanen der Weltliteratur. Am Ende bezeichnete er gar sich selbst als einen Futuristen in dem Sinne, daß er das Land von der erdrückenden Last der Vergangenheit befreien wolle. Cesare Sarfatti hatte für seine Frau gesprochen. Sie befand sich unter den Zuschauern, und sein Plädoyer war nichts anderes als ihr Bekenntnis zur künstlerischen Avantgarde. Das Ehepaar Sarfatti bekannte sich zum Experiment der Moderne und zur kulturellen Regeneration Italiens.

Leo Trotzkij fand den italienischen Futurismus vor allem deshalb so interessant, weil er nicht auf die Ausbildung der künstlerischen Form beschränkt war, sondern sich von Anbeginn an mit Politik und Gesellschaft in Verbindung gebracht hatte. Marinetti entwickelte sich vom gedichteschreibenden Juristen zum künstlerischen Genie, und er ging den Weg vom Kosmopoliten zum Nationalisten und schließlich zum Faschisten. Bereits in seiner präfuturistischen Phase hatte er die Entdeckung gemacht, daß die Kombination von moderner Lyrik mit nationalistischen Parolen eine große Sprengkraft innewohnt. Im Frühjahr 1908 war er eingeladen worden, in Triest einen seiner Rezitationsabende zu halten. Die Stadt, am Rande des habsburgischen Imperiums gelegen, gehörte zu den »unerlösten« Gebieten und war ein Schmelztiegel slowenischer, griechischer, deutscher, jüdischer und italienischer Kultur. Von »terra irredente« sprachen italienische Patrioten seit 1877, und zwar zunächst nur in bezug auf die seit 1382 unter österreichischer Herrschaft stehende Stadt Triest. Der Irredentismus gewann am Vorabend des Ersten Weltkriegs immer mehr an Bedeutung und bildete schließlich zusammen mit dem Nationalismus und dem Futurismus eine wichtige Kraft gegen die liberale Kultur des Landes.

Als Marinetti 1908 seinen Auftritt in der adriatischen Hafenstadt hatte, stand er vor einem Publikum, das eine epigonale Kultur überlieferter Gelehrsamkeit bevorzugte und sich leicht von nationalen Tönen anstecken ließ. Marinettis Begegnung mit dem »unerlösten« Triest machte ihn zum überzeugten Vertreter des Panitalianismus. Nach diesem Abend reifte in ihm der Entschluß, eine künstlerische Erneuerungsbewegung ins Leben zu rufen, die sich die nationalistische Sache zu eigen machen sollte. Das Gründungsmanifest des Futurismus war dann Ende 1908 fertiggestellt.

Margherita Sarfatti beschreibt den nicht mehr jungen Marinetti als kahlköpfig, doch »agil, rosig, feist, schnurrbärtig und temperamentvoll«. Er rauchte wenig, trank mäßig und spielte nicht. Er brauchte all seine Energie für sein großes Laster, die Poesie. Sarfatti bezeichnet ihn als »Vulkan« und merkt leicht düpiert an, sein Haus sei entsetzlich überladen gewesen. Er kultivierte seine orientalische Vergangenheit und präsentierte sich inmitten von wertvollen Teppichen und farbenprächtigem Mosaik in ausgesucht eleganter Garderobe als Patriarch. Der immense Erfolg bei der Verbreitung und Propagierung des Futurismus verdankt sich allein dem Enthusiasmus und Organisationstalent Marinettis. Er betrieb in Mailand ein Büro, das eigens mit dem Vertrieb futuristischer Literatur beschäftigt war. Von dort aus wurden futuristisch gepflegt und Auftritte geplant. Diese Form, Kunst zu organisieren, hatte es bis dahin nicht gegeben. Zwei Drittel der futuristischen Schriften wurden kostenlos weitergegeben – die Literatur war auch Propagandamaterial.« Das Manifest bildete dabei sein strategisches Hauptmittel. Der größte Teil der Flugblattauflagen wurde kostenlos an Multiplikatoren (Redakteure, Künstler, die eine dominante Position im Feld einnahmen, Galeristen etc.) verteilt. Die propagandistische Wirkung programmatischer Schlüsseltexte wurde zusätzlich durch ihren mehrfachen Nachdruck in Anthologien erhöht, die ihrerseits teilweise ebenfalls kostenlos verteilt wurden.«[60]

Seine Auftritte waren gut organisierte Spektakel, denen er durch sein manisches Wesen immer ein eigenes, unvorhergesehenes Gepräge verlieh. Besonders werbewirksam für den Futurismus war Marinettis Auftritt 1910 in Venedig. Venedig als Stadt ohne Autos und ohne Fabriken war für Marinetti der Ausdruck des verhaßten »Passatismus« schlechthin. »Wir wollen die Geburt eines industriellen und militärischen Venedig vorbereiten, das die Adria, dieses große italienische Binnenmeer, beherrschen kann. Beeilen wir uns, die kleinen stinkenden Kanäle mit dem Schutt der alten einstürzenden und aussätzigen Paläste zuzuschütten. Verbrennen wir die Gondeln, diese Schaukelstühle für Idioten, und errichten wir bis zum Himmel empor die mächtige Geometrie der Metallbrücken und der rauchgekrönten Fabriken als Ersatz für die weichen Kurven der alten Bauten. Es komme endlich das Reich des göttlichen elektrischen Lichts, um Venedig von seinem käuflichen Mondschein der möblierten Zimmer zu befreien.«[61] Margherita Sarfatti hörte mit gemischten Gefühlen davon, daß Marinetti 800000 Exemplare dieses Manifests von der Höhe eines Glokkenturms auf die verdutzten Venezianer hatte herabregnen lassen. Bei seinem Auftritt im altehrwürdigen »La Fenice« erinnerte er die Venezianer daran, daß sie einstmals unbesiegbare Krieger und geniale Künstler, tüchtige Industrielle und kühne Seefahrer gewesen seien. Er beschimpfte sie als Hoteldiener, Kuppler, Fremdenführer, Antiquare und Betrüger. Der Abend endete erfolgreich im Tumult, über den die Zeitungen am kommenden Tag ausführlich berichteten.

Das Motto der Futuristen war »jeden Abend Krieg«. Ziel der »serata futurista« war nicht das Erstaunen, sondern der Schock, auf den die Zuschauer körperlich reagieren sollten. Bewegung und Körper standen im Mittelpunkt dieser künstlerischen Aktionen. Für den Animator Marinetti zählte das sensationelle Ereignis, in dem Kunst und Leben miteinander verschmolzen. Kunst war für ihn vorrangig eine Sache der Energie. Für Marinetti waren die Menschen vor allem »schlagende Herzen, zuckende Nervenbündel, instinktive Wesen, die allein von der trunkenen Intuition beherrscht sind«. Daraus resultiert seine Liebe zur Saalschlacht und zum Krieg. Benedetto Croce hat die Nähe Marinettis zur kriegerischen Sensation als dekadent verurteilt. Er wandte sich entsetzt gegen dessen Vorhaben, durch Ekstase den modernen Menschen zu schaffen. Nach Karl Heinz Bohrer läßt sich an dieser Kritik Croces »die Grenzscheide zwischen dem älteren und dem jüngeren Nationalismus und seiner radikalen Kulturkritik erkennen: Es ist die Entdeckung von Reizwerten, speziell ihre rein literarische, unsystematische Begründung.«[62] Bei den Futuristen gibt es für die ästhetische Sensation des Krieges und der Gewalt keine rationalen Gründe mehr, sondern sie suchen eine Erfahrung der Sinne und des Körpers.

Wenige Monate nachdem er das Manifest der futuristischen Malerei unterzeichnet hatte, malte Boccioni ein Bild, welches das futuristische Lebensgefühl gut zur Geltung bringt. »Rissa in galleria« von 1910 zeigt eine Szene aus dem modernen Stadtleben. Von elektrischem Licht taghell beleuchtet, sieht man eine aufgebrachte Menge vor einem Café. Männer und Frauen gleichermaßen stürmen von den Rändern herbei, um sich in die Schlägerei zu stürzen, die vor der großen Tür des Cafés im Gange ist. Gesichter sind keine zu erkennen, nur stürzende, eilende, ineinander verflochtene Körper. Die Frauen sind gekleidet wie Menschen des 19. Jahrhunderts. Sie tragen lange, enge Kleider und ausladende, mit Blumen geschmückte Hüte. Diese Art Kleidung war für Frauen gemacht, die resetieren oder sich nur wohldosiert bewegen. Bei Boccioni sind auch sie in Bewegung geraten und stürmen hin zur Mitte des Bildes. Alles ist in Bewegung. Der Betrachter befindet sich nicht im Bild, sondern sein Blickwinkel ist, als ob er, von oben kommend, gleich inmitten des Bildes landen würde. Boccioni setzte vorwiegend kräftige Farben ein; es dominieren Gelb und Rot. Die Schatten der erregten Körper verstärken die Dynamik. Das Bild zeigt Menschen des 20. Jahrhunderts, deren Emotionen ihre Körper in Aufruhr versetzt hat. Keiner kann sich dem Strudel des Geschehens entziehen; die Körper prallen mit Gewalt aufeinander.

Kein Geringerer als der Genosse Gramsci schrieb 1922 in Moskau einen Brief über den Futurismus, in dem er hervorhob, daß der Futurismus vor dem Krieg gerade bei den Arbeitern sehr populär gewesen sei. »Während der vielen manifestationen der futuristischen kunst in den theatern der grösseren städte italiens haben die arbeiter die futuristen gegen die jungen leute – der halbaristokratie und der bourgeoisie – verteidigt, wenn sie eine schlägerei mit den futuristen beginnen wollten.«[63] Aus diesem Zitat geht nicht nur hervor, daß der Futurismus klassenweit bekannt war, sondern auch, daß Gramsci nichts begriffen hat von der künstlerischen Praxis Marinettis. Zugespitzt kann man nämlich formulieren, daß den Futuristen gelungen ist, was weder den Liberalen noch den Sozialisten oder Kommunisten gelang: sie brachten das »paese reale« und das »paese legale« zusammen – und sei es in einer Schlägerei. Das Publikum Marinettis entsteht erst aus der Differenz zwischen Aufführendem und Zuschauenden. Auch der Ruf des einzelnen aus dem Publikum wird als künstlerische Intervention verstanden und als Beitrag zum Ganzen gewertet. Die selbsternannte Elite wandte sich an alle. Marinetti verstand es, seine krampfhafte Begeisterung auf die Menge zu übertragen. Ironie war seinem Wesen fremd. Er schaffte sich das Publikum, das er für seine Kunst brauchte, und war gerade darin Künstler und Politiker in einem.

Das 19. Jahrhundert hatte die allseits gefürchtete Masse gänzlich unbetreut in das neue Jahrhundert entlassen. Der Künstler Marinetti nimmt sich ihrer an und versteht es, ihren Appetit auf Vergnügen, Spektakel und Skandal zu befriedigen. Der Futurismus kann somit auch als eine Antwort auf die europäische Glaubenskrise begriffen werden. Die Futuristen verstanden es, in ihrer Kunst das Sakrale und das Profane für alle unverständlich miteinander zu verbinden. In einem Land wie Italien mit seinen vielen katholischen Analphabeten war die gelungene öffentliche Vorführung eine wichtige Kommunikationsform. Marinetti schuf eine neue Art der Öffentlichkeit. Diese war weder repräsentativ-höfisch noch bürgerlich-demokratisch, sondern eine Öffentlichkeit des Publikums, welches die Masse ist. Die Künstlergruppe tagt öffentlich im Café, die Kunst findet vor dem zahlenden Volk im Theater statt. Für die Sozialisten dagegen war die Masse eine kollektivistische Größe. Die Gesellschaft war der Austragungsort des Klassenkampfes. Für die Futuristen ist die Masse ihr Publikum. Die Gesellschaft ist der Ort der Kunst.

Marinetti brachte einen neuen Ton in die Politik. Gegen die trockene, rationale Politik der Liberalen und der oppositionellen Sozialisten entwickelte er eine Art, Politik zu machen, die kreativer, zupackender und vor allem für das Gefühlsleben weitaus befriedigender war als der eher bedächtige Stil der Liberalen oder der reformerische Ansatz der Sozialisten. Mit seiner künstlerischen Rebellion gegen Tradition und Gesetz legte er eine sozialpsychologische Dimension frei, die weder die Liberalen noch die Sozialisten überhaupt geahnt hatten. Er wandte in der Kunst die Methoden eines politischen Wahlkampfs an: Zeitungen, Manifeste, Auftritte und Skandale. Die theoretische Proklamation ging dem künstlerischen Produkt voraus, wobei Marinetti nicht analytisch argumentierte, sondern auf die emotionale Überwältigung durch suggestive sprachliche Bilder setzte.⁶⁴ Der Futurismus lebt von einem destruktiven Überschuß und gibt sich zufrieden mit den Trümmern der Tradition.

Die Avantgarde bereitet der Zukunft den Sieg vor. Seit der Mitte des 19. Jahrhunderts steht dieser Begriff für diejenigen Tendenzen in Politik, Kunst und Gesellschaft, die den gegenwärtigen Verhältnissen voraus sind und die Zukunft bereits vorwegnehmen. Im vormärzlichen Paris wurde der Künstler als Funktionär des gesellschaftlichen Fortschritts entdeckt und die Kunst als Vorhut der Revolution.⁶⁵ Schließlich gewöhnte man sich daran, den politischen und den künstlerischen Fortschritt gleichzusetzen. Hans Egon Holthusen⁶⁶ schreibt, daß der Avantgardist des künstlerischen Ausdrucks und der Revolutionär der sozialen Wirklichkeit zu gegenseitigen Schuldnern geworden seien. Der avantgardistische Künstler galt als Revolutionär, und der Revolutionär wiederum versicherte sich der Unterstützung durch die Kunst für seine Politik.

Die Zeit der Avantgarde ist die Zeit nach der Klassik. Die futuristische Avantgarde führte die Auseinandersetzung zwischen Künstler und Bürger, indem sie in bisher unbekannter Weise die Kulturhoheit der Bürger attackierte. Marinetti beließ es nicht dabei, Kunst als Transportmittel weltanschaulicher Ideen zu benutzen. Seine Kunst verweigerte sich einer bloß politischen Funktionalisierung, sie zielte vielmehr auf eine totale Entgrenzung des bislang bestehenden Verhältnisses von Kunst und Politik. »Das siegreiche Bürgertum, so könnte man sagen, erscheint von Anfang an zugleich als Repräsentant und als Gegenspieler seiner selbst.«⁶⁷ Das gilt für den Bürger und Künstler Filippo Tommaso Marinetti, aber auch für die Bürgerin und Sozialistin Margherita Sarfatti.

Mit Marinetti wiederholte sich für sie die Frage der Rangordnung, die sich bereits in ihrem Verhältnis zu Anna Kuliscioff gestellt hatte. Sarfatti wollte sich durch die Unterstützung der Futuristen einen Namen machen und dadurch eine herausragende Stellung in der italienischen und europäischen Kunstwelt erobern. Dazu mußte sie Marinetti aus dem Weg räumen, doch der dachte nicht daran, ausgerechnet einer Frau Platz zu machen. Er behauptete sich als künstlerisches Genie, genialer Organisator und unumstrittener Führer. Margherita Sarfatti gelang es nicht, die futuristischen Maler auf ihre Linie einzuschwören. Sie mußte erkennen, daß ihre Texte zwar wichtig, aber nicht wichtig genug waren. Als Kritikerin und Mäzenin hatte sie einfach nicht die Macht, den Künstler und Impresario Marinetti zu besiegen. Angeblich war es eine Auseinandersetzung um den zunehmend abstrakter werdenden Malstil Boccionis, der dazu führte, daß ihre Beziehung distanzierter wurde. Man darf allerdings vermuten, daß Sarfatti nicht zufrieden damit war, hofiert und umschmeichelt zu werden. Sie wollte direkten Einfluß auf die Kunst nehmen, und den verweigerten ihr die Futuristen.

1906 begleitete sie ihren Mann nach Brüssel. Er besuchte den Internationalen Zionistenkongreß und sie den symbolistischen Maler Ferdinand Khnopff. Der Künstler lebte in hermetischer Abgeschlossenheit in seinem durchgestalteten Haus. Während seine Kollegen Bauern auf dem Feld oder Arbeiter in der Fabrik malten, widmete sich Khnopff seinen Frauengestalten. Er selbst stilisierte sich als Erbe einer untergegangenen aristokratischen Kultur und gab den überfeinerten Ästheten. Die Klassenkonflikte des 19. Jahrhunderts kommen bei ihm nicht vor, Khnopff ist ein »Maler des inneren Lebens« (Hermann Bahr). Seine Bilder sind Rätsel, die sich weder psychologisch noch logisch auflösen lassen. Er malte bevorzugt Frauengestalten von stolzer Einsamkeit, die nie in Gruppen auftauchen, ein oder zwei davon genügen. »Das Leben scheint in ihnen verlangsamt, wo nicht stillgelegt. Introvertierte Gestalten ziehen sich unnahbar hinter Blenden und Rahmen zurück oder sind fest in Türlaibungen eingespannt; (...) Wenn sie keinen Panzer tragen wie Britomart, scheinen diese Frauen in ihre Kleider eingeschlossen gleich Karyatiden. Fuß- und beinlos, sind sie bis zum Hals zugeknöpft und tragen lange Handschuhe – reine Geister auch sie. Geradeaus blickend, fixieren sie fast hypnotisch den Betrachter.«68 Khnopffs Frauen leben ganz nach innen gewandt; sie scheinen Botschaften zu empfangen, die sie über die anderen Menschen erheben. Sie sind dem Künstler in ihrer Vereinsamung und inneren Verzweiflung ebenbürtig, doch an destruktiver Kraft überlegen. Sie sind die narzißtische Spiegelung und das Wunschbild des Künstler-Ich zugleich.

Die Sozialistin Margherita Sarfatti schätzte diese Kunst. Sie schrieb über Khnopffs Bewunderung für die Präraffaeliten, für Baudelaire und für Balzac und erwies sich als wohlvertraut mit dem intellektuellen Hintergrund des belgischen Künstlers. Doch es gab noch etwas außerhalb des ästhetischen und intellektuellen Verständnisses, das Margherita mit Khnopff verband: sie erkannte sich in seinen Bildern wieder. Als junges Mädchen hatte sie sich in den Garten zurückgezogen und Zwiesprache gehalten mit den Figuren aus den Romanen, die sie gerade las. Margherita Sarfatti hatte diesen isolierten und stolzen Gestalten auf Khnopffs Bildern geglichen. Sie kannte diesen Zustand, abgeschnitten von der Welt, nur den eigenen Träumen überlassen zu sein. 1906 erinnerte sich nichts mehr an Margherita Sarfatti an dieses verträumte und einsame Wesen, das sie einmal gewesen war. Sie hatte sich ihre Freiheit genommen, die gefährliche, einflußreiche und ambiva-
junge, luxurierende, lockende,

lente Frau, die von den Männern gefürchtet und begehrt wurde. Die Dame im Sinne hochmütiger Lebenspassivität war mit Beginn des 20. Jahrhunderts verschwunden und war durch eine Dame der Gesellschaft ersetzt worden, die sich oftmals als Probandin einer neuen Ästhetik oder einer neuen Politik verstand. Auch Margherita Sarfatti spielte die Rolle der »modernen Sphinx« gut. Als Kennerin des Symbolismus verstand sie etwas von der visuellen Inszenierung der Frau. Margherita Sarfatti hat sich der Figur der femme fatale bemächtigt und strategischen Gebrauch von ihr gemacht. Für die femme fatale sind Erfüllung und Verlangen eins, sie will sich leidenschaftlich einer Liebe hingeben, und der Mann ist ihr Opfer. Verzicht und Entsagung sind nicht ihre Sache. Sarfatti tarnt ihr Streben nach Macht und Unabhängigkeit unter dem Luxusgewand der reichen Frau. Von ihrem Mann Cesare machte sie nicht häufig Gebrauch, sie suchte sich junge Liebhaber. Margherita ist häufig auf Reisen, sie spricht viele Sprachen und ist immer von einem Hauch des Außergewöhnlichen umgeben. Auch wenn sie bereits die Macht der Straße spürte, war Margherita Sarfatti noch eine Frau des Salons. Sie brauchte die schützende Hülle der Innenräume, und sie mußte gewiß sein, daß sie es ist, die die Szene dominiert und beherrscht.

Seit 1910 führte sie einen Salon am Corso Venezia und bot Anna Kuliscioff die Stirn. Der Entschluß, einen Salon zu führen, war eine Distanzierung von ihren Genossen. Sie gab ihren intellektuellen und kulturellen Interessen den Vorrang vor denen der Partei. Margherita hatte an Anna Kuliscioff studiert, wie man durch einen Salon zu Macht gelangen kann. Da sie als Frau gezwungen war, aus dem Hintergrund zu agieren, war der Salon der ideale Ort der Einflußnahme. Als Salonnière brachte sie ein weiteres Mal ihre venezianische Herkunft ins Spiel. Es war Napoleon gewesen, der den Markusplatz den größten Salon Europas genannt hatte. Und nicht nur das, die Venezianerin war bekannt für ihre Freude an der Liebe und ihre Weltläufigkeit. Sarfatti hielt jeden Mittwoch hof, und scharte um sich Maler, Bildhauer, Dichter, Architekten und Journalisten. Ihr Mann Cesare war gewöhnlich auch anwesend, aber er hielt sich im Hintergrund oder beschäftigte sich mit den Kindern. Den Vorsitz führte Margherita. Sie liebte es, im Mittelpunkt zu stehen, und hatte endlich die Rolle gefunden, nach der sie sich so lange gesehnt hatte. Alle versuchten mit der schönen, angeblich wichtigen Frau ins Gespräch zu kommen und ihr zu gefallen. Sie rauchte ununterbrochen, und wenn ihr etwas mißfiel, trommelte sie ungeduldig mit den Nägeln auf den Tisch.

1913 reiste Margherita Sarfatti nach England. Sie wollte die berühmte englische Frauenwahlrechtsbewegung kennenlernen. Israel Zangwill, der wie auch George Bernard Shaw zu den prominenten Unterstützern der Women's Social and Political Union (WSPU) gehörte, vermittelte ihr Kontakte. Der militante Flügel dieser Organisation setzte zunächst auf zivilen Ungehorsam und ab 1912 auf provozierende Gewalt. In spektakulären Aktionen machten die militanten Suffragetten auf ihre Situation aufmerksam. Sarfatti zeigte sich beeindruckt von den weitreichenden Forderungen und der Radikalität der Suffragetten. Im hochindustrialisierten England wurde ihr die Rückständigkeit und Provinzialität Italiens drastisch vor Augen geführt. Sie lernte, daß Gewalt bei der Durchsetzung von Interessen durchaus hilfreich sein konnte. Über ihre englischen Erfahrungen berichtete sie bezeichnenderweise nicht im *Avanti!*, sondern in *La Voce*,[69]

Auf ihrer Rückreise macht sie halt in Paris, wo sie Galerien besucht und auf Vermittlung Prezzolinis mit Charles Péguy zusammentrifft.[70] Sie gerät in einen Kreis konservativer Revolutionäre, die eine Minorität mit großer Ausstrahlung waren. Péguy war sieben Jahre älter als Sarfatti und verstand sich als Vertreter des alten bäuerlichen Frankreich. Sein Feind war »Le monde moderne«, in der das Geld und der Rationalismus dominierten. In seiner Jugend war Péguy ein begeisterter Parteigänger der Sozialisten und ein Freund von Jean Jaurès gewesen. 1900 gründete er die *Cahiers de la Quinzaine*, mit denen er für intellektuelle Redlichkeit im Lande sorgen wollte. Die *Cahiers* sollten ein Ort der Unabhängigkeit, ein Arsenal der reinen Revolution und ein Asyl der Empörung sein. Péguy lehnte jeglichen Kompromiß ab. Er sagte sich vom Sozialismus los und kündigte Jaurès die Gefolgschaft. Er verehrte die Helden und Heiligen seines Landes und haßte die Phrasendrescherei der Sozialisten. Charles Péguy gehört zu den Kreis der Konvertiten, die im Vorfeld des Ersten Weltkriegs für einige Aufregung sorgten.[71] Dem Sozialismus kehrte er den Rücken und wandte sich der Kirche und der Nation zu. Den Pazifismus eines Jean Jaurès bekämpfte er mit einem wütenden Bellizismus. Sarfatti fühlte sich auf merkwürdige Weise angezogen von diesem Nationalstolz. Sie bewunderte die intellektuelle Brillanz und moralische Redlichkeit des Franzosen, die sie in Italien vermißte. Sie hatte in Péguy den ersten Konvertiten kennengelernt, der die Linke verlassen hatte und zum Nationalisten geworden war.

Den Kontakt zu ihm hatte Giuseppe Prezzolini vermittelt, mit dem sie seit kurzem befreundet war. Sie hatte ihm nach dem Erscheinen der ersten Nummern von *La Voce* geschrieben und sich begeistert über das Zeitungsprojekt gezeigt. Prezzolini war ein Gegner des Positivismus, der auch die Sozialisten nicht mochte. In *La Voce* waren Kommentare zur aktuellen Politik ebenso wie Literaturrezensionen, Diskussionen zum Frauenwahlrecht oder Kunstkritiken zu lesen. Den vociani war an der Ausbildung eines kulturellen Nationalismus gelegen, der Italien mit dem modernen Europa versöhnen sollte. Margherita Sarfatti störte sich nicht an der kritischen Einstellung Prezzolinis zu den Sozialisten. Sie war intellektuell und professionell an ihm und seiner Zeitung interessiert, und dafür stellte sie die Partei zurück. Ihre erste Veröffentlichung in *La Voce* war in einer Sondernummer zum Thema Sexualität. Sie schrieb einen Artikel über die Gedanken, die eine Mutter hat, wenn sie ihren Sohn aufklärt.[72] Sarfatti plädierte für einen offenen Umgang der Eltern mit Sexualität. Man solle die Fragen der Kinder ernst nehmen und sich um einfache Antworten bemühen. Mit diesem Artikel stellte sie unter Beweis, daß sie sehr einfühlsam gerade über die alltäglichen Dinge des Lebens schreiben konnte. Den Hauptbeitrag zu dieser Ausgabe lieferte Georges Sorel, der sich über den gesellschaftlichen Sinn von Keuschheit Gedanken machte. Zwei Seiten weiter gab es eine Einführung in Sigmund Freuds Sexualitätstheorie, eine der ersten Präsentationen von Freuds Denken in Italien überhaupt. Margherita Sarfatti schätzte dieses Umfeld und war interessiert an der Zusammenarbeit mit Prezzolini. Sie animierte ihren Mann Cesare, *La Voce* auch finanziell zu unterstützen. 1911 veröffentlicht sie im Verlag von *La Voce* die Übersetzung von Israel Zangwills Erzählung *Chad Gadya*. Sarfatti hat sich selbst nie zum Thema der Assimilation geäußert. Die Übersetzung einer Erzählung, die das Drama ihrer eigenen Familie wiedergibt, soll als Ausdruck ihrer Stärke verstanden werden. Sie will sich mit dieser Übersetzung beweisen, wie weit sie sich von ihrem Elternhaus entfernt hat. Auf ihre Mitarbeit bei *La Voce* war sie besonders stolz. Zum einen fühlte sie sich gut aufgehoben im Umkreis der europäischen Moderne und zum anderen wußte sie, daß dies gerade für sie als Frau eine ganz besondere Auszeichnung war.[73] Ihre Loslösung von den Sozialisten begann.

In der Politik engagierte sich Margherita Sarfatti in diesen Jahren für die Einführung des Frauenwahlrechts. Innerhalb der Sozialistischen Partei kam es über diese Frage zu einer Art Machtkampf zwischen Anna Kuliscioff und Filippo Turati. Während die Kuliscioff davon überzeugt war, daß die Frauen die Sozialisten wählen würden, fürchtete Turati deren Manipulation durch die Priester. Für Kuliscioff war es an der Zeit, daß die Italienerinnen für politisch mündig erklärt würden; Turati dagegen beklagte das unterentwickelte Klassenbewußtsein der italienischen Proletarierinnen. Anna Kuliscioff hoffte, daß die Kampagne für das allgemeine Wahlrecht eine Revitalisierung der Sozialistischen Partei einleiten würde. Immer häufiger sprach sie darüber, daß der Partei die Jugend fehle. In einem

Brief an Turati klagte sie darüber, daß die Partei unter ihrer Frühreife und ihrem Alter gleichzeitig leide. Sie spürte deutlicher als Turati, daß sie dabei waren, sich von den Interessen und Anliegen des Volkes zu entfernen. 1912 bekannte sich die Partei schließlich zur Forderung des Wahlrechts für Frauen und Männer. Die Kuliscioff hatte ihren Willen erhalten, doch sie zeigte sich enttäuscht und desillusioniert. Die Diskussion war eher lustlos geführt worden und hatte nicht die erhoffte Verjüngung der Partei zur Folge gehabt. Kuliscioff begann zu ahnen, daß ihre Zeit zu Ende ging. Die sozialistische Idee, der sie ihr Leben gewidmet hatte, war mit ihr zusammen alt geworden.

Ihre schlechte Stimmung zeigte sich auch an dem Verlauf eines ihrer letzten großen Projekte, der seit Januar 1912 zweimal im Monat erscheinenden *La Difesa delle Lavoratrici*. Kuliscioff fungierte als Herausgeberin dieser Zeitschrift für proletarische Frauen. Der Redaktion gehörte auch Margherita Sarfatti an. Mehrmals drohte die Kuliscioff die Leitung niederzulegen. Bei Turati beschwerte sie sich über die anderen Frauen, die ständig ärgerten und nicht in Ruhe arbeiten ließen. Besonders die Zusammenarbeit mit der feministischen Genossin Sarfatti gestaltete sich schwierig. Kuliscioff konnte Sarfatti, die sie gegenüber Turati als reiche »rentière« und zudem als geizig bezeichnete, politisch nicht ernst nehmen. Sie unterstellte ihrer Rivalin, daß der Sozialismus für sie nur ein Zeitvertreib sei. Schließlich kam es zum offenen Streit zwischen beiden. Anlaß war ihre unterschiedliche Einschätzung der Rolle und Funktion von Kunstwerken im revolutionären Kampf. Während Margherita Sarfatti die befreiende Kraft und Wirkung der Kunst feierte, stand für Anna Kuliscioff fest, daß allein das arbeitende Volk Träger allen Glücks ist. Die Kuliscioff war die Chefin, und sie ermahnte Sarfatti wegen ihrer ideologisch abweichenden Position, die sie in ihren Artikeln vertrat. Die Jüngere fühlte sich gedemütigt und ungerecht behandelt. Sie war nicht mehr die kleine, unerfahrene Venezianerin, sondern ebenfalls eine Mailänder Salonière. Sarfatti warf der Kuliscioff vor, sie führe sich in der Redaktion auf wie eine russische Zarin gegenüber ihren Leibeigenen. Zwar kam es vordergründig zur Versöhnung, doch das Ende der Beziehung der beiden Frauen war absehbar.

Es wurde einsamer um das große Paar. Zwischen 1908 und 1910 hatten sie viele Vorhaben auf den Weg gebracht und sich ihrer starken Position innerhalb der Partei sicher gefühlt. Nun beschlichen sie Zweifel, ob der revolutionäre linke Flügel der Partei wirklich den Reformern unterlegen war. Es war wie in den ersten Jahren des neuen Jahrhunderts, als das Paar sich heftigen Anfeindungen von seiten der Radikalen ausgesetzt gesehen hatte. Damals war nämlich offenkundig geworden, daß die Prophezeiungen des Marxismus nicht so schnell eintreffen würden. Die wirtschaftlichen und technischen Neuerungen hatten dazu geführt, daß die Kaufkraft und der Lebensstandard der unteren Klassen beständig zunahm. Niemand konnte mehr ernsthaft behaupten, daß die Verarmung der Proletarier und die gesellschaftliche Polarisierung – nach Marx zwei wichtige Voraussetzungen für das Eintreten der Revolution – sich drastisch zuspitzten. Ganz im Gegenteil: Die Menschen setzten auf Wohlstand und Fortschritt und nicht auf Umsturz und Revolution. Zum wirtschaftlichen Aufschwung gesellte sich die fortschreitende Demokratisierung des politischen Lebens. Auch daran hatte Marx nicht gedacht. Orthodoxe marxistische Theorie konnte die neuen Probleme und Phänomene nicht klären, und man sprach von der »Krise des Marxismus«. Filippo Turati hatte versucht, mit seinem Reformsozialismus eine Antwort darauf zu geben. Er akzeptierte die Demokratie und wollte die Zusammenarbeit mit den Bürgerlichen nutzen, um den Sozialismus zu etablieren. Turati glaubte, daß man auch auf gesetzliche, friedliche Weise vorankommen könne. Doch innerhalb der Partei gab es eine radikale Minderheit, die sich nicht damit zufriedengeben wollte. Sie verschlossen sich nicht der Tatsache, daß die klassischen Voraussagen irrig waren, doch sie verweigerten sich einem politischen wie auch ideologischen Kompromiß. Ihre Absicht war es, den Marxismus wieder zu dem zu machen, was er ihrer Ansicht nach war, nämlich eine Kriegserklärung an die bürgerliche Demokratie.

Seine Gegner warfen Turati Verrat am Proletariat vor. Er wolle die Wählerstimmen nur nutzen, um an die Macht zu gelangen, lautete die Anklage. Enrico Ferri, der 1903 die Redaktion des *Avanti!* übernommen hatte, war ein ernstzunehmender Gegner Turatis gewesen, der einen neuen Stil in die Partei gebracht hatte. Ferri war ein Jahr älter als Turati und konnte auf eine glänzende Karriere als Wissenschaftler verweisen. Er war ein Schüler des berühmten Anthropologen Cesare Lombroso und 1893 der Sozialistischen Partei beigetreten. Enrico Ferri war ein schöner, gewinnender Mann, ein blendender Redner und Meister des theatralischen Auftritts. Keiner konnte eloquenter Giolittis »Massaker an den italienischen Proletariern« anprangern wie er, und keiner verfügte über soviel demagogisches Talent. Er nutzte jeden Fehltritt seiner Gegner, um ihn in der Öffentlichkeit auszuschlachten. Gegen Turatis angeblich »einschläferndem Reformismus« führte er seine »revolutionäre Methode« ins Feld. »Unsere revolutionäre Methode besteht darin, die spezifischen Prinzipien des Sozialismus: Klassenkampf und Vergesellschaftung des Eigentums nicht nur in Worten, in gedruckt oder mündlich gegebenen Versprechungen, sondern auch durch die Tat, durch die Art unserer ganzen täglichen Tätigkeit, zu predigen.«[74] Ferri redete viel vom revolutionären Bewußtsein der Massen und gefiel sich in der Rolle des rhetorischen Angreifers. Er schloß sich mit Arturo Labriola zusammen, dem Kopf der revolutionären Syndikalisten. Sie hatten nur eine Gemeinsamkeit, und das war das Ziel, die Vorherrschaft Turatis zu beenden.

Labriola war 1902 von Neapel nach Mailand gezogen. Er wollte Turati in »seiner« Stadt herausfordern. Mailand galt ihm als »la patria del riformismo« (Vaterland des Reformismus). Im Jahr seines Umzugs gründete er die Zeitschrift *Avanguardia Socialista*. Wie die Futuristen vorgaben, die Avantgarde der italienischen Kunst zu sein, so begriffen sich die Syndikalisten als die Avantgarde der Sozialisten. Sie warfen den Reformsozialisten um Turati vor, daß sie die große Mehrheit des Proletariats, namentlich die südtialienischen Bauern, vergessen hätten. Viele der syndikalistischen Wortführer[75] stammten aus dem Süden. Sie gaben sich nicht mit revolutionärer Rhetorik zufrieden, sondern plädierten für den Einsatz physischer Gewalt, für die direkte Aktion und für den Generalstreik. Sie wollten die bestehenden Institutionen des Staates nicht nutzen, sondern zerstören. An seine Stelle sollte ein originär proletarischer Organismus wie ein Syndikat oder eine Gewerkschaft treten. Labriola focht für eine städtische Guerilla und klagte die Reformer an, sie würden mit ihrem Eintreten für die Gewaltfreiheit den revolutionären Kampfgeist der Arbeiter schwächen. Um die Ernsthaftigkeit ihrer Absichten und die Richtigkeit ihrer Theorien unter Beweis zu stellen, organisierten die Syndikalisten im September 1904 einen Generalstreik. Vordergründig scheiterte der nur vier Tage dauernde Streik, doch seine Auswirkungen waren eher indirekt. Er zeigte Reformern wie auch Revolutionären, daß ein zentraler Apparat fehlte, der die Aktionen steuerte und koordinierte. Arturo Labriola verkündete großspurig, fünf Minuten direkter Aktion seien mehr wert als viele Jahre parlamentarischen Geredes. Zunächst allerdings versank der revolutionäre Syndikalismus in der Bedeutungslosigkeit, und die Reformer um Turati triumphierten. Doch es sollte nur noch wenige Jahre dauern, bis sich das Blatt endgültig wendete.

Es war die Außenpolitik, die Filippo Turati und Anna Kuliscioff zu Fall brachte. Wie viele andere westeuropäische Reformsozialisten auch, ignorierten oder unterschätzten sie das Mobilisierungspotential, das in der nationalen Frage steckte. Die Zeit des »verzehrenden Sinns für das soziale und psychische Leben« (Henry James) war vorüber. Der Schwerpunkt der Politik von Turati, Kuliscioff und auch Giolitti war die Innenpolitik gewesen. Diese Einseitigkeit begann sich nun zu rächen. In den zehner Jahren war die nationale Expansionspolitik zum eigentlichen Signum einer Großmacht geworden. Im 20. Jahrhundert hatte sich der Blick auf die Welt dramatisch geändert. Es ging nicht mehr ausschließlich um dynastische Verwandtschaften, monarchische Rücksichtnahmen oder Bruderschaften, sondern auch um die Durchsetzen von Märkten, das Recht des Stärkeren und das Durchsetzen eines nationalen Interesses. Giolitti war kein Abenteurer, und militärischer Ruhm vermochte ihn nicht zu locken. Und dennoch fühlte er sich zu einer imperialistischen Politik gezwungen. Sein Augenmerk fiel auf Libyen, 1911 die letzte Region Nordafrikas, die noch von einer europäischen Besatzung verschont geblieben war. Er wollte mit seinem afrikanischen Handschlag Italiens Position im Mittelmeerraum verbessern, die Schmach der italienischen Niederlagen tilgen und seine Position im eigenen Land stärken.

Im Oktober 1911 begann die Okkupation Libyens. Filippo Tommaso Marinetti meldete sich als Sonderkorrespondent der Pariser Zeitung *L'Intransigeant* für den Krieg. Die Erfahrung des Krieges änderte Marinettis Art zu schreiben. Statt seiner weitschweifigen, farben- und phrasenreichen Wortkaskaden ging er zu einem telegraphischen Schreibstil über. Wie eine Maschine setzte er Gedanken, Gefühle, Geräusche collagenartig nebeneinander: »Vorhut: 20 Meter Bataillon-Ameisen Kavallerie-Spinnen Straßen-allgemeines Durchwaten Insekten Staffette-Sandheuschrecke-Revolution Haubitzen-Tribüne Wolken-Gitter-Märtyrer Schrappnells-Aureole Multiplikation Addition Division Haubitze-Entwendung Granate-Ausradierung triefen tropfen Erdsturz Blöcke Lawine Vorhut: 3 Meter Gemenge Hin und Her Mann an Mann Trennung auseinanderreißen Feuer entwurzeln Werften Brand Panik Erblindung zerquetschen eintreten herauskommen rennen Spritzflecken Schraubenraketen Herzen-Leckerbissen Bajonette-Gabeln beißen saufen stinken tanzen Wut Hunde-Explosion Haubitzen-Athleten Getöse-Trapeze Explosion rosa Freude Bäuche-Gießkanne Köpfe-Fußball Kräftezersplitterung.«[76]

Das war die Poesie, die dem prosaischen Geist Giolittis und Turatis das Ende bereitete. Das gemächliche Reformtempo war endgültig observiert in einem Land, das sich mit militärischem Ruhm und futuristischer Dynamik schmückte. Die Italiener erlebten den Krieg als Beweis der Funktionsfähigkeit ihrer Verwaltung, der Schlagkraft ihrer Armee und der Geschlossenheit ihrer Nation. Enrico Corradini hatte bereits 1903 die nationalistische Zeitschrift *Il Regno* gegründet, die allerdings nach einem Jahr ihr Erscheinen hatte einstellen müssen. Doch die Stimmung im Lande hatte sich geändert, und der Bedarf an nationalistischen Gefühlen stieg. Die Sozialistische Partei war durch interne Streitereien geschwächt, während es den Nationalisten gelang, sich als neue politische Kraft zu präsentierten.

Eine persönliche und politische Katastrophe war für Filippo Turati und Anna Kuliscioff das Zerwürfnis mit Leonida Bissolati und Ivanoe Bonomi. Kuliscioff vor allem hatte in dem jungen, begabten Bonomi eine Art Ziehsohn gesehen, von dem sie gehofft hatte, daß er sie in der Partei beerben würde. Bissolati war ein alter Kampfgefährte des Paares und der erste Herausgeber des *Avanti!*. Im März 1911 hatte Giolitti Bissolati einen Ministerposten angeboten. Bissolati war der erste Sozialist, der sich »mit Vergnügen« zu einer Audienz beim König einfand.[77] Ein Aufschrei der Entrüstung ging daraufhin durch die Reihen der Genossen, und Turati sah sich gezwungen, seinen alten Freund zur Raison zu rufen. Er warnte ihn davor, den Ministerposten anzunehmen und verwies darauf, daß er nicht nur innerhalb seiner eigenen Partei isoliert sein werde, sondern daß ihn auch seine Ministerkollegen schneiden würden. Schließlich lehnte Bissolati ab, wenn er auch weiterhin Giolitti seiner Unterstützung versicherte. Im Vorfeld des Libyen-Feldzugs kam es dann zu ernsthaften Unstimmigkeiten zwischen Turati auf der einen und Bissolati und Bonomi auf der anderen Seite. Turati hielt daran fest, daß eine Erhöhung des Militärhaushalts Selbstmord für das Land sei. Er setzte seine Politik der Fürsorge fort, während Bissolati und Bonomi Giolittis afrikanischem Abenteuer wohlwollend gegenüberstanden. Sie vertraten die Meinung, daß die koloniale Expansion der ganzen Nation nutze. In dieser Situation registrierte Turati erstmals, daß die politische Kraft des Sozialismus im Schwinden begriffen war.

Mit Beginn des Krieges verschlechterte sich die Beziehung der vier Genossen drastisch. Im März 1912 war der Attentatsversuch eines Anarchisten auf den König gescheitert. Leonida Bissolati und Ivanoe Bonomi drückten dem König gegenüber ihre Freude aus, daß er das Attentat überlebt hatte. Diese Sympathiebekundung löste eine Krise innerhalb der Partei aus. 1912 auf dem Parteitag in Reggio Emilia wurden Bissolati und Bonomi aus der Sozialistischen Partei Italiens ausgeschlossen. Turati hatte verzweifelt für die Einheit der Partei und gegen ihren Ausschluß gekämpft. Er hatte geahnt, daß ihr Ausschluß auch das Ende seiner Politik bedeutete. Filippo Turati und Anna Kuliscioff hatten verloren gegen den Mann, der Margherita Sarfattis neuer Liebhaber werden sollte.

Sie hatte sich auf einen der langweiligen Abende an der Piazza del Duomo eingestellt. Eigentlich besuchte sie den Salon ihrer Konkurrentin nur

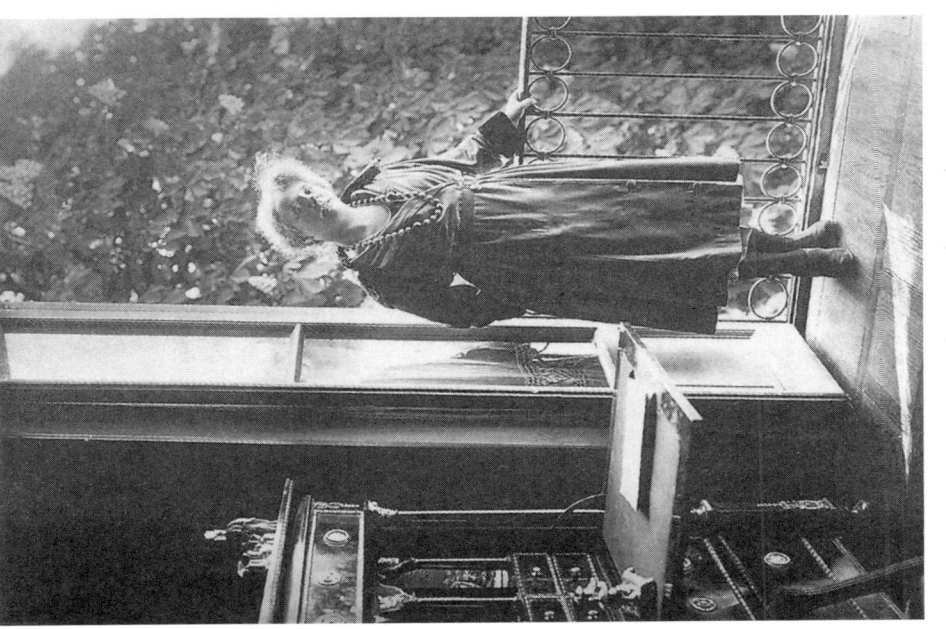

Margherita Sarfatti (undatiert)

Er fiel Margherita Sarfatti sofort auf. Ihr Mann hatte ihr bereits von ihm vorgeschwärmt, doch sie hatte beschlossen, ihn zunächst nur amüsant zu finden. Er war ein kleiner Volksschullehrer, der sich vor dem Militärdienst gedrückt und einige Jahre auf Wanderschaft in Frankreich und in der Schweiz zugebracht hatte. In dieser Zeit hatte er zu schreiben begonnen. Aufgrund einer Generalamnestie war er 1904 nach Italien zurückgekehrt. Er nutzte seine abenteuerliche Vergangenheit, um sich als kompromißloser Kämpfer zu profilieren. Das Erbe seines Vaters und eine Mitgift der Verheißung waren die Vornamen von drei berühmten Revolutionären: Benito Juarez, Andrea Costa und Amilcare Cipriani. Er war drei Jahre jünger als Margherita, doch er hatte noch viel zu lernen. Benito Andrea Amilcare Mussolini war scheu und gehemmt. Er fühlte sich als Außenseiter, und das Regelwerk eines Salons war ihm gänzlich unbekannt. Er wirkte linkisch in seinem schäbigen, viel zu engen Anzug, und die Gastgeberin raunte Margherita ins Ohr, er sei ein kleiner Träumer, der ein paar Seiten Nietzsche gelesen habe. Und die noch nicht einmal richtig, wie sie in einem späteren Gespräch feststellen mußte. Im Gegensatz zu ihm war die Sarfatti eine elegante Erscheinung, die im Salon heimisch war. Sie umgab sich mit der Aura der Unnahbaren, war eine begehrte Gesprächspartnerin und beherrschte das kokette Spiel perfekt. Mit nüchternem Blick registrierte sie seine Mängel. Doch sie war fasziniert von seiner ungestümen Männlichkeit und dem grausamen Zug um seinen Mund. Der kleine Volksschullehrer mit politischen Ambitionen schien ihr ein vielversprechender Liebhaber.

Mussolinis Auftritt im Salon erinnert an Napoleon. Der junge Korse, als militärisches Talent gefeiert, hatte weder Pariser Chic noch den Schliff des galanten Zeitalters. Klein, gedrungen und häßlich stand er in Josephines Pariser Salon und war die fleischgewordene Romanze des Volkes mit der Geschichte, als welche Michelet die Revolution bezeichnet hat. Der Parvenu aus der Provinz konnte als Legitimationsbasis seiner monarchischen Würde nur seine individuelle Einzigartigkeit anführen. Napoleons Politik war mit Fiktionen von Wildheit und Abenteuer verbunden, er war der potente Mann in der Politik wie in der Liebe.

Auch Mussolini hatte diesen »Mut von unten« (Georg Wilhelm Friedrich Hegel), diesen Willen zum Aufstieg. Er dachte nicht daran, in die Schule zurückzukehren, um für ein kärgliches Salär Kindern aus armen

Familien in langweiligen Provinzstädten das Lesen und Schreiben beizubringen. Seinen Beitrag zur nationalen Größe stellte er sich anders vor. Mussolini kam von der Straße, und mit ihrer Hilfe wollte er die Partei verändern. In den Jahren der Wanderschaft hatte er sein Talent für die Politik entdeckt. Er wußte, daß sein Weg zu Macht und Einfluß über die Sozialistische Partei führte, und hatte sich einen Namen als radikaler Revolutionär gemacht. Über seine Parteitagsauftritte sprach man, und dank seines rebellischen Temperaments gab es immer etwas über ihn zu berichten. Benito Mussolini griff auf dem Parteitag in Reggio Emilia »die Verräter« offensiv an. Ihm gelang es, die Mehrheit der Partei hinter sich zu bringen, indem er gegen Könige, Reformer und das Parlament gleichermaßen wetterte. Sie alle hatten in den Reihen der Sozialisten nichts zu suchen, erklärte er. Mussolini lebte wie Marinetti aus dem Skandal um seine Person. Zuletzt war er wegen Hetze gegen den Libyenkrieg zu einem Jahr Haft verurteilt worden, und er gefiel sich in der Rolle des Außenseiters und unberechenbaren Provokateurs. Benito Mussolini nutzte die Gunst der Stunde für seinen Aufstieg. Die Unstimmigkeiten, die unter den alten Genossen und Genossinnen herrschten, begriff er als seine Chance. Lange vor all den anderen hatte er verstanden, daß das Erbe der Partei dem zur Verfügung stand, der es ergriff. Die Partei beruhte nämlich auf dem Lebenskompromiß des großen Paares: sie war revolutionär, weil sie reformbereit war, und sie war reformbereit, weil sie revolutionär war.

Der Krieg machte diesen Kompromiß aus dem 19. Jahrhundert zunichte; der Krieg war das Präludium zur großen gesellschaftlichen Transformation. Turati und Kuliscioff sahen sich nicht in der Lage, ihre Position zu ändern, und lieferten sich dadurch ihrem potentiellen Nachfolger ans Messer. Ihr Lebenswerk sollte keine Fortführung finden. Ivanoe Bonomi hat eine nachträgliche Analyse dieses entscheidenden Parteitags geliefert.[78] Für ihn hat an diesem Tag die Sozialistische Partei Italiens ihr Gespür für das Machbare und damit eine der wesentlichen Grundlagen ihres Erfolgs verloren. Es war Mussolini, der dafür sorgte, daß die Partei kriegerisch, gefährlich und mobil wurde. Die Zeit der Orthodoxie und starren Dogmen war vorüber. Bewegung und Dynamik hieß die Parole der neuen Zeit.

Der siebenundzwanzigjährige Mussolini war fest entschlossen, die Sozialistische Partei in eine revolutionäre Kampfgruppe umzufunktionieren und Herausgeber des *Avanti!* zu werden. Für sich hatte er die Rolle des Revolutionärs vorgesehen, eine Rolle, die seine Vorgänger nicht hatten ausfüllen können. Weder Andrea Costa noch Enrico Ferri oder Arturo Labriola waren mit ihren Interpretationen des Revolutionärs dauerhaft erfolgreich gewesen. »Revolutionäre sind letzten Endes aus dem gleichen sozialen Stoff gemacht wie andere Menschen. Aber sie müssen doch irgendwelche ausgeprägte persönliche Besonderheit besitzen, welche es dem historischen Prozeß ermöglicht, sie von den anderen zu trennen und zu einer besonderen Gruppe zu verbinden. Der gemeinsame Verkehr, die theoretische Arbeit, der Kampf unter einem bestimmten Banner, die kollektive Disziplin, die Stählung im Feuer der Gefahren bilden allmählich den revolutionären Typus heraus.«[79] Das bedeutet, man ist Revolutionär gemeinsam mit seinen Genossen gegen die anderen. Mussolini brandmarkte Bissolati und Bonomi als die anderen. Sie waren es, die Verrat an der sozialistischen Sache begingen. Seine Rechnung ging auf: es gelang ihm nicht nur die rechten Reformsozialisten auszuschalten, sondern auch die Gruppe um Turati zu marginalisieren. Er wußte nach der Abstimmung auf dem Parteitag von Reggio Emilia die Mehrheit der Partei hinter sich.

Mussolini hatte letztlich leichtes Spiel. Er attackierte die bereits brüchig gewordene Herrschaft der alten Genossen mit der Macht der Straße. Intuitiv wußte er, daß dies eine Sprache war, deren Wirkung sie sich nicht würden entziehen können. Die alten Genossen gehörten der ersten Generation an, die im geeinten Italien groß geworden war. Sie waren aufgewachsen mit der pflichtgemäßen Verehrung des Risorgimento. Stagnation prägte das politische Klima ihrer Jugend; der Wille zum Fortschritt und die Bereitschaft zum Wandel konzentrierten sich auf Technik, Wissenschaft und Industrie. Der Fluch des Epigonentums lastete auf ihnen. Das Studium des Marxismus hatte ihnen neue Ziele und neue Aufgaben eröffnet, und sie hatten entdeckt, daß das Risorgimento wie auch die Aufklärung unvollendet geblieben waren. Erst der Marxismus, der den Verlauf der Geschichte anprangerte, hatte den Nerv dieser Generation getroffen. Da sie nicht Resultat der Geschichte sein wollten, sondern sich dazu berufen fühlten, selbst Geschichte zu machen, lieferte ihnen der Marxismus die Legitimation und das Rüstzeug dazu. Begriffe wie Klassenkampf, Generalstreik oder Diktatur gehörten zu ihrem festen Vokabular, denn um Ideale zu verwirklichen, mußte man Macht erlangen. Die »Krise des Marxismus« kam dazwischen, und der von Turati eingeschlagene Weg setzte an die Stelle der Konfrontation die Fürsorge. Und dennoch gehörte die gewaltbereite Auseinandersetzung sowie die fortschreitende Polarisierung in arm und reich zum festen Vorstellungsrepertoire dieser Generation. Sie prägten und bestimmten ihr Weltbild, auch wenn sie sich mittlerweile als Mitglieder der Sozialistischen Partei anders verhielten. Sie glaubten daran, daß die Geschichte so verlaufen sei, wie sie Marx erzählt hatte. Erst der Kapitalist, wie Marx ihn gezeichnet hat, war in der Lage, den Kardinal, den Aristokraten oder den Militär von der Bühne der Geschichte zu vertreiben. Ihm zur Seite hatte Marx eine nicht minder wirkungsmächtige Figur, nämlich den Proletarier, gestellt. Es gibt viele große Erzählungen aus dem 19. Jahrhundert, aber keine erwies sich als dominanter für die Folgezeit als die von Karl Marx.80

Mussolini arbeitete mit dem Bilderarsenal der unerfüllten Hoffnungen, die der Marxismus in den Köpfen der Genossen hinterlassen hatte. Er nutzte die fiktionale Kraft und die Symbolsprache, die in den Marxschen Verheißungen und Figuren steckte, im Kampf gegen seine Parteigenossen. Das Drama der Alten bestand darin, daß sie von einer Revolution geträumt hatten und im Reformeifer und der Kooperation mit den Liberalen steckengeblieben waren. Mussolini führte ihnen die traurige Mittelmäßigkeit ihres Lebens vor. Nun war er es, der die Verwirklichung des Sozialismus beanspruchte und damit die alten Kräfte der Partei eines Ideals ihrer Jugend beraubte. Die maßgebliche Polarität war die zwischen jung und alt geworden. Die Alten befanden sich in einer Krise, die sie nicht aufzulösen wußten, und die Jungen drängten nach Veränderung. So sehnte sich Turati lauthals nach den jungen, militanten Arbeitern, von denen er in seiner Jugend umgeben gewesen war. Sie hatten ihn im Lauf der Jahre verlassen oder waren zu gesetzten Parteifunktionären geworden. Junge, militante Leute waren jetzt an der Seite Mussolinis zu finden.

Die Zukunft gehört der Jugend, und damit gehört ihr auch die Revolution – das war die bittere Lehre, die Mussolini den Führern der Sozialistischen Partei verabreichte und die seinen Aufstieg innerhalb der Partei begünstigte.

Schon rein äußerlich konnten die Herren nicht verbergen, daß sie aus dem vergangenen Jahrhundert stammten. Auch wenn sie sich selbst als Rebellen gegen die herrschende Ordnung sahen, so kamen sie doch aus der geordneten Welt des 19. Jahrhunderts mit gelassenen Übergängen und klaren Schichtungen. Alter und Zeit hatten damals ein anderes Maß gehabt. Viele waren frühzeitig korpulent geworden, und bereits Vierzigjährige stilisierten sich als würdige Erscheinungen. Man vermied alle Gesten, die an den Übermut oder die Neugier der Jugend hätten erinnern können. Die Jugend eines Menschen wurde gleichgesetzt mit mangelnder Verläßlichkeit und Solidität. Der absolute Wert dieses Jahrhunderts war die Sicherheit gewesen, und davon hatten sich irgendwann auch die Sozialisten anstecken lassen. Jedes Übermaß an Aufregung und Anspannung suchten nun auch sie zu vermeiden; sie waren infiziert von dem rührenden, inaktiven Optimismus der Liberalen. Auch in den Reihen der Sozialisten dominierte die vom Positivismus geprägte Physiognomie: mächtige Bärte, kleine Brillen, gemächlicher Gang und gemessenes Sprechen. Benito Mussolinis gesamte Erscheinung war ein Angriff darauf. »Er verabscheute in fast abergläubischer Weise die veralteten monumentalen Bärte, diese falschen äußeren Verhüllungen, mit denen sich die oberflächliche Dummheit brüstet; wenn er einen solchen Bart sah, verfinsterte sich sein Gesicht.«[81] Mit Ausnahme eines kleinen Oberlippenbartes zeigte er sein nacktes Gesicht. Am auffälligsten daran waren seine tiefliegenden, dunklen Augen, die durch buschige Augenbrauen, eingefallene Wangen und eine hohe Stirn betont wurden. Er wußte um deren Wirkung, und bei öffentlichen Auftritten rollte er mit ihnen oder richtete sie hypnotisierend auf sein Publikum oder aber auf die begehrte Frau. Die Ausstrahlung seiner Augen wurde durch keine Brillengläser beeinträchtigt. Im Gegensatz zum Blick des Positivisten mit der Brille, der seine Umwelt erforscht und analysiert, hatte Mussolini einen Blick ohne Objekt. Bereits durch seinen Blick gab er der Welt zu erkennen, daß er eine Vision verfolgte und nicht die Erkenntnis suchte. Er stand mit seinen Augen nicht im Dialog mit seinem Gegenüber, sondern wollte es in seinen Bann ziehen und erlegen.

Mussolini war ein kleiner Mann, dessen muskulöser Körper immer unter Anspannung zu stehen schien. Seine oftmals schlampige Kleidung – die viel zu engen Hemden und knappen Anzüge – unterstrichen die virile Vitalität seines Körpers auf besondere Weise. Er machte durch sein Äußeres deutlich, daß seine negative Bezugsfigur der Bürger war. Er verachtete dessen Sachlichkeit und Mäßigung. Dagegen setzte er die individualistische, provokatorische Abweichung, die sich in der Hemmungslosigkeit seiner Ausdrucksweise und Exzentrik seiner Kleidung manifestierte. Auf noch diffuse Weise zählte sich der Provinzredakteur nämlich zur Avantgarde: er inszenierte vor allem durch sein Auftreten eine enthusiastische und spontane Politik. So pflegte er einen nervösen, telegraphischen Redestil, der seine Anhänger faszinierte und seine Gegner erschreckte. Er gab den Häretiker, der unhemmt gegen den Patriotismus, das Parlament, den König und die »Pappsozialisten« wetterte. Diese paradoxe Verbindung aus Geltungsverlangen und Publikumsverachtung war neu, und man sprach über ihn, wie man auch Marinettis Publikumsbeschimpfung öffentlich kommentierte. Sowohl der futuristische Künstler wie auch der sozialistische Politiker verstanden ihre Revolte als generellen Aufstand der Jugend gegen das Alter. Mussolini war im Gegensatz zu Marinetti noch relativ unbekannt, doch nicht minder ehrgeizig und von sich überzeugt; er war mittel-, doch nicht wunsch- und ziellos und hatte nach der Chance des

Aufstiegs nur gesucht. Benito Mussolini zeigte Italien, daß im 20. Jahrhundert auch mit dem Körper Politik gemacht wird.

Mussolini behauptete, die mannigfachen Aspekte seines Denkens sowie seine politischen Wandlungen seien Ausdruck des stets gleichen Wollens. Er hielt sich nicht starr an das, was er einmal gesagt hatte, sondern paßte sich der jeweiligen Situation an. Als Journalist hatte er erfahren, daß das an einem Tag Gelesene am nächsten Tag bereits vergessen ist und eine Meldung die andere zu ersetzen vermag. Mussolini verwarf politische Ideen ebenso schnell, wie er sie sich angeeignet hatte, und erweiterte dadurch seinen Handlungsspielraum enorm. Seine Artikel waren voller Anspielungen, aber äußerst knapp in der Erklärung. Wie auch in seinen Reden bevorzugte er einen stakkatoartigen Stil, bei dem die Worte auf den Leser bzw. der Hörer niederprasselten. Bei seinen Reden gestikulierte er wild und rollte mit seinen schönen Augen. Seine Art zu reden und zu schreiben unterstrich den energiegeladenen Ausdruck seines Körpers: er war nicht mit einem Bürokraten oder Deputierten zu verwechseln, sondern war bemüht, sich als Mann des Volkes zu gerieren. Von den revolutionären Syndikalisten, die sich als knallharte Realisten verstanden und Abstraktion wie auch Metaphysik ablehnten, lernte er den hohen Stellenwert der organisierten Gemeinschaft kennen. Eine kampfbereite Gruppe brauchte jedoch nicht nur eine streng hierarchische Organisation, sondern auch ein gewisses Zusammengehörigkeitsgefühl. Mussolini wollte um sich keine Interessengruppe versammeln, wie dies im Parlamentarismus üblich ist, sondern er brauchte Männer, die bereit waren, sich ihm unterzuordnen. Für die große revolutionäre Herausforderung, die noch bevorstand, mußte er Männer an seiner Seite wissen, die auch vor dem Einsatz von Gewalt nicht zurückschreckten. Mussolini wußte, daß eine Gruppe nur dann zu einer effektiven und lebensfähigen Gemeinschaft wird, wenn sie ein gemeinsames Ziel hat und bereit ist, dieses durchzusetzen. Dann werden Ideen zu Waffen.

Die Eroberung Libyens war der erste gewonnene Krieg seit 1860, und nun glaubte man in Italien in den Kreis der europäischen Großmächte aufgenommen worden zu sein. Giolitti hatte sich auch im Kriegsfall als besonnener Politiker erwiesen und die Friedensverhandlungen mit viel Fingerspitzengefühl geführt. Im Vergleich mit den vorangegangenen militärischen Afrikaabenteuern war dieser Krieg ein organisatorisches Meisterstück gewesen. Kriege waren für Giolitti die Sache von Ministern und Soldaten, von nationalistischen Hitzköpfen und romantischen Journalisten hielt er nichts. Er blieb seinem Ruf als Bürokrat auch in der Stunde seines nationalen Triumphes treu und legte den Sieg zu den Akten, um sich den laufenden Geschäften zu widmen. Die Nationalisten witterten Morgenluft und attackierten den nüchternen Stil des Ministerpräsidenten. Während dieser spürte, daß sein militärischer Erfolg die von ihm vorangetriebene evolutionäre Entwicklung gefährdete, sahen die Nationalisten die Chance für eine Revolution gekommen. Enrico Corradini, der 1910 in Florenz die *Associazione Nazionalista Italiana* gegründet hatte, eignete sich die Begriffe des Marxismus für seine nationalistische Politik an. Der Klassenkampf wurde von ihm internationalisiert und dadurch (auch) zu einem nationalistischen Kampfbegriff. Italien bezeichnete er als »proletarische Nation«, zu der es ihr rapides Bevölkerungswachstum und ihre fehlenden Ressourcen machten. Nach Meinung Corradinis brauchte Italien Kolonien, wo es Bürger ansiedeln, Produkte absetzen und Rohstoffe finden konnte. Indem die italienischen Proletarier in einem Krieg für Kolonien kämpften, kämpften sie für ihre Klasse. Ohne Kolonien würde Italien ein Land der Auswanderer bleiben. Die italienischen Proletarier mußten sich noch immer in fremden Ländern verdingen und ausländischen Kapitalisten ihre Arbeitskraft zur Verfügung stellen. Das Land wurde seiner Produzenten beraubt und die ausländische Konkurrenz gestärkt, lautete seine Argumentation. Der neue Nationalismus räumte den Proletariern eine herausragende Rolle ein und war bemüht, sich vom alten Nationalismus abzusetzen, der angeblich nur den Interessen der Bourgeoisie gedient hatte.

Das exklusive Verständnis von Nation war durch ein inklusives ersetzt worden und machte einen Dialog zwischen Syndikalisten und Nationalisten möglich. Beide Bewegungen waren von »Eroberungslust« und einem »imperialistischen« Geist geprägt und bezeichneten den Parlamentarismus und die dekadente Bourgeoisie als ihren Feind. Sie setzten auf die Solidarität als dem großen verbindenden Gefühl, träumten von der Steigerung der industriellen Produktion und wehrten sich gegen ausländisches Kapital im eigenen Land. »Corradini erblickte im Syndikalismus eine Doktrin der wirtschaftlichen Solidarität einer Klasse, im Nationalismus die Doktrin der wirtschaftlichen Solidarität der Nation.«[82] Arturo Labriola hatte den Libyenkrieg nicht allein seiner ökonomischen Auswirkungen wegen begrüßt, sondern er hatte damit die Hoffnung verbunden, daß die intrigante, dekadente und reaktionäre Plutokratie Europas sich vor der kriegerischen Geste des kleinen Italien erschrecken werde. Der Krieg einer proletarischen Nation gegen die kapitalistischen Großmächte wurde auch von seiten der Syndikalisten nicht anders als fortschrittlich und historisch notwendig bezeichnet. Die zunehmende Enttäuschung über die ausbleibenden direkten Aktionen der italienischen Arbeiter war ein weiterer Faktor, der die Syndikalisten den Nationalisten näherbrachte. Labriola beklagte lauthals das positivistische Temperament des italienischen Proletariats, um bei der nächsten Gelegenheit deren kämpferisches Unvermögen aus dem Mangel an charismatischen Anführern abzuleiten. Da lag es nahe, den Mythos des Generalstreiks durch den Mythos des Krieges zu ersetzen. Die Idee des Klassenkampfes verband sich mit der vom Krieg, und das Proletariat ging eine Union mit der Nation ein, das waren die Folgen der vorsichtigen Annäherung zwischen Syndikalisten und Nationalisten. Die Syndikalisten erhofften sich vom Krieg nichts anderes als die Nationalisten, nämlich eine Stärkung des Willens, der Energie und der heroischen Tugenden. Für die einen war der Ausgangspunkt die gesamte Nation, für die anderen das siegreiche Proletariat. Im Unterschied zu den Nationalisten legten die Syndikalisten allerdings großen Wert darauf, daß der Krieg nicht Ausdruck der Revolution sein könne, sondern die Veränderung von Gesellschaft und Staat lediglich beschleunige.

Labriola nahm Abschied von der liebgewonnenen Vorstellung, der Patriotismus sei Teil eines reaktionären Konstrukts, und betonte nun, vaterländische Gefühle hätten nichts mit Vernunft zu tun und müßten als solche ernst genommen werden. Er wünschte sich einen kulturellen Nationalismus, der vom Proletariat ausgehen sollte. Die Schlußfolgerung lautete, daß Patriotismus und Sozialismus keinen Widerspruch darstellen, sondern sich im gegebenen Fall ideal ergänzen. In poetischer Sprache bezeichnete man den Krieg als »Frühling des Fortschritts«. Es gab natürlich auch Gegner dieses nationalistischen Kurses, doch die spätere Symbiose aus Sozialismus und Nationalismus deutete sich bereits an. Es wurde erstmals diskutiert, was durch den Ersten Weltkrieg zur Überzeugung werden sollte, nämlich, daß Krieg und Revolution zusammengehören.

Der neue Star der Sozialistischen Partei, Benito Mussolini, blieb sich treu und erwies sich jedoch als ein unerschrockener Gegner von Krieg, Militarismus und Nationalismus. 1910 war er Parteisekretär in Forlì gewesen und hatte Aktionen gegen den Krieg angezettelt, wozu auch ein folgenschwerer Streik gehörte. Eisenbahngleise wurden herausgerissen, um Truppentransporte zu verhindern, in den Fabriken wurde die Arbeit eingestellt, und es kam zu Ausschreitungen auf den Straßen. Die ganze Aktion erwies sich jedoch als eine Art Strohfeuer und nicht als Fanfarenstoß der Revolution. Mussolini wurde im Café Garibaldi festgenommen und als einer der Verantwortlichen im November 1911 verurteilt. Einer seiner Mitgefangenen berichtete über ihn, er sei ein vorbildlicher Häftling gewesen, der sich solidarisch gegenüber allen verhielt und dessen Hauptbeschäftigung Schreiben und Lesen gewesen sei. Tatsächlich beendete er in den fünf Monaten seiner Haft erste biographische Aufzeichnungen und ein Buch über Johannes Hus. Er bekannte stolz, daß es für ihn nur zwei Vaterländer gebe, nämlich das der Ausbeuter und das der Ausgebeuteten. Unverbrüchlich pochte er auf die Einhaltung der internationalen Solidarität der Arbeiterklasse und wollte die Ausbeutung von nationalistischen Tönen nichts hören. Er mußte allerdings einräumen, daß, wenn der Krieg nicht zu verhindern sei, das Proletariat ihn für seine Zwecke nutzen müsse. Er verlieh seiner Hoffnung Ausdruck, daß der Krieg dann in den Bürgerkrieg führen würde. Zwar griff Mussolini mit der Macht der Straße die Partei von innen an, doch sich selbst stellte er nicht außerhalb der Partei. Er attackiert Wort gegen den Sozialismus. Seine treue Haltung wurde belohnt, und die Partei rief ihn aus der Provinz ins Zentrum nach Mailand. Mussolini hatte eines seiner Ziele erreicht: Er war zum Herausgeber des *Avanti!*[83] ernannt worden.

Für einen jungen Journalisten, der keinerlei Erfahrung mit überregionaler Zeitungsarbeit aufweisen konnte, bedeutete diese Berufung einen enormen Aufstieg. Für Mussolini war sie mehr als ein Schritt auf der Karriereleiter: Mit *Avanti!* hatte er ein Parteiorgan gewonnen, das ihm erlaubte, seinen Einfluß auszuweiten und neue Anhänger zu gewinnen. Von Anbeginn machte er deutlich, daß er der Chef war. Als vorbildlicher Revolutionär akzeptierte er nur 500 statt der üblichen 700 Lire an Monatseinkommen. Er bevorzugte einen autoritären Führungsstil und ließ sich nahezu ausschließlich von seiner Sekretärin Angelica Balabanoff beraten. Die russische Jüdin hatte er bereits in der Schweiz kennengelernt. Wie Kuliscioff gehörte sie zu denen, die der Bildung und der sozialistischen Idee wegen auf ihr Erbe im fernen Rußland verzichtet hatten. Mussolini hatte die Annahme des Chefredakteurspostens an die Bedingung geknüpft, daß sie ihn als seine Assistentin begleiten werde. Die Parteileitung stimmte dem zu, denn die Balabanoff galt als treue Marxistin und gute Genossin. Balabanoff war häßlich, doch klug. Sie gab ihm zu lesen, und er wurde ihr Geliebter. Als seine Frau Rachele mit der gemeinsamen Tochter Edda nach Mailand gezogen war, kam sie sehr schnell hinter das Verhältnis und forderte dessen Beendigung. Mussolini, der dabei war, seine Konversion vorzubereiten, kam diesem Wunsch gerne nach. Er brauchte keine Nachhilfe in Marxismus mehr und wollte sich der Mitwisser seines alten Lebens entledigen. Ein Foto dieser Zeit zeigt die junge Familie. Ein schlanker, freundlich und zugleich ernst blickender Mussolini steht stolz hinter Frau und Tochter. Er hat die eine Hand auf die Schulter der kleinen Edda gelegt, die, ganz in Weiß gekleidet, vor Mutter und Vater steht. Seine andere Hand liegt auf dem Oberarm von Rachele, die links von ihm sitzt. Alle drei sind gut angezogen, sie wirken wie eine Kleinfamilie, die noch viel vorhat. Auffällig ist nur, daß Rachele wie eine Frau aus dem 19. Jahrhundert gekleidet ist. Ihr Körper steckt in einem langen Kleid, das sie fest umschließt. Mussolini dagegen trägt einen modernen Anzug, ein weißes Hemd und eine Krawatte. Die Eheleute gehören verschiedenen Jahrhunderten an.

Der ehrgeizige Mussolini erwies sich als begabter Blattmacher, dem es gelang, mit markigen Sprüchen und frechen Überschriften ein neues Publikum zu gewinnen. Seinen Lesern hämmerte er ein, daß es sich nicht lohne, Hoffnungen in die Demokratie zu setzen. In seinen Artikeln geißelte er in scharfer Form die angeblichen Errungenschaften der Ära Giolitti. Noch immer lebten sehr viele Italiener unter schlechten sozialen Verhältnissen, es fehlte an Schulen, Verkehrsverbindungen und einer ausreichenden Gesundheitsversorgung. Daß in einer solchen Situation Geld fürs Militär ausgegeben wurde, prangerte er als Skandal an. Er ließ keine Gelegenheit aus, das Parlament schlechtzumachen. Politik war für ihn keine Sache der Kompromisse, sondern ein Kampf um die Macht. Dieser Überzeugung verlieh er nicht nur im Wort, sondern auch in der Tat Ausdruck. Im Juni 1914 kam es in ganz Italien zu gewalttätigen Ausschreitungen, die als »settimana rossa« in die Geschichte eingehen sollten. Giolitti hatte sich im März 1914 von der politischen Bühne zurückgezogen und war durch den autoritären Antonio Salandra, einen renommierten Professor für Finanz- und Verwaltungsrecht, ersetzt worden. Salandra hatte die Militärausgaben erhöht, und daraufhin war es zu Demonstrationen gekommen, bei denen drei Demonstranten getötet worden waren. Als Reaktion darauf wurde der Generalstreik ausgerufen. In Mailand tat sich besonders der Syndikalist Filippo Corridoni hervor, der mit seinen Mitstreitern unter »Viva Italia«-Rufen, die Nationalflagge schwenkend, die Polizei attackierte. Mussolini stürzte sich ebenfalls ins Geschehen und erwarb sich den Ruf eines entschlossenen, gewaltbereiten Anführers. Seine revolutionäre Praxis auf den Straßen Mailands unterstützte er durch Artikel im *Avanti!*, in denen er die Gewalt pries und die settimana rossa, die siebzehn Menschen das Leben gekostet hatte, mit der Pariser Commune verglich.

Gar nicht begeistert von dem Treiben und Schreiben ihres Chefredakteurs waren seine Genossen. Anna Kuliscioff hatte sich zunächst recht angetan von Mussolini gezeigt. Sie traf ihn im Dezember 1912, und in einem Brief an Turati schrieb sie, daß er einen guten Eindruck auf sie gemacht habe. Erst allmählich kamen ihr erste Zweifel an seiner politischen Einstellung. Turati stellte laut die Frage, für welchen Sozialismus Mussolini

115

eigentlich stehe. In seinen Augen war es unverantwortlich und kriminell, ohne Aussicht auf Erfolg einen solchen Aufstand gegen die Staatsgewalt anzuzetteln. Er klagte Mussolini an, sich mit dem Mob verbündet zu haben. Die vorangegangenen Ausschreitungen zeigten nicht nur die Gewaltbereitschaft Mussolinis, sondern auch die Ohnmacht und mangelnde Effizienz der Partei. Sie verfügte über kein eigenständiges Kommunikationssystem und war unfähig, außerhalb des parlamentarischen Rahmens in Rom zu handeln. Ihre Anführer waren weder in der Lage gewesen, den Aufstand anzufachen, noch, ihn niederzuschlagen. Turati fehlte es an Entschlußfähigkeit und Tatkraft. Mussolini wußte nicht recht, was er mit dieser Partei eigentlich noch zu tun hatte. Sah so der Einsatz der reinen proletarischen Gewalt aus? Er war bereit gewesen, einen bewaffneten Aufstand anzuführen, und hatte einsehen müssen, daß es seine eigene Partei war, die die Revolution zu verhindern wußte. Mussolini hatte daran geglaubt, daß es ihm gelingen werde, die Sozialistische Partei mit neuen Ideen wiederzubeleben. Nach der Erfahrung der settimana rossa fragte er sich, ob die organisierten Sozialisten überhaupt zu einer Revolution fähig waren. Doch damit nicht genug, plagten ihn zunehmend Zweifel, ob das Proletariat überhaupt der Träger der Revolution sei. Er kam zu der Einsicht, wenn er weiterhin Erfolg haben wollte, mußte er die Jugend Italiens für sich gewinnen.

Cesare Sarfatti war nunmehr ein korpulenter, fünfzigjähriger Mann, ein erfolgreicher Mailänder Anwalt und noch immer erfolgloser Politiker. Bei den Parlamentswahlen 1913 hatte er sich zum dritten Mal aufstellen lassen und war nach vielerlei Winkelzügen und Absprachen auch gewählt worden. Allerdings hatte eines der Versprechen, mit dem er sich die Unterstützung seiner Mitbewerber gegenüber einem weiteren sozialistischen Kandidaten gesichert hatte, gelautet, daß er im Falle seiner Wahl auf das Mandat verzichten werde. Aber einmal gewählt, dachte er nicht daran, sich an sein Versprechen zu halten, er dankte seinen Unterstützern und bekräftigte seinen Anspruch auf den Parlamentssitz. Im *Avanti!* wurde dieser Sache viel Platz eingeräumt und die Position Sarfattis unterstützt. Cesare Sarfatti hatte sich sein Leben lang nach einem Mandat des Volkes gesehnt. Es war sein großer Wunsch, als gewählter sozialistischer Abgeordneter in das Parlament einzuziehen und sich für die Nöte des Volkes zu engagieren. Seine ganz persönliche Tragik war es gewesen, daß er das Mandat immer wieder verfehlte. In dieser Situation war Cesare Sarfatti auf Mussolini aufmerksam geworden, der die Stärke und Tatkraft verbreitete, die er bei seinen Genossen bisher vermißt hatte. Dabei war ihm unterschwellig bewußt, daß er in Mussolini das bewunderte, was auch ihm selbst abging, nämlich die Ausstrahlung einer Leidenschaft, für die man bereit ist, alles zu tun. Für Mussolini war der Sozialismus etwas Hartes, Strenges, zu dem auch Gewalt gehörte. Sarfatti hatte nichts mehr zu verlieren und fühlte sich von diesem gewaltbereiten Optimismus angezogen. Er wurde Mussolinis Rechtsanwalt und galt als einer der prominenten Überläufer vom reformerischen zum revolutionären Lager. Seiner Frau hatte er bereits früh von dem mageren jungen Mann vorgeschwärmt und ihr anvertraut, daß er in ihm den kommenden Mann der Partei sehe. Cesare Sarfatti hatte an seine Frau geschrieben: »Merk Dir seinen Namen, denn dieser junge Mann wird der Mann der Zukunft sein.« Er war begeistert von Mussolinis Parteitagsreden gewesen und hatte Margherita gegenüber Mussolinis »explosive Ernsthaftigkeit« gerühmt. Auch wenn die Praxis ihrer Ehe in weitgehender Unabhängigkeit bestand, so waren sie sich einig in ihrem Streben nach Macht.

Margherita Sarfatti hatte durch den Kontakt mit den Futuristen die Vorteile der »Ekstase der Moderne« begriffen: Neue Bewegungen bieten neuen Akteuren eine Chance. Nachdem das große Projekt des 19. Jahrhunderts, die politische Einigung als Nation, so langweilig ausgefallen war, wollte sie dabeisein bei der künstlerischen Einigung des Landes im Geschwindigkeitsrausch der Moderne. Sarfatti mußte einsehen, daß sie mit den Futuristen auf das falsche Pferd gesetzt hatte. Neben Marinetti war kein Platz für sie. Doch nachdem ihr Cesare von Mussolini erzählt hatte, begann sie zu ahnen, daß auch die Politik bald ihr Tempo ändern werde. Margherita Sarfattis Modernisierungsstrategien hießen Sozialismus – durch den sie mit ihrer jüdischen Herkunft brach –, Kunst der Avantgarde – die ihr öffentliche Aufmerksamkeit bescherte – und sexuelle Befreiung – die ihr persönliche Ungebundenheit verschaffte. Alles drei – Politik, Kunst und Sex – setzte sie ein, um in der Umbruchsituation an Einfluß zu gewinnen. Als Frau von dreißig Jahren gehörte sie zur Elite Mailands: mit kühlem Charme führte sie einen Salon, sie war eine reiche Kunstsammlerin, gefürchtete Kritikerin, galt als feministische Sozialistin, gute Mutter und Frau von Welt. Damit hatte sie alles erreicht, was für eine italienische Frau um 1910 möglich schien. Margherita Sarfatti hatte Bildung, Reichtum, Ansehen, aber keine politischen Rechte. Sie war eine Frau mit Stil, Charme und Methode, aber um wirklichen Einfluß auszuüben, fehlte ihr ein Mann mit Macht.

Allein stand sie ihm das erste Mal in seinem Redaktionszimmer gegenüber. Sie wollte dem neuen Leiter des *Avanti!* ihre Entlassung anbieten, denn nach allem, was sie von ihm gehört hatte, nahm sie an, daß er sich nicht sonderlich für Kunst interessieren würde. Zu ihrer großen Verwunderung wies Mussolini ihr Anliegen zurück. Er bat sie Platz zu nehmen und sagte, daß er ihre Artikel sehr schätze und wünsche, daß sie weiterhin für *Avanti!* arbeite. Sie mache sich mit ihrer Kunstkritik für die sozialistische Sache nützlich, weil sie die kulturelle Übermacht der Kirche immer wieder in Frage stelle und attackiere, schmeichelte er ihr. Allerdings machte er die Einschränkung, daß Kunst für ihn nicht an erster Stelle rangiere, und er forderte sie auf, auch über andere Themen zu schreiben. Sie einigten sich schnell und plauderten noch über Nietzsche. Bei dieser Gelegenheit bemerkte Sarfatti, daß Mussolini große Wissenslücken hatte. Er beherrschte die Geste der Nietzscheanischen Philosophie, aber nicht deren Inhalt. Doch da war noch etwas anderes: sie spürte deutlich, daß er sie begehrte, denn er gab »mir zu verstehen – auf diese indirekte Art, die wir Frauen so direkt verstehen –, daß ihm blonde Frauen meines Typs gefallen«.[84] Sie verfügte über die Weltgewandtheit, die ihm fehlte, und es reizte ihn, ein Verhältnis mit einer Großbürgerin einzugehen, die zudem als Vertraute der Kuliscioff galt.

In der vergleichsweise nüchternen Umgebung des Redaktionszimmers kam ihre Schönheit ganz anders zur Geltung als im Salonzimmer an der Piazza del Duomo. Er registrierte ihre vollen, weiblichen Formen, ihr blondes Haar und ihr großes Selbstbewußtsein als Frau. Margherita Sarfatti forderte ihn mit ihrem Geist und mit ihrem Körper. Es kam zu einem Schlagabtausch zwischen den beiden. Während er sie mit Nietzsches »Gehst Du zu den Frauen, so vergiß die Peitsche nicht« provozieren wollte, »erwiderte ich gelassen, daß Nietzsche auch gesagt hätte ›Die Schamhaftigkeit der schönen Frauen ist gestärkt durch das Bewußtsein um ihre körperliche Perfektheit‹«.[85] Damit hatten sie sich gegenseitig bewiesen, daß sie sich in nichts nachstehen würden.

Sie prüfte, ob seine Augen noch die gleiche Wirkung auf sie ausübten wie bei ihrem ersten Treffen im Salon. Er war noch immer linkisch, doch sie bemerkte, daß er an Sicherheit gewonnen hatte. Sein Blick auf sie war der eines Eroberers und nicht der eines Kavaliers. Margherita registrierte, wie sehr sich Mussolini von ihrem Mann unterschied. Cesare war alt, dick, kurzatmig und dozierte gerne ausgiebig über juristische oder politische Themen. Mussolini dagegen war jung, dünn und energiegeladen. Er wirkte auf sie mächtig und verwundbar, zärtlich und brutal. Sie beschloß, ihn bei der nächsten Gelegenheit zu verführen.

Schon lange bevor sie sich zu diesem Besuch in der Redaktion entschlossen hatte, war ihre Entscheidung gefallen. Sie wollte den Bankkreis der Kuliscioff endgültig verlassen und sich dem neuen starken Mann der

Partei anvertrauen. Sarfatti zog es zur Fraktion des schnellen Umsturzes, und das war die Fraktion Mussolinis. Cesare war ihr Fluchthelfer aus dem venezianischen Palazzo ihres Vaters gewesen, und Mussolini sollte ihr Fluchthelfer aus dem Mailänder Salon der Sozialisten werden.

Am 23. November 1913 erschien die erste Nummer von *Utopia*, der zweiwöchentlich erscheinenden »Zeitschrift des italienischen revolutionären Sozialismus«, herausgegeben von Benito Mussolini. Der Name geht auf das gleichnamige Traktat von Thomas Morus aus dem Jahre 1513 zurück. Mussolini erlaubte sich als Sprecher der Partei und Chefredakteur der sozialistischen Tageszeitung den Luxus einer eigenen Zeitschrift. *Utopia* war das Ergebnis seiner Enttäuschung über die Partei, gleichzeitig aber auch Ausdruck der Hoffnung auf die Wiederbelebung der sozialrevolutionären Bewegung. In der ersten Ausgabe beschimpft Mussolini die Reformer und verkündet, *Utopia* könne einen wichtigen Beitrag zur Neuorientierung und Revision des revolutionären Sozialismus leisten. Um dies zu bestätigen, folgt ein Beitrag über Auguste Blanqui, in dem nicht nur dessen revolutionärer Heroismus bejubelt, sondern auch die zentralistische und autoritäre Seite dieses Revolutionsmodells lobend hervorgehoben wird. *Utopia* war ein Labor der Häresie. Es schrieben auffällig viele Autoren darin, die der offiziellen Parteipolitik kritisch gegenüberstanden. Mussolinis Ziel war es, unbequemen Denkern, die zuwenig Beachtung fanden und der seiner Meinung nach dazu in der Lage waren, die Theorie zu verjüngen, ein Forum bieten.

In der ersten Ausgabe des Jahres 1914 schrieb er, daß er als Chefredakteur des *Avanti!* wie ein Soldat vorgehe, der den ausgegebenen Befehlen Folge leiste. *Utopia* bilde dazu in gewissem Sinne das Gegenstück, denn hier fühle er sich wie ein Soldat, der über Befehle diskutiere. Die allgemeine Linie der Partei kümmere ihn dabei wenig, er sei für alles offen. Mit dieser Erklärung öffnete Mussolini den beengten theoretischen Horizont der Partei für die intellektuellen Moden der neuen Zeit. In gewissem Sinne schloß er sich damit dem Vorhaben der vociani an. Als Mitarbeiter dieses ehrgeizigen und unorthodoxen Projekts kam die allseits bewährte Redaktionsassistentin des *Avanti!* Angelica Balabanoff nicht in Frage. Sie galt als exzellente Kennerin der marxistischen Lehre und war eine über alle Zweifel erhabene Sozialistin. Um in seiner Position als Chefredakteur des *Avanti!* keine Fehler zu begehen, hatte Mussolini sie als Korrektiv gebraucht. Er hatte sich ihre Kenntnisse und Beziehungen zunutze gemacht. Aber für *Utopia* war sie eher ein Hindernis als eine Hilfe. Nach einer Alternative brauchte er nicht lange zu suchen. Gezielt machte er ihre Konkurrentin aus der Redaktion des *La Difesa delle La-*

voratrici zu seiner Assistentin, nämlich Margherita Sarfatti. Sie war mit Zeitungsarbeit hinlänglich erfahren, doch nicht so bekannt, daß sie ihm gefährlich werden konnte. Sie war versiert im Umgang mit den intellektuellen Trends, sprach viele Sprachen, kannte Paris und London und galt trotzdem als geachtetes Mitglied der Partei, mit deren Organisation und Befindlichkeiten sie wohlvertraut war. War die Balabanoff eine heimatlose Exilantin, so gehörte Sarfatti dem italienischen Bürgertum an, das Mussolini als Zielgruppe reizte.

Für die Sarfatti bedeutete die Mitarbeit bei *Utopia* zunächst ein Mehr an journalistischer Professionalität. Außerdem kam eine Theorie- und Kulturzeitschrift ihren Talenten und Neigungen entgegen. Sie entfernte sich dadurch auch offiziell vom Kreis um die Kuliscioff und bekannte sich zur Erneuerung des Sozialismus. Persönlich gefiel es ihr, der Balabanoff eins auszuwischen. Sie mochte diese häßliche, verbohrte Frau nicht und sah in ihr das Negativbild des feministischen Sozialismus. Doch Margherita Sarfatti war klug und lebenserfahren genug, um diesem Experiment distanziert gegenüberzustehen. *Utopia* war und blieb nur eine ihrer vielen publizistischen Aufgaben. Sie achtete auf ihre strikte Selbständigkeit und Unabhängigkeit.

Mitte Juni 1914 hatte Margherita Sarfatti ihre wichtigsten redaktionellen Arbeiten erledigt und freute sich auf einen erholsamen, schönen Sommer. Am Abend des 28. Juni saß sie mit ihrer Familie in einem Mailänder Restaurant beim Abendessen, als die Nachricht von der Ermordung des österreichischen Thronfolgers Franz Ferdinand eintraf. Er und seine Frau Erzherzogin Sophie waren von einem serbischen Attentäter in Sarajewo mit mehreren Schüssen getötet worden. Margherita Sarfatti freute sich über diese Nachricht. Ein Feind Italiens war gestorben. »Jetzt, da der Thronfolger tot ist, wird es nicht lange dauern, bis Österreich-Ungarn auseinanderfällt«, sagte sie zu ihrer Familie und forderte sie auf weiterzuessen.

Die Nachricht von der Ermordung eines österreichischen Aristokraten konnte Sarfatti als überzeugte Sozialistin nicht aus der Ruhe bringen. Sie erhoffte sich Schaden davon für ihre Feinde und Nutzen für ihr Land. Den Libyenkrieg hatte sie verdammt und sich in ihren Artikeln als Pazifistin hervorgetan. Sarfatti bemühte sich, die Kosten aufzuzeigen, die der Krieg für die Frauen hat. Er bedeutet Trauer und Armut für sie, denn er macht sie zu Witwen und nimmt ihnen ihre Söhne. Sie fühlte sich an diesem lauen Juniabend 1914 ihrer politischen Überzeugung und moralischen Überlegenheit so sicher, daß sie ganz beschwingt nach Hause ging.

Die öffentliche Aufregung legte sich rasch, und man ging zur Tagesordnung über. Die Italiener genossen den Sommer, und in den Zeitungen gab es wieder Unterhaltsames zu lesen. Dann berichteten die Zeitungen von dem Ultimatum, das Österreich-Ungarn den Serben gestellt hatte. Der Sommer 1914 ist mir immer wieder als ein unvergeßlicher, herrlicher Sommer beschrieben worden. Zu den Bildern von Strand, Seebädern und Sonne, zu den schläfrigen Nachmittagen und sonnigen Morgen gehören auch jene von der Massenhysterie und dem Hurrapatriotismus an den milden Abenden. In Wien, Berlin, London, Paris und St. Petersburg drängten die Menschen auf die Straßen; ein ungeheures nationales Zusammengehörigkeitsgefühl hatte sich breitgemacht. Nach der Ablehnung des österreichischen Ultimatums durch die Serben brach Jubel über den bevorstehenden Kriegsbeginn aus. Zeitzeugen bestätigen, man habe das Gefühl gehabt, ein großer Wurf, die nahe Geburt einer neuen Zeit stehe bevor. In Italien fühlte man sich weit vom Schuß und hatte sich in eine Beobachtersituation begeben. Salandra und sein Außenminister wußten um die militärische Schwäche ihres Landes und fürchteten die Übermacht der Deutschen. Am 1. August 1914 erklärte die italienische Regierung ihre Neutralität. Ihre Strategie bestand darin, sich nach außen hin neutral zu geben und hinter den Kulissen zu agieren. Mit Ausnahme der Nationalisten stand die Mehrzahl der Italiener dem Krieg reserviert gegenüber. Sie waren nicht in der Stimmung für ungewisse Abenteuer.

Auch Margherita Sarfatti setzte ihr Sommerprogramm wie geplant fort. Im Juli 1914 befand sie sich in Venedig. Natürlich diskutierte man am Lido mit Freunden über die politische Lage, aber in erster Linie genoß man das gute Wetter. Margherita gab sich dem tagträumerischen Leben ihrer Heimatstadt hin; Kriegsgeschrei und Truppenmobilisierung schienen weit entfernt.

Mussolini befand sich in Nöten. Der Krieg zwang die Sozialisten aller Länder in eine Zerreißprobe zwischen ihren Prinzipien und der historischen Realität. Die sozialistische Internationale zeigte sich unfähig, den Krieg durch einen allgemeinen Generalstreik zu verhindern. Der Krieg betonte die Heterogenität Europas; der reine Klassenstandpunkt war abstrakt und erwies sich in der Kriegssituation als unbrauchbar. Mussolini blieb zunächst seiner Kriegsgegnerschaft treu, doch fand er sich damit unversehens im Boot mit dem konservativen Bürgertum und den bürgerlichen Pazifisten. Auf dem Parteitag 1912 in Reggio Emilia hatte er nicht nur den Sieg über die Reformer, sondern in gewissem Sinne auch über Giolitti davongetragen. Er hatte dessen Pläne von der Regierungsbeteiligung der Sozialisten unmöglich gemacht und damit die längerfristige Strategie des schlauen Fuchses ad absurdum geführt. Jetzt schien es, als

121

hole ihn Giolitti wieder ein. Nach dessen Überzeugung barg der Krieg unkalkulierbare Risiken, welche die Kräfte des Landes überfordern und dadurch dessen evolutionäre Modernisierungsentwicklung erschweren oder verzögern könnten. Unter den bürgerlichen Interventionsgegnern fiel Mussolini mit seinem aggressiven Pazifismus nicht auf. Um die Jugend für sich zu aktivieren, mußte er sich etwas Neues einfallen lassen. Im Oktober 1914 publizierte er im *Avanti!* einen Artikel mit dem Titel »Von der absoluten zur aktiven und strategischen Neutralität«. Er wollte die Sozialistische Partei aus ihrer prinzipientreuen Leblosigkeit herausmanövrieren und ihr Bewegungsfreiheit verschaffen.

»Wir haben das einzigartige Privileg gehabt, in der tragischsten Stunde der Weltgeschichte zu leben. Wollen wir – als Menschen und als Sozialisten – untätige Zuschauer sein bei diesem grandiosen Drama? Oder wollen wir nicht seine Protagonisten sein? Laßt uns nicht den ›Buchstaben‹ der Partei retten, wenn das bedeutet, den ›Geist‹ des Sozialismus zu töten!« Von den Sozialisten verlangte Mussolini, daß sie genügend geistige Mobilität aufbringen müßten, um angesichts eines möglichen Kriegseintritts die Haltung der Partei von den Ereignissen und nicht von den Prinzipien bestimmen zu lassen. Daß er mit der Veröffentlichung dieses Artikels den Bruch riskierte, wußte er, und dies mag sogar Kalkül gewesen sein. Die Partei vertrat nämlich brav die für solche Fälle vorgesehene Linie und brandmarkte den Krieg als imperialistischen Raubzug, den die revolutionäre Arbeiterklasse zu verachten habe. Mussolini, der die politische Energielosigkeit der Arbeiterklasse und die Trägheit der Partei kannte, reizte die aktivierende Macht des Nationalen. Er setzt alles auf die nationale Karte und begreift den Krieg als Katalysator einer revolutionsbereiten Stimmung. Mit politischem Instinkt für die historische Situation wendet er sich von der Partei ab und dem Krieg zu.

Der Marsch

Am 25. Juli 1914, dem Tag, an dem man den Ablauf der Frist des Ultimatums erwartete, erlebte Margherita Sarfatti die Stunden bis Mitternacht bei einem großen Fest im Salon des »Excelsior«. Dieser glanzvolle Rahmen galt als Höhepunkt der mondänen Saison Venedigs; die europäische Gesellschaft gab sich dort ein sommerliches Stelldichein. Es erschienen die schönsten Frauen in den prächtigsten Kleidern, geschmückt mit den glänzendsten Juwelen. Man dinierte auf der Terrasse oder tanzte im Saal zu Tangomusik. Wenn man die Augen schloß, konnte man sich über hundert Jahre zurückversetzt fühlen in eine Welt, deren Mittelpunkt der königliche Hof und nicht das bürgerliche Parlament war. Niemand – außer Sarfatti – schien sich in diesem reich dekorierten Salon für den drohenden Krieg zu interessieren. Kurz nach Mitternacht verließ sie das Fest und versuchte telefonisch Informationen zu erhalten. Doch vergeblich: entweder wußte man in den Redaktionen nicht Bescheid, oder aber die Journalisten schliefen bereits. Erneut mußte sie erfahren, wie weit Italien vom Weltgeschehen entfernt war. Erst der nächste Tag brachte die Gewißheit: Österreich hatte die diplomatischen Beziehungen zu Serbien abgebrochen, ein Krieg galt als so gut wie sicher. Die Engländer und die Deutschen waren daraufhin aus Venedig geflüchtet, die Ungarn und Österreicher eilten nach Hause, die Franzosen waren schon lange abgereist, und nur die Russen überlegten noch. Margherita fuhr nach Mailand und kam in eine Stadt, die einem Hexenkessel glich. Nichts war mehr, wie es vor ihrer Abreise gewesen war. An die Stelle ihrer marxistisch motivierten Kriegsgegnerschaft trat die pure Verzweiflung. Sie spürte, wie eine kalte Hand nach ihr griff. Die langgehegten Gewißheiten und Überzeugungen waren auf einmal fragwürdig geworden. Die futuristischen Freunde lechzten nach dem Krieg, die Partei war zerstritten, ihr Geliebter unzugänglich und ihr eigener Sohn ein kriegstrunkener Jüngling. Allein ihr Mann Cesare war ähnlich unsicher über den Gang der Ereignisse wie sie. Margherita Sarfatti durchlebte in den folgenden Monaten eine persönliche Krise, in deren Folge sie schwerwiegende Entscheidungen für die Zukunft traf.

Die Erzählung, die den Zusammenhang zwischen ihrem Leben als Sozialistin und ihrer Wandlung zur Faschistin stiftet, nimmt ihren Ausgang in Venedig. Mit feinem Gespür für die Symbolik hat sie als Auftakt ihrer Konversion einen venezianischen Salon gewählt, ein rauschendes Fest der europäischen Elite, das geradewegs in den Untergang führt. Um die Dramatik der Ereignisse zu betonen, läßt sie das Ultimatum, das eigentlich um 18 Uhr ablief, in ihrer Erzählung um Mitternacht enden.

Sarfatti kommt aus dieser untergehenden Welt und gehört doch bereits der neuen Zeit an. Während das Fest im Stil des ancien régime in vollem Gang ist, sucht sie ein Telefon. Sie kann das letzte Aufleben Venedigs nicht genießen, sondern verläßt das sorglose Balltreiben, um sich mittels eines technischen Mediums aktuelle Informationen zu beschaffen. Sie will damit zeigen, daß sie weiß, welche Welt es in Zukunft zu ersetzen gilt. Sarfatti fühlt sich nicht länger dem zu Ende gehenden Zeitalter verbunden, sondern knüpft ihre Kontakte zur neuen Zeit.

Mit der Neutralitätserklärung Italiens wurde die Politik fortgesetzt. Im Zeitalter der Realpolitik schien die Rolle des Landes denkbar ambivalent: als eine maßgebliche europäische Kulturnation wollte man einen Platz in der internationalen Rangordnung besetzen, und zugleich hatte man es mit innenpolitischen Problemen wie Armut oder Analphabetismus zu tun. Diese zwiespältige Situation führte dazu, daß die italienische Diplomatie seit Jahrzehnten vorsichtig und behutsam agierte. Der Dreibund, dem Italien 1882 beigetreten war, verkörperte das Prinzip der Trägheit. Das Land und seine Politiker waren nicht in der Lage, ein vitales, nationales Interesse zu vertreten, und so hatte man sich stillschweigend auf eine Art Mimikry-Politik geeinigt: Italien gehörte einem Bund der Großmächte an und verhielt sich weitgehend passiv. Der Kriegsausbruch stellte das Land vor eine Zerreißprobe. Die Situation hatte sich in den zurückliegenden zwanzig Jahren deutlich verbessert, und man konnte auf eine gewisse industrielle Entwicklung wie auch auf militärische Erfolge verweisen. Durch den Sieg im Libyenkrieg fühlten sich die Italiener kriegserprobt, und die Nationalisten konnten sich über Zulauf freuen. Dennoch wurde die Neutralität mit Zustimmung der meisten Italiener verkündet. Der bewährte außenpolitische Kurs sorgte dafür, daß Italien zwischen den Großmächten plaziert blieb. Doch die große nationale Debatte hatte bereits begonnen: Ja oder Nein zum Kriegseintritt, diese Frage spaltete die Nation. Die Demokraten und Freimaurer plädierten für den Kriegseintritt, denn Frankreich, das Land der Menschenrechte, befand sich in Gefahr. Ihnen zur Seite standen die Nationalisten und Futuristen, die den Krieg um des Krieges willen forderten. Die nationale Aussprache wurde maßgeblich in den Zeitungen geführt. So meinte Antonio Salandra rückblickend, daß die Intervention Italiens nicht ohne das Engagement der Zeitungen zustande gekommen sei. Vor allem Luigi Albertini vom *Corriere della Sera* vertrat eine prononcierte Position. Immer wieder warnte er davor, daß Italien durch die Neutralität seinen Platz in der neuen europäischen Nachkriegsordnung verschenke. Neutralität war für Albertini gleichbedeutend mit Isolation. Die Mehrzahl der Liberalen, allen voran Giolitti, ließen sich davon nicht beindrucken. Sie fürchteten und verehrten die Übermacht Deutschlands. Die Banker und Geschäftsleute bewunderten die ökonomische Effizienz und industrielle Macht der Deutschen, die Offiziere deren militärische Stärke und die Intellektuellen Bildung, Wissenschaft und Kultur des Nachbarlandes. Die Deutschen galten ihnen von vorneherein als Sieger, und die italienischen Liberalen fühlten sich an ihrer Seite sicher.

Die Sozialisten sahen sich vor eine Situation gestellt, die sie überforderte. Gerade sie, die gerne entschlossen und laut den Kollaps des Kapitalismus beschworen, konnten mit einer kriegerischen Situation überhaupt nicht umgehen. Sie steckten den Kopf in den Sand und wiederholten gebetsmühlenartig ihre Wahrheiten, die aus dem vorigen Jahrhundert stammten. Im Falle einer Intervention Italiens konnten sie nur auf eine Niederlage hoffen, denn ein Sieg würde ihre Position endgültig fragwürdig machen.

Margherita Sarfatti hatte sich während des Libyenkriegs als Kriegsgegnerin bewährt. Ihr Part war es gewesen, an den Schmerz und das Leid der Mütter zu erinnern, die ihre Söhne im Krieg verloren hatten. Sie war auch hierbei der Parteilinie treu geblieben und hatte den Kapitalismus und die Herrschaft der Starken verurteilt. Im Herbst 1914 war es nicht mehr so einfach, anderen Katschläge und Lektionen zu erteilen, denn nun war sie selbst in das Geschehen involviert. Ihre futuristischen Freunde machten ihr die antiinterventionistische Position schwer. Giacomo Balla fertigte in Rom Anzüge in den Farben der italienischen Tricolore, und Carrà erstellte aus Eisenbahnbilletts eine Collage mit dem Titel »Manifestazione interventista«. Marinetti und Boccioni starteten eine Performance im Teatro del Verme in Mailand, bei der sie österreichische Flaggen verbrannten und das Publikum dazu aufforderten, sich ihren »Nieder mit Österreich!«-Rufen anzuschließen. Sie wurden verhaftet und fühlten sich bereits als Märtyrer des neuen Italien. Die Futuristen organisierten Demonstrationen, starteten eine Pressekampagne und wartete ungeduldig auf die »göttliche Entscheidung« des Kriegseintritts. Sarfatti zieht sich zunächst von ihnen zurück, doch sie weiß, daß sie sich dieses Mal wird entscheiden müssen. Doch nicht nur ihre futuristischen Schützlinge bereiten ihr Kopfzerbrechen. Ihr fünfzehnjähriger Sohn Roberto ist fasziniert vom futuristischen Lebensgefühl und drängt in den Krieg. Die Sozialistin, Mäzenin und Mutter leidet unter schweren Gewissensqualen. Ihre bisherigen Prinzipien helfen ihr nicht weiter; die Zeit der bequemen politischen Überzeugungen scheint vorüber. Da erreicht sie ein Telegramm ihres Geliebten. Es lautet:

»Ich habe mein Amt als Leiter des ›Avanti!‹ unwiderruflich niedergelegt. Endlich bin ich frei. Grüße. Mussolini«

Was sollte sie jetzt tun?

Die Hoffnung auf die Niederlage war keine Strategie für den tatendurstigen Mussolini gewesen, ebensowenig wie das Abwarten des Krieges in der Neutralität. Immer fragwürdiger war ihm die Position seiner Genossen geworden, und die Leblosigkeit der Parteiprinzipien widerte ihn an. Monatelang hatte er der Öffentlichkeit in seinen Artikeln darauf eingeschworen, daß das Kriegsabenteuer nur den Ausbeutern nutze, daß Krieg und Sozialismus miteinander unvereinbar seien und sich die Sozialisten nicht zu »Hofnarren des demokratischen Krieges« machen lassen dürften, indem sie ihre Überzeugungen zum alten Eisen warfen, nur weil eine neue Realität sie überrascht hatte. Doch er hatte immer weniger an das geglaubt, was er da schrieb. Die Rhetorik der Sozialisten war ranzig geworden, und ihre Ideale waren von gestern. Mussolini sah seine Chance, sich als historisch aktionsfähig zu zeigen, einzig darin, für den Krieg zu plädieren. Lenin und Mussolini standen vor dem gleichen Problem: sie mußten die Kluft, die zwischen der Theorie und der Praxis klaffte, schließen.[86] Während Lenin an eine Partei aus Berufsrevolutionären die tragende Rolle vergab, hielt Mussolini an der spontanen, intuitiv handelnden Masse als Träger der Revolution fest. Im August war er noch für die Neutralität gewesen, weil er das Leben der Italiener schützen wollte, und im Oktober ging es ihm in seinem berühmten Artikel »Dalla Neutralità Assoluta Alla Neutralità Attiva Ed Operante« darum, die sozialistische Idee am Leben zu erhalten, indem die Partei ihre Einstellung zur Neutralität modifizierte. Sie konnte nur dann Geschichte machen, wenn sie die Realität des Krieges nicht länger verleugnete. Einen Tag nach Erscheinen dieses Artikels trat in Bologna das Direktorium der Partei zusammen. Keiner der anwesenden Genossen sprach sich für Mussolini aus. Seine Karriere als Direktor des *Avanti!* galt damit als beendet.

Doch er hatte vorgesorgt. Um sich von einem Idol von gestern in den Mann von morgen zu verwandeln brauchte er vor allem ein Forum. Bereits am 15. November erschien die erste Ausgabe seiner Zeitung mit dem Namen *Il Popolo d'Italia*. Den Wechsel der Gesinnung zeigte Mussolini durch die Wahl der Untertitel an, die in Form prägender Sentenzen den Stil des Blattes annoncieren sollten. Da war zum einen Napoleon mit »Die Revolution ist eine Idee, die die Unterstützung der Bajonette gefunden hat« und Blanqui mit »Wer Eisen hat, hat auch Brot« vertreten. Mussolinis neue Zeitung konnte durchaus mit avantgardistischen Elementen aufwarten, wie sich Margherita Sarfatti erinnerte. »In diesem Blatte gab es keine gemessenen anonymen Artikel des Herausgebers, aber kurze Spalten mit großen Buchstaben gefüllt, durch Zwischenräume wie mit feurigen Zeilen unterstrichen. Schlachtrufe gewissermaßen. Und auf jeder Seite, auf allen sechs Spalten, obenan immer, in großer Schrift Worte der Liebe und des Hasses. (...) Da gab es keinerlei Phrasen, die Ideen reihten sich in logischer Ordnung aneinander, ohne Ausschmückungen, von einem ungeduldigen und hastigen Menschen hingeworfen, der die Gedanken beim Schopf packte. Und unter den heftigen und befehlenden Worten stand kurz und apodiktisch die elektrisierende Unterschrift: Mussolini.«[87] In seinem ersten Leitartikel mit der bezeichnenden Überschrift »Kühnheit!« betont er, *Il Popolo d'Italia* sei eine unabhängige Zeitung und er sei niemanden mehr Rechenschaft schuldig. Das gerade allerdings bezweifelten die Sozialisten zu Recht. Wie sollte der mittellose Mussolini so schnell zu Geld gekommen sein? Im *Avanti!* wurde immer wieder die Frage gestellte »Chi paga?« (Wer zahlt?), und der einstige Star der Partei galt nun als Verräter am italienischen Proletariat. Denis Mack Smith[88] erläutert in seiner Mussolini-Biographie, die Zeitschrift sei von mehreren Ländern – darunter Frankreich und Großbritannien – finanziell unterstützt worden und zusätzlich sei Geld aus italienischen Regierungskreisen geflossen. Man darf annehmen, daß er sich von denjenigen finanzieren ließ, die er noch Wochen zuvor erbittert bekämpft hatte, nämlich von der Waffenindustrie. Ob Mussolini sich von seinen Geldgebern Vorschriften machen ließ, ist allerdings nicht eindeutig zu beantworten. Die Partei jedenfalls zeigte sich entsetzt über das rücksichtslose Vorgehen ihres Genossen. Am 24. November mußte er sich der Mitgliederversammlung der Mailänder Sektion stellen, die über seinen Ausschluß zu entscheiden hatte.

Der Sitzungssaal war heillos überfüllt. Alle spürten, daß die Konversion Mussolinis weitreichende Folgen für ihre Partei, aber auch für die Zukunft des ganzen Landes haben würde. Eigentlich sollte Cesare Sarfatti den Vorsitz führen, doch mußte man feststellen, daß er gar nicht anwesend war. Auch seine Frau Margherita war der Sitzung ferngeblieben. Man rätselte über dieses ungewöhnliche Verhalten und begann die Sitzung schließlich ohne das stadtbekannte Paar. Ein bleicher Mussolini wehrte sich in der ihm eigenen aggressiven Rhetorik gegen die Anschuldigungen. Immer wieder rief er »Es lebe der Sozialismus!« und beschimpfte die Anwesenden als Feiglinge, Leistreter und Schwächlinge. Schließlich bekannte er: »Ich bin und bleibe Sozialist: zwölf Jahre meines Lebens in der Partei sind Gewähr dafür und müssen Gewähr sein. Man kann seine Seele nicht umgestalten. Der Sozialismus dringt ins Fleisch.«[89] Seinen glücklosen Auftritt beendete er mit den verheißungsvollen Worten: »Ihr glaubt, daß ihr mich los seid. Aber da täuscht ihr euch gründlich. Ihr mögt mich hassen, aber ihr werdet mich noch lieben.« Es klang wie eine Drohung.

Margherita und Cesare Sarfatti warteten zu Hause in ihrem Appartement am Corso Venezia auf den wichtigen Telefonanruf. Sie wollten sofort über den Ausgang der Sitzung informiert werden. Gemeinsam hatten sie entschieden, sich passiv zu verhalten. Es war noch nicht ausgemacht, wer das Duell gewinnen würde, und für Mussolini wollte keiner von beiden etwas riskieren. Cesare wie auch Margherita hatten in der Vergangenheit von der Partei profitiert. Sarfatti war zwar nicht sehr erfolgreich in der öffentlichen Politik, doch er verfügte über Autorität innerhalb der Partei, und davon profitierte er als Anwalt. Margherita gehörte zur Mailänder Kulturprominenz. Ihr feministisches Engagement so miteinander verbunden, daß sie als wichtige Frau in der Kulturpolitik der Sozialisten galt. Gleichzeitig pflegte sie ihre privaten Kontakte zu Industriellenkreisen und kümmerte sich um Mäzene für ihre Künstler. Ihre feministische Einstellung, die sich mit den Parteiprinzipien vereinbaren ließ, unterstützte ihren Ruf als Publizistin. Bei alldem war sie weitgehend unabhängig von ihrem Mann, der ihr in jeder Hinsicht freie Hand ließ. Mehr konnte sie eigentlich nicht erreichen, und deshalb wartete sie zunächst einmal ab, was aus dem hitzigen Volksschullehrer eigentlich wurde.

Das Telefon klingelte, und ein Genosse berichtete ihnen aufgeregt über den Ausschluß Mussolinis aus der Partei. Als offizieller Grund wurde angeführt, Mussolini sei »moralisch und politisch unwürdig«. Der Gedanke, ihm zu folgen, war zunächst verführerisch. Nur wenige Getreue waren um ihn, und im Falle seines Erfolgs waren noch Posten zu vergeben. Margherita könnte unabhängig von Parteidisziplin ihre Meinung verbreiten, und Cesare hätte die Chance, vielleicht doch noch ein beliebter Politiker zu werden. Mussolini würde für beide einen Neuanfang bedeuten. Doch um welchen Preis? Die Sarfattis gehörten zum Führungspersonal der Partei und konnten sich bei aller Kritik über Einfluß nicht beklagen. Außerdem wußte man nicht, welche Art von Sozialismus Mussolini eigentlich durchsetzen wollte. Zusätzlich fühlten sich auch Roberto unter Druck

128

gesetzt. Der Fünfzehnjährige wollte entgegen den Vorstellungen und Überzeugungen seiner Eltern in den Krieg und für die Nation kämpfen. Wenn sie Mussolini unterstützten, dann schickten sie ihren Sohn aufs Schlachtfeld. Das Ehepaar beschloß, seine abwartende Position beizubehalten.

Die Entwicklung vom Herbst 1914 bis zum Mai 1915 brachte die Zurückdrängung der konservativen, liberalen und sozialistischen Kriegsgegner. Sie gerieten zunehmend in die Defensive angesichts einer gewaltbereiten, dynamischen und skrupellosen Minderheit. Mitverantwortlich für diesen Lauf der Dinge war nicht zuletzt die Regierung Salandra[90] selbst, die immer wieder mit dem Frontwechsel vom Dreibund zur Entente liebäugelte. Der Ausgang der Marneschlacht schwächte das Ansehen der Deutschen erheblich. »Der Zauber ist gebrochen«, kommentierte Salandra trocken. Die italienischen Politiker genossen die Bedeutung, die das zweitrangige Italien nun auf dem internationalen Parkett erfuhr. Sie sprachen vom »sacro egoismo« und meinten damit ihre kurzsichtige Verhandlungspolitik. Gegenüber den verbündeten Österreichern stellten sie die Forderung, das Trentin abzutreten. Unter dem Druck der Deutschen gab Wien nach. Doch plötzlich reichte dieses weitgehende Zugeständnis nicht mehr, und Rom begann, utopische Forderungen zu stellen. Deren Ablehnung galt als so gut wie sicher und sollte nur dazu dienen, den Frontwechsel zu legitimieren, der bereits hinter den Kulissen stattgefunden hatte. In Geheimverhandlungen mit der Entente war den Italienern Unhaltbares zugesichert worden: das Trentino sowie Görz und Gradisca, die Umwandlung Triests in eine ›Freie Stadt‹, ganz Südtirol bis zum Brenner, ein großer Teil Dalmatiens als auch Istrien samt der vorgelagerten Inseln allerdings ohne Fiume. Die Italiener waren nicht gerade bescheiden und die Alliierten auch nicht kleinlich, wobei beide Parteien von Anfang an hoch pokerten. Am 4. Mai 1915 kündigte Italien in Wien den Dreibund auf. In Italien brachen daraufhin die »radiose giornate di maggio« an, in deren Verlauf es den Interventionisten gelang, eine bürgerkriegsähnliche Stimmung zu verbreiten. Ziel war es, den geplanten Sturz Salandras und damit eine erneute Regentschaft Giolittis zu verhindern.

Am 20. Mai, dem Tag der Kammereröffnung, wollten die Katholiken, Sozialisten und giolittitreuen Liberalen Salandra abwählen und Giolitti als dessen Nachfolger präsentieren. Daran waren die Italiener gewohnt, denn selbst, wenn Giolitti gerade nicht an der Macht war, kursierten Gerüchte, daß er »in ein paar Monaten« zurückkehren werde. In diesem Fall seiner Rückkehr zur Macht wäre eine Politik der Neutralität gesichert gewesen. Die Dramaturgie der Ereignisse verrät einiges über das neue politische Kräftemessen im Land. Bereits am 9. Mai traf Giolitti in Rom ein. Er wollte die noch verbleibenden vierzehn Tage nutzen, um den König und möglichst viele Abgeordnete für seine Position zu gewinnen. Wie gewohnt agierte er ausschließlich in geschlossenen Räumen. Er empfing Besucher in seiner römischen Wohnung und konspirierte in den Hinterzimmern des Parlaments. Giolitti und seine Anhänger waren sich ihrer Sache weitgehend sicher. Doch es sollte anders kommen. Für alle unerwartet, trat die Regierung am 13. Mai zurück. Die Interventionisten mobilisierten in den Straßen Italiens für die »politica nazionale« Salandras. Die Lage glich immer mehr einem Bürgerkrieg, und Giolitti lehnte die Regierungsübernahme ab. Der König forderte Salandra auf, im Amt zu bleiben, und daraufhin brach der Widerstand der Neutralisten zusammen. Giolitti reiste zurück ins heimatliche Cavour mit dem Gefühl, das Land einem gewissen Schicksal zu überlassen. Am 20. und 21. Mai gewährten Senat und Kammer die von Salandra geforderten Vollmachten für den Kriegsfall. Am Tag darauf erklärte Italien Österreich-Ungarn den Krieg.

Die Haltung der Sozialisten zum Krieg war beispielhaft für den geschwächten Zustand der Partei. Sie konnten nicht mithalten mit der neuen Rhetorik, die die Tat, die Schnelligkeit und den Angriff pries. Die Sozialistin Oda Olberg kritisierte den engbrüstigen Rationalismus ihrer italienischen Genossen; sie vertrat die Meinung, sie hätten den Massen, »die nach etwas Heroischem hungern, wie alle Jugend, wie jeder Überschwang, nichts zu geben gewußt als eine lederne und pedantische Ablehnung des Krieges, die natürlich nichts ablehnte, denn der Krieg war da«.[91] Zu lange hatten sie zusammen mit den Liberalen zwar mit Geschick, doch ohne Glanz das Land regiert. Turati seinerseits hielt den Interventionisten vor, daß der Krieg bereits vor Italiens Beitritt seine Spuren im politischen Leben des Landes hinterlassen habe, da das Ansehen und die Würde des Parlaments nachhaltig beschädigt worden seien. Turati wußte, daß mit der Entscheidung für Salandra der historische Kompromiß, den er mit Giolitti eingegangen war, zu Grabe getragen wurde. Die Beschädigung der demokratischen Einrichtungen war die Strategie von Turatis einstigem Genossen Mussolini. Als Sozialist hatte er die Reformer in der Partei gerne als »Emigranten der Bourgeoisie« bezeichnet und sie der Klassenkollaboration bezichtigt. Der Ort, an dem täglich die Revolution verraten wurde, war für Mussolini das Parlament, und folgerichtig galt es dieses zu schwächen. Das Votum für den Kriegseintritt verbuchte er als ganz persönlichen Erfolg für sich. Diesen Erfolg galt es nun auszubauen.

Nachdem er sich des unangenehmen Ballasts der Parteiprinzipien entledigt hatte, war Mussolini beweglich geworden. Vor dem Libyenkrieg hatte

130

er einen großen Teil seiner journalistischen Arbeit dem Kampf gegen Imperialismus und Militarismus gewidmet. Ihm war klar gewesen, daß er nur dann in der Partei aufsteigen konnte, wenn er eine strikte Antikriegsposition vertrat. Sein Plan war aufgegangen, und zum Zeitpunkt des Ausbruchs des Ersten Weltkriegs befand er sich eigentlich am Ziel seiner Wünsche. Es war ihm gelungen, von einem schlecht ausgebildeten Lehrer und fahnenflüchtigen Vagabunden zu einer einflußreichen Figur in der Sozialistischen Partei Italiens zu werden. Mussolini hatte die Partei von innen heraus erobert und war nur sporadisch an Straßenkämpfen oder Streiks beteiligt gewesen. Auch wenn er es verstand, sich an anderes Image zu geben, so darf man nicht vergessen, daß er als ein hervorragender Mann der Partei galt und es sein erklärtes Ziel war, innerhalb der institutionalisierten revolutionären Bewegung etwas zu werden. Nachdem er dies nun erreicht hatte, setzte er seine Karriere aufs Spiel. Was brachte den ehrgeizigen Mann dazu, dies zu tun?

Die Situation im Herbst 1914 unterschied sich von der im Frühjahr 1911 grundlegend dadurch, daß Mussolini nicht mehr auf die revolutionäre Kraft der Partei und des Proletariats vertraute. Spätestens das klägliche Ende der settimana rossa hatte ihm vor Augen geführt, daß es neuer Anreize und neuer Akteure bedurfte, um an die Macht zu kommen. Er hätte sich allerdings auch eingestehen müssen, daß er es an der Spitze der Partei nicht vermocht hatte, die revolutionären Leidenschaften zu wecken. Da er aber nicht an seinen Führungsqualitäten zweifelte, konnte das nur bedeuten, daß er eine andere Gefolgschaft brauchte. Die Situation 1914 bot ihm die Möglichkeit, nicht nur Giolitti und Turati endgültig aufs Altenteil zu verbannen, sondern die Partei auf neue Ziele einzuschwören und das Vokabular zu ändern. Der von ihm auserwählte Akteur war die Nation und das nächste Ziel der Krieg, ohne den die Revolution nicht zu haben war. Mussolini war der Überzeugung, im Krieg ein Mittel gefunden zu haben, um das Proletariat und die Massen aus der geistigen Öde herauszureißen. Der Krieg verschärft die gesellschaftliche und wirtschaftliche Not und sorgt für die Bewaffnung des Volkes. Mussolini vertrat die Meinung, daß der Krieg zwischen den Staaten den Krieg zwischen den Klassen vorantreiben werde, und führte aus, daß Klassen durch Interessen zusammengehalten werden, die Nation dagegen über eine gemeinsame Geschichte, Traditionen, Sprache, Kultur und Rasse verfüge. Seine alte Gegnerschaft zum Patriotismus wurde von ihm als beendet erklärt. Er warf den Genossen vor, den Internationalismus vor den Nationalismus gestellt zu haben. Der Internationalismus war inhaltsleer und nichtssagend, während er den Nationalismus als eine historische und dynamische Realität

131

erkannt zu haben glaubte. Erst ein nationales Engagement würde den Italienern internationale Anerkennung und Größe verschaffen, die marxistische Position dagegen führe in die Isolation und war Ausdruck von Schwäche.

Dieser neue Nationalismus war massen- und nicht mehr klassenbezogen. Er beruhte auf sozialer Inklusion und nicht auf Exklusion, war antiliberal, antiparlamentarisch und revolutionär. Mit seinem Artikel vom 18. Oktober brach Mussolini mit der bis dahin verbindlichen Sprachregelung der Sozialisten. Er stellte die absolute Neutralität in Frage und besiegelte damit das Ende seiner Parteikarriere. Anzeichen für seinen Sinneswandel hatte es bereits vor dem Oktober 1914 gegeben. So hatte ihn sein Aufenthalt in Forlì direkt mit dem Problem der »unerlösten« Gebiete konfrontiert und einen tiefen Eindruck bei ihm hinterlassen. Zunächst gestand er seine Faszination für die Energien des Nationalen nur in persönlichen Briefen ein. In den Artikeln, die er ab Ende 1912 veröffentlichte, begann er sukzessive, »proletaria« durch »popolo« zu ersetzen, blieb jedoch den sozialistischen Erklärungsmustern noch treu. Deutlichster Ausdruck seines Abrückens von der orthodoxen Lehre war schließlich die Gründung der Zeitschrift *Utopia* zusammen mit Margherita Sarfatti. Bis zum Sommer 1914 verlief die Zusammenarbeit der beiden überraschend unspektakulär. Dann kam im Herbst der Rücktritt Mussolinis als Chefredakteur und sein Ausschluß aus der Partei. In diesen turbulenten Wochen hatten sie kaum Kontakt miteinander, Margherita wollte abwarten, was geschah, und Mussolini hatte vom Warten genug und wollte handeln. Mit dem Erscheinen der ersten Nummer von *Il Popolo d'Italia* wurde *Utopia* eingestellt.[92] Mussolini stand nun vor einer Tageszeitung vor, in der er ungehindert seine Meinung vertreten konnte. Damit war *Utopia* überflüssig geworden. Der Bruch Mussolinis mit der Partei brachte Margherita Sarfatti in eine denkbar unangenehme Situation. Ihre gemeinsame Arbeit war beendet, und ihre Affäre lag auf Eis. Die Welt der Sozialistischen Partei war klein, und natürlich tratschten alle über die vertraute Beziehung, die das Ehepaar Sarfatti bisher mit Mussolini unterhalten hatte. Gespannt wartete man, ob Mussolini im Salon der Sarfatti auftauchen würde. Er ließ sich nicht mehr dort blicken. Margherita hatte ihre Autonomie verloren; sie war an ihren Ehemann Cesare gebunden. Sie wußte, daß es zu einer gemeinsamen Entscheidung über ihre politische Zukunft kommen mußte, denn alles andere hätte ihr Ehearrangement unnötig belastet. Außerdem war ihr zu Ohren gekommen, daß Mussolini sich in zahllose Affären gestürzt hatte. Sie war eifersüchtig und beleidigt darüber, daß er seine Gesinnung ohne

Rücksprache mit ihr geändert hatte. Mussolini war nicht der Mann, der eine Frau darum bat, ihm zu folgen, er erwartete dies.

Nach seinem Parteiausschluß war ihm der Stift in der Hand und der Revolver in der Tasche geblieben, und so verhielt er sich auch. In seinen Artikeln mußte er sich nicht länger Zurückhaltung auferlegen. Er feuerte auf die Kriegsgegner und traf gezielt seine ehemaligen Genossen. Dabei agierte er von zwei strategischen Punkten aus: nämlich von der Redaktion und von der Straße. Ganz im Gegensatz zu Giolitti mischte er sich gelegentlich unters Volk, sammelte Stimmungen und verarbeitete diese später in Artikeln und Aktionen. Die »Antikriegspropaganda« der Sozialisten bezeichnete er als Ausdruck purer Feigheit. Es sei auf einer persönlichen Ebene verständlich, daß man Leben bewahren wolle und gegen den Krieg sei, doch auf der übergeordneten politischen Ebene sei eine solche Einstellung schlicht antirevolutionär. Wie Jesus die Kinder aufgefordert hatte, sich um ihn zu scharen, so fordert Mussolini die Jugend des Landes auf, sich ihm anzuschließen. »Ihr jungen Männer in den Werkstätten und in den Hochschulen, ihr Jünglinge an Jahren und Geist, ihr, die ihr einer Generation angehört, der das Geschick die Aufgabe stellte, Geschichte zu ›machen‹ – ich grüße euch. Ich rufe euch mit einem Wort, das ich zu normalen Zeiten niemals ausgesprochen hätte, das ich heute mit klarer Stimme, unverschleiert, mit schierem Glauben ausspreche, ein schreckliches und faszinierendes Wort zu: Krieg!« An die Jungen, die Dynamischen und die Kampfbereiten wandte er sich in einer Sprache, die vom Ballast der Abstraktion befreit und mit Pathos beladen war. Er konnte vulgär sein, so wenn er die Neutralität als eine Geisteshaltung der Kastrierten bezeichnete, oder aber drohend, wenn er dem König erklärte, im Falle einer Kriegsverweigerung werde er seine Krone verlieren. Doch zugleich verstand er zu schmeicheln und zu umwerben, wenn er den Kriegsbereiten heldenhaften Ruhm versprach und den Italienern versicherte, sie würden als Großmacht aus diesem Krieg hervorgehen. Mussolini, der selbst noch nicht so genau wußte, was er außer Macht eigentlich wollte, boten diese chaotischen Vorkriegsjahre einen größtmöglichen Spiel- und Aktionsraum. Mussolinis anderer Ort der Mobilmachung war die Redaktion. Die Zeitung bezeichnete er rückblickend als seine Waffe, seine Fahne und seine Seele. Auf viele Unentschlossene, Gelangweilte und nationalistisch Gesinnte wirkte sein Stil unwiderstehlich. Er triefte vor Leidenschaft und wimmelte vor angeblichen Tatsachen, so daß der Schritt zur Tat zwingend schien. Mussolini machte mobil für den Einsatz der Gewalt auf den Straßen Italiens. Es war seine Überzeugung, daß ohne Gewalt kein historischer Wandel möglich sei.

133

Mussolinis Erfolg als Politiker ist von seinem Geschick als Journalist nicht zu trennen. In *Il Popolo d'Italia* beschleunigte er die Sprache und erwies sich damit auf der Höhe der Zeit.[93] Italien geriet in eine bürgerkriegsähnliche Stimmung: »Freiheit oder Tod«-Rufe hallten in den Straßen wider und waren durchaus ernst gemeint. Matthias Erzberger, der deutsche Unterhändler beim Vatikan, schrieb, Rom befinde sich fest im Griff von Terror und Revolution. Allein die Aktion versprach politischen Fortbestand. Es mußte etwas geschehen, an dem man teilnehmen oder aber über das man in der Zeitung lesen konnte. Mussolini wußte um das schwierige Verhältnis, das speziell Turati zur Gewalt unterhielt. All das, was sich die Sozialisten in der politischen Auseinandersetzung untersagten, machte sich Mussolini zu eigen. Seinen noch wenigen, aber dafür sehr entschlossenen Anhängern vermittelte er das Gefühl, daß das Leben nicht länger zäh und träge dahinfloß, sondern schäumte und brandete. Während überall im Land bereits Krieg gespielt wurde, mühten sich die Sozialisten vergeblich damit ab, einen Streik zu organisieren. Mussolini verhöhnte Giolitti und Turati als Anti-Helden und Schwächlinge, sie waren in seinen Augen nichts anderes als Handlanger der Deutschen. Auf einmal gab es wieder zwei Italien. Es war dies das Italien Giolittis, bürokratisch perfekt, parlamentarisch erfolgreich und entsetzlich langweilig. Die jungen Leute hatten genug von den Entzauberungskünsten des Positivismus. Lauthals beschworen sie die Mächte des Unbewußten. Das andere Italien wurde salbungsvoll als »patria nuova« bezeichnet. »Il popolo vero« harrte sehnsuchtsvoll der wahren Einigung des Landes. Giolitti hatte die Politik neutralisieren wollen, und nun geschah das gerade Gegenteil, sie wurde emotionalisiert. Der Nationalismus und die Gewalt machten die Politik zu einem Feld, das Abenteuer versprach. Giolitti hatte die Mehrheit des Parlaments hinter und die Mehrheit des Landes gegen sich, behaupteten seine Gegner. Mussolini dagegen wollte sich als Vertreter des wahren Italien profilieren. Auch wenn er damit zunächst nur bei einer Minderheit Erfolg verbuchen konnte, war der Anfang für seine zweite politische Karriere gemacht.

Margherita und Cesare Sarfatti konnten sich nicht entscheiden. Die Methoden Mussolinis lehnten sie ab, aber seine politische Leidenschaft faszinierte sie. Cesare, der Mussolini bereits mehrmals verteidigt hatte, war 1915 in der Kommission, die sich mit dem Startkapital von *Il Popolo d'Italia* beschäftigte. Er half ihm, von der Anklage, es sei dabei um französisches Gold gegangen, freizukommen. Im Windschatten ihres Mannes konnte auch Margherita ihre Neugierde befriedigen. Sie stattete der Redaktion des *Il Popolo d'Italia* einen Besuch ab.

Die Redaktion befand sich in zwei elenden Löchern im zweiten Stock eines bescheidenen Hauses in einer grauen, engen Straße im alten Mailand. Der Chef war ausgegangen, und von einem seiner Mitarbeiter ließ sie sich sein Büro zeigen. Auf dem Schreibtisch stand das Telefon, und normalerweise lag daneben der Revolver, wie der Adlatus stolz berichtete. Die beherrschende Farbe des Raumes war Schwarz. Margherita, die ein Gefühl für Bilder hatte, begriff sofort: das war die Höhle, von der aus der gefährliche und einsame Mann seine Angriffe plante. Sie befand sich im logistischen und emotionalen Zentrum der zukünftigen Revolution. Nachdenklich kehrte sie an den Corso Venezia zurück. Sie beschloß, Mailand für eine Zeit den Rücken zu kehren. Am nächsten Morgen verließ sie die Stadt Richtung Paris.

Seit ihrer Hochzeitsreise war es zu einem Muster ihres Lebens geworden: immer, wenn sie sich in einer unangenehmen Situation befand oder nachdenken mußte, floh sie förmlich nach Paris. Es gefiel ihr, dort nur diejenigen Leute zu treffen, die sie auch sehen wollte, und sie genoß die Atmosphäre in der Weltstadt großen Stils, die ein kosmopolitisches Zentrum Europas war. Dieses Mal war sie auch deshalb nach Paris gekommen, um sich einen persönlichen Eindruck vom Krieg zu verschaffen. Margherita Sarfatti interessierte sich speziell für das Engagement von Frauen. Zwei Monate tourte sie durch die Lande und interviewte alle möglichen freiwilligen Helferinnen. Die Sanitätsdienste des Militärs waren durch den enormen Zustrom von ehrenamtlichen Helferinnen überlastet, und so stellte man Tausenden von Verwundeten überlastet. Ihre Freundin, die Schriftstellerin Colette, hatte ihr viel von ihrer Arbeit im Lazarett berichtet. »Im Schlaf entringt sich ihnen dann das Stöhnen, das sie am Tag aus Stolz zurückhielten ... der mit dem zerschmetterten Kiefer – ein Auge hat er auch verloren. (...) Und der mit dem Verband um den Hals – ist das sein Todesröcheln? (...) Seit gestern abend haben sie, von Fieber, Durst und unerträglichen Schmerzen gepeinigt, kaum Ruhe gefunden. Immer wieder baten sie um ein Glas Tee, um Grog, heiße Milch, eine Spritze, ja vor allem eine Spritze.«[94] Margherita Sarfatti beobachtete und begleitete die Helferinnen bei ihrer schweren Arbeit und war beeindruckt vom Mut und Durchhaltevermögen der Frauen, die sie als eine weibliche Armee bezeichnete, die im Schatten des Lebens, während die Männer der Armee des Todes angehörten. Das Land war aufgeteilt in zwei Reiche, wie Henri Barbusse sagte. Es gab das Reich da vorn, die Front, wo es den meisten schlechtging, und es gab das Reich zu Hause, wo es den meisten zu gut ging. Sarfatti war begeistert von denjenigen Frauen, die sich dazu entschlossen hatten, an die Front zu gehen. Sie besuchte in Militärhospitälern umgewandelte Schlösser und war schockiert über die schweren Verwundungen der jungen Soldaten. Ihre wahren Heldinnen, das waren die Krankenschwestern, die direkt hinter der Front wirkten. Die Bilder begannen sie zu verfolgen. Sie träumte von dem jungen Mann, dem die Hälfte seines Gesichts weggeschossen worden war und dem es trotzdem gelang zu lachen. Sie hatte den süßlichen Geruch der schmutzigen Wäsche und der ungewaschenen Wunden in der Nase. Das war keine Fiktion; Margherita Sarfatti hatte in Frankreich die Wirklichkeit des Krieges erfahren.

All diesen Erlebnissen zum Trotz vergaß sie das Vergnügen nicht. Wie immer bummelte sie durch die Pariser Galerien, traf sich mit Freunden zum Essen und besuchte Ateliers. Darunter auch das Gino Severinis, der gerade Vater geworden war und dringend Geld brauchte. Als sie ihm ihren Besuch angekündigt hatte, glaubte er, sie wolle ein Bild kaufen. Sarfatti rauschte zur verabredeten Zeit in das Atelier, wo er mit Frau und Kind lebte, begutachtete und lobte die Bilder wie auch das Baby, richtete Grüße von Boccioni aus und verschwand wieder. Gekauft hatte sie nichts.

Nach Mailand zurückgekehrt, fand sie Cesare unter Beschuß. Er hatte sich bisher weder für noch gegen Mussolini ausgesprochen. Margherita mußte zu ihrem Entsetzen feststellen, daß sie mit ihrem Mann zur Zielscheibe des Spotts geworden waren. So erschien in *Il Popolo d'Italia*[95] ein Artikel, in dem man sich über den guten »Cesarino« und seine Ehefrau lustig machte. Mussolini streute Salz in die Wunden seiner untreuen Freunde. »Das Ehepaar Sarfatti hat ein ernsthaftes Problem: es stellt sich nämlich abwechselnd die Frage: Sind wir nun Neutralisten oder nicht? Sind wir Interventionisten oder nicht? Keiner von beiden will in den Apfel der Wahrheit beißen; Adam und Eva Sarfatti schauen sich melancholisch ins Gesicht und zucken mit den Achseln.« Man lachte über diese hinterhältige Darstellung des stadtbekannten Ehepaars; Margherita und ihr Mann zogen sich daraufhin noch mehr aus der Öffentlichkeit zurück. Cesare schließlich zerschlug den Knoten, indem er sich in einem im *Avanti!* abgedruckten Brief zum Kriegseintritt bekannte. Er schrieb darin, daß er keine andere Möglichkeit zur Aufrechterhaltung der Ehre und des Wohlergehens des italienischen Proletariats sehe außer den Krieg. Am nächsten Tag war dieser Brief unter der fettgedruckten Überschrift »L'avv. Cesare Sarfatti è per la guerra«[96] im *Il Popolo d'Italia* zu lesen. Mussolini triumphierte. Nun war die Reihe an Margherita.

Mussolinis Triebfeder seiner Entscheidung für den Krieg war sein unbedingter Wille, Italien zu verändern und bei dieser Veränderung eine maßgebliche Rolle zu spielen. Ihn plagten keine persönlichen, keine politi-

Mario Sironi: *Margherita Sarfatti* (um 1916/17)

schen und auch keine intellektuellen Skrupel. In seinen Artikeln und Reden bog er sich die Theorie so zurecht, daß sie zu seiner politischen Praxis paßte. Margherita wußte dagegen von vorneherein, daß sie auch in Zukunft bestenfalls eine nachgeordnete Position würde einnehmen können. Als Frau war für sie die »Alles oder nichts«-Strategie Mussolinis sinnlos, denn das »Alles« war immer noch nicht viel. Sie mußte äußerst vorsichtig vorgehen, um das bisher Erreichte nicht zu gefährden. Unter dem Druck der äußeren politischen und der daraus resultierenden innerfamiliären Verhältnisse begann sie ihre Position zu ändern. Dabei war sie darum bemüht, diese Änderung öffentlich zu dokumentieren und den Eindruck zu erwecken, sie handele unabhängig von ihrem Ehemann.

Im November 1914 war ihr letzter Artikel in *Avanti!* erschienen. Er trug den Titel »Proletario e Patria«[97] und enthielt ihr verdecktes Bekenntnis zur Nation. Nach wie vor hält sie am Sozialismus als ihrem Ideal fest, sie lobt die internationale Bruderschaft ihrer Genossen und betont deren herausragende Stellung in der politischen Landschaft Italiens. Selbst wenn das Proletariat nicht an der Hochkultur partizipiert, ist diese deshalb noch lange nicht überflüssig. Ganz im Gegenteil, Kultur ist vitaler Ausdruck der Gemeinschaft, und tritt für deren bedingungslose Verteidigung ein. Benito Mussolini, der gespannt auf eine Reaktion Margheritas gewartet hatte, begriff diesen Text als Ablehnung seiner Person, denn er forderte von seinen Mitstreitern bedingungslose Gefolgschaft und Treue. In Margheritas Artikel hatte er diese Tugenden nicht gefunden, und darum gab es für ihn erst recht keinen Grund mehr, ihren Salon zu besuchen oder Kontakt zu ihr aufzunehmen.

Am 2. April 1915 war in *Il Popolo d'Italia* zu lesen, daß Margherita Sarfatti das Verdienst zukomme, bei einer öffentlichen Veranstaltung das Publikum mit ihren Ausführungen zu Tränen gerührt zu haben. Allerdings - so der kleine Seitenhieb – habe man von der Rednerin eine differenziertere Vorgehensweise erwartet. Sarfatti hatte über »La donna e la guerra« gesprochen und auf pathetische Weise ihre französischen Erfahrungen kundgetan. Sie berichtete über die Grausamkeiten der Deutschen, die die Französinnen demütigten und vergewaltigten. Die Krankenschwestern, die Pflegerinnen, die Gräfinnen, die für die Verwundeten ihre Schlösser räumten, sie alle kamen vor. Sarfattis Mailänder Rede war eine Lektion in angewandtem Patriotismus. Sie hatte ihre indirekte Stellungnahme zur Notwendigkeit nationaler Verteidigung geschickt unter dem Mantel des Feminismus versteckt und sich damit unangreifbar gemacht. Der pathetische Ton, in dem sie ihr Anliegen vortrug, war nicht an Mussolini geschult. Sie hatte sich den anderen starken Mann Italiens zum Vorbild genommen, den Dichter Gabriele D'Annunzio.

Der hatte sein Debut in der Politik 1897 als »Kandidat der Schönheit« gegeben. Seinen Wahlkampf um einen Sitz im römischen Parlament hatte er in der ihm eigenen Mischung aus Pathos und Kalkül geführt. So etwa verfaßte er den Brief, in dem ihm die Kandidatur angetragen wurde, selbst oder ließ sich von anderen ihm wohlgesinnte Artikel schreiben, die in den großen Tageszeitungen erschienen. Seine Wahlplakate waren in leuchtenden Farben gedruckt, und in seinem Geburtsort Pescara hielt er die berühmt gewordene Rede »Die Hecke« (Discorso della siepe), die auch in den Buchhandlungen auslag. »Die Hecke«, das war das poetische Symbol für das Recht der Bauern auf Privatbesitz, welcher von den Sozialisten in Frage gestellt wurde. Der Dichter nahm sich der von der Politik Vernachlässigten an und wurde gewählt. Erwartungsgemäß entsprach die parlamentarische Arbeit nicht seinen Neigungen, und er ließ sich nur selten im Sitzungssaal blicken. Allerdings inszenierte er 1900 mit viel Gespür für den Zeitgeist seinen Wechsel von den Bänken der Rechten zu denen der Linken. »Als Intellektueller gehe ich zum Leben«, lautete sein vielzitierter Kommentar. Die Abgeordneten der Rechten beschrieb er als müde, alt und ohne Kraft. D'Annunzio erstrebt statt der Trägheit die rebellische Leidenschaft, die revolutionäre Kraft der radikalen Linken.«[98] In Florenz trat er gar als Kandidat der Sozialisten an, und im *Avanti!* wurde sein Wechsel zur Linken positiv kommentiert. Das hinderte ihn jedoch nicht, in einem Interview zu erklären, daß er das politische Leben Italiens abscheulich finde. Aus seiner Verachtung für die Liberalen wie auch für die Sozialisten machte er keinen Hehl, und er prophezeite, »enes Tages« werde er seine Beute auf den Straßen Italiens finden. Vierzehn Jahre später trat er als einer der Hauptredner für den Krieg auf, und seine Beute war reichlich.

»Er hat dem Leben gegenüber die Gebärde der wenigen«, schrieb Hugo von Hofmannsthal 1894 über den dreißigjährigen D'Annunzio. Obwohl er in dem verschlafenen Fischerstädchen Pescara zur Welt gekommen war, gelang es ihm mühelos, sich als Träger des lateinischen Geistes zu präsentieren. Mit Zwanzig war er nach Rom gekommen und Kult geworden. Man schwärmte von dem zarten Jüngling mit dem dunklen Lockenkopf und den sanften Augen, der so höflich und bescheiden auftrat. Das »Roma bizantina«, wie die Stadt in diesen Jahren bezeichnet wurde, war der richtige Auftrittsort für das Genie aus der Provinz. Der Papst hatte sich in den Vatikan zurückgezogen und die Stadt den weltlichen Mächten überlassen. Die neue Hauptstadt erlebte einen raschen Bevölkerungszuwachs und geriet in eine Art Goldgräberstimmung. Gleichzeitig drückte die vergangene Größe und erschwerte das Entstehen einer neuen republikanischen Kultur. Der Kompromiß bestand darin, sich in die Dekoration zu flüchten. So träumte man in Räumen, die vollgestopft waren mit Tierfellen, Paravents, Palmen und schwülstigen Gemälden vom klassischen Rom und imperialer Größe. D'Annunzio hat das Geheimnis Roms zu seinem Geheimnis gemacht: die Stadt war übersichtlich, doch gewaltig, überschwenglich und doch faßbar, weil sie sich unablässig mit sich selbst mischte. Auch er wird in immer neuen Maskeraden überraschen, wobei er die vorangegangene Verkleidung mit der zukünftigen zu vermischen verstand.

Der romantische Jüngling war zugleich ein begabter Journalist und cleverer Geschäftsmann. Er lernte viel von seinem Verleger Angelo Sommaruga, der mit ungewöhnlichen Verkaufsmethoden den italienischen Buch- und Zeitschriftenmarkt durcheinanderbrachte. Sommaruga setzte auf eine aggressive Reklame für seine Produkte und führte Rubriken wie Mode, Neues aus der mondänen Welt oder galante Geschichten ein. Außerdem hatte er begriffen, daß Skandale sich verkaufsfördernd auswirken. Sommaruga wandte sich mit seinen Produkten an die Gesellschaft des vereinten Italien und simulierte damit einen sozialen Verband, der noch gar nicht existierte. Gabriele D'Annunzio stand ihm dabei hilfreich als eine Art Gesellschaftsjournalist zur Seite. Er verfaßte Kolumnen zu alltäglichen Themen und schrieb kenntnisreich und stilvoll über Bälle in alten Palazzi, die neueste Sommermode, die in den Passagen auslag, das Geheimnis der schönen Frauen in kalten Winternächten oder die Saison am Meer. Mit viel Geschick und viel Geschmack wandelte sich der zarte Romantiker aus den Abruzzen zum galanten, kosmopolitischen Weltmann, der schließlich eine Frau aus dem römischen Hochadel zum Altar führte. Zur Aufrechterhaltung des dekorativen Scheins brauchte der Bürgersohn viel Geld, seine Schulden waren so notorisch wie seine Frauengeschichten und begleiteten ihn ein Leben lang. Dabei war er ein unermüdlicher und harter Arbeiter am eigenen Mythos. »Das Merkwürdige an seinem Leben ist das durchgehende Nebeneinander von unbedenklichem Genuß, luxuriöser Modernität und unausgesetzter künstlerischer Arbeit.«[99] D'Annunzio mußte und konnte auf Bestellung am Meter schreiben, wenn es gewünscht war auch auf altfranzösisch. Er war in der Lage, flexibel auf die Erfordernisse des Marktes zu reagieren, und vermochte es dennoch, wie ein Künstler zu wirken, der von seinem Dämon getrieben wurde. Sein Leben und sein Werk stimmten er sehr genau aufeinander ab, er importierte die neuesten Moden und sorgte durch seine Liebschaften und Ausschweifungen dafür, daß er im Gespräch blieb.

D'Annunzio sprengte das Kartell aus Literatur und Sozialwissenschaft. Er polemisierte gegen Demokratie und gegen Positivismus gleichermaßen. Er wollte nicht verstehen, sondern blenden und berauschen. Die Leidenschaft, die von seinen Figuren Besitz ergreift, ist nicht erklärbar, sondern abgründig und sinnlos. Damit brachte er ein Gefühl zum Ausdruck, das sich in ganz Europa auszubreiten begann: die Verachtung für die bürgerlichen Freiheiten und für die Ergebnisse der positivistischen Wissenschaft. Er zeigte, daß die Nachtseite von Vernunft und Aufklärung Dekadenz und Ausschweifung war. Sein großes Zauberwort lautete »Ich«.[100] Der 1899 erschienene Roman *Il Piacere* (Die Lust) schildert eine Art nervös-narzißtisches Selbstexperiment. Der Held Andrea Sperelli ist dem Leben nicht durch Arbeit verbunden, sondern durch Reize ausgeliefert. Er macht sich »zum nervösen Beobachter seiner selbst, wie er sich immer rasanteren Sensationen aussetzt und die Multiplizität seines Ich in der Abfolge von Schmerz- und Lusterfahrungen materialisiert«.[101] Erotischer Genuß gehört ebenso zum lebensweltlichen Kunstwerk wie die Betonung der schönen Dinge, mit denen der Held sich umgibt. Man kann gar behaupten, daß er für die Schönheit der Dinge verfallen war. Der Dichter eignete sich die Laster und Tugenden seiner Phantasiegestalten an und verlieh ihnen umgekehrt seine Züge. Gabriele D'Annunzio sah sich als Vertreter einer Elite, welche die Träume der Masse kommunizieren kann. Was nämlich den italienischen Nationalgedanken von Anfang an auszeichnet, ist die Verbindung mit der Literatur. Die italienischen Dichter galten als Führer der nationalen Bewegung, und Dichtung wurde als eine Art politisches Erziehungsmittel angesehen und hoch geachtet. Diese Tradition reicht von Dante und Petrarca über Carducci bis hin zu D'Annunzio und Marinetti. D'Annunzio wandelte auf Mazzinis Spuren, wenn er sich zum Propheten und Seher der Nation berufen fühlte. Der Dichter glaubte, daß es ihm vorbehalten sei, eine neue Politik ins Leben zu rufen und Schönheit in das Leben der einfachen Menschen zu bringen. D'Annunzio war einer der ganz wenigen Künstler der Jahrhundertwende, der politisch wurde und dadurch zum Ausdruck brachte, daß er an die Zukunft glaubte.[102]

Nationale Identität ist immer auch auf kulturelle Identität angewiesen. Gabriele D'Annunzio mit seinem ausgeprägten Gespür für die Moden und für die Worte inszenierte sich als Vertreter einer nationalen Politik. Der Dichter hatte für alle was zu bieten: die von ihm verachtete Masse umwarb er als Trägerin nationaler Energien, den Intellektuellen verkaufte er sich als kosmopolitischer Künstler, und er befriedigte den Selbsthaß der Bürger, indem er sich als Aristokrat über sie stellte. Carl E. Schorske hat geschrieben, daß das Versagen beim Erringen des Monopols der Macht dem Bürger etwas von einem Außenseiter gegeben habe. Zu seiner Vervollständigung drängte es den Bürger danach, sich mit dem degradierten Adel zu verbinden. D'Annunzio kannte die bürgerlichen Nöte und Wünsche sehr gut. Er vertrieb den Bürgerinnen die Langeweile mit seinen anzüglichen Romanen und vielen Affären und wurde für deren Männer zu einer Art Identifikationsfigur mit seiner dandyhaften Eleganz und lateinischen Arroganz. D'Annunzio machte sich zum Vorbild einer jungen Nation, die den Anschluß an Europa suchte und alles Provinzielle vergessen machen wollte. Er war von Pariser Eleganz und italienischem Geist. Alberto Savinio hat berichtet, daß ganze Buchhandlungen, die mit dem neuesten Buch D'Annunzios vollgestellt waren, binnen dreißig Minuten ausverkauft waren. Die bürgerlichen und auch aristokratischen Leser fanden in seinen Romanen den Abglanz ihrer eigenen Sehnsüchte und eine Vorstellung davon, wie sie eigentlich gerne sein wollten. »Zu keiner anderen Zeit als zur Zeit D'Annunzios fand der Mensch sein Ideal in der Literatur. Jedes neue Buch des ›Göttlichen‹ wurde zu einem ›persönlichen‹ Ereignis im Leben der Zentauren und ihrer Gefährten. Das Leben richtete sich nach dem neuesten Buch D'Annunzios. Wenn Verdi mit D'Annunzios eigenen Worten für alle weinte und liebte, so ›lebte und liebte‹ D'Annunzio seinerseits ›für alle Italiener‹.«[103]

Der Krieg brachte den Dichter nach Italien zurück. 1910 hatte er das Land verlassen müssen, denn er wußte nicht, wie er seine hohen Schulden bezahlen sollte. Er fand Zuflucht in Frankreich, wo er fünf Jahre lang ausgesucht ausschweifend lebte. André Gide hat eine Begegnung mit ihm in seinem Tagebuch festgehalten: »D'Annunzio, verkniffener, geizigerer, verkrampfter denn je, trockener, aber auch sprühender denn je. Das Auge ist ohne Güte, ohne Zärtlichkeit; die Stimme mehr einschmeichelnd als wirklich liebkosend; der Mund weniger genießerisch als grausam; die Stirn recht schön. Nichts an ihm, wo die Begabung dem Genie wiche. Weniger Wille als Berechnung; wenig Leidenschaft, oder eine kalte.«[104] Wie Margherita Sarfatti war auch D'Annunzio ein aktiver Beobachter des französischen Kriegsgeschehens. Er hatte um die Erlaubnis ersucht, die französische Schlachtfelder an der Front besuchen zu dürfen, um von dort aus für französische Tageszeitungen zu berichten. Ihm zur Seite stand seine damalige Geliebte, die Malerin Romaine Brooks, die Kriegszeichnungen für italienische Zeitungen anfertigte. Kurzzeitig hatte der Dichter sein luxuriöses Leben in aufwendigem Dekor verlassen, um sein

Auge an der Zerstörung zu schulen. In seinen Notizbüchern berichtete er in einfachen Worten über das Warten auf die Verletzten in den Pariser Bahnhofshallen, über die Agonie und die Schwermut einer Großstadt im Krieg, über die grausamen Folgen von Bombenangriffen und über die umherirrenden, orientierungslosen Massen. Unter dem Eindruck des Krieges in seinem Gastland Frankreich zieht es ihn zurück in die Heimat. Er will die Italiener zum Kriegsopfer aufrufen und als einer der ersten dabeisein.

Die Stadt Genua lud D'Annunzio zur Einweihung eines Denkmals für die Garibaldiner ein. Diese waren 1860 von der Stadt Quarto aus nach Süden gezogen, um von Sizilien aus die Einheit des Landes zu erkämpfen. Am 5. Mai hielt D'Annunzio in Quarto eine lange Rede, in der er für den Kriegseintritt warb und die Wiedergeburt der Nation aus einem kriegerisch-imperialen Geist beschwor. Sein Thema war nicht die Vergangenheit, sondern die Zukunft. Der Dichter genoß die Verehrung, die er in seinem Heimatland erfuhr, und machte sich auf nach Rom. Dort erwartete ihn bereits auf dem Bahnhof eine große Menschenmenge, die ihn begeistert feierte. Vom Balkon seines Hotels aus hielt er Reden und rief das Volk zu den Waffen. D'Annunzio, der Wortkünstler, setzte religiöse Metaphern politisch ein. Er entnahm sie wahlweise dem christlichen oder dem antiken Zusammenhang und entwickelte eine Form politisch-religiöser Rhetorik, die Eingang in die Alltagssprache fand und ein neues nationales Gefühl provozierte. Sein Vorgehen folgte einem Collageprinzip. Er rief heilige Plätze aus, appellierte an den römischen Stolz und bemühte sich um die Wiederbelebung zivilreligiöser Mythen aus dem Risorgimento. In seinen Reden verband er die patriotisch-nationale Tradition der Italiener mit dem verfeinerten Stil der europäischen Dekadenz. Der Dichter wollte die Italiener zum Krieg verleiten. Das vaterländische Gefühl, von dem D'Annunzio sprach, richtete sich gegen die Vernunft. Er meinte damit eine Art Leidenschaft, die von einem Besitz ergreift und zur kriegerischen Tat zwingt. Das nationale Gefühl duldete wie die große Liebe keinen Kompromiß. Das Lärmende, Bizarre, Aufgeregte und Unzusammenhängende drängte sich mit dem Auftreten D'Annunzios nach vorne. »Sein« Krieg hatte etwas mit Unterhaltung und Lebensfreude zu tun, das Leben versprach lebenswerter und erfüllter zu werden dadurch. Im Vorkriegsitalien erfüllt sich kurzzeitig D'Annunzios Traum: Der Dichter predigt dem Volk. Die Vision und Phantasie des Dichters verschmolzen mit den Energien der Gläubigen; sein Ruf an die Waffen klang nach Mazzini, Marx und altem Rom.

Venedig verbindet Gabriele D'Annunzio mit Margherita Sarfatti. Für den Dichter aus Pescara waren Orte ein Leben lang eine Art »Energie-Erreger« (Ernst Robert Curtius). 1887 besuchte er Venedig das erste Mal. Benommen von der Schönheit der Stadt, behält der damals Vierundzwanzigjährige von diesem ersten Besuch seine lebenslange Begeisterung für die Marine. 1908 erscheint *La nave*, sein Theaterstück über die Entstehung von Venedig und gleichzeitig ein Plädoyer dafür, daß Venedig wieder zur Seemacht werden solle. 1895 fährt er das zweite Mal nach Venedig, um der Eröffnung der ersten Biennale beizuwohnen. Im Theaterfoyer des »La Fenice« sprach er zum Abschluß der Ausstellung, und diese Rede[105] war ein Triumph. D'Annunzio entdeckt in Venedig seine Begabung für die Masse und die berauschende Wirkung, die dieses Gefühl auf ihn ausübt. 1900 folgt sein definitiver Venedigroman *La fuoca*, der von der Liebe zwischen dem Dichter und der Schauspielerin Eleonora Duse handelt. Doch nicht nur von der Liebe zu einer Frau ist in diesem Roman die Rede, er ist vor allem auch eine Liebeserklärung an die Stadt. »Kennen Sie irgendeinen anderen Ort der Welt, der in gewissen Stunden imstande ist, die menschliche Lebenskraft anzuregen und alle Wünsche bis zum Fieber zu steigern, wie Venedig? Kennen Sie eine gewaltigere Verführerin?«[106] fragt der Held seine alternde Geliebte. Die Stadt ist ihm zeitloses Ideal der Einheit von Leben und Kunst im Bekenntnis zur Macht. D'Annunzio baut um Venedig einen neuen Imaginationsraum auf, der bereits im Titel des Romans enthalten ist. Es geht ihm nicht um sterbende Schönheit, um Untergang und den ästhetischen Genuß daraus, sondern um die Energien des Willens, um die von Affekten vorangetriebene Vitalität, um Glanz und um Licht.

Margherita Sarfatti fand bei D'Annunzio Antworten auf ihre Fragen. Sie erinnerte sich ihres Lehrers Antonio Fradeletto, der sie über den Zusammenhang zwischen der Kunst und der Stärke einer Nation aufgeklärt hatte. Auch John Ruskin fiel ihr ein mit seiner Forderung nach der erzieherischen Funktion von Kunst. Persönlich kennengelernt hatte sie den Dichter durch ihren Mann Cesare, der mit ihm seit langer Zeit befreundet war. D'Annunzio zeigte sich angetan von der jungen Frau mit der exquisiten Bildung. Er vergaß nie, ihr Blumen mitzubringen, und nannte sie »teure Freundin«. Als Venezianerin fühlte sich Sarfatti geschmeichelt durch D'Annunzios Liebe zu ihrer Heimatstadt.

Gabriele D'Annunzio war nicht schön, er war ein »harter, kleiner Soldat«, wie Maurice Barrès bemerkte, doch wenn er sprach, dann ging von ihm eine magnetisierende Kraft aus. Bei D'Annunzio fand Margherita Sarfatti im Überfluß, was sie bei ihren Genossen so schmerzlich vermißte: Begeisterung für große Ziele, Vitalität, Erotik und Liebe zu Kunst und Kultur. Ihr erstes Buch *La milizia femminile in Francia* war ein Lobgesang auf die mutigen Frauen, die ihr Land und ihre Zivilisation gegen die Deutschen verteidigen. »Alle donne d'Italia questo libro è dedicato come un atto di fede« lautete die Widmung des Buches, und in diesem Stil ging es weiter. Das Titelbild war wie eine der Litographien von Toulouse-Lautrec gestaltet. Eine rothaarige Frau, in einem roten, weit ausgeschnittenen Kleid greift einem verletzten Soldaten unter die Arme. Sie kommt aus dem Salon und er vom Feld. Sie stützt ihn, ohne sie würde er fallen. Auf knapp einhundert Seiten glorifizierte Sarfatti den heroischen Kampf der Französinnen, den sie den Italienerinnen zur Nachahmung empfiehlt, falls sie von den barbarischen Deutschen angegriffen würden. Die Attacke auf Kunst und Kultur erfolgte aus Deutschland, wo man Sarfattis Meinung nach nur mit ein paar lächerlichen Jahrhunderten Zivilisation aufwarten konnte. Die Frauen Frankreichs stilisierte sie zu Hüterinnen der Kultur, die durch den Krieg zu Heldinnen wurden.

Am 29. Dezember 1915 trat Margherita Sarfatti in den Krieg ein. Es hatte sich das Gerücht bewahrheitet, daß die britische Krankenschwester Edith Cavell von den Deutschen hingerichtet worden war. Sie war in Belgien von den Deutschen gefangengenommen und der Fluchthilfe angeklagt worden. Edith Cavell hatte ihre Klinik dazu benutzt, englischen Soldaten, die hinter den deutschen Linien gestrandet waren, zur Flucht zu verhelfen. Sie war eine Zivilistin in einem besetzten Land, die sich in militärische Angelegenheiten eingemischt und die Feinde der Besatzer dadurch unterstützt hatte. Der Fall[107] war delikat, denn es ging um die Hinrichtung einer Frau, deren Ehrenhaftigkeit und Mut in ganz Europa Bewunderung fand. Im Verlauf ihres Prozesses war Cavell zur Berühmtheit geworden, und die Zeitungen waren voll mit Geschichten über ihr Leben und ihre Gefangenschaft. Margherita Sarfatti wurde gefragt, ob sie die Trauerrede anläßlich einer Gedenkveranstaltung in Mailand halten wolle. Sie war sofort dazu bereit und sich darüber bewußt, daß sie dieses Mal Farbe bekennen mußte. Am Abend des 29. Dezember 1915 betrat sie den hoffnungslos überfüllten Saal des Konservatoriums. Er war geschmückt mit einem großen Porträt der Ermordeten sowie mit den Fahnen der Alliierten und der des Roten Kreuzes. Sarfatti stand vor einem Publikum, das ihr nur wenig vertraut war. Bisher hatte sie vor Sozialisten und Feministinnen gesprochen, doch dieses Mal sah sie Offiziere, Diplomaten, konservative und liberale Politiker sowie nationalistisch gesinnte Frauenvereine im Auditorium. Sie bediente die Gefühle dieses Publikums mit einer emotionalen und pathetischen Rede. Sarfatti sprach von der zarten Frau, die Opfer der brutalen deutschen Soldaten geworden war. Unerschrocken hatte Edith Cavell ihren Dienst im Namen der Humanität verrichtet und war mit dem Tod bestraft worden. »Wir sollten Cavell nicht beweinen, wir sollten sie beneiden. In diesem Krieg, den wir nie wollten, müssen wir jetzt bis zum letzten Mann kämpfen. Sie ist eine große, reine Märtyrerin und soll unser Vorbild sein. «Mit diesen Worten endete sie, nahm sich ein paar Blumen aus einem Strauß, verneigte sich vor dem Bild der Toten und legte die Blumen wie auf einem Grab nieder. Das Publikum war begeistert, und im *Il Popolo d'Italia* erschien am nächsten Tag ein Artikel, in dem ihr Auftritt viel Bewunderung fand. Wenige Tage später wurde Margherita Sarfatti aus der Sozialistischen Partei Italiens ausgeschlossen – ihre Botschaft war angekommen.

Der Weg in den Krieg führte Margherita Sarfatti über den Körper der Frau. Sie blieb ihren alten Themen treu, nur, daß sie Frau und Kultur durch Krieg ergänzte. Sie wandelte sich von der Kriegsgegnerin zur Kriegsbefürworterin, weil sie die lateinische Kultur und Zivilisation durch die Deutschen gefährdet sah. Diese Barbaren schreckten nicht davor zurück, ehrenhafte Frauen zu schänden. Der Körper des Soldaten im Krieg repräsentiert den Staat, der Körper der Frau dagegen ist ein kulturelles Symbol und Zeichen. Das Äquivalent zum Frontsoldaten ist die Frontkrankenschwester. Freiwillig meldeten sich diese Frauen zu ihrem gefährlichen, nervenaufreibenden Dienst und begriffen dies als ihre vaterländische Pflicht. Die Soldaten kamen von draußen, von der Schlacht, verwundet und verschmutzt, während sie drinnen auf die Verwundeten warteten, bereit, sie bei Tag und bei Nacht zu pflegen. Die Krankenschwestern galten als engelsähnliche, jungfräuliche Wesen; sie waren die gepriesene Frauengestalt des Krieges. Der Mann veredelte sein Geschlecht als Soldat und die Frau als Krankenschwester. Die Frau als Krankenschwester fungierte sowohl als Retterin wie auch als Trösterin und war erfüllt von Opferbereitschaft und Hingabe. Ihr Platz war an seiner Seite; Soldaten und Krankenschwestern verkörperten die abwehrbereite Einheit der Nation. Er kämpfte auf dem Schlachtfeld gegen den Feind, und sie kämpfte mit ihm zusammen gegen den Tod durch die Verwundungen, die ihm der Feind beigebracht hatte. Für Sarfatti war ihre Reise durch das kriegserfüllte Frankreich eine Art Initiation mit der Wirklichkeit gewesen. Wohin sie auch kam, es war das starke Gefühl des Nationalen, das die Männer und Frauen in den Krieg gebracht hatte. Sie begegnete der von ihr glorifizierten Brüderlichkeit als Ausdruck der Liebe zur eigenen Nation und nicht als Ausdruck eines sozialistischen Ideals. Im Zeichen des Krieges und des Nationalen verblaßten Feminismus und Sozialismus. Kriegsgegnern und Pazifistinnen warf Sarfatti nun kurzerhand mangelnden Realitätssinn und Sentimentalität vor.

Bei den Frontkrankenschwestern fand Margherita Sarfatti die Begeisterung für Größe und Heldentum wieder, die sie in den bleiernen Jahren Giolittis und Turatis vermißt hatte. Die Liebe zu ihrer Nation hatte diese Frauen dazu gebracht, sich einer Aufgabe zu stellen, durch die sie sich ihrer selbst als Französinnen erst bewußt wurden. Sie waren nicht länger allein eingeschlossen im Haus, sondern gehörten dem Großen und Ganzen an und stellten ihre nationale Solidarität unter Beweis. Der Krieg war somit der Wegbereiter zu einer geeinten, starken Nation, für die Männer wie Frauen bereit waren ihre Opfer zu bringen. Für Sarfatti und viele andere Feministinnen bot der Krieg die Gelegenheit, öffentliche Anerkennung zu gewinnen und sich für eine Beteiligung am politisch-gesellschaftlichen Leben zu qualifizieren. Durch die Bereitschaft zum Dienst am Vaterland wollen die Frauen auch ihre Emanzipation beschleunigen. Bestätigung erhielt Sarfatti von ihren feministischen Schwestern aus England. Die Pankhursts traten als wortgewaltige Rekrutierungsoffiziere auf, die mit ihrer kriegerischen Rhetorik den offiziellen Verlautbarungen in nichts nachstanden. Der Patriotismus forderte Mann und Frau. Dienen wurde für beide Geschlechter das Gebot der Stunde. Es ging darum, sich als würdig zu erweisen, Bürgerin zu sein. Die meisten der Feministinnen der kriegsführenden Staaten waren bereit, ihre politischen Forderungen zurückzustellen. Man verabschiedete sich vom internationalen Feminismus der Vorkriegszeit und pflegte eine Art National-Feminismus.

Margherita Sarfatti folgte ihrem Mann und ihrem Geliebten in den Krieg, doch sie wählte ihren eigenen Weg. Sie verbindet das Bild von der mutigen Frau, die nicht schuldig werden will durch Nichtstun, während der Mann sein Leben einsetzt, mit dem Bild Italiens. Die eindeutigen Feinde sind die Deutschen. Die unzivilisierten deutschen Horden führen einen Krieg gegen Kultur und Zivilisation. Sie sind bereit, edle und wehrlose Frauen zu schänden, und im Falle Edith Cavells sogar hinzurichten. Italien macht sich an einem solchen Vorgehen mit schuldig, wenn es vom Krieg zu Hause bleibt und auf seiner Neutralität beharrt. Selbstverteidigung bedeutet Krieg.

Mussolini war am 31. August 1915 als Scharfschütze bei den bersaglieri einberufen worden. Vor ihm waren bereits Cesare Battisti, Giuseppe Prezzolini und Umberto Boccioni in den Krieg gezogen. Wie alle anderen ging auch Mussolini von einem kurzen und erfolgreichen Krieg aus. Der späte Zeitpunkt seiner Einberufung hat zu mancherlei Spekulationen Anlaß gegeben. Die Angaben darüber, ob er die Zeit bis zum Sieg in den sicheren Redaktionsräumen abwarten wollte oder ob er sich tatsächlich als Freiwilliger gemeldet hatte und zurückgestellt worden war, sind äußerst widersprüchlich. Seltsam bleibt allemal, daß der 52jährige D'Annunzio und der 58jährige Bissolati vor ihm eingerückt waren. Über Mussolini als Soldaten ist viel geschrieben worden. Seine Anhänger feiern ihn als furchtlosen Helden, und seine Gegner schmähen ihn als elenden Feigling. Renzo de Felice bemerkt dazu nüchtern, Mussolini sei ein durchschnittlicher Soldat gewesen, ebensogut wie viele anderen Italiener auch. Nur – so muß man hinzufügen – er machte mehr daraus.

Die Kriegsschauplätze der Italiener lagen in den Bergen. Entscheidend war die Isonzolinie von der Küste bis Caporetto und die Gegend um die Grenzen zum Trentino und nach Kärnten. Unter General Cadorna scheiterte der geplante Vorstoß nach Laibach und nach Villach.[108] In den ersten fünf Isonzoschlachten bis zum März 1916 gelang es weder, Görz einzunehmen, noch, die gegnerische Front zu durchlöchern. Erst die sechste Isonzoschlacht brachte einen bescheidenen Erfolg, nämlich die Eroberung von Görz. Am 24. Oktober 1917 starteten die Österreicher eine Offensive bei Tolmein am Isonzo. Mit gepanzerten Fahrzeugen wurde der Durchbruch vorbereitet und dann Infanterieverbände eingeschleust. Bereits der erste Versuch war erfolgreich. Die Katastrophe von Caporetto gilt als eine der schwersten Niederlagen der Entente. Die Front der Italiener war beschädigt, ganze Truppenteile befanden sich in Auflösung, Julisch-Venetien wurde besetzt, mehr als 100 000 Soldaten gerieten in Gefangenschaft, und der Verlust an Menschen und Material war enorm. England und Frankreich rieten Italien zum Kriegsaustritt.

Mussolini verbrachte den Winter 1915 in den Schützengräben in der Zone des oberen Isonzo. Der Politiker war zum Soldaten geworden, der Revolutionär hatte sich der militärischen Disziplin gebeugt. *Il Popolo d'Italia* veröffentlicht sein Kriegstagebuch und sorgt dafür, daß er nicht ganz aus der politischen Öffentlichkeit verschwindet. Darin stellt sich Mussolini als durchschnittlicher Soldat dar, er will seine Kriegserfahrung an die Allgemeinheit anpassen. Doch immer wieder schildert er Szenen, in denen er von einfachen Soldaten begeistert gefeiert wird. Als man ihm von vorgesetzter Stelle vorschlägt, die Geschichte seines Regiments niederzuschreiben, lehnt er entrüstet ab. Er will nicht vom Schützengraben in die Schreibstube wechseln. Die militärischen Tugenden wie Mut, Ehrgefühl, Ausdauer oder Wille können nur gelebt, aber nicht intellektuell erklärt werden, schreibt er. In dürren Worten reiht er immer wieder Szenen aus dem Schützengraben aneinander. Das Tagebuch kreist in konzentrischen Kreisen um das Kriegsdasein des einfachen Mannes und gönnt dem Leser weder Spekulation noch Weitsicht. Der eitle Mussolini liebt angeblich »dieses bewegte Leben, reich an kleinen und großen

Erlebnissen.«¹⁰⁹ Er beschreibt seine Kameraden, die es aus dem sonnigen Süden des Landes in das Gebirge des Nordens verschlagen hat und die, ohne zu murren, ihre Stellung im Schnee halten. »Dieser Krieg ist der große Schmelztiegel, welcher alle Italiener vermengt und zusammenschmilzt. Der Regionalismus hat sein Ende gefunden.«¹¹⁰ Mussolini schildert die schmerzende Kälte, die furchtbare Langeweile, Ratten, so groß wie Katzen, und die schöne Kameraderie im Schützengraben. Bei Nacht wird gekämpft, und bei Tag spielt er Karten, raucht oder besucht Freunde. Mit ihnen unterhält er sich darüber, wie es sein wird, nach Italien zurückzukehren. »Italien erscheint auf diese Weise vielleicht zum erstenmal im Bewußtsein so vieler seiner Söhne als lebendige Wirklichkeit, kurz und gut wie die gemeinsame Heimat.«¹¹¹ Das Leben im Schützengraben ist einfach und primitiv, doch er fühlt sich dort der Natur und der Nation nahe. Bilder dieser Zeit zeigen ihn unrasiert, mit Helm auf dem Kopf und häufig lachend im Kreise seiner Mitkämpfer. Er hatte ein feines Gespür dafür, daß der Krieg, in dem er sich befand, dem althergebrachten Militarismus ein Ende bereiten würde. Der Stellungskrieg setzte auf die gegenseitige Abnutzung. »Das ist der farblose Krieg, der Kampf der Selbstverleugnung, der Geduld und Zähigkeit. (...) Der ganze Flitter und Schmuck früherer Kriege ist verschwunden – sogar das Gewehr ist im Begriff, überflüssig zu werden.«¹¹² Der Krieg bietet ihm den Anlaß, seinen Lesern gegenüber sentimental zu werden. Zu Weihnachten 1916 schreibt er wehmütig über die vergangene Kindheit und gesteht, vor fünfundzwanzig Jahren »ein empfindsames und heftiges Kind« gewesen zu sein. Doch: »Heute verhärtet sich das Herz wie die Felsen ringsum. Die moderne Zivilisation hat uns mechanisiert. Der Krieg hat diesen Prozeß des Mechanisierens der europäischen Gesellschaft auf die Spitze getrieben.«¹¹³

Drei Monate nach dieser Eintragung wird Mussolini schwer verletzt. Er war Anfang Februar 1917 zu einer Minenwerferabteilung versetzt worden. Während einer Übung mußte er einen Granatwerfer bedienen, der wegen Überhitzung plötzlich explodierte. Mussolini hatte mehr als vierzig Splitter in seinem Körper und war schwer verwundet. Fünf seiner Kameraden verloren bei dem Unfall ihr Leben. Mussolini wird zweimal operiert und verbringt viele Wochen im Feldlazarett. Seine Genesung schreitet nur langsam voran, und sobald es sein Zustand erlaubt, wird er nach Mailand verlegt. Mitte Juni schreibt er vom Krankenbett aus Artikel, und Anfang August darf er nach Hause. Obwohl er als vollständig geheilt gilt, meldet er sich nicht mehr in den Krieg. An der Größe seiner Heldentat ließ er jedoch keinen Zweifel.

Großzügig ignorierten er und seine Anhänger, daß er nicht im Kampf, sondern bei einem Unfall verletzt worden war. Mussolini war Opfer einer Simulation geworden, was ihn nicht daran hinderte, in seiner Zeitung zu verkünden: »Ich bin stolz, in Erfüllung meiner gefährlichen Pflicht den Weg nach Triest mit meinem Blute gerötet zu haben.« Er ließ das Gerücht verbreiten, er habe trotz schwerer Schmerzen bei den Operationen auf Chloroform verzichtet. Für seinen ersten öffentlichen Auftritt wählte er stilsicher die Mailänder Scala, wo er, auf einen Stock gestützt, überraschend zu einer Generalprobe erschien. Der im Krieg Verletzte setzte auf Heilung durch nationale Kultur. Mussolini hatte seine Kriegsverletzung gehabt, und damit war es ihm auch genug. Er hatte einen Augenblick extremer Gefährdung erlebt und überlebt. Befriedigt kehrt er zurück in die Redaktion. Er hat genug vom Schützengraben und legt keinen Wert darauf, noch einmal sein Leben zu riskieren. Der Krieg hatte ihm die Gelegenheit geboten, die Auflösung festgefügter Kontinuitäten zu beobachten. Sensibel für Stimmungen, hatte Mussolini in den zurückliegenden Monaten erlebt, daß die Erfahrung von Technik, Verwundbarkeit und Tod die Persönlichkeit verändert. Es waren dies Prägungen, die sich jenseits aller normalen sozialen Erfahrungen vollzogen. Ihm ging es nun darum, daraus politisches Kapital zu schlagen.

Das Ehepaar Sarfatti sandte Mussolini ein Genesungsprogramm ins Lazarett. »Wir grüßen unseren teuren Freund, den heldenhaften Kämpfer, bewundert, gefürchtet, glücksverheißend.« Sie verehrten ihren mutigen Freund und fürchteten dennoch, ihr Sohn Roberto wolle ihm nacheifern. Den schönen, wilden Jungen zog es in den Krieg. Er war schon immer ein schwieriges Kind gewesen, war von vielen Schulen geflogen und gefiel sich darin, gegen jegliche Art von Autorität zu rebellieren. Roberto war fasziniert von Gewalt und Destruktion. Unter seinen Freunden und Lehrern galt er als hochbegabt, aber gefährlich. Mit einer Mischung aus Stolz und Unbehagen beobachteten die Eltern die Entwicklung ihres Erstgeborenen. Mit seiner Mutter teilte Roberto den Haß auf die Deutschen. Der Fünfzehnjährige wollte möglichst viele von ihnen töten. Margherita und Cesare Sarfatti waren äußerst alarmiert und verboten es ihm, sich für den Krieg zu melden. Sie versuchten ihn drei Jahre alt sei, könne man nochmals darüber reden. Den Sommer 1915 verbrachte Roberto wie immer mit seiner Familie. Doch niemand hatte so richtig Zeit für ihn. Seinen Geschwistern Amedeo und Fiammetta war er fremd, und seine Eltern waren viel zu sehr damit beschäftigt, ob sie für oder gegen den Krieg sein sollten, um sich ernsthaft in dieser Frage mit ihm auseinanderzusetzen.

Voller Genugtuung registrierte er, daß Margherita und Cesare Zweifel an ihrer sozialistischen Überzeugung plagten. Bei den Salonabenden der Mutter fehlten auffallend viele Freunde. Sie hatten sich in den Krieg gemeldet und bestärkten Roberto dadurch in seinem Vorhaben. Umsichtig und heimlich machte er sich an die Erfüllung seiner Wünsche. Filippo Corridoni konnte er davon überzeugen, seine Papiere zu fälschen. Mit seiner gefälschten Identität lief Roberto von zu Hause weg und rückte bei einem Infanterieregiment in Bologna ein, wo er nach einem Monat enttarnt wurde. Der kommandierende Offizier war voll des Lobes für den jungen Soldaten, und Cesare mußte Roberto versprechen, daß er mit achtzehn Jahren zur Armee zurückkehren können. Bis es soweit war, brachten ihn seine Eltern bei der Handelsmarine unter und hofften, daß er an einem weniger gefährlichen, doch aufregenden Leben Gefallen finden würde. Roberto wurde auf weite Reisen nach Südamerika und Westafrika geschickt, was an seinem Wunsch, Soldat zu werden, nichts änderte. Nach Italien zurückgekehrt, war ihm entsetzlich langweilig. Immer wieder bat er seine Eltern darum, »Benito« um Rat zu fragen, von dem er glaubte, daß er mit ihm einer Meinung sei. Doch es war eine Sache, für den Kriegseintritt zu stimmen, und eine andere, seinen Sohn freiwillig in diesen Krieg zu schicken.

Schließlich erhielt Roberto seine Chance. Die Elitetruppen in den Bergen, die sogenannten alpini, hatten große Verluste zu verzeichnen, und es fehlte an Nachwuchs. Die alpini waren berühmt für ihre Heldentaten, ihre auffälligen Uniformen und ihren Zusammenhalt. Eigentlich stammten diese Elitesoldaten ausnahmslos aus den Bergen, jedes Tal stellte dafür seine besten Männer zur Verfügung. Weil sie häufig gut miteinander bekannt waren, entwickelte sich unter ihnen ein ganz besonderes Zusammengehörigkeitsgefühl. Nun war jedoch die Situation eingetreten, daß sehr viele dieser jungen Männer gefallen waren und es an Gleichaltrigen fehlte. Deshalb wurde das Bewerbungsalter auf siebzehn Jahre herabgesetzt, und es konnten sich Männer aus ganz Italien zu den alpini melden. Im Juli 1917 rückte Roberto zum Vorbereitungstraining ein. Er war knapp siebzehn Jahre alt und hoch motiviert. Das Training in Eis und Schnee absolvierte er mit Bravour. Die Katastrophe von Caporetto führte zu seinem ersten Kampfeinsatz. Bis jetzt hatten ihn seine Jugend und seine Unerfahrenheit noch davor geschützt, aber nach dieser verheerenden Niederlage galt es, alle Kräfte zu mobilisieren. Die Mehrzahl der Italiener zeigte sich gewillt, Widerstand zu leisten und durchzuhalten. Es ging um ihr Ansehen in Europa.

Nach der Niederlage von Caporetto schrieb Benedetto Croce: »Jetzt ist es wirklich unser Krieg.« Wie recht er damit hatte, kann man an der Familie Sarfatti studieren. Ende Oktober erhielt Robert den Befehl, sich für den Kampfeinsatz bereitzuhalten. Seine Mutter wollte ihn noch einmal sehen, bevor er einrückte. Sie fuhr ihn besuchen und mußte feststellen, daß ihr Sohn zum Mann geworden war. Sie war überrascht über sein selbstsicheres und siegesgewisses Auftreten. Roberto Sarfatti blieb seinem Ruf treu. Er ließ sich weder von den miserablen Lebensumständen in den Bergen beeindrucken, noch konnte ihn der Dauerbeschuß der Österreicher schrecken. Nach sieben Wochen Kampfeinsatz als Infanterist meldete er sich zu den arditi. Die arditi waren als Antwort auf Caporetto als militärische Elite ins Leben gerufen worden. Sie waren die Avantgarde. Bei ihnen fühlte Roberto sich wohl, denn im Unterschied zu den konservativen alpini waren die arditi Anarchisten, die Privilegien genossen und außerhalb der militärischen Ordnung standen. Sie rekrutierten sich aus der städtischen Mittelklasse und kamen oftmals direkt von der Universität. Außer ihrer Jugend war ihnen ein gewisser Fatalismus eigen, den sie für ihre Einsätze auch brauchten. Sie wurden mit den gefährlichsten Kampfaufgaben betraut und als Kundschafter im Feindesland eingesetzt. Sie hielten eine verächtliche und arrogante Distanz zu den anderen Soldaten und waren auch durch ihre Kleidung – wehender Mantel, schwarzes Hemd und Kniebundhose – herausgehoben. »Ausdrücklicher Zweck dieser Einheiten war es, Feindposten auszuheben. Ihre Taktiken verlangten Wagemut und Flexibilität, List und Schnelligkeit. Nachdem der Feind zunächst bombardiert wurde, stürmten die Arditi vorwärts und verwickelten ihre Gegner in Nahkämpfe. Oder sie schlichen sich im Schutze der Dunkelheit heran, um den Feind zu überraschen.«[114] Die arditi lebten in einer Atmosphäre von Bomben und Flammen. Der Kampf, in den Roberto hoch in den Bergen geriet, dauerte drei Wochen lang, Tag und Nacht. Er schlief nur wenig, hatte kaum zu essen und wenig zu trinken. Seit Wochen trug er eine zerlöcherte Uniform, die ihm viel zu groß war. In seinen Briefen nach Hause verwandelt er den Lärm der Artillerie (»Ta-ta-ta-ta«, »Vvuuvvuuff«, »Tuuuum Tuuuum«) und der großen Bombardements (»SzziiiSzziii«) zu einer Art Poesie. Es ist die Poesie der Futuristen, denen sich Roberto verwandt fühlte. Seine Mutter saß ratlos über diesen Briefen und wußte nicht so recht, was sie vom Einbruch der Kunst in ihr ganz persönliches Leben halten sollte. Voller Sorge und Spannung erwartete sie seine Rückkehr an den Corso Venezia.

Roberto kam zu Beginn des neuen Jahres nach Hause. Sein Anblick war für seine Familie ein Schock. Er war abgemagert, verdreckt, seine Schuhe hatten Löcher, und die Uniform hing ihm in Fetzen herunter. Doch am schlimmsten waren seine Augen: Sein Blick war stumpf und ausgebrannt.

Der Achtzehnjährige hatte schon alles gesehen. Er war gealtert, rastlos und fühlte sich verfolgt. Auch als er gebadet und neu eingekleidet war, blieb er seiner Familie seltsam fremd. Die Eltern und die Geschwister saßen betreten um ihn herum und wußten nicht so richtig, was sie mit ihm anfangen sollten. Ihre Gespräche und Erzählungen über den Sommer auf dem Land, Veränderungen in der Stadt, neue Tanzmoden oder das altvertraute Parteiengeplänkel prallten regelrecht an ihm ab. Er berichtete ihnen im Gegenzug von seiner Welt, die eine Hölle war. Roberto hatte Nächte neben und zwischen den Leichen von toten Kameraden verbracht. Er berichtete von dem unerträglichen Verwesungsgeruch, von Haarbüscheln, die wie fahles Laub von herbstlichen Bäumen von den Schädeln fallen, wie das Fleisch als rotbraune Gelatine von den Knochen fließt und wie es quietscht, wenn man versehentlich auf eine der grünlich glänzenden Leichen tritt. Er erzählte von verglasten Augen, im Tode verzerrten Gesichtern und in die Gewehrkolben verkrallte Hände. Er hatte nächtelang vor Ungeziefer, Kälte und Nässe nicht schlafen können. Mit großer Begeisterung erzählte er von seinen treuen Kameraden, er war hingerissen vom hellen Schein des Granatfeuers am nächtlichen Himmel und liebte die Stille vor der Schlacht.

Roberto redete ununterbrochen und wurde von niemandem verstanden. Verzweifelt mußte Margherita feststellen, daß ihr Sohn seinen inneren Frieden verloren hatte. Sie wollte sich nicht eingestehen, daß Robertos einzige Heimat der Krieg war und er sein Elternhaus wieder verlassen mußte, um weiterzukämpfen. Roberto war ein unglücklicher Mann geworden, doch ihr Kind geblieben. In der Hoffnung, daß Mussolini ihn verstehen würde, besuchte sie ihn mit Roberto in seiner Redaktion. Doch der Unterschied zwischen den beiden hätte nicht größer sein können. Mussolini war nicht an Roberto als Mensch interessiert, sondern fragte ihn besorgt nach dem Kampfeswillen und der Truppenmoral. Befriedigt lehnte er sich zurück, als Roberto ihm versicherte, daß alles bestens stehe. Roberto Sarfatti wußte, daß er Mussolini besser nicht die Wahrheit sagen sollte. Ihm und seiner Mutter zuliebe log er und spielte die von ihm erwartete Rolle des vom Sieg überzeugten Soldaten.

Die ganze Familie Sarfatti brachte Roberto zum Zug. Etwas verloren standen sie in der großen Bahnhofshalle inmitten der Ankommenden und Abreisenden. Auf dem Bahnsteig nahmen viele Mütter, Väter, Geschwister und Bräute Abschied von ihrem Liebsten. Margherita mußte gegen die Tränen und gegen die aufkommende Verzweiflung ankämpfen. Krampfhaft fröhlich verkündete sie, wieviel Spaß sie zusammen nach dem gewonnenen Krieg haben würden, aber sie dachte nur daran, was geschehen

153

würde, wenn Roberto nicht mehr zurückkommen würde. Schließlich fuhr der Zug ein. Roberto küßte jeden einzeln, stieg lachend in den Zug zu seinen Kameraden und fuhr zurück an die Front.

Am 30. Januar 1918 erhielt Margherita Sarfatti mit der Post eine blutige Locke. Einer seiner Kameraden hatte sie Roberto abgeschnitten, bevor sie seinen Leichnam in das Grab gelegt hatten. Margherita hatte mit ihren Vorahnungen recht behalten: Roberto kehrte nicht zurück an den Corso Venezia, er fiel in den Bergen bei Asolo. Bei einbrechender Dunkelheit hatte er versucht, das Versteck eines Maschinengewehrschützen zu stürmen. Schon als Junge hatte er geglaubt, er sei unverletzbar, und dieser Glaube war ihm zum Verhängnis geworden. Beim Sprung auf den feindlichen Soldaten traf ihn eine Kugel direkt ins Gesicht. Er war sofort tot.

Roberto Sarfatti wurde für die höchste militärische Auszeichnung vorgeschlagen. Er war nun ein Held, und sie waren die Eltern dieses Helden. Margherita und Cesare waren wie versteinert vor Schmerz. Sie verließen nicht mehr das Haus, baten, von Beileidsbekundungen abzusehen, und zogen sich getrennt in das Dunkel ihrer Trauer zurück. Amedeo und Fiammetta nahmen sie kaum noch wahr, sie konnten den Tod Robertos nicht fassen. Unausgesprochen machten sich Vorwürfe. War nicht auch ihre Zustimmung zum Krieg verantwortlich für den Tod Robertos? Hatte sich nicht Cesare als erster auf die Seite der Interventionisten geschlagen und sie damit genötigt, es ihm nachzutun? fragte sich Margherita. Sie haderte mit ihrem Schicksal und mißtraute vor allem ihrem Mann. Sie konnte den Gedanken nicht ertragen, daß ihr siebzehnjähriger Sohn mit zerschossenem Gesicht in irgendeinem Loch in den Bergen lag. Doch wem wollte sie eigentlich Rache schwören?

Italien befand sich nach dem Krieg in einer Situation, die das Land eher den Verlierer- denn den Siegerstaaten ähneln ließ. Der enorm verschuldete öffentliche Haushalt konnte nur mit Hilfe der Alliierten saniert werden. Der aufgeblähte Apparat der Bürokratie verschlang nach wie vor immense Summen; die Lebenshaltungskosten stiegen, und es fehlte an Gütern des täglichen Bedarfs. Die Industrie mußte nach dem Krieg umstrukturiert und die Kriegsgefangenen wie auch die ehemaligen Soldaten in die inländische Wirtschaft integriert werden. Die öffentliche Ordnung mußte neu organisiert und die Stellung des Militärs in der Gesellschaft neu bestimmt werden. Der italienische Staat versagte kläglich: keines der anstehenden Probleme vermochte er dauerhaft zu lösen.

Italiens Teilhabe am Sieg war teuer erkauft: dem Land drohte der finanzielle und ökonomische Bankrott, die Lebenshaltungskosten hatten sich verdoppelt, über eine halbe Million Soldaten waren gefallen, und eine weitere halbe Million war im Krieg zu Krüppeln geworden. Aber am schlimmsten war, daß der stolz proklamierte »große Sieg« weitaus weniger einbrachte, als von den Alliierten versprochen oder von den Italienern erhofft worden war. Italien erhielt Südtirol, Triest, Julisch-Venetien, Teile Dalmatiens und Istriens zugesprochen. Es bekam aber weder Fiume noch das Protektorat über Albanien, noch ganz Dalmatien und keine der ehemaligen deutschen Kolonien. Man war durch den Krieg seinen Status als schwächste Großmacht Europas nicht losgeworden. Ganz im Gegenteil, die Italiener mußten trotz ihrer Beteiligung am »Rat der Vier« (Clemenceau, Lloyd George, Wilson, Orlando) feststellen, daß sie übergangen wurden und ihr Beitrag zum Krieg nur sehr gering veranschlagt wurde.

Der Sieg und der Frieden änderten nichts an der permanenten Krise, in der sich das Land befand. Doch alle wußten, daß es so nicht weitergehen konnte, sie wußten nur nicht, wie es anders werden sollte. In dieser aussichtslos erscheinenden Situation suchten die Italiener Zuflucht in einem ihnen altvertrauten Gefühl: sie kamen sich vor wie eine gedemütigte Nation. Caporetto hatte die Wunden, die die Schlacht von Custoza 1866 und die Niederlage bei Adua 1896 hinterlassen hatte, wieder aufgerissen. Die ganze Anstrengung des Großen Krieges schien umsonst gewesen, und die Italiener fühlten sich hintergangen. D'Annunzio fand die richtigen Worte für diesen Sieg. Er bezeichnete ihn als »vittoria mutilata«, als einen verstümmelten Sieg. Dieser Ausdruck verfing sofort. Die Italiener waren beschämt durch das Verhalten der Alliierten, und wütend verwiesen sie auf das betrügerische Verhalten ihrer Verbündeten. Vor dem Krieg waren ihnen vollmundig Territorien in einer Größenordnung versprochen worden, die ihrer Ansicht nach der geistigen und kulturellen Größe ihrer Nation angemessen war. Nun, nachdem sie alles gegeben hatten, wurden sie am Tisch der Großen mit Brosamen abgespeist.

Die Sozialisten, die vor 1914 geglaubt hatten, sich durch eine prinzipielle Ablehnung des Krieges hervortun zu müssen, ernteten die Früchte. In der ersten Nachkriegswahl erhielten sie 156 Abgeordnetenmandate, und Giacomo Matteotti schrieb: »Das Land war sozialistisch, aber der Sozialismus wußte nicht, was er mit dem Land anfangen sollte.«[115] Ihr Bankrott offenbarte sich auf dem Gipfel ihres Erfolgs: »Die Mehrheit der Partei war nicht von der Kriegsstimmung angesteckt und hatte keinen Kontakt zu jungen Soldaten, die Mut von Gefahr zu unterscheiden gelernt hatten. Die Sozialisten glaubten, daß sie eine Revolution entweder durch punktuelle Streiks oder durch einen Generalstreik auslösen würden können. Alleine durch passives Warten und einfach dadurch, daß man nicht zur Arbeit ging – also durch eine Art Extraurlaub –, sollte alles in sich zusammenbrechen. »Sie hatten ihre Haltung »Ne aderire, ne sabotare« (»weder Unterstützung noch Sabotage«) während des Krieges durchgehalten und fühlten sich durch den kläglichen, aber kostenintensiven Sieg bestätigt. 1917 hatte Lenin in Rußland die Macht übernommen. Die Oktoberrevolution schien wie die Vollendung der Geschichte durch den menschlichen Willen. Im September 1918 erklärte die Sozialistische Partei Italiens die Diktatur des Proletariats zu ihrem definitiven Ziel. Das Wort »Sowjet« übte eine nahezu magische Wirkung aus, und die Partei erfreute sich schlagartig wieder einer gewissen Beliebtheit. Den italienischen Sozialisten, die den Krieg so erbittert bekämpft hatten, brachte der Frieden die Revolution zurück. Der Stillstand der Partei war waghalsige politische Experimente. Im pathetischen Getöse gingen die Warnungen Turatis, Italien sei nicht Rußland, unter. Er wehrte sich gegen einen Import des sowjetischen Modells und versuchte seinen Genossen klarzumachen, daß es sich bei den Bolschewisten nicht um Demokraten handelte. Mit großem Unbehagen verfolgte er den von der Partei eingeschlagenen Isolationskurs. Die Genossen nahmen es sich heraus, alle zu attackieren, die patriotische Gefühle oder Regungen gezeigt hatten oder zeigten. »Der tragischste Irrtum jener Männer, die im offiziellen Sozialismus und im Kommunismus die Politik bestimmten, war, daß sie den Faschismus für eine innerbourgeoise Angelegenheit hielten – daß sie zu keiner Zeit begriffen, daß die formale bürgerliche Demokratie, die zu verteidigen sie sich weigerten, die Existenzgrundlage der Arbeiterbewegung war.« Die Unterschiede zwischen radikalen Nationalisten und gemäßigten Liberalen waren für sie ohne Belang. Voll Bewunderung starrten sie auf die russische Revolution und warteten auf ein Wunder. Sie fühlten sich als die Sieger der Geschichte und bedachten nicht, daß sie dafür noch den Beweis antreten mußten.

Anna Kuliscioff verfolgte die politische Entwicklung in ihrem Heimatland mit gemischten Gefühlen. Lenin war für sie nicht der Vollender, sondern der Zerstörer der Revolution. Er brachte Europa nicht den ersehnten Frieden und Gerechtigkeit, sondern sorgte für Aufruhr und Destruktion. Die Nachkriegssozialisten interessierten sich nicht für die Ansichten Kuliscioffs und auch nicht für die Warnungen Turatis. Die Sozialisten hatten Glück gehabt, denn die russische Revolution schien der von vielen ersehnte Bruch mit der Welt vor 1914. Sie glaubten, man müsse nur auf eine revolutionsbereite Stimmung warten bzw. diese vorbereiten und schon hatte man das Ruder fest in der Hand. Bis es soweit war, konnte man sich in endlosen Theoriediskussionen ergehen oder aber dem politischen Gegner drohen. Turati wußte, daß die Partei sich ihre Stärke nur bei den Bolschewiken borgte und letztendlich mit falschen Karten gespielt wurde. Entsetzt beobachtete er, wie seine hart errungenen Erfolge von Maulhelden zerredet wurden. Doch damit nicht genug. Die zunehmende Wertschätzung der Gewalt innerhalb seiner Partei registrierte er mit tiefem Unbehagen. Die Demokratie wurde verhöhnt, es kam zu Streiks und Ausschreitungen doch das meiste blieb Rhetorik. Turati war bestürzt über die politische Naivität seiner Genossen und warnt, die sozialistische Bewegung werde durch ihr Verhalten auf Jahrzehnte hinaus geschwächt. Dem Gegner, den sie damit herausforderten, waren sie seiner Meinung nach nicht gewachsen. Er meinte damit keinen anderen als seinen einstigen Genossen Benito Mussolini.

Bis zur Katastrophe von Caporetto hatte sich Mussolini noch eindeutig als Sozialist verstanden. Danach wurde sein Ton nationaler.[119] Das Proletariat verlor für ihn zunehmend an Bedeutung; er entdeckte das Vaterland als große emotionale Kraft, die den Klassenstandpunkt ergänzte. Für die orthodoxen Marxisten war das Vaterland nichts weiter als eine Fiktion der Bourgeoisie. Die Auseinandersetzung um die Intervention und das Kriegserlebnis selbst hatten Mussolini davon überzeugt, daß dies ein Irrglaube war. Er bestand darauf, daß das Proletariat sich wohl mit dem Vaterland verbunden fühlte, und ein Sozialismus, der dies nicht zu berücksichtigen wußte, hatte für ihn keine politische Zukunft.

Die wirtschaftliche Krise des Landes führte in der Nachkriegszeit zu Dauerstreiks und einer erneuten Auswanderungswelle. Die Schwächung der Wirtschaft ging mit dem schwindenden Ansehen der parlamentarischen Regierungsform einher. Vom Kriegsende bis zum Oktober 1922 wechselten sich sechs Kabinette ab. Die Italiener zeigten kaum noch Vertrauen in eine Zukunft mit dem altbewährten politischen Personal. Dazu schien allerdings nun auch Mussolini zu gehören. Seit Kriegsende befand er sich in einer nahezu ausweglosen Situation. Jahrelang war er der umschwärmte und gefürchtete Parteistratege gewesen, und auf einmal wollte niemand mehr etwas von ihm wissen. Ihm waren kaum Verbündete geblieben; er stand mit leeren Händen da.

Im Sommer 1918 änderte er die Untertitel seiner Zeitung von »sozialistische Tageszeitung« in »Tageszeitung der Frontkämpfer und der produktiv Tätigen«. Mussolini begann das Vokabular seiner politischen Vergangenheit mit dem seiner Zukunft zu vermischen. »Produttori« war ein neuer Begriff, der den des Arbeiters ablöste. »Produzenten«, heißen diejenigen, die produzieren, die arbeiten, aber nicht nur mit den Armen. Es gibt die Arbeit, die keinen Schweiß auf die Stirn treten läßt und auch nicht die berühmten Schwielen an den Händen hervorruft, aber deren gesellschaftlicher Nutzen sicherlich größer ist als derjenige, der von dem Arbeitstag eines libyschen Handlangers hervorgebracht werden kann. Die Produzenten verteidigen, heißt, die Sozialisten den ersten Platz in der ersten Reihe einnehmen.«[120] Die Liebe zur Nation fand ihren Ausdruck im produktiven Beitrag der Schaffenden und im militärischen Erleben der Veteranen. Mussolini hatte die Sehnsucht für den politischen Kampf entdeckt. Damit ist die Sehnsucht der Italiener nach nationaler Größe gemeint. Sie litten unter dem Verlust der vergangenen Größe und forderten die Anerkennung ihrer Kriegsleistungen, die ihnen die zukünftige Größe hätte sichern sollen. Er nahm sich dieser Sehnsucht nach nationaler Größe an und versprach, die schmerzende Leere zu füllen. Er wandte sich gegen die Sozialisten, die das Vaterland beschimpften, gegen die Katholiken, die er für die Rückständigkeit des Landes verantwortlich machte, und gegen die Liberalen, die mit ihrer parochialen Politik weitermachen wollten, als sei nichts geschehen. Doch es waren nicht viele, die seine Versprechungen überhaupt anhören wollten. Er hatte den Kontakt zu den berühmten Massen verloren, seine Organisation hatte er verlassen, und so blieb ihm nur noch die Grauzone der Unzufriedenen und Gestrandeten als Agitationsfeld.

Mussolini erkannte sich wieder in den arditi. Diese Elitesoldaten waren jung, skrupellos und auf der Suche nach einer neuen Aufgabe, die die alte zu Ende führen sollte. Im Krieg waren sie für ihre Unerschrockenheit, ihren Mut und ihre kämpferische Konsequenz bewundert worden. Weder Schnee noch Eis noch der Tod hatte sie schrecken können. Ihnen drohte nicht der elende Tod in den schlammigen Schützengräben, sie sollte ein »schöner Tod« ereilen. Sie genossen ihre Privilegien, polierten ihre Dolche und sparten sich all ihre Energie für risikoreiche Aktionen auf. Mit dem Frieden gehörten sie zum Fundus der Geschichte. Über Nacht waren sie ausgemustert worden, und die Leute auf der Straße lächelten nachsichtig, wenn sie ihnen in ihren Uniformen begegneten. Bei Kriegsende waren sie oftmals zu Aufgaben gezwungen worden, von denen sie bisher verschont geblieben waren. Diese »Demütigungen« wollten sie sich nicht gefallen lassen. Die arditi liebten es weiterhin, Angst und Schrecken um sich zu verbreiten, sie konnten nicht von der Gewalt lassen.« Ihr repräsentiert die bewunderungswürdige, kriegerische Jugend Italiens. Das Blitzen eurer Messer und die Explosion eurer Handgranaten wird Rache üben an den erbärmlichen Wichten, die der Größe Italiens im Wege stehen. Das Recht der Nachfolge steht uns zu, da wir das Land in den Krieg getrieben und nun zum Siege geführt haben!« rief Mussolini ihnen zu. Er selbst lebte nun inmitten von Mailand im Krieg. Auf dem Schreibtisch lagen Handgranaten, zwei Revolver, ein Dolch, ein Band Carducci, ein Band Heine, und an der Wand hing neben Dante die Flagge der arditi, die einen weißen Totenkopf mit einem Messer zwischen den Zähnen auf schwarzem Grund zeigte. An einem Haken hing sein Stahlhelm und die Lederjacke für den Flugunterricht. Vor dem Hauseingang waren spanische Reiter aufgestellt, Stacheldraht war ausgelegt, und arditi hielten Wache. Wenn Mussolini und seine Getreuen schon nicht bedroht und damit von ihren Gegnern nicht ernst genommen wurden, so simulierten sie die Gefährlichkeit des Augenblicks. Mussolini war der einzige Politiker, der die durch den Krieg veränderte Wahrnehmung und Erlebniswelt der Frontkämpfer ernst nahm, indem er sie in einen fiktiven Krieg schickte. In den Ländern der Entente verstand es niemand, eine ähnliche Propaganda für den Krieg zu betreiben wie er. Immer wieder redete er über die monotonen Rhythmus der Marschierenden auf dem Pflaster der erwachenden Stadt. Er predigte die Entschlossenheit zur Tat und versprach seinen Mitkämpfern, ihr Leben in eine große Ordnung zu stellen. Die dumpf gebliebenen Klassengegensätze der Vorkriegszeit wichen den harten Freuden der Veteranenkameraderie. Mussolini träumte von einem Heer, das unter seinem Befehl gegen den verhaßten Sozialismus und Liberalismus kämpfte. Als seine Heimat bezeichnete er den Schützengraben, den er in ein politisches Laboratorium verwandeln wollte. Der politisch Entmachtete brüstete sich mit militärischer Stärke. Der Frieden hatte auch ihn unerwartet getroffen. Die ehemaligen Soldaten betrachteten ihn als einen der ihren. Mit ihnen teilte er die Erfahrung des Krieges, die einzige seines Lebens, die überhaupt noch Anerkennung fand.

Außer Mussolini erkannten Marinetti und vor allem D'Annunzio, daß die militärische Avantgarde auch in Friedenszeiten gut einsetzbar war. Die arditi schlugen ihr Hauptquartier in Marinettis luxuriösem Haus auf, sie waren maßgeblich an der Besetzung von Fiume beteiligt, und Mussolini stellte ihnen in seiner Zeitung Platz zur Verfügung, um ihre Versammlungen anzukündigen. Mussolini fühlte sich wohl im Umkreis dieser jungen, gewaltbereiten Männer, die er als Leibwächter oder Türsteher beschäftigte. Sie verliehen ihm und seiner Bewegung den Ruch des Gefährlichen. In ihnen verband sich eine »alte« Tugend wie Mut mit den auf Schnelligkeit angelegten Angriffstaktiken der »neuen« Zeit. Die arditi galten als frei, weil sie sich nicht der Disziplin der regulären Mannschaften zu beugen hatten. Durch ihren ausgeprägten Kameradschaftsgeist, ihre ausgefallene Kleidung und ihre Skrupellosigkeit stiegen sie schnell zum Vorbild der

Nachkriegsjugend auf, die sich in der Imitation dieser gefährlichen Männer gefiel. »Als Männer der Tat seid Ihr keine Freunde langer Reden. Knappe Gespräche, viele Tatsachen, ein Fluch, ein Glas Wein, dem Feind, ein Furz zum Gruß, die Brottasche voller Bomben und der gezückte Dolch sind Eure Sache«, formulierte Marinetti 1919 in seiner Rede an »Die Sturmtruppen, Avantgarde der Nation«.[121]

Auch Mussolini lernte viel von den arditi und reflektierte wie ein Spiegel ihre Ideale und ihren durch den Frieden verletzten Stolz. Für diese Männer war es unerträglich, im Frieden zu leben. Der Krieg war ihnen zur zweiten Natur geworden, und es kam ihnen wie Hohn vor, daß sie nun auf die Plätze zurückkehren sollten, die sie vor Jahren verlassen hatten. Sie konnten nicht mehr dort anfangen, wo sie aufgehört hatten, denn sie fühlten sich als Träger eines ganz besonderen Geistes. Mussolini bot der geschlagenen Elite wie auch dem einfachen Frontsoldaten das Programm radikaler Negation, nach dem sie sich sehnten. Er versprach den im Krieg alt gewordenen eine neue Jugend durch den Faschismus und lockte die, die für den Krieg zu jung gewesen waren, mit dem Versprechen auf eine siegreiche, wehrhafte Zukunft der Starken. Mit den Toten gewann er die Lebenden für seine Ziele.

An einem Sonntag morgen gründete Mussolini die Fasci di combattimento. »Berichterstatter, Mitarbeiter, Gefolgsleute des ›Popolo d'Italia‹, Kämpfer, ehemalige Kämpfer, Bürger und Repräsentanten des Faschismus des neuen Italien, aus Mailand und aus dem Rest der Nation sind dazu aufgerufen, an einer Versammlung teilzunehmen, die am 23. März in Mailand stattfinden wird.«[122] In einem Saal an der Piazza San Sepolcro rief er die politische Bewegung[123] ins Leben, aus der dann später die faschistische Partei hervorgehen sollte. Man befand sich im alten Teil Mailands in einem Gebäude, das Mailänder Geschäftsleute zur Verfügung gestellt hatten. Zuerst wurde der Toten, der Verwundeten und der Kriegsgefangenen gedacht. Während Mussolini seine verschiedenen Forderungen ausführte, hielten seine treuen arditi Wache im feinen Frühjahrsregen. Er war mit hochgespannten Erwartungen zu seinem politischen Comeback erschienen und wurde enttäuscht. Seine Kollegen von der Presse nahmen kaum Anteil an der Zusammenkunft dieser Gruppe aus Nationalisten, Futuristen, Syndikalisten, Anarchisten, Ultrakonservativen, Ex-Sozialisten und Militaristen. Einer der prominentesten Teilnehmer war Marinetti. Das Programm der fasci war durchaus originell: Gefordert wurde Land für die Bauern, Verstaatlichung der Waffenindustrie, eine weitgehende Dezentralisierung der Verwaltung, der Achtstundentag, ein gesetzliches Mindesteinkommen, Enteignung der Kirche, höhere Erbschaftssteuern und das Frauenwahlrecht. Doch es war nicht das Programm, das die fasci bekannt machte, sondern ihr bedingungsloser Einsatz von Gewalt.

Im Januar 1919 hatten Mussolini und Marinetti bereits eine Kostprobe ihres politischen Stils abgegeben. Im vollbesetzten Mailänder Opernhaus »La Scala« wartete man mit Spannung auf die Rede Leonida Bissolatis. Der alte Rivale Mussolinis war während des Krieges zweimal verwundet worden und jedesmal wieder zur Front zurückgekehrt. Er hatte den Schützengraben erst verlassen, als man ihn ins Kabinett berief. Erst kürzlich war er aufgrund von Differenzen mit Außenminister Sonnino von seinem Posten zurückgetreten. Er war dafür, Südtirol und Dalmatien abzugeben, um im Gegenzug Fiume zu erhalten. Dadurch hatte er sich den Zorn der Nationalisten und zukünftigen Faschisten zugezogen. Mussolini und Marinetti waren in die Scala gekommen, um Bissolati Ärger zu machen. Der eine von beiden lächelte ständig, der andere nie. Jeder von ihnen belegte eine Loge, mit Genugtuung registrierten sie, daß viele ihrer Getreuen im Saal anwesend waren. Als Bissolati erschien, setzte augenblicklich ohrenbetäubender Lärm ein. Er wurde ausgepfiffen, ausgebuht, ausgeschrien. Marinetti und Mussolini sorgten dafür, daß es über eine Stunde dauerte, bis er sich überhaupt Gehör verschaffen konnte. Bissolati gelang es, die Hälfte seiner Rede zu verlesen, dann setzte erneut Lärm ein. Als er Mussolini in der Menge erkannte, zeigte er auf ihn und rief laut: »Quell'uomo no.« »Wie um eine unangenehme Sache zu Ende bringen, verlas er sodann tonlos die andere Hälfte. Er erhielt keinen Applaus und verließ sofort die Bühne; Mussolini und Marinetti feixten in ihrer Loge über ihren Triumph. Am nächsten Tag verkündete *Il Popolo d'Italia*: »Milano non ha tollerato il discorso di Bissolati!«, und Mussolini überschrieb sein Editorial kurz und bündig mit »Liquidazione«. Dieses Ereignis zeigt, wie sehr sich die Zeiten geändert hatten. Der frühe Marinetti hatte diese Art des Tumults als künstlerische Aktion inszeniert, und das Publikum hatte sich damals davon kurzzeitig gut unterhalten gefühlt. Doch bei dieser im Stil einer »serata futurista« inszenierten Strafexpedition ging es keinesfalls um Kunst. »Die Futuristen spielen mit allem und nicht nur in Worten. Ja, sie spielen mit der furchtbarsten Wirklichkeit des Lebens, mit dem Schmerz.«[124] Was Mussolini und Marinetti mit Bissolati in der Scala gemacht hatten, war der Versuch, einen unliebsamen Gegner brutal zum Schweigen zu bringen. Giuseppe Borgese, der den Abend in der Scala ausführlich beschrieben hat, kommentierte: »Es war, als ob ein tödlicher Windhauch die Freiheit von Rede und Gedanken beendet habe, als ob ein zweiter ziviler Krieg, der ohne Blutvergießen vor sich ging, auf den ersten externen Krieg gefolgt sei.«[125]

Wenige Monate später startete das bewährte Duo aus der Scala seinen zweiten großen Angriff. Während Angriff, Mussolini sich in seinem Büro verschanzt hielt und mit seiner Pistole spielte, begann Marinetti mit einigen seiner Kameraden eine Gegendemonstration gegen die verhaßten ›Roten‹. Als deren Hymne »Bandiera rossa« erklang, gab der Künstleroffizier das Zeichen zum Angriff. Es ging alles sehr schnell, und innerhalb einer halben Stunde waren die Redaktionsräume des *Avanti!* zerstört und in Brand gesetzt. »Ein paar junge Männer trugen im Laufschritt einen Verletzten mit blutüberströmtem Gesicht fort. Kurz zuvor war der ›Avanti!‹ in Brand gesteckt worden. Auf den Gesichtern lag noch die Hitze des Kampfes. Auf die menschenleeren Straßen senkte sich der Schatten des Abends, und der Himmel war von Schwalben zerfurcht. Auf dem Corso Venezia begegnete ich Carrà. Wir fanden kein Restaurant, kein Gasthaus, keine Schenke. Carrà hatte die Idee, zu einer befreundeten Dame zu gehen, die hier in der Nähe wohnte. Das Haus war verschlossen wie eine Festung.« So schildert Alberto Savinio »einen der tragischsten Tage« im Sommer 1919.[126] Die Polizei hielt sich zurück, und die Faschisten verbuchten diese Aktion als Erfolg für sich.

Margherita Sarfatti brachte an diesem Tag wie immer Zigaretten und Thermosflaschen mit Kaffee in die Redaktion. Sie begegnete auf ihrem Weg durch den vereinsamten Corso einer militärisch geordneten Gruppe. Die jungen Männer schwenkten brennende Holzscheite, und an ihrer Spitze ging einer, der stolz einen blutigen Helm vorzeigte. Das war die Stoßtruppe, die soeben das Gebäude des *Avanti!* zerstört hatte. Sarfatti ist glücklich über diese Aktion und schickt ein Stoßgebet (!) zum Himmel: »Mein Gott, ich danke dir, (...) daß wir nun, unserer Toten willen, andere Zeiten erleben werden.«[127] Sarfatti ist bereit, die Verbrechen, die die Faschisten an ihren einstigen Genossen begehen, zu rechtfertigen, sie begreift sie als Rache für den Tod ihres Sohnes. Mussolini rächte sich an seiner Vergangenheit und riskierte dabei nichts. Die Aktion, bei der insgesamt vier Menschen ihr Leben verloren, sorgte im ganzen Land für große Aufregung. Mussolini reagierte darauf mit einem Leitartikel, in dem er darauf verwies, daß die ganze Aktion spontan verlaufen sei. Sie als Faschisten hätten den Angriff auf die sozialistische Zeitschrift nicht vorbereitet, doch sie seien bereit, dafür die moralische Verantwortung zu übernehmen. Dann fuhr er fort und beschimpfte die Sozialisten als Reaktionäre. Man sprach über ihn, und damit ging seine Kalkulation als Reaknalist und Politiker auf.

Weniger erfolgreich war dagegen sein Versuch, im November 1919 Wahlen zu gewinnen. Mussolini machte sich zunächst für einen Block aller Linksparteien stark, was jedoch auf wenig Gegenliebe stieß. Auf der Liste der Faschisten stand neben Mussolinis und Marinettis Namen auch der Name des berühmten Dirigenten Arturo Toscanini. Marinetti rührte für ihn die Werbetrommel, indem er im *Popolo d'Italia* einen großen Artikel veröffentlichte, in dem er Toscanini als »einen von unserer Liste« vorstellte. Die Kandidatur Toscaninis galt ihm als Beweis der Verbindung des italienischen Volkes mit dem italienischen Genius. Der Musiker war nicht nur ein Freund Marinettis, sondern verkehrte auch mit den Sarfattis. Toscanini, der sich später gegen die Faschisten wandte, bewunderte den frühen Mussolini und ehrte auch mit dessen Auftritte mit seinem Erscheinen. Auch im Wahlkampf blieb Mussolini dem militärischen Stil treu. Bei seinen Veranstaltungen wurde er von Stoßtrupps uniformierter Faschisten bewacht, und er rühmte sich, seine Gegner nicht nur mit Worten, sondern auch mit Bomben und Gewehren zu attackieren. Das Wahlergebnis war miserabel. Die Sozialisten erhielten vierzigmal mehr Stimmen, und in Mussolinis früherem Heimatort Predappio hatte sich überhaupt niemand davon überzeugen lassen, die Faschisten zu wählen. Doch auch die Liberalen, die Italien bis 1914 regiert hatten, gehörten zu den Verlierern. Sie mußten feststellen, daß ihre traditionelle Stammwählerschaft abgewandert war und sie sich nunmehr in der Minderheit befanden. Manch einem der Honoratioren war es nicht mehr gelungen, einen Sitz zu erobern. Außer den Sozialisten profitierte die neugegründete katholische Volkspartei »popolari« mit ihrem Führer Don Sturzo vom Absturz der Liberalen. Vor allem viele Wähler aus dem Bürgertum, die vor dem Krieg die Liberalen gewählt hatten, waren zu den Popolari übergelaufen. Die Italiener hatten sich eindeutig gegen die Interventionisten und Abenteurer entschieden. Die Sozialisten triumphierten, und am Tag nach der Wahl stand im *Avanti!* zu lesen: »Heute morgen wurde ein toter Körper im Stadium der Auflösung aus dem Naviglio (einem Mailänder Kanal; K. W.) gezogen. Es scheint sich dabei um den Leichnam Benito Mussolinis zu handeln.« Mailänder Sozialisten trugen in einer Prozession einen Sarg durch die Stadt und feierten den politischen Tod Mussolinis. Der tobte. Viele Mitglieder verließen seine glücklose faschistische Bewegung, seine Zeitung geriet in die roten Zahlen, und er wußte nicht mehr, wie er seine Familie ernähren sollte. Er hatte alles verspielt.

In dieser Zeit beginnt die große Liebe zwischen Margherita Sarfatti und Benito Mussolini. Sie hatte ihn wiedergesehen, als er ihr und Cesare einen Kondolenzbesuch abstattete. Die Sarfattis waren bereit gewesen, ihn zu empfangen, und Mussolini spürte sehr genau, daß tiefe Verzweiflung und Apathie von ihnen Besitz ergriffen hatte. Verlegen stand er in dem vornehmen Salon und murmelte seine Beileidsbekundungen. Die alten Freunde schauten durch ihn hindurch, und er war froh, als er wieder auf der Straße stand. Mussolinis Trauer war echt, freilich wußte er auch, daß dieser junge Tote ein enormes politisches Kapital war. Am Tag nach seinem Besuch erschien in seiner Zeitung ein Artikel von ihm über Roberto Sarfatti, es wurde aus den Briefen des Toten zitiert, wie auch Erinnerungen an ihn erzählt. Mussolini schreibt über seine seltenen, aber nachhaltigen Begegnungen mit dem Toten: »Für diese jungen Männer ist der Krieg so etwas wie Religion und Poesie in einem. (...) Ein Mann, der mit dreißig Jahren fällt, opfert dem Vaterland nicht so sehr viel, denn er hat schon gelebt; ein Jüngling hingegen, der noch kaum ins Leben geblickt, noch kaum vom Leben etwas empfangen hat, gibt alles hin; seine Gegenwart und seine Zukunft, das, was er ist, und das, was er noch hätte werden können. In ihm muß jener Wille zum Verzicht leben, der das Geheimnis und das Privileg einer großen Liebe ist, einer Liebe, die nicht überlegt, die nicht berechnet, die unermeßlich ist; einer Liebe, die sagt: nicht einen Tropfen allein, sondern mein ganzes Blut, – nicht ein wenig Leben, sondern das Leben – wenn nur Italien gerettet wird. (...) Margherita und Cesare haben keine frommen Wünsche nötig. Obwohl sie wußten, was Krieg bedeutet, hielten sie ihren Sohn nicht davon ab, seinem Schicksal zu folgen. Er brachte ein Opfer und wird den Ruhm dafür ernten. Im Namen der Freundschaft und in der Erinnerung an Roberto gehe ich vor ihrem Schmerz und ihrem Stolz in die Knie und flehe darum, ihnen etwas von ihrer heiligen Qual abnehmen zu dürfen.«[128]

Diese Worte waren Balsam für Margherita. Sie schickte Mussolini einen Dankesbrief. »Wir stehen dicht bei Dir, Mussolini, denn wir wissen, Du bist der einzige, der dafür sorgen kann, daß ein so großes Opfer köstliche Früchte bringen wird.« »Noch immer fühlte sie sich schuldig am Tode ihres Sohnes. Er hatte noch nicht einmal richtig zu leben begonnen und war schon tot. In ihrer Trauer wünschte sie, statt seiner gestorben zu sein. Mussolini war es, der Robertos Tod und ihrem Weiterleben Sinn verleihen konnte. Sie klammerte sich an den Gedanken, daß er es nicht dulden wird, daß die Italiener durch diesen schmachvollen Frieden besiegt werden. Viele wollten ihr in dieser bitteren Zeit beistehen. Ihr alter Lehrer Fradeletto sprach ihr sein Beileid aus, und selbst Turati und Kuliscioff zeigten sich betroffen von dem sinnlosen Tod dieses jungen Mannes, den sie noch als Kind gekannt hatten. Sie wandte sich auch an D'Annunzio und schickte ihm zwei Fotografien, die Roberto in Uniform zeigten. »Mein lieber Freund, erinnern Sie sich noch der herrlichen Rosen, die Sie mir am Abend der Uraufführung von ›La Nave‹ verehrten? Damals ahnte ich nicht, daß ich all mein Blut würde vergießen müssen.« Insgeheim hoffte sie, daß D'Annunzio Robertos Tod in Literatur verwandeln würde. Doch der Dichter war zu narzißtisch, um einen Heldentod zu preisen, den er nicht mehr sterben konnte. Margheritas Freundin Ada Negri nahm sich der Sache an und schrieb über Roberto. Sie ermahnte Margherita, ihre Trauer stolz und aufrecht zu tragen. Negri feierte Roberto als »göttlichen Knaben« und pries sein Opfer in schwülstigen Worten. Margherita war ihrer Freundin für ihre Worte dankbar, doch richtig verstanden fühlte sie sich nur von Mussolini. Er war es, der sich mit Robertos einstigen Kameraden, den arditi, umgab – und er war es auch, der als Politiker den Krieg und die Toten nicht verhöhnte, sondern ihrer gedachte. Immer häufiger flüchtete sie von zu Hause in die Redaktion. Sie war glücklich, wenn sie ihr luxuriöses Appartement gegen die schäbigen Redaktionsräume eintauschen konnte. Der Tod Robertos hatte auch das Ende ihrer Beziehung zu Cesare gebracht. Sie konnten in der Trauer nicht zueinander finden. Schon immer hatten sie sehr ungebunden zusammengelebt, doch jetzt hatten sie sich verloren. Ihre beiden noch lebenden Kinder waren froh, wenn sie ihren Eltern nicht begegneten. Das lastende Schweigen ihres Vaters und die fanatische Besessenheit ihrer Mutter befremdete sie zunehmend.

In der Redaktion des *Il Popolo d'Italia* fühlte sich Margherita Roberto nahe. Lächelnd grüßte sie die wachhabenden arditi und dachte jedesmal daran, wie es wohl gewesen wäre, wenn Roberto da stehen würde. Immer wieder bestürmte sie die jungen Männer, ihr aus dem Krieg zu erzählen, sie fragte sie, ob sie Roberto gekannt oder gesehen hatten, und hörte ihnen mit leuchtenden Augen zu. Sie war sich sicher, daß Roberto sich in der militärisch geordneten und dennoch bohèmehaft brüderlichen Gemeinschaft des *Il Popolo d'Italia* wohl gefühlt hätte. Sie glaubte, sein Vermächtnis zu erfüllen, wenn sie sich möglichst oft dort aufhielt. Mit schierem Entsetzen mußte sie erleben, daß der Sieg, für den ihr Sohn sein Leben gelassen hatte, nichts wert war. Roberto war der Jüngste unter den gefallenen Freiwilligen und noch immer der ganze Stolz seiner Mutter. Sie spürte ihr Kind noch immer bei sich und kämpfte verzweifelt gegen sein Vergessen. Roberto hatte seine Gegenwart und seine Zukunft Italien geopfert, und seine Mutter war bereit, ihm dabei zu folgen. Wie die arditi tauchte Margherita Sarfatti ein in den fiktiven Krieg, den Mussolini für sie inszenierte. Für die Soldaten bedeutete dies eine Rückkehr, für sie war es eine Ankunft, denn endlich fühlte sie sich wieder mit ihrem Sohn vereint. Er hatte in den kahlen, eisigen Bergen der Hochebene den Tod gefunden, und sie folgte ihm in diese Einöde, aus der es kein Zurück gab.

Seit seinem Rausschmiß aus der Partei stand Mussolini unter der enormen Anspannung, seinen Verrat durch Erfolg zu rechtfertigen. Doch weder seine Zeitung noch seine Bewegung hatten ihm bisher die ersehnte Popularität gebracht. Er flüchtete sich in private Abenteuer. Wenn er nicht in der Politik den starken Mann spielen konnte, so wollte er diese Rolle wenigstens in seinem Privatleben besetzen. Das Ergebnis waren drei Duelle, mehrere Liebschaften, mindestens ein uneheliches und zwei eheliche Kinder. 1917 hatte er seine alte Jugendliebe Rachele geheiratet. Sie zeigte wenig Interesse an seiner politischen und journalistischen Tätigkeit und hielt sich ein Leben lang eher im Hintergrund. Rachele hütete den heimischen Herd und war eine Art Reminiszenz Mussolinis an seine bäuerliche Herkunft, doch sie war keine Frau, die seinem Selbstbewußtsein schmeichelte.

Diese Frau fand er in Margherita. Sie war seine Beute. Er betrachtete es als sein ganz persönliches Verdienst, daß er die schöne, reiche Frau aus dem Salon an der Piazza del Duomo in die schäbigen Redaktionsräume des *Il Popolo d'Italia* entführt hatte. Im Salon hatte er sich immer unbehaglich gefühlt, denn Turati und Kuliscioff hatten ihn spüren lassen, daß sie ihn für einen kleinen Emporkömmling hielten. Die Vorkriegsaffäre mit der Sarfatti war pure Spielerei gewesen. Sie hatten ihre sexuelle Neugierde aufeinander befriedigt, mehr aber auch nicht. Als sie sich nach dem Krieg wiedersahen, waren beide verändert. Beide hatten sie dem Krieg Opfer gebracht und dabei verloren. Mussolini war vom politischen Star zu einem politischen Außenseiter geworden, und Margherita mußte damit fertig werden, daß sie ihren Sohn in den Tod geschickt hatte. Wären sie bei den Sozialisten geblieben und hätten für die Neutralität votiert, dann zählten sie heute zu den Siegern. Doch weder Mussolini noch Sarfatti wollten wahrhaben, daß sie das Spiel und ihren Einsatz verloren hatten. Margherita überantwortet den Sinn von Robertos Tod Mussolinis faschistischer Bewegung. Sie will, daß das Opfer Früchte bringt, und ist bereit, dafür alles zu geben. Durch den Krieg hat sie nicht nur Roberto, sondern auch ihre Familie und ihren Glauben verloren. Sie kompensiert ihren Verlust und ihre Trauer durch ihre Sehnsucht nach Größe. Mussolini spürt, daß Margherita emotional bedürftig ist. Er fühlt sich geschmeichelt durch ihre Zuwendung. Sie kommt nicht mit leeren Händen, sie bringt ihm ihren toten Sohn. Mussolini weiß, daß sich Robertos Tod für seine politischen Ziele verwerten läßt. Ein kurzes, tapferes Leben, ein heldenhafter Tod fürs Vaterland, im Ton der Futuristen abgefaßte Briefe von der Front-

Mario Sironi: *Margherita Sarfatti*
(Zeichnung, um 1916/17)

das ist der Stoff, aus dem man einen Märtyrer des faschistischen Italien machen kann. Margherita wurde durch den Tod Robertos zu einer harten Frau. Sie konnte ihrer Schuld nur dadurch entkommen, daß sie diesem Tod einen Sinn gab. Auf dieser Grundlage schloß sie mit Mussolini, der die Energie der Jugend für seine Bewegung nutzen wollte, einen Bund. Das Opfer ihres Sohnes sollte nicht folgenlos bleiben. Zusammen mit Mussolini wollte Margherita Sarfatti im Geiste Männer wie die arditi zeugen. Den Krieg, persönliche Katastrophe für die Mutter und politische Katastrophe für die Sozialistin, integrierte Margherita Sarfatti in ein System der Zukunft. Diese Zukunft war Mussolini und der Faschismus.

Ihre gegenseitige erotische Anziehungskraft hatte nie nachgelassen. Sie war nach wie vor fasziniert von seiner ungeschliffenen Stärke, seiner emotionalen Gewalt und der Kompaktheit seines Körpers. Und er liebte ihre weiblichen Formen, ihr blondes Haar und ihren Scharfsinn. Nach dem Krieg war das kokette Spiel einer ernsten Zuneigung gewichen. Sie besiegten sich gegenseitig, doch keiner von beiden fühlte sich erobert. Margherita war Stammgast in der Redaktion; die Kollegen ersetzten ihr die Familie. Die leichten und schäbigen Jahre vor der Revolution spielten sich in den Redaktionsräumen von *Il Popolo d'Italia* ab, wo der Chef Handgranaten als Bücherstützen benutzt und jeder vorbeikommende Veteran ein gutes Wort und ein paar Lire erhält. Im Kontext dieser Kleingruppe erprobte Mussolini seine charismatische Wirkung. Hier galt er noch etwas. Margherita wartete auf sein Rufen, um zu ihm in seine »Höhle«, wie sein Büro genannt wurde, zu eilen. Ihre Liaison jedoch hielten sie geheim. Wenn sie sich nicht sehen konnten, wechselten sie freundliche Briefe, um gegenüber Rachele und Cesare keinen Verdacht aufkommen zu lassen. Nach Redaktionsschluß gingen sie in kleine, verschwiegene Hotels und liebten sich. Sie flüsterte ihm ein, er sei der neue Cäsar, und gibt ihm Bücher von Proudhon, Gobineau, Kropotkin und Aristoteles zu lesen. Margherita spürte die intellektuelle Begierde ihres Geliebten und gibt ihm, was er brauchte.[129]

Angelica Balabanoff war die erste gewesen, die in ihm einen Intellektuellen gesehen hatte. Doch sie selbst war unfähig zur kritischen Reflexion und besessen von nur einem Gedanken, und das war der Sieg des Sozialismus. Ganz anders Margherita. Auch sie war bereit zur Revolution, doch sie war außerdem gebildet, kultiviert und schön. Während die Balabanoff sich mit ihren sozialistischen Theorien zufriedengab, vermittelte ihm Margherita das Gefühl intellektueller Neugierde. Natürlich kannte sie Hegel, Marx und Engels, aber darüber hinaus eben auch Heine, Shakespeare, Schopenhauer, Dante und Nietzsche. Sie sprach fünf Sprachen, schrieb selbst und hatte sich als unabhängiger Geist einen Namen gemacht. Zu jedem Treffen brachte sie ihm ein anderes Buch mit; sie freute sich über seinen Lerneifer und seine Wißbegierde. Für Mussolini eröffneten sich durch ihre Beziehung neue Horizonte. Sie drehte seinen Kopf immer wieder in eine andere Richtung, und er war davon begeistert, was es noch alles zu entdecken gab. Er beschäftigte sich jetzt mit Machiavelli, dem Untergang des römischen Imperiums und Adam Smith. Margherita Sarfatti brachte Mussolini die Klassiker nahe. Nach dem großen Scheitern mit den kleingeistigen Sozialisten blieben ihnen nur noch die klassischen Höhen. Der Aufbruch dorthin verlangte von Mussolini nicht nur eine intellektuelle Erziehung, sondern auch eine gewisse Sorgfalt seiner äußeren Erscheinung. Der Revolutionär begann, Gamaschen zu tragen. Der nachlässig gekleidete junge Mann, der die Sozialistische Partei einstmals schockiert hatte, änderte seinen Stil. Nicht nur, daß er sich nun für Abendeinladungen die entsprechende Garderobe lieh, er trug auffällig besser geschnittene schwarze Anzüge, besagte Gamaschen, weiße Einstecktücher, im Sommer einen Strohhut in Form der berühmten Kreissäge und ansonsten einen Bowler. Um einen dynamischen Eindruck zu machen, rollte er nach wie vor wild mit den Augen, preßte die Lippen entschlossen zusammen und dröhnte laut mit seiner metallisch klingenden Stimme. Noch immer wirkte er etwas linkisch und verkleidet, doch die Arbeit an seiner Einzigartigkeit machte deutliche Fortschritte. Mussolini wird unter Margherita Sarfattis Ägide eine neue Typenkreation aus Dandy, Abenteurer und Soldat. Als Dandy lebt er in Abwehr zur Welt, die ihm niedrig und häßlich erscheint, und seine Verbündete im Kampf gegen die Demokratie war eine Frau. Baudelaires Dandy war ein verhinderter Krieger, der nur gefährlich denken durfte, doch Mussolini will Nietzsche folgend gebildet leben. Er hat das Abenteuer hinter sich, der Krieg hat ihn diszipliniert und zum Soldaten gemacht. Mussolini hat sich für die bewaffnete Tat entschieden und damit seiner Existenz eine ganz bestimmte Richtung gegeben. Er wartet auf den gefährlichen Augenblick.

Als Mussolinis Schwester Edvige nach Mailand zu Besuch kam, war sie überrascht über das gepflegte Aussehen ihres Bruders. Niemals zuvor hatte sie ihn in einem solch guten Anzug mit Blume im Knopfloch gesehen. Er wirkte irgendwie verjüngt. Edvige mutmaßte, daß er verliebt sei. Jahre später, als sie die Tagebücher ihres Bruders las, bemerkte sie, daß sich sein melancholischer Tonfall im November 1918 auffällig verändert hatte. Dem Tagebuch hatte er Gedichte anvertraut, die sich an eine geheimnisvolle Geliebte richteten, die er zärtlich mit »Vela« (Schleier) ansprach. In diesen Gedichten schrieb er über das Meer, den Himmel und die

Schönheit seiner Geliebten. Edvige Mussolini[130] erfuhr, daß sich hinter »Vela« die Journalistin Margherita Sarfatti verbarg. Sie schreibt, ihr Bruder habe für diese kluge, feinsinnige Frau ein tiefes und einmaliges Gefühl entwickelt. Das blieb auch Mussolinis Ehefrau Rachele nicht verborgen, und sie witterte in der »herrschsüchtigen, gebildeten und intelligenten Frau«[131] eine ernstzunehmende Rivalin. Mussolini bestreitet die Affäre zunächst gegenüber Rachele. Er verweist darauf, daß die Sarfatti viel zu intellektuell und kultiviert sei, um sich mit einem kleinen Journalisten wie ihm einzulassen. Doch irgendwann läßt sich diese Liebe nicht mehr leugnen, und Rachele beschließt, die Sarfatti zu ignorieren. Ihre Welten berührten sich nicht. Rachele saß zu Hause mit ihren Kindern und wartete mit dem Essen auf ihren Mann, während Sarfatti mit ihm in der Redaktion zusammenarbeitete oder sich die beiden miteinander vergnügten. Mit seiner Ehefrau Rachele teilte Mussolini sein tatsächliches Leben, mit seiner Geliebten Margherita dagegen die Turbulenzen seiner schwindenden Jugend.

Die Redaktion war eine eingeschworene Gruppe enthusiastischer junger Männer, die aus allen Teilen Italiens kamen. Mussolini war ihr Ideal und ihr Führer. Sie sahen sich als politische Avantgarde und waren stolz darauf, unter erbärmlichen Bedingungen eine – wie sie meinte – der interessantesten Tageszeitungen des Landes zu produzieren. Margherita und Mussolini fühlten sich wieder jung in dieser Atmosphäre. Sie schrieb rückblickend, es »herrschte viel Heiterkeit, Eifer und Lachen in diesen niedrigen Räumen«.[132] Man rief sich von Schreibtisch zu Schreibtisch Neuigkeiten zu, rauchte von dem, der gerade Zigaretten hatte, und achtete nicht darauf, wie spät es eigentlich war. Nur wenn der Chef die Tür hinter sich schloß, wußten alle, daß nun absolute Ruhe herrschen mußte; er schrieb einen seiner Leitartikel. Hatte er gute Laune, dann hielt er einen »Cercle« ab, was heißt, daß er stehend über ein Problem dozierte. Seine Zeitung studierte er jeden Tag von hinten nach vorne, und wenn ihm etwas nicht gefiel, konnte er sehr unangenehm werden. Er verlangte von seinen Mitarbeitern, daß sie explosiv und angriffslustig schrieben, mit der Wahrheit dagegen gingen sie häufig noch nicht so genau nehmen. Nach Redaktionsschluß gingen sie häufig noch alle zusammen aus. An diesen Abenden kamen Futuristen, ehemalige Frontkämpfer und angehende Journalisten am Tisch von Mussolini und Margherita zusammen. Dazu gehörte der unermüdliche Marinetti ebenso wie der Lyriker Giuseppe Ungaretti, der bei Il Popolo d'Italia mitarbeitete. Mussolini hörte sehr genau zu und lernte auf diese Weise viel. Margherita liebte dieses schnelle Leben und fühlte sich wie befreit. Sie mußte sich an keine Konventionen mehr halten und durfte nun sagen und schreiben, was sie im Salon der Kuliscioff nicht einmal hätte denken dürfen. Es gefiel ihr in dieser bohèmehaft brüderlichen und zugleich hierarchisch militärischen Atmosphäre, in der sie als Frau und als Vertraute des Chefs eine privilegierte Position einnahm. Als Mussolini nach seinem Wahldesaster 1919 verhaftet wurde, weil die Polizei bei der Durchsuchung seines Büros Waffen gefunden hatte, schlägt Margherita das Herz »vor Empörung und auch vor Stolz« bis zum Hals. Sie ist Mitunterzeichnerin eines Aufrufs, in dem Ministerpräsident Nitti aufgefordert wird, Mussolini sofort wieder auf freien Fuß zu setzen. Die Unterzeichner bezeichnen die Sozialisten als Demagogen, sie drücken ihren Stolz aus, mit solch einem wichtigen, mutigen Mann wie Mussolini zusammenarbeiten, und schreiben: »Er ist wir, wir sind er.«

Sarfatti hatte ihre Zurückhaltung, die in der Vorkriegszeit ihre Beziehung zu Mussolini geprägt hatte, abgelegt, sie war bereit, sich ihm unterzuordnen und zu folgen. Margherita wurde im nächsten Jahr vierzig und hatte bereits erfahren müssen, daß es nicht mehr so einfach war, Liebhaber zu finden. Sie war glücklich darüber, einen leidenschaftlichen Geliebten, aber auch einen Führer für die Zukunft zu haben. Auch Mussolini konnte sich mit seinen siebenunddreißig Jahren nicht mehr als jung ausgeben. Wenn sie zur neuen Zeit gehören wollten, dann mußten sie sich beeilen. So versuchten sie übermütig zu leben. Ein letztes Mal wollten sie dieses Gefühl der Jugend wiederhaben, von dem sie wußten, daß es nie wiederkehren wird. Es war das trügerische Gefühl der Endlosigkeit, das deutliche Empfinden für das Maßlose, Kosmische und Gewaltige, das einem als jungem Menschen ganz selbstverständlich zusteht. Mussolini und Sarfatti zählten sich noch zur Jugend, weil sie sich noch immer auf dem Wege zu etwas befanden, das sie noch nicht genau benennen konnten. Sie schrieben sich glühende Liebesgedichte und hetzten die Italiener zur Gewalt auf; sie kämpften, haßten, liebten und warteten ungeduldig auf ihren großen Auftritt.

Doch den hatte zunächst Gabriele D'Annunzio. Mit 52 Jahren war er als Freiwilliger in den Krieg gezogen und hatte sich nicht mit der Position des Kriegsredners zufriedengegeben, sondern tatsächlich gekämpft. Anfang 1916 hatte er bei einer Flugzeuglandung ein Auge verloren und mußte einige Wochen vom Krieg pausieren. Allen Warnungen zum Trotz setzte er seinen Kriegseinsatz als Flieger fort. »Leichter ist es, den Wind zu bändigen, als mich. Ich bin ein Soldat. Ich wollte ein Soldat sein, aber nicht, um in Cafés oder in der Mensa zu sitzen. Es ist mein einziger Lebensinhalt, heute.«[133] Am Morgen des 9. August 1918 startete er eine spektakuläre Aktion, der man militärische Kühnheit, aber auch ästhetischen Reiz bis heute nicht absprechen kann. Über Wien fliegend, warf er grüne, rote und weiße Flugblätter ab. Darin warnte er die Wiener vor den Folgen der österreichischen Italienpolitik und drohte damit, bald richtige Bomben über der Stadt abzuwerfen. »Bürger Wiens! Bedenkt, was euch erwartet, und erwacht! Hoch lebe die Freiheit! Hoch lebe Italien! Hoch lebe die Entente! Wie konnten sich die Österreicher da noch sicher fühlen, wenn ein italienisches Kriegsflugzeug mitten am Tag über Wien kreiste und Flugblätter abwerfen konnte? D'Annunzio brachte dieses terroristische Happening viel Anerkennung als Künstler und als Flieger ein. Krank und unglücklich hatte er sich nach Kriegsende in das »Kriegszimmer« seiner venezianischen Villa geflüchtet. Dort kurierte er sich mit Kokain und großen Worten vom Frieden. Am 15. Januar 1919 veröffentlicht er in *Il Popolo d'Italia* seinen »Brief an die Dalmatiner« (*Lettera ai Dalmati*). Darin fordert er ein größeres Italien, attackiert den verstümmelten Frieden und erklärt seine Bereitschaft zu kämpfen. Der Sieg Italiens ist für ihn erst dann vollkommen, wenn Italien nicht länger auf die Adria verzichten muß. Als Klassiker und Imperialist formulierte der Dichter den Anspruch Italiens als Erbin Venedigs und damit auf die Macht an der Adria. Als Symbol dieser vergangenen Seemacht galt die Hafenstadt Fiume, in der Kroaten, Italiener, Ungarn, Deutsche und Serben wohnten. Es entbrannte ein Streit um die Vorherrschaft der Stadt, und die römische Regierung schickte Truppen in das östliche Mittelmeer, um die Lage unter Kontrolle zu bekommen. Die italienischen Politiker und Diplomaten, die am Verhandlungstisch in Versailles saßen, standen unter dem enormen Druck, Fiume Italien einzuverleiben, denn bei ihnen zu Hause drohte daraus eine regelrechte Schicksalsfrage zu werden. Das war um so schwieriger, da es selbst im Vertrag von London nicht vorgesehen gewesen war, den Italienern nach dem Krieg Fiume zu überlassen. Als die italienischen Besatzer von den interalliierten Kommissaren der Stadt aufgefordert wurden, die Stadt zu verlassen, kam die Stunde des Comandante, wie sich der Dichter gerne nennen ließ. Er hatte zwar einen Flug nach Tokyo geplant, ließ sich jedoch schnell davon überzeugen, daß er die Besetzung Fiumes leiten mußte.

Am 11. September 1919 verläßt er zusammen mit seinem Vertrauten Guido Keller Venedig.[134]

Von der Stadt Ronchi aus beginnt gegen zwei Uhr am Morgen die Invasion; um elf Uhr betritt D'Annunzio sein neues Herrschaftsgebiet (»Sacra Entrata«) und gegen sechs Uhr proklamiert er vom Balkon des Gouverneurspalasts die Annexion Fiumes. »Der unaufhaltsame Marsch. Die Ankunft. Der Duft des Lorbeers. Das Delirium«[135] steht in seinem Notizbuch. Daß er trotz hohen Fiebers aufgebrochen war, rechnete er sich als besondere Heldentat an. Margherita Sarfatti schickte ihrem alten Freund ein Telegramm, das sie als seine gelehrige Schülerin zeigt: »Symbol Italiens, nach dem Opfer nun das Blut. Als Trost nur der Haß. Mein toter Sohn ist mit Ihnen und mit uns.«

Mit dieser Aktion stellte D'Annunzio als Angehöriger der Siegermächte den von seiner Regierung ausgehandelten Friedensvertrag in Frage. Während der amerikanische Präsident Woodrow Wilson das Zeitalter des Selbstbestimmungsrechts der Völker ausrief, spielte der italienische Dichter den Condottiere. Das Ganze war eine einzige Improvisation und keine wohlüberlegte politische Aktion. Festgelegt war einzig das Begrüßungsritual. D'Annunzio hatte nämlich seine Mitwirkung von einigen öffentlichkeitswirksamen Bedingungen abhängig gemacht. So verlangte er, daß er den Rang eines Kommandanten einnehmen werde, daß er bei Betreten der Stadt von der gesamten Bevölkerung empfangen werde und daß dies alles am 11. September stattfinden solle, weil er davon überzeugt war, daß ihm am elften das Glück hold sei. Bei seiner Ankunft in Ronchi mußte der fieberreschüttelte Held erfahren, daß die Lastwagen, mit denen seine rund tausend Kämpfer transportiert werden sollten, nicht eingetroffen waren. Guido Keller sorgte für Abhilfe, indem er kurzerhand sechsundzwanzig Lastwagen aus einem Wagendepot stahl. Danach konnte die Aktion wie geplant ablaufen.

Der Coup fand in ganz Italien begeisterte Zustimmung. Freiwillige drängten nach Fiume, und am Ende des Monats konnte D'Annunzio über achttausend Legionäre und vierhundert Matrosen befehlen. Mit seinem Begriff vom »verstümmelten Frieden« hatte er einen Nerv getroffen. Er arbeitete ganz bewußt mit der Assoziation zwischen den kriegsversehrten Körpern und der kriegsversehrten Nation. Der Preis für die Leiden und die Opfer des Krieges war die Erlösung der Nation, das heißt die Wiederherstellung des gesamten Körpers. Solange dies nicht geschehen war, konnte er den Krieg nicht für beendet erklären. Er knüpfte damit an den Mythos der »rivoluzione mancata« von 1848 an, die zu einer Art nationalem Trauma geworden war. Die Art und Weise der italienischen Vereinigung hatte einen nagenden Schmerz im italienischen Staatskörper hinterlassen. Immer wieder wurde Giuseppe Garibaldi hochgehalten, den man als denjenigen feierte, der die Ausgeschlossenen durch seinen »Marsch der Tausend« an der Politik beteiligt hatte. 1919 gerierte sich D'Annunzio als Nachfolger Garibaldis, und nicht nur die Nationalisten jubelten ihm zu.

Ministerpräsident Nitti sah sich konfrontiert mit dem Ausbruch einer kollektiven Hysterie. Wenn er Fiume räumen ließ, riskierte er damit den Beginn einer Revolution. Nicht nur die Nationalisten, auch die Sozialisten warteten nur auf eine solche Gelegenheit. Unter D'Annunzios Kommando befanden sich Offiziere, Veteranen, arditi und viele freiwillige Patrioten. Premier Nitti konnte nicht das Militär gegen seine eigenen Kameraden ins Feld schicken. Er mußte zusehen, wie D'Annunzio die Bedingungen diktierte und damit die italienische Regierung vor der ganzen Welt bloßstellte. Der Comandante weigerte sich mit der »anti-italienischen Regierung Nitti« zu verhandeln. Er war davon überzeugt, die weltpolitische Situation entscheidend zugunsten Italiens verändert zu haben. Schon wurde der Ruf laut, der Marsch solle D'Annunzio heißen. Der nahm diese Huldigungen hin und war damit beschäftigt, sein Glück zu genießen. Auch nachdem sein Fieber nachgelassen hatte, befand sich D'Annunzio im Delirium. Er ließ sich mit Kokain versorgen, genoß »unwiderstehliche Augenblicke« mit den jungen Soldaten, die nur den einen Wunsch hatten, ihm zu gehorchen. In Fiume war das Militär und das Festefeiern allgegenwärtig. Dort trafen sich Italiener, Kroaten, Amerikaner und Ungarn, Künstler, Veteranen, Versehrte, Yogis, arditi und Flieger. Sie alle waren D'Annunzios Publikum, der Dichter fand viel Gefallen an der Ausschmückung seiner Politik. Immer wieder hielt er seine trunkenen Reden vom Balkon seines Palastes, veranstaltete Militärparaden, ließ überall in der Stadt große Feuer brennen und unterwarf die Körper seinem Traum der Verschmelzung von »Blut und Geist«. Die Soldaten trugen schwarze Hemden mit Totenschädeln und Knochen, sie waren die Herren über Leben und Tod. Auf die Rufe ihres Kommandanten antworteten sie mit Eia, Eia, Ailalà. Man frönte der freien Liebe, Kokain und Morphium, mit denen die Flieger ihre Angst und ihren Schlaf bekämpften, waren in der ganzen Stadt verbreitet, und es herrschte eine seltsam unwirkliche Stimmung. Doch wie in jedem Krieg war auch in diesem Krieg das größte Problem die Langeweile. Die jungen Männer waren mit hochgespannten Erwartungen nach Fiume gekommen. Mit Festen, Drogen, Sex und Umzügen allein waren sie nicht zufriedenzustellen. Sie wollten kämpfen. Der Comandante und seine Berater mußten die berauschende Kriegsstimmung künstlich herstellen. Man kaperte nach Piratenart Handelsschiffe und zwang sie, nach Fiume umzulenken, es wurden Ehrenkämpfe veranstaltet, bei denen die Legionäre aufeinander losgelassen wurden. Je länger das »wunderbare Experiment« andauerte, um so unübersichtlicher wurde die Lage. Während es in Italien zu galoppierender Inflation, Bauernrebellion und Arbeiterstreiks kam, wurde in Fiume gefeiert, vergewaltigt und gemordet. Der

Stadt fehlten die Produzenten, und sie wurde nur noch durch Hilfe von außen am Leben erhalten. Viele hatten der Stadt bereits enttäuscht den Rücken gekehrt, während der Dichter in seinem Palast verharrte.[136]

Am 12. November wurde von den Regierungen Jugoslawiens und Italiens der Vertrag von Rapallo unterzeichnet. Die Tatsache, daß darin Fiume ein Sonderstatus zugesichert wurde, setzte D'Annunzio unter erheblichen Druck. Sein Widersacher auf dem Ministerpräsidentensessel hatte gewechselt, er hatte es jetzt mit Giovanni Giolitti zu tun, der im Juni den glücklos agierenden Nitti abgelöst hatte. Die Gegenwart Italiens war mittlerweile so unerträglich geworden, daß man sich nicht anders zu helfen wußte, als sich nach der Vergangenheit zu sehnen. Giolitti mit seinen politischen Vorkriegsrezepten galt als deus ex machina der Bürgerlichen. Er war stolz auf sein Verhandlungsergebnis, denn auch er hatte mit D'Annunzio in der Sache übereingestimmt. »Meine Gefühle in dieser Angelegenheit konnten nicht zweifelhaft sein, und so hatte ich auch volles Verständnis für D'Annunzios und seiner Gefährten Besitzergreifung von Fiume in einem Augenblick, da dessen Los gefährdet erschien.« Sein Hauptvorwurf an den Dichter lautet, er habe gegen die Disziplin im Heer verstoßen. »D'Annunzio und die Seinen unterließen es, sich nach Erreichung ihres Zieles, in dessen Grenzen zu halten, das ihnen den Beifall eines großen Teils der öffentlichen Meinung eingetragen hatte, die über die Behandlung der Fiume-Frage auf der Friedenskonferenz mit Recht aufgebracht war, vielmehr faßten sie allerhand großartige und phantastische Pläne, in deren Verfolg sie auch nicht vor Mitteln, sich Geld und Waffen zu verschaffen, zurückschreckten, die an Piratentum grenzten.«[137] Der große Staatsmann sah sich aus moralischen und taktischen Gründen dazu gezwungen, D'Annunzio zum Abzug aufzufordern. Doch »allein alle Liebesmüh war umsonst« – der Dichter hoffte darauf, Heer und Flotte würden sich verweigern und die Öffentlichkeit werde für ihn Partei ergreifen. Am 26. Dezember feuerte das italienische Schlachtschiff »Andrea Doria« auf den Palazzo Municipale und verfehlte dabei angeblich Gabriele D'Annunzio nur knapp. Er gab sich augenblicklich geschlagen und war zum friedlichen Abzug bereit. Der Dichter verließ in einer roten Limousine die Stadt und kehrte zurück nach Venedig.

Benito Mussolini und D'Annunzio hatten sich im Juni 1919 das erste Mal getroffen. Man weiß so gut wie nichts über diese Zusammenkunft, die in einem Hotel in Rom stattfand. Mussolini mußte froh darüber sein, daß der berühmte Dichter bereit war, ihn zu empfangen. Dann folgt auch schon der Brief vom 11. Dezember, in dem sich D'Annunzio in altrömischem Stil an Mussolini wendet:

Mein lieber Gefährte
Der Würfel ist gefallen
Ich breche jetzt auf. Morgen nehme ich Fiume mit Waffen ein.
Möge der Gott Italiens uns beistehen.
Ich erhebe mich fiebrig vom Bett. Doch ist kein Säumen mehr möglich.
Abermals wird der Geist das elende Fleisch beherrschen.
Faßt den Beitrag zusammen, den die »Gazetta del Popolo« veröffentlichen wird und druckt den Schluß ungekürzt.
Und verfechtet unsere Sache kräftig während dem Konflikt.
Ich umarme Sie.

D'Annunzio hatte die Rollen verteilt: er war der Held und Mussolini sein Handlanger. Mussolini befand sich in einer denkbar schwierigen Lage, denn einerseits konnte er sich D'Annunzio nicht verweigern, andererseits konnte er sich auch nicht zum Befehlsempfänger machen lassen. Nicht er als Politiker war der Handelnde, sondern ein alternder Dichter machte ihm vor, wie man sich über alles hinwegsetzen und Erfolg haben konnte. Mussolini blieb in Mailand, unterstützte Fiume in seiner Zeitung (»Die Männer sind in Fiume, nicht in Rom«), sammelte Geld – in nur vier Tagen kamen vierhunderttausend Lire zusammen – und wartete ab. Am 7. Oktober flog er zu einer Unterredung nach Fiume und kehrte am Abend wieder zurück. D'Annunzio wurde allmählich unruhig, denn immer noch hoffte er auf das Eintreffen von weiteren Kämpfern, arditi, Freiwilligen, Faschisten und Futuristen. Auf den klassisch abgefaßten Brief folgte der Klagebrief:

»Mein lieber Mussolini, Ich bin erstaunt über Sie und über das italienische Volk. Ich habe alles riskiert, alles gegeben, alles gewonnen. (...) Ich habe Fiume; ich halte Fiume, solange ich lebe, uneinnehmbar. Und ihr zittert vor Furcht! (...) Wo sind die Kämpfer, die Kühnen, die Freiwilligen, die Futuristen? (...) Wenn wenigstens halb Italien den Fiumanern gliche, hätten wir die Weltherrschaft. Doch Fiume ist nur ein einsamer Gipfel des Heroismus, und es wird süß sein, hier nach einem letzten Trunk seines Wassers zu sterben. Ist wirklich nichts zu erhoffen? Und eure Versprechungen? (...) Rüttelt euch auf, Faulpelze der ewigen Siesta. Ich schlafe seit sechs Nächten nicht, und das Fieber verzehrt mich. Aber ich stehe aufrecht. Und wie, das fragt jene, die mich gesehen haben, Alalà.«

Mussolini zeigte sich davon wenig beeindruckt. Er beließ es bei seiner freundlichen Solidarität, die ihn nichts kostete. Marinetti dagegen eilte umgehend nach Fiume und wurde schnell wieder verabschiedet.[138] Der Chef der Futuristen hatte nämlich seine Propagandatätigkeit auf den

Straßen Fiumes aufgenommen, und die Bevölkerung dazu animiert, »auf den Altar der Kunst zu spucken«. Er störte dadurch D'Annunzios Kreise, der es liebte, seine Reden mit lateinischen und griechischen Zitaten zu schmücken. Gramsci, der ebenfalls gerne Fiume besuchen wollte, wurde von D'Annunzio abgewiesen.

Mussolinis Rechnung ging auf. Nach außenhin hatte er ihn nicht den geringsten Zweifel an seiner Loyalität dem Comandante gegenüber aufkommen lassen, hinter den Kulissen jedoch versuchte er, ihn zu entmachten. Mussolini hatte intuitiv erkannt, daß D'Annunzio ein politischer Dilettant war, der nicht von seiner eigenen Person abstrahieren konnte. Der Künstler war unfähig, Bündnisse zu schließen, Netzwerke zu aktivieren oder Partner zu finden, alles Dinge, die unabdingbar in der Politik sind. Er war schwach in Fragen der Strategie, doch stark in seiner Phantasie. D'Annunzio übertrug die Genieästhetik auf die Politik und band die Masse durch klassisch anmutende Rituale in sein großes Werk der Schöpfung eines neuen Italien ein. Mussolini wußte, daß er Gabriele D'Annunzio dadurch schwächte, indem er ihm keine Kämpfer schickte, und indem er einen Coup inszenierte, der den von Fiume bei weitem übertraf.

Der Faschistenchef zeigte sich überraschend schnell bereit, die für Fiume gefundene Vertragslösung zu akzeptieren. Gerüchte kursierten, nach denen er sich von Giolitti hatte kaufen lassen. D'Annunzio war mit der Welt beleidigt, zog sich zurück an den Gardasee und nahm fortan eine Beobachterposition ein. Er beklagte den Verlust Fiumes, beschwor die Schrecken des »blutigen Weihnachten« 1920 und war damit beschäftigt, sein Mausoleum, die Villa *Il Vittoriale*, auszuschmücken. Der Vertrag von Rapallo hatte in gewissem Sinne den Weg für Mussolini freigemacht. Solange sein heimlicher Konkurrent D'Annunzio sich als Politiker versucht hatte, war für ihn nur der zweite Platz frei gewesen. Seine Kritiker beruhigte er mit dem Hinweis, daß er den großen Poeten aus ganzem Herzen bewundere, er jedoch sei »ein großer, kräftiger Bauer, der an die Realität seiner Scholle gebunden ist«. Er drehte nun den Spieß um und empfahl sich als Diktator und den Poeten als seinen Handlanger. Giovanni Giolitti nahm keinen der beiden ernst. Er war davon überzeugt, daß er sowohl D'Annunzio als auch Mussolini für seine Interessen würde nutzen können. Giolitti hatte sich nicht verändert, er war nach wie vor verschlossen und illusionslos, doch was viel schlimmer war, er hatte nichts aus der Vergangenheit gelernt. Im Oktober 1917 hatte er noch einem Redakteur des Turiner *Stampa* geschrieben, die Macht gehöre jetzt in die Hände junger Männer, denn nur die hätten die Kraft, das durch den Krieg Zerstörte wiederaufzubauen. Doch er hielt sich nicht an seinen eigenen Ratschlag und kehrte im hohen Alter an die Spitze des Staates zurück. Filippo Turati lehnte erneut den ihm angebotenen Ministerposten ab, im Kabinett Giolitti saßen jedoch Ivanoe Bonomi und der unabhängige Sozialist Arturo Labriola. Italien befand sich am Rande eines Bürgerkriegs. Die Sozialisten und die Faschisten lieferten sich blutige Straßenschlachten, bei denen beide Seiten Tote zu beklagen hatten. Fabrikbesetzungen und Streiks waren an der Tagesordnung; Bürger und Kleinbürger lebten in Angst und Schrecken. Mit einem gewissen Wohlgefallen registrierte Giolitti deren Ruf nach Recht und Ordnung. Wie immer ließ er sich minutiös Bericht erstatten über die Vorfälle im Land, zog sich häufig zurück und glaubte, dennoch die Lage unter Kontrolle zu haben. Er wollte nicht zwischen Faschisten und Sozialisten unterscheiden und ging von der hybriden Annahme aus, daß er beide Seiten zur Raison bringen werde. Das sollte sich als schwerwiegender Fehler erweisen.

Angesichts der siegreichen russischen Revolution glaubten auch die italienischen Sozialisten, daß in ihrem Land eine Revolution in die Reichweite des Möglichen gerückt sei. Die Partei verzeichnete weiterhin einen erheblichen Mitgliederzuwachs, und Wahlen wurden spielend gewonnen. Aber in ihrem Erfolg lag schon ihr Scheitern begründet, denn sie waren auf diese Situation völlig unvorbereitet. Die Nachkriegssozialisten zeichneten sich durch ideologische, materielle und technische Unreife aus. Sie versprachen wortreich eine Gesellschaft, in der es keine Klassen, keine Armee, keine Verbrechen und keine Not geben werde. Ihr professioneller Optimismus und ihre revolutionäre Heilserwartung durften nicht kritisiert werden. Die gegenwärtige Gesellschaft wurde vollständig verneint, eine Zusammenarbeit mit den bürgerlichen ausgeschlossen, denn die Genossen wollten das edle Proletariat dem verderblichen Einfluß der Bürger entziehen. Sie zeigten sich jedoch nicht dazu in der Lage, aus den Taten, zu denen sie aufriefen, auch politischen Nutzen zu ziehen. Ihre Aktionen wie Fabrikbesetzungen, Straßenschlachten oder Streiks waren so gut wie nie durchdacht, sondern spontan und hilflos. Zunehmend fühlten sich die aufruhrbereiten Arbeiter von ihrer Partei im Stich gelassen. Über all den Verheißungen und Parteistreitereien zogen sie sich müde und enttäuscht zurück. Die italienische Linke ergab sich weitgehend kampflos.

Im Januar 1921 spaltete sich die Sozialistische Partei. Es gab von nun an eine Sozialistische und eine Kommunistische Partei. Die Kommunisten befanden sich unter dem Druck der Komintern. Ihr Feind war die regierende Klasse – ganz gleich, ob es sich dabei um Faschisten oder Liberale handelte.[139]

Giolitti hielt sich selbst für schlauer als Mussolini. Er ignorierte die enge Zusammenarbeit der Exekutive mit den faschistischen Schlägertrupps. Ob Giolitti der Bewaffnung der Faschisten Vorschub geleistet und deren Gewalttaten bewußt toleriert hat, bleibt umstritten. Fest steht allerdings, daß auch Beamte aus dem Kriegsministerium in den Faschisten eine Wiederbelebung nationaler Stärke sahen und sie deshalb unterstützten. Es gab Provinzen, in denen die Zusammenarbeit der Polizei mit den Faschisten normal war, viele Armeeangehörige nahmen in Uniform an Veranstaltungen der Faschisten teil, die Waffen der Faschisten stammten oftmals aus Armeebeständen, und deren Verbrechen wurden in den seltensten Fällen geahndet. Dieses Verhalten von Polizei und Militär wurde in Rom höchstens als Disziplinverletzung betrachtet; der Staat setzte sich nicht dagegen zur Wehr.

Stefan Zweig, der in diesen Jahren Italien besuchte, wurde in Venedig Zeuge des »Sturmlaufs« einer Faschistengruppe. »Aus einer Seitengasse marschierte oder eigentlich lief in hastigem Gleichschritt eine Gruppe junger Leute, gut geordnet, die in geübtem Takt ein Lied sangen, dessen Text ich nicht kannte – später wußte ich, daß es die ›Giovinezza‹ war. Und schon waren sie, Stöcke schwingend, in ihrem Laufschritt vorbei, ehe die hundertfach überlegene Masse Zeit gehabt hatte, sich auf den Gegner zu stürzen. Der verwegene und wirklich mutige Durchmarsch dieser kleinen organisierten Gruppe war so rasch erfolgt, daß sich die andern der Provokation erst bewußt wurden, als sie ihrer Gegner nicht mehr habhaft werden konnten. Ärgerlich scharten sie sich jetzt zusammen und ballten die Fäuste, aber es war zu spät. Der kleine Sturmtrupp war nicht mehr einzuholen.« Nach dieser Begegnung habe er gewußt, daß der Faschismus »etwas Reales sei, etwas sehr gut Geleitetes, und daß er entschlossene, kühne junge Menschen für sich fanatisierte.« »Neugierig geworden kaufte er sich eine Ausgabe des *Popolo d'Italia* «und spürte an dem scharfen, lateinisch knappen, plastischen Stil Mussolinis die gleiche Entschlossenheit wie bei dem Sturmlauf der jungen Leute über den Markusplatz«.[140]

Dabei war die Gewalt der Faschisten systematisch in ihrem Vorgehen, zynisch gegenüber ihren Opfern und brutal. Die »squadre d'azione« setzten sich aus ehemaligen arditi, ehemaligen Offizieren und Studenten zusammen. Bezeichnend für ihren Geisteszustand war die Bedenkenlosigkeit, mit der sie ihrem blutigen Geschäft nachgingen. Die arditi hatten sich durch eine Angriffstaktik ausgezeichnet, die auf Schrecken, Tempo und Überraschung zählte. Das im Krieg Gelernte wird mühelos auf die Politik übertragen. Alle Mittel werden gutgeheißen, sofern sie der Sache, und das heißt der Vernichtung des Gegners dienen.

Die demobilisierten Offiziere waren heftigen Anfeindungen ausgesezt. Vornehmlich in der sozialistischen Presse wurde ihnen vorgeworfen, ihre Soldaten im Krieg regelrecht verheizt zu haben. Auf offener Straße kam es zu Angriffen auf Offiziere, die sich in der Rolle der Sündenböcke der Nation wiederfanden. Sie waren aus der Bahn geworfen, fühlten sich unzufrieden und unsicher.[141] Die Offiziere nutzten ihre Erfahrung zur Militarisierung der faschistischen Bewegung. Sie suchten die kämpferische Auseinandersetzung und waren nicht eigentlich an politischen Problemlösungen interessiert. Auch Studenten schlossen sich den Forderungen Mussolinis und D'Annunzios an. Adrian Lyttelton verweist darauf, daß in den Provinzstädten des Nordens die Studenten oftmals die erste faschistische Zelle bildeten. Sie verbanden ihre Hoffnung auf nationale Größe mit einer großartigen Zukunft für sich selbst.

Arditi, ehemalige Offiziere und Studenten waren Deklassierte ohne Partei und ohne Beruf, die das Recht, die Demokratie und die bürgerliche Gesellschaft zu verachten gelernt hatten.[142] Die brutale Gewaltanwendung verhalf ihnen zu Prestige und Ansehen. Wer am härtesten zuschlug, galt am meisten. Durch den Krieg waren sie an Gewalt und Unterordnung gewöhnt. Die Studenten gehörten der Vorkriegsjugend an, die mit keinem Kampferlebnis aufwarten konnte. Sie bewunderten die arditi, deren Auftreten, Uniformen und Lebensstil sie zu imitieren versuchten. Sie hatten eine Kriegsjugend verbracht und fanden sich im Frieden wieder. Ihr Denken und ihr Fühlen war geschult am Krieg, und sie erlebten es als Makel, daß sie den Krieg passiv erlitten und nicht aktiv erlebt hatten. Das Bewußtsein dieses Makels und die völlige Abhängigkeit der Dinge des Lebens von ihrer eigenen Kraft machte sie anfällig für dramatische Aktionen. Sie schreckten nicht zurück vor gewaltsamen Lösungen in der Politik, denn damit sind sie aufgewachsen. Faschismus wie auch Bolschewismus waren so erfolgreich, weil es beiden Bewegungen gelang, die modernen revolutionären Leidenschaften zu aktivieren: »Brüderlichkeit der Kämpfenden, Haß auf das Bürgertum und das Geld, Gleichheit der Menschen und Streben nach einer neuen Welt.«[143]

1921 setzte Giovanni Giolitti vorgezogene Neuwahlen durch. Er forderte Mussolini auf, seinem Nationalen Block beizutreten. Das Ergebnis war, daß fünfunddreißig faschistische Abgeordnete ins Parlament einziehen konnten. Giolitti wollte die Faschisten durch diesen Schachzug ausschalten, doch das Gegenteil trat ein. Durch das Bündnis mit den Faschisten machte er sich zum einen als Partner der Sozialisten gänzlich unmöglich und verhinderte dadurch indirekt eine antifaschistische Koalition, denn die Sozialisten konnten nicht mit einem Mann zusammenarbeiten, der in ihren Augen dem Fortkommen der Faschisten Vorschub geleistet hatte. Zum anderen hatten die Faschisten dank Giolitti eine neue Bühne erhalten. Vor der Wahl hatte der alte Mann prophezeit, die Faschisten würden viel Lärm machen, wären aber ziemlich schnell ausgebrannt. Der »Lärm«, das waren am Wahltag allein vierzig Tote und siebzig Verletzte, die bei Kämpfen zwischen den Linken und den Rechten als Opfer zu beklagen waren. Der Greis wollte nicht einsehen, daß diesen gewaltbereiten jungen Männern die Zukunft gehörte, während seine Zeit schon lange abgelaufen war. Der Nationale Block war ein inkohärentes Gebilde, für dessen Zusammenhalt Giolitti die Kraft fehlte. Er trat ein erneutes Mal zurück und machte Platz für Ivanoe Bonomi. Der neue Ministerpräsident forderte die Anwendung des Gesetzes gegen die Squadristen. Doch das reichte nicht aus, um Mussolini zu besiegen. Der ehemalige Sozialist agierte äußerst geschickt: er arbeitete intensiv nach verschiedenen Richtungen und ließ sich immer einen zweiten Ausweg offen.

Mussolini genoß zunächst seine Auftritte im Parlament und war neugierig auf diese neue Welt, die sich ihm eröffnete. Il Popolo d'Italia berichtete denn auch neuerdings nicht nur über die Straßenkämpfe mit den Roten, sondern druckte detaillierte Berichte über die Manöver der Parteien im Parlament ab. Mussolini fürchtete, daß die bislang hilfreichen squadristi die Erfolge, die die Faschisten bei den Bürgern verbuchen konnten, zunichte machen würden. Im Juli 1921 kam es mit Unterstützung Bonomis zu Verhandlungen zwischen sozialistischen und faschistischen Abgeordneten über einen Waffenstillstand. Im August wurde eine Art Friedensvertrag unterzeichnet, nach dem sich beide Seiten zur sofortigen Einstellung der Kampfhandlungen verpflichteten. Die Kommunisten agitierten sofort dagegen und riefen zur Bildung von kommunistischen squadre auf. Auch bei den Faschisten erhob sich ein Sturm der Entrüstung. Der Vertrag wurde als Verrat am faschistischen revolutionären Ideal gebrandmarkt, und in Bologna tauchten Plakate auf, auf denen »Einmal Verräter immer Verräter« zu lesen stand.¹⁴⁴ Mussolinis taktisches Manöver fand bei seinen Schlägertrupps kein Verständnis, und er sah sich mit einem Aufstand in der eigenen Bewegung konfrontiert. Seine Verteidigung hatte wenig Erfolg, und am 7. August fragte er: »Kann der Faschismus ohne mich existieren? Zweifellos, aber ich kann auch sehr gut ohne den Faschismus sein.« Zehn Tage später trat er aus dem Vorstand der Bewegung zurück. Die Geschichte von 1915 schien sich zu wiederholen.

Mussolini hatte den Faschismus als ein »städtisches« Phänomen bezeichnet und war schon lange unzufrieden mit der Entwicklung des Provinzfaschismus, dessen charakteristische Kennzeichen Gewalt, Konzentration auf eine Autorität und Kult des charismatischen Führers sind. Drei mächtige ras – das war ursprünglich der Titel der äthiopischen Stammesfürsten – bildeten eine ernstzunehmende Konkurrenz für Mussolini: Dino Grandi, Italo Balbo und Roberto Farinacci. Sie kontrollierten mit ihren brutalen Schlägertrupps ganze Landstriche und konnten sich der Unterstützung mächtiger Großgrundbesitzer sicher sein. Ihre Position verdankten die Herren den Squadristen, und wenn diese nichts mehr zu tun hatten, dann wurde auch ihre Macht weniger. Ihre lokale Tyrannei hatten sie mit Hilfe befehls- und gewaltbereiter Männer errichtet; Politik war für sie die Durchsetzung ihrer Ziele mit Gewalt.¹⁴⁵

Die ras verkündeten lauthals, der Faschismus sei nicht das Eigentum Mussolinis, und hinter vorgehaltener Hand schimpften sie ihn einen Feigling. Sie trafen damit einen wunden Punkt: Mussolini mußte einsehen, daß die Militarisierung seiner Bewegung nicht mehr zu stoppen war. Der Krieg, in den er die squadristi geschickt hatte, ließ sich nicht so einfach beenden. Für diese an Gewalt gewohnten Männer kam ein Pazifizierungsprozess einer Niederlage gleich. Sieg war für sie die Vernichtung des Gegners. Auf dem dritten nationalen Kongreß der Faschisten in Rom im November 1921 gestand Mussolini ein, daß seine Abmachung mit den Sozialisten ein Fehler gewesen sei. Er präsentierte sich als derjenige Mann, der den Faschismus zum Sieg führen würde, und wurde als solcher angenommen. Die squadristi hatten einsehen müssen, daß sie ohne das strategische Geschick und die politische Begabung Mussolinis nur wenig ausrichten konnten, und Mussolini hatte begriffen, daß seine Bewegung nicht mehr zu ändern war. Der Austritt aus der Sozialistischen Partei 1915 hatte für ihn die Abkehr von der Doktrin schlechthin bedeutet. Diesem Muster beschloß er treu zu bleiben und politische Entscheidungen durch die Hinwendung zur Geschichte zu legitimieren.

Die Situation 1921 zwang ihn erneut zur Kursänderung: Aus der Bewegung wurde eine Partei. Die squadri wurden reorganisiert in eine Art nationaler Miliz, die im ganzen Land präsent war und einem zentralen Kommando unterstand. »Mit der Verwandlung in eine Partei stärkte der Faschismus seine militärische Struktur. Die Aktivitäten des Zentralkomitees, der Squadristen und der Parlamentsgruppe wurden vereinheitlicht. Die Strategie der neuen Partei war es, parlamentarische Politik mit Terror zu verbinden.«¹⁴⁶ Der »Marsch auf Rom« konnte beginnen.

Mussolini versuchte nicht mehr, die squadristi zu hemmen, ganz im Gegenteil, er feuerte sie an, Gewalt im großen Stil auszuüben und ihr eigenes Land zu erobern. Die faschistischen Stoßtrupps unterwarfen ganze Provinzen ihrer Gewalt, sie wiesen mißliebige Personen aus, verabreichten sozialistischen Politikern Rizinusöl, schlugen und mordeten.

Eines ihrer wichtigen Instrumente war die Strafexpedition. Ihre Ziele waren vorwiegend sozialistische Einrichtungen, die sie plünderten, niederbrannten oder zur Auflösung zwangen. Ihre Aktionen bezeichneten sie durchgehend als Vergeltungsmaßnahmen.[147] Ihre Logistik und die von ihnen eingesetzte moderne Kommunikation war den Sozialisten weit überlegen. Erfolgreich kombinierten sie den Lastwagen mit dem Telefon. Wenn in einer Stadt ein Faschist von Unbekannten angegriffen, verletzt oder getötet wurde, dann waren binnen kürzester Zeit Lastwagen, vollbeladen mit kampfbereiten squadristi, vor Ort.

Von der Parteigründung versprach sich Mussolini bessere Kontrolle über die Geister, die er gerufen hatte. Die alte Parole »Revolution durch Krieg« wurde durch die Parole »Revolution als Krieg«. Das schwierige und komplizierte Verhältnis von Politik und Terror hatte Mussolini mit der Parteigründung für sich gelöst: faschistische Politik war Terror.

Mussolini machte die Bürger glauben, die Faschisten verteidigten den Staat gegen die Bolschewisten. Die Gewalt der squadristi wurde als Gegenwehr zur bolschewistischen Gefahr ausgegeben. Innerhalb kurzer Zeit zerschlugen die faschistischen Squadren, von vielen etablierten Kräften der Gesellschaft unterstützt, in einem unerbittlichen und brutalen Kampf in ganz Italien all jene mühsam gewonnenen Einrichtungen, die zur Selbsterziehung des Volkes errichtet worden waren. Turati sprach denn auch von einer »Revolution des Blutes gegen eine Revolution der Worte«. Ganz Italien sah zu, wie das Land von einer Privatarmee terrorisiert wurde. Die Linke war durch ihre Spaltung geschwächt, und ihr einziges Mittel zur Verteidigung war der Generalstreik, der nie so richtig gelingen wollte. Auch Bonomi verlor immer mehr an Ansehen und wußte sich nicht zur Wehr zu setzen. Derweil führte Mussolini in aller Ruhe sein Spiel fort. Er flirtet im Parlament nach allen Seiten, beruhigt das Heer und den König, gibt sich loyal gegenüber dem Vatikan und achtet darauf, daß weder D'Annunzio noch einer der ras ihm gefährlich wird. Der Duce, wie er neuerdings von seinen Anhängern genannt wird, hatte die Gewalt des »wahren Volkes« quasi legalisiert.

Die ehemalige Genossin Sarfatti haßte die Linken. Die Fäuste zornig in der Manteltasche zusammengeballt, stand sie am Straßenrand, wenn einer der kommunistischen Demonstrationszüge durch Mailand zog.[148] Die »Viva Lenin!«-Rufe der Männer und Frauen gellten wie Hohn in ihren Ohren. Es ärgerte sie maßlos, daß ausgerechnet diejenigen vom Krieg profitierten, die sich in ihren Augen so feige verhalten hatten. Für sie war nach wie vor Mussolini Italiens Retter. Bis die Lebenden das begriffen, hielt sich Mussolini an die Toten. Er sammelte Geld zur Errichtung eines Monuments für Filippo Corridoni, der im Krieg gefallen war. Cesare und Margherita Sarfatti unterstützten ihn mit einer großzügigen Geldspende und wurden dafür lobend im *Popolo d'Italia* erwähnt. Je länger Robertos Tod zurücklag, um so mehr wuchs Margherita Sarfatti in die Rolle der stolzen Heldenmutter hinein. Sie war der festen Überzeugung, daß ihr Sohn, wenn er noch lebte, eine wichtige Position in der faschistischen Bewegung einnehmen würde. Sie glaubte auch stellvertretend für ihn zu handeln, indem sie sich den Faschisten anschloß. 1921 brachte sie einen Band mit eigenen Gedichten heraus. Bereits als junges Mädchen hatte sie sich als Lyrikerin versucht und das Schreiben von Gedichten nie ganz aufgegeben. Nach Robertos Tod hatte sie begonnen ihren Schmerz in Verse zu fassen. Der Band hieß *I vivi e l'ombra* und enthielt Gedichte aus den vergangenen sechs Jahren. Es ging darin um ihre Beziehung zur Kunst, zu ihrem Mann, zu ihren Kindern und zu ihren Freunden. Das waren die Lebenden, und der Schatten, der sie verfolgte und über ihrem Leben lag, war der gefallene Sohn. Margherita fühlte sich verpflichtet, das Gedenken an Roberto wachzuhalten. Außer dem Gedichtband hatte sie Robertos Briefe herausgegeben, denen sie Erinnerungen von Freunden zur Seite gestellt hatte. Die Sprache war getragen und von einem feierlichen, nahezu sakralen Ernst. Die Heldenmutter präsentierte ihre Qualen und forderte den Sieg des Faschismus für den Tod ihres Sohnes.

Zum dritten Todestag von Roberto Sarfatti veranstaltete Mussolini eine große Gedenkveranstaltung in Mailand. Außer den Eltern und Geschwistern Robertos nahmen Filippo Marinetti, der Maler Achille Funi und Hunderte junger Faschisten daran teil. Mussolini verlas Briefe Robertos an seine Eltern und ehrte dessen Opfer. Der Junge, der irgendwo in den Bergen in seinem Grab lag, hatte sein Leben für ein Italien gelassen, das erst noch zu errichten war. Er forderte die Anwesenden auf, an dessen Gestaltung mitzuwirken, und enthielt sich jeglicher Polemik gegenüber dem politischen Gegner. Mussolini hat Roberto Sarfatti mit Zustimmung von dessen Eltern zum ersten Märtyrer des Faschismus gemacht. Er benutzte den Toten, um die Lebenden auf seine Ziele zu verpflichten. Margherita Sarfatti ist in diesen entscheidenden Jahren eine der wichtigsten Mitarbeiterinnen Mussolinis und sein emotionaler Rückhalt. Ihre Beschäftigung mit der Kunst rückt in den Hintergrund, sie assistiert ihm in der Redaktion und begleitet ihn zu Auftritten im ganzen Land. Sie hat ein Auto und kann ihren Geliebten überall hinbringen, wo er glaubt, gebraucht zu werden. Ihre Tochter Fiammetta hatte in einem Interview 1983 gesagt, daß sie das Gefühl habe, ihre Kindheit in einem Auto zugebracht zu haben. Und sie erinnerte sich, ihre Mutter sei die einzige Person gewesen, mit der sich Mussolini besprochen habe.

Mussolini ist kein Mann, der die Frauen liebt, aber sie sind die einzigen, denen er vertraut. Nach seinem Männlichkeitsideal darf er sich von keinem Mann kritisieren lassen oder Schwächen zeigen. Nur wer nicht zu ihm in Konkurrenz steht, darf um seine Selbstzweifel wissen. Das kann nur eine Frau sein, die wegen ihres Geschlechts außerhalb der Arena der Macht steht, doch deren Gesetze kennt. Giuseppe Borgese, der spätere Schwiegersohn von Thomas Mann, hat Sarfattis wachsenden Einfluß auf Mussolini registriert. Er gehörte wie Mario Sironi, Achille Funi, Alberto Savinio, Massimo Bontempelli oder Giorgio de Chirico zu den häufigen Gästen in Margheritas Salon. In seinen Erinnerungen hat er festgehalten, daß Margherita Mussolini dabei geholfen habe, »diesen Cocktail aus Nationalismus und Sozialismus« zu mischen und daß er sich dabei entschiedener vorgegangen sei als sie.

1920 war die Redaktion des *Il Popolo d'Italia* umgezogen. Die neue Redaktion befand sich in einem eigens für sie gebauten Haus. Die Redakteure hatten geräumige Büros; Druckerei und Redaktion befanden sich praktischerweise unter einem Dach. Mussolini verfügte nicht nur über ein extra großes Büro, sondern auch über einen Fechtraum, in dem er jeden Morgen Unterricht erhielt. Sarfatti berichtet, daß sie die alte Redaktion nur ungern verließen, denn sie beschlich das Gefühl in den kleinen, kärglichen Zimmern einen Teil ihrer Jugend zurückzulassen. Zwar tönte Mussolini, er könne jederzeit dahin zurückkehren, woher er gekommen war, doch das glaubte ihm niemand. Er war zum damaligen Zeitpunkt siebenunddreißig Jahre alt und wußte, daß dies vielleicht seine letzte Chance war, Einfluß auf die Geschicke des Landes zu gewinnen. Ohne großen Umweg wollte er vom neuen Mailänder Redaktionsgebäude nach Rom wechseln. Um diesem Entschluß Nachdruck zu verleihen, gründete er eine theoretische Zeitschrift, deren Titel *Gerarchia* deutlich zum Ausdruck brachte, um was es ging. Mit dieser Zeitschrift sollten die autoritären und konservativen Kreise beruhigt werden, die den antisozialistischen Kurs der Faschisten befürworteten, mit den Methoden der Partei jedoch Schwierigkeiten hatten. In der zweiten Ausgabe erklärte Mussolini, der Faschismus richte sich gegen die Prinzipien von 1789 und verstehe sich als die erste Gegenbewegung gegen die Demokratie im 20. Jahrhundert. Das Zeitalter der Demokratie und Mitbestimmung erklärt er für beendet. »Der Krieg ist revolutionär gewesen in dem Sinne, daß er – durch Ströme vergossenen Blutes – das Jahrhundert der Demokratie liquidiert hat, das Jahrhundert der Zahl, der Mehrheit, der Quantität.« Mit *Gerarchia* sollte den Strafexpeditionen der squadristi theoretisches Niveau verliehen werden. *Gerarchia* war das Produkt der Zusammenarbeit von Mussolini und Sarfatti. Sie war seine Redakteurin und ihr Direktor. Sie kümmerte sich um die Akquirierung der Texte, aus denen sie gemeinsame Auswahl trafen, wobei ihm das letzte Wort vorbehalten blieb. Mehrere Artikel, die sie verfaßt hatte, erschienen unter ihrem wohlbekannten Pseudonym *El Sereno*. Viele Angehörige aus ihrer Entourage wurden in *Gerarchia* abgedruckt, und ihr Freund, der Maler Mario Sironi, gestaltete die Titelbilder. Sarfatti war rund um die Uhr damit beschäftigt, dem Faschismus zum Sieg zu verhelfen.

Als junge Frau hatte sich Margherita Sarfatti immer nach einer produktiven Liebesbeziehung gesehnt. Sie hatte zunächst geglaubt, diese mit ihren Genossen und Ehemann Cesare verwirklichen zu können, mußte jedoch bald einsehen, daß dies nicht möglich war. Cesare Sarfatti war kein Mann, der Erfolg im öffentlichen Leben hatte. In Benito Mussolini fand sie den Mann aus dem Volk mit großer sexueller Attraktivität und dem Willen zur Macht. Ihr Vater und ihr Mann waren Männer des Gesetzes gewesen. Mussolini bekannte sich zur Gewalt und wollte Gesetze selbst machen. Er war für sie der Mann, mit dem sie nicht nur ihre Beschäftigung mit der Kunst der faschistischen Politik zuliebe hintenangestellt, sondern auch ihre Familie in die Partei überführt. Ihr toter Sohn war durch ihr aktives Zutun zum ersten faschistischen Märtyrer geworden, und ihr zweiter Sohn, Amedeo, trat 1921 mit achtzehn Jahren den Faschisten bei. Er arbeitete bei der Bank und schrieb in der Zeitschrift seiner Mutter über das internationale Finanzwesen. Ihre Tochter Fiammetta nimmt sie häufig auf Wahlkampfreisen mit, und nur Cesare zeigt noch einen gewissen Eigensinn, indem er sich weiterhin als Sozialisten bezeichnet, Mussolini jedoch unverändert zugetan bleibt.

Der Erfolg der Faschisten veränderte die Beziehung zwischen den Geliebten. Margherita Sarfatti wachte nun eifersüchtig über Mussolinis Karriere. Mittlerweile hatte sie sich vollständig mit ihm und seiner Politik identifiziert. Sie sorgt dafür, daß er ausgeruht und erholt ist. Häufig unternehmen sie zusammen kurze Reisen. So verbringen sie zwei Tage in Venedig. Sie steigen im luxuriösen Hotel Danieli ab, lassen sich mit der Gondel treiben, und Margherita zeigt ihrem Liebhaber die Schönheit ihrer Heimatstadt. Sie führt ihn ein in ihre Welt und übernimmt die Kosten für diese Lehrgänge. Doch die »anni felice antimarcia« (Fiammetta Sarfatti) neigen sich ihrem Ende zu.

Beide werden zunehmend nervöser, denn sie wissen, daß der Augenblick des Handelns bevorsteht. Eine untätige Partei verliert an Enthusiasmus. Margherita beschleicht das ungute Gefühl, Mussolini könne scheitern, dann wäre ihre gesamte Investition dahin. Sie beobachtet ihn genauer als früher, registriert zunehmend auch die Mißerfolge ihrer Erziehung und ist von seiner ungelenken Art mittlerweile nicht mehr fasziniert, sondern auch genervt. Den Stand ihrer Beziehung verdeutlicht eine Begebenheit, die sich Ende 1919 in Sarfattis Salon zutrug. Toscanini hatte seiner Freundin Margherita Sarfatti von einer Entdeckung berichtet, die er im Mailänder »Savini« gemacht hatte. Es handelte sich um eine junge tschechische Violinistin, die er für ein großes Talent hielt. Toscanini und Sarfatti verabreden ein Hauskonzert, zu dem die Habitués wie Marinetti, Bontempelli, Borgese und Negri erschienen, aber auch Gäste aus der Finanz- und Kunstwelt. Auf einem Sofa lümmelte an diesem Abend Mussolini, von dem bekannt war, daß er sich im Violinspiel versuchte. Der Vortrag der jungen Frau war brillant, und sie konnte sich der Unterstützung des berühmten Toscaninis sicher sein. Nachdem der frenetische Beifall abgeebbt war, wandte sich die Salonnière an Mussolini und fragte laut: »Wollen Sie uns nicht auch eine Probe Ihres Könnens geben?« Die anwesenden Gäste glaubten, nicht richtig gehört zu haben. Es kam einer Verhöhnung gleich, einen Autodidakten in Anwesenheit Toscaninis und der begabten jungen Frau zum Spiel aufzufordern. Alle Augen richteten sich auf Mussolini. Er murmelte etwas von einer Unpäßlichkeit. Da kannte er aber Margherita schlecht. Sie bittelte und bettelte, er möge wenigstens ein Stück für sie spielen. Dem Duce gelang es nur schwer, die Beherrschung zu wahren, und er zischte ihr zu, sie solle gefälligst den Mund halten.[149] Als sie endlich von ihm abließ, stand er sofort auf und verließ den Salon. Als sich die Liebenden das nächste Mal trafen, herrschte er sie an, so etwas nie mehr mit ihm zu machen. Sie hatte versucht, ihn vor ihren Freunden, in ihrer Welt bloßzustellen und zu demütigen. Das hatte einen Grund, denn Margherita Sarfatti wollte es ihm heimzahlen, daß er sich fortgesetzt mit anderen Frauen betrog. Kein Zweifel: Rivalität und Mißtrauen hatten sich in ihre Beziehung eingeschlichen. Der Kampf um die Vorherrschaft hatte begonnen.

Mussolini war schon als junger Mann ein Bewunderer des Fliegens gewesen. Im Juli 1909 war Louis Blériot auf einem Apparat, den er selbst gebaut hatte, erstmals über den Ärmelkanal geflogen und hatte damit bewiesen, daß der Mensch ohne Unterbrechung mehrere Stunden in der Luft bleiben kann. Mussolini publizierte zum ersten Flug von Blériot einen Artikel in einer italienischen Regionalzeitung, in dem er sich über die Bedeutung der Kanalflüge auslieβ. Menschenversuche wie der Blériots lassen sich seiner Meinung nach nicht einfach als Sport verstehen. Sie sind Ausdruck der Tendenz des neuen Jahrhunderts: »Bewegung zu der eisigen Einsamkeit der Pole und zu den jungfräulichen Spitzen der Berge, Bewegung zu den Sternen und in die Tiefe der Meere ... Bewegung überall und Beschleunigung im Rhythmus unseres Lebens.«[150] Als Blériot sein Flug geglückt war, grüßte ihn Mussolini als einen der Übermenschen Nietzsches, als einen der Männer, die ihrem Leben Bedeutung verleihen, indem sie ein Ideal verfolgen. Benito Mussolini, der im Schützengraben die Erdgebundenheit des Menschen als Verdammung zu Leiden und Passivität erfahren hatte, war der Überzeugung, daß man die Körper in Bewegung setzen mußte, um eine neue Ordnung der Übermenschen zu installieren.

Die Lehre, mit der ihm dies gelingen sollte, fand er bei Georges Sorel, den er als seinen (angeblich) wichtigsten Lehrmeister bezeichnete. Père Sorel, wie George Sorel liebevoll von seinen Anhängern und Freunden gerufen wurde, war ein Apologet der Gewalt, der den metaphysischen Gehalt des Marxismus sichern und die Demokratie zerstören wollte. Im universalen Rationalismus der Aufklärung, im Pazifismus und im »Humanitarismus« fand er und die Ängste einer verweichlichten Bourgeoisie ausgedrückt, die er erbittert bekämpfte. Sorel war seiner Ausbildung nach Ingenieur und hatte bis zu seinem vierundvierzigsten Lebensjahr als Angestellter des französischen Staates Brücken und Straßen gebaut. Sein anonymes, erstes Leben beendete er 1889 und zog sich mit dem Kreuz der Ehrenlegion als Dank für seine Verdienste zurück, um fortan Bücher und Aufsätze zu schreiben. Er war bekennender Autodidakt, der alles las, was ihm in die Hände fiel. Der Revolutionär Sorel lebte das kleinbürgerliche Leben eines Rentners, der, feindselig gegenüber der Welt gestimmt, seine Ressentiments pflegte. Sorel war ein Bewohner der Vorstadt. Ab und an fuhr er nach Paris, wo er ein gerngesehener Gast in den Redaktionsräumen der *Cahiers de la Quinzaine* war, die auch Margherita Sarfatti besucht hatte. Auch das öffentliche, zweite Leben Sorels war von keiner großen Aufregung gestreift. Er stand nie auf den Barrikaden und lebte, völlig dem Abenteuer abgewandt, in bürgerlicher Sicherheit. Seine Welt war mit dem Auftritt Napoleons III. und der Niederlage von 1870 aus den Fugen geraten.[151] Das alte Frankreich, dem er sich zugehörig fühlte, war verloren. Die »sozialen Autoritäten«, wie er die Honoratioren und Notablen der alten Familien bezeichnete, waren vertrieben, und statt ihrer hatte sich eine dekadente Bourgeoisie breitgemacht. Die politische und geistige Physiognomie der Herrschenden schreckte ihn ab, und er war entsetzt über »das furchtbare Personal« (Carl Jakob Burckhardt), das Frankreich regierte. Statt Moral dominierte Gier; die »Genies der Mittelmäßigkeit« befanden sich an der Macht.

Sorel hat im Verlauf seines Lebens viele politische Wandlungen durchlaufen; in die Geschichte der politischen Ideen ist er als Theoretiker des revolutionären Syndikalismus eingegangen.[152] Er bekämpfte den reformbereiten Sozialismus eines Jean Jaurès und warf den Parteisozialisten vor, sie würden sich gebärden, »als ob sie Professoren für den sozialen Frieden wären«.[153] Die Arbeiterklasse war für ihn ein Reservoir produktiver Kräfte und gesunder Instinkte, die nur der rechten Führung bedurfte, um zur Herrschaft befähigt zu sein. Die Revolution des Proletariats im Industriekapitalismus ist für ihn nicht gleichzusetzen mit einem banalen Sklavenaufstand. Armut, Elend und Ausbeutung haben keine geschichtliche Kraft, und Mitleid ist politisch harmlos. »Marx dagegen hat eine von einem Proletariat der Produzenten vollzogene Revolution im Auge, die die wirtschaftliche Fähigkeit, die Einsicht in die Arbeit und den Sinn für das Recht unter dem Einfluß der Produktionsbedingungen selbst erlangt haben.«[154] Zunächst räumt er auf mit der Vorstellung, daß die Revolution mechanisch einstellen werde. »Man darf sich nicht der Hoffnung hingeben, die revolutionäre Bewegung könne eine ganz sauber vorher festgelegte Linie einhalten, könne nach einem ausgeklügelten Plan wie etwa die Eroberung eines Landes gelenkt, könne wissenschaftlich anders als in ihrem Gegenwartsleben erfaßt werden. Nichts in ihr läßt sich vorher aussehen.«[155] Der Rationalismus hat nach Sorel Tradition und Glauben zerstört, ohne Ersatz dafür bieten zu können. Die moralischen Kräfte sind verdrängt, die Tugenden des Kampfes verschwunden, was zu einer fortschreitenden Korruption des Politischen und des Geistigen geführt hat. Jede rationalistische Deutung verfälscht die Unmittelbarkeit des Lebens. Sorel greift auf Henri Bergson zurück, wenn er behauptet, am Anfang stehe die Tat, denn der Mensch erkennt nur, was er schafft. Damit stellt sich unweigerlich die Frage, was die Menschen eigentlich zur geschichtlich wirksam werdenden Tat treibt?

Sorel wird fündig in der bilderreichen Sprache von Karl Marx, die bisher als Ausweis mangelnder Wissenschaftlichkeit angesehen worden war. Er dreht den Spieß um und behauptet: »Aber gerade die symbolischen Stellen, deren Wert früher als zweifelhaft erschien, sind es, die den bleibenden Wert des Werkes ausmachen.«[156] Nicht der dem Verstand geschuldete Begriff treibt die Menschen an, sondern das Bild, das sich an die Seele wendet. Sorel glaubte entdeckt zu haben, daß Menschen, die an großen sozialen Bewegungen teilnehmen, ihr Handeln in Form von Schlachtbildern antizipieren. Diese Bilder sichern bereits den Triumph und spornen an zur Tat. Der soziale Mythos ist Sorels große Entdeckung für das politische Denken.[157] Der Mythos ist ein ganzes System von Bildern. Er ist Ausdruck moralischer Kraft, und diese Kraft wirkt ansteckend. Insofern handeln die, die unter dem Einfluß des Mythos handeln, moralisch. Der Mythos trifft den einzelnen Menschen in seinem Innersten, er erzeugt Gemeinschaft und wirkt so der Vereinzelung entgegen. Allerdings gibt sich der Mythos nicht mit dem Erreichten übereinstimmt. Man soll nicht an der Verwirklichung des gesetzten Ziels festhalten, denn der Mythos ist nicht ein nach Plan durchführbares Projekt, sondern er verheißt vor allem eine neue Welt. Die Auswirkungen der Verheißung auf das soziale Handeln sind dabei das wichtigste. Der Mythos einigt die Menschen und zwingt sie zur Tat.

Sorel erhebt die irrationale Schöpferkraft des Menschen zum geschichtsmächtigen und geschichtsbildenden Prinzip und erteilt jeder Vorstellung von einem nach Gesetzen verlaufenden Gesamtprozeß eine deutliche Absage. Dabei stellt er sich die Frage, wie unter den dekadenten Umständen seiner Zeit die heroisch-kreative Kampfkraft erneuert werden kann, und setzt die Hoffnung auf die proletarische Gewalt, der allein er die Kraft zur moralischen Erneuerung zutraut. Dazu muß man wissen, daß die französische Arbeiterbewegung nach dem Ende der Pariser Commune organisatorisch zersplittert war. Die enge Verbindung von Partei- und Gewerkschaftssozialismus, wie sie für England und Deutschland typisch ist, existierte in Frankreich nicht. Der Syndikalismus – die Theorie der ausschließlich gewerkschaftlichen Aktionen – war ein Ergebnis der Enttäuschung der Arbeiter über die parlamentarische Lösung der sozialen Frage. Die Syndikalistenführer waren der Ansicht, daß die sozialistischen Parteipolitiker die Arbeiter betrügen würden und daß diese Herren nur am Fortkommen ihrer eigenen Karriere interessiert seien. Sorel entdeckte das Syndikat als diejenige Organisation, »die vom Prinzip des Klassenkampfs im strengsten Sinne des Wortes erfüllt war«. In seinem 1906 erschienenen Hauptwerk *Réflexions sur la violence* [158] weist er auf seine glückliche Eingebung hin, den von den Syndikalisten gepriesenen Generalstreik als Mythos zu betrachten, »weil ich derart jede Diskussion mit den Leuten abwies, die den Generalstreik einer praktischen Kritik im einzelnen unterwerfen wollen und Einwände gegen seine praktische Möglichkeit häufen«.[159] Hielt er es zunächst nur für wahrscheinlich, daß Marx selbst seine Theorie als Mythos begriffen habe, so ist diese Vermutung in den *Réflexions* bereits der Gewißheit gewichen. Sorels Antwort auf die Diskrepanz zwischen den wissenschaftlich begründeten Prophezeiungen von Karl Marx und dem tatsächlichen Verlauf der Geschichte war, daß der Marxismus im Sinne von Marx ein Mythos war.¹⁶⁰

Sorel sah im Generalstreik die kämpferischen Energien freigesetzt, die zu einem welterneuernden Handeln führten. »Der syndikalistische Generalstreik weist die stärksten Verwandtschaften mit dem ersteren System des Krieges auf (die edle, selbstlose Form ist damit gemeint; K. W.): das Proletariat organisiert sich für die Schlacht, indem es sich von den anderen Teilen der Nation klar absondert und jegliche soziale Rücksicht auf der Geschichte ansieht und jegliche soziale Rücksicht der Rücksicht auf den Kampf unterordnet.«¹⁶¹ Dem Mythos ist es zu verdanken, wenn der einzelne die Kraft für den selbstlosen Kampf und den Glauben an die ruhmreiche historische Tat aufbringt. Der Mythos ist es, der die aktionsbereite Masse erzeugt. Im Generalstreik finden wir das Bild von der großen Entscheidungsschlacht zwischen dem edlen Proletariat und dem dekadenten Bürgertum.

Georges Sorel wollte aus der Geschichte lernen. Auch die früheren revolutionären Bewegungen verdankten ihren Enthusiasmus einem Mythos; im Grunde ist er für alle revolutionären Bewegungen konstitutiv. »Ein Mythos kann nicht widerlegt werden«, behauptet Sorel. Ein Mythos ist unempfindlich gegen Kritik, kann nicht verbessert werden und enttäuscht nicht. Die nachemmende Reflexion wird durch den Mythos ausgeschaltet. »Durch die wechselseitige Wirkung von Mythos und Kampf befreien sich die ursprünglich-schöpferischen Kräfte vom äußeren Zwang der Ratio und aus der inneren Abhängigkeit von den menschlichen Triebnatur. Sie erheben sich, spontan und instinkthaft neuen Glauben stiftend und neue Werte setzend, über die im Rationalismus und Utilitarismus befangene Gesellschaft.«¹⁶² Die Gewalt gilt ihm als jene verborgene, große Wahrheit der modernen Welt. Es geht darum, mit Gewalt (violence) den Staat zu zerschlagen und nicht darum die Macht (force) zu erhalten. Von der staatlichen Macht (force) geht die Autorität aus, und mit Gewalt (violence) wendet sich die Revolte gegen den Staat. Der Einsatz der Gewalt gibt den Menschen den Sinn ihrer kollektiven Existenz und damit ihre moralische Würde zurück, die sie in der dekadenten bürgerlichen Gesellschaft verloren haben.¹⁶³ Er vertraute den Mächten des Unbewußten, die nach dem Jahrhundert des Rationalismus zur Rückkehr drängen.

Enttäuscht von der Entwicklung der Sozialistischen Partei, wandte er sich in den letzten Jahren des 19. Jahrhunderts Italien zu. Georges Sorel veröffentlichte viel in Italien und wurde dort auch breit diskutiert. Fast alle seine Bücher wurden rasch ins Italienische übersetzt, und viele seiner Aufsätze erschienen sogar nur auf italienisch. Nach seinem Urteil werde dank Italien »das Licht der Neuzeit nicht erlöschen«; im Lande Vicos vermutete er kompetentere Leser als zu Hause. Dazu gehörte außer Benedetto Croce, der das Vorwort zur italienischen Ausgabe der *Réflexions* geschrieben hatte, auch der junge Benito Mussolini, der wie er in der *Avanguardia Socialista* publizierte. 1909 hatte er *Réflexions* positiv rezensiert. Im gleichen Jahr gab er sich als Syndikalist zu erkennen und sprach von Sorel als »nôtre maître«.[164]

Bei Sorel finden politische und geistige Positionen zueinander, die sich eigentlich ausschließen. Seine Schriften vermischen Philosophie, politische Theorie, Geschichte und Beobachtungen allgemeiner Natur. Gramsci bezeichnete Sorels Stil zutreffend als »gewunden, sprunghaft, zusammenhangslos, oberflächlich, tief usw.: aber er bietet originelle Gesichtspunkte oder regt sie an, findet ungedachte Zusammenhänge, zwingt zum Nachdenken und zum Vertiefen.«[165] Sorel selbst gab sich stolz als Autodidakt zu erkennen und meldete keinerlei Ansprüche als systematischer Theoretiker an.[166] Er verwies darauf, daß das Fehlen einer logischen Exposition seiner Gedanken ein Ausweis für die Ursprünglichkeit seines Denkens sei. Für Mussolini, der die orthodoxen Marxisten immer wieder attackiert hatte, kam die Entdeckung der von Sorel praktizierten widersprüchlichen Vieldeutigkeit einer Offenbarung gleich.

Von Beginn seiner politischen Laufbahn an bewegte sich Mussolini im Umkreis des revolutionären Syndikalismus. Zeev Sternhell geht davon aus, daß er sich im April 1904 endgültig gegen den Anarchismus und für den revolutionären Syndikalismus entschieden hatte. Es waren die bereits erwähnten Enttäuschungen mit der reformerisch gesinnten Partei und dem wenig kampfbereiten Proletariat, die dazu führten, daß er mit den traditionellen Ideen des Sozialismus brach und zunehmend andere Einflüsse für ihn wichtig wurden. Die Lektüre von Georges Sorel eröffnete Mussolini den Weg zu Intuition und Gewalt. Das war kein blutleerer Theoretiker, sondern einer, der die Tat verlangte. Sorel hatte sich die Frage gestellt, die auch ihn immer wieder umtrieb: wie man die Menschen dazu bringt, für die Veränderung der Welt zu kämpfen. Er selbst begriff sich zunehmend als Feldherr, der seine Truppen gegen den Feind in Stellung brachte. Der Mißerfolg des Generalstreiks vor Kriegsausbruch hatte ihn gelehrt, daß das westeuropäische Proletariat nicht so schnell eine Revolution machen würde. Die revolutionären Syndikalisten bildeten den harten Kern der faschistischen Bewegung. Sie brachten politische Erfahrung mit und ihr Wissen um revolutionäre Agitation und Organisation war von unschätzbarem Wert in der Anfangszeit des Faschismus. Diese Männer glaubten fest daran, daß sie die dynamische Minorität seien, die Elite, deren Idealismus und Engagement ganz entscheidend für den Verlauf der Geschichte sein würden. Agostino Lanzillo schrieb 1922 in *Gerarchia*: »Vielleicht wird der Faschismus das Glück haben, die Mission zu erfüllen, auf die sich die implizite Hoffnung des gesamten Werks des Maestro des Syndikalismus gerichtet hat.« Mussolinis Werdegang vom Sozialisten zum Führer der Faschisten ist ohne seine Entdeckung Sorels und des Kults heroischer Gewalt nicht denkbar. »Mussolinis Faschismus, der 1922 an die Macht kam, kann bis zu einem gewissen Grad als eine organisierte und vulgäre Umwandlung der sorelschen Vorkriegsbewegung betrachtet werden.«[167]

Der Imperativ Mussolinis lautete auch nach dem Krieg: »Lebe gefährlich!« Das Geheimnis um die größte Fruchtbarkeit und den tiefsten Genuß am Dasein ist das gefährliche Leben. Die Zerstörung der Welt ist eine andere Form ihrer Aneignung, und für die Faschisten ist sie auch nach dem Ende des Krieges von unveränderter Aktualität. Dem einzelnen Kriegsteilnehmer stellte sich die Frage nach dem Sinn des Geschehenen und des Überlebthabens sowie nach dem Nutzen des Friedens. Es konnte doch nicht darum gehen, die Langeweile und existentielle Unerfülltheit der Vorkriegszeit wiederherzustellen. Sorel hatte Mussolini gelehrt, daß die Gewalt den Menschen zu seiner ursprünglichen Größe zurückfinden läßt. Dem bürgerlichen Ideal friedlicher Verständigung, bei der alle zum Zuge kommen, erteilt Mussolini als Ausdruck feigen Intellektualismus eine klare Absage. Er gründet eine paramilitärische Bewegung, die den Krieg im eigenen Land fortsetzt. Mussolini hält die durch den Krieg an Befehl und Gehorsam, Tod und Töten, Sieg und Niederlage gewohnten Körper mobil. Er war Sozialist geworden, weil er die Passivität der Liberalen verabscheute. Sie traten für eine Freiheit ein, die ihm wie pure Traditionspflege erschien. Es waren die militärischen Kolonialeroberungen und die organisierten Streiks der Arbeiter, die den Anbruch einer neuen Zeit verkündeten. Zunehmend wurde den jungen Menschen der aktive Einsatz ihres Körpers wichtiger. Die bärtigen, bebrillten und wohlbeleibten Bürger beschworen das Pathos des Vaterlandes, aber die Jungen suchten die Gewißheit eines körperlichen Jetzt. Die ältere Generation hatte von außen nach innen gelebt, während es jetzt darum ging, von innen nach außen zu leben. Die Jungen lasen D'Annunzio, dessen imperialistische Träumereien immer auch mit körperlichem Vergnügen verbunden waren. Der Sozialismus verlangte den Einsatz von Geist und Körper und sorgte für eine neue Kollektivstimmung der politisch Handelnden. Es ging darum, Energie zu organisieren, um den Ausbruch der revolutionären Leidenschaften zu beschleunigen. Es war der Reformismus, der diesen Aspekt sozialistischer Politik zunichte gemacht hatte. Die Reformer stritten mit Worten und fürchteten den Einsatz der Körper. Mussolinis Schritt vom Sozialismus zum Faschismus bestand darin, daß er die Körper von den Lehren des Rationalismus entkoppelte und sie an die Irrationalität anschloß. Die Kriegsteilnehmer hatten die »direkte Aktion« im Krieg gelernt und setzten sie in Friedenszeiten fort. Den Kampf der Klassen ersetzte er durch den Kampf für die Nation, in dem alle Körper geeint waren. Körper und Politik waren versöhnt in der erlösenden kriegerischen Aktion für die Nation. Unterstützt wurde Mussolini nicht allein von D'Annunzio, sondern auch von den Futuristen, die den »Vorrang des Sports vor dem Buch« (*predominio della ginnastica sul libro*) verkündet hatten. Mit ihrer sensualistischen Lebensgier waren sie besessen von den Ausdrucksformen der Körper. Auf ihren Bildern zerfließen die Körper in einer rauschhaften Simultaneität. Auch Marinetti hatte bei seinen Rezitationsabenden die Körper der Zuschauer in seine Kunst mit einbezogen. Gelungen war die Kunstaktion erst dann, wenn eine Schlägerei in Gang kam, während deren sich die Körper zu einem Knäuel verwickelten.

Mussolini forderte Parlamentarismus und Demokratie heraus. Für den Mythos der Nation formieren sich die kriegserfahrenen Körper unter seiner Führung zu einer neuen politischen Gewalt. In ihren vitalen Energien kündigt sich das neue geschichtliche Leben an. Mussolini, der den Krieg am eigenen Leib erfahren hatte, hatte verstanden, daß der Körper die Botschaft des 20. Jahrhunderts tragen wird. Mussolini verwandelt das Erlebnis des Krieges in ein Symptom. Der Körper wird in den faschistischen Aktionen zu dem ausführenden Organ einer verborgenen Botschaft. Der Krieg ist nicht das Andere, sondern das Eigentliche der Gesellschaft. Der Körper wird zum Produzenten von Symptomen, die in Massenspektakeln und gewaltätigen Aktionen nach außen gekehrt werden. Mussolini setzt auf den Präsentismus des Körpers; er sprach von dem »Sport der Gewalttätigkeit«. Die Gewaltaktionen der squadristi sind narrative Kondensate des Krieges. Für die Faschisten war der Krieg 1918 noch lange nicht zu Ende. Alles, was sich außerhalb ihrer Bewegung befand, bedeutete den Tod. Mussolini befahl seinen Anhängern, weiter zu töten, zu schlagen und Terror zu verbreiten. Jeder Angriff, jede zerstörerische Aktion beweist dem Faschisten, daß er zu noch mehr fähig ist. Das Ziel ist zunächst die Zerstörung der mühseligen Aufbauarbeit der Sozialisten. Wie ein Gewebe legten sich sozialistische Einrichtungen und Institutionen über das

Land. In ihnen sollte das Volk zur Mündigkeit erzogen werden. Der Faschist übt seine Allmacht aus, indem er dieses Gewebe blindlings zerstört und nichts davon übrigläßt. Wenn alles ausgelöscht ist, dann erst geht das Gesetz des Handelns auf ihn über.

Luigi Facta war ein Mann, der immer lächelte. Im Februar 1922 war er Ivanoe Bonomi im Amt gefolgt, der seit Herbst 1921 beständig an Ansehen verloren hatte und sich schließlich zur Aufgabe gezwungen sah. Facta stand sein Leben lang im Schatten Giovanni Giolittis, und daran änderte auch sein Aufstieg zum Ministerpräsidenten nur wenig. Das einzig Außergewöhnliche an ihm war sein überdimensionaler Schnurrbart. Ihm fehlte politisches Fingerspitzengefühl, und sein größter Stolz galt seinem Ruf als Gentleman. Dem Königshaus war er treu verbunden, den neuen Zeiten stand er ratlos gegenüber. Das Land versank immer tiefer im Strudel von Gewalt und ökonomischer Not. Tapfer verkündete der ehemalige Provinzialwalt Facta im Parlament, die Schläger werde die volle Härte des Gesetzes treffen, doch das waren nur Worte. Mussolini setzte weiterhin auf seine bewährte Taktik: die squadristi prügelten und mordeten organisiert und gezielt im ganzen Land, während er in Rom nach allen Seiten Signale der Kooperation aussandte. »In dieser Situation allgemeiner Desorientierung verstand es Mussolini meisterhaft – mochten die lokalen politischen Verhältnisse auch noch so unterschiedlich sein –, den anderen Parteien zu suggerieren, er verfolge insgeheim ihre Interessen.«[168] Facta war mehr als einmal soweit, sich ins Privatleben zurückzuziehen, doch der König hielt ihn. Angeblich bat ihn Vittorio Emanuele III. im Juli 1922 gar mit Tränen in den Augen, ihn jetzt nicht zu verlassen. Der König fand keinen mehr, der bereit war, die Regierungsgeschäfte zu übernehmen. Schweren Herzens willigte der Gentleman aus Piemont ein und bezeichnete dies gegenüber seiner Familie als großes vaterländisches Opfer. Doch eigentlich hoffte Facta wie viele andere auch auf die Rückkehr des einzigen Mannes, dem sie die Herkulesarbeit der Wiederherstellung bürgerlicher Verhältnisse zutrauten, und das war ein weiteres Mal Giolitti. Im August riefen die Sozialisten einen Generalstreik gegen die Anschläge der Faschisten auf die öffentliche Ordnung aus. Mussolini übernahm die Inszenierung und setzte seine Anhänger als Streikbrecher ein. Er schlüpfte in die Rolle des Verteidigers von Ruhe und Ordnung. Danach hieß es, der Staatsbürger Mussolini habe die Gefahr der bolschewistischen Revolution abgewendet und sich um das Vaterland verdient gemacht. Die Regierung sah zu, wie die Faschisten die Sozialisten als politische Kraft ausschalteten, und nahm hin, daß Mussolini das Machtvakuum für sich nutzte.

Aber auch die Kommunisten feixten über die revolutionäre Unfähigkeit ihrer einstigen Genossen. »Wenn die Faschisten das Parlament zerstören, so freuen wir uns darüber«, lautete ihr Kommentar. Mussolini erwies sich allen überlegen und meinte, selbst überzeugte Faschisten hätten seiner Sache nicht hilfreicher sein können, als es die italienischen Kommunisten auf Geheiß der Komintern waren. Ein weiteres Mal war es Turati, der die Zeichen der Zeit erkannte. Er bezeichnete diesen Streik als das Caporetto der Linken.

Im Herbst 1922 hatte Mussolini die Wahl der Waffen. Er mußte nur noch entscheiden, auf welche Art und Weise er an die Macht kommen wollte.

Als alter Stratege weiß er, daß ihm von drei Seiten Gefahr drohen kann: vom König, vom Militär und von D'Annunzio. Der König mochte die Faschisten nicht besonders, aber seine Mutter hegte Sympathien für sie, und der Cousin und Rivale des Königs, der Graf von Aosta, zählte ebenfalls zur extremen Rechten. Es war klar, daß er Giolitti Mussolini vorziehen würde, doch im Ernstfall war er der Mann, der einer Drohung nachgeben würde. Giuseppe Borgese hat diesen König, dessen einziges Steckenpferd die Numismatik war, treffend charakterisiert: »Sein anormal kleiner Wuchs hatte seinen Charakter von frühester Jugend an Merkmale des Unbehagens und der Verbitterung aufgedrückt, und, obwohl er keineswegs bösartig oder dumm war, hatte er von einem körperlichen Mangel, der seinem Bewußtsein in den Augen der Mitwelt stets gegenwärtig blieb, unüberwindliches Mißtrauen und ständige Verlegenheit zurückbehalten.« Und Sarfatti erzählte jedem, der es hören wollte, daß die Füße des Königs, wenn er auf dem Thron saß, nicht bis auf den Boden reichten. Mussolini erwies dem König seine Honneurs und schätzte ihn zu Recht als schwachen Gegner ein. Die Armee hielt sich treu zum König und zählte viele faschistische Anhänger in ihren Reihen. Mussolini wollte höhere Militärs an seiner Aktion beteiligen, um das Eingreifen der Armee zu verhindern. D'Annunzio wurde systematisch von Mussolini umschmeichelt und dadurch gleichzeitig stillgestellt. Seit Fiume entglitt er immer mehr der Realität und war froh, wenn man ihn nicht mit anstrengenden Dingen behelligte. Mussolini informierte Gabriele D'Annunzio einen Tag vor dem »Marsch auf Rom« über das Vorhaben und war sich sicher, daß D'Annunzio nicht die Kraft haben würde, seine Kreise zu stören. Er sollte mit seinen Einschätzungen recht behalten.

Am 18. Oktober 1922 trafen sich in Bordighera an der italienischen Riviera Italo Balbo, Cesare Maria De Vecchi und Emilio De Bono. Sie residierten im Hotel du Parc und haben sich als Urlauber getarnt. Während sie so tun, als ob sie die Herbstsonne genießen, planen sie die Aktion zur Machtergreifung der Faschisten. Der 1896 geborene Balbo ist der Jüngste. Er war ehemaliger Alpinioffizier, Flieger und Journalist und wesentlich verantwortlich für die Umwandlung der amorphen faschistischen Bewegung zu einer zentralistisch organisierten politischen Kraft. Balbo war bekannt für sein dramaturgisches Talent und den rücksichtslosen Einsatz von Gewalt. Der 1884 geborene Cesare Maria De Vecchi galt als ein überzeugter Monarchist und Vertreter großagrarischer Interessen. Er war Rechtsanwalt und hatte in seiner Jugend künstlerische Interessen verfolgt. Der 1866 geborene General Emilio De Bono hatte sich bei den Afrikafeldzügen einen Namen gemacht und hielt die Verbindung der Faschisten zur Armee. Diese nach Herkunft und Charakter so unterschiedlichen Männer planen Provinz für Provinz den faschistischen Aufstand. Der Militär De Bono hatte sich von Mussolini sechs Monate Vorbereitungszeit gewünscht, doch Mussolini war der Drohung durch den Staatsstreich wichtiger als die reale Stärke seiner Truppen. Während ihres Aufenthalts werden die Verschwörer zur Königinmutter Margherita zum Essen eingeladen. Italo Balbo bleibt der Tafel der Königin fern, da sich solch ein Besuch angeblich nicht mit seinen republikanischen Grundsätzen vereinbaren ließ. Einig waren sich die drei Verschwörer jedoch darin, die Einladung als insgeheime Zustimmung zu ihrem geplanten Vorhaben zu verstehen.[169]

Am 24. Oktober findet eine große Versammlung der Faschisten in Neapel statt. Mussolini hält am Morgen im Beisein Benedetto Croces und anderer städtischer Honoratioren eine Ansprache in der Opera San Carlo. Vor der Kulisse der »Madame Butterfly« spricht er über die Notwendigkeit und Einzigartigkeit faschistischer Politik. »Wir haben einen Mythus geschaffen, der Mythus ist ein Glaube, ein edler Enthusiasmus, er braucht keine Realität zu sein, er ist ein Antrieb und eine Hoffnung, Glaube und Mut. Unser Mythus ist die Nation, die große Nation, die wir zu einer konkreten Realität machen wollen.« Anschließend trifft er mit den Parteioberen zu Beratungen im Hotel Vesuvio zusammen. Das Datum des Aufstands wird festgelegt. Erneut setzt sich Mussolini über alle Einwände hinweg. Es muß vor allem schnell gehen. Das Überraschungsmoment ist das wichtigste.

Am 26. Oktober kommt Mussolini zurück nach Mailand.

Abends besucht er das Theater. Es gibt Zeitzeugen, die behaupten, er sei in Begleitung seiner Frau Rachele und Tochter Edda gewesen, während andere angeben, er habe das Theater zusammen mit seiner Vertrauten Margherita Sarfatti und deren Tochter besucht. Während ganz Italien rätselt, wann die Faschisten losschlagen werden, gibt er sich betont privat und entspannt.

Am 27. Oktober wird das Kriegsministerium in Rom über den »Marsch auf Rom« informiert, die geheime Mobilmachung beginnt. Der König bricht seinen Urlaub ab und trifft in Rom ein. Giovanni Giolitti feiert seinen achtzigsten Geburtstag und erfährt von dem Gerücht eines bevorstehenden Staatsstreichs der Faschisten. Am Abend besucht Mussolini wieder das Theater und kehrt danach in sein Redaktionsbüro zurück. Man hatte eine Komödie gegeben. Er bleibt verbarrikadiert, telefoniert ununterbrochen und bemüht sich um die neuesten Informationen.

In der Nacht auf den 28. Oktober beginnen faschistische Milizen damit, Regierungsgebäude und Telefonzentralen zu besetzen. Die Regierung Facta demissioniert und erklärt sich bereit, die Geschäfte provisorisch weiterzuführen. Zusammen mit dem König ist man sich einig, daß Rom verteidigt werden muß.

In den frühen Morgenstunden des 28. Oktober gehen beim König die ersten Nachrichten über Unruhen im Land ein. Die Faschisten sind dabei, den Norden Italiens zu besetzen. Während der König noch frühstückt, unterbreitet ihm Facta den Entwurf zur Erklärung des Ausnahmezustandes. Er stimmt diesem zu und frühstückt weiter, während Facta ins Innenministerium eilt, um Vorbereitungen zur Verteidigung Roms zu treffen.

In Mailand war Mussolini gegen sechs Uhr in sein Büro zurückgekehrt. Er telefoniert und begibt sich mehrmals zum Rathaus zu Konsultationen mit dem Präfekten von Mailand, der sich um Vermittlung bemüht. Ein Haftbefehl gegen Mussolini war eingegangen, den der Präfekt aus Angst oder aus Ehrgeiz nicht ausführen läßt. Die Verschwörer haben ihr Hauptquartier in Perugia im Hotel Brufani aufgeschlagen. Außer Balbo, De Vecchi und De Bono ist noch der enge vertraute Mussolinis und Generalsekretär der Partei, Michele Bianchi, mit von der Partie. Er gehört zu den Interventionisten der ersten Stunde und war ehemaliger Syndikalist. Ziel der faschistischen Aktion ist es, das zivile Leben im Land zu kontrollieren. Die Schwarzhemden besetzen alle strategisch wichtigen Punkte in den Städten und Provinzen. Dazu gehören Bahnhöfe, Poststellen sowie Telefon- und Telegrafenämter. Die meisten Behörden und Einrichtungen sind von dem Angriff überrascht und ergeben sich wehrlos. Die Schwarzhemden sind furchteinflößende Gestalten mit rotgefärbten Stahlhelmen, Dolchen in den Ledergürteln und gestickten Totenköpfen auf der Brust. Sie gleichen eher einem Räuberhaufen als einem Heer. In Rom sind Brücken, der Königspalast und öffentliche Gebäude vom Militär besetzt. Es verkehren keine Züge mehr, wer in die Stadt gelangen will, muß einen der fünf Kontrollpunkte passieren. Die Schwarzhemden kampieren außerhalb der Stadt.

Ihre Ausstattung ist miserabel. Sie haben nicht genügend zu essen und zu trinken, sind schlecht bewaffnet und leiden unter dem einsetzenden Dauerregen. Hungrig, durstig, durchnäßt und und zunehmend schlecht gelaunt warten sie vor den Toren Roms auf den Befehl ihres Duce.

Mussolini wartet gut bewacht in seinem Mailänder Redaktionsbüro auf die Nachrichten aus Rom. Er ist nervös und unsicher über den Ausgang der Ereignisse. Seine Bewacher verfolgen aufmerksam jede seiner Bewegungen, hören genau zu, wenn er spricht, und ihm ist klar, daß er keine Schwäche zeigen darf. Wenn er jetzt den Schwarzhemden befiehlt umzukehren, dann war seine politische Zukunft beendet, bevor sie überhaupt begonnen hatte.

Kurz vor neun Uhr erscheint Facta beim König, um sich die Unterschrift unter das Regierungsdekret abzuholen, das er vor Stunden akzeptiert hatte. Der König weigert sich, das Dekret zu unterschreiben. »Einer von uns beiden muß sich opfern«, erklärt der König, woraufhin Facta erwidert: »Ihre Majestät müssen mir nicht sagen, wer von uns beiden das sein wird.« Der Ministerpräsident unterrichtet das Kabinett vom Entschluß des Königs und reicht um elf Uhr sein Rücktrittsgesuch ein. Um 11.30 wird der Belagerungszustand aufgehoben.

Mussolini ist bestens informiert über den Gang der Ereignisse in Rom. Er steht in engem Telefonkontakt mit Angehörigen der Regierungskreise, unter anderem auch mit dem einflußreichen Antonio Salandra. Als Mussolini von der Aufhebung des Belagerungszustandes hört, legt sich seine Nervosität augenblicklich. Er weiß, daß er gewonnen hat. Nun geht es nur noch um den Preis.

Der König führt in Rom Gespräche über die Nachfolge Factas. Was diesen dazu bewogen hat, das von ihm angeforderte Dekret nicht zu unterzeichnen, darüber kann man nur spekulieren. Der kleine, zerbrechliche Mann fürchtete um seine Sicherheit und um seinen Thron. Hohe Militärs hatten ihn davon unterrichtet, daß hunderttausend blutrünstige Faschisten vor den Toren Roms stehen würden. Diese Zahl war maßlos übertrieben, in Wirklichkeit war das Militär den Faschisten weit überlegen. Wahrscheinlich vermutete der König, der Herzog von Aosta würde ihn mit Hilfe der Faschisten von seinem Thron vertreiben. Er wollte Blutvergießen vermeiden und zog ganz gewiß eine faschistische Revolution einer bolschewistischen vor. Salandra schreibt in seinen Memoiren, der König habe ihn zu sich gerufen und zu ihm gesagt: »In einem englischen Buch habe ich gelesen, daß man Männer in zwei Kategorien einteilen kann: Sonnenschirme für die guten und Regenschirme für die schlechten Tage; Sie, mein Lieber, gehören eindeutig zur zweiten Kategorie.«

In der Nacht vom 28. auf den 29. Oktober trifft Salandra mit den Vertrauten Mussolinis, also De Vecchi, Dino Grandi und Constanzo Ciano zusammen, um über eine Regierungsbeteiligung der Faschisten zu verhandeln. Um 1 Uhr 30 rufen sie in Mailand an, um Mussolini mitzuteilen, daß sie vier Ministerposten für die Faschisten ausgehandelt haben. Mussolini lehnt das Angebot als unangemessen ab. Italo Balbo schreibt in seinem Tagebuch, er habe, als er davon gehört habe, ausgerufen: »Ich werde schießen! Ich mache doch keine Revolution per Telefon.«[170] Das genau war auch der Punkt für Mussolini. Er hatte das Spiel trockenen Fußes, am Telefon sitzend, gewonnen. Doch der Mythos verlangte eine andere Erzählung.

Am Morgen des 29. Oktober unterrichtet Salandra den König darüber, daß seine Verhandlungen in der Nacht gescheitert sind. Er teilt ihm mit, daß Mussolini der einzig mögliche Ministerpräsident ist. Die Zeit drängt, denn man weiß nicht, zu was die wartenden Schwarzhemden alles fähig sind. Durch De Vecchi läßt der König Mussolini wissen, daß er ihn mit der Kabinettsbildung beauftrage. Doch jetzt reicht Mussolini das Telefon nicht mehr. »Sobald ich ein Telegramm des Königs erhalten habe, mache ich mich auf den Weg nach Rom«, läßt er den verdutzten König wissen.

Er muß Zeit gewinnen, um seinen Auftritt in Rom wirkungsvoll zu gestalten. In Rom dürfen auf Anweisung von ganz oben die faschistischen Stoßtrupps passieren. Sie bereiten alles für die Ankunft ihres Duce vor. Unter den Augen der Polizei zerstören sie sozialistische Buchhandlungen und Zeitungsredaktionen, sie veranstalten Bücherverbrennungen, schwenken schwarze Fahnen und sind siegestrunken. Zwölf Menschen kommen ums Leben. Fotografien zeigen lachende Männer mit bäuerlichen Gesichtern, die es nicht recht zu glauben scheinen, daß sie Rom eingenommen haben. Sie waren Leute aus der Provinz, und manche von ihnen sahen aus wie Jäger, mit ihren graugrünen Hosen, ihren schwarzen Hemden und den Wickelgamaschen. Viele von ihnen hatten ein Jagdgewehr geschultert und wirkten, als ob sie zur Jagd gehen wollten.

Um weitere Zeit zu gewinnen, beschließt Mussolini entgegen seinem bisherigen Plan, nicht das Flugzeug, sondern den Zug nehmen. Er benachrichtigt D'Annunzio, und dieser antwortete: »Der Sieg hat die klaren Augen der Pallas Athene. Folge ihr nicht blind.« Damit weiß er, daß der Dichter ihm nicht mehr gefährlich werden wird. Als nächstes befiehlt er seinen Schlägertrupps, das neue Redaktionsgebäude des *Avanti!* niederzubrennen. Er will sichergehen, daß die Schlagzeilen der nächsten Tage ausschließlich vom Sieg der Faschisten künden. Auch fürchtet er, daß der *Avanti!* zum Generalstreik aufrufen werde, und den kann er sich in seinen ersten Tagen im Amt nicht leisten. Seine Anhänger leisten gründliche Arbeit, und das Blatt muß für zwei Wochen sein Erscheinen einstellen. Um 20 Uhr 30 nimmt Mussolini den Nachtzug Mailand-Rom. Seine Vertraute Margherita Sarfatti bringt ihn mit ihrem Auto zum Bahnhof. Sie hat beschlossen, in Mailand zu bleiben.

Am 30. Oktober um 10 Uhr 50 trifft Mussolini in Rom ein. Er fährt sofort ins Hotel Savoia, wo Zimmer für ihn gebucht sind. »Ich fand unseren Chef im ersten Stock, umgeben von Bianchi, De Vecchi, De Bono und vielen anderen Politikern. Sein Gesicht strahlte. Kein Wort fiel. Eine Umarmung.«[171] Mussolini zieht das schwarze Hemd an. Eine halbe Stunde später betritt er den Quirinal. Zum König sagt er: »Majestät, entschuldigen Sie die Verspätung. Ich komme direkt aus der Schlacht. Sie wurde ohne Blutvergießen gewonnen.«

Der Bluff ging weiter.

III. Rom

Margherita Sarfatti, Porträt um 1930

Die Ordnung

Die antipositivistische Stimmung vor dem Krieg sei der eigentliche Seinsgrund und Entstehungskontext des Faschismus gewesen, stellte Giovanni Gentile 1924 fest. Eine Art intellektueller Futurismus habe den »Marsch auf Rom« vorbereitet. Diese antipositivistische Stimmung konzentrierte sich in Italien vor dem Krieg auf zwei Städte: Da war Mailand mit den extrovertierten Futuristen, die dem verhaßten Passatismus den Krieg erklärt hatten und Italien ohne Rücksicht auf Verluste an die Moderne anschließen wollten. Und da war Florenz mit der intellektuellen Elite um Giovanni Papini, Giuseppe Prezzolini und Ardengo Soffici. Sie gaben Zeitungen heraus, organisierten Ausstellungen, träumten von einer Partei der Intellektuellen, und im Gegensatz zu den Futuristen kann man sie als introvertiert bezeichnen.

Die Florentiner pflegten keine großen Auftritte, die Auflagenhöhe der von ihnen herausgegebenen Zeitschriften war eher bescheiden, und dennoch ist ihr Einfluß auf das Italien des 20. Jahrhunderts nicht zu gering zu veranschlagen. Der 1881 geborene Papini stammte aus einer republikanisch gesinnten Familie, in der es kein Geld für ein Universitätsstudium gab. Mit manischem Eifer hatte er sich bereits mit fünfzehn Jahren darangemacht, seine erste Zeitung zu produzieren. Er war ein disziplinierter Arbeiter und steckte seine ganze Energie in seine intellektuelle Selbsterziehung. Prezzolini war ein Jahr jünger als Papini, er stammte aus einer wohlhabenden Familie, und als Schüler interessierte ihn allein die Mathematik. Er wird als gelangweilt, unterkühlt, freundlich und ausgesprochen unsentimental beschrieben. Er war ein philosophischer Kopf, der gerne Marihuana rauchte und durch die Florentiner Kirchen zog. »So begann 1899 mit Papini eröffnete ihm eine neue Welt. »So begann das große Abenteuer eines Autodidakten, der auf der Suche nach seiner persönlichen Kultivierung ist, ohne praktischen Zweck, ohne ein Diplom erlangen zu wollen und – in meinem Fall – ohne ernstere Ambitionen.«[1] Die beiden kommen schließlich mit dem 1879 geborenen Soffici zusammen, Student an der Florentiner Accademia di Belle Arti. Er gehörte dem Kreis um Arnold Böcklin an und schwärmte für Verlaine, Mallarmé und

205

Baudelaire. Gemeinsamer Ort ihrer Sehnsucht war Paris. Papini mußte sich damit begnügen, zu Hause Französisch zu lernen, während Prezzolini mehrere Wochen in Paris zubrachte und schwer beeindruckt von dort zurückkehrte. Soffici lebte einige Jahre in Paris, und es gelang ihm eine Position in der dortigen Avantgarde einzunehmen. Er verkehrte mit Pablo Picasso, Alfred Jarry, Auguste Rodin und Guillaume Apollinaire. Papini, Prezzolini und Soffici traten an, das Bewußtsein ihrer Generation zu verändern, die krank war in ihrem Sehnen nach Größe und die litt unter der gewöhnlichen Mittelmäßigkeit des Liberalismus. Papini schrieb, er wolle Zeichen setzen für ein paar Hundert Männer, die um 1880 in Italien geboren seien und somit zu derjenigen Generation zählten, die mit Beginn des neuen Jahrhunderts zu denken und zu handeln begonnen habe. Dazu gehörte auch Benito Mussolini. Er dankte 1917 in einem Brief Prezzolini für all die Anregungen, die er aus seinen Zeitschriften erfahren habe.[2] Und wirklich, viele der Stichworte und Ziele, die Mussolini nach 1922 in Anschlag brachte, waren einige Jahre zuvor an Florentiner Caféhaustischen entstanden. Mussolini vollendete auf seine Weise ein Generationenprojekt, das in der intellektuellen Krise Europas seinen Ausgang genommen hatte.

Um die Jahrhundertwende glaubte man, alles wissen zu können. In den Wissenschaften gab es scheinbar keine Überraschungen mehr, es herrschte das eiserne Regime der Voraussehbarkeit. Doch der Siegeszug der Vernunft wurde jäh gestoppt: es brach das Nichtwissen, das nicht Rationalisierbare und das Individuelle in die Wissenschaft ein. Albert Einstein zerstörte grundlegende Gesetze der Mechanik, in der Biologie machte die Mutationslehre und in der Physik die Quantentheorie dem Dogma von der starren Gesetzesmäßigkeit der Natur ein Ende, und der Mathematiker Kurt Gödel bewies, daß sich Denksysteme nicht aus sich selbst begründen können. Gegen die Vergesetzlichung der Wirklichkeit entwickelte sich eine irrationalistische Philosophie, die sich auf Intuition und Instinkt berief. Die Lebensphilosophie, vertreten durch Denker wie Friedrich Nietzsche, William James oder Henri Bergson, ist nicht einfach einer bestimmten politischen Richtung zuzuordnen. Sie fand ihre Anhänger im rechten wie auch im linken Lager. Die neue Generation der um 1880 Geborenen stellt der bürgerlichen Sicherheit die Abenteuer der Gefahr und dem steten Gesetz die vitale Gewalt entgegen. Ihre Lebensstimmung ist heroisch und richtet sich gegen die Bourgeoisie.

Giovanni Papini formulierte 1905 den Anspruch, der geistige Führer der neuen Elite Italiens zu werden. Das war, nachdem er Gaetano Mosca[3] und Vilfredo Pareto gelesen hatte. Moscas intellektuelle Biographie ist geprägt vom Begriff der »herrschenden Klasse«. Er wollte mit dem von ihm aufgestellten Gesetz von der »herrschenden Klasse« zwei grundlegenden Irrtümern der politischen Theorie begegnen: nämlich der Vorstellung, daß sich ein Staat durch einen Herrscher an der Spitze oder durch das Volk von unten regieren ließe. Dabei – so lautet sein Einwand – werde die mittlere Schicht von Ratgebern, Verwaltern, Diplomaten und Beamten vergessen, ohne die sowohl der Alleinherrscher wie auch die Volksvertreter hilflos wären. Er entwickelt diese Theorie zwischen 1871, dem Jahr, in dem Rom Hauptstadt des neuen Italien wurde, und 1899, dem Gründungsjahr von Fiat. Mosca vertrat einen skeptischen Elitismus, der darauf gründet, daß sich die Erneuerungsfähigkeit und der Erfolg einer Gesellschaft in der herrschenden Klasse entscheidet. Auch Pareto ist ein Befürworter des Elitebegriffs. In seinem soziologisch-politischen System findet der positivistische Gesetzesglaube seine höchste Zuspitzung und geht an sich selbst zugrunde. Pareto, der von Hause aus Ingenieur war, lehrte seit 1893 Nationalökonomie an der Universität Lausanne. Die umgreifenden Veränderungen seiner Zeit lenkten seine Aufmerksamkeit auf ein soziologisches Problem: es ging um den Wechsel der Eliten. »Er merkt, wie sich um die Jahrhundertwende im Zuge der Organisations- und Mobilisierungserfolge der Arbeiterbewegung und im offenkundigen Widerspruch zu ihren radikaldemokratischen Postulaten eine ›Aristokratie‹ des Parteibeamtentums und der Funktionärselite herausbildet, die den einfachen Parteimitgliedern als privilegierte Machtgruppe gegenübertritt.«[4] In diesem Zusammenhang glaubt er ein allgemeingültiges soziologisches Gesetz entdeckt zu haben, nämlich das der Elitenherrschaft. In unverkennbarem Anklang an Karl Marx sieht er in der Geschichte der menschlichen Gesellschaft die Geschichte der Aufeinanderfolge von Eliten. Es kann sich dabei ebenso um eine Elite von Heiligen wie um eine Elite von Verbrechern handeln. Ein friedlicher und geregelter Elitenaustausch stellt allerdings die Ausnahme dar, weshalb Pareto die Geschichte auch als »Friedhof von Eliten« bezeichnet hat. Mosca wie auch Pareto betonen die Notwendigkeit des Wechsels der Führungsgruppen wie auch die Egalisierung des Ausleseverfahrens.

Bei Papini führte die Beschäftigung mit den Elitetheoretikern dazu, daß er sich selbstermächtigt fühlte, eine neue Elite, nämlich die der Generation der um 1880 Geborenen, zu begründen. Auch Benito Mussolini[5] wurde nicht müde, den Einfluß Paretos auf sein Denken zu betonen. Er behauptete, bei ihm in Lausanne studiert zu haben. Daran ist richtig, daß er zwei Monate während des Sommersemesters 1904 die dortige Universität besucht und mindestens eine Vorlesung Paretos gehört hatte. Doch Mussolini war in diesen Jahren ein Fahnenflüchtiger, der bereits aus mehreren Kantonen ausgewiesen worden war und von einer Stadt zur anderen vagabundierte, um sich Arbeit zu suchen. Zwar waren auch Papini, Prezzolini und Soffici intellektuelle Autodidakten, doch es wäre niemandem eingefallen, sie deshalb nicht ernst zu nehmen. Jeder von ihnen hatte sich auf seine Weise systematisch das Wissen angeeignet, das ihm für seine Elitefunktion nötig schien, und selbstbewußt behaupteten sie ihren Platz im intellektuellen Italien. Ganz anders dagegen Mussolini. Ihm haftete als jungem Mann etwas Subproletarisches an, er schien von ganz unten zu kommen, war ohne Manieren und unkultiviert. Mussolini mußte seine intellektuelle Interessiertheit immer wieder betonen, um dann trotzdem nicht für voll genommen zu werden. Es wundert von daher nicht, daß er ein Bewunderer der selbsternannten Elite aus Florenz war und sich ihnen mit einem gewissen Respekt näherte. Sie waren eben ganz anders als ihnen mit einem gewissen Respekt näherte. Sie waren eben ganz anders als Marinetti, der ihm mit seinem Repertoire in gewissem Sinne näherstand und den er nicht fürchtete, weil er wußte, daß er letztendlich zu narzißtisch war, um politisch sein zu können.

Denn das war der Unterschied zwischen den Florentinern und Mussolini: Er war aktives Mitglied der Sozialistischen Partei, während Papini, Prezzolini und Soffici die Ziele und die Ideologie der Sozialisten vehement ablehnten. Für sie unterschied sich der Sozialismus nur wenig vom dekadenten Liberalismus. Das hinderte Mussolini jedoch nicht daran, ihre Zeitungen eifrig zu lesen und sich mit ihnen im Geiste verwandt zu fühlen. Diese Männer seien wie er jung, offen und herausfordernd gewesen; er habe in diesen Jahren auch nicht nur Statistiken ausgeschlachtet und Arbeiterversammlungen abgehalten, sondern gleichzeitig Gedichte von Platen oder Klopstock übersetzt, beteuerte er 1935 in einem Interview mit seinem Hagiographen De Begnac.[6] Der Sozialist Mussolini fühlte sich angesprochen von den Gedanken Papinis, daß es Zeit sei für eine Elite, die bereit war, das Land zu erneuern. Benito Mussolini wollte dabeisein bei der Machtergreifung seiner Generation.

Solche jungen Männer gab es in England, Frankreich, Spanien und Deutschland. Sie lebten in den großen Städten, waren literarisch interessiert und machten nur einen kleinen Teil ihrer Generation aus. Sie waren keine Genies und hatten trotzdem eine große Bedeutung, denn »sie sind nicht notwendigerweise der Kopf oder das Herz der Generation: sie sind nur ihr Bewußtsein«.[8] Aus dem, was sie erzählen, was sie mitzuteilen haben, was ihre Empfindsamkeiten, Eigenheiten und Stimmungen ausmacht, ist das »Merkwort der Epoche« herauszuhören. Sie reklamieren nicht nur einen neuartigen Zugang zum bereits Gegebenen, sondern auch bislang unbekannte Distanzierungen zum Überkommenen. Sie waren die Jugend, die sich stark genug fühlte, die sich selbst fremd gewordene und institutionell erstarrte Gesellschaft mit neuem Leben zu erfüllen.

»Eine Gruppe junger Menschen, gierig nach Befreiung, dürstend nach Universalität, süchtig nach höherem intellektuellen Leben, hat sich in Florenz zusammengeschlossen unter dem symbolischen Namen ›Leonardo‹, um unsere Existenz zu stimulieren, unsere Gedanken zu erhöhen und unsere Kunst zu feiern.« So begann der Leitartikel »Das imperialistische Ideal« von Giovanni Papini in der Zeitschrift *Leonardo*, die im Januar 1903 zum ersten Mal erschienen war. Die Herausgeber und Autoren fühlten sich mehr durch das verbunden, was sie ablehnten, als durch das, was sie erreichen wollten. Sie verherrlichten ihre Jugend, ihre Kreativität und ihren Dilettantismus, und sie verachteten die historische Methode, die veristische Kunst, die Demokratie und den Materialismus. Sie ignorierten ganz bewußt die Grenzen zwischen den verschiedenen Disziplinen, und »die Dichter schreiben über Philosophie, Philosophen besorgen das Design, Schüler fassen ihre metaphysischen Gedanken in Verse und Maler versuchen sich in Kritik und Theorie.«[9] Papini hatte *Leonardo* gegründet, ohne sich große Gedanken über das Publikum oder die Inhalte zu machen. Er wußte nur, daß seine Generation ein Organ brauchte, in dem sie ihre Skepsis, ihren Pessimismus und ihre Verzweiflung loswerden konnte. Prezzolini schloß sich ihm an, und auch Soffici lieferte Beiträge aus Paris.

Irgendwie gelang es ihnen daran zu glauben, sie seien der Nukleus der intellektuellen Elite Italiens. Sie waren enttäuscht von D'Annunzio, den Papini schließlich als »lächerlich, komisch und provinziell« bezeichnete. Der Dichter gehörte einer anderen Generation an, und Prezzolini formulierte herablassend, sie seien weder an Geld noch an Ruhm oder an Frauen interessiert. *Leonardo* hatte viele Gegner, aber auch prominente Unterstützer. Benedetto Croce, der 1902 seine *Estetica* veröffentlicht und ein Jahr später die einflußreiche Zeitschrift *La Critica* gegründet hatte, war einer davon. Er sprach der Zeitschrift öffentlich sein Lob aus und stattete der Redaktion einen Besuch ab. Croce war es, der ihre Nähe zu einem der »klügsten zeitgenössischen französischen Philosophen«, nämlich zu Henri Bergson, hervorhob. Bei seinem Parisaufenthalt hatte Prezzolini Bergson entdeckt. Er besuchte seine Vorlesungen am »Collège de France« und war sehr angetan von den tiefenpsychologischen Implikationen in Bergsons Philosophie. Ein ganz neues Universum tat sich ihm auf. Nach der Lektüre Bergsons preist Prezzolini das Leben, das sich nicht von den Gesetzen der Logik oder der Wissenschaft bändigen läßt. Papini traf zwar mit Bergson zusammen, aber sein heimlicher Meister war William James.

Der von ihm gelehrte Pragmatismus galt als avantgardistisch, aufregend und neu. Einmal mehr ging es Papini um den raschen Wandel und die selbstermächtigte Aktion gegen das Bestehende. Benito Mussolini, der nach seiner Rückkehr aus der Schweiz ein eifriger Leser von *Leonardo* geworden war, bewunderte diesen Einsatz für ein anderes Italien, das nicht ohne eine neue Politik zu haben war.

Die zentrale Botschaft von *Leonardo* war Wiedergeburt, Erneuerung und Erwachen der Kultur. Seit dem Ende der Renaissance hatte sich nichts Großes mehr in der italienischen Kultur ereignet. Es fehlte dem Land an geistiger Vitalität, die Menschen waren erschlafft, gelangweilt, feige und müde. *Leonardo* wollte die Vorbereitungen treffen für eine erneute kulturelle Dominanz Italiens in der Welt. Man gab sich experimentell, intuitiv, modern, regional, national, aber auch international. Für einen plumpen Nationalismus waren die Florentiner nicht zu haben.[10] Sie zählten sich zur Avantgarde und achteten peinlichst darauf, nicht in den Ruch der Provinzialität zu geraten. Doch all die gewichtigen Theorien und der Einsatz der großen Schlagworte konnten mit der Zeit nicht mehr darüber hinwegtäuschen, daß *Leonardo* nicht wirklich überzeugen konnte. Weder die vielen und auch nicht die wenigen. Die früheren Unterstützer blieben aus; Prezzolini und Papini gerieten um 1905 in eine tiefe Krise. Da half es auch nichts, daß William James Papini als »Genie« feierte. Der winkte nur müde ab und widmete sich wieder seinem Scheitern. Im August 1907 gab das Paar bekannt, *Leonardo* werde sein Erscheinen einstellen. Sie zogen sich zurück, um ihre Position zu überdenken.

La Voce erschien das erste Mal im Dezember 1908. Prezzolini, der sich in seiner Verzweiflung, daß sich überhaupt irgend etwas ändere, mit dem Katholizismus und mit dem Syndikalismus beschäftigt hatte, gründete die Wochenzeitschrift, die bis 1914 unter seiner Herausgeberschaft erscheinen sollte. Er hatte sich die *Cahiers de la Quinzaine* von Charles Péguy zum Vorbild genommen, über die er 1910 schrieb: »Die *Cahiers* sind eine Schule des Charakters, eine Erziehung in Energie.«[11] *La Voce* erreichte höchstens fünftausend Leser, hatte jedoch einen ungleich höheren Einfluß auf das politische und kulturelle Leben Italiens als *Leonardo*. Prezzolini hatte das Projekt als eine Art Piazza angelegt, auf der alles verhandelt werden konnte und keine Themenbeschränkung galt. So finden sich in *La Voce* Artikel zur Emigration neben literarischen Rezensionen, die Sexualität wurde thematisiert, aber auch das Eisenbahnsystem einer kritischen Revision unterzogen. Mit von der Partie waren unter anderen Vilfredo Pareto, Giovanni Papini, Umberto Saba, Ardengo Soffici, Karl Vossler, aber auch Georges Sorel, Margherita Sarfatti, Charles Péguy, Romain Rolland und Benito Mussolini. Es ging ihnen um Jeanne d'Arc, die Dialekte, Verlaine, den Mezzogiorno, die Politik in Rom, Sigmund Freud, die Psychiatrie und Hendrik Ibsen. Erklärtes Ziel des Herausgebers war es, den Einfluß der kulturellen Eliten auf die nationalen Belange zu stärken, und die strikte Trennung zwischen Politik und Kultur aufzuheben. Den Schwerpunkt bildete Italien, die Themen sollten einen zeitgenössischen Bezug aufweisen, und die Zielsetzung war (auch) politisch. Immer wieder erinnerte Prezzolini daran, daß kulturelle Probleme nicht gelöst werden können ohne ökonomische oder politische Bezugnahme, wobei er gleichzeitig hervorhob, daß *La Voce* niemals eine Zeitschrift politischer Propaganda werden würde. Die Aufmachung war streng. Es gab nur wenige Anzeigen, und wer wollte, konnte Prezzolini zu Hause anrufen und mit ihm diskutieren. Seine Telefonnummer stand zu diesem Zweck fettgedruckt in der Zeitung.

La Voce war in fast allen größeren Städten des Landes erhältlich, der Preis wurde niedrig gehalten. Die meisten Beiträger gehörten der Generation von 1880, an und ihre wichtigsten Diskussionspunkte waren Religion, Politik und Kunst. Die Leserschaft sollte eingeübt werden in der feinen Dialektik zwischen Tradition und Modernität. Ihr wurde aus dem übrigen Europa und aus dem eigenen Land das Beste geboten. *La Voce* verstand sich als ein Projekt der Selbsterziehung und der intellektuellen Horizonterweiterung. Was er mit sich selbst gemacht hatte, dehnte Prezzolini nun auf seine Leser aus.

Ende 1912 war auch Prezzolini auf Kriegskurs eingeschwenkt und lobte den Krieg, der eine Prüfung für das Volk sei. Prezzolini hatte 1904 in einem Artikel das Bild von den zwei Italien neu aufgelegt. Er meinte damit das »erste Italien« des Staates und das »zweite Italien« des Volkes. Das erste Italien beutete ganz bewußt das zweite Italien aus und gestand ihm nicht die Rolle und die Größe zu, die ihm eigentlich gebührte. Seiner Meinung nach ging es darum, das erste Italien zu zerstören und das zweite zu erziehen. Acht Jahre später mußte er sich eingestehen, daß der Krieg, den er zunächst abgelehnt hatte, das Volk mobilisierte. Endlich gebe es in Italien wieder Poesie, Leidenschaft, Gerechtigkeit und Heldentum, jubelte er. Der Krieg nahm in seinem Denken eine Rolle als geistiger Erzieher ein.

Benito Mussolini verfolgte den Wandel Prezzolinis mit angespanntem Interesse. Er lebte mittlerweile in Trient, fühlte sich dort wie in der intellektuellen Wüste und war zum eifrigen Leser von *La Voce* geworden. Er half sogar als örtlicher Verteiler mit und schrieb einen Artikel, in dem er *La Voce* vorstellte.[12] Im Mai 1909 veröffentlichte Mussolini eine wohlwollende Rezension über Prezzolinis Syndikalismus-Buch, in dem er die Auffassung vertrat, daß die Verschärfung des Konflikts zwischen Arbeitern und Bourgeoisie Italien die moralische Erneuerung bringen würde. Mussolini bekannte sich dazu, seit fünf Jahren Syndikalist zu sein.¹³ Der Provinzredakteur war stolz darauf, daß er im gleichen Organ wie Georges Sorel veröffentlichte. Bei Sorel lautete ein Thema »Der soziale Wert der Keuschheit«, und Mussolini beschäftigte sich mit Linguistik. Giuseppe Ungaretti bemerkte 1923, Prezzolini habe sehr früh die Talente Mussolinis erkannt.¹⁴ Dieser sei damals nichts weiter als ein obskurer Propagandist des Sozialismus gewesen. Mussolinis persönlicher Kontakt und wichtigster Verbindungsmann außerhalb der Sozialistischen Partei war Prezzolini, der ihn schätzengelernt hatte und irgendwann in ihm den kommenden Mann sah.¹⁵ Bei Mussolini stellte sich durch Prezzolini und die regelmäßige Lektüre zuerst von *Leonardo* und dann von *La Voce* das Gefühl ein, zu den »homines novi« zu gehören. *La Voce* bestärkte ihn in seiner Ablehnung der bestehenden bürgerlichen Gesellschaft und der akademisch geprägten Kultur. Es tat ihm gut, in seinen Ressentiments bestätigt zu werden. Doch gleichzeitig wurde er als rebellischer Geist und intellektuell Interessierter gefördert und gefordert. Er lernte völlig neue Themen und ein anderes Denken kennen, als es in den sozialistischen Kreisen vorherrschte. Der einzige Mensch, den er kannte, der diese beiden Welten ebenfalls in sich vereinte, war Margherita Sarfatti. Auch sie war eine persönliche Bekannte von Prezzolini und regelmäßige Leserin wie auch Beiträgerin von *La Voce*, was sie jedoch nicht daran hinderte, Mitglied bei den Sozialisten zu bleiben. Sie hatte sich in einem persönlichen Brief an Prezzolini gewandt und ihn gleich im ersten Satz darum gebeten, ihn als Freund ansprechen zu dürfen. »Ich kann Ihnen kaum sagen, mit welch großem Enthusiasmus ich den freien und großartigen Weg verfolge, den ihre La Voce eingeschlagen hat.«¹⁶ Prezzolini hatte ihr auch den Besuch bei Péguy in Paris vermittelt, der bei ihr einen tiefen Eindruck hinterlassen hatte. Die Verbindung einer philosphisch motivierten säkularen Religion mit der kulturellen und politischen Erneuerung der Nation, wie sie in den *Cahiers de la Quinzaine* betrieben wurde, war ein Projekt, wie es sich zunehmend auch für Italien wünschte. Ein Vorbild dafür waren denn auch die vociani, die eben keine konservativen Nationalisten, sondern kulturelle Modernisten waren. Sie pflegten regionale Verbundenheit und standen für internationale Beziehungen. Die 1913 von Mussolini und Sarfatti gegründete theoretische Zeitschrift *Utopia* muß als ein Versuch verstanden werden, die kulturelle Erneuerung denkerisch mitzugestalten. 1922 war dann die Zeit der Theorie vorüber, und die Zeit der Praxis begann.

Die Diskussionen um den kriegerischen Einsatz in Libyen hatten nicht nur die Sozialistische Partei, sondern auch *La Voce* verändert. Prezzolini war dadurch politischer geworden, und Papini zog zusammen mit Soffici daraus die Konsequenz, eine eigene Zeitschrift zu gründen: im März 1913 erschien die erste Ausgabe von *Lacerba*.17 Sie wollten sich durch ihren Beitritt zur futuristischen Bewegung beweisen, daß sie noch zur Avantgarde zählten, doch er hatte keinen Erfolg. Nach anfänglich zurückhaltender Unterstützung begann er schließlich das Projekt zu attackieren. Futurismus sei ein »alter Hut« und Marinetti ein kulturloser Mensch, stand in seinen Artikeln zu lesen. Er mußte allerdings konstatieren, daß es ihm in jahrelangem Bemühen nicht gelungen war, eine kulturelle Elite zu erziehen. Bei den Futuristen handelte es sich in seinen Augen um alberne Wichtigtuer, die Nationalisten waren unkultiviert, die Sozialisten hatten ihre Seele verkauft, und der Rest der politischen Klasse war schon immer indiskutabel gewesen.

Die Auseinandersetzungen über den Beitritt Italiens zum Ersten Weltkrieg brachten nicht nur Mussolini und Prezzolini, sondern auch die drei Freunde wieder zusammen. Zuerst fanden Soffici und Papini, daß nun der Spaß vorbei sei, und sie teilten ihren Lesern mit, daß sie in dieser historischen Stunde mit seriösen Artikeln zur Intervention zu rechnen haben würden. Prezzolini verkündete zwei Wochen darauf in *La Voce*: »Laßt uns Krieg machen!« In einem Artikel forderte er den zaudernden Mussolini auf, sich für den Krieg zu entscheiden. Fünf Tage darauf erschien Mussolinis folgenschwerer Text, der seinen Ausschluß aus der Partei zur Folge hatte. Prezzolini begrüßte ihn mit den berühmten Worten: »Die Sozialistische Partei hat dich hinausgeworfen; Italien heißt dich willkommen.« Kaum einen Monat später wurde Prezzolini wiederum von Mussolini als Autor für seine neugegründete Zeitung geworben. Dieser konnte dem kommenden Mann nicht widerstehen, trat von seinem Herausgeberposten bei *La Voce* zurück und ging als Korrespondent für Mussolini nach Rom. Papini, der mittlerweile als ein angesehener Essayist galt, schrieb ebenfalls für *Popolo d'Italia*. Wie in den alten Zeiten von *Leonardo* verfaßten die beiden Leitartikel. Nur, daß es nicht mehr um William James, sondern um rechte Politik ging. Dann kam der Ruf zu den Waffen, und die Avantgarde zog in den Krieg. Papini mußte seiner schlechten körperlichen Verfassung wegen zu Hause bleiben, doch Soffici und Prezzolini verrichteten ihren Dienst fürs Vaterland. Prezzolini, der im August 1915 als Offizier eingerückt war, zeigte sich schon bald enttäuscht über die mangelnde militärische Disziplin, die schlechte Ausstattung sowie die fehlen-

213

den großen Aufgaben. Soffici wurde zweimal schwer verwundet, wegen Tapferkeit ausgezeichnet und sah im Krieg Bilder, die ihn nicht mehr verlassen sollten.

Nach dem Krieg saßen in den Florentiner Cafés junge Leute, für die *La Voce* und die drei Freunde nur noch eine Erinnerung waren. Ihre große Zeit war vorüber. *Lacerba* hatte 1915 ihr Erscheinen eingestellt und *La Voce* Ende 1916. Giovanni Papini, der sich schon immer als Mystiker gefühlt hatte, konvertierte 1918 zum Katholizismus. 1921 erschien sein Buch über das Leben Christi (*Storia di Cristo*). Seine futuristische Seele verbrannte im Fegefeuer seines neuen christlichen Glaubens. Soffici war beim »Marsch auf Rom« zu Hause in der Toskana geblieben und hatte sich dort für die neuen Zeiten begeistert. 1921 bekannte er sich dazu, ein Faschist zu sein, und arbeitete mehrere Monate des Jahres in Rom bei faschistischen Zeitschriften. Prezzolini lebte 1922 in Rom und arbeitete als Korrespondent für eine New Yorker Presseagentur. In seinem Tagebuch schrieb er, daß die politischen Ereignisse ihn »perplex« machen würden. Er erkannte die frische Kraft des Faschismus und verband mit seinem Erscheinen die Hoffnung auf etwas Neues. »Der Liberalismus ist das Glaubensbekenntnis der alten Männer, die alt sind in ihrem Denken und zu müde, um Experimente zu wagen. Aber Mussolini ist der Atem der Jugend.«[18] Gleichzeitig war er abgeschreckt von der Dumpfheit und Unkultiviertheit der Faschisten. 1925 zog er nach Paris, und 1929 übernahm er die Leitung der Casa Italiana der New Yorker Columbia University. Enttäuscht von der Alten Welt brach er in die Neue Welt auf.

In den Jahren zwischen 1912 und 1914 war bei Papini, Soffici und Prezzolini der Ruf nach Disziplin, Ordnung und Gewalt immer lauter geworden. Doch als Mussolini darging, mit Gewalt für Ordnung und Disziplin zu sorgen, mußten vor allem Papini und Prezzolini feststellen, daß er etwas politisch umsetzte, was sie so nicht gemeint hatten. Papini zog daraus die Konsequenz und entfernte sich so weit als möglich in das Reich des Geistes. Soffici machte es sich in der Rolle des angesehenen und verdienten faschistischen Avantgardisten bequem, während Prezzolini aus sicherer Distanz das Werden des faschistischen Staates beobachtete. Prezzolini hatte am meisten für Mussolini getan und fühlte sich verantwortlich für das, was geschah. Der Erste Weltkrieg hatte ihr Verhältnis verändert. Schließlich bekannte er: »Trotz schwerwiegender Unterschiede, was die Methoden betraf, kann ich sagen, daß Mussolini die Realisierung der Ideale von ›La Voce‹ war. Ob willentlich oder nicht, wirkten wir an der Entstehung des Faschismus mit.«[19] Doch führt er auch Curzio Malaparte an, der bemerkt hatte, daß *La Voce* sowohl den Faschismus wie auch den Antifaschismus vorbereitet habe. Prezzolini verließ für den ehemaligen Provinzredakteur Mussolini *La Voce*. Der Mann, der die kulturelle Elite Italiens hatte erziehen wollen, ging als Korrespondent einer weitgehend unbekannten Zeitung nach Rom. Warum machte er das? Man kann vermuten, daß Prezzolini durch seinen Umzug nach Rom Schwierigkeiten in Florenz aus dem Weg gehen wollte. Er galt als umstritten, und seine Erfolge waren bescheiden geworden. Andererseits scheint Prezzolini eine gewisse Zeit wirklich an Mussolini und dessen Mission geglaubt zu haben. Prezzolini reichte den Stab weiter. Mussolini übernahm.

Benito Mussolini war ein politischer Kopf, und einziger Programmpunkt seiner Partei war die Eroberung der Macht. Hermann Heller hat Mussolinis Pseudorevolution als »Aktivität um der Aktivität willen, eine Art *l'art pour l'art* auf politischem Gebiet« bezeichnet. Für Prezzolini wurde »Mussolini (...) zum Motor Italiens, der alles in Bewegung setzte«.[20] Er schreckte eben im Gegensatz zu den drei Avantgardisten nicht davor zurück, die Forderung nach Gewalt auch wahr zu machen. Prezzolini, Papini und Soffici trafen nach dem Krieg nicht mehr den richtigen Ton, und das spürten sie auch. Sie hatten auf Jugend gesetzt und dabei vergessen, daß das ihre eigene Jugend war. Mussolini kannte keine Skrupel, denjenigen, die jung in den Krieg gezogen und alt daraus zurückgekehrt waren, eine neue Jugend als Faschist zu versprechen. Das war der große Unterschied im Generationenprojekt: Für die drei Avantgardisten war es nach 1918 abgeschlossen, für Mussolini begann es erst.

Die Rhetorik der Klasse ist die der Geschichte, die Rhetorik der Generation die der Existenz. Margherita Sarfatti wie auch Benito Mussolini gehörten der Generation an, deren späte Jugend mit dem Beginn des neuen Jahrhunderts zusammenfiel und deren große Bewährung im Krieg war, wie man ihn zuvor nicht gekannt hatte. Der Ausbruch des Krieges, der vielen von ihnen als ersehntes Ende der alten Zeit galt, ließ eine ganze Nation teilhaben an dem Erlebnis des Aufbruchs. Die Jugend hatte sich wie in einem luftdicht abgesperrten Raum gefühlt, aus dem nichts herausgelassen wurde und in den nichts eindrang. Die einzige Möglichkeit, mit der Außenwelt in Kontakt zu kommen, schien die der Explosion. Diese Explosion war der Krieg, nach dem nichts mehr war wie zuvor. Der englische Dichter Ted Hughes hat geschrieben, der Erste Weltkrieg habe die nackte Wahrheit zurückgelassen. Es sei, als wäre erst danach die Menschheit endgültig geboren worden. Die Vorkriegsjahre erschienen den 1880 Geborenen als eine seltsam entrückte Periode ihres Lebens, die nicht so recht in der Nachkriegszeit aufgehen wollte. Sie waren eine historische Generation, denn der Krieg war das einschneidende Erlebnis, das sie von denen, die vor ihnen waren, und von denen, die nach ihnen kamen, unterschied und trennte. Das genealogische Muster wurde gebrochen durch die Geschichte. Der Krieg war daran schuld, daß der normale Generationswechsel außer Kraft gesetzt war. Nach 1918 befanden sich noch immer die Alten am Ruder, denen das moderne Lebensgefühl fremd war, weil sie das Sterben und das Töten im Krieg nicht erfahren hatten. Der Krieg hatte die jungen Männer dazu gezwungen, alles hinter sich zu lassen. Sie hatten ihre Fabriken verlassen, ihre Wohnungen, ihre Büros, ihren Alltag, ihre Kinder, das Geld und die Liebe. Der Krieg sollte kurz und siegreich sein, doch er wurde lang und endete unentschieden, denn der Sieg war gleichzeitig eine Niederlage. Giolitti und seine Getreuen waren immer noch nicht aus ihren Sesseln vertrieben, und die territorialen Forderungen blieben unerfüllt. Italo Balbo hat in seinem Tagebuch notiert: »Zu kämpfen und dann nach Hause kommen in das Land Giolittis, der aus jedem Ideal ein Geschäft macht? Nein. Besser ist es, alles zu verleugnen, alles zu zerstören und für eine von Grund auf neue Ordnung zu sorgen.«[21]

Gottfried Benn hat die Ambivalenz – »die Verschmelzung eines jeglichen mit den Gegenbegriffen«[22] – als Signum des 20. Jahrhunderts bezeichnet. Mussolini wußte darum, und er versprach, die Niederlage des Sieges zu tilgen, und sammelte die Soldaten im Frieden für einen Krieg. Ein zweites Mal setzte er alles auf Krieg. Die Situation war jedoch eine andere als 1915. Der Staat war noch schwächer, die nationale Mobilisierung hielt an, und die Oligarchen des 19. Jahrhunderts hatten ihre Macht über die Massenparteien verloren. Das Erlebnis der Jugend, mit dem die Soldaten in den Krieg gezogen waren, wurde in den Jahren an der Front oder im Schützengraben ergänzt durch das Erlebnis der Gemeinschaft. Das Bewußtsein des Klassengegensatzes und der daraus erwachsenden Klassensolidarität, das vor 1914 immer wieder von den Sozialisten beschworen worden war, wich dem Gefühl der Kameradschaft. Außer Technik und Tod lernte man in diesem Krieg Menschen der anderen Klasse kennen. »Alle verschmolzen ineinander im Schlamm der Schützengräben, und die düsteren Farben der neuen Uniformen, die nach den ersten Schlachten eingeführt worden waren, – khaki, taubenblau, feldgrau – verstärkten den Eindruck einer undifferenzierten Masse.«[23] 1915 zählte die italienische Armee fünfundzwanzigtausend Offiziere. Die meisten von ihnen besaßen einen Hochschulabschluß und waren humanistisch gebildet. Dieser Bildungshintergrund machte sie zu glühenden Anhängern des nationalen Gedankens. Es ging für sie in diesem Krieg darum, der kulturellen Größe Italiens auch militärischen Ausdruck zu verleihen. Die Offiziere waren in höchstem Maße bereit, die wenig erfreuliche Realität des Kriegsalltags zu verleugnen und statt dessen die nationale Ehre und den Ruhm in den Vordergrund zu stellen. Dies galt vor allem für diejenigen jungen Männer, die schnell und unsystematisch als Nachwuchskräfte herangebildet worden waren. Der Literaturwissenschaftler Leo Spitzer, Autor einer Sammlung von italienischen Kriegsgefangenenbriefen und Zensurbeauftragter Österreichs, schrieb dazu: »Die Todesverachtung der italienischen Offiziere läßt sich auf verschiedene Motive zurückführen: erstens auf den Einfluß der dem Gebildeten eher zugänglichen Presse; zweitens auf die Anhänglichkeit des Gebildeteren an heimische Kulturideale; drittens auf die höhere Kultur selber, die ihrem Vorkämpfer die sittliche Kraft verleiht, dieses teuerste der Güter zu verteidigen.«[24] Spitzer betont, daß das heroische Pathos der Offiziersbriefe in Gegensatz zu den »naiv treuherzigen Gleichgültigkeitskundgebungen« der Mannschaftsbriefe stand.

Die Offiziere fungierten als Sinnvermittler. Sie hatten die Aufgabe den Kampfgeist ihrer Truppe aufrechtzuerhalten, wie auch gegen Meuterei, Fahnenflucht und Ungehorsam vorzugehen. Bildung und Kenntnis der nationalen Traditionen konnten sie dabei nicht voraussetzen. Sie hatten es häufig mit Analphabeten zu tun, die weder ein Nationalbewußtsein noch ein historisches Verständnis für das Schicksal Italiens besaßen. Die zweieinhalb Millionen Bauern, die einberufen worden waren, hatte keiner gefragt, ob sie den Krieg wollten. Warum dieser Krieg geführt wurde, interessierte sie nicht, sie wußten nur, daß sie ihn führen mußten, und das genügte ihnen. Für viele war es das erste Mal, daß sie ihr Dorf verlassen hatten. Der Krieg vermittelte ihnen erst eine Ahnung von der Größe und regionalen Unterschiedlichkeit Italiens. Während den Bauern bis dahin nationalstaatliche Ideen weitgehend fremd gewesen waren, priesen die Offiziere edle Ideale und pflegten das nationale Pathos. Doch das beschränkte Leben im Schützengraben brachte die Offiziere und die einfachen Soldaten zusammen. Lange Kriege hatten schon immer den Effekt, daß sich das Verhältnis zwischen der militärischen und der zivilen Welt veränderte. Der Erste Weltkrieg, der ein langanhaltender, zermürbender Stellungskrieg war, führte bei den Kämpfenden dazu, sich abgeschlossen von der übrigen Welt als eingeschworene Gemeinschaft zu fühlen. Mario Isnenghi und Giorgio Rochat sprechen in diesem Zusammenhang von einer »mentalen Anästhesie«.[25]

Allein der Streifen Himmel über ihnen gab den Soldaten das Gefühl, nicht im eigenen Grab zu stehen. Man dachte immer an die gleichen Dinge, und vieles, was in Friedenszeiten wichtig gewesen war, fiel nun der Vergessenheit anheim. Gerüchte und Legenden nahmen in diesem unwirklichen, tagträumerischen Leben großen Raum ein. »Bei dieser Veränderung zerreißen nach und nach vor allem die affektiven Bande zu dem vorherigen Leben; das ganze geistige Leben wird nach und nach ärmer, sein Inhalt reduziert und verengt sich; ein einziges Bild wird allmählich zum herrschenden: Das Bild des Kampfes, der Notwendigkeit des Tötens, um nicht getötet zu werden; und dieser Gedanke absorbiert schließlich jede Aktivität.«26 Wer bei Kriegsbeginn der Nation mißtrauisch gegenübergestanden hatte und dessen Heimat und Welt ausschließlich Dorf und Familie gewesen war, bei dem leitete der Krieg einen langen und schmerzlichen Prozeß der Politisierung ein. Nur so ist die Streikwelle der norditalienischen Landarbeiter für bessere Arbeitsverträge Ende 1919 und die spontanen Landbesetzungen in Mittel- und Süditalien zu verstehen. Die »Illiteraten« waren nun auf ihre Weise angekommen im neuen Italien und stellten politische Forderungen. Gleichzeitig waren auch die alten Eliten, die auch nach dem Krieg erneut an die Macht kamen, der besonderen geistigen und soziologischen Problematik des italienischen Offizierskorps nicht bewußt. Sie hatten ihr berufliches und persönliches Schicksal mit dem Sieg Italiens verbunden und fühlten sich um ihren Einsatz gebracht. Vor allem die jüngeren unter ihnen, die technisch versiert und nationalistisch gesinnt waren, wußten nichts anzufangen mit diesem halbherzigen Frieden. Viele der Offiziere sahen die fasci als Wiederbelebung der nationalen Widerstandskraft an und es kam zu einer engen Zusammenarbeit von Militärbefehlshabern und fasci. Der Schriftsteller Curzio Malaparte war Offizier im Ersten Weltkrieg gewesen und glaubte daran, daß die interventionistische Elite der Offiziere die faschistische Revolution anführen werde. Wie vielen anderen auch ging es Malaparte darum, gegen die bestehenden Autoritäten zu rebellieren, eine neue Ordnung zu schaffen und selbst zur neuen Führung des Landes zu gehören.

Offiziere trugen provokativ in der Öffentlichkeit faschistische Abzeichen oder beteiligten sich offen an Strafaktionen gegen die Linke. Sie hatten dabei wenig zu befürchten, denn da man sich an oberster Stelle weigerte, die politische Bedeutung dieses Phänomens wahrzunehmen, drohte ihnen höchstens ein Verfahren wegen Disziplinverletzung. Erneut erwies sich Giolitti als Politiker des 19. Jahrhunderts, der die durch den Krieg verursachten geistigen und strukturellen Veränderungen in der Armee nicht bemerkte oder nicht bemerken wollte. Giolitti fehlte das Verständnis für diese Offiziersgeneration. Es lag außerhalb seines Vorstellungsvermögens, daß Söhne patriotisch gesinnter Bürger gemeinsame Sache mit den rechten Revolutionären machen konnten. Beides zusammen, die Politisierung der einfachen Soldaten wie auch die Politisierung der Offiziere, hatte eine paramilitärische Durchdringung des politischen Lebens zur

Folge und ebnete Mussolini den Weg an die Macht. Die heimkehrenden Soldaten trafen auf eine Gesellschaft, die in der »wohlverdienten Ruhe der Überlebenden« (Karl Kraus) nicht gerne gestört werden wollte. Man hatte es ertragen, daß Krieg ist, aber man ertrug es nicht, daß er gewesen war. Die derangierten, ärmlichen Gestalten in ihren verschlissenen Uniformen erinnerten an diesen Krieg, an den man nicht erinnert werden wollte.²⁷

Der Mann, der die Situation schließlich für sich zu nutzen verstand, stammte nicht zufällig aus den Reihen der Sozialisten. Der Faschist Benito Mussolini beurteilte die Lage als Marxist. Als solcher wußte er, daß ein Aufstand, der die Regierung und die Organisationen des Proletariats gegen sich hatte, nicht erfolgreich sein konnte. »Seine moderne Sensibilität, seine marxistische Auffassung der politischen und sozialen Probleme unserer Zeit ließen ihm keine Illusionen über die Möglichkeit, 1920 nationalistischen Blanquismus zu betreiben.«²⁸ Er kam zu dem Ergebnis, daß vor allem die Gewerkschaften und die Sozialistische Partei ausgeschaltet werden mußten. Modern, kalt und kalkulierend plante er den Einsatz von Gewalt. Mussolini bleibt der Alte und wird doch ein Neuer. Dem deutschen Nationalbolschewisten Ernst Niekisch, ein Grenzgänger zwischen den Ideologien wie Mussolini, wurde 1935 eine Audienz beim Duce gewährt. In seiner Biographie berichtet er, Mussolini sei ab dem Moment entspannt und freundlich geworden, als er ihm erzählte, daß er stark vom Marxismus beeinflußt sei. »Seine verkrampften Züge lösten sich, sie nahmen etwas jungenhaft Fröhliches an, er setzte sich impulsiv, beugte sich über den Schreibtisch zu mir herüber und sagte: ›Nicht wahr, man muß durch die Schule des Marxismus gegangen sein, um ein wahres Verständnis für die politischen Realitäten zu besitzen.‹«²⁹ Mussolini war der einzige Politiker im Nachkriegsitalien, der es verstand, den Krieg für seine Zwecke zu nutzen. Er appellierte an die Brüderlichkeit seiner Anhänger und meinte damit nicht die Klassenzugehörigkeit, sondern ein sentimentales Gefühl, das die Frontkämpfer miteinander verband. Doch damit war die Ambivalenz noch nicht hergestellt.

Die andere Seite der sentimentalen Brüderlichkeit war die der brutalen Unerbittlichkeit. »Man vergegenwärtige sich ferner den eigenartigen Seelenzustand von Krieg und Nachkriegszeit das Gefühl der Unbeständigkeit, den Heißhunger derer, für die das ›Morgen seid ihr tot‹ monatelang die deutlichste, aufstachelndste Vorstellbarkeit gehabt hatte, die Empfindung einer unvermeidbaren, großen Umwälzung, die wie ein Fatum und ohne Willensaufwand sich vollziehen zu müssen schien.«³⁰ Mussolini steht nach dem Krieg einer paramilitärischen Organisation vor, die als kriegerische Elite operiert und militärische Strategien auf die Politik überträgt. »Die politisch-militärischen Hierarchien sind bereits geschaffen und werden eisern respektiert. Die militärische Disziplin impliziert die politische Disziplin. Die Rekruten des Faschismus werden selektioniert und wie beim Militär in Kader eingebaut. Diese Rekruten sind jung, sie wollen kämpfen und nicht diskutieren.«31 Der gepflegte Patriotismus der Vorkriegsjahre wurde ersetzt durch den unbedingten Willen für einen nationalen Staat, der wie eine soldatische Gemeinschaft organisiert sein sollte. Der Faschismus, der durch Gabriele D'Annunzio und sein Fiume-Abenteuer geprägt war, stand für einen neuen politischen Stil, neue Aktionsformen, neue Umgangsweisen und neue Symbole, die jungen Leuten der Nachkriegsgeneration entgegenkamen. Er trug stark romantische Züge, sprach Gefühle wie Abenteuerlust und Heldentum an, beschwor die Tat statt der Worte, jubelte über Gewalt und Tod. Der Landarbeiter aus der Romagna fühlte sich genauso betrogen wie der arme Bauer aus dem Mezzogiorno, und der wiederum teilte sein Leid mit dem Industriearbeiter aus dem Norden. Diese Art von Gemeinschaftsgeist hatte es in modernen Italien zuvor nicht gegeben. Auch in den Friedenszeiten wurden die heimgekehrten Soldaten dieses Gefühl nicht los, das sie mit keinem Zivilisten teilen konnten. Sie hatten jahrelang unter erbärmlichsten Bedingungen durchgehalten, und der Frieden machte sie ungeduldig. »Die Verbundenheit, die in den Schützengräben entstand, und die menschlichen Eigenschaften, die der Krieg hervorbrachte, standen im schroffen Gegensatz zu der künstlichen Einigkeit der Parlamentarier, die in Rom endlos debattierten.«32

Diese jungen Männer hatten keine Zeit mehr zu verlieren. Sie wollten nicht von den Alten lernen, von denen es doch nichts zu lernen gab. Mussolini nutzte den Generationswechsel, der den Vorkriegspolitikern noch nicht zu Bewußtsein gekommen war. Er gehörte mit seinen neunundreißig Jahren nicht mehr zur Jugend, doch seine Situation war mit der ihren vergleichbar. Er war ruhe- und rastlos, weil er spürte, daß ihm nicht mehr viel Zeit blieb, um an Bedeutung und Einfluß zu gewinnen. Mussolini faszinierte die Jugend, weil er wie sie aller rationalen Erklärungen überdrüssig war und das Temperament und die »moderne Sensibilität« hatte, die der Zeit angemessen schien. Entschlossen verkündete er: »Der Staat aller wird wieder der Staat der wenigen werden. Die jungen Generationen erlauben der Demokratie, diesem riesenhaften Leichnam, nicht, den Weg in die Zukunft zu verrammeln.« Sigmund Neumann schrieb 1939, die faschistische Revolution in Italien sei die Revolution der Kriegsgeneration par excellence gewesen. Er macht darauf aufmerksam, daß die meisten der führenden Faschisten – allen voran Mussolini selbst – durch die Vorkriegszeit und damit durch die Opposition zu Positivismus und Rationalismus geprägt worden waren. So betrachtet hatte der Krieg erst den Weg für den Erfolg von Mussolinis lebensphilosophischer Collage bereitet. »Der Faschismus wurde auf verzerrte Weise von diesen früheren Wurzeln gespeist und durch die Wellen des Irrationalismus verbreitet, die im ersten Jahrzehnt des 20. Jahrhunderts über die europäischen Nationen hinwegfegten.«[33] Mussolini überträgt den Krieg auf die Politik und trifft damit den Nerv der Zeit. Das Erbe des Krieges war ein neues Grundverständnis von Politik. Der persönliche Kriegseinsatz wurde dramatisiert und ergab einen performativen Zwang der kollektiven Gewalt. Maschinengewehr, Handgranate und Flammenwerfer hatten den Akt des Tötens anonymisiert und zufällig gemacht. Die Technik griff unmittelbar in die Imaginationswelt des Soldaten ein. Der Tod und das Töten wurden politisch und zum Beweis der Liebe zur Nation erklärt.[34] Das Politische bewahrheitete sich in der Gewalt und nicht im Wort.

Es gab keinen Ort in der traditionellen Politik für die mobilisierten Körper der demobilisierten Soldaten. Mussolini nutzte die kriegerische Energie der Veteranen, um die Gewerkschaften und die Sozialisten auszuschalten. Er zeigte sich darin als der gewiefte marxistisch geschulte Stratege, der er geblieben war. Die faschistischen Veteranen zogen als brutale Strafexpeditionen durch das Land. Sie mißtrauten dem Wort, und ihre Sprache war die der körperlichen Gewalt. Gegenüber dem rechten Journalisten Henri Massis hatte Mussolini erklärt: »Der Faschismus, das ist der Horror vor dem bequemen Leben.«[35] Ihre Ungeduld und ihre drängende Präsenz brachten die Faschisten am besten durch den unmittelbaren Einsatz ihres Körpers zum Ausdruck. Der Körper hatte im Krieg Schaden genommen, denn er hatte alle möglichen Strapazen zu ertragen gehabt: Hitze, Kälte, Hunger, Durst, Wunden, Schußverletzungen, Prellungen und pausenlosen Lärm. Dieser moderne, industrialisierte Krieg beleidigte die Körper, denn er zehrte sie aus, ohne sie durch einen Kampf Mann gegen Mann zufriedenzustellen. Er war ein Angriff auf die Nerven und die Herzen und entließ die Männer mit einer gesteigerten Empfindsam- und Reizbarkeit. Die Futuristen hatten dies mit der Bezeichnung, sie seien »Primitive einer neuen Sensibilität«, bereits vorweggenommen, und so wundert es nicht, daß sie sich mit den Faschisten zu einem Bund zusammenschlossen. Kameradschaft hieß das Gefühl, das von den Kriegsheimkehrern verherrlicht wurde. Die von der Linken beschworene Solidarität war Ausdruck eines entpersönlichten Massendenkens und einer ganz bestimmten Doktrin. Die Kommunisten wollten die Schützengrabengemeinschaft ersetzen durch die Verpflichtung und den Gehorsam gegenüber der Ideologie einer Partei. »Die neue Generation, die im Sozialismus zu wenig Gelegenheit zum Abenteuer, zur Selbstaufopferung in gewagter, weithin sichtbarer und mitreißender Tat fand, begriff die nüchterne, undankbare Selbstaufopferung nicht, welche die Forderung des Sozialismus war.«³⁶ Durch Kameradschaft und durch Gewalt verstand es dagegen Mussolini wie kein anderer, die Erinnerung an den Krieg in der Politik wachzuhalten. Die traditierten Bilder vom Sterben und Töten hatten nach diesem Krieg keine Kraft mehr. Das Neue hatte noch keinen sprachlichen Ausdruck gefunden. In der körperlichen Gewalt konnte die Erinnerung an das Erlebte sich ausdrücken. Mussolini hatte denn auch ab dem Zeitpunkt Erfolg, ab dem die squadristi ungehindert ihre brutale Gewalt ausübten. Sie sorgten einerseits dafür, daß die Organisationen und Institutionen des sozialistischen Gegners zerstört wurden, was ihnen nicht zuletzt auch das Bürgertum dankte, und hielten andererseits dadurch die Erinnerung an einen Krieg wach, der schnell vergessen werden sollte. Mussolini umwirbt die Kriegsteilnehmer als »Aristokratie der Schützengräben« und schickt sie in einen Krieg gegen ihre eigenen Landsleute. Im Kampf um sein politisches Überleben aktiviert er die Lehren seiner politischen Herkunft, die er seinem Konzept zur Machtergreifung anpaßt. Gegen Lenins Avantgarde und gegen die Elite der Bourgeoisie setzt er die Aristokratie und beansprucht damit einen Begriff der Ehre für seine Anhänger. Voraussetzung für die Zugehörigkeit zu dieser von ihm ausgerufenen Meritokratie ist die Teilnahme an einem bestimmten geschichtlichen Ereignis, nämlich am Ersten Weltkrieg. Er hebt die Klassentrennung auf zugunsten der Scheidung durch das geschichtliche Augenblick und reklamiert damit den Anspruch einer ganzen Generation auf den Thron. Zu dieser Generation zählt er nicht nur die Lebenden, sondern auch die Toten.

Im Schützengraben gab es irgendwann keine fremden Gesichter mehr, und die, die fehlten, kamen nicht wieder. Nur in manchen Nächten kehrten die toten Kameraden zurück und hielten Zwiesprache mit denen, die sie hatten verlassen müssen. Die Tage waren fahl und kurz, die Nächte tief und voller Angst. Die Schützengrabengemeinschaft, das sind die Toten und die Lebenden, die sich nach ihrer Initiation durch den Krieg in Kameradschaft verbunden sind. Mussolinis folgenreiche Allianz mit dem Tod begann in diesen Jahren nach dem Krieg. Der aus den Schützengräben Zurückgekehrte machte die toten oder verwundeten Körper zu einem Argument des Politischen.³⁷ Für seine Gegner war er als Sozialist gestorben, und für seine Anhänger wurde er als Faschist wiedergeboren.³⁸ Bei der Gründungsversammlung der Faschisten stand das Gedenken der Toten an erster Stelle. Die kampferprobten Männer trugen das schwarze Hemd als Zeichen ihrer Zugehörigkeit zum Faschismus. Das rote Hemd der Anhänger Garibaldis hatte Ersatz im schwarzen Hemd der Faschisten gefunden. Im Mittelalter hatten die Geistlichen inmitten des prächtigen Hofstaats mit ihrer schwarzen Kluft zu erkennen gegeben, daß sie ein gottesfürchtiges und entsagungsreiches Leben führten, und im 19. Jahrhundert trug der Bürger den schwarzen Rock, um sich als ernsthafter Geschäftsmann und verantwortungsbewußter Bürger von der bunten Aristokratie abzusetzen. Im 20. Jahrhundert ist Schwarz die Farbe, die das besondere Bewußtsein des Trägers betont. Die Faschisten trugen stolz das Schwarzhemd in der Farbe des Schreckens und des Todes, und Mussolini bekannte, er trage das schwarze Hemd auch unter seinem Anzug oder Frack. Mit dem Schwarzhemd der Faschisten ist das Ende der Aufklärung erreicht. Die Vernunft und das Bewußtsein waren hell und transparent. Dagegen steht das Schwarzhemd der Faschisten für den Sieg des Todes und der Kräfte des Unbewußten.

Nach dem Ersten Weltkrieg entwickelte sich eine Art nationaler Liturgie, in der das Wiedererwachen der Nation und der heldenhafte Kampf sowie die Verantwortung gegenüber den Toten in den Mittelpunkt rückten. Denkmäler für die Gefallenen wurden errichtet, die als eine Art geheiligter Bezirk innerhalb der nationalen Gemeinschaft betrachtet wurden. Den Altar des Vaterlandes beanspruchte die politische Rechte für sich, und sie fand zunächst in D'Annunzio einen kongenialen Propheten. Mussolinis politischer Erfolg ist nur zu verstehen, wenn man weiß, daß eine ganze Generation mit D'Annunzios Prosa[39] groß geworden ist. Die Worte des Dichters weisen keinen Bezug zur empirischen Realität auf, und genauso ist es auch mit Mussolinis faschistischer Propaganda. D'Annunzio belebte den Mythos des Risorgimento und predigte den Stolz auf das römische Imperium. Dank seiner poetischen Imagination erfand er in Fiume nahezu täglich neue Zeremonien und Rituale. Es gelang ihm, die Stadt dadurch in eine dauerhafte »Festekstase« zu versetzen. »Das Ritual selbst, der Einsatz emotional wirksamer Symbole, wie Fahnen oder Feuer, schafft eine sakrale Atmosphäre. Den Anwesenden wird suggeriert, sie träten aus der grauen Alltagswirklichkeit heraus und würden Teil eines historischen Augenblicks von überzeitlicher Gültigkeit. Die politische Versammlung verwandelt sich so in eine Kultusgemeinde.«[40] Gabriele D'Annunzio hatte die ästhetische Sympathie, die das Bürgertum dem Faschismus entgegenbrachte, vorbereitet. Politik und Kunst gingen unter D'Annunzios Regie eine neue Verbindung ein, die jedoch erst Mussolini richtig zu nutzen verstand, denn erst ihm gelang es, »das müde, sich selbst aufgebende Bürgertum davon zu überzeugen, daß es noch Energien genug in sich hatte, um sich gegen die kommunistische Revolution zu wehren«,41 Am 5. Oktober 1922, wenige Tage vor dem »Marsch auf Rom«, hatte Mussolini erklärt: »Wir spielen auf allen Saiten der Leier, wir spielen von Gewalt und Religion, von Kunst und Politik.«

Nach Mussolinis Lesart triumphierte gerade im Tod die Jugend über das Alter. Die jung gefallenen Helden verkörpern den Mythos der beständigen Erneuerung gegenüber der überkommenen Welt der Alten. Das Ende des Krieges drohte den Bund der Männer aufzulösen. Der einzelne Soldat sah sich der Isolation ausgesetzt und fand die Wärme der Schützengräbenkameradschaft in den Reihen der Faschisten wieder. »Ich muß an jenen langen endlosen Winter des Jahres 1919 denken, wo die Räume des ›Popolo d'Italia‹ von heimkehrenden Kriegern, die ihre Not klagten, überfüllt waren. Bis auf den Hof standen die Bittsteller und warteten mit der unerschütterlichen Geduld der Frontsoldaten. (...) Wir Zeitungsleute taten, was nur in unseren Kräften stand, versuchten den Leuten Arbeit zu verschaffen, empfahlen sie weiter, ermunterten sie mit Rat, sammelten für die Bedürftigsten, und für alle war wenigstens ein Wort brüderlicher Herzlichkeit und ein Zehnpfennig von 10 Lire da«, schreibt Margherita Sarfatti.42 Während bei D'Annunzio der ästhetische Ausdruck und die Feier seines schöpferischen Genius dominierten, blieb Mussolini bei all seinen Selbstdarstellungskünsten vor allem ein kühl kalkulierender Politiker. Als solcher versprach er, dem Krieg einen sozialen Gehalt zu geben, und wollte die Männer, die die Nation verteidigt hatten, nicht nur für ihren vergangenen Einsatz entschädigen, sondern sie für die Zukunft an den Faschismus binden. Für die meisten dieser ehemaligen Soldaten war der Krieg das große Abenteuer ihres Lebens, für Mussolini nicht. Das ist ein wichtiger Unterschied. Er versteht es, den Krieg rein strategisch zu nutzen, um an die Macht zu gelangen. Mussolinis großes Abenteuer ist die Politik und nicht der Krieg.

Benito Mussolini antwortete 1932 Emil Ludwig auf die Frage, ob er sich auf seiner Fahrt nach Rom wie ein Prophet oder wie ein Künstler gefühlt habe, eindeutig einsilbig mit »Künstler«.43 Mit dieser Antwort zeigt er, daß der »Marsch auf Rom« ein wohlüberlegtes Unternehmen war, mit dem er sich als Politiker des 20. Jahrhunderts zu erkennen gab. Karl Marx, den Propheten des 19. Jahrhunderts, hat er damit hinter sich gelassen, denn er hat begriffen, daß es der Künstler und nicht der Prophet oder der Wissenschaftler ist, der das neue Jahrhundert zu verkörpern weiß. Nach Mallarmé geht es in der Kunst nicht länger darum, das Ding an und für sich darzustellen, sondern den Effekt, den es hervorruft. Ganz in diesem Sinne organisierte Mussolini seinen Staatsstreich so, daß er den psychologisch-sozialen Effekt hatte, wie eine Revolution zu wirken.

Nach dem Ersten Weltkrieg war nicht nur die politisch-soziale Ordnung Europas zum Einsturz gebracht worden, sondern auch die Auffassung von Zeit und Raum, von Dingen und Menschen hatten sich grundlegend verändert. Mussolini war der erste Politiker, der dieser Tatsache Rechnung trug und damit sein ausgeprägtes Gespür für Mentalitäten und Stimmungen unter Beweis stellte. Seit dem Ende des 19. Jahrhunderts war in Europa die Standardzeit eingeführt und hatte die Wahrnehmung von öffentlicher und privater Zeit verändert. Die öffentliche Zeit war nun für alle gleich, während die private Zeit dramatisch mit Bedeutung aufgeladen wurde. Im Krieg kollabierte dieses System, denn die private und die öffentliche Zeit wurden eins. Wie eine große Mühle zerrieb der Krieg die Zeit und den Raum. Bei Kriegsende begann der Psychiater und Phänomenologe Eugène Minkowski mit einer wissenschaftlichen Arbeit über die Frage, wie wir die Zukunft leben.[44] Er unterschied zwischen zwei Zuständen, nämlich dem der Erwartung und dem der Aktivität, die sich normalerweise mischen. Im Fall der Aktivität geht das Individuum auf die Zukunft zu und fordert diese heraus. Die Aktivität gehört zum Werden des Menschen, sie läßt sich nicht aufhalten und setzt sich beständig fort. In der Erwartung leben wir in umgekehrter zeitlicher Richtung, das heißt, wir sehen die Zukunft auf uns zukommen und warten darauf, daß diese Gegenwart werde. Die Vermischung von Aktivität und Erwartung war im Schützengraben außer Kraft gesetzt. Der Soldat war in seiner Aktivität eingeschränkt, und hatte die Kontrolle über seine Zukunft gänzlich verloren; es dominierte die Erwartung. Nachdem der Krieg vorüber war, drängte es viele der ehemaligen Soldaten zur tatkräftigen Verwirklichung der erwarteten Zukunft.

Im Zustand der Erwartung waren die Genossen bereits geübt. Marx hatte prohezeit, daß nach der Zerstörung der gegenwärtigen Welt die zukünftige bereitstände. Die Frage, die sich im Verlauf des 19. Jahrhunderts den sozialistischen Politikern immer dringender stellte, war, wie man die Zukunftsträger, also das Proletariat, dazu bringen konnte, mit dem Werk der Zerstörung und mit dem Aufbau der Zukunft zu beginnen. Allein Georges Sorel, ein Pionier der Sozialpsychologie, dem die Intuition über die Analyse ging, hielt dafür eine Antwort bereit. Er schob die Zukunft in den Hintergrund und machte dagegen die Tat der Gegenwart stark. Mussolini kannte das endlose Warten im Schützengraben wie auch das jahrelange Warten auf die Revolution. Nach Kriegsende drohte ihm seine Vergangenheit als gescheiterter Sozialistenchef zur Zukunft zu werden. Er wußte, daß er das Warten und die Erwartung durch die Tat und das Alte durch das Neue ersetzen mußte. Dafür blieb ihm nur eine kurze Spanne Zeit, denn je länger der Krieg zurücklag, um so schwieriger war es, ihn im Bewußtsein der Menschen gegenwärtig zu halten. Vor diesem Hintergrund wird auch deutlich, warum Mussolini entgegen aller Ratschläge – vor allem von seiten der Militärs – auf der kurzen Vorbereitungszeit für den Marsch bestehen blieb. Er war der festen Überzeugung: Jetzt oder nie! Er mußte handeln, bevor sich die Lage des Landes gebessert hatte.

Der Krieg war eine Art Lethebad gewesen und hatte die Erinnerung an die Vergangenheit ausgelöscht. In der immerwährenden Gegenwart des Schützengrabens, angesichts der Toten und Verletzten, des Grauens und des Schreckens, ging es ums pure Überleben und die bloße Gegenwart. Paul Valéry schrieb: »Nichts wurde mehr durch den letzten Krieg zerstört als der Anspruch der Vorhersage.« Mussolini sollte durch seinen Erfolg recht erhalten, die Zeit der Propheten war vorüber.

Die kollektive Vergangenheit der Soldaten wurde in den Körpern aufbewahrt. Der neuartige Einsatz von Artillerie mit großer Reichweite, Gas und Maschinengewehren bedeutete, daß sie lange Zeit unter großer Nervenanspannung ausharren mußten. Der aktive Angriff, die natürliche Antwort auf eine tödliche Bedrohung, war ersetzt worden durch passives Warten. Wie für Marcel Proust der Geschmack der Madelaine die Tore zum vergangenen Paradies der Kindheit öffnet, so war der Lärm, das Feuer und die Uniformen das Einfallstor der Erinnerung für die heimgekehrten Soldaten. Der Krieg hatte die Soldaten von ihrer Vergangenheit abgeschnitten, und die Gegenwart des Krieges hatte das Denken an die Zukunft unmöglich gemacht. Für Mussolini bedeutete das, daß die Vergangenheit des Krieges zur Zukunft der Nation gemacht werden mußte. Nach Ansicht des italienischen Historikers Emilio Gentile war der Mythos des Krieges und nicht der Mythos der Nation entscheidend und prägend für die Entstehung des Faschismus. Mussolini war es mit dem »Marsch auf Rom« gelungen, sich mit seiner Deutung des Kriegserlebnisses durchzusetzen. Eine grundlegende Erfahrung der Kriegsteilnehmer war es, daß dem bisher Geglaubten nicht länger trauen konnten. Die tradierten Bilder vom Siegen und Sterben hatten ihre Gültigkeit verloren, sie fanden sich in diesen ersten modernen Krieg ausgesetzt in eine Wirklichkeit, die noch nicht sprachlich erfaßt werden konnte. Mussolini versprach, die Wirklichkeit des seelischen Erlebens der Kriegsveteranen zum neuen Mythos Italiens zu verklären. Die kollektive Erinnerung der Soldaten wurde zur Erfahrung der gesamten Nation erhoben. Wie Giuseppe Bottai 1932 in *Critica fascista* schrieb, war der Faschismus für ihn und seine Kameraden nichts anderes als eine Möglichkeit, den Krieg fortzuführen und ihre soldatischen Werte in eine Art Religion zu verwandeln.

Im Krieg begegnete man ständig sich selbst, und dieses simultane und moderne Prinzip wußte Mussolini im Faschismus fortzuführen. »Jeder, den er trifft, denkt an dasselbe wie er; jeder ist gleich angezogen; die Gedanken eines jeden verlaufen in denselben Bahnen. Es gibt keinen Schlagabtausch mehr, keine Auseinandersetzung von grundsätzlichen Standpunkten. Langsam und ungreifbar fangen die Bilder und Gedanken eines normalen zivilen Lebens an zu verblassen. Die Gedanken an zu Hause, an die Frau, die Freunde werden verschwommen, und die Erinnerung wird immer schwächer. Die Gegenwart und nur die Gegenwart beschäftigt den Geist.«[45] Der kollektive Geist, der in der Vorkriegszeit durch das Wahlrecht, Erziehungsreformen, Sport, Gewerkschaften und Industrialisierung vorbereitet worden war, fand im Krieg seinen Höhepunkt. Mussolini verstand es, mit diesen mentalen Veränderungen umzugehen, und er bezog sie bei der Planung des Marsches in seine Überlegungen mit ein. Er faßte sein Programm in dem unmißverständlichen Satz zusammen »Wir wollen Italien regieren«. Damit war alles gesagt. Sein Ziel erreichte er mit einem aufsehenerregenden Unternehmen, das in Anlehnung an Garibaldis legendären »Marsch der Tausend« »Marsch auf Rom« getauft wurde.[46] Dabei saß Mussolini in seinem Mailänder Redaktionsbüro und telefonierte. Abends ging er ins Theater. Auf ein Telegramm des Königs hin setzte er sich in den Nachtzug nach Rom. Dort wechselte er das Hemd und übernahm die Macht. So wird im wesentlichen sein Beitrag zum faschistischen Staatsstreich geschildert. Immer wieder wird kritisch angemerkt, er sei in Mailand geblieben, um in Sicherheit zu sein. Der starke Mann ließ sich von den anderen die Kastanien aus dem Feuer holen und strich dann den Erfolg ein. Wäre das Ganze gescheitert, dann hätte er über die nahe Schweizer Grenze sich dem Zugriff der Polizei entziehen können. Doch nicht allein der geographischen Lage wegen war er in Mailand sicherer als anderswo in Italien: er hatte dort die meisten Anhänger und seine Zeitung. Diese Vermutungen mögen richtig sein, um den Coup zu erklären, reichen sie jedoch kaum aus.

Mussolinis Ziel war Rom, und dieses Ziel wurde von verschiedenen Perspektiven aus ins Visier genommen. Es gibt einen Text von Alfred von Schlieffen von 1925, in dem der moderne Befehlshaber geschildert wird. »Der Feldherr befindet sich weiter zurück in einem Haus mit geräumigen Schreibstuben, wo Draht- und Funkentelegraph, Fernsprech- und Signalapparate zur Hand sind, während vor der Tür Kraftwagen und Motorräder, für die weitesten Fahrten gerüstet, einsatzbereit warten. Dort, auf einem bequemen Stuhle vor einem breiten Tisch hat der moderne Alexander auf einer Karte das gesamte Schlachtfeld vor sich, von dort telegraphiert er zündende Worte, und dort empfängt er die Meldungen der Armee- und Korpsführer.«⁴⁷ Von Schlieffen entwirft den Arbeitsplatz eines Militärs, der einen modernen Krieg leitet. Das bedeutet, daß er an mehreren Stellen gleichzeitig sein muß und in der Lage sein sollte, das Geschehen aus unterschiedlichen Perspektiven zu beobachten. Genau so verhielt sich Mussolini. Er nutzte seine Erfahrungen und Beobachtungen aus dem Krieg zum Gelingen einer politischen Operation.

Ihm oblag die Koordination des Geschehens, und er benutzte dazu vorwiegend das Telefon. So konnte er an zwei Plätzen gleichzeitig sein. Er blieb in Mailand, stand dennoch in Kontakt mit seinen Getreuen in Perugia und war gleichzeitig bereits in Rom, wenn er mit den dortigen Politikern telefonierte. Nur mit Hilfe des Telefons war es Mussolini möglich, von verschiedenen Perspektiven aus das Geschehen zu verfolgen und den Staatsstreich erfolgreich zu steuern.⁴⁸ Als Journalist war er an das Tempo einer schnellen Entscheidung gewöhnt. Gleichzeitig sorgten seine Schlägertrupps dafür, daß die Kommunikation im Land empfindlich gestört bzw. unterbrochen wurde. Sie okkupierten Postdirektionen wie auch Telefon- und Telegrafenämter und hielten Züge an. Sie drosselten das Tempo der Gegner und beschleunigten dadurch ihr eigenes Vorhaben.

In Rom fühlte man sich daraufhin ohnmächtig und in der Falle. Das Telefon erlaubte erst die simultane Gegenwartserfahrung, die eine moderne Erfahrung ist. So, wie es im Ersten Weltkrieg viele Fronten und kein eindeutiges Zentrum gegeben hatte, so fehlte auch diesem Staatsstreich der Mittelpunkt. Mussolini war gleichzeitig an mehreren Stellen anwesend und erteilte seine Befehle. Er war dabei nicht nur moderner Militär, sondern auch moderner Künstler: »Simultaneität ist der Zustand, in dem die verschiedenen Elemente, die den Dynamismus bilden, in Erscheinung treten. (...) Sie ist der lyrische Ausdruck der modernen Lebensauffassung, die auf der Schnelligkeit und Gleichzeitigkeit von Wissen und Mitteilung beruht«, hatte die futuristische Vorgabe des Künstlers Boccioni gelautet, die Mussolini in ein politisches Projekt umzusetzen wußte.⁴⁹ Das Telegramm, das ihn im Auftrag des Königs erreichte, bestätigte ihm schwarz auf weiß seinen Erfolg. Anders als beim Brief war beim Telegramm jedoch eine sofortige Reaktion notwendig, sonst verlor seine Botschaft an Bedeutung. Mussolini setzte sich in den Zug und fuhr einsam durch die Nacht. Mit hoher Geschwindigkeit ließ er sich unerkannt durch das Land fahren, das er soeben erobert hatte. Simultan hatte er den Raum erobert und konnte eine neue Zeit ausrufen.

Mussolini zog nach Rom. Mit neunundreißig Jahren war er der jüngste Ministerpräsident in der italienischen Geschichte und berief ein deutlich rechtslastiges, jedoch nicht eindeutig faschistisches Kabinett. Nach außen hin wirkte die Regierung wie eine typische Koalitionsregierung. »Außer dem Regierungschef, der das Innen- und Außenministerium für sich behielt, gab es zwei faschistische Minister, zwei Minister der Volkspartei, zwei demokratisch-soziale (liberale Anhänger Nittis), zwei Nationalisten, einen liberalen Giolittaner, einen salandrinischen Liberalkonservativen, zwei Militärs (Diaz und Thaon di Revel) und einen der PNF nahestehenden Unabhängigen (den Philosophen Giovanni Gentile).«[50] Erst in der zweiten bzw. dritten Reihe brachte Mussolini auffallend viele Faschisten unter und belohnte seine treuen Anhänger. Viele Liberale waren denn auch der Meinung, es handle sich um ein Kabinett, das nicht viel anders zusammengesetzt sei als die vorangegangenen Kabinette. Die Faschisten hatten der alten Elite des Landes ihren Willen zwar aufgezwungen, besiegt hatten sie sie jedoch noch nicht. Im Gegensatz zu vielen seiner Anhänger, die für die Abschaffung der Verfassung und für die Errichtung einer Diktatur plädierten, war Mussolini sich darüber bewußt, daß er nur mit Zustimmung des Königs an die Macht gekommen war. In seiner ersten Rede vor dem Abgeordnetenhaus wurde er jedoch deutlich: »Ich hätte aus diesem düsteren Saal einen Lagerplatz für meine Schwarzhemden machen können, und ich hätte das Parlament abschaffen können. Es stand in meiner Macht, war aber nicht meine Absicht. Wenigstens vorerst nicht. Das Haus muß sich darüber im klaren sein, daß es jederzeit auflösen kann – in zwei Tagen oder in zwei Jahren.«

Im Dezember schuf er die Basis für eine Art Schattenregierung, die neben der konstitutionellen Regierung existierte. Dieses System hat er in seinem politischen Testament als »Diarchie« bezeichnet. Es bestand aus dem Faschistischen Großrat (Gran Consiglio del fascismo) und der Milizia. Der Rat übernahm die Koordination zwischen Regierung und Partei, seine Mitglieder wurden von Mussolini persönlich ernannt, so wie er auch die Tagesordnung bestimmte. Den squadristi verhalf er zu einem legalen Status, indem er sie in eine nationale Miliz verwandelte. Ihre Aufgabe war der Schutz der inneren Sicherheit. Vordergründig verdammte er »zwecklose« Gewalt, doch er brauchte den Terror zur Einschüchterung seiner Gegner. Die Mitglieder der Squadren erhielten ihren Lohn nun aus öffentlichen Geldern. Der neue starke Mann Italiens mußte versuchen, die Balance zu halten zwischen den unmäßigen Forderungen seiner gewaltbereiten Anhänger und den verhaltenen Sympathien, die er bei der alten Elite genoß. Viele aus den Reihen der Bürgerlichen redeten sich ein, die Faschisten seien eine Art Verjüngungskur für die politische Klasse des Landes. Sie beruhigten sich damit, die Mühen des politischen Alltags würden Heißsporn mildern. Mussolini wußte, daß er mit seinen Anhängern allein nicht die neue Elite des Landes stellen konnte. Der Einfluß der Liberalen war geschwächt, doch noch nicht gebrochen. Im Gegensatz zu den anderen Parteien fehlte es den Faschisten an technischen, administrativen, kulturellen sowie politischen Experten. Im rechten *Giornale d'Italia* stand zu lesen: »Dem Faschismus gehört die glühende Jugend, die begeisterungsfähige Masse, die entschlossene und willensstarke Jugend. Er wäre jedoch noch viel stärker, wenn er vom intellektuellen Potential und von den vielen liberalen Experten aus den zahlreichen Bereichen des öffentlichen Lebens unterstützt werden würde, so wie es eigentlich verdient.«[51] Mussolini ging insgeheim davon aus, daß es nur eine Frage der Zeit war, bis auch in den liberalen Familien die Saat des Faschismus aufging. Er setzte auf die Söhne der alten Elite, denn unter der Jugend hatte seine Partei viele Anhänger. Er warb um die Jugend als derjenigen Kraft, die eine sich fremd gewordene Gesellschaft wieder mit neuem Leben füllen kann. Sein Zauberwort in den Anfangsjahren lautete Normalisierung. Er erreichte mit der Zustimmung des Parlaments eine Änderung des Wahlgesetzes und verschaffte sich eine ausreichende Machtfülle alleine mit dem Hinweis, er wolle das Land in normale, sichere Bahnen zurückführen und dazu bedürfe es dieser Maßnahmen. Unterstützt wurde er dabei durch die nach wie vor anhaltende Gewalt der squadristi. Zehn Jahre später gab er zu, daß es seinem Kalkül entsprochen habe, mit fünfzig und nicht mit hundert Prozent zu beginnen. Die Geschichte habe ihm gezeigt, daß der Mut der meisten Revolutionäre sehr schnell erlahme. Er dagegen habe ganz bewußt mit einer Koalition begonnen und sich nach und nach seiner Gegner entledigt. Einzig Turati hatte erkannt, daß die vermeintliche Generosität Mussolinis gefährlich war, die anderen ließen sich gerne von ihm täuschen.

Margherita Sarfatti war in Mailand geblieben. Sie und ihre gesamte Familie waren mit dem Ehrenabzeichen der Faschisten ausgestattet worden, das eigentlich denjenigen vorbehalten war, die am »Marsch auf Rom« teilgenommen hatten, doch Mussolini dankte ihnen ihre Treue durch diese Auszeichnung. Sie waren alle stolz darauf, doch Margherita wollte mehr. Es ärgerte sie, daß sie noch immer in Mailand saß, während in Rom so viele entscheidende Dinge passierten. Natürlich wußte sie, daß sie nicht die einzige Geliebte Mussolinis war. Sie hatte sich mit der Situation arrangiert, daß er viele Affären hatte, doch die Eifersucht plagte sie immer wieder. Wenn sie ihn schon beim Sex mit anderen Frauen teilen mußte, wollte sie wenigstens die Macht über ihn weiterhin alleine innehaben. Aufmerksam achtete sie darauf, daß ihm keine zu nahe kam. Ihr Verhältnis war dabei, sich zu ändern.

Sarfattis Faszination für Mussolinis ungeschliffenes Auftreten war schon lange vorüber. Sie war es, die ihn dazu gebracht hatte, sich besser zu kleiden und mehr Wert auf seine Umgangsformen zu legen. Auf seinem Weg nach oben war sie ihm eine unschätzbare Ratgeberin und Vertraute gewesen. Nachdem er gezwungen war, in Rom zu leben, wurde ihre Verbindung anfangs noch enger. Sie berichtete ihm Neuigkeiten aus Mailand, und er fragte sie um Rat, um sich in der für ihn noch ungewohnten Umgebung zurechtzufinden. So hatte er niemals zuvor lange in Hotels gewohnt und mußte sich an dieses Leben erst gewöhnen. Im Gegensatz zu ihm wußte seine Geliebte, wie man mit dem Personal und mit dem Fischmesser umging. Zudem kannte sie sich aus in der guten Gesellschaft und konnte ihn mit Informationen über die wichtigen Familien Italiens versorgen. Je mehr Einfluß Mussolini gewann, desto herrschsüchtiger wurde Margherita Sarfatti. Die Trauer um ihren Sohn war in den Hintergrund getreten, ausschlaggebend war nun, daß sie die Mutter eines Helden war. Sie wurde zunehmend von dem Gedanken beherrscht, Benito Mussolini sei ihr Geschöpf. Hatte sie ihm nicht all die Jahre die politische Treue gehalten, ihn in seinem Glauben an seine Mission gestärkt und ihn in die Kunst und Kultur des Landes eingeführt? Glaubte er nicht nur aufgrund ihrer Einflüsterungen daran, der neue Cäsar und Retter Italiens zu sein? Jetzt, nachdem er an die Macht gekommen war, wollte sie ihren Anteil haben. Schließlich hatte sie nicht nur aus Liebe ihren Sohn, ihre einflußreiche Position bei den Sozialisten und ihren Kontakt zu Anna Kuliscioff aufgegeben. Sie hatte diese Opfer gebracht, und nun forderte sie ihren Lohn dafür. Natürlich war sie sich darüber im klaren, daß sie als Frau keine Forderungen stellen konnte. Es mußte ihr gelingen, sich weiterhin bei ihm unentbehrlich zu machen, denn nur durch ihn hatte sie eine Chance, der »arbiter elegantarum« ihrer Zeit zu werden. Und das war das Ziel, das sie anstrebte.

Als wichtigster Anwärter auf den Posten des Kulturdiktators fühlte sich jedoch Futuristenchef Marinetti. Nicht nur die Tatsache, daß er zusammen mit Mussolini verhaftet worden war, prädestinierte ihn für diese Rolle, sondern auch sein Einsatz im Krieg und für den Faschismus. Wie viele andere Futuristen auch hatte er sich freiwillig gemeldet und war bis Kriegsende an der Front, zuletzt als Panzerführer. Von einem Dichter, der das Heldentum in seinen Versen besingt, verlangte er, daß er auch ein Held sei. Im Krieg agierte er weiter, hielt Ansprachen, pries die Nation und feuerte die Soldaten an. Nachdem Krieg und Revolution überstanden waren, wollte er sich wieder der Kunst widmen. Von seinen früheren Anhängern waren allerdings nur noch wenige übriggeblieben. Giacomo Balla arbeitete selbständig an der Anwendung futuristischer Formen für den Alltag und vollzog zu Beginn der dreißiger Jahre den Bruch mit Marinetti. Luigi Russolo wandte sich der gegenständlichen Malerei zu, Gino Severini war ganz auf Paris konzentriert, und Soffici hatte letztendlich nur ein kurzes futuristisches Gastspiel gegeben. Carrà war im Kriegslazarett mit Giorgio de Chirico bekanntgeworden und schloß sich der »Pittura metafisica« an. Der schwerste Verlust allerdings war der Tod der beiden Wunderkinder des Futurismus, Umberto Boccioni und Antonio Sant'Elia. Sie hatten den Krieg nicht überlebt. Boccioni war im August 1916 bei einer militärischen Übung vom Pferd gefallen und am nächsten Tag im Lazarett verstorben. Sant'Elia, der sich auf Druck Marinettis der Künstlergruppe angeschlossen hatte, veröffentlichte im Juni 1914 ein Manifest zur futuristischen Architektur: »Die Hauptmerkmale der futuristischen Architektur werden die Baufälligkeit und das Provisorische sein. Die Dinge werden kurzlebiger sein als wir selbst. Jede Generation wird ihre eigene Stadt hervorbringen müssen.« Die von ihm geplante moderne Stadt wurde nie gebaut, er starb im Oktober des gleichen Jahres wie Boccioni auf dem Karst. Die »anni eroici« waren mit dem Tod der beiden vorüber, und es begann die zweite Phase des Futurismus. Marinettis Schaffenskraft schien ungebrochen, doch was er vorzubringen hatte, fand nur noch wenig Anklang. Die Politik Mussolinis hatte Marinettis Kunst eingeholt. Wie Gottfried Benn 1934 bemerkte, war es den Futuristen gelungen, »den Schritt von der Kunst in den Rausch der Geschichte zu tun«, doch nach dem Krieg saßen sie nicht mehr auf den vorderen Plätzen. Zwar versuchte Marinetti noch Mussolini wegen seines Rechtsrucks zu kritisieren, doch er mußte bald die Vergeblichkeit seiner Intervention einsehen. Marinettis Avantgarde wurde vom Vergessen, wirtschaftlicher Not und Untergang bedroht. Der Futurismus hatte seine Bedeutung gehabt, seine große Zeit war vorüber. Nachdem Mussolini an die Macht gekommen war, sahen sich die Futuristen gezwungen, ihre Kunst auf die Gegenwart auszurichten. Es war nun nicht mehr damit getan, den Passatismus Italiens zu verspotten und in die Zukunft auszuweichen, die Künstler mußten sich der neuen Gegenwart stellen. Der Krieg, der von den Futuristen als Zukunft gefeiert worden war, hatte ironischerweise ihr Ende gebracht. Die Forderungen nach Dynamik, Schnelligkeit und Bewegung standen nicht länger im Vordergrund, es ging nun um die Fragen nach Statik, Gleichgewicht und Ordnung.

Am 12. Juni 1924 erschien in *Il Popolo d'Italia* ein Text Mussolinis über Marinetti und den Futurismus, in dem er den Futurismus als Vorläufer des Faschismus adelt und dessen einstige Bedeutung auf die Jugend Italiens hervorhebt. Den Abgesang beendet Mussolini damit, daß er Marinettis künstlerischen Optimismus kritisiert. Bis zur Gründung des faschistischen Staates sei dieser notwendig gewesen, nun jedoch könne man nicht länger allen Ernstes behaupten, die Lösung der sozialen Frage sei von der Kunst zu erwarten, oder auf der Abschaffung der Gefängnisse bestehen. Mussolini ließ Marinetti fallen; er hatte das Interesse an ihm weitgehend verloren, doch er ließ ihn weiterhin gewähren. Die neue Generation, auf die es Mussolini ankam, betrachtete den Futurismus ähnlich wie das Risorgimento, dessen Heldentaten man kennt und schätzt, die aber keiner wiederholen will oder kann. Marinetti heiratete die Malerin und Schriftstellerin Benedetta Cappa, wurde Vater und 1929 Mitglied der neugegründeten Akademie Italiens. Auf einem Bild sieht man ihn in Ornat neben seiner Frau stehen. Der Künstlerrevolutionär war zur Travestie geworden.

Keine andere Frau im 20. Jahrhundert nahm eine vergleichbar wichtige Position in der italienischen Kunst ein wie Margherita Sarfatti. Mit viel Gespür plazierte sie sich als Kritikerin, Sammlerin, Kuratorin und Autorin. Bereits vor 1922 hatte sie ihre Arbeit als Kunstkritikerin immer auch politisch verstanden, und als Sozialistin lag ihr die Verbesserung der sozialen Lage der Arbeiter ebenso am Herzen wie der Anschluß Italiens an die künstlerische Moderne. Mit dieser Kombination aus Kunst und Politik galt sie in sozialistischen Kreisen als eine Ausnahme, und dieser Umstand änderte sich auch nicht dadurch, daß sie zu den Faschisten gewechselt war.[52] Was sich dagegen geändert hatte, war das Verhältnis von Kunst und Politik im allgemeinen. In Paris, dem Zentrum der Avantgarde, machte sich vor Ausbruch des Krieges eine gewisse Melancholie breit. Man glaubte, nun sei alles vorüber, und es werde nie mehr eine Zeit kommen, in der man sich Musik und Literatur, Malerei und Theater werde widmen können. Die Franzosen unter den Künstlern brachen auf in den Krieg, und auch der Fürsprecher der Avantgarde, Guillaume Apollinaire, zog die Uniform an. Die Zurückgebliebenen spürten deutlich, wie das Klima wechselte. Das Militärische war nun allgegenwärtig und änderte auch das Leben der Bohème. Jean Cocteau trug nun eine Phantasieuniform und verkündete 1917 sein »rappel à l'ordre«. Die Bejahung trat an die Stelle der Verneinung. Die Künstler, die mit den nie gesehenen Bildern im Kopf aus dem Krieg zurückkamen, sahen sich konfrontiert mit der gesellschaftlichen Forderung, die Kunst habe die moralische Stärke einer Nation wiederzugeben. Der Krieg zog einen Graben zwischen den Ideen von gestern und dem Jetzt. Zu dem Gestern gehörte auch der Kubismus, der nun als »art boche« geschmäht wurde.⁵³ Bis 1914 war die Avantgardekunst ein internationales Projekt gewesen, dessen Zentrum in Paris lag. Die internationale Kommunikation war nach dem Krieg aufgrund der nationalen Besinnung empfindlich gestört, und die revolutionäre Bemühten sich darum, klassisch zu werden. Dem ungezügelten Überschwang der Vorkriegsjahre sollte nun die klare Organisation folgen. Chaos und Individualismus wichen Ordnung und Kontrolle. Der Realismus kehrte zurück und mit ihm die Klassik, deren Erbe die Mittelmeerländer für sich in Anspruch nahmen. Picasso praktizierte seinen vielbeachteten »Stilpluralismus« und wandte sich Ingres zu, Apollinaire tönte, er werde nun klassisch dichten, Braque liebte die Kunst, die die Emotion kontrolliert, und ausgerechnet Severini veröffentlichte 1921 ein Buch, dessen Titel als Motto für die Pariser Nachkriegsavantgarde gelten kann: *Du cubisme au classicisme: Esthétique du compas et du nombre*. Darin fordert er die Künstler seiner Generation dazu auf, den Pfad der ästhetischen und technischen Unordnung zu verlassen und ihm in die Gefilde der Klassik zu folgen.⁵⁴

Margherita Sarfatti ahnte, daß bald ihre Stunde kommen würde. Das Bekenntnis zu einem neuen Realismus, die europaweite Rückbesinnung auf die Klassik, bot den Italienern die langersehnte Gelegenheit, wieder die Führung in Kunst und Kultur einzunehmen. Die Rückkehr zur Klassik war nur möglich aufgrund des veränderten Verhältnisses zur Vergangenheit. Der Krieg hatte die Forderung der Futuristen nach Abschaffung der Vergangenheit nachdrücklich erfüllt. Marinetti hatte den Dialog mit der Vergangenheit vorbereitet, indem er deren Zerstörung gefordert hatte. Die alten Monarchien der Romanovs, der Hohenzollern und der Habsburger waren auf einen Schlag erloschen. Ihre jahrhundertelange Herrschaft hatte sich auf Vergangenheit begründet und war von keinem Zukunftsversprechen getragen gewesen. Die genealogische Kette war jäh abgerissen, die alteuropäische Ordnung zerstört, und die Männer, die nun an die Macht drängten, reklamierten ausschließlich die Vergangenheit des Volkes und des Krieges für sich. Die Zerstörung der demokratischen und monarchischen Vergangenheit wurde im 20. Jahrhundert zu einem Versprechen für eine strahlende Zukunft.

Nachdem sich Mussolini im Dezember 1929 von seinem Kunstredakteur getrennt hatte, war Sarfatti die Leitung der *Cronache d'Arte* übertragen worden. Ihr Stil war dabei, sich zu ändern. Sie war nun um ein Urteil bemüht, schrieb kritischer und analysierte schärfer, als sie es in ihren früheren Arbeiten getan hatte. Man kann den Eindruck gewinnen, als ob sie sich zu Beginn ihrer Arbeit als Kunstkritikerin an der Methode der alten Kunstkritiker – also an Diderot oder Baudelaire – orientiert hatte. »Sie alle waren Meister des Wortes, und ein Kunstwerk – ein Bild oder ein Bauwerk – war für sie in erster Linie ein Gegenstand der Beschreibung, etwas, das in Worten vergegenwärtigt werden mußte, so wie das Bild seinerseits etwas gewesen war, das nach der Vergegenwärtigung in Farbe verlangt hatte.«55 War sie in früheren Kritiken mehr um Deskription und Philosophie bemüht gewesen, so wandte sie sich nun der Interpretation und der Politik zu. Sarfatti formulierte programmatischer und war in ihrem Urteil rigoroser geworden. Neben ihrer Kolumne schuf sie sich durch ihren Salon einen eigenen Einflußbereich. Bei ihr verkehrten prominente wie auch unbekannte Künstler. Als mittlerweile erfahrene Salonnière verstand sie es, neue Allianzen zu stiften und alte Vorurteile zu beseitigen. Sie trat nun verstärkt auch als Sammlerin auf.

Im März 1919 fand in Mailand eine große Futuristenausstellung (»Grande Esposizione Nazionale Futurista«) statt, zu der auch Sarfatti vier Kunstwerke beisteuerte: zwei Gemälde von Achille Funi und zwei von Mario Sironi, wobei es sich bei dem einen um ein Porträt der Sammlerin (»Ritratto della Signora Sarfatti«) handelte. Mit dieser Leihgabe zeigte sie der interessierten Öffentlichkeit, daß sie ihr Bündnis mit den Künstlern nicht nur als Kritikerin, sondern auch als Sammlerin geschlossen hatte. Als Sammlerin definierte sie eine ganz persönliche Ordnung der Kunst. Für Sarfatti war ihre Sammlung Gegenstand der Besinnung und Freude, aber auch Beleg einer geistig-kulturellen Einstellung. Um 1900, als sie angefangen hatte zu sammeln, kam es zur größten Erweiterung des Horizonts der Kunstwahrnehmung, die es bis zu diesem Zeitpunkt überhaupt gegeben hatte. Sie hatte durch ihren frühen Kauf von Henri Toulouse-Lautrec, aber auch durch ihre Entscheidung für Mario Sironis melancholische Bilder, sowie durch ihre Wertschätzung des Futuristen Umberto Boccioni ihr gutes Auge unter Beweis gestellt. Sarfatti operierte geschickt mit ihren Ankäufen, erahnte Moden im voraus und professionalisierte ihren Blick. In der Besprechung der Mailänder Futuristenausstellung überraschte sie ihre Leser mit der Behauptung, die gezeigten Bilder stünden nicht für ein Bekenntnis, sondern für eine Abkehr vom Futurismus. Sie konzentrierte sich dabei auf »ihre« Künstler, also auf Sironi und Funi. Dabei ging es ihr nicht nur um eine Wertsteigerung ihrer Bilder, sondern auch um die Behauptung eines eigenen ästhetischen Programms in Absetzung von Marinetti. Sie wetterte gegen die »individualistische künstlerische Anarchie«, die sich breitgemacht hatte, und entdeckte bei Funi wie auch bei Sironi eine »radikale Revision künstlerischer Werte«. Sie prophezeite eine neue Ära der Klassik und befand sich damit in Übereinstimmung mit Paris.

An einem Oktoberabend, kurz vor dem »Marsch auf Rom«, trafen in der Mailänder Galerie Pesaro sieben Künstler zusammen, um eine neue Gruppe zu gründen. Anwesend waren Anselmo Bucci, Leonardo Dudreville, Achille Funi, Gian Emilio Malerba, Piero Marussig, Ubaldo Oppi, Mario Sironi, der Galerist Lino Pesaro und die Kunstkritikerin Margherita Sarfatti. Funi und Sironi hatten eine futuristische Vergangenheit, während Bucci und Marussig mit der französischen Malerei wohlvertraut waren. Die Kunstexpertin Rossana Bossaglia[56] kommt zu dem Urteil, daß man alle sieben als Angehörige einer »gemäßigten Avantgarde« (avanguardia moderata) bezeichnen kann. Die Aufgaben wurden verteilt. Die Künstler einigten sich darauf, ausschließlich gemeinsame Ausstellungen zu organisieren. Wenn ein Künstler alleine ausstellen wollte, mußte er sich das Einverständnis der anderen einholen. Pesaro stellte die Ausstellungsfläche zur Verfügung und war bereit, gewisse Werbekosten zu übernehmen. Dafür erhielt er von jedem verkauften Bild einige Prozent. Sarfatti schließlich sollte die Gruppe zum Erfolg führen, sie war verantwortlich für die Öffentlichkeits- und Pressearbeit. Sie arbeitete also zweigleisig: während sie Mussolini bei den Vorbereitungen zur faschistischen Machtübernahme unterstützte, beteiligte sie sich gleichzeitig an der Gründung einer Künstlergruppe, die sie nach dem erfolgreichen Putsch als faschistische Kunst würde präsentieren können.

Bei der folgenden Sitzung war man mit der Namensgebung beschäftigt. Weil sie sieben waren, schlug Bucci »Candelabro« vor. Der Vorschlag wurde abgelehnt, weil er die jüdische Herkunft von Sarfatti und Pesaro unnötig betonte. Schließlich einigte man sich auf »Novecento«. Vor allem Sarfatti favorisierte diesen Namen, denn er erinnerte an die große Zeit italienischer Kunst. »Novecento« sollte die Renaissance des 20. Jahrhunderts einläuten.

Mit dem »Marsch auf Rom« wurde eine lange Welle der Demokratisierung durch eine Gegenbewegung gebrochen. Zu Beginn der zwanziger Jahre hatten rund dreißig Länder das allgemeine und freie Wahlrecht eingeführt. Der Faschismus verstand sich als »klare Antithese« zu den Prinzipien von 1789. Mussolini schrieb 1922 in seiner Zeitschrift *Gerarchia*: »Der Krieg ist revolutionär gewesen in dem Sinne, daß er – durch Ströme vergossenen Blutes – das Jahrhundert der Demokratie liquidiert hat, das Jahrhundert der Zahl, der Mehrheit, der Quantität.« Die Botschaft des Duce an sein Volk lautete: »Glauben, gehorchen, kämpfen!«

Rückkehr zu Ordnung und Größe war auch Sarfattis neue Maxime in der Kunst. Sie hatte noch nie etwas für Abstraktion übrig gehabt und den Kubismus schon immer abgelehnt. Die Zeit der Experimente war vorüber; das Chaos der Avantgarde sollte der Hierarchie und Ordnung der Werte weichen. Für die Italiener ist Kunst ein Synonym für Vaterland, lautete ihr gerne zitierter Ausspruch, mit dem sie nicht zuletzt ihre eigene Wichtigkeit unterstrich. Seit ihrer Jugend wollte sie große Bedeutung erlangen, und nun schien das Ziel zum Greifen nah. Doch sie wußte, daß sie nichts überstürzen durfte und auf der Hut sein mußte vor Freunden und vor Feinden. Sie mußte zunächst auf der Ebene der Schrift, also in der kunstgeschichtlichen Essayistik ihre Ideen ausarbeiten, und dann Ausstellungen kuratieren, um die von ihr vertretenen Werte im Raum zu plazieren. Dabei durfte sie nicht vergessen, auf ihren Geliebten Einfluß zu nehmen, den die Kunst nur am Rande interessierte.

Am 26. März 1923 wollte sie »ihre« Künstler in der Galleria Pesaro präsentieren. Der Titel der Ausstellung lautete schlicht »Sette pittori del Novecento«, und der Text im Katalog stammte von Margherita Sarfatti. Die eigentliche Sensation war jedoch, daß Benito Mussolini die Ausstellung eröffnen sollte. Sironi, der überzeugte Faschist war und als Karikaturist für Il Popolo d'Italia arbeitete, war davon ebenso angetan wie Funi, der 1919 in San Sepolcro bei der Gründung der Faschisten dabeigewesen war. Bucci und Dudreville allerdings waren entsetzt. Sie warfen ihrer Mentorin vor, sie für ihre politischen Zwecke instrumentalisieren zu wollen. Sarfatti wies diesen Vorwurf zurück. Sie sah für die Künstler nur Vorteile und fand das Verhalten der beiden töricht. Schließlich einigte man sich darauf, daß Bucci und Dudreville nicht an der Eröffnung teilnehmen würden. Mussolini erschien und wurde von den Galeristen, der Kritikerin und den Stadtoberen Mailands willkommen geheißen. Sarfatti führte ihn stolz und glücklich durch die Ausstellung, und Pesaro betonte, welch große Ehre es für ihn sei, den Ministerpräsidenten in seinen Räumen begrüßen zu dürfen. In den Reden wurde das Ideal der italienischen Kunst gepriesen, und es war viel die Rede von Schönheit, Ordnung und Stärke. Mussolini hielt sich in seiner kurzen Ansprache auffallend zurück. Er war von seiner Geliebten über den Konflikt mit den Künstlern informiert, und sie hatten zusammen entschieden, daß es besser sei, wenn Mussolini der Kunst den gebührenden Respekt erwies. Er erklärte, daß es die Pflicht eines jeden italienischen Politikers sei, sich für Kunst zu interessieren. Die Aufgabe des Staates sah er jedoch gerade nicht darin, eine offizielle Staatskunst aus der Taufe zu heben, sondern Bedingungen zu schaffen, unter denen die Künstler ihre Kunst als eine nationale Aufgabe ausüben können. Mussolini betonte, daß er eine Regierung vertrete, die sich als Förderin der Künste verstehe. Die meisten der Anwesenden glaubten Margherita Sarfatti sprechen zu hören, und wirklich bewies dieser Auftritt Mussolinis die enge Zusammenarbeit und große Übereinstimmung zwischen ihm und seiner langjährigen Geliebten.

Ebenfalls im März 1923 schrieb Mussolini in *Gerarchia*, daß die Italiener genug von der Freiheit hätten, die in eine Orgie ausgeartet sei. Nachdem die Faschisten an die Macht gekommen seien, werde die Freiheit wieder keusch und streng. Die Kriegsgeneration sei fasziniert von einer Freiheit, die Disziplin, Ordnung und Hierarchie verlange. Sarfatti gebraucht nahezu das gleiche Vokabular für ihre Forderung nach Erneuerung der Kunst. Sie bestanden beide darauf, daß der Faschismus »jung und klassisch« zugleich sei. Sarfattis Ziel war es, die zeitgenössische italienische Kunst mit der großen Geschichte des Landes in Einklang zu bringen. Sie wollte die ästhetische Tradition der Renaissance wiederbeleben und rief die italienischen Künstler auf, sich ihrer kulturellen Wurzeln zu besinnen. Selbstbewußt behauptete sie, die Italiener hätten die verfeinerte ästhetische Tradition im Blut. Als Beweis galten ihr die römischen Monumentalbauten und die Renaissancemalerei. Sarfattis Appell wurde auch von denjenigen positiv aufgenommen, die sich als moderne Zeitgenossen empfanden, denn in keinem Land ist Tradition und Kultur seinen Bewohnern so nah und vertraut wie in Italien.[57] Der Einfluß Mussolinis, sein Kampf gegen Individualismus und Demokratie, bewirkte auch bei seiner Geliebten eine allmähliche Veränderung ihrer Einstellung zur Kunst und zu ihrer eigenen Rolle. Es genügte ihr nicht mehr, zu sammeln, Kritiken zu schreiben und Ausstellungen zu kuratieren. Sie wollte eine neue Ordnung etablieren und forderte die Rückkehr zu einer neuen Qualität der Kunst. »Eine Kunst kann sich heute formen und werden, ohne Extravaganzen und ohne Exzentrität, die sich sämtliche Erfahrungen der vergangenen Jahre zunutze macht: Dekompositionen, Futurismus, Kubismus und auch den Divisionismus und den Impressionismus; aber indem sie alle überwindet, ohne sie zu verwerfen, führt sie zu einer Kunst, die aus dem tiefen Gefühl des Wunders kommt. Es geht um das Streben nach dem Konkreten, dem Einfachen, dem Endgültigen«, hatte sie 1923 geschrieben. Die kollektive Synthese, die sie anstrebe, war mit einer klaren politischen Botschaft versehen: Die autoritäre Gewalt des Faschismus sollte nicht nur im Staat, sondern auch in der Kunst für Ordnung und Einheit sorgen. So erklärte sie fünf Jahre nach dem »Marsch«: »Um modern sein zu wollen – und vielleicht in Italien mehr als anderswo –, greifen die Menschen zurück auf den Willen zur Tat und zur Größe, auf die brennende Begierde und die klare

Festigkeit des Herrschenwollens über Natur und Ereignisse, auf den Willen, sie zu formen, anstatt ihnen zu unterliegen oder sich von ihnen überrumpeln zu lassen. Nach jenen auflösenden Nirwanakrisen der Gleichheit oder des verzweifelten Verneinens kehrt unser Wille zur Macht dazu zurück, das Individuum Mensch, die menschliche Person heldenhaft in das Zentrum der Schöpfung zu stellen, vielleicht für ein ewiges, in Zahlen nicht zu erfassendes Sein, an das die Alten nicht glaubten, aber, um es, wie die Alten wollten, zu verstehen und zu beherrschen mit einer der ihrigen ebenbürtigen Größe von Schönheit und Kraft.«[58] Doch bei all ihren nationalen Gefühlen war sie in kosmopolitischer Geist geblieben. So war sie gut informiert über den Umschwung in der Pariser Avantgarde und wußte sich mit ihrem »rappel à l'ordre« in bester Gesellschaft.

Zu Sarfattis Toten gehörte außer ihrem Sohn Roberto Giuseppe Boccioni und Antonio Sant'Elia, deren künstlerische Potenz ihr bereits früh aufgefallen war. »Blüten, die keine Früchte tragen werden, Korn, das nur Keim bleiben wird, weder Hafer noch Brot«, schrieb sie über eine Ausstellung, die an die im Krieg gestorbenen Künstler erinnern sollte. Ein letztes Mal ehrte sie Boccionis große Begabung und klagte das Schicksal an, das ihn brutal ausgelöscht hatte. An Sant'Elia lobt sie seine außergewöhnliche Reife und Kraft sowie die geniale Originalität, die ihn unter seinen Zeitgenossen hervorhob. »Gestorben als Anführer seiner Soldaten, keck mit der Zigarette im Mund hat er sie zum Angriff geführt.« »Es ist die Verbindung aus künstlerischem Genie und Heldenmut, die sie anzieht und verehrt. Seit der Französischen Revolution war die innere Verwandtschaft von Soldaten und Künstlern ein immer wiederkehrendes Thema. Beide befinden sich außerhalb einer Welt bürgerlicher Sicherheit in moralischem Radikalismus und in der äußersten Hingabe. Wir finden dieses Muster wieder in einem Text, den Sarfatti anläßlich des Todes von Guillaume Apollinaire verfaßte. Sie ehrt Apollinaire als Klassizisten, als Modernisten und als Soldaten. Diese Trias war für sie das Höchste. Der Faschismus und die Kunst der im Krieg gestählten Helden markieren für sie einen historischen Sieg. Der Duce und sie wollen mit Politik und Kunst Italien zu römischer Größe führen. Den Schützengraben bezeichnet die Heldenmutter als »Schule der Wahrheit«. Der Künstler-Soldat soll zur kulturellen Elite gehören und seine Aufgabe darin sehen, das Volk zu erziehen. Indem der Künstler sich durch den kriegerischen Einsatz für die Nation verwirklicht, unterwirft er seinen künstlerischen Willen dem Großen und Ganzen. Sarfatti fand ihren neuen Künstler-Soldaten in Mario Sironi. Er war derjenige, dessen Bilder sie früh sammelte und den sie ausgiebig förderte. Sironi gilt trotz seiner faschistischen Überzeugung als

239

einer der interessantesten italienischen Künstler des 20. Jahrhunderts. Er nimmt eine wichtige Verbindungsposition ein zwischen der futuristischen Avantgarde und der faschistischen Revolution.

Mario Sironi studierte Ingenieurwissenschaften und wandte sich unter dem Einfluß von Balla und Boccioni, die er achtzehnjährig 1903 in Rom kennengelernt hatte, der Malerei zu. In seinen Lehr- und Jugendjahren las er Nietzsche, Heine und Schopenhauer, hörte Wagner, reiste nach Paris, aber auch nach Deutschland. Nachdem er eine schwere Depression überwunden hatte, schloß er sich den Futuristen an. Marinetti selbst forderte ihn dazu auf. Sironi orientierte sich jedoch nicht an den Kubisten, sondern an der russischen Avantgarde. Deren Arbeiten lernte er höchstwahrscheinlich durch Marinetti kennen, der 1914 eine Reise durch die Sowjetunion unternommen hatte. Er arbeitete eng mit dem Mailänder Magazin *Gli Avvenimenti* zusammen, das Umberto Notari veröffentlichte und in dem auch Sarfatti publizierte. Zusammen mit Boccioni, Marinetti, Funi und Sant'Elia zog er in den Krieg und gehörte dem »Battaglione Lombardo dei Volontari Ciclisti e Motoristi« an. Er besuchte die Militärakademie in Turin und diente 1917 als Offizier im Veneto. Fasziniert von der modernen Stadt, lebte er nach dem Krieg in Mailand, wo er mit der Arbeit an seinen Stadtlandschaften begann. Sironi hatte einen kalten Blick auf die Welt. Auf seinen Gemälden zeigt er die menschenleere Peripherie Mailands. Wir sehen Schornsteine in den Himmel ragen, glatte Häuserzeilen mit Fenstern, die wie schwarze Löcher aussehen, Straßenbahnen, die gespenstisch das Bild kreuzen, trutzige Fabrikgebäude und monolithische Wände, die den Blick auf den Horizont versperren. Sironis Bilder sind aufgeladen mit einer beunruhigenden Expression und Energie.[59] Wie ein Kritiker 1920 schrieb, wirken diese Bilder »energetisch und ernst«. Sironi zeigt uns eine dem Menschen feindliche Welt. Es gibt keine Natur auf diesen Bildern, der Mensch ist gefangen in seiner selbstgeschaffenen Öde. Nichts ist zu spüren von der Vitalität und Dynamik der Stadt, die die Futuristen inspiriert hatte. Alles – sogar der Rauch aus dem Schornstein – scheint stillzustehen, die Stimmung ist melancholisch und bedrohlich zugleich. Und doch spürt man, daß den Bildern ein autoritärer und rebellischer Geist innewohnt. Sironi war davon überzeugt, daß nur eine tiefgreifende moralische und politische Veränderung die nationalen Werte werde retten können, und befürwortete den Einsatz von Gewalt. Er war begeistert in den Krieg gezogen, und auf einem Foto sieht man ihn strahlend jung und lachend auf einem Kanonenrohr sitzen. Nach seiner Entwaffnung kehrte er wie Tausende andere auch enttäuscht in den Frieden zurück. Er lebte in einer ärmlichen Pension am Stadtrand von Mailand und schlug sich mit Gelegenheitsarbeiten durch. In diesen Jahren begann er Stadtlandschaften zu malen. Der Künstler war ein Kriegsveteran, der an der Peripherie der Stadt gestrandet war. Er zeigt in seinen Bildern eine Welt, die nur für diejenigen existiert, die dort wohnen. Kein Bürger verirrt sich an den Rand der Stadt. Der Bürger lebt und arbeitet im Zentrum, der Kriegsveteran an der Peripherie.[60]

Das eigentlich Verstörende an diesen Bildern ist Sironis Bildersprache. Er malte wie in der italienischen Renaissance, die trostlosen Stadtlandschaften scheinen von einem Firnis edler Größe überzogen. Auch Giorgio de Chirico zeigt uns menschenleere Plätze und geheimnisvolle Orte, die er klassisch inszeniert. Doch bei de Chirico steht das Leiden an der Tradition im Vordergrund, der Künstler selbst nutzt sich ab und wird müde und leer im Ringen mit der großen Vergangenheit. Ganz anders Sironi, der die literarische Transposition de Chiricos nicht schätzte. Er dagegen bereitete der Vergangenheit keine Bühne und versagte ihr den großen Auftritt. Der konkrete, von allen Anekdoten und Erzählungen befreite Gegenstand steht im Mittelpunkt dieser Bilder, die von einer existentiellen Einsamkeit künden. Sironi scheint ein Wiedergänger zu sein, der die alte Bildersprache frisch und unverbraucht zu nutzen versteht.

Die Freundschaft mit Sironi verdankte Sarfatti Umberto Boccioni, der ihr den Künstlerfreund vorgestellt hatte. Sironi war ein äußerst scheuer Mensch, doch es gelang Margherita Sarfatti, sein Vertrauen und seine Freundschaft zu gewinnen. In Mailand zählte er zu den Habitués ihres Salons, und zusammen mit Ada Negri und Massimo Bontempelli verbrachte er seine Ferien in Sarfattis Haus auf dem Land. Dort sind auch mehrere Zeichnungen entstanden, die die Familie Sarfatti zeigen. Margherita sieht man ihr Alter an, die Frische der Jugend ist aus ihren Gesichtszügen verschwunden; sie wirkt ernst und nachdenklich. Im März 1920 organisierte sie eine Ausstellung von Sironis Stadtlandschaften in einer Mailänder Galerie. Sarfatti ist begeistert von diesen Gemälden und erkennt in dem Maler, der, wie sie schreibt, »mit einem festen Strich, der dennoch zart wirkt, tragische Elemente mit berückender Einfachheit auszudrücken vermag«, einen klassischen Geist. Sie scheint Gefallen an Bildern gefunden zu haben, die den Rand der Gesellschaft zeigen und deren Künstler auch von dort kommen. 1908 hatte ihr bereits Boccioni ein Bild geschenkt, auf dem Arbeitersiedlungen und Fabriken abgebildet waren, und auch die von ihr gesammelten Litographien Toulouse-Lautrecs zeigten eine der Großbürgerin Sarfatti letztendlich fremde Welt.

In Sironi, dem »Maler im Schwarzhemd«, hatte Sarfatti einen Künstler

241

gefunden, mit dessen Kunst und dessen politischer Überzeugung sie übereinstimmte. Obwohl viele ablehnend auf Sironis düstere Bilder reagierten, ließ Sarfatti nicht von ihm ab. Sie erwarb den berühmten »Il ciclista« für ihre Sammlung und befürwortete Sironis Mitarbeit als Kartoonist bei *Il Popolo d'Italia*.[61] Außerdem arbeitete sie mit ihm bei *Gerarchia* zusammen. Er entwarf die Titelbilder der Zeitschrift. Am 3. November 1922 unterzeichnete Sironi zusammen mit anderen Künstlern – darunter Carrà, Funi und Marinetti – einen Glückwunsch an Mussolini.[62] Sie versichern ihm ihre Gefolgschaft und Treue. »Ob im Schüren öffentlicher Emotionen oder in der geistigen Aufklärung, ob in der Verbreitung von Lehrsätzen oder im Gestalten des Konsens – kein anderer Künstler dieser Zeit hat so bewußt wie er seine künstlerischen Energien dem Ziel einer kulturellen Einmischung oder der Idee der Kunst als eines perfekten Instruments geistiger Herrschaft« gewidmet.«[63]

Sironis Stadtlandschaften, die er zwischen 1919 und 1920 malte, geben die rebellische Nachkriegsstimmung wieder. »Die menschenleeren Straßen scheinen voll Gewalt, was durch die aggressiven Formen der Fabriken und eine eigenartige Ikonographie hervorgerufen wird. Wie in vielen seiner Zeichnungen ist das Hauptmotiv auch dieser Bilder ein schwarzer, drohender LKW, der wie eine Wache vor den stummen Fabriken steht oder vor einer Straßenbahn oder einer Person vorbeifährt.«[64] Dabei handelt es sich um den Fiat 18 BL, ein Modell, das auch für militärische Aufgaben produziert wurde.[65] Der 18 BL war eine Lastwagenmarke, die die squadristi für ihre Strafaktionen benutzten. Das Militär verlieh diese Autos an die Faschisten. Die Schwarzhemden schmückten sie mit Veteranensymbolen und fuhren damit durch die Vorstädte oder über das Land zu ihren Einsatzorten. Sironi zeigt uns die Welt der squadristi. Die Zeit des Glaubens an die Wirksamkeit von Reformen ist vorüber. Eine eisige Kälte hat sich breitgemacht; das Klima Italiens hat sich verändert. Auch Giorgio de Chirico malte verlassene Plätze und menschenleere Städte, doch ihm ging es nach eigener Aussage um ein »starkes und geheimnisvolles Gefühl«, dem er in den Büchern von Nietzsche begegnet war, nämlich der Melancholie der schönen Herbstnachmittage in den italienischen Städten.[66] De Chirico zeigt eine Welt, die erdrückt wird von den Monumenten der Antike und der Renaissance. Die Vergangenheit hat die Gegenwart der Zukunft beraubt. Ganz anders bei Sironi. Die Melancholie ist nur vordergründig, auf seinen Bildern herrscht eine ungeheure Spannung, die am ehesten mit der Ruhe vor dem Sturm zu vergleichen ist. Sironi hält genau den Augenblick vor dem Ausbruch fest und kalkuliert gekonnt mit dem Unbewußten. Der Kriegsteilnehmer Sironi verfüge über die Erfahrung einer »nicht vernünftigen Welt«. Der Künstler schloß sich dem Novecento und dem Faschismus an; er paktierte mit Sarfatti und mit Mussolini.

Margherita Sarfatti wußte, daß weder die Ökonomie noch die Politik, sondern allein die Kunst und die Kultur Eingang in das nationale Gedächtnis finden. Als gebildete Venezianerin wußte sie außerdem, welch lange Halbwertszeit Kunst hatte. Sie erinnerte sich ihres Unterrichts im Palazzo Bembo: Pietro Orsi hatte sie gelehrt, daß sich die Größe einer Nation in ihren Kriegen und in ihrer Kunst widerspiegelt, von Pompeo Molmenti hatte sie erfahren, wie wichtig die Verknüpfung von Kunst und Politik sein konnte, und Antonio Fradeletto hatte die Verbindung aus Tradition und Fortschritt gelobt. Für Margherita Sarfatti stand fest, daß kein Land besser dazu geeignet war, den Dialog zwischen Vergangenheit und Gegenwart, zwischen Avantgarde und Klassik neu zu beleben, als Italien. Künstler in ganz Europa wandten sich nach dem Krieg der Tradition zu, doch nach Ansicht Sarfattis hatten nur die Italiener die Klassik im Blut. So schätzte sie Achille Funi als einen Künstler, der an die Zeitlosigkeit großer italienischer Malkunst erinnerte. Sie kaufte von ihm das Gemälde »Maternità« und lobte daran, daß das darauf dargestellte Arbeitermädchen eine »einfache Reinheit« ausstrahle, wie man sie nur von den Madonnenbildern aus der Renaissance kenne. Die verloren geglaubte Tradition sollte als Stimulans genutzt werden, um neue Bildsprachen zu erarbeiten. In ihrem Salon wurden die künstlerischen und politischen Diskussionen geführt, nach denen Italien zu neuer Größe gelangen sollte. Sarfatti begriff »ritorno all'ordre« als eine moralische Haltung, die je nach künstlerischem Temperament variierte. Gabriele D'Annunzio war nach Jahrzehnten demütiger Epigonentums der erste italienische Künstler gewesen, der sich die große Vergangenheit gekonnt zu eigen gemacht hatte und dennoch etwas Neues schuf. D'Annunzio war ein selbstbewußter Erbe, der es kongenial verstand, die Vergangenheit als Material seiner modernen Selbstdarstellung zu nutzen. Sarfatti pries D'Annunzio als denjenigen, der »mit seinen herrlichen Werken die damals provinzielle italienische Kultur an das Bewußtsein der Gegenwart anschloß«.67 Der Prozeß der Reinigung der Kunst wird nach Sarfatti dadurch in Gang gesetzt, daß man sich der klassischen Wurzeln und damit der nationalkulturellen Tradition besinnt. Das europäische Erbe der Klassik setzt sich gegen das Chaos den Kosmos. Sarfatti fordert von den Künstlern des Novecento die Arbeit an einer modernen Klassizität. Dazu gehören für sie geometrische Komposition, Präzision und Harmonie der Farbgebung, Verschmelzung analytischer Elemente zur Synthese sowie geschlossene Linienführung. Das Neuland einer faschistischen Kunst läßt sich nur durch das Studium der Kunst der Vergangenheit erreichen. Einer bloßen Nachahmung oder kunstfertigen Kopie erteilte sie jedoch eine klare Absage. Die Bezeichnung »Neoklassizismus« wies sie zurück und erklärte unbeirrt, Novecento stehe für eine neue Kunst im Geiste der großen italienischen Tradition. »Man nennt sie Klassizisten, aber ihr nackter, gefügter, moderner und allereinfachster Klassizismus hat wirklich nichts zu tun mit dem Toga umhüllten, wohlredenden, archaisierenden und gefrorenen Neuklassizismus aus dem Anfang des Jahrhunderts (Ottocento). Keiner von den Novecentisten lehnt die Moderne ab; sie lieben die Moderne mit voller Begeisterung, und sie ringen mit dieser glühenden Moderne, um sie in die Welt des Ewigen zu heben. Aber, so sagen sie, wie kann man ›modern‹ sein in kühnen Sinn des Wortes, ohne jene scharfsichtige Mäßigung, jene Linienführung von Willen und Ausdruck, jene anmutige Kühnheit, jenes anmutige, geheimnisvolle Schamgefühl, welche – ganz genau – der ewige Inhalt klassischen Geistes ist.« Mit einem Seitenhieb auf Marinetti erklärte sie, die Maler des Novecento seien die Futuristen der neuen Zeit. Sie wetterte gegen den Individualismus und rief die Künstler zur Gruppenbildung auf, um zu einer kollektiven Synthese zu gelangen. Außerdem dekretierte sie, das 20. Jahrhundert werde das Jahrhundert der Synthese werden. Die moralische und politische Erneuerung der Gesellschaft im Zeichen des Faschismus konnte nur gelingen unter der Mitwirkung der Künstler. Die Kunst gehört zur Macht; Sarfatti will die Hohepriesterin der faschistischen Kunst werden.

1924 konnte sie durchsetzen, daß ihre Künstler zur Biennale eingeladen wurden. Marinetti sah sich denn auch genötigt, bei der Eröffnung der Biennale in seine alten Verhaltensmuster zurückzufallen. In Anwesenheit des Königs rief er laut: »Nieder mit dem rückwärts gewandten Venedig!« Dieses Mal hatte er die Lacher nicht auf seiner Seite, denn alle wußten, daß er nur beleidigt war, nicht eingeladen worden zu sein.[68] Natürlich wurde darüber gemunkelt, Mussolini habe seiner Geliebten zu diesem Erfolg verholfen. Es war sicherlich nicht schwer gewesen, ihn zu dieser Intervention zu überreden, denn er war froh, wenn sich Sarfatti um die Kultur kümmerte, da er genug mit der Politik zu tun hatte. Sarfatti triumphierte und war sich ihrer Wichtigkeit bewußt. Doch ihr Erfolg war nicht ungetrübt: Ubaldo Oppi hielt sich nicht an die Vereinbarung und zeigte seine Bilder in einem separaten Raum. Der mächtige konservative Kunstkritiker Ugo Ojetti, der sich durch Sarfattis Aufstieg gestört fühlte, hatte Oppi eine Einzelausstellung angeboten, und dieser hatte zugesagt. Seine Künstlerkollegen waren ärgerlich über sein Verhalten, und er war der erste, der Novecento verließ. Der Weggang Ubaldo Oppis war ein schwerer Schlag für Margherita Sarfatti, denn Oppi war ein exzellenter Künstler. Er arbeitete mit kühlen, abweisenden Farben und einer harten Linearität. Seine Bilder hatten einen sakralen Charakter und wirkten dennoch wie Aufnahmen aus dem zeitgenössischen Leben. Ojetti ließ es sich nicht nehmen, den Katalogtext zu schreiben, und Oppi präsentierte alleine genauso viele Bilder wie die Künstler des Novecento zusammen. Sarfatti konnte nicht umhin zu registrieren, daß sie noch nicht mächtig genug war, denn sie konnte weder Oppi noch Ojetti befehlen, anders zu handeln. Sie mußte sich damit zufriedengeben, nur noch sechs Künstler auszustellen. Obwohl sich in der Gruppe Unmut über Sarfattis herrisches Wesen breitmachte, stand von vornherein fest, daß sie den Katalogtext schreiben würde. Sarfatti stellt jeden ihrer Künstler einzeln vor und bezeichnet die Existenz von Novecento als Symptom ihrer Zeit.

Kurz nach der Biennale zerfiel die Ursprungsgruppe des Novecento. Dudreville hat von zwei verschiedenen Novecento gesprochen. Als authentisch bezeichnet er die Gruppe bis zum Ausscheiden Oppis, danach war *Novecento* nur noch der »trust Sarfatti«.

Mussolini und Sarfatti telefonierten viel, sie schrieben sich kurze Briefe und schickten sich Telegramme. Sie war darum bemüht, mit ihm in ständigem Kontakt zu bleiben, was zunächst auch gut funktionierte. Sie berichtete ihm aus der Redaktion von *Popolo d'Italia*, sprach sich mit ihm über die neueste Ausgabe von *Gerarchia* ab und beriet ihn in seiner neuen Position. Sarfatti genoß es, endlich wirklich wichtig zu sein. Mit unverhohlenem Stolz gerierte sie sich als die Statthalterin des Duce, wenn sie in ihrem Salon hofhielt. Es gefiel ihr, die einen fallenzulassen und die anderen großzumachen. Hemmungslos vermischte sie ihre Launen und die ihr zugewachsene Macht. In den ersten Monaten von Mussolinis Amtszeit als Ministerpräsident erlebten sie ihre Liebe neu. Trotz der Entfernung fühlte sie sich Mussolini nahe durch den gemeinsam errungenen Sieg. Mussolini wohnte nun ganzjährig in Rom. Er lebte wie ein Junggeselle, was ihm auch gut gefiel. Wie zehn Jahre zuvor bei seinem Umzug nach Mailand, hatte er seine Frau und seine Kinder nicht mitgenommen. Er fühlte sich fremd im Kreis seiner Familie und wurde auch von seinen Kindern nicht als Familienmitglied wahrgenommen. Seine Frau interessierte sich nicht besonders für Politik; das Telefon ersetzte ihr Zusammenleben. Zunächst blieb er Gast im Grand Hotel, widmete sich ganz seiner Arbeit und seinen Affären. Sein Polizeichef und Mitverschwörer Emilio De Bono bat ihn jedoch um mehr Diskretion, da man in Rom schon bald über sein Liebesleben zu tuscheln begann. Um ungesehen zu ihm zu kommen, benutzten seine Geliebten die Hintertreppe des Hotels, die eigentlich für das Personal vorgesehen war. Auch Margherita Sarfatti stieg häufig diese Treppe hoch und wieder hinunter. Sie hatte bereits vor 1922 begonnen, ihren Geliebten in Rom zu besuchen, und behielt diese Gewohnheit nun bei. Bei ihren Romaufenthalten bezog Sarfatti Zimmer in einem anderen Hotel, zeigte sich jedoch gerne mit dem Ministerpräsidenten in der Hotelbar, diskutierend im Kreise von Journalisten.

Bald jedoch hatte Mussolini genug vom Hotelleben. Zu viele Bittsteller und Neugierige saßen in der Hotelhalle herum, und er vermißte die Anonymität seines alten Lebens. Sarfatti redete ihm zu, sich eine eigene Wohnung zu nehmen, denn sie hoffte, ihn dort besser kontrollieren zu können. Schließlich mietete er eine Wohnung im Palazzo Tittoni und fand dort die Ruhe, die ihm im Hotel gefehlt hatte. Er war bekannt dafür, daß er Geselligkeiten oder gar gemeinsame Essen überhaupt nicht schätzte – abends spielte er am liebsten allein Violine. Zutritt zu seinem Privatbereich hatten – außer seinen Affären – sein Fecht- und Reitlehrer sowie die Haushälterin Signora Cesira, die auch schon D'Annunzio umsorgt hatte, und ihm von Margherita Sarfatti vermittelt worden war. Sie wachte eifersüchtig über ihn und leistete Sarfatti wertvolle Spitzeldienste.

Sie zählte die Tage, bis sie ihn endlich wiedersehen konnte. Mussolini war nun ein gut bewachter Mann, und sie mußten ihre Treffen sorgfältig vorbereiten. Wie immer trafen sie sich zur Liebe im Hotel. Sarfatti war in diesem Jahr zweiundvierzig geworden, doch sie glaubte zunächst, der Erfolg des Faschismus habe sie verjüngt. Sie verehrte in Mussolini die Macht, und sie wollte mehr davon. Doch schleichend machten sich Veränderungen bemerkbar. Unausgesprochen war sie sich ihrer überlegenen gesellschaftlichen Position bewußt gewesen. Als vermögende, gebildete Frau eines angesehenen Rechtsanwalts zählte sie zu den Honoratioren Mailands. Ihrer politischen Einstellung zum Trotz unterhielt sie gute Beziehungen zu Industriellenkreisen und gehörte international einer Gruppe von Künstlern und Intellektuellen an, deren Namen Mussolini wahrscheinlich noch nie gehört hatte. Geld war ihm gleichgültig, und seine Bildung hatte er sich mühsam zusammengekratzt. Seine Frau Rachele war eine derbe Bäuerin, und sein Umgang waren zumeist brutale Männer, die ihm ergeben waren. Er fühlte sich unwohl in feiner Gesellschaft, die Rolle des Außenseiters war ihm zur zweiten Natur geworden. An diese Rollenaufteilung »Gesellschaftsdame« und »Außenseiter« hatten sich die beiden über die Jahre gewöhnt. Ein großer Anteil ihrer gegenseitigen Anziehung beruhte auf ihrem unterschiedlichen Temperament und ihrer unterschiedlichen Position. In der Sozialistischen Partei, in der Redaktion und in der faschistischen Bewegung war Mussolini der Überlegene gewesen, aber dennoch hatte Sarfatti das Gefühl gehabt, sie ordne sich ihm freiwillig unter und sei eigentlich die Überlegene. Mit der Ernennung Mussolinis zum Ministerpräsidenten war damit Schluß. Die eingeübte Ordnung ihrer Beziehung war durcheinandergeraten. Er war ihr nun immer und überall überlegen, ob er mit ihr telefonierte, mit ihr schlief oder in ihrem Salon herumstand. Sarfatti weigerte sich, diesen Umstand anzuerkennen. Er mochte zwar der mächtigste Mann im Land sein, aber sie hatte ihn dazu gemacht. Sie wußte um seine Schwächen und seine Selbstzweifel. Immer häufiger redete sich ein, er brauche sie mehr als sie ihn. Nach seinem politischen Erfolg betäubte sich Mussolini mit seinen ständigen Affären. Er war an schnellem Sex interessiert, wenn es sein mußte, bestellte er eine seiner Geliebten auch um sieben Uhr in der Frühe. Die Beziehung zu Sarfatti war ihm noch immer lieb und teuer, doch er wollte und konnte dafür nicht mehr viel Zeit aufwenden. Mussolini schätzte ihren Rat, er genoß die körperliche und seelische Vertrautheit mit ihr, und doch war er es, der weggegangen war und sich verändert hatte. Ihre regelmäßigen Besuche und täglichen Telefonate genügten ihm.

Sarfatti verlangte zuviel von ihm. Er hatte keine Zeit für eine anstrengende Liebesbeziehung, die Politik hatte ihn voll mit Beschlag belegt. Margherita heuchelte zunächst Verständnis für seine Situation, doch dann wurde sie von Panik ergriffen. Nachdem beide endlich am Ziel ihrer Träume angelangt waren, wollte sie ihn auf keinen Fall verlieren. Irgendwann ging es ihr nicht mehr um Liebe, sondern darum, daß sie nicht in die Bedeutungslosigkeit zurückfallen wollte und ihren Anteil verlangte an der Macht. Wenn sie ihn in Rom besuchte, ging zumeist alles ganz gut. Doch zurück in Mailand hielt sie die Eifersucht fest in ihren Klauen. Dazu kam immer häufiger die Angst vor dem Alter. Seit dem Tod Robertos war ihr ihre Leichtigkeit abhanden gekommen, und sie fühlte sich oft unglücklich und einsam. Sie forderte Beweise seiner Liebe und erreichte damit nur, daß er vor ihr flüchtete. Auch das war eine neue Variante ihrer Beziehung, daß sie darum bitten mußte, bei ihm vorgelassen zu werden und er sich einfach unerreichbar für sie zurückziehen konnte. Margherita Sarfatti versuchte in diesen Jahren nicht nur eine neue Ordnung in der Kunst, sondern auch eine neue Ordnung mit ihrem Geliebten zu erreichen. Die Zeit der Bohème war vorüber, und sie wollte auch offiziell als Frau an seiner Seite gelten. Ihre Spionin hielt sie über seine Affären auf dem laufenden. Nach außen hin spielte sie die Rolle der Vertrauten des Duce perfekt. Um keine Zweifel an ihrer Wichtigkeit aufkommen zu las-

Margherita Sarfatti, Porträt um 1933

sen, drängte sie sich förmlich danach, für andere den Kontakt zu ihm herzustellen. Und es gab viele, die in diesen Anfangsjahren des Faschismus glaubten, man könne durch gute Kontakte die Verhaftung eines Freundes oder Verwandten rückgängig machen. Auch in Natalia Ginzburgs Familie wurde erwogen, zu Margherita Kontakt aufzunehmen. »Diese Margherita, eine der vielen Margheriten und Reginen, die zur Verwandtschaft meines Vaters gehörten, war durch die Freundschaft mit Mussolini berühmt.«[69] Doch Ginzburgs Vater, der es empörend findet, daß eine seiner Kusinen eine Freundin des Duce ist, wollte sie gar nicht erst treffen.

Es konnte nun vorkommen, daß sie tagelang auf ein Signal von ihm warten mußte. Sie saß in ihrem Hotelzimmer und wartete auf das Klingeln des Telefons. Er konnte sich Zeit lassen, denn er machte Weltgeschichte. Wenn sie dagegen nicht für ihn erreichbar war, dann wurde er ausfallend und war wütend. Mussolini erwartete nicht nur von ganz Italien, sondern auch von seiner Geliebten bedingungslose Treue, Gehorsam und Gefolgschaft. Bis zu einem gewissen Punkt mußte sie sich darauf einlassen. Doch eines ließ sie sich nicht nehmen: ihre Autonomie als Salonnière und als Kunstkritikerin. Sie lud diejenigen in ihren Salon ein, die sie interessant fand, und nicht diejenigen, die in der Partei wichtig waren. Auch in der Kunst verließ sie sich auf ihren Riecher und wollte sich nicht nach Parteivorgaben richten. Novecento war für sie das Ergebnis des Faschismus, vielmehr entsprangen beide demselben Geist und waren Ausdruck eines gemeinsamen historischen Experiments. Damit machte sie deutlich, daß ihre Aufgabe der Mussolinis nahezu gleichwertig war.

Solange es ihm nicht schadete, war es Mussolini eigentlich gleichgültig, wer bei ihr am Tisch saß oder von wem sie sich Bilder an die Wand hängte. Doch es interessierte ihn sehr wohl, wie häufig sie in Urlaub fuhr und wer ihre Freunde waren. Er ließ sie ebenfalls kontrollieren und verlangte, daß sie zur Stelle war, wenn er sie rief. Diese neue Machtkonstellation in ihrer Beziehung führte zu viel Ärger, Streit und Tränen. Jedesmal, wenn sie auseinanderstrebten, mußten sie feststellen, wie eng sie miteinander verbunden waren. Der Duce braucht Margherita, denn sie allein kennt seine geheimen Ängste und Gefühle der Minderwertigkeit. Sarfatti hatte Mussolini deprovinzialisiert, was für einen Italiener seiner Herkunft ziemlich ungewöhnlich war. Sie hat mit ihm zusammen den Wechsel vom Sozialismus zum Faschismus vollzogen und ist seine längste Vertraute. Im öffentlichen Bereich ist sie die kultivierte Frau und ihr Salon, in dem »tout le monde« verkehrt, außerdem die ideale Ablenkung von der brutalen Praxis der Schwarzhemden. Er kann sie um Rat fragen, ohne sich lächerlich zu machen.

Doch diese Abhängigkeit beginnt ihn zunehmend auch zu stören, und er findet Gefallen daran, sie durch bewußte Nichtachtung zu verletzen. Wenn er sie warten läßt, weiß sie, daß sie keine Chance hat. Sie ist wie gefangen in ihrem Hotelzimmer, fühlt sich erniedrigt, ausgebeutet und gedemütigt und eilt doch sofort zu ihm, wenn er ruft. Immer häufiger beginnt sie ihre professionellen Verabredungen für private Angelegenheiten zu nutzen. Als Mussolini noch in Mailand lebte, hatten sie jede Nummer von *Gerarchia* zusammen gemacht. Seit dem 1. Januar 1924 führte Margherita die Zeitschrift alleine. Sie sprach jeden Artikel, der erscheinen sollte, vorher mit Mussolini in Rom ab. Doch neuerdings macht sie ihm am Telefon Vorhaltungen, sie zu vernachlässigen, anstatt mit ihm politisch zu diskutieren. Darunter leidet ihre gemeinsame Arbeit und ihre Liebe. Immer wieder kommt es zur Versöhnung, denn noch ist keiner von beiden genug ohne den anderen. In dieser verfahrenen Situation kommt es zu zwei folgenschweren Ereignissen.

Am 23. Januar 1924 stirbt Cesare Sarfatti. Auf Wunsch Mussolinis war er im Juli 1923 vom König zum Präsidenten eines der wichtigsten italienischen Kreditinstituts, der Cassa di Risparmio delle Province Lombarde, ernannt worden. Wahrscheinlich sollte ihm dieser wichtige Posten versöhnen mit seinen vielen Wahlniederlagen. Doch Cesare war seit dem Tode Robertos ein gebrochener Mann. Er verließ das Haus nur schwarzgekleidet und schien seine Lebensfreude verloren zu haben. Schon lange gingen er und seine Frau getrennte Wege, und man lebte zusammen aus Konvention, Gewohnheit und der Kinder wegen. Es kam zu keiner offenen Auseinandersetzung zwischen den beiden, doch der Vorwurf der Schuld am Tode Robertos hatte die Eheleute einander entfremdet. Man war höflich zueinander, mehr aber auch nicht. Cesare war auf der Rückfahrt von Rom nach Mailand im Zug zusammengebrochen und starb fünf Tage darauf an einer inoperablen Blinddarmentzündung. An seinem Totenbett saßen seine Frau, seine beiden Kinder, eine seiner Schwestern und die Freundin der Familie, Ada Negri. Mussolini schickte eines seiner poetischen Telegramme, in dem er schrieb, er werde nie die Tage vergessen, in denen Mut dazu gehörte, ihn zu verteidigen. Er drückte den betrogenen Ehemann ein letztes Mal an die Faschistenbrust. Cesare Sarfatti wurde am 26. Januar 1924 im jüdischen Teil des Mailänder Friedhofs beigesetzt.

Mit vierundvierzig Jahren hatte Cesare sie zur Witwe gemacht. Ihre beiden Kinder waren beinahe erwachsen, und die Zeit der Familie war vorüber. Sie war frei für Mussolini. Doch eine Trennung von Rachele stand nicht an. Mussolini fuhr nicht nur politisch, sondern auch privat zweigleisig: er hielt an seiner Ehe als sittlicher Referenz fest und führte sein unkonventionelles Liebesleben fort. Er hatte Margherita Sarfatti weder einen Namen noch Geld, sondern eine Idee gegeben. Sie war und blieb auch als Witwe seine Geliebte mit einem illegitimen Status. Doch es gab nun niemanden mehr, auf den sie Rücksicht nehmen mußten. Mit dem Tod Cesares war das Versteckspiel zu Ende, und bei seinen seltenen Besuchen in Mailand konnte nun Mussolini die ganze Nacht am Corso Venezia verbringen.

Am 30. Mai des gleichen Jahres hielt Sozialistenchef Giacomo Matteotti eine Rede vor dem Abgeordnetenhaus, die ihn sein Leben kostete. Er wagte es, öffentlich die Wahl vom April, bei der die Faschisten als Sieger hervorgegangen waren, anzuzweifeln.[70] Matteotti schilderte in seiner einstündigen Rede, unter welchen Schwierigkeiten die Opposition ihren Wahlkampf zu führen gehabt hatte. Offene Gewalt und Einschüchterung durch die squadristi waren an der Tagesordnung. Unterstützt wurde die Gewalt durch anonyme Artikel Mussolinis, in denen er die Wahl als »Überbleibsel des alten Italien verhöhnte und als ein »Spiel mit Papierzetteln« verlachte. Das hinderte die Faschisten jedoch nicht daran, ihren Erfolg als den der »Siegergeneration« zu feiern. Erstmals erschienen auch die faschistischen Minister in Parteiuniform im Parlament. Matteottis Rede war ein Schlag ins Gesicht der feixenden Sieger. Nicht allein des Inhalts, sondern auch des Stils wegen. Alle sahen, daß da nicht ein unbeherrschter, zynischer Machthaber sprach, sondern ein Mann, der Führungsqualitäten besaß. Matteotti war ein neunundreißig Jahre alter, gebildeter und gutaussehender Jurist. Er war ein zurückhaltender, freundlicher, aber bestimmter Mann, der als Experte für öffentliche Finanzen und Bildung galt. Giacomo Matteotti verkörperte den Typus, den Mussolini, der Aufsteiger aus der gleichen Generation, fürchtete. An diesem 30. April sprach er über Haß, Gewalt und Einschüchterung, die diese Wahl begleitet hatten. Man munkelte, er habe noch ein geheimes Dossier in der Rückhand. Nach seiner Rede brach unter den Faschisten ein Sturm der Entrüstung los. Mussolini wußte, daß die Hardliner seiner Partei diese Rede in direkten Zusammenhang mit seinem angeblich zu weichen Führungsstil bringen würden. Andererseits konnte er Matteotti nicht den Mund verbieten. Matteotti hatte ihn herausgefordert; Mussolini saß in der Falle.

Am 10. Juni verbreitete es sich wie ein Lauffeuer in Rom: Matteotti war verschwunden. Niemand im Land zweifelte daran, daß hinter seiner Entführung die Faschisten steckten. Doch die Frage, die die in- und ausländische Öffentlichkeit beschäftigte, war: Was wußte Mussolini davon?

Der reagierte als Staatsmann und erklärte: »Die Entführung fand unter bisher ungeklärten Umständen statt, die aber eine Mordhypothese berechtigt erscheinen lassen; sollte wirklich ein Mord geschehen sein, so müßte diese Tat in der Regierung und im Parlament Abscheu erregen.«

Ein Augenzeuge meldete sich, dem ein verdächtiges Fahrzeug aufgefallen war, dessen Nummer er sich notiert hatte. Der Besitzer war Mitglied der Faschistischen Partei.

Der mächtige Mann war angeschlagen. Er war heftigen Anfeindungen von innerhalb und von außerhalb der Partei ausgesetzt. Die hartgesottenen Faschisten sahen die Ausschaltung Matteottis als richtiges Signal, um die nächste Phase der faschistischen Revolution einzuläuten. Selbst ein Mord war für sie eine Trivialität, und sie fanden Rechtfertigung überflüssig. Die Bürgerlichen und die Sozialisten wiederum standen unter Schock. So schlimm hatten sich die meisten die faschistische Herrschaft nicht vorgestellt. Am 13. Juni beschlossen Abgeordnete aus allen Parteien, nicht länger an den Parlamentssitzungen teilzunehmen. Die Mitglieder der Aventin-Sezession, wie sie genannt wurden, forderten die Wiederherstellung der Herrschaft des Rechts. Ihre Aktion löste im Land eine antifaschistische Welle aus. Turati wurde auf offener Straße applaudiert, die regierungsfeindliche Presse verkaufte sich bestens, und frühere Sympathisanten Mussolinis wagten es, an seinen politischen Qualitäten zu zweifeln. Man munkelte, Mussolini habe nach Matteottis Parlamentsrede in privater Runde deutlich gemacht, daß dieser richtig bestraft gehöre.

Margherita Sarfatti hatte nach dem Tod ihres Mannes eine längere Reise durch Spanien unternommen. Angeblich hatte Mussolini sie dazu aufgefordert, da ihm ihr schlechtes Aussehen Sorgen bereitete. Doch ihre Reise stand wie das gesamte Jahr 1924 unter einem schlechten Stern. »Bei der Ankunft in Spanien fiel ich und brach mir ein Bein. Nach nicht enden wollenden Wochen von Schmerz und Leid wurde ich zurückverschifft nach Genua. Die Freunde, die mich am 12. Juni mit dem Auto nach Mailand brachten, erzählten mir von seltsamen Gerüchten und Ereignissen. Einer der jüngsten Abgeordneten der Sozialistischen Partei, der elegante und talentierte Giacomo Matteotti, schien verschwunden zu sein. (...) Es war, als ob die Erde sich geöffnet hätte, um ihn zu verschlucken.«[71] Auch sie mußte feststellen, daß sich die Meinung in den großen Städten des Landes eindeutig gegen Mussolini gerichtet hatte. Sie erlebte ihren Geliebten schwach, verwirrt und tiefbetrübt. Niemand schien entsetzter über das Geschehene als Mussolini selbst. Er erzählte ihr, daß er einen Vertrauten durch Rom losgeschickt habe, um ihn zu berichten, wie die Stimmung unter der Bevölkerung sei. Nach seiner Rückkehr habe er ihn gefragt, wie viele es getroffen habe, die das faschistische Parteiabzeichen trugen. »Zwei« habe die deprimierende Antwort gelautet. Seiner Geliebten versucht er klarzumachen, daß er überhaupt keinen Grund gehabt hatte, Matteotti auszuschalten. Bis zu dessen Verschwinden seien die Dinge für ihn bestens gelaufen, beteuert er. Sarfatti scheint hin- und hergerissen. »Es war seltsam, daß in einer so gut überwachten Stadt wie Rom ein Abgeordneter beseitigt werden konnte, ›ohne Spuren zu hinterlassen‹. Immer wieder ging mir dieser Sachverhalt durch den Kopf, und mir fiel dazu das deutsche Wort ›spurlos‹ ein. Mussolini pflegte es zu zitieren, wenn er von den Verbrechen der Organisation ›Heilige Vehme‹ sprach, die in der damaligen Zeit so aktiv war gegen die Sozialisten und Republikaner von Weimar. Dank der internationalen Berühmtheit, die Walther Rathenau und Rosa Luxemburg zu Lebzeiten genossen hatten, wußte alle Welt, daß sie ermordet worden waren, denn die geheime Vereinigung der fanatischen deutschen Faschisten (...) pflegte ihre Opfer ›spurlos‹ zu beseitigen.« Sarfatti ist abgestoßen von der Methode, jemanden »spurlos« verschwinden zu lassen. Für dieses Wort gibt es kein Äquivalent im Italienischen, und auch diese Vorgehensweise war ihrer Meinung nach den Italienern fremd.

In der Matteotti-Krise hielt sie sich auffallend zurück. Sie wußte, daß Mussolinis Fall ihren Sturz zur Folge haben würde, und sie wollte möglichst weich landen. In *Gerarchia* forderte sie die Aufklärung des Verbrechens gerade auch, wenn es sich dabei um faschistische Extremisten handelte. Sie ging ihrer Arbeit in Mailand nach und wartete ab, wie die Dinge sich in Rom weiterentwickelten.

Es war nicht die erste Krise, die Mussolini zu überstehen hatte, doch noch nie war soviel für ihn auf dem Spiel gestanden, noch nie hatte er so vorsichtig agieren müssen. Er stand unter scharfer Beobachtung von allen Seiten und konnte sich keine Fehler leisten. Im Laufe der Wochen fand er seine Selbstsicherheit wieder. Er wollte sich weder von den Extremen in seiner Partei noch von den Demokraten im Parlament von seinem Posten vertreiben lassen, und ihm war jedes Mittel recht, um an der Macht zu bleiben.[72] Curzio Malaparte, der auf der Seite der extremen Rechten stand, herrschte er in einem Interview an: »Wenn wir jetzt nachgeben, dann kommen wir nicht wieder, niemals. Haben Sie mich verstanden, ja oder nein?« Er arbeitete auf Zeit, verband Zugeständnisse mit Drohungen. »Unsere Gegner wollen dem Regime den Prozeß machen; wir antworten darauf, daß nur die Geschichte dem Regime den Prozeß machen kann«, erklärte er Ende Juli im Faschistischen Großrat und zeigte, daß er seine alte Form wiedergefunden hatte. Die Öffentlichkeit war mittlerweile darüber informiert, daß es eine Gruppe von Verschwörern gab, die sich »Ceka« nach der bolschewistischen Geheimpolizei nannten. Es handelte sich um fünf ehemalige arditi mit kriminellem Vorleben. Zu ihnen zählten auch zwei

Männer aus dem näheren Umkreis Mussolinis. Cesare Rossi, ehemaliger Syndikalist, Faschist der ersten Stunde und jetzt Sekretär im Innenministerium, wurde als Drahtzieher des Ganzen präsentiert und von Mussolini entlassen. Durch Zufall wurde am 5. August die Leiche Matteottis in einem Wäldchen bei Rom gefunden. Nun gab es keine Zweifel mehr an dem Mord an dem Sozialistenchefs. Ugo Ojetti notierte in seinem Tagebuch: »Es gibt zwei tote Männer, nämlich Matteotti und Mussolini. Italien ist geteilt in diejenigen, die um den einen, und diejenigen, die um den anderen trauern.« Mussolini beschuldigte die Antifaschisten, seine Regierung durch diese Tat destabilisieren zu wollen. Mit viel Gespür für die Öffentlichkeit erklärte der ehemalige Journalist: »Man hat mir eine Leiche zwischen die Beine geworfen.« »Ganz Regierungschef kündigte er an, das Verbrechen aufklären zu wollen, und versprach, die Verantwortlichen zur Rechenschaft zu ziehen, doch er warnte all diejenigen, die glaubten, man könne aus dieser Sache politisches Kapital schlagen. Zwischen den Zeilen deutete er an, daß auch Provokateure in den Reihen der Faschisten steckten, und gab gleichzeitig zu verstehen, daß nur er dazu in der Lage sei, diese zu stoppen. Da der König nichts unternahm, wurde man auch innerhalb der Opposition unsicher, ob wirklich Mussolini hinter dem Verbrechen steckte. Es war auch beruhigender zu glauben, die Mörder seien irgendwelche Extremisten und nicht der Ministerpräsident. Mussolini spielte sehr geschickt mit seinen vielen falschen Karten und täuschte Freunde, Feinde, Anhänger und Gegner.

Am 29. Dezember 1924 erschien in *Il Mondo* ein Memorandum Cesare Rossis, das Mussolini schwer belastete. Rossi, der außer Landes war, bezeichnete Mussolini als den einzigen Schuldigen. Damit war es mit dem Spielen auf Zeit vorbei. Die mächtigen ras wollten nicht länger zusehen, wie wegen eines in ihren Augen lächerlichen Toten die faschistische Revolution zum Stillstand kam, und das offizielle Italien konnte sich keinen Ministerpräsidenten leisten, der unter Mordverdacht stand. Mussolini reagierte umgehend: er ließ die antifaschistische Presse mundtot machen, Gegner einschüchtern, Feinde gewaltsam attackieren, und am 3. Januar hielt er eine Rede vor dem Parlament, in der er erklärte: »Ich übernehme ganz allein vor dieser Kammer und vor dem ganzen italienischen Volk die politische, moralische und historische Verantwortung für alles, was geschehen ist. Wenn der Faschismus eine kriminelle Vereinigung ist, dann bin ich der Kopf dieser Vereinigung. Wenn die Gewaltakte das Ergebnis eines gegebenen historischen, politischen und moralischen Klimas sind, dann bin ich dafür verantwortlich, denn ich habe dieses Klima geschaffen seit meinem Einsatz für die Kriegsintervention bis heute.« Mussolini warf der Opposition den Fehdehandschuh vor die Füße. Keiner nahm ihn auf. Ihre Hände waren gefesselt.

Im Februar ernannte Mussolini Roberto Farinacci zum Parteisekretär. Damit saß ein Mann auf diesem Posten, den er selbst nicht mochte. Das Ganze war geschickt ausgedacht, denn Mussolini wollte den als Hardliner bekannten Farinacci nominell verantwortlich machen für die drastischen Maßnahmen, die er für die Zukunft plante, und gleichzeitig beruhigte er durch dessen Berufung den extremen Flügel der Partei. Antonio Gramsci befand sich in Haft, Filippo Turati und Claudio Treves mußten nach Frankreich fliehen, wo sie im Exil starben, Anna Kuliscioff war enttäuscht über die politische Lage 1925 gestorben, Gabriele D'Annunzio verließ den Vittoriale nicht mehr, und Margherita Sarfatti spielte mit dem Gedanken, nach Rom umzuziehen.

Der Weg für den Diktator war frei. Den Namen Matteottis nahm er nicht mehr in den Mund.

Zwischen November 1925 und Oktober 1926 scheiterten vier Attentatsversuche auf Mussolini. Als Folge davon wurde die Todesstrafe wieder eingeführt, alle Parteien mit Ausnahme der faschistischen aufgelöst und politische Gegner mundtot gemacht, indem man sie in die Verbannung oder ins Gefängnis schickte. Die Vollmachten der Polizei wurden erweitert, sie konnte die Bewegungsfreiheit, die Beschäftigung und die freie Wahl des Wohnsitzes eines jeden, den man einer antifaschistischen Gesinnung verdächtigte, drastisch einschränken und bis zu fünf Jahre Confino über ihn verhängen, was Deportation in abgelegene Landstriche oder auf Inseln bedeutete. Denjenigen, die ins Exil gegangen waren und sich regimefeindlich äußerten, wurde mit Entzug der Bürgerrechte und Konfiszierung ihrer Güter gedroht. Das soziale Leben wurde in Staats- und Parteiorganisationen erfaßt, die Italiener sollten stolz darauf sein, einer uniformierten Nation anzugehören.

Am 9. Dezember 1928 war der Faschistische Großrat auch der Rechtsform nach zum obersten Staatsorgan geworden. Da Mussolini selbst über die Belange des Rats (Tagesordnung, Mitglieder) entschied, ging nun alles von seinem Willen aus. Mussolini, Duce del Fascismo und Capo del Governo in einer Person, zeigte sich darauf bedacht, diese Doppelfunktion als Partei- und Staatschef auch zu wahren. Das Nebeneinander von Staat und Partei blieb erhalten. Die Partei war untrennbar verbunden mit dem Diktator und dessen Staat.

Deputiertenkammer und Senat waren zu willenlosen Werkzeugen der Diktatur degradiert, und Mussolini leistete sich eine parlamentarische Fassade, hinter der sich nur die traurige Wirklichkeit seines Regimes verbarg. Darüber konnte bloß keiner mehr berichten. Bis 1925 war die Presse den Gängeleien, dem Terror und den Mißhandlungen durch die faschistische Miliz ausgesetzt. Nach der Matteotti-Krise konnte man schließlich nur als Faschist werden, und Zeitungen durften nur mit vorheriger Genehmigung erscheinen. Täglich erhielten die Redaktionen den — noch telefonische Anweisungen, wie bestimmte Probleme und Themen zu behandeln seien. »Aus der *Stampa* Frassatis, dem langjährigen Organ Giolittis, dem im Süden verbreiteten *Mattino* und dem im Auslande meist gelesenen *Corriere della Sera* sind die unbequemen Persönlichkeiten entfernt worden; aber das sind nur Beispiele. Die neu gegründeten Zeitungen und Zeitschriften auf faschistischer Grundlage sind Legion. Es ist mit der Zeit in den periodischen Äußerungen der öffentlichen Meinung eine Uniformität erzielt worden, welche die politischen Gegensätze, die unter der Decke fortglühen, vollkommen überdeckt.«[73] Der ehemalige Journalist Mussolini stellte die Presse in seine Dienste und instrumentalisierte sie strikt für seine Zwecke. Die Presse war unter der Zensur gebannt.

Von der Verfassung blieb im faschistischen Staat nicht viel übrig. Die Volkssouveränität wie auch Gewaltenteilung und Grundrechte wurden beseitigt, und an ihre Stelle traten eine diktatorische Legislative, Exekutive und Rechtsprechung. Der deutsche Staatsrechtler Hermann Heller schrieb denn auch 1929, das fundamental Neue am Faschismus sei die völlige Vernichtung des Rechtsstaates.

Mussolini zerstörte die Provinz- und Gemeindeautonomie und machte Italien zu einem zentralistisch organisierten Staat. Er verkleinerte die Provinzen und ersetzte in den Kommunen die Selbstverwaltung durch staatliche Beamte. Alle nichtfaschistischen Vereine und Verbände wurden systematisch angegriffen. Koalitions-, Versammlungs- und Vereinsfreiheit existierte nur für die Faschisten. Sämtliche nichtstaatlichen Vereinigungen hatten ihre Mitgliederlisten, ihre Aktivitäten und ihre Statute der Polizei vorzulegen. Italien wurde von einem Mehr-Parteien- in einen Ein-Parteien-Staat verwandelt. Das politische Leben war unter dem Monopol der Faschisten gebannt.

Das Problem einer jeden Diktatur ist das der Auswahl der Elite und das der Nachfolge. Eigentlich war die faschistische Partei verantwortlich für die Auslese, denn um ihre Monopolstellung zu rechtfertigen, wurde die Vernichtung der Opposition legitimiert durch die Gleichsetzung von Elite und Partei. Von der hieß es, sie entfalte heute »in der nationalen italienischen Gesellschaft und dem faschistischen Regime eine analoge Funktion, welche in den großen Reichen der Vergangenheit die aristokratischen Klassen erfüllten«. Doch der Partei Mussolinis fehlte der ideelle Gehalt wie auch die Kriterien der Auslese. Wie rekrutieren ein in Friedenszeiten eine »Schützengrabenaristokratie«? Die Pflege militärischer Tugenden mag in historischen Ausnahmesituationen sinnvoll sein, für den politischen Alltag sind sie jedoch nicht gemacht. Eine vorwiegend militärisch verfaßte Hierarchie ist nicht in der Lage, eine politisch herrschende Schicht hervorzubringen. Mit der Frage nach der Auswahl der Besten ist die Frage

Mussolini, dessen Pseudonym als Journalist *L'homme qui cherche* gelautet hatte, blieb seiner Charakterisierung zunächst auch als Diktator treu. Im Gegensatz zu Lenin trat er nicht mit einem fertigen Staats- und Gesellschaftsprogramm an. Deutlich erkennbar war nur sein Wille, sich an der Macht zu halten. Ihm war es gelungen, Politik als Kampferlebnis und schöpferische Tätigkeit zu deklarieren. »Wir wurden dazu angehalten, auf uns zu vertrauen; das will heißen, auf unseren Willen, welcher uns als die Politik die Kunst des Unmöglichen, des Wunderbaren, des Mirakulösen«, bekannte Mussolinis Kulturminister Giuseppe Bottai rückblickend. Der Faschismus wurde von seinen Anhängern mit politischem Aktivismus, Dynamik und Entscheidungsfreude gleichgesetzt. »Der Faschismus war ein Lebensstil, der eine bestimmte Haltung, äußerlich und innerlich, seinen Anhängern auferlegte. Die wesentlichen Eigenschaften waren Energie und Disziplin, im Äußeren sollten Form und Gebärde erkennen lassen, daß es sich um Auserwählte handelte.«[75] Die Allgewalt des Duce war so akzentuiert, daß keine Steigerung mehr möglich schien. Er stattete sich selbst mit soviel Macht wie nur möglich aus und lebte dennoch in der beständigen Angst des Verlusts der Macht. Er reagierte darauf, indem er Mythos und Organisation zu den wesentlichen Komponenten seiner Politik machte. Von dem Gebrauch des Mythos in der Politik hatte ihn Georges Sorel überzeugt, und bei den Sozialisten war er mit den Vorzügen der Organisation bekanntgemacht worden. Die hierarchische Organisation erlaubte ihm das wohltuende Gefühl, alles unter Kontrolle zu haben. Der Mythos des geborenen Führers legitimierte nicht nur seinen absoluten Machtanspruch, sondern diente ihm auch als Zuflucht vor seiner Angst. So gelang es ihm, sich selbst zu einer entrückten Gestalt aus einer irrationalen Welt zu machen. Alle Widersprüche wurden von dem Kult des Duce aufgesogen, der Mythos ersetzte die Politik. Die

verknüpft, für wen Mussolini eigentlich spricht und welche Ziele er verfolgt. »Die faschistische Elite ist weder die Repräsentantin der wahren Aufklärung und Menschlichkeit und darum Elite – wie bei den Jakobinern – oder die Repräsentantin des Proletariates, der die Ungerechtigkeiten überwinden, die letzte Stufe der Menschlichkeitsentwicklung darstellen, alles Gute der Menschheit in sich tragenden Klasse. Die faschistische Elite ist auf der weiter nicht abzuleitenden Faktizität der Fortuna, der tatsächlichen Macht und Bewährung, basiert.«[74] Renzo de Felice geht denn auch von einem »gestaltlosen Gemisch unterschiedlichster Kräfte, Interessen und Stimmungen« aus, das innerhalb der Partei um die Vorherrschaft kämpfte.

Grundlage für diesen Mythos hatte keine andere als Margherita Sarfatti gelegt.

Sie mußte ihm helfen. Sarfatti war äußerst beunruhigt, weil das Gelingen der faschistischen Revolution durch die Matteotti-Affäre in eine ernsthafte Krise geraten war. Ihr Geliebter stand von allen Seiten unter Druck, von seinen Parteifreunden nicht minder wie von seinen politischen Gegnern. Wenn Mussolini fiel, dann war es auch mit ihren Träumen vorbei. Doch nicht nur der Möglichkeit des politischen Scheiterns galt ihre Sorge in diesem Sommer 1924. Seit der Matteotti-Krise war ihr bewußt geworden, wie einsam jeder von ihnen war. Eine Trennung wäre ganz einfach, denn es existierte ja kein offizieller Hinweis auf eine Verbindung. Sie hatte eine dramatische Phase ihres Lebens mit ihm geteilt und ihm politisch die Treue gehalten, indem sie die Konversion vom Sozialismus zum Faschismus mit vollzogen hatte. Doch die Jahre des aufregenden, bohemehaften Lebens waren unwiederbringlich vorüber. Er mußte jeden Tag handeln, denn jetzt wurde er an seinen Taten gemessen. Ihr Einfluß auf ihn begann zu verblassen, und sie registrierte, daß sie immer weiter in den Hintergrund abgeschoben wurde. Sie mußte etwas finden, das sie erneut in den Vordergrund brachte und ihrer beider Namen für immer miteinander verband.

Giuseppe Prezzolini brachte die Rettung. Er lebte mittlerweile in Paris und arbeitete auch als Literaturagent. Prezzolini lag das Angebot eines englischen Verlagshauses für eine Mussolini-Biographie vor. Er fragte Margherita Sarfatti, ob sie nicht Lust habe, das Angebot anzunehmen. Er schwärmte ihr vor, seine Auftraggeber seien begeistert von der Idee, eine nahe Vertraute Mussolinis, die zudem eine talentierte Autorin war, würde das Buch schreiben. Sarfatti wußte sofort, daß das die Lösung vieler ihrer Probleme bedeutete. So konnte sie sich in ihr Landhaus Il Saldo in der Nähe des Comer Sees zurückziehen, bis die Wogen der Matteotti-Affäre geglättet waren, und während dieser Zeit für Mussolini und den Sieg des Faschismus arbeiten. Was aber weitaus wichtiger war, als erste Biographin des neuen Cäsar wäre ihr Name für alle Zeiten mit dem Mussolini verbunden. Nur sein und ihr Name würden den Umschlag zieren. Sarfatti wurde mit Prezzolini handelseinig. Sie bestand jedoch darauf, daß Mussolini im Manuskript jede gewünschte Änderungen vornehmen konnte.

Sie begann mit der Arbeit am Buch im Sommer 1924. Es entstand vorwiegend in ihrem Ferienhaus und war im Winter bereits fertiggestellt. Mussolini war begeistert von dem Projekt und unterstützte sie mit Dokumenten und Geschichten aus seinem Leben. Er autorisierte die Biographie und schrieb das Vorwort. Im September 1925 erschien in England und den

259

Vereinigten Staaten die erste Ausgabe. *The Life of Benito Mussolini* verkaufte sich glänzend und ging bereits im Dezember in die zweite Auflage. Geschäftstüchtig wie sie war, nahm sie schon bald Verhandlungen mit dem Verlagshaus Mondadori wegen einer italienischen Ausgabe auf, die denn auch im Juni 1926 erschien. Das Buch profitierte davon, daß schon lange Gerüchte über die Beziehung zwischen Mussolini und Sarfatti kursierten, die nun neue Nahrung erhielten. *Dux*, so der Titel der Biographie, war preiswert und wurde auch in den Schulen verteilt. Kein Wunder, daß bis zum Ende des Jahres bereits fünf Auflagen verkauft waren. Margherita Sarfattis Rechnung ging auf, das Buch wurde ihr größter literarischer Erfolg und veränderte das Ansehen Mussolinis im In- und Ausland.

Margherita Sarfatti ist eine Biographin, die die Identitätsbeziehung zwischen sich als Autorin und Mussolini als ihrem Objekt hervorhebt. Immer wieder tritt das »Ich« der Autorin auf und erzählt (angeblich) wahrheitsgetreu, was geschehen ist. Es wird für den Leser deutlich, daß sie mit Mussolini eine privilegierte Beziehung verbindet, welcher Natur diese Beziehung ist, wird jedoch nicht weiter ausgeführt. Sie scheint eine Art Vertraute zu sein, die der große Mann in seiner Nähe duldet und der es zutraute, daß sie »allen« sein Leben erzählen kann. Teile des Buches sind so geschrieben, daß man sie für ein Interview halten könnte, auch wenn es sich um Zitate aus Büchern oder Zeitungsartikeln Mussolinis handelt.[76] Dies ist ein Trick Sarfattis, um nahezu autobiographische Echtheit vorzutäuschen. Der vielleicht größte öffentliche Liebesbeweis ist im Vorwort Mussolinis enthalten: »Dieses Buch gefällt mir, denn es stellt mich, ungeachtet der Freundschaft und der Arbeits- und Ideengemeinschaft, in die richtige Beziehung zur Zeit, zum Raum und zu den Ereignissen.«

Das Buch beginnt mit dem Krieg. Das erste Kapitel ist »Die Tragödie ohne Helden« überschrieben. Sarfatti beklagt darin, daß »die kriegerische Sintflut« »keinen Helden »gebar«. Doch die Menschen gaben sich damit nicht zufrieden, und schließlich zeugte die Erinnerung »Aller« den »Einen«, und das war der Unbekannte Soldat. In ihm erkannte sich jeder selbst, und jede Mutter fand in ihm ihren Sohn wieder. Doch nach ihrer Lesart war der Unbekannte Soldat nur die Vorstufe für die wahren Helden, die den Menschen eine neue Ordnung zu geben versprachen. Der eine heißt Wladimir Lenin und der andere Benito Mussolini. Lenin ist für sie dem Reich des Todes näher denn dem Leben. Er ist ein »asiatischer Halbgott«, der in »priesterlicher Einsamkeit« lebte und der es verstand, die Massen zu fanatisieren. Mussolini ist die Wiederverkörperung eines Römers in Körper wie Seele. Er ist dem Leben am nächsten und schöpft seine Kraft aus dem Volk.

Sie hat einen hohen Ton angeschlagen, und der Leser weiß von der ersten Seite an, daß es um das Leben eines Mannes geht, der schicksalshaft mit dem Leben »Aller« verbunden ist. Wenn Lenin ein Halbgott ist, dann muß Mussolini ein Gott sein.

Seine Genealogie ist die des Volkes. Ungeklärt muß bleiben, ob er von stolzen Volksführern aus dem Bologna des 12. Jahrhunderts abstammt. Diese Männer waren Kämpfer und Gesetzgeber zugleich – eine Tradition, die er im 20. Jahrhundert fortführen wird. Mussolini ist Romagnole und damit »eine Kämpfernatur und zugleich ein Lebenskünstler«. Er kommt vom Dorf, sein Vater war Schmied und seine Mutter Lehrerin. Sarfatti hebt hervor, daß Mussolini in seiner Jugend von authentischen Menschen aus dem Volk umgeben war. Er ist durch die harte Schule der Armut gegangen und hat früh Abgründe und Leidenschaften kennengelernt. Von daher weiß er um die Seele des Volkes. Mussolini ist ein Politiker, der die Intuition schätzt und das Unvorhergesehene mit einbezieht in seine Planung. In ihm lebt etwas von den obskuren »Überbleibseln untergegangener Kulturen«, er ist ein Medium des Volksglaubens. Im Gegensatz zu den positivistischen Politikern hat er ein Bewußtsein vom Seinsgrund des Volkes.

Seine Eltern waren arm, Kaffee lernte der Duce erst mit zwanzig Jahren kennen. Doch Luxus und Bequemlichkeiten sind ihm zuwider, er schwärmt noch heute von dem Geschmack der Wurzeln, die er früher zum Abendbrot gegessen hat. Der Vater Alessandro Mussolini wird von Sarfatti als herzlich, gesellig und großzügig beschrieben, während die Mutter zart, sensibel und leidend war. Der Erstgeborene vereinigte diese beiden Naturen in sich. Vom Vater erbte er das Ungestüme und von der Mutter die Empfindsamkeit. Von diesem Erbe erklärt die Biographin sein »reiches Innenleben«, seine Tatkraft und seine Phantasie. Die Mutter war gläubig, und lehrte ihn die Bibel lesen. Der Vater dagegen, der Bakunin und Costa verehrte, unterwies ihn in den Lehren des Sozialismus. Religion und Rebellion gingen in ihm eine frühe Verbindung ein. Sarfatti beschreibt Mussolini als wilden Jungen, der sehr stolz war und die kleinen Mädchen betörte. Er bat um nichts, sondern er befahl alles.

Immer wieder durchbricht Sarfatti ihre chronologische Erzählung, um aus der Gegenwart zu berichten. Sie bestätigt damit, daß Mussolinis Entwicklung zum Politiker bereits vorbestimmt war. »Er war schon damals ein wirklicher Führer, der die Verantwortung für die Verfehlungen anderer auf sich zu nehmen wußte, aber auch zu strafen verstand.«[77] In seinem Nekrolog auf den Vater schrieb er denn auch, Alessandro Mussolini habe seiner Familie keine materiellen Güter, sondern den sittlichen Reichtum einer Idee hinterlassen. Die Mitgift seines Lebens waren die Vornamen dreier Revolutionäre, und auch sein Bruder erhielt den Namen eines »Heiligen aus der Revolutionsgeschichte«. Der Älteste galt als despotischer Beschützer seines Bruders Arnaldo und ist es auch geblieben.

Unter der Überschrift »Die Ersten Strafexpeditionen« kommt sie, ausgehend von einer Kindheitsgeschichte, in der berichtet wird, daß der kleine Benito einem älteren Jungen einen spitzen Stein auf den Kopfhämmert, weil dieser ihn schlecht behandelt hat, zum ersten Mal auf den Faschismus zu sprechen. Der Faschismus hat einen bitteren Geschmack nach Gewalt, denn er läßt sich nichts gefallen und ist »weder ein christliches Evangelium noch eine Tolstoische Utopie«. Seitdem er als Junge den Unterschied zwischen Gut und Böse erkannt hat, ist Mussolini bereit, sich auch gewaltsam zur Wehr zu setzen, denn er ist von einer »kriegerischen und aristokratischen Strenge«. Rückschläge nimmt er ungerührt hin und zieht unbeirrt seines Wegs. Er hat sich denn selbst auch immer als Wanderer beschrieben, und Sarfatti verrät uns den Titel seiner nicht veröffentlichten Autobiographie, der *Dalla strada al potere* (Von der Straße zur Macht) lautet. Diese Autobiographie ist »gradlinig in den Fakten« und »strotzend vor Ideen«: also männlich, will uns damit die Autorin suggerieren. Danach bringt sie sich selbst ins Spiel, wenn sie darauf besteht, daß sie die Dinge anders sieht, weil sie eine Frau ist. Als solche »scheut (sie) sich nicht, ein wenig in der geistigen Landschaft zu verweilen und läßt manchmal die von den Männern in blitzartiger Kürze vorgezeichneten Bahnen im Stich«.[78] Dem Leser wird dadurch mitgeteilt, daß es sich bei der Autorin um eine kritische und selbstbewußte Frau handelt, die es wagt, auch Mussolini gegenüber ihre eigene Position zu betonen.

Jesus Christus wurde in einem Stall geboren. Benito Mussolini lauschte in einem Stall den Worten Victor Hugos. »Mit weit aufgerissenen Augen« hörte er zu, als sich die armen Bauern und Handwerker gegenseitig *Les Misérables* vorlasen. Diese Mischung aus Poesie und Armut fand Sarfatti unwiderstehlich, denn sie glaubte an die erzieherische Funktion der Kunst für das Volk.

Die Mutter sorgte dafür, daß Mussolini seine Ausbildung bei den Salesianern in Faenza fortführte. Er staunt über die Stadt und vermißt das Land, mit dem er so eng verbunden war. In der Klosterschule fühlte er sich gedemütigt, weil er am armseligsten Tisch sitzen mußte und nicht zu den nobili gehörte. In der »gefängnisartigen Abgeschlossenheit des Collegio« lernte er jedoch zwei Dinge kennen, die für den weiteren Verlauf seines Lebens wichtig werden sollten: die Macht des Glaubens und Latein. Er las die Lebensgeschichte Cäsars, die Dichtung des Aeneas, die Weisheiten Tacitus' und verliebte sich in Rom. »Rom war ihm Mutter und Geliebte. Dieses eine Wort, Rom, schrieb er immer wieder, von seinem zehnten bis zum sechzehnten Lebensjahr, mit begeisterter Bewunderung hin.«[79] Im katholischen Glauben erkannte er eine Kraft, »die aus geheimnisvollen Tiefen entspringt« und »den Begriff des Ewigen in sich stärkt«. Der Aufenthalt bei den Salesianern hatte den Heranwachsenden mit den zwei wesentlichen Energien Italiens vertraut gemacht, mit dem Christentum und mit der Antike.

Mit achtzehn Jahren hatte Mussolini sein Lehrerdiplom und trat eine Stelle als Volksschullehrer in einem Dorf bei Reggio Emilia an. Nach Ansicht Sarfattis hatte es ihn nur dorthin verschlagen, weil er den emilianischen Sozialismus näher kennenlernen sollte. Er verachtete die emilianischen Reformsozialisten, und ihm widerstrebte deren Zufriedenheit, denn »seine Auffassung des Lebens ist im höchsten Grade dramatisch, ja neigt sogar gerne zum Tragischen«.[80] Volksschullehrer wurden vor allem in den kleinen Gemeinden schlecht behandelt und schlecht bezahlt.[81] 1902 beschließt er, in die Schweiz auszuwandern, und läßt sich von seiner Mutter dazu das nötige Reisegeld geben. Sarfatti führt nicht weiter aus, wie es zu diesem Entschluß kam. Sie weist jedoch darauf hin, daß Mussolini auch diese Erfahrung des Fremdseins und der Emigration mit vielen anderen Italienern, die nach Übersee gegangen waren, teile.

Seinen Aufenthalt in der Schweiz begreift er als eine Art Prüfung, »um aus ihm etwas Brauchbares zu machen«. Er wurde insgesamt elfmal inhaftiert, litt Hunger, schlief unter Brücken und schlug sich mit Gelegenheitsarbeiten durch. Zum Zeitpunkt der Abfassung von *Dux* hatte Mussolini bereits Hunderte Oppositionelle ins Exil oder ins Gefängnis geschickt. Seine Biographin schreckt jedoch nicht davor zurück, das Gefängnis als eine Art Schule zu feiern. Sie behauptet, Mussolini habe dort fremde Sprachen, Mathematik und vor allem »die Kunst der Konzentration und der schweigenden Sammlung« gelernt. In diesen Jahren in der Schweiz begann er politische Artikel zu schreiben, er besuchte Vorlesungen bei Pareto und lernte die russischen Emigrantenkreise kennen. In Zürich begegnet er demjenigen Menschen, der ihn zum ersten Mal intellektuell ernst nahm. Die Rede ist von Angelica Balabanoff. 1878 als Tochter einer reichen jüdischen Familie geboren, war sie zum Studium in die Schweiz gekommen. »Sie hatte sich in Marx und den Marxismus mit wahrer Monomanie versenkt und trieb nun einen Fetischdienst damit; sie schwor auf das Wort des Meisters, mit jener mitteilsamen Wärme, die einem blinden Glauben entspringt und ansteckend wie Scharlach ist. Ich könnte sie mir sehr gut als Besessene und Flagellantin in mittelalterlichen Umzügen vorstellen, oder auch in der Grotte von Lourdes, wie sie in der glühenden Atmosphäre ihres eigenen Eifers und Wahnes selbst vorbereitet und erzeugt.«[82] Sarfatti bezeichnete die Balabanoff als eine häßliche Frau ohne Kultur, der es jedoch nicht an Liebhabern fehlte. Auch Mussolini war fasziniert von der Genossin Balabanoff, die ihn lehrte, Marx und Engels richtig zu zitieren. Von ihr lernte Mussolini, daß das Revolutionärsein zuallererst eine kollektive Seinsweise ist. Man ist Revolutionär mit seinesgleichen gegen die anderen. Für Balabanoff bot der Sozialismus ein Gefühl von Heimat, das Geborgensein in einer Genossenschaft Gleichgesinnter.

Sarfatti kann es sich nicht verkneifen, über das tragische Ende ihrer Rivalin zu berichten. Sie war 1917 nach Rußland zurückgekehrt und zunächst hochverehrt. »Angelica Balabanoff, das kleine häßliche Figürchen, wurde zu einer großen Persönlichkeit der russischen Regierung und kauerte nun auf den Kissen einer Kaiserin und fuhr im Galaautomobil.«[83] Doch das Glück war von kurzer Dauer, und sie blieb nur wenige Jahre in ihrem Heimatland. 1924 wurde sie aus der Partei ausgeschlossen und begann erneut ihre Wanderschaft durch armselige Pensionszimmer in europäischen Großstädten. Ihr einstiger Schüler wurde einer, der mit den Genossen im Kreml, die Angelica davongejagt hatten, auf gleicher Augenhöhe verkehrte. Sarfattis gehässige Darstellung ihrer einstigen Rivalin ist getragen von dem sicheren Bewußtsein, zu den Siegern der Geschichte zu gehören.

Mussolini absolvierte in der Schweiz seine Lehrjahre als Fremder. Seine Jugendzeit verbringt er als eine Art Bohèmien. Auf seiner Wanderschaft entfernt er sich endgültig von den Zuschreibungen des bürgerlichen Lebens und entdeckt die befreiende Wirkung des Engagements für eine soziale Revolution. Ab August 1902 schreibt er Artikel für den *L'Avvenire del lavatore*. Er attackiert die verhaßte Sachlichkeit der Bürger und setzt dagegen Leidenschaft und Intuition. Sarfatti stilisiert Mussolini als heroischen Rebellen, der in permanenter Auflehnung begriffen ist und sich als Vorkämpfer einer neuen Zeit versteht. Obwohl er Italien verließ, um den Militärdienst zu entkommen, gelingt es Sarfatti, die Schweizer Jahre als Jahre des Exils und Jahre der Reifung darzustellen. Der Leser soll glauben, Mussolini habe Italien verlassen, weil für einen Mann wie ihn kein Platz war in einem Land, das seine Einheit einem Kompromiß zu verdanken hatte. Es gibt eine Tradition italienischer Exilanten, die mit Dante beginnt und zu Ugo Foscolo und Giuseppe Mazzini führt. Dante nahm als erster die Doppelrolle des Künstlers und des Vertriebenen an, der den Auftrag hatte, die Qualen der Namenlosen zu benennen, und Benito Mussolinis

Mission wird es nach der geschickten Deutung seiner Biographin sein, die namenlosen Toten des Ersten Weltkriegs zu rächen. Durch ihre Biographie sorgt Sarfatti dafür, daß Mussolini in diese ehrenwerte Reihe aufgenommen wird. Er erweist sich dadurch einmal mehr als echter Italiener, der sowohl die materiellen Nöte des Arbeitsemigranten wie auch die ideelle Verzweiflung des politischen Exilanten kennt.

Mussolini kehrt zurück nach Italien und absolviert seinen Militärdienst. Die Mutter stirbt, und er zieht zu seinem Vater. Dort führt er eine Art »Doppelleben«. Am Tage hilft er dem Vater in der Gastwirtschaft, und in der Nacht »wurden auf den als Tische dienenden weinbefleckten Fässern unsterbliche Werke durchblättert«. Das waren Nietzsche, Schopenhauer, Stirner und Machiavelli. In diesen Nächten lernte Mussolini angeblich die Illusionen zu durchschauen und entwickelte den ihm angeborenen Sinn für die Tragik des Lebens weiter. Er geht erneut auf Wanderschaft, verdingt sich als Französischlehrer und landet schließlich im Auftrag der italienischen Sozialisten als Sekretär der Arbeitskammer in Trient. Er beschäftigt sich mit Platen, Klopstock, Schiller und schreibt »Kolportageschmöker«, die angeblich von den Nähmädchen und Handelsgehilfen verschlungen werden. Schließlich wird er von den Österreichern aus Trient ausgewiesen und beschließt, sich nun ganz dem Klassenkampf zu widmen. Sarfatti schreibt, auch sie »vom neuen Bürgertum« sei damals den »Feinden des Bürgertums« beigetreten. Abfällig merkt sie an, daß die Partei durchdrungen gewesen sei von Bewunderung für die positiv-wissenschaftlichen Doktrinen der deutschen Sozialisten. Doch nun kam Mussolini, von dem wir bereits wissen, daß er das Psychologische in der Politik über das Theoretische stellte, und damit schienen Konflikte in der Partei vorprogrammiert.

Als Sekretär der *Federazione collegiale socialista* (Sozialistische Wahlvereinigung) bestand er darauf, für seine Arbeit ein nur geringes Gehalt zu beziehen, denn seit Blanqui galt die Vermischung von Geld und Revolution für einen Revolutionär als inakzeptabel.[84] Sarfatti merkt an, daß er in Forlì mit seiner Familie lebte, erwähnt wird jedoch nicht Rachele, sondern nur seine Tochter Edda. Er kämpfte verzweifelt um die Wiederherstellung des Idealismus im italienischen Sozialismus und mußte damit scheitern. Der Sozialismus war für ihn etwas Hartes, Strenges, das aus Gegensätzen und Gewalt bestand. »In jenen Jahren begann die Tragödie, an welcher Mussolini zeit seines Lebens leiden sollte: die Verachtung der Menschen.«[85] Er fühlte sich als »plebejischer Aristokrat«, als Auserwählter, der in der Lage war, Entbehrungen zu durchleiden für die »erhabene Angelegenheit« des Sozialismus.

Dann treten seine ärgsten Widersacher auf den Plan, die »Märtyrerin und Asketin« Anna Kuliscioff und der »brave Präfektensohn« Filippo Turati. Die beiden bestimmen von ihrem Salon in Mailand aus die Politik der Partei, und einzig Mussolini wagte es der Provinz wagte es die Dinge anders zu sehen. Auf dem Parteitag in Reggio Emilia erschien dieser »prächtige magere Jüngling« »vielen als zukünftiger Herrscher der Partei, und Sarfatti gesteht, sie habe ihn sich als zukünftigen Ritter vorgestellt, der nur zum Turnier bei den Menschen auftaucht und alle besiegt. »Aber als ich dann Mussolini kennenlernte, erinnerte er mich durch seine Fanatikeraugen und durch die Imperatorennase viel mehr an Girolamo Savonarola.«[86] Er war der unbewaffnete Prophet, den die Partei schließlich auf den Posten des Chefredakteurs des *Avanti!* berief. Seine Artikel waren »schneidig wie ein Schlachtschwert«, und die Auflage steigt. Er führte »ein einsames und verborgenes Leben« und hielt sich von den Menschen fern. Die Frage des Kriegseintritts stürzte ihn in eine »seelische Krise«. »Der Seelenzustand, gegen den er ankämpfte, war sein eigener. Der Sozialist in ihm war für die Neutralität, der Italiener in ihm für den Krieg gegen die Mittelmächte. Der Internationalist in ihm verlangte die Anrufung der Solidarität aller Sozialisten, um einen schnellen Frieden herbeizuführen, viele Leben zu retten und die niedergetretenen Grundsätze des internationalen Rechts wieder aufzurichten. Der Italiener in ihm zögerte dieses zu tun, und mit Recht.«[87] Er verliert in diesem Kampf die Partei und gewinnt einen neuen Glauben.[88] Sarfatti berichtet, Mussolini habe seine »Wandlung« mit dem Aufruf zum Krieg begonnen. Seine Intuition hatte ihn nicht getäuscht, und die Jugend, die darauf brannte, Geschichte zu machen, folgte ihm.« »Es waren junge Menschen, die sich freiwillig mit ihrem Fleisch und ihrem Blut in die Schützengräben säten, als Keim der zukünftigen Ernte.«[89]

Seine erste Tat war die Gründung einer Zeitung. *Il Popolo d'Italia* war »ein prächtiges Blatt: maßlos, rasend, voller Leben, so wie sein Schöpfer es liebte.« Mussolini füllte seine Zeitung mit Worten der Liebe und des Hasses. »Und unter den heftigen und befehlenden Worten stand kurz und apodiktisch die elektrisierende Unterschrift: Mussolini.« Kein Vorname ist nötig, um ihn von anderen zu unterscheiden. Der nackte Name, der weder durch einen Vornamen noch einen Titel abgemildert wird, versinnbildlicht seinen Anspruch auf Totalität. Er lebte ein »schnelles Leben«, und wenn es nicht gerade einen Krieg, einen Streik oder eine Demonstration gab, so verstand er es, sein Leben durch ein Duell zu dramatisieren. Seine Intuition, sein Sinn für das Reale und für die Tragik des Lebens machten ihn zu einem begabten Journalisten. »Nie war jemand mit größerer Leidenschaft Journalist als Mussolini.«

Endlich hatte er den »strengen Käfig des Sozialismus« verlassen. Zusammen mit dem Dichter und Condottiere D'Annunzio arbeitete er für ein neues Italien. In der grüngrauen Felduniform zog er als Freiwilliger in den Krieg. Bei den nun folgenden Kriegsschilderungen will sie uns mitteilen, daß die Männer des Volkes ihn als einen der ihren erkannten und als den besten unter sich verehrten. Mussolini bewies laut Sarfatti im Krieg seinen eisernen Willen, seinen Kameradschaftsgeist und seine Kaltblütigkeit. Angeblich galt es als seine Spezialität, feindliche Handgranaten aufzufangen und zurückzuschleudern. »An einem denkwürdigen Abend sah ich auf der Feindesseite im Finstern zwei kleine rote Zigarettenpunkte; ich nahm sie mit der Handgranate aufs Korn. Es krachte, und dann waren die beiden Pünktchen verschwunden. Am darauffolgenden Tag erzählten uns Gefangene, daß es dabei vier bis fünf Tote gegeben habe. Der Hauptmann fragte mich damals: ›Warum tatst du das, mein Sohn? Die Leute drüben waren vielleicht gerade beim Plaudern, rauchten, sprachen vielleicht von ihren Bräuten?‹ – ›Herr Hauptmann‹, antwortete ich ihm, ›dann wollen wir doch lieber gleich alle nach Mailand fahren und dort spazierengehen, das ist dann besser.‹[90] Auf diesen Beweis von Mussolinis »Kampfgeist« folgt die rührselige Schilderung seiner Verletzung durch einen Rohrkrepierer. Die ersten Worte, die er mit »zitternder Hand« aufschrieb, galten den Lesern seiner Zeitung: »Sagt allen, daß ich für den Triumph der Ideale, von welchen die Heere der Entente geleitet werden, auch noch ein härteres Geschick ohne Klage auf mich genommen hätte.«[91] Damit ist der aktive Kriegsdienst für ihn zu Ende, und er macht sich daran, den »moralischen Schützengraben« im Innern des Landes auszuheben.

Die Schilderung der Nachkriegszeit beginnt sie mit dem Opfer ihres Sohnes Roberto, wobei sie sich nicht als Mutter zu erkennen gibt. Wichtig ist ihr, die Innigkeit der Verbindung, die angeblich zwischen Roberto Sarfatti und Mussolini herrschte, hervorzuheben. »Der Mann und der Knabe hielten, nur durch den Schreibtisch getrennt, die Blicke fest aufeinander gerichtet, als wollten sich gegenseitig die Seele austrinken.«[92] Roberto war der Jüngste der »göttlichen Knaben«, die freiwillig in diesen Krieg zogen. Sarfatti nimmt all ihre Leser als Zeugen für das Opfer Robertos, das zu rächen Mussolinis Verpflichtung sein wird. Die Toten sind an Mussolinis Seite, und ihr Opfer wird durch ihn gesühnt werden.

Auch die Autorin zieht es in den Tagen, als die Siege der Italiener gemeldet werden, zu den Feiernden. »Ich sah mit von Tränen verschleierten Augen vom Balkon auf diese endlose Menge von erhobenen Gesichtern, von denen mir nicht ein einziges fremd schien. Glücklich, wer solche Größe gesehen hat, noch glücklicher, wer dazu beigetragen hat, sie zu verwirklichen. »Sie ist nur eine, die dabeisein darf, doch Mussolini ist es, der »die Seele der Menschenmenge in seiner geballten Hand« hielt. Und was macht er damit? »Ehe er sie zukünftigen Zielen entgegenschleuderte, breitete er sie zuvor über die Gräber der gefallenen Kameraden.«⁹³

Die Hoffnungslosen und Elenden klopften an die Tür der Redaktion von *Il Popolo d'Italia*, und Mussolini verteilte großzügig Geld und Glauben an die Zukunft. Die Redaktionsräume waren schäbig, doch die, die darin arbeiten durften, waren heiter. Das Herz war Mussolinis Kämmerchen, »wo er zwischen Schreibtisch, Stuhl und den mit Handgranaten beladenen Büchergestellen thronte«. Fester Bestandteil waren, außer Zeitungen und Blättern mit angefangenen Artikeln, zwei Revolver, ein Dolch, ein Band Heine und Carducci sowie ein Stahlhelm und die rotbraune Lederjacke für den Flugunterricht. Nicht zu vergessen die Tasse Milch, die Mussolini Frühstück und Mittagessen zugleich gewesen sei. Die erste Redaktion des *Popolo d'Italia* war das »liebe, schmutzige Nest« einer brüderlichen Bohème, der Mussolini wie ein Diktator vorstand. Die Autorin gehörte diesem »armselig-heroischen« Kreis an und fühlte sich zusammen mit den anderen als »Beherrscher des Ideals«.

Sarfatti legt großen Wert auf die Schilderung der Räume, von denen aus Italien erobert werden sollte. Sie sind von einer schon provokatorischen Schäbigkeit und sollen die Distanz vom bürgerlichen Standardherausstreichen. Mussolinis berühmte »Höhle« erinnert an die Zelle eines Mönchs. Diese vier Wände, in denen er sich am liebsten alleine aufhält, sollen symbolisieren, daß er das Leben ernster nimmt als andere. Das konnte er in den kommenden Kämpfen mit den »Roten« unter Beweis stellen. Voller Verachtung schreibt Sarfatti über ihre einstigen Genossen, die im Nachkriegsitalien dafür gesorgt hatten, daß Unverschämtheit zum Dogma und zu einem »Merkmal der Überlegenheit« geworden war. Mussolini dagegen zeigte den Menschen »seine Seele unverhüllt«, und sie brachten ihm »instinktives Wohlgefallen« entgegen. In den faschistischen Versammlungen war der Krieg so gegenwärtig, daß, wenn man wieder auf der Straße stand, sich wunderte, »daß die Straßenlichter nicht mehr wegen Fliegergefahr verdunkelt wurden«.

Nach seiner Rückkehr aus der Schweiz nach Italien hatte sich der Rebell zum Revolutionär gewandelt. Verantwortlich dafür war die Bekanntschaft mit der Genossin Balabanoff und seine Entdeckung, daß er ein guter Journalist ist. Im Auftrag der Sozialistischen Partei bekleidete er verschiedene Ämter in der Provinz und lernte so die Organisation von innen her kennen. Bei seinen frühen, spektakulären Parteitagsauftritten gab er sich als ein Mensch zu erkennen, der dazu verdammt zu sein schien, mit Leib und

Seele gegen die bestehende Ordnung, deren Konvention und Moral zu leben. Sein Wunsch nach Zerstörung fand im Krieg seine Erfüllung. Die Zustimmung zum Krieg macht ihn bei den Sozialisten endgültig zum Außenseiter, verspricht jedoch, ihn an das Schicksal der Allgemeinheit anzuschließen. Nicht Mussolini ist der Verräter am Sozialismus, vielmehr hat sich der Sozialismus mit seinem feigen Internationalismus selbst verraten: Das ist die Botschaft dieser Biographie. Für seine Seelenqualen wird der Duce mit der Klarheit der Idee des Faschismus belohnt.

Mussolini gab der Masse eine eigene Physiognomie. Die Faschisten traten militärisch formiert an die Öffentlichkeit. Mit dem römischen Gruß, dem gestreckten Arm, pflegten sie sich zu grüßen, und ihre Einheiten trugen römische Bezeichnungen. »All dies war keine historische Nachäffung, sondern entsprang automatisch einem ursprünglichen, vererbten Instinkt.«[94] Zum Wahrzeichen der neuen Hierarchie, die für echte Brüderlichkeit und nicht für eine falsch aufgefaßte Gleichheit stand, wurde das schwarze Hemd der Faschisten. Das rote Hemd der Garibaldianer war das Zeichen kriegerischer Auslese gewesen. Das schwarze Hemd »ist die Verkörperung des gleichen Mutes, aber ernsterer Opfer«. In all diesen Symbolen und Riten kehrte Italien zu sich selbst zurück. »Es hatte sich förmlich eine Mode, ein Stil, und sogar ein physischer Typus des Faschisten herausgebildet«[95], so daß es Ausländern, die das Land besuchten, schien, als seien alle Italiener zwanzig Jahre alt. Dazu muß man wissen, daß das geistige Prinzip der Jugend, das Mussolini für sich und seine Bewegung in Anspruch nahm, zur politischen Rhetorik und politischen Phantasie Italiens gehört. »Die faschistische Revolution war von zwanzigjährigen Jünglingen, singend, gemacht worden.«[96] Diese Männer waren bereit, den Bürgern und damit dem gesamten 19. Jahrhundert den Prozeß zu machen. Es geht nicht länger um »Alle«, sondern um »Wenige und Auserwählte«. Da der Faschismus aus dem Krieg hervorgegangen ist, weist er »die grundlegenden kriegerischen Tugenden auf: Mut und Offenheit, Freude am Wagemut, kameradschaftlichen Geist, Disziplin und den Geist der Initiative und der Verantwortlichkeit«.[97] Sarfatti versteigt sich dazu, den berüchtigten Strafexpeditionen der squadristi »den Beigeschmack jener burlesken Scherze, die man früher in Italien auf dem Marionettentheater beim Pulcinello und Arlecchino belachte«[98], zuzusprechen. Die Gewaltanwendung der Faschisten bezeichnet sie mit Mussolinis Worten als »großmütig, ritterlich und chirurgisch«. So wie er als Junge seinem Angreifer einen spitzen Stein auf den Kopf gehämmert hatte, so will der Duce jetzt seine Ideen mit Gewalt in die »widerspenstigen Schädel« hineintrommeln. »Wir wollen nicht die kleinliche, individuelle, sporadische, oft unnütze Gewaltanwendung, sondern die große, schöne, unvermeidliche Gewalttat in entscheidenden Stunden«,⁹⁹ bekennt er stolz. »Mussolini hat das Wort des Historikers Theodor Mommsen – der nach Titus Livius, Sueton und Tacitus das Römische am stärksten in sich aufgenommen hatte – wahr gemacht: ›Niemand erfaßt ›R‹, der es nicht im Sinne einer Universalidee erfaßt.‹«¹⁰⁰ So wundert es nicht, daß den Duce die Streitigkeiten unter seinen eigenen Gefolgsleuten langweilen, denn er will sich lieber mit großen, internationalen Problemen beschäftigen. Doch seine Biographin hebt hervor, daß der Faschismus als Rebellion geboren worden sei und Disziplin erst gelernt werden müsse. Niemand arbeitet ausdauernder und härter daran als Mussolini selbst. »Über 1900 neue Gesetzesverfügungen wurden von der faschistischen Regierung in weniger als zwei Jahren erlassen. Darunter einige äußerst wichtige. Nachdem das Werk des ›Auskehrens‹ – die Liquidation der Vergangenheit und die Einsetzung der Gegenwart – beendet war, widmete man sich mit Eifer den Vorbereitungen für die Zukunft.«¹⁰¹ Rast- und ruhelos opfert der Duce seine Kraft dem »Morgen«, das jahrzehntelang in Italien vernachlässigt worden war. Immer wieder muß er mit Schwierigkeiten aus den eigenen Reihen rechnen, und Sarfatti deutet an, daß auch »die Schandtat an Matteotti« damit zusammenhängen könne. Mussolini träumt davon, daß auf die »Aristokratie der Schützengräben« das »Laboratoriumsgeschlecht« folgen werde. »Zweihunderttausend führende Köpfe: Lehrer, Ingenieure, Bankfachleute, Führer der Großindustrie, fünftausend Offiziere, dreitausend Verwaltungsräte, zehntausend Beamte, alles Leute ersten Ranges, spezialisiert und mit organischem Technizismus bis auf die Knochen getränkt: das braucht Italien!«¹⁰²

Seine Zeit verschwendet er ebensowenig wie seine Zuneigung, er ist »ein gesellschaftsfeindlicher, den Tafelfreuden abholder Individualist«. Eine tiefe Verbundenheit kann er nur zu denjenigen entwickeln, »die er nicht als seinesgleichen betrachtet, sondern als seine Geschöpfe, die zutiefst sein eigenes sind.« Das sind die Frauen und die Kinder. Kinder sind Zukunft und Frauen sind Schönheit für ihn. Er will dem italienischen Volk eine Ordnung geben, und erst dann wird seine Aufgabe erfüllt sein. »Ja! Ich bin von dieser Sucht besessen. Sie brennt, sie zermürbt und verzehrt mich innerlich wie ein körperlicher Schmerz. Einritzen, mit meinem Willen, einritzen will ich ein Zeichen in die Zeit, wie ein Löwe mit seiner Pranke.«¹⁰³

Mit dieser zupackenden Bewegung Mussolinis auf seine Biographin und auf die Leser endet das Buch.

Margherita Sarfatti hat Mussolini erst erfunden. Sie benennt sich als Zeugin seiner Existenz und als Anhängerin seiner Idee. Von ihren venezianischen Lehrern hatte sie gelernt, daß die Geschichte von Texten und von Bildern ausgeht. Mit ihrem Buch beginnt die Produktion der Erinnerung an Benito Mussolini als einer historisch bedeutsamen Figur.[104] Sarfatti hat sich der abendländischen Tradition besonnen und die Schilderung eines Lebens mit dem Bekenntnis zu einem Glauben verbunden. *Dux* handelt vom Leben Mussolinis und vom Entstehen des Faschismus. Mussolinis biographischer Werdegang ist untrennbar mit dem Werden des Faschismus verbunden, und das eine ist nicht ohne das andere zu erklären. Idee und Leben werden eins. Sarfatti ist es mit ihrem Buch gelungen, Mussolini zu einer Art Selbstbild der Italiener zu machen. Er ist der richtige Führer für eine junge Nation, die ein altes Volk ist.

Mussolini war ein professioneller Abenteurer, der aus der Systemlosigkeit seines Lebens ein Lebenssystem machte. Sie hat den bloßen Zufall in diesem Leben in eine innere Notwendigkeit umgedeutet. Ihrer Interpretation nach ist Mussolinis Leben durch eine geheime Symbolik mit der Existenz Italiens verbunden. Sein Leben ist von Anbeginn an darauf ausgerichtet, »das eigene ›Ich‹ auf dem Altar des Staates zu opfern«. Mussolini ist die Wiedergeburt eines Condottiere, der Rom abgöttisch liebt: so lautet ihre Version von Mussolinis geheimer Bestimmung. Er habe Mut, eine Vision und wage alles, um seiner Bestimmung zu folgen. Gewalt und Schnelligkeit machen den neuen Europäer aus. Er ist modern durch seine vielen verschiedenen Ichs, die nicht zuletzt durch die dem Buch beigefügten Fotografien bewiesen werden.

Wir sehen ihn abgebildet als melancholischen, jungen Mann im Anzug, als entschlossen blickenden Direktor des *Avanti!*, als unrasierten Soldaten im Kreis seiner Kameraden, als Staatschef in Gamaschen, als Reiter, als Flieger, als Redner, in seiner Freizeit auf einem Boot, wie er einsam am Schreibtisch im Palazzo Chigi arbeitet und wie er ein Löwenbaby liebkost.

Als Biographin gesteht Sarfatti ihre Verehrung ein, verheimlicht jedoch auch nicht ihren Einfluß auf den großen Mann. Sie betont ihr Geschlecht, indem sie hervorhebt, daß Mussolini ein potenter Mann ist, der in der Liebe und in der Politik Erfolg hat. Margherita Sarfatti ist es in ihrer Biographie gelungen, aus einem Abenteurer eine Kultur- und Kultfigur zu machen. *Dux* ist modernes Medium und Mythos zugleich. Erst in Sarfattis Darstellung wird Mussolini zum Typus des modernen und erfolgreichen Politikers von morgen. Das Leben eines Volksschullehrers, der mit List und Gewalt an die Macht gekommen ist, erzählt sie als eine exemplarische Geschichte für eine neue Zeit. Sarfatti macht sich selbst zur Deuterin eines geheimen Sinns, der das Schicksal des Duce mit dem seines Landes verbindet.

Margherita Sarfatti verdiente nicht nur gut an ihrer Mussolini-Biographie, sie wurde damit auch über die Grenzen Italiens hinaus bekannt. *Dux* wurde ein Weltbestseller und in neunzehn Sprachen übersetzt. Das Buch wurde im Februar 1926 in der *New York Times Review* ausführlich rezensiert. »Signora Sarfattis Buch ist eine wertvolle und informative Biographie über eine der interessantesten politischen Persönlichkeiten unseres Zeitalters. (...) das Buch hat mehr als eine Biographie über ein Leben das gerade begonnen hat. Es zeigt das Bild eines Mannes, von dessen Charakter vielleicht der Verlauf der Geschichte der nächsten zwanzig Jahre abhängt.«[105] Bis heute gibt es kaum einen biographischen Text über Mussolini, in dem nicht Sarfattis Buch als Quelle auftaucht. Ihrer beider Namen sind auch lange nach ihrem Tod durch dieses Buch miteinander verbunden. Sarfatti hat Mussolini mit Worten neu erschaffen und ihm vor aller Welt denjenigen Platz zugewiesen, der ihm in ihren Augen gebührt. Sie glaubte daran, daß er nun endlich und endgültig das von ihr geschaffene Geschöpf sei. Die Zeit ihrer Zurückhaltung war mit dem Erfolg von *Dux* vorüber, und Sarfatti wollte wieder ihren Platz im Vordergrund einnehmen.

Benito Mussolini zählte auch nach der Matteotti-Krise noch Bewunderer im Ausland.[106] So schrieb Rainer Maria Rilke 1926 an eine italienische Freundin, es sei die römische Idee, durch welche Mussolini groß sei. Liberale Publizisten wie Emil Ludwig oder Theodor Wolff waren ebenso von des Duce geistreicher Art beeindruckt wie Winston Churchill, der 1927 erklärte, er habe sich, wie viele andere auch, dem Charme von Signor Mussolini nicht entziehen können. Im Frühjahr 1925 schickte Oswald Spengler ein Bücherpaket mit Sonderdrucken seiner Schriften zum Duce nach Rom.[107] Der deutschnationale Jude Rudolf Borchardt überreichte dem Duce 1933 aus eigener Initiative während einer Privataudienz seine Dante-Übersetzung, und im selben Jahr erhielt der Duce Post von Sigmund Freud aus Wien, der ihm auf Veranlassung eines italienischen Schülers seine Schrift *Warum Krieg?* mit der Widmung »Von einem alten Mann, der im Diktator den Kulturheros erkennt« zukommen ließ. Auch Prezzolini fällte das Urteil, daß Mussolini der erste italienische Staatsmann sei, der ein differenziertes Urteil über zeitgenössische Kunst besitze. Das hatte er in großen Teilen Margherita Sarfatti zu verdanken.

1926 eröffnete Mussolini die *Prima Mostra D'Arte Del Novecento Italiano* in Mailand. Auf einem Foto von der Ausstellungseröffnung sieht man eine ganz in Weiß gekleidete Sarfatti in der ersten Reihe sitzen und Mussolinis Worten lauschen. Er begann seinen Vortrag mit den bemerkenswerten Sätzen: »Ich gehöre der gleichen Generation an wie diese Künstler. Ich habe einen anderen Weg gewählt, doch ich fühle mich ebenso als Künstler, der mit einem bestimmten Material und Überzeugung an der Verwirklichung festgelegter Ideale arbeitet.« Anschließend gesteht er ein, daß er gezögert habe, eine Rede über ein Thema zu halten, das so weit von seiner alltäglichen Arbeit entfernt sei. Am Vorabend habe er die Ausstellung angeschaut, und dabei seien ihm einige Fragen in den Sinn gekommen, die er nun an das Publikum weitergeben wolle. Seine erste Frage laute, welche Beziehung eigentlich zwischen Politik und Kunst bestehe? Und welche zwischen Künstler und Politiker? Gibt es eine Hierarchie dieser beiden grundlegenden Ausdrucksformen des menschlichen Geistes? Für ihn steht fest, daß Politik keine Wissenschaft, sondern Kunst ist. Politische wie auch künstlerische Kreativität ist durch eine langsame Entwicklung und eine plötzliche Entscheidung charakterisiert. Politiker und Künstler bearbeiten die Materie wie auch den Geist. Von einem bestimmten Punkt an gestalten Künstler mittels Inspiration und Politiker mittels Dezision. Mussolini fährt fort, daß es noch weitere Gemeinsamkeiten zwischen Politiker und Künstler gebe, als eine der wichtigsten nennt er das Gefühl dauernder Unzufriedenheit. Wenn ein Projekt fertiggestellt ist, dann ist weder der Künstler noch der Politiker mit dem Erreichten zufrieden.

Seine nächste Frage lautet: Warum eine Ausstellung des 20. Jahrhunderts? Interessanterweise geht er davon aus, daß das 20. Jahrhundert erst mit dem Ende des Ersten Weltkrieges begonnen habe. Es wird bis zum schicksalsaften Jahr 2000 dauern, und bis dahin wird noch viel Unerwartetes geschehen. Was er jedoch bereits jetzt schon voraussagen zu können glaubt ist, daß dieses Jahrhundert unter dem Stern der Kunst stehen wird. Künstler des 20. Jahrhunderts sind denn auch nicht diejenigen, die in diesem Jahrhundert geboren wurden, sondern diejenigen, die diesem Jahrhundert ein ganz bestimmtes Gepräge aufdrücken wollen. Künstler des 20. Jahrhunderts müssen laut Mussolini kein Experiment und keine Erfahrung scheuen, denn sie sind mit dem Futurismus groß geworden und wollen jetzt etwas selbst darstellen, was von Dauer sein soll.

Seine dritte Frage lautet, ob diese Ausstellung gelungen sei. Seine Antwort besteht aus einem knappen und eindeutigen »Ja«. Es handelt sich nämlich um eine Ausstellung der Qualität und nicht der Quantität. Deshalb konnte sie nicht offen sein für alle und auch nicht für viele. Eine solche Ausstellung zu organisieren ist eine heikle Angelegenheit, denn auf

273

der einen Seite muß man auswählen und auf der anderen zurückweisen. Beides sollte wohlüberlegt vor sich gehen. Nach Ansicht des Duce kann kein Zweifel daran bestehen, daß diese Ausstellung ausnahmslos die Werke bedeutender Künstler präsentierte. Er glaubte in den Bildern eine neue Strenge ausgemacht zu haben, und er pries die »Blüte der Jugend«. Er hat sich gefragt, inwieweit Krieg und Faschismus ihre Spuren auf den Kunstwerken hinterlassen haben. Auf den ersten Blick kann man das nicht erkennen, denn auf den Bildern werden keine Ereignisse nachgestellt. Und dennoch behauptet Mussolini, Krieg und Faschismus seien auf den Bildern anwesend, denn diese Malerei unterscheidet sich vollkommen von dem, was zuvor in Italien zu sehen war. Den einzelnen Kunstwerken merkt man die Anstrengung an, die sie die Künstler gekostet haben. Was gezeigt wird, überzeugt durch Entschiedenheit und Präzision der Pinselführung, durch Reichtum und Schärfe der Farben, durch die solide Plastizität der Objekte und Figuren. Wenn er einzelne Kunstwerke betrachte, so müsse er sich eingestehen, daß er diesen Kunst lebe und sie in ihm, und das erfülle ihn mit einem Gefühl von Harmonie. »Ich denke, daß viele von ihnen, wenn sie durch die Hallen streifen, mein Urteil verstehen werden, und sie werden der Meinung sein, daß diese Ausstellung ein exzellenter Beweis ist für die Zukunft der italienischen Kunst.« Mussolini dankt den Organisatoren und Veranstaltern und erklärt die Ausstellung im Namen des Königs für eröffnet.

Seit der Ausrufung der Diktatur waren dies die ersten Äußerungen Mussolinis zur Kunst. Im *Popolo d'Italia* war zu lesen, daß Mussolini zwischen dem neuen Malstil des Novecento und der faschistischen Moral eine Verbindungslinie gezogen habe.[108] Die aufmerksamen Zuhörer wußten, daß diese Rede für Mussolini von großer Wichtigkeit war. Nach der Matteotti-Krise konnte er nicht zulassen, daß der Faschismus ausschließlich mit Repression und Gewalt gleichgesetzt wurde. Diese Krise hatte Mussolini gezeigt, daß es schnell vorbei sein konnte mit seiner Macht. Es war eben nicht damit getan, die politischen Institutionen zu verändern, sondern die Revolution »mußte das Unterbewußtsein der Italiener durchdringen und ein neues Wesen hervorbringen, nämlich ein genuines ›faschistisches‹ politisches Subjekt«.[109] Filippo Turati schrieb 1928 aus seinem Pariser Exil, daß der Faschismus die Zukunft der Demokratie gefährde. Angetreten, um gegen den Sozialismus vorzugehen, habe sich der Faschismus Ende der zwanziger Jahre gegen alle gewandt. Turati zieht aus seinen Überlegungen die Schlußfolgerung, daß der Faschismus sich selbst zur Klasse mache. Einmal zur Partei geworden, wird er totalitär, was bedeutet, daß er zu einem Besatzungsheer im eigenen Land wird. Die permanente Revolution endet im permanenten Krieg gegen das eigene Land. Diese scharfsinnigen Beobachtungen des exilierten Sozialisten decken sich mit dem, was ausländischen Beobachtern im faschistischen Italien wie auch in der kommunistischen UdSSR auffiel. »Sie verzeichnen eine neue Qualität des Politischen: politische Gewalt, nicht mehr eingebunden in Balancesysteme, nicht mehr der Konkurrenz gesellschaftlicher Kräfte ausgesetzt, Gewalt als öffentliche Macht, der man nicht ausweichen kann, die allgegenwärtig ist und verpflichtend auftritt, die aus Lautsprechern tönt, aus Bildern und Symbolen spricht, in Paraden beeindruckt, in Aufmärschen und Sprechchören droht – kurz, die aus den administrativen und parlamentarischen Gehegen ausgebrochen ist und sich der Gesamtgesellschaft bemächtigt hat.«[110]

Bei der Okkupation des Unbewußten spielten Kunst und Kultur eine herausragende Rolle. Geschickt bringt sich der Diktator in seiner Eröffnungsrede als Geistesverwandter der Künstler ins Spiel. Er gibt vor, nie zufrieden zu sein und all seine Kraft der Politik zu widmen. Wie in der Politik, so erklärt er auch in der Kunst das Jahrhundert der Quantität für beendet und ruft das Jahrhundert der Qualität aus. In der Folgezeit wurde er nicht müde, an Universitäten, auf Kongressen und in Artikeln zu betonen, daß der Faschismus eine eigene Kunst und Mentalität schaffen werde. Die Kritiker im In- und Ausland irrten, wenn sie behaupteten, daß sich Faschismus und Kunst gegenseitig ausschlössen. Mussolini behauptete, sie bedingten sich gegenseitig.

Margherita Sarfatti konnte zufrieden sein. Sie war ihrem Ziel, Novecento zur offiziellen faschistischen Kunst zu machen, ein Stück näher gerückt. Ihr war es gelungen, Mussolini davon zu überzeugen, daß Novecento die ästhetische Ergänzung zu seiner faschistischen Politik sei. Im Frühjahr 1925 hatte sie damit begonnen Novecento wiederzubeleben und mit einem eindeutig politischen Anliegen zu versehen. Die Künstler gehören ihrer Überzeugung nach der geistigen Elite an, die der ungeformten, passiven Masse ihren Stempel aufdrücken werde. Sie waren in ihren Worten »Revolutionäre der modernen Restauration«. Mussolini erhob in der Politik und Sarfatti in der Kunst den totalen Anspruch auf die Gestaltung des Dialogs, dem ihrer Meinung nach die Zukunft gehörte. Sarfatti reklamierte für das Novecento und Mussolini für den Faschismus Jugend und Klassizität. Mussolini gefiel die Betonung lateinischer Stärke und Überlegenheit; er unterstützte den kulturellen Nationalismus seiner Geliebten. So ist es kein Zufall, daß Mussolinis Forderung nach diktatorischen Vollmachten mit der Wiedergeburt des Novecento zusammenfällt.

275

Sarfatti war nicht nur durch die veränderte politische Lage, sondern auch durch ihre Rolle als autorisierte Biographin des Duce gestärkt. Sie hatte sich geschworen, daß ihr so etwas wie mit der Biennale 1924 nicht mehr passieren sollte. Sie bestimmte, wer dazugehörte, und sonst niemand. Die Künstlergruppe des Novecento von 1926 war eine zentralistisch organisierte, hochdisziplinierte Gruppe. Den Mittelpunkt bildete Sarfatti, die nicht den leisesten Zweifel an ihrem Führungsanspruch duldete. Sie mußte die Künstler nicht länger um Teilnahme bitten, sie konnte auswählen. Für die war es wichtig dabeizusein, ob man sich dazugehörig fühlte oder nicht. Die inhaltlichen Kriterien der Auslese waren vage und die Zusammenstellung eklektisch. Insgesamt waren bei der Ausstellung einhundertvierzehn Künstler vertreten, darunter ehemalige Futuristen wie Giacomo Balla, Carlo Carrà, Gino Severini oder Luigi Russolo, aber auch Giorgio de Chirico oder Giorgio Morandi waren dabei. Außerdem unter anderem Mario Sironi, Arturo Tosi, Adolfo Wildt, Achille Funi, Felice Casorati, Fortunato Depero und Ubaldo Oppi. Aufgrund ihrer mächtigen Position war es ihr gelungen, auch Künstler, die dem alten Novecento kritisch gegenüberstanden, für die Ausstellung zu gewinnen. Darunter befand sich Bucci, der Sarfatti als »blonde und tapfere Gottesmutter« bezeichnete. Sie war der Motor des Novecento, sie schrieb Artikel, organisierte Ausstellungen im Ausland wie 1930 in Buenos Aires, sowie ein Jahr später in Skandinavien, und sie vermittelte Verkäufe. Sarfatti unterhielt enge Beziehungen zur Berliner National-Galerie und wollte sich als künstlerische Agentin einen Namen machen. Auf ihr Betreiben hin wurden viele Bilder vom italienischen Staat angekauft und kamen ins Museum. Bei der Ausstellungsorganisation 1926 bewies sie ihr Talent als Kommunikatorin und als Diktatorin. So gab es staatlich subventionierte Eisenbahnfahrkarten nach Mailand für alle, die sich die Ausstellung anschauen wollten. Sie unternahm alles, um Novecento zu einem großen faschistischen Ereignis zu machen.

Ihr Umgang mit den Künstlern war rigider geworden. Sie kaschierte die inhaltliche Leere ihrer Auswahl mit pathetischen Worten über den Reichtum Italiens an Künstlern. Dabei war der Grund für ihren Eklektizismus denkbar einfach: Sie konnte nicht genug kriegen und statt der vormaligen sieben mußten es jetzt einhundertvierzehn Künstler sein, die sich unter ihrer Oberhoheit zusammengefunden hatten. Sie wollte alles an sich reißen und triumphierte, daß auch ihre ärgsten Konkurrenten Marinetti und Ojetti einen Sitz im Ehrenpräsidium der Ausstellung nicht hatten zurückweisen können. Früher war es ihr noch gelungen, die Künstler glauben zu lassen, sie protegiere sie alleine ihrer Kunst wegen. Doch neuerdings for-

276

derte sie eindeutig politische Konformität und Unterordnung. Ihr Ton war schärfer geworden. Im Katalogtext hebt sie auf die klare, konkrete Bildsprache des Novecento ab und feiert die Italiener für den inneren Genius, der sie beseelt. Ihre Künstler befanden sich auf der Suche nach dem Ausdruck des kollektiven Willens. Aus dem Führungsanspruch ihrer Künstler und Italiens machte sie in ihren Texten keinen Hehl: »Wir müssen unsere Künstler unterstützen und sie ermutigen, die zweite Renaissance zu wagen. Italiens Geschichte unterscheidet sich von der Geschichte anderer Länder. (...) Kunst und Italien: Größe des Lebens und Größe der Kunst; für unsere Nation ist das eins auf demselben Altar. Derjenige, der dem einen huldigt, kann nicht indifferent gegenüber dem anderen sein.« Laut räsonnierte sie über die Säuberung der italienischen Kunstszene und scheute dabei auch nicht den Vergleich mit den gefürchteten squadristi. In einem Artikel über »Faschistische Kunst und Faschistische Sitten« von 1929 wird sie deutlich: »Die Aufgabe des Faschismus besteht in erster Linie darin, in der Kunst – aber auch sonst überall – Sauberkeit und fortschreitende Gesundung zu erzielen. Daraus erstehen in moralischer Hinsicht jene Dinge, deren Symbol die prompt wirkende Schleuder ist: Gewandtheit, Raschheit und Zielsicherheit im Eliminieren, im Abschaffen des Kehrichts der Allzuvielen und der platzraubenden Schmarotzer.«

Ihre Kunst setzte auf die Bevorzugung des Konkreten gegenüber dem Abstrakten. Das puristische Ideal des Novecento charakterisierte sie 1929 als einfach, exakt und klar. Sie forderte das Verschwinden unnützer Schnörkel und die Präzision der Linien. Den Novecento bezeichnete sie als »eine kühne Patrouille« und ihre Künstler als Faschisten, »also Revolutionäre der modernen Restauration in der Kunst wie im gesellschaftlichen Leben«.[111] Der Faschismus bekennt sich nach ihren Worten dazu, auf dem Gebiet der Kunst »einen Prozeß allgemeiner Reinigung und innerer Gesundung herbeizuführen. Er fordert daher Spannkraft, Schnelligkeit und Klarheit des Geistes; Überschwenglichkeiten und jeglicher Parasitismus sind vor allem aus dem Weg zu räumen.«[112]

Zu Beginn der zwanziger Jahre hatte sie sich noch als Teil einer internationalen Kunstszene verstanden. Ende der zwanziger Jahre, nachdem der Faschismus gesiegt hatte, wurde auch sie in ihrer Argumentation zunehmend nationaler. Häufig war nun in ihren Texten von Energie, nationaler Ausdruckskraft und der Militarisierung des Geistes die Rede. Laut Margherita Sarfatti wurde in Rom oder Mailand, aber eben nicht in Paris die Kunst des 20. Jahrhunderts geschaffen.

Der spätere Minister für Kultur, Giuseppe Bottai, startete 1926 in der von ihm geleiteten Zeitschrift *Critica fascista*[113] eine Umfrage unter den

277

Künstlern und Intellektuellen Italiens nach dem Zusammenhang von Faschismus und Kultur. Diese Umfrage gewährt einen Einblick in das künstlerische Spektrum des Faschismus, »das sich von der radikal modernistischen Lesart des Faschismus (Marinetti) bis zur synthetisch mythischen Lesart der Novecentisti (Bontempelli; Soffici) und bis zu einer Gruppe konservativer, nationalistischer oder radikal populistischer Trends (Pavolini, Puccini, Malaparte) erstreckte. Die Umfrage bezeugt eine wiederkehrende Nervosität, was kulturpolitische Vormachtstellungen (Sowjetrußland, der französische Modernismus) und ausländische Einflüsse (Hollywood) angeht, und erkennt, wenn auch nur auf negative Art, die antifaschistische Opposition (Benedetto Croce, die prodemokratischen und internationalen Kräfte) an.«[114] Die Beiträge schwanken zwischen der Forderung nach korporativer Konformität und der Feier des heroischen Einzelnen, zwischen organischen und mechanischen Metaphern, zwischen Kontinuität und Unterbrechung, zwischen revolutionärem Aktivismus und institutionellem Konservatismus und zwischen dem Populären und dem Elitären. Die Umfrage zeigt, daß dem Verhältnis von Faschismus und Kultur grundlegende Paradoxien eigen waren, die nicht gelöst wurden.[115] So stellt Bottai in seiner Schlußbetrachtung fest, daß noch viel Schund in den faschistischen Amtsstuben hänge und sich eine faschistische Kunst erst noch etablieren müsse. Während der gesamten Zeit von Mussolinis Herrschaft konkurrierten die Aeropittura der zweiten Futuristengeneration, Scuola Romana, Pittura Metafisica, Novecento und die Abstrakten gemeinsam um seine Gunst. Der Duce pflegte nach Meinung seines Biographen Renzo de Felice ein instrumentelles und pragmatisches Verhältnis zu Kunst und Kultur. »Während der Diktatur Mussolinis wurde ein komplexes und eklektisches System der staatlichen Kunstförderung etabliert. Die Regierung und die Partei setzten sich für ein umfangreiches Programm von Ausstellungen, Wettbewerben, Kommissionen und Ankäufen ein, das viele Künstler anzog. Faschistische Kulturpolitik folgte weder dem marktabhängigen Pluralismus der liberalen Demokratien noch dem zentralistischen Antimodernismus Deutschlands. Für die meiste Zeit der faschistischen Ära galt, daß das Regime den Konsens der Künstler suchte und die Verbindung zwischen Kunst und Staat von gegenseitiger Anerkennung unter offizieller Führung geprägt war. Die Mussolini-Diktatur erlaubte es den Künstlern zu arbeiten und unterstützte sie, ohne eine Zensur auszuüben, solange sie sich nicht explizit als Antifaschisten bezeichneten.«[116] Was Mussolini erlaubte und förderte, hing von seiner augenblicklichen Politik und ganz persönlichen Stimmung ab. Manche Zonen künstlerischer Freiheit waren nur von kurzer Dauer, andere wiederum blieben jahrelang erhalten. »Eine kulturelle Emigration hat es bis 1938 nicht gegeben. Im Gegenteil suchten nach 1933 zahlreiche deutsche vom Nationalsozialismus verfolgte Künstler und Wissenschaftler in Italien Zuflucht. Hinter Frankreich, England und der Tschechoslowakei hat damals das faschistische Italien die meisten (ca. 8000) deutschen Emigranten aufgenommen. Die Rolle B. Croces etwa bei der Aufrechterhaltung der Traditionen und Werte der liberalen Kultur ist bekannt. (...) Kafka, Döblin, T. Mann, Hindemith, A. Berg oder Schönberg konnten in den dreißiger Jahren noch ungehindert gelesen und aufgeführt werden, als sie in Deutschland längst der Verfemung verfallen waren.«[117] Mussolini versuchte die Intellektuellen und Künstler durch eine heimtückische Melange aus Toleranz, Zensur und Subvention zur Mitarbeit zu bewegen. Die große Anziehungskraft, die der Faschismus auf Künstler und Intellektuelle ausübte, bestand darin, daß vorgegeben wurde, Anarchie in Ordnung zu wandeln. Mussolinis faschistische Diktatur suggerierte, man könne aus der Gegenwart in die Ewigkeit blicken. Viele faschistische Künstler und Intellektuelle sahen in Mussolini selbst das vollendete faschistische Kunstwerk. Kunst und Politik gingen in seiner Person eine zuvor nicht gekannte Symbiose ein. Die Paradoxie der Beziehung zwischen Faschismus und Kultur war in seiner Person gelöst.

Sarfatti kannte ihn zu gut, um daran glauben zu können. Sie hatte aktiv an der Legende vom Künstler-Herrscher mitgewirkt, wenn sie in ihrer Biographie Mussolini wie folgt zitierte: »›Meine Kunst ist die Kunst der Künste, (...) ist die schwierigste von allen, denn sie arbeitet nicht mit totem Material, sondern mit dem labilsten und zartesten: den Menschen.‹«[118] Insgeheim fühlte sich sich ihm überlegen, denn sie hatte ihn erst zu dem gemacht, was er jetzt war. Glücklich und zufrieden registrierte sie, daß er ihr wieder Violinserenaden am Telefon vorspielte. Ihre Träume wurden immer großartiger. In ihren Musestunden hüllte sie sich in Chiffon und malte sich aus, daß sie als diejenige in die Geschichte eingehen werde, die die zweite italienische Renaissance organisiert hat. Mussolinis Unentschiedenheit in Fragen der Kulturpolitik stand ihren hochgeschraubten Ambitionen im Wege. Wann immer sie konnte, agitierte sie gegen die künstlerische Vielfalt, die noch immer in Italien herrschte. In *Critica Fascista* erschien im März 1927 von ihr ein Artikel, in dem sie mit aller Schärfe klarmachte, daß die Zeit der Experimente vorüber war. Der Faschismus war angetreten, die italienische Kunst und Kultur zu reinigen, und nicht, um unnötige Toleranz zu üben. Sie behauptete, man habe zugelassen, daß zuviel schlechte Kunst sich als faschistische Kunst ausgab. Eine strenge Kontrolle und Auswahl der Kunst sei für die Zukunft erforderlich. Zwischen den Zeilen konnte man lesen, daß es nur eine richtige Kunst gab – und das war Novecento. So schrieb sie anläßlich der zweiten Novecento-Ausstellung 1929: »Wer ›Novecento‹ sagt, anerkennt damit den Willen, überleitend von der Revolution die Tradition wiederzubeleben, zu zeitgemäßer Wirklichkeit zurückzugelangen, zum abgeklärten Klassizismus; den Willen, das Heutige zum Ewigen zu steigern. Wer ›Novecento‹ sagt, bezeichnet den Willen, Wirres zu gestalten; Zeitgenössisches und Modernes als Stufen, als neue Elemente zu erachten, zur Fortführung der Tradition, der Klassik hin zu Ewigkeitswerten. Wer ›Novecento‹ sagt, meint Zeitgeist und Zeitwillen, gesehen von geschichtlichem und traditionellem Standpunkt aus. Das aber ist italienisch.« Durch ihren privilegierten Zugang zu Mussolini konnte sie mißliebige Künstler ausschalten und ihre Favoriten fördern. Sie fühlte sich als Herrscherin über die Kultur Italiens.

Die erste internationale Ausstellung Italiens nach der Matteotti-Krise war die *Exposition Internationale des arts décoratifs et industriels modernes* in Paris. Sarfatti, die mit der Pariser Kunstszene wohl vertraut war, wurde zur Vorsitzenden der italienischen Jury ernannt und fungierte in der internationalen Jury als Vizepräsidentin. Mussolini betraute sie mit dieser Aufgabe, denn er vertraute auf ihre Bildung, ihren Einfluß und ihren Geschmack. Dem internationalen Publikum wurde die faschistische Ästhetik vorgestellt durch ein Mausoleum undefinierbaren römischen Stils, dessen Architekt Armando Brasini war, und durch die Mussolini-als-Cäsar-Büste von Adolfo Wildt. Die Modernität des Faschismus war tumb. Von beörender Stringenz dagegen waren – neben den Arbeiten des Sowjetrussen Konstantin Melnikov – der Pavillon Le Corbusiers. In seinem 1923 erschienenen Buch *Vers une architecture* war er für eine auf Effizienz und Standardisierung beruhende Ästhetik eingetreten. »L'architecture est le jeu savant, correct, et magnifique des volumes assemblés sous la lumière« (Architektur ist das kunstvolle, korrekte und großartige Spiel der unter dem Licht versammelten Baukörper). Le Corbusier wollte ein Haus nach den Kriterien vollkommener Rationalität bauen, das serienweise ausführbar war und als Gebrauchsgegenstand funktionierte. Er sprach von der »Wohnmaschine«. Sein Entwurf beruhte auf dem Glauben des Europäers an die zeitlose und absolute Schönheit geometrischer Grundformen. Für ihn war die Architektur die Kunst schlechthin, denn sie erreicht platonische Größe, offenbart Harmonie und steht für mathematische Ordnung und Wissenschaftlichkeit. Die künstlerische Inspiration durch die Maschine ist die Inspiration durch Logik und Rationalität. Le Corbusiers doppelgeschossiges, kastenförmiges Haus, das er in Paris präsentierte, war revolutionär. Der »esprit nouveau« stand für Freiheit und

Strenge. Sarfatti erkannte sofort den spirituellen Wert dieser Architektur. Le Corbusier hatte der Faschistin die Totalität des Anspruchs vorweggenommen. Sie befand sich nun in der unangenehmen Situation, Brasinis enttäuschenden Entwurf nach außen hin verteidigen zu müssen. Pathetisch sprach sie vom Ausdruck »moderner Tapferkeit« und machte sich sofort daran, Le Corbusiers Schriften zu studieren. Ihr Auftritt in Paris brachte ihr dennoch einen persönlichen Erfolg ein, denn für ihre Arbeit als Vizepräsidentin bekam sie die Medaille der Ehrenlegion verliehen.

Nach dem peinlichen Auftritt in Paris mußte sich Margherita Sarfatti eingestehen, daß sie den Anschluß an die internationale Diskussion verpaßt hatte. In den vergangenen Jahren hatte sie sich zuviel mit Politik und Machterhalt und zuwenig mit Kunst und Theorie beschäftigt. Wenn der Faschismus auch auf dem Gebiet von Kunst und Kultur wettbewerbsfähig bleiben wollte, dann mußte sich an seiner Selbstdarstellung etwas ändern. Anläßlich der internationalen Architekturausstellung 1926 in Turin bemerkte denn auch eine Schweizer Zeitschrift, daß »die gegenwärtige italienische Architektur noch unberührt zu sein scheint von den großen Bewegungen und Diskussionen im Rest Europas«. Sarfatti, die sich mit ihrem Bonmot von Italien als dem Vaterland der Kunst weit hervorgewagt hatte, mußte feststellen, daß sich auch nach mehreren Jahren Faschismus das Ansehen Italiens nicht wesentlich geändert hatte; Italien galt in Europa noch immer als Provinz.

Auf der dritten Internationalen Ausstellung dekorativer Künste 1927 in Monza wollten die Italiener beweisen, daß sie etwas von der Moderne verstanden. Ein neues Organisationskomitee wurde berufen, in dem unter anderem Margherita Sarfatti, Carlo Carrà und Mario Sironi saßen. Man wollte weg vom hausbackenen Kunsthandwerk mit folkloristischem Anstrich und favorisierte funktionale, schöne, massenproduzierte Objekte für das Alltag des Volkes. Auf der Ausstellung präsentierte sich die Gruppo 7, Mario Sironi zeigte seine Illustrationen für die Tageszeitung *Il Popolo d'Italia*, und Felice Casorati hatte zusammen mit dem Architekten Arturo Sartoris eine Fleischerei konstruiert. Das Hauptanliegen der Ausstellung war es, eine entschiedene Abkehr vom Dekorativen hin zum Rationalen zu vollziehen. Schnell, sauber, funktional sollte die Welt im Faschismus sein. Man wollte ein klares Bild vom Geschmack des modernen Italiener abgeben. Die neue Ausstellungsleitung wandte sich an alle Italiener und wollte ihnen zeigen, daß im Faschismus sich jeder mit schönen und modernen Dingen umgeben konnte. Funktionalität ist das Sprungbrett der Schönheit, schreibt Sarfatti.

Im gleichen Jahr war auch die Weißenhofsiedlung in Stuttgart eröffnet worden. Unter der Leitung von Mies van der Rohe hatten siebzehn Architekten aus der Schweiz, aus Österreich, Deutschland und Holland einundzwanzig experimentelle Häuser mit dreiundsechzig »Wohnungen für den modernen Großstadtmenschen« entworfen. Die dunklen, überladenen Salons, die dicken Wände, das erlesene Kunsthandwerk und das wuchernde Dekor gehörten der Vergangenheit an. Mit der gepflegten bürgerlichen Melancholie des 19. Jahrhunderts war es vorbei, nun hieß es: zum Licht, zur Sonne und zur Freiheit. In Stuttgart bekamen die staunenden Zeitgenossen grellweiße Häuser ohne Fensterläden, mit Gauben und Giebeldächer, mit Dachterrassen, dünnen Stahlbetonbeinen und Langfenstern zu sehen. Modernes Wohnen hieß Reduktion auf das Wesentliche, Gesundheit und Schönheit für alle. Nach Stuttgart eingeladen wurde auch die Gruppo 7, die sich erst wenige Monate zuvor zusammengefunden hatte. Sie waren angeregt durch die Ideen von Walter Gropius, Le Corbusier und Mies van der Rohe. Für den Duce wollten sie eine Schlacht für eine Architektur der faschistischen Zeit schlagen, wie es in einem Telegramm an ihn formulierten. Sie verstanden sich als Revolutionäre, und immer wieder erinnern sie in ihren Texten daran, daß die Ästhetik des Rationalismus dem revolutionären Faschismus entspricht. Die Mitglieder der Gruppo 7 begriffen sich als Vertreter des »neuen Geistes« in Europa, doch gleichzeitig wollten sie nicht mit der Tradition brechen. Man berief sich auf das Klassische, ohne die klassische Ästhetik zu imitieren, sondern versuchte Funktion, Ästhetik und moderne Technik miteinander zu verbinden. »Wir wollen nicht mit der Tradition brechen, es ist die Tradition, die sich selbst reformiert und neue Sichtweisen hervorbringt,« Mussolini setzte dem Liberalismus und der Demokratie die Ordnung des Faschismus entgegen, und die Architekten der Gruppo 7 wollten den Eklektizismus des 19. Jahrhunderts durch die rationale Strenge der Moderne ersetzen. Die Tatsache, daß Italien sich erst so spät dieser internationalen Bewegung anschloß, bedeutete für die jungen Architekten nichts anderes, als daß Italien der krönende Höhepunkt sein wird. Wie Sarfatti glaubten sie daran, daß Italien zu seiner alten kulturellen Führungsposition in der Welt zurückkehren wird. »Die ersten Projekte, die 1927 auf der Biennale von Monza ausgestellt wurden, reflektieren ganz deutlich diese Orientierung an einer europäischen Architekturkultur. Ein Zeitungs- und ein Bürogebäude von Sebastiano Larco und Carlo Enrico Rava, eine Gas- und eine Rohrfabrik von Giuseppe Terragni und eine Garage für fünfhundert Autos sowie ein Gebäude für Freizeitaktivitäten, genannt Dopolavoro, von Luigi Figini und Gino Pollini – all diese Gebäude mit Ausnahme des letzteren versinnbildlichten das neue Credo an eine Industriearchitektur, die, wie die

Gruppe 7 in ihrem Manifest darlegte, in Deutschland herausragende technologische und ästhetische Ergebnisse hervorgebracht hatte, die auch auf andere Gebäudetypen übertragen werden konnten.«[119]

Der junge Architekt Giuseppe Terragni bildete den Mittelpunkt der Gruppe. Sarfatti war begeistert von Terragni, sie glaubte in ihm einen würdigen Nachfolger für den im Krieg gefallenen Sant'Elia gefunden zu haben. Sie hatte Le Corbusier zwar als einen Mann mit Begabung beschrieben, doch empfand sie seine Architektur als puritanisch, nordisch und fanatisch. In Terragni sah sie denjenigen Architekten, der die Tradition mit der Funktion versöhnte und dadurch Emotion und Kontemplation erreichen wollte. Terragni war auch Sarfattis Novecento-Gruppe eng verbunden, denn er war ein begeisterter Maler. Wenn er in Mailand war, verkehrte er in ihrem Salon, und sie besuchte ihn in seinem Studio in der Nähe von Como. Sarfatti sorgte dafür, daß der unglückliche Brasini in Ungnade fällt, und setzt sich dafür ein, daß staatliche Aufträge an ihre jungen Architektenfreunde gehen. Unter dem Eindruck der Ausstellung von Paris und von Monza wandte sich Sarfatti ab vom historischen Stil. Sie erklärte, daß eine Zeit, die so streng, hart und nüchtern, sei keine Camouflage oder Imitation nötig habe.

Die Biennale in Venedig war als eine Ausstellung internationaler Kunst angelegt. In den Jahren zwischen 1928 und 1938 wuchs die Zahl der Teilnehmerländer von zehn auf achtzehn. Mussolini begann sich für die Biennale als Aushängeschild faschistischer Kunst und Kultur zu interessieren und verwandelte sie 1928 in ein halbstaatliches Unternehmen.[120] Die italienischen Veranstalter waren darum bemüht, gegen die wachsende Internationalisierung der Kunst ihren nationalen Sonderweg zu demonstrieren. Es wurde eine Vielzahl von Preisen gestiftet, die zumeist an Italiener vergeben wurden. Immer häufiger war die Rede davon, daß die wahren Werte der Kunst im Labyrinth der Experimente verlorengegangen seien und daß nun die Zeit der Ernsthaftigkeit und der nationalen Besinnung angebrochen sei. Es hieß, daß sich die Italiener nicht länger von den Ausländern belehren lassen müßten. Die Biennale übte großen Einfluß auf die italienische Kunstszene aus, denn wer dort ausstellen durfte galt als Günstling des Regimes.[121] Margheritas ehemaliger Lehrer Pietro Orsi war Bürgermeister von Venedig, und sie versuchte über ihn Einfluß auf die Biennale zu nehmen. 1928 wurde sie ins Auswahlkomitee berufen, doch sie scheiterte mit ihrem Vorhaben, ihre Künstler in einem eigenen Raum auszustellen. Nach dieser Niederlage begann sie zu begreifen, daß sie mit ihren Gegnern nicht auf der institutionellen Ebene konkurrieren konnte, denn eine Karriere in den Institutionen war ihr als Frau verwehrt.

283

Ihre Macht verdankte sie allein ihrer persönlichen Beziehung zu Mussolini. So sprach man von ihr gegenüber dem deutschen Diplomaten Werner von Schulenburg als einer Venezianerin aus großem Haus, die seit langem Mussolinis Freundin sei. »Donna Margherita ist eine der klügsten Frauen Italiens. Ihr Einfluß auf den Duce ist nicht zu ermessen«, flüsterte man dem Deutschen ins Ohr.¹²² Sie konnte vielleicht keinem Ministerium vorstehen, aber dafür konnten ihre Gegner auch nicht mit ihren Einfluß auf Mussolini einschätzen. Ihre Beziehung spielte sich hinter geschlossenen Türen ab, und sie sorgte dafür, daß ihr keiner in die Karten blicken konnte.

Ihre offiziellen Welten waren strikt getrennt, und man sah sie so gut wie nie gemeinsam in der Öffentlichkeit. Sowohl Mussolini wie auch Sarfatti waren vom Aufbau der Diktatur vollständig in Beschlag genommen, und ihnen blieb nur wenig Zeit für ihr Privatleben. Mussolini war gesundheitlich angeschlagen und litt unter Magenproblemen. Alkohol und Zigaretten waren ihm vom Arzt verboten worden, er mußte strikt Diät halten, und da blieb als einziges Vergnügen der Sex. Er war gewohnt an seine schnellen Affären und genoß den vertrauten Umgang mit seiner einstigen Genossin. Die beiden teilten eine lange Geschichte von Triumphen, Niederlagen und Konversionen; Vertrautheit war an die Stelle der Leidenschaft getreten. Sie waren Weggefährten und noch immer Verbündete. Sie war sein Kontakt zur Außenwelt, der er sich immer mehr entzog.

Er rief sie noch immer dreimal täglich an: gegen neun Uhr am Morgen, pünktlich am Nachmittag gegen drei Uhr und nach dem Abendessen. Wenn sie im Theater oder in der Oper war, eilte sie nach der Vorstellung nach Hause, um mit ihm zu telefonieren und ihn auf dem laufenden zu halten. Der Diktator braucht Margherita, denn sie allein kennt seine geheimen Ängste und Gefühle der Minderwertigkeit. Er ist ihr politisches und sein kulturelles Kapital.

1927 zog Margherita Sarfatti zusammen mit ihrer Tochter nach Rom. Sie wohnten zunächst im Hotel und kleineren Appartements, bis sie im Frühjahr 1928 etwas Passendes fanden. Sarfatti gab ihre Wohnung in Mailand auf und bezog mit ihren Buch- und Kunstschätzen ein elegantes, großes Appartement gegenüber der Villa Torlonia, in der mittlerweile Mussolini wohnte. Diese räumliche Nähe war neu für die beiden und veränderte ihre Beziehung. Der Duce kündigte sich gewöhnlich telefonisch an und wünschte, daß das Haus leer sei. Wenn Sarfatti gerade Besuch hatte, überfielen sie schlagartig rasende Kopfschmerzen, und ihre Gäste wurden hinauskomplimentiert. Mussolinis Auto hielt hinter dem Haus, und er stahl sich durch den Hintereingang zu seiner Geliebten. Die Liebesstunden in kleinen Mailänder Hotels gehörten der Vergangenheit an, sie pflegten nunmehr einen familiären Umgang. Mutter und Tochter hörten ihm beim Violinenspiel zu und lobten ihn dafür. Wenn Margherita und Mussolini alleine waren, versuchte sie ihn von ihren großen Vorhaben zu überzeugen, doch sie mußte feststellen, daß es zunehmend schwieriger wurde, ihn dafür zu interessieren. Sarfattis Ansicht nach teilten Mussolini, die Avantgarde und sie eine heroische Vergangenheit – Intervention, Krieg und die Gründung des Faschismus 1919 –, die sie dazu berechtigte, zur neuen Aristokratie des Faschismus zu gehören. Doch nun tauchten neue Künstlergruppen auf, die ihre Position gefährdeten. Sie lockte die Künstler mit Versprechungen und versuchte sie Novecento einzuverleiben. Um mit dieser Strategie erfolgreich zu sein, forderte Sarfatti diktatorische Vollmachten, die ihr Mussolini jedoch am Ende verweigerte. Sie kam ihrem Ziel sehr nahe, erreicht hat sie es jedoch nicht.

Der zweiten nationalen Ausstellung des Novecento, die am 2. März 1929 offiziell in Mailand eröffnet wurde, blieb Mussolini fern. Er äußerte sich nicht mehr zur Kunst des Novecento und wies sämtliche Einladungen für Eröffnungen oder Grußworte in Katalogen ab. Sarfatti hatte einhundertvierzig Künstler um ihre Teilnahme gebeten, doch es hatte Absagen gegeben. Weil sie bereits geahnt hatte, daß Mussolini nicht kommen würde, hatte sie in ihrem Katalogtext seine Anwesenheit bei der ersten Novecento-Ausstellung um so mehr hervorgehoben. »Die erste ›Ausstellung italienischer Kunst des 20. Jahrhunderts‹, die in Mailand am 14. Februar 1926 IV (das vierte Jahr nach dem faschistischen Kalender; K.W) eröffnet wurde, markiert ein unvergeßliches Datum im Aufwärtstrend unserer wiedererwachten Kunst. Es ist nur gerecht zu sagen, daß die Kräfte, die schon seit einiger Zeit in unserer nationalen Seele gären, sich zum ersten Mal auf freie und wagemutige Art ihrer selbst bewußt wurden. Aus edlen Beweggründen nämlich für Schönheit und Arbeit kam eine Gruppe von Künstlern, Kritikern und Kunstliebhabern zusammen in den Mauern der modernsten und industriellsten Stadt, in Mailand. Als Ausdruck großer Ehre wurden diese Ziele von seiner Exzellenz Benito Mussolini anerkannt. Das erste Mal in der Geschichte Italiens eröffnete der Staatschef persönlich mit einer unvergeßlichen Grußadresse die Ausstellung junger Künstler und Faschisten, was bedeutet, Revolutionäre moderner Restauration in der Kunst wie auch im sozialen und politischen Leben zu sein. Der Erfolg in der Öffentlichkeit, der Presse und bei den Käufern der ersten Ausstellung wurde durch hinterhältige Auftritte vor und besonders nach der Ausstellung, durch offene und auch verborgene Feindschaften noch vergrößert. Der Erfolg zeigte sich in fruchtbarer Weise durch eine Vielzahl kleinerer und größerer Folgeausstellungen in

Italien und im Ausland. Dort werden die neuen Werte, die die Ausstellung vermittelte, einstimmig anerkannt. Auch diejenigen, die vor einiger Zeit noch andere Wege in der Malerei und in der Bildhauerei eingeschlagen hatten, zeigten sich beeindruckt und angeregt von der künstlerischen Wahrheit, die sich ihnen darstellte. (...) Ungeachtet jeglicher Moderichtung, jeglichen Erfolgs oder Zugehörigkeit zu einer Schule wurden all jene italienischen Künstler zur Teilnahme eingeladen, egal ob sie gerade anfingen oder aber bereits etabliert waren, deren Werke Anzeichen eines höheren italienischen Geistes und italienischer Modernität trugen.

Im Durcheinander und dem tumultartigen Hin und Her von gestern hatte unsere erste Ausstellung viel größeren Erfolg, als wir uns erträumt hatten. Das kam dadurch, daß sie Positionen aufzeigte und die Bedingungen für grundlegende Probleme umriß. Das Komitee hofft nun innigst, daß die zweite Ausstellung Lösungswege aufzeigt und die Richtung vorgibt, die ansatzweise schon in edlen und klaren Werken vorhanden ist.«

Spätestens nach der Lektüre dieses Textes war ihren Gegnern und Neidern klar, daß Sarfatti unter enormem Druck stand. Ihr Einfluß reichte nicht mehr aus, um Mussolini zum Besuch der Ausstellung zu bewegen, und sie hat es nicht nur nötig, Zuflucht in der Vergangenheit zu suchen, sondern sie muß sich auch noch öffentlich über ihre Feinde beklagen.

Mit seinem feinen Gespür für die Stimmung der Öffentlichkeit plante Mussolini die Versöhnung des Staates mit der Kirche. Er wollte als derjenige in die Geschichte eingehen, der die »Römische Frage« – den seit dem Risorgimento bestehenden Streit zwischen Kirche und Staat – gelöst hatte. Mussolini, der in jungen Jahren antiklerikale Schriften verfaßt hatte und stets darum bemüht gewesen war, seine antireligiösen Gefühle drastisch hervorzuheben, entdeckte das Erbe seiner Mutter, die eine gläubige Frau gewesen war. Seinem Handeln lag jedoch keine religiöse, sondern eine politische Motivation zugrunde. Er war Realist genug, um einzusehen, daß er sich mit der Kirche einigen mußte. Italien war und blieb ein katholisches Land, daran änderte auch der faschistische Staat nichts. Er konnte es sich nicht leisten, auf diese wichtige Kraft des Kollektivs, die er von seiner Zeit bei den Salesianern nur zu gut kannte, zu verzichten. Ein Jahr nach seiner Ernennung zum Ministerpräsidenten ließ er seine Kinder taufen, und 1925 heiratete er kirchlich. Der Liebhaber zahlreicher Frauen wandte sich gegen Empfängnisverhütung und erließ Programme zur Geburtensteigerung. Er ordnete an, daß seine kirchenfeindlichen Schriften weiterhin vergriffen blieben, und sorgte so dafür, daß sie nicht auf dem Index landeten. Mussolini war bereits gegen die Freimaurerei vorgegangen, hatte den Religionsunterricht wieder eingeführt und

Militärseelsorge angeordnet. Die Verhandlungen zwischen Staat und Kirche begannen im August 1926 und endeten mit der Unterzeichnung der Lateranverträge im Februar 1929. Mit diesen Verträgen wurde die katholische Kirche als souveräne staatliche Einrichtung anerkannt und erhielt eine Entschädigung für die im Risorgimento erlittenen Gebietsverluste. Kirchlich geschlossene Ehen wurden von staatlicher Seite akzeptiert, und von Kirchenstrafen betroffene Priester wurden auch von ihren staatlichen Aufgaben (z. B. als Lehrer) entbunden. Es gab staatlichen Religionsunterricht nach kirchlichen Plänen, und es herrschte Vereinsfreiheit für katholische Organisationen, vor allem für die Jugendverbände, denen jedoch eine politische Ausrichtung untersagt war. »Für Mussolini war das wichtigste Resultat der Lateranverträge der Artikel 26 des Abkommens zwischen Italien und der Kurie, in dem es heißt: ›Der Heilige Stuhl erklärt die ›Römische Frage‹ für definitiv und unwiderruflich gelöst und beseitigt, und er erkennt das Königreich Italien unter der Dynastie des Hauses Savoyen mit Rom als Hauptstadt des italienischen Staates an.‹« Damit hatte Mussolini eine Aufgabe gelöst, an der Cavour gescheitert war. »Am Grab Cavours ließ Mussolini einen Ölzweig niederlegen – jenen Ölzweig, den der piemontesische Premierminister schon 1861 so sehnlich aus Rom erwartet hatte. Der Jubel in ganz Italien war gewaltig, in Rom läuteten die Glocken aller Kirchen, Festgottesdienste und Festbankette vereinigten die beiden Welten, den weißen und schwarzen Adel und die Diplomaten der beiden Residenzen. Der Papst segnete nicht nur die begeisterten Massen auf dem Petersplatz, er selbst stieg zum Zeichen, dass seine Gefangenschaft aufgehoben sei, herab auf den Platz und nahm dann, auf einem Thron an die Grenzen getragen, Besitz von seinem neuen Staat.«[123] Die Lateranverträge galten als Mussolinis größter diplomatischer Erfolg, der ihm breite Zustimmung im In- und Ausland einbrachte. Seine Anhänger wurden in ihrem Glauben an Mussolinis außergewöhnliche Fähigkeiten bestätigt, und nachdem ihn Pius XI. als »den Mann, den die Vorsehung auf unseren Weg gesandt hat«, bezeichnet hatte, gab es auch für gläubige Katholiken keinen Grund mehr, an der Auserwähltheit des Duce zu zweifeln.[124]

Im September 1927 brachte Rachele Mussolini ihren dritten Sohn Romano zur Welt, und zwei Jahre später folgte die zweite Tochter Anna Maria. Die Mussolinis waren mit ihren fünf Kindern eine faschistische Vorzeigefamilie, und im November 1929 zog Rachele zu ihrem Mann nach Rom. Nachdem die Phase der monolithischen Machtgründung abgeschlossen war und die Herkulesaufgabe der »Römischen Frage« gelöst, glaubte der Diktator, daß es für sein Ansehen besser sei, auch sein privates Leben zu konsolidieren. Er holte seine Familie zu sich in die Villa Torlonia. In Rom amüsierte man sich schon im voraus darüber, wie sich Rachele bei offiziellen Anlässen blamieren würde, und man rätselte, was er mit seinen zahlreichen Geliebten anfangen werde. Doch zum großen Erstaunen aller funktionierte das Familienleben des Duce reibungslos. Mussolini überließ Rachele das Kommando zu Hause; sie war die Königin der Villa Torlonia. In Rom lebte Rachele isoliert und abgeschieden vom offiziellen Leben ihres Mannes. Nur selten nahm sie repräsentative Aufgaben wahr. Sie war die einfache, freundliche und zurückhaltende Frau aus dem Volk, und es gab keinen Anlaß zur Kritik an ihrem Verhalten. Die Eheleute lebten nach wie vor getrennt, doch unter einem Dach. Mussolini hatte einen eigenen Eingang und empfing weiterhin ungestört seine Liebschaften. Margherita Sarfatti allerdings wurde durch ihre neue Nachbarin vor ernsthafte Probleme gestellt. Rachele entließ Cesira, und damit verlor sie ihre wichtigste Informationsquelle. Bereits in Mailand hatte sich Rachele gegen die Verbindung ihres Mannes mit Margherita gestellt. Sie kannte ihn gut genug, um zu wissen, daß sie sich mit seinen Affären abzufinden hatte, aber sie fürchtete die gebildete, reiche und arrogante Margherita als ihre Rivalin. Mussolini schob seine Frau vor und bat Margherita darum, ihn nicht mehr in der Villa zu besuchen.

Sarfattis familiäres Glück mit Mussolini war nur von kurzer Dauer gewesen, und in Rom kursierten Gerüchte darüber, daß er seine langjährige Vertraute loswerden wolle. Als Ehefrau war Rachele durch ein System der Sittlichkeit geschützt, während Sarfatti sich der unautorisierten Macht der Geliebten erfreut hatte. Sie galt als herrisch und hatte viele Gegner, die nur darauf warteten, sie zu Fall zu bringen. Ihr einst gefeierter Charme war einem barschen Befehlston gewichen, und durch viele Schmeichler verwöhnt, hatte sie ihren Stil als unnahbare Frau von Welt verloren. Aus der Salondame war eine Generalin geworden. 1928 war Margherita Sarfatti zum Katholizismus konvertiert, ihre Tochter Fiammetta 1930 und ihr Sohn Amedeo 1931. »Die tollen, aber auch großzügigen Jahre des anfänglichen Faschismus«[125] waren vorüber. Sie war das Gefühl nicht losgeworden, daß das Opfer Robertos nicht mehr ausreichte, um ihr als Jüdin einen Platz im faschistischen Kollektiv zu sichern. Margherita Sarfatti wollte jegliche Differenz zwischen sich und dem Duce beseitigen. Gemeinsam hatten sie die große Konversion ihres Lebens vom Sozialismus zum Faschismus vollzogen, und Sarfatti wollte Mussolini beweisen, daß sie bereit war, dem Faschismus auch den Glauben ihrer Väter zu opfern.

Ihren letzten großen Auftritt hatte sie 1925 gehabt, als Roberto posthum die *medaglia d'ora*, verliehen worden war. Bei einer Feier vor dem Mailänder Dom ließ sie sich, ganz in Schwarz gekleidet, stellvertretend für ihren Sohn den Orden an die Mutterbrust heften. Junge Faschisten erwiesen dem Toten die Ehre, und in diesem Moment war sie davon überzeugt gewesen, den richtigen Weg eingeschlagen zu haben. Ihr Sohn hatte sein Leben für die Wiedergeburt der Nation gegeben, und sie überführte ihn in die Geschichte. Sie ließ ihn zu einem Märtyrer des Faschismus erklären. Sie machte sich seinen Tod zu eigen und fühlte sich selbst als Heldin, die auserwählt war, das kollektive Wir zu verkörpern. Die Rache fordernde Heldenmutter Margherita Sarfatti gehörte zum »religiösen Kunstgewerbe« (Oswald Spengler) des Faschismus. Mit der fortschreitenden Konsolidierung des Faschismus wurden außer den Toten jedoch auch zunehmend Jugend und Schönheit wichtig. Herr der Toten, Jungen und Schönen war Mussolini, und der konnte keine alternde Heldenmutter neben sich brauchen, wie Sarfatti feststellen mußte.

Sarfatti hatte sich nie große Illusionen über Mussolinis Einstellung gegenüber Frauen gemacht. Seiner Meinung nach konnte man sich mit ihnen gut eine Stunde im Bett vergnügen, doch in der Politik waren sie nicht zu gebrauchen. Dennoch hatte sie sich erhofft, daß er das Frauenwahlrecht einführen werde.[126] Im Programm der *fasci di combattimento* von 1919 war das Wahlrecht für Frauen ab einundzwanzig vorgesehen gewesen, was keine mutige Forderung darstellte, da das Frauenwahlrecht gerade zu diesem Zeitpunkt im Parlament diskutiert wurde. Auf dem Internationalen Suffragettenkongreß, der im Frühjahr 1923 in Rom stattfand, hielt Mussolini die Eröffnungsansprache. Sarfatti saß, in strahlendes Weiß gekleidet, in der ersten Reihe und übersetzte die Ausführungen des Duce ins Englische. Er gestand ein, daß er darüber nachdenke, einer bestimmten Kategorie von Frauen das administrative Wahlrecht zu verleihen, und erklärte: »In Italien existiert keine politische Partei, die gegen das Frauenwahlrecht ist. Wenn ich die Regierungsmeinung wiedergeben soll, dann fühle ich mich dazu berechtigt zu sagen, daß die faschistische Regierung sich dazu verpflichtet, verschiedenen Gruppen von Frauen das Wahlrecht zuzubilligen, und zwar zuerst das Gemeindewahlrecht und dann das nationale Wahlrecht. Ich möchte ganz klar sagen, daß die faschistische Regierung jegliches Bestreben voll unterstützt, das die geistige und die moralische Verbesserung der Situation der Frau zum Ziel hat.« Bei den Wahlberechtigten sollte es sich um Krankenschwestern handeln, die im Ersten Weltkrieg der Nation ihren Dienst erwiesen hatten, oder aber um diejenigen Frauen, die in diesem Krieg ihren Mann oder Sohn verloren hatten. Für diese Überlegungen wurde er von den Suffragetten gelobt. In der *New*

York Times wurde die Vorsitzende der Suffragetten, Mrs. Carrie Chapman Catt, zitiert: »Premier Mussolini hat evolutionären Fortschritt bewiesen. Vom Zweifel am Recht der Frauen zu wählen ist er zu der Überzeugung gelangt, daß dies nicht länger hinausgezögert werden kann.«[127] In dem Artikel war die Rede von einem kampflosen Sieg der Frauen, und ein Jahr später wurde das administrative Wahlrecht auch eingeführt. Doch bereits 1926 war damit Schluß, denn das politische und administrative Wahlrecht wurde für alle Italiener abgeschafft. Ebenfalls 1926 erklärte Mussolini, daß Frauen nicht mehr in der Sekundarstufe unterrichten dürften. Wie er einer amerikanischen Zeitung erklärte, seien Frauen nicht dazu in der Lage, den virilen Geist des Faschismus an die Jugend weiterzugeben. »Der Faschismus bereitet eine politische, spirituelle und ökonomische Atmosphäre vor, die aus der Masse der virilen und aggressiven Männer den Supermann hervorbringen wird. Deshalb müssen Lehrerinnen Lehrern weichen.«[128] Angesichts dieser Äußerungen mußte Sarfatti einsehen, daß es ihr nicht gelungen war, Einfluß auf die offizielle Frauenpolitik zu gewinnen. Da sie zu denjenigen Menschen gehörte, für die Niederlagen nicht existieren, suchte sie sich einen anderen Einflußbereich. Auf ihren zahlreichen Reisen präsentierte sie sich als Botschafterin des Faschismus und kokettierte damit, eine enge Vertraute Mussolinis zu sein. Nach ihrem Umzug hatte sie in Rom ihren Salon weitergeführt. Ihr Salon ist ihr Machtrefugium. Ist man in Rom, empfiehlt es sich, bei ihr vorbeizuschauen, denn noch immer gilt sie als eine Frau von Einfluß. Sarfatti ist noch immer allgegenwärtig und versorgt den zunehmend mißtrauischer werdenden Duce mit Gerüchten aus der Außenwelt.

In ihrem Salon präsentierte sie stolz ihre Kunstsammlung. Die Bilder und Skulpturen waren ihre Trophäen und sollten von ihrem erfolgreichen Leben zeugen. Mit ihrer Sammlung wollte sie sich Geschichte aneignen. Alberto Longi behauptet, ihre Sammlung sei Safatti selbst gewesen.[129] Sie war eindeutig in ihren Vorlieben und umgab sich in der Hauptsache mit Kunst des Novecento. Sie besaß Bilder von Giorgio de Chirico und dessen Bruder Alberto Savinio, von Carlo Carrà, Mario Sironi, Arturo Martini und Arturo Tosi. Von Achille Funi hatte sie »Maternità« gekauft, das 1922 auf der Biennale zu sehen gewesen war. Befreundete Künstler hatten die Sammlerin in ihren Bildern verewigt, so gab es von Boccioni und von Sironi eine Zeichnung von Margherita, Adolfo Wildt hatte eine Büste von ihr erstellt, und Achille Funi hatte die Sammlerin zusammen mit ihrer Tochter gemalt. Man kam am besten mit ihr ins Gespräch, wenn man auf ihre Kunst ansprach. Dann erklärte sie, daß man als Sammler über den Mut und die Risikobereitschaft eines Partisanen verfügen müsse. Was morgen noch Bestand haben wird, weiß heute noch niemand. In der Kunst gibt es keine Sicherheit und keine Ruhe. Der Ehrgeiz des Sammlers besteht darin, der erste zu sein, der auf der Spur des Neuen ist und einen Künstler entdeckt. Sammler sind von der Obsession beherrscht, alles besitzen zu wollen, was sie für schön halten. Ein Sammler kann nie genug haben und ist nie zufrieden. Doch Sammeln ist auch ein Spiel mit Einsatz und Gewinn. Margherita Sarfatti war jedoch das spielerische Element des Sammelns verlorengegangen. Sie wollte diktieren, was italienische Kunst sei, und darüber bestimmen, was zu sammeln sich lohne. Doch ihre Stimme fand immer weniger Gehör. Nachdem einmal das Gerücht aufgekommen war, daß Mussolini nicht mehr auf sie hörte, wurde es immer schwieriger für sie, Artikel zu veröffentlichen oder in eine Jury berufen zu werden. Doch sie wollte nicht wahrhaben, daß ihre Macht im Schwinden begriffen war. Ihre Zeit als Diktatorin der Kultur wie auch als leidenschaftliche Geliebte war dabei abzulaufen. Der Salon wurde für sie zu einem Instrument der Fiktionalisierung ihrer kaum noch vorhandenen Macht. Gegenüber Besuchern stilisierte sie sich nach wie vor als verführerische Muse des Duce und blendete die Realität vollständig aus. Mussolini will ihren Einfluß eindämmen, denn sie weiß zuviel über ihn, und sie wurde weder jünger noch schöner. Sie hatte die letzten Jahre ihrer Jugend dieser ehrgeizigen und fordernden Liebe zu Mussolini geopfert, doch nun wurde sie alt. Ihr fünfzigster Geburtstag rückte näher, und mit Diäten versuchte sie, freilich vergeblich, ihr Gewicht zu regulieren. In Rom kursierte das Gerücht, Mussolini habe abschätzig erklärt, die Sarfatti sei wie alle intellektuellen Frauen, sie färbe sich die Haare. Je älter sie wurde, um so auffälliger begann sie sich zu kleiden. Sie bevorzugte schrille Farbzusammenstellungen, trug unzählige Armbänder und auffällige Hüte. Sie wandte sich an ihre Gäste, wie eine Königin, die sich zum Volk herabläßt. Ihre Stimme hatte einen drohenden Unterton, und wenn sie jemanden ansprach, wirkte dies häufig wie der Beginn eines Verhörs. Sie duldete keinen Widerspruch, und wenn sie einen Besucher nicht leiden konnte, zeigte sie das ungeniert. Was andere bemüht waren zu verheimlichen, trat bei Margherita Sarfatti im Verlauf der Jahre schonungslos zu Tage: sie war eine habsüchtige, hinterhältige und eitle Frau geworden, die sich mit Schmeichlern umgab und sich an all denen rächte, die sie nicht bewunderten. Aus der gebildeten Dame der Gesellschaft war eine gewiefte Intrigantin geworden, die nichts mehr fürchtete als das Alter und die Einsamkeit.

Der Feind

Mussolini war in den USA ein Star. Mit seinem Auftritt änderte sich der Charakter der Beziehung zwischen den beiden Ländern, die traditionell in gegensätzlicher Faszination miteinander verbunden waren: Italien war arm, die USA reich, aber Italien konnte sich auf eine reiche Kultur und Geschichte berufen, die den USA fehlten. Italienische Kunst und Literatur gehörten zum kulturellen Equipment des gebildeten Amerikaners, der mindestens einmal im Leben in Italien gewesen sein mußte. Prototypisch dafür ist Henry James, der angeblich bei seinem ersten Romaufenthalt ausgerufen hat: »Endlich – zum ersten Mal lebe ich!« Die Italiener dagegen, die als Immigranten in die USA kamen, waren arme, ungebildete Menschen, die häufig noch nicht einmal lesen oder schreiben konnten. In Amerika suchten sie Arbeit und Brot und träumten von der Rückkehr in ihr Dorf.

Das Interesse an den Faschisten war in den USA zunächst nicht sonderlich groß, nahm jedoch nach dem »Marsch auf Rom« deutlich zu und erreichte seinen Höhepunkt unmittelbar nach dem Börsenkrach 1929. In Zeiten der Depression machte Mussolinis energisches Eintreten für die Nation Eindruck, und die Amerikaner bewunderten den Anschluß des Landes an die Moderne. Es erschienen Artikel mit der Überschrift »Wanted: A Mussolini«, und Cole Porter komponierte 1934 »You're the tops, you're Mussolini«. Nachdem er seinen totalitären Staat ausgebaut hatte, war Mussolini zu einem Liebling eines Teils der amerikanischen Presse geworden.[130] Henry Luce, Gründer von *Time* und *Fortune*, lobte bereits 1928 bei einem Vortrag vor Geschäftsleuten die moralische und nationale Größe Mussolinis. »Der herausragende nationale und moralische Führer in der heutigen Welt heißt Mussolini. Und ich sage dies, obwohl ich mit fast allen seinen moralischen Prinzipien nicht übereinstimme. Doch Fakt ist, daß er Italien zu neuer Größe verholfen hat. An die Stelle von Eitelkeit hat er Selbstrespekt gesetzt, Gier hat er durch Patriotismus ersetzt und Langeweile durch Engagement.«[131] In *Time* wurde Mussolini als mutiger, freundlicher und kluger Mann dargestellt, während Stalin als finsterer, unzugänglicher und grausamer Genosse geschildert wurde. Mussolini war für Luce ein Romantiker, der mit seinem Löwenbaby spielte. Stalin dagegen war »weder ein Romantiker noch ein Träumer, sondern ein kaltblütiger Tatenmensch ohne Manieren«. An seinem einundvierzigsten Geburtstag zierte Mussolini das Titelbild, und auch zur Geburt seiner jüngsten Tochter wurde ihm in *Time* gratuliert.

Mussolini war ein virtuoser Selbstdarsteller, der bei seinen Interviews alle Register zog und den Mann mit Schicksal und operettenhaftem Hintergrund spielte. Der ehemalige Journalist verstand sich meisterhaft auf den Flirt mit der Presse und wußte, daß ein gutes Interview die beste Propaganda für ihn war. Kaum einer der Presseleute konnte der Einladung zu einem Gespräch mit dem mächtigen Mann widerstehen, und Mussolini kalkulierte damit, daß es schwierig war, nach einem interessanten Interview schlecht über ihn zu schreiben. Er beeindruckte mit seinem Wissen und seiner Freundlichkeit nicht nur hartgesottene Journalisten, sondern auch als unbestechlich geltende Journalistinnen. Dazu gehörte eine der wichtigsten Frauen der amerikanischen Presse, Anne O'Hare McCormick von der *New York Times*. Sie war als erste Frau in das Herausgebergremium der *New York Times* berufen worden und erhielt 1937 ebenfalls als erste Journalistin den Pulitzer-Preis verliehen. Bei einem Italienaufenthalt 1921 hatte sie an einer Abgeordnetenversammlung im römischen Parlament teilgenommen. Am 24. Juli 1921 war von ihr im *New York Times Magazine* zu lesen: »Interessanter als die Rede des Königs war das plötzliche Auftauchen der neuen Partei der extremen Rechten, einer kleinen Gruppe von Faschisten. Benito Mussolini, Gründer und Chef der Faschisten, war unter den parlamentarischen Rednern, und er hielt eine der besten politischen Reden, die ich gehört habe Ein bißchen angeberisch, doch bissig, kraftvoll und überzeugend.«[132] In diesem Artikel machte sie ihre berühmte Prophezeiung: »Italy has heard its master's voice.« Zwei Jahre später berichtete sie vom Internationalen Suffragettenkongreß in Rom.[133] McCormick stellte fest, daß sie bei diesem Frauenkongreß alle nur über einen Mann, nämlich über Mussolini, sprachen. Sie beobachtete den italienischen Premier sehr genau und war beeindruckt, mit welcher Ruhe und Souveränität er mit den Frauenrechtlerinnen umging. Bei ihrem ersten Interview überzeugte sie wiederum Mussolini derart von ihren journalistischen Fähigkeiten, daß sie danach nie mehr Probleme damit hatte, einen Termin bei ihm zu bekommen. Natürlich genoß sie diese Bevorzugung auch nur deshalb, weil sie positiv über ihn berichtete. Ausländische Korrespondenten, die sich kritisch über Mussolini oder den Faschismus äußerten, wurden mit allen Mitteln eingeschüchtert, dann ausgewiesen und der Verkauf ihrer Zeitung schließlich verboten. Ihren amerikanischen Lesem versuchte McCormick zu erklären, wie es dazu kommt, daß Mussolini im Interview charmant und auf der politischen Bühne arrogant ist: »Man darf nicht vergessen, daß in ganz Europa die heranwachsende Generation genug hat von den Weisheiten der alten Männer, von der Stümperei der Parlamente und von den vorsichtigen Taktieren der Staatsmänner. Das ist der Grund, warum die faschistische Bewegung in Italien zunimmt. Es ist eine rücksichtslose Bewegung, so wie auch die Jugend rücksichtslos ist.«[134] Die demokratische Starjournalistin schwärmte immer wieder vom Elan, dem Willen und der Disziplin, die der Duce mit seinem Faschismus in Italien entfacht hatte. Nahezu zwanzig Jahre dauerte ihre Liebesaffäre mit einem von ihr idealisierten Italien und dessen wunderbarem Duce.

Benito Mussolini verkaufte seinen Faschismus als ein Spektakel und sich selbst als einen Diktator mit einer vielschichtigen Persönlichkeit. Er war Selfmademan, Ladykiller und Sportler zugleich und entsprach damit dem Bild des modernen Helden. Sein Körper und sein Geist schienen reibungslos zu funktionieren. Für die Gebildeten spielte er mit dem Renaissanceideal »armes et litterae«, und für die Ungebildeten war er einer von ihnen, der aus eigener Kraft groß geworden war. Zu seinen prominenten Verehrerinnen zählte auch die Ehefrau des mächtigen Verlegers William Randolph Hearst. Millicent Hearst machte keinen Hehl aus ihrer Bewunderung für den italienischen Diktator. »Es ist unbestreitbar, daß dieser Mann eine ganz besondere Faszination ausübt. Wenn man ihn trifft, fühlt man sich nicht völlig überwältigt, und doch geht es ganz bestimmter Schauder durch den Körper, wenn man ihm in die Augen schaut. Dennoch sein Blick ist warm und ernst, seine Stimme voll und mild.«[135] Mussolini legte Wert auf eine gute Presse und wußte, daß die Italiener wie auch die Amerikaner eine gute Show zu schätzen wußten. In den USA bewunderte man den attraktiven Italiener und achtete zunächst nicht auf die Kosten, die seine Show verursachte. Die amerikanischen Journalisten, die um den Kampf in der demokratischen Brust ihrer Landsleute zwischen der Überzeugung für den gewählten und der heimlichen Bewunderung für den charismatischen Führer wußten, machten Mussolini zum Medienereignis; der Duce interessierte ihre Leser und sorgte für Schlagzeilen.

Margherita Sarfatti wurde noch immer als »Mussolini's confidante and first lady of the city« (Fannie Hurst) angesehen, und Einladungen in ihren Salon waren unter ausländischen Journalisten sehr begehrt. Sie hatte bereits in Mailand verstärkt Kontakt mit amerikanischen Kollegen aufgenommen und baute diese Beziehungen in Rom weiter aus. Nach 1922 galt Italien unter Auslandskorrespondenten wieder als ein politisch interessanter Standort in Europa. Regelmäßige transatlantische Radiosendungen wurden erst Ende der dreißiger Jahre üblich, bis dahin waren Zeitungartikel die einzige Informationsquelle der Amerikaner über Europa. Auslandskorrespondent zu sein war ein einflußreicher, aber auch gefährlicher Job, denn unter ihnen gab es viele Spione. Eine dieser undurchsichtigen Gestalten war Thomas B. Morgan, der seit 1919 aus Italien berichtete. Morgan hatte D'Annunzio in Fiume interviewt, er hatte den »Marsch auf Rom« miterlebt und die Gefangeneninsel Lipari besucht. Er galt als einer der am besten informierten Journalisten in Italien und hatte ein weitverzweigtes Spitzel- und Informationsnetz aufgebaut. Morgan war ein zynischer Mann, der enge Beziehungen zu den Faschisten unterhielt und sich andererseits über Mussolini lustig machte. 1922 wurde er Leiter des Büros von United Press in Rom und damit ein wichtiger Mann für Mussolini. Morgan rühmt sich in seinen Erinnerungen damit, so vertraut mit Mussolini gewesen zu sein, daß er es wagen konnte, ihn zu fragen, ob er nicht Artikel für ihn schreiben wolle. »›Ja‹, sagte er. ›Wir machen das. Mein Leben, nein. Jeder weiß, daß ich der Sohn eines Schmieds bin. Meine Politik, nein. Die erlebt man jeden Tag. Laß uns lieber darüber schreiben, wie ich meine Zeit verbringe.‹«136 Gesagt, getan. Unter der Überschrift »My Twenty-four Hours« erschienen simultan in der New York Sun und in dem New York Herald zwölf Artikel unter Mussolinis Namen, die in der Ichform abgefaßt waren und in denen der mächtige Mann die amerikanischen Leser über seine Schlaf- und Essensgewohnheiten, seine Bewunderung für Theodore Roosevelt und seine Liebe zur Gefahr unterrichtete. Diese vergleichsweise intim angelegte Serie war etwas völlig Neues und wurde ein großer Erfolg. Die Amerikaner genossen den Kitzel, daß sich derjenige Mann, der die Demokratie bedrohte, an sie wandte.

Die Artikelserie war nicht durch die Zusammenarbeit von Mussolini und Morgan, sondern durch die Zusammenarbeit von Morgan und Sarfatti zustande gekommen. Margherita Sarfatti war die Kommunikatorin des Duce. Sie sprach sehr viel besser Englisch als er und hatte in Rom bereits Pressearbeit gemacht. Der amerikanische Historiker Adrian Lyttelton bezeichnet sie als die vielleicht erfolgreichste Public Relations Managerin des Faschismus.137 Ihre Biographie verkaufte sich gut in den USA, und so war sie dafür prädestiniert, den Amerikanern den faschistischen Führer nahezubringen. Mit Mussolini sprach sie die Themen ab, schrieb dann im amerikanischen Stil, das heißt unsentimental, offensiv und knapp, datierte alles auf den Tag des Erscheinens und kabelte den Text nach Übersee. Die Artikel waren eindeutig pro-faschistisch, doch mit bewußter Bezugnahme auf amerikanische Interessen. Mussolini rief die Amerikaner dazu auf, ihr nationales Erbe zu verteidigen und sich vor der Welt als starke Nation zu präsentieren. Er machte sich zum Befürworter einer puritanischen Moral, wenn er seinen Lesern darlegte, warum er den Amerikanern die faschistische Zeitrechnung und versprach ihnen, daß Großes vom Faschismus in diesem Jahr zu erwarten sei. Der Artikel war illustriert mit Bildern des Duce im Anzug bei der Heuernte.¹³⁸ Er lobte Gustav Stresemann als großen europäischen Politiker und erinnerte sich seines ersten Treffens 1922 in Berlin mit ihm. Geschickt wird er dabei als angesehener Außenpolitiker und wichtiger Gesprächspartner dargestellt. »Er begrüßte mich freundlich bei sich zu Hause, und wir redeten eine Stunde lang in herzlicher Atmosphäre über unterschiedliche Dinge. Wir berührten verschiedene Fragen, sprachen über die Situation in Europa im allgemeinen und die faschistische Bewegung im besonderen.«¹³⁹ Das war eine kostenlose Propaganda für den Duce, von der Goebbels später für seinen bizarren Führer nur träumen konnte. Das beste daran war, daß sie beide dafür sehr gut bezahlt wurden. Die amerikanischen Biographen Sarfattis, Philip V. Cannistraro und Brian R. Sullivan, behaupten, Mussolini und seine Geliebte hätten sich alle vier Wochen 1000 $ geteilt.¹⁴⁰ Das war selbst für amerikanische Verhältnisse nicht schlecht und in Italien ein kleines Vermögen. Es sollte nicht lange dauern, bis andere amerikanische Verleger bei Sarfatti vorstellig wurden. Darunter auch George Horace Lorimer von der *Saturday Evening Post*. Die Post wandte sich an all diejenigen Amerikaner, die von den *highbrow*-Magazinen wie *Atlantic* oder *Harper's* ignoriert wurden. Lorimer wollte *fiction* wie auch *non-fiction* intelligent, ansprechend und informativ in seinem Blatt vertreten wissen. Er wollte mit seiner Zeitung informieren und unterhalten mit dem eindeutigen Ziel, die Gesellschaft zu verändern.¹⁴¹

Ende der zwanziger Jahre bahnte sich ein höchst ungewöhnliches Ghostwriting-Arrangement an, bei dem Lorimer und Safatti eine wichtige Rolle spielen sollten. Mussolini war in der *Post* bereits 1923 als neue politische Kraft gegen den Kommunismus gefeiert worden. Als sich 1928 die Gelegenheit bot, eine Autobiographie Mussolinis zu kaufen, schickte Lorimer seinen bewährten *muckraker* Kenneth Roberts zu Verhandlungen nach Italien. Roberts, der mehrmals positiv über das faschistische Italien berichtet hatte, sollte als Ghostwriter des Duce fungieren. Er hatte die Anweisung, sich an Margherita Sarfatti zu wenden, von der es hieß, daß sie das Vertrauen des Duce genoß, und die sich angeboten hatte, gegen Honorar die Vermittlung zu übernehmen. Unmittelbar nach seiner Ankunft in Rom nahm Roberts Kontakt mit Sarfatti auf. »Sein Interview mit dieser

296

Lady bestätigte seine schlimmsten Befürchtungen. Als er ihr klarmachte, daß er mehrere Interviews mit Mussolini machen wolle, erklärte Sarfatti kategorisch, daß das unmöglich sei. Mussolini war ein vielbeschäftigter Mann, der in Staatsangelegenheiten vertieft war. Er hatte keine Zeit, um sie mit einem Buch zu verschwenden! Das Buch, sagte sie, müsse aus Zeitungsartikeln und Reden Mussolinis sowie aus unveröffentlichtem Material von Mussolinis Bruder Arnaldo zusammengestellt werden. Nach Fertigstellung würde das Buch dreimal gegengelesen werden. Zuerst von McClure, dann von Sarfatti und schließlich vom Duce selbst. Roberts schnaubte vor Wut. Sarfatti fühlte sich beleidigt und fragte ihn kalt, wie er denn gedenke zu verfahren. Roberts entgegnete, daß er mindestens vierzig halbstündige persönliche Interviews mit Mussolini machen wolle (...) und daß von ihm aus auch weniger oft gegengelesen werden könne. Sarfatti war außer sich. Roberts wisse ja nicht, was er da sage! Er solle sich die ganze Situation mal umgekehrt vorstellen! Er solle sich vorstellen, sie wolle ähnlich über Präsident Herbert Hoover schreiben. Sie mit ihrem mangelhaften Englisch wolle vierzig Interviews mit Mr. Hoover machen! Ha-ha! Man würde sie aus den Vereinigten Staaten davonjagen!

Nicht unbedingt, entgegnete Roberts ruhig. Wenn die Situation umgekehrt wäre – wenn die Vereinigten Staaten in der Position Italiens wären, was hieße würde mit einer Regierung, die vor der Welt in einem vorteilhaften Licht erscheinen will und die Möglichkeit bekommt, in einem einflußreichen Magazin wie der *Saturday Evening Post* Artikel zu plazieren –, dann würde Mr. Hoover Signora Sarfatti nicht nur vierzig Interviews gewähren, sondern wenn nötig achtzig. Diese Bemerkung führte zum sofortigen Abbruch des Gesprächs und beendete jede Hoffnung auf eine einvernehmliche Regelung zwischen Signora Sarfatti und Mr. Roberts. Der Gentleman von der *Post* ignorierte den haßerfüllten Blick der Signora und kehrte zurück in sein Hotel, um die Ankunft von Mr. McClure abzuwarten.«[142] Der kam auch und teilte Roberts mit, Signora Sarfatti finde, er sei der falsche Mann. Roberts platzte der Kragen, und er schrie, er habe keine Lust auf eine Biographie aus zweiter Hand, zusammengestückelt aus den Aufzeichnungen von Presseagenten, Brüdern und ehemaligen Mätressen. Er kehrte Rom den Rücken und fuhr nach Monte Carlo, von wo aus er Lorimer über die gescheiterten Verhandlungen unterrichtete. Sarfatti bezeichnete er als »eine pummelige, blondierte Frau aus dem Norden Italiens mit einer schrillen Stimme und einer großporigen Haut«. Er nahm das nächste Schiff nach Hause. Daraufhin schickte Lorimer den ehemaligen Botschafter in Italien, Richard Washburn Child, der bekanntermaßen ein Freund der Faschisten war. Child wurde mit Margherita handelseinig, und ab Mai 1928 erschien eine Artikelserie (»War and Its Effects upon a Man«, »The Garden of Fascism«, »Thus We Took Rome«) in der *Saturday Evening Post*. Sarfatti setzte außerdem ihre gutbezahlte Propagandaarbeit zusammen mit Morgan fort. Sie verfaßte Artikel, mit denen Mussolini sich angeblich direkt an die amerikanische Öffentlichkeit wandte, und Morgan vertrieb sie in den USA. Sarfatti übte mit diesen Artikeln eine verdeckte Macht aus. Sie schrieb im Namen Mussolinis und beeinflußte die amerikanischen Leser in ihrem Europabild. In ihren Artikeln wurden die Bolschewisten verdammt, die Franzosen und Briten kritisiert und der Faschismus gepriesen. Gleichzeitig führte sie ihre Biographie Mussolinis in aktueller Form weiter und konnte dadurch an seiner Familie und seinen Ratgebern vorbei erneut Einfluß auf ihn gewinnen.

Ihre geheimen Erfolge täuschten sie über die Entmachtung hinweg. Sie träumte von einem neuen Glück an Mussolinis Seite.

Im Januar 1930 kam Karl von Wiegand, der europäische Chefkorrespondent der Hearst Presse, nach Rom. William Randolph Hearst war ein erklärter Bewunderer des italienischen Diktators, und von Wiegand sollte sich in seinem Auftrag um neue Artikel vom Duce kümmern. Bisher hatte Hearst die Artikel von *United Press* gekauft, aber jetzt wollte er einen eigenen Zugang zu Mussolini. Karl von Wiegand war darüber informiert, daß der Weg zu Mussolini über Sarfatti führte. Die beiden verhandelten hart und kamen schließlich überein, daß Margherita Sarfatti unter dem Namen Mussolinis zwölf Artikel für je 1500 $ schreiben sollte. Morgan wurde ausgebootet, und Sarfatti konnte sich das Geld mit Mussolini teilen.[143] Außerdem erreichte sie eine Option auf einen Vertrag für das folgende Jahr, und von Wiegand sicherte ihr zu, daß auch Texte unter ihrem Namen veröffentlicht werden würden. In den Artikeln, die zu Beginn der dreißiger Jahre erscheinen, geht es immer wieder um Mussolinis Erfolgsbilanz. Es wird hervorgehoben, daß der Faschismus ein ureigenstes italienisches Erzeugnis sei und maßgeblichen Anteil an der friedlichen Zukunftssicherung Europas habe. Mittlerweile ist nämlich Mussolini durch Adolf Hitler Konkurrenz erwachsen, und der Duce hatte Sarfatti die Anweisung gegeben, ihn als den Retter Europas und als einen seriösen Staatsmann darzustellen. 1931 charakterisiert sie ihn in einem der Artikel, der unter ihrem Namen erschien, als einen stolzen und einsamen Mann, der eine große Aufgabe zu bewältigen und eine Mission zu erfüllen hat. Mussolini kennt Kameradschaft, aber keine Freundschaft schreibt sie. Auffällig oft weist Sarfatti darauf hin, daß sie ihn bereits seit 1912 kennt und zu seinen engen Vertrauten zählt. Immer wieder betont sie, daß man den Mussolini von heute nur dann verstehen kann, wenn man ihn als Journa-

298

listen und Sozialisten gekannt hat wie sie. »Seine Augen sind wie zwei Magneten: riesig, dunkel, glänzend mit großen Pupillen, die sich so zusammenziehen können, daß sie wie Stecknadelköpfe wirken. Das Weiß seiner Augen ist beinahe blau. Wie die Augen Savonarolas, des florentinischen Mönchs, der die Dekadenz und die weltlichen Tendenzen seiner Zeit anklagte, voll Flammen waren, so scheinen auch Mussolinis Augen voll Flammen, und sie verachten unsere leichtlebige Einstellung, unser Zeitalter des Geschwätzes und der nichtigen Projekte.«144 Noch 1934 schilderte sie Mussolini unverändert mit großer Verehrung und Bewunderung als eine Art Messias. Jeder, der nach Rom reist, will ihn sehen und erleben, und angeblich fühlen sich vor allem die Kinder sofort zu ihm hingezogen. Sie lieben und sie respektieren ihn.

Der Strom der Besucher und der Mitarbeiter, die er jeden Tag empfängt, reißt nicht ab. Er stellt sich auf jeden ganz persönlich ein und verfügt nicht nur über eine bemerkenswerte Intuition, sondern auch über immense Sprachkenntnisse. Man gelangt zu ihm durch eine endlose Zahl von Salons, in denen wertvolle Gemälde alter Meister hängen. Es herrscht eine nahezu weihevolle Stille. Schließlich kommt der Besucher in einen kleinen Raum, in dem ihn ein Diener des Duce im schwarzen Hemd bereits erwartet. Er öffnet ihm die Tür zu dem riesigen Arbeitszimmer, und dann steht er vor Italiens Staatsoberhaupt. Ein Stuhl steht für ihn bereit, denn der Duce bevorzugt im Stehen zu reden. Sarfatti hatte ihren Artikel so geschickt formuliert, daß jeder amerikanische Leser sich wie bei der Audienz in Rom fühlen konnte. Sie verdiente mit ihren Artikeln nicht nur gutes Geld, sondern kämpfte über die US-amerikanische Presse auch um ihre Macht und ihren Einfluß in Italien.

Nach der wenig erfolgreichen Novecento-Ausstellung 1929 in Rom verstummten die Gerüchte über Sarfatti nicht mehr. Es wurde immer deutlicher, daß sie mit ihrem Vorhaben, Novecento zur offiziellen Kunst des Faschismus zu machen, gescheitert war. Mussolini wollte nicht mehr mit Sarfatti und ihrer Kunst in Verbindung gebracht werden – das freute ihre Feinde und ihre Neider. Der stets angriffslustige Marinetti nutzte die Gunst der Stunde. Er sprach öffentlich über die Naivität der Novecento-Künstler und klagte Sironi und Carrà an, ihren futuristischen Ursprung verraten zu haben. Auch Ardengo Soffici, den Margherita Sarfatti gerne für ihre Künstlergruppe gewonnen hätte, bezeichnete Novecento als Ausdruck ausländischer Dekadenz. Der ehemalige Kosmopolit gehörte mittlerweile der Strapaese-Bewegung an. Die strapaesani plädierten für ein traditionalistisches Kulturkonzept und erhofften sich vom Faschismus vor allem die Stärkung des ländlichen, regionalen Italien. In ihrer Volkstümlichkeit fühlten sie sich gestört von den Befürwortern der Moderne, die in den Metropolen lebten und Kontakte in die ganze Welt pflegten. Sie glaubten, der wahre Faschismus sei auf dem Land beheimatet, und sahen sich dazu berufen, gegen die verhaßte Moderne vorzugehen. Ihre Attacken richteten sich bevorzugt gegen Amerika, das durch seinen Kulturimperialismus die Welt mit Kino, »Negertänzen« und Jazz überschwemme. Der Faschismus sollte ihrer Meinung nach den weltweiten Kreuzzug gegen die amerikanische Barbarei anführen. Die stapaesani begriffen sich als Gegenmacht zu den auf Modernisierung und Industrialisierung pochenden Kräften innerhalb der Faschistischen Partei. Ardengo Soffici wandte sich nicht nur gegen ausländische, sondern vor allem auch gegen jüdische Einflüsse. Seine Haltung Margherita Sarfatti gegenüber war die eines Antisemiten. Dabei bekam er Schützenhilfe von dem mittlerweile entmachteten Parteisekretär Roberto Farinacci, der jedoch noch immer einflußreich war und sich stark machte für eine verständliche, realistische Kunst, die frei war von den verderblichen Einflüssen der Moderne. Die Vorwürfe kamen nun von allen Seiten, und Sarfatti war beunruhigt darüber, daß Mussolini keinerlei Anstalten unternahm, sie zu schützen.

Sie wollte einfach nicht wahrhaben, daß Mussolini das Interesse an ihr verloren hatte. Es begann die Zeit ihrer Selbsttäuschung. 1929 veröffentlichte sie ihre einzige Novelle *Il palazzone*, die Liebesgeschichte eines jungen, intellektuellen Mädchens. Sarfatti verarbeitete darin autobiographische Erlebnisse und vermischte Faschismus, Liebe und Krieg miteinander.[145] Vor allem ihre Versuche, über Sex zu schreiben, endeten peinlich, so wenn »Turniere« bestritten werden oder vom »Pelzchen« der »Jungfrau die Rede ist. *Il palazzone* war schlechte Literatur, und man fragte sich, wie eine kluge und gebildete Frau solch ein Buch hatte schreiben können. Früher hatte sie gegenüber Freunden oder Bekannten nur selten über Mussolini gesprochen oder ihn überhaupt erwähnt. Jetzt wartete sie geradezu darauf, daß sein Name fiel und sich über ihn auslassen konnte. Wenn sie Gäste hatte und sie zum Telefon gerufen wurde, posaunte sie bei ihrer Rückkehr heraus, es sei der Duce gewesen, der ihren Rat brauche und sie heute noch treffen müsse.

Alma Mahler-Werfel hat Sarfatti im April 1928 in Rom getroffen und in ihrer Autobiographie eine genaue Beobachtung von deren Seelenzustand hinterlassen: »Am Tage unserer Ankunft noch ging ich zu Margherita Sarfatti, der ungekrönten Königin Italiens. Sie lag auf einem Ruhebett – drei Zimmer waren nur durch Vorhänge geteilt – und empfing mich mit Erstaunen, nicht eben sehr einladenden Blicken. Im Gespräch aber wurde sie wärmer, und wir konstatierten wieder, daß nur eine Weltorganisation helfen könne. Sie meinte, daß ein internationaler Faschismus, auf Grundlage des nationalen Faschismus, nur möglich sei, wenn der Faschismus der anderen Länder die Weisheit eines Mussolini aufbringen würde, die Judenfrage auszuschalten. (...) Sie sagte, daß Mussolini nie die Absicht hatte, sich in die Politik anderer Nationen einzuschalten und zum Beispiel den Hitler-Antisemitismus in Italien einzuführen. Ich bat sie dringend, auf die Gefahr zu achten, die via Berlin Italien drohe. Sie glaubte es mir nicht! Weiter sagte sie: ›Die Juden sind doch so gescheit, man braucht ihren Geist. Und was ich immer predige, und wo ich weder von Rechts noch von Links verstanden werde: Der Jude muß endlich als gleichberechtigt aufgenommen werden. Der Jude hat sich übrigens in der Geschichte oft nationaler betragen als der Eingeborene.‹ (Heute weiß ich, daß sie Jüdin ist, was ich damals nicht erkannt hatte.) Später im Gespräch sagte sie noch, daß der italienische Faschismus ungeheure Opfer vom Volk verlange, und sie wisse nicht, ob ein anderes Volk dessen fähig wäre. ›Endlich haben wir einen Führer – es war fast zu spät! Aber noch wichtiger als sein Genie ist sein Charakter!‹ Sie rief diese beiden Sätze kurz nacheinander. Auf ihrem Schoß lagen Hunderte von Blättern, in die sie während des Gesprächs immerfort kleine Notizen eintrug. Zum Schluß sagte sie sehr liebenswürdig, sie empfange immer ab fünf Uhr, und ich solle zu ihr kommen, wann ich wolle. Irgend jemand wurde gemeldet, und ich verabschiedete mich.«[146]

Margherita Sarfatti sorgte dafür, daß immer jemand bei ihr gemeldet wurde. Ein Haus ohne Besucher würde bedeuten, daß sie nichts mehr zu sagen gehabt hätte. Doch ein schleichender Prozeß hatte eingesetzt, und man erkundigte sich in der römischen Gesellschaft, wie Margheritas Aktien stünden, und versuchte auszuloten, wie tief sie in Mussolinis Gunst gefallen war. Ihre Besucher tuschelten über Margheritas neuen Eifer, sich ständig auf Mussolini oder andere hochstehende Persönlichkeiten zu berufen. So etwas hatte sie früher nicht nötig gehabt, und man war sich darüber einig, daß ihr Stern im Sinken begriffen war. Doch so schnell war Ersatz nicht gefunden, und noch immer galt ihr Salon als ein wichtiges gesellschaftliches Ereignis. Auch Hermann Göring besuchte 1930 ihren Salon und ließ seine Frau Carin wissen, die Sarfatti sei Mussolinis Freundin und verfüge über großen politischen Einfluß. Außer den prominenten Besuchern wie André Gide, Luigi Pirandello, Massimo Bontempelli, Curzio Malaparte oder Gino Severini kamen auch viele junge, unbekannte Künstler, die auf der Suche nach Kontakten waren. Darunter befand sich auch der 1907 geborene Schriftsteller Alberto Pincherle, der aus einer wohlhabenden Bürgerfamilie stammte. 1928 hatte er unter dem Namen Alberto Moravia seinen ersten Roman veröffentlicht. *Gli indifferenti* verstieß gegen alle literarische Moden und politischen Konformitäten.

Erzählt wird die Geschichte vom moralischen Ende einer bürgerlichen Familie im Zeitalter des Faschismus. Die Handlung spielt in römischen Salons am Ende der zwanziger Jahre und ist auf einen Zeitraum von zwei Tagen konzentriert. Die Protagonisten des Romans sind allesamt Angehörige der römischen Bourgeoisie. Sie scheinen in ihrem Leben förmlich steckengeblieben. Sie denken nur an Geld und Sex, mit gleichgültiger Verzweiflung warten sie auf ein besseres Leben, von dem sie wissen, daß es sich nie einstellen wird. Da ist Leo Mercumeci, der seit vielen Jahren der Geliebte der verwitweten Mariagrazia ist und auf ihre Kosten lebt. Er hat genug von seiner alternden und krankhaft eifersüchtigen Geliebten und beschließt, deren Tochter Carla zu verführen. Doch Carlas Bruder Michele erfährt davon und versucht Leo zu töten. Da ihm nichts im Leben gelingt, scheitert auch der Mord an dem Ausbeuter der Familie und Verführer von Mutter und Schwester. Leo heiratet Carla, und alle fallen in ihr gleichgültiges, apathisches und aussichtsloses Leben zurück. Das Geschwisterpaar Carla und Michele ist in den Zwanzigern und doch ist ihr Leben bereits zu Ende. Sie sind müde und des Lebens überdrüssig. Im Gegensatz zu den hektisch betriebsamen Alten hat von den Jungen eine eigentümliche Melancholie Besitz ergriffen. Nahezu bewußtlos erleben sie das Verstreichen ihrer Jugend und fügen sich in ihr scheinbar unabänderliches Schicksal. Sie gehören einer betrogenen Generation an, denn die Vierzigjährigen, die ihnen ihre Jugend neiden, berauben sie ihres Glaubens, ihres Vermögens und ihrer Unschuld. Über Michele heißt es: »Doch wenn er versuchte, seine Einbildungen zusammenzufassen, die Geschehnisse zu ordnen, sich ihrer zu bemächtigen, wie ein Puppenspieler, der in einer Faust die Fäden all seiner Marionetten zusammenzuhalten versteht, wenn er sich dazu zwang, kalt, leidenschaftslos das ganze Knäuel zu entwirren, in dem er sich verfangen hatte, dann bemühte er sich vergeblich bis zum Ersticken: weder reichten seine schwachen Gedanken aus, die rauhe Wirklichkeit zu umfassen, noch seine Augen, das Lebenspanorama nach allen Seiten und bis in den Hintergrund zu überschauen. Er versuchte, sich zurechtzufinden, ein System in das Chaos zu bringen. Überlegen wir mal, dachte er, die Sache hat zwei Seiten ... eine innere und eine äußere – von innen kommt meine Gleichgültigkeit, mein Mangel an Glauben und Aufrichtigkeit ... außen sind alle die Geschehnisse, auf die ich nicht zu reagieren vermag – und beides ist gleichermaßen unerträglich.«[147] Weder Carla noch Michele haben die Kraft, ein neues Leben zu beginnen. Gleich-

302

gültig tauschen sie ihr altes, mieses, kleines Leben gegen ein neues, mieses Leben, das keine Wahrheit kennt und an dessen Beginn der Verrat und die Lüge steht.

Für den erst einundzwanzigjährigen Moravia war sein Roman Ausdruck der »modernen Sensibilität«, die seiner Aussage nach den Faschisten und überhaupt der ganzen jungen Generation eigen war. Diese moderne Sensibilität setzt sich zusammen aus Melancholie und Wut. Die Gesellschaft oder die Politik spielen in dem Roman keine Rolle, es geht ausschließlich um die Beziehung der einzelnen Individuen zu sich selbst. *Gli indifferenti* spiegelt das »problema dei giovani« wider, das seit Beginn der dreißiger Jahre zunehmend in der faschistischen Presse diskutiert wurde. Dahinter verbarg sich ein prinzipielles Problem des faschistischen Regimes. »Wie konnten die faschistischen Führer einen Ausgleich finden zwischen der Notwendigkeit rigider Mechanismen sozialer Kontrolle und der Notwendigkeit, eine neue Elite vorzubereiten und zu mobilisieren?«[148]

Die Erfolgsgeschichte des Faschismus war eine Generationengeschichte, nach der die »Generation der Schützengräben« gegen die »Generation Giolitti« gewonnen hatte. Doch damit sollte die Geschichte nicht zu Ende sein, denn jetzt ging es darum, daß die nächste Generation, die »Generation Mussolini« sich als erfolgreich und stark erwies. »Das Auftauchen einer neuen Generation faschistischer Jugend, voll Vitalität und Kreativität wurde als positiver Beweis dafür angesehen, daß der Faschismus eine lebensfähige Alternative zwischen den verhängnisvollen Systemen des demokratischen Liberalismus und des bolschewistischen Kommunismus war.«[149] Der Erfolg des Faschismus wurde abhängig gemacht von der spirituellen Stärke seiner Jugend. Im faschistischen Italien war die Bedeutung der Jugend größer als in der Sowjetunion oder später im nationalsozialistischen Deutschland.[150] Die Jugend spielte zwar offiziell eine tragende Rolle bei der Gestaltung des neuen Menschen, doch sie erhielt eigentlich keine Chance, dieser großen Verheißung gerecht zu werden. Die wichtigsten Posten in Staat und Gesellschaft hielten nach wie vor die Alten besetzt. Zur Elite zählten die Teilnehmer des »Marschs auf Rom«, die bereits in die Jahre gekommen waren. Der Mythos der Jugend war schon lange zur Bedrohung des konsolidierten Faschismus geworden. Die Diskrepanz zwischen der offiziellen Rhetorik und der täglichen Erfahrung machte die Jugend zynisch und gleichgültig dem System und ihrem eigenen Leben gegenüber. Eine Revolution war nicht mehr zu machen, und sie hatten ein Leben vor sich, in dem sie beständig etwas feiern sollten, an dem sie gar keinen Anteil hatten. In den faschistischen Jugendorganisationen wiederholten sie Reden, die in der Vergangenheit gehalten worden waren und deren Inhalt ihnen nichts mehr bedeutete. Immer war vom Krieg die Rede, doch den Krieg kannten sie nicht. Moravia hat das am Beispiel von Curzio Malaparte ausgeführt. Malaparte war neun Jahre älter als Moravia, doch die beiden trennten Welten. »Es bestand eine Kluft zwischen meiner Generation und der davor, weil sie im Krieg gewesen waren und wir nicht. Eine Kluft, weil ich zur modernen Welt gehörte und sie noch Teil der Welt des neunzehnten Jahrhunderts waren.«[151]

Diejenigen, die im Faschismus jung waren, lebten in einer hermetischen Welt. Es herrschte ein großes Schweigen, und nur die faschistischen Sirenen sangen ihre Lieder, wie Ruggero Zangrandi geschrieben hat. Faschismus war für viele dieser jungen Menschen häufig nur ein Wort, es fehlte ihnen dazu der Gegenbegriff, die Erfahrung einer anderen Realität. Das Leben hielt keine Geheimnisse oder Herausforderungen für sie bereit; alles war sicher und reglos.

Gli indifferenti war der erste große Erfolg erzählender Literatur vierzig Jahre nach dem Erscheinen der Romane von D'Annunzio. Giuseppe Borgese veröffentlichte im *Corriere della Sera* eine Besprechung, in der er das Buch als ein wichtiges zeitgenössisches Werk feierte. Jahrelang hatte man auf den großen Roman gewartet, und jetzt, als er da war, wußten vor allem die Faschisten nicht so recht, wie sie sich dazu verhalten sollten. Das Buch war ein Skandal und galt als pornographisch. Viele sahen in Moravia einen Kritiker der dekadenten und egoistischen faschistischen Bourgeoisie.[152] Mussolinis Bruder Arnaldo, in dessen Verlag das Buch erschienen war, argumentierte, *Gli indifferenti* sei kein Buch für die italienische Jugend, denn Moravia leugne darin jeden menschlichen Wert. Auch Margherita Sarfatti schrieb eine Rezension über das Buch, die in *Il Popolo d'Italia* veröffentlicht wurde. Sie zieht den Vergleich zwischen Moravia und Svevo, wobei der eine ihrer Meinung nach zu viele äußere Geschehnisse verarbeitete und der andere zu wenig. Obwohl sich die Ereignisse überstürzten, gelinge es Moravia, dem Leser das Gefühl zu vermitteln, als käme die Handlung nicht vom Fleck; als bestehe das Leben der Romanfiguren im unaufhörlichen Wiederholen des Immergleichen. Sarfatti erkennt Moravias literarisches Können zunächst an, wenn sie seine »vivisektorische Beobachtung« lobt. Doch dann folgt ihre harte Kritik, in der sie das Buch als wirr und unklar bezeichnet. Die Jugend ist immer so, lautet das vernichtende Argument, mit dem sie versucht dem Buch jeglichen aktuellen Bezug zu nehmen.

Das Buch wurde ein großer Erfolg und Moravia ein prominenter Autor, der in die vornehmsten Salons eingeladen wurde und seine Abende nun mit faschistischen Ministern, reichen Großbürgern und blasierten Ari-

stokraten verbrachte. Später hat er berichtet, daß es in den römischen Salons der faschistischen Zeit kaum Intellektuelle gegeben hätte. Davon war auch Margherita Sarfattis Salon nicht ausgenommen, über den er ein vernichtendes Urteil gefällt hat: »Ein einziges Mal bin ich in den faschistischen Salon von Margherita Sarfatti, der Geliebten Mussolinis, gegangen; er war gestopft voll mit ehrgeizigen Malern und ›Accademici d'Italia‹, unter denen Panzini thronte, und ich mußte mir von der Gastgeberin sagen lassen: ›Sie sind also der Vetter von diesem Schwein Carlo Roselli!‹«153
Sarfatti ging unter ihr Niveau und schloß sich der parvenuehaften Unverschämtheit ihrer Zeit an.

Die Tochter Benedetto Croces, Elena Croce, hat in ihren Erinnerungen geschrieben, daß die Lebensformen des alten Italien nach ein paar Jahren Faschismus zu zerfallen begannen. Die Bindungen und Beziehungen wurden neu geordnet, und es entstanden Gemeinschaften und Gruppen, die eine neue Physiognomie zur Schau trugen. Man war sich nicht wie früher durch Herkunft oder Interessen, sondern durch eine bestimmte politische und moralische Einstellung verbunden. Als Reaktion auf das Pathos des Faschismus betonten die Antifaschisten häufig das Durchschnittliche, Minimalistische, während die Faschisten den Luxus liebten, der nur dazu diente, zu prunken und zu blenden. Auch bei der Sarfatti war diese Geschmacklosigkeit der Eleganz und diese Unangemessenheit der Formen zu spüren.154 Man wollte gerne mondän wirken und war dabei hoffnungslos provinziell. Die Gesellschaft in Sarfattis Salon einte ihre Gier und Sprachlosigkeit und nicht ihre Tradition und Geist. Auffälliger als die Frauen, die den Pariser Chic liebten, waren die Männer, die mit ihrer Kleidung versuchten, den klassischen Typ des Italieniers nachzuahmen. Sie trugen bevorzugt Uniform oder aber Anzüge, die ihre Schenkel und ihre Brust nachzeichneten. Gerne zogen die Männer auch Stiefel im Stil von Zirkusreiterinnen an, die an den Waden eng geschnürt waren. Solcherart herausgeputzt, warteten Männer wie Frauen auf das Erscheinen des Duce. Er war der große Verführer und gleichzeitig derjenige, den man verführen wollte. Doch Mussolini pflegte seine Einsamkeit und ließ sich im Salon der Sarfatti nicht mehr blicken.

Ihre Gäste spürten, daß der Duce auch nicht mehr symbolisch anwesend war, und viele blieben aus. Statt der Prominenz kamen die Spitzel. In Sarfattis Salon herrschte eine trostlose und leblose Atmosphäre. Je weniger sie ernst genommen wurde, um so mehr steigerte sie sich hinein in die Rolle der grauen Eminenz. Die Faust in die Hüfte gestemmt, patrouillierte sie durch ihre Räume. Noch verstand sie es, auch ihren Feinden Respekt einzuflößen. Da sie sich nicht an Mussolini selbst halten konnte, ließ sie ihre schlechte Laune wahllos an anderen aus. Sie rauchte ununterbrochen und beobachtete alles und jeden. Sie sprach, als sei sie in die Geheimnisse des Staates bis ins kleinste eingeweiht und als ob sie täglichen Kontakt zum Königshaus und zu den Ministern unterhielt. Die faschistische Elite und ihre innen- und außenpolitischen Verwicklungen verwandelte sich in ihren Erzählungen in einen Familienroman. Der britische Diplomat Harold Nicolson hat über eine Begegnung mit ihr im Januar 1932 in seinem Tagebuch notiert: »Wir aßen hoch oben am Trinità dei Monti zu Abend. Eine wunderbare Wohnung mit einem Blick zur Villa Medici und dem anderen ganz Rom. Signora Sarfatti war da. Sie ist die Freundin von Mussolini, den wir gestern in der Botschaft trafen. Eine blonde, strebsame Frau, Tochter eines venezianischen Juden, die einen Juden in Mailand geheiratet hat. Dort half sie 1914 Mussolini bei Popolo d'Italia. Sie ist gegenwärtig noch immer seine Vertraute, und sie ist es, die ihn den Klatsch in die Villa Torlonia bringt. Sie sagt, Mussolini sei der größte Arbeiter aller Zeiten: er reitet am Morgen, dann fechtet er, darauf folgt die Arbeit und nach dem Abendessen spielt er sich selbst auf der Geige vor. Tom fragt sie, wieviel Schlaf der Duce dann überhaupt bekomme. Sie antwortet darauf: ›Immer neun Stunden.‹ Ich kann sehen, wie Tom in seinem Kopf die Stunden zusammenrechnet und zu dem Schluß kommt, daß Musso nicht soviel arbeiten kann. Besonders dann nicht, wenn er seine Zeit mit nutzlosen Interviews vergeudet.«[155] Ihre merkwürdige Vorliebe für Kleider in gewagten Farben und üppigen Schmuck behielt sie trotz ihres fortschreitenden Alters und ihrer Gewichtszunahme bei. Die Venezianerin kopierte die Strategie ihrer Heimatstadt: sie versuchte im Bild von sich selbst die verlorengegangene Macht zu erhalten.

Am Niedergang des Novecento war nicht allein Sarfattis schwindender Einfluß auf Mussolini schuld, sondern sie selbst hatte die Macht zu sehr mit der Kunst verknüpft. Es war ihr als Kuratorin, Kritikerin und Sammlerin nicht mehr um die Ausbildung und Darstellung einer künstlerischen Position gegangen, sondern um ihr ganz persönliches Monopol, Kunst im faschistischen Staat zu definieren. Aus Sorge, begabte Künstler könnten neue Bewegungen ins Leben rufen, hatte sie zu viele unterschiedliche Künstler in ihre Ausstellungen aufgenommen. Zu Beginn der dreißiger Jahre war Sarfatti die theoretische Kohärenz weitgehend abhanden gekommen. Außerdem hatte sie sich in der Vergangenheit viele Feinde geschaffen, die alle nur darauf warteten, ihren Fall zu beschleunigen. Roberto Farinacci, der mittlerweile die Zeitschrift *Il Regime Fascista* herausgab, schreckte auch nicht davor zurück, die Sarfatti ganz persönlich anzugreifen. Er beschuldigte sie, den Heldentod ihres Sohnes für ihr Fortkommen genutzt zu haben, und vertrat die Ansicht, sie als Frau sei viel zu schwach, um in der Politik erfolgreich sein zu können. Außerdem könne sie nicht auf Kritik reagieren und wiederhole nur monoton, daß sie nicht nur die Mutter eines Helden, sondern auch die Mutter des Novecento sei. Die amerikanische Kunsthistorikerin Emily Braun urteilt zu Recht, daß Novecento nur als die Geschichte der ehrgeizigen Ambitionen der Sarfatti verstanden werden kann. Dank ihrer privilegierten Beziehung zu Mussolini, aber auch dank ihres Geschicks und ihrer Intelligenz war es ihr gelungen, den Künstlern des Novecento internationales Renommée zu verschaffen. Es war nur folgerichtig, daß mit ihrem Niedergang auch das Ende von Novecento verbunden war. Sie hatte hoch gespielt und war nun dabei zu verlieren.

Im Januar 1930 wurde im Londoner Burlington House die Ausstellung *Italian Art 1200-1900* eröffnet. Die Idee dazu hatte Lady Ivy Chamberlain, die Frau des britischen Außenministers Sir Joseph Austen Chamberlain, gehabt. Die Lady hatte eine Schwäche für Kunst, Italien und für Mussolini. Sie stand dem Komitee vor, das die Ausstellung vorbereiten sollte, und konnte mit der Unterstützung Mussolinis rechnen. Der Duce wollte sich der Freundschaft des britischen Außenministers versichern und das Ansehen des Faschismus in Großbritannien stärken.[156] Die Ausstellung war ein einzigartiges Unternehmen, das mit Umsicht und Fingerspitzengefühl bedurfte. Die Bilder kamen aus privaten Sammlungen in ganz Europa und aus Übersee, aber auch aus den großen italienischen Museen. Unter dem Druck Mussolinis wurden unter anderem Botticellis »Geburt der Venus«, Donatellos »David« wie auch Piero della Francescas »Herzog und Herzogin von Urbino« zum Transport freigegeben. Sarfatti war weder an der Planung noch an der Organisation dieser wichtigen Ausstellung beteiligt. Sie reiste auf eigene Kosten und als Privatperson zur Ausstellungseröffnung nach London. Benito Mussolini, der praktisch nie das Land verließ, blieb der Eröffnung fern und bat auch Sarfatti nicht darum, ihn zu vertreten. *Italian Art 1200-1900* zog eine halbe Million Besucher an und galt als Erfolg faschistischer Kunstpolitik – ein Erfolg, von dem Margherita Sarfatti ausgeschlossen war.

Beschleunigt wurde Margherita Sarfattis Fall durch das Auftauchen einer Rivalin. Edda Mussolini war die Lieblingstochter ihres Vaters und heiratete 1930 in einer Art »Traumhochzeit« den jungen Diplomaten Galeazzo Ciano. Weder die Braut noch der Bräutigam mochten die Sarfatti, und sie glaubten, daß deren Einfluß auf Mussolini ihnen lästig sein würde bei der Durchsetzung ihrer eigenen Interessen. Edda war 1910 in Forlì geboren worden, und Mussolini hatte sie nach Ibsens *Hedda Gabler* Edda genannt. Sie hatte Probleme in der Schule und wurde von ihrem Vater in eine exklusive Florentiner Privatschule gesteckt, um einen gewissen Schliff zu erhalten. Doch Edda erwies sich weiterhin als ein eigensinniges Mädchen, das ihrem Vater viele Sorgen bereitete. Ihre Freunde waren zumeist leichtlebige junge Männer, die sich nur vergnügen wollten. Schließlich verliebte sie sich in einen Juden, den sie heiraten wollte. Ihr Vater sah rot und schrieb ihr einen Brief, in dem er ihr darlegte, daß neun von zehn gemischten Ehen scheiterten. Er prophezeite ihr, daß auch ihre Ehe in die Brüche gehen würde, und forderte sie auf, ihren Entschluß zu überdenken. Doch auch die Eltern des Auserwählten waren nicht davon angetan, die Schwiegereltern der Tochter des Duce zu werden, und Edda mußte ihre Heiratspläne aufgeben. Mussolini sorgte dafür, daß Edda den 1903 geborenen Galeazzo Ciano kennenlernte, und seine Rechnung ging auf, denn die beiden verliebten sich ineinander und beschlossen schnell, zu heiraten. Constanzo Ciano, Galeazzos Vater, war ein hochdekorierter Marineoffizier des Ersten Weltkriegs. 1925 war er vom König zum Grafen ernannt worden und gehörte der ersten Stunde des faschistischen Aristokratie an. Er galt als Faschist der ersten Stunde und hatte während der Matteotti-Krise zu Mussolini gehalten, was ihm dessen andauernde Wertschätzung eingebracht hatte. Sein Sohn Galeazzo, der ihm blind ergeben war, ging in den diplomatischen Dienst. Bevor er nach Rom zurückberufen wurde, arbeitete er in Rio de Janeiro und Buenos Aires. Galeazzo galt als gutaussehender Mann, der allerdings einen Watschelgang und eine Fistelstimme hatte. Doch es hieß, er sei begabt, und er gefiel sowohl Edda wie auch ihrem Vater. Entgegen Mussolinis Neigung, auf jedes Privatleben zu verzichten, wurde die Hochzeit seiner ältesten Tochter mit viel Aufwand gefeiert. Mehr als fünfhundert Gäste bevölkerten den Park der Villa, die großzügig mit weißen Blumen geschmückt worden war. Alle wichtigen Persönlichkeiten aus Wirtschaft, Politik, Kirche, Kultur und Adel waren der Einladung des Duce gefolgt. Sarfatti gehörte allerdings nicht dazu. Das junge Paar lebte zunächst in Shanghai, dann in Peking und bekam drei Kinder. 1933 kehrten sie nach Rom zurück, und Galeazzo wurde zum Propagandaminister des Duce ernannt. Damit war er mit zweiunddreißig Jahren der jüngste Minister Europas, und es hieß, er habe eine große Karriere vor sich.

Die Hochzeit von Edda Mussolini und Galeazzo Ciano kann man als Gründungsereignis der faschistischen Gesellschaft bezeichnen, denn die Cianos waren das mondäne Abbild der Macht, wie es Susanna Agnelli formuliert hat. Sie bildeten den Mittelpunkt einer weitgereisten, reichen und naiven jeunesse dorée, die es bisher so nicht im faschistischen Rom gegeben hatte. Die jungen Leute wollten sich vor allem amüsieren, nahmen es mit der ehelichen Treue und der faschistischen Mission nicht so ernst und liebten das schnelle Leben. »Der jugendliche Hofstaat Galeazzo Cianos war dabei leichtherzig und großzügig; es war der Hof eines jungen eitlen und launischen Fürsten, zu dem man nur durch weibliche Gunst Zutritt fand und aus dem man infolge plötzlicher Ungnade des Fürsten wieder ausschied.«[157] Es kursierten viele Gerüchte über Galeazzos steigenden Frauenkonsum und Eddas wechselnde Männerbekanntschaften. Die Journalistin Irene Brin hat über die Frauen, die zu Beginn der dreißiger Jahre in Italien erwachsen wurden, geschrieben, sie seien laut, erfinderisch und traurig.[158] Brin hat damit diejenigen Frauen gemeint, die in wohlhabenden Familien groß wurden und deren Eltern sich mit dem Faschismus arrangiert hatten. Diese jungen Frauen genossen eine Freiheit, von der sie glaubten, daß sie aller moralischer und emotionaler Bindungen und Verpflichtungen entledigt habe. Zu ihnen gehörte nicht nur Carla aus *Gli indifferenti*, sondern auch Edda Mussolini. Edda Mussolini war die neue Frau der dreißiger Jahre. Sie scherte sich nicht um die Ansichten ihres Vaters, spielte Poker, rauchte Zigaretten und trank Whiskey. Sie war nicht nur eine der ersten Frauen Italiens, die Auto fuhr, sondern auch eine der ersten, die Hosen trug. Edda kleidete sich mit ausgewählter Eleganz, schminkte sich die Lippen und leugnete nicht ihre Neugier auf das Leben. Sie war jung, und man sprach von ihr als einer Renaissance-Schönheit. Es war Gräfin Edda Ciano, die Margherita Sarfatti erst richtig alt aussehen ließ. Sie wußte schon lange Zeit um das Verhältnis ihres Vaters mit der Sarfatti, und sie vermutete zu Recht, daß sie ihr den Aufenthalt in der Florentiner Privatschule zu verdanken habe. Edda ahnte, daß ihre bäuerliche Mutter Rachele nur wenig gegen die Bürgerin Sarfatti ausrichten konnte, und hatte sich vorgenommen, dafür zu sorgen, daß dieses Verhältnis beendet werde. Es sollte nicht lange dauern, und sie sollte einen mächtigen Verbündeten bekommen.

Im Dezember 1931 starb unerwartet Arnaldo Mussolini. Er hatte sein Leben lang im Schatten seines älteren Bruders gestanden und im Oktober 1922 die Redaktion von *Il Popolo d'Italia* übernommen. Margherita Sarfatti wußte, daß der Tod Arnaldos ein Schock für Mussolini war. Er war einer der ganz wenigen Menschen, gegenüber dem er so etwas wie Zuneigung empfunden hatte, und er war ein Zeuge seines Lebens gewesen. Benito Mussolini führte demonstrativ allein den Trauerzug an und zog sich noch mehr von der Welt zurück. Er schrieb ein Buch über seinen Bruder (*Vita di Arnaldo*), das jedoch nur seiner eigenen Selbstdarstellung gewidmet war.

Mussolini quälte seine einstige Geliebte. Er konnte immer noch nicht ganz ohne sie auskommen und fragte sie gelegentlich um Rat. Wenn sie Hoffnung schöpfte, doch noch an seine Seite zurückkehren zu können, stieß er sie erneut zurück. Sie wurde all der Macht, die sie im Verlauf ihres jahrzehntelangen öffentlichen Wirkens in Form von Kolumnen, Kritiken und Kuratorien angesammelt hatte, Stück für Stück beraubt. Zunächst wurde ihre wöchentliche Kunstkolumne im *Popolo d'Italia* gestrichen, und im Sommer 1930 mußte sie feststellen, daß sie in keiner italienischen Jury oder Komitee mehr saß. Doch sie tauchte immer noch auf, wenn in kleinen Zirkeln avantgardistische Kunst gezeigt wurde. Die Antifaschistin Barbara Allason, die ihr dabei begegnete, hat geschrieben, Sarfatti sei noch immer eine schöne Frau gewesen und mit einer großen Limousine vor den Galerien vorgefahren. Alle beobachteten sie, keiner sprach sie an.¹⁵⁹

So leicht wollte sie sich jedoch nicht geschlagen geben und nahm das Angebot des ehemaligen Generalsekretärs der Faschistischen Partei Arturo Turati an, für *La Stampa* zu schreiben. Ende 1931 verließ sie ihre Wohnung schräg gegenüber der Familienvilla des Duce und bezog ganz in der Nähe ein großes Appartement. Sarfatti hoffte, durch diese räumliche auch eine emotionale Distanz zu Mussolini zu finden. Der einstige Geliebte sprach schlecht über sie. In Andeutungen erging er sich über Frauen eines bestimmten Alters, die nicht wußten, wann sie gehen mußten und immer nur recht behalten wollten. Er fühlte sich durch ihre angebliche Allgegenwart belästigt und wetterte, man könne meinen, sie sitze in all diesen Gremien nur, weil sie seine Biographin sei. Er war nun verwöhnt durch all die jungen Frauen, die sich auf einen Wink von ihm hingaben und nicht mit ihm diskutieren wollten. Dieses Modell bevorzugte er in der Liebe wie in der Politik.

Am Morgen des 28. Oktober 1932 eröffnete Benito Mussolini in Rom die *Mostra della rivoluzione fascista*, die offizielle Gedenkausstellung nach zehn Jahren faschistischer Herrschaft. In dreiundzwanzig Räumen wurde die Geschichte des Faschismus von 1914 bis zu seinem Sieg 1922 nacherzählt. »Die ersten vierzehn Räume, die am Rand des Palastes untergebracht waren, führten zurück in die Zeit der italienischen Intervention in den Ersten Weltkrieg, die Nachkriegskrise, den Aufstieg des Faschismus und den Sieg des Faschismus. Nach der Beschreibung der faschistischen Machtübernahme wurde die chronologische Darstellung aufgegeben. In den Räumen in der Mitte des Gebäudes – dem Saal der Ehre, der Galerie der Faschisten und der Kapelle der Märtyrer – wurden zeitlose Themen zur Schau gestellt.«¹⁶⁰ Die Ausstellung war eine Art Selbstinterpretation des Faschismus, und Mussolini hatte dem leitenden Direktor Dino Alfieri die Anweisung gegeben, daß alles sehr modern und gewagt sein solle. Der Duce wollte eine Ausstellung, die dem Sehnen der Menschen nach Licht, Liebe und Dramatik gerecht wurde und die Seelen bewegte. Alfieri begann, die wichtigsten Flugblätter, Schriften, Zeitungen, Fotografien, Briefe und Kunstwerke zu sammeln. Das Volk sollte den Eindruck gewinnen, daß alle Italiener zum Gelingen der Ausstellung beitrugen. Die Historiker kamen aus den Reihen der Faschisten, und bei den Künstlern griff Alfieri auf die Prominenz der Avantgarde zurück. Mario Sironi war ebenso mit von der Partie wie Giuseppe Terragni, Achille Funi, Adalberto Libera oder die Futuristen Fortunato Depero und Enrico Prampolini. Die Fassade aus dem 19. Jahrhundert des Palazzo delle Esposizioni wurde mit einem Metallmantel verkleidet, hinter dem die ungeliebten Ornamente verschwanden. In großen roten Lettern aus Stahl war *Mostra della rivoluzione fascista* zu lesen. Darüber war in fünfundzwanzig Meter hohen Buchstaben FASCI geschrieben und auf jeder Seite des Gebäudes prangte ein sechs Meter hohes X. »Die Fassade kann als symbolisches Universum des Faschismus gelesen werden: das Auge wurde zuerst auf das metallene fasci gelenkt, welches die Macht des Staates verkündete, dann auf das X, welches die Zeit der Herrschaft des Staates anzeigte, und schließlich auf den Titel der Ausstellung, der den Revolutionsmythos des Regimes ankündete.«¹⁶¹ Manch ein Besucher kam sich vor, als ob er beim Betreten des Gebäudes verschluckt werden würde. Die Künstler arbeiteten mit Fotomontagen und riesigen Inschriften, die in den Räumen regelrecht explodierten. Vor allem Sironi, aber auch Terragni hatten Anleihen bei den deutschen Dadaisten, Walter Gropius, Le Corbusier und den sowjetischen Konstruktivisten gemacht. Sironi, der als der Künstler des Faschismus schlechthin galt, durfte unter anderem den Raum, in dem der »Marsch auf Rom« gedacht wurde, und den »Saal der Ehre« gestalten. Dort erwartete den Besucher eine überlebensgroße Skulptur des Duce als Krieger, die den Raum von oben herab beherrschte. Darunter prangte in großen Buchstaben DUX. Unter der Schrift wiederum war ein kubusförmiger Raum gebaut, der in Originalmaßen die »Höhle« des Duce in der alten *Il Popolo d'Italia*-Redaktion nachstellte. Man konnte den papierübersäten Schreibtisch, geschmückt mit Handgranaten und Revolver, bewundern und auch die Totenkopffahne fand noch immer ihren Platz hinter dem Schreibtisch. In der »Kapelle der Märtyrer« wurden blutige Hemden der Helden zur Schau gestellt, und viele Besucher berichteten, daß einem dort das Herz schneller schlage und sie unwillkürlich angefangen haben zu weinen.

In der *Mostra della rivoluzione fascista* begegnete Margherita Sarfatti

311

ihrer eigenen Geschichte und ihrer verlorenen Liebe zu Mussolini wieder. Sie hatte Alfieri viele persönliche Erinnerungsstücke für die Ausstellung zur Verfügung gestellt, darunter Briefe ihres Sohnes Roberto. Bereits vor der Eröffnung war sie froh darüber, daß Mussolini Terragni und Sironi eingeladen und damit die Moderne gestärkt hatte. Insgeheim hoffte sie, daß diese Ausstellung ihr die Rehabilitierung als Faschistin und den Sieg über Farinacci einbringen werde. Tag für Tag wartete sie vergeblich auf die Einladung zur Eröffnung. Schließlich beschloß sie, Alfieri selbst zur Rede zu stellen. Am Ausstellungsort angekommen, erfuhr sie, daß Mussolini die Vorbesichtigung beendet und das Haus soeben verlassen habe. Außerdem teilte man ihr mit, daß Dino Alfieri nicht für sie zu sprechen sei. Um sich das Ausmaß der Erniedrigung vorstellen zu können, muß man wissen, daß Mussolini am Vormittag der Eröffnung mit verdienten Faschisten zusammentreffen sollte und für den Nachmittag weit über zehntausend Eintrittskarten verteilt worden waren. Allein Sarfattis Name befand sich nicht auf der Liste. Sie zählte nun weder zu den verdienten Faschisten noch zu den wichtigen Persönlichkeiten. Mussolini hatte Margherita Sarfatti von ihrer eigenen Geschichte ausgeschlossen und ließ sie nicht teilhaben an der Feier zum Erfolg des Faschismus, der auch ihr gemeinsamer Erfolg war. Er erklärte damit nicht nur ihre gemeinsame Gegenwart, sondern auch ihre gemeinsame Vergangenheit für beendet.

Am nächsten Tag – exakt zehn Jahre nach dem »Marsch auf Rom« – erschien ihr letzter Artikel in *Il Popolo d'Italia*.

»In diesem Jahr hatte Mussolini in Rom eine ›Faschistische Ausstellung‹ organisiert, und um ausländische Touristen anzuziehen, ermäßigte die italienische Eisenbahn die Preise um siebzig Prozent. Wir benutzten diese Gelegenheit unbedenklich. Zum Unterschied von Spanien, wo es manches Häßliche gab, hatte in Italien jeder Mauerstein seine eigene Schönheit«, schrieb Simone de Beauvoir in ihrer Autobiographie.162 Gemeinsam mit Sartre besuchte sie die Ausstellung. Sie »warfen einen Blick auf die Glaskästen, in denen Revolver und Gummiknüppel der ›Faschistischen Märtyrer‹ ausgestellt waren« und widmeten sich danach wieder den wahren Schönheiten des Landes. Nicht zuletzt aufgrund der von de Beauvoir erwähnten Vergünstigungen wurde die Ausstellung ein großer Erfolg und als nationales Spektakel gefeiert. In den zwei Jahren, die sie geöffnet hatte, wurde sie von nahezu drei Millionen Menschen besucht. Margherita Sarfatti wollte sich nicht um ihr Lebenswerk bringen lassen, und sie publizierte Artikel, in denen sie die Ausstellung feierte. Sie begreift die Ausstellung als eine Art Gesamtkunstwerk, das von dem rauhen und kriegerischen Geist des neuen faschistischen Italien zeugt. »Was in

Rom eröffnet wurde, ist nicht einfach eine Ausstellung, sondern etwas Bedeutenderes; es ist eine Demonstration im literarischen und figurativen Sinn, als auch in seiner mathematischen und physikalischen Bedeutung. Es gelingt, die Revolution offensichtlich, greifbar und intelligent darzustellen, während gleichzeitig der definitive Beweis des Erfolgs dieses Experiments erbracht wird. Zum ersten Mal in der modernen Periode werden die Fakten der zeitgenössischen Geschichte dargestellt in der leidenschaftlichen Atmosphäre religiöser Affirmation und religiösem Ritual«, schreibt sie 1933 in der Zeitschrift *Architettura*.[163] Damit signalisierte sie ihren Feinden, daß sie allen Demütigungen zum Trotz den Kampf noch lange nicht aufgegeben hatte.

Gerüchte, die die römische Gesellschaft wie ein leichtes Grummeln durchlaufen hatten, verwandelten sich zu Beginn der dreißiger Jahre in Attacken. Hatte man Ende der zwanziger Jahre noch hinter vorgehaltener Hand darüber getuschelt, die Sarfatti gehöre zu den Freimaurern oder habe etwas mit der jüdischen Weltverschwörung zu tun, so wurde dies nun offen ausgesprochen. Farinacci bezeichnete Novecento als antifaschistisch und die rationalistische Architektur als Ausgeburt des bolschewistischen Geistes. Diese Art von Kunst und Architektur war seiner Meinung nach dem italienischen Geist fremd. Hinter Sarfattis Gespür und Einsatz für die Moderne witterte er einen jüdischen Verkaufstrick. Er unterstellte eine Verschwörung jüdischer Kunsthändler und behauptete, das Volk mache sich Gedanken über die Rolle und den Einfluß der Sarfatti. Zudem hatte sie 1930 ein Buch veröffentlicht, in dem sie sich ungebrochen für die moderne Kunst stark machte und dabei den Beitrag Italiens ganz besonders hervorhob. In *Storia della pittura moderna* verteidigte sie sehr zum Ärger ihrer Gegner erneut die enge Verbindung von Moderne und Faschismus. Mario Sironi wurde in Farinaccis *Regime Fascista* als »Maler der großen Füße« bezeichnet, und man warf ihm vor, »jüdische Kunst« zu schaffen. Alle wußten, daß dieser Angriff nicht Sironi, sondern Sarfatti galt. Schließlich erhielt Farinacci vom Duce die Erlaubnis, seine ehemalige Geliebte öffentlich anzuklagen. Die Anklage lautete, sie gehöre der »Rasse der Shylocks« an. Das war im Juni 1933.

Dieses Mal war Paris als Fluchtpunkt zu nah. Margherita Sarfatti wählt das Land der unbegrenzten Möglichkeiten, in dem jeder seine Geschichte neu erfinden kann: im März 1934 fährt sie in die Vereinigten Staaten von Amerika. Bereits 1929 war ein Artikel über die amerikanische Presse gut vorbereitet. Sie hatte ihre Reise über die amerikanische Presse gut vorbereitet. Bereits 1929 war ein Artikel in einer Zeitschrift für amerikanische Juden über sie erschienen, in dem sie sich als »Comrade of Il Duce« bezeichnet

313

wurde. In pittoresker Kurzform stellte sie ihr Leben vor, und es war viel die Rede von Dante, Manzoni, Ruskin, aber auch der Sieg von Vittorio Veneto und die Wunder des Faschismus blieben nicht unerwähnt. Zwischen den Zeilen gab sie zu erkennen, daß sie sich als eine Art Beatrice Mussolinis fühlt und ihm in platonischer Verehrung zugetan ist.«›Als überzeugte Faschistin‹, fuhr Donna Margherita Sarfatti fort, ›habe ich natürlich jede Möglichkeit zu machen, was heute in Italien geschieht. In der kurzen Spanne von nur sechs Jahren hat sich unser Land so sehr verändert, daß diejenigen, die es eine gewisse Zeit nicht besucht haben, nicht mehr erkennen.‹«¹⁶⁴ »Der Börsenkrach von 1929 hatte den Roaring Twenties ein jähes Ende bereitet, und man fürchtete sich in der Neuen Welt vor der Zukunft. »Happy days are here again« hatte Franklin D. Roosevelts Wahlkampfschlager gelautet. Die Amerikaner interessierten sich für »das größte soziale Experiment der modernen Zeit« (*New York Times*), das in Italien stattfand, und Benito Mussolini war sehr geschickt darin, sein Korporatismus-Modell als Vorbild für Roosevelts New Deal darzustellen. Im April 1933 gab er in einem Artikel Roosevelt den Rat, ein Staatsmann müsse die Massen regieren und nicht befragen. Vier Monate später bezog er sich direkt auf die Lektüre von Roosevelts Buch *Looking Forward* und streicht die Gemeinsamkeiten zwischen Roosevelt und sich heraus. Der amerikanische Präsident forderte von seinen Landsleuten den Enthusiasmus und die Unerschrockenheit der Jugend und kam darin Mussolinis Meinung nach ihm sehr nahe.¹⁶⁵ Doch er war nicht nur darum bemüht, die Gemeinsamkeiten mit Roosevelt, sondern auch die Unterschiede zu Hitler hervorzuheben. 1933 war Roosevelts Buch *Looking Forward* und 1934 Hitlers *Mein Kampf* ins Italienische übersetzt worden. In seinen Artikeln machte der italienische Diktator sich stark für die Wiederbewaffnung Deutschlands, begrüßte den Aufstieg Hitlers und wahrte dennoch den Abstand zu dieser deutschen Variante des Faschismus. 1934 sieht er die Welt auf der Schwelle zu einer höheren Zivilisationsstufe und lobt Roosevelt, der vom Geist der amerikanischen Pioniere beeinflußt sei. Als Lösung für das weltweite Problem der Arbeitslosigkeit empfiehlt er die Vierzig-Stunden-Woche, und im August warnt Mussolini vor den Folgen der sinkenden Geburtenrate für die weiße Rasse. Als sich in Italien die Diskussion um die mangelnde politische Begeisterung der Jugend auf dem Höhepunkt befindet, beschwört der Duce in der amerikanischen Presse den Sieg der Jugend über das System des 19. Jahrhunderts. Er schwärmt vom Krieg und der Wiedergeburt der Nation in den Herzen der jungen italienischen Soldaten und endet damit, daß der Faschismus die Idee der Jugend sei.

»Gräfin Sarfatti« hatte sich im Oktober 1933 ähnlich gegenüber der amerikanischen Öffentlichkeit geäußert. In pathetischen Worten hatte sie die Jugend Amerikas dazu aufgerufen, die Zukunft der weißen Rasse zu sichern. Sie erklärte, daß Mussolini Italien den neuen Weg gewiesen und das Land dadurch in eine privilegierte Stellung gebracht habe. »Benito Mussolini kam aus der Kriegsgeneration und riß die Regierung dieses Landes durch seinen unbesiegbaren Willen an sich. Er brachte die Jugend Italiens mit, baute einen neuen Staat und schenkte der Welt ein neues politisches Konzept.«[166] Außer dem Lob der Jugend und der Gefährdung der weißen Rasse korrespondierten die Artikel der beiden auch in bezug auf die Bedeutung der Frau im Faschismus. Im März 1933 hatte Mussolini unter der Überschrift »Women Unfit For Politics« seine Haltung dargelegt. Sein Argument war, daß die Einführung des Frauenwahlrechts in keinem der Länder zu den erhofften oder prophezeiten Veränderungen geführt habe. Die Politik ist für ihn die Sphäre des Mannes, denn sie verlangt einen hohen Grad an Selbstkontrolle und Kompetenz in den Bereichen Ökonomie, Geographie und Geschichte. Die Frauen sind den Männern durch ihre Intuition, Güte, Großzügigkeit und Opferbereitschaft überlegen. Doch er betont, daß er nicht zu der Kategorie Männer gehöre, die die Frauen nur am Herd oder in der Familie sehen wolle. Mussolini schmeichelt seinen Leserinnen, wenn er hervorhebt, wie die Amerikanerinnen ihn mit ihrer Fähigkeit, soziale Probleme zu lösen, beeindruckt hätten. Er verrät, daß die Faschistinnen in Italien aktiv in den sozialen Organisationen mitwirken würden und darin glücklich seien.

Margherita Sarfatti sekundiert ihm in einem langen Artikel unter dem Titel »Women of Fascism«. Wie bereits in *Dux* hebt sie ihre speziell weibliche Sicht auf die Dinge hervor und betont, daß Frauen Logik nicht fremd sei. Ganz im Gegenteil, nur sei ihre Logik eben von der der Männer unterschieden. So wisse jede Frau, daß man auf den ungeraden Wegen schneller und sicherer ans Ziel komme, als wenn man direkt losmarschiere. Sie erklärt, daß die faschistische Moral denkbar einfach sei. Es wird alles gefördert, was für spätere Generationen gut ist, und als schlecht gilt, was die Zukunft und den Fortbestand der Rasse gefährdet. Daraus folgt, daß Mutterschaft und Fortpflanzung eine enorme Bedeutung zukommt. Nirgendwo auf der Welt findet die (legitime als auch illegitime) Mutterschaft größere Anerkennung als im faschistischen Italien. Sarfatti findet es richtig, daß die Presse in Italien von den Faschisten darauf hingewiesen wurde, nicht mit dünnen Frauen zu werben, denn Diäten schaden der Fortpflanzugsfähigkeit und damit der Rasse. »Als logisches Resultat der Ideen und Maßstäbe der faschistischen Regierung werden Frauen, die Mitglied der

Faschistischen Partei sind, dazu aufgefordert, sich ganz der Mutterschaft und frühen Kindheit zu widmen.«[167] Dahinter verbirgt sich der Gedanke der sozialen Solidarität, der den Frauen eine wichtige Position im faschistischen Staat sichert. Für Sarfatti sind es die Frauen, die den Schlüssel für Italiens Zukunft in Händen halten. Ganz in diesem Sinne verband sie mit ihrer Reise nicht nur die heimliche Hoffnung, Abstand zu ihren Problemen daheim zu gewinnen, sondern sie verstand sich ganz eindeutig als Botschafterin des Faschismus. Sie wollte Mussolinis Rolle gegenüber den USA stärken und sich selbst dadurch wieder ins Spiel bringen. Doch zunächst mußte sie weiter dafür sorgen, daß sie in ihrem Reiseland nicht gänzlich unbekannt war.

Im Oktober 1933 druckte die *New York Herald Tribune* einen zweiseitigen Artikel über »Italy's Heroine of Fascism«. Sarfatti wurde darin den Amerikanern als »weibliche Führerin des Faschismus, Herausgeberin einer politischen Zeitschrift, offizielle Biographin und Coautorin des Duce, Kritikerin und Inspiratorin der italienischen Kunst« vorgestellt. Daß sie nichts mehr davon war und ihre Macht und ihr Einfluß der Vergangenheit angehörten, wußte wahrscheinlich kaum einer der amerikanischen Leser. Sie wollte noch einmal mit ihrer großen Vergangenheit aufwarten und zog alle Register. Der Autor des Artikels würdigte ihre exzeptionelle Rolle als Frau, die in einem Land, in dem Frauen traditioneller weise nicht viel zu sagen hatten, eine wichtige Rolle in Kultur und Politik einnimmt. Er beschreibt Sarfatti als eine Patriotin, der es gelungen sei, ihre Gefühle in konstruktive Taten umzusetzen. Sie gönne sich keine Ruhe, habe unzählige Interessen, und selbst an den Tagen, an denen sie nicht hofhalte, seien die Stühle in ihrem Salon wie in einem Gesprächskreis angeordnet. Der Schwerpunkt des Artikels liegt auf Sarfattis Glauben an den Faschismus und an die Kunst des Novecento. Außer dieser Art von Texten, die ihre Ankunft vorbereiteten, hatte Sarfatti mit der Hearst-Presse vereinbart, daß sie ihre Reise mit Artikeln in unterschiedlichen Blättern kommentieren würde. Profaschistische Gruppen italienischer Immigranten begrüßten ihr Kommen ebenso wie ihr ehemaliger Bekannter Giuseppe Prezzolini und Politiker aus dem Umkreis des Weißen Hauses, die in ihr eine wichtige Beraterin des Duce sahen.

Ihr Einstand war gelungen. Den Journalisten, die sie bereits im Hafen von New York erwarteten, versicherte sie, sie habe sich wie zu Hause gefühlt, als sie die Freiheitsstatue mit dem faschistischen Gruß willkommen geheißen habe. Diese Art von Schlagfertigkeit lieben die Amerikaner, und am nächsten Tag meldete die *New York Herald Tribune*: »Liberty Gives Signora Sarfatti ›Fascist Salute‹«. Margherita Sarfatti hatte vom ersten Moment an ihr kommunikatives Talent unter Beweis gestellt.

Sie stieg im »Waldorf Astoria« ab und verbrachte ihre Tage mit Einkäufen, Museumsbesuchen und Treffen mit einflußreichen Leuten. Darunter befand sich der Bürgermeister von New York, Fiorella La Guardia, der Verleger von *Vogue* und *Vanity Fair*, Condé Nast, aber auch der Schriftsteller Sinclair Lewis. Sie nahm nur Einladungen an, die ihr und dem Faschismus nützlich schienen. Ostern verbrachte sie beim Cousin des Präsidenten Theodore Roosevelt Jr. und dessen Frau, die sie aus Rom kannte. Es war von großem Vorteil, daß sie gut Englisch sprach und vielseitig einsetzbar war. In Radiointerviews erklärte sie in einfachen Worten Millionen Amerikanern, daß die faschistische Revolution ihr Land vor Chaos, Anarchie und Bolschewismus bewahrt habe, um kurze Zeit darauf in einer Diskussion mit Hochschulprofessoren als Expertin für europäische Politik präsentiert zu werden. Wann immer nur möglich, trug sie in unterschiedlichen Variationen ihr immer gleichbleibendes Anliegen vor: Mussolini sei ein Förderer der Künste und der Frauen, er sei der einzige Politiker Europas, der den Frieden bewahren könne, und der Faschismus sei der Demokratie überlegen. Mussolini habe Italien aus einem rückständigen in ein absolut modernes Land verwandelt.

Ihre Kleidung tat ein übriges, um den Charakter einer außergewöhnlichen Frau und Botschafterin der Moderne zu betonen. Sarfatti trat bevorzugt in Schiaparelli auf, und dahinter verbarg sich Kalkül. Elsa Schiaparellis erster erfolgreicher Entwurf war 1928 ein Pullover gewesen, wie man ihn nie zuvor gesehen hatte: ein schwarz-weißer Woll-Sweater, in den an Hals eine »Trompe l'oeil«-Fliege eingestrickt war. Die Römerin mit Firmensitz in Paris kreierte absolut tragbare, funktionale Mode, die jedoch betont provokativ war. Bei ihr gab es Kleider für den Sport, für die Nacht und für den Tag. Darunter befanden sich Hüte in Form von Tintenfässern und Knöpfe, die aussahen wie Hasenpfoten oder Clowns, aber auch schwarze Kleider, die mit feuerwehrroten Strümpfen getragen wurden. Schiaparelli benutzte ungewöhnliche Materialien und liebte Farben wie auch exzentrische Farbzusammenstellungen. »Schiap«, wie sie genannt wurde, war nicht nur mit den Künstlern ihrer Zeit befreundet, sondern sie arbeitete auch mit ihnen zusammen. Salvador Dalí bemalte eines ihrer Abendkleider mit einem Hummer und garnierte es mit einem Petersilienstraußchen, und Louis Aragon entwarf für sie ein Halsband, das an aufgefädelte Aspirintabletten erinnerte. Wenn Margherita Sarfatti ihren Auftritt in diesen Kleidern hatte, dann glaubte man ihr ihre Rolle als Botschafterin der faschistischen Moderne. Obwohl bald Mitte Fünfzig, zog sie die Blicke auf sich und wirkte auf ihre Gastgeber wie eine einflußreiche, selbstbewußte Frau.

Es ist nicht überliefert, ob sie auch den amerikanischen Präsidenten und dessen Frau in Schiaparelli überraschte. Bekannt ist nur, daß sie bei Roosevelts im Weißen Haus zum Sonntagnachmittagstee geladen war. Sie war als die am besten informierte Frau Italiens und intime Freundin Mussolinis angekündigt worden. In ihren Erinnerungen berichtet sie, daß die Einladung sehr familiär gewesen sei, nur das Präsidentenpaar und deren Sohn samt Frau seien anwesend gewesen. Von Roosevelt war sie beeindruckt, während sie dessen Frau Eleanor vorlaut und unwissend fand. Das ist auch nicht weiter verwunderlich, denn Eleanor Roosevelt galt als Gegnerin des Faschismus.[168] Sarfatti war fasziniert, daß Roosevelt ein freundlicher Mensch war, dem jegliches Selbstmitleid fremd zu sein schien. Sie war noch nie einem Menschen begegnet, der so selbstverständlich mit seiner Behinderung umging. Außerdem zeigte er sich bestens über die Lage in Europa und speziell auch in Italien informiert. Nach der politischen Plauderstunde mit einem der mächtigsten Männer der Welt vermochte sie das restliche Washington nicht mehr sonderlich zu beeindrucken. Ihre nächsten Stationen waren Florida, Kuba und Mexiko, die eher touristisch für sie interessant waren. Daraufhin besuchte sie Los Angeles und wurde durch Hollywood geführt. Es folgte ein Besuch auf dem Anwesen ihres Verlegers Hearst, wo man ein Zimmer im Renaissancestil für sie reserviert hatte. Als gebildete Europäerin war ihr dieser kitschige Stilmix und überbordende Reichtum zuviel, und sie war froh, als sie in San Francisco eintraf. Von Chicago aus kehrte sie an ihren Ausgangspunkt, nach New York, zurück. Dort erwartete sie noch eine offizielle Aufgabe, nämlich anläßlich eines Abendessens zur Erinnerung an Italiens Kriegseintritt eine Rede zu Ehren der italienischen Kriegstoten zu halten. Um bei diesem Auftritt Wirkung zu erzielen, brauchte sie kein Kleid von Elsa Schiaparelli, sondern es genügte Roberto Sarfattis *medaglia d'oro*, die sie sich an ihr Kleid geheftet hatte. New Yorker Veteranen feierten Margherita Sarfatti als Heldenmutter, und wenige Tage später reiste sie mit dem Schiff zurück nach Europa.

Zu ihrem Abschied war ein Artikel erschienen, in dem ihre Reise eine ausführliche Würdigung erfuhr und von ihr als »Distinguished Visitor« die Rede war. In drei Monaten hatte sie 150 000 Meilen zurückgelegt und dafür zumeist das Flugzeug benutzt. Sie beteuerte, daß dies nicht ihr letzter Aufenthalt in den Vereinigten Staaten gewesen sei und sie das Land und seine Bewohner in ihr Herz geschlossen habe. Auf einem Foto sieht man eine korpulente, ältere Dame, die etwas blasiert in die Kamera blickt.

Im Text ist die Rede von ihren »tiefblauen Augen und goldenen Locken«. Man erfuhr, daß sie unter dem Applaus ihrer faschistischen Freunde davongesegelt sei und ihre Kabine an Bord ein einziges Blumenmeer war. Natürlich wurde ihr auch die Frage gestellt, ob sie Mussolini von ihren Eindrücken berichten werde. »Natürlich werde ich das – wenn er mich danach fragt«, lautete die etwas zurückgenommene Antwort.

Amerika gewährte Margherita Sarfatti ihren letzten großen Auftritt. Hier galt sie noch etwas, und keiner fragte danach, ob sie im Ghetto geboren war oder woher ihr Reichtum stamme. In den drei Monaten ihrer Reise hatte Sarfatti die Demütigungen der vergangenen Jahre verdrängt, und irgendwann hatte sie wieder daran geglaubt, eine wirklich wichtige Frau zu sein. Sie hatte ihre Rolle als Botschafterin des Faschismus und Stellvertreterin des Duce genossen, doch als sie allein in ihrer blumengeschmückten Kabine saß und die Skyline von New York verschwinden sah, wußte sie, daß der Vorhang gefallen war. Sie kehrte in ihr Land zurück, in dem ihr Abschied von der Bühne bereits beschlossene Sache war.

Als Margherita Sarfattis Schiff in Italien anlegte, hatte Adolf Hitler ihre Heimatstadt Venedig gerade verlassen. Bei seinem ersten Besuch in Italien tauchte ein deutscher Führer auf, der Tränen der Rührung in den Augen hatte. Im schäbigen Trench und mit zerbeultem Hut machte er eine schlechte Figur neben dem Duce in seiner gutgeschnittenen Uniform. Mussolini genoß die Unsicherheit des Jüngeren. Er ließ dessen Monologe über sich ergehen und hielt ihn für einen »buffone« (Hanswurst). Er mochte die Deutschen nicht besonders und war davon überzeugt, daß sie sich noch immer in beständigem Konflikt mit Rom befinden würden.

Seinem deutschen Interviewer Emil Ludwig hatte Mussolini verraten, daß er gerne in Mailand gewohnt habe, doch seitdem er in Rom lebe, sei er dem »pathetischen Zauber« dieser Stadt verfallen und der historische Boden wirke eine magische Kraft auf ihn aus.[169] Er gestand, sich mit keinem Ereignis oder Ort der Geschichte mehr beschäftigt zu haben als mit Rom.[170] Der Mythenbedarf des nicht mehr jungen Faschismus sollte durch das Erbe des »imperium romanum« und den Duce-Kult befriedigt werden. Dabei ging es um nichts anders, als die innere Leere einer Diktatur zu verdecken.[171] Mussolinis Parteisekretär Achille Starace bemühte sich um die Ausgestaltung der faschistischen Liturgie und verwandte viel Energie auf die Organisation von Massenveranstaltungen wie auch Paraden. Der »römische Gruß« mit erhobenem Arm wurde Vorschrift, die Soldaten hatten im römischen Schritt zu marschieren, und der 21. April, Gründungstag Roms, wurde zum Feiertag erklärt. Das »kollektive Leben«, das er im antiken Rom ausgemacht zu haben glaubte, wollte Mussolini auch im faschistischen Italien organisieren. Daß er mit diesem Vorhaben nicht immer Erfolg hatte, erzählt der Filmhistoriker Rudolf Arnheim in seiner Autobiographie. Er war 1935 in Rom und mußte erfahren, daß die meisten Italiener gar kein Schwarzhemd, sondern lediglich eine Chemisette hatten, die sie am Sonntag oder bei der verordneten Parade anlegten, »aber dann ist man nach Hause gegangen, hat das Chemisette wieder ausgezogen und war ein Bürger wie immer«.172 Mussolini sah seine große Aufgabe darin, die Italiener zu multiplizieren, und das war für ihn gleichbedeutend mit disziplinieren, denn: »Wer marschiert, wird nicht weniger (...), sondern wird multipliziert durch alle, die mit ihm marschieren«, wie er Emil Ludwig anvertraut hatte. Er ließ das ganze Volk in Uniformen stecken und teilte die Armee nach römischem Vorbild in Legionen, Kohorten und Zenturien ein. Der *New York Herald Tribune* gab er im Oktober 1932 ein Interview, das nur ein Thema hatte, nämlich den Krieg. Er beteuert, daß Italien genug mit sich zu tun habe und er die Weltöffentlichkeit versichern könne, daß von ihm keine Störung des Weltfriedens ausgehen werde. »Was hat es mit den imperialistischen Ambitionen Italiens auf sich?‹ frage ich Mussolini. ›Geistiger Imperialismus‹, antwortet er, ›ohne auch nur einen Quadratzentimeter Land zu erobern.‹« ›Das Erbe Roms wolle er in der geistig-kulturellen Tradition pflegen und er plane keine kriegerische Tat.

Doch drei Jahre später wollte er dann doch die Schlagkraft der italienischen Kriegerrasse vorführen. Die Besetzung Abessiniens wurde ein trauriges Spektakel, an dessen Ende nach dem Einsatz von Giftgas das römische Imperium aus der Taufe gehoben wurde. Mussolini verkündete »das Wiedererscheinen des Imperiums auf den schicksalshaften Hügeln Roms« und verlieh dem König von Italien zusätzlich den Titel des Kaisers von Äthiopien. Hatte man ihn bisher mit der Formel »Salutate al Duce! A noi!« zu grüßen gehabt, so hieß es nun »Salutate al Duce il Fondatore dell'Impero«. In Rom machte der Witz die Runde, daß diese Formel für den Parteisekretär zu lang sei und er sie bei jeder Begegnung mit dem Duce von einer Karte ablesen müßte. Ernest Hemingway spottete, der Duce wolle Afrika »fit for Fiats« machen, und auch seine einstige Geliebte Margherita Sarfatti lachte höhnisch auf über dieses mickrige Imperium.

Rückblickend hat sie bemerkt, sie sei der Talisman Mussolinis gewesen. Solange er mit ihr befreundet gewesen sei, habe sein Schicksal unter einem guten Stern gestanden. Es war sie gewesen, die in *Dux* die bedingungslose Liebe und tiefe Verbundenheit zwischen Mussolini und Rom beschworen hatte. Der Historiker und Mussolinibiograph Renzo de Felice

Margherita Sarfatti, Porträt auf dem Balkon
(Erstveröffentlichung: 1936)

hatte Margherita Sarfatti wenige Jahre vor ihrem Tod in Rom getroffen. Er berichtet, daß er danach begriffen habe, welchen Einfluß diese Frau auf Mussolini ausgeübt hatte. »Nach dieser Unterredung habe ich mich beispielsweise gefragt, wieviel an dem Rom-Mythos von Mussolini selbst stammte und wieviel daran nicht Einfluß der Sarfatti gewesen ist. Ich habe nämlich niemals jemanden gekannt, der so von der Rom-Begeisterung besessen war.«[173]

Die Darstellung Mussolinis im Bild läßt für die Jahre nach 1932 eine gewisse Erstarrung erkennen, er wird zur Maske des Staates und sein blanker Schädel zum Label des Faschismus. Bei seinem Amtsantritt war er darum bemüht gewesen, effizient und modern zu wirken, wobei er Wert auf Anzeichen von Normalität und Kontinuität legte, die seine politischen Gegner und das Ausland beruhigen sollten. Das wirklich Neue an seiner Erscheinung war gewesen, daß er jung und rasiert war, denn viele Politiker Europas trugen nach wie vor Bart und erinnerten an das 19. Jahrhundert. Mussolini dagegen wagte es, sein glattes, nacktes Gesicht zu zeigen. Damit wollte er demonstrieren, daß mit seinem Auftreten auf der politischen Bühne eine völlig neue Zeit anbrach. Er ließ sich bevorzugt nachdenklich und ernst aufnehmen, wobei er die Gewohnheit hatte, die Lippen etwas verärgert zu verziehen. Mussolini hatte damals noch Haare auf dem Kopf und trug ab und an Zylinder. Dann wandelte er sich zum Duce. Es begann damit, daß Aufnahmen kursierten, die ihn im Profil zeigten, denn er glaubte, daß dadurch der römische Ausdruck seines mittlerweile kahlen Kopfes besser zur Geltung käme. Er war kein schlanker Mann mehr, sondern war kräftig geworden und zeigte einen Ansatz von Bauch. Seine Reden hielt er breitbeinig, wobei er die Hände in die Hüften gestemmt und den Kopf leicht nach hinten geworfen hatte. Italo Calvino, der sich in einem schönen Text daran erinnert, wie das Bild Mussolinis einem jeden Italiener innerlich präsent war, schreibt, daß Mitte der dreißiger Jahre der Denker Mussolini vom Condottiere Mussolini abgelöst wurde. Augenfällig sei dies an der Betonung der Kieferknochen geworden. Daß er rasiert war, schien nun Nebensache, wichtig war, daß er den Kiefer vorschob und dessen Ausmaße betonte. Der Ausdruck des Denkerischen, der durch Stirn und Augenbrauen erreicht worden war, fiel nun den Kieferknochen zum Opfer. Mussolini wurde gerne mit Helm dargestellt, der den oberen Teil seines Gesichts vollständig verdeckte. Der Kiefer galt ihm wohl als Sitz des männlichen Willens, und daran war ihm nun mehr gelegen als an der Nachdenklichkeit. Mussolini war selten in Zivil zu sehen, er bevorzugte mittlerweile Uniform. Das moderne Ideal seiner Selbstdarstellung hatte sich ins Klassische geflüchtet, und der Mann, der

1921 seine Konversion begründet hatte mit: »Der Geist ist vor allem ›Beweglichkeit‹. Die Unbeweglichkeit gehört den Toten«, war an Leib und Seele erstarrt.

Spätestens seit der Matteotti-Affäre war klargeworden, daß Benito Mussolini die einzige politische Persönlichkeit war, die die Einheit des Faschismus wahren konnte. Die parteiinternen Macht- und Fraktionskämpfe waren zwar auch nach 1924 weitergegangen, doch der Mythos vom Duce wurde nicht mehr nennenswert in Frage gestellt. Der Duce war einziger Ausdruck des politischen Willens und stand der Organisation der Partei wie auch der Regierung vor. Benito Mussolini, Sohn eines Schmieds aus der Romagna, glaubte mittlerweile selbst daran, daß er ein Stück lebender römischer Geschichte sei. Mit der zunehmenden Totalisierung des Staates ging seine wachsende Einsamkeit einher. In der Kultivierung seiner Einsamkeit fühlte er sich als Außenseiter der Gesellschaft, die er selbst geschaffen hatte. Mussolini verstand sich als der große Mensch und der Vertreter der ortlosen Masse zugleich. In seiner Einsamkeitserfahrung mischt sich die von der Macht verhängte Einsamkeit der Isolation mit der Einsamkeit der Rebellion. Es war das Vorrecht des Künstlers gewesen, die Einsamkeit in der Masse als Ausdruck seiner Auserwähltheit zu genießen und darunter zu leiden. Erneut arbeitet Mussolini mit dem Bild des Künstlers, das er mit dem des Politikers vermischt. Als Mensch der Macht und »homme revolté« zugleich genießt er das Vorrecht der Einsamkeit inmitten der Masse, die ihm gehorcht.

Im Sala del Mappamondo im Palazzo Venezia inszenierte Mussolini seine Einsamkeit feierlich und sakral vor der ganzen Welt. Der riesenhafte Saal mit einem Schreibtisch und drei Stühlen diente ihm als sein Büro. Hier träumte er von der Wiedergeburt des römischen Imperiums und gebärdete sich vor seinen Besuchern als großer Staatenlenker. Hier befand sich auch der berühmte Balkon, von dem aus er zu seinem Volk sprach. Der Balkon war der sichere Ort seiner Kontaktaufnahme mit der Möglichkeit des sofortigen Rückzugs in seine Höhle, die nun ein Saal war. Auf dem Balkon war er der Masse nah und fern zugleich. Er verachtete die Masse und war untrennbar mit ihr verbunden. Mussolini hatte sich als Führer eines Volkes imaginiert, dem er immer mehr mißtraute. Doch er brauchte das In-der-Masse-gespiegelt-Sein, um an sich selbst zu glauben. Mussolini war ein kalter Mensch, der weder Freunde noch Vertraute hatte und dem seine Familie unwichtig war. Zu Hause sprach er auch nicht anders als vom Balkon des Palazzo Venezia. Er haßte Gesellschaften, ging so gut wie nie aus und aß bevorzugt allein. Große Staatsbankette mied er, denn er aß ausschließlich Gemüse und trank schon immer am liebsten

Milch. Nach 1922 hatte er einige Auslandsreisen unternommen und war danach jedoch in Italien geblieben. Er fühlte sich unsicher außerhalb des Landes und benötigte den Schutz seiner Diktatur. Außerdem wollte er dadurch, daß die ausländischen Politiker zu ihm reisten, beweisen, daß Rom ein Zentrum europäischer Politik sei. Erst nach zwölf Jahren verließ er wieder das Land, ausgerechnet um Adolf Hitler in Berlin mit seinem Besuch zu beehren.

Sigmund Neumann hat in seiner Studie *Permanent Revolution* von 1942 das Auftauchen der modernen Diktatoren als den Einbruch des Amateurs und Dilettanten in die Politik interpretiert. Bevor Mussolini an die Macht kam, hatte er zumindest als Funktionär der Sozialisten und später als Abgeordneter der Faschisten Erfahrungen im politischen Geschäft gesammelt. Adolf Hitler dagegen war ein unbeschriebenes Blatt. Er verfügte über keinerlei politische Erfahrung, und nicht nur deshalb fühlte sich ihm Mussolini überlegen. Seine erste Begegnung mit dem Deutschen hatte ihn in seinem Vorurteil nur bestätigt. Der Duce betonte seine staatsmännische Überlegenheit und warf seine faschistische Anciennität gegenüber dem Jüngeren in die Waagschale. Bei all seiner Menschenschau gab er sich gerne weltverfahren, stellte seine körperliche Fitneß zur Schau und schien über eine schier unglaubliche Energie und Potenz zu verfügen. Hitler dagegen versteckte seinen Körper, er war verkrampft, nervös und verlor sich schon damals in endlosen Monologen. Die Anhänger Mussolinis sahen in Hitler ein lächerliches Zerrbild ihres Duce und lachten darüber, daß »dieser feiste und hochmütige Österreicher mit harten und mißtrauischen Augen, mit Bartfliege auf der dünnen, kurzen Oberlippe« in den Münchener Museen angeblich die Büsten der Condottieri der Renaissance zu umarmen pflegte.

Mussolini wußte um die Sympathievorteile, die er in der Weltöffentlichkeit genoß, und gab sich alle Mühe, weiterhin als Friedensstifter und seriöser Gesprächspartner dazustehen. Doch der Krieg in Abessinien bedeutete einen enormen Imageverlust für ihn. Ernest Hemingway hat eine bittere Reportage über die Italiener im Abessinienkrieg geschrieben und über Mussolinis Söhne berichtet, die in einem Himmel fliegen, von dem sie der Feind nicht herunterholen kann, weil er nämlich keine Raketen hat. Vittorio Mussolini schwärmte öffentlich davon, wie er eine Bombe inmitten einer Stammesversammlung plazierte und sich die Gruppe »öffnete wie eine Rose«.[174] Die faschistischen Kriegsherren waren technikversierte Barbaren, die mit Bomben und Giftgas gegen wehrlose Menschen vorgingen und sich dabei wie römische Helden fühlten.[175]

Roosevelt trat im Januar 1936 vor den amerikanischen Kongreß und richtete seine erste eindeutige Anschuldigung an den Faschismus, indem er dessen aggressiven und autokratischen Geist anklagte. Als eine Mischung aus Komödie und Charisma genoß der Faschismus in den USA Sympathien, mit Kriegsverbrechern jedoch wollten die Amerikaner nichts zu tun haben. Doch davon wollte Mussolini nichts mehr hören. Er machte im Juni 1936 einen Mann zu seinem neuen Außenminister, der Hitler zugeneigt war und Massaker in Äthiopien zu verantworten hatte. Es war kein Geringerer als sein Schwiegersohn Galeazzo Ciano. Der neue Außenminister trat auch gerne mit vorgeschobenem Kiefer auf und grimassierte, doch im Unterschied zu seinem Schwiegervater hatte Ciano nichts Proletarisches an sich, sondern war ein Bürgersohn aus Livorno, der sich wie ein Fürst aufführte. Wie Mussolini auch hatte er unzählige Affären, und nach Susanna Agnelli galt es als wahres Zeichen von Erfolg, von Galeazzo beschlafen zu werden. Dieser Mann mit vorgeschobenem Doppelkinn, kurzen Armen und Beinen, unangenehmer Fistelstimme, fettigem Haar und kleinen, glänzenden Augen führte für Mussolini die Verhandlungen mit den Deutschen. Sigmund Neumann schreibt, daß mit dem Abessinienkrieg die Akklimatisierung an die Ideologie der Nationalsozialisten begonnen habe. Als Beweis dafür dient ihm nicht nur die Rassepolitik, sondern auch die personellen Veränderungen im faschistischen Machtapparat. »Die wachsende Bedeutung von solchen Leuten wie dem jungen Ciano und Starace und die Rückkehr von Farinacci, die alle der jüngeren Kriegsgeneration angehörten, war ein Phänomen, das es wert ist beachtet zu werden. Lange bevor der Zweite Weltkrieg begann, war die Achse Rom-Berlin mehr als nur eine taktische Allianz.«[176] Für Neumann stellen diese Männer, die der Kriegsjugend angehören, die Verbindung zu den Nazis her, denn der Nationalsozialismus war ein typisches Nachkriegsprodukt, während die Wurzeln des Faschismus in der Vorkriegsrevolte gegen Liberalismus und Positivismus liegen. Die Angehörigen der Kriegsjugend sind zwischen 1900 und 1910 geboren und erinnern sich nicht mehr der Vorkriegszeit. Der Krieg war auch für sie ein großes kollektives Experiment gewesen und hatte ihre Körper und Seelen durchdrungen. »Sie waren sich ihrer selbst sicher und gewiß, daß sie eines Tages auf eigene Faust eine bessere Gesellschaft aufbauen würden.«[177]

Mussolini hatte Hitler unterschätzt. Er mußte feststellen, daß der deutsche Führer vielleicht keine Politik machen konnte, aber dafür Geschichte schreiben wollte. Für Hitler bedeutete Krieg seine letzte Erfüllung, und Mussolini begann ihm zu folgen. »Wie unheimlich ihm die merkwürdig düstere Gestalt des deutschen Diktators daher auch erschien: seine Kühnheit, als er wider alle gemein rechnende Vernunft den Völkerbund verlassen, die Wehrpflicht verkündet, der Welt immer wieder Trotz geboten und die festgefahrenen europäischen Verhältnisse in Bewegung gebracht hatte, quälte und imponierte Mussolini Hitler um so mehr, als es die eigentlich ›faschistische‹ Politik des Eklats war, die der linkische Gast von Venedig der Welt exerzierte.«[178]

Es begann Mussolinis Zeit der Selbsttäuschung. Seine politischen Erfolge genügten ihm nicht mehr, er wollte ein großer Militär sein. Um die scheinbare Überlegenheit der italienischen Armee aufrechtzuerhalten, verbot er die Einfuhr ausländischer Zeitungen, die über die in Abessinien begangenen Greueltaten der Italiener berichteten. Er ließ sich von seiner Propaganda als militärisches Genie und zweiter Napoleon feiern und kümmerte sich nicht um den miserablen Zustand seiner Armee. Die Schmeichler, die ihn umgaben, bestätigten ihn in seinem Wunschdenken, um ihre Posten zu behalten und ihre korrupten Praktiken weiterbetreiben zu können. Im April 1937 war Antonio Gramsci im Gefängnis gestorben, und im Juni wurden die Antifaschisten Carlo und Nello Roselli im Auftrag des Außenministers Ciano in Paris ermordet.[179] Als die Reise des Duce nach Deutschland beschlossene Sache war, galt des Außenministers erste Sorge der gewissenhaften Auswahl des Gefolges und deren Uniformen: »Wir müssen preußischer aussehen als die Preußen«, lautet die Tagebucheintragung am 27. August 1937. Die Faschisten reisten in prachtvollen Uniformen nach Deutschland. Sie mußten sich stundenlange Militärparaden ansehen und das Grab Friedrichs des Großen besuchen. Hitler zeigte dem Duce, was eine Denkerrasse so alles kann, und führte ihn in die Waffenschmiede Krupp nach Essen. Die Achse Berlin-Rom wurde verkündet, und bei der Volksversammlung auf dem Maifeld gab es laut Ciano »viel Rührung und viel Regen«. Wenige Monate später marschierte Hitler in Österreich ein. Er hatte sein Vorgehen nicht mit Mussolini abgesprochen und ihn erst im letzten Augenblick darüber informiert. Mussolini, der in der Vergangenheit immer wieder für die Unabhängigkeit Österreichs eingetreten war und erst einen Monat zuvor inoffiziell die Zusage gemacht hatte, den Österreichern zu Hilfe zu kommen, erklärte nun, daß damit eine Zweideutigkeit aus der Karte Europas verschwunden sei. Die Welt werde eines Tages begreifen, zu was das alles gut gewesen sei. Doch die Welt begriff allmählich vor allem eines, nämlich daß Mussolini nicht mehr die Geige spielte, sondern nach der Pfeife Hitlers tanzte. Seine Popularität in den Vereinigten Staaten sank neuerlich. Auch Ciano notierte, daß die Artikel des Duce in *Il Popolo d'Italia* nur dann gelesen würden, wenn man Tausende von Lire für die Ausrufer ausgegeben habe und alle

Parteianhänger mobilisiert habe. Mussolini allerdings glaube, die Italiener würden seine Artikel mit Ungeduld erwarten.

Am 1. März 1938 starb Gabriele D'Annunzio im Schlafanzug in seinem Haus am Gardasee. Er hatte sich vom faschistischen Staat aushalten und feiern lassen. Für den Krieg in Abessinien hatte er sich begeistert, und Adolf Hitler, »diesen Mann mit seinem verschwiemelten Pöbelgesicht«, hatte er verabscheut. Ciano, der Mussolini zur Beerdigung begleitete, hat geschrieben, daß der Duce nicht sonderlich bewegt gewesen sei. »Habe den Duce im Wagen begleitet, und er hat während der ganzen Fahrt nichts anderes beobachtet als die große Masse von unnützem Eisen, das man auf dem Land findet. Er glaubt, daß es in ganz Italien 5 bis 6 Tonnen beträgt.«[180] Ganz in diesem Sinne ehrte Mussolini den Toten eher als Soldaten, weniger als Dichter. Einige Tage später jedoch »machte der Duce einen Augenblick rein menschlichen Schmerzes durch«, als er zugab, daß ihm der alte Dichter fehle. Doch er mußte nicht lange traurig sein, denn bereits zwei Monate später erhielt er Besuch von seinem neuen Freund aus Deutschland.

Ihr Bericht und ihre Erfahrungen aus Amerika interessierten ihn nicht. Der Mann, der sie sonst nach ihrer Rückkehr aus dem Ausland immer mit Fragen bombardiert hatte, schwieg. Sie begann zu erzählen, doch nach ein paar Minuten bereits schnappte er sich eine Zeitung und unternahm Anstalten, sich zurückzuziehen. Entsetzt fragte sie ihn, ob er denn nichts über Amerika hören wolle. »Es wird spät, und ich muß gehen. Außerdem interessiert es mich nicht. Die USA haben militärisch keine Bedeutung; weder ihre Armee noch ihre Flotte sind einen Gedanken wert. Amerika zählt nicht!«[181] Der Duce verabschiedete Margherita Sarfatti ohne ein Wort des Dankes. Er hatte beschlossen, daß ihr Einfluß auf ihn endgültig der Vergangenheit angehören sollte. Er war nun kein einfacher Diktator mehr, sondern ein moderner Condottiere. Sie ging ihm auf die Nerven mit ihrem ewigen Gerede von Kunst und Kultur. Bei einem ihrer Treffen schrie er sie an: »Die geistigen Grundlagen sind unwichtig. Dante, Leonardo, Galileo; was haben sie getan für Italien? Die Leute sagen: ›Poeten! Künstler!‹ und lachen über Italien.« Das einzige, was für ihn zählte war, daß die Italiener fruchtbar und kriegerisch waren. Er freute sich, wenn Schnee fiel, denn er glaubte, daß dadurch die »mittelmäßige italienische Rasse« verbessert werde. Für ihn stand fest, daß Sarfatti ihm als Kriegsherrn nichts zu sagen hatte. Es genügte, daß er sich selbst die Haare färben mußte, da konnte er nicht auch noch eine Geliebte brauchen, die selbst mit Chemie alt aussah.

In der Redaktion von *Gerarchia* war Sarfatti mittlerweile ersetzt worden. Weil sie keine Macht mehr hatte, konnte sie auch nicht dafür sorgen, daß ihre Maler mit Preisen oder Stipendien versorgt wurden, und so war Novecento Ende der dreißiger Jahre nur noch eine Erinnerung, wie Rossana Bossaglia schreibt.[182] Sie stürzte sich in ihre Arbeit an dem Amerikabuch, das sie auf Englisch schrieb und in dem sie nicht mit Kritik sparte und über den weitverbreiteten Alkoholismus, die hohe Arbeitslosigkeit und die wachsende Kriminalität in den Städten berichtete. Gleichzeitig pries sie den Nutzen der Technik und vertrat die Ansicht, daß gerade die Maschinen viel zur Befreiung der Frauen beitragen würden. Sie begeistert von der funktionalen Seite amerikanischer Kultur und erwähnte immer wieder eindringlich als vorrangige Aufgabe den Erhalt der weißen Rasse. Ihr Buch fand in den Vereinigten Staaten keinen Verleger und erschien unter *L'America, Ricerca Della Felicità* 1937 bei Mondadori.

Die amerikanischen Freunde waren spürbar auf Distanz zu ihr gegangen, und es war keine Rede mehr von einer Vortragsreise durch die Staaten. Man nahm es ihr übel, daß sie keine Opposition gegen den Abessinienkrieg geleistet hatte, und der Nachgeschmack ihres Lobes auf Mussolini, den Friedensstifter Europas, war schal.

Sarfatti begann doch noch an ihren Sieg zu glauben, als sie erfuhr, daß der Florentiner Bahnhof nach der Entscheidung Mussolinis im rationalistischen Stil gebaut werden sollte. 1932 war der Wettbewerb um den Bau des Bahnhofs eröffnet worden. Das Vorhaben galt als delikat, denn gegenüber dem Bahnhof lagen das Kloster und die Kirche Santa Maria Novella. Außerdem herrschte die Meinung vor, daß in einer Stadt, die so stark von Kunst und Architektur der Vergangenheit geprägt war, der Bahnhof möglichst nicht auffallen sollte. Gewonnen wurde die Ausschreibung von der Gruppo Tuscano, die sich der rationalistischen Architektur verpflichtet fühlte und einen langgestreckten Bau mit viel Glas entworfen hatte. Der Bahnhof sollte nach ihren Vorstellungen mit denselben grauen Steinen gebaut werden, die man auch beim Bau der Kirche Santa Maria Novella benutzt hatte. Der Florentiner Bahnhof ist der perfekte Ausdruck moderner Mobilität und Kommunikation, und Alberto Savinio bezeichnete ihn als eine Art Chamäleon: »Als ich dank der Hinweise des Freundes endlich die große blinde Mauer entdeckt hatte, die die Fassade des neuen Bahnhofes bildet, hielt ich sie im ersten Augenblick für eine provisorische Schutzmauer, die das noch im Bau befindliche Gebäude verbergen sollte. Ich mußte mich jedoch eines Besseren belehren lassen: Sie war das Gebäude selbst. Ich weiß nicht, ob diese ›Unsichtbarkeit‹ in der Absicht der sechs Erbauer des neuen Bahnhofes von Florenz lag, jedenfalls wurde sie beabsichtigt oder nicht – perfekt erreicht. In größerem Maße als jede Batterie oder jedes getarnte Schiff ist dieses massive und gleichzeitig hinfällige Gebäude ein Modell der passiven Verteidigung. Der neue Bahnhof von Florenz steht da, aber man sieht ihn nicht.«[183] Das war auch so ungefähr das Problem, das Roberto Farinacci damit hatte. Die Funktionalität und Schmucklosigkeit von Santa Maria Novella wirkte deshalb so provozierend, weil es sich dabei um den Bahnhof einer der wichtigsten und prächtigsten Renaissancestädte Italiens handelte. Unentwegt war in der faschistischen Kultur etwas Vergangenes mit etwas Aktuellem verglichen worden, so daß die meisten Kritiker nicht verstanden, warum es nicht auch bei diesem wichtigen Bauwerk so sein solle. Für Mussolini ausschlaggebend war sicherlich nicht Sarfattis Meinung, sondern die positive Erfahrung, die er mit rationalistischer Architektur bei der *Mostra della rivoluzione fascista* gemacht hatte. Farinacci jedoch konnte sich die Entscheidung des Duce nur so erklären, daß Margherita Sarfatti, die aus ihrer Bewunderung für den rationalistischen Entwurf keinen Hehl gemacht hatte, ihn doch noch zu beeinflussen verstand. Es sollte die letzte große Entscheidung sein, die man der Sarfatti zurechnete.

Das Grab Roberto Sarfattis war auf einem kleinen Militärfriedhof ganz in der Nähe, wo er gefallen war, gefunden worden. Seine Mutter gab Giuseppe Terragni den Auftrag, ein Grabdenkmal zu entwerfen. »Nach vielen aufschlußreichen Vorstudien kam ein im Grundriß T-förmiger Block zustande, auf dessen Kreuzungspunkt eine leicht hochrechteckige Gedenktafel aus Stein stand.«[184] Das Denkmal lag auf einer Bergspitze, denn Terragni und Sarfatti kam es vor allem darauf an, die Einsamkeit und Erhabenheit des Grabes zu betonen. Die Einweihung fand 1938 im Beisein des Königs statt. Mussolini hatte die Heldenmutter alleine gelassen und war der Feierlichkeit ferngeblieben – einem jüdischen Soldaten erwies er nicht seine Ehre.

Rom war mit Liktorenbündeln und Hakenkreuzen übersät, als Hitler dort im Mai 1938 eintraf. Mussolini wollte ihm zeigen, was Italien alles zu bieten hatte. Dieses Mal hatte der Führer sogar seinen Frack eingepackt, in dem er in Neapel eine Ehrenkompanie abschritt. Das Programm war nämlich so gedrängt, daß ihm keine Zeit geblieben war, sich nach der Oper umzuziehen. Adolf Hitler tobte und sah den Fehler beim König, den er nicht leiden konnte. Die beiden Diktatoren fühlten sich in ihrer selbstherrlichen Zweisamkeit durch den Monarchen deutlich gestört. So mußte sich dem Protokoll gemäß der Duce bei der Begrüßung im Hintergrund halten, denn Hitler war offiziell Gast des Königs. Heß und Himmler beschwerten sich, daß im Quirinal keine »revolutionäre Atmosphäre« herrsche. Der König hielt Hitler für einen degenerierten Menschen und behauptete, er ließe sich Rauschgift spritzen. Große Aufregung herrschte, als

Hitler um ein Uhr morgens nach einer Frau verlangte. Dann stellte sich heraus, daß er nicht einschlafen konnte, wenn nicht eine Frau vor seinen Augen das Bett für ihn gerichtet hatte. Ein römisches Zimmermädchen tat ihm den Gefallen.

Die Reise wurde dann doch noch ein Erfolg, und Hitler schwärmte noch Jahre später von dem »Zauber der Toskana«. Ciano notiert in seinem Tagebuch, daß die anfänglichen Feindseligkeiten gegen Hitler schon bald Sympathien gewichen seien. Dies habe an dem »lyrischen Schwung« gelegen, mit dem er versichert habe, daß er die Grenzen Italiens respektieren werde. Kein Wunder, daß der Abschied erneut tränenreich und bewegt war. »Der Duce sagte: ›Nun kann uns keine Macht mehr trennen.‹ Die Augen des Führers füllten sich mit Tränen.«[185] Mussolini schaute sich nun des Nachts alleine in seiner Villa deutsche Propagandafilme an und bekam es mit der Angst zu tun. Er war immer mehr beeindruckt von Hitlers außenpolitischer Methode der Händedrucke und der direkten Absprachen, und ihm imponierte dessen brutales, rücksichtsloses Vorgehen gegen seine Gegner. Mussolini hatte »die Schwenkung von den Kategorien der Politik zur unpolitischen Kategorie blinder Schicksalsverbundenheit bereits vollzogen.«[186]

Nach diesem Besuch Adolf Hitlers in Italien wußte Margherita Sarfatti, daß sie verloren hatte. Sie konnte die zunehmend antisemitische Atmosphäre im Land nicht länger ignorieren. Bereits im Februar 1938 war sie bei Ciano vorstellig geworden und hatte einen Paß für eine Vortragsreise nach Amerika beantragt. »Sie sprach mit mir in beträchtlicher Sorge über die jüdische Frage und war froh, als sie meine zurückhaltenden Ansichten in dieser Hinsicht kennenlernte.«[187] Doch diese Zurückhaltung Cianos war rein taktischer Natur, wie aus seinem Tagebuch hervorgeht. Seine Frau Edda unternahm alles, um die ehemalige Geliebte ihres Vaters in der römischen Gesellschaft unmöglich zu machen. Gräfin Ciano bewunderte Hitler. Ganz Rom wußte darüber Bescheid, daß der Führer mit ihr eine Bootsfahrt auf dem Wannsee unternommen und sich dabei als charmanter Plauderer erwiesen hatte. In ihren 1977 erschienenen Erinnerungen gibt sie zu, daß sie daran geglaubt habe, daß die Juden eine Gefahr darstellen. »Es ist wahr, daß ich glaubte, daß die Juden, obwohl sie persönlich und in kleinen Gruppen durchaus charmant sein konnten, eine Gefahr darstellten, denn sie waren gierig nach Macht, und zu einer gewissen Zeit (und sogar auch heute) kontrollieren sie fast die ganze Welt. Ich war gleichzeitig davon überzeugt, weil es die Propaganda so verbreitete und es keinen Gegenbeweis gab, daß die Juden weder Stolz noch Humor hatten,

330

und ich war sehr froh darüber, Arierin zu sein.«[188] Die Gräfin sorgte dafür, daß ihr Vater seine Verträge mit Hearst nicht verlängerte, wohl wissend, daß dadurch auch die Sarfatti aus dem Geschäft war. Damit war ihre Rivalin nicht nur einer wichtigen Einnahmequelle, sondern auch ihres informellen Einflusses beraubt.

Margherita Sarfatti kannte Mussolinis »würgende Einsamkeit« und seine panische Angst vor dem Alter. Es war verboten, sein Alter zu erwähnen, und an seinen Geburtstagen verschwand er. Die Journalisten wußten, daß eine Zensur immer galt: niemals zu erwähnen, daß der Duce Enkelkinder hatte und Großvater war. Dagegen war es erwünscht, daß das Alter seiner beiden jüngsten Kinder hervorgehoben wurde. Mussolini war immer der Jüngste gewesen, ob er als faschistischer Ministerpräsident sich über seine älteren Kollegen lustig gemacht hatte oder als revolutionärer Sozialist die Alten angegriffen hatte. Er konnte sich nicht damit abfinden, älter zu werden, und fürchtete panisch potentielle Nachfolger. Dann tauchte auch noch der um sechs Jahre jüngere Hitler auf, und Mussolini phantasierte, daß nach seinem Tod ganz Europa dem deutschen Diktator untertan sein werde. Eigentlich schwer magenkrank, inszenierte er sich als gesunden, sportlichen Mann. Die Bilder zeigen den Duce beim Fechten, beim Reiten, beim Skifahren oder beim Schwimmen. Als radikalmodernen Fürsten sieht man ihn auch beim Fliegen, Auto- und Motorradfahren. Die Botschaft seines Körpers war, daß der Faschismus jung hält.[189] Er konnte nicht davon lassen, denn die Idee des Faschismus war untrennbar mit Jugend verbunden, mit Körpern, die sich in das Leben und in den Krieg werfen. Margherita Sarfatti erinnerte ihn an sein eigenes Alter, sie war seine Weggefährtin, und die Vertrautheit mit ihr war ihm zuwider. Er läßt sie zwei Stunden im Palazzo Venezia warten, um ihr dann durch seinen Saaldiener mitteilen zu lassen, daß er sie nicht sehen will. Danach betrat sie den Palast des Duce nie mehr. Er gab Anweisung, sie endgültig totzuschweigen. Ihr Name tauchte nicht mehr auf, und die Spuren ihres Einflusses wurden getilgt, so, als ob sie nie existiert hätte.

Am 14. Juli 1938 werden die von einer Wissenschaftlergruppe im Auftrag von Mussolini erarbeiteten Grundsätze zur Rassenfrage veröffentlicht. Seinem Schwiegersohn gesteht er, daß er sie so gut wie allein verfaßt habe. Die gesetzlichen Maßnahmen sind seiner Ansicht nach zunächst nicht entscheidend. Es geht darum, das Problem aufzuwerfen. »Nunmehr ist der Antisemitismus dem Blut der Italiener eingeimpft. Es wird von allein kreisen und sich entwickeln«, erläutert Mussolini Ciano.

Im September werden Maßnahmen gegen die in Italien lebenden ausländischen Juden ergriffen. Im November beschließt der Große Faschistische Rat Rassengesetze nach deutschem Vorbild. »Die Juden stellen die einzige Bevölkerung dar, die sich niemals in Italien assimiliert hat«, verkündet der Duce. Die Verfolgung der Juden beginnt.

Sie hatte ihre Flucht vorbereitet. Ihr Geld hatte sie in Schmuck getauscht, und einen Paß hatte sie auch. Am 14. November 1938 ließ sie sich von ihrem Chauffeur über die Schweizer Grenze bringen. Von dort aus nahm sie den Zug nach Paris. Sie verließ mit zwei Koffern ihr Land. Eine Woche später werden Juden aus der Faschistischen Partei ausgeschlossen. Darunter auch Margherita Sarfatti.

Retour

Parque Hotel Montevideo

Nach ihrer Ankunft in Paris erklärt die öffentlichkeitserfahrene Frau der Presse, sie befinde sich nicht im Exil. Sie habe ihr Land auf unbestimmte Zeit verlassen, könne jedoch jederzeit zurückkehren. Sarfatti hat vorgesorgt und in ihren Koffern außer Schmuck auch Briefe Mussolinis außer Landes gebracht. Sie hat keine Probleme, ihre Salonexistenz fortzusetzen. Alma Mahler hat sie in Paris wiedergesehen und über dieses Treffen vermerkt: »Als ich sie erstmal gesehen hatte, war sie die ungekrönte Königin von Italien. Jetzt ist sie die gekrönte Bettlerin des Exils. Sie ist tapfer, geistreich, wie immer – aber sehr voll Bitterkeit. Ihre tiefe Liebesfreundschaft zu Mussolini ist einer grenzenlosen Feindschaft gewichen.« Sie steigt in den besten Hotels ab und verkehrt mit Chanel, Cocteau und Colette. Doch ihr eigentliches Ziel sind die USA. Dort hatte sie Triumphe als Schriftstellerin und Vertreterin des Faschismus gefeiert, und dorthin will sie zurück. Doch die Zeiten haben sich geändert. Mussolini ist kein bewunderter Politiker mehr, und sie gilt als eine der Seinen. Ihr mitgeteilt, sie sei eine unerwünschte Person. In dieser Situation besinnt sie sich ihrer Herkunft. Sie versucht, ihre einzigartige Position im Faschismus zu vertuschen, indem sie sich als verfolgte Jüdin bezeichnet. Doch sie gilt nicht mehr als eine der Ihren.

Margherita Sarfatti lebt bis 1947 in Montevideo und Buenos Aires. Sie mietet sich keine Wohnung, sondern wohnt in guten Hotels. Sie hatte nicht viele Freunde, denn man war mißtrauisch gegenüber der faschistischen Jüdin, die sich ihren gebieterischen Ton nur schlecht abgewöhnen konnte. Wie immer schreibt sie Artikel und Bücher, über Kunst und über Mussolini. Für den laufen die Dinge schlecht. Der Mann, der die Jugend zur politischen Idee erkoren und die Bewegung und Elastizität der Existenz als zentrale Wesensmerkmale einer Politik des 20. Jahrhunderts entdeckt und für sich genutzt hatte, ist müde geworden. Die Kriege, die er angezettelt hat, sind verloren, und keiner nimmt ihn mehr ernst. Er verkriecht sich vor der Welt. Im Halbdunkel des Sala del Mappamondo sucht er angeblich Trost bei Dante, während sein Volk leidet. Als er im Juli 1943 abgesetzt wird, leistet er keinen Widerstand. Durch sein Verhalten bringt er seine deutschen Freunde in Bedrängnis, und Goebbels notiert im Tagebuch, Mussolini sei eben »kein Revolutionär etwa im Sinne des Führers oder im Sinne Stalins«. Die Deutschen befreien Mussolini, und er darf im Norden die Republik Salò gründen. Er ist nun eine Marionette der Deutschen und wird begleitet von seiner Familie, seiner Geliebten Clara Petacci sowie von Farinacci, Marinetti und Sironi. Er liefert den Nazis seine schlechte Kopie, nämlich Galeazzo Ciano, ans Messer. Ciano, der im Großrat für die Absetzung seines Schwiegervaters gestimmt hatte, wird als

Verräter erschossen. Die Nazis deportieren die Juden. Darunter auch Margherita Sarfattis Schwester Nella und deren Mann. Sie sterben beim Transport nach Auschwitz. Mussolini ist ein zahnloser alter Mann, der schlecht hört. Ein Diktator in den Wechseljahren, wie Joseph Roth ihn nennt. Einzig die junge Frau an seiner Seite erinnert an den Mann, der er einmal war.

In einer argentinischen Zeitung sieht Margherita Sarfatti im April 1945 das Foto des toten Duce. Partisanen hatten ihn und seine Begleiterin getötet und an den Füßen an einer Tankstelle aufgehängt. Das Bild des toten Körpers des alten Mannes ist das Bild vom Ende des Faschismus.

Margherita Sarfatti kehrt zurück nach Italien. Sie bleibt eine Vertriebene in ihrem Land. Sie will nicht mehr in ihre alte Wohnung in der Nähe der Villa Torlonia zurück und bezieht ein Hotelappartement in der vornehmen Via Veneto. Sie kleidet sich gut und schminkt sich nachlässig. Bis zu ihrem Tod lebt sie abwechselnd in ihrem römischen Hotel oder ihrem Landhaus bei Como. Regelmäßige Reisen führen sie nach Paris. Ihr Salon bleibt geschlossen. Sarfattis waren nur wenige Freunde und Feinde geblieben, man übersah sie. 1955 veröffentlichte sie ihre Erinnerungen unter dem Titel *Acqua Passata*. Wer sich Aufschlüsse davon erwartet hatte, wurde enttäuscht. Sie brachte es fertig, Mussolini kein einziges Mal zu erwähnen. Die Liebesbriefe Mussolinis verkaufte sie an einen plastischen Chirurgen in den USA. Sie wurden nie veröffentlicht. Sie sprach selten über die Vergangenheit. Und wenn, dann beharrte sie darauf, daß Mussolini den Faschismus an die Deutschen verraten habe. Sich selbst betrachtete sie als persönliches Opfer des Duce. Sie glaubte nur an ihre Version der Geschichte.

Am 30. Oktober 1961 ist Margherita Sarfatti in ihrem Landhaus in der Nähe von Como gestorben.

Anmerkungen

Heimkehr in die Fremde

1 Israel Zangwill (1864–1926) gilt als der jüdische Charles Dickens. Er war zu seinen Lebzeiten der führende jüdische Novelist und ein angesehener britischer Autor. Zu seinem Leben vgl. Joseph H. Udelson: *Dreamer of the Ghetto. The Life and Works of Israel Zangwill*. Tuscaloosa and London 1990.

2 Israel Zangwill: Chad Gadya, in: ders.: *Dreamers of the Ghetto*. Vol. II. Leipzig 1898, S. 235–258.

I. Venedig

Das Ghetto

1 Vgl. Leo Strauss: Why We Remain Jews: Can Jewish Faith and History Still Speak to Us?, in: Leo Strauss: *Jewish Philosophy and the Crisis of Modernity. Essays and Lectures in Modern Jewish Thought*. New York 1997. S. 311-356.

2 »Der Fremde ist eben seiner Natur nach kein Bodenbesitzer, wobei Boden nicht nur in dem physischen Sinne verstanden wird, sondern auch in dem übertragenen einer Lebenssubstanz, die, wenn nicht an einer räumlichen, so an einer ideellen Stelle des gesellschaftlichen Umkreises fixiert ist. (...) Nun gibt jene Angewiesenheit auf den Zwischenhandel und vielfach, wie in einer Sublimierung hiervon, auf das reine Geldgeschäft, dem Fremden den spezifischen Charakter der Beweglichkeit.« Georg Simmel: Exkurs über den Fremden, in: ders.: *Soziologie. Untersuchungen über die Formen der Vergesellschaftung*, Berlin 1908, S. 509-512, hier S. 510.

3 cit. nach Riccardo Calimani: *Die Kaufleute von Venedig. Die Geschichte der Juden in der Löwenrepublik*. Düsseldorf 1988. S. 61.

4 In der Politik gelang es Venedig auch in der nationalstaatlichen Welt einen herausragenden Platz einzunehmen. Für die Ökonomie galt dies allerdings nicht: Venedig verwandelte sich von der Drehscheibe des internationalen Handels in einen Industriehafen. Es kam zu einer langsamen Verschiebung von der Handelsniederlassung zur Werkstatt. Der Konversion vom Handel auf die Industrie wohnt ein defensiver Zug inne. Es sind die wegen ihrer Religion vertriebenen jüdischen Immigranten, die sich durch die Weitergabe von Techniken und bestimmten Fertigkeiten hervortun, was wiederum der ökonomischen Entwicklung der Stadt zugute kommt.

5 »The Venetian state was ruled by a mercantile oligarchy guided by pragmatic considerations. But Venice was also a Christian state and society, imbued with all the prejudices and psychological and religious weakness which were largely directed against the

6 Ein deutliches Zeichen für den Anachronismus der venezianischen Elite war es, daß sie in einer Welt, die dabei war, den Feudalismus abzuschaffen, feudal wurde. Die Patrizier der amphibischen Stadt wurden zu Bauherren der Palladio-Villen. Die Villa war in der Spätrenaissance Sinnbild einer neuen Lebenseinstellung gewesen. Die vita contemplativa erhielt nun auch bei den Venezianern den Vorrang vor der vita activa. Das venezianische Patriziat war auf den grünen Hügeln des Veneto gestrandet.

7 »Jener große Gebäudekomplex, der der Mehrzahl der Juden Obdach gewährt, Ghetto Novo genannt wird und dem Rio di San Girolomo benachbart ist, war bis zum Beginn des 15. Jahrhunderts eine Gießerei und ein Tümpel. Der andere Block, nahe Cannaregio, der Ghetto Vecchio heißt, war für die staatlichen Gießereien bestimmt und der Sitz der für sie zuständigen Behörde. Daher wurde dieser Ort Ghetto genannt. Es gab dort zwölf Öfen, deren Verbrennungsrückstände sich bis zur nächsten Gießerei ausbreiteten. Auf diese Weise wurde jenes Gelände urbar gemacht, auf dem dann jene Häuser errichtet wurden, die man heute dort sieht und die, ehe die Juden 1516 ihren Fuß dorthin setzten, zahlreiche christliche Familien beherbergt hatten.« Tommaso Temanza cit. nach Riccardo Calimani: *Die Kaufleute von Venedig. Die Geschichte der Juden in der Löwenrepublik.* Düsseldorf 1988, S. 205ff.

8 Als dieses bezogen wurde, hatte sich der Begriff »Ghetto« für den abgegrenzten Lebensraum der Juden bereits durchgesetzt. »Accordingly, it is understandable that when a third compulsory Jewish quarter was established in Venice, it was referred to as a ghetto. And since Venice already had an old ghetto and a new ghetto, this third ghetto became known as the newest ghetto, the ghetto nuovissimo. However, the ghetto nuovissimo differed from the ghetto nuovo and the ghetto vecchio in one important respect. While the latter two names had been in use prior to the residence of the Jews in those locations, and supposedly owed their origin to the foundries once in operation on them, the ghetto nuovissimo had never been the site of the newest foundry. Rather, it was called the ghetto nuovissimo because it was the site of the newest compulsory, segregated walled-in Jewish quarter. The term ghetto had come full circle: from an original specific usage as a foundry in Venice, to a generic usage in other cities designating a compulsory, segregated walled-in Jewish quarter with no relation to a foundry, now to a generic usage also in its city of origin, Venice.« Benjamin Ravid: The Establishment of the Ghetto Nuovissimo of Venice, in: *Publications of The Hebrew University of Jerusalem, The Perry Foundation for Biblical Research; Jews in Italy.* Jerusalem 1988, S. 35-54, hier S. 52.

9 »The Venetian Ghetto was created at the point of tenuous equilibrium between two opposing forces: it was, at one and the same time, an entry way for Jews into Venice and an enclosure to keep them out.« Bernard Dor Cooperman: The Creation of the Venetian Ghetto, in: Roberta Curiel/Bernard Dor Cooperman (eds.): *The Ghetto of Venice.* London 1990, S. 8-27, hier S. 8.

10 Johann Wolfgang von Goethe: *Gesammelte Werke.* Band XI. Autobiographische Schriften III. Italienische Reise. Hamburger Ausgabe. München 1982, S. 69.

11 Venedig war ein Verlagszentrum von Weltrang. Viele jüdische Gelehrte kamen in die Stadt, in der die ersten Bücher mit hebräischen Lettern gedruckt wurden.

12 Rousseau arbeitete vom September 1743 bis August 1744 als Sekretär des französischen Botschafters in Venedig.

13 Philipp Monnier: *Venedig im 18. Jahrhundert.* Dresden 1928, S. 37ff.

14 Die beim Karneval getragene Maske nennt sich Larve. Sie war für Männer wie Frauen gleich, es gab sie in Weiß und in Schwarz. Die Larve wurde zum unentbehrlichen Toilettenstück in der venezianischen Gesellschaft auch außerhalb des Karnevals. So trug man sie in Restaurants, die Notabeln pflegten damit zum Dogenpalast zu eilen, und die junge Frau verbarg sich dahinter auf dem Weg zu einem verbotenen Vergnügen. Niemand fand etwas dabei, Maskierten zu begegnen.

15 »Im Konversations- und Speiseraum ging es laut und lustig her, im eigentlichen Spielzimmer der ›Camera lunga‹ herrschte absolutes Schweigen, dort durfte, um Streit und Zank zu vermeiden, nicht gesprochen werden. Man hörte nichts als die Schritte der Kommenden und Gehenden und den Klang rollender Goldmünzen. Es war ein seltsamer Anblick: lauter kleine Tische und vor jedem hielt ein Patrizier in purpurner Toga und großer Perücke, der sogenannte ›Tavoliere‹ die Bank.« Kazimierz Chledowski: *Das Italien des Rokoko.* München 1919, S. 66.

16 »Card-playing symbolized war as well as trade; therefore, it allowed Venetian nobles to reconcile symbolically their commercial heritage with the feudal and military culture of nobles in mainland Italy. V.G. Kiernan has said in his study of duelling that a ›class detached from its original setting is likely to adopt customs that represent once serious occupations in a vestigial or emblematic form. Feudal nobility was devoted to the business of war‹; thus, according to Kiernan, the duel. Venetian nobles were originally devoted to trade; hence, perhabs gambling.« Jonathan Walker: Gambling and Venetian Noblemen 1500–1700, in: *Past and Present,* Jg. 1962, 1990, S. 28–70, hier S. 68ff.

17 Eduard v. Busse: *F. Guardi und die Kleinmeister des venezianischen Rokoko.* Leipzig 1925, S. 8.

18 Thomas Medicus: *Städte der Habsburger.* Frankfurt/Main 1991, S. 53ff.

19 Theodor Schieder: Das Jahr 1813 und das heutige Europa, in: Heinz-Otto Sieburg (Hrsg.): *Napoleon und Europa.* Köln Berlin, 1971, S. 344–358, hier S. 347.

Der Garten

20 Margherita G. Sarfatti: *Acqua Passata.* Rocca San Casciano 1955, S. 5.

21 Gaston Bachelard: *Poetik des Raumes.* Franfurt/Main 1987, S. 35.

22 Sigmund Freud: Eine Kindheitserinnerung aus »Dichtung und Wahrheit«, in: ders.: *Gesammelte Werke XII.* London 1947, S. 15–26, hier S. 17.

23 Bis zum Anfang des 17. Jahrhunderts gab es in Venedig hauptsächlich botanische Gärten, in denen all die seltenen Pflanzen wuchsen, die die Kaufleute von ihren Reisen in den Orient mitgebracht hatten. Mit dem Niedergang Venedigs veränderten sich auch die Gärten. Jetzt gab es kaum noch Gartengesellschaften, die sich mit botanischen Forshlungen beschäftigten Statuen und Springbrunnen zierten neu entstandene, kleine Lustgärten. Hochwasser und Vernachlässigung verwandelten viele Gärten in morbide Orte, die so gut in das dekadente und melancholische Venedig des 19. Jahrhunderts paßten. Schließlich mußten viele Gärten dem Wohnungsbau weichen. Der Garten der Margherita Sarfatti existiert nicht mehr.

24 Vgl. Louis Wirth: The Ghetto, in: *The American Journal of Sociology*, Jg. 23, 1927, S. 57-71.

25 »They are deeply attached to the old traditional life, to the familiar sights and sounds of a Jewish city, and it is essential for their comfort and peace of mind that they shall live in the same sort of atmosphere as that in which they have grown up. The Ghetto in the East may be a symbol of political bondage; but in the West the only bondage that it typifies is that exercised by sentiment and tradition.« Israel Cohen: The Jewish Community, in: *The Sociological Review*, Jg. 3, 1910, S. 216-226, hier S. 223.

26 Vgl. hierzu Bruno Di Porto: Gli Ebrei Nel Risorgimento, in: *Nuova Antologia*, Ottobre-Decembre 1980, S. 256-272.

27 »Trotz aller Rhetorik um Vaterlandsreligion und Freiheitsideale war die politische Elite provinziell und in sich gespalten, war sie eine bloße Zweckgemeinschaft ohne jede universalistische Vision, die nur vom gemeinsamen Interesse zusammengehalten wurde, das unberechenbare ›paese reale‹ im Zaum zu halten, womit die große Masse der Italiener gemeint war, die – ohne Zugang zu Wohlstand und Bildung – an der Ausübung ihrer Bürgerrechte gehindert wurde.« Marco Meriggi: Soziale Klassen, Institutionen und Nationalisierung im liberalen Italien, in: *Geschichte und Gesellschaft*, Jg. 26, 2000, S. 201-218, hier S. 208.

28 »Dieser Haß der Städte aufeinander ist ein Hauptzug Italiens, die Folge der mittelalterlichen Gewaltherrschaften und das große Hindernis für die Freiheit. Es ist die Kehrseite ihrer Originalität; in Frankreich ist Paris alles und saugt alles auf.« Stendhal: *Reise in Italien*, Rom-Neapel-Florenz, Jena 1911, S. 299.

29 Das Wir-Gefühl, das die Voraussetzung nationaler Identifikation ist, wurde im Italien des Risorgimento vor allem durch sinnstiftende Mythen geschaffen. Die Einheit der Nation wurde herbeierzählt. Die Besonderheit der Stellung der italienischen Juden im Nationalepos besteht darin, daß sie Akteure eines politischen Mythos waren, der bis heute zur Erfolgsgeschichte des Risorgimento gehört. Gemeint ist der Gefangenenchor aus Giuseppe Verdis Oper »Nabucco« aus dem Jahre 1842. Es heißt, Verdi habe mit dieser Oper den Aufschrei des Volkes vorweggenommen. Ganz Italien habe diese Musik begeistert gefeiert, und durch das Singen der Arien habe sich das Nationalgefühl über das ganze Land ausgebreitet. Beinahe als Hymne des Risorgimento gilt der Gefangenenchor. Dieser Umstand ist deshalb so interessant, weil es sich um einen Chor gefangener Juden handelt. In der Szene mit dem berühmten Chorgesang »Va pensiero sull' ali dorate« sollen alle Juden umgebracht werden, doch am Ende bekehrt sich ihr Feind, der assyrische König Nabucco zum jüdischen Glauben und läßt die Juden gehen. Man kann darauf den Schluß ziehen, daß die Juden zum Alter ego des national gesinnten Italieners avancierten, der sich in den Juden erkannte. Auch er fühlte sich umgeben von Feinden und sehnte sich nach Freiheit.

30 »Alle hochherzigen Leute leben jetzt einsam auf dem Lande und widmen sich der Landwirtschaft, um die österreichischen Uniformen nicht zu sehen«, notiert Stendhal über das Verhalten der lombardischen Adeligen. In den agrarischen Gesellschaften finden sich die modernisierungsbereiten Aristokraten und Bürger zusammen. Für Cavour war der in der Landwirtschaft wie auch in der Armee verlangte Realismus eine Übung für seine spätere politische Karriere. An Jean-Édouard Naville schrieb er 1841: »L'agriculture est la plus agréable et la plus convenable occupation dans ce siècle.« Cavour cit. nach Rosario Romeo: *Cavour E Il Suo Tempo (1810-1842)* Bari 1977, S. 622.

31 »For Jews emancipation took the form of a dialectical process, oscillating between conscious integration and unconscious assimilation, leading them to question their

traditional heritage.« Mario Toscano: The Jews in Italy From The Risorgimento To The Republic, in: Vivian B. Mann (Ed.): *Gardens and Ghettos. The Art of Jewish Life in Italy.* Berkeley 1983, S. 25–43, hier S. 27.

Die Idee

32 Franco La Cecla weist auf die Verdienste hin, die vor allem der Pasta und der Pizza im nationalen Einigungsprozeß zukommen. Bis zum Ende des 17. Jahrhunderts ernährten sich die Norditaliener hauptsächlich von Fleisch, Hülsenfrüchten und Gemüse. Für die Nudelesser aus dem Süden hatten sie nur Verachtung übrig. Ab 1860 verbreitete sich die Pasta auch im Norden des Landes. Die Pasta bildete dann den Grundstock einer gemeinsamen Küche in einem Land, das arm an weiteren Gemeinsamkeiten war. Franco La Cecla: *La pasta e la pizza.* Bologna 1998.

33 Giuseppe Mazzini war der 1805 geborene Prophet des jungen Italien, der 1827 sein öffentliches Wirken als Literaturkritiker begonnen hatte. Mazzini verkündete, daß Europa in eine auf Selbstbestimmung der Nationen beruhende Phase eintrete, und dem Aufstand der Italiener sprach er dabei eine Initialwirkung zu. Die gescheiterte Julirevolution 1831 verhalf ihm zu der Rolle, die er nicht mehr loswerden sollte: er war der ewig Exilierte, der durch Europas Salons und Geheimgesellschaften geisterte. 1831 gründete er die Geheimgesellschaft »Giovane Italia«. Mazzini begründete eine wesentlich religiöse Organisation, wie Salvemini schrieb, und man verkennt seine Wirkung, wenn man ihn nur vom Standpunkt politischer Effizienz aus betrachtet. Juan Linz zufolge ist er ein Vorläufer der politischen Religionen des 20. Jahrhunderts, denn in seinen Aktionen und Ideen verschmolz der politische und der spirituelle Sinn miteinander. Die Gründung von Geheimgesellschaften, die Planung von Aufständen, die alltägliche Konspiration sowie Verfolgung und Exil bestimmten sein Leben. Er opferte sich für seine Mission, seine Ideen lebten als unerfülltes Versprechen im nationalen Gedächtnis fort.

34 Giuseppe Garibaldi wurde 1807 geboren und schloß sich Mazzinis Giovane Italia an. Einige Jahre lebte er im südamerikanischen Exil und kehrte zur Revolution 1848 nach Italien zurück. Er war ein Abenteurer, der sich selbst gerne als Kämpfer für die Freiheit sah und oftmals nichts anderes als der Söldner einer Idee war. Garibaldi war ein großer, starker Mann, der nicht durch Worte, sondern durch seine Ausstrahlung wirkte. Er hatte keine Bewegung gegründet, sondern über eine Anhängerschaft verfügt. Als auf Sizilien 1860 Aufstände ausbrachen, entschloß er sich auf Drängen sizilianischer Emigranten Anführer einer Hilfsorganisation für die Aufständischen zu werden. Mit großem taktischen Geschick gelang die Landung auf Sizilien in der Stadt Marsala. Garibaldi wurde als Statthalter des Königs »Diktator von Sizilien«. Enttäuscht zog er sich nach der Einigung auf seine Insel Caprera zurück, wo er als eine Art Aussteiger in selbstgewählter Abgeschiedenheit lebte. Er schrieb Romane, empfing ausländische Besucher und inszenierte sein privates Leben als eine Art politisches Bekenntnis. Garibaldi steht für das, was »gut« war am Risorgimento: er war aufrichtig, mutig und volkstümlich. Er war der Patriarch in dieser einfachen Welt, die sich in Pathos und Sentimentalität gefiel.

35 »Thus, at the time of unification the Piedmontese monarchy, revitalised in the preceding decade by Cavour, had become the ruling dynasty of Italy by an act of parliament. By accepting the crown under these conditions, Victor Emmanuel II had recog-

nized the preeminence of parliament and his role in a responsible monarchy, which remained, however, conservative in its emphasis on continuity. Responsible monarchy meant that the dynasty accepted a fundamental political dependency on parliament. In the absence of monarchy, parliament could still survive in Italy, perhaps less securely; but a national monarchy could not stand without the popular warrant given it by a parliament, the only truly, though imperfect, national institution the country possessed. To remain vital, Italy's monarchy had to prove itself liberal, at least in its acceptance of a limitation of its powers.« Salvatore Saladino: Parliamentary Politics In The Liberal Era 1861 To 1914, in: Edward R. Tannenbaum/Emiliana P. Noether (Eds): *Modern Italy. A Topical History Since 1861.* New York 1974, S. 27-51, hier S. 27.

36 Ferdinand Gregorovius: *Römische Tagebücher 1852-1889.* München 1991, S. 381.

37 »Darin erklärte man die Person des Papstes für unantastbar und unverletzlich, räumte ihm königliche Ehren und Vorrechte ein, garantierte ihm volle Freiheit in seinem kirchlichen Amt und in der Verbindung mit den Katholiken der ganzen Welt; eigene Post und Telegraf sicherten diese Verbindung. Man erkannte den Vertretern der ausländischen Regierungen beim Heiligen Stuhl Immunität und diplomatische Vorrechte zu, man bewilligte dem Papst eine jährliche Rente im italienischen Staatshaushalt, so wie es in Kirchenstaat gewesen war, man ließ ihm die Nutznießung am Vatikan, an anderen Palästen und Villen und die direkte Leitung der Seminare und katholischen Institute in Rom, die man von der staatlichen Schulüberwachung befreite.« Benedetto Croce: *Geschichte Italiens 1871-1915.* Berlin 1928, S. 35.

38 Gregorovius über die königliche Leiche: »Unverlöschlich hat sich mir das Bild des Toten eingeprägt, ein schauerlicher Anblick, wie eines Fantasma, gleichsam in der Luft in einer fauligen Wolke von Luftdampf; ein unförmig aufgetriebener Körper, halb verhüllt in einen Purpurmantel; von dem geschwärzten Gesicht wenig zu erkennen; der große Bart sich sträubend wie zwei schwarze Flügel, die das Antlitz beschatteten. Mir war es, als erblickte ich eine Vision aus der Unterwelt Dantes; und das war der Rest des ersten Königs Italiens!« Er schreibt über die päpstliche Leiche: »Die Züge des Gesichts sind kaum noch kenntlich, die weichen Formen voll Milde und Anmut sind verschwunden, und das Lächeln hat sich in einen abschreckenden starren Ausdruck verzerrt. Die große Erscheinung gleicht nun der eines umgestürzten, auf den Boden geworfenen Idols.« Friedrich Gregorovius: *Römische Tagebücher 1852-1889.* München 1991, S. 382 und S. 387.

39 Depretis hatte Landbesitz, engagierte sich in der Agrargesellschaft und arbeitete journalistisch. Vergleiche zum frühen Depretis Giuseppe Talamo: *La Formazione Politica Di Agostino Depretis.* Milano 1970.

40 Giorgio Bassani: *Die Gärten der Finzi-Contini.* München 1986, S. 22.

41 »Paradoxically our history as quiet, modest people is connected with Turin's most important monument, which certainly is not modest or in tune with our essential temperament.« Primo Levi: Preface, in: Vivian B. Mann (Ed): *Gardens and Ghettos. The Art of Jewish Life in Italy.* Berkeley 1989, S. XV-XVII, hier S. XVI.

42 Pietro Bembo, der in diesem Palazzo 1470 geboren wurde, ist eine berühmte Gestalt der italienischen Renaissance. Er war Sekretär von Papst Leo X. und Bischof von Bergamo. Nachdem er lange Jahre mit seiner Geliebten zusammengelebt und drei Kinder gezeugt hatte, erinnerte er sich seiner Geistlichkeit und zog sich in eine Villa zurück. Dort lebte er enthaltsam und begann zu dichten. 1505 wurden *Gli Asolani, Gespräche über die Liebe* veröffentlicht. 1539 ist er gestorben. Baldesar Castiglione hat Bembo als Vertreter neoplatonischer Liebe in seinem 1527 erschienenen *Il libro del cor-*

tegiano ein Denkmal gesetzt. Die erste Fassung des Buches war Pietro Bembo gewidmet gewesen.

43 Friedrich Tenbruck: Bürgerliche Kultur, in: Neidhardt, Friedhelm u. a. (Hrsg.): *Kultur und Gesellschaft*, Sonderheft 27 der *Kölner Zeitschrift für Soziologie und Sozialpsychologie*, 1986, S. 263–285, hier S. 280.

44 Vgl. Richard I. Cohen: Nostalgia and »return to the ghetto«: a cultural phenomen in Western and Central Europe, in: Jonathan Frankel/Steven J. Zipperstein (Eds): *Assimilation and Community*. The Jews in nineteenth-century Europe. Cambridge 1992, S. 130-155, hier S. 131.

45 »Judith«: She Is the Comrade of Il Duce, in: *The American Hebrew. A Magazine for American Jews*, October 4, 1929, S. 600-601, hier S. 600.

46 So sind wir nicht nur über Prousts kindliche Leseerfahrungen unterrichtet, sondern wissen auch um die Vorliebe des jungen Walter Benjamin für die »archaische Stille des Buches«. Jean-Paul Sartre hat seine Autobiographie in einen ersten Teil »Lire« und einen zweiten Teil »Écrire« geteilt.

47 Michael Jakob: Gespräch mit George Steiner, in: *Sinn und Form*, Jg. 45, 1993, S. 546-555, hier S. 546.

48 Pompeo Molmenti: *Venezia. Nuovi Studi Di Storia E D'Arte*. Firenze 1897.

49 Pietro Orsi: *L'Italia Moderna. Storia Degli Ultimi 150 Anni*. Milano 1901.

50 Über die kriegerischen Auseinandersetzungen während des Risorgimento schreibt er: »And with the reopening of the war began that period of heroic folly which aroused the wonder of the whole world and formed the true baptism of blood for the Italian spirit of nationality.« Pietro Orsi: *Cavour. And The Making Of Modern Italy*. New York/London 1914, S. 128.

51 Vgl. hierzu besonders Antonio Fradeletto: *La Storia Di Venezia E L'Ora Presente D'Italia*. Torino 1916.

52 Wie Queen Victoria wurde Ruskin 1819 geboren, und er starb 1900, im selben Jahr wie Nietzsche. Der Sohn von Englands größtem Sherry-Importeur wuchs in wohlbehüteter Einsamkeit auf. Mit 24 Jahren veröffentlicht der Oxford-Absolvent den ersten Band seiner *Modern Painters*, der ihn schlagartig berühmt macht. Als angesehener Kritiker und Kunstschriftsteller verbrachte er die eine Hälfte des Jahres in London und die andere Hälfte auf Reisen. 1851 veröffentlicht er *Stones of Venice*. 1869 kehrte er als Slade Professor for Fine Arts nach Oxford zurück. Er wurde zu einem scharfen Kritiker des viktorianischen England und zum sozialreformerischen Vorbild von Tolstoi, Shaw, Gandhi und den Gründern der Labour Party. Vgl. zu dieser wichtigen europäischen Übergangsgestalt die hervorragende Biographie von Wolfgang Kemp: *John Ruskin. Leben und Werk*. München 1983.

53 Hans Christian Andersen: *Bilderbuch ohne Bilder*. Hamburg 1984, S. 41.

54 Wolfgang Kemp: Nachwort, in: John und Effie Ruskin: *Briefe aus Venedig*. Stuttgart 1995, S. 109-120, hier S. 118.

55 Zygmunt Baumann: *Moderne und Ambivalenz. Das Ende der Eindeutigkeit*. Hamburg 1992, S. 116.

56 Margherita G. Sarfatti: *Mussolini. Lebensgeschichte*. Leipzig 1926, S. 130.

57 Die Pariser Commune war ein Schock für das befriedete, wohlhabende europäische Bürgertum. Die Revolution kehrte als ungeliebtes Kind zurück. Eine Louise Michel Gerufene zur Tochter zu haben muß für Amedeo Grassini das blanke Grauen gewesen sein.

58 1903 wurde aus Sarto Papst Pius X. Den Versuchen französischer Theologen, das

343

II. Mailand

Der Salon

1 Anna Maria Ortese: Stazione Centrale – Eine Nacht auf dem Bahnhof, in: dies.: *Stazione Centrale und andere Mailänder Geschichten*. München 1993, S. 7-53, hier S. 41.

2 Carlo Emilio Gadda: Wenn Girolamo Nicht Mehr Das Parkett Bohnert, in: ders.: *Vier Töchter und jede eine Königin. Mailänder Skizzen*. Berlin 1991, S. 7-52, hier S. 13.

3 Alberto Savinio: *Stadt, ich lausche deinem Herzen*. Übersetzt von Karin Fleischanderl. Frankfurt/Main 1989, S. 157.

4 Peter Seibert: *Der literarische Salon. Literatur und Geselligkeit zwischen Aufklärung und Vormärz*. Stuttgart/Weimar 1993, S. 165.

5 Leo Deutsch berichtet in seiner Autobiographie, der Polizeichef von Kiev sei so eingenommen von der Schönheit Annas gewesen, daß er sie auf der Straße absichtlich übersah, obwohl sie steckbrieflich gesucht wurde. Häufig wird sie als eine madonnenähnliche Erscheinung geschildert. Vgl. Leo Deutsch: *Sixteen Years in Siberia*. London 1903.

6 Bakunin hatte den religiösen Idealismus Mazzinis und den blinden, ideologisch amorphen Garibaldismus entlarvt. Er hatte gegen diese morschen Gebilde die vitale Kraft der Arbeiterklasse gesetzt. Ihm kommt das Verdienst zu, die revolutionären Traditionen des italienischen Volkes freigelegt zu haben. So lautete das nachträgliche Lob des Anarchisten Costa. Vgl. Richard Hostetter: *The Italian Socialist Movement I: Origins (1860-1882)*. Princeton 1958, S. 415.

7 »L'occasione dell'incontro fra Kuliscioff e Turati fu un'iniziativa partita da una signora milanese, Anna Maria Mozzoni, intelligentemente aperta ad una forma di uno socialismo, quando, verso la fine del 1884, sollecitò Turati a organizzare una raccolta di fondi per i detenuti nelle prigioni zariste. In quella circostanza Turati stese un manifesto (che fu sottoscritto anche da Bertani, Saffi, Bovio, Lemmi, Mario, Cavalloti, Fratti, Pantano, Colajanni) e avviò una relazione epistolare con la Kuliscioff, tuttora residente a Napoli, dove si era già distaccata dal Costa.« Nino Valeri: *Turati E La Kuliscioff*. Firenze 1974, S. 21.

8 Gemeinsam geschriebene Artikel pflegten sie »noi« (wir) oder »t-k« zu unterzeichnen. Natalia Ginzburg beschreibt in ihrer Autobiographie, wie Turati nach dem Tod der Kuliscioff zu ihren Eltern zu Besuch kam. Seine Widmung in dem Gedenkbuch seiner verstorbenen Geliebten unterschrieb er mit »Anna und Filippo«.

9 Turati bezeichnete die Zeitschrift in einem Brief von 1899 als »unsere kleine Tochter aus Papier«. Die Zeitschrift war in drei große Sparten unterteilt: Politik und Ideologie, Ökonomie und Soziologie, sowie Literatur, Philosophie und Kultur.

10 Man glaubt eine Fotografie aus dem 20. Jahrhundert vor sich zu sehen, Jean-Paul Sartre und Simone de Beauvoir, das überragend stilbildende Intellektuellenliebespaar

---

Glaubensgut nach neueren philosophischen, psychologischen und geschichtsphilosophischen Erkenntnissen zu durchdenken, trat er mit einer rigorosen Verurteilung des »Modernismus« entgegen und ließ es zu einem offenen Bruch kommen. Pius X. wurde 1954 heiliggesprochen.

des vergangenen Jahrhunderts posierte gerne an getrennten Schreibtischen im gemeinsamen Hotelzimmer.

11 Es gab deutsche Sozialisten, die vor Bismarck nach Italien geflohen waren und dort für das deutsche Modell warben. Arturo Labriola bezeichnete die deutsche Sozialdemokratie als die Erzieherin der neuen Geschichte.

12 Ab 1896 war Turati als Abgeordneter in Rom. Sie führte nicht nur den Salon, sondern auch die Zeitschrift allein, was einen enormen Machtzuwachs für sie bedeutete.

13 »Die Scapigliatura war vielleicht die einzig wirklich romantische Bewegung, die es in Italien gegeben hat. Das Vorbild der Pariser Bohème der dreißiger Jahre und der Einfluß von Baudelaire, Poe, Heine und E. T. A. Hoffmann sind spürbar. Diese Künstler waren von dem Wunsch beseelt, dem eigenen Schönheitsideal und dem eigenen Lebensgefühl frei, selbst bis zum Exzeß, Ausdruck zu verleihen und die engen Grenzen der einzelnen Kunstgattungen und die Grenzen zwischen Kunst und Leben zu sprengen.« Christa Baumgarth: *Geschichte des Futurismus*. Reinbek bei Hamburg 1966, S. 14 ff.

14 »Wenn Freud und die anderen Psychiater der Jahrhundertwende von Neurasthenie sprachen, handelten sie nicht einfach von einem Spezialistenproblem, sondern von einer im Bürgertum geradezu massenhaft auftretenden psychischen Erkrankung, die Unzählige, vor allem Männer zwischen 20 und 40 Jahren, oft für Monate in Wasserkuren und Nervenheilanstalten trieb.« Philipp Sarasin: *Reizbare Maschinen. Eine Geschichte des Körpers 1765-1914*. Frankfurt/Main 2001, S. 435.

15 t-k: Dichiarazioni Necessaire. Rivoluzionari od opportunisti?, in: *Critica Sociale*, 1 gennaio 1990.

16 1903 verbreitete sich das Gerücht, Turati sei als Minister für Agrarwesen, Industrie und Handel im nächsten Kabinett Giolitti vorgesehen. Giolitti bestätigte dieses Gerücht und lud Turati zu Verhandlungen ein. Dieser glaubte, solch ein Treffen würde seine Position in der Partei schwächen, und schickte einen Vertrauensmann. Turati lehnte den Ministerposten mit dem Hinweis auf die Unreife der Massen ab, die einen solchen Schritt nicht verstehen würden.

17 Claire La Vigna, die ein gutes Buch über die Kuliscioff geschrieben hat, geht davon aus, daß die tägliche Korrespondenz des Paares bereits in Hinblick auf die eigene historische Bedeutung abgefaßt wurde. Dafür spricht, daß die Briefe so geschrieben sind, daß sie detailliert über die sozialistische Bewegung und deren Entwicklung berichten. Die Briefe wurden sorgfältig gesammelt und aufbewahrt. Dank der Tochter Kuliscioffs wurden sie über den Faschismus gerettet.

18 Den Nachttisch ihrer Mutter beschreibt sie wie folgt: »Daneben stand eine Fotografie meiner Mutter, auf der sie und Anna Kulischow mit großen Federhüten und Schleierchen im Regen zu sehen waren.« Natalia Ginzburg: *Familienlexikon*. Berlin 1996, S. 38.

19 Margherita G. Sarfatti: *Mussolini. Lebensgeschichte*. Leipzig 1926, S. 145 ff.

20 Margherita G. Sarfatti: *Mussolini. Lebensgeschichte*. Leipzig 1926, S. 147.

21 Karl Vossler: *Italienische Literatur der Gegenwart von der Romantik zum Futurismus*. Heidelberg 1914, S. 76.

22 Stefan Zweig: *Die Welt von gestern*. Erinnerungen eines Europäers. Frankfurt/Main 1992, S. 26 ff.

23 »Für ihn (den Fremden; K.W) haben die Zivilisations- und Kulturmuster der Gruppe, welcher er sich annähert, nicht die Autorität eines erprobten Systems von Re-

zepten, und nicht nur deshalb, und sonst aus keinem anderen Grund, weil er nicht an der lebendigen geschichtlichen Tradition teilnimmt, durch die diese Muster gebildet wurden. Sicherlich hat auch vom Standpunkt des Fremden aus die Kultur der Gruppe, welcher er sich nähert, ihre besondere Geschichte, und diese Geschichte ist ihm sogar zugänglich. Aber sie wurde niemals ein integraler Teil seiner Biographie, wie es mit der Geschichte seiner Heimatgruppe der Fall war. Nur die Weisen, in denen Väter und Vorväter lebten, werden für jedermann Elemente des eigenen Lebensstils. Gräber und Erinnerungen können weder übertragen noch erobert werden. Der Fremde nähert sich deshalb der anderen Gruppe wie ein Neuankömmling im wahrsten Sinne des Wortes. Bestenfalls ist er willens und fähig, die Gegenwart und die Zukunft mit der Gruppe, welcher er sich nähert, in lebendiger und unmittelbarer Erfahrung zu teilen. Er bleibt jedoch unter allen Umständen von den Erfahrungen ihrer Vergangenheit ausgeschlossen. Vom Standpunkt der Gruppe aus, welcher er sich nähert, ist er ein Mensch ohne Geschichte.« Alfred Schütz: Der Fremde. Ein Sozialpsychologischer Versuch, in: ders.: *Gesammelte Aufsätze.* Studien zur soziologischen Theorie. Den Haag 1972, S. 53–69, hier S. 59ff.

24 Stenographisches Protokoll der Verhandlungen des VI. Zionisten-Kongresses gehalten zu Basel 23., 24., 25., 26., 27., und 28. August 1903. Wien 1903, S. 25.

25 Stenographisches Protokoll der Verhandlungen des II. Zionisten-Kongresses gehalten zu Basel vom 28. bis 31. August 1898. Wien 1898, S. 98.

26 »Aus dieser Stellung sozialer Inferiorität herauszukommen, wurde Herzls Devise; daher sollte der Kongreß Würde und Organisation präsentieren. Das dürfte der Grund gewesen sein, warum Herzl den Kongreß frei von jeglichem Verschwörungsgeist gestalten und ihn zu einem Ereignis erheben wollte, getragen von einer Gesellschaft, die trotz Ghetto vom europäischen Akkulturationsprozeß Notiz nahm und trotz Erniedrigungen und Pogromen Würde und Noblesse bewahrt hatte. Er verlegte daher in letzter Minute das Lokal für den Kongreß ins Baseler elegante städtische Kasino, weil die Bierhalle, die man dafür reserviert hatte, keinen genuin eindrucksvollen Rahmen bot. Er bestand darauf, daß alle Abgeordneten zur Eröffnungssitzung im Frack erschienen.« Jacob Allerhand: Messianische Elemente im Denken und Wirken Theodor Herzls, in: Norbert Leser (Hrsg.): *Theodor Herzl und das Wien des Fin De Siècle.* Wien Köln Graz 1987, S. 61–75, hier S. 70.

27 Vgl. hierzu Gianfranco Tortorelli: L'affare Dreyfus e i socialisti italiani, in: *Società e storia*, Jg. 9, 1986, S. 105–132.

28 La Critica Sociale: La Dégringolade, in: *Critica Sociale*, 16 gennaio 1898.

Der Krieg

29 Das Manifest erschien 1909 außer in italienisch und französisch noch auf englisch, portugiesisch, spanisch, russisch und rumänisch. Auf deutsch wurde es erst im März 1912 publiziert.

30 Manifest des Futurismus, in: Christa Baumgarth: *Geschichte des Futurismus.* Reinbek bei Hamburg 1966, S. 23–29, hier S. 27.

31 Hugo von Hofmannsthal: Gabriele d'Annunzio, in: ders.: *Reden und Aufsätze I 1891–1913.* Frankfurt/Main 1979, S. 174–184, hier S. 174.

32 Manifest des Futurismus, S. 26.

33 Es gab auch italienische Künstler, die es in Paris zu Ansehen gebracht hatten. So

34 Gino Severini: *Tutta la vita di un pittore*. Milano 1946 cit. nach Raffaele Carrieri: *Futurismus*. Milano 1963, S. 23.

35 André Gide: *Gesammelte Werke II. Autobiographisches*. Band 2. Tagebuch 1903–1922. Frankfurt/Main 1990, S. 47.

36 »Ma qui la morta poesia risurga.« *Purgatorio*, I.7.

37 Giuseppe Prezzolini: *Das Erbe der italienischen Kultur*. Berlin Darmstadt Wien 1967, S. 352.

38 Giuseppe Prezzolini: *Das Erbe der italienischen Kultur*. Berlin Darmstadt Wien 1967, S. 350.

39 Carlo Carrà: *La mia vita*. Roma 1943 cit. nach Raffaele Carrieri: *Futurismus*. Mailand 1963, S. 23.

40 Hans Richard Brittnacher: Welt ohne Väter: Söhne um 1900. Von der Revolte zum Opfer, in: *Kursbuch*, Juni 2000, S. 53–65, hier S. 54.

41 *Corriere della Sera* vom 4. Juni 1957 cit. nach Maurizio Calvesi: Das Manifest des Futurismus und die futuristischen Maler, in: ders.: *Der Futurismus*. Köln 1987, S. 11–39, hier S. 30.

42 So ersetzte Marinetti die harmonische Gestaltung einer Buchseite durch eine dynamische Aufteilung. Er nutzte dieses Verfahren in seinen Gedichten, aber auch in der Werbung für den Futurismus. Später benutzte Mussolini seine Unterschrift als eine Art Logo und erwies sich darin als gelehriger Schüler Marinettis.

43 »Il quartier generale era da Savini alla mezzanotte e quindi da Campari e alla Fiaschetteria Toscana«, erinnert sich der Poet Aldo Palazzeschi. Claudia Salaris: *Filippo Tommaso Marinetti*. Firenze 1988, S. 81.

44 Hansgeorg Schmidt-Bergmann: *Futurismus. Geschichte, Ästhetik, Dokumente*. Reinbek bei Hamburg 1993, S. 20.

45 1895 wurde mit Hilfe des technischen Fortschritts in der Bildreproduktion die Iconographie de la Salpêtrière mit fotografischen Platten illustriert. Bisher war dies Buch nur mit Originalfotografien erhältlich gewesen und hatte ausschließlich unter einer limitierten Anzahl von Spezialisten Verbreitung gefunden. Nun war es plötzlich auch für ein Publikum außerhalb der medizinischen Zirkel interessant. Auf diese Weise kam der charakteristische Ausdruck des hysterischen Körpers in die Kunst. So verwandten Franz Stuck, Gustav Klimt wie auch Ferdinand Khnopff Fotografien daraus als Vorlage für ihre Gemälde. Vgl. Jean Clair: Impossible Anatomy 1895-1995. Notes on the iconography of a world of technologies, in: *La Biennale di Venezia: Identity and Alterity. Figures of the Body 1985/1995*. Venezia 1995, S. XXV-XXXI, hier S. XXVII.

46 1895 erschienen von Sigmund Freud *Studien zur Hysterie* und *Traumdeutung*.

47 Margherita Sarfatti: Umberto Boccioni, in: *Vita d'Arte*, 30 aprile 1917.

48 cit. nach Raffaele Carrieri: *Futurismus*. Milano 1963, S. 53.

49 Paul Cézanne: *Über die Kunst. Gespräche mit Gasquet. Briefe*. Mittenwald 1980, S. 15.

50 Guillaume Apollinaire: Die italienischen Futuristen, in: *L'Intransigeant*, 7. Fe-

bruar 1912, in: Hajo Düchting (Hrsg.): *Apollinaire zur Kunst. Texte und Kritiken 1905-1918*. Köln 1989, S: 152-153, hier S. 152.

51 Guillaume Apollinaire: Der Futurismus, in: *L'intermédiaire des chercheurs et des curieux*, 10. Oktober 1912, in: Hajo Düchting (Hrsg.): *Apollinaire zur Kunst. Texte und Kritiken 1905-1918*, Köln 1989, S. 186-187, hier S. 187.

52 Severini berichtet, daß sich zwischen ihm und Apollinaire nach der futuristischen Ausstellung eine freundschaftliche Beziehung entwickelt habe. Eines Tages überraschte er ihn mit der Idee, unter dem Namen »Futurismus« die ganze moderne Kunst zu vereinen. Severini leitete dies nach Marinetti weiter. Der lehnte dieses Ansinnen rundherum ab, denn der Futurismus war für ihn eine originär italienische Kunstbewegung.

53 Sie tragen darauf alle einen Hut, kurze Mäntel, Krawatte, Schal oder Fliege. Drei von ihnen rauchen; sie haben Papiere oder eine Zeitung unter dem Arm geklemmt. Sie blicken skeptisch in die Kamera und machen den Eindruck, zwischen zwei Terminen um ein schnelles Foto gebeten worden zu sein. Marinetti und vier der fünf (Balla fehlte) vermitteln den Eindruck einer schlagkräftigen Truppe. Sie sehen eilig, energisch und von ihrer Mission überzeugt aus. In der Mitte hat sich Marinetti aufgebaut, er ist eindeutig als Anführer auszumachen. Sie sind die Avantgarde, ein »doktrinärer Clan« (Hans Magnus Enzensberger).

54 »From the meeting of Futurism and British culture, a new avant-garde movement was born, Vorticism – founded in 1914 by Wyndham Lewis and Ezra Pound with the publication of the magazine *Blast* – which represented an Utopian and prophetic phase in the lead-up to the birth of modernism in the interwar years.« Roberto Baronti Marchiò: The Vortex in the Machine: Futurism in England, in: Günter Berghaus (Hrsg.): *International Futurism in Arts and Literature*, Berlin New York 2000, S. 100-121, hier S. 100.

55 Boccioni schrieb aus Berlin an Carrà: »Ich bin allein und traurig und wohne im elegantesten und am reichsten ausgestatteten Hotel Berlins, wo der Kaiser immer zu den großen Offizieressen erscheint. (...) Säle, Teppiche, Diener und ein wunderbares Zimmer und Klubsessel, die extra zum Träumen und Rauchen konstruiert wurden.« cit. nach Raffaele Carrieri: *Futurismus*. Mailand 1963, S. 63.

56 »If one strategy for protecting the interests of artists in a new mass-producing environment is to accommodate to it by treating artists as the makers of market products, another is to indulge in unashamed self-aggrandisement. Futurism publicly and persistently celebrates its own creative 'genius'; and in this it is hard to tell whether it viewed itself audaciously bohemian or hardheadedly commercial.« Judy Davies: The futures market: Marinetti and the Fascists of Milan, in: Edward Timms and Peter Collier (Eds.): *Visions and Blueprints. Avant-garde culture and radical politics in early twentieth-century Europe*. Manchester 1988, S. 82-97, hier S. 86.

57 Margherita G. Sarfatti: *Acqua Passata*. Bologna 1955. S. 97.

58 Alice Kaplan: Futurism and Fascism: Reflexions on the 70th Anniversary of the Trial of Mafarka the Futurist, in: *Yale Italian Studies*, Jg. 1, Winter 1981, S. 39-56.

59 Mit dem Schimpfnamen »Passatisten« wurden die Monarchie, die Kirche, das Bürgertum, die Vertreter der offiziellen Kunst und das Parlament belegt. Für das Gegenteil des Passatismus prägen die Futuristen das Wort »Modernlatria« womit alle Ausdrucksformen des modernen Lebens – also vor allem schnelle Autos, Züge, Flugzeuge – gemeint waren.

60 Hanno Ehrlicher: *Die Kunst der Zerstörung. Gewaltphantasien und Manifestationspraktiken europäischer Avantgarden*. Berlin 2000, S. 28.

61 Filippo Tommaso Marinetti: *Guerra, sola igiene del mondo* cit. nach Christa Baumgarth: *Geschichte des Futurismus*. Reinbek bei Hamburg 1966, S. 58.

62 Karl Heinz Bohrer: *Die Ästhetik des Schreckens. Die pessimistische Romantik und Ernst Jüngers Frühwerk*. Frankfurt/Main Berlin 1983, S. 112.

63 Brief des Genossen Gramsci über den italienischen Futurismus in: Leo Trotzkij: *literatur und revolution*. berlin 1968, S. 136-138, hier S. 137.

64 »Die Manifeste sollen nicht mehr vom Kunstwerk geschieden werden, ihre Form verweist vielmehr darauf, daß sie sich an der Grenze zwischen Kunstwerk und außerkünstlerischer Realität ansiedeln, daß man den Status des autonomen Kunstwerks in Frage stellt und das Manifest die Brücke von der Kunst zum Leben schlagen soll.« Wolfgang Asholt/Walter Fähnders (Hrsg.): *Manifeste und Proklamationen der europäischen Avantgarde 1909-1938*. Stuttgart Weimar 1995, S. XVII.

65 Erster Beleg ist der Text bei den Saint-Simonisten Olinde Rodrigues »L'artiste, le savant et l'industriel« von 1825. Darin heißt es: »Die Macht der Künste ist in der Tat die unmittelbarste und schnellste. Wir besitzen alle Waffenarten: wenn wir neue Ideen unter den Menschen verbreiten wollen, meißeln wir sie in Marmor oder schreiben sie auf die Leinwand; wir popularisieren sie durch die Poesie und den Gesang.« cit. nach Manfred Hardt (Hrsg.): *Literarische Avantgarden*. Darmstadt 1989, S. 13-16, hier S. 15.

66 Hans Egon Holthusen: Kunst und Revolution, in: Bayerische Akademie der Schönen Künste (Hrsg.): *Avantgarde. Geschichte und Krise einer Idee*. München 1966, S. 7-44.

67 ebd. S. 17.

68 Günter Metken: Khnopffs Modernität, in: »*Im Lebenstraum gefangen« – Ferdinand Khnopff 1858-1921*. München 1980, S. 33-47, hier S. 33.

69 Margherita Sarfatti: Le suffragiste inglesi, in: *La Voce*, 2 ottobre 1913.

70 »Auf die *rue de la Sorbonne* öffnet sich ein enger Laden; im Schaufenster sieht man einige *Cahiers*: den *Dingley* der Brüder Tharaud (Goncourtpreis), und den *Jean-Christophe* Romain Rollands (auch preisgekrönt, von der *Vie heureuse*). Man tritt durch einen kleinen Gang, den ein eiserner Ofen versperrt. Der Laden, der gleichzeitig Geschäftszimmer, Redaktionszimmer, Festraum ist, ist bis zur Decke mit Heften tapeziert, und mißt glaube ich zwei Meter auf zwei; kann sein ein Viertel mehr, für den Tisch des Sekretärs. An den Donnerstagen hat man zu zwölfen drin Platz, wenn Péguy seine Freunde empfängt, die die Freunde der *Cahiers* sind.« Arnauld cit. nach Ernst Robert Curtius: *Französischer Geist im Zwanzigsten Jahrhundert*. Bern 1952, S. 200.

71 »Charles Péguy non seulement incarne ce nationalisme républicain, mais aussi ce renouveau catholique, qui aboutira à tant de conversions au début du siècle. Un climat intellectuel et moral, entièrement différent, caractérise ces années d'avant-guerre, où le réveil de la foi religieuse et les pulsions bellicistes contrebalancent le pacifisme guidé par Jaurès et le mouvement ouvrier.« Michel Winock: *Le Siècle des Intellectuels*. Paris 1997, S. 112.

72 Margherita Sarfatti: Quel che pensa dell'istruzione sessuale una mamma, in: *La Voce*, 10 gennaio 1910.

73 Außer ihr schrieben noch Hélène d'Oettingen, Anna Radius Zuccari und Sibilla Aleramo, die durch ihr Buch *Una donna* bekannt geworden war.

74 Enrico Ferri: *Die revolutionäre Methode*. Leipzig 1908, S. 75.

75 Antonio Gramsci befand, der Syndikalismus sei ein schwacher Versuch der avan-

cierten Intellektuellen des Südens gewesen, »ihre« Bauern an der Spitze des Proletariats zu installieren.
76 Marinetti cit. nach Raffaele Carrieri: *Futurismus*. Milano 1963, S. 81.
77 Dabei wird in der Literatur immer darauf hingewiesen, daß er einen Schlapphut und einen grauen Anzug trug. Er gab an, keine standesgemäße Kleidung zu haben. Man mag auch vermuten, daß er einen Rest an Revolte durch die Kleidung zum Ausdruck bringen wollte.
78 Ivanoe Bonomi: *From Socialism to Fascism. A Study of Contemporary Italy*. London 1924, S. 10ff.
79 Leo Trotzki: *Mein Leben. Versuch einer Autobiographie*. Berlin 1930, S. 486.
80 Vgl. Robert Nisbet: *Sociology as an Art Form*. London 1976.
81 Margherita G. Sarfatti: *Mussolini. Lebensgeschichte*. Leipzig 1926, S. 227.
82 Zeev Sternhell: *Die Entstehung der Faschistischen Ideologie. Von Sorel zu Mussolini*. Hamburg 1999, S. 208.
83 In der italienischen Geschichte gibt es keine andere Tageszeitung, die vergleichbar mit »Avanti!« ist. Diese Zeitung hat mehrere Generationen über die Tradition und Geschichte der Arbeiterbewegung berichtet. Sie ist deshalb auch unter die italienischen Erinnerungsorte aufgenommen wurde. Maurizio Ridolfi: L'*Avanti!*, in: Mario Isnenghi (Hrsg.): *I luoghi della memoria. Simboli e miti dell'Italia unita*. Bari 1996, S. 319-328.
84 Margherita Sarfatti: *Mussolini: Como lo Conocí. El Diablo Dijo: »Sí«, y le Dio el Poder que no Supo Conservar*, in: *Crítica*, 18 de junio de 1945.
85 ebd.

Der Marsch

86 »Both involved one essential condition with tremendous implications: that the rational connection between the end – socialism – and the means – revolution – should be reversed, that revolution should become an end in itself, and that this reversal should be resolutely denied with all kind of sophistries.« Domenico Settembrini: Mussolini and the Legacy of Revolutionary Socialism, in: *Journal of Contemporary History*, 11, 1976, S. 239-268, hier S. 246.
87 Margherita G. Sarfatti: *Mussolini. Lebensgeschichte*. Leipzig 1926, S. 183.
88 Denis Mack Smith: *Mussolini. Eine Biographie*. München 1983, S. 55.
89 Benito Mussolini cit. nach Oda Olberg: *Der Fascismus in Italien*. Jena 1923, S. 19.
90 Salandra bekannte sich dazu, auch seine Söhne ins Feld zu schicken. Er wollte dadurch die Sozialisten verbreiteten Meinung entgegentreten, nur die Söhne des Proletariats würden auf dem Schlachtfeld geopfert. »I have three sons who are the only hope, the sole purpose of my life. At this moment they are all in the army of the first line. And do you believe that I could want war, that I could madly lead the nation into military adventures? But if the nation desires war, they will leave in the same manner as the sons of the proletariat (Bravo!) singing with the young poet, who died for the defense of Rome: ›We are ready for death, Italy has called‹.« Salandra am 5. April 1914 im Parlament cit. nach William A. Renzi: Italy's Neutrality and Entrance into the Great War. A Re-examination, in: *The American Historical Review*, Jg. 83, 1968, S. 1414-1432.
91 Oda Olberg: *Der Fascismus in Italien*. Jena 1923, S. 13ff.
92 Renzo de Felice gibt an, es sei noch eine Nummer von *Utopia* (15-31 dicembre 1914) erschienen, die ausschließlich auf die Intervention ausgerichtet war.

93 Über die Erfolge der Beschleunigung der amerikanischen Sprache u. a. durch den ehemaligen Auslandskorrespondenten Ernest Hemingway berichtet das hervorragende Buch von Stephen Kern: *The Culture Of Time And Space 1880–1918*. Cambridge, Massachusetts 1983, S. 109ff.
94 Colette cit. nach Yvonne Mitchell: *Colette. Eine Biographie*. Frankfurt/Main 1977, S. 106.
95 Arturo Rossato: Sfoglia la margherita..., in: *Il Popolo d'Italia*, 23 marzo 1915.
96 L'avv. Cesare Sarfatti è per la guerra, in: *Il Popolo d'Italia*, 19 maggio 1915.
97 Margherita G. Sarfatti: Proletario e Patria, in: *Avanti!*, 14 novembre 1914.
98 Jared M. Becker: A Spiritual Socialism, in: ders.: *Nationalism and Culture. Gabriele D'Annunzio and Italy after the Risorgimento*. New York 1994, S. 35–75, hier S. 49.
99 Karl Vossler: *Italienische Literatur der Gegenwart von der Romantik zum Futurismus*. Heidelberg 1914, S. 107.
100 »Gegen die zivilisatorischen Verunsicherungen, gegen den Verlust gesellschaftlicher Totalität und Geborgenheit schien die Behauptung und Nobilitierung des Ich ein probates Mittel zu sein.« Hermann Broch: *Hofmannsthal und seine Zeit*. Frankfurt/Main 2001, S. 235.
101 Rudolf Behrens: Metaphern des Ich. Romaneske Entgrenzungen des Subjekts bei D'Annunzio, Svevo und Pirandello, in: Hans Joachim Piechotta, Ralph-Rainer Wuthenow und Sabine Rothemann (Hrsg.): *Die literarische Moderne in Europa*. Band 1: Erscheinungsformen literarischer Prosa um die Jahrhundertwende. Opladen 1994, S. 334–356, hier S 336.
102 Das brachte zum Beispiel Thomas Mann gegen ihn auf, der mit *Buddenbrooks* einen Roman über den Niedergang einer Familie geschrieben hatte. Mann neidete D'Annunzio insgeheim dessen Vitalität und Optimismus.
103 Alberto Savinio: *Stadt, ich lausche deinem Herzen*. Übersetzt von Karin Fleischanderl. Frankfurt/Main 1989, S. 28.
104 André Gide: Eintrag vom 15. April 1910, in: ders.: *Gesammelte Werke II. Autobiographisches. Band 2. Tagebuch 1903–1922*. Frankfurt/M. 1990, S. 21f.
105 Der Text dieser Rede findet sich im Roman *Das Feuer* abgedruckt. Der Held des Romans, der Dichter und Musiker Stelio Effrena, halt die Rede im Dogenpalast von Venedig, und auch sie wird ein triumphaler Erfolg.
106 Gabriele D'Annunzio: *Das Feuer*. Herausgegeben und eingeleitet von Vincenzo Orlando. München 1988, S. 73.
107 Vgl. hierzu Trevor Wilson: *The Myriad Faces of War. Britain and the Great War 1914–1918*. Cambridge 1986, S. 744ff.
108 »Die österreichische Armee war geschaffen, um Napoleon zu Siegen zu verhelfen, jedem Napoleon. Ich wünschte, wir hätten einen Napoleon gehabt, aber statt dessen hatten wir Il Generale Cadorna, dick und blühend, und Vittorio Emanuele, den winzigen Mann mit dem langen, dünnen Hals und dem Ziegenbart.« Ernest Hemingway: *In einem andern Land*. Reinbek bei Hamburg 1957, S. 34.
109 Benito Mussolini: *Mein Kriegstagebuch*. Zürich Leipzig Wien 1930, S. 21.
110 ebd, S. 135.
111 ebd, S. 62.
112 ebd, S. 70.
113 ebd, S. 188.
114 Pamela Ballinger: Blutopfer und Feuertaufe. Der Kriegerritus der Arditi, in:

115 Giacomo Matteotti: *Ein Jahr Faschisten-Herrschaft*, Berlin 1925, S. 24.
116 Ivanoe Bonomi: *From Socialism to Fascism. A Study of Contemporary Italy.* London 1924, S. 32.
117 Vgl. hierzu Roberto Vivarelli: *Il Dopoguerra In Italia E L'Avvento Del Fascismo (1918-1922).* Napoli 1967.
118 Ignazio Silone: Erinnerung an Angelo Tasca, in: Angelo Tasca: *Glauben gehorchen kämpfen. Aufstieg des Faschismus.* Wien Frankfurt Zürich 1969, S. 12.
119 »Anders als Hitler, der die wilhelminische Führungsschicht verachtete und ihren Imperialismus durch seine ganz neue, rassisch begründete Weltherrschaftsidee ersetzte, hat Mussolini sich bewußt in die Kontinuität des italienischen Nationalismus gestellt, jedenfalls seit dem Weltkrieg, der zugleich sein tiefes, auch in der späteren Allianz nie ganz überwundenes Mißtrauen gegen Deutschland begründet hat.« Robert Lill: *Geschichte Italiens vom 16. Jahrhundert bis zu den Anfängen des Faschismus.* Darmstadt 1980, S. 293.
120 Enzo Santarelli (Hrsg.): *Scritti politici di Benito Mussolini.* Mailand 1979, S. 179-181, hier S. 181.
121 Filippo Tommaso Marinetti cit. nach Hansgeorg Schmidt-Bergmann: *Futurismus. Geschichte, Ästhetik, Dokumente.* Reinbek bei Hamburg 1993, S. 167.
122 cit. nach Emilio Gentile: *Storia Del Partito Fascista 1919-1922. Movimento E Milizia.* Bari 1989, S. 22.
123 »Non siamo degli statici; siamo dei dinamici e vogliamo prendere il nostro posto che deve essere sempre all'avanguardia.« Benito Mussolini: Discorso per la fondazione dei Fasci di Combattimento, in: *Il Popolo d'Italia*, 24 marzo 1919, cit. nach Renzo de Felice (Hrsg.): *Autobiografia Del Fascismo. Antologia di testi fascisti 1919-1945.* Bergamo Bari Firenze Messina Milano Roma 1978, S. 23-27, hier S. 25.
124 Karl Voßler: *Italienische Literatur der Gegenwart von der Romantik zum Futurismus.* Heidelberg 1914, S. 121.
125 Giuseppe Borgese: *Goliath. The March of Fascism.* New York 1938, S. 144.
126 Alberto Savinio: *Stadt, ich lausche deinem Herzen.* Übersetzt von Karin Fleischanderl, Frankfurt/Main 1989, S. 99ff.
127 Margherita G. Sarfatti: *Mussolini. Lebensgeschichte.* Leipzig 1926, S. 235.
128 Benito Mussolini: Italia Eroica. Gli adolescenti che muoiono per la Patria: Roberto Sarfatti, in: *Il Popolo d'Italia*, 7 febbraio 1918.
129 Es gibt eine kleine Geschichte von Umberto Saba, in der die Faszination, die Mussolini in diesen Jahren ausübte, beschrieben wird. Dazu muß vorausgeschickt werden, daß Saba Inhaber eines Antiquariats war.
»Die Tür ging auf; ein Mann kam herein. Er wollte wissen, wieviel ein im Schaufenster ausgestelltes Buch kostete: *Ricordanze della mia vita* von Luigi Settembrini. Ich nahm das Buch (das im übrigen schon ein Preisschildchen trug) und reichte es dem Interessenten mit den Worten: ›Es kostet vier Lire; für sie drei Lire fünfzig.‹ Da wandte er mir den Kopf zu und sah mich an. ›Aber wir kennen uns doch, sagte er. Tatsächlich hatten wir uns in der Redaktion des *Popolo d'Italia* kennengelernt, zu der Zeit, als Italien noch neutral war, vor der Eintritt in den Ersten Weltkrieg, der inzwischen zu Ende gegangen war. Ich war erst kurz zuvor nach Triest zurückgekehrt. Dann fragte er mich, während ich ihm das Buch einpackte, was ich von der Lage hielte (es war Ende 1919 oder 1920; ich habe kein sehr gutes Gedächtnis für Daten). Ich sagte ihm meine Meinung

und fügte hinzu – ich war kein Prophet, wie man sieht –, daß Italiens guter Stern uns alle vor seinen Ideen gerettet habe. ›Und Dalmatien?‹ fragte er. Ich antwortete ihm, einen Krieg zu führen, um Dalmatien zu bekommen, sei so, als schlafe man *absichtlich* mit jemandem, um die Syphilis zu bekommen. Noch bevor ich den Satz zu Ende gesprochen hatte, fiel mir ein, daß er an dieser Krankheit litt oder gelitten hatte (in der Zeitung erzählte man sich, er habe sie sich als junger Emigrant geholt). Aber er achtete nicht darauf oder ließ sich zumindest nichts anmerken. Er nahm das Buch, das Wechselgeld, verabschiedete sich und ging.

In diesem Augenblick kam Chiaretta herein. Sie erkannte ihn sofort, da sie seine Fotografie oft in Magazinen und Zeitungen gesehen hatte. Ganz außer Atem vom Rennen (Chiaretta war eine pflichtbewußte Angestellte), sagte sie zu mir: ›*A sti violenti ghe devi assai piaser le done, verò*‹. Sie wollte sagen, das Unglücksmensch, daß diese Sorte gewalttätiger Männer bei den Frauen sehr gut ankomme und daß auch ihr, Chiaretta – die aufgrund ihrer Wesensart und aus familiären Gründen Antifaschistin war –, dieser ungewöhnliche morgendliche Kunde momentan gefallen oder sie zumindest interessiert habe.« Umberto Saba: Abkürzungen, in: ders.: *Der Dichter, Der Hund und Das Huhn*. Wien 1999, S. 89–130, hier S. 114ff.

130 Edvige Mussolini: *Mio Fratelleo Benito*. Firenze 1957, S. 163ff.
131 Rachele Mussolini: *Mein Leben mit Benito*. Zürich 1948, S. 80.
132 Margherita G. Sarfatti: *Mussolini. Lebensgeschichte*. Leipzig 1926, S. 220.
133 Gabriele D'Annunzio cit. nach Maria Gazzetti: *Gabriele d'Annunzio*. Reinbek bei Hamburg 1989, S. 103.
134 Guido Keller war dreißig Jahre jünger als D'Annunzio und arbeitete als dessen »Aktionssekretär«. Sie hatten sich bei der Flugstaffel kennengelernt und planten zusammen einen Flug von Rom nach Tokyo. In Fiume gehörte er zum engsten Kreis um den Dichter und war dort auch der einzige, der ihn mit Du ansprechen durfte. Enttäuscht von D'Annunzio und dessen Gefolgschaft, zog sich Keller zurück und versuchte wie ein futuristischer Yogi zu leben. Nach dem Ende des Abenteuers von Fiume war er auf der Suche nach neuen Aufgaben und lebte z. B. als Beduinenhäuptling im Orient. Er litt unter der Entfremdung von D'Annunzio und bat ihn einem Brief Mussolini darum, auswandern zu dürfen. Kurz darauf kam er bei einem Autounfall ums Leben. Er erhielt ein Staatsbegräbnis und galt als Held des Faschismus. Vgl. Bettina Vogel: Guido Keller – Mystiker des Futurismus, in: Hans Ulrich Gumbrecht/Friedrich Kittler/Bernhard Siegert (Hrsg.): *Der Dichter als Kommandant. D'Annunzio erobert Fiume*. München 1996, S. 117–132.
135 cit. nach Paolo Alatri: *Gabriele D'Annunzio*. Turin 1983, S. 442.
136 D'Annunzio hatte noch am 30. August 1920 eine Verfassung (Carta del Carnaro) erlassen. Es war ein bizarres Dokument, in dem literarische, nationalistische und syndikalistische Elemente miteinander vermischt wurden. Als neuer Regierungschef war Alceste de Ambris vorgesehen. Doch das alles änderte nichts daran, daß seine fähigsten Mitarbeiter ihn verließen.
137 Giovanni Giolitti: *Denkwürdigkeiten meines Lebens*. Stuttgart und Berlin 1923, S. 263.
138 Bereits 1908 hatte Marinetti D'Annunzio als passatistisch verurteilt. Der Futurist attackierte D'Annunzios Kunst als krämerhaft und kulturbewahrend.
139 »Die junge kommunistische Partei trägt wesentlich zum Sieg der Faschisten bei, indem sie durch ihre Parolen das Gespenst des Bolschewismus wiederaufleben läßt und ihre Attacken auf die verhaßte sozialistische Partei konzentriert. Dies sind die er-

140 Stefan Zweig: *Die Welt von gestern. Erinnerungen eines Europäers*. Frankfurt/Main 1970, S. 351.

141 Ein Beispiel ist der Schriftsteller Curzio Malaparte, der als junger Mann begeisterter Anhänger syndikalistischer Ideen gewesen war, er wurde Offizier im Ersten Weltkrieg und begann 1921 seine Karriere in der Faschistischen Partei.

142 In der faschistischen Bewegung fand man auch oftmals die Mischung aus Offizier und Student. Es handelte sich dabei um Offiziere, die offiziell Armeeangehörige waren, jedoch für die Zeit ihres Studiums vom Militärdienst freigestellt waren.

143 François Furet: *Das Ende der Illusion. Der Kommunismus im 20. Jahrhundert*. München Zürich 1998, S. 219.

144 Eine der wenigen Äußerungen zu Mussolinis Vergangenheit als Sozialist findet sich in Anna Seghers Roman *Die Toten bleiben jung*. Dort heißt es: »Das kann man von Mussolini auch sagen, daß er ein alter Genosse war. Bis er genug davon hatte.« Anna Seghers: *Die Toten bleiben jung*. Berlin 1953, S. 441.

145 »Die faschistischen ›Provinzfürstentümer‹ Mittel- und Norditaliens antizipierten schon vor dem ›Marsch auf Rom‹ im lokalen Maßstab eine Ordnung, die im nationalen Rahmen frühestens mit dem Jahr 1925 verwirklicht wurde. Sie waren der Hort des faschistischen Extremismus, von dem zwischen 1922 und 1925 immer wieder die radikalisierenden Impulse zur Ausbildung des Regimes ausgingen.« Roger Engelmann: *Provinzfaschismus in Italien. Politische Gewalt und Herrschaftsbildung in der Marmorregion Carrara 1921-1924*. München 1992, S. 10.

146 Emilio Gentile: The Problem of the Party in Italian Fascism, in: *Journal of Contemporary History*, Jg. 19, 1984, S. 251-274, hier S. 254ff.

147 Vgl hierzu Sven Reichhardt: *Faschistische Kampfbünde. Gewalt und Gemeinschaft im italienischen Squadrismus und in der deutschen SA*. Köln Weimar Wien 2002.

148 Eine Schilderung der Stimmung im Nachkriegsmailand findet sich in Borges Roman *Ruhe*: »Mit einem Male hörte er ein immer stärker werdendes Brausen. Aus der Mündung des Weges kam es. Das begriff er. Von rechts her wälzte sich eine Menschenmenge. Filippo fühlte, wie sein Herz wuchs. (...) und befühlte den Revolver in der Tasche. Jedes Schauspiel der Gewalt hätte er in diesem Augenblick mit Vergnügen gesehen; aber es war ihm lieb, als er Bolschewisten erkannte. Schnell an ihm vorbei gingen ein paar Feldgraue, und er mußte denken: Das sind solche Frontsoldaten wie ich, denen das Vaterland das Blut abgezapft hat und nun auch das Brot nimmt. (...) Er stand mit dem Rücken wider die Mauer, an der die Menge vorbeistrich. Schwach wie er war, wurde er von irgendeinem aus der Menge zwanglos mitgenommen und in die Menschenmenge gestoßen. Nun fühlte er nichts als sinnlose Angst. Klappte den Mantelkragen hoch trotz der Hitze, um nicht als Bourgeois kenntlich zu werden. Aber gerade deshalb erkannten sie ihn und sagten spottend: ›Ruf, es lebe Lenin!‹ Und er: ›Es lebe Lenin‹, hoch ›Rußland!‹ ›mit erstickter Stimme, um sein Leben zu retten. Aber nach und nach fand er seine Stimme wieder. Dort war ein Tragplakat mit dem Bild Lenins. Hun-

defresse, dachte er. Aber das ist doch wenigstens ein Gott, bei dem man weiß, wo er wohnt, und der ist leibhaftig da, und zu dem kann man gehen! Und er schrie: ›Hoch Lenin!‹ mit immer hellerer Stimme. Schrie: ›Hoch der Bolschewismus!‹ ›Ja, dachte er, der Bolschewismus, das Universalgefängnis, die Kaserne. Aber da ist doch für alle wenigstens Platz! Und alle sind gleich und namenlos. Einer drückte ihm einen roten Lumpen in die Hand, und er faßte zu. Ein anderer sagte: ›Da, nimm den, der ist noch schöner‹, und gab ihm einen schwarzen Fetzen. In der Linken hatte er nun das rote und in der Rechten das schwarze Fähnchen.« Giuseppe Antonio Borgese: *Rubè*. Heidelberg 1928, S. 291ff.

149 Sergio Marzorati gibt als Quelle dieser Geschichte Cesare Rossi: *Mussolini com'era*. Roma 1947, an. Vgl. Sergio Marzorati: *Margherita Sarfatti. Saggio biografico*. Como 1990, S. 99.

150 Benito Mussolini cit. nach Robert Wohl: *A Passion For Wings. Aviation and the Western Imagination 1908-1918*. New Haven and London 1994, S. 287.

151 »Mir scheint, daß Sorel als Gestalt eines ›revolutionären Intellektuellen‹ nicht verstanden werden kann, wenn man nicht das Frankreich nach 70 bedenkt: 70/71 bedeutete in Frankreich zwei schreckliche Niederlagen: die nationale, die auf den bürgerlichen Intellektuellen und auf den Politikern lastete und Typen wie Clemenceau hervorbrachte, Quintessenz des französischen Jakobinismus, und die Niederlage des Pariser Volkes der Commune, die auf den revolutionären Intellektuellen lastete und den antijakobiner Sorel hervorbrachte: Sorels merkwürdiger Antijakobinismus – sektiererisch, beschränkt, antihistorisch – ist eine Folge des Aderlasses von 71 am Volk, ist Antithiersismus. Das Jahr 71 zerriß die Nabelschnur zwischen dem neuen Volk und der Tradition von 93: Sorel wäre gern der Repräsentant dieser Tendenz geworden, doch es gelang ihm nicht.« Antonio Gramsci: *Gefängnis Hefte*. Band 3. Heft 4. Hamburg Berlin 1992, S. 486.

152 Zu Beginn seiner schriftstellerischen Laufbahn rechnete er sich zu den Sozialisten. Er war auf der Seite von Dreyfus und wurde revolutionärer Syndikalist. Vor dem Ausbruch des Ersten Weltkriegs stand Sorel in Kontakt mit der rechtsnationalen »Action Française«, ohne jedoch deren Ziele zu teilen. Die Erfolge Lenins und Mussolinis hatte er noch erlebt und begrüßt. Im September 1922 ist er gestorben.

153 Georges Sorel: *Die Auflösung des Marxismus*. Hamburg 1980, S. 24.
Die Originalausgabe erschien unter dem Titel *La décomposition du marxisme* 1906 in Paris. Auf deutsch erschien sie 1930.

154 ebd., S. 49.
155 ebd., S. 64.
156 ebd., S. 62.

157 »Zwischen den Mythen der Religionsgeschichte und den Mythen der modernen politischen Geschichte klafft ein Abgrund. Die Mythen der Griechen … waren besondere Erzählungen … Sie wurden durch eine besondere Betätigung des Geistes hervorgebracht, … die neben der Dichtung und den Anfängen der Philosophie und Wissenschaften bestand … weder der Anspruch auf Wahrheit noch die Anwendbarkeit treten besonders hervor … etwas anderes tritt hervor: die Spontaneität, die verwandt ist mit Anspruchslosigkeit und Zwecklosigkeit. Anders verhält es sich mit den Mythen der politischen Geschichte. Sie ergeben keine für sich bestehende, anspruchslose und zwecklose, von Spontaneität zeugende Mythologie.« Karl Kerenyi cit. nach Helmut Berding: *Rationalismus und Mythos. Geschichtsauffassung und politische Theorie bei Georges Sorel*. München Wien 1969, S. 132.

158 Grundlage des Buches war eine Artikel-Folge in der Zeitschrift *Le mouvement socialiste*. Bezeichnenderweise erfolgte die erste Übersetzung 1907 ins Russische und die zweite 1909 ins Italienische. Auf deutsch erschien das Buch erst 1928.

159 Georges Sorel: *Über die Gewalt*, Frankfurt/Main 1969, S. 32.

160 Sorel unterscheidet fein zwischen Mythos und Utopie. Utopien sind für ihn Produkte des Verstandes, während Mythen mit Emotion und Intuition zu tun haben und zu den Geheimnissen der menschlichen Seele gehören. Eine Utopie läßt sich auch nur in Teilen realisieren, wogegen der Mythos das Ganze umfaßt. Eine Utopie kann man diskutieren, einen Mythos nicht.

161 Georges Sorel: *Über die Gewalt*, Frankfurt/Main 1969, S. 197.

162 Helmut Berding: *Rationalismus und Mythos. Geschichtsauffassung und politische Theorie bei Georges Sorel*. München Wien, 1969, S. 122.

163 »Denn ›Macht‹ (force) ist Sorel zufolge immer nur Ausdruck einer Autorität, die einen automatischen Gehorsam erzwingt, vermittels dem eine Minderheit ihre parasitäre Herrschaft absichert. Allein die Gewaltsamkeit (violence) des syndikalistischen Generalstreiks, der im übrigen alle Eigenschaften des Krieges teilt, ist insofern noch in der Lage, die bestehende Ordnung zu zerstören und jene affektiven und moralischen Kräfte wieder freizusetzen, die diesem heroischen Modus der Selbstbehauptung eigentümlich sind und die insofern nicht nur der revoltierenden Klasse zufließen, indem sie ihr eigenes Schicksal in die Hand nimmt, sondern auch jener Klasse aufgezwungen werden, welche jetzt unfreiwillig dieser existentiellen Herausforderung ausgesetzt sieht.« Klaus Lichtblau: *Das Zeitalter der Entzweiung. Studien zur politischen Ideengeschichte des 19. und 20. Jahrhunderts*, Berlin 1999, S. 118.

164 Mussolinis schwankende Einstellung zu Sorel geht Sergio Romano nach. Vgl. Sergio Romano: Sorel e Mussolini, in: *Storia contemporanea*, 1 febbraio 1984.

165 Antonio Gramsci: *Gefängnis Hefte*. Band 3. Heft 4-5. Hamburg Berlin 1992, S. 485.

166 »Ich bin nun aber weder Professor, noch Popularisator, noch angehender Parteiführer; ich bin ein Autodidakt, der einigen Personen die Aufzeichnungen vorlegt, die seiner eigenen Belehrung gedient haben.« Georges Sorel: *Über die Gewalt*. Frankfurt/Main 1969, S. 11.

167 Jack J. Roth: *The Cult of Violence. Sorel and the Sorelians*. Berkeley Los Angeles London 1980, S. 211.

168 Denis MacSmith: *Mussolini. Eine Biographie*. München 1983, S. 89.

169 Eine genaue Chronologie der Ereignisse findet sich bei Antonio Répaci: *La Marcia su Roma*. Milano 1972.

170 Italo Balbo: *Diario 1922*. Milano 1932, S. 111.

171 Italo Balbo: *Diario 1922*. Milano 1932, S. 214.

III. Rom
Die Ordnung

1 Giuseppe Prezzolini: La mia Firenze, in: Giovanni Spadolini: *Firenze fra '800 e '900*. Firenze 1984, S. 302-304.

2 »Io mi sono un po' fatto e rifatto, prima alla parola del ›Leonardo‹, poi a quella della ›Voce‹ e quindi ti sono debitore di molte cose e ti voglio bene.« Mussolini am

20. Oktober 1917 an Prezzolini cit. nach Renzo de Felice: *Mussolini il rivoluzionario 1883–1920*. Torino 1965, S. 65.
3 Gaetano Mosca (1858–1941) war Professor für Soziologie an den Universitäten Rom und Turin.
4 Maurizio Bach: Vilfredo Pareto (1848–1923), in: Dirk Kaesler (Hrsg.): *Klassiker der Soziologie. Von Auguste Comte bis Norbert Elias*. München 2000, S. 94–110, hier S. 96.
5 Renzo de Felice schreibt, daß von einem persönlichen Kontakt Mussolinis mit Pareto, wie ihn einige von Mussolinis Biographen unterstellen, nicht die Rede sein kann. Zum Beweis zitiert er Pareto selbst: »Il Mussolini stette alcun tempo a Losanna e venne ai miei corsi, ma io non lo conobbi personalmente.« Renzo de Felice: *Mussolini il rivoluzionario 1883–1920*. Torino 1965, S. 38.
6 Yves De Begnac: *Palazzo Venezia. Storia di un regime*. Roma 1959. S. 131.
7 Renzo de Felice ist der Ansicht, daß man Mussolinis Entwicklung nicht verstehen kann, wenn man den Einfluß von *Leonardo* und *La Voce* nicht genügend berücksichtigt. Vgl. hierzu auch Emilio Gentile: Storia Di Un Politico Fra Gli Intellettuali De *La Voce*, in: ders.: *Il Mito Dello Stato Nuovo Dall'Antigiolittismo Al Fascismo*. Roma 1982, S. 103–134.
8 Hugo von Hofmannsthal: Gabriele D'Annunzio, in: ders.: *Reden und Aufsätze 1891–1913*. Frankfurt/Main 1979. S. 174–184, hier S. 175.
9 Giovanni Papini: *Un uomo finito*. Firenze 1994. S. 103.
10 Vgl. hierzu Emilio Gentile: Papini, Prezzolini E Le Origini Del Nazionalismo Italiano, in: ders.: *Il Mito Dello Stato Nuovo Dall'Antigiolittismo Al Fascismo*. Roma 1982, S. 81–101.
11 Giuseppe Prezzolini: cit. nach ders.: *La Voce 1908–1913. Cronaca, antologia et fortuna di una rivista*. Milano 1974. S. 564.
12 Benito Mussolini: La Voce, in: *Vita Trentina*, 3 aprile 1909.
13 Benito Mussolini: La teoria sindicalista, in: *Il Popolo d'Italia*, 25 maggio 1909.
14 »Mussolini lui-même n'était encore qu'un obscur propagandiste du socialisme, et déjà Prezzolini avait remarqué son esprit pénétrant et lui demandait aussitôt pour ses cahiers de *La Voce* cette étude sur le Trentin qui fut une révélation.« Giuseppe Ungaretti cit. nach Emilio Gentile: Storia Di Un Politico Fra Gli Intellettuali De *La Voce*, in: ders.: *Il Mito Dello Stato Nuovo Dall'Antigiolittismo Al Fascismo*. Roma 1982, S. 103–134, hier S. 104.
15 Die Briefe und Karten, die Mussolini Prezzolini geschrieben hat, zeigen, wie sehr Mussolini an einer Kooperation mit dem Herausgeber von *La Voce* gelegen war. Sie finden sich abgedruckt in: Giuseppe Prezzolini: *L'Italiano Inutile*. Milano 1983, S. 200ff.
16 Margherita Sarfatti cit. nach Giuseppe Prezzolini: *Il Tempo Della Voce*. Roma 1960, S. 205.
17 Die Artikel in *Lacerba* waren nicht immer ernst gemeint, häufig wurde mit Sprache experimentiert, alles galt als erlaubt, und gefeiert wurden die Kunst und das Genie. Die Zeitung hatte mit diesem Mix mehr Erfolg als *La Voce*.
18 Giuseppe Prezzolini: *Fascism*. London 1926, S. 62.
Alberto Moravia, der Prezzolini in den dreißiger Jahren in New York traf, hat ihn als kühl, freundlich, ernsthaft und streng beschrieben. Er meinte, Prezzolini habe darunter gelitten, Faschist zu sein.
19 Giuseppe Prezzolini: *L'Italiano Inutile*. Milano 1983, S. 211.
20 Giuseppe Prezzolini: *Fascism*. London 1926, S. 64.

21 Italo Balbo cit. nach Claudio G. Segrè: *Italo Balbo. A Fascist Life*. Berkeley Los Angeles 1987, S. 34.

22 »Der Phänotyp des zwölften und dreizehnten Jahrhunderts zelebrierte die Minne, der des siebzehnten vergeistete den Prunk, der des achtzehnten säkularisierte die Erkenntnis, der heutige integriert die Ambivalenz, die Verschmelzung eines jeglichen mit den Gegenbegriffen.« Gottfried Benn: Roman des Phänotyp, in: ders.: *Gesammelte Werke in acht Bänden*. Wiesbaden 1968, V: Prosa, S. 1324-1376, hier S. 1328.

23 Robert Wohl: *The Generation of 1914*. Cambridge 1979, S. 220.

24 Leo Spitzer: *Italienische Kriegsgefangenenbriefe. Materialien zu einer Charakteristik der volkstümlichen italienischen Korrespondenz*. Bonn 1921, S. 212.

25 Zum Schützengrabenalltag vgl. Mario Isnenghi/Giorgio Rochat: *La Grande Guerra 1914-1918*. Milano 2000, S. 229-239.

26 Agostino Gemelli: *Il nostro soldato*. Milano 1918, S. 51.

27 »Let us not forget that the basic stimulans for Italian fascism (...) was the culture shock after returning home and particularly the real or pseudo-revolutionary situations, the lack of deference to uniforms, medals, and wounds by anti-militarist, pacifist working-class, and in some cases the complacement living of the rear-guard bourgeois.« Juan J. Linz: Some Notes toward a Comparative Study of Fascism in Sociological Historical Perspective, in: Walter Laqueur (Ed): *Fascism. A Reader's Guide*. Cambridge 1976, S. 3-121, hier S. 39.

28 Curzio Malaparte: *Technik des Staatsstreichs*. Essay. Berlin 1988, S. 167.

29 Ernst Niekisch: *Erinnerungen eines deutschen Revolutionärs*. Erster Band: Gewagtes Leben 1889-1945. Köln 1974, S. 263.

30 Oda Olberg: *Der Fascismus in Italien*. Jena 1923, S. 12.

31 Angelo Tasca: *Glauben gehorchen kämpfen. Aufstieg des Faschismus*. Wien Frankfurt Zürich 1969, S. 280.

32 Michael A. Ledeen: War as a Style of Life, in: Stephen R. Ward (Ed): *The War Generation*. Port Washington 1975, S. 104-134, hier S. 111.

33 Sigmund Neumann: The Conflict of Generations in Contemporary Europe. From Versailles to Munich, in: *Vital Speeches of the Day*. War and the Democracies. Jg. 5, 1939, S. 623-628, hier S. 626.

34 Vgl. Bernd Weisbrod: Die Politik der Repräsentation. Das Erbe des Ersten Weltkrieges und der Formwandel der Politik in Europa, in: Hans Mommsen (Hg.): *Der Erste Weltkrieg und die europäische Nachkriegsordnung. Sozialer Wandel und Formveränderung der Politik*. Köln Weimar Wien 2000, S. 13-41.

35 Benito Mussolini cit. nach Zeev Sternhell: *Ni Droite, Ni Gauche. L'idéologie fasciste en France*. Paris 1987, S. 294.

36 Hermann Heller: Europa und der Fascismus, in: ders., *Gesammelte Schriften*. Zweiter Band: Recht, Staat, Macht. Tübingen 1992, S. 463-603, hier S. 497.

37 »Wer glaubhaft für und im Namen der Toten sprechen kann, dem wird von den Lebenden Macht zugesprochen. Den sprechenden Repräsentanten eines Kollektivs wird um so mehr Macht zugeschrieben und zugestanden, als sie glaubhaft versichern können, nicht nur die Lebenden zu repräsentieren, sondern Sprachrohr des *Über-Lebens* zu sein, das sowohl die Toten als auch die Zukünftigen mit den Lebenden verbindet und Bedeutung verleiht.« Peter Berghoff: *Der Tod des politischen Kollektivs. Politische Religionen und das Sterben und Töten für Volk, Nation und Rasse*. Berlin 1997, S. 137.

38 Über die Verbindung zwischen dem politischen Leben Mussolinis und dem Tod

unterrichtet Sergio Luzzato: *Il corpo del duce*. Torino 1998. Er geht darin der Wirkungsgeschichte Mussolinis nach, die bis heute anhält.

39 »D'Annunzio offered an outlet for the instinctual revolt against bureaucratic regularity and cultural deprivation. The range of his influence was not restricted to those who actually read him; one should not forget that the pioneers of the film epic drew on his work, and that best-selling novelists like Guido da Verona diffused a vulgarized version of his ethos among a wider public than the poet himself could command.« Adrian Lyttelton: *The Seizure Of Power. Fascism in Italy 1919-1929*. London 1973, S. 17.

40 Helene Harth/Erhard Stölting: Ästhetische Faszination und Demagogie. Zur Entstehung des ›faschistischen Stils‹ in Italien, in: *Romanistische Zeitschrift für Literaturgeschichte*, Jg. 11, 1987, S. 119-145, hier S. 135.

41 Oda Olberg: *Der Fascismus in Italien*. Jena 1923, S. 15.

42 Margherita G. Sarfatti: *Mussolini. Lebensgeschichte*. Leipzig 1926, S. 216 ff.

43 *Mussolinis Gespräche mit Emil Ludwig*. Berlin Wien Leipzig 1932, S. 96.

44 In seinem Vorwort zu *Die gelebte Zeit* schrieb Minkowski, daß er viele seiner späteren Studien zwischen 1915 und 1917 entworfen hatte. Der Krieg veränderte sein Leben grundlegend, und er fand danach kaum noch Zeit, sich seinen philosophischen Studien zu widmen. Sie »agierten wie Phantome« und fanden erst viele Jahre später Eingang in sein Schreiben. »Alle diese Studien blieben indes im Anfangsstadium. Während des Krieges wartete man auf den Frieden; man hoffte zu den Leben zurückkehren zu können, das man hatte aufgeben müssen.« Vgl. Eugène Minkowski: *Die gelebte Zeit. Über den zeitlichen Aspekt des Lebens*. Salzburg 1971.

45 Hereward Carrington: *Psychical Phenomena and the War*. New York 1918, S. 41.

46 Als Ideengeber muß auch D'Annunzio genannt werden, der bereits von Fiume aus auf Rom hatte marschieren wollen.

47 Alfred von Schlieffen: Der Krieg der Gegenwart, in: *Cannae*. Berlin 1925, S. 278.

48 Spätestens seit dem Ersten Weltkrieg war deutlich geworden, daß das Telefon, aber auch der Telegraf die Diplomatie und damit auch die Politik verändert hatten. »Die moralischen Qualitäten wie Besonnenheit, Voraussicht, Intelligenz, Scharfsinn und Weisheit von Staatsmännern und Nationen haben mit der Entwicklung der Technik nicht Schritt gehalten, also mit Armeen, Schiffen, Gewehren, Sprengstoff, Trausport fahrzeugen. Vor allem aber hinkten sie hinter dem Tempo von Telegrafen und Telefonen hinterher. Sie lassen keine Zeit zur Reflektion und zur Besprechung; sie erfordern eine sofortige und oft eilige Entscheidung in lebenswichtigen Situationen.« Sir Ernest Satow: *A Guide to Diplomatic Practice*. London 1917, I, S. 157.

49 Umberto Boccioni: *Futuristische Malerei und Plastik*. Mailand 1914, cit. nach Christa Baumgarth, S. 201-217, hier S. 216.

50 Brunello Mantelli: *Kurze Geschichte des italienischen Faschismus*. Berlin 1998, S. 59.

51 cit. nach Adrian Lyttelton: *The Seizure Of Power. Fascism in Italy 1919-1929*. London 1973, S. 108.

52 Vor allem über ihre Arbeit bei *Il Popolo d'Italia* informiert: Anna Nozzoli: Margherita Sarfatti Organizzatrice Di Cultura: ›Il Popolo D'Italia‹, in: Marina Addis Saba (a cura di): *La Corporazione Delle Donne. Ricerche e studi sui modelli femminili nel ventennio*. Firenze 1988, S. 227-272.

53 Das Unheil der ästhetischen Situation Frankreichs wurde nun den Kunsthändlern Kahnweiler und Uhde zugeschoben. Die Nichtfranzosen und natürlich die Juden

54 1916 überraschte Severini mit klassischen Remakes. Er hatte ein Porträt seiner Frau Jeanne in klassischer Art gemalt und das klassische Motiv der Mutter mit dem Kind an der Brust wiederaufgenommen. Beide Gemälde waren ohne eine ›Spur Ironie und stellten nur die technische Meisterschaft des Malers unter Beweis‹. hatten nach Meinung der Nationalisten Schuld daran, daß die französische Kultur zerstört wurde. Sie empfahlen daher die Abkehr vom Kubismus und die Rückkehr zur wahren französischen Kunst. Zu den Veränderungen der Avantgarde durch den Ersten Weltkrieg vgl. Kenneth E. Silver: *Esprit De Corps*. The Art of the Parisian Avant-Garde and the First World War, 1914-1925, Princeton 1989.

55 Herbert Read: *Die Kunst der Kunstkritik*, Gütersloh 1957, S. 12.

56 Rossana Bossaglia: Caratteri e sviluppo di Novecento, in: *Mostra del Novecento italiano (1923-1933)*, Milano 1983, S. 19-32, hier S. 23.

57 Das ist auch ein großer Unterschied zwischen den deutschen und den italienischen Künstlern. Selbst die Futuristen blieben bei all ihren Haßtiraden stolze Italiener, die ihrem Land zu neuer Größe verhelfen wollten. Etwas Ähnliches war bei den deutschen Malern, die futuristische Impulse aufnahmen, undenkbar. Vgl. hierzu den Aufsatz von Carla Schulz-Hofmann: Mythos Italien – Winternmärchen Deutschland. Konstanten der italienischen Kunst des 20. Jahrhunderts im Vergleich mit Deutschland, in: dies. (Hrsg.): *Mythos Italien – Winternmärchen Deutschland. Die italienische Moderne und ihr Dialog mit Deutschland*, München 1988, S. 9-30.

58 Margherita G. Sarfatti: Der »Novecento«, in: *Italien. Monatsschrift für Kultur, Kunst und Literatur*, Heft 1, Dezember 1927, S. 19-26, hier S. 23.

59 »In subject and style, these are images of the working classes. They evince nothing of the bohemian *ennui* characteristic of the Impressionists' images of urban life, nor do they revel in the bourgeois decadence treated by Ernst Ludwig Kirchner in his pre-war city scenes. The canvases are coloured with the tones of industrial soot and with the ochres and greys of the stuccoed facades typical of popular housing in Milan. Factories and tenement blocks are rendered stark and powerful, as Sironi returns to the modelling and massing of Quattrocento. Tuscan painting, endowing anonymous modern structures with an imposing monumentality.« Emily Braun: Mario Sironi and a Fascist Art, in: Emily Braun (Ed): *Italian Art in the 20th Century. Painting and Sculpture 1900-1988*, München 1989, S. 173-180, hier S. 176.

60 Es gab in Mailand spezielle Hausprojekte zur Verbesserung der Wohnsituation. Auch Sarfatti gehörte der 1905 gegründeten Società Umanitaria an, die diese Projekte betreute. Sironi zog 1921 in ein Haus, in dem Künstler und Kriegsveteranen wohnten und das in *Il Popolo d'Italia* immer wieder lobend hervorgehoben wurde.

61 »Längst ist die Legende widerlegt, der Künstler habe einfach nur genauer Vorgaben folgen müssen. Aus freien Stücken war er zu Mussolinis Karikaturisten geworden, er konnte zeichnen, was und wie es ihm beliebte. (...) Für ›Popolo d'Italia‹ entwickelte er einen eigenwilligen Schwarz-Weiß-Stil, der alten amerikanischen Comic-Strips ähnelt. Bild für Bild läßt sich der Aufstieg und Sieg des Faschismus verfolgen. Sicher, geschildert wird er aus der Perspektive eines Anhängers, aber sogar Antifaschisten hätten damals aus seinen Karikaturen manches über ihre taktischen Fehler lernen können.« Franziska Maier: Das verzweifelte Herumstrudeln des Menschen. Moderner Totentanz, faschistische Versuchung: Mario Sironis politische Zeichnungen, in: *Frankfurter Allgemeine Zeitung* vom 4. November 1995, Nummer 257.

62 Un omaggio a Mussolini di poeti, romanzieri e pittori, in: *Mario Sironi. Scritti editi e inediti*, Milano 1980, S. 20.

63 Emily Braun: Die Gestaltung eines kollektiven Willens, in: Jürgen Harten/Jochen Poetter (Hrsg.): *Mario Sironi (1885-1961)*. Köln 1988, S. 40-49, hier S. 43.

64 Emily Braun: Mario Sironi's Urban Landscapes: The Futurist/Fascist Nexus, in: Matthew Affron and Mark Antliff (eds.): *Fascist Visions. Art and Ideology in France and Italy*. Princeton 1997, S. 101-133.

65 Zum gleichnamigen Massenspektakel vgl. Jeffrey T. Schnapp: 18 BL: Fascist Mass Spectacle, in: *Representations*, Bd. 43, Summer 1993, S. 89-125.

66 »In diesen Bildern, mit den von Arkaden umstellten Plätzen, menschenverlassen und gottverlassen, hat das tragische Weltgefühl Nietzsches, die Kulturmüdigkeit des Bürgertums des Fin de Siècle, stringenten Ausdruck gefunden.« Wieland Schmid: Der kühle Blick. Der Realismus der Zwanzigerjahre, in: Wieland Schmid (Hrsg.): *Der kühle Blick. Realismus der zwanziger Jahre*. München London New York 2000, S. 9-36, hier S. 20.

67 Margherita Sarfatti: Fascistischer Stil, in: *10 Jahre Fascismus*, Sonderheft 11 der *Europäischen Revue*, 1932, S. 708-710, hier S. 708.

68 »Amongst the motives which persuaded Marinetti and other Futurists to support the Fascist régime was undoubtedly the hope that they could influence at least its cultural policy. He and other Futurists regarded themselves as a form of father figures of the Fascist movement, and although their degenerate offspring had disappointed many of their hopes, they nevertheless believed that they would have a significant role to play as defenders of modern art, as preservers of the avant-garde and champions of new artistic trends.« Emilio Gentile: Political Futurism and the Myth of the Italian Revolution, in: Günter Berghaus (Hrsg.): *International Futurism in Arts and Literature*. Berlin New York 2000, S. 1-14, hier S. 11.

69 Natalia Ginzburg: *Familienlexikon*. Frankfurt/Main 1997, S. 93.

70 Der Wahlerfolg der Faschisten beruhte maßgeblich auf einem neuen Wahlgesetz, dessen Grundgedanke war, daß diejenige Liste, die die meisten Stimmen auf sich vereinigen konnte, zwei Drittel der Sitze in der Kammer erhalten solle. Unter massiven Drohungen von seiten der Faschisten war dieses Wahlgesetz 1923 verabschiedet worden.

71 Margherita Sarfatti: Mussolini: Como lo Conoci. »Han Matado a Matteotti para Hundir al Fascismo« – Dijo el Duce, in: *Crítica*, 20 de junio de 1945.

72 Vgl. vor allem zu den parteiinternen Kämpfen Adrian Lyttelton: Fascism in Italy: The Second Wave, in: Roland Sarti (Ed): *The Ax Within Italian Fascism in Action*. New York 1974, S. 59-85.

Dux

73 Erwin von Beckerath: *Wesen und Werden des fascistischen Staates*. Berlin 1927, S. 106.

74 Waldemar Gurian: Der Faschismus. Sonderdruck aus der Monatsschrift *Das Heilige Feuer*, Nr. 31, 1929, S. 8.

75 Erwin von Beckerath: *Wesen und Werden des fascistischen Staates*. Berlin 1927, S. 25.

76 Vgl. hierzu Luisa Passerini: *Mussolini Immaginario. Storia Di Una Biografia 1915-1939*. Roma Bari 1991, S. 43-47.

77 Margherita G. Sarfatti: *Mussolini. Lebensgeschichte*. Leipzig 1926 S. 19.

78 ebd. S. 21.

79 ebd., S. 41.
80 ebd., S. 52.
81 1886 war ein Gesetz erlassen worden, das die Gemeinden zwang, die Mindestentlohnung für Lehrer zu erhöhen und ihnen Sicherheiten gegen willkürliche Entlassungen zu geben. Volksschullehrer galten als eine Art Proletarier.
82 ebd., S. 83.
83 ebd., S. 86.
84 Blanqui gilt als die emblematische Figur der Professionalisierung des Revolutionärs. »Er machte nichts anderes, er war ausschließlich Revolutionär. Er verbrachte sein Leben teils im Gefängnis, teils mit revolutionärer Aktivität. Unermüdlich fing er stets von vorn an, sobald er wieder in Freiheit war. Er opferte sein Privatleben, er lebte für die Revolution. Es war jedoch undenkbar, daß er sich von seiner Organisation *bezahlen ließ*. Die Vermischung von Geld und Revolution ist inakzeptabel, weil der *Ehre des Revolutionärs* zuwiderlaufend.« Bronislaw Baczko: Der Revolutionär, in: François Furet (Hrsg.): *Der Mensch der Romantik.* Frankfurt/New York 1998, S. 252-305, hier S. 281.
85 Margherita G. Sarfatti: *Mussolini.* Lebensgeschichte. Leipzig 1926, S. 138.
86 ebd., S. 155.
87 ebd., S. 175.
88 »Der Schmerz ist der einzige zur Konversion notwendige Faktor, wenn er auch zur Konversion nicht genügt.« Sante de Sanctis cit. nach Christian Heidrich: Geistiges Entzücken. Über Konversionen und Konvertiten, in: *Sinn und Form,* Jg. 52, 2000, S. 5-31, hier S. 19.
89 Margherita G. Sarfatti: *Mussolini.* Lebensgeschichte. Leipzig 1926, S. 183.
90 ebd., S. 198.
91 ebd., S. 201.
92 ebd., S. 212.
93 ebd., S. 213.
94 ebd., S. 259.
95 ebd., S. 260.
96 ebd., S. 268.
97 ebd., S. 263.
98 ebd., S. 265.
99 ebd., S. 266.
100 ebd., S. 277.
101 ebd., S. 304.
102 ebd., S. 315.
103 ebd., S. 336.
104 Sie mußte allerdings kurz nach dem Erscheinen von *Dux* feststellen, daß sie einen Konkurrenten hatte. Giorgio Pini hatte eine kleine, biographische Skizze über Mussolini veröffentlicht. Sarfatti, die Pini als Autor von *Gerarchia* kannte, brach daraufhin alle Beziehungen zu ihm ab.
105 John Carter: Mussolini, Master of Italy. A New Picture Emerges From His Authorized Biography, in: *The New York Times Book Review,* February 7, 1926.
106 Die Reaktionen deutscher Kritiker und Bewunderer kann man in einem Aufsatz von Wolfgang Schieder nachlesen. Wolfgang Schieder: Das italienische Experiment. Der Faschismus als Vorbild in der Krise der Weimarer Republik, in: *Historische Zeitschrift,* Band 262, Heft 1 vom Februar 1996, S. 73-125.

362

107 Mussolini bedankte sich umgehend dafür und rezensierte acht Jahre später Spenglers *Jahre der Entscheidung* in *Il Popolo d'Italia*.

108 Vgl. hierzu Enrico Crispolti: La politica culturale del fascismo, le avanguardie e il problema del futurismo, in: Renzo de Felice: *Futurismo, Cultura E Politica*. Torino 1986, S. 247-283.

109 Jeffrey Schnapp and Barbara Spackman: Selections From The Great Debate On Fascism And Culture: *Critica Fascista 1926-1927*, in: *Fascism and Culture*. Stanford Italian Review, Jg. 8, No. 1-2, S. 235-272, hier S. 235.

110 Hans Maier: »Totalitarismus« und »Politische Religionen«. Zwei Konzepte des Diktaturvergleichs, in: Hans Maier (Hrsg.): *Totalitarismus und Politische Religionen. Konzepte des Diktaturvergleichs*. Paderborn München Wien Zürich 1996, S. 233-250, hier S. 236.

111 Margherita Sarfatti: Novecento, in: *Messaggero Egiziano*, 20 dicembre 1929.

112 Margherita Sarfatti: Faschistischer Stil, in: *10 Jahre Fascismus*, Sonderheft 11 der *Europäischen Revue*, 1932, S. 708-710, hier S. 708.

113 »Bottai et son comité de rédaction choisissent de faire de *Critica fascista* un organe de discussion à l'intérieur du fascisme et de réflexion sur la fonction des intellectuels dans la ›nouvelle‹ culture italienne, mais aussi un point de recontre avec les jeunes générations.« Geneviève Hoche: Une Tentative De Médiation Culturelle Sous Le Régime Fasciste: G. Bottai Et Le Groupe De ›Critica Fascista‹, in: *Aspects De La Culture Italienne Sous Le Fascisme*. Grenobles 1982, S. 7-28, hier S. 9.

114 Jeffrey Schnapp and Barbara Spackman: Selections From The Great Debate On Fascism And Culture: *Critica Fascista 1926-1927*, in: *Fascism and Culture*. Stanford Italian Review, Jg. 8, No. 1-2, S. 235-272, hier S. 236.

115 Die klassische Nachkriegsdebatte über Faschismus und Kultur, die mittlerweile selbst schon Geschichte ist, fand zwischen Norberto Bobbio (La cultura e fascismo, in: Guido Quazza (ed.): Fascismo e il società italiana. Turin 1973) und Nicola Tranfaglia (Intellettuali e fascismo: Appunti per una storia da scrivere, in: Dallo Stato liberale al regime fascista. Milan 1973) statt.

116 Marla Stone: The State as Patron. Making Official Culture in Fascist Italy, in: Matthew Affron/Mark Antliff (Eds.): *Fascist Visions. Art and Ideology in France and Italy*. Princeton 1997, S. 205-238, hier S. 207.

117 Jens Petersen: Referat, in: Kolloquien des Instituts für Zeitgeschichte (Hrsg.): *Der italienische Faschismus. Probleme und Forschungstendenzen*. München Wien 1983, S. 13-42, hier S. 27.

118 Margherita G. Sarfatti: *Mussolini. Lebensgeschichte*. Leipzig 1926, S. 282.

119 Richard A. Etlin: *Modernism in Italian Architecture, 1890-1940*. Cambridge 1991, S. 229.

120 Einen kurzen Abriß über die Geschichte der Biennale während des Faschismus bietet Pascale Budillon-Puma: Les Biennales De Venise Pendant L'Époque Fasciste: Leurs Rapports Avec Le Pouvoir (1928-1942), in: *Aspects De La Culture Italienne Sous Le Fascisme*. Grenobles 1982, S. 29-43.

121 Im Faschismus waren auch die Künstler in die korporative Organisation eingebunden. Sie waren im Sindicato Fascista delle Belle Arti zusammengefaßt, das mehrere Funktionen in sich vereinigte: »Es war ein Instrument der Kulturpolitik, bot Möglichkeiten zur politischen Kontrolle der Künstler und war ein Ausgangspunkt einer möglichst zwangfreien konsensusschaffenden Politik unter den Intellektuellen.« Susanne

Der Feind

122 cit. nach Sergio Marzorati: *Margherita Sarfatti. Saggio biografico*. Como, S. 95.
123 Gustav Seibt: *Rom oder Tod. Der Kampf um die italienische Hauptstadt*. Berlin 2001, S. 308.
124 Hermann Heller schreibt, daß der Hintergrund dieser wunderbaren Bekehrungsgeschichte aus der inneren Leere einer Diktatur verstanden werden muß, die aus und in einer zerstörten Wertwelt entstanden sei und sich ohne Unterbau durch eine statische Wertdogmatik nicht halten konnte.
125 Giorgio Bassani: *Die Gärten der Finzi-Contini*. München Zürich 1983, S. 36.
126 Zur Situation der Frauen im italienischen Faschismus vgl. Victoria De Grazia: *How Fascism Ruled Women, Italy, 1922–1945*. Berkeley Los Angeles Oxford 1991.
127 Mussolini To Give The Vote To Women, in: *New York Times*, May 15, 1923.
128 »Why I'll No Longer Let Women Teach in the Schools of Italy« – Mussolini in: *New York American*, January 9, 1927.
129 Alberto Longi: La collezione Sarfatti. Una vita in una raccolta, in: Luciano Caramel (a cura di): *Arte Svelata. Collezionismo privato a Como dall'Ottocento a oggi*. Milano 1987, S. 11–13.
130 Als Barometer von Mussolinis Beliebtheit befragt John P. Diggins den *Reader's Guide to Periodical Literature*. »For the period from 1925 to 1928 the Reader's Guide showed over one hundred articles on Mussolini compared to fifteen on Stalin. In the period from 1929 to 1932, when American interest in the Soviet Five Year Plans was at its keenest, Stalin fared better with thirty-five articles, but Mussolini still overshadowed him with forty-six.« John P Diggins: *Mussolini and Fascism. The View from America*. Princeton 1972, S. 23.
131 Henry Luce cit. nach W. A. Swanberg: *Luce and his Empire*. New York 1972, S. 109.
132 Anne O'Hare McCormick cit. nach Julia Edwards: Anne O'Hare McCormick and the Changing Times, in: dies.: *Women of the World. The Great Foreign Correspondents*. Boston 1988, S. 75–87, hier S. 77.
133 Anne O'Hare McCormick: The Women March On Mussolini. A Drab Regiment of the New Democracy Face to Face With the Successor of the Caesars, in: *The New York Times Magazine*, June 17, 1923.
134 ebd., S. 78.
135 »Millicent Hearst Describes Her Chat With Mussolini: Simple, Kindly, Courteous; Interested In Everything«, in: *New York American*, May 11, 1930.
136 Thomas B. Morgan: *Spurs On The Boot. Italy under her Masters*. London Toronto Bombay Sydney 1942, S. 75.
137 Der amerikanische Autor David Zane Mairowitz hat ein Hörspiel über Margherita Sarfatti geschrieben. In »Ich war Il Duces Judenmädchen« wird sie als die wichtige Strippenzieherin hinter den Kulissen der Macht dargestellt. Viel Raum nimmt die sexuelle Beziehung zwischen Mussolini und Sarfatti ein, die äußerst obszön geschildert wird. Der Duce ist geistig minderbemittelt, furzt, prustet und »seine Hosen sitzen stramm um die Lenden«.

von Falkenhausen: *Der Zweite Futurismus und die Kunstpolitik des Faschismus in Italien von 1922-1943*. Frankfurt/Main 1979, S. 21.

138 »Benito Mussolini Says: 1929 Will Be a Momentous Year«, in: *New York American*, January 6, 1929.

139 »Streemann a Giant Figure in European Rebirth – Mussolini«, in: *New York American*, October 6, 1929.

140 Philip V. Cannistraro/Brian R. Sullivan: *Il Duce's Other Woman. The Untold Story Of Margherita Sarfatti, Benito Mussolini's Jewish Mistress, And How She Helped Him Come To Power.* New York 1993.

141 Vgl. Jan Cohn: *Creating America. George Horace Lorimer and the Saturday Evening Post.* Pittsburgh 1989, S. 6.

142 John Tebbel: *George Horace Lorimer and The Saturday Evening Post.* New York 1948, S. 151.

143 Vittorio Mussolini schreibt in seiner Autobiographie, seine Mutter habe zu Beginn der dreißiger Jahre des öfteren zu ihrem Mann gesagt, er müsse mal wieder einen Artikel schreiben. Rachele habe damit die Artikel für die US-amerikanische Presse gemeint, die gut und sofort bezahlt wurden.

144 »Benito Mussolini Predicted: I Shall Make My Mark This Epoch, For I Have the Will and the Desire«, in: *New York American*, March 15, 1931.

145 Giovanna Bosi Maramotti: Margherita Sarfatti: appunti per una storia della letteratura femminile nel periodo fascista, in: Bruno Bandini (a cura di): *Il pensiero reazionario. La politica e la cultura dei fascismi.* Ravenna 1982, S. 101–112.

146 Alma Mahler-Werfel: *Mein Leben.* Frankfurt/Main 1990, S. 191 ff.

147 Alberto Moravia: *Die Gleichgültigen.* Übersetzt von Dorothea Berensbach. Berlin 1957, S. 301.

148 Tracy H. Koon: *Believe Obey Fight. Political Socialization of Youth in Fascist Italy, 1922-1943.* London 1985, S. 219.

149 Michael A. Ledeen: Fascism and the Generation Gap, in: *European Studies Review*, Jg. 1, 1971, S. 275–283, hier S. 276 und S. 357.

150 »In Italy this relationship was invested with particular importance; whereas the concept of class had been at the centre of the ideological framework of the October Revolution, and race was the key element in nazi ideology, the fascists had come to power ›raising the banner of youth.‹« Bruno Wanrooij: The Rise and Fall of Italian Fascism as Generational Revolt, in: *Journal of Contemporary History*, Jg. 22, 1987, S. 401-418, hier S. 401.

151 Alain Elkann: *Alberto Moravia: Vita di Moravia.* Ein Leben im Gespräch. S. 93 ff.

152 Alberto Moravia wurde 1935 offener Antifaschist und mußte sich vor den Nazis verstecken. In der Nachkriegszeit hat er immer wieder seinen ersten Roman als Beweis für seine frühe antifaschistische Einstellung angeführt. Dem widerspricht Ruth Ben-Ghiat, die seine Veröffentlichungen in faschistischen Zeitschriften aufzählt und zitiert. Ben-Ghiat geht davon aus, daß der Erfolg von *Gli indifferenti* nicht allein literarisch, sondern auch politisch zu erklären ist. Der Roman erschien in einer Zeit, in der die revolutionäre Rhetorik an ihr Ende gekommen war und man über einen neuen Realismus in der Kunst diskutierte. »The interpretation of *Gli indifferenti* as an oppositional work has also led postwar critics to categorize it as an ›exception‹ to the literary production of the fascist period. (...) But *Gli indifferenti* was merely the first of a series of realist texts being produced at that time that posited a new moral code based on a direct and linear connection between thought and action and the necessity of the individual to engage with the ethical and social problems of society.« Ruth Ben-Ghiat: Fascism, Wri-

ting and Memory: The Realist Aesthetic in Italy, 1930–1950, in: *The Journal of Modern History*, Jg. 67, 1995, S. 627–665, hier S. 645 ff.

153 Alain Elkann: *Alberto Moravia: Vita di Moravia. Ein Leben im Gespräch*, S. 85.

154 Schilderungen aus Sarfattis Salon finden sich in Corrado Alvaros Roman »Tutto è Accaduto«, Corrado Alvaro (1895–1956), Journalist und Schriftsteller, gehörte eine gewisse Zeit dem Kreis um die Sarfatti an.

155 Harold Nicolson: *Diaries and Letters 1930–1939*. London 1966, S. 106.

156 Im Mai 1935 wurde eine weitere Ausstellung italienischer Meisterwerke in Paris eröffnet. Die großzügigen Leihgaben gingen auch dieses Mal auf den Befehl des Duce zurück, der zur Eröffnung nach Paris Ciano und Bottai schickte. »Several trains brought from Italy complete collections of Italian glassware, jewelry, drawings, engravings, and furniture, so that the exhibition presents a complete picture of Italian old art, far exceeding the show organized at Burlington House, London, in 1930.« Paris Holding Greatest Show of Italian Art, in: *New York Herald Tribune*, May 16, 1935.

157 Curzio Malaparte: *Kaputt*. Frankfurt/Main 1982, S. 443.

158 Irene Brin: *Usi e costumi, 1920–1940*. Palermo 1981.

159 Barbara Allason: *Memorie di una antifascista 1919–1940*. Milano 1961.

160 Marla Stone: Staging Fascism: The Exhibition of the Fascist Revolution, in: *Journal of Contemporary History*, Jg. 28, 1993, S. 215–243, hier S. 218.

161 ebd. S. 221.

162 Simone de Beauvoir: *In den besten Jahren*. Reinbek bei Hamburg 1969, S. 134.

163 Margherita Sarfatti: Architettura, arte, e simbolo alla mostra del fascismo, in: *Architettura*, 2 gennaio 1933.

164 »Judith«: She Is the Comrade of Il Duce, in: *The American Hebrew. A Magazine for American Jews*. October 4, 1929.

165 »This appeal to youth and this will to face the battle with many determination and virile pessimism are part of that style and »mode of life« under which Fascism is leading (and intends to continue to lead to an even greater extend) the Italian people.« Benito Mussolini: Roosevelt System Moves in Atmosphere similar to that of Fascism-Mussolini, in: *New York American*, July 2, 1933.

166 Countess Sarfatti Sends Appeal To Youth From Historic Italy, in: *New York Herald Tribune*, October 13, 1933.

167 Margherita G. Sarfatti: Women of Fascism, in: *New York Herald Tribune*, November 12, 1933.

168 Die Roosevelts führten keine herkömmliche Ehe, sondern pflegten eher eine politische Partnerschaft. Die 1884 geborene Eleanor hatte sich in den zwanziger Jahren in feministischen Wählervereinigungen engagiert und wurde zum sozialen Gewissen ihres Mannes. Sie nutzte sein Amt, um ihre Politik durchzusetzen. Die Präsidentengattin reiste kreuz und quer durch das Land und tauchte gerne unangemeldet in Gefängnissen oder Schulen auf. Wie Margherita Sarfatti auch war sie begabte, moderne Kommunikatorin. Eleanor Roosevelt hatte eine eigene Zeitungskolumne und führte als erste Präsidentengattin eine Pressekonferenz durch. In den vierziger Jahren machte sie sich die Sache der Flüchtlinge zu eigen und trat vergeblich dafür ein, daß Amerika mehr Flüchtlinge aus Europa aufnahm. Auch privat war das Präsidentenpaar eher unkonventionell: er hatte ein Verhältnis mit seiner Sekretärin und sie eine Beziehung zu einer Journalistin, mit der sie jahrelang heimlich im Weißen Haus lebte.

169 Aby Warburg hatte die Briefmarke als Instrument der Zeitdiagnose entdeckt und diese Methode bei seinem Romaufenthalt Ende der zwanziger Jahre auf die Mar-

ken des faschistischen Italien angewandt. Seiner Analyse nach huldigte man dadurch, daß man ein Henkerbeil zum Staatssymbol erhob, einem »Machtkult polizeilicher Struktur« und bewies durch Rückgriff auf ein Symbol der Römer, daß man »völlig cäsarenwahnsinnig« war.

170 »Fascism's cult of Romanity was not moved by love and archaelogical respect for some original identity in the past that ought to be recovered and restored; nor was its passion for archaelogy animated by science, or even respectful of scientific requirements.« Emilio Gentile: *The Sacralization of Politics in Fascist Italy*. Cambridge 1996, S. 76.

171 Vgl. Romke Visser: Fascist Doctrine and the Cult of the *Romanità*, in: *Journal of Contemporary History*, Jg. 27, 1992, S. 5–22, hier S. 17.

172 Rudolf Arnheim: *Zauber des Sehens*. Göttingen 1993, S. 41.

173 Renzo de Felice: *Der Faschismus*. Ein Interview von Michael A. Ledeen mit Renzo de Felice. Stuttgart 1977, S. 20ff.

174 Vittorio war der älteste Sohn Mussolinis und Luftwaffenoffizier. Außer dem Fliegen galt seine Leidenschaft dem Kino. Er schrieb das Drehbuch für einen der erfolgreichsten Filme der dreißiger Jahre »Luciano Serra, pilota«. Sein Ko-Autor war Roberto Rossellini, der später als neorealistischer Regisseur berühmt wurde. Vittorio berichtete, daß sein Vater ein großer Verehrer Greta Garbos gewesen sei.

175 Adam Mattioli vertritt die Ansicht, daß der italienische Überfall auf das abessinische Kaiserreich als eines der Schlüsselereignisse der Gewaltgeschichte des 20. Jahrhunderts anzusehen ist. Adam Mattioli: Entgrenzte Kriegsgewalt. Der italienische Giftgaseinsatz in Abessinien 1935–1936, in: *Vierteljahreshefte für Zeitgeschichte*, Jg. 51, 2003, S. 311–337.

176 Sigmund Neumann: *Permanent Revolution The Total State in a World at War*. New York London 1942, S. 247.

177 ebd., S. 242.

178 Joachim C. Fest: *Hitler – Eine Biographie. Zweiter Band: Der Führer*. Frankfurt/Main Berlin Wien 1976, S. 687.

179 Die Tochter Carlo Rossellis war die Dichterin Amelia Rossellis, die sieben Jahre alt war, als ihr Vater von einem faschistischen Mordkommando in Paris umgebracht wurde. Das Trauma hat sie nie überwunden. Sie fühlte sich vom Geheimdienst verfolgt, verließ ihre Wohnung kaum und litt unter Depressionen. Sie war durch die Faschisten heimatlos geworden und schrieb in einer ekstatischen, kunstvoll-künstlerischen Sprache voller Wiederholungszwänge. Im Februar 1996 nahm sie sich in Rom das Leben.

180 Galeazzo Ciano: *Tagebücher 1937/38*. Hamburg 1949, S. 116.

181 Margherita Sarfatti: *Mussolini: Como lo Conocí*. Hitler le Contagio su Error Mas Funesto: Desdenar a Estados Unidos, in: *Critica*, 2 de julio de 1945.

182 Rossana Bossaglia: L'Ultimo Novecento, in: *Gli Annitrenta*. Arte e Cultura in Italia. Milano 1982, S. 79–85.

183 Alberto Savinio: *Stadt, ich lausche deinem Herzen*. Übersetzt von Karin Fleischanderl. Frankfurt/Main 1989, S. 357ff.

184 Achim Preiß: Die Grab- und Denkmalbauten Terragnis, in: Achim Preiß/Stefan Germer (Hrsg.): *Giuseppe Terragni 1904-1943. Moderne und Faschismus in Italien*. München 1991, S. 125–150, hier S. 136.

185 Galeazzo Ciano: *Tagebücher 1937/38*. Hamburg 1949, S. 159.

186 Joachim C. Fest: *Hitler – Eine Biographie. Zweiter Band: Der Führer*. Frankfurt/Main Berlin Wien 1976, S. 690.

187 Galeazzo Ciano: *Tagebücher 1937/38*. Hamburg 1949, S. 103.
188 Edda Mussolini Ciano as told to Albert Zarca: *My Truth*. New York 1977, S. 149.
189 Bei einer der Demonstrationen von Mussolinis körperlicher Fitneß vor ausländischen Journalisten ließ sich sein Fechtlehrer über die Eßgewohnheiten des mächtigen Mannes aus. Er berichtete, der Duce esse nie Fleisch, sondern nur Gemüse. Am liebsten seien ihm Broccoli und Zucchini. Doch er liebe auch Obst und esse bereits am Morgen Trauben. Dies geschah, nachdem die Italiener mit den Deutschen bereits den »Stahlpakt« geschlossen hatten. Ein amerikanischer Korrespondent flüsterte seinem Kollegen zu: »It looks as though the Axis isn't a steel pact at all, but just a vegetable compound.« Reynolds and Eleanor Packard: *Balcony Empire Fascist Italy At War*. New York Toronto 1942, S. 147.

Bildnachweis

Istituto Centrale per il Catalogo e la Documentazione, Gabinetto Fotografico nazionale, Collection Nunes Vais, Rome: 49

Mario Cervi: *Mussolini. Album Di una vita*, Rizzoli 1992 (S. 222): 105

Mario Sironi: *Scritti inediti*, Mailand 1980 (S. 127, 126): 137, 167

Ullstein Bild, Berlin: 203, 248, 321 (Foto: R. Pomprein)

Karin Wieland: 11, 333

Personenregister

Äneas 262
Agnelli, Susanna 308, 325
Albertini, Luigi 125
Alfieri, Dino 311 f.
Allason, Barbara 310
Aosta, Graf von 196, 199
Apollinaire, Guillaume 88 f., 206, 233 f., 239
Aragon, Louis 317
Aristoteles 168
Arnheim, Rudolf 320
Bahr, Hermann 96
Bakunin, Michail 54
Balabanoff, Angelica 114, 119 f., 168, 263 f., 268
Balbo, Italo 182, 196-198, 200, 216
Balla, Giacomo 78, 125, 232, 240, 276
Barbusse, Henri 135
Barrès, Maurice 144
Bassani, Giorgio 36
Bataille, Georges 81
Battisti, Cesare 147
Baudelaire, Charles 41, 79, 169, 206, 235
Beauvoir, Simone de 312
Benn, Gottfried 78, 216, 232
Bergson, Henri 189, 206, 209
Bianchi, Michele 201
Bissolati, Leonida 104, 108, 148, 161
Blanqui, Auguste 119, 127
Blériot, Louis 187 f.
Boccioni, Umberto 77 f., 81, 84 f., 87-89, 93, 95, 125, 136, 147, 228, 232, 235, 239-241, 290
Böcklin, Arnold 205
Bohrer, Karl Heinz 93
Bonomi, Ivanoe 104, 107 f., 178, 181, 183, 195
Bontempelli, Massimo 58, 185, 187, 241, 301

Borchardt, Rudolf 272
Borgese, Giuseppe 161, 185, 187, 196, 304
Borgia, Cesare 64
Bossaglia, Rossana 236, 328
Bottai, Giuseppe 226, 258, 277
Botticelli, Sandro 307
Braque, George 78
Brasini, Armando 280
Braun, Emily 307
Brin, Irene 309
Broch, Hermann 83
Brooks, Romaine 142
Bucci, Anselmo 236 f.
Burckhardt, Carl Jacob 189
Burckhardt, Jacob 25

Cadorna, Luigi 148
Caesar 22, 262
Calvino, Italo 322
Canaletto 20
Cannistraro, Philip V. 296
Canova, Antonio 90
Cappa, Benedetta 233
Carducci, Giosuè 55, 79, 141, 159, 268
Carlo Alberto, König 28
Carocci, Cesira 246, 288
Carrà, Carlo 78, 85, 88, 125, 162, 232, 242, 276, 281, 290, 299
Casorati, Felice 276, 281
Cassiodor 13 f.
Cavell, Edith 145-147
Cavour, Camillo 27, 32, 40, 287
Cesira, Signora siehe Carocci
Cézanne, Paul 88
Chamberlain, Ivy 307
Chamberlain, Joseph Austen 307
Chanel, Coco 334
Chapman Catt, Carrie 290

370

Charcot, Jean Martin 59
Churchill, Winston 272
Ciano, Constanzo 200, 308
Ciano, Galeazzo 307-309, 325, 327, 330f., 334f.
Cipriani, Amilcare 106
Clemenceau, Georges Benjamin 155
Cocteau, Jean 233, 334
Colette, Sidonie-Gabrielle 135, 334
Comte, Auguste 68
Corradini, Enrico 103, 112
Corridoni, Filippo 115, 151, 184
Costa, Andrea 55 f., 60, 62, 65, 106 f.
Crispi, Francesco 34-36
Croce, Benedetto 93, 151, 192, 197, 209, 305
Croce, Elena 305
Curtius, Ernst Robert 144

D'Annunzio, Gabriele 90, 139-144, 148, 155, 159, 171-177, 180, 183, 193 f., 196, 200, 209, 220, 223 f., 243, 246, 255, 295, 304, 327
Dalí, Salvador 317
Dante Alighieri 39, 68, 80, 141, 159, 168, 264, 314, 334
De Begnac, Yves 208
De Bono, Emilio 196-198, 201, 245
De Chirico, Giorgio 185, 232, 241 f., 276, 290
De Felice, Renzo 148, 258, 320
Depero, Fortunato 276, 311
Depretis, Agostino 33
De Sanctis, Francesco 69
De Vecchi, Cesare Maria 196-198, 200 f.
Diderot, Denis 235
Djagilew, Serge 43
Donatello 307
Dostojewskij, Fjodor 55
Duchamps, Marcel 80
Dudreville, Leonardo 236 f.
Duse, Eleonora 144

Einstein, Albert 206
Engels, Friedrich 83, 168, 264
Erzberger, Matthias 134

Facta, Luigi 195, 198 f.
Farinacci, Roberto 182, 255, 300, 306, 312 f., 325, 329, 334
Ferdinand II. von Aragon 15
Ferri, Enrico 85, 101 f., 107
Figini, Luigi 282
Foscolo, Ugo 264
Fradeletto, Antonio 40-42, 44, 72, 144, 164, 166, 243
Franz Ferdinand, Erzherzog von Österreich 120
Freud, Sigmund 18, 23, 59, 99, 272
Funi, Achille 184 f., 235-237, 240, 242 f., 276, 290, 311

Garibaldi, Giuseppe 32, 34 f., 40, 173, 223, 227
Gentile, Emilio 226
Gentile, Giovanni 205
Gide, André 142, 301
Ginzburg, Natalia 37, 60, 62, 249
Giolitti, Giovanni 55 f., 61 f., 65, 101-104, 111, 115, 121 f., 125, 129-131, 133 f., 147, 175, 177-181, 195 f., 198, 216, 218, 257
Gobineau, Joseph Arthur Comte de 168
Goebbels, Joseph 296, 334
Gödel, Kurt 206
Göring, Carin 301
Göring, Hermann 301
Goelhe, Johann Wolfgang von 18
Goldoni, Carlo 20
Gramsci, Antonio 40, 93 f., 177, 192, 255, 326
Grandi, Dino 182, 200
Grassini, Abramo (Urgroßvater) 27
Grassini, Amedeo (Vater) 13, 29, 31, 36 f., 39 f., 42 f., 45-47, 52, 64, 70 f., 75, 119
Grassini, Colomba (Schwester) 38
Grassini, Emma, geb. Levi (Mutter) 37 f.
Grassini, Marco (Großvater) 13, 24, 26-29, 33, 46, 52, 70 f.
Grassini, Marco Oscar (Bruder) 8, 38
Grassini, Margherita, geb. Morpurgo (Urgroßmutter) 27
Grassini, Nella (Schwester) 38, 335
Gregorovius, Ferdinand 33

371

Gropius, Walter 282, 311
Guardi, Francesco 20

Hearst, Millicent 294
Hearst, William Randolph 294, 298, 318, 331
Hegel, Georg Wilhelm Friedrich 106, 168
Heine, Heinrich 39, 159, 168, 240, 268
Heller, Hermann 215, 257
Hemingway, Ernest 320, 324
Herzl, Theodor 74
Heß, Rudolf 329
Himmler, Heinrich 329
Hitler, Adolf 298, 314, 319, 324-327, 329-331
Hodler, Ferdinand 41, 86
Hofmannsthal, Hugo von 139
Holthusen, Hans Egon 95
Hoover, Herbert 297
Hughes, Ted 215
Hugo, Victor 39, 262
Hurst, Fanny 294
Hus, Johannes 114

Ibsen, Hendrik 44, 307
Ingres, Jean Auguste Dominique 234
Isabella I., Königin von Kastilien und Leon 15
Isnenghi, Mario 217

James, Henry 102, 292
James, William 206, 209f., 213
Jarry, Alfred 206
Jaurès, Jean 98, 189
Juarez, Benito 106
Julius II., Papst 15

Kahn, Gustave 79
Katharina von Medici 64
Keller, Guido 172f.
Khnopff, Fernand 41, 96
Klimt, Gustav 41
Klinger, Max 86
Klopstock, Friedrich 208, 265
Kolumbus, Christoph 15
Kraus, Karl 219
Kropotkin, Graf 31, 168

Kuliscioff, Andreina 56, 64, 67
Kuliscioff, Anna 53-67, 71, 73, 75, 83, 85, 95, 97, 99f., 102, 104-107, 114f., 118, 156, 164, 171, 231, 255

La Guardia, Fiorella 317
Labriola, Arturo 85, 102, 107, 112f., 178
Lanzillo, Agostino 193
Larco, Sebastiano 282
Le Corbusier 280-283, 311
Lenin, Wladimir Iljitsch 126, 156, 222, 260f.
Leo XIII., Papst 34
Leonardo da Vinci 78
Leopardi, Giuseppe 76
Levi, Giuseppe 37
Levi, Primo 26, 36
Lewis, Sinclair 317
Libera, Adalberto 311
Livius 270
Lloyd George, David 155
Lombroso, Cesare 101
Longhi, Pietro 20
Longi, Alberto 290
Loos, Eugen 37
Lorimer, George Horace 296f.
Luce, Henry 292f.
Ludwig XVI., König 20
Ludwig, Emil 224, 272, 319f.
Luxemburg, Rosa 253
Lyttelton, Adrian 180, 295

McClure, S. S. 297
McCormick, Anne O'Hare 293f.
Machiavelli, Niccolo 16, 42, 168, 265
Mahler-Werfel, Alma 300, 334
Malaparte, Curzio 214, 218, 253, 301, 304
Malerba, Gian Emilio 236
Mallarmé, Stéphane 79, 205
Mann, Thomas 30, 185
Manzoni, Alessandro 64, 314
Margherita, Königin 41
Marinetti, Filippo Tommaso 76-86, 89-95, 103, 107, 110, 117, 125, 141, 159-163, 170, 176, 184, 187, 194, 231-233, 235, 240, 242, 244, 276, 334
Martini, Arturo 290

Marussig, Pietro 236
Marx, Karl 31, 35, 45, 59, 69, 83, 101, 108f., 143, 168, 189-191, 207, 224f., 265f.
Massis, Henri 221
Matteotti, Giacomo 155, 251-255, 270
Maximilian I., Kaiser 15
Mazzini, Giuseppe 32, 35, 40, 46, 141, 143, 264
Melnikov, Konstantin 280
Metternich, Klemens Wenzel Lothar Fürst von 22, 25
Michel, Louise 45
Michelangelo Buonarotti 90
Michelet, Jules 106
Michels, Robert 60
Mikhailovna Rosenstein, Anna siehe Kulisioff, Anna
Minkowski, Eugène 225
Modigliani, Amedeo 78
Molmenti, Pompeo 15, 40, 42, 44, 72, 243
Mommsen, Theodor 270
Monet, Claude 78
Morandi, Giorgio 276
Moravia, Alberto 301-304
Morgan, Thomas B. 295, 298
Morus, Thomas 119
Mosca, Gaetano 206 f.
Mussolini, Rosa (Mutter) 261 f., 286
Mussolini, Alessandro (Vater) 261
Mussolini, Anna Maria (Tochter) 287, 293
Mussolini, Arnaldo (Bruder) 262, 297, 309
Mussolini, Benito Andrea Amilcare 106-111, 113-119, 121 f., 126-134, 136-139, 147-151, 153, 157-171, 175-188, 192-201, 206-208, 210-217, 219-238, 242-275, 280, 282-301, 305-335
Mussolini, Edda, verh. Ciano (Tochter) 114, 197, 265, 307-309, 330 f.
Mussolini, Edvige (Schwester) 169 f.
Mussolini, Rachele (Ehefrau) 114 f., 166, 168, 170, 197, 245 f., 250, 265, 287 f., 309
Mussolini, Romano (Sohn) 287

Mussolini, Vittorio (Sohn) 324
Napoleon 21 f., 25-27, 64, 97, 106, 127
Napoleon III. 28, 188
Nast, Condé 317
Negri, Ada 165, 187, 241, 250
Neumann, Sigmund 220, 324 f.
Nicolson, Harold 306
Niekisch, Ernst 219
Nietzsche, Friedrich 83, 106, 118, 168 f., 188, 206, 240, 242, 265
Nievo, Ippolito 21
Nitti, Francesco Saverio 171, 173-175
Notari, Umberto 240
Nunes Vais, Mario 49

Offenbach, Jacques 76
Ojetti, Ugo 72, 244 f., 254, 276
Olberg, Oda 130
Oppi, Ubaldo 236, 244 f., 276
Orlando, Vittorio Emanuele 155
Orsi, Pietro 40, 42, 44, 72, 243, 283

Papini, Giovanni 205-210, 213-215
Pareto, Vilfredo 206 f., 210
Pater, Walter 40
Péguy, Charles 98, 210, 212
Pesaro, Lino 236 f.
Petacci, Clara 334
Petrarca, Francesco 42, 141
Picasso, Pablo 78, 89, 203, 234
Piero della Francesca 307
Pincherle, Alberto siehe Moravia, Alberto
Pirandello, Luigi 301
Pirelli, Giovanni 35
Pissarro, Camille 78
Pius IX., Papst 32, 34
Pius X., Papst 52
Pius XI., Papst 287
Platen, August von 208, 265
Pollini, Gino 282
Porter, Cole 292
Prampolini, Enrico 311
Prezzolini, Giuseppe 81, 98 f., 147, 205 f., 208-215, 259, 272, 316
Proudhon, Pierre-Joseph 168
Proust, Marcel 23, 39, 79, 226

373

Radetzky, Joseph Wenzel Graf 28
Rathenau, Walter 253
Rava, Carlo Enrico 282
Rilke, Rainer Maria 90, 272
Rimbaud, Arthur 79
Rivera, Diego 86
Roberts, Kenneth 296f.
Rochat, Giorgio 217
Rodin, Auguste 206
Rolland, Romain 211
Roosevelt, Eleanor 318
Roosevelt, Franklin D. 314, 318
Roosevelt, Theodore 295
Roosevelt, Theodore Jr. 317
Roselli, Carlo 305, 326
Roselli, Nello 326
Rossi, Cesare 254
Roth, Cecil 20
Roth, Joseph 335
Rousseau, Jean-Jacques 19, 21
Ruskin, John 42-44, 72, 144, 314
Russolo, Luigi 78, 232, 276

Saba, Umberto 210
Saint-Point, Valentine de 86
Salandra, Antonio 115, 121, 124, 129f., 199f.
Sant'Elia, Antonio 232, 239f., 283
Sarfatti, Amedeo (Sohn) 47, 150, 154, 165, 186, 288
Sarfatti, Cesare (Ehemann) 46f., 52, 58, 67, 71, 73-75, 90, 96f., 99, 116-119, 123, 127f., 132, 134, 136, 138, 144, 147, 150f., 154, 163, 165, 168, 184, 186, 350
Sarfatti, Fiammetta (Tochter) 64, 154, 165, 184, 186, 197, 284f., 288
Sarfatti, Roberto (Sohn) 47, 126, 128, 150-154, 161, 164-166, 168, 184, 186, 231, 239, 247, 250, 288f., 312, 318, 329
Sarto, Giuseppe (der spätere Papst Pius X) 45
Sartoris, Arturo 281
Sartre, Jean Paul 312
Savinio, Alberto 142, 162, 185, 290, 328
Schiaparelli, Elsa 317f.
Schiller, Friedrich von 265

Schlieffen, Alfred von 227f.
Schopenhauer, Arthur 168, 240, 265
Schorske, Carl E. 142
Schulenburg, Werner von 284
Segantini, Giovanni 86f.
Severini, Gino 78, 83, 85, 136, 232, 276, 301
Shakespeare, William 39, 168
Shaw, George Bernard 44, 98
Shelley, Percy Bysshe 23, 31
Simmel, Georg 19
Sironi, Mario 137, 167, 185f., 235-237, 239-242, 276, 281, 290, 299, 311-313, 334
Smith, Adam 169
Smith, Denis Mack 127
Soffici, Ardengo 87f., 205f., 208-210, 213-215, 232, 299f.
Sommaruga, Angelo 140
Sonnino, Giorgio Sidney 161
Sonnino, Rabbiner 73
Sophie, Erzherzogin 120
Sorel, Georges 99, 188-193, 210, 212, 225
Spengler, Oswald 272, 289
Spitzer, Leo 217
Stalin, Josef 292
Starace, Achille 319, 325
Steiner, George 39
Stendhal 25, 51
Sternhell, Zeev 192
Stirner, Max 265
Strauss, Isaac 38
Stresemann, Gustav 296
Sturzo, Luigi 163
Sueton 270
Sullivan, Brian R. 296
Svevo, Italo 304

Tacitus 262, 270
Terragni, Giuseppe 282f., 311f., 329
Tiepolo, Giambattista 20
Tintoretto 17
Tolstoi, Leo 55
Toscanini, Arturo 163, 187
Tosi, Arturo 276, 290
Toulouse-Lautrec, Henri 72, 85, 145, 235, 241

Hansjörg Küster

DIE OSTSEE
Eine Natur- und Kulturgeschichte

Verlag C.H.Beck

Mit 100 farbigen Abbildungen und 7 Karten

© Verlag C.H.Beck oHG, München 2002
Gesetzt aus der Minion-Antiqua im Verlag C.H.Beck
auf Apple Macintosh/QuarkXPress 4.11
Reproduktionen: MR-Reproduktionen, München
Karten: Angelika Solibieda/cartomedia, Karlsruhe
Druck & Einband: Kösel, Kempten
Gedruckt auf säurefreiem, alterungsbeständigem Papier
(hergestellt aus chlorfrei gebleichtem Zellstoff)
Printed in Germany
ISBN 3 406 49362 9

www.beck.de

INHALT

Prolog 9
1. Das alte Land unter dem jungen Meer 13
2. Die Ostsee entsteht 27
3. Altersdatierungen im Ostseeraum 39
4. Die junge Ostsee 48
5. Finnland wird eisfrei 63
6. Die Ostsee wird endgültig zum Meer 81
7. Die Ostsee und die Flüsse 92
8. Land vergeht, Land entsteht 104
9. Die ersten Ackerbauern an der Ostsee 123
10. Landbau und weniger Meersalz verändern die Umwelt an der Ostsee 136
11. Das bronzene und das eiserne Zeitalter 151
12. Neue Ordnungen für Leben und Landschaft 163
13. Mit Segeln und Rudern 179
14. Die Hanse 191
15. Landwirtschaft als Haupt- und Nebensache 209
16. Die Bauern als Bergleute 227
17. Wer ist die Schönste am ganzen Meer? – Städte an der Ostsee 239
18. Die späte Industrialisierung und die moderne Verkehrsanbindung 252
19. Zwischen Bodenständigkeit und Globalisierung: Die moderne Landwirtschaft in den Ostseeländern 271
20. Die kulturelle Entdeckung der Ostsee, der Nationalismus, die Umweltverschmutzung und die Ferienidyllen 287
Epilog 302

Literaturverzeichnis 309
Register 349

«Auch mitten auf der Insel rauscht die Ostsee,
tief im Walde ist man draußen auf offener See.»
Tomas Tranströmer (Ostseen)

PROLOG

Im Revolutions- und Kriegsjahr 1848 trafen sich drei Forscher am dänischen Ostseestrand: Johann Georg Forchhammer, Jens Jacob Asmussen Worsaae und Johannes Japetus Smith Steenstrup. Dort untersuchten sie merkwürdige Muschelhaufen. Bisher hatte man sie für natürliche Bildungen am Meeresufer gehalten. Nun stellte sich heraus, daß sie Abfallhaufen von Menschen der Mittleren Steinzeit waren. Die drei Wissenschaftler interessierten sich für das Wandelbare der Natur, die Dynamik der Welt. Die Muschelhaufen waren ein Beleg dafür: Sie lagen alle weit oberhalb der Küstenlinie. Zwischen ihnen und der aktuellen Küstenlinie befand sich ein breiter Streifen ohne Muschelhaufen. Dieser Strandstreifen hatte unter Wasser gelegen, als der Abfall aus Muschelschalen, Knochen und Werkzeugen angehäuft wurde: Das Wasser stand damals höher. Die Lebensbedingungen der damaligen Menschen waren völlig von den zeitgenössischen verschieden. Und es kamen auch andere Tiere vor, von denen sich die Menschen ernährten; ihre Überreste fanden sich in den Abfallhaufen. Ihre Umwelt mußte sich von der gegenwärtigen stark unterschieden haben.

Diese Erkenntnisse, von denen man sich vorstellen kann, daß sie Ergebnis eines Strandganges waren, trugen entscheidend zur Herausbildung ganzer Wissenschaftsdisziplinen bei: Forchhammer war einer der ersten Geologen, der die Erdgeschichte im Eiszeitalter untersuchte. Worsaae war einer der Begründer des Faches Vorgeschichte, Japetus Steenstrup einer der ersten Paläoökologen, der sich mit der Geschichte von Tier- und Pflanzenwelt befaßte. Steenstrup war ursprünglich Zoologe; er hatte schon zuvor über den Generationswechsel von Organismen gearbeitet und dabei auf Forschungen von Adelbert von Chamisso zurückgegriffen. Chamisso hatte sich jedoch nicht nur damit, sondern auch mit Moorablagerungen an der südlichen Ostsee befaßt, die unterhalb des damaligen Meeresspiegels lagen. Dabei war ihm klar geworden: Das Land im Süden der Ostsee mußte sich gesenkt haben, denn Torf kann sich nur oberhalb des Meeresspiegels bilden.

Man kann davon ausgehen, daß Steenstrup die Gedanken Chamissos zur Veränderung des Meeresspiegels der Ostsee kannte. Doch wenn er sie mit seinen eigenen Resultaten aus Dänemark verglich, muß ihm ein Widerspruch aufgefallen sein: Wie konnte Chamisso zu der Ansicht gelangen, das Land an der südlichen Ostsee habe sich gesenkt und der Meeresspiegel sei angestiegen, während die Muschelhaufen an der dänischen Küste doch als klarer Beleg für das Absinken des Meeresspiegels gewertet werden mußten?

Chamisso, Forchhammer, Worsaae und Steenstrup waren nicht die einzigen Wissenschaftler, denen die Veränderungen der Meeresspiegelhöhen der Ostsee auffielen. Aber man kann sich vorstellen, daß unter ihrem Einfluß die systematische Erforschung der faszinierenden Geschichte der Ostsee begann. An diesem wandelbaren Meer fanden sich die Sedimente, durch deren zeitliche Einordnung man zum ersten Mal die europäische Urgeschichte mit exakten Daten versehen konnte. Im Ostseeraum gewann man erstmals zusammenhängende Vorstellungen über die Entwicklung unseres Lebensraumes von der Eiszeit bis zur Gegenwart, untersuchte die Geschichte des Eisrückzugs, der Vegetation, der Tierwelt, des Klimas. Immer wieder trafen sich Wissenschaftler aus verschiedenen Disziplinen, um gemeinsam die Probleme des Wandels zu untersuchen. Aber vor allem wurde durch die Begegnung der drei Wissenschaftler im Jahr 1848 das unermüdliche Sammeln von Einzelbeobachtungen zu früheren Meeresspiegelständen, zum Leben der Menschen und zu ihren Lebens- und Umweltbedingungen in Gang gesetzt.

Die Flut der Publikationen über die Ostsee und ihre Geschichte ist heute kaum mehr zu überblicken. Wer über dieses Thema schreiben möchte, ist auf Finderglück angewiesen; und es ist bei der Literatursammlung kaum zu vermeiden, daß das eine oder andere übersehen wird. Viele Freunde haben mir geholfen, die wichtigen Literaturquellen aufzuspüren. Sie zeigten mir die Länder an der Ostsee, reisten mit mir, und ich durfte ihre Gastfreundschaft in Anspruch nehmen. Für mannigfaltige Hilfe danke ich vor allem Björn Berglund, Georg Kossack, Heikki Matiskainen, Stephan Meyer, Hertha Petersen, Darius Polok, Ulrich Raulff und Familie, Jussi-Pekka Taavitsainen, Wolf Tietze und nicht zuletzt meinen Eltern Ulla und Götz Küster.

Mai 2002 *Hansjörg Küster*

Die Fotos dieses Buches wurden im wesentlichen in den Jahren 1984 bis 2001 aufgenommen. Bei der Angabe geographischer Namen wurde auf die Identifizierbarkeit für den deutschen Leser geachtet. Nur dann, wenn es unumgänglich zu sein schien, wurden zwei verschiedene Bezeichnungen angegeben: Beispielsweise ist die estnische Hauptstadt heute vielen Menschen eher unter dem Namen Tallinn bekannt, anderen ist der Name Reval vertrauter. Die aktuell korrekten Bezeichnungen der jeweiligen Landessprachen werden nicht immer angegeben.

1. DAS ALTE LAND UNTER DEM JUNGEN MEER

Aus der Sicht der Erdgeschichte ist die Ostsee ein junges Meer. Die Wasserfläche zwischen Skandinavien, Finnland, Rußland, dem Baltikum, Polen, Deutschland und Dänemark gab es vor 15 000 Jahren noch nicht. Und diese Wasserfläche ist klein. Vielleicht müßten wir sie eher eine Meeresbucht nennen, genauso wie die drei Mal größere Hudson Bay ihrem Namen nach eine Bucht ist. Doch für die Bewohner der Länder, die an die Ostsee grenzen, ist sie dennoch das Meer – oder die See. Dabei muß betont werden, daß sie *die* See, nicht *der* See ist, denn in der Sprachlogik der Meeresanrainer Mittel- und Nordeuropas ist der See männlichen Geschlechts und mit Süßwasser gefüllt, während die See weiblichen Geschlechts Kontakt zu den Weltmeeren und daher salziges Wasser hat. Nur kleine Rinnsale verbinden die Ostsee mit der Nordsee und dem Atlantischen Ozean, so daß das «Mare Balticum» beinahe doch ein (männlicher) See ist; zeitweilig war dieses Meer sogar völlig von den Weltmeeren abgetrennt und daher nicht eine See mit Salz- oder Brackwasser, sondern ein See mit Süßwasser. Die Menge an salzhaltigem Ozeanwasser, das heute in die Ostsee eindringt, ist geringer als die des Süßwassers, das mit dem Regen auf das Meer fällt und aus den zahlreichen Flüssen kommt, die in die Ostsee münden. Süß- und Salzwasser mischen sich zu Brackwasser. Die Ostsee ist – und damit darf sie einen Superlativ für sich in Anspruch nehmen – die weltweit größte Ansammlung von Brackwasser.

Viele Teile der Ostsee sind sehr flach, und sie haben nicht wie andere Meere, Ozeane und Meeresbuchten einen echten Meeresboden. Unter dem größten Teil der Ostsee liegt ehemals trockenes Land. Immer wieder wurde es von Meeren überdeckt, die aber keine direkten Vorläufer der Ostsee waren und mit ihrer Geschichte nicht viel zu tun haben.

Ganz im Gegensatz zum geologisch geringen Alter der Ostsee ist der größte Teil ihrer Küsten und ihres Untergrundes aus Gesteinen aufgebaut, die zu den ältesten in Europa zählen. Sie wurden erst zu Ufern und Meeresböden, als sich die Ostsee bildete. Die Küsten beiderseits des Bottnischen Meerbusens bestehen aus Granit. Auch am Grund dieser nördlichen großen Ostseebucht findet man Granit,

Die von weiten Wäldern bedeckte Landoberfläche Skandinaviens fällt zur Ostsee hin sanft ab (Blick vom Vårdkasberget oberhalb von Härnösand, Süd-Norrland).

ebenso wie in großen Teilen Fennoskandiens; so nennt man den Gesamtbereich der skandinavischen Halbinsel und Finnlands. Die Oberfläche Fennoskandiens ist nicht eben, sondern gewellt. Im Westen ragt sie weit in die Höhe, bis in die Gipfelregionen der norwegischen und schwedischen Gebirge. An der norwegischen Westküste, zur Nordsee und zum Atlantik hin, haben die Gebirge eine sehr steile Abbruchkante, nach Osten, in Schweden, fallen sie meist allmählicher, flacher ab. In vielen Gegenden zeichnen sie sich durch eine Oberfläche aus, die von den Geologen «Fast-Ebene» genannt wird. Vielerorts ist zu erkennen, daß die «Fast-Ebene» in östliche Richtung geneigt ist. Der Abfall der Landoberfläche setzt sich untermeerisch im Bottnischen Meerbusen fort. Von dort aus steigt die Landoberfläche wieder etwas an, nach Finnland zu. Vor allem große Teile Finnlands waren in den jüngsten Abschnitten der Erdgeschichte lange von Ostseewasser überflutet. Nach und nach erhoben sie sich aus dem Meer: Die Landmasse stieg an. Dieser Vorgang dauert bis heute an. Der Anstieg der Landmasse hat etwas mit der jüngeren Geschichte des Ostseeraumes zu tun; davon soll später die Rede sein. Das Gelände Finnlands ist flacher, allenfalls leicht hügelig – es besteht daher ein

Im Gebiet der Åland-Inseln taucht im Verlauf von Jahrtausenden eine Felskuppe nach der anderen aus der Ostsee auf.

markanter Gegensatz zum bergigeren Terrain westlich des Bottnischen Meerbusens.

An der Ostküste Südschwedens und im Süden Finnlands ist – mit den Worten der Geologen ausgedrückt – eine sogenannte Flexur ausgebildet. Dort knickt die wellige Oberfläche der Granitregion mit einem stärkeren Gefälle nach unten, zunächst unter das heutige Meerwasser, in einiger Entfernung von der Flexur auch unter andere Gesteine, die sich auf dem Untergrund aus Granit in etwas jüngeren Phasen der Erdgeschichte abgesetzt haben.

Fennoskandien, das vor allem die nördliche Ostsee einfaßt, hat also einen recht einheitlichen Gesteinsuntergrund. Die einzelnen Teile Fennoskandiens sind aber unterschiedlich geformt, und sie befinden sich in unterschiedlichen Höhenlagen: Der zentrale Teil liegt als Bottnischer Meerbusen unter dem Wasser, der Westteil ist schon seit erdgeschichtlich früher Zeit markant in die Höhe gedrückt, der Ostteil befindet sich heute nur wenig oberhalb des Meeresspiegels.

In Fennoskandien, zu dem wir aus geologischer Sicht nicht nur das heutige Land, sondern auch das heutige Meer rechnen sollten, gibt es sehr eigentümliche Übergänge zwischen Land und Meer, die durch die späteren ungleichmäßigen Gletscher-Überschürfungen des Landes während der Eiszeiten noch verstärkt wurden. Dort, wo heute Land ist, finden sich auch zahlreiche Seen. Sie entstanden besonders in flachem, wenig geneigtem Terrain; Finnland wurde das Land der tausend Seen. Je dichter man an die Küste kommt, desto unklarer wird dem Beobachter, ob die Wasserflächen zwischen den Landfetzen Seen mit Süßwasser sind oder Meeresarme mit Salz- oder Brackwasser. Weiter zum Meer hin besteht eher eine zusammenhängende Wasserfläche, in der unzählige Inseln liegen. Vor dem offenen Meer wird die Zahl der Inseln geringer. Eine Grenze, wo generell Land und Meer überwiegen, ist sehr schwer zu ziehen, und ein Bild dieser Landschaft kann auf einer Landkarte kaum vermittelt werden. Sieht man sich die Region der Åland-Inseln auf einem Übersichtsplan an, hat man den Eindruck, es gäbe dort weite Meeresflächen. Aber aus dieser Meeresfläche ragen dennoch Tausende kleiner und kleinster Inselkuppen auf, die sich auf einer Übersichtskarte nicht darstellen lassen. Ist man in dem grandiosen Schärengarten mit dem Schiff unterwegs, sieht man nur mit Mühe die Übergänge zwischen dem festen Land und den Inseln. Über weite Strecken fahren die Ostseefähren zwischen unzähligen kleinen und kleinsten Inseln hindurch; kaum scheint Platz für die riesigen Schiffe zu sein.

Seit Jahrtausenden hebt sich in diesen Bereichen Insel für Insel aus dem Meer empor, allmählich tauchen auch die Verbindungen zwischen den Inseln auf. So werden allmählich aus Inseln Hügel und aus Meeresbuchten talähnliche Niederungen. Dieser Prozeß ist noch keineswegs beendet. Die Vermutung liegt nahe, daß eines Tages fast der gesamte Bottnische Meerbusen wieder zu Land werden wird; nur wenige Seen werden dann zwischen dem Insel- und Hügelland übrig bleiben, das genauso aussehen wird wie heute die Küstenregion der weiten Meeresbucht. Dies nimmt man deswegen an, weil das Meer in dieser Gegend besonders flach ist, vor allem im Bereich der Åland-Inseln zwischen Stockholm und Turku/Åbo und im Bereich von Nordkvarken/Nordquarken zwischen Umeå und Vaasa/Wasa.

Im Bereich flach geneigter Küsten ist das Gebiet der Schären-Inseln mit seinen kleinen Fjorden und Seen besonders breit. Wo die Granitoberfläche durch Flexur (bruchlose Verbiegungen einer Gesteinsschicht) gebogen ist und steiler ins Meer abtaucht, ist der Streifen des

Schärenlandes schmaler: an der Ostküste Südschwedens und an der Südküste Finnlands. Immerhin reicht die Anzahl der Inseln dort aus, um von ihnen aus die Häfen an der Festlandküste militärisch optimal zu schützen, was vor einigen Jahrhunderten noch wichtig war und sich beispielsweise in Helsinki gut erkennen läßt: Diesen Hafen erreicht man durch einen erstaunlich schmalen Durchlaß zwischen zwei Schären. Dort befindet sich die mächtige Burg Suomenlinna. Die Distanz zwischen der Stadt und dem offenen Meer des Finnischen Meerbusens ist gering, viel kleiner als an der finnischen Westküste.

Auf dem Granit, dessen Oberkante sich im Osten Europas weit unter der heutigen Erdoberfläche befindet, liegen Gesteine, die zu den ältesten Sedimenten zählen, aber jünger als der Granit sind. Der Granit erstarrte, als es noch kein Leben auf der Erde gab. Die Sedimentgesteine bildeten sich dagegen unter der Mitwirkung von Lebewesen. Große und vor allem unzählige kleine Organismen schieden Substanzen aus, die einen großen Teil der später zu Gestein verfestigten Sedimente ausmachten. Überreste dieser Lebewesen sind in den bis auf den heutigen Tag erhaltenen Gesteinen als Versteinerungen erhalten geblieben.

Die Sedimentgesteine im Ostseeraum bilden schon seit sehr langer Zeit eine Schichtstufenlandschaft mit ganz allmählich nach Osten und Süden hin abfallenden Höhen. Daran ist zu erkennen, daß die Sedimentgesteine nach ihrer Entstehung am Meeresgrund über den Meeresspiegel angehoben und leicht schräg gestellt wurden. Die Sedimentgesteine gelangten im Westen und Norden weit über den Meeresspiegel; und deshalb waren sie besonders stark der Erosion durch Wind und Wetter ausgesetzt. Diese schroffen, oft felsigen Hänge, die eigentlichen Schichtstufen, wurden durch Abtragung immer weiter nach Süden und Osten verlagert. Die Oberkanten der Schichtstufen sind die harten und widerstandsfähigen Gesteinsschichten.

Solche steilen Schichtstufen gibt es im Westen der Inseln Öland und Gotland sowie an der Nordküste Estlands. Auf den schwedischen Inseln nennt man die steilen Hänge «Klint», in Estland «Glint». Die Schichtstufenlandschaft mit ihren steil aufragenden Felsen besteht vor allem aus kalkigen Sedimentgesteinen, die in den Erdzeitaltern Kambrium, Ordovizium und Silur gebildet wurden. Das Kambrium, das über 500 Millionen Jahre zurückliegt, ist die älteste Epoche der

Die enge Hafeneinfahrt von Helsinki mit der Burg Suomenlinna. Im Süden von Finnland ist der Schärengürtel schmal.

Erdgeschichte, in der es eine große Mannigfaltigkeit von Lebewesen gab; alles Leben spielte sich zur damaligen Zeit im Wasser ab. Gesteine aus dieser Zeit findet man in der Region um Kalmar im Südosten Schwedens. Im etwas jüngeren Ordovizium bildete sich das Gestein, das heute an der Westseite Ölands und im Norden Estlands die Steilstufe bildet. Noch etwas jünger sind die Gesteine des Silur, die am Klint Gotlands anstehen. Das Silur ist derart charakteristisch für Gotland, daß man es früher auch Gotlandium nannte. Die hellen Kalkfelsen an der Küste Gotlands bildeten sich am Grund eines Meeres, und zwar zum großen Teil als Korallenriffe. Heute findet man auf der Insel und besonders an ihren steinigen Stränden zahlreiche versteinerte Korallen. Sie lebten vor etwa einer halben Milliarde Jahre in einem damals tropischen Meer und bauten Riffe auf. Aus den Korallenriffen wurde später Kalkstein, der heute der Erosion durch die Ostsee ausgesetzt ist: Das Meer präpariert die versteinerten Reste der Tiere aus dem Kalk wieder heraus, in dem sie einst eingelagert worden waren, während das sie umgebende Kalkgestein vom Wasser aufgelöst oder zu Staub zerbröselt und vom Meer verlagert wird.

Die Felsen aus den Erdzeitaltern Kambrium, Ordovizium und Silur sind heute nicht mehr überall entlang der Schichtstufen sichtbar. Auf weite Strecken sind sie vom Meer überdeckt. In einigen Meeresgebieten kann man ihre Lage noch durch Tiefenlotungen feststellen, in an-

Der Glint, die Steilküste im Norden Estlands (bei Kohtla-Järve), besteht aus altem Kalkstein.

deren nicht. An einigen Stellen kann man ihren Verlauf nur vermuten. Aber man kann erschließen, daß sich die Schichtstufen der kambrischen, ordovizischen und silurischen Kalksteine in weiten Bögen von Öland und Gotland bis in den Osten Estlands hinziehen. Es ist sehr erstaunlich, daß sich Kalksteine, die in gewissem Maße wasserlöslich sind, über so lange Zeit, etwa eine halbe Milliarde Jahre, mancherorts an der Ostsee in derart grandioser Form erhalten haben.

Die Schichten des Silur fallen von Gotland ausgehend ganz sanft nach Osten ab. Gotland hat daher eine flache Ostküste. Große Meerestiefen werden erst kurz vor der folgenden Geländestufe vor der Küste Kurlands, im Südwesten Lettlands, erreicht. Die Schichtstufe des Devon, eines Erdzeitalters, das etwa 50 Millionen Jahre jünger ist als das Silur, findet sich in verwaschener Form im Küstengebiet Kurlands. Von dort aus durchzieht sie, sich in einem Bogen nach Osten wendend, die Mitte Estlands von Pärnau bis zur Mitte des Peipus-Sees. Den Untergrund Estlands bilden daher im Norden Gesteine aus dem Silur, während sich im Süden Landoberflächen aus dem Devon finden. Ungefähr entlang dieser Schichtstufengrenze verlief bis 1919 die Grenze zwischen Estland und dem alten Livland. Weiter im Osten, in Rußland, liegen jüngere Ablagerungen mit einer stärker oder schwächer herauspräparierten westlichen Geländestufe.

Die Schichtstufenlandschaft insgesamt entwickelte sich in der Nähe einer Nahtstelle, an der einst Kontinentalmassen aufeinanderstießen und wieder auseinanderbrachen. Sie drifteten auseinander, und zwischen ihnen entwickelte sich aus einem geologischen Grabenbruch ein Ozean, nämlich der Atlantik. Die östliche Seite dieses Grabenbruchs ist der Westrand des europäischen Kontinentes, zu dem die norwegische Küste gehört. Die gegenüberliegende Seite des Grabenbruchs befindet sich an der Ostküste Nordamerikas. Auch dort gibt es einen aufgewölbten Gebirgssaum aus uralten Gesteinen. Und auch dort besteht eine sehr alte Schichtstufenlandschaft, die gewissermaßen ein Spiegelbild dessen ist, was heute im Norden und Westen Europas zu finden ist.

In einem deutlichen Kontrast zu den Landschaften im Norden und Osten des Ostseeraumes, die aus uralten Gesteinen geformt sind und schon vor sehr langer Zeit als Schichtstufenlandschaft schräg gestellt wurden, stehen die Regionen im Süden des Meeres. Sie sind vergleichsweise sehr jung und erhielten ihre charakteristische Form erst im Verlauf der letzten Jahrtausende. Sie werden heute noch ständig umgebildet, weil die dort abgelagerten Sedimente noch nicht zu Gestein verfestigt sind.

Auch im Süden des Meeres finden sich Küsten aus festen Gesteinen. Sie entstanden wie die Gesteine im Norden des Meeres vor dem Eiszeitalter, sind aber längst nicht so alt wie die Gesteine Fennoskandiens und der westlichen russischen Ebene mit allen ihren Ausläufern. Die Gebiete mit den jüngeren Gesteinen liegen in Dänemark, im äußersten Süden Schwedens und in einigen deutschen Küstenregionen.

An der südwestlichen Grenze der geologisch alten Region Fennoskandiens und der russischen Ebene entstand eine Verwerfungslinie, die Tornquistsche Linie oder Fennoskandische Bruchzone genannt wird. Während sich das Land des Nordens und Ostens hob, sackte das Land des Westens und Südens im Verlauf der Erdgeschichte um mehrere tausend Meter ab. An manchen Stellen läßt sich die Tornquistsche Linie als markante Geländestufe sehr gut erkennen: Sie bildet die Ostküste des Oslofjordes. Besonders auffällig durchzieht sie den Süden Schonens, ausgehend vom Berg Kullen, der nördlich vom Öresund ganz unvermittelt, 188 Meter, aus dem Untergrund aufzusteigen scheint, nach Südosten. Diese Grenze kann man in Schonen als Demarkationslinie zwischen der Mitte und dem Norden Europas wahrnehmen: Im Hügelland südwestlich der Verwerfungslinie herrscht heute Laubwald vor, und es wird intensiver Ackerbau betrieben. Nordöstlich der Grenze findet man die für weite Gebiete Skandinaviens charakteristischen kahlen Granithöcker, in deren Region stets nur kärglicher Ackerbau möglich war und wo heute kaum noch Landnutzung betrieben wird: Im Norden Schonens, vor allem im sich anschließenden Småland, durchfährt der Reisende aus der Mitte Europas zum ersten Mal nicht enden wollende Nadelwälder, typisch skandinavische Landschaft auf der «Fast-Ebene» Fennoskandiens.

Die Fennoskandische Bruchzone ist auch in der Ostsee nachweisbar, aber nicht überall als markante Geländestufe. Sie ist oberhalb des Meeresspiegels deutlich erkennbar auf Bornholm, einer weiteren merkwürdigen Nahtstelle zwischen der Mitte und dem Norden Europas, die bereits einen der ersten im Ostseegebiet tätigen Geologen faszinierte, nämlich den schon erwähnten Johann Georg Forchhammer. Er zeichnete eine erste detaillierte geologische Karte von Teilen der Insel. Der Norden Bornholms erhebt sich auf altem Granit, er ist genauso zerklüftet wie das Gestein Fennoskandiens, und es sind spektakuläre Steilküsten zur Ostsee entstanden, an denen harter Granit in Form von sogenannten Strandpfeilern aus dem Gesteinskörper der Insel präpariert wurden. Auf den unfruchtbaren Böden des alten Gesteins befanden sich bis vor wenigen Jahrzehnten ausgedehnte Heiden, die heute nur noch ganz im Nordwesten der Insel, nördlich der Burg Hammarshus, gut erhalten sind, sonst aber aufgeforstet wurden. Auf diese Heiden verweisen noch die alten Landschaftsbezeichnun-

Im Norden von Bornholm ragen unmittelbar am Meer imposante Granitfelsen auf, die man Strandpfeiler nennt. Die Felsen sind geologisch gesehen der südlichste Ausläufer Skandinaviens.

Rechts: *Im Süden der Ostsee gibt es nur an wenigen Stellen Steilküsten aus festem Gestein, z.B. die Kreidefelsen von Rügen (Königsstuhl/Stubbenkammer bei Saßnitz).*

gen Almindingen (entsprechend zum deutschen Begriff Allmende) im zentralen und Paradisbakkerne im östlichen Teil der Insel. Südlich der Geländekante der Tornquistschen Linie stößt man auf viel jüngeres Gestein, fruchtbares Ackerland und flacher ausgebildete Küsten, die für den Süden und Südwesten Bornholms charakteristisch sind.

Südlich von Bornholm läßt sich die Tornquistsche Linie wieder unter dem Wasserspiegel verfolgen. Sie existiert auch im geologischen Untergrund Polens; dort wirkt sie sich aber kaum auf das Aussehen der heutigen Erdoberfläche aus.

In das Gebiet südlich und westlich der Fennoskandischen Bruchzone, das sich einige tausend Meter absenkte, drangen mehrmals Buchten der Weltmeere vor. Sie und die damit abwechselnden Phasen trockenen Klimas schufen die sehr unterschiedlichen jüngeren Gesteine Mitteleuropas, wozu in geologischer Sicht auch das Gebiet der südlichen Ostsee gehört, das vor ungefähr 100 Millionen Jahren ein Teil des kreidezeitlichen Meeres war. In diesem warmen Meer lebten zahlreiche Tiere und Pflanzen, die zum Aufbau kalkhaltiger Ablagerungen beitrugen. Einige Brocken, die anschließend aus dem damaligen Meeresboden herausgehoben wurden, bilden heute die Kreidefelsen von Rügen und Møn. Sie wurden wohl zu den berühmtesten Steilküsten der Ostsee, aus denen das Meer unaufhörlich Feuersteinknollen sowie versteinerte Seeigel und Belemniten herauspräpariert; diese im Volksmund «Donnerkeile» genannten Fossilien sind die harten Körperteile von Tieren, die heutigen Tintenfischen geähnelt haben. Würde man sich der Hilfe eines Mikroskops bedienen, könnte man auch die Versteinerungen der winzigen Foraminiferen, von kleinen einzelligen Pflanzen, in der Kreide finden. Zu Stein gewordene Foraminiferen bleiben genausowenig am Ufer liegen wie fein zermahlene andere Reste der Kreide, sondern werden vom Wasser an andere Stellen verschwemmt. Dagegen werden die Brocken aus Feuerstein und die größeren und schwereren Körper längst fossil gewordener Tiere kaum einmal vom Fuß der Kreidefelsen wegbewegt.

Vor allem im Küstengebiet Samlands, heute ein Teil der zu Rußland gehörenden Kaliningradskaja Oblast, blieben Ablagerungen aus dem Erdzeitalter des Tertiär erhalten; sie sind «nur» etwa 30 Millionen Jahre alt und enthalten besonders viel Bernstein. Er bildete sich aus dem Harz von Bernsteinkiefern, die einige Millionen Jahre zuvor, am Ende der Kreidezeit und in einer frühen Phase des Tertiär, im Ostseeraum gewachsen waren; damals gehörte das Gebiet der heutigen südlichen Ostsee zum Festland. Die Bernsteinbrocken wurden, als das Meer im Tertiär in das Wuchsgebiet der Bernsteinkiefern einbrach, vom Wasser aus den Ablagerungen gelöst und in großen Massen vor allem an der Ostküste des Ostseebeckens zusammengeschwemmt; man findet sie heute dort in der sogenannten «Blauen Erde», einem Meeressediment aus dem Tertiär, in dem sich sogar der Tagebau von Bernstein lohnt.

Bernstein entwickelte sich zwar ausschließlich aus dem Harz der Bernsteinkiefer. An den Einschlüssen im Bernstein konnte man aber erkennen, daß es keine reinen Wälder dieser Kiefer im Ostseeraum gegeben hat. Viele der nachgewiesenen Insekten sind Blütenbesucher von Laubbäumen; ihre Reste hat man gelegentlich auch als Einschlüsse im Bernstein gefunden, und daher kann man davon ausgehen, daß sich die Kiefern in Mischwäldern befunden haben, in denen vielleicht auch noch Palmen, Hartlaubbäume wie heute am Mittelmeer, auch Eichen wuchsen. Diese Einschlüsse sind zum Teil makroskopisch erkennbar, zum Teil aber mikroskopisch klein: Man kann die Pollenkörner zahlreicher Pflanzenarten erkennen, wenn man Bernstein unter das Mikroskop legt.

Die Ostsee hat also ganz unterschiedliche Küsten, die eigentlich ursprünglich keine Meeresufer waren. Einige der dort anstehenden Gesteine wurden zwar am Grund von Meeren gebildet; sie wurden aber dann über den Meeresspiegel angehoben und waren auch zeitweise der Untergrund von Festland. Die Küsten der Ostsee waren dabei kuppige Granithügel, Schichtstufen, Verwerfungslinien, aus dem Untergrund herausgehobene Felsen. An vielen der exponiert stehenden Felsen nagten Wind und Wetter, nagten vor allem die Gletscher des Eiszeitalters.

Neben den geologischen Formationen, die noch aus voreiszeitlichen Perioden stammen und Ufer der Ostsee bilden, gibt es auch Grenzen des Meeres, die allein von Gletschern und dem Schmelzwasser der Eiszeit geformt wurden, bevor die Ostsee im Gebiet Fennoskandiens und der russischen Tafel sowie im nördlichen Mitteleuropa entstand. Die Ostsee hat die Küsten in vielfältiger Weise umgestaltet, Felsen zu Küsten werden lassen. Und sie hat dann in ihrer kurzen Geschichte noch zahlreiche weitere Küsten völlig neu geschaffen. Diese wenigen Jahrtausende wirken allerdings nur wie ein Moment im Vergleich zu der sehr langen Zeit, in der die aus der Ostsee emporragenden harten Felsen entstanden und dann einfach schon da waren – als Landmassen, auf denen immer wieder andere Pflanzen und Tiere lebten.

2. DIE OSTSEE ENTSTEHT

Auf das geologische Zeitalter des Tertiär folgte das Quartär, das Eiszeitalter. Am Ende des Tertiär begann die Temperatur der Erde allmählich abzusinken; im Quartär beschleunigte sich die Abkühlung. Es wurde aber nicht mehr kontinuierlich kälter, sondern es wechselten Kaltzeiten mit Warmzeiten. In den Kalt- oder Eiszeiten gefror viel Wasser und akkumulierte sich in großen Gletschern. In den Warmzeiten schmolzen sie ab. In den Eiszeiten lagen die Temperaturen in den meisten Teilen Europas so niedrig, und die Sommer waren so kurz, daß keine Bäume wachsen konnten. Sie überdauerten die Kaltphasen nur in wenigen Regionen, vor allem am Mittelmeer. In den Warmzeiten breiteten sich dann von Süden her Wälder bis weit in den Norden Europas aus, und es gab auch Meere, die ungefähr die Lage der Ostsee einnahmen, nicht aber in den Eiszeiten. Dann schoben sich Massen von Gletschereis im Ostseebecken nach Süden voran und füllten es aus.

Vor 20 000 Jahren, als die letzte Eiszeit ihr Maximum erreichte, gab es die Ostsee noch nicht. Damals lag die Temperatur der Erde um etwa zehn Grad niedriger als heute. Die letzte Eiszeit ist weltweit bekannt unter Namen, die ihr deutsche Geologen im 19. Jahrhundert gaben. Diese Namen wurden von Gewässern abgeleitet, die heute offiziell nicht mehr so heißen wie damals. Man spricht noch von der Weichsel-Eiszeit oder dem Weichselian, aber in Polen heißt der Fluß heute Wisła. Man kennt weltweit die Würm-Eiszeit, das «Würmian» oder «Wurmian», aber nicht mehr den Würmsee, der heute unter dem Namen Starnberger See viel bekannter ist.

Die Weichsel-Eiszeit dauerte zur Zeit ihres Maximums schon seit vielen Jahrtausenden an. In ihren früheren Phasen war es mal kälter, mal auch etwas milder gewesen, aber niemals so warm wie heute und wie in der letzten Warmzeit, die etwas mehr als 100 000 Jahre davor zu Ende gegangen war. Und niemals war es in der Weichsel-Eiszeit so kalt wie an ihrem Ende.

Während der Weichsel-Eiszeit wurden jahrtausendelang genauso wie heute häufig Wolken vom Atlantik an die hohen Gebirge Skandinaviens getrieben. Stets gehörte dieses Gebiet zu den niederschlags-

In den Eiszeiten bedeckten die Gletscher aus dem skandinavischen Gebirge das gesamte Gebiet der Ostsee. Heute findet man nur kleine Reste der Eismassen, z. B. am Nigardsbreen in Norwegen.

reichsten in Europa. Heute treffen auf viele norwegische Berge im langjährigen Mittel mehr als 2500 Millimeter Niederschlag pro Jahr, und das ist vor einigen Jahrtausenden nicht wesentlich anders gewesen. In milden Klimaperioden fiel dieser Niederschlag häufiger als Regen, in kalten Zeiten hauptsächlich als Schnee. In kalten Perioden waren die Sommer kurz und die Winter lang; kaum hatte das Tauwetter eingesetzt, gab es schon wieder Frost, und schon wieder fiel neuer Schnee. Der alte Schnee verharschte, wurde von neuer Schneelast zu Eis zusammengepreßt. Immer größere Mengen an Eis und Schnee lagerten sich ab. Am Ende des Maximums der Weichsel-Eiszeit, vor 18 000 Jahren, war das Eis an manchen Stellen wohl bis zu 3000 Meter mächtig aufgehäuft. Die hohen Berge Skandinaviens waren daher noch höher als heute, als ihre Kuppen nicht aus Stein, sondern aus Kappen von blankem Eis und Schnee bestanden. Besonders viel Eis lagerte aber nicht unmittelbar im Gipfelbereich des Gebirges, sondern östlich davon, im heutigen Schweden.

Offenbar war aber selbst im Zentrum des Vergletscherungsgebietes nicht das gesamte Land von Schnee und Eis bedeckt. Einzelne Bergkuppen, sogenannte Nunatakker, mögen daraus hervorgeragt haben, auf denen während des Sommers der Schnee völlig abschmolz. Ein Nunatak ist also eine Insel im Eis der Gletscher. Nunatakker sind schwer nachweisbar; ihre Existenz ist aber indirekt dadurch zu beweisen, daß es Tier- und Pflanzenarten gibt, die heute in den skandinavischen Gebirgen isolierte Vorkommen besitzen. Die in Skandinavien lebenden Individuen hatten vor der Eiszeit ein gemeinsames Verbreitungsgebiet mit anderen Individuen derselben Art, die heute weit entfernt von Skandinavien vorkommen. Das ursprünglich geschlossene Verbreitungsgebiet der Tier- oder Pflanzenart wurde durch die Gletscher in Teile zerrissen und ist nach dem Abschmelzen des Eises noch nicht wieder «zusammengewachsen». Wenn es aber isolierte Populationen der Tier- oder Pflanzenart in den skandinavischen Gebirgen und an weit entfernten anderen Orten gibt, müssen einzelne Individuen dieser Arten in den vergletscherten Bergen, auf Nunatakkern mitten im Eis, überlebt haben – und dies wurde für mehrere Arten festgestellt.

Das Eis setzte sich in Bewegung, wurde zu Gletschern. Aus den Gletscher-Nährgebieten, den niederschlagsreichen Bergkuppen, wurden die Eismassen in die niedriger liegenden Regionen gedrückt. Dabei hobelte das Eis im Westen des Hochgebirges tiefe Täler aus. Die Gletscher erreichten von dort aus bald das Meer. Die Kraft des Eises ließ nach, wenn Eisberge in den Atlantik und in die Nordsee abgesetzt wurden: Die Gletscher «kalbten».

Die östliche Abdachung des Gebirges ist flacher. Dort kam der Gletscher eher flächenhaft ins Rutschen. Er war dort mächtiger als westlich des Gebirgskamms, weil von Westen her heftige Stürme über das Hochgebirge peitschten und zur Ansammlung von Schnee und Gletschereis vor allem östlich des Gebirgskamms führten. Von dort aus konnten die Gletscher sich nur nach Osten bewegen. Ihre Kraft wurde dort nicht so schnell gebrochen wie im Westen Skandinaviens, denn der Gletscher konnte nicht kalben, und es gab keine Wasserfläche, in der Eisberge abgesetzt werden konnten: Die Ostsee existierte ja noch nicht.

Östlich des skandinavischen Hochgebirges vereinigten sich die einzelnen Gletscherströme und bewegten sich gemeinsam dorthin, wo die Landoberfläche am niedrigsten lag, gen Süden, in Richtung Baltikum und gen Mitteleuropa. Je mehr Eis sich ansammelte, je größer der Gletscher geworden war, desto stärker war seine Wirkung als Kälteaggregat, das die Umgebung weit und breit abkühlte. Die Wirkung der Kälteaggregate verstärkte sich im Lauf der Zeit. Das heißt, die riesigen Gletscher verhinderten in einem immer größeren Gebiet, daß lange dauerndes Tauwetter einsetzen konnte, nicht nur im Norden Europas, sondern auch über Schottland und den Alpen, im Osten Asiens, im Norden Nordamerikas, im Süden Südamerikas und in vielen anderen Regionen der Erde. Insofern ist es zu verstehen, daß die Temperatur auf der Erde viele Jahrtausende lang allmählich abnahm und erst am Ende der Weichsel-Eiszeit deren Maximum erreicht war. Wo trockeneres Klima herrschte und sich daher auch nicht so viel Eis ansammeln konnte, war es milder, beispielsweise in Sibirien, wo damals wie heute Wälder existierten. Deren Ausdehnung hat sich nicht so stark verändert wie im Westen, in der Mitte und im Norden Europas. In der Mitte der eurasiatischen Kontinentalmasse hielt kein Kälteaggregat die Temperatur lange Zeit auf gleichbleibend niedrigem Niveau.

Die Gletscher schrammten über den Untergrund der Landoberfläche und hobelten feines Gesteinsmaterial ab. Die Schleifspuren der

Gletscher, der sogenannte Gletscherschliff, ist auf vielen Felsen im Ostseegebiet zu erkennen. Das Eis glitt von Norden und Westen her auf den Gesteinsuntergrund aus hartem Granit. Die vom Eis präparierten Gesteinshöcker haben eine sanft ansteigende Flanke auf ihrer Nord- oder Westseite erhalten. Nach Süden und Osten sind ihre Hänge steiler; dort brach das Eis abrupt ab.

Die Eismassen lösten während ihrer Bewegung größere Gesteinsbrocken vor allem aus den Bruchlinien heraus, die das Gebirge Nordeuropas wohl schon lange vor der Eiszeit durchzogen hatten. Die Risse und Spalten zwischen den Felsen wurden dadurch immer breiter.

Die gewaltigen Eismassen hobelten die Oberflächen aus hartem Granit ab. Deutliche Spuren von Gletscherschliff blieben zurück (bei Parainen im Südwesten Finnlands).

Aus feinen Rissen wurden Klüfte, aus Klüften Schluchten, sogar breite talähnliche Gebilde. Die abgerissenen Gesteinsbrocken gerieten in das Innere des Gletschers. Viele Tonnen schwere Brocken wurden vom mahlenden Eisstrom rund geschliffen. Mit dem Eis wurden sowohl die großen «Klamotten» als auch der feine Grus nach Süden gedrückt, in die Senken Mitteleuropas und des Baltikums, die dort schon vor der Eiszeit bestanden hatten. Schleifspuren der Gletscher finden sich auch auf den Kalksteinen der Ostseeinseln, und auch von dort rissen die Eismassen Gesteinsbrocken ab und verfrachteten sie nach Süden.

Die Eiszeit war kein einmaliges Ereignis; immer wieder war es in den letzten beiden Jahrmillionen zu Gletscherbewegungen von Norden nach Mittel- und Osteuropa gekommen. In jeder Eiszeit wurde ein Stück nordisches Gebirge abgetragen und ein gewaltiges Quantum Schutt im nordmitteleuropäischen Tiefland deponiert. Die Gletscher früherer Eiszeiten waren teilweise bis an den Rand der deutschen Mittelgebirge vorgestoßen, hatten ihr Eis und ihren Schutt zwischen die Gebirgszüge gedrückt. Die Gletscher der Weichsel-Eiszeit kamen nicht so weit nach Süden, vielleicht weil ihre Kraft dazu nicht aus-

Der Gletscher glitt von links auf den Felsen der heutigen Insel und schuf einen sanften Abhang. Auf der rechten Seite brach er ab; dort ist der Abhang steiler (im Schärengarten von Turku/Åbo).

reichte, vielleicht aber auch, weil schon von den früheren Eiszeiten so viel Schutt nördlich der deutschen Mittelgebirge lag, daß sie ihn nicht weiterschieben und sich nicht darüberlegen konnten. Man muß sich den Gletscher nämlich wie eine Planierraupe vorstellen, mit der Schutt auf einer Deponie zusammengeschoben wird: Wo weniger Schutt liegt, kann er noch bewegt werden, wo viel Schutt liegt, reicht die Schubkraft nicht aus, um das deponierte Material insgesamt noch weiter zu drücken.

Der weichsel-eiszeitliche Gletscher drang bis zur Mitte Jütlands vor und in den Berliner Raum. Am weitesten nach Süden kam er direkt südlich der heutigen Ostsee voran, nämlich beinahe bis zu den polnischen Mittelgebirgen. Er dehnte sich auch über das Baltikum hinaus bis weit ins heutige Rußland aus. Er schrammte über den alten Kalkstein des Baltikums und nagte ihn besonders in der Nähe seiner weit aus dem Untergrund herausgehobenen nordwestlichen Schichtstufen an, während sich Moränenablagerungen eher in den niedriger liegenden Gebieten im östlichen Baltikum finden, die das ältere Kalkgestein bedecken. An einigen Stellen lassen sich Zungenbecken erkennen, die besonders kräftige Gletscher aushobelten. Das größte Zungenbecken entwickelte sich später zur Rigaer Bucht der Ostsee: Ihre südliche Begrenzung ist eine ebenmäßig geschwungene Endmoräne, die an der äußeren Vorstoßlinie eines Gletschers liegen blieb.

Die Gletscher wirkten nicht nur als Kälteaggregate und Transporteure von Schutt. Sie veränderten die Bedingungen an der Erdoberfläche noch in vielfältiger anderer Weise. Je mächtiger und ausgedehnter die Gletscher wurden, je mehr Wasser in ihrem Eis gebunden war, desto weniger Wasser befand sich in den Weltmeeren. Das Eis der Gletscher taute nicht, das Wasser gelangte – meist in Form von Schnee – auf die Eismassen, kam aber nicht zurück in die Meeresbecken. Immer weniger Wasser befand sich in der atmosphärischen Zirkulation: Weniger Wasser verdunstete an der Meeresoberfläche, weniger Wolken trieben aufs Festland, und die Niederschlagsmengen nahmen ab. Schließlich waren die Wasserspiegel der Weltmeere um über einhundert Meter abgesunken. Das hatte für Mitteleuropa besonders große Auswirkungen. Damals fehlte nicht nur der maritime Einfluß auf das Klima, der von der Ostsee ausging. Auch das Nordseebecken war trocken; die Küstenlinien lagen südlich der Westspitze

Englands und nördlich der Doggerbank, also weit entfernt von der Mitte Europas. Das Klima in Mitteleuropa war daher stärker kontinental getönt, das heißt, es gab kurze und vielleicht auch – wegen der geringeren Bewölkung – sogar heiße Sommer und lange, sehr kalte Winter. Die Niederschlagsmengen lagen erheblich unter denjenigen von heute.

Dort, wo die Gletscher lagerten und sich langsam bewegten, drückten sie das Festgestein unter sich in den zähflüssigen, plastischen Untergrund, in das Magma der Erde hinein. Mehrere hundert Meter sank die Landoberfläche unter dem enormen Gewicht des Eises ab. Die zähe Masse im Erdinneren wurde auf die Seite gepreßt, und sie drückte die Erdoberfläche dort nach außen, wo der Druck des Gletschereises geringer oder überhaupt nicht vorhanden war. Deshalb lag das vom Gletscher belastete Gebiet damals niedriger, das Randgebiet des vergletscherten Areals höher als heute. Dem Gletscher wurde es auf diese Weise schwerer gemacht, den Schutt aus Nordeuropa in den Süden der Ebene zwischen Norddeutschland und Mittelrußland zu drücken, denn er bewegte sich in einer Art Wanne, die er selbst geschaffen hatte.

Zwischen der weit in den Untergrund abgesunkenen Gesteinsmasse im Norden des Ostseeraumes und dem leicht angehobenen Terrain im Süden gibt es ein Gebiet, durch die eine Art hypothetische «Null-Linie» verläuft, an der das Terrain während der Eiszeit die gleiche Höhenlage hatte wie heute. Diese «Null-Linie» liegt etwas nördlich der ehemaligen Lage der Gletscherstirn, wo die Eismassen schon längst nicht mehr so mächtig und schwer waren wie im Norden Skandinaviens, so daß sie die Bodenoberfläche nicht so weit in die Tiefe drücken konnten wie im Norden. Aber exakt läßt sich der Verlauf der Linie nicht bestimmen, denn sie veränderte ihre Position im Lauf der Zeit. Grob gesagt, lag sie aber immer ungefähr zwischen den dänischen Inseln und dem südlichen Baltikum; dazwischen verlief sie in leichtem Bogen nach Süden über das Gebiet zwischen Bornholm und Rügen. Nördlich der Linie lag das Land während der Eiszeit niedriger als heute und steigt seitdem an. Südlich davon lag es während der Eiszeit höher: es sinkt heute leicht ab. Klar wird daraus: Damit lassen sich die unterschiedlichen Beobachtungen Chamissos und Forchhammers an den Küsten der Ostsee erklären.

Nördlich und südlich der Linie, die sich hebendes und sich senkendes Land voneinander trennt, entwickelten sich in den letzten Jahrtausenden unter dem Einfluß von Landhebung oder Landsenkung, also vom Zurückweichen des Meeresspiegels, oder durch das Vordringen des Wassers völlig unterschiedliche Küstenformen.

Vor 18 000 Jahren, als, wie schon oben erwähnt, die Zeit des maximalen Frostes der Weichsel-Eiszeit zu Ende ging, setzte eine Klimaveränderung ein. Sie führte dazu, daß im Sommer mehr Eis und Schnee abtaute, als während des gesamten Jahres abgelagert wurde. Vielleicht hatte die Wassermenge in den Meeren und in der atmosphärischen Zirkulation inzwischen derart stark abgenommen, daß es nur noch extrem selten regnete oder schneite. Die während des Sommers, fast immer ungehindert durch Bewölkung, auf die Gletscher scheinende Sonne zeigte Wirkung: Der Gletscher wurde nicht mehr dicker, seine Kraft ließ nach, und an seinen Rändern konnte er sich nicht mehr weiter ausbreiten. Seine Wirkung als Kühlaggregat nahm allmählich ab. Insgesamt wurde es wärmer, die Macht des eiszeitlichen Frostes war gebrochen.

Es begann eine Zeit, die immer wieder als Periode des Gletscherrückzuges beschrieben wird. Dieser Begriff ist nicht sehr treffend; denn ein Gletscher kann nur vorrücken, sich aber weder zurückziehen noch zurückgehen. Läßt die Schubkraft in seinem Zentrum nach, bleiben die Eismassen in seiner Peripherie einfach dort liegen, wo sie sich gerade befinden, und tauen ab, wenn es dafür warm genug ist, aber sie bewegen sich dabei nicht, wie es die Begriffe des Zurückziehens oder des Zurückgehens unterstellen würden. Der Schutt, der im Eis und darunter, vor allem aber an der Frontseite des Gletschereises bewegt wurde, lagerte sich dort ab, wohin ihn die Eismassen zuvor transportiert hatten.

Jahrhundertelang gab es Perioden, in denen mehr Eis schmolz, als neu gebildet wurde. Diese Perioden der Klimaverbesserung wurden von Phasen unterbrochen, in denen wieder mehr Eis gebildet wurde, als abschmolz. In solchen kälteren Zeiten akkumulierte sich erneut Eis, und der Gletscher setzte sich wieder in Bewegung. Doch wurden dann nicht mehr alle Eismassen erfaßt, die zwischen Skandinavien und dem nördlichen Mittelgebirgsrand herumlagen und allmählich tauten, sondern nur noch einige von ihnen. Sie wurden erneut ein

Stück weit nach außen gedrückt, in die Peripherie des Gletschers, wo sie liegen blieben, wenn keine Schubkraft mehr aus dem Zentralbereich des Gletschers nachdrückte.

Jedes Mal, wenn der Gletscher zum Stillstand kam, sich also nicht mehr weiter ausdehnte, blieben an seiner Stirnseite und im Bereich seiner vordersten Front besonders große Mengen an Gesteinsschutt zurück. Daraus bildeten sich, als das Eis getaut war und nur die festen Steine, der Sand und der Ton zurückblieben, die Endmoränen. Sie markieren die «Rückzugsstadien» des Eises. Auch dieser Ausdruck beschreibt nicht sehr treffend den Sachverhalt dessen, was wirklich geschah. Denn bevor eine Moräne entstehen konnte, mußte das Eis durch einen erneuten Schub aus dem Zentrum des Gletschers ein Stück weit nach außen gedrückt werden. Endmoränen sind also eigentlich keine Zeugen des Gletscherrückzuges, sondern des erneuten Vorrückens des Gletschers. Um hier den Vergleich mit der Planierraupe noch einmal zu benützen: Jeder Wall aus Gletscherschutt entstand dadurch, daß das Eis wie die Raupe sich nach vorne bewegte. Aber allmählich ging dem Gletscher die Kraft aus; der Schutt gelangte immer weniger weit in die Peripherie des Gletschers.

Typische Moränenlandschaft mit fruchtbaren Böden (Blick vom Aussichtsturm des Jagdschlosses Granitz auf den Südosten Rügens).

Auch am Grund des Gletschers blieb Schutt liegen, als das Eis taute. Daraus bildeten sich die Grundmoränen. In ihnen blieben Eislinsen zurück, die bei erneutem Vorrücken des Gletschers vom Eis überfahren und mit weiterem Schutt überdeckt wurden. Die Eismassen im Untergrund tauten lange nach dem eigentlichen Gletscher auf; die Schuttmasse, die auf ihnen lag, brach nach unten ein. Auf diese Weise bildete sich eine Hohlform im Boden. Die Geologen nennen eine solche Bildung ein Toteisloch, weil «totes», das heißt, sich nicht mehr bewegendes Eis in ihnen lange erhalten blieb; in Mecklenburg vor allem nennt man eine solche Bodenvertiefung Soll. In vielen Söllen sammelte sich Wasser, und es entstanden daraus kleine Seen. Viele von ihnen verlandeten später, und es bildeten sich Moore.

Der Abschmelzprozeß des Eises dauerte viele Jahrtausende, und vielleicht ist er sogar bis heute noch nicht beendet: Es gibt ja noch immer Gletscher im Norden Europas, die kleiner werden könnten. Auch im warmen Klima bildet sich in der kalten Jahreszeit, im Winter, ein Quentchen Gletschereis im skandinavischen Gebirge. Und wo das Eis einmal ist, stabilisiert es die Temperatur in seiner Umgebung auf niedrigem Niveau. Die vielen tausend Kubikkilometer Eis, die vor 18 000 Jahren im Norden Europas lagen, hatten freilich einen erheblich größeren kühlenden Einfluß auf das Weltklima als die kleinen Gletscher, die es heute noch gibt.

Wenn Gletscher schmelzen, sammelt sich das Tauwasser an ihrer Basis. Unter dem Eis bilden sich Bäche. Das fließende Wasser räumt Schutt beiseite, so daß ein sogenanntes Tunneltal entsteht, ein Tal im Tunnel unter dem Gletscher. An der Gletscherstirn tritt das Wasser durch ein Gletschertor hervor und staut sich so lange in einem Zungenbeckensee hinter dem Schuttwall der Moräne, bis es ihm gelingt, den Schutt zu durchbrechen. Einige dieser Zungenbeckenseen sind bis heute erhalten geblieben, beispielsweise in Mecklenburg, andere sind ausgeflossen. Jenseits der Moränen sammelte sich das Wasser in großen Schmelzwasserbahnen, die sich parallel zu den Endmoränen als Urstromtäler ausbildeten. Weil die Gletscher im Verlauf der Eiszeiten mehr Schutt an ihrer Stirnseite, direkt im Süden der heutigen Ostsee, abgelagert hatten als seitlich davon, floß das Wasser hauptsächlich nach Westen ab, in Richtung Nordsee. Nur dann entwickelte sich in diesen Tälern eine starke Strömung, wenn viel Wasser vorhan-

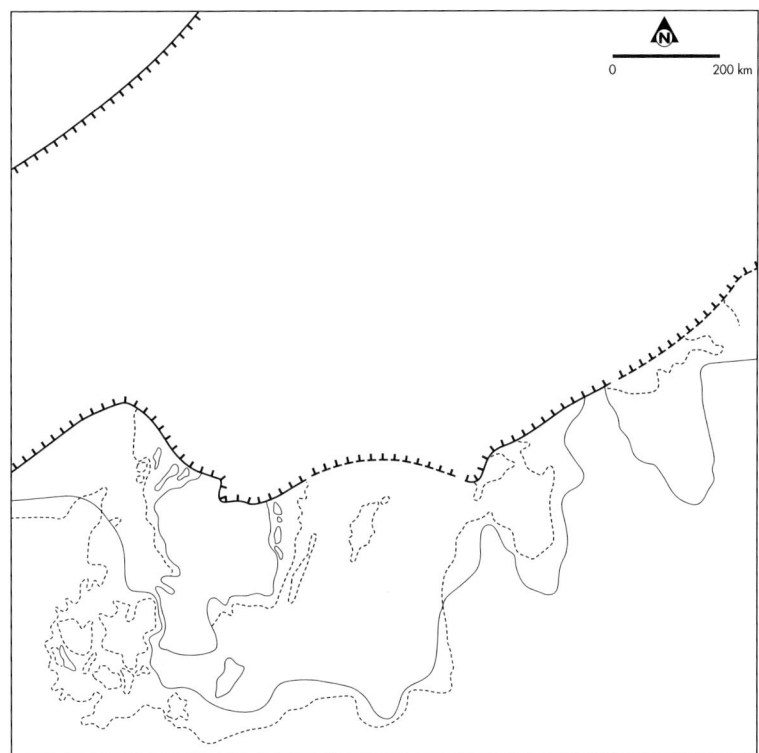

Vor etwa 13 000 Jahren bildete sich der Baltische Eisstausee im Süden des heutigen Ostseegebietes. Das Süßwasser floß zwischen den heutigen dänischen Inseln in die Nordsee ab. Die Gletscher bedeckten noch den Nordteil der Ostsee, Skandinaviens und Finnlands.

den war und zu den Meeren floß. Die Urstromtäler waren nämlich nur sehr leicht geneigt. Heute ist die Strömung in vielen dieser beinahe ebenen Täler vollständig zum Erliegen gekommen, so daß sich nun ausgedehnte Moore in ihnen befinden; sie nennt man in den Gegenden südlich der Ostsee Luch-Landschaften. In anderen ehemaligen Urstromtälern sind heute nur noch wesentlich kleinere Ströme als am Ende der Eiszeit zu finden, beispielsweise die Oder, die Warthe und die Elbe, deren Wasser sich in überdimensioniert wirkenden Tälern relativ träge in Richtung Meer bewegt.

Auch hinter dem Moränenzug der russischen Waldaihöhe und ihrer Umgebung sammelte sich das Wasser. Über die Wolga und ihre Nebenflüsse strömte es mit geringem Gefälle dem Kaspischen Meer zu. Schmelzwasser aus westlich der Waldaihöhe liegenden Gletschermassen floß durch das Tal des Dnjepr zum Schwarzen Meer.

Vor den verschiedenen Endmoränen, die Gletscher der Weichsel-Eiszeit im Lauf der Zeit zusammenschoben, entstand ein Urstromtal nach dem anderen. Das Gefälle war in den zuerst entstandenen Tälern, die im Süden des Gebietes lagen, größer, weil dort mehr Schutt aus früheren Eiszeiten lag und daher die relative Höhe des Geländes über dem Meeresspiegel größer war. Im Norden war die Schuttmenge geringer, und es konnte sich kaum ein Gefälle nach Westen oder Osten ausbilden. Schließlich füllte sich vor der Gletscherfront eine Senke nach der anderen mit Wasser; ein Wasserabfluß kam zunächst überhaupt nicht mehr zustande. Es bildeten sich zuerst kleine Schmelzwasserseen, die von vielen kleinen Schmelzwasserströmen gespeist und immer größer wurden. Sie wuchsen schließlich zum Baltischen Eisstausee zusammen. Diese Initiale der Ostsee entstand zwischen Südschweden und dem südlichen Baltikum: ein Süßwassersee aus geschmolzenem Gletschereis.

Seine Südküste lag damals noch weit entfernt vom Gebiet Rügens sowie der heutigen mecklenburgischen und pommerschen Ostseeküste, denn dort war die Landoberfläche noch höher als heute. Rügen war Teil des Festlandes. Auch die Gebiete des Kurischen und des Frischen Haffs waren nicht Teil des Sees, sondern Land. Im Norden des Schmelzwassersees lagen die Oberflächen der Inseln Öland und Gotland noch unter dem Wasserspiegel, denn sie gehörten zur Landmasse, die vom Gewicht des Eises tief in den Untergrund gedrückt worden und noch nicht wieder aufgetaucht war. Auf den Oberflächen der Inseln kann man die Spuren der Überflutung erkennen, wenn auch oft nur im Luftbild. Auch weite Teile von Südschweden waren noch nicht wieder emporgetaucht; über Mittel- und Nordschweden lag noch der Gletscher. Die einzige Insel im Baltischen Eisstausee war Bornholm, das damals schon ziemlich die gleiche Höhenlage hatte wie heute; denn dieses Gebiet lag dort, wo sich die Höhe der Landoberfläche wenig veränderte.

Der Baltische Eisstausee, aus dem sich später die Ostsee entwickeln sollte, bildete sich vor etwa 13 000 Jahren.

3. ALTERSDATIERUNGEN IM OSTSEERAUM

Im Verlauf der jungen Geschichte der Ostsee war mal mehr, mal weniger Salzwasser in ihrem Becken. Süßwasser dagegen floß immer in mehr oder weniger ähnlicher Menge zu. Die Ostsee reagierte mit ihrer wechselnden Größe und ihrem wechselnden Salzgehalt wie ein Seismograph auf zahlreiche geologische und meteorologische Ereignisse, die unsere Erde in den letzten Jahrtausenden betrafen. Die Verbesserung des Klimas ließ die Gletscher abtauen, durch die Entlastung von dem schweren Gewicht des Eises hob sich das Land. Das Schmelzwasser sammelte sich sowohl zwischen den Granithügeln und Schichtstufen des alten Festlandes unter der Ostsee als auch in den Weltmeeren. Von der relativen Höhe der Abflußschwellen im Westen der Ostsee im Verhältnis zum Wasserspiegel der Meere hing es ab, ob Wasser aus dem Ostseebecken abfloß oder Wasser aus den Weltmeeren in die Ostsee eindrang. Die Lagen der Küstenlinien veränderten sich im Lauf der Zeit erheblich; die Küsten der Ostsee lagen zeitweise höher, zeitweise niedriger als heute. Zu manchen Zeiten befand sich Salzwasser im Ostseebecken, zu anderen nicht. Im Salz- und im Süßwasser leben unterschiedliche Organismen. Nicht nur die meisten Fische sind an ein Leben entweder im Süß- oder im Salzwasser angepaßt, sondern auch Muscheln, Schnecken, Krebse und mikroskopisch kleine Kieselalgen. Untersucht man die Ablagerungen der Gewässer im Ostseeraum auf ihren Gehalt an Überresten abgestorbener Kieselalgen, kann man besonders gut herausfinden, ob gerade Salz-, Brack- oder Süßwasserbedingungen in dem Gewässer vorherrschten, als die Ablagerungen entstanden.

Die Resultate zur Geschichte der Gewässer lassen sich durch die Untersuchungen der Depositionen von Pollenkörnern mit der Vegetationsgeschichte in der Umgebung der Gewässer korrelieren. In jedem Jahr bleibt nicht nur eine gewisse Menge an Diatomeenschalen, sondern auch ein Quantum an Pollen- oder Blütenstaubkörnern am Grund von Stillgewässern, von Seen und Meeresarmen, und auch auf der Oberfläche von Mooren zurück. Sowohl am Grund von Gewässern als auch an der Oberfläche von Mooren ist es dauerhaft derart feucht, daß organische Körper durch Mikroorganismen nur sehr langsam oder überhaupt nicht zersetzt werden können. In einem sauerstofffreien Milieu bleiben die sehr widerstandsfähigen Außenwände von Pollenkörnern praktisch für unbegrenzte Zeit erhalten, in sauerstoffhaltiger Umgebung werden sie dagegen oxidiert und zersetzt.

Durch die Untersuchung von Ablagerungen der Ostsee sowie der Moore und Seen in ihrer Umgebung läßt sich die Geschichte der Erde, der «Global Change», in den letzten Jahrtausenden hervorragend rekonstruieren. Das ist ein wichtiger Grund dafür, sich mit der Geschichte der Ostsee zu beschäftigen. Seit Mitte des 19. Jahrhunderts haben Geologen, Geographen, Klimatologen, Glaziologen, Biologen und Archäologen besonders detaillierte Modelle für die Entwicklung der Erde in den letzten Jahrtausenden aus der Betrachtung des Ostseeraumes und der daran angrenzenden Gebiete entwickeln können. Kaum sonst auf der Welt wäre dies möglich gewesen; kaum sonstwo ist der Global Change in den letzten Jahrtausenden derart dramatisch verlaufen, und kaum anderswo läßt sich die Geschichte des globalen Wandels derart lückenlos verfolgen wie im Ostseegebiet.

Aber das Aufstellen einer Chronologie für die Entwicklung des Ostseeraumes im speziellen und für den «Global Change» insgesamt verlief nicht ohne Widersprüche, die bis heute nicht gelöst sind. Zeit ist eine Dimension, die von physikalischer und auch geologischer Seite viel schwieriger zu beschreiben ist als beispielsweise die Länge und Breite von Körpern oder Schichten. Man kann herausfinden, was früher oder später geschah, als sich geologische Ablagerungen bildeten, also eine relative Ordnung in den Ablauf der Erdgeschichte bringen. Wie lange die Erdzeitalter dauerten, ist schwieriger und nur auf indirektem Wege herauszufinden. Mechanische Uhren zeigen nicht deshalb die Zeit an, weil der Tag voranschreitet, sondern weil die Uhrmacher ihre Federn und Räder so einstellen, daß sich die Zeiger in genau «richtiger» Weise bewegen. Wichtig ist also die genaue Eichung der Bewegungen des Uhrwerkes. Problematischer ist das Vorgehen bei der Datierung erdgeschichtlicher Ereignisse. Zwar lassen sich wechselnde Bildungen von Sedimenten oder Holz in Abhängigkeit von der Witterung erkennen, und es läßt sich messen, daß radioaktive Körper zerfallen. Aber wie soll man die Ereignisse, die sich in der Vergangenheit abspielten, nachträglich eichen, sie zur Aufstellung eines jahrgenauen Kalenders nutzen?

Schon vor vielen Jahrzehnten gelang es Geologen, genaue Datierungen für jeden einzelnen Entwicklungsschritt der Ostsee und ihrer Umgebung vorzulegen. Seit dem 19. Jahrhundert werden sogenannte Bändertone oder Warven untersucht. Das sind Sedimente, die sich am Grund von Stillgewässern derart ungestört absetzten, daß darin jahreszeitliche Schichtungen erhalten blieben, die gut zu erkennen sind: In bestimmten Seen, in denen sich das Wasser nicht zu heftig durchmischte und an deren Grund so wenig Sauerstoff vorhanden war, daß dort keine Tiere lebten, die Ablagerungen vermengten, bildete sich je nach Jahreszeit und im Verlauf der Jahre abwechselnd eher dunkle oder eher helle Schichten heraus, aus denen sich das Alter einer Ablagerung ablesen läßt. Über die Auswertung von Warven konnte Gerard Jakob De Geer unter anderem auf dem Geologenkongreß in Stockholm 1910 zeigen, welche Entwicklungen sich in Nordeuropa während der letzten 12000 Jahre abgespielt hatten. Das war eine echte Sensation: Denn die von De Geer aufgestellte Warvenchronologie führte nicht nur zu einer detaillierten Erklärung der Meeresgeschichte, sondern sie war auch die erste lange und jahrgenaue Zeitreihe für die Datierung der Gletschergeschichte, der Meeresgeschichte, der Vegetationsgeschichte und der Menschheitsgeschichte während der Nacheiszeit. Alle Veränderungen der Ökosysteme rings um die Ostsee konnten nun mit einem genauen Datum versehen werden, denn die überall feststellbaren ehemaligen Küstenlinien der Ostsee ließen sich mit Hilfe der Warvenchronologie datieren, und dieses Datum war dann für alle Uferlinien gleichen Alters rings um die Ostsee gültig. In den folgenden Jahrzehnten entstanden zahlreiche Arbeiten zur Landschaftsgeschichte, die dank der ungewöhnlich guten Datierungsmöglichkeit durch die Warvenchronologie genaue Zeitangaben enthielten.

Einige Jahrzehnte später wurde die heute vielleicht wichtigste Datierungsmethode für Ablagerungen aus den letzten Jahrtausenden entwickelt. Der Amerikaner Willard Frank Libby stellte 1947 die Radiokarbonmethode vor; dafür erhielt er 1960 den Nobelpreis. Grundlegend für die Entwicklung dieser Datierungsmethode ist folgendes: Kohlenstoff, den die Pflanzen zum Aufbau organischer Substanz verwenden, stammt aus dem Kohlendioxyd, das sie aus der Atmosphäre aufnehmen. Kohlenstoff tritt in Form von drei verschiedenen Isotopen auf, die sich in ihrem Atomgewicht unterscheiden und die nach der Annahme Libbys stets in gleicher Menge in den Kohlenstoff organischer Körper eingebaut sind: Es gibt das stabile Isotop C_{12} und die instabilen Isotope C_{13} und C_{14}, die nach ihrer Einlagerung in organische Körper zu zerfallen beginnen. Der Zerfall ist als Radioaktivität meßbar. In sehr jungen organischen Körpern besteht eine höhere Radioaktivität, also ein stärkerer Zerfall. Mit der Zeit verläuft der Zerfall von C_{14} immer langsamer, aber er setzt nie völlig aus und wird nie abgeschlossen, weil sich die Menge an noch erhaltenem C_{14} lediglich asymptotisch einer Nullinie nähert. Kohlenstoff kommt in allen organischen Ablagerungen wie Torf oder fossil gewordenem Holz, auch in archäologischen Fundstücken aus organischem Material vor. Daher kann man über die Messung des Gehaltes an C_{14} feststellen, wie alt organische Körper sind.

Nun wußte man zwar, daß der Zerfall von C_{14} hauptsächlich im Verlauf von einigen Jahrtausenden erfolgt, aber man hatte keine Ahnung davon, wie schnell dieser Prozeß nun wirklich ablief. Dazu mußte man die Abnahme des C_{14}–Gehaltes an organischen Körpern eichen, deren genaues Alter man kannte. Die Warven konnten dazu nicht herangezogen werden, denn sie enthielten nicht nur jungen Kohlenstoff, sondern oft auch Kalk mit sehr altem Kohlenstoff, in dem so gut wie kein C_{14} mehr enthalten war. Wenn man solche Sedimente mit der C_{14}–Methode untersucht, fallen die Datierungen zu alt aus. Zur Eichung der Messungen maß Libby den C_{14}–Gehalt der hölzernen Kerne von mehrtausendjährigen Borstenkiefern im Westen Nordamerikas, die zu den ältesten Bäumen der Welt gehören, und verglich das Resultat der Messung mit ihrem Alter, das er durch Abzählen ihrer Jahrringe ermittelte.

Im Unterschied zur Warvenchronologie und auch zur Dendrochronologie, bei der die Anzahl der Jahrringe im Holz untersucht wird, beruht die C_{14}–Chronologie also nicht auf Beobachtungen von jahrgenau geschichteten Bildungen in einem Sediment oder in Holz, sondern auf Messungen, die zunächst durch andere Methoden geeicht werden mußten. Über die Messungen des C_{14}–Gehaltes an Jahresringen der Borstenkiefer, deren Alter bekannt war, ließ sich genau ermitteln, in welchem Zeitraum die Abnahme des C_{14}–Gehaltes erfolgte. Die Halbwertszeit des Zerfalls von C_{14} wurde auf ein Alter von 5730 Jahren festgelegt. Das heißt, daß in 5730 Jahre alten organischen

Körpern die Menge an C14 noch halb so groß ist wie in Kohlenstoff, der aktuell aus der Atmosphäre in organische Körper eingebaut wird.

Jede Messung des C14–Gehaltes in einem organischen Körper ist eine Bestimmung der radioaktiven Zerfallsereignisse. Wenn man daraus das Alter des Körpers bestimmt, kann dies nur in der Form einer statistischen Wahrscheinlichkeitsangabe erfolgen. Damit wird gesagt, daß mit einer bestimmten Wahrscheinlichkeit das wahre Alter des organischen Körpers in einem gewissen Zeitraum liegt, aber es kann nicht ausgeschlossen werden, daß es von dem angegebenen Zeitraum abweicht. Wird ein C14–Alter als «5000±100 vor heute» angegeben, heißt das, daß das Alter des Körpers mit einer Wahrscheinlichkeit von 68% innerhalb eines Zeitraumes von 4900 bis 5100 liegt, mit einer Wahrscheinlichkeit von 16% das wahre Alter aber größer, mit einer Wahrscheinlichkeit von ebenfalls 16% kleiner ist.

Altersangaben aus Regionen, die weiter entfernt von der Ostsee lagen und in denen nur selten jahreszeitlich geschichtete Sedimente in Seen beobachtet wurden, erfolgten überwiegend über C14–Bestimmungen. Sie gaben im Unterschied zu den aus Warven ermittelten Datierungen aus Nordeuropa lediglich Zeiträume an. Die Ergebnisse der Warvenchronologie und der C14–Chronologie stimmten zwar nicht genau, aber doch einigermaßen gut überein. Auch ließ sich eine noch hinreichend gute Korrelation von C14–Datierungen an archäologischen Fundstellen aus weiten Teilen Europas mit der aus historischen Daten abgeleiteten Chronologie aus dem Nahen Osten und dem Mittelmeergebiet herstellen; diese Daten waren von Historiographen in geschichtlichen Dokumenten aufgeschrieben worden und mußten auf jeden Fall als Basis verläßlicher Zeitvorstellungen dienen.

In den folgenden Jahrzehnten entwickelte man vor allem die Dendrochronologie weiter. Besonders erfolgreich war man bei der Aufstellung eines Jahrringkalenders an Eichenholz. Dabei zählte man nicht nur die Jahrringe noch stehender oder gerade gefällter Bäume ab, um ihr Alter zu bestimmen, sondern verknüpfte die charakteristischen Jahrringfolgen im Holz frisch gefällter Eichen mit denjenigen von früher gefällten. Durch den Vergleich der Jahrringmuster von Bäumen aus der Gegenwart, Bauholz von neuzeitlichen und mittelalterlichen Häusern, Brücken und Schiffen, dem Holz in frühmittelalterlichen Gräbern, dem Bauholz römischer Siedlungen, von Holz, das prähistorische Menschen in ihren Häusern und Brunnen verbaut hatten, und von Holz, das in Ablagerungen der Flüsse erhalten geblieben war, ließ sich eine lange Standardkurve der Jahrringbreiten von Eichenholz ermitteln; jeder Überrest aus Eichenholz, der sich in natürlichen Ablagerungen und in prähistorischen Siedlungen findet, kann mit einem mehr oder weniger genauen Alter belegt werden, wenn man dessen Jahrringmuster untersucht.

Bei diesem Vorgehen kam über den Vergleich mit C14–Datierungen heraus, daß erstens der C14–Gehalt in der Atmosphäre offenbar nicht immer gleich hoch war, was Libby einst angenommen hatte. In einigen Zeiten gelangte ein etwas größerer Gehalt an C14 in organische Ablagerungen, in anderen ein etwas geringerer Anteil. Das bedeutet beispielsweise, daß die Anzahl der radioaktiven Zerfallsereignisse in organischen Körpern, welche der Aktivität der Halbwertszeit entsprechen sollte, in manchen Körpern schon nach einer kürzeren Zeit als 5730 Jahre erreicht war, in anderen aber erst später eintrat. Zweitens fand man heraus, daß viele der C14–Messungen aufgrund der früheren Eichungen zu junge Daten geliefert hatten. Deshalb werden die C14–Messungen heute anders geeicht, und die alten C14–Datierungen kann man kalibrieren, ihr Alter also verändern und um bis zu 1500 Jahre erhöhen. Auf diese Weise konnte eine Übereinstimmung zwischen den Resultaten der Dendrochronologie und den C14–Datierungen in Mitteleuropa hergestellt werden.

Damit sind aber neue grundsätzliche Probleme der Datierung des Global Change entstanden. Denn zum einen stimmen die Altersvorstellungen, die aus den kalibrierten C14–Datierungen und aus der Dendrochronologie abgeleitet werden, nicht mit historisch überlieferten Datierungen aus dem Nahen Osten überein. Anderseits ergeben sich Diskrepanzen zwischen den Datierungen der Dendrochronologie und den Daten der Warvenchronologie aus Skandinavien und dem Ostseeraum.

Letzteres könnte damit zusammenhängen, daß die Zahl der Warven nicht genau der Zahl von Jahren entspricht, in denen die Sedimente gebildet wurden. Es könnte sein, daß in einzelnen Jahren keine Warven entstanden sind oder diese bei einer Durchmischung des Seebodens wieder zerstört wurden, in anderen Jahren sich aber gleich zwei von ihnen bildeten, was beispielsweise als Auswirkung eines starken Unwetters denkbar ist. Damit wäre die Warvenchronologie weniger zuverlässig als zunächst angenommen; sie gibt dann wohl doch keine genaue Vorstellung davon, wie alt bestimmte Gewässer oder Gewässerarme, ferner die Uferlinien der Ostsee sind.

Dieser Teil des Problems kann einleuchten, nicht aber der andere: In den rein naturwissenschaftlichen Erörterungen der grundsätzlichen Datierungsprobleme wird immer wieder zu sehr außer acht gelassen, daß es historische Daten gibt, die sich mit den neuen Zeitvorstellungen der Naturwissenschaftler nicht in Übereinstimmung bringen lassen. Historische Daten aus dem Nahen Osten, aus Ägypten und dem Mittelmeergebiet können schließlich nicht verändert werden, wenn dies nach den Resultaten der Dendrochronologie geboten scheint: Es dürfte kaum statthaft sein, einen ägyptischen Pharao um Jahrhunderte älter zu machen, weil naturwissenschaftliche Datierungskonzepte dies nahelegen.

Dieses Problem hat mit der Geschichte der Ostsee nur auf den ersten Blick wenig zu tun, auf den zweiten Blick aber sehr viel: Denn die Ergebnisse der Warvenchronologie aus dem Ostseegebiet stimmen mit den historischen Daten aus dem Mittelmeergebiet viel besser überein als die Daten der Dendrochronologie, die im wesentlichen in Mitteleuropa ermittelt wurden. Die grundsätzlichen Probleme bei der Datierung der landschaftsgeschichtlichen Entwicklungen der Nacheiszeit lassen sich heute – entgegen positivistischer Sicht mancher Naturwissenschaftler – noch nicht lösen, und bei vielen Datierungen ergeben sich noch Diskrepanzen und Abweichungen um einige Jahrhunderte. Eine Übersicht im Dschungel der verschiedenen Daten und Datierungen ist nur mit großen Schwierigkeiten zu gewinnen.

In den Publikationen aus jüngster Zeit, welche die Geschichte der Ostsee und ihrer Umgebung betreffen, finden sich unterschiedliche Auffassungen. Die einen Autoren richten sich nach den neuen Zeitvorgaben, die über den Vergleich mit dendrochronologischen Altersangaben ermittelt wurden, die anderen halten an den alten Vorstellungen der Warvenchronologie fest; über sie ist schließlich eines der besten Datierungsgerüste außerhalb des Raumes entstanden, in dem Menschen bereits seit Jahrtausenden historische Aufzeichnungen lieferten.

Es spricht also einiges dafür, an den alten Datierungsgerüsten festzuhalten, doch es gibt auch gute Argumente dafür, die neuen zu verwenden. Die Diskrepanzen der Datierungen aus Zeiten, in denen Menschen keine historischen Zeugnisse über die geschichtlichen Entwicklungen im gesamten Europa verfaßt haben, sind noch keineswegs gelöst. Stimmt es wirklich, daß in dem von De Geer und seinen Nachfolgern entwickelten System der Warvenchronologie Schichten aus einzelnen Jahren generell nicht vorliegen? Oder befinden sich möglicherweise im Holz der Eichen oder anderer Bäume sogenannte falsche Jahresringe, die aus einem einzigen Jahr stammen, aber wie zwei Jahresringe aussehen? Dies ist bei Eichen so gut wie ausgeschlossen, aber wie will man dann das Problem lösen, daß die Altersangaben aus dem Mittelmeergebiet mit seiner frühen historischen Überlieferung mit denen aus Mitteleuropa divergieren? Sind Jahrringreihen der Warven- oder der Dendrochronologie entgegen allen Beteuerungen doch falsch miteinander verknüpft worden? Es sei hier eindringlich dafür plädiert, dieses Problem nicht nur auf der Grundlage naturwissenschaftlicher Daten lösen zu wollen, sondern vor allem die Geisteswissenschaftler, Historiker, Archäologen, Prähistoriker, Ägyptologen an der Lösung des Problems der Datierungen in der Nacheiszeit Europas zu beteiligen; sie haben sich in den letzten Jahren zu diesen Fragen seltener geäußert als die Naturwissenschaftler.

In diesem Buch muß bei der Angabe von Daten ein vielleicht etwas umständlicher Weg gegangen werden. Alle Datierungen, die den Zeitraum der frühen Ostseegeschichte betreffen, enthalten zwei Altersangaben; zunächst ein älteres Datum, in dem die Alterskorrektur über die Dendrochronologie berücksichtigt ist, dann ein jüngeres, das der traditionellen Warvenchronologie entspricht. Die doppelten Altersangaben sind auch deshalb angebracht, weil eine Parallelisierung der Aussagen dieses Buches mit früheren Publikationen gegeben sein muß. Gerade im Norden Europas wurden sehr detaillierte Chronologien in früheren Jahrzehnten publiziert, die nicht durch eine Veränderung des zeitlichen Grundgerüstes mit einem Mal entwertet werden können und dürfen.

Diese Chronologien haben nach wie vor größten Wert, denn im Grunde genommen kommt es gar nicht darauf an, ob Entwicklungen 1000 oder 1500 Jahre früher oder später abgelaufen sind, sondern auf das Erkennen ihrer Gleichzeitigkeit oder Ungleichzeitigkeit sowie der relativen historischen Abfolge. Darüber hinaus geht es um das grundsätzliche Erkennen dynamischer Prozesse. Denn sie kennzeichnen die Entwicklungen im Ostseeraum in besonderer Weise. Unablässig veränderten sich in den letzten Jahrtausenden die Wasserstände, die Meereshöhen der Landmassen, die Uferlinien, die Salzgehalte der Gewässer, das Gefälle der Flüsse, die Vegetation, die Einflüsse der Menschen auf ihre Umwelt; auch die Böden veränderten sich. Klimaveränderungen fanden ebenfalls statt, doch ihr Einfluß auf das vielfältig dynamische Geschehen im Ostseeraum wurde in früherer Zeit möglicherweise überschätzt.

4. DIE JUNGE OSTSEE

Das Eis taute in den ersten Jahrhunderten, in denen der Baltische Eissee bestand, besonders rasch ab. Vor 13 500/13 000 Jahren lag die Gletscherfront noch an der heutigen Küste Mecklenburgs und Pommerns, 1000 Jahre später bereits im Seegebiet nördlich von Gotland; diese Insel war aber noch ganz und gar vom Wasser bedeckt, weil sie zu den Landmassen gehörte, die weit in den magmatischen Untergrund der Erde hineingetaucht worden waren. Im Bereich der offenen Wasserfläche wich der Gletscher besonders rasch zurück, denn dort konnte er kalben, also einzelne Eisberge auf das Wasser absetzen. Sie trieben nach Süden und wurden oberhalb des Wassers von der Sonne, unterhalb des Wasserspiegels vom Seewasser aufgetaut.

Im Gebiet des südschwedischen Hochlandes bildeten sich Rinnen unter dem Eis, durch die das Schmelzwasser abfloß. Diese Spuren des Abschmelzprozesses sind bis heute erhalten geblieben. Vor etwa 13 000/12 000 Jahren taute das Eis auf dem südschwedischen Plateau südlich vom Vättersee.

Mit dem Abschmelzen des Gletschereises stand eine ganze Reihe von Prozessen in Verbindung. Zum einen stieg der Wasserspiegel des Baltischen Eisstausees. Der Vorläufer der Ostsee wurde größer, weil immer weitere Küstenstreifen überflutet wurden. Noch wurde das Wasser von den weichen Schuttmassen im Gebiet der dänischen Sunde gestaut; sie hatte der Gletscher wenige Jahrtausende vorher als Moränen zusammengeschoben. Aber der Staudamm war nicht besonders fest; denn er bestand ja nur aus Moränenschutt, losen Steinen, Sand und Erde, die der Gletscher regellos aufgehäuft hatte.

Nicht nur in den Baltischen Eisstausee, auch in die Ozeane der Welt rann das Tauwasser der Gletscher, deren Eismassen auf der Welt liegengeblieben waren. Der Spiegel der Weltmeere stieg an. Allmählich konnte auch wieder mehr Wasser in die atmosphärische Zirkulation aufgenommen werden; es verdunstete über den Meeren, weil es wärmer wurde, daher wurden auch mehr Wolken vom Wind auf das Festland getrieben, so daß es dort mehr Niederschläge gab.

Das Land, das vom Eis befreit war, hob sich. Es wurde ja nicht mehr vom Gewicht der Gletscher nach unten, in das Magma des Erdinneren, hineingedrückt. Auch die Landmassen im Bereich der dänischen Sunde dürften sich leicht angehoben haben, so daß der Staudamm des Baltischen Eisstausees stabil erhalten blieb, obwohl sowohl das Wasser im Baltischen Eisstausee als auch in der Nordsee und im Kattegat stieg, des Meeresarmes zwischen dem Norden Jütlands und der schwedischen Küste. Das südschwedische Plateau hob sich jedenfalls immer weiter aus dem Meer heraus, Bornholm wurde größer. Geringer war der Anstieg des Landes im Baltikum; noch immer waren weite Teile Kurlands und nicht nur die Rigaer Bucht, sondern auch große Landbereiche in ihrer Umgebung von Wasser bedeckt. Weiter im Norden, dort, wo heute Estland liegt, befand sich noch der tauende Gletscher.

Die rasche Verbesserung des Klimas führte dazu, daß sich auf den zwar noch rohen, aber mineralstoffreichen Böden, die aus der Eiszeit zurückgeblieben waren, üppige Vegetation einstellte. Besonders fruchtbar waren die fein gemahlenen tonigen Bestandteile der während der Eiszeit aufgeschütteten und vom Gletscher verlassenen Moränen, aber auch die Becken dahinter, in denen sich der aus den Moränen gespülte Ton angesammelt hatte. Ein Teil des feinen Tones war während der Eiszeit auch an den Rand der Gebirge und zwischen die Hügelzüge verweht worden. Dort, an den Staubfängern der aus der Ebene ragenden Erhebungen war er liegen geblieben, und es entwickelten sich daraus fruchtbarste Lößböden.

Zunächst breiteten sich zahlreiche Kräuter aus; sie waren schon während der Eiszeit an geschützten Plätzen gewachsen und wucherten im wärmeren Klima üppig: Gräser, Seggen, Ampfer, Beifuß, Gänsefuß, Wiesenraute, Sonnenröschen, Silberwurz. Auch kleine und kleinste Sträucher kamen auf, strauchförmige Weiden und Birken, beispielsweise die Zwergbirke, die Krähenbeere und das Heidekraut, der Wacholder und der Sanddorn. Viele dieser Pflanzenarten kommen heute nicht mehr im gesamten Gebiet Mittel- und Nordeuropas vor, sondern nur noch in der Tundra oder in den skandinavischen Hochgebirgen und in den Alpen. Die Zwergbirke kann man heute noch in zahlreichen Mooren im Norden Europas finden und in einigen Mooren der Alpen. Im dazwischenliegenden Gebiet aber ist sie sehr selten geworden. Manche Arten der Wiesenraute, die Silberwurz, die Zwergbirke und die Kriechweide hatten direkt nach der Eiszeit ein

Ähnlich wie auf den Alvaren der großen Ostseeinseln (hier auf Öland) sahen Landschaft und Vegetation am Ende der Eiszeit aus.

zusammenhängendes Wuchsgebiet in Mittel- und Nordeuropa. In späterer Zeit wurde das Areal, in dem sie vorkommen, in mehrere Teile zerrissen, und zwar dadurch, daß das Land zwischen den Alpen und dem Hohen Norden Europas von dichten Wäldern bedeckt wurde, in denen die Pflanzen des Offenlandes nicht mehr vorkommen konnten. Das heutige Verbreitungsgebiet dieser Pflanzen beschreiben die Pflanzengeographen als «arktisch-alpin». Die Pflanzen in den separierten Wuchsgebieten wurden bei der Auftrennung ihres ursprünglich geschlossenen Wuchsgebietes genetisch voneinander isoliert. Dadurch konnte eine Entwicklung zu genetisch unterschiedlichen Populationen der Pflanzen eingeleitet werden. Heute schon unterscheiden sich Individuen von Sonnenröschen und Sanddorn aus dem Alpengebiet von denen im Norden Europas. Es ist möglich, daß im Lauf sehr langer Zeit sich diese Populationen vollständig voneinander trennen und separate Pflanzenarten entstehen.

Außer in den Alpen und in arktischen Gebieten kommen viele der arktisch-alpinen Pflanzen im Gemisch mit Gewächsen der Steppe noch an einem weiteren Standort vor, und zwar auf den Alvaren der großen Ostseeinseln, vor allem auf Öland. Die Inseln haben ein eigentümliches, recht regenarmes Klima. Das Wasser sammelt sich nach Regenfällen und während der Schneeschmelze zeitweise in flachen Tümpeln, den Alvar-Seen, die in der schwedischen Sprache Träsk ge-

Nach einer kurzen Phase, in der vor allem Birken emporkamen, breiteten sich am Beginn der Nacheiszeit Kiefernwälder aus (Insel Fårö nordöstlich von Gotland).

nannt werden und je nach ihrer Wassermenge ganz unterschiedlich gelegene Uferlinien haben. Einige dieser Tümpel bleiben permanent bestehen, weil sich eine völlig wasserdichte Schicht aus Ton an ihrem Grund gebildet hat. Andere verschwinden in trockeneren Perioden, wenn ihr Wasser verdunstet oder durch Klüfte im Untergrund versickert, die das Wasser in den Kalkstein gelöst hat. Dann werden die Standortbedingungen auf den Inseln an vielen Stellen sehr trocken, so daß Gehölzpflanzen Schwierigkeiten haben, sich dort anzusiedeln. Im Winter gefriert und taut die dünne Bodendecke immer wieder auf. Dabei werden kleinere und größere Bodenpartikel vom Frost nach Größen sortiert, und es entstehen ähnliche Polygonböden wie in der Arktis: Größere Steine sammeln sich in netzförmigen Strukturen, die den Boden überziehen, feineres Material bleibt in den Netzmaschen dazwischen liegen. Vegetation kann sich nur im Inneren der Netzmaschen halten, weil an deren Rändern die Wurzeln jeden Winter vom Frost zerrissen werden: Zwischen den gröberen Steinen sammelt sich Eis an, das den Boden auseinandersprengt. Nur kleine Gewächse können überdauern, aber erst wenn sie den Untergrund sehr dicht bedecken, kann die Wirkung des Frostes auf die Bodenoberfläche gebrochen werden. Dann können sich zwischen den kleinen Gewächsen größere ansiedeln, auch Bäume.

Wenn die Flächen intensiv beweidet werden, kann das Aufkommen von Gehölzen auf Dauer verhindert werden. Deshalb können die Pflanzen des Offenlandes aus der frühen Nacheiszeit dort auch heute noch vorkommen. Daß aber Beweidung für den Erhalt der Alvare wichtig ist, erkennt man beim Vergleich der Landschaft von Öland und Saaremaa/Ösel: Während die schwedische Insel in den letzten Jahrzehnten beweidet wurde und ihre Freiflächen unter dem Einfluß der Nutzung erhalten blieben, fiel die größte estnische Insel in einen Dornröschenschlaf, als sie nach dem Zweiten Weltkrieg zum militärischen Sperrgebiet der Sowjets wurde. Viele Alvare wurden nicht mehr beweidet und wucherten mit denjenigen Gewächsen zu, die sich auch nach der Eiszeit zuerst ausbreiteten, als sich das Klima verbesserte.

In Mitteleuropa entstanden die ersten Wälder am Nordrand der Alpen; man muß sich ihr Aussehen so vorstellen wie auf den ehemaligen Alvaren von Saaremaa/Ösel und anderen Inseln, wo heute eine noch junge Entwicklung zum Wald eingesetzt hat. Sie ist mit der Entwicklung am Beginn der Nacheiszeit gut vergleichbar: In beiden Fällen breiten sich nach einem langen Offenland-Stadium der Vegetation erstmals Gehölze aus.

Nach dem Ende der Eiszeit war das entscheidende Kriterium für das Wachstum von Bäumen: Jedes Jahr mußten die Sommer so lang sein, daß Gehölzpflanzen einen neuen Jahrring anlegen konnten. Birken samten sich zuerst an; ihre geflügelten Früchte breiteten sich rasch und in großer Menge aus, und sie keimten praktisch überall. Auch die weit fliegenden Früchte der Kiefer gelangten weit in den Norden. Vor 13500/13000 Jahren, als sich im Norden Mitteleuropas der Baltische Eisstausee bildete, gab es am Nordrand der Alpen schon die ersten Kiefernwälder der Nacheiszeit.

Zwischen dem Baltischen Eisstausee und den Kiefernwäldern am Alpennordrand dehnte sich immer noch das offene Grasland aus, das manche Anklänge an eine heutige nordische Tundra hatte, aber ihr nicht in jeder Hinsicht glich, weil es noch nicht so viel regnete und schneite wie in einer heutigen Tundra des Nordens, und auch die Sonneneinstrahlung auf diese Fläche ist anders als die heutige im nordischen waldoffenen Gelände; Mitteleuropa hatte – im Gegensatz zum Norden – damals wie heute kürzere Tage im Sommer und längere Tage im Winter. Es wuchsen dort so viele Kräuter, daß ein reichliches Nahrungsangebot für zahlreiche Tierarten bestand, vor allem für das Rentier.

Rentiere können im Lauf des Jahres große Distanzen zurücklegen. Im Winter fliehen sie vor der Kälte nach Süden, im Sommer vor den Mücken nach Norden. Dies ist aber, wie wir aus der Beobachtung von heutigen Rentierbeständen wissen, nur die halbe Wahrheit. Während es im Sommer stets reichlich Nahrung für die Tiere gibt, kann es im Winter zu einem Nahrungsengpaß kommen, dann nämlich, wenn die Nahrung der Tiere, Gras, Wurzeln und unterirdische Ausläufer von Pflanzen, unter tiefem Schnee versunken sind. Dann fressen Rentiere Rentierflechten und andere Flechten, die es auch im offenen Land, vor allem in den Wäldern gibt. Die Menge an Flechten reicht oft nicht aus, um allen Rentieren Nahrung zu bieten. Im Wald ist es im Winter nicht ganz so kalt wie auf den Freiflächen, denn die Baumkronen verhindern die Abstrahlung von Wärme; Schnee sammelt sich in Wäldern nicht in der gleichen Menge an wie außerhalb davon, so daß die Tiere innerhalb des Waldes eher die Chance haben, mit den Hufen nach Nahrung zu kratzen. Aber das Überleben der Tiere im Winter kann schwierig werden; auch heute kann es vorkommen, daß die Tiere in besonders kalten, schneereichen Wintern verhungern. Dann kommen sie weder an Reste von Gras und Kräutern noch an die Ersatznahrung der Flechten heran, oder es stehen, auch als eine Folge der Überweidung, zu wenig Flechten als Nahrung zur Verfügung.

In der Zeit vor der einsetzenden Wiederbewaldung Mittel- und Nordeuropas nach der letzten Eiszeit war das Nahrungsangebot für Rentiere besonders gut, und daher vergrößerte sich ihre Zahl in dieser Zeit wohl sehr stark. Dadurch entstand auch ein optimales Nahrungsangebot für Lebewesen, die sich von Rentieren ernährten. Zu ihnen gehörte der Mensch. In den ersten Jahrtausenden nach der letzten Eiszeit entwickelte sich in Europa eine besonders hoch stehende Kultur steinzeitlicher Jäger, die sich vor allem von erbeuteten Rentieren ernährten und deren Kulturen daher auch als Rentierjägerkulturen bekannt sind. Möglicherweise bestanden in dieser Zeit auch schon weitergehende Bindungen zwischen Menschen und Rentieren, wie sie heute für den Norden Skandinaviens charakteristisch sind:

Rentiere zerstören beim Weiden die Bodenvegetation. Dies wird in einem Gehege besonders gut sichtbar (bei Rovaniemi in Lappland).

Dort sind Rentiere teilweise domestiziert, sie werden zeitweise in Herden unter fester Kontrolle gehalten und zeitweilig im Jahr auch gemolken.

Welchen Einfluß Rentiere und andere große, pflanzenfressende Tiere auf die Entwicklung der Vegetation genommen haben, ist heute ein kontrovers behandeltes Thema im Naturschutz. Im allgemeinen ist man der Ansicht, die Tiere hätten beim Grasen auch die Keimlinge von Gehölzen zerbissen, so daß die Ausbreitung des Waldes aus dem Süden in den Norden gehemmt worden sei. Andererseits behauptet man, die Rentierjäger hätten durch übermäßige Bejagung der Rentiere dazu beigetragen, daß die Tiere zu sehr dezimiert worden seien; die Keimlinge der Gehölze wären schließlich nicht mehr zerbissen worden, so daß die Ausbreitung des Waldes durch die Bejagung von Renen und anderen Tieren gefördert worden sei. Diese Sicht der Dinge ist zu einfach. Zum einen verlief die Wiederbewaldung nach jeder Warmzeit in gleicher Weise ab, auch in Perioden, in denen die Jagd auf pflanzenfressende Tiere keine Rolle spielte. Zum anderen ist die Wirkung der Rentiere auf die Vegetation nicht richtig beurteilt worden. Die Tiere fressen zwar Gras und junge Keimlinge von Gehölzen und zerstören die Vegetationsdecke mit ihren Hufen. Diese Zerstörung ist um so erheblicher, je mehr Rentiere sich in einer Gegend befinden. Aber durch das Fressen von Flechten sorgen sie dafür, daß die Bodenoberfläche freier wird für das Wachstum anderer Pflanzen. Die herumtrampelnden Rentiere zerstören überdies eine zuvor geschlossene Vegetationsdecke aus Gräsern und anderen Kräutern. An den Narben der Bodenoberfläche können sich Samen von Pflanzen festsetzen. Sie werden von den Rentieren in den Boden getreten. Gerade Birkensamen erhalten so ein optimales Keimbett. So ist es möglich, daß die Ausbreitung von Birken durch Rentiere nicht behindert, sondern im Gegenteil sogar gefördert wurde und daß die Rolle des steinzeitlichen Rentierjägers in diesem ökologischen Zusammenhang in einem neuen Licht gesehen werden muß.

Jedenfalls verlief die Ausbreitung des Waldes nach Norden rascher als das Zurückweichen des Eises. Die Nahrung für Rentiere war also nur eine kurze Zeit wirklich im Überfluß vorhanden, dann wurden die Weidegründe stark beschränkt. Man kann davon ausgehen, daß die Tiere nach Norden auswichen, daß aber, als die optimalen Weideflächen für sie kleiner wurden, ihre Anzahl abnahm. Vor allem während der Winter, die in der Nähe des Eises noch immer streng waren, mögen zahlreiche Rentiere verhungert sein.

Die Ostsee nahm immer mehr Gestalt an. Den Stauwall aus lockerem Gestein, hinter dem der Wasserspiegel des Baltischen Eisstausees lag, wurde vor 13000/12000 Jahren durchbrochen. Für einige Zeit floß Wasser aus dem Süßwassersee. Das Gebiet um die heutigen dänischen Inseln hob sich aber weiter, und bald wurde der Ausfluß des Baltischen Eisstausees wieder verschlossen, weil so viel Gestein im Stauwall anstand, daß das Wasser damit nicht fertig wurde. Der Wasserspiegel des Stausees stieg um mehrere Meter an. Vor etwa 12500/11500 Jahren lag er etwa fünf bis sieben Meter höher als der Wasserspiegel der Weltmeere und der Meeresbucht der Nordsee, die sich durch das Skagerrak hindurch bis zum Öresund ausgebreitet hatte. Diese Wasserstandserhöhung betraf den gesamten See, und selbstverständlich wirkte sich der Anstieg des Wasserspiegels auch auf das Baltikum aus und das Gebiet des Finnischen Meerbusens, der, nun an der Südseite der Eisfront liegend, sich mit Wasser füllte. Auch einige Gebiete am Südrand des Baltischen Eisstausees wurden überflutet.

Etwa dreihundert Jahre später, vor 12 200/11 200 Jahren, sank der Wasserspiegel des Baltischen Eisstausees ganz erheblich ab: Unter dem Rand des Gletschereises bildete sich zwischen dem Westrand des Vättersees und südöstlich vom Vänersee, an der sogenannten Billinger Pforte, ein Abfluß, durch den Wasser in die Nordsee rinnen konnte. Der Hügelzug von Billingen ist ein nördlicher Ausläufer des südschwedischen Hochlandes. Nördlich davon liegt das Gelände niedriger, ebenso wie im gesamten Gebiet der großen schwedischen Seen Vänern, Vättern und Mälaren.

Obwohl Wasser aus dem Baltischen Eisstausee auslief, wurde er zur gleichen Zeit größer. Die tief liegenden Regionen vor dem estländischen Glint im Finnischen Meerbusen standen nun unter Wasser, der geschlossene Wasserspiegel reichte sogar bis zum Ladogasee östlich von Sankt Petersburg. Nur einige wenige Bergeshügel in Karelien waren schon aus dem Wasser aufgetaucht: Zu tief abwärts gedrückt war das südliche Finnland unter der Last des Eises, dessen Front damals über dem Süden Finnlands lag.

Der Abfluß unter dem Eis an der Billinger Pforte in Schweden bestand nur für kurze Zeit, denn vor etwa 12 000/11 000 Jahren begann das Eis wieder vorzurücken. Das Eis verstopfte den Wasserabfluß; der Wasserspiegel des Stausees stieg ganz erheblich an. Vor etwa 11 600/10 300 Jahren, als das Eis den Abfluß an der Billinger Pforte erneut freigab, sank der Wasserspiegel des Baltischen Eisstausees um etwa 25 Meter ab. Dieser Betrag ist nur eine grobe Schätzung. Es ist möglich, daß der Seewasserspiegel um einen noch erheblich höheren Betrag absank. Um wie viele Meter er tatsächlich genau zurückging, ist schwer zu sagen. Zum einen sind die exakten Höhenlagen von früheren Uferlinien des Baltischen Eisstausees schwer zu ermitteln; man kennt nur ihre heutige Lage genau, nach ihrer Bildung wurde sie noch durch Veränderungen der Landoberflächen gehoben oder schräg gestellt. Zum anderen müßte man die genauen zeitgleichen Höhenlagen der Uferlinien in den Weltmeeren kennen. Die Höhenlagen der Uferlinien sind zudem mit unterschiedlichen Verfahren datiert worden, deren Resultate sich bei heutigem Forschungsstand noch nicht völlig zur Deckung bringen lassen.

Wie dem auch sei: Die gewaltige Wassermenge, die innerhalb kürzester Zeit nach Westen aus dem Eisstausee floß, kann man sich in je-

Vor etwa 12 000 bis 10 000 Jahren floß Süßwasser über Mittelschweden nach Westen ab, und Salzwasser drang auf dem gleichen Weg in die Ostsee vor: Es entstand das Yoldia-Meer.

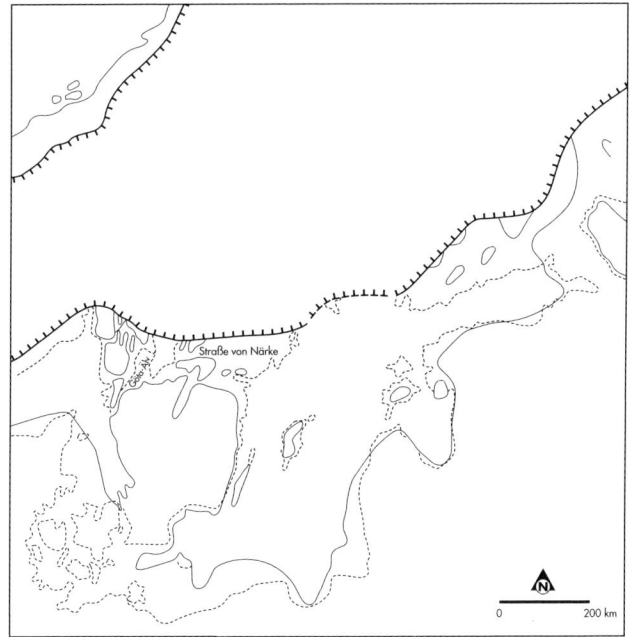

dem Fall kaum vorstellen. Auf einer Fläche von Tausenden von Quadratkilometern sank die Wasserfläche mindestens um die Höhe eines zehnstöckigen Hochhauses ab! Mit reißender Strömung wird das Wasser durch die Billinger Pforte gestürzt sein, es muß einen breiten Durchlaß zwischen Felsgestein, Moränen und Eis herauspräpariert und dabei wohl Eis- und Gesteinsbrocken unvorstellbaren Ausmaßes mit sich gerissen haben, und im Skagerrak und Kattegat, vielleicht auch in anderen Teilen der Nordsee und der umgebenden Meere, wird es eine Flutwelle großen Ausmaßes gegeben haben. Es ist kaum auszudenken, welche ungeheuren Schäden eine solche Flutwelle heute an der Nordsee anrichten würde!

Nach kurzer Zeit lagen die Wasserspiegel des Baltischen Eisstausees und der Nordsee auf einem gleichen Niveau. Aber nun schwappte das Wasser aus der Nordsee zurück; der Wasserspiegel aller Weltmeere stieg ja rasch an, weil das Eis taute, und das tosende Wasser, das gerade aus dem Baltischen Eisstausee ausgeflossen war, hatte eine tiefe Rinne an der Billinger Pforte geschaffen. Durch sie drangen während einiger Jahrhunderte in der Zeit zwischen 11 600/10 300 und 10 700/9500 Jahren vor heute erhebliche Mengen salzhaltigen Meerwassers in das Wasserbecken vor dem Eisrand ein: Die Ostsee war das erste Mal ein richtiges Meer mit Salzwasser, und sie war erstmals mit den Weltmeeren verbunden.

Für die Lebewesen, die im Baltischen Eisstausee gelebt hatten, bedeutete der Salzwasservorstoß eine Katastrophe. Denn sowohl viele Fische und andere Tiere als auch kleine Kieselalgen können nur entweder im Salzwasser oder im Süßwasser leben – oder in ganz genau definierten Brackwasserbedingungen, bei exakt festgelegten Salzgehalten des Wassers. Meersalz zieht Wasser an, weil es hygroskopisch ist; an Süßwasser angepaßte Lebewesen können in einer Umgebung aus Salzwasser kein Wasser aufnehmen und verdursten, obwohl sie sich mitten im Meer befinden. Lebewesen des Salzwassers können Salz auf bestimmte Weise ausscheiden; viele von ihnen können aber nur dort leben, wo das Wasser einen gewissen Salzgehalt aufweist.

Der Ausfluß der riesigen Süßwassermenge riß sicher viele Lebewesen aus dem Eisstausee in das salzige Weltmeer hinein, und der Schwall an Salzwasser, der damals bis zur Ostküste des Meeres strömte, vernichtete zahlreiche weitere Lebewesen in der Ostsee. Tiere des Salzwassers wurden mit der Strömung in den neuen Meeresarm gerissen, unter anderem Muscheln der Art Portlandia arctica. Diese Muschelart wurde früher Yoldia arctica genannt. Nach ihr hat man das Meer, das sich vor rund 11 000/10 000 Jahren im gesamten südlichen Ostseebecken erstreckte, Yoldia-Meer genannt. Schalen der Muschel, die nur in salzigem Wasser lebt, aber nicht in Süßwasser, hat man in zahlreichen Ablagerungen gefunden, die sich zur Zeit des Yoldia-Meeres bildeten. Darin enthalten waren auch die Überreste der mikroskopisch kleinen Kieselalgen, die im salzigen Milieu lebten. Die Arten von Kieselalgen, die hingegen im Süßwasser leben, waren mit dem Vorstoß des Meeres sofort abgestorben.

Für eine ganz kurze Periode, etwa um die Zeit vor 11 200/10 000 Jahren, drang Salzwasser bis in den Ladogasee ein. Man hat sogar immer wieder angenommen, daß eine Zeitlang eine Wasserverbindung zwischen dem Yoldia-Meer und dem Weißen Meer bestand. Doch ist man in den letzten Jahren von dieser Ansicht abgerückt; das heißt, es hat damals schon eine landfeste Verbindung zwischen dem Bereich Rußlands und dem heutigen Finnland bzw. dem Eisrand des Nordischen Eises gegeben.

Wenig später machte sich im Gebiet um den Ladogasee die Landhebung bemerkbar. Die karelische Landenge fiel trocken, die Zahl der Schären im Süden Finnlands wurde größer, die Inseln Öland, Gotland, Saaremaa/Ösel und eine weitere im Südwesten des heutigen Estlands, in der Gegend um die Stadt Pärnau, tauchten aus dem Wasser auf. Rings um die Rigaer Bucht waren schon ungefähr die heutigen Küstenlinien erreicht. Eine breite Landbrücke bestand zwischen Dänemark und dem südschwedischen Hochland. Das Kattegat war viel schmaler als heute, die Insel Læsø war mit der jütischen Halbinsel verbunden. Alle heutigen dänischen Inseln waren ein zusammenhängendes Festland. Auch Bornholm war Teil des festen Landes; von Süden konnte man diese Insel trockenen Fußes erreichen, die damals wie ein isolierter Bergstock ausgesehen haben muß. Zwischen dem steilen Nordufer der Insel und dem südschwedischen Festland gab es eine schmale Bucht des Yoldia-Meeres.

Die klimatischen Bedingungen zur Zeit der Bildung des Yoldia-Meeres waren nicht allzu günstig. Die südliche Front des Gletschers verlief einige Jahrhunderte lang nahezu unverändert zwischen dem nördlichen Rand des schwedischen Seengebietes, den Åland-Inseln und dem Süden Finnlands. Vor etwas mehr als 11000/10000 Jahren rückte der Gletscher erneut vor und schob eine sehr markante, schmale Endmoräne zusammen, deren Verlauf sich quer durch Südfinnland verfolgen läßt. Diese Moräne ist der Hügelrücken von Salpausselkä, genauer von Salpausselkä I, der heute wie ein Damm durch das unwegsame finnische Seengebiet verläuft. Die meisten Seen liegen nördlich des Rückens Salpausselkä. Sein Name bedeutet «Abdämmungsrücken»; man war nämlich ursprünglich der Ansicht, die Seen nördlich der Moräne würden tatsächlich durch sie aufgestaut. Das ist aber nicht der Fall, obwohl man sehr wohl diesen Eindruck gewinnen kann, wenn man eine Karte betrachtet. Für Finnland hat dieser Hügelzug bis auf den heutigen Tag größte Bedeutung. Auf ihm verlaufen Straßen und Eisenbahnlinien, auf einem besonders hoch gelegenen Teil des Hügelzuges liegen der wichtige Radiosender und die Wintersportanlagen von Lahti; nur an wenigen Orten Finnlands ist es derart bergig, daß man dort auch Skispringen und alpinen Skilauf betreiben kann.

Auch als das Eis den Endmoränenwall von Salpausselkä zusammenschob, taute an der Gletscherfront Wasser ab. Schmelzwasser sammelte sich unmittelbar vor der Endmoräne, und zwar vor allem, als der Gletscher dort lag und abzutauen begann. Weil im Gletschervorfeld kein Gefälle zum Meer hin bestand, floß das Wasser aber nicht ab; vielmehr bildete sich eine langgestreckte Bucht des Yoldia-Meeres, die sich im Bogen rings um die Salpausselkä-Moräne hinzog – bis weit hinauf in den Norden Kareliens.

Unterdessen war die Nordgrenze des Waldes bis an das südliche Ufer der Ostsee vorgerückt. Besonders in Meeresnähe, im Bereich des maritimen Klimas, waren in den Wäldern viele Birken vorhanden. Weiter im Hinterland setzten sich die Kiefern besser durch. Der optimale Lebensraum für Rentiere lag nun nur noch zwischen der südlichen jütischen Halbinsel und Südschweden, dem nördlichen Baltikum und dem Eisrand am Salpausselkä. Weitere Rentierherden kamen aus dem Osten an den Eisrand am Weißen Meer, und auch aus den damals noch nicht überfluteten Küstenregionen vor Norwegen, wo sich allmählich die Nordsee vergrößerte, wanderten Rene nach Skandinavien ein. In dieser Zeit muß es dazu gekommen sein, daß Nahrung für die Rentiere vor allem im Winter knapp wurde. Die Menschen konnten nicht mehr von der Jagd und der Haltung von Rentieren allein leben. Aber an den Küsten der finnischen Inseln, die allmählich zu Festland zusammenwuchsen, dann aber immer noch Meeresarme und Seen zwischen sich hatten, konnte man als Jäger und Fischer gut leben. Zahlreiche Fische waren mit der Meeresströmung bis in den Osten der Ostsee gekommen, auch Grönlandrobben, die sich besonders gut in den flachen Ostseebecken vermehrten. Vögel fanden reichlich Nahrung. Alle Tiere des Meeres vermehrten sich in dem neu von ihnen gewonnenen Lebensraum besonders stark; Grenzen des Wachstums ihrer Populationen traten zunächst nicht auf – ein typisches Phänomen. Es stand reichlich Nahrung für die Menschen zur Verfügung. Daraus resultierte eine möglicherweise besonders große kulturelle Entwicklung unter den Menschen im Osten des Baltischen Meeres. Sie hatten vielleicht mehr Nahrung als andere Menschen der damaligen Zeit, die an den Ufern von Seen Fische fingen.

Elche wanderten etwa zur gleichen Zeit wie die Rentiere in den Norden, sowohl über die dänisch-schwedische Landbrücke als auch über Karelien. Auerochsen kamen über den Bereich der heutigen Inseln Dänemarks, die damals mit dem Festland verbunden waren, in den

Süden Schwedens. Sie wanderten aber nicht in Karelien ein. Braunbären dagegen zogen sowohl über Dänemark und Schweden als auch durch Karelien und das südliche Finnland bis an den Rand des Eises.

Der Salzgehalt des Yoldia-Meeres begann bald wieder zu sinken; die Menge des Schmelzwassers im Becken der Ostsee wuchs im Verhältnis zu dem über Mittelschweden einströmenden Salzwasser wieder an. Erneut verschwanden Lebewesen, die nur in Salzwasser leben konnten, andere blieben am Leben, beispielsweise die Grönlandrobben. Sie vermehrten sich sogar kräftig und wurden zu einer der besten Jagdbeuten der steinzeitlichen Jäger am Finnischen Meerbusen.

Vor etwas mehr als 11 000/10 000 Jahren wuchsen auf den Inseln, die sich aus dem Finnischen Meerbusen erhoben, die ersten Birkenwälder. Wenig später kamen dort auch die ersten Kiefern vor. Die Nordgrenze der Wälder lag nun nur noch wenige hundert Kilometer südlich der Gletscherfront. Der Grenzstreifen zwischen geschlossenem Wald und offenem Land, der sich nach Norden verschob, war zugleich auch – genauso wie in Mitteleuropa – eine Grenze, an der die Menschen ihre Jagdtechniken verändern mußten. Nördlich des Waldes hatten sie freie Sicht auf Rentierherden, die dort viel Gras und Kräuter zum Fressen fanden. Innerhalb des Waldes lebten zwar auch Rentiere und Elche, auf die man Jagd machen konnte; aber die Wälder waren nicht so weit zu überblicken, die Jagd wurde dadurch komplizierter. Alternativ ließen sich Fisch, Geflügel und Robben erbeuten; viele Siedlungen lagen am Seeufer, wo es diese Tiere gab. Die Menschen stellten andere Jagdwaffen her, auch Fischernetze. Ihre Hinterlassenschaften, die von den Archäologen bei Ausgrabungen heute gefunden werden, unterscheiden sich derart erheblich von den Resten früherer Werkzeuge, daß die beiden Typen von Fundensembles unterschiedlichen Kulturen zugeordnet werden. An den Jagdwaffen, die im offenen Land verwendet wurden, erkennt man die Kultur der späten Altsteinzeit, des jüngeren Paläolithikums. Die Funde kleinerer Jagdwaffen, die in der sich später entwickelnden Wald-Umwelt nützlicher waren, stellen die Archäologen dagegen in das Mesolithikum, die Mittlere Steinzeit. Es ist möglich, daß der Übergang vom Paläolithikum zum Mesolithikum gar kein eigentlicher Kulturwandel war, sondern lediglich eine Umstellung der Jagdmethoden, die durch den Wandel der Umwelt vom Offenland zum Wald ausgelöst wurde.

Süden Schwedens. Sie wanderten aber nicht in Karelien ein. Braunbären dagegen zogen sowohl über Dänemark und Schweden als auch durch Karelien und das südliche Finnland bis an den Rand des Eises.

Der Salzgehalt des Yoldia-Meeres begann bald wieder zu sinken; die Menge des Schmelzwassers im Becken der Ostsee wuchs im Verhältnis zu dem über Mittelschweden einströmenden Salzwasser wieder an. Erneut verschwanden Lebewesen, die nur in Salzwasser leben konnten, andere blieben am Leben, beispielsweise die Grönlandrobben. Sie vermehrten sich sogar kräftig und wurden zu einer der besten Jagdbeuten der steinzeitlichen Jäger am Finnischen Meerbusen.

Vor etwas mehr als 11 000/10 000 Jahren wuchsen auf den Inseln, die sich aus dem Finnischen Meerbusen erhoben, die ersten Birkenwälder. Wenig später kamen dort auch die ersten Kiefern vor. Die Nordgrenze der Wälder lag nun nur noch wenige hundert Kilometer südlich der Gletscherfront. Der Grenzstreifen zwischen geschlossenem Wald und offenem Land, der sich nach Norden verschob, war zugleich auch – genauso wie in Mitteleuropa – eine Grenze, an der die Menschen ihre Jagdtechniken verändern mußten. Nördlich des Waldes hatten sie freie Sicht auf Rentierherden, die dort viel Gras und Kräuter zum Fressen fanden. Innerhalb des Waldes lebten zwar auch Rentiere und Elche, auf die man Jagd machen konnte; aber die Wälder waren nicht so weit zu überblicken, die Jagd wurde dadurch komplizierter. Alternativ ließen sich Fisch, Geflügel und Robben erbeuten; viele Siedlungen lagen am Seeufer, wo es diese Tiere gab. Die Menschen stellten andere Jagdwaffen her, auch Fischernetze. Ihre Hinterlassenschaften, die von den Archäologen bei Ausgrabungen heute gefunden werden, unterscheiden sich derart erheblich von den Resten früherer Werkzeuge, daß die beiden Typen von Fundensembles unterschiedlichen Kulturen zugeordnet werden. An den Jagdwaffen, die im offenen Land verwendet wurden, erkennt man die Kultur der späten Altsteinzeit, des jüngeren Paläolithikums. Die Funde kleinerer Jagdwaffen, die in der sich später entwickelnden Wald-Umwelt nützlicher waren, stellen die Archäologen dagegen in das Mesolithikum, die Mittlere Steinzeit. Es ist möglich, daß der Übergang vom Paläolithikum zum Mesolithikum gar kein eigentlicher Kulturwandel war, sondern lediglich eine Umstellung der Jagdmethoden, die durch den Wandel der Umwelt vom Offenland zum Wald ausgelöst wurde.

5. FINNLAND WIRD EISFREI

Vor etwas mehr als 11 000/10 000 Jahren wurde es das letzte Mal so kalt, daß der Gletscher einen enormen Schub nach vorne machen und eine Endmoräne aufschütten konnte, den Rücken von Salpausselkä. Damals, in der Jüngeren Dryas-Zeit, gab es den letzten markanten Kälterückschlag nach dem Ende der Weichsel-Eiszeit, der auch in Mitteleuropa nachzuweisen ist, weil er deutliche Spuren in den Sedimenten hinterließ: Wegen der geringeren Temperaturen wurden beispielsweise in den Seen weniger organische Substanzen produziert und mehr mineralische Ablagerungen gebildet. Benannt ist diese Zeit übrigens nach den Funden von Pollenkörnern und anderen Überresten der Silberwurz, die in der lateinischen Terminologie Dryas heißt.

Das Ende der Jüngeren Dryas-Zeit ist auch das Ende des Spätglazials, einer Phase, in der das Klima sich trotz aller Rückschläge insgesamt gesehen verbesserte. Vor 11 000/10 000 Jahren begann die eigentliche Nacheiszeit, das Holozän; in dieser Zeit blieb das Klima ungefähr stabil. Vor 11 000/10 000 Jahren wurden zum ersten Mal die auch heute herrschenden Temperaturniveaus in Europa erreicht. Allerdings blieb es in der unmittelbaren Nähe der Gletscher noch kälter. Und außerdem regnete es nicht so viel wie heute, denn noch immer war viel Wasser in den Gletschern gebunden und noch nicht in die Meeresbecken zurückgekehrt. Die Nordsee war erst zur Hälfte wieder mit Wasser gefüllt; den Kanal zwischen den Britischen Inseln und dem europäischen Kontinent gab es noch nicht.

Der heute fast 300 Meter hohe Skuleberget (südliches Norrland) war vor einigen Jahrtausenden eine kleine Insel, die nur wenige Meter aus der Ostsee emporragte.

Weil das Klima insgesamt warm und trocken war, schmolz das Gletschereis rasch dahin. Besonders schnell verschwanden die Reste des Gletschers in Finnland, wo insgesamt weniger Eis lag als in Schweden, wo aber sicher auch das Klima besonders trocken war, so daß es selten regnete oder schneite. Man schätzt, daß es nur etwas mehr als 1000 Jahre nach dem Zurückweichen des Gletschers vom Salpausselkä dauerte, bis Finnland so gut wie völlig eisfrei geworden war. Am längsten hielten sich die Gletscher am Ostufer des Bottnischen Meerbusens, im Gebiet von Nordkvarken/Nordquarken sowie nördlich davon.

Auch in Mittelschweden schmolz das Eis. Aber vor 10 000/9000 Jahren lag noch immer ein großer Gletscherrest über dem nördlichen Schweden, über dem Bergland wie über dem Gebiet der Höga Kusten, der Gegend, in der heute auch an der Ostsee eine Steilküste besteht. Das Eis war in dieser Region am mächtigsten gewesen, und es hatte die Berge tief unter die Wasserlinie gedrückt. Nach und nach wurden auch hier die Granitfelsen vom Wasser freigegeben, und sie begannen, zuerst Inseln, dann Hügel und schließlich Berge zu werden. Das Ausmaß der Landhebung wurde in diesem Gebiet schließlich noch größer als an der finnischen Ostküste des Bottnischen Meerbusens. Über der Ortschaft Docksta bei Örnsköldsvik erhebt sich der markante Bergkegel des Skuleberget heute beinahe 300 Meter hoch. Als dieser Berg aber vor 9000/8000 Jahren unter dem Gletscher auftauchte, war er lediglich eine wenige Meter hohe Schäreninsel inmitten des Meeres. In – geologisch gesehen – schier unvorstellbar kurzer Zeit, in wenigen Jahrtausenden, wurden am Westufer des Bottnischen Meerbusens aus Inseln Berge. Dabei ist nicht nur zu berücksichtigen, daß sich die Höhe der Berggipfel über dem Meer veränderte. Denn auch der Meeresspiegel stieg ja weiter an. Der Betrag des Anstieges der Landoberfläche in Beziehung zum Meeresspiegel und derjenige des Meeresspiegelanstieges müssen zusammengerechnet werden, um den Gesamtbetrag der Landhebung zu errechnen.

Die Erhebung des Landes über den Meeresspiegel der Weltmeere verlief weiterhin in den einzelnen Regionen mit unterschiedlicher Geschwindigkeit. Jenseits der südöstlichen Grenze Finnlands, im Gebiet von Sankt Petersburg, blieb die Landoberfläche in ungefähr stabiler Position. Besonders schnell erhob sich das Land aber in denjenigen Regionen, wo die Eislast groß gewesen war; in Finnland ist die Hebung des Landes am nördlichen Bottnischen Meerbusen, nördlich der Kvarken/Quarken am größten. Dort hebt sich das Land heute noch immer um beinahe einen Zentimeter pro Jahr. Das bedeutet, daß Menschen während ihres Lebensalters sehen konnten und können, wie einzelne Inseln aus dem Wasser emportauchen, wie Niederungen trockenfallen und wie Häfen unbrauchbar werden, weil Gewässerarme zu flach werden. Menschen, die sehr alt wurden, erlebten in ihrer frühen Jugend einen Wasserstand, der um beinahe einen Meter höher war als der, der in ihrem hohen Alter bestand.

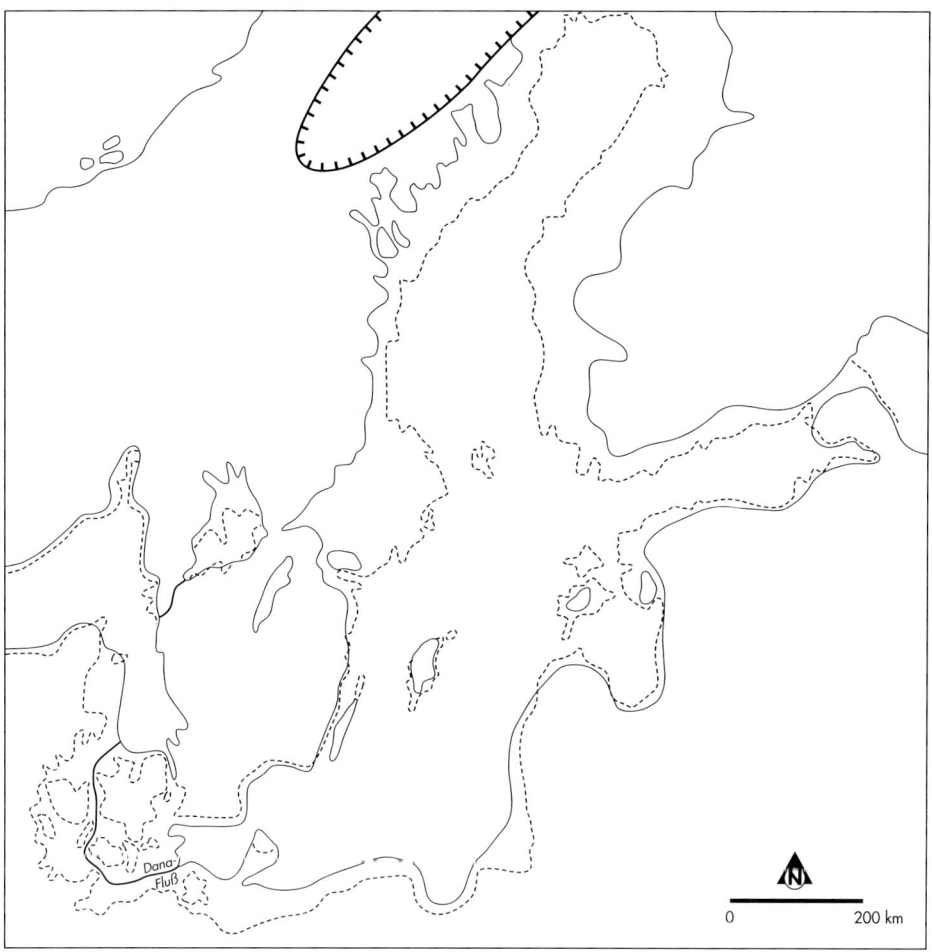

Besonders starke Landhebung gab es in Schweden. Dies hatte Auswirkungen auf den Charakter des Ostseewassers. Vor etwa 10 700/9500 Jahren begann eine neue Phase der Ostseegeschichte, die nach den aufgefundenen weit verbreiteten Resten der Süßwasserschnecke Ancylus fluviatilis die Zeit des Ancylus-Sees genannt wird. Die schon in der Yoldia-Phase abgebrochene Verbindung der Ostsee zu den Weltmeeren öffnete sich nicht wieder. Der Wasserspiegel der Ostsee lag in der Folgezeit im allgemeinen über dem des Atlantiks, so daß kein Salzwasser mehr in die Ostsee eindringen konnte. Das Wasser wurde erneut im Bereich der Seen Mittelschwedens aufgestaut, obwohl es Abflüsse über den Göta-Älv und einen zweiten Fluß gab, der etwas

Der Ancylus-See bildete sich vor etwa 10 000 Jahren. Die Wasserverbindung in Mittelschweden wurde unterbrochen; im Ostseebecken befand sich Süßwasser. Das Wasser floß durch den nicht genau lokalisierten Dana-Fluß ab.

Ehemalige Strandwälle auf Fårö. Sie bildeten sich bei starken Stürmen, während sich das Land immer weiter aus dem Meer hob.

weiter nördlich vom Gebiet des heutigen Vänersees zum Kattegat durchbrach. Eine Zeitlang stiegen der Wasserspiegel des Ancylus-Sees und das Land im Norden Finnlands und Schwedens etwa mit gleichen Geschwindigkeiten an, so daß sich an der Verteilung zwischen Land und Wasser nicht viel veränderte. Sehr stark und schnell wirkte sich der Anstieg des Wasserspiegels aber im südlichen Ostseegebiet aus, wo das Land sich nicht erhob, sondern im Gegenteil leicht abzusinken begann.

Als die Landmasse in Mittelschweden noch stärker stieg, wurde eine Entwässerung des Ancylus-Sees über diese Region unmöglich. Der Vättersee wurde in dieser Zeit endgültig sowohl von der Ostsee als auch von den Weltmeeren abgetrennt. Unterbrochen wurde die Gewässerverbindung durch eine Landbrücke, die sich östlich vom Vänersee bildete. Dort, im Gebiet von Närke, besteht auch heute die Wasserscheide zwischen Gewässern, die nach Osten zur Ostsee, und anderen, die nach Westen in Richtung Vänersee und Kattegat abfließen.

Wahrscheinlich floß überschüssiges Wasser aus dem Ostseebecken nun wieder im Gebiet der dänischen Inseln in die Weltmeere ab, wenn auch die genaue Lage der Abflüsse nicht klar ist. Vielleicht gab

es etwas später einen Fluß, der ausgehend vom Gebiet nördlich von Rügen durch den Großen Belt in Richtung Kattegat floß; sein Flußbett ist aber nicht mit Sicherheit nachgewiesen worden. Jedenfalls funktionierte der Wasserabfluß aus der Ostsee vor 10 000/9000 Jahren. Beispielsweise führte dies dazu, daß sich die Inseln Öland, Gotland und Saaremaa/Ösel vergrößerten und Bornholm wieder über eine Landbrücke an das Festland südlich der Ostsee angebunden war.

Insgesamt stieg im Granitgebiet und auch im Bereich der großen Inseln aus Kalkstein eine Kuppe nach der anderen aus dem Wasser auf. Zuerst ähnelten solche Kuppen Inseln, dann tauchten auch die Verbindungen zwischen vielen dieser Inseln empor. Die Menschen erlebten dies mit. Man erzählt sich in vielen Regionen Finnlands, Estlands und Schwedens Geschichten darüber, daß die Inseln, auf denen man lebt, einst aus dem Meer emporgetaucht seien. Sagen und Märchen diesen Inhalts wurden über viele Generationen weiter erzählt und sind noch heute lebendig. Das ist auch ein Zeichen dafür, daß entgegen allen Ansichten über Völkerwanderungen eine offenbar bodenständige Bevölkerung stets im Land oder auf den Inseln blieb.

Am Ufer vieler Inseln, beispielsweise an einigen Åland-Inseln, auf

Zuerst tauchten die Schären der Åland-Inseln aus dem Meer auf, dann das Land zwischen ihnen. Auf dem fruchtbaren ehemaligen Meeresboden liegen heute Äcker.

Gotland und dem dieser großen Insel nordöstlich vorgelagerten Fårö, sind ganze Serien von parallel zueinander liegenden Strandwällen zu erkennen. Strandwälle bilden sich dort, wo immer wieder zurückweichende Wellen auf die nächsten von der Seeseite vorstoßenden Wellenreihen treffen. Dort bremsen sich die beiden Wogen gegenseitig ab, ihre Kraft läßt nach, und Sediment sinkt zu Boden. An der parallelen Reihung der Strandwälle hat man zunächst abgelesen, daß die Landhebung wohl ruckweise vor sich gegangen sein muß, so daß ein Strandwall nach dem anderen völlig trockenfiel und dann nicht mehr von den Wellen aufgearbeitet werden konnte. Aber durch sorgfältige Beobachtungen kam man zu einer anderen Erklärung des Phänomens: In den Strandwällen an der mittleren Ostsee ist nur sehr grobes Material abgelagert, oft faustgroße oder noch größere Steine, die nur bei starker Strömung verlagert werden können. Normalerweise reicht die Kraft der Wellen nur dazu aus, kleinere Steine und vor allem Sand und Ton zu verschleppen. Strandwälle aus groben Steinen können sich nur bei starken Stürmen gebildet haben, keineswegs kontinuierlich. Solche Stürme hat es auch in früheren Zeiten nur selten gegeben. Zwischen zwei Stürmen, die recht schnell, in nur wenigen Stunden oder Tagen, zur Bildung eines Strandwalles aus Steinen führten, lag immer auch eine beträchtliche Zeit der Landhebung. In Wirklichkeit kann man an den Strandwällen auf Fårö und den Åland-Inseln somit nicht die Geschichte der Landhebung ablesen, sondern die Geschichte der Stürme. Sie führten für kurze Zeit zu besonders hohen Wasserständen mit riesigen, besonders kräftigen Wellen, die faustgroße und noch größere Steine bis zu der Linie tragen konnten, an der sie sich mit anderen Wellen brachen.

Diese großen Wellen mit ihrer gewaltigen Kraft sorgten auch dafür, daß von den Kuppen aufsteigender Inseln aus Granit fast sämtliches feine Material abgespült wurde, das sich dort zuvor abgesetzt hatte, als die Kuppe noch unter dem Wasserspiegel lag. Die Wellen krachten mit voller Wucht an die Untiefen des Wassers. Die Kuppen wurden dabei von allem anhaftenden feineren Material befreit, so daß der Gletscherschliff der Eiszeit auf ihren Felsen klar zutage trat. Kleinere Steine, Sand und der feine Ton blieben auf diese Weise im Wasser. Dieses feinere Material konnte allerdings beim Aufsteigen der Landmassen später trockenfallen, wenn es sich in einer breiten Senke zwischen den Kuppen abgesetzt hatte. Kurze Zeit vor dem endgültigen Auftauchen wurden diese Flächen sicher auch noch von den hohen Fluten überspült, aber im flachen Wasser war die Kraft der Wellen bereits gebremst, so daß sie nicht alles feine Material davonspülten. Es blieb bei der nächsten hohen Flut oberhalb des Wasserspiegels. Die Abspülung von Bodenmaterial von den Kuppen und die Ansammlung von Sediment in den ehemaligen Meeresarmen dazwischen führten dazu, daß in weiten Teilen Nordeuropas, wo Land aus der Ostsee aufstieg, nur die Täler zwischen den Hügelkuppen üppige Vegetation tragen, dagegen blieben viele felsige Kuppen nahezu frei von Pflanzenbewuchs.

Aber prinzipiell kann auf kahlen Inseln mit einer nahezu völlig glatt geschliffenen Oberfläche aus Granit, die nur wenige Zentimeter aus dem Wasser ragt, die Besiedlung durch Pflanzen beginnen, auch wenn sie noch so kärglich ist. Einzelne Gräser und Kräuter setzen sich in den Gesteinsklüften fest. Bei etwas höheren Wasserständen werden die Pflanzen überflutet; sie können dann etwas feines Sediment festhalten. Es vermengt sich mit abgestorbenen Pflanzenteilen, so daß sich ganz allmählich ein wenig Humus in den Felsspalten ansammelt. Wenn die Insel etwas älter geworden ist und schon etwas höher aus dem Wasser ragt, weil der Wasserspiegel gesunken ist, siedeln sich mehr Pflanzen an. Die Inseln werden schließlich auch von den höchsten Fluten nicht mehr erreicht. Die Wurzeln sprengen die Klüfte weiter auf, es sammelt sich immer mehr Humus darin. Auf Inseln, die ein paar Meter aus dem Wasser ragen und deren Alter daher einige Jahrhunderte betragen muß, sind auch kleine Gehölzpflanzen zu finden: Wacholder, Sanddorn, Birken, Weiden, schließlich auch Kiefern. Dieser Vorgang läßt sich heute immer wieder gut beobachten; er muß sich in ähnlicher Weise schon vor Jahrtausenden abgespielt haben.

Anders verlief die Präparation der Inseln aus Kalkstein, die am Rand von Estland, aber auch im zentralen Teil der Ostsee aus dem Wasser emportauchten. Ihre beinahe ebene Oberfläche war durch die Gletscher glattgehobelt worden. Kalkstein wurde mit der Zeit vom Wasser aufgelöst. Das Oberflächenwasser verschwand daher in Klüften und sammelte sich unterirdisch. Das seitlich an die Inseln brandende Meerwasser zerstörte allmählich die Felsen und verkleinerte die Eilande. Weil es während des Aufsteigens der Inseln länger Einfluß

Die Rauk-Formationen auf Fårö bildeten sich aus Kalkfelsen, deren oberer Teil zuerst aus dem Meer auftauchte. Die Basis des Felsen war der Brandung länger ausgesetzt und ist daher schmaler als der breite «Kopf».

auf die unteren Teile der Felsen ausübte, wurden diese ausgehöhlt. Erreichte die Aushöhlung eine schon zuvor entstandene Kluft, in der Wasser verrieselt war, brach eine ganze Felspartie ins Meer. Einzelne Kalksteinbrocken, die ursprünglich zwischen Klüften gelegen hatten, blieben lange stehen. Das Meer brandete an die Basis der Felsen und machte sie unten schlank, oben blieben sie aber in merkwürdigen Formen erhalten. So entstanden die merkwürdigen Rauk-Formationen an den Küsten von Gotland und Fårö: Einzelne von ihnen sehen aus wie die Büsten von Riesen mit einem großen Kopf und einem schlanken Hals (dort hat das Meer intensiver eingewirkt), andere wie

Tierkörper auf mehreren Beinen. Ewigen Bestand haben diese Raukar nicht: Eines Tages wird die untere Partie der Felsen zu schlank werden und das Gewicht des oberen Teiles zu groß; dann werden die Felsen in sich zusammenfallen.

In den Senken, die sowohl zwischen den Inseln aus Granit als auch zwischen denen aus Kalkstein entstanden, konnte das Meer größere Findlinge nicht entfernen, die dorthin während der Eiszeit durch die Gletscher transportiert worden waren. Sie blieben an Ort und Stelle liegen und behinderten später den Ackerbau in vielen Gegenden Schwedens und Finnlands. Dem Anlegen von Äckern in den Niederungen stand in Finnland ferner im Wege, daß viele der Senken von Wasser gefüllt blieben oder später versumpften und vermoorten. Die Senken zwischen den Granithügeln, den früheren Inseln, fielen nämlich nur dann völlig trocken, wenn sich ein ausreichend großes Gefälle zwischen ihnen und der Ostsee herausbildete. Lagen diese Senken längere Zeit unmittelbar am Ufer, konnten sich Sandstrände darin bilden; mit dem Wasser wurde der feine Ton davongetragen, und recht grober Sand blieb zurück. Auch einzelne Steine blieben mit dem Sand dieser Strände vermengt. Charakteristisch für die Strände Finnlands, aber auch an einigen Stellen im Norden Schwedens ist daher ihre recht grobe Körnung und das Vorhandensein von Steinen. An wenigen Stellen kam es zu einer weitergehenden Sortierung des Materials durch

An der nördlichen Ostsee gibt es nur wenige Strände. Ihr grober Sand lagerte sich meist an Flußmündungen ab (bei Luleå im Norden Schwedens).

den Wind, der die Steine und sonstige grobe Bestandteile am Grund der Senken zurückließ und aus feinerem Sand Dünen aufbaute.

In den meisten Fällen waren in Finnland die Entfernungen zwischen den Senken und dem Meer größer als in anderen Ländern, das Gefälle aber gering, so daß das Wasser kaum abfloß. Seen blieben in den Senken bestehen, vor allem im flachen Hügelland Finnlands. Weitere Talsenken versumpften, weil die Küstenlinie sich immer weiter nach Westen verschob, aber das Gefälle der Abflüsse insgesamt sank.

Die Spiegel der großen finnischen Seen mit ihren zahlreichen Buchten liegen heute zwischen etwa 75 und 95 Meter über dem Meeresspiegel; sie sind aber rund 150 Kilometer von der Küste entfernt. Die Becken zwischen den Seen liegen nicht wesentlich höher. Seit etwa 11 000/10 000 Jahren entsteht kontinuierlich ein Moor nach dem anderen in diesen Senken Finnlands.

An den zahlreichen Seen bestanden gute Überlebensmöglichkeiten für die Menschen des Mesolithikums, was angesichts der Vegetationsveränderungen große Bedeutung hatte. Nur wenige hundert Jahre nach dem Verschwinden der Gletscher hatten sich ja die ersten Wälder zunächst aus Birken, dann bald auch aus Kiefern ausgebreitet, die vor allem die trockengefallenen Senken Finnlands bedeckten. Menschen bevölkerten die Seeufer Finnlands, die auf die Jagd gingen, fischten und Beeren sammelten. Sie konnten sich das ganze Jahr über ernähren. Vögel fanden sich auf den Seen vor allem im Sommer ein; Fische gab es das ganze Jahr über. Sie konnten mit der Angel und mit Netzen erbeutet werden; archäologische Funde bezeugen, daß beide Fangmethoden der Fischerei entwickelt waren. Im Winter schlugen die Menschen – genau wie heute noch – Löcher in das Eis, an denen sich die Fische sammelten, weil dort das Wasser besonders sauerstoffreich war. Dort lauerten die Fischer auf Beute. In der kalten Jahreszeit ließen sich Vorräte anlegen, wenn das Jagdglück des Jägers oder Fischers groß genug gewesen war und viele Tiere erbeutet werden konnten. Im Boden vergrabenes Fleisch verdarb lange nicht. Im Sommer konnte man Fleisch durch Räuchern haltbar machen, oder man trocknete Fische – das Klima Finnlands ist ja regenarm, und in den ersten Jahrtausenden des Holozäns war es wohl noch trockener als heute. Nur gelegentlich machten die Menschen Jagd auf Rentiere, Elche und Bären, vielleicht vor allem im Winter, wenn man das Fleisch der großen Tiere eine

Weile frischhalten konnte und wenn sich versumpfte Niederungen am leichtesten betreten ließen. Auf jeden Fall kann einem, auch heute noch, in Finnland klarwerden, daß Menschen durch Jagd, Fischerei und das gelegentliche Sammeln von Beeren das ganze Jahr überleben können, wenn die Bevölkerungsdichte gering bleibt. Die finnischen Seen sind ein relativ günstiger Lebensraum für die Menschen im Mesolithikum gewesen, und es bestand auch in der Zeit danach kaum Veranlassung, die damals ideale Lebensweise zu verändern: Im Inneren Finnlands blieben die Menschen lange Jäger, Fischer und Sammler, manchmal beinahe bis auf den heutigen Tag.

Anders verlief die Entwicklung in vielen Teilen Schwedens. Vor allem nördlich der großen Seen war das Gefälle des Landes, das aus dem Wasser auftauchte, erheblich größer. An vielen Stellen blieben zwar auch Seen erhalten, oder es bildeten sich Moore. Andere Täler aber fielen vollständig trocken und wurden in der Folgezeit von mehr oder weniger reißenden Bächen und Flüssen entwässert. Bei einem starken Gefälle spülten die Fließgewässer feines Erdmaterial von der Oberfläche fort, lagerten es aber dort wieder ab, wo die Strömung nachließ, also beispielsweise wo Flüsse zusammenflossen oder im Bereich der Küstenebenen.

Viel feiner Sand und Ton war schon zuvor in das mittelschwedische Becken eingespült worden, in das zahlreiche Schmelzwasserbäche aus dem Gebirge Schwedens mündeten. In diesem Becken blieben im Verlauf der Landhebung einige Seen zurück, die zuvor zum Yoldia-Meer gehört hatten. Zwischen den Seen fielen aber auch weite Bereiche trocken. Ein ausreichendes Gefälle der Fließgewässer sorgte dafür, daß diese Region nicht großflächig versumpfte und vermoorte; nur einige Gegenden wie der Tåkern-See östlich vom Vättersee blieben auf Dauer Feuchtgebiete. Auf diese Weise bildete sich eine sehr fruchtbare Ebene auf ehemaligem Ostseeboden, wo üppige Vegetation entstand und seit Jahrtausenden sehr gute Äcker liegen.

Die Lebensbedingungen für Jäger und Fischer des Mesolithikums sind wahrscheinlich in Schweden nicht so ideal gewesen wie in Finnland. Es gab dort schließlich nicht so viele Seen, an denen es sich das ganze Jahr über gut leben ließ. Sicher aber besiedelten Menschen die Küsten, wo man das ganze Jahr über Vögel jagen und Fische fangen konnte.

Linke Seite: *Unter den Kiefern kamen vor allem im Süden der Ostsee, aber auch an küstennahen Orten weiter im Norden Laubbäume hoch, unter anderem Haselsträucher (auf Saaremaa/Ösel).*

Auf jeden Fall war dies an der südlichen Ostsee der Fall. Der kontinuierliche Anstieg des Wasserspiegels war dort besonders stark. Einerseits wirkte sich die Vermehrung des Wassers im Ancylus-See durch das Schmelzen des Gletschereises aus, andererseits aber auch die Landsenkung, die einsetzte, als Magma unter das Land im Norden zurückströmte, weil dort der Druck des Eises nachließ. Der Anstieg des Wasserspiegels an den Südküsten der Ostsee ließ den Schutt der in der Eiszeit gebildeten Moränen im Wasser zerbröseln. Immer mehr Moränenschutt wurde vom Wasser überflutet und aufgenommen, ein Stück Land nach dem anderen brach ab.

Die Überreste mesolithischer Siedlungen, die direkt an der abbrechenden Südküste lagen, sind wegen des fortschreitenden Küstenab-

Die Wassernuß wuchs vor einigen Jahrtausenden auf vielen Seen in Schweden und Finnland; heute kommt sie dort nicht mehr vor.

bruchs nicht immer erhalten geblieben. Genauso wie an den Seen in Mecklenburg lebten die Menschen an der Küste des Ancylus-Sees von der Jagd, besonders auf Vögel, und von der Fischerei. Nur selten erbeuteten sie größere Tiere; sie kamen nur selten in den dicht gewordenen Wäldern im Hinterland der Küsten vor und ließen sich daher nur mit Mühe aufspüren.

Vor etwa 10 000/9000 Jahren kam es zu weiteren allgemeinen Veränderungen der Vegetation. Innerhalb weniger Jahrhunderte, viel schneller als zuvor die Birke und die Kiefer, breitete sich der Haselbusch vom Nordrand der Alpen bis nach Mittelschweden, ins Baltikum und ins südwestliche Finnland aus. Die Daten für das erste Auftreten des Haselbusches am Nordrand der Alpen lassen sich kaum von denjenigen unterscheiden, die aus Irland, Südschweden und dem Baltikum stammen; das legt den Eindruck nahe, daß die Hasel überall in Mitteleuropa und den benachbarten Regionen gleichzeitig häufig in den Wäldern auftauchte. Es ist nicht leicht zu erklären, warum die im Unterschied zu den leichten Früchten von Kiefern und Birken schweren Haselnüsse beinahe überall zur gleichen Zeit auftraten und Büsche daraus emporwuchsen. Sicher begünstigte der lichte Charakter der Wälder, in denen es kaum schattenspendende Bäume gab, eine rasche Ausbreitung der Haselnuß. Und die Klimagunst nahm auch zu: Zum etwa gleichen Zeitpunkt war der Wasserspiegel der Nordsee so weit angestiegen, daß ein Arm des Golfstroms in das südliche Nordseebecken eindringen konnte; das Klima in Mitteleuropa und im Ostseeraum wurde dadurch milder und ozeanischer, was das Wachstum des Haselbusches mit seinen großen Blättern begünstigte. Noch nicht erklärt ist jedoch die rasche Ausbreitung der Nüsse, aus denen die Büsche wuchsen. Immer wieder wurde vermutet, daß die mesolithischen Menschen selbst die Ausbreitung der Hasel verursachten. Das ist deswegen wahrscheinlich, weil sich in den Siedlungsschichten mesolithischer Wohnplätze oft reichlich Schalen von Haselnüssen finden. In einigen Pollendiagrammen wird auch deutlich, daß die Hasel genau zu dem Zeitpunkt erschien, als Menschen des Mesolithikums in der Nähe ansässig wurden. Die Menschen müssen die Nüsse aus anderen Gebieten mitgebracht und sie in der Erde vergraben haben, so daß aus ihnen Büsche emporkommen konnten; sie wurden also richtiggehend ausgesät. Genauso ist denkbar, daß die Menschen Haselnüsse als

Nahrungsvorräte mit sich führten oder transportierten, daß dann einzelne Nüsse versehentlich in den Boden gerieten und Büsche daraus wurden. Die Nüsse ließen sich auch gut im Boden lagern; vergaß man einen ganzen Vorrat, wuchs ein Büschel von Haselnußpflanzen daraus hervor.

Die nahrhaften Nüsse haben sicher zur Ernährung der Menschen des Mesolithikums beigetragen. Möglicherweise haben die Menschen auch noch andere Pflanzen ausgesät. Immer wieder wird dies im Falle der Wassernuß diskutiert, die sich zur etwa gleichen Zeit wie die Haselnuß bis weit in den Norden, ins Baltikum wie nach Schweden und Finnland, ausbreitete. Die Wassernuß kann nur in Seen vorkommen, die nährstoffreich sind und in denen im Sommer recht lange Zeit hohe Temperaturen herrschen. In mehreren Fällen konnte bei archäologischen Ausgrabungen nachgewiesen werden, daß die Wassernuß vor allem in Seen vorkam, die in der Nähe mesolithischer Siedelplätze lagen.

Nördlich der Kvarken/Quarken, wo die Nähe zum Gletscher noch zu groß war, und im östlichen Hinterland der Ostsee kam die Hasel nicht zu großer Bedeutung. Dort herrschten die Kiefern in den Wäldern sehr viel klarer vor als im Westen. Laubbäume sind Nadelbäumen in einem regenreichen Klima überlegen, weil in ihrem Holz sowohl in Perioden feuchter wie trockener Witterung optimal viel Wasser aus den Wurzeln in die Blätter transportiert werden kann. Im Sommer, wenn es nicht nur warm, sondern auch feucht ist (an den meisten Stellen in Mittel- und Nordeuropa liegt das Niederschlagsmaximum im Frühsommer), kann sehr viel Wasser in den Stämmen von Laubbäumen aufsteigen. Dann kann in großen Laubblättern besonders viel Photosynthese betrieben werden, zu der die Pflanze sowohl Sonnenlicht und Wärme als auch Wasser in großer Menge benötigt. Dagegen sind Nadelbäume mit ihren schmalen Blättern in einem trockeneren Klima vielen Laubbäumen überlegen. Die Photosyntheseleistung dieser Bäume ist nicht ganz so hoch, sie wachsen aber auch dort, wo es wenig regnet und der Boden lange Zeit trocken ist. Phasen besonders hoher Wasserverfügbarkeit können sie nicht zu Wachstumsschüben nützen; dafür ist ihr Holz nicht eingerichtet. Aber sie können lange Zeit des Jahres gleichmäßig Wasser verbrauchen und kleine Mengen organischer Substanz in ihren Nadeln durch Photosynthese aufbauen.

Besonders schlanke Fichten, die man im Norden Europas finden kann. Bäume mit dieser Form stammen aus Sibirien (bei Kalix im nördlichen Norrland; unter dem Baum befindet sich einer der nördlichsten Grabhügel aus der Eisenzeit).

Östlich der finnischen Seen und im äußersten Osten des Baltikums gab es vor 10 000/9000 Jahren noch eine weitere Nadelholzart, deren Wuchsgebiet von Mittelrußland ausgehend nach Westen allmählich größer wurde: Dort kam die Fichte vor, und sie breitete sich weiter nach Westen aus. Die vorrückenden Fichten waren wahrscheinlich relativ breitkronige Bäume, die denjenigen ähneln, die heute auch in Mitteleuropa vorkommen, vielleicht aber auch die schlanken sibirischen Fichten; im Norden Fennoskandiens kommen heute beide Formen vor. Sie sind aber anhand ihrer fossilen Reste nicht zu unterscheiden, und sie gehören auch der gleichen Art an, das heißt, es kann zu genetischen Kreuzungen zwischen Abkömmlingen beider Formen kommen, und die aus diesen Kreuzungen hervorgehenden Fichten sind voll fertil. Es ist interessant, daß sowohl die breitkronigen als auch die sibirischen Fichtentypen heute im Norden Europas vorkommen und sich trotz aller Möglichkeiten der genetischen Kreuzung noch immer gut unterscheiden lassen.

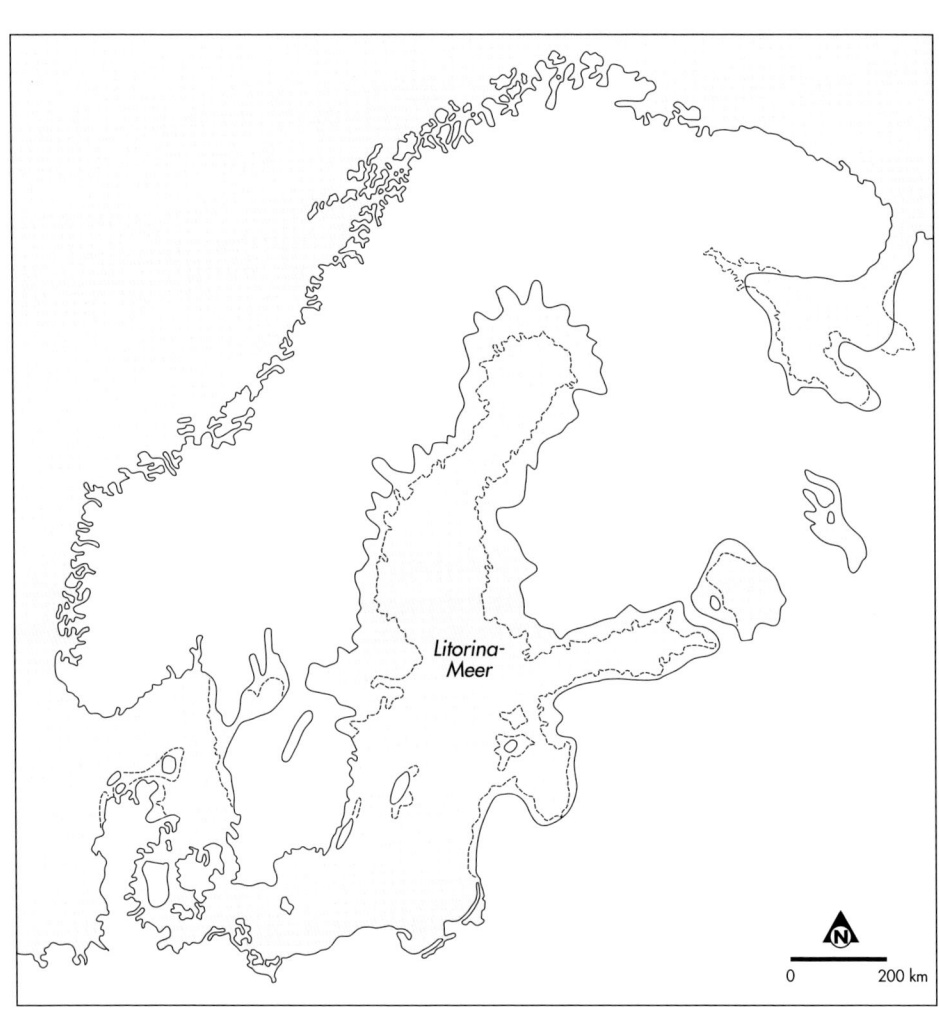

6. DIE OSTSEE WIRD ENDGÜLTIG ZUM MEER

In den folgenden Jahrhunderten schmolzen die Gletscher bis auf relativ kleine Restflächen ab. Dadurch gelangte vor etwa 9000/8000 Jahren noch einmal viel Wasser in die Meere der Welt, auch in die Ostsee. Allmählich wurden die flußähnlichen Wasserverbindungen zwischen dem Ancylus-See und dem Kattegat, die sich zwischen den Resten der Moränen im heutigen dänischen Inselreich gebildet hatten, vom höher steigenden Meerwasser überspült. In den dortigen Flüssen kam dadurch vor etwa 8300/7500 Jahren die Strömung völlig zum Erliegen. Von dieser Zeit an drang erneut Salzwasser ins Becken der Ostsee ein. Mit dem Meerwasser kam die Salzwasserschnecke Littorina littorea in die Ostsee; nach ihr wird das nächste Stadium der Ostsee-Entwicklung Litorina-Meer genannt (der lateinische Name der Schnecke wurde früher nur mit einem «t» geschrieben, und diese Schreibweise wurde seitdem meist verwendet, wenn man die Phase der Ostseegeschichte benannte; es gibt auch die Schreibweise Littorina-Meer).

Als Konsequenz aus der geologischen Entwicklung der Jahrtausende zuvor entstand der Kontakt der Ostsee mit den Weltmeeren ganz in ihrem Südwesten: Dort hatte sich das Land nicht gehoben. Im Gegenteil, in manchen Phasen der jüngsten Erdgeschichte sank dort die Landoberfläche sogar leicht ab, so daß es nur natürlich war, wenn sich der Kontakt zwischen Ost- und Nordsee hier herausbildete. Dort lag die Landoberfläche am niedrigsten, so daß sie vom Meer überspült werden konnte. Die meisten dänischen Inseln bestanden aus lockeren Moränen mit bunt durchmischtem Gesteinsschutt, der sich nicht verfestigt hatte und deshalb von der Strömung der Gewässer mitgerissen werden konnte: Das Wasser riß an den Seiten der Moränen Schutt ab und bewegte ihn in den äußeren Bereich des Durchflusses. War die Strömung schwach, konnte sich an der gleichen Stelle Sand absetzen, der wieder in Bewegung geriet, wenn eine stärkere Strömung im Wasserdurchlaß auftrat. Die Breite und Tiefe der natürlichen Wasserkanäle zwischen den dänischen Inseln konnten vom Wasser an die jeweiligen Durchflußbedingungen angepaßt werden.

Im gesamten Ostseeraum machte sich der Anstieg des Wasserspiegels der Weltmeere bemerkbar. Im Norden des Ostseegebietes stieg

Vor etwa 8000 Jahren entstand das Litorina-Meer. Salzwasser aus der Nordsee drang durch die dänischen Sunde in das Ostseebecken ein. In späterer Zeit veränderten sich die Küstenlinien vor allem im Norden noch erheblich.

die Landoberfläche aber schneller an als der Wasserspiegel, so daß kaum Land wieder überflutet wurde, sondern sich weiterhin aus dem Wasser hob, auch wenn der Wasserspiegel stieg. Aber nun kam Salz in das gesamte Meerbecken. Es nahm damals wie heute einen eigenartigen Weg von den Weltmeeren in die Ostsee.

Salzhaltiges Wasser ist schwerer als Süßwasser, es lagert sich immer unterhalb der Süßwassermasse ab. Salzwasser aus dem Kattegat kann zwar in Abhängigkeit von der Witterung auch immer wieder an der Wasseroberfläche in die Ostsee eindringen, aber die größte Salzwassermenge erreicht das Ostseebecken mit einer Tiefenströmung unter dem Wasserkörper aus weniger salzhaltigem, leichterem Wasser an der Oberfläche des Meeres. Der Einstrom von salzhaltigem Wasser aus dem Kattegat ist vor allem dann möglich, wenn gleichzeitig salzärmeres Brackwasser aus der Ostsee in einer Oberflächenströmung in die Nordsee abfließt. Salzhaltigeres und salzärmeres Wasser durchmischen sich schlecht, und zwischen den beiden Wasserkörpern unterschiedlichen Salzgehaltes bildet sich eine sogenannte thermohaline Trennschicht heraus. Unterhalb dieser Trennschicht ist das Wasser salzhaltiger und im Sommer kühl, oberhalb davon salzärmer und wärmer. In den einzelnen Teilen der Ostsee setzen nur ganz allmählich unterschiedliche Durchmischungen der Wasserkörper ein.

Der Untergrund der Ostsee ist nicht eben. Gleich in der westlichen Ostsee befindet sich zwischen dem Darß und der Insel Falster eine markante Untiefe, die sogenannte Darßer Schwelle mit einem Wasserstand von nur 17 oder 18 Meter über dem Untergrund. Über diese Schwelle der westlichen Ostsee gelangt selten Wasser mit einer hohen Salzkonzentration hinüber. Nur wenn sehr viel Salzwasser in die Ostsee gedrückt wird, gleitet es in die tieferen Becken des Meeres, die vor allem westlich und östlich von Gotland liegen. Sie sind durch weitere Schwellen getrennt, über die das salzhaltige Wasser gewissermaßen gehoben werden muß, um in das jeweils nächste Becken zu gelangen. Von Becken zu Becken nimmt der Salzwassergehalt der Ostsee ab; am Nordende des Bottnischen Meerbusens, in der äußersten Bottenwiek, und im Finnischen Meerbusen vor Sankt Petersburg ist kaum noch nennenswerter Salzgehalt im Wasser nachweisbar. Aber auch dort gilt: Das salzhaltigere Wasser sammelt sich am Grund des Meeres, und es wird von salzärmerem Wasser überlagert.

Am Öresund, einer der schmalen Verbindungen zwischen der Ostsee und den Weltmeeren, liegt das dänische Schloß Kronborg bei Helsingør. Die südschwedische Küste ist rechts im Hintergrund erkennbar.

Dieses eigentümliche System der Wasserschichtung und des Wasseraustausches mit den Weltmeeren mag auch schon zu Zeiten des Yoldia-Meeres bestanden haben. Damals etablierte es sich aber nicht in einer derart markanten Weise wie im Litorina-Meer, weil das Salzwasser aus der mittelschwedischen Wasserstraße gleich in tiefere Becken glitt und von dort aus alle Teile der Ostsee in gleicher Weise erreichen konnte. Nun aber entstand die Verbindung zwischen den Wasserkörpern der Nord- und Ostsee ganz in der Peripherie des Meeres und überdies dort, wo flache Untiefen bestanden, von denen der Salzeinstrom behindert wurde.

Der Einstrom von Salzwasser in die Ostsee war vor etwa 8000/7000 Jahren groß, später nahm er ab. Von der Menge an Salz im Wasser hing ab, welchen Umfang Eisdecken in der Ostsee erreichen konnten. Wasser mit geringem Salzgehalt, das sich zudem in den kältesten Regionen des Ostseegebietes, im Norden des Bottnischen Meerbusens, befindet, friert eher zu als das salzhaltigere Wasser im Süden; das liegt nicht nur an den unterschiedlichen Breitengraden und den verschiedenen Temperaturen.

Wasserflächen und Eisdecken beeinflussen das Klima in ihrer Umgebung in unterschiedlicher Weise. Eine Wasserfläche hat immer eine ausgleichende Wirkung auf das Klima an den Küsten und in deren Hinterland; das Auftreten extremer Kälte in den Küstenregionen wird dadurch verhindert. Ganz anders wirkt eine geschlossene Eisdecke, vor allem dann, wenn auf ihr Schnee liegt. Dann kommt es zu einer erheblichen Wärmeabstrahlung. Die Schneefläche auf dem Eis wirkt dann wie eine Schneefläche auf dem Land; die ausgleichende Wirkung der Wasserkörper entfällt in der Nähe von zugefrorenen Meeresteilen. Wenn sich eine Eisfläche ausgebildet hat, ist im Frühjahr eine erhebliche Wärmemenge notwendig, um sie aufzutauen; diese Wärmemenge muß zuerst von der Sonne aufgebracht werden, bevor die Temperatur des Wassers und der Luft in seiner Umgebung steigen kann. Dagegen kann, wenn keine Eisdecke vorhanden ist, bei Einsetzen einer stärkeren Einstrahlung durch die Sonne im Frühjahr relativ rasch eine Erwärmung von Wasser und Land einsetzen.

In jedem Winter dehnt sich mit der Eisdecke auf der nördlichen Ostsee der eurosibirische Kontinent scheinbar nach Westen aus; die Kontinentalmasse und das Eis wirken sich in gleicher Weise auf die Witterung eines größer werdenden Gebietes aus, wenn die Eisdecke wächst. In kalten Wintern ist die Kontinentalmasse daher scheinbar besonders groß; dann bleibt nur eine kleine Fläche der zentralen Ostsee frei von Eis. Das Wasser beeinflußt die Witterung dann direkt nur in dem kleinen Teil der Ostsee, der nicht zugefroren ist. In milden Wintern tritt Eis dagegen nur in der Bottenwiek, im äußersten Norden der Ostsee, und in einigen Küstenregionen auf; dann ist die Kontinentalmasse scheinbar kleiner, und der Einfluß des kontinentalen Kältehochdruckgebietes über Rußland und Sibirien kann sich nicht ganz so weit nach Westen ausdehnen. Kontinentalität und Temperatur bedingen sich gegenseitig. Und darüber, ob sich Eisdecken bilden oder nicht, entscheidet nicht nur die Temperatur, sondern auch der sich ständig wandelnde Salzgehalt der Ostsee.

Viele dieser Zusammenhänge können derzeit nur vermutet werden; sie sind noch nicht genau erforscht. Aber es zeichnet sich ab, daß die sich im Lauf der Zeit ändernden Salzgehalte der Ostsee eine ganz erhebliche Auswirkung nicht nur auf die Witterung an den Meeresküsten, sondern sogar auf die Klimaentwicklung in weiten Teilen

Europas gehabt haben könnten. Auf jeden Fall ist den Bauern an der Ostsee auch heute bekannt, daß sie mit einer langen Vegetationszeit für ihre landwirtschaftlichen Kulturen rechnen können, wenn in einem Winter und Frühjahr nur wenig Eis auf der Ostsee liegt; dann kommt das Frühjahr bald. Wenn es dort aber viel Eis gibt, kann mit der Bestellung der Felder erst Wochen später begonnen werden als in eisarmen Jahren; denn dann stabilisieren die Eismassen die Temperatur lange Zeit auf einem niedrigen Niveau, und es gibt ein spätes Frühjahr.

An den südlichen Ostseeküsten hatte der vor Jahrtausenden zwischen den dänischen Inseln einsetzende Einstrom von Salzwasser aus der Nordsee noch weitere dramatische Folgen: Dort erhob sich ja das Land nach dem Rückzug der Gletscher nicht, sondern senkte sich ab. Innerhalb von kürzester Frist stieg daher der Wasserstand an der südlichen Ostseeküste um weit über zwanzig Meter an; diese Entwicklung hatte schon während der Ancylus-Phase begonnen. Man hat berechnet, daß der jährliche Wasserspiegelanstieg 2,5 Zentimeter betrug; in jedem Jahrhundert erhöhte sich der Wasserstand also um zweieinhalb Meter!

Das lockere Moränenmaterial, das an der Küste anstand, zerbröselte genauso wie das in den Sunden zwischen den dänischen Inseln ins Meer, wenn die Wogen daranprallten. Einige Teile von Öresund, Großem und Kleinem Belt entstanden in ehemaligen Zungenbecken der Gletscher, andere entwickelten sich parallel zu Endmoränen, die von den eiszeitlichen Gletschern zusammengeschoben worden waren.

An der Küste lebten Menschen, die während ihres Lebens den dramatischen Anstieg des Meeresspiegels verfolgen konnten. Sie bevorzugten offenbar dennoch das Leben an der Küste, denn dort gab es regelmäßige Möglichkeiten, Nahrung zu erwerben. Die Menschen hinterließen Abfallhaufen aus Nahrungsresten; ein derartiger Haufen Küchenabfall wird in der dänischen Sprache «køkkenmødding» genannt. Von solchen Haufen war bereits anfangs die Rede gewesen, denn Johann Georg Forchhammer, Jens Jacob Asmussen Worsaae und Johannes Japetus Smith Steenstrup waren durch sie zu ihren bahnbrechenden Forschungen inspiriert worden. Bei der Untersuchung der Haufen ließ sich erkennen, daß die Menschen damals längere Zeit am gleichen Ort blieben, vielleicht eine frühe Form von seßhafter Lebensweise hatten. Während ja in Dänemark das Land im wesentlichen anstieg, sahen die Menschen, die weiter im Süden lebten, das bedrohliche Näherrücken des Meeres. Es fraß sich Kilometer für Kilometer ins Landesinnere hinein und vernichtete Landstrich für Landstrich. Wohnplätze der Menschen versanken in den Fluten.

Vor einigen Jahrtausenden fanden sich Eichenwälder überall an der südlichen Ostsee, direkt an der Küste auch weiter im Norden (bei Parainen im Südwesten Finnlands).

An der gesamten südlichen Ostseeküste, von Schleswig-Holstein bis Litauen, und ebenso an der Nordseeküste gibt es Geschichten darüber. Am bekanntesten ist an der Ostsee die Geschichte der untergegangenen Stadt Vineta; schon im Mittelalter hat man Vineta mit Wollin in der Odermündung gleichgesetzt. Diese Stadt versank aber in Wirklichkeit nicht in den Fluten, sondern wurde im Mittelalter durch Brandschatzung zerstört. Danach erlangte sie nie wieder ihre frühere Bedeutung zurück. In anderen Orten, die auf Usedom liegen, oder auch in Barth im Hinterland des Zingst, beanspruchen die heutigen Einwohner ebenfalls, daß ihre Heimatorte besonders nahe am untergegangenen Vineta liegen. Da ganz ähnliche Sagen und Märchen an der ganzen südlichen Ostseeküste und ebenso an der Nordseeküste erzählt werden, sollte man vielleicht gar nicht einen bestimmten Ort als Vineta identifizieren, sondern eher feststellen, daß «Vineta» als Begriff für eine seit Jahrtausenden bestehende traumatische Bedrohung der Küstenbewohner durch die zerstörerische Kraft der See steht. Viele Menschen in früheren Zeiten haben dies tatsächlich erlebt, sie erzählten die Geschichten, die anschließend Generation für Generation weitergegeben wurden.

Die Zerstörung der menschlichen Siedelplätze erfolgte aber kaum durch direkte Überflutung. Vielmehr wurden die Moränenhügel, auf denen die Siedlungen lagen, von der Seite her durch die Wirkung der Meereswellen abgetragen. Dabei wurde das lockere Schuttmaterial, das die eiszeitlichen Moränen Jahrtausende zuvor aufgehäuft hatten, nach und nach ins Meer gerissen.

Das Wasser, das in die Ostsee eindrang, stand mehr und mehr unter dem erwärmenden Einfluß des Golfstromes, der nach der Öffnung des Englischen Kanals aus den tropischen Meeren Amerikas quer über den Atlantik direkt in die Nordsee einströmte. In der Folgezeit, etwa bis vor 4000 Jahren, drang viel Salzwasser in die Ostsee ein, und immer verlief dieses Eindringen von Salzwasser am Grund des Meeres. Die Bewohner rings um die Küsten wußten, daß das Salzwasser aus den Tiefen

des Meeres kam, denn auch dazu gibt es ein Märchen: An mehreren Orten rings um die südliche Ostsee zwischen Dänemark und Mecklenburg erzählt man sich die Geschichte einer Mühle, die alles hervorbringen kann, was man sich von ihr wünscht. Um sich die Wünsche zu erfüllen, braucht man nur eine Zauberformel aufzusagen, und wenn man meint, genug davon zu haben, spricht man eine andere Formel aus. Doch dann gerät die Mühle in die falschen Hände: Jemand, der nur die erste Zauberformel aufsagen kann, wünscht sich Salz, bringt es aber nicht fertig, die Mühle zum Stillstand zu bringen. Deshalb wird sie im Zorn in die Ostsee geworfen, wo sie seitdem am Grund des Meeres unablässig Salz erzeugt. Dieses Märchen wurde zur Erklärung erzählt, warum die Ostsee trotz des Einstroms von Süßwasser aus zahlreichen Flüssen salzhaltiges Wasser enthält.

Da viel Wasser über den dänischen Sund und die Belte ins Ostseebecken kam, froren nur kleine Teile des Meeres zu. Von der Wassermenge der Ostsee ging also ein mäßigender Einfluß auf die Witterung und das Klima Europas aus. Besonders in den Küstenlandstrichen entwickelte sich ein maritim geprägtes Klima: Im Winter war es an der Küste weniger kalt als im Binnenland, und im Sommer war es dort nicht so heiß. Allerdings ist das Klima an der Ostsee weniger stark maritim oder ozeanisch geprägt wie das an der Nordsee und am Atlantik: An der Westküste Norwegens gibt es im Winter nie lange Zeit Frost, so daß die Küstengewässer niemals zufrieren, an der Ostsee dagegen häufig. Im Sommer ist es aber an den Küsten der Ostsee wärmer als in Norwegen, an der Ostsee gibt es beständigeres Sommerwetter als an der Nordsee und am Atlantik und an der südlichen Ostsee auch oft höhere Temperaturen als an den Küsten der Deutschen Bucht.

Weil das Klima entlang der Ostseeküsten mit dem Einstrom von Meerwasser immer maritimer wurde, entwickelten sich immer mehr Waldgebiete zu günstigen Wuchsorten für Laubhölzer. Mit ihren großen Blättern, die sie in der kalten Jahreszeit verlieren, können sie im Sommer mehr Photosynthese betreiben als die Kiefern mit ihren schmalen Nadeln. In vielen Küstenregionen der Ostsee wuchsen und wachsen, genau wie im westlichen Mitteleuropa, Laubbäume schneller als Kiefern, denn sie können das Sonnenlicht, die Wärme und die Wassermengen stets besser zu ihrer Entwicklung nutzen. Nachdem Tiere wie der Eichelhäher und das Eichhörnchen Eicheln in diese Gebiete eingeschleppt hatten, wuchsen Eichen empor, die bald die Kiefern übergipfelten. Im Schatten der Eichen konnten später kaum noch Kiefern keimen, so daß die Entwicklung vom Kiefern- zum Laubwald irreversibel war. Diese Entwicklung der Vegetation lief in dieser Weise aber nur dort ab, wo immer genügend Feuchtigkeit zur Verfügung stand, die Sommer nicht zu trocken und heiß, die Winter nicht allzu kalt waren. In stärker kontinentalem Klima, auf mineralarmen und trockenen, aber auch auf Moorböden hielten sich Kiefern, denn dort kamen Eichen nur selten in die Höhe.

Diese Entwicklung konnte auch in dramatischerer Weise ablaufen. In Kiefern- und Birkenwäldern sind natürliche Waldbrände möglich, die nicht vom Menschen ausgelöst werden. In ihnen konnte Feuer, das beispielsweise durch einen Blitz ausgelöst wurde, lange wüten. Nach dem Brand kamen zunächst Birken auf. Später wuchsen auch wieder Kiefern in die Höhe, aber wenn andere Laubbäume in der Nähe vorkamen, konnten auch sie sich unter den Birken auf der ehemaligen Waldbrandfläche ausbreiten. Auch auf diese Weise entstanden Laubwälder. Möglicherweise lief die Transformation vom Nadel- zum Laubwald nach einem Waldbrand besonders schnell ab. Im Unterschied zu Kiefern und Birken können lebende Eichen und andere Laubbäume in der Regel nicht vom Blitz in Brand gesteckt werden, so daß die Häufigkeit von Waldbränden abnahm, als aus Nadelwäldern Laubwälder wurden. Alle diese Entwicklungen liefen allerdings nur dann in dieser Weise ab, wenn das Klima günstig für die Etablierung von Laubbäumen war.

Insgesamt bildeten sich auf diese Weise Vegetationsgrenzen heraus. Im gesamten Süden der Ostsee, in Mitteleuropa, war die Kiefer in der frühen Nacheiszeit ein sehr häufiger Baum gewesen. Im mehr und mehr vom maritimen Klima geprägten Westen Mitteleuropas wurde sie verdrängt, als Eichen emporwuchsen. So entstand allmählich eine Westgrenze des geschlossenen Kieferngebietes, die sich ungefähr entlang der Elbe ausbildete. Westlich davon überdauerte die Kiefer nur auf einigen sehr trockenen Binnendünen und an sehr feuchten Moorrändern, östlich davon kam sie weiterhin häufig vor, weil die Eichen sich dort nicht so stark etablieren konnten wie weiter im Westen. Nach Waldbränden kam beispielsweise in Brandenburg immer wieder die Kiefer auf ihre ehemaligen Wuchsorte zurück. In einem

Von Osten her breitete sich der boreale Nadelwald an der östlichen und nördlichen Ostsee aus, z.B. in Karelien. Er besteht aus Fichten, Kiefern und Birken.

weiteren Gebiet im Westen Europas blieb die Kiefer ein wichtiger Bestandteil der Vegetation: in Schottland.

Direkt an der südlichen Ostseeküste wuchsen Kiefern weiterhin auf Dünen, wo die Trockenheit in lange dauernden Schönwetterperioden die Laubbäume verdursten ließ. Wälder mit einem größeren Anteil an Kiefern kamen weiterhin auf den sandigen Moränen im Hinterland des Meeres vor, besonders auf dem Sand, den das Schmelzwasser aus den Moränen ausgespült und im ehemaligen Gletschervorfeld abgelagert hatte. Kiefern hielten sich ferner auf den trockenen und kalkreichen Böden des Baltikums, wo Wasser häufig in den Klüften des Kalkgesteins verschwand, und rings um die großen Meerbusen der Ostsee im Norden Europas. Aber an vielen ihrer Küsten, vor allem im Süden, kamen Laubwälder auf, die heute den weiten Kiefernwäldern des Binnenlandes vorgelagert sind.

In den Laubwäldern hielten sich auch die Birken nicht in großer Zahl. Denn andere Laubbäume können unter ihnen in die Höhe wachsen, die Birken aber nicht unter anderen Laubbäumen. Sie werfen zu viel Schatten, um jungen Birken ein Wachstum zu ermöglichen. Birken kamen weiterhin in den Kiefernwäldern vor, in denen es weniger Schatten gab. Vor allem wurden sie dort immer zu solchen Zeiten häufig, in denen der Wald gebrannt hatte oder aus anderen Gründen Schneisen im Kiefernwald entstanden waren, etwa nach einem Schädlingsbefall, in späterer Zeit auch nach Rodungen.

Die sich an vielen Ostseeküsten vor etwa 7000 Jahren etablierenden Laubwälder bestanden vielerorts, aber nicht überall, vor allem aus Eichen. Solche Wälder entstanden vor allem an der Südküste des Meeres, auf den dänischen Inseln, im Süden Skandinaviens und im Südwesten Finnlands. Im Binnenland des Baltikums kam die Eiche nicht so häufig vor. Dort entstanden Laubwälder, in denen die Flatterulme häufig war, und zwar besonders in feuchten Niederungen, wo das Wasser nicht im verkarsteten Untergrund versickerte.

Vor 7000 Jahren war die Ostsee daher nicht nur von sehr verschiedenen Küstenformen umgeben; es setzte auch eine merkwürdige Verzahnung von nördlichen und kontinentalen Wäldern, den Nadelgehölzen der Taiga auf der einen und der mittel- und westeuropäischen Laubwälder auf der anderen Seite ein. Mit dem steigenden Einfluß von salzigem Meerwasser in der Ostsee breiteten sich die mittel- und westeuropäischen Laubwälder nach Norden aus. In Mittelschweden und im Süden Finnlands blieben sie zwar immer auf kleine Gebiete beschränkt; sie sind dort aber ein höchst bemerkenswerter Bestandteil der Vegetation und wirken an vielen Stellen wie ein Hauch des Südens, während Überreste der einst geschlossenen Kiefernwälder auf Dünen oder an Moorrändern in Mitteleuropa immer Assoziationen an nördliche Breiten hervorrufen.

7. DIE OSTSEE UND DIE FLÜSSE

Grob gesagt, stammt ungefähr die Hälfte des Ostseewassers aus dem Zustrom von Ozeanwasser; die andere Hälfte kommt über die Niederschläge direkt in die Ostsee oder strömt aus den Flüssen in das Meer. Alle diese Flüsse sind jünger als die Ostsee, denn in ihrer jetzigen Form konnten sie erst entstehen, als es ein Bassin gab, in das sie münden konnten. Aber einzelne Abschnitte der Flüsse verlaufen in älteren Senken.

Wasser sammelte sich in den u-förmigen Trogtälern des Festgesteins, in denen während der Eiszeit die Gletscher abwärts gerutscht waren. Der Abfluß von Wasser begann hier bereits unter dem Eis, weil das Schmelzwasser der Gletscher sich zu einem großen Teil an ihrer Basis sammelte; durch ein Gletschertor drang das Schmelzwasser an der Gletscherstirn ans Tageslicht, akkumulierte sich in Wasserbecken davor und suchte sich dann einen Abfluß, wobei es nur natürlich war, wenn nun die früheren Gletscherbahnen genutzt wurden.

Wo Gletscher in der Umgebung lockerer Moränen tauten, kam es zu gleichen Entwicklungen. Dort entstanden Tunneltäler unter dem Eis, die nach dem Eisrückzug als Senken erhalten blieben und in denen sich Wasser sammelte. Wenn dann noch ein Gefälle vorhanden war, floß das Wasser durch die nun «entdeckelten» Tunneltäler ab. In einige Tunneltäler drang später Wasser der Ostsee ein. Mit dem Anstieg des Wasserspiegels in den Ancylus- und Litorinaphasen der Ostsee versank beispielsweise die Schlei im Meer; aus diesem Tunneltal entstand eine eigentümlich schmale Meeresbucht im Nordosten Schleswig-Holsteins. In der Schlei war in leicht mäandrierendem Verlauf während der Weichsel-Eiszeit Schmelzwasser abgeflossen, und das Wasser hatte unter dem Gletschereis eine talartige Rinne geschaffen, was sich an den Formen der südlichen und nördlichen Ufer der Förde erkennen läßt: Sie ist abgesehen von einzelnen Weitungen ziemlich ähnlich breit, und ihre Ufer verlaufen auf weite Strecken beinahe parallel.

Das meiste Wasser floß in der Eiszeit an der Stirn der Gletscher ab und durch die parallel zu den Endmoränen verlaufenden Urstromtäler. In sie mündete das Wasser aus zahlreichen Tunneltälern und Gletschertoren.

Der erhebliche Anstieg des Wasserspiegels in den Weltmeeren und Landhebung oder Landsenkung wirkten sich auf das Abflußverhalten aller Gewässer rings um die Ostsee aus. In einigen Flußtälern bestand auf einmal kein Gefälle mehr, andere Abflußrinnen wurden vom Ostseewasser überflutet, Flüsse änderten ihre Abflußrichtungen. In einigen Fällen wurde das Gefälle von Flüssen sogar größer.

In der Frühzeit der Ostsee hatten die Süßwasserseen hinter lockerem Moränenschutt eine große Rolle gespielt, der den Wassermassen nicht auf Dauer standhalten konnte. Während des Zurückweichens der nordischen Gletscher bildeten sich noch zahlreiche weitere Seen, die zum Teil bis heute erhalten geblieben, zum Teil aber wieder ausgelaufen sind.

Das Gefälle sämtlicher Flüsse südlich der Ostsee wurde mit dem Ansteigen der Meeresspiegel erheblich geringer; als Folge des eiszeitlichen Geschehens wurde das nordmitteleuropäische Tiefland besonders schlecht dräniert. Bevor die Eiszeiten zahlreiche Moränenriegel quer über das Land legten, floß beispielsweise die Elbe in das Gebiet der heutigen Ostsee. Durch die Moränenriegel und die sich davor bildenden Urstromtäler wurde das Wasser nach Westen umgelenkt, wodurch die Flußläufe verlängert und das Gefälle in ihnen erniedrigt wurden. Elbe, Oder, Weichsel und ihre Nebenflüsse nahmen zum Teil den Verlauf ehemaliger Urstromtäler ein. An einigen Stellen durchbrachen sie die Moränenzüge und drangen in die jeweils nördlich benachbarten Urstromtäler vor. Daher haben viele Flüsse im nordmitteleuropäischen Flachland auf der Landkarte einen treppenartigen Verlauf, der sich aus Strecken in den von Ost nach West gerichteten Urstromtälern und Flußdurchbrüchen von Süd nach Nord gebildet hat. Während der Lauf der Elbe im Verlauf des Eiszeitalters auf die Westseite der jütischen Halbinsel und damit in die Nordsee gelenkt wurde, drangen andere Flüsse quer durch die Moränen an die Ostsee vor, aus dem Süden vor allem die Oder und die Weichsel, die nicht nur ihr eigenes Wasser in die Ostsee strömen lassen, sondern auch das ihrer zahlreichen Nebenflüsse. Das Wasser aus dem östlichen Teil des nordmitteleuropäischen Tieflandes gelangt vollständig in die Ostsee. Aus dem Westteil des Tieflandes fließt es in die Nordsee ab. Aber auch aus dem zentralen Tiefland gelangt mit der Elbe viel Wasser in die Nordsee, das vor vielen Jahrtausenden noch in das Gebiet der heutigen Ostsee gelaufen war. Nördlich der Elbe haben sich nur kleinere Flüsse gebildet, die ihren Lauf zur Ostsee nehmen, beispielsweise Warnow und Trave. Eine ganze Reihe von ehemaligen Urstromtälern wiesen mit der Zeit kaum noch ein nennenswertes Gefälle auf. Uferwälle der noch existierenden Ströme, die ein Urstromtal querten, stauten das sich dann sammelnde Niederschlagswasser auf; es bildeten sich ausgedehnte Niedermoore, die Luch-Landschaften südlich der Ostsee.

Damit war aber die Beeinflussung der Hydrologie im Tiefland südlich der Ostsee durch das Meer noch keineswegs abgeschlossen, und auch in anderen Flüssen, die der Ostsee zueilen, kam es im Verlauf der letzten Jahrtausende noch zu zahlreichen Veränderungen. Das Schicksal aller Flüsse und damit das Schicksal des gesamten Hinterlandes blieb mit dem Schicksal der Ostsee verbunden. Damit die jeweils eingetretenen Änderungen des hydrologischen Charakters der Flüsse klarwerden, soll hier zunächst kurz der normale Verlauf eines Flusses beschrieben werden.

Von der Quelle bis zur Mündung ist das Profil eines Flußverlaufes nicht eben, sondern gebogen, das heißt, im Oberlauf ist das Gefälle stärker, flußabwärts immer flacher. Im Oberlauf schneidet sich ein Fluß mit großem Gefälle in das Gelände ein; er bildet dort ein v-förmig eingeschnittenes Kerbtal. Das dabei erodierte Gesteinsmaterial wird vom Wasser flußabwärts transportiert und dabei nach Gewicht sortiert: Am weitesten getragen werden die leichten Bestandteile, während grobe Steine nur geringfügig wandern. Dabei werden sie abgerundet, und das von ihnen abgeriebene Gesteinsmaterial wird ebenfalls flußabwärts mitgeschleppt. Zur Flußmündung hin nimmt das Gefälle eines Flusses ab; die Höhenlage des Wassers wird immer mehr vom Wasserstand des Gewässers bestimmt, in das der Fluß mündet. Dabei wird die Geschwindigkeit des Wassers abgebremst: Aus jedem munteren Bächlein wird auf diese Weise ein träger Strom. Mit der Zeit wird diese Entwicklung noch dadurch verstärkt, daß sich der Fluß rückwärts in den Untergrund einschneidet, wie das die Geologen nennen: Im Oberlauf tieft sich der Fluß weiter ein, indem er weiteres Gestein abträgt, im Unterlauf wird das Sediment abgelagert. Dadurch staut sich der Fluß im Unterlauf durch seine eigenen Ablagerungen selbst auf; mit geringem Gefälle windet er sich schließlich um die Haufen von Sediment herum, die er zuvor aufschichtete. Der Fluß beginnt

mit der Bildung von Mäandern. Ganz an seinem Ende erlahmt die Kraft der Flußströmung nahezu vollständig. Dort treffen entweder die Strömungen zweier Flüsse aufeinander oder die Strömungen des Flusses und das Meer mit seinem mehr oder weniger konstanten Wasserstand. Und es bleibt viel von dem feinsten Material liegen, das die Flußströmung im Oberlauf abgetragen hatte. Auch diese feinen Ablagerungen kann das Wasser schließlich nicht mehr durchdringen, es läuft seitlich von einem zuerst gebildeten Flußarm ab. So bildet sich ein Delta, in dem das träge Wasser mal hier, mal dort langsam abfließt und in das von Zeit zu Zeit Meerwasser vordringen kann.

Die Zuflüsse der Ostsee haben wegen ihres geringen Alters diese «normale» Form noch nicht annehmen können; das Gefälle in diesen Flüssen wurde immer wieder verändert, als sich die relativen Höhen von Landoberflächen und Meeresspiegel zueinander veränderten.

An der Ostküste der skandinavischen Halbinsel, in Schweden, rinnen die Bäche und Flüsse mit einem großen Gefälle zu Tal. Viel Moränenschutt aus der Eiszeit wurde vom Wasser beiseite geräumt und in den niedriger gelegenen Bereichen der von den Gletschern geschaffenen Trogtäler wieder abgelagert. An vielen Felsen, deren Ober-

Die Flüsse in Nordeuropa sind erst einige tausend Jahre alt. Wo ihr Gefälle noch unausgeglichen ist, gibt es Stromschnellen (Torniojoki/ Torneälv, der Grenzfluß zwischen Finnland und Schweden).

fläche vom Gletscher glattgeschliffen worden war, blieb dank der Einwirkung des Wassers kein Staubkrümel haften; sie wurden völlig rein gewaschen und blieben als kahle Kuppen zurück.

Die gewaltigen Mengen an Schutt gelangten, gut sortiert durch das Wasser und seine nachlassende Strömung, in den Unterlauf der Flüsse. Dort bildeten sich Ebenen aus Sand und Ton; größere Steine sind in diesem Sediment kaum enthalten. An den Unterläufen der Flüsse wirkten sich in den letzten Jahrtausenden die Veränderungen der Höhenlage des Landes und des Meeresspiegels modifizierend auf das Aussehen der Täler aus. Wenn die Landhebung mehr als etwa 60 Zentimeter pro Jahrhundert betrug, bildeten sich keine Mäander an den Tieflandsflüssen aus. Dies war in Schweden bei allen Flüssen nördlich von Gästrikland der Fall, also der Umgebung von Gävle. Weiter nördlich schnitten sich die Flüsse mit nun wieder stärkerer Strömung in das früher von ihnen selbst abgelagerte Sediment ein, wenn die Landoberfläche erheblich gegenüber dem Meeresspiegel anstieg; im Unterlauf der Flüsse entstanden Kerbtäler mit starker Strömung, in denen sich das Wasser in beinahe geradem Verlauf den schnellsten Weg zum Meer suchte. Erst dicht vor der Mündung der Flüsse ins Meer läßt die Strömung nach, und es wurde feines Material abgelagert, oft in einem Delta unterhalb des Meeresspiegels, das später oberhalb des Meeresspiegels größer wurde. Sehr gut lassen sich die Folgen dieser Prozesse entlang des Ångermanälv und in der benachbarten Region Dalarna erkennen.

Der Prozeß der Flußlaufveränderung lief so schnell ab, daß nur eine Kerbe in die zuvor entstandene Ebene aus Flußsedimenten erodiert wurde. Die zuvor entstandene Ebene mit ihrem feinen Sediment blieb aber erhalten und wurde nicht wieder abgetragen. Auch die submarin gebildeten Deltas stiegen so schnell aus dem Ostseewasser auf, daß sie erhalten blieben. Alle diese Ebenen mit ihrem feinen und fruchtbaren Sediment sind heute gut geeignet für den Ackerbau. In ihnen nimmt man den Fluß, der sie einst schuf, auch aus der Nähe kaum wahr, denn er ist canyonartig in einem schmalen und tiefen «Tal im Tal» eingesenkt.

In Finnland und im nördlichen Baltikum sind die Flußläufe ähnlich wie in Schweden verändert worden, als sich das Land aus dem Wasser hob. Dort aber war das Gefälle der Abflüsse nie so groß wie in

Schweden: Die Gebirge sind längst nicht so hoch, und die Täler sind nicht in gleicher Weise von den Gletscherzungen vorgeformt worden wie in Schweden. Die Talverläufe sind deswegen insgesamt jünger als in Schweden, sie haben ein sehr unregelmäßiges Längsprofil. An einzelnen sogenannten Knickpunkten vieler Flüsse sind Stromschnellen entstanden, vor denen das Wasser gestaut wird. Es gibt daher lange Flußstrecken, in denen das Wasser nur sehr träge dahinfließt und die von einzelnen Abschnitten unterbrochen sind, in denen ein stärkeres Gefälle auftritt. Nur dort wirkt Erosion durch das Wasser deutlich auf den Untergrund ein, wogegen das Sediment gleich unterhalb der Stromschnelle im fast ebenen Talverlauf wieder deponiert wird. Dort entstehen ebenfalls Talebenen wie in Schweden, die nur im Prinzip gleich fruchtbar sind. Denn das schlechte Abflußverhalten des Wassers führt zu weiträumiger Moorbildung. Außerdem unterhöhlt das stehende Wasser die jungen Uferwände aus lockerem Sediment, und es kommt häufig zum Abrutschen von Sand und Ton von den Seiten in die Flüsse hinein, besonders wenn die Wasserstände im Fluß hoch sind. Meistens jedoch ist der Wasserstand niedrig, so daß typischerweise in einem finnischen Fluß nur ein Teil des Flußbettes Wasser führt, das von noch völlig unverfestigtem Sediment an den Seiten eingerahmt ist.

Neues Abrutschen von Flußablagerungen kann zu Dammbildungen führen, durch die das Wasser zusätzlich gestaut wird: So können Seen entstehen und weitere Stromschnellen, durch die das Wasser den natürlicherweise gebildeten Staudamm überwindet und den See wieder verläßt.

Manche finnischen Flüsse bildeten genauso wie die Flüsse in Schweden ein Delta aus, das aber, weil es zu einer Zeit entstand, in der sich das Land aus dem Meer hob, eine eigentümliche Form erhielt: Es wurde viele Kilometer lang und verlängerte sich entsprechend zur Landhebung jedes Jahr ein Stück weit in Richtung des Meeres. Der Kokemäenjoki, der bei Pori/Björneburg in den südlichen Bottnischen Meerbusen mündet, verlängerte sein Delta in den letzten Jahrtausenden bis zu 78 Meter pro Jahr! Die Flachwasserbereiche verlandeten unter dem Einfluß der Vegetation; das meiste feine Sediment blieb zwischen ausgedehnten Röhrichtbeständen aus Simsen und Schilf liegen, die sich im flachen Wasser bildeten. Einige Gesteinshöcker, die zuvor Schären-Inseln gewesen waren, wurden in das lange Delta einbezogen. Der Sand, der sich im Deltabereich ablagerte, geriet oberhalb des Wasserspiegels unter den Einfluß des Windes, der das Sediment noch weiter sortierte. Bei Pori/Björneburg sind daraus Dünen aufgeweht worden, deren feiner Sand vom Wind noch immer weiter verlagert wird: In dieser Gegend, bei Yyteri, entstand einer der schönsten Badestrände Finnlands.

Eine relativ «normale» Form hat die Mündung des wasserreichsten Flusses, der in die Ostsee mündet, das Delta der Newa. An der Form des Deltas ist zu erkennen: In dieser Gegend kam es in den letzten Jahrtausenden nur zu geringfügigen Veränderungen des Höhenverhältnisses von Land und Meer, so daß sich ungestört von Land- und Wasserhebungen oder -senkungen ein Delta ausbilden konnte, in dem heute Sankt Petersburg liegt.

Während infolge der Landhebung im Norden die Länge der Gefällstrecken vor allem der schwedischen Flüsse immer größer wurde, wurden die ohnehin schon geringen Höhenunterschiede, die von den Unterläufen der Flüsse an der südlichen Ostseeküste durchlaufen wurden, weiter verringert. Als der Wasserspiegel der Ostsee in der Ancyluszeit zu steigen begann und in der Litorinazeit noch höher wurde, bildeten sich an den Flußmündungen besonders lange Meeresarme, die weit ins Landesinnere reichen. Dort waren zuvor an einigen

Auf dem Deltasand des Kokemäenjoki bei Pori/Björneburg bildeten sich Dünen. Wurzeln der Kiefern, die auf dem Sand wachsen, wurden vom Wind bloßgelegt.

Am Delta der Newa bewegt sich die Landoberfläche kaum. Dort konnte Sankt Petersburg, die nördlichste Millionenstadt der Welt, mit ihrem wichtigen Hafen errichtet werden (Blick auf den Winterpalast).

Flüssen schon Deltas entstanden, deren weiche und gut durchfeuchtete Ablagerungen besonders leicht vom Meerwasser aufgenommen und abgetragen werden konnten. Die untere Trave und die untere Warnow wurden vom Meer überspült. In ihren Unterläufen wirkt sich seitdem die leichte Tidenströmung aus, die im Westen der Ostsee herrscht. Bei Flut steigt der Salzgehalt des Wassers in der Untertrave meßbar an, bei Ebbe sinkt er ab, weil dann das Süßwasser aus ihrem Oberlauf in die Ostsee einfließen kann. Das Hin und Her der Strömungen in der Untertrave und entsprechend in der unteren Warnow räumt Sediment vom Grund der Gewässer ab. Auf diese Weise ist von natürlicher Seite dafür gesorgt, daß recht tiefes Fahrwasser in den Meeresbuchten vorhanden ist, die sich aus den Unterläufen der kleinen Flüsse entwickelten.

Die größeren Ströme weiter im Osten hatten weiträumige Deltas geformt, die beim Vorrücken der Ostsee teilweise überflutet wurden. Diese Deltas bestanden an der unteren Oder, der unteren Weichsel, am Pregel und an der Memel/Nemunas. Heute sind nur Teile der Deltas landfest, während ihre meeresnäheren Bereiche vom Wasser erodiert wurden. Die abgetragenen Gebiete zwischen der Weichsel und der Nogat, dem östlichen Mündungsarm der Weichsel in das Frische Haff, aber auch die Wasserflächen im Frischen und Kurischen Haff sind nur von flachem Wasser überdeckt. Ein Teil des Weichseldeltas konnte daher trockengelegt und in landwirtschaftliche Nutzflächen umgewandelt werden; auch das Kurische Haff sollte nach dem Ersten Weltkrieg für die Neulandgewinnung genutzt werden, als man meinte, weitere neue Agrarflächen gewinnen zu müssen.

Die stauende Wirkung des Meeresspiegels wirkt sich von den Flußmündungen bis weit in die Flußtäler zurück aus; das Gefälle der Unterläufe von Oder, Weichsel und Memel/Nemunas ist sehr gering. Ihre Täler füllten sich, als der Meeresspiegel anstieg, mit Sediment aus den Flüssen, die diese weit oberhalb abgetragen hatten, und noch heute wird viel Sediment an den Unterläufen dieser Flüsse deponiert. Meist zieht in diesen Tälern ein langsam dahinfließender Strom seine Bahn. Er hat lange Zeit einen gleichmäßigen Wasserstand. Bei Niedrigwasser wird nur der Hauptstrom durchflossen. Bei hohen Wasserständen werden natürlicherweise weite Uferbereiche der flachen Täler von Wasser bedeckt, obwohl dafür der Wasserstand nur um Dezimeter oder wenige Meter ansteigen muß. Die Differenzen zwischen normalen Niedrig- und normalen Hochwasserständen sind nicht sehr hoch. Wegen des lange Zeit stagnierenden Wasserstandes und der geringen Strömung kann sich bei Frost, der im kontinentalen Europa heftig sein und lange andauern kann, Eis ausbilden. Gerät es im Frühjahr in Bewegung, schädigt es die Vegetation am Fluß erheblich. Nur widerstandsfähige Weiden und Pappeln überdauern in der Nähe der Tieflandsströme, denn diese Gehölze können nach einer Beschädigung durch Eis wieder austreiben. Aber es gibt auch größere natürliche Lichtungen in der Nähe der Tieflandsflüsse, in denen beispielsweise das Rohrglanzgras große Bestände bildet. Dagegen konnten sich offensichtlich an den Tieflandsflüssen nur stellenweise Hartholzauen mit Ulmen und Linden ausbilden; für ein Wachstum dieser Bäume dauert das Hochwasser zu lange an, und sie können die Eistrift nicht ertragen. Zwischen Gebieten, die zeitweise vom Hochwasser überflutet sind, und anderen außerhalb des Flußwasserbereiches bildet sich eine scharfe Grenze heraus. Unterhalb dieser Grenze ist das Land zeitweise überflutet und nährstoffreich, weil immer wieder düngender Hochflutlehm abgesetzt wird. Oberhalb der Grenze ist das Gelände sehr trocken, denn die Niederschlagsmengen sind gering, ferner arm an Bodennährstoffen, denn es kommt dort nicht zu einer alljährlichen natürlichen Düngung durch Hochwasser und die darin mitgeführten Pflanzennährstoffe.

Die Gebiete, in denen sich bei Hochwasser immer wieder sogenannte Hochflutlehme absetzten, kann man eindeichen, trockenlegen und zu gutem Acker-, Wiesen- und Weideland machen. Allerdings kommt es dadurch zu stärkeren Überflutungen im unbedeichten Land, besonders an den Unterläufen der Flüsse. Nach ungewöhnlich heftigen Regenfällen und bei der Schneeschmelze in den Gebirgen, aus denen Weichsel und Oder zum Meer fließen, kann es sogar zu katastrophalem Hochwasser kommen. Das Wasser kann sich heute nicht mehr in das Land rechts und links des Flusses ausbreiten, da dort ja Deiche stehen. Ein Frühjahrshochwasser wird nahe der Flußmündungen ins Meer noch verstärkt, wenn die flachen Küstengewässer von Eis bedeckt werden; dabei kann es zu Eisversatz und Eisstau kommen, wenn Eisschollen von den Fluten über- und untereinander geschoben werden, bis ein Stauwall aus Eis entstanden ist. Die Fluten steigen dann um weitere Meter an. Die Gefahr für die Deiche ist dann am größten; immer wieder kann es geschehen, daß Deiche von den Wassermassen oder auch durch die Scherwirkung des Eises brechen und weite Flächen überflutet werden. Daraus können gewaltige Katastrophen werden, und das nicht nur im Frühjahr; 1997 gab es an der Oder im Sommer ein verheerendes Hochwasser.

Das Auftreten hoher Fluten an den flach geneigten Unterläufen der Flüsse, die in die südliche Ostsee münden, kann zu einer weiteren erheblichen Gefahr für das Ökosystem der gesamten Ostsee werden. In den Flußablagerungen wurden vor allem in den letzten Jahrzehnten große Schadstoffmengen abgelagert, beispielsweise Schwermetalle, diverse schwer abbaubare Kohlenstoffverbindungen und auch Phosphate und Nitrate, die durch die Überdüngung landwirtschaftlicher Nutzflächen in die Flüsse kamen. Normalerweise werden diese Stoffe von den Flüssen kontinuierlich in die Meere eingetragen, so daß es zu einer latenten Verschmutzung der Meere kommt. Bei den Flüssen, die

in die südliche Ostsee münden, ist dies nur teilweise so. Dort werden auch viele Schadstoffe in den kontinuierlich sich bildenden Sedimenten an den Unterläufen deponiert. Bei einem Hochwasser können Teile dieser Ablagerungen wieder vom Wasser aufgenommen und in die Ostsee gespült werden. In großen Teilen des Meeres ist dann eine Verschmutzung des Meerwassers festzustellen, die sich auf die Tier- und Pflanzenwelt auswirken kann.

In den Sedimenten an den Unterläufen der Tieflandsflüsse tickt sicher noch so manche Zeitbombe an Schadstoffen aus den vergangenen Jahrzehnten, in denen die Industrialisierung und die Intensivierung der Landwirtschaft ohne viel Nachdenken über die Folgen für die Ökosysteme der Umgebung betrieben wurden. Das Schicksal der Ostsee kann in Zukunft durch diese Ablagerungen negativ beeinflußt werden. Man wird sich daher mit den Ablagerungen von Oder, Weichsel, Memel/Nemunas und anderen Flüssen auseinandersetzen müssen, um zu versuchen, Schaden abzuwenden. Die Probleme der Ablagerungen in den Unterläufen der Flüsse sind sicher vom Menschen verursacht worden, haben aber auch ihre natürlichen Ursachen, bei denen vor allem das geringe Gefälle der Flüsse genannt werden muß.

Die leichte Tideströmung in der unteren Warnow räumt ein recht tiefes Fahrwasser aus. Daher erreichen große Schiffe den Hafen von Rostock.

An der unteren Memel/Nemunas.

Ein besonderes Problem dabei ist aber, daß der besondere Charakter und die besonderen Probleme der Flußmündungsgebiete an der südöstlichen Ostsee noch völlig unzureichend untersucht und erkannt worden sind.

8. LAND VERGEHT, LAND ENTSTEHT

Als sich die Landhöhen und die Wasserstände an der nördlichen Ostsee im Lauf der Jahrtausende veränderten, blieb der Charakter der Küsten grundsätzlich bestehen. In Fennoskandien tauchten zwar immer wieder neue Schären aus den Fluten des Meeres auf und wurden zu Inseln, dann zu Hügeln, die nicht mehr von Wasser, sondern von Land umgeben waren. Aber schon seit Jahrtausenden gibt es vor den Küsten Schwedens und Finnlands Schären, die ähnlich aussehen; das grundsätzliche Erscheinungsbild der Küsten veränderte sich nicht.

Ganz anders wirkten sich die Veränderungen der Landoberflächen im Süden des Meeres aus. An den Schutträndern der eiszeitlichen Moränen und den Sanderflächen bildeten sich in den vergangenen Jahrtausenden Küstenformen, die vorher noch nicht dagewesen waren. Erst in den letzten Jahrtausenden erhielten die Küsten der südlichen Ostsee ihr typisches Gepräge, ihr heute vertrautes Bild.

Jahrtausendelang stieg der Meeresspiegel an, weil Eis taute, erhob sich aber auch die Landmasse Fennoskandiens, weil sie vom Eis entlastet wurde; und das Land am südlichen Gestade der Ostsee senkte sich in einer Ausgleichsbewegung ab. Bis vor etwa 2000 Jahren verliefen diese Prozesse zunächst rasch, dann immer langsamer. Seitdem ändern sich die Lage der Grenzlinien von Wasser und Land im südlichen Ostseeraum nur noch relativ wenig. Vor allem in den annähernd stabilen Verhältnissen der letzten Jahrtausende konnten sich die heutigen Küstenformen ausbilden. Die Meereshöhen verändern sich heute noch immer langfristig, doch sind die kurzfristigen Veränderungen der Lage des Wasserspiegels größer. In der Ostsee spielt der Tidenhub keine oder nur eine sehr geringe Rolle; aber das Wasser des Meeres kann bis zu etwa zwei oder drei Meter ansteigen, wenn es vom Wind in eine Ecke des Meeres gepreßt wird.

Heute wird im Computer simuliert, wie sich ein Meeresspiegelanstieg auf die Veränderung von Küstenlinien auswirken könnte. Meist wird dabei an einen gleichmäßigen Anstieg des Wasserspiegels gedacht, bei dem gemäß der Höhenlage des Geländes Zentimeter für Zentimeter, Meter für Meter Land im Meer versinkt. Doch diese Simulationen sind sehr schematisch, eigentlich sogar falsch: Beobachtungen an der südlichen Ostseeküste können dies leicht beweisen. Sie faszinieren die Naturforscher schon seit bald zwei Jahrhunderten. Einer der ersten, der sich damit befaßte, war Adelbert von Chamisso. Davon war schon die Rede gewesen: Der Dichter und Naturforscher untersuchte den Aufbau von Küstenmooren Pommerns und fand heraus, daß dort Torf mit Resten von Süßwasserpflanzen abgelagert worden war, der heute unterhalb des Meeresspiegels und unmittelbar an der Ostseeküste liegt. Diese Torfschichten konnten nur zu einer Zeit entstanden sein, in der die Moore nicht direkt am Meer lagen und der Meeresspiegel ein deutlich niedrigeres Niveau hatte als heute. Später muß die Landoberfläche abgesunken sein, so daß der Torf unterhalb des Meeresspiegels zu liegen kam. Seitdem wurden in unzähligen torfkundlichen Untersuchungen die Höhenlagen der von Meeressediment überdeckten Mooroberflächen und der Zeitpunkt von deren Entstehung bestimmt. Daraus wurden die Veränderungen des Meeresspiegels der Ostsee abgelesen. Allerdings führt dieses Verfahren nicht immer zu korrekten Ergebnissen, denn die Überflutungen begannen nicht in Phasen des generellen Wasseranstieges, bei normalem Wasserstand, sondern wenn eine Flutwelle sich über das Land und damit auch das Moor ergoß. Das macht die Auswertung der Untersuchungen zum Meeresspiegelanstieg an der südlichen Ostsee komplizierter. Generell läßt sich aber zeigen, daß dieser Vorgang nicht so ablief, wie es die Simulationen zeigen. Wenn das Meer bald hier, bald dort eine Portion Land abreißt, schafft es zugleich auch neues Land, was bei den Simulationen zum Meeresspiegelanstieg manchmal vergessen wird. Je mehr Gestein und Schutt von der Küste abgebrochen wird, desto mehr neues Land kann von den Wellen des Meeres an anderen Stellen aufgebaut werden.

Als das Wasser anstieg, ergoß es sich in die Senken zwischen den Moränenhügeln an der südlichen Ostsee. Teils lagen dort Grundmoränen, also Schutt, den der eiszeitliche Gletscher unter seinem Eis deponiert hatte oder der aus den Eismassen bei deren Auftauen auf den Untergrund sank und dessen Oberfläche nun niedriger lag als der Meeresspiegel; es gab dort auch Ebenen, auf denen sich der aus Moränen ausgespülte Sand abgelagert hatte. Das Wasser drang in Flußtäler, vor allem in die Flußmündungen ein, an denen sich trichterförmig erweiterte, vom Miteinander des Fluß- und Meereswassers geschaffene

Niederungen ausgebildet hatten. Schmale Förden und breite Buchten, die aus vom Eis ausgeschürften Zungenbecken und Tunneltälern entstanden waren, in denen das Wasser unter dem Eis abgeflossen war, versanken im Meer genauso wie Senken, die aus Söllen oder Toteislöchern hervorgegangen waren. Die Kreidefelsen von Møn und Rügen wurden nun von Wasser umspült, das die niedrigen Gefilde in deren Nachbarschaft überflutete. Aus ehemals zusammenhängendem Land entstand eine Region mit zahlreichen Inseln. Das Gebiet der heutigen Insel Rügen wurde in viele einzelne Eilande oder gar in ein Archipel zerrissen, die teils aus festem Gestein, teils aus Moränen bestanden. Kleinflächiger ereignete sich Ähnliches im Gebiet der Odermündung, bei Usedom und Wollin, auch an der Ostküste von Schleswig-Holstein: Die höchsten Kuppen der Moränen wurden zu Teilen eines kleinen Archipels, das Land dazwischen ging im Meer unter.

Es entstanden Steilküsten an den Kreidefelsen und an lehmigen Moränen. Feines Sediment aus eiszeitlichen Ablagerungen kann alle Bestandteile einer Moräne so fest verkitten, daß genauso wie bei festem Gestein beinahe senkrechte Abbruchkanten entstehen. Daher sind die Steilküsten Rügens bei Kap Arkona, die aus Moränenschutt

Am Dornbusch von Hiddensee bricht immer wieder Moränenschutt auf den Strand. Größere Steine bleiben an Ort und Stelle liegen, feiner Sand wird vom Wasser verfrachtet.

bestehen, genauso imposant wie die Kreidefelsen an der Stubbenkammer. Große Findlinge bleiben am Fuß der Steilküsten liegen, vor den Steilhängen an Kap Arkona wie vor der Steilküste des Samlands, vor dem Dornbusch von Hiddensee und dem Brodtener Steilufer bei Travemünde. Kleinere Steine werden von den hin und her brandenden Wasserströmen bewegt und zerkleinert. Sand- und Tonkörner dagegen werden vom Wasser aufgenommen und verfrachtet. Aus ihnen kann an anderer Stelle neues Land entstehen, besonders wenn der Meeresspiegelanstieg stockt oder nur noch sehr langsam vor sich geht, wie das vor allem in den letzten beiden Jahrtausenden der Fall war.

Die Bestandteile lehmiger Moränenböden sind so fest miteinander verkittet, daß sich imposante Steilküsten ausbilden (Kap Arkona im Norden Rügens; oberhalb der felsähnlichen Steilküste befinden sich slawische Wallanlagen).

Die Steilküsten werden nur sehr selten direkt vom Wasser erreicht. Nur bei hohen Wasserständen wirkt die Brandung auf den Fuß der Felsen und Moränenwände ein. Bestimmte Windverhältnisse sind die Voraussetzung dafür, daß die Wellen bis zur Basis der Steilküsten vordringen: Sturmfluten, die zu zwei oder drei Meter höheren Wasserständen führen können, sind wichtige Ursachen für den Uferabbruch an Steilküsten. Sie kolken unter den Steilküsten Hohlkehlen aus, über denen das Gesteins- oder Schuttmaterial in breiter Front abwärts rutscht.

Aber nicht nur bei Sturmfluten brechen die Steilküsten ab, sondern nahezu unablässig in kleinen Schritten. Regenwasser kann es mit sich reißen; in Regenperioden können sich regelrechte Schlammlawinen an den Steilabbrüchen bilden. Bei feuchter Witterung quillt das Sediment der Moränen; bei Trockenheit schrumpft es, so daß sich Trockenrisse bilden, die zum Abbruch von Erde führen. Im Winter gefriert das Wasser in den Klüften und dehnt sich bei weiterer Abkühlung aus; später taut es wieder, und das Erdmaterial zwischen den Klüften fällt an die Basis der Steilküste. Während eines Winters bildet sich Eis nicht nur ein Mal, sondern mehrfach; jeder Winter besteht aus mehreren Etappen winterlicher Witterung, die von wärmeren Phasen unterbrochen werden. Immer wieder gefriert Wasser, und immer wieder taut es auf. Und jedes Mal kann sich beim Gefrieren und Auftauen ein Stück Steilufer vom Kliff lösen. Klüfte entstehen auch am Rand der Steine in den Moränen: Wasser rinnt an ihnen entlang abwärts, und Eis akkumuliert sich unter ihnen. Tiere und Pflanzen tragen ebenfalls zum Abtragen von Steilküsten bei. Denn Uferschwalben bauen Höhlen in den Steilhängen, und Kaninchen, Insekten und Würmer legen ihre Gänge darin an. Kleine Pflanzen wie der Huflattich, die auf der steilen Abbruchkante wachsen, treiben mit ihren Wurzeln genauso Gänge und Klüfte in den Moränenschutt wie die Bäume, die am Rand des Kliffs stehen. So zerbröselt der Steilhang unaufhörlich, nicht nur bei hohem Wasserstand des Meeres; und der Uferabbruch erfaßt auch Uferbereiche, die weit oberhalb des Meeresspiegels liegen. Kleine und große Brocken Gesteins, Sand und Ton, aber auch ganze Bäume fallen auf den Strand unterhalb der Steilküste.

Etwas anders verläuft die Abtragung von Küstenabschnitten, die aus sandigem Material bestehen. Sandkörner verkitten nicht so gut miteinander wie Ton, aber es bilden sich auch keine Klüfte zwischen ihnen. Die losen Körner rieseln abwärts, wenn die Hangneigung groß genug dafür ist. Sandige Hochufer-Küsten haben selten einmal eine Steigung von mehr als 45°, weil nasse Sandkörner bei Regen abgespült werden oder trockene Körner den Hang hinuntergleiten.

Alles, was auf einer Strandplatte unter einer Steilküste liegt, wird irgendwann einmal vom Wasser aufgenommen. Nur bei den größten Steinen versagt seine Kraft: Sie können nur dann ihre Gestalt und Lage ändern, wenn sie vom winterlichen Eis abgeschliffen oder zersprengt werden; andernfalls bleiben sie an der Stelle liegen, an die sie bei ihrer Herauslösung aus dem Kliff gefallen waren. Alles andere Material wird von der Brandung hin und her bewegt, vor allem im Bereich der Schorre; das ist die Fortsetzung der Strandfläche im flachen Wasser. Die Steine werden durch unablässige Bewegungen zerbröselt und abgerieben. Häufig zerbrechen sie dort, wo Fossilien in sie eingelagert sind. Das Wasser präpariert die Fossilien aus älterem Gestein auf der Schorre frei, beispielsweise die Belemniten, die harten Teile von Lebewesen, die den Tintenfischen geähnelt haben, oder die zu Stein gewordenen Gehäuse von Seeigeln und Meeresschnecken, Korallen und Muscheln. Die Grenze zwischen Land und Meer ist deshalb ein Dorado für Fossiliensammler. Sie müssen ihre Funde aber zum rechten Zeitpunkt aus dem Wasser ziehen, denn bleiben die versteinerten Überreste urweltlicher Tiere zu lange im Einflußbereich des Brandungswassers, werden die Oberflächen der Fossilien poliert, so daß man morphologische Details nur noch schlecht erkennen kann. Auch Bernstein kann man am ehesten an der Grenze von Land und Meer finden.

Der Sog abziehender Wellen trägt Steine, Sand und Ton mit sich hinaus ins offene Meer. Doch die Kraft der abziehenden Welle erlahmt, wenn sie von der nächsten Welle überrollt wird. Die Wellen brechen sich, und genau dort sinkt das schwerere Material zu Boden. Nur leichter, feiner Ton bleibt in Suspension und kann weiterbewegt werden, entweder ein Stück weit ins Meer hinaus oder mit der neu anbrandenden Welle in Richtung des Spülsaumes.

An zwei Stellen kommt es auf diese Weise zu einer Akkumulation von Sediment: einerseits am Spülsaum, andererseits dort, wo sich die Wellen brechen. Dort entsteht auf diese Weise ein Riff, das vor allem aus Sand, aber auch aus steinigeren Lagen aufgebaut ist. Das Sandriff, das an der Ostsee auch Schaar genannt wird, ist ein parallel zur Küstenlinie verlaufender kleiner Höhenrücken im Wasser, den man beim Baden sehr gut wahrnehmen kann: Geht man vom Meeresufer aus ins Wasser, wird das Wasser zunächst allmählich tiefer, so daß man schon die ersten Schwimmzüge machen kann, und dann wieder flacher. Am «Gipfel» des Riffs ist das Wasser ganz flach; man kann nicht mehr schwimmen und muß das Riff übersteigen, um wieder in tieferes Wasser zu gelangen.

Aus einem trockengefallenen Riff kann ein Strandwall werden (bei Thiessow im Südosten Rügens).

An den Ufern des Meeres befindet sich nicht nur ein einzelnes Riff, sondern eine ganze Schar dieser uferparallelen Höhenrücken, deren «Gipfellinien», je weiter man sich vom Ufer entfernt, immer tiefer im Wasser liegen. Sie sind allesamt Untiefen, die für die Schiffahrt besonders gefährlich sind. Aber sie schützen die Küsten erheblich, denn sie tragen dazu bei, daß sich bei normalem Wasserstand die Wellen nicht erst an der Strandlinie, sondern bereits davor brechen. Bei sehr hohen Fluten werden die Riffe wieder abgebaut. Dann können sie die Küste hinter sich nicht mehr schützen, sondern dann dringt die volle Kraft der Meereswellen bis an das Gestade vor. Riffe bilden sich dann an anderer Stelle als zuvor aus. Besonders wenn der Wasserstand längere Zeit abnimmt, kann ein Riff auch ganz trockenfallen und zum trockenen Strandwall werden. Dann kann der Wind mit seiner formenden Arbeit beginnen und Sand verfrachten, zu Dünen aufwehen. Der Sand wird zunächst an Steinen und Muschelschalen auf dem Strand gefangen, später, wenn der Wind sein Werk lange Zeit fortsetzen kann, auch durch Dünengras. Es müssen rasch hohe Dünen entstehen, wenn die Oberfläche des aus dem Riff hervorgegangenen Strandwalles dauerhaft oberhalb des Wasserspiegels liegen soll. Denn jederzeit kann der Wasserspiegel wieder höher steigen und den Strandwall erneut bedecken, wenn die Dünen dann noch nicht den Wasserspiegel überragen. Niedrige Dünen und die Ränder von hohen

Dünen werden erneut vom Wasser abgetragen, aber wenn es sich zurückzieht, werden hohe Dünen sofort weiter erhöht: Wind und Wasser kämpfen dann darum, mit dem Sand «spielen» zu können.

Zwischen den Riffen kann vom Wasser in der Schwebe gehaltenes Sediment seitwärts transportiert werden. Mit jeder Welle werden die Sandkörner nämlich nicht genau geradeaus auf die Küste zu bewegt, sondern ein Stück weit seitlich verlagert: Betrachtet man die Wellen an der Küste genau, kann man sehen, wie sie schräg auf den Strand zu rollen und sich seitwärts zurückziehen. Und diese Bewegung macht alles Material mit, das im Wasser suspendiert ist. Zwischen den küstenparallelen Streifen der Riffe verlagert es sich so lange seitwärts, bis das Ende der Riffe erreicht ist: dort, wo die Küste zurückweicht, eine Bucht beginnt. Der Sand bleibt da zunächst als eine Art Nase am zurückweichenden Ufer liegen; man nennt eine solche Bildung an der Küste ein Höft. Auf dem Höft oder von ihm ausgehend kann sich mit der Zeit ein Haken bilden, eine Verlängerung des Riffs in die offene Bucht hinein. Ein Stück weit verläuft so ein Haken genau in der Richtung der Riffe, dann biegt er nach innen um, so daß er auf der Landkarte tatsächlich wie ein gebogener Haken aussieht. Im Lauf der Zeit bilden

Der flache Bodden hinter dem Zingst (im Hintergrund sichtbar) ist zum großen Teil von Schilf bewachsen.

sich in Abhängigkeit von leicht schwankenden Wasserständen oft ganze Serien von sandigen Haken, zwischen denen sich toniges Sediment, aber auch organische Reste sammeln, beispielsweise abgestorbener Tang und Seegras. Wenn das Wasser zwischen den Haken aussüßt und das Gelände schließlich völlig vom Meer abgeschnitten wird, kann sich zwischen den einzelnen Haken ein See oder ein Moor bilden.

Die Haken wachsen mit der Zeit immer weiter. Wenn das Wasser in der Bucht flach ist und viel Sand angeliefert wird, geht das Wachstum der Haken recht rasch vor sich. Ein Haken kann sich mit der Zeit auf das gegenüberliegende Ende der Bucht zubewegen und diese am Ende völlig abschließen. Das Wasser der Bucht kann dann aussüßen, und es bildet sich ein Strandsee hinter dem Haken. Wenn der Sand eine ganze Bucht abschneidet, wird ein Haken zur Nehrung. Ist der Strandsee noch mit dem Meer in Verbindung und kommt noch regelmäßig etwas Salzwasser durch die Nehrung hindurch, etwa dann, wenn der flache Strandwall der Nehrung bei hohen Fluten durchbrochen wird, nennt man das Gewässer hinter der Nehrung nicht Strandsee, sondern Haff.

Strandwälle, die sich aus Riffen bilden können, Höfts, Haken und Nehrungen kann man überall im Gebiet der südlichen Ostsee finden, wo das Land absinkt und vor allem lockere Sedimente aus der letzten Eiszeit vom Wasser abgetragen werden. Es geht dort nicht nur Land verloren, sondern es entsteht auch neues Land, indem die Küstenlinien mehr oder weniger deutlich begradigt werden: Es bildet sich eine Ausgleichsküste. Die Küsten im Süden der Ostsee sind zwar durch ähnliche Prozesse geformt worden, aber im einzelnen unterscheiden sie sich voneinander.

Eine besonders gut ausgebildete Ausgleichsküste findet sich zwischen den Mündungen von Oder und Weichsel. Die Strandwälle und Nehrungen sind dort einer recht flachen, gleichmäßig geformten Küste vorgelagert. An einigen Stellen sind Strandseen entstanden; der größte von ihnen ist der Lebasee im Słowiński-Nationalpark. Im Osten an diese Ausgleichsküste schließt sich ein langer Haken an, die sogenannte Putziger Nehrung oder Halbinsel Hela, die aber eigentlich noch keine Nehrung ist; sie hat nämlich noch nicht das gegenüberliegende Ufer der Danziger Bucht erreicht. Eine weitere gut ausgebildete Ausgleichsküste entstand zwischen der Wismarer Bucht und der unteren Warnow, und auch die Strandlinien vor den schleswig-holsteinischen Landschaften Angeln und Schwansen, in der Hohwachter und Lübecker Bucht zeigen Charakteristika der Ausgleichsküsten: gerade verlaufende oder leicht geschwungene Küstenlinien schneiden einzelne Küstenseen wie den Schwansener See südlich der Schlei und den Großen Binnensee in der Hohwachter Bucht von der Ostsee ab. Die Strandseen sind zum Teil noch von Brackwasser, überwiegend aber von Süßwasser angefüllt.

Lange Nehrungen verbanden die zu Eilanden gewordenen Moränenhügel und Kreidefelsen, aus denen das Fischland, Darß und Zingst, Hiddensee, Rügen, Usedom und Wollin in ihrer heutigen Gestalt zusammenwuchsen. Aber die vorpommersche Küste ist insgesamt keine typische Ausgleichsküste. Denn die Senken zwischen den Inselkernen sind dort nur geringfügig niedriger als der Wasserspiegel des Meeres. Das ehemalige Land hinter der Frontlinie der äußersten Inseln liegt nur knapp unterhalb des heutigen Meeresspiegels und wurde nur sehr flach vom Wasser überflutet; hier liegen die «Bodden», die man so nennt, weil dort das Wasser einen flachen Boden hat. In den flachen Uferbereichen des Boddens ist der Salzgehalt des Wassers geringer als in der freien Ostsee vor der äußeren Uferlinie. Am Ufer der nur leicht salzigen Boddengewässer können sich große Bestände von Schilf und Rohrkolben bilden. Beide Pflanzen sind auf die reichliche Zufuhr von Nährstoffen angewiesen, damit sie jedes Jahr ihre enorm große Wuchsleistung vollbringen können. Nährstoffe erhalten die Boddengewässer in großer Menge, weil sie durch die einmündenden Bäche und Flüsse mit Nährstofffrachten aus dem Hinterland «gedüngt» werden. Feines organisches Getreibsel wird zwischen dem Röhricht festgehalten, so daß es allmählich zur Verlandung der Uferbereiche im Bodden kommt. Das im Bodden hin und her strömende Wasser hält einzelne Rinnen zwischen den Röhrichten etwas tiefer. Sie sind für die Schiffahrt wichtig, so der Gellenstrom zwischen Hiddensee und dem Bock, dem östlichsten Ausläufer des Zingst, und das Fahrwasser im Strelasund südlich von Rügen. Der Gellenstrom wird heute künstlich tief gehalten, indem man seitlich von ihm, besonders am Bock, Sand aufträgt, um die tiefe Wasserrinne einzuengen; nur so bleibt das Fahrwasser tief genug, und der Hafen von Stralsund kann von zahlreichen Schiffen erreicht werden, die keinen allzu großen Tiefgang haben.

Bei starkem Wind oder bei Eisgang können einzelne Brocken des Röhrichts aus den flachen Uferbereichen abgerissen werden. Sie können ein Stück weit verfrachtet werden und an Untiefen hängenbleiben; ein Röhrichthorst, der ein Stück weit vom Wasser bewegt wurde, kann, wenn er sich am Untergrund anheftet, die Initiale einer neuen kleinen Insel werden, die sich allmählich in den Bodden hinein ausdehnt: Ausläufer vom Schilf wachsen neben den alten Stengeln des Röhrichts auf und vergrößern das kleine Eiland so lange, bis es eine hohe Flut wieder zerstört.

Die Boddenlandschaft um Darß, Rügen und Usedom ist eine Doppelküste mit einer äußeren Front gegen das offene Meer und einem Binnenwasserbereich im Hinterland; ein Teil dieses Gewässers, das zwischen Usedom und dem Festland liegt, wird auch bezeichnenderweise Achterwasser genannt. In die Bodden dringt nicht nur Meerwasser ein, sondern hier sammelt sich auch das Wasser aus dem Binnenland; der doppelte Riegel aus Uferstrukturen erschwert den

An der Nordspitze der Geltinger Birk (äußere Flensburger Förde) bilden sich immer neue Höfts und Haken aus.

Abfluß aus den Flüssen erheblich. Besonders bei Nord- und Nordostwind und dadurch hervorgerufenem hohem Wasserstand in dieser Gegend der Ostsee kann das Wasser aus den Flüssen und aus den Bodden kaum meerwärts abfließen. Dies betrifft vor allem das Wasser der Oder, das in die Boddenlandschaft einfließt; es kommt dann zu einem Rückstau in dem Fluß.

Zwischen den Haken, die von beiden Seiten in die Trave hineinwachsen, ist das Fahrwasser eng (Lübeck-Travemünde).

Kleine Höfts und Haken sind charakteristische Neubildungen von Land auch an der Ostseeküste Schleswig-Holsteins, die von weit ins Innere des Landes vordringenden Förden geprägt ist. Sie bildeten sich vor allem an Küstenvorsprüngen, wo Außenküsten und Fördenküsten aneinanderstoßen: am Landvorsprung der Geltinger Birk am Ostende der Flensburger Förde wie vor der Kolberger Heide am Ausgang der Kieler Förde, im Gebiet von Heiligenhafen und Fehmarn, wo Wasser und Strömungen der Hohwachter und der Neustädter oder Lübecker Bucht aufeinandertreffen. Aus Haken hervorgehende Nehrungen riegelten die Schlei fast völlig vom Meer ab; sie ist heute durch einen künstlichen Durchstich mit der Ostsee verbunden, während ihr älterer Kontakt zum Meer, im Wormshöfter Noor zwischen Hasselberg und den ehemaligen Inseln von Öhe und Maasholm gelegen, heute eingedeicht und daher Teil des Landes ist. Auch in der Eckernförder

Bucht bildete sich aus Haken eine geschlossene Nehrung, auf der heute die Stadt Eckernförde liegt – zwischen dem offenen Meer und dem Windebyer Noor.

Haken bildeten sich beiderseits der äußeren Warnow und der äußeren Trave, so daß Schiffe, die Lübeck oder Rostock anlaufen, zunächst ein schmales Fahrwasser an der Außenküste passieren müssen, ehe sich im Inneren der von der Ostsee überfluteten Flußmündungen die Wasserflächen wieder weiten. Auch die Wismarer Bucht versandet; der Sand, der von Westen her küstenparallel in die Bucht hereingetragen wird, hat sich aber bisher nur unterhalb des Wassers abgesetzt. Diese Untiefe wird «Hannibal» genannt; zwischen ihr und dem alten Inselkern von Poel besteht nur eine schmale Wasserstraße, durch die der Hafen von Wismar erreicht wird. Möglicherweise werden aber die Sandmassen vom «Hannibal» in nicht allzu ferner Zukunft so stark anwachsen, daß sie die Meeresoberfläche erreichen. Dann wird auch die Wismarer Bucht einen äußeren Abschluß haben, wie man ihn an Trave und Warnow erkennen kann.

Im Westen der südlichen Ostseeküste wird nur relativ wenig Sand vom Wasser bewegt, weil der Wind nicht oft von Osten her auf die Küste zu weht, dagegen ist von dem vorherrschenden Westwind besonders viel suspendiertes Sediment in den Südosten der Ostsee getragen worden. Dort sind auch deswegen besonders mächtige Nehrungen vor großen Haffen entstanden, weil die großen Flüsse Weichsel und Memel/Nemunas viel Sand in ihre Mündungsbereiche brachten. Vor dem östlichen Teil der Weichselmündung, vor der Mündung der Nogat, und der Pregelmündung schnürt daher heute die Frische Nehrung das Frische Haff ab. Vor der Weichselmündung oder der Danziger Bucht, die das Wasser im Mündungsgebiet von Weichsel, Nogat und Pregel schuf, könnte in Zukunft noch eine weitere Nehrung ein Haff abschließen: Wie schon erwähnt wächst von Westen her die Putziger Nehrung oder die Halbinsel Hela in die Bucht hinein. Auf Hela wie an der Frischen Nehrung sammelt sich viel Sand, unter der Oberfläche von Hela liegen die Sandmassen bis zu 60 Meter hoch! Der meiste Sand befindet sich aber auf der Kurischen Nehrung, die das Kurische Haff an der Mündung von Memel/Nemunas abschließt und die Moränenküsten von Samland und Kurland miteinander verbindet. Die starken Westwinde haben hier nicht nur dafür gesorgt, daß die Strömung viel Sand zusammentrug, sondern es entstanden auch mächtige Dünen, bis über 70 Meter hoch über dem Meeresspiegel. Auch die Initialen dieses riesigen Dünengeländes waren einzelne Steine und Muschelschalen, die auf dem Sandufer lagen. Stockwerk für Stockwerk festigten die Wurzeln und Ausläufer der Dünengräser den Sand. Wo die Gräser abstarben oder die Vegetation beschädigt wurde, konnte der Wind wieder eingreifen, die Düne erhöhen und in Bewegung setzen. Zum größten Teil wurden die Dünen aber natürlicherweise festgesetzt, als sich nach und nach immer mehr Vegetation auf ihnen einfand, sich sogar Wälder bildeten. Viele dieser Waldgebiete wurden in den letzten Jahrhunderten gerodet, oder es weidete Vieh auf den Dünen und zerstörte die Vegetationsdecke. So konnten sich die Dünen erneut in Bewegung setzen und ganze Dörfer und Wälder unter sich begraben. Einige Dünen auf der Kurischen Nehrung sind durch Aufforstung erneut stabilisiert worden, andere bewegen sich aber noch immer ganz allmählich von der Ostseeseite der Nehrung hinein ins Haff.

Die großen Nehrungen konnten immer wieder vom Meerwasser durchbrochen werden, und zwar dort, wo sich zwischen hohen Dünen eine Senke gebildet hatte. Dann drang salziges Wasser ins Haff ein, oder Wasser, das sich im Haff gestaut hatte, konnte ins freie Meer abfließen. Heute wird im Nordosten der Kurischen Nehrung, am Hafen von Memel/Klaipeda, ein Durchlaß für Wasser freigehalten. Aber dort müßte nicht zwingend der Ausfluß des Haffes liegen; zeitweise bestand die Verbindung zwischen Meer und Haff auch im Süden der Kurischen Nehrung. Bei der Frischen Nehrung liegt die Verbindung zwischen dem Frischen Haff und der Ostsee im Nordosten, und zwar bei Pillau/Baltijsk, wo die Fahrrinne zum Hafen von Königsberg/Kaliningrad verläuft.

Das ewige Miteinander von Landverlust und Landgewinn läßt sich an den südlichen Küsten der Ostsee nicht nur dort beobachten, wo die Landoberfläche noch immer eher leicht absinkt als ansteigt, sondern auch in den Regionen, wo die Landoberfläche zur Zeit des Einbruchs des Litorina-Meeres niedriger lag als heute und die Landmassen inzwischen angestiegen sind. Ehemalige Strandflächen, Strandwälle und Riffe befinden sich dort heute oberhalb des Meeresspiegels, wurden aber schon vor Zeiten geformt, als der Meeresspiegel höher hinauf-

brandete als heute. Man kann solche ehemaligen Strandwälle an der Schabe erkennen, der Nehrung zwischen den Rügenschen Inselkernen von Wittow (mit dem Steilufer von Arkona) und Jasmund (mit den Kreidefelsen), und am Strandwall der Schmalen Heide von Prora zwischen Jasmund und Mönchgut. Der Norden Rügens hat sich in den letzten Jahrtausenden gehoben; man findet alte Strandwälle oberhalb des Wassers auch in den Feuersteinfeldern bei Binz. Weit oberhalb des Wasserspiegels liegen alte Strandwälle an der Ostküste Dänemarks, etwa in Djursland, an der Südküste Schonens und an der sanft geneigten Südküste von Bornholm. In der Rigaer Bucht entstand eine klar gegliederte Ausgleichsküste mit Strandseen, die von Nehrungen abgeschnitten sind. Das Wasser kann aber nicht mehr an die ehemaligen Strandwälle und Nehrungen hinaufbranden; völlig sicher stehen auf dem ehemaligen Strandwall die alten Villen des Seebades von Jurmala westlich von Riga.

Große Teile der Dünen auf der Kurischen Nehrung (bei Nidden) werden vom Wind bewegt.

Obwohl die lockeren Sedimente an allen diesen Orten nicht mehr vollständig vom Wasser erreicht und abgetragen werden, bricht doch immer wieder Material auch von den im Steigen befindlichen Küsten ab. Denn die Steilhänge von Arkona und Königsstuhl setzen sich unter dem Meeresspiegel fort, und, wie schon erwähnt, es kommt hier nicht nur bei hohen Fluten zu Abbruch von Material. Von ehemaligen Strandwällen rutscht immer wieder Sand ins Meer. Scheinbar völlig willkürlich werden alte Strandwälle an der Südküste von Bornholm wieder zerstört; ganze Waldparzellen versinken dabei im Meer, die sich auf der Oberfläche des Sandes bereits gebildet hatten. Der Sand, der schon früher immer und immer wieder vom Meer bewegt worden war, wird erneut verfrachtet. Dabei wird er immer besser nach Gewicht und Größe sortiert; am Strand von Dueodde im Südosten Bornholms findet sich daher ganz ungewöhnlich feiner Sand von

Die Feuersteinfelder bei Binz/Rügen. Das Land lag hier vor einigen Jahrtausenden etwas niedriger und wurde vom Meer überflutet. An seinem Ufer lag ein steiniger Strand.

Strände mit besonders feinem Sand bildeten sich dort, wo das Meerwasser die Körner immer wieder aufnahm, sortierte und erneut ablagerte (Dueodde im Südosten Bornholms).

gleichmäßigster Körnung, er war früher für die Füllung von Sanduhren sehr begehrt. Und aus dem aufgearbeiteten Sand bilden sich im Süden Bornholms wie an den übrigen dänischen Inseln und dem jütischen Festland immer wieder Strukturen der Ausgleichsküsten aus: Riffe, Strandwälle, Haken, Nehrungen und Strandseen.

Aber dort, wo das Land sich rasch hebt und überdies kaum lockeres Sediment aus der Eiszeit erhalten blieb, bildeten sich die Charakteristika der Ausgleichsküste nur selten heraus; man kann sie nur dort finden, wo wasser- und sandreiche Flüsse ins Meer münden, etwa an den Mündungen des Piteälv und des Luleälv in Nordschweden und an dem merkwürdig geformten Delta, das der Kokemäenjoki bei Pori/Björneburg an der Westküste Finnlands gebildet hat und von dem schon im vorigen Kapitel die Rede war. Dort ist der Eintrag von Sand stellenweise so hoch, daß sich immer ansatzweise neue Strandwälle bilden können, die aber schon bald dem Einfluß des Meeres wieder entzogen werden, weil die Landoberfläche sich zu rasch hebt.

Nicht nur für die Ausbildung der Küste ist es entscheidend gewesen, ob dort Lockersedimente und eine Tendenz zur Landoberflächensenkung, vielleicht auch ein annähernd gleichbleibender Wasserspiegel in den letzten Jahrtausenden vorgeherrscht hatten oder ob sich das Land aus altem Gestein rasch hob: Die breitesten und schönsten Sandstrände der Ostsee entstanden dort, wo das in der Eiszeit gebildete Land zur Litorina-Zeit zuerst überflutet wurde und dann allmählich aufstieg (beispielsweise in der Rigaer Bucht, im Süden von Bornholm und im Norden von Rügen) oder wo besonders sandreiche Nehrungen entstanden waren, wohingegen Sandstrände an den Schärenküsten selten sind. Sehr wichtig wurden Landhebung oder Landsenkung, die auf Granithöcker oder Moränenhügel einwirkten, sowie das Abflußverhalten des Wassers, das von der Landhebung oder Landsenkung abhängig war, auch für die landwirtschaftliche Nutzung des Hinterlandes.

9. DIE ERSTEN ACKERBAUERN AN DER OSTSEE

Vor etwa 6000 Jahren war fast das ganze Land rings um die Ostsee von Wäldern bedeckt. Sie dehnten sich, wo immer es ging, in alle Richtungen weiter aus. Das Land im Norden, das aus dem Meer emportauchte, wurde zuerst von Kräutern, dann von Sträuchern, schließlich von Bäumen bewachsen: Die Wälder wurden größer. Der allmähliche Übergang zwischen dem Wald und der baumlosen Tundra verschob sich immer weiter nach Norden. Allerdings gab es dort auch viele blanke Gesteinshöcker, auf denen keine Bäume, nicht einmal Kräuter, sondern allenfalls Flechten wachsen konnten. Wo das Wasser aus dem Hinterland nicht abfloß und Moore entstanden, bildeten sich ebenfalls keine dichten Wälder.

Im Süden, wo das Land absank, stürzten nicht nur Sand und Steine ins Meer, sondern auch Bäume, so daß die Wälder an den Steilküsten kleiner wurden. Zwar gelang es immer wieder Bäumen, auf das neu entstandene Land der Nehrungen vorzudringen. Aber auf dem sandigen Boden entwickelte sich kein so dichter Wald wie auf den älteren Böden der Moränen. Wenn Baumwurzeln sie nicht festhielten, wurden die Sandmassen auf den Nehrungen von den Winden in Bewegung gesetzt. Die Wanderdünen begruben Wälder unter sich. Es gab aber auch Stellen, an denen die Pflanzen in der Lage waren, den Sand so zu festigen, daß er nicht mehr vom Wind weitergetragen wurde.

Das fruchtbare Ackerland auf ehemaligem Meeresboden wird schon seit Jahrtausenden bewirtschaftet (Valsgärde nördlich von Uppsala).

Für die Ausbildung der Wälder war entscheidend, wie gut die Drainage der Böden funktionierte und wie nährstoffreich die Böden waren, ganz abgesehen davon, daß das Klima eine große Bedeutung für ihre Ausbildung hatte. In den kühlen und kalten Gebieten im Norden und Osten der Ostsee dominierten Kiefern und Birken, im Süden wuchsen vor allem Eichen, aber auch Linden, Eschen und Ulmen. Wo sich Wälder in den finnischen Mooren bildeten, bestanden sie vor allem aus Birken. In den Luch-Landschaften und anderen Senken im Süden entwickelten sich Moorwälder aus Birken, aus denen allmählich Erlenbruchwälder wurden.

Ob die Böden mehr oder weniger Steine enthielten, war für die Ausbildung der Wälder nicht entscheidend. Eichen, Linden, Eschen, Ulmen und erst recht die Kiefern und Birken lassen ihre Wurzeln um

Steine herumwachsen, wenn sie ihnen im Wege sind. Für die Entwicklung des Ackerbaus war aber maßgeblich, ob die Böden steinig waren oder nicht.

Der Ackerbau, der sich in den meisten Teilen Europas im Verlauf von Jahrtausenden etablierte, ist eine Wirtschaftsform, die auf Vorläufer im Nahen Osten zurückging. Vor etwa 10 000 Jahren, also in der Zeit, als das Klima nach der letzten Eiszeit zum ersten Mal ungefähr einen dem heutigen vergleichbaren Stand erreicht hatte, gingen Menschen in den Bergländern des Irans, des Iraks, der östlichen Türkei und Syriens dazu über, neben ihren Siedlungen Pflanzen anzubauen, deren Körner oder Samen sie in den Zeitaltern zuvor alljährlich lediglich an Wildpflanzen gepflückt oder auf andere Weise gesammelt hatten: Getreide, Hülsenfrüchte und Lein. Die Menschen lebten stets in der Nähe der Felder in einer festen Siedlung, was sie in den Zeitaltern zuvor nicht getan hatten. Sie hielten nun Tiere und verarbeiteten Pflanzenfasern, besonders vom Lein oder Flachs, und sie stellten Tongefäße her, um Vorräte an Korn, Mehl oder Milch und Milchprodukten aufbewahren zu können.

Das Leben in festen Siedlungen veränderte das tägliche Leben der Menschen von Grund auf. In früherer Zeit waren sie stets mehr oder weniger mobile Jäger und Sammler gewesen, nun lebten sie ortsfest, und sie nutzten ihre Umwelt in einer ganz neuartigen Art und Weise. Wer Ackerbau betreibt, kann Nahrung für viel mehr Menschen erzeugen; pro Flächeneinheit lassen sich mehr Menschen durch Ackerbau ernähren als durch die Jägerei und das Sammeln von Früchten und Körnern. In den Dörfern überlebten mehr Menschen als in den Lagern der Jäger; in den Dörfern stand den Menschen das tägliche Brot zur Verfügung, in den Jägerlagern nicht überall und jederzeit. Zwar konnte es auch unter Bauern eine Hungersnot geben, wenn die Ernte mißraten war. Aber das war eine seltene Katastrophe, sie drohte unter Jägern viel häufiger, wenn sie vom Jagdglück verlassen wurden und sich die erhoffte Beute nicht machen ließ.

Die Landwirtschaft wurde für die Menschen gewissermaßen eine attraktive Alternative zur bisherigen Lebensform. Jäger und Sammler wurden zu ortsfesten Ackerbauern aber nur dann, wenn der Wandel für sie wirklich erstrebenswert zu sein schien. Wenn es stets Jagdbeute oder Fische in Hülle und Fülle gab, war kein Grund gegeben, das

Leben zu ändern. Menschen, die Tag für Tag reiche Beute an Fischen machten, blieben auch dann Fischer, wenn rings um sie herum Bauern Felder bearbeiteten.

Die Einführung des Ackerbaus war in jedem Gebiet der Erde ein Wendepunkt der Geschichte. Zuvor hatte die Dynamik der Natur vorgeherrscht. Der Mensch war als Jäger und Sammler Teil dieser dynamischen Natur. Mit dem Übergang zum Ackerbau begann er nicht nur, sich die Erde untertan zu machen. Er versuchte auch, sich der natürlichen Dynamik zu widersetzen, indem er Dörfer und Äcker als stabile Strukturen schuf. Die Installation einer stabilen Landschaft in der sich ständig weiter verändernden Natur blieb eine Illusion; denn auch die vom Menschen gestaltete Landschaft veränderte sich nach den dynamischen Gesetzen der Natur. Wo der Mensch aber einmal Landschaft nach seinen Bedürfnissen gestaltet hatte, verlief der natürliche Wandel anschließend auf andere Weise als dort, wo diese Gestaltung nicht stattgefunden hatte.

Der Ackerbau, die Viehhaltung und die seßhafte Lebensweise breiteten sich wohl vor allem als kulturelle Innovationen unter den Menschen aus. Es ist aber genauso möglich, daß Ackerbauern aus den Dörfern auswanderten, wenn dort die Zahl der Menschen gewachsen war, und andernorts neue Siedlungen gründeten. Wer oder was wanderte nun also oder breitete sich aus, die wirtschaftliche, kulturelle und soziale Innovation oder die Menschen? Neue genetische Untersuchungen an menschlichen Populationen belegen immer deutlicher, daß vor allem die Innovationen sich ausbreiteten und nicht die Menschen. Früher hatte man oft das Gegenteil behauptet, indem man davon ausging, daß sich die Ackerbauern als überlegenes «Volk» in einem Gebiet etablierten, in dem zuvor nur die kulturell oder sozial angeblich unterlegenen Jäger gelebt hatten. Doch auch die besaßen eine hohe Kultur. Und mit den Theorien der Völkerwanderungen läßt sich nicht erklären, warum sich die Ackerbauern von Anfang an gut in den neu für den Ackerbau erschlossenen Regionen zurechtfanden. Sie wußten, wie man Holzhäuser baut, das heißt, wie man mit dem geschlossenen Wald umgeht, aus dem der Baustoff für die Behausungen zu holen war. Sie kannten das Klima, die Böden.

Die Ausbreitung des Ackerbaus hat nichts mit der Ausbreitung von indogermanischen oder indoeuropäischen Sprachen oder von Völkern zu tun. Zwar kamen die Kulturpflanzen und Haustiere aus dem Nahen Osten nach Europa, nicht aber unbedingt auch die Menschen, und Sprachen bildeten sich auf ganz andere Weise als durch eine einfache Ausbreitung von Völkern, nämlich durch unterschiedliche Formen des Kontaktes zwischen Menschen.

Die klimatischen Voraussetzungen für den Ackerbau bestanden in den letzten Jahrtausenden überall an der Ostsee. Selbst im hohen Norden, an den Küsten von Norrland und im finnischen Lappland, wird heute Getreide angebaut. Und überall läßt sich Vieh halten. Doch Landwirtschaft wurde nicht überall zur gleichen Zeit eingeführt. Bis alle Küstenstreifen der Ostsee so landwirtschaftlich genutzt werden konnten, wie dies heute der Fall ist, vergingen Jahrtausende. Aber das hat in erster Linie nichts mit dem unterschiedlichen Klima zu tun.

Die Regionen rings um die Ostsee gehören nicht zu den ältesten Ackerbaugebieten in Europa. Der Ackerbau der Jungsteinzeit entwickelte sich zunächst vor allem auf den Lößböden Mitteleuropas, dort also, wo während der Eiszeit und an ihrem Ende feiner Ton vom Wind abgelagert worden war: vor den Mittelgebirgen und zwischen den Hügelzügen. In der Jungsteinzeit verarbeiteten die Menschen noch kein Metall. Alle ihre Werkzeuge waren wie in der Alt- und Mittelsteinzeit aus Stein, Knochen und Holz hergestellt. Mit Steinwerkzeugen konnte man zwar Bäume fällen, aber keinen steinigen Boden bearbeiten. Daher war Löß ideal für das Anlegen von Feldern. Dazu enthielt der Löß derart viele verschiedene mineralische Nährstoffe, die Pflanzen für ihre Entwicklung benötigen, daß sich dort fruchtbare Ackerstandorte entwickeln konnten. Den Menschen, die in den Lößgebieten lebten, muß klar geworden sein: Es lohnte sich, den Ackerbau einzuführen und sein Leben zu verändern. Und so setzte sich vor etwas mehr als 7000 Jahren in dem großen Gebiet zwischen der Pannonischen Ebene und dem Pariser Becken in kurzer Zeit der Ackerbau durch. Auch einige Moränengebiete, in denen der feine und fruchtbare Ton weitgehend überwog und die gut entwässert waren, wurden zu Standorten früher Ackerbausiedlungen. Sie lagen links und rechts der unteren Oder, in der Uckermark und im nordwestlichen Hinterpommern.

In den folgenden Jahrtausenden begannen die Menschen, verschiedene Metalle oder deren Legierungen zur Herstellung von Gerät,

Gerste entwickelt sich rasch. Vor allem die sechszeilige Form dieser Getreideart hat im Norden seit Urzeiten große Bedeutung.

Werkzeug, Waffen und Schmuck zu verwenden. Nach dem Auftreten dieser Werkstoffe unterscheidet man die aufeinanderfolgenden Perioden der Kupfer-, Bronze- und Eisenzeit. Doch die Entwicklung von Methoden zur Verarbeitung weiterer Werkstoffe waren nicht die einzigen Innovationen der Menschen in urgeschichtlicher Zeit. Sie entwickelten auch Methoden, mit deren Hilfe sie steinigere Böden bearbeiten konnten. Dabei kamen ihnen die neu verarbeiteten Werkstoffe zum Teil zu Hilfe, aber sicher nicht ausschließlich.

Mehr als ein Jahrtausend später als auf den mitteleuropäischen Lößböden wurde der Ackerbau auf den Moränen- und Sanderböden südlich der Ostsee und in den schwedischen Ebenen eingeführt, die ehemals Meeresböden gewesen waren. In diesen Gegenden enthielten die Böden zwar Steine, an denen Hacken oder Pflüge aus Stein beschädigt wurden. Wie die Menschen mit Steinen im Boden umgingen, ist nicht klar, denn neue Werkstoffe hatten sie noch nicht. Immer noch standen ihnen allein Stein, Knochen und Holz zur Verfügung; die damals erstmals genutzten Metalle Gold und Kupfer boten keine Vorteile für die Bodenbearbeitung, weil sie nicht sehr hart sind. Die Menschen müssen, bevor sie die Böden der Moränen und ehemaligen Meeresarme zu beackern anfingen, eine Art und Weise gefunden haben, sehr vorsichtig mit ihren Werkzeugen umzugehen, damit sie nicht zersprangen, wenn sie auf einen Stein im Boden stießen. Vielleicht setzten sie Rinder zur Bodenbearbeitung ein, weil sie geduldig sind und sofort stehenbleiben, wenn ein Haken oder ein Pflug an einen Stein stößt. Vor etwas mehr als 5000 Jahren jedenfalls breitete sich der Ackerbau weit in den Norden aus: wahrscheinlich schubweise, nämlich entlang der gesamten südlichen Küste der Ostsee, auf den dänischen Inseln, auf Bornholm, in Schonen und Mittelschweden, wenig später sogar in einigen kleineren Regionen in Nordschweden, wo die Böden der Küstenebenen den Ackerbau zuließen.

Die zeitlichen Unterschiede der Daten, zu denen in den Küstenregionen der westlichen und südlichen Ostsee der Ackerbau zum ersten Mal feststellbar ist, sind überraschend gering. Es müssen also gute Kontakte zwischen den Menschen in dem gesamten Gebiet zwischen Dänemark und Litauen, Polen und Nordschweden bestanden haben. Weil der Ackerbau und das Saatgut von Pflanzen aus dem Nahen Osten sogar auf die Inseln kam, nimmt man an, daß auch Kontakte über das Meer hinweg, also mit Booten, eine Rolle gespielt haben. Eine rasche Ausbreitung des Saatguts über Land wäre damals kaum möglich gewesen; denn es gab ja fast überall dichte Wälder, die schwer zu durchdringen waren. Erst recht kam Getreide nicht auf die Inseln ohne die Verwendung von Booten.

Während der Ackerbau als Innovation in Schweden weit in den Norden vorankam, ist Entsprechendes in Finnland bisher nicht feststellbar; und im nördlichen Baltikum gibt es nur an wenigen Orten Indizien dafür, daß damals auch dort der Ackerbau bereits einsetzte. Merkwürdigerweise begann man mit dem Ackerbau an vielen Orten der West- und Südküste der Ostsee, nicht aber im Osten des Meeres. Dieses zeigt, daß nicht klimatische Gründe bestimmend für die frühere oder spätere Etablierung des Ackerbaus waren, sondern die unterschiedlichen Böden. In Schweden gab es ausgezeichnete Böden vor allem in Schonen sowie in den Ebenen rings um die großen mittelschwedischen Seen. Solche guten Ackerböden fanden sich damals, als das ganze heute sichtbare Land noch nicht aus der Ostsee aufgetaucht war, in Finnland nicht. Die in Estland weit verbreiteten Böden auf Kalk waren ebenfalls für den jungsteinzeitlichen Ackerbau wohl meist zu steinig. Offenbar nur an ganz wenigen Stellen war dort Ackerbau bereits in der Jungsteinzeit möglich.

In Estland, besonders aber in Finnland mag aber auch eine Rolle gespielt haben, daß die Menschen damals noch keine Veranlassung sahen, ihre bisherige Lebensweise aufzugeben. An den finnischen Seen und zwischen den aus dem Meer auftauchenden Schären gab es Nahrung in großer Menge. Da ließ sich nicht nur fischen und Jagd auf Vögel, Seehunde und Waldtiere machen. Die Menschen nutzten auch die Wassernuß, die auf vielen finnischen Seen damals wuchs, als Nahrungsquelle. Vielleicht sorgten sie auch dafür, daß die Wassernuß von einem See zum anderen kam, betrieben also mit diesem Gewächs eine Art «Wasserackerbau».

Vor etwa 5000 Jahren, im 3. Jahrtausend vor Christi Geburt, entwickelte sich ein Gegensatz in der Landbewirtschaftung rings um die Ostsee, der bis heute nachwirkt. An den Südküsten des Meeres, in Dänemark, Schonen und rings um die mittelschwedischen Seen entstanden wahre Kornkammern. Dort gibt es Ackerböden, die zu den weltweit fruchtbarsten gehören. Ackerbau konnte dort viel krisenfester betrieben werden als in den Gebieten, aus dem die Kulturpflanzen ursprünglich stammten. Macht man sich auf einem Globus die weit nach Norden vorgeschobene Lage dieser Agrarlandschaften klar, ist dies wirklich erstaunlich. Die langen Tage im Sommer lassen das Korn schneller wachsen und reifen als im Süden. Das Wasser der Ostsee stabilisiert die Temperaturen in den Agrarregionen bis weit in den Herbst hinein auf einem hohen Niveau. Und das Hochgebirge Norwegens schirmt das Ostseegebiet vor den Regenwolken ab, die vom Atlantik her den Kontinent erreichen. Die Niederschläge fallen im Gebirge, die trockene Luft erwärmt sich bei Westwindwetterlagen, wenn sie vom Bergland heruntergeweht wird, es entsteht eine Föhnwetterlage. Und im Sommer gibt es immer wieder Südwindwetterlagen, wenn ein Tiefdruckgebiet über der nördlichen Nordsee liegt; warme Luft aus dem Inneren des Kontinents gelangt dann weit in den Norden, oft bis nach Lappland, wo sie sich unter dem Einfluß der rund um die Uhr scheinenden Sommersonne nicht abkühlt.

Wichtig wurde in der frühen Zeit im Norden vor allem der Anbau von Gerste. Denn diese Kulturpflanze reift am schnellsten. Weil Frühjahr und Sommer in den Ostseeländern spät beginnen – das Meer ist zu Beginn der warmen Jahreszeit noch kalt und sorgt für kühle Temperaturen in seiner Umgebung –, kann man die Felder erst spät bestellen. Es ist daher günstig, dann eine rasch wüchsige Getreideart wie die Gerste zu verwenden. In den Sprachen der Völker wird immer das wichtigste Getreide «Korn» genannt. «Korn» ist in Mitteleuropa stets der Roggen oder der Weizen, in manchen Gebieten auch Dinkel. Doch in der schwedischen Sprache nennt man die Gerste «Korn», was natürlich als ein Indiz auf die jahrtausendealte Bedeutung dieser Getreideart im Land zu werten ist. Noch heute fällt die große Bedeutung der Gerste auf den Feldern auf, besonders im hohen Norden. Hinzu trat in früher Zeit der Anbau von Emmer, einem Verwandten des Weizens, der aber viel weniger weit verbreitet war als die Gerste.

Obwohl Getreidebau dank der Ostsee schon früh bis dicht an den Polarkreis heran betrieben werden konnte, hat sich ein eigentümlicher Kontrast zwischen der agrarischen Welt und der Welt des Meeres entwickelt. Beinahe unvermittelt stoßen Kornfelder an die Meeresküsten. Sie dehnten sich schon früh bis an die Ränder der Steilküsten aus. Weil die Gischt, die sich an der Ostsee bildete, salzarm ist, litt das Getreide unter dem meeresnahen Anbau nicht. Es kam zur Herausbildung von Küsten- und Agrarlandschaften, die es nur dort gibt: Reifendes gelbes Getreide in unmittelbarer Nachbarschaft zum Meer kann man nur an der Ostseeküste sehen. An anderen Küsten der Welt ist die Entfernung zwischen Meer und Ackerland viel größer, denn anderswo ist die Luft in Meeresnähe zu salzhaltig für den Anbau von Getreide. Außerdem profitiert der Ackerbau davon, daß die Ostsee die Temperaturen im Spätsommer und Herbst lange Zeit auf einem recht hohen Niveau hält, so daß die Wachstumsperiode des Getreides trotz der nördlichen Lage der Ostseeländer recht lang ist.

Getreidefelder reichen bis dicht an die Ostseeküste, z.B. im Norden von Bornholm.

Dies alles galt aber zunächst nicht für die Gebiete im Nordosten der Ostsee. Während im Westen des Bottnischen Meerbusens, also im schwedischen Norrland, stellenweise schon in der Zeit um 3000 vor Christi Geburt Äcker bebaut wurden, ist dies für den finnischen Osten des Meerbusens nicht feststellbar. Auch als im südlichen Baltikum schon Ackerbau eingesetzt hatte, gab es ihn im Norden, in Estland, nicht. Dort ist bisher kein Ackerbau aus der Zeit um 3000 vor Christi Geburt festgestellt worden. Klimatische Gründe standen seinem Vorrücken nach Norden nicht im Wege. Im Nordosten der Ostsee gab es keinen frühen Übergang zur bäuerlichen Lebensweise. Dort begann man allerdings genauso wie im Süden und Westen mit der Herstellung von Keramik. Sie setzte in den meisten Gebieten Europas gleichzeitig mit der Einführung des Ackerbaus und der seßhaften Lebensweise ein. Im Nordosten des Ostseeraumes wurde zwar auch Keramik hergestellt, aber die Tontöpfe dienten nicht wie anderswo für die Aufbewahrung von Produkten der Landwirtschaft. Die frühe Einführung der Keramik belegt, daß es durchaus Kontakte zwischen

Bewohnern der Ostseeküstenländer gab, obwohl sie nicht zur Ausbreitung von Ackerbau und Viehhaltung führten.

In Mitteleuropa gelang als nächstes die Besiedlung von tiefgründigen Böden in den Senken der Kalkgebirge. Dies läßt sich an der Ostsee ebenfalls feststellen, nämlich in den Gebieten Estlands, in denen der Kalk nicht von dicken Lagen ehemaligen Meeresbodens oder von Moränen bedeckt war. Die Kalkgebiete Estlands wurden an einigen Stellen am Ende der Jungsteinzeit erstmals besiedelt, an anderen in der beginnenden Bronzezeit, also im ausgehenden 3. oder beginnenden 2. Jahrtausend vor Christi Geburt. Dort also wurde der Ackerbau einige Jahrhunderte, wenn nicht gar ein ganzes Jahrtausend später eingeführt als im Süden des Baltikums und in Schweden. Auch an den Steilküsten Estlands, am Glint im Norden des Landes, bildete sich erst dann der für den Ostseeraum so charakteristische unmittelbare Kontakt zwischen Meer und Agrarland heraus.

In Finnland kam in vorchristlicher Zeit eine Etablierung von Ackerbau und Viehhaltung nur an wenigen Stellen in Frage, und auf jeden Fall erst erheblich später als in Schweden. Lokal setzte während des 2. Jahrtausends vor Christi Geburt eine bäuerliche Bewirtschaftung des Landes ein. Der Ackerbau begann in einigen Küstenregionen, wo ehemaliger Meeresboden aus dem Wasser emporstieg, der fruchtbare, steinarme Lehm nicht abgespült worden war und die Bäche und Flüsse für eine gute Drainage des Landes sorgten. Die ältesten Ackerbaugebiete Finnlands liegen in der Loimaa-Ebene bei Turku/Åbo im Südwesten des Landes, am Ostrand des Bottnischen Meerbusens und in Karelien.

Keineswegs war aber damit der Ackerbau flächendeckend in Finnland eingeführt. Auch in Schweden blieben in vorchristlicher Zeit noch weite Küstenlandstriche unbeackert, wo die Böden sehr steinig waren. Sie ließen sich keineswegs mit Hacken und Pflügen bearbeiten, die nicht aus Eisen oder gar Stahl gefertigt waren. Die Ausbeutung und Verarbeitung von Eisen, die in der Eisenzeit, also im ersten Jahrtausend vor Christi Geburt, begann, war eine wichtige Voraussetzung dafür, daß Ackerbau auch außerhalb der Gebiete mit tiefgründigen Böden begonnen werden konnte. Und erst die umfangreichen künstlichen Drainagen von Mooren in der Neuzeit erlaubten es, mit dem Ackerbau auf den moorigen Böden Finnlands zu beginnen.

Die Siedlungen, die sich in früher Zeit im Süden des Ostseegebietes herausbildeten, ähnelten denen in anderen Teilen Mitteleuropas, wo die Ökotopengrenzlage der Siedlungen zwischen den feuchteren Regionen in den Tälern und Senken auf der einen sowie den trockeneren, höher gelegenen Bereichen auf den Höhen auf der anderen Seite der Höfe besonders günstig war. Denn das Ackerland oberhalb und das Weide- oder Grünland unterhalb der Siedlungen waren leicht zu erreichen; die agrarische Siedlung lag inmitten ihres Wirtschaftslandes. Dagegen entwickelte sich in den Regionen, in denen Landhebung eine Rolle spielte, also in Schweden und vor allem in Finnland, eine andere Struktur der Agrarlandschaft. Die besten Böden für den Ackerbau lagen dort nicht oberhalb der Siedlungen, sondern in den Senken der Küstenebenen oder in den flachen Tälern. Die Flüsse, die sich nur wenig tiefer in die früheren Meeresböden einschnitten, waren und sind links und rechts von einem schmalen Streifen Grünland eingefaßt. Im Norden Skandinaviens lag das wichtigste Weideland von Anfang an nicht in den Senken, sondern in den Wäldern, die auf den steinigen Böden oberhalb der Küstenebenen erhalten blieben. Die ländlichen Siedlungen Schwedens und Finnlands sind ebenfalls in der Mitte zwischen den Acker- und Weideflächen positioniert, nämlich am Rand der Hügel: Sie liegen dort aber nicht wie in Mitteleuropa unterhalb, sondern oberhalb des Ackerlandes. Und das Grünland befindet sich in Mitteleuropa so gut wie immer unterhalb, im Norden des Kontinentes aber oberhalb des Dorfes. Bis heute macht dies einen der Hauptunterschiede in der Ausprägung mittel- und nordeuropäischer Agrarlandschaften aus; in Finnland tritt er für den Besucher aus Mitteleuropa am deutlichsten zutage.

Bei der Besiedlung des Ostseeraumes haben sicher gute Kontakte quer über das Meer hinweg bestanden. Die Einführung des Ackerbaus, die wegen der günstigeren Böden zunächst nur im Westen des Meeres bis zum Polarkreis hinauf erfolgen konnte, im Osten dagegen nicht, führte zur Ausprägung von Unterschieden der menschlichen Lebensweisen beiderseits des Meeres. Die einen trieben Ackerbau, für die anderen behielten Jagd und Fischerei sowie das Sammeln von Pflanzen die beherrschende Bedeutung beim Erwerb von Nahrung. Die Menschen auf der einen Seite der Ostsee waren gezwungen, einen festen Wohnsitz zu nehmen, weil sie immer wieder auf den gleichen

Eine Meeresbucht nach der anderen fiel in Skandinavien trocken. Der Boden süßte rasch aus und war dann ideale Ackerfläche. Im Hintergrund der Dom von Uppsala.

Feldern zu arbeiten und die heranwachsenden Kulturpflanzen zu schützen hatten. Die Jäger und Sammler dagegen mußten immer wieder andere Gebiete aufsuchen, in denen sie den Tieren auflauern und Pflanzen sammeln konnten.

Die unterschiedlichen Lebensinhalte waren wohl eine der wesentlichen Ursachen für eine kulturelle Abgrenzung zwischen den Menschen im Westen und Süden auf der einen sowie im Nordosten des Ostseeraumes auf der anderen Seite. Sie verwendeten und verwenden völlig unterschiedliche Sprachen. Die Völker, bei denen Jagd und Fischfang sehr lange Zeit die wesentlichen Methoden zur Gewinnung von Nahrung waren, verständigen sich heute in finno-ugrischen Sprachen, nämlich die Finnen, Esten und andere Völker im nordwestlichen Teil Rußlands. In den anderen Ostseeregionen werden dagegen indogermanische oder – mit einem anderen Wort – indoeuropäische Sprachen gesprochen. Daraus wurde immer wieder gefolgert, daß die ursprünglichen finno-ugrischen Sprachen von indogermanischen überlagert wurden, die sich gemeinsam mit dem Ackerbau ausgebreitet hatten; dabei ging man auch davon aus, daß sich die indogermanischen Sprachen von einem Zentrum aus entwickelt hätten, von dem aus die Menschen – oder die Ackerbauern – Land für Land in einer Wanderbewegung aufsuchten und besiedelten. Genetische bzw. molekularbiologische Untersuchungen bestätigen diese Vorstellungen nicht. Sie sind auch überhaupt nicht zwingend, denn es ist lediglich eine Hypothese, die davon ausgeht, daß sich wirtschaftliche Neuerungen wie der Ackerbau zugleich mit Menschen und Sprachen ausgebreitet haben sollen. Diese Hypothese wird heute immer klarer widerlegt. Ackerbauern, die einen mehr oder weniger engen Kontakt miteinander pflegten, neue Kulturpflanzen, Ackerbaumethoden und weitere Techniken austauschten, mußten Sprachen entwickeln, die sich mehr oder weniger stark ähnelten. An dieser Entwicklung nahmen die Menschen im Nordosten der Ostsee keinen Anteil, denn für sie war es nicht wichtig, welche Kulturpflanzen aus dem Nahen Osten in die Ackerbauregionen gebracht wurden; sie brauchten auch keine Kenntnisse über neue Ackerbaumethoden. Nur in der wirtschaftlichen und kulturellen Isolation zwischen den Menschen im Süden und Westen der Ostsee einerseits sowie in ihrem Nordosten andererseits konnte ein Nebeneinander verschiedener Sprachen erhalten bleiben, die sich derart stark unterschieden und unterscheiden, daß ein Kontakt zwischen den Menschen, die entweder die eine oder die andere Sprache verwendeten, ausgeschlossen war.

Indogermanische oder indoeuropäische Sprachen entwickelten sich als Sprachen unter den Ackerbauern, die finno-ugrischen unter den Jägern und Sammlern. Interessanterweise sind die relativ früh entwickelten Kernregionen des Ackerbaus in Finnland auch diejenigen, in denen die schwedische Sprache weiteste Verbreitung fand, sei es dadurch, daß Schweden einwanderten, oder daß eine indigene Bevölkerung den Ackerbau und die schwedische Sprache übernahm. Die wichtigsten Ackerbaugebiete Finnlands, die vor allem im Südwesten, aber auch an der Ostküste des Bottnischen Meerbusens und in Karelien liegen, sind diejenigen Regionen gewesen, in denen Schwedisch die größte Verbreitung innerhalb Finnlands fand und wo – sieht man vom seit dem Zweiten Weltkrieg russischen Karelien ab – diese Sprache noch heute die Muttersprache eines großen Teils der Bevölkerung ist.

10. LANDBAU UND WENIGER MEERSALZ VERÄNDERN DIE UMWELT AN DER OSTSEE

Vorgeschichtliche Siedlungen, die nicht unter dem Einfluß einer staatlichen Herrschaft standen, unterschieden sich vor allem in einem Punkt von späteren, die in einer Zeit mit Staatshoheit und historischer Überlieferung existierten: Sie bestanden nicht auf Dauer. Von der Jungsteinzeit an bis zum Beginn des Mittelalters, in manchen Regionen Nordeuropas sogar noch danach, wurden ländliche Siedlungen gegründet, für eine Weile besiedelt und schließlich wieder aufgegeben. Die Gemeinschaft der Bewohner einer Siedlung gründete, wenn sie einen Siedelplatz verließ, zur gleichen Zeit eine neue Siedlung. Sie verlagerte Wohnstätten und Wirtschaftsflächen von einem Ort zum anderen. Die Umwelt der Menschen entwickelte sich in vorgeschichtlicher, «staatsloser» Zeit grundsätzlich anders als später, in historischer Zeit. Jahrtausendelang wurden nämlich in der «staatslosen» Periode zwar immer wieder neue Parzellen Wald gerodet, aber auf anderen Flächen konnte sich zur gleichen Zeit auch immer wieder erneut Wald entwickeln.

Der Wald mußte vor der Gründung einer bäuerlichen Siedlung und der Einrichtung ihrer Wirtschaftsflächen aus zwei Gründen gerodet werden. Zum einen brauchten die Menschen Holz, und zwar zum Bau der Häuser sowie als Werk- und vor allem als Brennholz, zum anderen konnten Getreide und andere Kulturpflanzen nur dann heranwachsen und reifen, wenn sie in der vollen Sonne standen und nicht von Bäumen beschattet wurden.

Lange, ebenmäßig gewachsene Stämme wurden gebraucht, um massive Holzhäuser zu errichten; die gerade gewachsenen Stämme verwendete man als durchgehende Firstbalken. Laubholz war zur Zeit der ersten Siedlungen im Ostseeraum weiter verbreitet als heute; Eichenstämme, deren Holz wegen des hohen Gerbstoffgehaltes besonders haltbar ist und die daher ein bevorzugter Baustoff waren, wachsen nur dann gerade in die Höhe, wenn sie dicht bei dicht nebeneinander in einem Wald stehen; andernfalls entwickeln sich die Bäume mehr oder weniger zickzackförmig und in die Breite. Baute man die Häuser direkt dort, wo man zuvor die Bäume gefällt hatte, sparte man sich die mühevolle Arbeit des Transportes. Der Wald war also ein günstiger Ort für die Gründung einer Siedlung.

Getreide, Hülsenfrüchte und Lein stammten aus dem Nahen Osten; die Wildpflanzen, aus denen diese Pflanzen von Bauern zu Kulturpflanzen gemacht wurden, wachsen dort in lichten Wäldern oder sogar in der vollen Sonne. Sie brauchen im Frühjahr reichlich Nährstoffe aus dem Boden und viel Regen, auf jeden Fall aber das volle Sonnenlicht, denn nur dann kann die Photosynthese in ihren Blättern optimal ablaufen, also organische Substanz aufgebaut werden, die zu Blättern, Stengeln, Samen oder Früchten wird. Im Sommer müssen die Pflanzen dann unter der Sonnenwärme reifen, so daß sie in möglichst trockenem Zustand geerntet werden können. Je trockener die Getreidekörner sind, desto besser lassen sie sich lagern, und das ist wichtig, will man einen ganzen Winter über täglich Brot haben.

Wenn man den Kulturpflanzen in Europa für einige Monate einen Standort schafft, der demjenigen in ihrem Herkunftsgebiet ähnelt, also dem Vorderen Orient, wachsen sie dort nicht nur hervorragend, sondern auf Dauer gesehen sogar besser als in ihrer «Urheimat», weil die Böden in vielen Teilen Europas fruchtbarer sind als im Nahen Osten. Vor allem Böden, die aus eiszeitlichen und späteren Ablagerungen hervorgegangen waren, enthalten zahlreiche mineralische Nährstoffe: die Böden in den Lößgebieten Mitteleuropas, auf Moränen und Sanderflächen, ehemalige Meeres- oder Seeböden, Böden in Küstenebenen, an denen Flüsse Lehm ansammelten. Ausnutzen konnte man beim Ackerbau, daß es in allen Gegenden rings um die Ostsee ein relativ regenreiches Frühjahr gibt; auch im Frühsommer kann eine regenreiche Periode auftreten. Für das Wachstum von Kulturpflanzen ist das günstig, weil dann genügend Wasser vorhanden ist; wichtig ist aber auch, daß genügend Sonnenlicht auf die Blätter der Pflanzen trifft, damit möglichst viel Photosynthese betrieben werden kann, und daß es nicht spät im Jahr noch zu Frösten kommt, von denen die Blätter der Pflanzen zerstört werden. Im Juli und August sind lange Schönwetterperioden, in denen das Getreide reift und geerntet werden kann, sowohl in Mittel- als auch in Nordeuropa charakteristisch. Problematisch wird es für die Bauern allerdings, wenn die trockene Periode, die für die Reifung des Getreides wichtig ist, in regenreichen Sommern nicht eintritt, so daß das Getreide nicht völlig reif wird oder nach der Ernte in feuchtem Zustand eingefahren werden muß. Dann vor allem droht eine Hungersnot. Besonders in peripheren Regionen des Ackerbaus besteht die Gefahr, daß die Zeit bis zum Beginn der kalten und feuchten Jahreszeit immer wieder einmal für die Entwicklung des Getreides nicht ausreicht.

Offensichtlich wußten schon die ersten Ackerbauern, wo Spät- oder Frühfröste drohten. Im wesentlichen gründeten sie ihre Siedlungen nur dort, wo Ackerbau erfolgreich zu sein versprach. Wenn eine Region einmal beackert worden war, wurde sie nicht wieder völlig verlassen. Der Feldbau wurde also nirgendwo, wenn er einmal eingeführt war, wieder aufgegeben. Daraus kann man schließen, daß sich die Bauern nur selten bei der Wahl eines Siedlungsplatzes irrten: Aus klimatischen Gründen mußte der Ackerbau in prähistorischer Zeit offenbar nirgendwo wieder völlig aufgegeben werden. Die Bauern waren, um ihre Wirtschaft zu stabilisieren, bestrebt, immer mindestens zwei verschiedene Getreidearten auf ihren Feldern zu haben, so daß, wenn eine Getreideart ausfiel, immer noch die Chance bestand, die andere ernten zu können. Außerdem war der Ackerbau stets mit Viehhaltung kombiniert, so daß in Zeiten des Getreidemangels die Möglichkeit bestand, auf eine Ernährung mit tierischen Produkten umzusteigen. Allerdings waren dafür die Grenzen eng gezogen, denn die Viehbestände waren klein.

Für Schafe, Ziegen und Rinder wurde in früher Zeit kein Weideland geschaffen. Diese Tiere wurden einfach in den Wald getrieben; dort fanden sie genügend Nahrung. Sie mußten von einem Hirten beaufsichtigt werden, der zu verhindern hatte, daß sie sich verliefen oder in das Getreideland einbrachen, um dort zu fressen. Beim Weiden betrieben die Tiere eine Selektion von Futterpflanzen: Bestimmte Gewächse, die gut schmeckten, rupften sie lieber ab als solche mit bitteren Inhaltsstoffen, Stacheln oder Dornen. Auch die jungen Triebe von Bäumen fraßen sie und deren Blätter, die sie erreichen konnten. Mit der Zeit wurden die beweideten Wälder daher immer lichter, und es sammelten sich dort immer mehr Gewächse an, die von den Tieren üblicherweise nicht oder nur zu bestimmten Zeiten gefressen wurden: Heidekraut, Wacholder, Borstgras. Bäume wuchsen dann kaum noch in die Höhe, ohne verbissen zu werden. Das Wachstum dieser Bäume dauerte deshalb erheblich länger. Schließlich nahmen die

Eine zur Gewinnung von Laubheu geschneitelte Linde an Linnés Geburtshaus (Råshult in Småland). Aus den Stümpfen trieben immer wieder neue Äste aus.

Wälder eher das Aussehen einer mehr oder weniger offenen Heide an. So lange dauerte aber in vorgeschichtlicher Zeit der Einfluß der Beweidung meistens noch nicht an; die großen Heidegebiete entwickelten sich erst in späterer Zeit, als in ihnen eine andauernd starke Beweidung stattfand.

In der Zeit nach der Ernte konnte das Vieh noch so lange auf den Feldern weiden, bis der erste Schnee fiel oder bis die Felder mit Winterkorn bestellt wurden. Die Beweidung der Ackerflächen war mit organischer Düngung durch die Tiere verbunden. Wenn das Vieh unter dem Schnee kein Futter mehr erreichte, mußte es in den Stall gebracht werden. Vermutlich sind Ställe schon frühzeitig eingerichtet worden, nicht nur zum Schutz der Tiere und zur Fütterung, sondern auch zur Ansammlung von Dung, der im folgenden Jahr auf den Feldern ausgebracht werden konnte.

Für die winterliche Versorgung des Viehs mußte im Sommer Futter gewonnen und anschließend gespeichert werden. Wiesen zur Gewinnung von Grasheu gab es in früher Zeit noch nicht; man besaß auch kein Werkzeug, um frisches Gras zu schneiden. Aber man konnte das Laub von den Bäumen gewinnen und Laubheu daraus machen. Wenn die Bäume in frischem Grün standen, schnitt man die belaubten Zweige ab, und zwar möglichst in einer Höhe von über zwei Metern über dem Boden; man nennt dies Schneitelung. Die jungen Zweige, die anschließend aus den Schnittstellen wieder austrieben, konnten vom Vieh nicht erreicht werden und rasch heranwachsen, so daß man sie später als Grünfutter erneut abschneiden konnte. Geschneitelte Bäume nahmen mit der Zeit ein buschiges Aussehen an, das man vor allem von Kopfweiden kennt. Noch heute wird in manchen Gegenden Skandinaviens Laubheu gewonnen; dort sieht man die charakteristischen Wuchsformen der Schneitelbäume. Die belaubten Äste wurden nach dem Schneiden gebündelt und in den geschneitelten Bäumen zum Trocknen aufgehängt; bis zum Herbst waren sie trocken, und man konnte das Laubheu dann in die Scheunen oder Hütten bringen. Das Vieh fraß das getrocknete Laubheu im Winter gerne.

Manche Arten von Bäumen wurden eher geschneitelt als andere, aber ausschließlich Laubbäume, vor allem Ulmen, Eschen und Linden. Auch die Zweige von Misteln, die sich als Schmarotzer im milden Süden des Ostseegebietes auf vielen Bäumen eingenistet hatten, und der Efeu wurden zur Gewinnung von Winterfutter genutzt. Vor allem die Eschen trieben nach einer Schneitelung rasch wieder aus. Sie wurden also weniger stark geschädigt, wuchsen weiter; so wurden sie zu einem Fruchtbarkeitssymbol. Efeu und Mistel, Linden und Ulmen wurden durch das Schneiteln stärker geschädigt und starben häufig ab. Zudem wurden die Ulmen, wie man annehmen muß, in der Phase des frühen Ackerbaus in Skandinavien von einem epidemischen Ulmensterben erfaßt. Die Ulmensplintkäfer, Verwandte des Borkenkäfers, die den Pilz übertragen, der das Ulmensterben auslöst, kamen leichter an den Splint der Bäume, wenn diese zuvor geschnitten worden waren. Sie konnten sich leicht in den Wunden der geschwächten Gewächse einnisten. In der Zeit um 3000 vor Christi Geburt wurden die Ulmen überall im nördlichen Europa dezimiert, auf den Britischen Inseln, an der südlichen Nord- und Ostsee, im südlichen Skandinavien. Das Ulmensterben griff dabei wohl auch auf Bestände der Bäume über, die außerhalb von besiedelten Regionen wuchsen und nicht durch das Schneiteln geschädigt worden waren.

Fortan gab es weniger Linden, Misteln und Efeu in den Wäldern rings um die Ostsee, vor allem aber nur noch selten Ulmen. Die Verbreitungsgebiete dieser wärmeliebenden Pflanzen hatten sich in den Jahrtausenden zuvor weit in den Norden vergrößert, nun wurde das Gebiet, in dem sie wuchsen, kleiner, und sie kamen in den Wäldern auch seltener vor. Ob dies aber allein eine Folge der Nutzung durch die Menschen war, ist nicht ganz klar. Denn gerade in der Zeit des frühen Ackerbaus hat sich im Ostseeraum wohl auch noch das Klima geändert, und dies könnte die wärmeliebenden Gewächse ökologisch außerdem benachteiligt haben.

Zunächst aber soll von einer weiteren Auswirkung der frühen Besiedlung auf die Entwicklung der Vegetation die Rede sein. Die Siedlungen bestanden, wie schon gesagt, nicht auf Dauer. Nach einer Besiedlungsdauer von einigen Jahrzehnten oder allenfalls Jahrhunderten wurden sie verlagert. Warum dies geschah, wissen wir nicht; aber sicherlich war eine wesentliche Voraussetzung für den Weiterbestand der Siedlung nicht mehr gegeben. Vielleicht ließen die Erträge auf den Feldern nach, vielleicht wurde eine weitere Bewirtschaftung der Felder durch neu austreibendes Gehölz erschwert, oder es mangelte an Bauholz zu einer Zeit, in der die Holzhäuser erneuert werden mußten, z.B. nach einem Brand. Es war möglicherweise leichter, die Siedlung dann an einen Ort im Wald zu verlagern, wo noch gerade gewachsene Baumstämme vorhanden waren, die in die neuen Hütten eingebaut wurden, anstatt Stämme über Hunderte von Metern oder gar Kilometer zum alten Siedlungsplatz zu transportieren. Zu einer Verlagerung von Siedlungen könnte es ferner auch aus sozialen Gründen gekommen sein.

Wenn ein Siedlungsplatz oder eine Wirtschaftsfläche nicht mehr bewohnt oder bearbeitet wurde, kam es zu sogenannten Sekundärsukzessionen von Gehölzen. Zuerst wucherte das Unkraut, dann kamen Sträucher auf. Birkensaat flog an, unter den Birken wuchsen andere Bäume in größere Höhen, die bald so viel Schatten unter sich verbreiteten, daß das Unkraut, die Sträucher und auch die Birken nicht mehr gedeihen konnten. Es schloß sich wieder Wald über der ehemaligen Siedlungs- und Wirtschaftsfläche. Dieser Wald konnte demjenigen ähneln, der vor der Gründung der Siedlung an Ort und Stelle vorgekommen war; er konnte aber auch aus anderen Baumarten bestehen, die sich leichter gegen die Birken im Verlauf einer Neubildung von Wald durchsetzen konnten als gegenüber anderen schattenspendenden Bäumen eines dichten Waldes.

Tatsächlich mag es durch die Rodung und die anschließende Neuentstehung von Wäldern zu einer Dezimierung von Eiche und Hasel in den Wäldern rings um die Ostsee gekommen sein. Von Osten her wurde aber nun das Verbreitungsgebiet der Fichte größer, von Süden her das von Buche und Hainbuche. In manchen Gebieten wurde die Kiefer häufiger. Auf den Åland-Inseln wurde möglicherweise die Verbreitung der Eibe im Verlauf von Neubildungen von Wäldern nach zeitweiliger Besiedlung größer.

Buchenwälder breiteten sich im Süden der Ostsee aus (bei Saßnitz/Rügen).

Alle diese markanten Veränderungen der Wälder, die zum Teil im dritten, zum anderen Teil im zweiten Jahrtausend vor Christi Geburt einsetzten, können aber auch klimatische Ursachen gehabt haben. Vor allem im Ostseegebiet ist für diese Zeit eine allmähliche Klimaverschlechterung feststellbar, die wohl mit einer weiteren Veränderung der Eigenart des Baltischen Meeres einherging. Der Meeresspiegelanstieg in den Ozeanen der Erde verlangsamte sich, denn nun war das meiste Eis der eiszeitlichen Gletscher abgeschmolzen. Das Land im Norden der Ostsee hob sich noch weiter, im Süden senkte es sich weiterhin geringfügig ab, und die Verbindungen der Ostsee mit den Weltmeeren wurden flacher. Weniger Salzwasser aus der Nordsee drang in die Ostsee ein, der Salzgehalt der Ostsee sank.

Dies hatte zwei Auswirkungen. Zum einen kam weniger erwärmtes Meerwasser aus der Nordsee in die Ostsee. Zum anderen änderten sich die physikalischen Eigenschaften des Ostseewassers. Sein Gefrierpunkt liegt bei hohem Salzgehalt niedriger, bei geringerem Salzgehalt höher. Je weniger Salz es enthält, desto früher friert es in einem kalten Winter zu. Je dicker und ausgedehnter die Eisdecke ist, desto mehr Schnee kann auf ihr liegen bleiben. Eine Eisdecke auf der nördlichen Ostsee kühlt so stark ab wie das von Schnee und Eis bedeckte Land. Über den wegen der Landhebung immer schmaler werdenden Bottnischen Meerbusen können sich dann winterliche Kältehochdruckgebiete bis nach Schweden ausweiten. Die Kälte wird durch das Eis auf der Ostsee stabilisiert, die Temperaturen bleiben im Frühjahr lange niedrig, und es ist zu Beginn der Vegetationsperiode eine sehr große Menge an Sonnenenergie erforderlich, um das Eis zu tauen.

Insgesamt muß ein Zusammenhang zwischen dem geringeren Salzgehalt der Ostsee und der Klimaentwicklung des zweiten vorchristlichen Jahrtausends bestanden haben. Die Wintertemperaturen im Ostseeraum, vor allem im Norden des Gebietes, sanken ab, und die Vegetationsperiode wurde kürzer, weil das Frühjahr später Einzug hielt. Die Schneeschmelze wurde verzögert, Eis blieb auf den finnischen Seen länger liegen, der Boden taute später auf, der Laubaustrieb der Bäume begann später, die Bestellung der Sommergetreidefelder zögerte sich hinaus, Korn und andere landwirtschaftlich wichtigen Pflanzen begannen erst später mit ihrem Wachstum.

Es ist nicht erkennbar, daß die Bauern wegen dieser Klimaveränderung in irgendeiner Gegend den Ackerbau wieder aufgegeben hätten. Sie waren allerdings in die klimatisch peripheren Räume damals noch gar nicht vorgestoßen. Aber die Konkurrenzverhältnisse unter den Gehölzen verschoben sich, und manche Gewächse kamen fortan im Ostseegebiet nicht mehr vor, weil sie in den kälteren Wintern erfroren oder die Länge der Sommer für ihre Entwicklung nicht ausreichte. Ob es aber wirklich allein klimatische Gründe waren, die ein weiteres Vorkommen bestimmter Pflanzen im Ostseeraum verhinderten, ist schwer zu entscheiden. Denn meist hatte die Nutzung durch den Menschen einen ähnlichen Effekt auf die Zusammensetzung der Lebensgemeinschaften wie eine Klimaveränderung.

Von da an wuchs im Süden Skandinaviens kein wilder Wein mehr, dessen Früchte die ersten Ackerbauern in Schonen noch gesammelt hatten. Allerdings könnte auch das übermäßige Sammeln der Weinbeeren zur Ausrottung der Pflanze geführt haben, die heute nur noch an wenigen Stellen im südlichen Mitteleuropa gedeiht.

Aus klimatischen Gründen wurde die Stechpalme in Südskandinavien seltener. Diese Pflanze hat immergrüne Blätter, die bei zu starkem Frost von innen her zerrissen werden. Auch der Rückgang von Efeu und Mistel könnte klimatisch bedingt gewesen sein, aber diese Gewächse sind eher, wie oben dargestellt, durch die Nutzung dezimiert worden.

Das ungünstiger werdende Klima könnte auch der Grund dafür gewesen sein, daß die Hasel im Norden seltener wurde. Der Busch war vor 5000 Jahren bis weit nach Norrland hinauf vorgekommen und auch nach Mittelfinnland. Ob die Hasel sich dort spontan verbreitet hatte, ist allerdings immer wieder bezweifelt worden; vielleicht hatten die Menschen ja Haselnüsse bis weit in den Norden mitgenommen und dort «gesät», so daß Büsche daraus wurden, deren Nüsse man als willkommene zusätzliche Nahrungsquelle nutzen konnte. Möglicherweise ließ das Interesse an ihnen nach, weil andere Nahrungsmittel zur Verfügung standen.

Daß das Wuchsgebiet der Hasel kleiner wurde, läßt sich nur beiderseits des Bottnischen Meerbusens feststellen, nicht aber an der norwegischen Westküste und in anderen europäischen Regionen. Es ist also möglich, daß es vor allem die spezielle Klimaveränderung an der Ostsee war, die zu einer ökologischen Benachteiligung der Hasel in den Gebieten an diesem Meer führte. Dort waren nun Kiefern und Fichten dem Laubgehölz überlegen. Seit der Mitte des zweiten Jahrtausends vor Christi Geburt wurde das Wuchsgebiet der Fichte im Norden erheblich größer. Bis zu dieser Zeit hatte die Westgrenze der nordischen Fichtenwälder jahrtausendelang in Karelien gelegen. Sie drangen nun bis ins westliche Norwegen vor. Fichtenwälder oder gemischte Wälder aus Fichten, Kiefern und Birken dominierten nun in allen Wäldern Skandinaviens, nur in einigen küstennahen Landstrichen nicht. Laubwälder hielten sich an einigen schwedischen und südwestfinnischen Küsten, auf den Inseln, vor allem aber in Schonen und in Dänemark. Auch im Baltikum breiteten sich die Nadelwälder bis dicht an die Küsten aus. Die Westgrenze des Wuchsgebietes von Fichten erreichte dort schließlich die Hügelländer Ostpreußens östlich der unteren Weichsel.

Allerdings könnte die Ausbreitung der Nadelbäume auch stellenweise durch die beginnende Bewirtschaftung der Wälder ausgelöst worden sein. Denn man schneitelte die Nadelbäume nicht, wohl aber die jungen Pflanzen von Laubhölzern. Das in den Wäldern weidende Vieh knabberte an jungen Laubbäumen, so gut wie nie dagegen an den harzreichen, spitzen und harten Nadeln. Und im Verlauf von Sekundärsukzessionen nach der Aufgabe von Siedlungen und Wirtschaftsflächen könnte die Ausbreitung der Nadelhölzer ebenfalls gefördert worden sein.

Auch die Seen in Finnland und Schweden veränderten sich, und Pflanzen verschwanden, die dort zuvor lange vorgekommen waren. Besondere Beachtung unter den Botanikern, Klimatologen und Archäologen fand dabei immer wieder das Verschwinden der Wassernuß. Diese Pflanze, die jahrtausendelang möglicherweise den kargen Speisezettel mesolithischer Jäger und Sammler bereichert hatte und womöglich ebenso wie die Hasel absichtlich in den Norden gebracht worden war, kann sich nur dann entwickeln, wenn über eine recht lange Zeit des Jahres eine hohe Wassertemperatur in den Seen herrscht. Sie ist aber auch auf eine reichliche Zufuhr von mineralischen Nährstoffen angewiesen. Es liegt nahe, das Aussterben der Wassernuß rings um die Ostsee auf klimatische Gründe zurückzuführen; denn wenn dort die Winter länger und die Sommer kürzer wurden, hatte eine Eisdecke auf den Seen längere Zeit im Jahr Bestand, und erst spät im Jahr waren die für das Gedeihen der Wassernuß erforderlichen hohen Temperaturen im Wasser erreicht. In immer mehr Jahren reichte die Zeit für ein Wachstum der Pflanze nicht aus; schließlich verschwand sie.

In den Seen kam es in der Zeit zwischen dem dritten und dem ersten Jahrtausend vor Christi Geburt zu weiteren Veränderungen der ökologischen Bedingungen. Im Gebiet der finnischen Seen wurde die Fläche der Moore immer größer, immer mehr von ihnen entwickelten sich zu nährstoffarmen Hochmooren. Immer weniger mineralische Nährstoffe gelangten in die Seen, statt dessen aber aus den Böden und Mooren immer mehr Huminsäure. Das Wasser der Moore in Finnland und Schweden wurde saurer und nährstoffärmer; auch das könnte entscheidend dafür gewesen sein, daß die Wassernuß immer seltener wurde. Ohne Zufuhr von Nährstoffen in die Seen gedeiht sie nicht; die Einspülung von Huminsäuren in die Gewässer ist für sie sogar schädlich. Schließlich mag auch eine Rolle gespielt haben, daß

– wie bei der Hasel – die Nutzung der Wassernußbestände durch den Menschen nachließ; er sorgte nicht mehr dafür, daß die Nüsse alljährlich an den Ufern der Seen ausgebracht wurden.

Es wird nie ganz zu entscheiden sein, ob es eher Einflüsse des Menschen waren oder des Klimas – das sich als Folge der Veränderung der Ostsee einstellte – oder Einflüsse der Bodenentwicklung, durch die wichtige Standortbedingungen verschoben wurden und deren Folge markante Vegetations- und Landschaftsveränderungen waren. Vielleicht haben sich die Veränderungen ökologischer Parameter gegenseitig bedingt, und vielleicht haben in dem einen Fall eher nutzungsbedingte, in einem anderen Fall eher klimatische Gründe die Landschaftsveränderungen hervorgerufen. Jedenfalls wirkten sich die ökologischen Veränderungen zeitlich nicht unmittelbar auf die Entwicklung von Vegetation und Landschaft aus, sondern die Verschiebungen ökologischer Bedingungen führten erst allmählich zu dem Zustand der Landschaft, in dem sie sich heute darstellt. Keineswegs verschwand die Wassernuß genau zur gleichen Zeit in sämtlichen finnischen und schwedischen Seen, sondern sie wurde über die Jahrtausende immer seltener. Genauso nahm die Vergrößerung des Wuchsgebietes der Fichte in Jahrtausenden zu, und jahrtausendelang machte sich die ökologische Benachteiligung der Hasel im Hinterland des Bottnischen Meerbusens stärker und stärker bemerkbar.

Inwieweit die Veränderung der klimatischen Parameter im Ostseeraum das Klima in anderen Teilen Europas beeinflußte, muß in Zukunft sehr viel behutsamer untersucht werden als bisher. Das die Forschung besonders faszinierende Phänomen des Rückgang von Hasel und Wassernuß im Norden hat immer wieder dazu geführt, für Veränderungen der Lebensverhältnisse – die sich von Archäologen, Klimatologen und Biologen für das zweite und erste vorchristliche Jahrtausend in anderen Teilen Europas erschließen ließen – ebenfalls eine Klimaverschlechterung verantwortlich zu machen. Ihnen geht es um die Erklärung von Seespiegel- und Gletscherschwankungen während der angeblich in einer Katastrophe endenden Bronzezeit. Dabei ist Vorsicht geboten. Denn in keiner Region außerhalb des Ostseeraumes sind die Folgen einer Klimaveränderung derart deutlich zu erkennen. Und wenn schon im direkten Umfeld der Ostsee die Entwicklung von laubholzreicheren zu Nadelwäldern oder das Verschwinden der Wassernuß Jahrtausende dauerte, wird man kaum erklären können, warum in Mitteleuropa abrupte Seespiegelschwankungen aufgetreten sein sollen oder sogar das Ende der Bronzezeit, ja die Völkerwanderungen ausgelöst worden seien, wie sie im östlichen Mittelmeergebiet wahrgenommen wurden. Zweifellos sind damals Menschen in Hellas eingefallen, und möglicherweise kamen sie auch teilweise aus dem Ostseeraum. Aber es läßt sich nicht feststellen, daß die Intensität der Besiedlung an der Ostsee in der Folgezeit nachließ; das Gegenteil ist der Fall. Es ist nicht mehr als ein Mythos, daß ganze Völker ihre agrarischen Nutzflächen im Ostseeraum mit Sack und Pack verließen, um sich im klimatisch begünstigten Süden niederzulassen. Nordeuropa blieb besiedelt; man muß sogar davon ausgehen, daß dort die Besiedlungsdichte zunahm. Weitere Regionen wurden unter den Pflug genommen, trotz etwaiger ungünstiger klimatischer Einflüsse. Wanderungen von Menschen in den Süden wurden wahrscheinlich viel eher durch den dortigen Reichtum ausgelöst, der sich in einer Region mit staatlicher Herrschaft entwickelt hatte. Die sich verstärkenden Kontakte zwischen Menschen in staatenlosen und staatlich gelenkten Regionen veranlaßten auch in der Folgezeit immer wieder Menschen zu Wanderbewegungen.

Die Veränderungen der Umwelt im zweiten und ersten vorchristlichen Jahrtausend führten dazu, daß sich immer klarer das heute vertraute Bild der Landschaft an der Ostsee herausbildete. Zwischen den Laubwaldgebieten im Süden des Meeres und den Nadelholzregionen im Norden entstanden immer deutlichere Grenzen, und zwar in Schweden entlang des «Limes Norrlandicus», der später von den Vegetationsgeographen so genannt wurde. Er verläuft nördlich der großen schwedischen Seen. Ausgedehnte Nadelwälder bildeten sich aber auch südlich der schwedischen Seen, durch die in der frühen Nacheiszeit die Verbindung zwischen der Ostsee und den Weltmeeren gelegen hatte. Diese Wälder bedecken heute das südschwedische Hochland von Småland. Sie bekamen mit der Zeit eine deutliche Grenze im Süden, zu Schonen hin. Sie wirkt auf den Besucher aus Mitteleuropa als die eigentliche südliche Begrenzung Skandinaviens.

Im Südosten des Ostseeraumes entwickelte sich die Grenze zwischen Laub- und Fichtenwäldern östlich der Weichselmündung, man könnte auch sagen, zwischen Mitteleuropa und dem Baltikum, in

Ostpreußen. Keineswegs bestehen in Europa einheitliche Vorstellungen darüber, was Mittel- und was Osteuropa ist. Doch kaum bestritten werden kann, daß sich vor allem im Gebiet zwischen Weichsel und Memel/Nemunas in den letzten Jahrtausenden immer wieder nicht nur natürliche, sondern auch kulturelle Grenzen herausgebildet haben. Landschaften im mitteleuropäischen Laubwaldgebiet haben ein völlig anderes Gepräge als Landschaften im nordosteuropäischen Nadelwaldgebiet. Das Werkholzsortiment der Wälder unterscheidet sich grundsätzlich. Und besonders wichtig für den Charakter der Siedlungen wurde die Tatsache, daß in den dichten Nadelwäldern des Nordostens weiterhin gerade gewachsene Stämme für den Bau von Häusern zur Verfügung standen, nicht aber im Süden und Südwesten des Ostseeraumes. Bis heute dominieren Holzhäuser in den ländlichen, zum Teil aber auch den städtischen Siedlungen in Schweden, Finnland und im Baltikum, also in den Nadelwaldregionen. Dagegen überwiegen in Schonen, Dänemark und an der südlichen Ostseeküste Häuser aus Stein oder Ziegeln.

Bronze- und eisenzeitliche Felszeichnungen finden sich vielerorts im Norden Europas. Sie zeigen unter anderem Jagdtiere (bei Näsåker am Ångermanälv im südlichen Norrland) …

… und Boote oder Schlitten (auf Bornholm).

11. DAS BRONZENE UND DAS EISERNE ZEITALTER

Ausgrabungen in den Küstenländern der Ostsee, vor allem in Dänemark, im südlichen Skandinavien und auf Gotland sowie im nördlichen Deutschland, förderten Gegenstände aus der Bronzezeit, der zweiten Hälfte des zweiten und der ersten Hälfte des ersten Jahrtausends vor Christi Geburt, zutage, die von einer erstaunlichen künstlerischen Blüte zeugen. Durchaus lassen sich die Bronzen aus Dänemark, Schmuckstücke ersten Ranges, denjenigen aus der mykenischen Kultur im östlichen Mittelmeerraum an die Seite stellen; Mykene datiert in genau die gleiche Zeit, in der die Bronzen im westlichen Ostseeraum entstanden. Die beiden archäologisch erfaßbaren Kulturen entwickelten sich völlig unterschiedlich weiter. Die mykenische Kultur führte zur Hochkultur des alten Hellas, die nordische Bronzezeit fand dagegen keine unmittelbare Fortsetzung in einer Hochkultur innerhalb eines Staatswesens. Um so erstaunlicher ist es, daß es im westlichen Ostseegebiet so frühzeitig zu einer hohen künstlerischen Blüte kam. Dabei ist besonders bemerkenswert, daß die Rohstoffe für die Bronzen, nämlich Kupfer und Zinn oder Blei, in den Moränengebieten Dänemarks und Norddeutschlands nicht vorkamen. Kupferlagerstätten wurden in Schweden, im Alpenraum und in Südosteuropa ausgebeutet; Zinn oder fertige Bronzen mußten aus weit entfernten Regionen eingeführt werden, so aus dem Karpatenraum oder dem Südwesten Englands. Es muß also weiträumige Kontakte zwischen den Menschen im damaligen Europa gegeben haben; die Rohstoffe für die Bronzeherstellung oder die fertigen Produkte wurden wohl mit Booten über das Meer transportiert.

Die Menschen im Ostseeraum mußten das Erz und erst recht die fertigen Produkte aus Metall gegen etwas eintauschen. Daß dies geschah, zeigen die Funde der Archäologen und die schriftlichen Quellen. Bernstein, das «Gold der Ostsee», wurde zum begehrten Handelsgut über weite Distanzen; in der «Odyssee» ist Bernstein erwähnt. Wie sehr er geschätzt wurde, zeigen die zahlreichen Bernsteinfunde aus der Bronzezeit in vielen Teilen Europas, aber auch die Bronzefunde aus dem westlichen Ostseegebiet. Denn die Rohstoffe wären ohne Tausch der Materialien wohl kaum an das Baltische Meer gekommen.

Einzelne Menschen an der westlichen Ostsee hatten genauso wie am östlichen Mittelmeer die Macht, andere Menschen zu befehligen. Sie erteilten die Aufträge, riesige Grabhügel für die Toten aufzurichten. Die Hügel werden heute Königs- oder Fürstengräber genannt. Ganz gleich, ob darin tatsächlich Könige oder Fürsten bestattet worden waren: Mächtig mußten die begrabenen Persönlichkeiten gewesen sein, und ihre Hinterbliebenen mußten ebenfalls große Macht besessen haben, um anderen Menschen befehlen zu können, lange und schwer zu arbeiten, bis ein solider Hügel aufgeschüttet war.

Die Menschen fuhren mit Booten über die Ostsee. Auf Gotland wurden viele bronzezeitliche Kunstwerke gefunden, woraus man schließt, daß die Insel damals ein kulturelles Zentrum war. Auch an andere Küsten der Ostsee gelangten die Menschen über das Meer, brachten Bronzegegenstände dorthin. Sie erwarben im Tausch vielleicht Bernstein oder Felle. Die Tatsache, daß es im Ostseeraum einen wirtschaftlichen und kulturellen Austausch gegeben hat, wird auch durch die ähnlichen Motive der Felszeichnungen bewiesen, die sich im Norden Skandinaviens, etwa am Ångermanälv, und auf den südlichsten Granitfelsen des Ostseeraumes, auf Bornholm, finden lassen. Sie zeigen neben Szenen der Jagd und der Landwirtschaft Schlitten und Boote, vielleicht diejenigen, die von den Menschen genutzt wurden, um nicht nur längs der Küsten unterwegs zu sein, sondern auch quer über das Meer ins ferne Gotland. Die Boote mußten eine gewisse Hochseetauglichkeit besitzen, und ihre Besatzung mußte wissen, wie man sich mit Hilfe der Gestirne auf dem Meer zurechtfindet; denn für eine Passage vom schwedischen Festland auf die größte Ostseeinsel oder von dort an die Küste des Baltikums war man lange Zeit unterwegs, in der man weder Festland noch Insel vom Boot aus erblicken konnte.

Das Gebiet, in dem man im Ostseeraum Ackerbau betrieb, wurde nur wenig größer. Die Bewirtschaftung schwererer, steinigerer Böden gelang durch die Anspannung von Tieren, wohl meist Rindern, aber auch Pferden, und durch bessere Pflüge: Die Bodenbearbeitung mit Pfluggespannen wurde auf Felszeichnungen dargestellt. In der finnischen Forschung ist man der Ansicht, daß von Anfang an Brandrodung angewendet wurde, um Kulturland zu schaffen; dies wird aber von seiten schwedischer Forscher bestritten. In den fruchtbaren Küstenregionen Finnlands und Schwedens wird Brandrodung kaum eine günstige Methode gewesen sein, Kulturland zu schaffen. Denn zum einen sind dort die Böden mit genügend Nährstoffen versorgt (ganz anders als die steinigen Böden, die in späterer Zeit unter den Pflug genommen wurden), zum anderen lassen sich die in diesen Regionen vor etwa dreitausend Jahren noch vorherrschenden Laubbäume Eiche, Linde und Hasel schwer in Brand setzen. Nur das völlig trockene, tote Holz dieser Bäume brennt, nicht aber die Bäume, wenn sie in vollem Saft stehen. Allerdings gibt es in der finnischen Sprache ein besonderes Wort für das Abbrennen von Laubwäldern, so daß man vielleicht doch annehmen muß, daß man eine Technik kannte, Laubwälder abbrennen zu lassen, um offenes Agrarland zu gewinnen und es mit den Mineralstoffen der Asche zu düngen. Aber man brauchte auch in der frühen Zeit der Ackerbaukultur in Finnland viel Holz zum Hausbau und Heizen, so daß man damit haushälterisch umgehen mußte. Daher wird man wohl doch der Ansicht zuneigen müssen, daß in frühen Zeiten Ackerbauern in Finnland ihre Wälder nicht abbrannten, um Ackerland zu gewinnen; sie taten dies erst später. Sowohl nach einer Rodung ohne Feuer als auch nach Brandrodung stellten sich ähnliche Pflanzengemeinschaften auf den Freiflächen ein: Dort wuchsen Wacholder, Heidekraut, Adlerfarn – sie lassen sich durch vegetationsgeschichtliche Untersuchungen nachweisen. Das ist aber kein zwingender Beweis für Brandrodungen, wie von einigen finnischen Forschern behauptet wird, sondern nur allgemein ein Hinweis auf Rodungen.

Die guten Kontakte zwischen den Ackerbauern im Ostseeraum führten dazu, daß lange Zeit hindurch an vielen Küsten die gleichen Kulturpflanzen angebaut wurden. Auf Moränenstandorten im Süden der Ostsee wurde genauso wie auf den Inseln aus alten Gesteinen und den Gebieten in Schweden, die aus ehemaligen Meeresböden hervorgegangen waren, sowie in den Küstenebenen Schwedens und Finnlands vor allem Gerste kultiviert, im Süden des Ostseeraumes auch Hirse.

Zu Beginn der Bronzezeit kam in Dänemark und Südschweden der Anbau von Dinkel auf. Dieses Getreide wurde zu dieser Zeit in weit voneinander entfernten Regionen Europas bekannt, und zwar ausgehend von Südosteuropa in der Slowakei, im nördlichen Alpenvorland und im westlichen Ostseeraum; in Gebieten zwischen diesen Anbauregionen wurden keine Funde von Dinkelkörnern gemacht. Der Ausbreitungsweg des Getreides von der Umgebung der Karpaten nach Dänemark und in den Süden Skandinaviens ähnelt demjenigen der Bronzetechnologie, so daß beides im Zusammenhang gesehen werden kann. Dinkel ist stets vor allem als Wintergetreide angebaut worden; die Aussaat erfolgte nicht erst im Frühjahr, sondern schon im Spätsommer oder Herbst des Vorjahres. Die Pflanzen, die aus bereits im Herbst gesäten Körnern hervorgingen, hatten einen Wachstumsvorsprung gegenüber später gesäten und konnten somit früher geerntet werden. Bei einer Verwendung von Winter- als auch Sommerkorn ziehen sich die Erntezeit und die Zeit der Felderbestellung in die Länge. Dies ist ein großer Vorteil für die Zeiteinteilung der Ackerbauern. Die zeitliche Spitzenbelastung von Arbeitskräften fällt nämlich gemäßigter aus; man kann mit weniger Personen, die allerdings eine längere Zeit gebraucht werden, mehr Getreide ernten und mehr Felder bestellen. Möglicherweise konnten dadurch Arbeiter freigesetzt werden, die als transhumante (mit Herden wandernde) Hirten die Siedlungen der Ackerbauern saisonal verließen oder die mit der Gewinnung und Verarbeitung von Erzen beschäftigt waren.

Von der bronzezeitlichen Kultur im Südwesten und in den Küstenregionen der Ostsee setzte sich eine Gruppe von Menschen ab, die weiterhin nicht von Ackerbau und Viehhaltung, sondern als Jäger, Fischer und Sammler lebten. Sie verwendeten andere Formen von Keramik und andere Typen von Bronzegegenständen. Die Archäologen können diese Gruppe im Norden Rußlands und Skandinaviens, in Finnland und im nördlichen Baltikum nachweisen, und zwar vor allem im Hinterland, nicht aber direkt an den Küsten. Diese Menschen lebten in Regionen, in denen Nadelholz dominierte, die Taiga aus Fichten und Kiefern. Wo aber Laubholz vorherrschte, lebten Ackerbauern: im Südwesten des Ostseeraumes, zwischen Mittelschweden und der Odermündung sowie entlang den Küsten im östlichen baltischen Raum. Die Ackerbauern und die «Waldmenschen», die sich wie schon Jahrtausende zuvor vor allem von erbeuteten Tieren aus den Wäldern, Seen und Meeren sowie von gesammelten Früchten und Pilzen ernährten, setzten sich offenbar voneinander ab. Für die Grenzziehung zwischen den «Kulturgruppen», wie sie heute von den Archäologen rekonstruiert werden, war weniger das Meer entscheidend als die unterschiedliche Ausprägung der Vegetation – die Grenze zwischen dem nemoralen Laubwald Mitteleuropas und dem borealen Waldland des Nordostens.

Kurz vor der Mitte des ersten Jahrtausends vor Christi Geburt ging die Bronzezeit im Ostseeraum zu Ende, und es folgte die Eisenzeit. Sie gilt oft als eine Zeit des Niederganges, denn Eisen gilt gewissermaßen als «vulgäres» Metall, und es fehlen die erstaunlichen Kunstwerke. Die Grabhügel aus dieser Zeit sind kleiner als die früheren. Einigermaßen monumental sind nur die Bauta-Steine, steinerne Stelen aus Granit, die auf eisenzeitlichen Gräbern Bornholms stehen.

Es gibt Archäologen und Historiker, die eine schon erwähnte Begründung für den angeblichen Niedergang der Kultur bei der Hand haben: Das Klima habe sich verschlechtert, so daß die kulturelle Blütezeit ein Ende finden mußte. Doch bedeutete die Erfindung der Eisenverarbeitung etwas ganz anderes. Eisen war als Rohstoff weit verbreitet, es mußte nicht wie Kupfer und Zinn über weite Distanzen transportiert werden. Es war deshalb weniger Grund gegeben, Tauschhandel über große Distanzen zu organisieren. Eisen fand man in Niedermooren und Talsenken. Dort gab es das sogenannte Raseneisenerz, auch Sumpferz oder Wiesenerz genannt. Eisen ist im Boden allgemein in kleinen Mengen vorhanden. Im Lauf von Jahrtausenden wurde das Eisen aus dem Oberboden ausgewaschen, und es sammelt sich im Grundwasserbereich. In feuchten Senken stammt es sowohl aus dem Boden an Ort und Stelle als auch aus Böden der Umgebung; das Wasser spülte es in den Senken zusammen. Nun ist der Wasserstand in feuchten Senken nicht immer gleich hoch; wenn der Grundwasserspiegel absinkt, gelangt das Eisen im Boden mit dem Sauerstoff aus der Luft in Kontakt und reagiert mit ihm zu Eisenoxyd. Nach einigen Jahrtausenden der Bodenentwicklung kommt es in Senken in derart großen Mengen vor, daß sich sein Abbau lohnt. Die Bauern der Eisenzeit fanden das Erz ganz in der Nähe ihrer Wohnplätze und Wirtschaftsflächen. Wichtige Vorkommen von Raseneisenerz hatten sich in den meisten Gebieten rings um die Ostsee entwickelt. Eisen konnte man in der Nähe der Siedlungen abbauen, schmelzen und verarbeiten.

Dabei und bei der Verarbeitung anderer Metalle wurden wohl Spuren von Schwermetallen freigesetzt, die in den Erzen vorkamen.

Jedenfalls wurden in den Ablagerungen am Grund von schwedischen Seen erhöhte Mengen an Blei festgestellt, die dort seit der Eisenzeit, in einigen Fällen auch schon seit der Bronzezeit abgelagert worden waren. Die Bleispuren in den Sedimenten der Seen wurden auch anders interpretiert; Ursache für die Bleiablagerung in schwedischen Seen soll die Verwendung von Blei im antiken Rom gewesen sein. Es fanden sich aber in den Seen ganz unterschiedliche Ablagerungsbeträge, und in einzelnen Fällen setzte die Ablagerung des Schwermetalls schon lange vor der Römerzeit, in anderen später ein. In nordschwedischen Seen ist die Zunahme der Bleiablagerungen nur undeutlich oder überhaupt nicht zu sehen. Daher können die Bleiablagerungen auch anders gedeutet werden: Gerade in einem Zentrum der Erzverarbeitung, wie es Süd- und Mittelschweden seit der Bronzezeit eines war, kann Blei aus lokaler Produktion als Verunreinigung der Luft in die Ablagerungen nahegelegener Seen gelangt sein – und nicht aus der Verarbeitung von Blei und anderen Erzen im fernen Rom.

Eisen galt als Rohstoff für Kunstwerke nicht viel, war aber für die Entwicklung der Menschheit außerordentlich wichtig. Um nur zwei Beispiele zu nennen: Eisen wurde ein wichtiger Rohstoff für Waffen, und aus Eisen ließen sich ganz neuartige Gegenstände für die Land- und Waldwirtschaft herstellen, Äxte, Sägen, Sensen für das Ernten von Gras und eiserne Pflugscharen. Diese Geräte mußten verfügbar sein, damit im Mittelalter ausgedehnte Wälder gerodet und Ackerflächen auf steinigen Böden bestellt werden konnten. Daher kann – betrachtet man die Kulturentwicklung aus agrarhistorischer Sicht – die Eisenzeit im Ostseeraum keineswegs als eine Periode des Niederganges bezeichnet werden.

Tatsächlich gelang es in der Folgezeit, neue Regionen für den Ackerbau zu erschließen, in Schweden, in Estland, im Osten Finnlands, am Ladogasee. Dort siedelte man allerdings nicht nur auf schwereren oder steinigeren Böden, sondern auch auf ehemaligem Seeboden. Vor etwas mehr als 3000 Jahren war es nämlich wegen der fortgesetzten Landhebung zu einem erheblichen Anstieg des Wasserstandes im Ladogasee gekommen. Dadurch wurde er zu einem reinen Süßwassersee, nachdem zuvor immer wieder Salz- oder Brackwasser aus der Ostsee in ihn eingedrungen war. Zwischen dem See und dem Finnischen Meerbusen hatte sich damals ein neuer Fluß, die Newa, gebildet. Der Wasserspiegel im Ladogasee sank erheblich ab, als der Fluß seinen Weg ins Meer gefunden hatte. Ehemaliger Seeboden trocknete ab und ließ sich seit der Eisenzeit zum Ackerbau verwenden. Die Abtrennung des Ladogasees und die Entstehung der Newa hat möglicherweise die ökologischen Verhältnisse in der Ostsee beeinflußt, denn der kurze Strom zwischen dem Ladogasee und der Ostsee ist der bei weitem wasserreichste, der in das Baltische Meer mündet: Über die Newa wird mehr Süßwasser in die Ostsee gebracht als über die drei Ströme zusammen, die in der Reihenfolge des Wasserreichtums auf den russischen Fluß folgen, nämlich Weichsel, Düna und Memel. Nicht nur durch das Flacherwerden der Wasserstraßen zwischen Nord- und Ostsee, sondern auch durch die Wandlung des Ladogasees von der Meeresbucht zum Süßwassersee und die Entstehung der Newa sowie einer davon ausgehenden neuen Strömung, die wohl weit in den Finnischen Meerbusen hineindrückte, mag daher der Salzgehalt der Ostsee weiträumig abgenommen haben. Die Dauer der winterlichen Eisbedeckung auf dem Ladogasee und dem Finnischen Meerbusen wurde dadurch verlängert.

In einigen Regionen Finnlands, beispielsweise in Karelien, mag während der Eisenzeit tatsächlich mit der Brandrodungswirtschaft begonnen worden sein. Denn nun kamen auch mineralärmere Böden unter den Pflug, die mit der Asche heruntergebrannter Bäume gedüngt werden mußten. Ferner gab es in Karelien und anderen Teilen Finnlands während der Eisenzeit Wälder, die sich gut abbrennen ließen: Nadelwälder mit Fichten und Kiefern. Auch die Birken, die nach einigen Jahren Ackerbau auf den Flächen wieder hochgekommen waren, ließen sich gut in Brand setzen. Nach jeder Ackerbauphase, die nur wenige Jahre andauerte, ließ man die Bäume einige Jahrzehnte lang in die Höhe wachsen. In dieser Zeit sammelten sie und die Pilze, die sich mit den Baumwurzeln zu einer Lebensgemeinschaft verbanden, mineralische Nährstoffe an, die man bei einem erneuten Abbrennen des Waldes dem Ackerland nutzbar machen konnte. Allerdings entnahm man vor dem Abbrennen des Waldlandes die großen Stämme, die sich als Bauholz eigneten. Angezündet wurde nur das Abfallholz.

Die Felder waren klein und quadratisch; wo vorhanden, wurden Steine aus dem Boden entfernt und als Wälle rings um die Felder angesammelt. Die quadratischen Feldstücke hat man «Celtic fields» genannt, obwohl sie mit den Kelten nichts zu tun haben. Sie sind im Ostseeraum sowohl in Norddeutschland und Dänemark als auch im Baltikum und Finnland nachgewiesen worden. Die Felder wurden kreuz und quer gepflügt; die Erdschollen auf ihnen wurden nicht gewendet. Man baute weiterhin vor allem Gerste und besonders im Süden des Ostseeraumes Hirse an. Der zusätzlich ausgebrachte Emmer wurde allmählich durch Roggen und einen kleinkörnigen Weizen ersetzt, der sogar in Finnland angebaut wurde. Das ist deswegen bemerkenswert, weil Weizen bei schlechter Kornlagerung leichter verdirbt als andere Getreidearten. Die Bauern der damaligen Zeit müssen also gute und trockene Scheunen besessen haben, in denen sich Weizen auch bei nordisch-kühlem Wetter aufbewahren ließ. Tatsächlich gibt es in traditionellen Bauernhäusern im nördlichen Baltikum und Finnland einen beheizten Trockenraum, der mit der Sauna in Verbindung stehen kann; in Estland wird dieser Raum «Riege» genannt. In einem solchen beheizten Raum konnte Getreide trocken gelagert werden.

Trotz der möglichen Verschlechterung des Klimas: Anzeichen für einen Rückgang der Agrartechnik aus der Eisenzeit im Ostseeraum fehlen; vielmehr sind gerade in dieser Zeit wichtige Fortschritte in der Technik der Bewirtschaftung von Wald und Ackerland gemacht worden. Die Agrargeschichte der Eisenzeit hatte, nach den Nachweisen der Kulturpflanzen zu urteilen, keine Brüche, und in den Pollendiagrammen sind auch keine auffälligen Unterbrechungen der Siedlungsperioden ersichtlich. Dagegen konstatieren Archäologen einen Wandel von Kulturen, die den Balten, Slawen oder Germanen zugerechnet werden. Daraus werden für die ausgehende Eisen- und Völkerwanderungszeit große Wanderungen von Völkern abgeleitet. Doch kann eine Gruppe von Bauern – und nichts anderes sind diese prähistorischen «Völker» gewesen – nicht ein Gebiet verlassen und ein anderes aufsuchen, ohne daß eine Versorgung für diese Menschen sichergestellt ist. Die Funde von Kulturpflanzen und die Pollendiagramme verweisen auf Kontinuität, also ein Verharren der Menschen in einem bestimmten Siedlungsraum, in dem freilich weiterhin die Siedlungen innerhalb kleinerer Distanzen verlagert wurden. Das schließt nicht aus, daß sich einige Sippschaften von einer Gruppe ab-

Der Krater von Kaali/Sall auf Saaremaa/Ösel entstand durch den Einschlag eines Meteoriten in der Bronze- oder Eisenzeit. Ist dies Mimirs Quelle aus der «Edda»?

wandten und eine «Wanderung» begannen; durch eine solche Wanderung kann die archäologisch festgestellte Änderung von Stilen bei der Herstellung gewisser Gegenstände wie Fibeln und Armreifen ausgelöst worden sein.

Das Mittelalter und mit ihm die schriftliche Überlieferung von historischen Fakten setzte im Ostseeraum später ein als in Mitteleuropa, im Süden kurz vor der Wende zum zweiten Jahrtausend nach Christi Geburt, im Norden noch später; daher dauert die Periode der Eisenzeit im Norden länger an als im Süden.

Die Menschen im Ostseeraum blieben in losem Kontakt miteinander, und Nachrichten aus der Welt des Baltischen Meeres drangen hin und wieder auch weit darüber hinaus. Es dauerte aber oft lange Zeit, bis man von Mund zu Mund oder durch Nachrichten von den wenigen Reisenden etwas über andere Gebiete in der Ferne erfuhr. Trotzdem: Was sich in der ausgehenden Bronze- oder frühen Eisenzeit im Ostseeraum ereignete, war etwas Unerhörtes. Es gehörte zu den Vorkommnissen, welche die Menschen auf der Welt weithin jahrhundertelang beeindruckten, ohne daß sie exakt lokalisiert werden konnten. Damals flog ein Meteorit über den Himmel und schlug auf der estnischen Insel Saaremaa/Ösel ein. Er hinterließ bis heute gut sichtbare Krater, vor allem den Krater von Kaali/Sall. Durch naturwissenschaftliche Untersuchungen ist nachgewiesen, daß weite Teile der Insel durch die Erschütterung der Erde, durch die Druckwelle und durch Waldbrände zerstört wurden. Zahlreiche Menschen müssen dabei auf der Insel umgekommen sein.

Nach Meinung des estnischen Historikers und früheren Staatspräsidenten Lennart Meri nimmt ein berühmtes literarisches Werk aus dem Norden Europas, das zuerst lange nur mündlich überliefert und im Mittelalter schriftlich aufgezeichnet wurde, auf dieses Ereignis Bezug: die «Edda» des Snorri Sturluson. Der Schauplatz der «Edda» ist Thule, was gemeinhin mit Island gleichgesetzt wird, denn dort wurde die Saga im Mittelalter aufgeschrieben. Doch der Begriff Thule könnte auf das estnische Wort «tule» für Feuer zurückgehen, und Saaremaa könnte Tulesaar, die Feuerinsel, sein, auf der ein Feuereinschlug und die davon in Brand gesetzt wurde. Im Text der «Edda» finden sich zahlreiche Anspielungen, mit denen das für die Menschen unbegreifliche Geschehen des Meteoriteneinschlags auf Saaremaa umschrieben sein könnte: «Surt kommt von Süden mit der Zweige Verderben, es leuchtet die Sonne vom Schwert der Walgötter, Felsen prallen zusammen, und Trollweiber stürzen, Menschen gehen den Helweg, und der Himmel birst»; «das, was du rot im Bogen siehst, ist brennendes Feuer»; Frigg (oder Fricka) reitet auf ihrem Pferd durch die Luft, einige Beobachter sahen das. Der Hammer Mjöllnir, womit der «Blitzer» oder «Zermalmer» gemeint sein könnte, wird von Thor, dem «Donnergott», vom Himmel auf den Bergriesen geworfen; «der erste Schlag traf so, daß der Schädel in viele Stücke brach. Er schickte ihn hinunter nach Niflheim». «Mit Getöse birst der Himmel… Surt kommt zuerst, vor ihm wie hinter ihm brennt Feuer. Sein Schwert ist vortrefflich, von ihm geht mehr Glanz aus als von der Sonne… Schließlich schleudert Surt Feuer über die Erde, und die ganze Welt brennt»; «vom Himmel stürzen die hellen Sterne; es wüten Feuer und Rauch, große Hitze steigt selbst bis zum Himmel empor» (Zitate aus der Übersetzung von A. Krause).

Der Krater von Kaali, der nach dem Einschlag zurückblieb und heute ein tiefes Wasserloch mit wechselndem Wasserstand ist, könnte Mimirs Quelle sein, die in der «Edda» erwähnt wird. Mimir trinkt daraus mit dem Gjallarhorn. Allvater Odin erbat sich einen Trunk, doch bekam er erst etwas, nachdem er sein Auge als Pfand gegeben hatte. Auch dieses Auge könnte eine Umschreibung des leuchtenden Himmelskörpers sein, der auf der Insel einschlug, genauso wie der goldene Becher, den der König von Thule in das Meer warf, bevor er starb; von dieser weiteren möglichen Version der Geschichte vom Meteoriteneinschlag ist in Goethes «Faust» die Rede.

An Mimirs Quelle wuchs die Weltenesche Yggdrasil. Wenn es authentisch sein soll, daß dieser Baum in der «Edda» eine Rolle spielt, dann kann Thule, das Land der «Edda», keineswegs Island sein, denn dort wächst die Esche nicht. Aber auf Saaremaa kommt sie vor; der Krater von Kaali ist bis heute von einem Kranz von Eschen und Ulmen umgeben, die an diesem besonders feuchten Ort in sonst trockener Umgebung auf dem Kalkstein der Insel gute Wuchsbedingungen finden. In der «Edda» ist die Weltenesche Yggdrasil der erste und beste Baum, der an der Quelle Mimirs in die Höhe kam. Das klingt aus botanischer Sicht glaubhaft. Denn Eschen können nach der Zerstörung ihrer Stämme schneller und besser wieder austreiben als andere Gehölzarten; daher überstehen sie ja auch das Schneiteln besser als andere Bäume.

In der mittelalterlichen Kirche von Liiva auf der Insel Muhu oder Moon, die Saaremaa unmittelbar benachbart ist, wird ein Stein aufbewahrt, der einen heidnischen Priester, ein Horn (das Gjallarhorn?) und einen Weltenbaum zeigt. Der Stein ist liegend in die Kirche eingemauert zum Zeichen, daß er vom erstarkten Christentum «gelegt» und damit der heidnische Götzenglaube besiegt wurde. Bis heute ist in der Bevölkerung bekannt, daß ein Baum, der auf dem Kirchhof von Liiva steht, etwas mit dem Weltenbaum zu tun haben könnte: Dort steht eine riesige Esche, die immer wieder geschneitelt wurde und ein hohes Alter haben dürfte.

Eschen, die erstaunlichen Bäume, die nach dem Schneiteln immer wieder neue Zweige in die Höhe wachsen lassen, stehen nicht nur in Liiva, sondern auch an zahlreichen anderen Orten Skandinaviens, des Baltikums und Finnlands auf den Kirchhöfen; viele von ihnen werden bis heute durch Schneitelung in Façon gehalten, ob als Fruchtbarkeitssymbole oder als Reminiszenzen an ältere Kulte, bleibe dahingestellt.

Über diese und andere Theorien wird selbstverständlich viel gestritten, und kein Mensch kann Genaues über die Lokalisierung von Geschehnissen angeben, die in einer Saga verschlüsselt wiedergegeben werden. Den Erzählern war wohl nicht wichtig, wo sich das von ihnen berichtete Geschehen abgespielt hat, sondern daß es sich zugetragen hat, und sie erklärten es mit Worten, die sie zu verstehen meinten. Auch in anderen Sagen wird übrigens möglicherweise auf den Meteoriteneinschlag angespielt, unter anderem im estnischen Heldenepos «Kalevipoeg», das noch viel längere Zeit lediglich mündlich tradiert und erst im 19. Jahrhundert aufgezeichnet wurde.

Die Menschen hatten in vorchristlicher Zeit Kontakt miteinander quer über die Ostsee und weit darüber hinaus, an die Nordsee, ans Mittelmeer. Dort war das Zusammenleben der Menschen in anderer Weise organisiert: Die Menschen lebten in festen politischen und wirtschaftlichen Strukturen, in den antiken Staaten. Obwohl sie sich nicht in den Norden Europas ausweiteten, strahlte ihre innere Struktur dorthin aus. Das führte schließlich dazu, daß auch in den nördlichen Regionen Europas feste staatliche und wirtschaftliche Strukturen eingeführt wurden.

Geschneitelte Eschen findet man auf vielen Kirchhöfen in Nordeuropa, u.a. auf Fårö. Sie erinnern möglicherweise an die Weltenesche Yggdrasil, deren Äste immer wieder austrieben.

12. NEUE ORDNUNGEN FÜR LEBEN UND LANDSCHAFT

Im Zeitraum zwischen der Eisenzeit und der frühen Neuzeit veränderten sich das Leben der Menschen im Ostseeraum und die von ihnen – nach den sich wandelnden Bedingungen der Natur – gestaltete Landschaft tiefgreifend. In den meisten Regionen vollzog sich der Wandel mit dem Beginn des Mittelalters: In Völkerschaften, denen die Schrift nicht bekannt war, die daher keine schriftlichen Nachrichten hinterließen und deren Spuren nur mit archäologischen Methoden erschlossen werden können, gab es Menschen, die sich in Schriftzeichen äußerten und daher Zeugnisse niederlegten, die von Historikern erfaßt werden können. Diese Entwicklung ist Teil eines umfassenden Prozesses der Akkulturation, der den Beginn der historischen Überlieferung bezeichnet und Kolonisation genannt wurde.

Die Kolonisation im Süden und Osten des Ostseeraumes ging von mehreren Richtungen aus. Aus dem Westen breiteten sich Staaten aus, die in der Tradition des karolingischen Reiches standen, das seinen Wurzeln nach ein Nachfolger des Imperium Romanum war. Nicht allein die Deutschen, sondern auch die Dänen und Schweden unterwarfen von Westen her Länder im Ostseeraum. Ein zweiter Kolonisationsstrang erreichte den Süden des Ostseeraumes, von der Adria ausgehend östlich der Alpen, über Mähren und Böhmen nach Polen. Kolonisation im Osten der Ostsee ging von Ostrom, also von Byzanz, aus, folgte den großen russischen Strömen nach Norden und dann nach Westen. Viele Gewalttätigkeiten, von denen im Zusammenhang mit der Kolonisation vor allem im Baltikum berichtet wird, standen weniger im Zusammenhang mit der Einführung neuer Lebens- und Landschaftsordnungen, sondern gingen von der Konkurrenzsituation zwischen den verschiedenen Protagonisten der Kolonisation aus, die sich gegenseitig bekämpften. Die neue Lebens- und Landschaftsordnung war keineswegs nur das Resultat militärischer Aktionen und Unterwerfungen, von Grausamkeit der «Herrenmenschen» den «Untermenschen» gegenüber. Sie konnte zwar das Resultat kriegerischer Handlung sein, aber das war nicht zwingend so. Akkulturation kann auch friedlich erfolgen.

In diesem Buch sollen die rein historischen Entwicklungen nicht im Mittelpunkt stehen. Für die Landschaftsgeschichte ist es nicht wesentlich, welches Volk von welchem Staat unterworfen oder kolonisiert wurde. Vielmehr soll dargestellt werden, wie sich das Geschehen dieser Zeit auf die Geschichte der Landschaft ausgewirkt hat. Und da gibt es ein erstaunliches Resultat: In Schweden, wo die Einführung einer neuen Lebens- und Landschaftsordnung weitgehend friedlich verlief, trat ein ähnliches Resultat für die Vegetation und die Landschaft ein wie im Baltikum, wo die neuen Ordnungen mit Gewalt eingeführt wurden.

Das läßt sich den Pollendiagrammen entnehmen. Die Ablagerungen, in denen die Zusammensetzungen der Pollenkörner untersucht werden, stammen sowohl aus der Zeit vor als auch nach dem Umbruch der Ordnung. In den Pollenprofilen aus vorgeschichtlicher Zeit sind Pollenkörner von Getreide nicht kontinuierlich abgelagert worden, das heißt: nicht in jeder untersuchten Schicht. Der Grund dafür könnte sein, daß nicht nur Siedlungen immer wieder aufgegeben und verlagert wurden, sondern auch daß die Getreidefelder sehr klein waren und nur wenig Pollen von Getreidepflanzen in die Umgebung der Äcker und in die Moore und Seen gelangte, aus denen die Pollenprofile gewonnen wurden. Aber die Ablagerung von mehr oder weniger Getreidepollen ist nicht das einzige Indiz für Diskontinuität oder Kontinuität der Besiedlung. Diskontinuierliche vorgeschichtliche Besiedlung zeigt sich in den Pollendiagrammen auch an Hinweisen auf Sekundärsukzessionen neuer Wälder nach der Aufgabe von Siedlungen und Ackerflächen. Die Buche, die Hainbuche und die Fichte, die es vor der Besiedlung durch vorgeschichtliche Ackerbauern nur in bestimmten Regionen gegeben hatte, wurden in ihrer Ausbreitung begünstigt. Diese Resultate stammen aus Zeitabschnitten, in denen die Siedlungen auch nach archäologischen Befunden nicht länger als einige Jahrzehnte oder Jahrhunderte bestanden haben.

In den Pollenablagerungen aus späterer Zeit, aus der es auch historische Überlieferung gibt, zeigt sich ein anderes Bild: Getreidepollen ist kontinuierlich in jeder Schicht der Ablagerungen zu finden, auch in größeren und zunehmenden Mengen. Der Ablauf von Sekundärsukzessionen ist nicht mehr belegt; die Ausbreitung der Buche war mit der Einführung der neuen Lebens- und Landschaftsordnung beendet. Im frühen Mittelalter bildeten sich die heute noch bestehenden Verbreitungsgrenzen des Baumes im Süden Skandinaviens und östlich der Weichsel. In manchen Gebieten wurde auch das weitere Vorkommen oder die weitere Ausbreitung der Eibe verhindert. Die Hainbuche wurde dagegen noch weiter in ihrer Ausbreitung in den Wäldern gefördert, denn sie verträgt im Unterschied zur Buche häufige und intensive Nutzung, weil sie besser als andere Bäume nach dem Abhacken ihrer Stämme und Äste wieder ausschlagen kann.

Diese Wandlungen sind in den Pollendiagrammen aus Schweden, dem südwestlichen wie dem südlichen Ostseeraum, dem Baltikum und Finnland prinzipiell ähnlich dokumentiert. In keinem Gebiet kam es vor der Kolonisation zu einer langen Siedlungsunterbrechung, die sich von einer normalen Siedlungspause in prähistorischer Zeit unterschied. Und zunächst faßte die neue Lebens- und Landschaftsordnung nur dort Fuß, wo zuvor schon Menschen nach prähistorischer Lebensweise gelebt und Ackerbau betrieben hatten.

Was geschah im einzelnen zwischen der Eisenzeit und dem Mittelalter, und worin bestand die neue Lebens- und Landschaftsordnung? In der ausgehenden Eisenzeit, in der in weiten Teilen Mitteleuropas bereits das Mittelalter begonnen hatte, lebten im Ostseeraum viele kleine Volksstämme, deren Namen, Sprachen und Verbreitungsgebiete mehr oder weniger gut dokumentiert sind. An der südwestlichen Ostsee waren Germanen und Slawen ansässig. Die Ostseeslawen besiedelten Pommern; dieser geographische Name ist aus einer slawischen Orts- und Stammesbezeichnung abgeleitet, die nichts anderes bedeutet als «am Meer». Östlich der Weichsel lebten baltische Stämme, die Prussen und Litauer, die Kuren, Selen, Semgaller und Lettgaller, die sich später gemeinsam als Letten bezeichneten. Im Norden schlossen sich die Gebiete finno-ugrischer Stämme an, der Liven und Esten. Im äußersten Südosten des Finnischen Meerbusens lebte der finno-ugrische Stamm der Woten, nördlich davon waren die Finnen ansässig, die aus mehreren Stämmen bestanden. Auch das heutige Schweden wurde von einigen Stämmen besiedelt, die sich später zum schwedischen Reich, zu «Sverige», zusammenschlossen. Die wichtigsten Grenzen zwischen diesen Stämmen fielen ungefähr mit Landschaftsgrenzen zusammen. Östlich der Weichsel, wo die mitteleuropäischen Laubwälder und die östlichen Nadelwälder damals schon aneinanderstießen, befand sich die Grenze zwischen den slawischen und den baltischen Stämmen. Dort, wo die Grenze zwischen den baltischen und finno-ugrischen Stämmen am südlichen Rigaer Meerbusen lag, verlief auch ungefähr die Trennlinie zwischen dem sich hebenden Land im Norden und dem sich senkenden Gebiet im Süden. Viele Flächen im Norden dieser Linie, in Estland, hatten sich so langsam aus dem Meer gehoben, daß feine Bestandteile gründlich davon abgewaschen worden waren; die Böden eigneten sich wegen ihres reichen Vorkommens an Steinen kaum für den Ackerbau. Im Süden wurden die Böden dagegen nicht von der Brandung der Ostsee ausgewaschen, so daß sie für den Landbau viel geeigneter waren und sind. An der Küste werden diese Gegensätze noch heute deutlich: Vor allem nördlich der estnisch-lettischen Grenze sind die Küsten steinig, weil dort nur das grobe Material liegen blieb, das feine aber ausgewaschen wurde. Im Südteil der Rigaer Bucht bestehen dagegen breite Strandwälle einer Ausgleichsküste, die sich, wie wir gesehen haben, nur dort bilden kann, wo das Land in gleicher Höhenlage dem Meeresspiegel gegenüber bleibt oder wo es sogar absinkt. Diese landschaftliche Situation war für die Ausbildung einer Grenze ebenfalls gut geeignet – genauso wie an einer Grenze der Vegetation. Die Trennlinie zwischen den Gebieten von Menschen, die verschiedene Sprachen sprechen, entsteht nicht unbedingt durch eine Zuwanderung, sondern auch dadurch, daß die Menschen über die landschaftliche Grenze hinweg weniger Kontakt halten als innerhalb eines landschaftlich einheitlichen Gebietes. Nördlich der Grenze zwischen indogermanischen und finno-ugrischen Gruppen im Baltikum wurde im ersten Jahrtausend nach Christi Geburt noch immer nur spärlicher Ackerbau betrieben, weiter südlich war er offenbar viel weiter verbreitet.

Die Grenze zwischen den Gebieten der Finnen und der Schweden im Norden war, wie wir bereits gesehen haben, ebenfalls eine Grenze zwischen Mischwald- und Nadelwaldgebieten. In den Mischwaldregionen der großen Ebenen und der kleineren Küstenregionen an den Flußmündungen im heutigen Schweden sowie in einzelnen Küstengebieten des heutigen Finnland wurde Ackerbau getrieben, möglicherweise von einer schwedischsprachigen Bevölkerung. Die Finnen lebten dagegen mehr im Binnenland, in den Wäldern, und ernährten sich weiterhin hauptsächlich von der Jagd, wohl nur selten und teilweise vom Ackerbau. Eine weitere klare Grenze bildete sich zwischen den Einflußgebieten Schwedens und Dänemarks heraus, und zwar nicht im Raum der Inseln Dänemarks oder entlang einer Wasserstraße, wie dies heute der Fall ist, sondern entlang der Grenze zwischen den Laubwäldern im südlichen Schonen und den Nadelwäldern im Norden Schonens und im Süden Smålands.

Die Menschen in diesen Regionen waren mehr oder weniger intensiv mit Staaten und festen wirtschaftlichen Gemeinschaften in Berührung gekommen. In der Zeit um Christi Geburt hatte sich das Imperium Romanum weit nach Mitteleuropa ausgebreitet. Die Einflußsphäre der Römer reichte beträchtlich über den Limes hinaus. Auf römerzeitlichen Import in den Ostseeraum weisen Fundstücke auf den großen Inseln Bornholm, Öland und Gotland hin, aber auch an anderen Orten. Genauso wie in der Antike die Römer wahrscheinlich etwas von dem Meteoriteneinschlag auf Saaremaa/Ösel erfahren hatten, mag den Menschen an der Ostsee bewußt gewesen sein, daß es im Süden und in der Mitte Europas Gebiete gab, in denen feste staatliche und wirtschaftliche Strukturen bestanden. Über den Handel kam Reichtum sowohl in weite Teile des römischen Reiches als auch über dessen Grenzen hinaus. Das römische Reich konnte sich aber in Mitteleuropa nicht halten, weil seine Grenze, der Limes, zu unterschiedliche Völkerschaften trennte, zwischen denen ein geregelter Kontakt auf Dauer kaum möglich war. In dem noch nach prähistorischer Weise besiedelten Gebiet nördlich des Limes konnten keine dauerhaften Handelsbeziehungen aufgebaut werden.

Die Lebensweisen der Menschen südlich und nördlich des Limes waren auf Dauer inkompatibel. Nach der historischen, auch der archäologischen Überlieferung wurde der Limes von «Völkern» überrannt, denen das Imperium Romanum nicht gewachsen war, so daß das römische Staats- und Wirtschaftsgebiet kleiner wurde. Die Römer und ihre festen Siedlungs- und Wirtschaftsstrukturen zogen sich aus Mitteleuropa zurück. Nach der historischen Überlieferung strömten ganze «Völker» in das verbliebene Gebiet des Imperium Romanum. Was unter diesen «Völkern» genau zu verstehen ist, wissen wir nicht. Aus praktischen Erwägungen heraus ist es unwahrscheinlich, daß ganze Völker ihre bisherigen Siedlungsgebiete vollständig aufgaben und sich auf den Weg nach Rom machten, mit Kind und Kegel, Vieh und Erntevorräten. Denn dann wäre lange Zeit kein Ackerbau betrieben worden, und bei einer hypothetischen Neuansiedlung von nachfolgenden Ackerbauern wären diese nicht mit den lokalen Boden- und Witterungsverhältnissen vertraut gewesen. Es konnte nun aber nachgewiesen werden, daß in den betreffenden Regionen lange Zeit die gleichen Kulturpflanzen angebaut wurden und daß die Grenzen zwischen den Gebieten einzelner Stämme lange konstant blieben. So sind es wahrscheinlich doch nur Teile von «Völkern» gewesen, die sich auf das verbliebene Gebiet des Imperium Romanum zu bewegten und es von den Rändern her destabilisierten. Einige der wandernden Trupps haben sicherlich auf ihrem Weg andere Stämme unterworfen. Diejenigen, die direkt ins römische Reich eindrangen, versuchten, den Anschluß an die wirtschaftlichen Strukturen des Imperiums zu halten, doch sie zerstörten es gerade dadurch, denn sie verstanden offensichtlich nicht, wie die Zentralgewalt und die Wirtschaft des kollabierenden Riesenreiches funktioniert hatten.

Pollendiagramme aus dem Gebiet, das in den ersten Jahrhunderten des ersten nachchristlichen Jahrtausends zum Imperium Romanum gehört hatte, zeigen kontinuierliche Besiedlung und fehlende Sekundärsukzessionen von Wäldern in der römischen Besatzungszeit, aber erneut diskontinuierliche Besiedlung und Sekundärsukzessionen (mit einer Ausbreitung der Buche) in den Jahrhunderten danach. In diesen Pollendiagrammen ist genauso wie in denjenigen aus dem nicht von den Römern beherrschten Ostseegebiet in späteren, mittelalterlichen Ablagerungen die dauerhafte neue Form der Besiedlung und Landesbewirtschaftung angezeigt.

Diese Ablagerungen, welche die Pollenprofile nachweisen, entstanden, als sich die staatlichen und wirtschaftlichen Gewalten wieder nach Norden und vor allem nach Osten auszubreiten begannen. Dabei mußten die Völkergruppen, die den festen Staat von außen her bedrohten, entweder stabilisiert oder besiegt werden. Und der feste Staat mußte wachsen, damit verhindert wurde, daß Gruppierungen von außerhalb lebenden Menschen, die man für «Wilde» hielt, in das Gebiet des geregelten staatlichen Gemeinwesens eindrangen. Ziel war es, Frieden, friedliche Koexistenz, Stabilität, eine feste wirtschaftliche Struktur und ein solides Staatsgebilde zu schaffen.

Im Ostseeraum diente diesem Ziel die Ausbreitung des Christentums. Es ist an feste Bauten oder Kirchen als Stützpunkte gebunden. Es regelte die gleichmäßige Verteilung von lebensnotwendigen Gütern unter den Menschen, indem es für das «Teilen» oder «Brechen» des Brotes eintrat, zum Wohle und Nutzen der «Hungrigen». Das gemeinsame Vorgehen mit weltlichen Gewalten bei der Stabilisierung des Landes ist besonders bei der Kolonisationsbewegung aus dem Westen offensichtlich, vor allem in der Zeit, als im hohen Mittelalter der Deutsche Orden in das Geschehen eingriff, dem die Befreiung des Heiligen Landes mißlungen war und der anschließend mit großer Härte die Ausbreitung des Christentums und der weltlichen Macht im Baltikum betrieb. Auch von Polen und Rußland ausgehend waren geistliche Mächte an der Ausbreitung staatlicher und wirtschaftlicher Stabilität im Ostseeraum beteiligt.

Staatlich und wirtschaftlich feste Strukturen entwickelten sich nur dann, wenn die Siedlungen ortsfest blieben. Die Orte mußten gewissermaßen kalkulierbar sein und fest an den aufzubauenden Handelslinien liegen. Es gab Siedlungen, die schon zuvor bestanden hatten und im Mittelalter an gleicher Stelle erhalten blieben. Andere wurden zusammengelegt, wobei es zwei verschiedene Formen dafür gab: Entweder wurde eine Siedlung unter Vergrößerung einer anderen aufgegeben, oder alle Siedlungen wurden verlassen, um eine neue, größere zu gründen. Dies konnte beispielsweise günstig sein, wenn der Handel konzentriert werden sollte, wenn man nahe bei der Kirche des Kirchdorfes wohnen wollte, wenn ein Schutzbedürfnis bestand oder wenn eine gemeinsame landwirtschaftliche Flur angelegt werden sollte, für deren Bewirtschaftung bestimmte Geräte gebraucht wurden, die nicht jeder Bauer besaß, z.B. einen die Scholle wendenden Pflug. Zum Zusammenschluß mehrerer kleinerer Siedlungen zu einem größeren Dorf kam es vor allem, wenn unter herrschaftlicher Lenkung die Struktur der Agrarlandschaft verbessert werden sollte. Interessant ist in diesem Zusammenhang, daß das Wort «Dorf» für eine große ländliche Ansiedlung wohl ursprünglich einen Ort bezeichnete, an dem man zusammenkam, sich «traf». Dörfer, die ausdrücklich so genannt wurden und in vielen Gegenden eigentlich Mittelpunktsorte waren und sind, könnten also aus mehreren kleineren Weilern zusammengelegt worden sein. In vielen Teilen Schwedens blieben die alten Weiler erhalten. In Mecklenburg dagegen entstanden große

Siedlungen mit der Kirche in der Mitte, die man von überallher sehen konnte und die mit Glocke und Windfahne wichtige Informationen für die Bevölkerung verbreitete. Sah man die Wolken in der Umgebung und die von der Wetterfahne angezeigte Windrichtung, konnte die Entwicklung der Witterung für die nächsten Stunden vom auf dem Feld arbeitenden Bauern abgeschätzt werden. Die Kirchenglocke wurde geläutet, um den Tag zu strukturieren, also morgens, mittags und abends, zu Beginn und zum Ende der Arbeitszeit, zu Beginn des Gottesdienstes; außerdem erklang sie bei Gefahr.

Die Marienburg, mächtiger Sitz des Deutschen Ordens an der Nogat, dem östlichen Mündungsarm der Weichsel.

Nur zwischen den festliegenden Siedlungen konnte es stabile Handelswege geben. Der Handel mit den Dörfern hatte zunächst sicher nur einen kleinen Umfang, aber er mußte funktionieren, wenn eine Verlagerung der Dörfer in Zeiten wirtschaftlicher Probleme nicht in Frage kam. Die Siedlungen wurden in prähistorischer Zeit mutmaßlich nur dann aufgegeben, wenn irgendein für ihren Weiterbestand wichtiges Gut nicht mehr verfügbar war wie beispielsweise Korn oder Holz. Kam es im Mittelalter zu einer Mangelsituation, mußte über wirtschaftliche Beziehungen versucht werden, Ersatz zu schaffen, damit die Siedlung an Ort und Stelle weiterbestehen konnte. Hatte es

Die Olskerke, eine der wehrhaften Rundkirchen auf Bornholm. Die Bevölkerung verschanzte sich in der Kirche, wenn Gefahr drohte.

eine Feuersbrunst gegeben, mußte über Handelswege Bauholz in die Siedlung geliefert werden. Fehlte es an Korn, mußte es ebenso über den Handel beschafft werden. War im Dorf kein Kapital vorhanden, um das Handelsgut zu bezahlen, trat die christliche Kirche mit ihrem Gebot der Barmherzigkeit ins Feld, sorgte dafür, daß andere Christen von ihrem Überfluß abgaben. Der Handel konnte mit Wagen auf Straßen betrieben werden; einfacher und effizienter war im Mittelalter der Transport über das Wasser. Im Ostseeraum war er weiträumig möglich, weil man vom Meer aus weit in das Land eindringen konnte, über die Fjorde in Schweden, die Förden in Deutschland und über die trägen Ströme des Ostens, die ohne Schleusen auch gegen die Strömung leicht zu befahren waren. Im Norden Europas bestand im übrigen ein effizientes Transportsystem mit schlittenartigen Booten, die sowohl auf dem Wasser als auch auf Eis und Schnee verwendet werden konnten; besonders im Winter kam man mit diesen «Transportern» leicht von einem Gewässer zum anderen. Sie hielten sich in einigen Regionen bis in die frühe Neuzeit.

Für die Herstellung von Agrarordnungen, unter anderem die geregelte Dreifelderwirtschaft oder den Flurzwang, für die Organisation wirtschaftlicher Beziehung, den Handel und die Güterverteilung sowie für die Regelung von Abgaben, die in einem stabilen Land essentiell waren, war die Einführung der Schrift und verbreiteter Kenntnisse, sie zu verwenden, eine unabdingbare Voraussetzung. Aus diesem Grund war die Einführung neuer, stabilerer Lebens- und Landschaftsordnungen untrennbar mit dem Aufkommen schriftlicher Quellen verbunden. Die Historiker erfassen also, wenn sie frühe schriftliche Quellen erschließen, in Wirklichkeit ein wichtiges Indiz der Einführung der neuen Ordnung. Ebenso wichtig ist es, diesen Prozeß von seiten der Archäologie, der Landschafts- und Vegetationsgeschichte zu erforschen, weil diese Fächer über Quellen verfügen, welche die Verhältnisse im Land sowohl vor als auch nach der Einführung der Schrift widerspiegeln.

Für die Sicherung des Handels auf den Straßen mußte es in bestimmten Abständen Städte und Burgen geben, also befestigte Orte, an die man sich zurückziehen konnte, wenn Gefahr drohte. Städte und Burgen waren die eigentlichen Stützpunkte der Stabilität, an denen auch der Handel über Märkte konzentriert wurde. Das Wort für den Markt(platz) im Dänischen («torv»), im Schwedischen («torg») und im Finnischen («tori») scheint möglicherweise mit dem Begriff «Dorf» sprachlich verwandt zu sein; auch auf dem Markt traf man sich! Die Absicherung der Städte nach außen ist eines von deren wesentlichen Kennzeichen. Das slawische «Gorod» (für Stadt; in Städtenamen taucht oft die Endsilbe «-grad» oder «-gard» auf, wie in Belgard) ist sprachlich mit dem ebenfalls umzäunten «Garten» verwandt oder dem nach außen strikt abgegrenzten Mehrseithof in Dänemark und Südschweden, der «Gard» oder «Gård» genannt wird.

Ein ganzes Netz fest ummauerter Städte entstand vor allem im Südwesten des Ostseeraumes; in Mecklenburg ist es in besonders beeindruckender Form erhalten. Ummauerte Siedlungen sind auch die riesige Marienburg des Deutschen Ordens an der Nogat, Danzig, Visby auf Gotland und Tallinn/Reval. Dagegen hatten die meisten schwedischen Städte keine Mauern. Weitere besonders geschützte Bauten sind die Rundkirchen auf Bornholm und in Schonen. Die Bevölkerung zog sich in die Kirchen zurück, wenn Gefahr von außen drohte, und Vorräte konnten in den Bauten gespeichert werden.

Die Siedlungen wurden zu festen Stützpunkten des politischen und wirtschaftlichen Lebens. Reisende und Kaufleute, die auf den Straßen oder auf dem Meer entlang der Küsten unterwegs waren, rechneten mit ihnen. Die Kirchen der Hafenstädte wurden so gebaut, daß sie als Seezeichen dienen konnten. Beispiele dafür sind die weit aufragenden Türme von Rostock, Tallinn/Reval oder Riga.

Übergriffe auf das befriedete Land gab es auch weiterhin. Es gelang ja nicht, sämtliches Land zugleich zu einem stabilen Gebilde zu machen, also zu einem Staat mit festen Siedlungen und Verkehrswegen. Ständig mußte mit Übergriffen der «Wilden» gerechnet werden. Sie galten nun als «Räuber» oder «Seeräuber». Doch muß man sich vor Augen halten, daß diese Menschen lediglich an den Segnungen der geregelten Welt teilhaben und Reichtümer gewinnen wollten, die zwischen den einzelnen Stützpunkten der neuen Weltordnung transportiert wurden. Wie Wirtschaft funktionierte, verstanden nur diejenigen, die daran teilhatten, nicht aber die «wilden Völker». Aus spät in die stabile Welt integrierten Regionen wie dem Westen Estlands heraus brachen immer wieder «Räuber» auf, um Siedlungen und Schiffe zu überfallen. Sie drangen sogar in das Innere Schwedens vor, bis nach Sigtuna am Mälarsee, das sie zerstörten. Im ersten Viertel des 13. Jahrhunderts unternahmen die Öseler Esten von Saaremaa aus nicht weniger als fünfzehn Raubzüge; 1227 wurde ihrem Treiben ein Ende gesetzt, indem ihr Land unterworfen und in die neue Ordnung integriert wurde.

In den Kirchen Nordeuropas wurde der Sieg über das Wilde in unterschiedlicher, aber sehr interessanter Weise dokumentiert. Symbole des alten Glaubens wurden in die neu entstandenen Kirchen integriert; solche Bildsteine finden sich in Bro auf Gotland, in Altenkirchen, der ältesten Kirche auf Rügen, und – wie schon erwähnt – in Liiva auf der estnischen Insel Muhu/Moon. Die Bildsteine aus vorchristlicher Zeit sind oft nicht aufrecht, sondern gelegt in die Kirchen integriert, zum Zeichen, daß der alte Glaube vom Christentum besiegt wurde.

Häufig in den Kirchen dargestellt sind die Heiligen Drei Könige, die dem Christkind im Stall zu Betlehem huldigen; man könnte hierin eine Anspielung auf die Unterwerfung von Stammesfürsten unter das Christentum sehen, die ihren Untertanen vorangehen mußten. Häufig dargestellt ist der Kampf mit Schlangen oder dem Drachen;

Die Kirchen der Hafenstädte (z.B. Riga) haben charakteristische Turmhauben, die von weitem zu erkennen sind.

Schlangen wurden in den Kunstwerken des eisenzeitlichen Tierstils Nordeuropas immer wieder dargestellt und hatten möglicherweise eine mythologische Bedeutung. Auf Runensteinen aus christlicher Zeit sind häufig christliche Kreuze dargestellt, die von Schlangenwesen umgeben sind. Diese Wesen haben Köpfe verschiedener Tiere; auf ihren Körpern sind Inschriften eingemeißelt. Die Schlange und andere Gestalten des eisenzeitlichen Tierstils sind außen an der Kirchentür von Rogslösa am Vättersee zu sehen. Sie und etliche Klappern, die sich beim Öffnen der Tür rasselnd in Bewegung setzen, sollen außerhalb der Kirche bleiben. Der Heilige Olav, ein norwegischer König, der zu Beginn des 11. Jahrhunderts im Ostseeraum missioniert hatte, besiegt die Schlange in einer Darstellung auf der Olskerke, einer der berühmten Rundkirchen auf Bornholm. Der Heilige Georg kämpft mit dem Drachen in der Stockholmer Storkyrka, der «großen Kirche»; in diese ungewöhnlich große gotische Plastik, ein Werk des Lübeckers Bernt Notke, wurden Elchgeweihe eingepaßt, die Schuppen des Drachen bilden. Aber hier wurden Sieger und Feind bereits in übertragener Bedeutung dargestellt. Die Plastik entstand nämlich nicht nach einem Sieg über die Heiden, sondern nachdem man den Dänen eine Niederlage beigebracht hatte. Hier zeigt sich, wie sich die ursprüngliche Bedeutung der Kolonisation allmählich änderte. Zuerst war sie wirklich der Sieg über die «Nicht-Kolonisierten». Später hörte man nicht auf, danach zu trachten, seinem Nachbarn staatliche, wirtschaftliche oder militärische Strukturen überzustülpen. In Wirklichkeit war dieser Nachbar längst zivilisiert, wurde aber genauso wie der frühere Feind als «böse», besiegte Schlange gesehen. Auch in einem der wichtigsten und bekanntesten Baudenkmäler Kopen-

An der Kirchentür von Rogslösa am Vättersee sind Schlangen und andere Tiere dargestellt, die nicht in das Innere der Kirche gelangen dürfen. Klappern setzen sich rasselnd in Bewegung, wenn die Tür geöffnet wird.

hagens stoßen wir übrigens auf eine späte Reminiszenz der Tradition von Schlangen- oder Drachendarstellungen: Die in der ersten Hälfte des 17. Jahrhunderts gebaute Börse hat einen Turm, dessen Haube von vier ineinander verschlungenen Drachenschwänzen gebildet wird.

Problematisch im Verlauf der Ausweitung staatlicher Strukturen war allerdings, daß die separat voneinander aufgebauten festen staatlichen und wirtschaftlichen Gebilde nicht miteinander kompatibel geworden waren – und das ist zum Teil bis heute so geblieben. Straßennetze müssen zueinander passen, wenn ein einheitliches Gebiet geschaffen werden soll. Handelsgüter müssen gleichmäßig verteilt werden. Auch die Häfen müssen zu den Schiffen passen, die dort anlegen sollen; sie brauchen genau die richtigen Höhen der Kaimauern, geeignete Einrichtungen zum Beladen und Entladen der Boote. Oft mögen es die Konkurrenten mit Absicht so eingerichtet haben, daß die von ihnen geschaffenen Systeme nicht zueinander paßten.

Es entwickelten sich andere Glaubensvorstellungen, indem sich drei Konfessionen des Christentums entwickelten, die im Ostseeraum gegeneinander militant auftraten: der Katholizismus (vor allem in Polen und Litauen), der Protestantismus (in Deutschland, Dänemark, Schweden, Lettland, Estland und Finnland) sowie der orthodoxe Glaube (in Rußland – und unter seiner Vormacht vor allem in einigen Teilen Finnlands und Estlands).

Derartige Gegensätze waren in früherer Zeit Anlässe für kriegerische Übergriffe. Bei ihnen wurde die Akkulturation nicht gegenüber prähistorischen Kulturen fortgesetzt, sondern der Versuch unternommen, auch die Konkurrenten bei der Kolonisation zu akkulturieren; von einem derartigen Sendungsbewußtsein waren alle Akteure im Ostseeraum erfüllt.

Dabei standen für sie im Grunde genommen keine nationalstaatlichen Gesichtspunkte im Zentrum, sondern allein der Wunsch, die stabile Welt größer zu machen, zu missionieren und nicht zuletzt wirtschaftliche Bedürfnisse zu befriedigen. Mitteleuropa war für seine Entwicklung in mancherlei Hinsicht auf Güter aus dem Norden Europas angewiesen, und umgekehrt bestand in Nordeuropa Bedarf an Handelsgütern aus dem Süden. Die Einrichtung von festen politischen und wirtschaftlichen Strukturen im Norden Europas, vor allem die Schaffung eines Handelsnetzes, war die unabdingbare Voraussetzung für die Ausweitung fester Besiedlung und bäuerlicher Kultur im Norden Skandinaviens und Finnlands: Dort konnte es wegen des ungünstigen Klimas häufiger zu Mißernten kommen als im Süden, so daß das Risiko groß war, Ackerbau zu installieren, ohne daß über wirtschaftliche Beziehungen ein Ausweg geschaffen war, um drohende Ernährungskrisen zu überdauern. Die peripheren großen Inseln Island und Grönland konnten erst besiedelt werden, als das nordeuropäische Handelsnetz stand.

Die nationalstaatliche Komponente in die Vorgänge um die Kolonisation Nordosteuropas wurde zum größten Teil erst im 19. und frühen 20. Jahrhundert in die Geschichte hineingelegt. Alle am Prozeß beteiligten Völker entwickelten Legenden und Sagen, in denen die eigene Stärke oder Stabilität gegenüber der unzivilisierten Wildheit der anderen beschrieben ist. Es wird erzählt, daß den Dänen bei ihrem Bemühen, in der Zeit um das Jahr 1200 die von ihnen gegründete Siedlung Rebala (später Reval) zu befestigen, ihre Flagge im Traum erschien. Der «Danebrog» gilt seitdem als älteste Nationalflagge der Welt; und die Esten nannten die Stadt, in der sich dies ereignete, später «Taani Linn», zu Deutsch «Dänenburg», und daraus entwickelte sich der Stadtname Tallinn.

Die Handelsnetze, die sich im Ostseeraum während des Mittelalters entwickelten, gehören zu den staunenswerten Leistungen mittelalterlicher Menschen. Die Kaufleute kooperierten mit Staats- und Kirchenmännern, waren aber sonst weitgehend unabhängig und zum Teil selbst politische Instanzen.

13. MIT SEGELN UND RUDERN

Etwa vom Jahr 700 nach Christi Geburt an waren nicht mehr nur Ruderboote auf der Ostsee unterwegs, sondern auch Schiffe mit Segeln. Sie waren größer, vor allem schneller als die Wasserfahrzeuge, die zuvor verwendet worden waren. Die Planken der Schiffe nördlicher Provenienz wurden wie Klinker aneinander befestigt, das heißt, die einzelnen Bretter überlappten sich und wurden mit eisernen Nägeln aneinandergeheftet. Im Südosten des Baltischen Meeres gab es weniger Eisen; daher wurden die Nägel aus Holz gefertigt. Beim Schiffbau entstand zuerst die Außenhaut, dann ging man an die Herstellung der skelettartigen Einbauten. Am besten geeignet für den Schiffbau war das Holz der Eiche, denn darin sind Gerbstoffe enthalten, die das Holz vor dem Befall durch Schädlinge schützen. Allerdings war die Gefahr gering, denn die gefürchtete Bohrmuschel, gegen die Gerbstoffe aus dem Eichenholz ein wirksamer Schutz sind, kommt im größten Teil der Ostsee nicht vor; sie lebt in Gewässern mit höherem Salzgehalt. Zum Schutz vor dem Eindringen von Wasser in den Schiffsrumpf mußten alle Ritzen zwischen den Brettern sorgfältig verpicht werden; das dafür notwendige Pech gewann man aus dem Harz von Nadelbäumen, vor allem von Kiefern. Eichenholz war vor allem im Süden der Ostsee verfügbar, Pech jedoch mußte man aus den nördlichen und östlichen Regionen herbeischaffen. Auf den dänischen Inseln und der jütischen Halbinsel wuchsen damals keine Kiefern, sondern nur im borealen Nadelwald des Nordostens und auf den großen Dünenzügen zwischen dem heutigen Vorpommern und dem Baltikum. Nun brauchte man noch ein geeignetes Material, aus dem die Segel hergestellt wurden. Aus der Untersuchung der Pflanzenreste, die man in den Siedlungsschichten der damaligen Küstenregionen fand, geht hervor, daß in dieser Zeit der Hanfanbau aus dem Osten ausgeweitet wurde. Hanf, der aus dem Inneren Asiens stammt, wurde nun weit verbreitet im Küstenraum angebaut. Aus den langen Fasern seiner Stengel stellte man Stoff für die Segel, aber auch Tauwerk her. Im Osebergschiff, das nach der oben beschriebenen Weise gebaut worden war und in dem um das Jahr 850 eine norwegische Fürstin beigesetzt wurde, fanden sich Hanffrüchte und aus den Fasern der Pflanze hergestellte Textilien.

Das Osebergschiff im Museum von Oslo.

In etwas späterer Zeit, im 9. Jahrhundert, wurden die ersten Koggen gebaut. Für den Bau dieser Schiffe wurde zunächst ein Skelett aus Holz zusammengefügt. Auf das Holzskelett wurden anschließend die Planken aufgenagelt. Sie wurden nicht in Klinkertechnik aufeinandergefügt, sondern glatt oder, wie man an der Küste sagt, «kraweel» aneinandergesetzt.

Die Besatzungen der Schiffe waren oft tage- oder gar wochenlang unterwegs. Als Verpflegung mag ihnen trockenes Brot gedient haben, das vielleicht ähnlich wie Knäckebrot aussah. Das Brackwasser der Ostsee konnten sie nicht trinken, weil sein Salzgehalt zu hoch war. Mit an Bord genommenes Süßwasser wäre binnen kurzem schal geworden. Daher war es unbedingt notwendig, ein alkoholisches Getränk auf die Reise mitzunehmen, das man durch Vergärung von Gerstensaft herstellte und das man entweder mit dem Gagel, einer in den Mooren des Nordens vorkommenden aromatischen Wildpflanze, oder mit Hopfen als Gewürz versetzte. Gagel und das damit gewürzte Bier können einen Stoff enthalten, der zu tödlichen Vergiftungen führt. Daher ging man in späterer Zeit dazu über, allein Hopfenbier zu brauen und es als haltbares Getränk mit sich zu führen.

Von der Verfügbarkeit schneller Boote ging ein enormer Impuls für den Handel aus. Viele der kleineren Handelsplätze, die im allgemeinen nur eine kurze Lebensdauer besaßen und nach einiger Zeit schon wieder verlagert wurden, ersetzte man durch wenige größere, die länger bestanden. Sie waren aufwendiger gebaut als die kleineren Handelsplätze der Zeit zuvor, und sie wurden nur noch selten verlagert. Die Bauart der Boote, die zwischen den Handelsplätzen unterwegs waren, und die Anlagen der Häfen, an denen sie be- und entladen wurden, mußten aufeinander abgestimmt sein. Bei den heutigen Häfen im Ostseeraum kann man bewundern, wie genau die Größe der Hafenbecken und die Größe der Schiffe, die Länge der Kaimauern, die Anlagen zum Be- und Entladen, vor allem die Rampen aufeinander angepaßt sind. Alles stimmt genau zusammen. So exakt wie heute mußten die baulichen Anlagen der Häfen und Boote im frühen Mittelalter sicher noch nicht gebaut sein. Aber es war auf Paßgenauigkeit von Hafenanlagen und Schiffen auch damals schon zu achten, damit der Transport von Hafen zu Hafen reibungslos klappte.

Die frühen Hafenorte lagen vor allem an flachen Ufern. Dort konnten die Boote dicht am Ufer landen und vertäut werden. Die Menschen, die sie be- und entluden, wateten ins flache Wasser zu den Schiffen. An einigen Orten luden sie die Waren auf kleinere Zubringerboote um, deren Bauweise aus derjenigen eines Einbaumes entwickelt worden war. Der Einbaum wurde der Länge nach geteilt, und zwischen seine beiden Teile nagelte man Bretter, so daß man flachbodige Prahme erhielt. Sie konnte man mitsamt der Ladung aufs Ufer ziehen. In einigen Häfen mag es auch Stege gegeben haben, über die man an die Boote trockenen Fußes herankam, später auch Kaianlagen, an denen die Boote festmachten. Wichtig war, daß das Gelände oberhalb der Küstenlinie sanft anstieg, so daß man die Boote im Winter aufs Land ziehen konnte. So wurden sie vom Eis nicht beschädigt, und auch die Flutwelle bei Stürmen erreichte die Boote nicht.

Die Hafenorte lagen ferner möglichst dort, wo die Ladung auf kleinere Wasserfahrzeuge oder auch auf amphibische Gefährte umgeladen werden konnten, mit denen man zwischen Inseln, auf Förden und Flüssen, auf Schnee und Eis und quer durch die Moore unterwegs war.

Zur Verlagerung der Häfen kam es, wenn neue Formen und Größen von Schiffen eingesetzt werden sollten und die alten Häfen unbrauchbar geworden waren, weil sie von den Schiffen neuer Bauart nicht mehr erreicht werden konnten. Aber die Verlegung eines Hafens konnte auch dadurch verursacht werden, daß sich das Land weiter hob oder senkte.

Die ersten Seeleute, die ein offensichtlich profitables Handelsnetz im Ostseeraum aufbauten, waren die Wikinger. Sie waren kein Stamm oder Volk, sondern Menschen, die in Wiken lebten. Das waren Markt- oder Handelssiedlungen, bei denen man hinter jedem Haus die Schiffe aufs Gestade ziehen konnte. Viele Wik-Siedlungen haben eine langgestreckte Form. Die Wikinger wurden auch unter den Namen Waräger und Normannen bekannt. Manchmal werden sie auch mit den Dänen und Schweden gleichgesetzt. Aber das ist nicht richtig, denn sowohl die Dänen als auch die Schweden waren keine Händler, sondern überwiegend Ackerbauern. Das Entstehen ihrer Staaten wurde jedoch durch den Wikingerhandel gefördert. Der Handel, an dem sich auch Friesen und andere Stämme oder Völker beteiligten, brachte den führenden Stammesangehörigen großen Reichtum und Macht.

Sie übernahmen maßgebliche Positionen auch in den werdenden Staaten.

In Finnland wurden die Wikinger vor allem als die Mannen des Rurik bekannt, eines schwedischen Führers. Offenbar deswegen heißt Schweden in der finnischen Sprache «Ruotsi», und die Schweden sind «Ruotsilainen». Die schwedischen Wikinger drangen weit in das Netz der osteuropäischen Flüsse vor und kamen bis Byzanz und in den Nahen Osten. Entlang der Flüsse errichteten sie Handelsniederlassungen, die «Gorod» oder «-grad» genannt wurden, weil sie wie ein Garten eingezäunt wurden. Rurik herrschte in den sechziger Jahren des neunten Jahrhunderts in Nowgorod (zu Deutsch: «neue Stadt»), Ruriks Nachfahren waren die Fürsten des Kiewer Reichs, des Kiewer Rus. Auf diese Weise soll auch Rußland seinen Namen bekommen haben; es soll das Land des oder der Rus, der Mannen des Rurik, sein. Ob diese sprachliche Ableitung stimmt, läßt sich mit Sicherheit wohl nicht sagen. Aber die Tatsache, daß Wikinger auf den russischen Strö-

In Gamla Uppsala, das im frühen Mittelalter noch am Mälarsee lag, zeugen riesige Grabhügel von der Macht einstiger Herrscherpersönlichkeiten.

men unterwegs waren und die damaligen Handelsplätze Initialen des russischen Staates wurden, ist unbestritten.

Der Wikingerhandel entwickelte sich im 8. Jahrhundert aus dem Küstenhandel. Zu seinen ersten Stützpunkten könnten Reric im Südwesten der Ostsee und Helgö im Mälarsee gehört haben. Reric ist nicht genau lokalisiert; der heutige Ort Rerik wurde erst spät so benannt und ist mit dem früheren Handelsplatz nicht identisch. Reric lag wohl in der Wismarer Bucht; es könnte bei Groß Strömkendorf lokalisierbar sein, wo man in den letzten Jahren auf die Spuren einer frühen Handelssiedlung am Meer stieß. Die Insel Helgö liegt westlich von Stockholm. Ob sie für den Handel wirklich große Bedeutung hatte, ist nicht klar. Auch die etwas weiter westlich gelegene Insel Adelsö, ebenfalls im Mälarsee, und Gamla Uppsala (Alt-Uppsala), das damals noch am Ufer des Mälarsees lag, heute aber weit davon entfernt ist, könnten Ziele noch früherer Handelsschiffahrt der sogenannten Vendelzeit gewesen sein. Diese Periode wird nach einem wichtigen Fundort im schwedischen Uppland, nach Vendel, benannt; sie geht der Wikingerzeit unmittelbar voraus. In Vendel fand man 14 Bootsgräber, was auf eine frühe Bedeutung des Platzes als Wohnort von Schiffern hinweisen könnte. Berühmte Schiffsgräber der gleichen Zeit fand man in Valsgärde, einige Kilometer nördlich von Gamla Uppsala.

Permanente Hafenorte entwickelten sich erst in der zweiten Hälfte des 8. Jahrhunderts, interessanterweise genau dann, als sich die politischen Verhältnisse in der Mitte Europas stabilisierten: im Karolingerreich. In Schweden entstand damals der zentrale Ort für den Seehandel der Wikinger, und zwar auf der Insel Birka. Auch sie liegt im Mälarsee, unmittelbar neben Adelsö. An der Nordostseite des Granithöckers von Birka gibt es ein flaches Ufer, das sich zur Anlage eines Hafens eignete. Dort konnte Handelsgut umgeladen werden, von einem hochseetüchtigen Boot auf ein kleineres, mit dem man in jeden Winkel des Mälarsees gelangte. In Birka konnte man die Schiffe im Winter aufs flache Gestade ziehen. Die Nachbarinsel Adelsö war das dazugehörende politische Zentrum.

Weitere Häfen entstanden im 8. Jahrhundert am See von Paviken auf Gotland, südlich der späteren Inselhaupt- und Hafenstadt Visby, in Grobin bei Libau in Kurland, in Staraja Ladoga (Alt-Ladoga) nördlich von Nowgorod, in Truso bei Elbing an der Nogat, also in der

Weichselmündung, an einigen Orten in Schonen in Südschweden und im Südwesten der Ostsee, unter anderem in Menzlin bei Anklam an der Peene (nahe der Odermündung), in Ralswiek auf Rügen und in Dierkow bei Rostock. Ob zwei später sehr wichtige weitere Hafenorte, Haithabu und Wollin, in dieser Zeit schon bestanden, ist unklar.

Haithabu wurde von der Wende des 8. zum 9. Jahrhundert an neben Birka zum zentralen Ort des Wikingerhandels. Unter dem Dänenkönig Göttrik, auch Godfred genannt, wurde sein Hafen planmäßig ausgebaut. Im Jahr 808 wurden die Kaufleute von Reric zur Umsiedlung nach Haithabu gezwungen. Damit war das Schicksal des Handelsplatzes in der Wismarer Bucht besiegelt.

Haithabu hatte einen besonderen Vorzug vor anderen Handelsplätzen. Über diesen Ort kamen nämlich Güter aus der Nordsee und damit aus dem bereits staatlich und wirtschaftlich stärker gefestigten Westen Europas in den Ostseeraum, und wichtige Rohstoffe aus dem Gebiet des Baltischen Meeres gelangten über Haithabu in den Westen und Süden Europas. Diese Drehscheibe des Handels entstand am äußersten westlichen Punkt der Schlei, des Tunneltales aus der Eiszeit, das beim Anstieg des Meeresspiegels in der Ostsee «ertrunken» und so zu einer schmalen Bucht der Ostsee geworden war, die sich ungefähr 40 Kilometer weit in das Innere der jütischen Halbinsel hinein erstreckte, bis in die Umgebung der heutigen Stadt Schleswig. Westlich von Haithabu befindet sich ein recht steil aufragender Moränenrücken, an dessen Fuß man die Schiffe aufs Gestade ziehen konnte. Auf dem Moränenrücken verläuft die Wasserscheide, auf deren anderer Seite das Wasser bereits in die Nordsee rinnt. Man mußte den Moränenrücken über Land, die sogenannte Schleswiger Landenge, überwinden und konnte dann nur 16 Kilometer weiter westlich die Güter wieder in Schiffe verladen, mit denen man über das Wasser der Bäche und Flüsse Rheider Au, Treene und Eider die Nordsee erreichte. Man bevorzugte den Transport quer über die jütische Halbinsel gegenüber einer Schiffspassage um die jütische Halbinsel herum, denn die Nordspitze Jütlands war wegen der häufigen Stürme berüchtigt, denen die Wikingerschiffe nicht gewachsen waren.

Die kurze Transportstrecke über Land war eine Achillesferse für den Handel zwischen Ost und West, Nord und Süd in Europa. Daher, so nimmt man an, wurde sie aufwendig gesichert, und zwar durch das

Danewerk. Das Danewerk besteht aus mehreren nebeneinander verlaufenden Wällen, die sich vom westlichen Ende der Schlei bis in die Gegend von Hollingstedt an der Rheider Au hinzogen. Dort lag mutmaßlich der Hafen, an dem man die Waren auf Schiffe umladen konnte, die auf der Nordsee unterwegs waren.

Die Hafenanlagen von Haithabu und Birka waren zwar noch nicht sehr aufwendig gebaut, aber es ist frappierend, wie sehr sich die beiden Handelsplätze entsprochen, ja geähnelt haben müssen. In beiden Orten wurden die Siedlungen von halbkreisförmigen Wällen umgeben, die sich an den Hängen entlangzogen. Vor den Siedlungen befanden sich die flachen Buchten, in denen die Schiffe festgemacht wurden. Um sowohl Haithabu als auch Birka zu erreichen, waren lange Fahrten durch schmale Meereszungen notwendig. Diese waren allerdings auf völlig andere Weise entstanden, denn die Meeresstraße an Stockholm vorbei und in den Mälarsee hinein ist aus einem Fjord hervorgegangen, die Schlei aus einem Tunneltal. Doch die landschaftlichen Eindrücke, die man auf der Schlei und dem Fjord vor Stockholm hat, ähneln sich. Und von Land aus ließen sich die Boote und Schiffe schon lange vor dem Erreichen des Hafens erkennen, vielleicht sogar bekämpfen. Übrigens: Der Mälarsee war zur Wikingerzeit noch ein Teil der Ostsee. Salzwasser drang bis tief ins Innere Schwedens ein, und mit Booten konnte man auch die schmalen Wasserstraßen bei Stockholm befahren.

Haithabu und Birka entwickelten sich zu den wichtigsten Wikingerhäfen der westlichen Ostsee; von Haithabu nahm aber noch ein weiterer Handelsweg seinen Ausgang. Er führte nach Norden, zum Hafen von Kaupang am Oslofjord, von wo die Fahrt weitergehen konnte entlang des «Nordweges». Das Land am «Nordweg» erhielt davon seinen Namen Norwegen.

Wichtig wurde etwas später als weiterer Hafen Wollin in der Odermündung, wo um das Jahr 860 eine Mole gebaut wurde. Ebenfalls im 9. Jahrhundert wurde Stettin gegründet. Die Rolle von Truso an der Nogat übernahm der Hafen Wiskiauten im Samland bei Cranz; von dort aus gelangte man über eine damals offene, heute aber verschüttete Wasserstraße quer durch die Nehrung ins Kurische Haff und weiter auf der Memel/Nemunas zu den Litauern. Der Handel in den Osten, der im 10. Jahrhundert besonders wichtig wurde, als Nowgorod und Pskov zu bedeutenden Handelsplätzen wurden, lief vor allem von Gotland (Paviken) und Birka aus.

Von West nach Ost passierten den Hafen von Haithabu Tuche, die «Friesische Stoffe» genannt wurden, aber vielleicht nicht alle aus Friesland kamen. Ein weiteres wichtiges Handelsgut aus dem Süden war Wein, der in Fässern aus Tannenholz transportiert wurde. Wein und Tannen kommen zum Beispiel gemeinsam am Oberrhein vor, so daß man Indizien dafür hat, woher das Handelsgut stammte. Für die Ausbreitung des Christentums in den Norden Europas, der in der Wikingerzeit begann, war der Wein von Bedeutung. Der Standard der Waffen war im Westen weiter entwickelt als im Norden und Osten Europas, daher wurden Waffen genauso gehandelt wie Gläser und Keramik. Mühlsteine aus Basalt, die in der Eifel gebrochen worden waren, wurden wohl nur bis Haithabu transportiert, aber nicht weiter, woraus man ableiten kann, daß größere Mühlen im übrigen Ostseeraum noch nicht bekannt waren. Aus dem Norden und Osten Europas gelangten Pelze und Felle über Haithabu in den Nordseeraum und in den Westen Europas. Gefäße aus Speckstein und Walroß-Elfenbein kamen aus Norwegen, Bernstein aus dem Samland, Honig und Wachs aus dem Baltikum und Rußland, wo Bienen viel Waldhonig an den Nadeln von Kiefern und Fichten gesammelt hatten. Das in Schweden gewonnene Eisen hatte bessere Qualität als das aus anderen

Ausgrabungen am wikingerzeitlichen Hafen von Birka im Mälarsee.

Regionen. Deshalb wurde auch Eisen in Barren auf den Schiffen von Birka nach Haithabu und von dort aus weiter gebracht. Auch Korn mag gehandelt worden sein: Gerste gab es an allen Seiten des wikingerzeitlichen Handelsnetzes, Hirse war weit verbreitet. Roggen wurde vor allem im Süden des Ostseeraumes angebaut und in andere Regionen transportiert.

Ein besonders wichtiges Handelsgut aus dem Osten Europas waren ferner wohl Sklaven. Sie wurden unter anderem an die Mauren verkauft, die den Südwesten Europas beherrschten. Man verkaufte aber keine Christen als Sklaven an Ungläubige. Daher kam grundsätzlich nur in Frage, ungetaufte Heiden an die maurischen Araber zu verkaufen. Die aber konnten nur im noch nicht christianisierten Norden und Osten Europas ausgehoben werden.

Im ganzen gesehen gab es also eine ganze Menge verschiedener Handelsgüter, die von den Wikingern übers Meer gebracht wurden. Ausgesprochene Massengüter (Holz und große Menge von Erzen) waren nicht darunter. Die Schiffe hatten damals eine Länge von ma-

Innerhalb eines halbkreisförmigen Walles (links gut zu erkennen) lag Haithabu. Von diesem Hafen am Westende der Schlei aus befuhren die Wikinger die Ostsee.

ximal etwas über zwanzig Metern; das reichte für den Stückgut-Transport aus.

Nachdem das Handelsnetz der Wikinger etwa zweihundert Jahre lang funktioniert hatte, brach es zusammen. Birka hatte sich weiter aus dem Wasser gehoben; der dortige Hafen mußte nach Sigtuna verlagert werden, das dichter an dem alten Herrschaftszentrum um Uppsala lag. Dort entstand das heutige Uppsala anstelle von Gamla Uppsala; später, im Jahr 1164, wurde das Bistum Uppsala gegründet. Als weitere Handelsplätze in Schweden entwickelten sich unter anderem Södertälje und Eskilstuna, etwas später Söderköping und Nyköping. Die Rolle von Haithabu übernahm Schleswig. Auch in Wiskiauten brach der Handel zusammen (versandete die Durchfahrt ins Kurische Haff damals schon?). Wichtige neue Handelsplätze wurden Danzig sowie zahlreiche Orte an den dänischen Sunden: Lund und Helsingborg, Roskilde, Ålborg, Viborg, Odense, Ringsted und Næstved.

In der zweiten Hälfte des 11. Jahrhunderts entstanden im Osten des Baltischen Meeres und an Flüssen, die in die Ostsee münden, weitere wichtige Häfen, in Daugmale, Vitebsk und Polotsk an der Düna/Daugava, ferner, in Estland, Tallinn/Reval, Tartu/Dorpat, Viljandi und Otepää. Wollin ging im wahrsten Sinne des Wortes unter. Die Landsenkung führte nämlich dazu, daß seine Hafenanlagen unterhalb des Meeresspiegels zu liegen kamen. Deshalb hat man die sagenhafte untergegangene Stadt Vineta immer wieder mit Wollin gleichgesetzt; aber wie gesagt bezieht sich diese Sage eher allgemein auf Siedlungen an der südlichen Ostseeküste, die alle von der Landsenkung bedroht waren.

Der Wikingerhandel hatte im 11. Jahrhundert seinen Höhepunkt schon überschritten. Er funktionierte am besten, als die Schiffe noch klein waren, die Güter noch nicht in solchen Massen wie in späterer Zeit transportiert wurden und solange die Passage zwischen Nord- und Ostsee bei Haithabu noch möglich war. Die Landhebung beeinträchtigte besonders die Zugänge zu den Häfen auf Gotland und am Mälarsee; größere Schiffe konnten offenbar die Untiefe bei Stockholm nicht mehr passieren, die allmählich immer flacher wurde. Das gesamte Handelssystem mußte reorganisiert werden. Aber als Folge des Wikingerhandels hatten sich an vielen Küsten der Ostsee aus Stämmen oder Völkern Initialen von Staaten gebildet, in denen nicht

nur einzelne Menschen, sondern ganze Dynastien die Führung übernahmen. Sie vererbten ihren Reichtum von Generation zu Generation, so daß auch immer wieder Nachkommen über die gleiche Macht verfügten wie die Vorgänger. Dänemark, Schweden, Norwegen, Polen und Rußland waren seit der Wikingerzeit Staaten, die in wechselnden Perioden zu immer größeren Mächten wurden und – wenn auch in oft veränderter Form – bis heute bestehen.

Der Fjord von Stockholm ist schon seit über einem Jahrtausend eine viel befahrene Wasserstraße.

14. DIE HANSE

Während in den Ländern an der Ostsee im Mittelalter blutige Kämpfe um Vorherrschaft, Kolonisierung und die Durchsetzung des Christentums tobten, gelang es, auf dem Meer selbst Stabilität zu wahren, eine unabdingbare Voraussetzung für Seefahrt und Handel. Auf dem Land kämpften die Ritter des Deutschen Ordens und die Schwertbrüder, Prussen oder Preußen, Litauer, Polen und Russen gegeneinander; die Dänen und Schweden waren zeitweise miteinander verbrüdert, dann wieder bitter verfeindet. Auf dem Meer aber hielt man zusammen, bekämpfte sogar weitgehend gemeinsam die Seeräuber und Vitalienbrüder. Vielleicht hätte es ohne den Frieden auf dem Meer manchen blutigen Krieg in den Ostseeanrainerländern nicht gegeben, denn auf dem Meer war der Nachschub unterwegs für die Kämpfer an zahlreichen Fronten.

Bei der Erschließung des Ostseeraumes hatte der Handel eine ganz andere Bedeutung als im Mittelmeer, wo sich Handel und Hochkulturen etliche Jahrhunderte früher entwickelt hatten. In der Levante und an den Nordufern des Mittelmeeres fand man die meisten Rohstoffe zum Bau eines Schiffes und von Häfen am gleichen Ort oder in geringer Entfernung voneinander: Eichenholz für den Bau von Schiffsrümpfen, das dank seiner natürlichen Imprägnierung mit Gerbstoffen besonders widerstandsfähig ist, leichtes Nadelholz für die Masten, Eisen für Nägel und Anker. Teer zum Kalfatern ließ sich aus dem Holz der Kiefern gewinnen. Überall gab es Bauholz und Steine, fast alle Kulturpflanzen, auch Obst und Wein ließen sich nahezu überall anbauen, es gab zahlreiche Gewürze direkt vor der Haustür. Überall an den Mittelmeerküsten konnte man Salzgärten anlegen, um Kochsalz zu gewinnen, mit dem man Lebensmittel haltbar machen konnte. Handel mußte betrieben werden, wenn es an bestimmten Stoffen zeitweise mangelte (etwa nach einer Mißernte oder einem großen Stadtbrand) oder wenn exquisite Gewürze und Edelsteine von exklusiven Handelsplätzen geholt werden sollten.

An der Nord- und vor allem an der Ostsee, wo Handel während des Mittelalters zu großer Blüte kam, mußten nicht nur Wein und Gewürze als Insignien der feinen Welt weit aus dem Süden herantrans-

Das Wahrzeichen der Hansestadt Lübeck ist das Holstentor an ihrem westlichen, landseitigen Stadtrand.

portiert werden. An jedem Ende des Meeres fehlte es an irgendeinem Rohstoff, der für den Aufbau der Zivilisation erforderlich war. Doch woanders gab es ihn, zum Teil in Hülle und Fülle. Es kam darauf an, Rohstoffe dorthin zu bringen, wo sie gebraucht wurden, eine Aufgabe, die Seefahrt und Handel zu übernehmen hatten. An den südlichen Küsten der Ostsee, die aus Moränenschutt der Eiszeit aufgebaut sind, mangelte es an Bausteinen und zahlreichen Bodenschätzen. Ein äußerst wichtiger Bodenschatz, das Salz, war aber dort verfügbar. Kalkstein und Kreide, woraus Mörtel gemacht werden konnte, war nur an wenigen Stellen vorhanden. In den Wäldern des südlichen und südwestlichen Ostseeraumes gab es Eichenholz zum Bauen und Buchenholz zur Herstellung von Holzkohle, die beim Verbrennen besonders hohe Temperaturen entstehen läßt, bei denen Erz und Glas eingeschmolzen werden können. In den Wäldern des Ostens und Nordens wuchs vor allem Nadelholz heran. An einigen Küsten wurde Getreide im Überfluß angebaut, an anderen fing man besonders viel Fisch, vor allem Hering. Man konnte ihn nur dann übers Meer transportieren, wenn man ihn vorher in Salz eingelegt hatte. In wieder anderen Küstenregionen hatte man reichlich Pelze anzubieten.

In der Periode nach der Wikingerzeit wurde Handel mit größeren Gütermengen immer wichtiger. In seinem Zentrum stand nicht mehr der Austausch von Luxusgegenständen wie Bernstein und Gold, Walroß-Elfenbein und Wein, sondern der Transport von Holz, Erz und Getreide. Etwa um 1220 setzten sich im Ostseeraum die abendländischen Rechtsvorschriften durch: Persönliches Eigentum wurde allgemein geachtet. Und damit ging die vorgeschichtliche Periode, in der man weitgehend ohne die Schrift ausgekommen war, zu Ende. Fortan wurden Rechts- und Handelsvorschriften aufgezeichnet, die historische Zeit setzte ein.

Auf der Basis des Wikingerhandels entwickelten sich zwei Handelsnetze, das der Dänen und das der Hanse. Sie waren nicht strikt voneinander getrennt. Oft profitierte man gegenseitig von den Strukturen, die innerhalb ihrer Handelsorganisationen aufgebaut worden waren. Dann aber gab es auch wieder erbitterte Kämpfe zwischen ihnen.

Die Dänen, die sich als Nachfahren der Wikinger betrachteten, konzentrierten sich vor allem auf den Handel entlang des «Nordweges», der sie nicht nur nach Norwegen, sondern auch nach Island und zu den Britischen Inseln führte. An der norwegischen Küste gab es reichlich Fisch und Holz, vor allem das für die Schiffsmasten begehrte Nadelholz, das in Dänemark nicht vorkam. Fichten und Kiefern, Stockfisch, Tran und Pelze kamen aus dem Norden nach Dänemark und England, Wein, Getreide, Gewürze und Tuche in den Norden.

Widersacher der Dänen waren immer wieder die Kaufleute der Hanse, die zwar keinen Staat bildeten, dafür aber ein Wirtschaftsimperium. Die Hansekaufleute verwendeten ebenso wie die Dänen nicht mehr den Handelsweg entlang des Danewerkes. Ihre Schiffe hätten Haithabu und vor allem Schleswig von der Ostsee aus ansteuern können. Aber die Gewässer, auf denen die Wikinger von der Nordsee aus in die Nähe von Haithabu kamen, waren für die Schiffe der Hanse zu schmal und zu flach.

Während die Dänen vor allem darauf setzten, ihre Schiffahrt für eine Passage um die gefährliche Nordspitze Jütlands tauglich zu machen, ging es den Hansekaufleuten darum, die Schiffahrtsnetze auf Nord- und Ostsee mit dem Handelsverkehr über Land zu kombinieren. Dies wurde nach der Gründung der ersten Stadt an der Ostsee möglich, die dem Deutschen Kaiserreich und damit einem Gebiet angehörte, in dem dieser Handel einheitlich geregelt werden konnte: Lübeck. Die Stadt hatte eine slawische Vorgängersiedlung, die einige Kilometer traveabwärts lag. Von dieser früheren Siedlung wurde ihr Name entlehnt. 1143 gegründet, wurde sie 1159 von Heinrich dem Löwen zerstört und unter ihm größer und mächtiger wieder aufgebaut. In dieser Zeit übernahm Lübeck von Schleswig die Rolle der wichtigsten Handels- und Hafenstadt im Südwesten der Ostsee. Dazu mag sicherlich beigetragen haben, daß die Trave, Lübecks Fluß, recht wasserreich ist und ihr Bett durch die Strömung besser freigehalten wird als die Schlei, in der sich kaum einmal Wasser bewegt und die an manchen Stellen immer wieder versandete. Vor allem aber war Lübeck Schleswig in zwei weiteren Punkten überlegen: Von dort aus gab es bessere Kontakte zu Hamburg und damit zu einem Hafen an einer tiefen Fahrrinne einer Flußmündung, die zur Nordsee führte. Außerdem konnte man Lübeck über Land besser erreichen als das weit im Norden liegende Schleswig. Denn es kam darauf an, die Landtransportstrecken möglichst kurz zu halten; der Transport über See war stets effizienter und schneller.

Händler aus dem Binnenland waren schon früh an den Handelsfahrten von Lübeck aus beteiligt. Sie kamen beispielsweise aus der damals besonders mächtigen Stadt Soest am Hellweg. In der Frühzeit der Blüte Lübecks, von etwa 1161 an, als eine Genossenschaft der Gotland besuchenden deutschen Kaufleute gegründet wurde, steuerte man vor allem diese große Insel inmitten der Ostsee an. Seit dieser Zeit besteht eine enge Bindung der Gotlandfahrer zu Soest und anderen Städten am Hellweg wie Dortmund. Auf Gotland wurden Waren aus Skandinavien und dem Baltikum umgeschlagen; dort machte man auch Station, wenn man die Ostsee queren wollte. Denn die Strecke vom westlichen zum östlichen Rand des Meeres war damals offensichtlich noch nicht ohne Pause zu durchmessen. Bei günstigem Wetter konnte man es wohl wagen, sich von der schwedischen Küste nach Gotland oder von Gotland nach Saaremaa/Ösel und ins Baltikum auf den Weg zu machen, denn man wird wohl das Ziel über die offene See im Lauf eines Tages erreicht haben können, wobei sicher die Gestirne als Orientierung dienten. Dies war aber bei Nebel oder bewölktem Himmel kaum möglich. Ohnehin ist erstaunlich, wie gut sich die Menschen des Mittelalters auf der Ostsee orientieren konn-

Die mächtige Mauer von Visby, der Hauptstadt von Gotland. Visby ist die einzige wehrhafte Stadt des Mittelalters in Schweden.

Stenkyrka, eine der beinahe einhundert mittelalterlichen Landkirchen auf Gotland.

ten. Denn die geographischen Vorstellungen, wie wir sie auf damaligen Karten dokumentiert finden, waren außerordentlich mangelhaft. Landkarten lieferten noch in viel späterer Zeit keine ausreichende Orientierung für die Seefahrer.

Am Handel auf Gotland beteiligte sich nicht nur die während des Mittelalters aufblühende Hauptstadt Visby. Auch von vielen anderen Ortschaften der Insel aus fuhren Einwohner zur See, ein anderer Teil der Bevölkerung bestellte zu Hause das Land. Reichtum kam auf die Insel, wovon die beinahe einhundert mittelalterlichen Kirchen Gotlands eindrucksvoll Zeugnis ablegen.

Aus dem südlichen Europa gelangten zahlreiche Produkte in das Handelsnetz der Ostsee: Wein aus dem Mittelmeergebiet und aus Deutschland, Bier, Silber aus den deutschen Mittelgebirgen wie aus dem Harz, Gewürze und Mandeln aus dem Mittelmeergebiet. Salz kam aus Lüneburg zunächst über Land, später auch auf einem eigens dafür gegrabenen Kanal nach Lübeck. Die Hansekaufleute nahmen das Salz auf ihren Schiffen mit in den Ostseeraum. Sie verkauften es an der Südküste Schonens oder auf Bornholm. Von Falsterbo in Schonen oder Hasle und Rønne auf Bornholm aus nahmen sie geräucherte oder gesalzene Heringe in den Süden mit; Heringe wurden zu einer sehr wichtigen Komponente der mittelalterlichen Ernährung in weiten Teilen Mitteleuropas, besonders in den zahlreichen Städten, deren Bevölkerung mit billiger Massennahrung versorgt werden mußte. Den weiten Transport dahin überstanden die Fische nur in konserviertem Zustand, also derart stark gesalzen, daß ihre Zersetzung durch Kleinstlebewesen ausgeschlossen war.

Der Umfang des Handels stieg. Es wurden immer mehr und immer größere Schiffe gebaut. Aber dabei durften sie ihre Wendigkeit nicht verlieren. Am Anfang der Hansezeit baute man Koggen mit einem Mast in der Mitte. Später gab es auch dreimastige Schiffe. Ein solcher Dreimaster wird nicht Kogge, sondern Holk oder Hulk genannt. Die Kogge wurde dennoch zum Symbol der Hanse; sie ist auf zahlreichen Wappen und Siegeln von Hansestädten abgebildet. Die Schiffe der Hanse waren wohl kaum länger als die Boote der Wikinger. Das mag daran liegen, daß in den Küstenländern kaum Bäume zur Verfügung standen, die länger als zwanzig oder allenfalls dreißig Meter waren. Wollte man stabile Schiffe haben, brauchte man einige durchgängige Balken für ihr Skelett, und deswegen konnten die Schiffe nicht länger sein. Anders war es mit ihrer Breite. Mit der Zeit konnten immer bauchigere Schiffe gebaut werden. Dazu brauchte man krumm gewachsene Eichenstämme, die zu Spanten wurden. Krumme Eichenstämme fanden sich in den ständig genutzten Niederwäldern in der Umgebung der Städte. Dort wurde immer wieder an der gleichen Stelle Holz gemacht: Hatten die Stämme Armdicke erreicht, konnte man sie wieder schlagen. Eichen, Hainbuchen, Linden und Ulmen schlugen an den Schlagstellen erneut aus; Eichen und Hainbuchen wuchsen mit einem gebogenen Stamm wieder in die Höhe. Die Schiffbauer suchten in den Wäldern diejenigen Eichen aus, deren Stämme oder Äste genau die gewünschte Krümmung und Dicke besaßen. Je stärker gekrümmt die Bäume waren und je mehr krumme Eichen es gab, desto mehr bauchige Schiffe konnte man bauen.

Im Hinterland von Lübeck gab es diese Eichen. Man fand in den dortigen Wäldern auch Eichen, aus denen Planken der Schiffsrümpfe werden konnten. Aber es fehlten Nadelbäume, deren Stämme für Mastbäume besonders geeignet waren: Nadelholz ist leichter als Laubholz, und die Stämme der Nadelbäume ragen schlank und rank in die Höhe. In anderen Schiffbauregionen im nördlichen Mitteleuropa konnte man diesem Mangel abhelfen. In das Rheinmündungsgebiet kamen Stämme von Tannen, Kiefern und Fichten aus den süddeutschen Mittelgebirgen, nach Hamburg transportierte man Kiefern aus Brandenburg und Fichten aus dem Erzgebirge, indem man die Stämme auf der Elbe flößte. Nadelholz gab es auch an der Mündung von Oder und Weichsel. Denn man flößte auch hier aus dem Gebiet der Flußoberläufe Fichtenholz an die Mündungen. Weiter im Norden und Osten des Ostseegebietes reichten die Verbreitungsgebiete von Kiefern und Fichten sowieso dicht bis an die Meeresküsten heran.

Nicht nur im Hinterland von Lübeck gab es keine Tannen, Fichten oder Kiefern. Sie kamen auch im Einzugsgebiet der Weser kaum vor, sieht man von einem geringen Vorkommen im Thüringer Wald ab, der dicht an die Werra heranreicht. Daher hatte man in Bremen beim Schiffbau einen ähnlichen Mangel wie in Lübeck: Das ideale Mastholz gab es nicht. Für die weitere Entwicklung der Hanse ist vielleicht bezeichnend, daß sich Bremer und Lübecker zusammentaten, um feste Handelsbeziehungen in eine Region zu begründen, in der es Nadelholz gab. Am Ende des 12. Jahrhunderts erkundete man von Visby aus das Terrain, um eine Niederlassung im Baltikum anzulegen. 1201 wurde eine neue Stadt gegründet: Riga an der Mündung der Düna/Daugava. Als Stadtgründer gilt ein Geistlicher, der spätere Rigenser Bischof Albert von Bremen. Er verfolgte keineswegs nur geistliche, sondern auch weltliche Interessen. Riga war von Anfang an nicht nur ein Stützpunkt der Christianisierung, sondern auch des Handels. Auf der Düna/Daugava konnten Fichten und Kiefern flußabwärts bis nach Riga geflößt werden; sie standen als Handelsprodukte Livlands zur Verfügung, und in den folgenden Jahrhunderten galt das südliche

Baltikum als eine der wichtigsten Bezugsregionen für Nadelholz innerhalb des hansischen Handelsraumes.

Für den Schiffbau brauchte man noch ein weiteres Produkt, das man aus Nadelholz gewann, nämlich Teer. Vor allem Kiefernholz war ein guter Rohstoff zu seiner Herstellung. Teer wurde zum Kalfatern gebraucht, zum Abdichten der Ritzen zwischen den Schiffsplanken. Man konnte den Teer von den Häfen an der südlichen Ostsee beziehen, denn auf den Dünen Pommerns sowie in deren Hinterland wuchsen auf armen Böden Kiefern, ferner aus dem Baltikum, vor allem über den Hafen von Riga. Dort gab es genauso wie in Skandinavien massenweise Kiefern; die Kiefer ist ein wichtiger Bestandteil der borealen Nadelwälder, die vom Inneren des nördlichen Eurasiens bis an das Baltische Meer heranreichen.

Werg, das man mit Teer getränkt in die Lücken zwischen den Planken stopfte, gewann man aus den kurzen und zur Herstellung von Textilien, Segeln oder Tauwerk ungeeigneten Fasern von Flachs und Hanf. Hanf baute man im Hinterland der Hansestädte verbreitet an, denn man brauchte große Mengen seiner langen und kräftigen Fasern zur Herstellung der Segel und der Takelage, der Taue, mit denen man die Schiffe am Ufer festmachte oder vor Anker legte. Das Segeltuch behielt entweder seine Naturfarbe, oder es wurde wie viele Textilien gebleicht. Zum Bleichen brauchte man Asche, ein weiteres wichtiges

Geräucherte Heringe von Bornholm und aus dem südlichen Schonen waren eines der wichtigsten Handelsgüter der Hanse.

Handelsprodukt aus dem Baltikum. Die Anker und im Lauf der Zeit auch mehr und mehr die Nägel waren aus Eisen, das man in den norddeutschen Mooren gewann, in besserer Qualität aber aus Schweden holte.

Holz war nicht nur ein wichtiger Baustoff für Schiffe, sondern auch für Häfen und Hafengebäude, für die Gebäude der Stadt, für Mühlen. Weil man in einer Stadt wie Lübeck viel Holz zum Heizen brauchte, war man bald darauf angewiesen, Holz zu importieren, offenbar vor allem über den Hafen von Riga aus dem Baltikum. Für das Funktionieren und das Aufblühen des hansischen Handels war es also besonders wichtig, daß die Handelsroute zwischen Lübeck und Riga über Visby «stand».

Von Riga und anderen Häfen im östlichen Ostseeraum führte man auch Waldhonig und Wachs aus. Die Bienen sammelten in den Nadelwäldern die Ausscheidungen von Blattläusen; daraus entstand Waldhonig. Honig hatte im Mittelalter als einer der wenigen und wichtigsten Süßstoffe eine größere Bedeutung als heute. Wachs wurde in Massen zur Herstellung von Kerzen gebraucht, die man in großer Menge als Lichtquelle benötigte.

An der Küste von Mecklenburg-Vorpommern wachsen natürlicherweise Kiefern. Aus ihrem Holz konnte man Teer herstellen (Dornbusch auf Hiddensee).

In der Folgezeit entwickelte sich ein weiterer Eckpfeiler des hansischen Handels in Schweden. In der Mitte des 13. Jahrhunderts ging man in Mittelschweden dazu über, Kupfer und Eisen nicht nur oberflächlich abzubauen, sondern auch in Stollen, die man in das Gebirge hineintrieb. In der Folgezeit entstanden die berühmten Bergwerke von Falun. Die Quantität der geförderten Erze stieg gewaltig an. Da man im Süden sowohl Kupfer als auch Eisen dringend benötigte, fuhr man mit Schiffen nach Schweden, unter anderem nach Söderköping, das damals noch ein tiefes Fahrwasser hatte. In das Mälarbecken und damit in größere Nähe zu den Erzvorkommen kam man aber offensichtlich nicht mehr hinein, denn als Folge der Landhebung war in der Mitte des Fjords eine Untiefe entstanden.

Bei der heutigen Stadt Stockholm kreuzt ein Osrücken den Fjord. Ein Os entstand während der Eiszeit, und zwar dadurch, daß unterhalb der Eismassen Schmelzwasser abfloß und in seinem Bett mitgeführten Kies und Sand dammförmig aufschüttete. Dieser Damm verläuft rechtwinklig durch den Fjord bei Stockholm. Als sich das Land weiter hob, wurde der Durchlaß zwischen den Gesteinshöckern und dem Schutt des Osrückens immer enger und flacher. Die Schiffe der Hansezeit gelangten daher nicht mehr in den hinteren Teil des Fjords. Kurz nach der Mitte des 13. Jahrhunderts kam den Schweden unter ihrem Herrscher Birger Jarl eine kühne Idee, wie der Handel weiterhin zu regulieren sei. Sie dämmten den hinteren Teil des Fjords bei Stockholm komplett ab. Dadurch entstand ein riesiger Binnensee, der Mälarsee. Er war bis ins hohe Mittelalter hinein eine Bucht der Ostsee gewesen, in der Organismen lebten, die an leicht salzhaltiges Wasser angepaßt sind, wie bestimmte Kieselalgen oder Diatomeen. Im gesamten Mälarsee starben diese Diatomeen nun aus, und andere, die nur im Süßwasser leben, breiteten sich aus. Auch andere Pflanzen und Tiere des Süßwassers kamen nun in der früheren Meeresbucht vor, die im Mittelalter zum dritten großen See Schwedens wurde. Daß dies nicht ohne Zutun des Menschen geschah, ist kaum bekannt – aber gut zu sehen, wenn man bei niedrigem Wasserstand des Mälarsees und der Ostsee in Stockholm die Dämme erkennen kann, durch die das Meer und die See voneinander getrennt wurden.

Der Name der im Jahr 1252 gegründeten Stadt Stockholm nimmt auf ihre Lage Bezug, auf ihren Inselkern mit der Altstadt, Gamla Stan, dem «Holm», und auf den Abschluß der Wasserwege mit «Stöcken». Der Transportweg für schwedisches Erz war von da an unterbrochen, denn man mußte in Stockholm alles Handelsgut von den Häfen an der Mälarseite zu den Molen an der Ostseeseite bringen, oder man nutzte die Schleusen unter der heutigen Straßenkreuzung von «Slussen». Birger Jarl hatte dem Mälarsee ein «Schloß vorgehängt», wie es in der «Erik-Chronik» hieß, die in der ersten Hälfte des 14. Jahrhunderts aufgezeichnet wurde. Man kann das in doppelter Weise verstehen, denn in der Nachbarschaft des Dammes, der den See abschloß, entstand auch das Schloß von Stockholm, in dem später der schwedische König residierte. Zugleich war der Mälarsee, eigentlich das Herzstück Schwedens, von der Ostsee abgehängt worden. Diese gewaltige anthropogene Umweltveränderung garantierte, daß Stockholm und das Innere Schwedens mit seinen ungeheuren Reichtümern an Bodenschätzen für Angreifer so gut wie unerreichbar wurden. Die Kaufleute der Hanse waren aber willkommen. Sie erhielten in der Mitte des 13. Jahrhunderts wichtige Privilegien; waren sie auf schwedischem Boden, konnten sie sich dort wie Angehörige des schwedischen Staates frei bewegen. Stockholm und, bis heute erkennbar, vor allem das der Ostsee zugewandte Quartier der Altstadtinsel Gamla Stan, entwickelten sich unter deutlichem deutschem Einfluß.

Das Wasser des Mälarsees wurde leicht angestaut, so daß sich bei hohem Wasserstand eine Flußverbindung zwischen dem Mälarsee und der Ostsee herausbilden konnte, die ein leichtes Gefälle aufwies. Diese Flußverbindung, die zwischen den Stockholmer Stadtteilen verläuft, heißt «Strömmen». In der starken Strömung dieses kurzen Flusses ist das Wasser sauerstoffreicher als anderswo bei Stockholm; daher halten sich dort besonders viele Fische auf, und so ist Strömmen ein ausgezeichnetes Gewässer zum Angeln. Im Mittelalter und in der frühen Neuzeit ließ man dieses Wasser Mühlen antreiben, durch die Stockholm jederzeit mit Mehl versorgt werden konnte. Eine Wassermühle im Strömmen ist schon für das 13. Jahrhundert bezeugt. Der Mälarsee wurde dadurch auch zum riesigen Mühlteich Stockholms, der weltweit seinesgleichen sucht: Kein anderer Mühlteich der Welt ist über einhundert Kilometer lang!

Stockholm wurde so bereits im Mittelalter zu einer idealen Stadt, weil sie ihr Hinterland schützte, den Handel und Verkehr auf sich

konzentrierte und in der Energie für gewerbliche Wirtschaft gewonnen werden konnte. Längs des Osrückens entstanden ideale Landverkehrswege über die Inseln zwischen Ostsee und Mälarsee, die den Norden und den Süden Schwedens miteinander verbinden. Noch heute hat man den Eindruck, als müsse der größte Teil des Nah- und Fernverkehrs in Schweden über die kleine Altstadtinsel von Stockholm und die dort abgedämmten Arme des Mälarsees rollen.

Zahlreiche weitere Städte traten in der Mitte des 13. Jahrhunderts dem Hansebund bei, andere wurden neu gegründet. Danzig und Stettin wurden wichtige Getreideexporthäfen. Abnehmer für Getreide fanden sich vor allem in Finnland, wo es bei der voranschreitenden Kolonisierung zu wenig Agrarland gab, nicht einmal so sehr aus klimatischen Gründen, sondern weil die nur wenig oberhalb des Meeresspiegels liegenden Niederungen weiträumig vermoort waren. Åbo, das spätere Turku, wurde von der Hanse aufgesucht, gegen Ende des 13. Jahrhunderts auch Vyborg im Osten Finnlands. Von Åbo aus, wo eine mächtige Burg und die einzige große Kathedrale in Finnland gebaut wurden, verlief eine Straße ins Innere Finnlands hinein, die von weiteren Burgen gesichert wurde; besonders markant sind die mittel-

Nach längeren Regenperioden entsteht im Strömmen, dem kurzen Fluß zwischen dem Mälarsee (hinten) und der Ostsee (vorne), eine starke Strömung. Hier lagen früher die Mühlen von Stockholm.

Die Altstadtinsel (Gamla Stan) von Stockholm zwischen dem Mälarsee (vorne) und der Ostsee (hinten). Über die Insel führen wichtige Straßen und Eisenbahnlinien.

alterlichen Burgen von Tavastehus/Hämeenlinna und Nyslott/Savonlinna. Danzig galt fortan als «Kornboden Åbos»; vor allem Roggen wurde aus dem Süden in den Norden gebracht – wohl nicht nur nach Åbo, sondern von dort aus auch ins Innere Finnlands. Holz, Pelze, Häute, Fleisch und Fisch kamen aus Finnland als Handelsgüter über Åbo und Vyborg in den Süden. Über den Hafen von Königsberg kam Kupfer in den Ostseeraum, das ursprünglich aus den Karpaten stammte und von dort über Land an die Ostsee transportiert worden war. Das zuvor dänische Reval trat in der Mitte des 13. Jahrhunderts dem Hansebund bei; «wir müssen zusammenhalten wie die zwei Arme eines Kreuzes», schrieb der Rat der Stadt im Jahr 1259 an das Kollegium in Lübeck.

Lübeck nahm im 13. Jahrhundert einen gewaltigen Aufschwung; große Teile von Dom und Marienkirche wurden damals gebaut; zwei Kirchen, die geradezu stilbildend für weitere Kirchen des Ostseeraums wurden. Bei ihrem Bau und genauso beim Bau weiterer Gebäude mußte man einen weiteren Mangel kompensieren: Es gab in Lübeck zu wenig Baustein. Man konnte nur Backstein in großen Mengen herstellen, und zwar aus dem Ton, der am Grund von Seebecken während der Eiszeit abgelagert worden war. Die Backsteine wurden sicher nicht nur auf dem Landweg, sondern auch per Schiff aus dem Umland in die Stadt transportiert, dazu das Bauholz, das man für die Fundamente und den Innenausbau der Kirchen und Häuser verwendete. Man brauchte Mörtel, um die Backsteine aneinanderzufügen. Dafür wurden Mergelgruben in der Umgebung ausgebeutet. Ansonsten mußte man auf Kalk- und Kreidevorkommen zurückgreifen, die im Ostseeraum nicht gerade reichlich verbreitet sind; Kalk und Kreide gibt es auf Rügen und Møn, in Südschweden, auf Öland und Gotland sowie stellenweise im Baltikum.

In anderen Städten des südlichen Ostseegebietes baute man ebenfalls große Kathedralen aus Backstein, in Wismar, Rostock, Stralsund, Greifswald, Stettin, Kolberg, Danzig, Frauenburg, Königsberg, Riga sowie an vielen anderen Orten. Mehr oder weniger deutlich schielte man stets nach Vorbildern in der führenden Hansestadt im äußersten Südwesten des Ostseeraums. In Stralsund und Danzig wollte man größere und schönere Gebäude als in Lübeck errichten. In Visby, Stockholm, Reval und Åbo hatte man günstigere Voraussetzungen: Es gab an Ort und Stelle Felsgestein, aus dem Baumaterial gebrochen werden konnte.

Wichtig für jede Stadt war nicht nur der Handel, sondern auch der Aufbau von gewerblichen Zentren. Jede Stadt brauchte Mühlen, damit Getreide gemahlen und verschiedene Gewerbe betrieben werden konnten. Günstige Voraussetzungen für den Betrieb von Mühlen gab es in solchen Städten, an deren Rand Wasser über Gefällsstrecken geleitet werden konnte, so daß ein Mühlrad direkt angetrieben wurde. Diese natürliche Bedingung bestand in idealer Weise in Danzig, das am westlichen Rand des Weichseldeltas und unmittelbar an den Ausläufern des Pommerschen Landrückens liegt, eines Moränenzuges, der bis zu über 300 Meter aus der Umgebung aufragt. In anderen Städten mußten ebenso wie in Stockholm, wo man allerdings auch viele weitere Bäche für den Betrieb von Mühlen nutzen konnte, Mühlteiche angelegt werden. Über Staudämme leitete man das Wasser auf die Mühlräder. In Lübeck dämmte man die Wakenitz ab, und zwar derart, daß sich ihr Wasser bis in den Ratzeburger See zurückstaute. Mühlteiche entstanden in Wismar, in Rostock an der Warnow, in Königsberg gleich oberhalb des späteren Schlosses und in Riga am

Liebe Leserin, lieber Leser,

gerne informieren wir Sie regelmäßig über unser Verlagsprogramm. Schicken Sie einfach diese Karte ausgefüllt an uns zurück.
Wenn Sie Zeit und Lust haben, beantworten Sie doch zusätzlich die Fragen auf der Rückseite! Sie helfen uns damit, unsere Arbeit noch besser auf unsere Leserinnen und Leser abzustimmen. Als kleines Dankeschön verlosen wir unter den Einsendern monatlich 10 interessante Titel aus unserer beck'schen reihe!

Aktuelle Informationen zu unserem Programm finden Sie auch unter www.beck.de.

Vorname / Name

Straße, Hausnummer

PLZ / Wohnort

e-mail-Adresse für den C.H.Beck-Newsletter

Postkarte

Verlag C.H.Beck
Literatur · Sachbuch · Wissenschaft
Vertrieb / Werbung

**Postfach 40 03 40
80703 München**

Bitte
freimachen

Diese Karte entnahm ich dem Buch

Haben Sie dieses Buch

☐ gekauft ☐ geschenkt bekommen?

Was war für Ihre Kaufentscheidung ausschlaggebend? (Mehrfachnennung möglich)

☐ Beratung in der Buchhandlung
☐ Präsentation des Titels in der Buchhandlung
☐ Prospekte / Verzeichnisse
☐ Rezensionen / Bücherlisten
☐ Empfehlungen durch Freunde und Bekannte
☐ Umschlag / Ausstattung
☐ Themen
☐ Werbung / Anzeigen
☐ Internet

Ihre Altersgruppe?

☐ bis 30 Jahre ☐ 30 – 45 Jahre

Welche Zeitungen / Zeitschriften lesen Sie regelmäßig?

☐ SZ   ☐ Die Welt
☐ FAZ   ☐ taz
☐ DIE ZEIT   ☐ Tagesspiegel
☐ NZZ   ☐ Berliner Zeitung
☐ Der Spiegel ☐ Brigitte
☐ Focus   ☐ örtliche Zeitungen
☐ Stern   _____

Welche Themen unseres Programms interessieren Sie?

☐ Alte Geschichte   ☐ Literatur
☐ Mittelalter   ☐ Literaturgeschichte
☐ Neuere Geschichte   ☐ Islam
☐ Zeitgeschichte / Politik   ☐ Judaica
☐ Theologie / Philosophie   ☐ Kunst / Kunstgeschichte
☐ Gesundheit / Medizin   ☐ Naturwissenschaften

Rigebach, der die Stadt in weitem Bogen umzieht. In Kiel, Schleswig, Altenkrempe und Neustadt sowie in Flensburg und Hadersleben dämmte man Teile der Förden ab, um Mühlenstaue zu erzeugen. Die Stadt Eckernförde wurde auf einer Nehrung errichtet, wobei der aufgestaute Strandsee als Mühlteich zu dienen hatte: das Windebyer Noor.

In trockenen, niederschlagsarmen Gebieten konnte man keine Wassermühlen bauen, sondern errichtete kleine Windmühlen. Bockwindmühlen, bei denen der gesamte Mühlenkasten mit den Flügeln in den Wind gedreht wird, wurden in Mitteleuropa seit dem 13. Jahrhundert gebaut. Mühlen diesen Typs sind auf Öland, Saaremaa/Ösel und im nördlichen Baltikum, aber auch in einigen Gebieten Finnlands noch heute verbreitet.

Um den Reichtum und den Handel zu sichern, schlossen die Hansestädte im Jahr 1264 einen wichtigen Vertrag: Sie garantierten den Schutz der Kaufleute, die nach lübischem Recht lebten. Sie beschlossen, die Kaufleute gegen Seeräuber zu verteidigen, so daß der Handel noch besser gesichert war. Die Schiffe wurden noch größer, und gegen Ende des 13. Jahrhunderts war es nicht mehr erforderlich, auf den Hansefahrten ins Baltikum in Visby Zwischenstation zu machen. Man traute es sich nun zu, auf direktem Wege nach Riga und Reval zu segeln. Wichtige Voraussetzung dafür war sicher die Ausweitung der Schutzbestimmungen für die Händler seitens der Hansestädte. Es mag hinzugekommen sein, daß der damalige Hafen von Visby allmählich unbrauchbar für größere Schiffe wurde, denn das Land hob sich weiter; heute ist das alte Hafenbecken von Visby nur noch ein flacher Teich inmitten eines Stadtparks, und auch weitere ehemalige Hafenbecken Gotlands werden nicht mehr von der Ostsee erreicht. In einer Zeit des weiteren allgemeinen Aufbruchs begann damit der Niedergang der gotländischen Handelsmacht. Dänen, Schweden und die Hanse stritten sich im späten Mittelalter um den Besitz der Insel, die in zwei Teile geteilt war: Visby und die Dörfer wurden durch eine Mauer voneinander getrennt und gehörten zeitweilig zu unterschiedlichen staatlichen Hoheitsbereichen. Nach den Zerstörungen im späten Mittelalter wurden große Teile von Visby nicht wieder aufgebaut, ein Zeichen dafür, daß die weitere wirtschaftliche und politische Entwicklung über einen Handelsplatz nahezu völlig hinwegging, der

Auf den großen schwedischen Ostseeinseln gibt es nur wenige Fließgewässer. Man konnte keine Wassermühlen errichten, sondern baute Windmühlen (wie hier auf Öland).

einst für die Etablierung des Handelsnetzes der Hanse eine überragende Bedeutung gehabt hatte. Visby wurde zu einem weiteren Ort, der mit der Sage von Vineta, der im Meer versunkenen Stadt, in Verbindung gebracht wurde. Doch zum Ende der überragenden Bedeutung von Gotlands Hauptstadt trug nicht ihr Untergang im Meer bei, sondern, im Gegenteil, das allmähliche Aufsteigen des Landes, auf dem die Stadt errichtet worden war.

Die Hanse boomte weiter: Am Ende des 14. Jahrhunderts mag es etwa eintausend Schiffe der Hansekaufleute gegeben haben. Sie waren bis zu dreißig Meter, meist aber nur etwa zwanzig Meter lang, bis zu sieben Meter breit, und sie konnten bis zu drei Meter Tiefgang aufweisen. In ihren bauchigen Rümpfen fanden bis zu zweihundert Tonnen Last Platz. Mit diesen Schiffen kamen Kupfer und Eisen aus Schweden, Holz und Pelze aus dem Norden und Osten, Getreide aus dem Süden, Wein, flandrische Tuche, Gewürze, Salz und Silber aus dem Südwesten, Fisch von vielen Küstenregionen in solche Gebiete, in denen Mangel an diesen Produkten herrschte. Von diesem Handel

profitierte nicht nur die gesamte Ostseeregion, sondern auch das Hinterland, vor allem Rußland, Schweden und Mitteleuropa. Die Kaufleute und die Geistlichkeit arbeiteten Hand in Hand. Der Deutsche Orden, der seit der zweiten Hälfte des 13. Jahrhunderts seinen späteren Hauptsitz Marienburg an der Nogat und zahlreiche weitere Burgen und Kirchen baute, erhielt seinen Nachschub über das Meer. Weitere Klöster wurden von den Zisterziensern errichtet, die sich besonders um die Kultivierung des Landes verdient machten: Doberan an der mecklenburgischen Küste, Kloster auf Hiddensee, Eldena bei Greifswald, Oliva bei Danzig, Alvastra am Vättersee und Romakloster inmitten von Gotland. Im 14. Jahrhundert entstand in Schweden der Birgittenorden. Sein Hauptort war Vadstena am Vättersee, die Heimat der Heiligen Birgitta. Nonnen aus dem Orden der Birgitten siedelten sich auch in Finnland und Estland an. Sie gründeten das Kloster von Naantali (ursprünglich deutsch «Gnadental») in der Nähe von Turku/Åbo, das zur schwedischen Zeit die Hauptstadt von Finnland war, und das Kloster von Pirita, in Sichtweite von Tallinn/Reval, der wichtigsten Stadt Estlands.

Burgen, Klöster und Städte wurden nicht nur zu Bastionen des Christentums, sondern auch zu Stützpunkten des stabilen Handels. Allerdings bemühten sich mehrere Herrscher um den Aufbau eigener

Das Hafenbecken von Visby wurde immer flacher, als Gotland sich aus dem Meer hob. Heute ist es nur noch ein Teich im Stadtpark. Die im Mittelalter zerstörte Stadt wurde nur zum Teil wieder aufgebaut.

Herrschaftsregionen und Handelsnetze. Überschnitten sich die Kolonisationsinteressen mehrerer Herrscher, kam es zu blutigen Konflikten, die den Ablauf der mittelalterlichen Geschichte im Baltikum besonders stark prägen. Viele der Eckpfeiler von Handel und Christentum wurden schon bald nach ihrer Fertigstellung zerstört und nicht wieder aufgebaut: mehrere Kirchen in Visby, das Birgittenkloster von Pirita und die gewaltige Burg von Hammarshus auf Bornholm. Andere Zeugnisse des Aufbaus im Mittelalter blieben mehr oder weniger unversehrt erhalten, wurden immer wieder errichtet oder rekonstruiert: die Marienburg, die Mauerringe von Visby und Tallinn/Reval, die Burgen von Turku/Åbo und Kuressaare/Arensburg auf Saaremaa/Ösel. In ihrer gewaltigen Monumentalität prägen sie ganze Regionen, denn man kann sie von weitem erkennen, über das Meer oder Flußniederungen hinweg.

Die große Zeit der Hanse war das Mittelalter. Danach setzte allmählich ihr Niedergang ein. Zum letzten Mal trafen sich die hansischen Kaufleute im 17. Jahrhundert. Danach war «Hanse» zwar immer noch Inbegriff einer idealen Handelsgemeinschaft. Die Nationalstaaten, die durch den Handel der Hanse reich geworden waren und ihre Identität gestärkt hatten, übernahmen in der Folgezeit den Handel mehr und mehr selbst. Nach dem Niedergang der Hanse fehlte nun jedoch ein Garant für den Frieden im Ostseeraum. Die Nationalstaaten rüsteten mit Glanz und Gloria gegeneinander auf, ohne es je zu schaffen, den Ostseeraum zu einigen. Sieht man vom peripher gelegenen Dänemark ab, wo die einzigen zeitweiligen Rivalen der Hanse saßen, so war dies immerhin den Hansekaufleuten zumindest unter wirtschaftlichen Gesichtspunkten gelungen. Sie befuhren auch dann noch ein befriedetes Meer, als an seinen Ufern grausame Schlachten geschlagen wurden.

15. LANDWIRTSCHAFT ALS HAUPT- UND NEBENSACHE

Während der folgenden Jahrhunderte veränderten sich die Ostsee und die Länder an ihren Küsten weiter wie in den vorangegangenen Jahrtausenden. Im Norden wurden Untiefen zu Inseln, Inseln zu Hügeln inmitten trockengefallener Ebenen, Hügel zu Bergen; das Land hob sich aus dem Meer, die Fläche der See wurde kleiner. Im Süden zerbröselte das Moränenland unter dem Einfluß des vorrückenden Meeres; trockenes Land versumpfte, Moore wurden von den Wogen überspült, die Fläche des Meeres wuchs an.

Rascher noch entwickelten sich die von Menschen gestalteten Landschaften, die Agrarlandschaft, die Städte; das Gewerbe wurde zu Industrie, der Umfang des Handels stieg, man brauchte neue Hafenanlagen. Doch gerade dabei wurde den Menschen immer wieder deutlich: Die Ostsee veränderte sich zwar langsamer als das Handeln der Menschen, aber dennoch konnte es geschehen, daß Häfen zu seicht und daher unbrauchbar wurden und ganze Städte verlagert werden mußten. Immer wieder bot sich Gelegenheit zum Neuanfang an den veränderten Küsten des dynamischen Meeres.

Die folgenden Kapitel beschreiben diese Veränderungen, die Neuanfänge, zwar nicht genau in historischer Abfolge, sondern nach Themen geordnet. Jedoch durchdrangen sich die bäuerliche Welt, Gewerbe, Handel und Verkehr gegenseitig; sie sind nicht getrennt voneinander zu sehen.

Durch den hansischen Handel wurden die schon von Natur aus bestehenden Gegensätze zwischen den Regionen im Süden und Norden der Ostsee vergrößert. Die Kaufleute liefen mit ihren Schiffen jeden Hafen an den Küsten der Ostsee in der Erwartung an, dort bestimmte Waren zu erhalten; diese Handelsgüter mußten zuvor im Hinterland der Häfen gewonnen oder produziert und anschließend zu den Häfen gebracht werden. Dadurch kamen bestimmte Traditionen der landwirtschaftlichen und gewerblichen Produktion auf, unter deren Einfluß die Landschaften südlich und nördlich des Meeres verändert wurden. Durch Handel sollten die Lebensverhältnisse der Menschen an allen Küsten der Ostsee allmählich aneinander angeglichen werden. Allerdings ist dieses Ziel bis heute noch nicht voll erreicht.

Die Landwirtschaft entwickelte sich in den Moränenlandschaften des Südens völlig anders als in den Urgebirgsgebieten des Nordens. Im Süden wurde seit dem Mittelalter die Produktion von Getreide forciert, um die Märkte zu beliefern, im Norden dagegen nicht. Im Norden wurde dagegen neben der Fischerei die gewerbliche und frühindustrielle Produktion stärker intensiviert als im Süden der Ostsee.

In den Gebieten zwischen Dänemark und dem Baltikum wurden in der Zeit, in der die Hansestädte entstanden, auch neue Dörfer gegründet. Dieser Prozeß wird immer wieder mit einer erstmaligen Besiedlung gleichgesetzt. Aber das entspricht nicht den Tatsachen, denn die Gebiete waren bereits zuvor besiedelt, nur nicht nach Grundsätzen der strikten staatlichen und wirtschaftlichen Organisation, die nun etabliert wurde. Durch Umorganisation der Besiedlungsstrukturen entstanden neue Formen von Siedlungen. Weniger gut durchorganisierte Siedlungen wurden verlassen. In den mecklenburgischen Hagenhufendörfern beispielsweise wurden die Häuser entlang einer Straßenzeile gebaut; zur Zeit der Gründung der Dörfer lagen die

Südlich und östlich der Ostsee entstanden Gutshöfe mit großem Landbesitz. Die Landwirtschaft wurde profitabel betrieben: Manche Gutshäuser aus späterer Zeit ähneln kleinen Schlössern (Palmse in Estland).

streifenförmigen Ackerstücke, die in langen Bahnen mit dem die Scholle wendenden Pflug bearbeitet wurden, direkt hinter den Häusern. Eine weitere typische Dorfform an der südlichen Ostseeküste wurde das Angerdorf, dessen Häuser rings um einen zentralen Platz errichtet wurden. Auch dort lagen die Langstreifenfluren direkt hinter den Gehöften. Die Langstreifenfluren wurden später in drei rings um das Dorf liegenden Feldern angeordnet, als die Dreifelderwirtschaft aufkam. Allgemein herrschte strikter Flurzwang: Auf jedem Feld, das aus vielen Ackerstreifen bestand, konnte nur eine Kulturpflanze angebaut werden. Jeder Bauer hatte Anteil an jedem Feld und damit auch am Anbau jeder Kulturpflanze. Der Flurzwang mußte deswegen eingeführt werden, weil die einzelnen Ackerstreifen nur einige Meter breit waren. Um auf einem Ackerstreifen den Boden zu bearbeiten, Saat auszubringen oder zu ernten, mußte man das Land des Nachbarn mit benützen. Nach der Ernte des ersten Ackerstreifens gelangte man an das Korn des nächsten, stellte dann aber den Erntewagen auf dem ersten Ackerstreifen ab. In jedem Jahr wurde neu festgelegt, daß die Ackerstreifen auf dem einen Feld allgemein mit Wintergetreide, auf einem anderen mit Sommergetreide bestellt wurden, während ein drittes Feld brach lag. In den fruchtbaren Gebieten unmittelbar an der Küste Mecklenburgs wurden noch kompliziertere Fruchtfolgen installiert, eine Vier- oder sogar Fünffelderwirtschaft.

Der Besitz schwedischer Landwirte war in aller Regel klein. Das Land wurde lediglich für den eigenen Bedarf bewirtschaftet.

Die Neuorganisation der Landwirtschaft unter den Bedingungen des Marktes führte zu Überschüssen an Korn. Sie gelangten als Abgaben an adlige Grundherren, von denen sich zahlreiche ebenfalls während des 13. Jahrhunderts am Südrand der Ostsee angesiedelt hatten, und in die Städte. Gab es dort Überschüsse, konnten die Händler beliefert werden. In den folgenden Jahrhunderten bestanden große Güter und kleine Bauernhöfe nebeneinander. Mit der Zeit wurden die Güter immer größer, und immer weniger kleine Bauern konnten unabhängig weiter wirtschaften. Viele kleine Bauernstellen wurden in Kriegen aufgegeben, vor allem während des Dreißigjährigen Krieges. Außerdem betrieben viele adlige Grundherren das «Bauernlegen»; sie übernahmen die Bewirtschaftung kleinbäuerlichen Landes und ließen die abhängig gewordenen Bauern für sich arbeiten. Auf diese Weise vergrößerten sich die sozialen Unterschiede zwischen großen und kleinen Bauern. Aber es konnte so dafür garantiert werden, daß Überschüsse an Korn erzielt wurden und daß an den Handelsplätzen der südlichen Ostsee Getreide für den Export verfügbar war. Nicht nur die Kaufleute der Hanse stellten sich darauf ein, sondern auch die Reeder und Kaufleute, die in späterer Zeit die Häfen an der südlichen Ostsee anliefen.

In West- und Ostpreußen sowie im Baltikum, in Livland und Estland, entstanden nur wenige Dörfer; dort eigneten sich adlige Grundherren, von denen viele zuvor Mitglieder des Deutschen Ordens oder der Schwertbrüder gewesen waren, großen Landbesitz an und betrieben Getreideproduktion. Sie waren dabei weniger als Bauern denn als Unternehmer tätig; zahlreiche Mitglieder der ehemals kleinbäuerlichen Bevölkerung, die zuvor nur für den eigenen Bedarf Ackerbau betrieben hatten, arbeiteten für sie. Am Ende des Mittelalters wurden Riga und Reval/Tallinn wichtige Getreideausfuhrhäfen.

Ähnlich wie in den Ländern der deutschen Kolonisation verfuhr man in Dänemark. Auch dort entstanden Dörfer, von denen aus intensiver Ackerbau auf Langstreifenfluren, in Dreifelderwirtschaft mit Flurzwang und mit dem die Scholle wendenden Pflug durchgeführt wurde. Zu Dänemark gehörte lange Zeit Schonen, also das südliche Schweden, dessen geologischer Untergrund genauso wie derjenige Dänemarks aus fruchtbaren eiszeitlichen Moränen besteht. Dort verlief die Agrargeschichte ähnlich wie in Dänemark, aber anders als im übrigen Schweden. Dies trug dazu bei, daß Schonen heute einen anderen Eindruck als das übrige Schweden macht. Die mittelalterliche Dorfbildung und Feldparzellierung ist dort auch unter dem Namen «Bolskifte» bekannt. Skifte bedeutet Feldparzellierung, Bol ist etwas Entsprechendes wie die Hufe, ein Ackermaß.

Auf Bornholm, das seit dem Mittelalter meist zu Dänemark gehörte, entwickelte sich die Agrarwirtschaft ähnlich wie in Schweden und Finnland. Interessant ist in diesem Zusammenhang, daß Bornholm zu großen Teilen genauso wie die Gebiete an der nördlichen Ostsee aus Grundgebirge aufgebaut ist, auf dem nach der Eiszeit nicht überall eine Schicht aus lockerem Gesteinsmaterial zurückblieb, in dem eine Bodenbildung stattfinden konnte.

In allen Grundgebirgsregionen war der Ackerbau wenig einträglich und viel mühsamer als in den Moränengebieten. Denn die Böden auf dem Grundgebirge (Granit oder Gneis) sind flachgründig, und sie enthalten nur wenige Nährstoffe. Dort und vor allem in den fruchtbareren Niederungsgebieten sowie auf den aus Kalk aufgebauten Inseln Öland und Gotland war zwar schon lange Zeit vor dem Mittelalter der Ackerbau begonnen worden, aber nicht unter marktwirtschaftlichen Gesichtspunkten, sondern lediglich zur Eigenversorgung. Unter dem Einfluß der Ausweitung von staatlichen und ökonomischen Strukturen erhöhte sich die Stabilität der Siedlungen genauso wie im Süden. Die Menschen in den Siedlungen brachten sich aber nicht als Ackerbauern in das System der Wirtschaft ein. Getreidebau trieben sie, wenn überhaupt, weiterhin nur zur Befriedigung des Eigenbedarfs. Die Bauern beteiligten sich zeitweise an Handel und Seefahrt. In den Küstenregionen trieben viele von ihnen Fischerei. Dazu bestanden besondere Siedlungen an den Küsten, die Fiskeläge. Auf Bornholm und Gotland werden sie bis heute noch genutzt; in Schonen wurden sie dagegen meist schon früh aufgegeben, als der Ackerbau in das Zentrum der Tätigkeit der Landbevölkerung rückte. In den Waldgebieten beschäftigten sich viele Bauern mit der Waldbewirtschaftung, schlugen und transportierten Holz, betrieben Köhlereien, Aschebrennereien und Teerschwelen. Die ländliche Bevölkerung beteiligte sich wo möglich auch am Bergbau und an der Verarbeitung von Erz, an der Herstellung von Glas und anderen gewerblichen Produkten.

Helgumannen, eine Fischersiedlung (Fiskeläge) auf Fårö. Vor den zeitweilig genutzten Hütten werden die Boote auf den Strand gezogen.

Um den Eigenbedarf an Korn zu befriedigen, brauchte man keine größeren und teuren Pflüge. Die Menschen auf Bornholm, in Schweden und Finnland verwendeten leichte Haken, mit denen der Boden nur angeritzt, aber nicht gewendet wurde. Mit leichten Pflügen bearbeitete man keine Langstreifen, sondern blockförmige, etwa quadratische kleine Ackerfluren. Über sie zog man kreuz und quer die Ritzspuren mit dem Ard, dem kleinen Pflug, bevor man das Getreide aussäte.

Die Felder lagen verstreut in der überwiegend von Gras und Kräutern bewachsenen inneren Wirtschaftsflur, von der die Gehöfte rings umgeben waren. Sie war von einem festen Zaun, oft auch einer Mauer aus losen Feldsteinen umschlossen. Wenn die Erträge der Felder nachließen, verlegte man sie ein Stück weit innerhalb der Grasflur. Eine solche Wirtschaft, bei der auf jedem Fleck der Flur zeitweise Akkerbau, ansonsten Grünlandwirtschaft betrieben wird, nennt man Feldgraswirtschaft. Sowohl die Äcker als auch diejenigen Flächen, auf denen Heu gemacht werden sollte, waren von mobilen Zäunen umgeben. Das Vieh lief auf der inneren Flur herum, sollte aber natürlich von denjenigen Flächen ausgesperrt bleiben, auf denen Korn und Gras für die Heugewinnung heranwuchsen. Nach der Ernte legte man die Zäune nieder und ließ die Tiere auch auf den abgeernteten Feldern und Wiesen grasen. Weil die Zäune nur für einen Teil des Jahres stehen sollten, waren sie nicht im Boden verankert. In Schweden und Finnland verwendet man bis heute charakteristische mobile Zäune aus Nadelholz, deren Elemente zwar mit einigem Arbeitsaufwand, aber doch auf effiziente Weise miteinander verbunden werden. Die Möglichkeit, die Zäune niederlegen zu können, ist wichtig, denn mit den Ausscheidungen des weidenden Viehs kommen organische Nährstoffe auf die Äcker.

Die Viehhaltung hatte für die Bauern im Norden Europas größere Bedeutung als der Getreidebau. Butter und in einigen Gebieten auch Käse waren neben Erz, Fellen, Holz und Holzprodukten Exportgüter des Nordens. Das Vieh konnte in den meisten Regionen nur einen kurzen Teil des Jahres im Freien gehalten werden und in den Wäldern weiden. In den schwedischen Gebirgsregionen zog man mit dem Vieh weit herum; es bildete sich eine Almwirtschaft heraus, bei der die festen Siedlungen an den Unterläufen der Flüsse, näher zur Ostsee, lokalisiert waren und die nur zeitweise aufgesuchten «Setter» weiter oben in den Tälern, höher im Gebirge. Wenn das Vieh auf Almen geschickt werden konnte, schonte man die Wälder in Siedlungsnähe als

Die charakteristischen mobilen Zäune des Nordens bestehen aus Nadelholz.

Weidegründe für andere Jahreszeiten und als Orte für die Holzgewinnung. Mehr oder weniger das ganze Jahr über waren Schafe auf Gotland im Grasland und im Wald, auf dem Alvar. In charakteristischen kleinen Ställen, die Lambsgift genannt werden, konnten sich die Tiere allerdings vor den Unbilden des Wetters schützen. Dorthin wurde ihnen bei ungünstigen Witterungsbedingungen Winterfutter gebracht.

Vor allem in den schneereichen Gebirgsregionen des Festlandes stand das Vieh monatelang im Stall. Dort sammelte sich Dung an, der im Frühjahr auf den kleinen Feldern ausgebracht werden konnte. Dünger war äußerst knapp; in den Küstenregionen sammelte man nicht nur den Dung in den Ställen, sondern auch Tang und Seegras an den flachen Ufern. Auf Gotland nutzte man die in flachen Uferbereichen reichlich aufwachsenden Wasserpflanzen und erntete sie regelrecht ab. Fielen diese Uferbereiche wegen des Ansteigens des Landes trocken, konnte man in den Überresten von Tang und Seegras sowie dem dazwischen gesammelten Humus Strandäcker anlegen, auf denen sich gute Erträge erzielen ließen.

Lange Zeit während des Jahres waren die Bauern mit der Gewinnung von Winterfutter für das Vieh beschäftigt. Futter gewann man vielerorts auf den Laubwiesen, die besonders wertvoll und geschätzt waren. Einige von ihnen haben sich bis heute erhalten: auf Öland und Gotland, auf den Åland-Inseln und Saaremaa/Ösel, auf den kleinen Inseln im Stockholmer Schärengarten und auch auf dem Festland Schwedens und Finnlands. Auf den Laubwiesen stehen in großem Abstand voneinander einzelne Bäume und Büsche sowie Gehölzgruppen. An den Gehölzen kann Laubheu gewonnen werden, besonders von Eschen, Linden, Ulmen, Haselbüschen und Birken. Eichen ließ man dagegen häufig länger in die Höhe wachsen, um Holz für den Schiffbau zu gewinnen. Die Borke der Bäume und Rentierflechten hat man ebenfalls als Winterfutter gesammelt. Zwischen den Büschen wuchs eine bunte Fülle von Blumen heran, und zwar in einem eigentümlichen Gemisch: Einige Kräuter sind typisch für die Grasländer der Inseln, die schon zu Beginn der Nacheiszeit bestanden, die Alvare. Andere Kräuter sind typische Wald-, andere eher Wiesenpflanzen. Gras und Kräuter, die zwischen den Gehölzen in die Höhe wuchsen, hat man für die Winterfütterung gemäht. Einige traditionelle Laubwiesen blieben vor allem auf kleineren Inseln erhalten, weil man dort bis in die Gegenwart keine intensive Landwirtschaft einführte, sondern Fleisch, Fisch und Milchprodukte exportierte und im Austausch Getreide einführte.

In Niederungen von Fluß- und Bachtälern sowie in Moorgebieten Schwedens und Finnlands setzte man das Grasland im Frühjahr unter Wasser, damit der Schnee schneller taute und mehr Nährstoffe auf die Grünländer kamen; auch ließen sich viele Grünlandbereiche so von Gehölzen freihalten. Später wurde das Wasser wieder abgelassen, damit das Gras optimal in die Höhe wachsen und später gut geerntet werden konnte.

Die düngende Wirkung des Wassers auf das Grünland nützte man auch in anderen Regionen des Ostseeraumes aus. Die Memel/Nemunas friert wie das Kurische Haff, in das der Fluß mündet, in jedem Winter zu. Die Eisdecke auf dem Fluß bricht früher auf als diejenige des Haffs; dann kann das Wasser aus dem Fluß nicht abfließen, das Eis wird an der Mündung zusammengeschoben und staut das Wasser auf, so daß weite Landstriche am Unterlauf des Flusses überflutet werden. Im späteren Frühjahr geht die Überschwemmung zurück; dann aber haben sich feine Sinkstoffe aus dem Flußwasser auf den Wiesen am Unterlauf der Memel abgesetzt, durch die das Grünland alljährlich gedüngt wird.

Problematisch war es, in den kurzen Sommern des Nordens das Korn reifen zu lassen; war dies gelungen, bestand das nächste Problem darin, das Korn möglichst trocken zu ernten und ihm anschließend ebenso wie dem Heu das Wasser weitgehend zu entziehen. Das Laub von den Bäumen mußte bald nach Mittsommer geschnitten sein, damit es bis zum frühen Einsetzen des Herbstes noch trocken wurde. Das geschnittene Getreide wurde in mehrere Meter hohen Scheunen aufbewahrt, die von der Seite her gut belüftet waren; sie sahen wie große Bretterverschläge aus, deren Sparren weite Abstände voneinander aufwiesen. Grasheu wurde zunächst einige Wochen an Gestellen aufgehängt oder auf große bewegliche Wippen gelegt, die man in Estland mancherorts noch heute finden kann. Wo es besonders schwierig war, Korn und Gras trocken zu bekommen, brauchte man besondere Trockenscheunen. In Finnland und Estland gab es sogar, wie bereits erwähnt, beheizbare Trocknungsanlagen in der Mitte der Bauernhäuser, die Riegen.

Ein Schafstall (Lambsgift) auf Fårö.

Vor allem in abgelegenen Bergregionen wurden die Flächen der Innenfluren regelmäßig abgebrannt. Diese Technik nutzten finnische Bauern, nicht nur in Finnland, wo Ackerbau im 15. und 16. Jahrhundert allmählich gen Norden ausgeweitet wurde, sondern auch im schwedischen Norrland, wo sie in der frühen Neuzeit zur Neulandkultivierung angesiedelt wurden. Vor dem Abbrennen wurden die dicken Bäume gefällt und als Nutzholz aus den Flächen gezogen. Nach der anschließenden Rodung ließ man die Waldflächen ein oder zwei Jahre liegen, damit das geschnittene Holz richtig trocknen konnte – andernfalls brannte es nicht. Nur die dünnen Äste und Bäume sowie das Gestrüpp am Boden wurden verbrannt, mit der Asche konnte man die Felder düngen. Asche besteht ja aus den unverbrannten Rückständen von organischer Substanz und setzt sich aus verschiedenen Mineralstoffen zusammen, die das Wachstum von Kulturpflanzen fördern.

Beim sogenannten «Svedjebruk», beim Schwenden von Wald, wurden die Flächen sehr vorsichtig abgebrannt, und zwar im Hochsommer. Die ganze Dorfgemeinschaft mußte sich daran beteiligen, um zu verhindern, daß das Feuer auf Bereiche übergriff, die nicht für den Ackerbau und das Brennen vorgesehen waren. Noch in die warme

Asche wurde Roggen, seltener Gerste oder Hafer, manchmal auch Hanf und Flachs gesät. Wo am meisten Asche lag, brachte man Saatgut von Rüben aus. Der grüne Roggen wurde im Herbst beweidet, bestockte sich dann im kommenden Frühjahr neu und konnte im folgenden Herbst geerntet werden. Zwei oder drei Mal nacheinander konnte man auf der gleichen Fläche Getreide anbauen. Dann hatte der Nährstoffgehalt so weit abgenommen, daß der Anbau von Kulturpflanzen sich nicht mehr lohnte. Statt dessen betrieb man einige Jahre lang Grünlandwirtschaft und ließ später erneut Büsche in die Höhe wachsen. Statt wie früher Nadelbäume kamen nun zunächst

Eine Laubwiese bei Bro (Gotland) mit wenigen weit ausladenden Bäumen und Grasflächen.

Laubgehölze in die Höhe, vor allem Birken. Brannte man nach einigen Jahrzehnten an gleicher Stelle erneut, gewann man die Asche nicht von Nadelbäumen, sondern von Birken, um Getreide wachsen zu lassen. Wenn man aber nicht erneut brannte oder auch innerhalb der Feldgraswirtschaft längere Zeit keinen Ackerbau betrieb, breitete sich im Lauf der Zeit Nadelholz aus, vor allem die Fichte.

Weil Brand- und Feldgraswirtschaft nur nördlich von Schonen betrieben wurde, aber nicht im Süden, verstärkten sich die Unterschiede in der Zusammensetzung der Wälder: Während im Süden kein Land aufgegeben wurde und keine neuen Wälder entstanden, breitete sich im Norden immer wieder vor allem die Fichte in den nicht mehr genutzten Teilen der Agrarlandschaft aus. Der landschaftliche Gegensatz zwischen Mitteleuropa (einschließlich Schonen), wo kein Nadelholz vorkam, und dem Norden wurde durch die unterschiedliche Behandlung des Landes durch die Menschen noch verstärkt. Die mobilen Zäune waren ebenfalls nur dort verbreitet, wo Feldgraswirtschaft betrieben wurde, aber nicht in Schonen und in Mitteleuropa. Sie wurden zu einem besonderen Kennzeichen schwedischer, zum Teil auch finnischer Landschaft. Zur Akzentuierung der Unterschiede der Agrarlandschaften innerhalb und außerhalb des Nadelholzgebietes trug außerdem noch bei, daß Holzhäuser nur dort gebaut wurden, wo Nadelholz verfügbar war, während Stein- und vor allem Backstein- und Lehmbauten charakteristisch für die Laubholzregionen Mitteleuropas waren und sind. Dieser Unterschied im Aussehen der Bauernhäuser fällt auf, wenn man von Dänemark aus über Schonen nach Norden fährt. Er besteht auch im Osten des mitteleuropäischen Laubwaldgebietes: Im östlichen Mecklenburg, wo reichlich Kiefern vorkommen, sind die Giebelwände der traditionellen Bauernhäuser mit Nadelholz verbrettert. Holzhäuser gibt es in nadelholzreichen Regionen Polens. Weit verbreitet sind sie auch östlich und nordöstlich der Weichsel, wo nicht nur die Kiefer, sondern auch die Fichte zur natürlichen Vegetation gehört.

Die historische Forschung geht davon aus, daß es im 14. Jahrhundert zu einer großen Agrarkrise gekommen ist. Indiz dafür sind die zahlreichen Wüstungen, also Reste von Siedlungen, die in dieser Zeit von ihren Bewohnern verlassen worden sind. Die Wüstungsprozesse werden immer wieder vor allem damit begründet, daß die große Pestwelle der Mitte des 14. Jahrhunderts große Teile der Gesamtbevölkerung dahinraffte und daß Dörfer in Kriegen zerstört oder geplündert und anschließend nicht wieder besiedelt wurden. Besonders an der südlichen Ostseeküste fielen Siedlungen im Mittelalter wüst, in Dänemark und Schonen, aber nicht im übrigen Schweden. Daraus könnte der Schluß gezogen werden, daß die peripheren Gebiete Nordeuropas von der Pest weniger betroffen waren als die Mitte Europas. Aber Wüstungen sind vor allem in denjenigen Regionen Europas bekannt, in denen die Agrarlandschaft während des Mittelalters umfassend neu strukturiert wurde: dort nämlich, wo alte, kleine, weniger gut durchorganisierte Siedlungen aufgegeben wurden und neue Siedlungen in besser geregelter Form entstanden. Möglicherweise wird durch das Wüstungsphänomen eine Entsiedelung des Landes nur vorgetäuscht; viel stärker wirkte sich die Aufgabe kleiner Weiler zu Gunsten größerer Siedlungen aus. Diesen Vorgang nennt man in Dänemark sehr anschaulich «Ballung». Jedenfalls ist den Pollendiagrammen nicht zu entnehmen, daß es damals zu einem allgemeinen Rückgang des Getreidebaus kam.

Der Unterschied zwischen Gebieten mit intensiver Landwirtschaft im Süden der Ostsee sowie im Baltikum und den Regionen, in denen überwiegend nur für den Eigenbedarf Kulturpflanzen angebaut wurden, nämlich in Schweden und Finnland, bestand mehrere Jahrhunderte lang. Selbst in den fruchtbarsten Regionen Schwedens, wie in den Niederungen rings um die großen Seen Mittelschwedens, die heute von intensivem Ackerbau geprägt sind, wurde im 17. Jahrhundert noch nicht einmal die Hälfte des nutzbaren Landes auch tatsächlich für den Anbau von Kulturpflanzen verwendet. Erst ganz allmählich und keineswegs überall in Schweden kam es zur Einführung der Dreifelderwirtschaft, langer Ackerstreifen und des die Scholle wendenden Pfluges. In der frühen Neuzeit begann in Schweden und Finnland eine Neueinteilung der Fluren, die «Solskifte» genannt wird, weil die einzelnen langen und streifenförmigen Felder wie Sonnenstrahlen vom Dorf aus in das Umland hineingeführt wurden. Größere Dörfer entstanden im späten Mittelalter und in der frühen Neuzeit im Norden Schwedens entlang von Flüssen. Von ihnen aus konnte optimal Fischerei betrieben werden, zum Beispiel auf Lachs, den diese Dörfer anstelle von Steuern abzugeben hatten.

Doch die Tendenz, größere Dörfer anzulegen, blieb in Schweden und Finnland eine Episode; sie entstanden nur in wenigen Regionen. Im 17. Jahrhundert versuchte die schwedische Krone, in den Besitz von möglichst vielen Ländereien zu gelangen. In diesem Bestreben war das schwedische Königshaus im Stammland erfolgreicher als in den «überseeischen» Regionen, die damals zu Schweden gehörten, nämlich in Estland, Livland und Pommern. Die schwedische Krone entriß damals dem Adel, der sich dagegen heftig wehrte, einen Teil seines Grundbesitzes.

Im schwedischen Mutterland wurde dadurch eine wichtige Voraussetzung für die weitere Entwicklung der Landwirtschaft gegeben. Im 18. Jahrhundert konnte in Schweden genauso wie in den Ländern an der südwestlichen Ostsee eine Bauernbefreiung und eine Landreform geplant werden. Von der Mitte des 18. Jahrhunderts an fanden dann umfassende Landreformen statt. Bekannt wurden sie unter den Begriffen «Storskifte», wenn sie sehr umfangreich waren, oder «Laga Skifte», wenn sie weniger rigoros durchgriffen. Ziel der Reformen war eine Intensivierung der Landwirtschaft. Die Bauernhöfe wurden neu mitten in der Flur der Bauern errichtet. Wo Dörfer vorhanden waren, wurden sie teilweise auseinandergesiedelt, damit die Wege der Bauern zwischen ihren Höfen und ihren Wirtschaftsflächen möglichst kurz wurden. Die möglichst weitgehende Arrondierung des Landes rings

Gut durchlüftete Scheunen dienten der Trocknung von Getreide und Gras, das bei ungünstiger Witterung in unreifem oder noch feuchtem Zustand eingefahren werden mußte (Freilichtmuseum in Umeå).

um jeden Hof wurde «Enskifte» genannt. Nur einige Höfe, deren Fluren in Dorfnähe lagen, blieben am alten Ort bestehen. Abgesehen von den Kirchdörfern gibt es in Schweden und Finnland seitdem vor allem Einzelhöfe oder kleine Weiler von zwei oder drei Höfen. Oft wurden die Höfe nicht, wie in früherer Zeit vor allem in Mitteleuropa üblich, an die Grenze zwischen trockenem Ackerland und feuchtem Grünland gelegt, also in die Ökotopengrenzlage zwischen den beiden grundsätzlich verschiedenen agrarischen Wirtschaftsarealen.

Im Gebiet des borealen Nadelwaldes, im Norden und Osten der Ostsee, errichtete man Bauernhäuser aus Nadelholz (nördlich von Uppsala).

In Schweden und vor allem in Finnland (sogenannte «Vaara-Siedlung») entstanden viele Höfe wie in früherer Zeit auf Hügeln oberhalb des Ackerlandes. Viele dieser Hügel waren direkt nach der Eiszeit Schären im Meer gewesen, während das von ihnen aus nun bewirtschaftete Ackerland noch vom Wasser bedeckt war. Manche Agrarlandschaft Fennoskandiens ist seitdem von dem Bild geprägt, daß die Höfe auf den Hügeln wie auf Inseln inmitten eines Meeres von Getreidefeldern liegen. Die zusammengelegten Wirtschaftsflächen waren rationeller zu bearbeiten als die weit auseinanderliegenden kleinen der früheren Zeit. Ackerbau konnte nun unter wirtschaftlichen Gesichtspunkten betrieben werden; Überschüsse der agrarischen Produktion wurden in die Städte verkauft, und der schwedische Staat war immer weniger darauf angewiesen, Korn im Ausland zu erwerben.

Dies wurde besonders wichtig, weil die «überseeischen» Besitzungen Schwedens im Süden und Osten der Ostsee verlorengingen und damit die Kornkammern, die das Land im Norden Europas zeitweise besessen hatte. Anstelle von Gerste, dem traditionellen «Korn» in der schwedischen Sprache, wurden mehr und mehr Roggen, in einigen Gebieten auch Weizen angebaut. Sie lieferten ein besseres und hochwertigeres Brotmehl, wie es in den Städten begehrt war. Die Bauern wurden in die Lage versetzt, sich bessere Pflüge anzuschaffen. Im ganzen gesehen ist die Agrarreform in Schweden als eine der erfolgreichsten auf der ganzen Welt anzusehen. Denn durch sie wurde noch vor dem Einsetzen der Industrialisierung die Agrarproduktion erheblich ausgeweitet, und bis zum 20. Jahrhundert erreichte das weit im Norden liegende Land eine weitgehende Selbstversorgung mit Lebensmitteln. Ehemals von Gletschern und unter der Ostsee geformtes Land wurde in Schweden zu hervorragendem Ackerland.

Estland und Livland gehörten im 18. Jahrhundert nicht mehr zu Schweden, sondern zu Rußland. Dort gab es keine Agrarreformen wie in Skandinavien. Unter der russischen Herrschaft wurde der baltische Adel in seine alten Rechte wieder eingesetzt. Zwar wurden später auch Reformen im ländlichen Raum durchgeführt, in deren Verlauf die Bauern aus der Leibeigenschaft de jure entlassen wurden; sie bekamen aber lange Zeit nicht die Möglichkeit, Landbesitz zu erwerben. Daher blieb das alte Siedlungs- und Landschaftsbild bestehen.

Agrarreformen setzten etwa zur gleichen Zeit wie in Schweden im Südwesten des Ostseeraumes ein, vor allem in Dänemark (auch in Schonen) und in den heute zu Deutschland gehörenden Gebieten Schleswig, Holstein und Mecklenburg. Dort wurden die seit dem Mittelalter bestehenden Langstreifen zu blockförmigen Fluren aneinandergebunden, ein Prozeß, den man Verkoppelung nennt. Dadurch wurde zerrissener agrarischer Besitz genauso wie in Schweden an bestimmten Stellen zusammengeführt. In einigen Regionen Dänemarks und des heutigen Schleswig-Holsteins kam es genau wie in Schweden zur Aussiedlung von einzelnen Höfen aus zuvor größeren Dörfern. Es gab aber Gebiete, in denen die größeren Gutshöfe weiter bestanden, vor allem in Mecklenburg. Große Koppeln anstelle von kleinen und schmalen Ackerstreifen entstanden aber auch dort.

Mit der Verkoppelung, die im Lauf von vielen Jahrzehnten durchgeführt wurde, war ein ganzes Bündel von Maßnahmen verbunden, die zu einer umfassenden Veränderung der Landschaft führten. Die bis dahin bestehenden Allmenden in Heiden und Wäldern wurden allmählich aufgegeben und an private Besitzer aufgeteilt, auch an Bauern, die neues Land kolonisierten. Das Vieh wurde nicht mehr auf die allgemeine Mark getrieben. Ehemalige Weideflächen konnten, wenn sie nicht unter den Pflug genommen wurden, aufgeforstet werden. Das Vieh weidete nun auf Viehkoppeln, wo agrarische Pflegemaßnahmen durchgeführt wurden, die ein üppiges Wachstum von Grünfutter zur Folge hatten: Man drainierte und brachte Kleesaat aus. Die Viehhaltung ließ sich intensivieren. Durch das stärker auf einem bestimmten Stück Land konzentrierte Vieh fand eine effiziente Düngung der Weideflächen statt. Die Koppel war eingezäunt, so daß man keine Hirten mehr zum Hüten des Viehs auf der Heide oder im Wald brauchte. Wenn man anstelle eines Zaunes, der immer wieder erneuert werden mußte, einen Wall mit einer Hecke anlegte, mußten die Umlegungen der Koppeln nicht immer wieder erneuert werden. Man besaß damit noch einen weiteren Vorteil, denn man konnte die Gehölze der Hecken zur Gewinnung von Brenn- und Werkholz nutzen, und außerdem verhinderten die Wälle die Bodenerosion, indem sie abgespültes und abgewehtes Erdreich an ihren Füßen «fingen».

Auf den Koppeln gelang nicht nur eine profitable Viehhaltung. Man legte auch große Ackerkoppeln an, die mit neuen Pflügen bewirtschaftet wurden; mit ihnen konnte man die Scholle entweder zur einen oder zur anderen Seite kippen. Die Äcker wurden besser gedüngt. Man verzichtete darauf, ein Brachestadium in den Fruchtwechsel einzuschalten. Anstelle des Brachestadiums wurde in vielen Gegenden die Kartoffel angebaut. In Deutschland galten die Agrarreformen im Norden als besonders fortschrittlich, und ihre Grundsätze wurden bei den Flurbereinigungen im Süden noch im 20. Jahrhundert befolgt. Sie waren vom Ostseeraum ausgegangen.

Roggen, auf den fruchtbaren Moränenstandorten rings um die Ostsee, auf den dänischen Inseln und in Schonen, im Osten Schleswig-Holsteins und im Norden Mecklenburgs Weizen und Gerste im

Im Laubwaldgebiet baute man Fachwerkhäuser, für die man weniger Baumstämme als für massive Holzhäuser brauchte. Die Gefache wurden mit Lehm oder Backstein gefüllt (Sandvig im Nordwesten Bornholms).

Wechsel waren die wichtigsten Kulturpflanzen; dies entsprach im Süden und Südwesten des Ostseegebietes der Tradition seit dem Mittelalter. Vor allem der südliche Ostseeraum wurde trotz seiner weit in den Norden vorgeschobenen Lage eine der weltweit profitabelsten Regionen des Ackerbaus.

16. DIE BAUERN ALS BERGLEUTE

In den meisten Ländern Europas entwickelten sich im Mittelalter und in der frühen Neuzeit ländliche und städtische Siedlungen zwar getrennt voneinander, aber doch in einem steten Miteinander. In den ländlichen Siedlungen, oft unter adeliger oder städtischer Grundherrschaft, lebten und arbeiteten die Bauern. Einige von ihnen waren, neben ihrer Arbeit auf dem Felde, auch in einer handwerklichen Tätigkeit geschickt; dann waren sie zwar zugleich Hufschmiede, Schreiner oder Stellmacher, aber doch vor allem Bauern. Ihre landwirtschaftliche Produktion war möglichst auf die Erzielung von Überschüssen ausgerichtet. Sie wurden an die Grundherren abgeliefert. Immer wieder empfanden die Bauern die Abgabenlast als drückend. Vom heutigen Standpunkt aus muß man aber berücksichtigen, daß die Abgaben eine wesentliche Voraussetzung für die kulturelle Blüte im Mittelalter und in der frühen Neuzeit bildeten.

Im Besitz der Grundherren und Städte waren die Mühlen, in denen Getreide gemahlen und andere Dienstleistungen für die gesamte Bevölkerung erbracht wurden. Oft wurden neben den Mühlen Burgen oder Schlösser errichtet, um das Gewerbe, die Quelle des Wohlstandes, zu schützen. Handwerker gab es natürlich auch in den Städten; aus ihnen und den Händlern entwickelte sich das Bürgertum. Das städtische Handwerk und das städtische Bürgertum trieben die wirtschaftliche und kulturelle Entwicklung nicht nur ihrer Stadt, sondern ganzer Regionen an.

In den im Mittelalter schon relativ dicht besiedelten Gegenden südlich der Ostsee waren die meisten Menschen in der Landwirtschaft tätig. Ihre Überschüsse versorgten nicht nur die Einwohner der Handelsstädte, sondern es gelang auch, Getreide über die Ostsee in andere Länder zu exportieren, in denen eine Selbstversorgung mit Lebensmitteln schwierig war. Landwirtschaft, die bescheidene Überschüsse erzielte, ließ sich im Süden des Baltischen Meeres treiben, in den heutigen Regionen von Dänemark, Deutschland, Polen und im Baltikum. Daß sich mit Ackerbau und Viehhaltung Geld verdienen ließ, zeigte sich im Lauf der Jahrhunderte besonders beim Adel, der große Güter bewirtschaftete oder Abgaben von abhängigen Bauern einzog. Der

Wohlstand wuchs bei den Besitzern dieser Latifundien vor allem, weil sie ihre Produkte in andere Länder über das Meer verkaufen konnten.

Die Landschaft bekam den Stempel intensiver Agrarwirtschaft, die eine viel größere Fläche als heutzutage beanspruchte. Wegen der geringen Erträge mußten weite Ländereien unter den Pflug genommen werden, auch solche, deren Bearbeitung sich heute nicht mehr lohnt; diese liegen heute brach oder wurden aufgeforstet, als man mit Agrarflächen geringeren Ausmaßes auskam, weil dank Mineraldüngung und verbesserter Maschinen viel höhere Erträge als zuvor erzielt wurden. Die mehr oder weniger stark von administrativer Seite gelenkte Einführung der Gewannflur mit Flurzwang, des Fruchtwechsels und später die Verkoppelung sind klare Anzeichen dafür, daß man so viel aus dem Land herausholen wollte wie irgend möglich.

In Schweden und dem mit ihm verbundenen Finnland bestanden, wie schon beschrieben, ganz andere Grundsätze der Landbewirtschaftung. Dort war die landwirtschaftliche Produktion nicht allein für die Selbstversorgung der Bauern notwendig. Ackerbau wurde überwiegend, um einen heute üblichen Ausdruck zu benützen, im Nebenerwerb betrieben. Gewannflur, konsequente Fruchtwechselwirtschaft und Flurzwang wurden nur in einigen wenigen Gebieten des Nordens eingeführt. Später kam es zu umfassenden Agrarreformen, durch die vor allem Schweden, aber auch Finnland zu Regionen besonders modernen Ackerbaus wurden.

Im Mittelalter hatte der Bergbau für viele Menschen, die auf dem schwedischen Land lebten, große Bedeutung. Doch den Dänen waren die finanziellen Überschüsse, die von den Schweden durch den Handel mit Kupfer und Eisen erzielt wurden, ein Dorn im Auge. Die Dänen waren die Handelskonkurrenten der Hanse, die den Austausch von Waren zwischen Mitteleuropa, Schweden und dem Baltikum betrieb. Im Jahr 1397 wurde unter dänischem Druck ein Zusammenschluß aller nordischen Länder gebildet, die Kalmarer Union. Sie war für Schweden mit einer Handelsblockade verbunden. Seit dem Ende des 14. Jahrhunderts kam kein Erz aus Mittelschweden mehr nach Mitteleuropa: Die Fortentwicklung Schwedens und damit auch Finnlands stagnierte, die Vormachtstellung der Hanse war gebrochen und damit ihr allmählicher Niedergang eingeleitet. Seit 1429 erhoben die Dänen die sogenannte Sundsteuer von allen Schiffen, die den Öresund zwischen den dänischen Inseln und der Südküste Skandinaviens befuhren. Die Steuer wurde von Schloß Kronborg in Helsingør aus eingetrieben, das als Hamlets Schloß, nach dem Drama von Shakespeare, bekannt wurde. Der heutige Schloßbau stammt von 1577; er zeugt genauso wie die Pracht Kopenhagens von den Reichtümern, die sich durch das Erheben der Steuer anhäufen ließen.

Gegen Ende des 15. Jahrhunderts begannen sich die Schweden aus der Kalmarer Union zu befreien; sie besiegten die Dänen in der Schlacht am Brunkeberg, nahe bei Stockholm. Zum Gedenken an diese für die schwedische Geschichte wichtige Schlacht schuf Bernt Notke das Denkmal vom Kampf des Heiligen Georg mit dem Drachen in der Storkyrka, der Domkirche von Stockholm. Schweden wurde zur Großmacht und erneuerte sich im Lauf der folgenden Jahrzehnte erheblich. In Uppsala wurde die Universität nach dem Vorbild von Bologna gegründet. Mit dem Ende der Kalmarer Union 1521 wurde Stockholm endgültig die schwedische Hauptstadt.

Seit dieser Zeit blühten Bergbau und Erzverarbeitung in Schweden erneut auf. Bis zum Ende des 18. Jahrhunderts besaßen die Schweden auf dem Weltmarkt eine beherrschende Stellung für Eisen und Kupfer. Das Gebiet Bergslagen bei Falun im nördlichen Mittelschweden war eines der wichtigsten Bergbaugebiete der Erde. In gewisser Hinsicht ist das Bild des gesamten Landes Schweden durch das Bergwerk von Falun geprägt. Dort gewann man nämlich auch Roterde aus verwittertem Schwefelkies und brannte sie zu rotem Eisenvitriol. Seit 1616 stellte man daraus Farbe her. Damit strich man die Holzhäuser Schwedens an, zunächst nur deswegen, um einen Mangel zu verdecken. Man hielt rote Ziegelbauten, wie es sie im Süden gab, für vornehmer als Holzhäuser; mit dem aus Falun bezogenen «Faluröd» der Häuser konnte man wenigstens die Farbe der Häuser des Südens imitieren. Später stellte sich heraus, daß Eisenvitriol sehr witterungsbeständig ist und das Holz sich damit gut gegen Wind und Wetter imprägnieren ließ. Seit dem 18. Jahrhundert wurden deswegen so gut wie alle Häuser Schwedens in diesem eigentümlichen Rot gestrichen.

Auch in anderen Gebieten Schwedens stand die Landschaftsentwicklung unter dem Einfluß des Bergbaus und der Verarbeitung von Erzen für den Export. Dafür war nicht nur der Reichtum an Kupfer und Eisen wichtig. In den weiten Wäldern des Nordens ließen sich

Holz und Holzkohle in großen Mengen gewinnen, was deswegen besondere Bedeutung hatte, weil es in Skandinavien keine Stein- oder Braunkohle zur Erzverhüttung gibt. Gerade im Gebiet um Falun, das am Südrand des weiten borealen Nadelwaldes liegt, war die Holzversorgung sehr gut. Außerdem stand hier und anderswo Wasserkraft zum Antrieb von Mühlrädern zur Verfügung, deren Bewegung auf die Eisenhämmer übertragen wurde. Mühlräder setzten auch die Blasebälge in Betrieb, die das Feuer der Schmelzöfen anfachten und ihre Temperatur so hoch hielten, daß das Erz besser schmolz.

Charakteristisch für schwedische Häuser ist der Anstrich mit Eisenvitriol, dem «Faluröd», aus Falun (Fischerdorf Skärså in Hälsingland, südliches Norrland).

Während im Süden der Ostsee, im nahezu ebenen Gelände, Mühlteiche angelegt werden mußten, um ein ausreichendes Gefälle des Wassers und damit genügend Wasserkraft zu erzeugen, bestand in Schweden beim Betrieb von Mühlwerken ein anderes Problem. Die Flüsse des Landes sind noch sehr jung; sie entstanden in der heutigen Form erst nach dem Rückzug der Gletscher. Daher ist ihr Gefälle sehr unausgeglichen: Weite Strecken, in denen die Flüsse als träge Ströme dahinziehen, wechseln mit Strecken ab, auf denen das Gefälle groß ist, wo Stromschnellen oder Wasserfälle auftreten. Gefällehöhen von mehr als acht bis zehn Metern konnten im späten Mittelalter und in der frü-

hen Neuzeit noch nicht für den Betrieb von Mühlrädern genutzt werden; bei höheren Stauhöhen entwickelten sich derart große Wasserkräfte, daß die Mühlen und ihre Werke darunter zusammengedrückt wurden. Daher konnte man auch nicht überall eine Erzhütte anlegen.

Die ersten erzverarbeitenden Betriebe entstanden in der Nähe der Bergwerke, in denen die Bauern während des Sommers nach Erz gruben. In früher Zeit setzten sie Feuer in der Nähe der Erzadern. Dadurch wurde das Gestein spröde und ließ sich leichter zerstören, um an erzhöffigen Stein zu gelangen. Enorme Holzmengen wurden dafür verbraucht. Später sprengte man das Gestein mit Schießpulver. Eisenerz wurde nicht nur aus dem Gestein gebrochen, kleinere Mengen an Metall gewann man wie in früherer Zeit aus eisenhaltigen Schichten der Moore und Seen, beispielsweise in Småland und in Finnland: See- oder Sumpferz.

Holz brauchte man vorwiegend für die Verhüttung von Erz. Besonders hohe Temperaturen ließen sich mit Holzkohle erzielen; daher mußte zunächst Kohle hergestellt werden. Für die Köhlerei wurden große Waldflächen gerodet. Die Bäume wurden vor allem im Winter gefällt, weil man dann die Stämme besser transportieren konnte,

Strömsbergska bruk südlich von Gävle in Uppland. Die ältesten Teile von Hochofen, Mühle und Schmiede wurden in der Mitte des 18. Jahrhunderts errichtet.

indem man sie auf Schneebahnen zum Meiler schleifte. Die Kohlenmeiler schichtete man dagegen vor allem im Sommer auf, wenn man die Kohle besser trocken halten konnte. Als in den Bergbaugebieten Holzmangel zu drohen begann, verlegte man die Hütten, und zwar weiter in die Peripherie, möglichst ins Gebiet zwischen Bergwerk und Hafen, von wo die Produkte der Erzschmelze verschifft wurden.

Weil die meisten Länder an der Ostsee in der Reformation früh den Protestantismus eingeführt hatten, wurden sie zum Ziel von Glaubensflüchtlingen aus den Niederlanden, Salzburg und Frankreich. Im Umfeld der Ostsee wurden sie zu unterschiedlichen Bedingungen angesiedelt. Der expandierende preußische Staat wurde zur neuen Heimat für Hugenotten, aber auch für Mennoniten. Die Hugenotten siedelten sich vor allem in den Städten an, die nicht direkt an der Ostsee lagen, beispielsweise in Berlin. Eine besondere Rolle spielten die Mennoniten aus den Niederlanden, die im Weichseldelta angesiedelt wurden, um das niedrig gelegene und von Überflutungen bedrohte Land zwischen den Mündungsarmen der Weichsel zu kolonisieren. Sie bauten Deiche, legten das Land trocken und betrieben Landwirtschaft im Hinterland von Danzig.

Nach Schweden kamen die Glaubensflüchtlinge nicht, um Land zu kultivieren. Vertriebene aus Wallonien und Frankreich gründeten gemeinsam mit Schweden, Deutschen und Finnen Siedlungen, in denen die Erzverarbeitung im Mittelpunkt stand. Landwirtschaft wurde dort nur im bescheidenen Umfang betrieben. Eine Siedlung rings um eine Erzhütte oder einen kleinen Industriebetrieb nennt man in Schweden «Bruk». Um die zentrale Hütte herum, die an einem Fluß liegen mußte, denn es galt ja, die Wasserkraft für den Betrieb von Eisenhämmern und Blasebälgen auszunutzen, entstand die Wohnsiedlung der Hüttenarbeiter und ihrer Familien. Für den Betrieb der Mühlräder mußten Wehre gebaut werden, über die das Wasser noch heute neben alten Mühlengebäuden bergab schießt. Die Familien der Hüttenarbeiter wohnten in Häusern, die nach einheitlichem Muster gebaut waren. Sie bildeten eine soziale Einheit, die für Schweden charakteristisch werden sollte.

Die Arbeit in der Hütte wurde wie die Landarbeit, die Holzfällerei und Köhlerei sowie der Transport von Holz, Holzkohle, Erz und Lebensmitteln gemeinschaftlich betrieben. Man kaufte zentral gemäß spezieller Verordnungen aus den Jahren 1642 und 1700 im Winter alles das ein, was man das ganze kommende Jahr über für das tägliche Leben brauchte. Die erworbenen Güter wurden unter den Bewohnern des Ortes verteilt. Auf diese Weise wurden die Mitglieder des Bruk weithin in Naturalien für ihre Arbeit entlohnt. Der Gütertransport fand vorwiegend im Winter statt, weil man dann Bahnen zum Schleifen im Schnee anlegen konnte. Der Transport über Seen und an den Stromschnellen oder Wasserfällen vorbei war umständlicher: Man mußte Holz, Holzkohle, Erz und anderes immer wieder von Booten auf Wagen umladen.

Einige Bruks in Schweden und ähnliche Anlagen im damals von Schweden beherrschten Baltikum, wo ebenfalls kleine Industrieimperien neben den Herrenhäusern entstanden, wurden von sozial herausgehobenen Familien beherrscht. Doch im schwedischen Kernland war dies nicht typisch. Charakteristisch war im Bruk das gemeinschaftliche Leben auf einheitlichem sozialen Niveau. Die dorfähnlichen Siedlungsgemeinschaften der Bruks hielten sich sehr lange, wenn es genügend Holz in ihrer Nähe gab. Bei Holzmangel konnte es zur Verlagerung eines Bruks kommen.

Die Bruks dienten auch der Landkolonisierung. Hüttensiedlungen entstanden nämlich auch weit im Norden Schwedens, sogar in Lappland, wo man im 17. Jahrhundert mit dem Abbau von Silber begann, etwas später mit der Gewinnung von Eisenerz. Obwohl dort noch erheblich mehr Eisenerz im Boden lagerte als in Mittelschweden, blieben die Anfänge des lappländischen Erzbergbaus bescheiden. Denn bis ins 19. Jahrhundert hinein standen für den Transport des Eisens von den Bergwerken zu den Häfen an der Küste, also vom Gebiet um Kiruna und Gällivare nach Luleå, nur die Rentiere der Lappen als Transport- oder «Zugmittel» zur Verfügung.

Die Unterhaltung von Bruks lohnte sich für den Staat; denn ihre Bewohner zahlten reichlich Steuern, und der Reichtum des Staates mehrte sich. Am Ende des 18. Jahrhunderts wurde Eisenerz in Hunderten von Bruks verarbeitet; ihre damalige Zahl wird auf 1500 geschätzt. Mit diesen kleinen Anlagen beherrschte Schweden den Eisenmarkt der Welt. Minderwertiges Eisen konnte man in vielen Ländern gewinnen, aber das Eisen aus Schweden war ein wirkliches Qualitätsprodukt, das seinen Preis hatte. Größere Mengen des teuren Rohstoffs

ließen sich auf den Märkten nicht unterbringen, zumal die Kosten für den Transport aus dem hohen Norden in die Zentren der Weiterverarbeitung recht hoch lagen.

Durch die Konstruktion besserer Öfen mit höheren Wirkungsgraden konnte Holz bzw. Holzkohle gespart werden, so daß die Menge an Holz, das in den Köhlereien verkohlt werden mußte, stetig abnahm. In finnischen Erzhütten stieg man schon im frühen 18. Jahrhundert auf die Verfeuerung von Torf aus den riesigen finnischen Mooren um, weil es an Holz mangelte.

Dennoch sank die Rentabilität der schwedischen und finnischen Eisenerzproduktion, und ihre Konkurrenzkraft auf dem Weltmarkt ging von der zweiten Hälfte des 18. Jahrhunderts an erheblich zurück. In der Mitte des 18. Jahrhunderts kamen 34% des auf der Welt produzierten Eisens aus Schweden, um 1900 nur noch wenig mehr als 1%. In viel größeren Mengen und viel billiger ließ sich das Eisen seit der ersten Hälfte des 18. Jahrhunderts im weit weniger peripheren England produzieren; seit 1730 wurde dort Koks zur Verhüttung verwendet. In der Folgezeit wurden viele Bruks verlassen; sie bestehen heute nur noch als Industriedenkmäler. Sie zeugen davon, daß die In-

Verarbeitung von Nadelholz zu Teer bei Oulu (Freilichtmuseum Turkansaari).
Links: *aufgeschichtetes Holz vor der Verschwelung*, rechts: *Teerfässer*.

dustrialisierung in Schweden schon vor der allgemeinen «Industriellen Revolution» eingesetzt hatte. Zu einem erneuten Aufschwung der schwedischen Erzproduktion kam es erst, als es bessere Transportbedingungen gab.

Das Vorbild «Bruk» läßt sich in Schweden auch bei anderen Gründungen von Siedlungen und Wirtschaftsbetrieben erkennen. In der frühen Neuzeit schlossen sich Gruppen von Menschen zusammen, um gemeinsam einen Steinbruch zu betreiben, Wälder zu bewirtschaften, Kalk zu brennen, Pech oder Teer zu gewinnen, Sägewerke oder Glashütten anzulegen. Für die nördlichen Länder hatten die Kalk- und Sandsteinbrüche auf Gotland eine besondere Bedeutung, weil es diese Gesteinsarten anderswo kaum gab. Sandstein aus dem Süden der Insel war zur Zeit der dänischen Herrschaft das Baumaterial für zahlreiche dänische Schlösser, später, nach der Auflösung der Kalmarer Union, für das Schloß von Stockholm. Sandstein wurde aus dem Hafen von Burgsvik im Süden Gotlands auch als Schleifstein exportiert. Kalk aus dem Norden Gotlands brauchte man für die Herstellung von Mörtel; ein schöner Kalkbrennofen, der 1665 errichtet wurde, steht heute noch am Fährhafen von Fårösund im Norden der Insel, und heute befinden sich in der Nähe große Zementfabriken, in denen man die Tradition der Kalkverarbeitung fortsetzt. Ohne Mörtel konnte man keine repräsentativen Gebäude aus Stein errichten. Besonders als man anstelle der älteren Holzhäuser in den Städten mehr und mehr Steinhäuser errichtete, war man in ganz Schweden auf die kalkverarbeitenden Betriebe Gotlands und Ölands angewiesen.

Ebenfalls in Gruppenarbeit wurden Pech und Teer sowie Pottasche aus Nadelholz hergestellt. Pech und Teer brauchte man für den Schiffbau. Von der Mitte des 17. bis zur Mitte des 19. Jahrhunderts war Finnland der wichtigste Teerproduzent der Welt. Im Hinterland von Oulu, damals der wichtigste Teer-Exporthafen, wurde viel Teer hergestellt. Durch die Verwendung von Pottasche konnte man die Schmelztemperatur von Glas erniedrigen. Pottasche wurde aus dem Landesinneren Skandinaviens und des Baltikums in die Häfen und von dort aus per Schiff in die seit der frühen Neuzeit entstandenen Waldglashütten in Schweden und Finnland gebracht. Die älteste Glashütte in Schweden befand sich im 15. Jahrhundert am Birgittenkloster von Vadstena am Vättersee. Die erste Glashütte in Stockholm begann 1641 mit ihrer Produktion, die erste Glashütte in Finnland wurde 1681 in Uusikaupunki/Nystad am südlichen Bottnischen Meerbusen gegründet. Im 18. Jahrhundert kam es zu einer erheblichen Ausdehnung der Glasproduktion, und zwar sowohl in Schweden als auch in Finnland. Wegen der großen Holzmengen, die für die Herstellung der Pottasche gebraucht wurden, lagen die Glashütten recht weit voneinander entfernt. Im 18. Jahrhundert bestand besonders großer Bedarf an Fensterglas. Doch war Glas auch in späterer Zeit noch sehr teuer, was man daran erkennen kann, daß Häuser in Helsinki im 19. Jahrhundert aufgemalte Fensterscheiben erhielten.

In den Glashütten arbeiteten stets ganze Gruppen von Menschen zusammen. Es ist erstaunlich, die exzellente Kooperation einer Gruppe von Menschen an einem Glasofen Schwedens oder Finnlands zu beobachten. Die gemeinschaftliche Arbeit hat im Norden schon seit Urzeiten eine wichtige Rolle gespielt: Gemeinsam meisterte man das harte Leben in der rauhen Umwelt, gemeinsam ging man auf die Jagd und zum Fischen, gemeinsam arbeitete man im Wald und im Bergwerk. Gemeinsam betrieb man in den Bruks die vorindustriellen Anlagen der frühen Neuzeit, und Gemeinschaftsarbeit spielt bis heute in Schweden und Finnland eine starke Rolle, wenn auch infolge der unterschiedlichen historischen Entwicklung der beiden Länder im 20. Jahrhundert in jeweils modifizierter Form.

Seit dem 16. Jahrhundert, der Zeit, in der die Bibel ins Schwedische und Finnische übersetzt wurde und man begann, im Norden Bücher zu drucken, wurden dort auch die ersten Papiermühlen errichtet. Die ersten derartigen Betriebe standen im Mälargebiet, etwas später in Småland und Norrland. Zwischen 1750 und 1850 wurden viele Papiermühlen in Småland errichtet; man versuchte auf diese Weise, Beschäftigungsmöglichkeiten in den verarmten, übervölkerten Regionen im Süden Schwedens zu schaffen. Doch war dies nur vorübergehend möglich. In der Mitte des 19. Jahrhunderts brach die Produktion von Papier in dieser südschwedischen Provinz so gut wie vollständig zusammen.

In Schweden und Finnland schlug man bei der Entwicklung der modernen Landwirtschaft andere Wege ein als im übrigen Europa. Und auch die Entwicklung der industriellen Produktion verlief anders. Spuren davon lassen sich nicht nur in der Landschaft erkennen, sondern auch in der Bevölkerung. Soziale Ideen entwickelten sich besonders in Schweden, aber auch in Finnland, mehr oder weniger unabhängig vom Marxismus, aus der jahrhundertelangen Erfahrung der gemeinschaftlichen Tätigkeit in Wald und Feld, Bergwerk und Bruk heraus.

17. WER IST DIE SCHÖNSTE AM GANZEN MEER? – STÄDTE AN DER OSTSEE

Im späten Mittelalter und in der frühen Neuzeit entwickelten sich die meisten mitteleuropäischen Städte weiter. Im Ostseeraum dagegen entstanden ganze Stadtlandschaften neu, weil sich die Bedingungen des Handels veränderten, Staaten neue Metropolen gründeten und – nicht zuletzt – sich die Höhenlage des Landes an der Ostsee immer noch verschob.

Doch es gibt in diesem Raum auch eine Reihe von Städten und Burgen, die bereits im Mittelalter ihre weithin sichtbare Kulisse bekommen hatten. Die Türme von Visby und Tallinn/Reval, auf Geländestufen angelegt, waren und sind besonders imposant. Schon von weitem erkennt man vom Meer aus auch die charakteristischen Turmhauben der Kirchen von Lübeck, Wismar, Rostock, Stralsund und Riga. Mit dem Niedergang der Hanse verloren einige der alten Hansestädte ihre überragende Bedeutung oder verfielen sogar in einen Dornröschenschlaf. Visby wurde nach umfangreichen Zerstörungen am Ende des Mittelalters nur zum Teil wieder aufgebaut, weil die Stadt in jüngerer Zeit keine Bedeutung für den internationalen Handel mehr hatte. Tallinn/Reval veränderte sich seit dem frühen 18. Jahrhundert lange Zeit kaum, weil es damals im Bedeutungsschatten von Sankt Petersburg lag. Auch in Lübeck, Rostock, Stettin und Danzig geschah lange Zeit nicht viel; die Bevölkerungszahlen dieser Städte veränderten sich jahrhundertelang kaum. Ihre Häfen hatten zwar stets eine gewisse Bedeutung, sie war aber keineswegs derart überragend wie im Mittelalter.

Die Staaten am Südrand der Ostsee sahen das Meer nur selten im Zentrum ihres Interesses. Königsberg hatte zwar eine herausgehobene Bedeutung im mächtiger werdenden preußischen Staat, und Preußen besaß nach der polnischen Teilung von 1793 nach Schweden, Rußland und Dänemark die viertlängste Küstenlinie der Ostsee, aber zur Hauptstadt des Landes entwickelte sich keine Hafenstadt, sondern das binnenländische Berlin. Auch andere Städte, die im Süden der Ostsee eine Metropolenfunktion erhielten, lagen im Binnenland: Dresden, Warschau und Vilnius/Wilna. Die Herrscher und Bewohner der meisten deutschen Länder, Polens und Litauens hatten sich jahrhunderte-

Der Park unterhalb des Sommerschlosses Peterhof (westlich von Sankt Petersburg) ist durch einen Kanal direkt mit der Ostsee verbunden.

lang mehr für das Binnenland als für das Meer interessiert. Sie befaßten sich mit dem Aufbau des Binnenhandels, mit der Entwicklung von Städten, die zwar so gut wie immer an Flüssen, nicht aber am Meer lagen. Nur dann, wenn man Hauptstädte im Landesinneren anlegte oder stärkte, konnten sie Zentren absolutistisch regierter Staaten sein.

Ganz andere Interessen hatten die Menschen in den nördlicheren Ostseeländern: Zu Metropolen ihrer Staaten machten sie solche Städte, die direkt an der Ostsee lagen. Am Ende des Mittelalters und am Beginn der Neuzeit gab es erst einige von den Städten, die zu den größten Metropolen des Ostseeraumes aufsteigen sollten: Kopenhagen und Stockholm waren bereits Hauptstädte von Dänemark und Schweden. Riga und Tallinn/Reval hatten zwar schon große Bedeutung, waren aber noch nicht die Hauptstädte unabhängiger Staaten. Helsinki, heute nach Reykjavik die nördlichste Hauptstadt der Welt, und Sankt Petersburg, heute die am weitesten nördlich gelegene Millionenstadt der Welt, existierten noch nicht.

Die Gründung dieser Städte erfolgte nach Zeiten, in denen im Ostseeraum ein Krieg den nächsten abgelöst hatte. Nach dem Ende des Deutschordensstaates 1525 wurde um die Oberherrschaft im Baltikum gerungen. Schweden wurde immer wieder in neue Kämpfe verwickelt. Sein härtester Gegner war damals Dänemark, der alte Handelskonkurrent. Nach ihrem frühen Beitritt zur Reformation verstanden sich die Schweden mehr und mehr als Bewahrer des Protestantismus. Um ihn zu verteidigen, griffen sie in den Dreißigjährigen Krieg ein und zogen gegen die Katholische Union zu Felde. Dabei hatten die schwedischen Herrscher möglicherweise als Hintergedanken, den staatlichen Einzug des Kirchengutes zu verteidigen, der mit der Einführung der Reformation verbunden gewesen war. Denn die schwedische Krone wäre kaum in der Lage gewesen, bei einer etwaigen Gegenreformation das eingezogene Kirchengut wieder herauszugeben.

An der südlichen Ostsee eroberten die Schweden weite Landstriche; im 17. Jahrhundert war Schweden die führende Macht im Ostseeraum: Pommern, das Baltikum und Finnland gehörten zu seinem Einflußbereich. Am Anfang des 18. Jahrhunderts kam es zum Krieg mit Rußland, das zur Ostsee vordrang; das orthodoxe Rußland war neben dem Katholizismus der wichtigste Gegner eines «Protestantischen Meeres», das die Schweden schaffen wollten. Im «Großen Nordischen Krieg» wurden in Nordeuropa, vor allem im Baltikum, weite Landstriche verwüstet; die Soldaten plünderten dort ähnlich verheerend wie im Dreißigjährigen Krieg in Mitteleuropa. Rußland erreichte schließlich ein wichtiges Ziel: den Zugang zur Ostsee. Zar Peter der Große gründete 1703 Sankt Petersburg im Delta der Newa. Damit war sein Land zu einem weiteren Ostseeanrainer geworden, dazu ein besonders mächtiger. Die Herrscher Rußlands schwankten seitdem allerdings immer wieder, ob sie sich mehr um das Binnenland oder um die Seepräsenz kümmern sollten. Die neu gegründete Stadt an der Newa wurde zwar noch zu Anfang des 18. Jahrhunderts die neue Hauptstadt des Landes, blieb dies aber nicht auf Dauer. Immer wieder stritt man sich, ob eher das binnenländische, kontinentale Moskau oder das maritime, weltoffene Petersburg die Hauptstadt des Riesenreiches sein sollte.

Der Große Nordische Krieg ging 1721 mit dem Frieden von Nystad zu Ende. Nystad liegt im heutigen Finnland und heißt heute Uusikaupunki. Dieser Frieden beendete die Vormachtstellung Schwedens im Ostseeraum. Der Auf- und Ausbau prachtvoller Städte und Schlösser an den Ufern der Ostsee wurde forciert. Man kann den Schlösser- und Städtebau als Akt der moralischen Kriegführung verstehen: Mit den prächtigen Fassaden repräsentierte man die Macht des eigenen Volkes vor dem Gegner – und natürlich auch gegen ihn.

Sankt Petersburg wurde zu einer steinernen Landschaft auf den 44 Inseln des Newadeltas. Die Stadt konnte nicht weiter flußaufwärts gebaut werden, weil dort die Tiefe des Fahrwassers nicht ausreichte, um größeren Schiffen die Einfahrt in den Hafen zu ermöglichen. Weil sich das Land im Bereich von Sankt Petersburg nur geringfügig hebt, behielten die Hafenbecken in den letzten Jahrhunderten ihre Tiefe. Die Mündungsarme der Newa, des wasserreichsten Stromes, der in die Ostsee mündet, wurden durch Kaimauern befestigt. Die Uferbefestigungen und Straßen folgen den Windungen der Mündungsarme. Kühne Brücken wurden von Ufer zu Ufer geschlagen. Trotz der Berücksichtigung der Topographie des Deltas wurde der Grundriß der Stadt strikt zentralistisch geplant, was aber nicht auf den ersten Blick auffällt. Die drei wichtigsten Straßen, unter anderem die weltberühmte Prachtstraße «Alexander-Newskij-Prospekt», gehen strahlenförmig von einem Zentrum aus. Dieses Zentrum bildet nicht wie in

Am Fjord von Stockholm und am Mälarsee errichteten die Schweden berühmte Schlösser, z.B. Gripsholm bei Mariefred.

Versailles oder Karlsruhe das Schloß, sondern die Admiralität, die Werft an der Newa-Mündung. Sie war der ganze Stolz des Stadtgründers, das Symbol dafür, daß sein Land das Meer erreicht hatte und nun im Konzert der Flotten mitmischte. Etwas abseits, aber eingeschlossen in die berühmte barocke Front der Gebäude am Newa-Ufer liegt das Schloß, der Winterpalast.

Die Stadt wurde unter Opferung unzähliger Menschenleben erbaut und später mit allen verfügbaren Mitteln gegen Angriffe verteidigt, wobei besonders an die Verteidigung der Stadt gegen die Belagerung der Deutschen im Zweiten Weltkrieg gedacht werden muß, bei der Hunderttausende ihr Leben verloren. Sankt Petersburg oder Leningrad, wie die Stadt zu Zeiten der Sowjetherrschaft hieß, war von Anfang an hochberühmt. Aus dem Inneren Rußlands wie aus dem Ausland zog Petersburg die Menschen an. Heute leben beinahe fünf Millionen Menschen in der Stadt; und stets kamen zahlreiche Besucher und Touristen dorthin. Aber Peter dem Großen und allen nachfolgenden Zaren ging es nicht nur um Pracht, Weltoffenheit, Kultur und Kontakt zum Westen. Sankt Petersburg war und ist auch ein Symbol der Stärke, mit Gewalt in ein sumpfiges Flußdelta und an die Ostsee geschoben, das als solches mit aller Macht verteidigt wurde.

Peter der Große baute sich noch ein Sommerschloß direkt an der Ostsee: Peterhof. Schloß und Garten liegen auf der Steilküste des nördlichen Baltikums, die sich von der Nordküste Estlands nach Osten bis in die Nähe von Sankt Petersburg erstreckt. Im weltberühmten Garten gibt es 64 phantasievolle Wasserspiele. Seine zentra-

Tallinn/Reval verlor in der frühen Neuzeit an Bedeutung, bewahrte aber wohl gerade deswegen seinen mittelalterlichen Hansestadtcharakter bis heute.

le Achse ist ein Kanal, der von der Ostsee aus direkt zum Schloß führt. Für den Garten von Peterhof bildet das Meer oder das Wasser ein wichtiges Merkmal seiner Gestaltung; man kann dies als Zeichen dafür ansehen, wie wichtig es dem Zaren war, sein Land endlich bis an das Meer ausgedehnt zu haben, über das es schon seit Jahrhunderten mit Handelsgütern versorgt wurde, ohne aber direkten Kontakt mit ihm gehabt zu haben.

Die Russen versuchten zwar im Großen Nordischen Krieg, das Sankt Petersburg gegenüber – am Westufer der Ostsee – gelegene Stockholm zu erreichen und anzugreifen. Doch das gelang ihnen nicht. Die Stadt liegt gewissermaßen im Inneren des Landes; sie ist durch die Natur in ihrer Umgebung hervorragend geschützt. Es war kaum möglich, unbemerkt und unbekämpft durch den schmalen Fjord von Stockholm in das Innere der Stadt und damit in das Herz Schwedens vorzudringen. Von den hochgelegenen Ufern des Fjords aus lassen sich Eindringlinge zudem erfolgreich abwehren; und außerdem gab es bereits seit dem 16. Jahrhundert die ausgedehnte Festungsanlage von Vaxholm, die man überwinden mußte, ehe man die schwedische Hauptstadt erreichte. Stockholm, die ideale Stadt, war auch in diesem Krieg optimal vor feindlichen Zugriffen geschützt.

Der prächtige Ausbau der schwedischen Metropole hatte schon lange vor dem Krieg begonnen. Der Sandstein des Schlosses, der auf Gotland gebrochen war, und die Kupferdächer aus dem Erz von Falun zeigten den Reichtum und den ungebrochenen Stolz der Schweden. Mit der Neugestaltung des Schlosses auf dem Nordteil der Altstadtinsel Gamla Stan und seiner Umgebung, mit der mehrfachen Überbrückung des Strömmen, des kurzen Flusses zwischen dem Mälarsee und der Ostsee, überbaute man das ehemalige Gelände der Mühlen. Ein gewerbliches Stadtzentrum wurde durch ein repräsentatives ersetzt – wie in vielen anderen Städten zu Zeiten des Barock. Bereits in den zwanziger Jahren des 17. Jahrhunderts hatte eine allgemeine, gelenkte Stadtplanung eingesetzt, früher als in anderen europäischen Städten. Stadtteile, die aus Holzhäusern bestanden hatten und abgebrannt waren, wurden mit rechtwinklig aufeinanderstoßenden Straßenzügen wieder aufgebaut, schachbrettartig, und möglichst alle Häuser wurden aus Stein errichtet, damit die Gefahr von Stadtbränden eingedämmt war. Der im 17. Jahrhundert angelegte Grundriß der Straßen auf dem Westteil von Gamla Stan sowie in den Neustädten von Norrmalm (nördlich der Altstadt) und Södermalm (südlich) blieb weithin bis heute erhalten.

Rings um Stockholm wurden in der Großmachtzeit des 16. und vor allem des 17. Jahrhunderts herrliche Schlösser gebaut, die von üppigen Gärten und Parks umgeben sind. Nach dem Großen Nordischen Krieg wurden sie noch prächtiger ausgestaltet: Gripsholm und Drottningholm sind die berühmtesten von zahlreichen weiteren Anlagen.

Im Frieden von Nystad verlor Schweden die Herrschaft über das Baltikum an Rußland. Die Russen setzten die meist deutschstämmigen baltischen Barone in ihre alten Rechte wieder ein und machten sie sich dadurch zu Bundesgenossen. Aus zahlreichen Gutshöfen des Baltikums wurden schloßartige Anlagen. Viel von ihrer früheren Bedeutung verloren die zuvor wichtigen Handelshäfen von Tallinn/Reval und Kuressaare/Arensburg auf Saaremaa/Ösel, denn der Überseehandel wurde von den Russen nach Sankt Petersburg gezogen. Ein wichtiger Hafen des Baltikums blieb aber Riga, das sich in späterer Zeit zur bedeutendsten Stadt und zum wichtigsten Hafen des Baltikums entwickelte. In Tallinn/Reval dagegen blieb die Zeit stehen. Die Stadt wurde lange Zeit nicht weiter ausgebaut und hat wohl deswegen ihr mittelalterliches Bild bis auf den heutigen Tag bewahren können.

Eine weitere Stadtlandschaft entwickelte sich in Kopenhagen. Die Dänen hatten ihre Metropole dank des von ihnen erworbenen Reichtums ebenfalls großartig ausgebaut; Hauptquelle des Reichtums von Kopenhagen war neben dem Handel die «Sundsteuer», die von Schiffseignern bezahlt werden mußte, wenn ihre Schiffe den Öresund zwischen Kopenhagen und Südschweden passieren wollten. Aus einer kleinen mittelalterlichen Stadt, von der – im Unterschied zu Stockholm – heute so gut wie nichts mehr zu sehen ist, wurde zu Zeiten von König Christian IV. (1588–1648) eine repräsentative Renaissancemetropole und später eine gewaltige Festungsanlage, die seit dem 18. Jahrhundert auch die im Schachbrettmuster geplante Neustadt Frederiksstaden umfaßt.

Die Rivalität zwischen den Ostseemächten hörte jedoch nicht auf. Zu Anfang des 19. Jahrhunderts mußte Schweden Finnland an Rußland abtreten. Finnland wurde russisches Großfürstentum, erhielt aber, genau wie das Baltikum, einen hohen Grad an Souveränität. Auf

Die repräsentativ gestaltete Schaufassade von Helsinki zeigt Anklänge an Bauten in Stockholm und Sankt Petersburg.

Wunsch der Russen wurde allerdings die Hauptstadt verlegt. Seit dem Mittelalter war Turku/Åbo die Metropole Finnlands gewesen, von hier aus war das Land erschlossen worden. Für die Russen lag die Stadt aber zu sehr in der Peripherie, an der schwedischen Flanke des Landes. Finnland brauchte demnach eine neue Hauptstadt: Helsinki, damals ein unbedeutendes Landstädtchen, wurde so von Beginn an und noch stärker als Sankt Petersburg als Hauptstadt geplant und gebaut. Allerdings war selbstverständlich nicht daran gedacht, eine nur annähernd so große Stadt wie an der Newa zu errichten, was am Erscheinungsbild ihrer Gebäude erkennbar wird.

Auch in Helsinki galt der Grundsatz, daß vor allem die wichtigsten Verwaltungsgebäude und die Häuser der wohlhabenden Stadtbevölkerung aus Stein zu errichten waren – genauso wie in Stockholm und Sankt Petersburg. Die Holzhäuser der ärmeren Bevölkerung wurden in gehörigem Abstand vom Stadtzentrum gebaut, aber nicht nur, weil man Arm und Reich voneinander absetzen wollte: Zwischen dem steinernen, reichen und dem hölzernen, armen Helsinki legte man die breite Esplanade an, weil bei einem Stadtbrand nur eine solch breite Stadtschneise vom Funkenflug nicht übersprungen werden konnte.

Rauma, nördlich von Turku/Åbo gelegen, ist die größte Holzhaus-Stadt Finnlands.

Helsinkis Stadtfassade wirkt wie bei den älteren Hafenstädten an der Ostsee, vor allem zum Meer hin. Die Häuser der Stadt werden vom klassizistischen protestantischen Dom und der Uspenskij-Kathedrale der Orthodoxen überragt. Der Dom wurde übrigens wie viele andere Gebäude der Stadt von dem aus Berlin stammenden Carl Ludwig Engel erbaut, der schlichtweg zu «dem» Stadtarchitekten Helsinkis wurde. An der Hafenfront der Stadt dominieren neben den beiden Kirchen einige Regierungsgebäude. Das Gebäude der schwedischen Botschaft ist dem Schloß von Stockholm nachempfunden. Der kleinere Präsidentenpalast wirkt beinahe etwas eingezwängt zwischen dem repräsentativen Gebäude der Schweden und der Kathedrale des Ostens. Deutlicher kann einem die Mittlerfunktion zwischen dem Osten und dem Westen Europas kaum vor Augen geführt werden.

Im 19. Jahrhundert waren die landschaftlichen Grundzüge aller Ostseestädte festgelegt. Dank der enormen Entwicklungsimpulse, die seit dem Mittelalter nach Norden gewirkt hatten, waren die Städte des Nordens zu den wichtigsten politischen und wirtschaftlichen Zentren des Ostseeraumes geworden. Die alten Hansestädte Tallinn/Reval und Riga, das seit dem Mittelalter kontinuierlich gewachsene Stockholm, das am alten Ort völlig neu gestaltete Kopenhagen und die beiden jungen Gründungen Sankt Petersburg und Helsinki übertrafen die Städte am südlichen Ostseerand, von denen aus sie früher mit lebensnotwendigem Getreide versorgt worden waren. Zwar haben auch Lübeck, Wismar, Rostock, Stralsund und Danzig beeindruckende Stadtbilder. Aber es ist deutlich sichtbar, daß diese Städte nie Metropolen waren.

Sieht man einmal von Tallinn/Reval ab, das erst relativ spät im 20. Jahrhundert wieder einen Aufschwung nahm, ging die Entwicklung der anderen großen Ostseemetropolen des Nordens stetig weiter. In Riga und Kopenhagen wurden die Festungsringe beseitigt und durch Wohnviertel, breite Straßen und Parkanlagen ersetzt. Riga wuchs in der Zeit zwischen 1860 und 1914 besonders schnell; seine Einwohnerzahl verzehnfachte sich in dieser Zeit! Das rasche Wachstum dieser Stadt, die im 19. Jahrhundert geschichtlich zum Abendland, aber politisch zu Rußland gehörte, hatte verschiedene Ursachen: Über den von Sankt Petersburg weit entfernten Hafen an der Düna/Daugava wurden große Mengen an Gütern umgeschlagen. Um die Bedeutung des Hafens auf hohem Niveau zu halten, wurde die ständig neu versandende Mündung der Düna/Daugava vertieft, und zwar von 2,5 auf 5,4 Meter; um dies zu erreichen, schüttete man einen Mündungsarm des Flusses zu, die sogenannte Alte Düna. In Riga wurden weite Stadtviertel mit prächtigen Fassaden des Klassizismus und des Jugendstils gebaut und breite Straßen angelegt, die klar auf Vorbilder in Sankt Petersburg und Paris verweisen. Im liberalen Wirtschaftsklima des Baltikums waren die Bedingungen für die Ansiedlung von Industrie besonders günstig. Und dank der guten Verdienstmöglichkeiten wanderte die arme Landbevölkerung scharenweise aus der Peripherie in die Stadt; zwar hatte es Landreformen gegeben, aber sie hatten der breiten Bevölkerungsmehrheit so gut wie keine Möglichkeit gegeben, an Landbesitz zu kommen.

Auch in anderen Städten des Ostseeraumes baute man Häuser mit berühmten Jugendstilfassaden, so auf der Halbinsel Katajanokka/Skatudden im Osten von Helsinki und in Stolp. Aber mit den Fassaden von Riga können sie sich kaum messen.

Im Norden entstanden immer wieder neue kleinere Stadtanlagen, weil die komplett aus Holzhäusern erbauten Siedlungen wiederholt

Bränden zum Opfer fielen. Dennoch verwendete man für den Wiederaufbau immer wieder Holz und griff nicht auf Stein zurück, den es im Norden eigentlich reichlich gibt. In den Städten des Südens, die außerhalb des borealen Nadelwaldgebietes liegen, war man aus Mangel sowohl an Stein wie an Holz zum Fachwerkbau und zum Bauen mit Backstein übergegangen. Im Norden dagegen gab es beides: genügend Stein, nämlich in den Felsen unter dem Land, sowie genügend Holz in den endlosen borealen Nadelwäldern. Wenn man nun trotz des Reichtums an Stein immer wieder auf Holz als Baustoff zurückgriff, obwohl man doch die Gefahr der ausgedehnten Stadtbrände kannte, so zeigt sich darin, daß es trotz der vielfältigen Nutzungen von Holz einen Überfluß davon gab. Holz blieb der billigste und bequemste Baustoff. Nur die ganz reichen Städte wurden zu Steinstädten. Das Zeitalter der Holzstädte wird erst jetzt durch Beton und Glasfronten überwunden.

Abgebrannte nordische Städte baute man schachbrettartig mit sich rechtwinklig kreuzenden Straßen wieder auf. Zum Brandschutz legte man breite Straßen in die Grundrisse der Städte hinein, die man wie in Helsinki Esplanade oder auch Boulevard nannte, auch wenn sie nicht so repräsentativ gestaltet wurden, wie der Name vermuten läßt. In Umeå wurde nach dem Stadtbrand von 1888 angeordnet, daß sämtliche Straßen zum Feuerschutz von Birken eingefaßt sein mußten. Nur selten baute man Städte mit sternförmig von einem Zentrum ausgehenden Straßen. In Kalmar blieb ein solches Vorhaben in den Anfängen stecken, nicht aber in Motala am Vättersee und in Putbus auf Rügen.

Zum verheerendsten Stadtbrand kam es 1827 in Turku/Åbo; danach wurde die Stadt als Ganzes wieder aufgebaut. Heute ist Turku/Åbo eine moderne Betonstadt, und es existieren nur noch wenige Holzhäuser aus dem 19. Jahrhundert; der typische Holz-Empirestil der finnischen Städte hat sich dagegen besonders gut im nördlich von Turku liegenden Rauma bis auf den heutigen Tag erhalten.

Wenn der Wiederaufbau einer Stadt nach einem Stadtbrand notwendig wurde, verlagerte man sie manchmal auch. Besonders deutlich ist dies in Vaasa/Wasa. Die Stadt brannte 1852 ab und wurde anschließend sechs Kilometer vom ursprünglichen Standort entfernt wieder aufgebaut. Denn die 1606 als Hafenstadt gegründete, nicht

einmal zweieinhalb Jahrhunderte später zerstörte Siedlung lag inzwischen mehrere Kilometer vom Meer entfernt; das Land hatte sich immer weiter aus dem Meer gehoben. Einige Ruinen blieben am alten Ort zurück; die moderne Stadt errichtete man wieder an der See. Doch auch dort wird sie nicht dauernd eine Hafenstadt bleiben können, denn die Landhebung am Bottnischen Meerbusen ist noch immer nicht abgeschlossen.

Auch andere Hafenstädte haben dort ihre Bedeutung rasch wieder verloren, weil die Hafenbecken zu flach wurden. Ein Beispiel dafür ist Raahe/Brahestad am nördlichen Bottnischen Meerbusen. Immer wieder verlagert wurde der Hafen von Luleå, auf die immer weiter zum Meer hin vorrückende Küstenlinie zu. Der ehemalige Mittelpunkt der Stadt ist heute «Gammelstaden», wo noch die alte Kirche und zahlreiche Hütten stehen. Sie wurden von Kirchenbesuchern bewohnt, die von weither zum Gottesdienst kamen und deren Kirchweg so lang war, daß sie nicht an einem Tag von ihrem Wohnort zur Kirche und wieder zurückgelangen konnten. 1649 verließen die Bewohner den alten Platz ihrer Hafenstadt und zogen kilometerweit nach Osten, wo das Fahrwasser noch tief genug war. Dort liegt heute die Stadt Luleå,

Gammelstaden bei Luleå. An der unscheinbaren Geländekante unter den Birken lag im Mittelalter das Ufer der Ostsee. Die zahlreichen Hütten um die Kirche wurden von Kirchenbesuchern aus weit entfernten Gebieten errichtet.

aber bis zu ihrem modernen Hafen muß man noch einmal einige Kilometer nach Südosten fahren, über Gelände, das vor einigen hundert Jahren noch Teil des Meeres gewesen war. Wenige Jahre, nachdem Luleå verlagert worden war, zogen auch die Bewohner der südlicher liegenden Stadt Piteå näher an die Küste. Der von ihnen verlassene alte Ort heißt heute Öjebyn und besteht genauso wie Gammelstaden aus einer Kirche mit einer Siedlung aus kleinen Hütten für Kirchenbesucher. Die Landhebung im nördlichen Ostseegebiet wird auch in Zukunft dazu zwingen, Städte und Häfen zu verlagern, wenn man sie weiterhin mit dem Schiff erreichen will.

Im Lauf der Jahrhunderte entstand so rings um die Ostsee ein bemerkenswert vielfältiges Ensemble verschiedener Städte. Die Epochen, von denen sie geprägt worden waren, lassen sich noch heute deutlich erkennen: Da sind die mittelalterlichen Städte im Süden, Tallinn/Reval und Visby, die später erneuerten Metropolen von Riga und Stockholm, die frühneuzeitlichen Stadtbilder von Kopenhagen und Sankt Petersburg, das moderne Helsinki. Allen diesen Städten gemeinsam ist ihre beeindruckende Kulisse, wenn man sich ihnen vom Meer her nähert, das die eigentliche Bühne für ihren Auftritt darstellt.

18. DIE SPÄTE INDUSTRIALISIERUNG UND DIE MODERNE VERKEHRSANBINDUNG

Bis zur Mitte des 19. Jahrhunderts waren große Teile des Nordens von Schweden und Finnland weitgehend unbekannt und unerschlossen. Die berühmte Reise, die Carl von Linné im 18. Jahrhundert nach Lappland unternahm, diente durchaus nicht nur dem Ziel, neue Pflanzenarten zu entdecken. Vielmehr sollte der Gelehrte im Auftrag der Regierung das Territorium erkunden. Im 19. Jahrhundert waren die unermeßlichen Rohstoffschätze des Nordens bekannt, vor allem die Erzlager in Lappland und das Holz der weiten Wälder. Aber in großem Umfang konnte man die Rohstoffquellen nicht erschließen, denn die Probleme der Verarbeitung und des Transportes waren ungelöst.

Die Welle der Industrialisierung erfaßte im Ostseeraum zuerst die Häfen im Süden und die im Binnenland gelegenen Metropolen; den Norden erreichte sie erst spät. Eine Weile vermochte sich das relativ hochentwickelte Manufakturwesen der Bruks in Schweden noch zu halten, dann geriet es jedoch in die Krise, weil das Land zu abgelegen, Produktion und Transport zu teuer waren. In der Mitte des 19. Jahrhunderts wanderten viele Schweden nach Nordamerika aus, weil sie im eigenen Land keine Perspektiven mehr sahen. Besonders die unfruchtbaren Regionen in Südschweden wurden auf weite Strecken entvölkert. Seitdem dehnen sich vor allem in Småland die Wälder aus. Bei ihrer Neubildung nach der Aufgabe von Siedlungen und landwirtschaftlichen Flächen setzte sich die Fichte stärker durch als die Laubbäume. Heute reicht der boreale Nadelwald bis an die stets ländlich bewirtschaftete fruchtbare Küstenregion Schonens heran.

Viele alte Hafenstädte des Ostseeraumes wurden nicht zu typischen Industriestädten. Zwar gab es Industriebetriebe, die sich in Flensburg, Lübeck, Wismar, Stralsund, Stettin oder Danzig niederließen, aber im wesentlichen blieb der im Kern mittelalterliche Charakter dieser Städte erhalten. Erst spät baute man beispielsweise in Lübeck und Stettin Hochofenwerke, die mit Erz aus Schweden und Kohle aus den mitteleuropäischen Revieren beschickt wurden.

Abweichend verlief in dieser Zeit die Entwicklung von Kiel. Diese Stadt wurde 1844 der Endpunkt der ersten dänischen Eisenbahn, die nicht im dänischen Kernland gebaut wurde, sondern weiter im Süden Ost- und Nordsee miteinander verband. Sie querte Holstein, über das der dänische König damals in Personalunion herrschte, und führte nach Altona, das heute ein Stadtteil von Hamburg ist. Dänemark versuchte außerdem durch den Bau einer Eisenbahnlinie von Flensburg nach Tönning auf der Halbinsel Eiderstedt, den Handel zwischen der Ostsee und den Weltmeeren stärker in den Griff zu bekommen. Die Verkehrsverbindungen zwischen Nord- und Ostsee sollten durch die Eisenbahn verbessert und Verkehrskapazität von den Ostseehäfen anderer Länder abgezogen werden. Man wandte sich dem Westen zu, der Nordsee und dem Atlantik.

Dänemark erlebte in den folgenden Jahren durch Kriege einen deutlichen Machtverlust. Schleswig und Holstein fielen an den Deutschen Bund, dann an Preußen. 1857 wurde der Sundzoll aufgegeben, der jahrhundertelang Geld nach Kopenhagen gebracht hatte und die Passage durch die Wasserstraße zwischen den dänischen Inseln und der skandinavischen Halbinsel erschwert hatte. Für die anderen Ostseeländer wurde dadurch vor allem der Handel mit England attraktiver.

Schweden öffnete sich im Zeitalter der Industrialisierung ebenfalls zuerst nach Westen. 1832 wurde der Götakanal fertiggestellt, auf dem man kleinere Gütermengen per Schiff von Söderköping an der Ostsee quer durchs Land an die Küste der Nordsee, nach Göteborg, bringen konnte. Der kleine und schmale Kanal mit seinen vielen Schleusen verlor aber schon bald an Bedeutung für den Handel, er wird heute gerne von Touristen befahren. Für Wirtschaft, Verkehr und Handel wurde die Eisenbahn wichtiger, die im weitesten Sinne parallel zum Götakanal gebaut wurde. Kurz nach der Jahrhundertmitte wurde die erste schwedische Fernbahn gebaut: von Stockholm nach Göteborg. Genau wie in Dänemark ging es also auch in Schweden darum, durch das neue Verkehrsmittel Kontakte zum Westen, zur Nordsee zu knüpfen und Verkehrskapazität aus dem Ostseeraum abzuziehen. Für Schweden war es außerdem wichtig, daß die von Dänemark kontrollierten Wasserstraßen umgangen wurden. In der Folgezeit entwickelte sich Göteborg zum wichtigsten schwedischen Hafen. Stockholm wurde vor allem zur Drehscheibe des Landverkehrs im Norden, wozu beigetragen haben mag, daß die Errichtung eines zentralen Durchgangsbahnhofes mit dem Bau der ersten Bahnen und mit der Neugestaltung der Stadt verbunden wurde; schwerer tat man sich mit einem ähnlichen Vorhaben in Kopenhagen.

Auch im weit abgelegenen Finnland hielt man es in der Mitte des 19. Jahrhunderts für notwendig, die Verkehrserschließung des Landes zu verbessern. Von 1845 bis 1856 wurde der Saimaa-Kanal zwischen dem weitverzweigten Gewässersystem um den Saimaa-See im Osten des Landes und dem Finnischen Meerbusen bei Vyborg/Viippuri gebaut. Kleine Schiffe konnten auf dem Kanal Güter aus dem Inneren Finnlands in andere europäische Länder bringen. Wichtig war aber auch, daß Lebensmittel, Saatgut, Düngemittel und andere Güter nun ins Innere Finnlands gelangten.

Nach 1860 wurden weitere Eisenbahnen gebaut. Dabei galt als Grundsatz, daß sie fernab der Küste zu trassieren waren. Denn die damals noch florierende Küstenschiffahrt sollte keine Konkurrenz erhalten. Daher verlaufen die Durchgangsstrecken von Stockholm nach Boden in Nordschweden, von Turku/Åbo über Helsinki nach Sankt Petersburg, von Lübeck nach Stralsund und von Berlin nach Danzig meist im Hinterland. Hafenstädte wie Hadersleben, Apenrade, Wismar und Kolberg sowie zahlreiche Orte in Schweden und Finnland wurden erst später von Stichbahnen erreicht, von denen einige bis heute schlecht ausgebaut sind oder wegen mangelnder Nutzung inzwischen längst wieder aufgegeben wurden.

Tiefgreifend verändert wurden die Küstenlandstriche im Norden Europas nicht durch die Eisenbahn, aber durch das Aufkommen der dampfbetriebenen Sägewerke. Die erste Dampfsäge Schwedens wurde 1849 einige Kilometer nördlich von Sundsvall gebaut. In der Umgebung dieser Stadt, die an der Mündung zweier wichtiger Flüsse ins Meer liegt, des Indalsälv und des Ljungan, entstand innerhalb weniger Jahre das Zentrum der schwedischen Sägeindustrie. Auch an anderen Flußmündungen wurden Dampfsägen errichtet. Das weit im Norden liegende Kalix bekam 1862 eine dampfbetriebene Säge. Die Stadt Kemi im Norden der finnischen Ostseeküste wurde erst 1869 als Standort eines Sägewerkes und eines Holzausfuhrhafens gegründet. Mit der Dampfsäge wurde man unabhängig von den Stromschnellen, an denen zuvor die kleineren, von Wasser angetriebenen Sägemühlen gelegen hatten. Sie konnten in der Zeit der aufkommenden industriellen Massenproduktion nicht mehr konkurrieren, weil sie von

Am Götakanal bei Motala in Mittelschweden.

den Ostseeschiffen nicht zu erreichen waren. Denn bisher kam zum Transport der rohen Baumstämme zu den Mühlen noch der teure Transport des gesägten Holzes zu den Häfen, wobei viel Holz beschädigt wurde und verlorenging. Die Möglichkeit, mit der Dampfkraft leistungsfähigere Mühlen dort betreiben zu können, wo Schiffe anlegen konnten, erleichterte den Holzhandel ungemein. Weil der Bedarf an Holz in anderen europäischen Ländern, besonders in England, zur gleichen Zeit erheblich anwuchs, kam es dank der Neustrukturierung der Holzindustrie nach einer Zeit der Depression zu einem wirtschaftlichen Aufschwung.

Seit 1874 wurden in der Nähe der großen schwedischen Sägewerke Zellstoffwerke gebaut. Zwischen den großen Sägewerken und den Zellstoffwerken entwickelte sich eine Symbiose. Abfallholz wurde von den Sägewerken direkt zu den Zellstoffabriken transportiert und dort weiter verarbeitet. Zur Zellstoffherstellung braucht man nicht nur Holz als Rohstoff, sondern auch viel Wasser, Schwefelkies, Kalkstein und ferner Brennstoff. Fast alle Voraussetzungen waren an der schwedischen Küste dafür ideal. Wasser ist dort reichlich vorhanden, sowohl frisches Wasser aus den Flüssen als auch das Meer als Reservoir für die

Ableitung von Abwasser. Schwefelkies wurde in den Bergwerksregionen des Landes abgebaut. Kalk kam vor allem von Gotland über das Meer. Als Brennstoff stand allerdings keine mineralische Kohle zur Verfügung; man mußte sich mit Holz und Holzkohle behelfen oder Stein- oder Braunkohle importieren. Besonders von den Zellstoffwerken älterer Bauart ging eine erhebliche Gewässerverschmutzung aus. Deshalb konnte ein solches Werk nicht an einem kleinen See oder an einem Fluß angelegt werden; die Abwässer hätten im weiten Umkreis alles Leben im Wasser abgetötet. Beim Ableiten ins Meer jedoch trat ein starker Verdünnungseffekt ein, und die negativen Folgen verringerten sich deutlich. Auch für die Zellstoffwerke war es wichtig, daß ihre Produkte in Massen abtransportiert werden konnten; zumindest im Sommerhalbjahr war dies mit Schiffen möglich. Immer mehr Schiffe wurden mit Dampfturbinen angetrieben; die Tonnage der Handelsschiffe stieg und damit die Transportkapazität wie auch die Transportgeschwindigkeit, so daß der Transport verbilligt wurde.

Große Anstrengungen wurden für den Ausbau von Trift- und Flößstrecken an den schwedischen Flüssen unternommen. Die Bedingungen für die Flößerei waren dort exzellent. Denn man konnte die Stämme im Winter auf die Eisflächen der Seen bringen. Im Frühling taute zuerst das Eis in den Unterläufen der Flüsse, dann in den höher gelegenen Oberläufen im skandinavischen Gebirge. Mit dem Tauwasser donnerten die Stämme zu Tal, ungehindert von stauendem Eis an den Unterläufen. Anders bei vielen Flüssen im Osten und Süden des Ostseeraumes: Deren Gefälle im Unterlauf ist so gering, daß das Eis im tragen Unterlauf später als im Oberlauf aufbricht. An schwedischen Flüssen wurden außerdem Triftstrecken begradigt, um die Verluste an Stämmen möglichst gering zu halten. Die Menge der geflößten oder getrifteten Stämme war in den zwanziger Jahren des 20. Jahrhunderts besonders groß. Schätzungsweise 80 Millionen Baumstämme wurden damals alljährlich auf Schwedens Flüssen zu den Sägen an den Flußmündungen gebracht. Als später die ersten Talsperren gebaut wurden, um elektrischen Strom zu gewinnen, legte man Flößstrecken neben den Staudämmen an, so daß am gleichen Fluß Stromgewinnung und Flößerei möglich waren. Seit etwa 1960 wird das Holz vor allem mit großen Lastkraftwagen von den Wäldern zu den Sägereien und Zellstoffwerken gebracht; dabei fällt der Verlust an Stämmen erheblich geringer aus, und der Transport des Holzes ist während des ganzen Jahres über möglich.

Die Holzindustrie entwickelte sich von Anfang an weitgehend unabhängig von der Eisenbahn. Dagegen wurde durch den Bau der Bahnen, der erst einige Jahre nach der Einführung der Dampfsägen begann, der Transport von Erz erleichtert. Die Werke der Erzverarbeitung wurden in den Folgejahren vor allem entlang der Bahnlinien errichtet. Man konnte für ihren Betrieb dank neuer Technik nun auch Stromschnellen und Wasserfälle mit höherem Gefälle als nur wenigen Metern nutzen. Besondere Bedeutung für die Erzschmelze bekam neben dem Hochofen, der mit Kohle beheizt wurde, die Dampfturbine, die den Blasebalg antrieb.

Zwischen den Gebieten des Erzbergbaus und den schwedischen Häfen an der Ostsee wurden schon früh Bahnlinien gebaut, um den primitiven Transport mit Rentierherden und amphibischen Schlittenfahrzeugen zu ersetzen, der angesichts des Reichtums der Lagerstätten völlig unzureichend war. Zunächst waren Oxelösund südlich von Stockholm und Gävle die wichtigsten Verladebahnhöfe von Erz am Meer. Doch dann ging man daran, die noch weitaus ergiebigeren Erzvorkommen in Nordschweden zu erschließen. Dazu brauchte man eine leistungsfähige Eisenbahn. Die erste Teilstrecke dieser Bahn wurde 1888 zwischen Luleå und Gällivare in Betrieb genommen; wenig später fuhr die Bahn weiter nach Kiruna. Nun gab es eine Bahnverbindung zum Malmberget, dem gewaltigen Erzberg in Lappland. Allerdings bestand ein großer Nachteil: Der Bottnische Meerbusen ist von Natur aus jeden Winter mehrere Monate lang zugefroren, so daß kein Erzfrachter einen Hafen in Nordschweden anlaufen kann. Deshalb baute man die Bahn weiter und führte sie 1903 bis zum eisfreien norwegischen Hafen Narvik. Der Golfstrom, der direkt auf den Norden Norwegens zielt, sorgt dafür, daß die Gewässer an der norwegischen Küste so gut wie nie zufrieren. Nun konnte das ganze Jahr über Erz exportiert werden. Um es zu verhütten, wird es im allgemeinen zur Kohle transportiert, weil man bei der Stahlerzeugung viel mehr Kohle als Erz braucht. Die Hüttenwerke, in denen nordschwedisches Erz in den folgenden Jahrzehnten überwiegend verarbeitet wurde, lagen in den mittel- und westeuropäischen Kohlenrevieren, vor allem im Ruhrgebiet in Deutschland. Luleå blieb wichtiger Erzexporthafen,

DIE SPÄTE INDUSTRIALISIERUNG

Das Kraftwerk von Näsåker am Ångermanälv im südlichen Norrland. Die Rinne im Vordergrund wurde für die Trift von Baumstämmen gebaut.

wenn auch lediglich im Sommerhalbjahr, während die Erzzüge mit den stärksten Lokomotiven der Welt das ganze Jahr über nach Narvik rollten und noch immer rollen.

Für den Betrieb dieser starken Lokomotiven brauchte man erhebliche Mengen an elektrischem Strom; Schweden ist eines der Länder mit dem höchsten Stromverbrauch der Erde. Reichlich Strom ließ sich durch die Nutzung der Wasserkraft gewinnen, vor allem an den nordschwedischen Flüssen. Erste Elektrizitätswerke gab es dort bereits am Ende des 19. Jahrhunderts. In den dreißiger Jahren des 20. Jahrhunderts wurde besonders viel Strom am Indalsälv gewonnen. Noch mehr Strom wurde wenig später am Ångermanälv erzeugt. 1952 wurde eine Hochspannungsleitung vom Luleälv in Nordschweden nach Hallsberg in Mittelschweden gebaut. Diese beinahe 1000 Kilometer lange Leitung war eine technische Meisterleistung. Als der Strom durch sie hindurchfloß, war es möglich, auch den Süden Schwedens umfassend zu elektrifizieren; dort war die Bevölkerungsdichte höher, und daher wurde dort mehr Strom gebraucht als im nahezu menschenleeren Norden. Zur Ergänzung der Stromversorgung brauchte man ein System von Speicherkraftwerken. Denn wenn

DIE ELEKTRIFIZIERUNG SCHWEDENS

im Winter die Seen und Flüsse zufroren, kam die Stromproduktion in vielen Kraftwerken zum Erliegen. Daher pumpte man im Sommer mit überschüssigem Strom Wasser in Speicherkraftwerke, deren Wasser im Winter abgelassen wurde, um die Wasserkraft erneut in elektrische Energie umzuwandeln.

Neben den ebenfalls kohlearmen Ländern Schweiz und Niederlande war Schweden führend bei der Elektrifizierung von Eisenbahnlinien. 1954 wurden bereits mehr als 80% der Eisenbahn-Verkehrsleistung mit elektrischen Zügen erbracht. Außerdem war es wichtig, die Erzverarbeitung ins eigene Land zu ziehen, weil Stahl sich viel teurer verkaufen ließ als das rohe Erz aus dem Bergwerk. Rentabel betreiben ließen sich Kokshochöfen; den Koks brachten große Schiffe über das Meer. Auch wenn es gelang, den Verbrauch an Kohle oder Koks immer weiter zu senken, so war es doch am günstigsten, den elektrischen Strom zur Erhitzung der Hochöfen im eigenen Land zu erzeugen. Mit Strom, der am Luleälv gewonnen wird, versorgt man seit der Mitte des 20. Jahrhunderts die Hochöfen im damals größten schwedischen Stahlwerk, das in Luleå direkt am Ufer der Ostsee errichtet wurde. Es wurde ständig weiter modernisiert und vergrößert.

Das moderne Stahlwerk von Luleå, dessen Hochöfen mit elektrischem Strom betrieben werden können. Ein alter Hochofen wird im Vordergrund gerade abgebrochen (im Sommer 2000).

Schweden wurde damit und durch technische Neuerungen zu einem der wichtigsten Stahlproduzenten Europas.

Die enorme Zunahme der Verarbeitung und des Exportes an Holz und Erz sowie der daraus hergestellten Produkte wirkte sich vor allem auf die wirtschaftliche Entwicklung Schwedens aus, weniger auf die von Finnland. Dies hatte mehrere Gründe: Finnland wurde erst 1917 ein unabhängiger Staat und war in die mörderischen Kriege des 20. Jahrhunderts verwickelt, während Schweden neutral blieb, aber mit dem Export von Erz an die kriegführenden Nationen Geld verdiente. Ferner hat Schweden viel mehr Möglichkeiten als Finnland, elektrischen Strom herzustellen; die finnischen Flüsse haben z. B. ein erheblich geringeres Gefälle. Und in Finnland gibt es zwar auch Erze, aber in kleinerer Menge als in Schweden. Während sich daher seit der Mitte des 19. Jahrhunderts ein gewaltiger wirtschaftlicher Aufschwung an der gesamten Ostküste Schwedens vollzog, blieben weite Küstenlandstriche in Finnland davon unberührt. Nur an einigen Stellen entstanden große Sägewerke und Zellstofffabriken. 1960 begann man mit dem Bau eines großen Stahlwerkes bei Raahe, in dem 1964 der erste Hochofen in Betrieb genommen wurde.

In Finnland konzentrierte sich die Industrialisierung auf den Süden. Während in Schweden der Küstenverkehr mit Schiffen weiterhin große Bedeutung hatte, weil Holz, Zellstoff, Kohle und Erz transportiert wurden, kam er auf der finnischen Seite des Bottnischen Meerbusens im 20. Jahrhundert nahezu vollständig zum Erliegen. Einige Eisenbahnstrecken, die man in Finnland gebaut hatte, rentierten sich nicht so wie in Schweden. Auch war es wegen des Mangels an elektrischem Strom zunächst nicht möglich, die Strecken zu elektrifizieren; in der Mitte des 20. Jahrhunderts fuhren in Finnland noch keine elektrischen Züge. Viel wichtiger für das im Norden sehr dünn besiedelte Land war die Schaffung eines leistungsfähigen Straßennetzes. Der geringere Umfang von Handel und Transport konnte auf der Straße bewältigt werden; der Schiffsverkehr war langsam und wenig leistungsfähig, zumal es beim Gütertransport von und nach den meisten nordfinnischen Häfen nicht um Massengüter ging. Innerhalb von wenigen Jahrzehnten verlagerten sich die Standorte des weitaus größten Teils der Schiffstonnagen in Finnland an die Südküste, vor allem in die Häfen von Turku/Åbo und Helsinki. Aber auch dort wurde der küstenparallele Verkehr mit Schiffen bald eingestellt; Turku/Åbo und Helsinki wurden durch eine leistungsfähige Bahnlinie miteinander verbunden, die zwar im Hinterland der Küste, aber dennoch auf direktem Wege zwischen den beiden wichtigsten finnischen Städten verläuft.

Die Schiffe, die nicht mehr für den küstenparallelen Verkehr gebraucht wurden, setzte man vor allem im Südwesten Finnlands ein, um regelmäßige Schiffahrtslinien zu den zahlreichen Schären einzurichten. Damit begann die Erschließung einer einzigartigen Landschaft, die durch zahlreiche Meeresarme zerschnitten wird. Auf den Inseln hatte es bis zur Anbindung an den Schiffsverkehr weitgehend isolierte Fischersiedlungen gegeben; auch Landwirtschaft war betrieben worden, und zwar auf trockengefallenen, ehemaligen Meeresböden. Die Siedlungen lagen fast ausschließlich am Rand der Inseln, am Meeresufer. Auf vielen Inseln entstanden nun mehrere Fährhäfen, zwischen denen Landwege eingerichtet wurden. Sie wurden zu Initialen der weiteren Besiedlung; entlang der Wege, die vielfach zu Straßen ausgebaut wurden, entstanden Bauernhöfe. Ganz ähnlich entwickelte sich eine andere, von der Landwirtschaft aber viel intensiver genutzte Gegend an der Ostsee: Viele kleine Inseln in Dänemark wurden auch erst im 20. Jahrhundert in moderne Verkehrsnetze integriert.

Die Fahrtrouten der Fährschiffe im Archipel zwischen Mariehamn, dem Hauptort der Åland-Inseln, und Turku/Åbo wurden immer wieder abgeändert, und bis heute ist es für Touristen nicht einfach, in das Innere des Schärenreiches einzudringen, weil die Fahrpläne und Buchungsmöglichkeiten der Fähren ungenügend aufeinander abgestimmt sind. Doch immer mehr Inseln werden durch Brücken oder Dämme miteinander verbunden. Landstraßen führen vom Festland hinaus ins Reich der Schären. Nutzt man eine dieser Straßen, merkt man kaum, wo das finnische Landgebiet der Seen endet und der Archipel in der Ostsee beginnt; beiden Landschaften ist das Miteinander von Gewässer und Granithöckern eigentümlich.

Dämme und Brücken wurden nicht nur zwischen einer ganzen Reihe der Åland-Inseln und im Schärenhof vor Turku/Åbo gebaut, sondern auch zu zahlreichen Inseln beiderseits des Bottnischen Meerbusens und zwischen den estnischen Inseln Saaremaa/Ösel und Muhu/Moon. Nur durch das Schließen einer Straßenverbindung zu küstennahen Inseln kann heute die dort grassierende Landflucht ein-

geschränkt werden; der Mangel an Schulen, Geschäften und weiterer Infrastruktur führt dazu, daß zahlreiche Menschen die Inseln verlassen und dort, wenn überhaupt, nur noch ihre Ferien verbringen.

Baut man immer mehr landfeste Wege zwischen den Inseln, werden die Schiffahrtswege unterbrochen. In Finnland schließen sich der winterliche Verkehr mit Landverkehrsmitteln über das Eis und das Offenhalten von Fahrrinnen für den Schiffsverkehr gegenseitig aus. Die Verkehrskapazität ist nicht groß genug, um den Bau von aufwendigen Klapp-, Dreh- oder Hochbrücken rentabel erscheinen zu lassen, die eine Kreuzung zwischen Land- und Wasserverkehr ermöglichen. Bewegliche Brücken baute man an anderen Küsten der Ostsee, beispielsweise zur Anbindung der deutschen Inseln Darß und Zingst bei Barth, von Rügen bei Stralsund und von Usedom bei Wolgast. Derartige Brücken führen auch über die Schlei in Schleswig-Holstein; so können kleine Schiffe noch immer in das Innere des Meeresarmes kommen, an dem einst der wichtige Hafen von Haithabu lag und von wo aus die wirtschaftliche Erschließung der Ostsee begonnen hatte. Eine bekannte Klappbrücke ist ferner die Knippelsbro im Stadtzentrum von Kopenhagen, die mehrere Fahrspuren breit ist.

Zwischen vielen Schären an der finnischen Küste gibt es heute Dämme, über die Straßen gebaut wurden.

Klappbrücke für den Straßen- und Eisenbahnverkehr über die Schlei bei Lindaunis.

Wegen des erheblichen wirtschaftlichen Aufschwungs im Ostseeraum, besonders in Schweden, aber auch aus militärischen Gründen, nahm die Schaffung neuer Verkehrswege in der Zeit um die Wende vom 19. zum 20. Jahrhundert stark zu. Zuerst wurden die Wasserwege ausgebaut. Der für den Ostseeraum wichtigste Kanal ist der als Kaiser-Wilhelm-Kanal erbaute, heute unter den Namen Nord-Ostsee-Kanal oder Kielkanal bekannte Wasserweg zwischen Brunsbüttel an der Elbmündung in die Nordsee und Kiel an der Ostsee, das durch den Bau des Kanals einen weiteren Entwicklungsimpuls als Hafenstadt erhielt. Der 1895 eröffnete Wasserweg erlaubt die Passage von Schiffen mit einem Tiefgang bis zu acht Metern. Die maximalen Abmessungen von Wasserfahrzeugen, die den Kanal passieren können, wird durch die beiden Schleusen an seinen Enden vorgegeben. Sie sind 330 Meter lang und 45 Meter breit. Etwa die Hälfte der Schiffe, die zwischen der Ostsee und den Weltmeeren verkehren, nutzen den Nord-Ostsee-Kanal. Er behindert allerdings den Landverkehr; daher war es notwendig, mehrere Hochbrücken und später auch einen Tunnel zu bauen, damit Eisenbahnlinien und Straßen die Wasserstraße queren können. Die Brücken sind im niedrig gelegenen Schleswig-

Holstein von weitem zu erkennen; besonders markant ist die Eisenbahnbrücke von Rendsburg mit einer weit geschwungenen Auffahrtsrampe.

Etwas früher als der Kanal zwischen Brunsbüttel und Kiel war der viel kürzere Södertälje-Kanal südlich von Stockholm erbaut worden. Er wurde später so weit vertieft, daß Schiffe mit einem maximalen Tiefgang von 5,5 Metern von der Ostsee aus in den Mälarsee fahren können. Die Schleusen von Stockholm werden seitdem nur noch von kleinen Booten zur Passage genutzt; über der Schleusenanlage konnte die sehenswerte Verkehrskreuzung «Slussen» mit zahlreichen sich überkreuzenden Brücken gebaut werden, wo heute ein Großteil des Verkehrs zwischen dem Stadtzentrum von Stockholm und den südlichen Vorstädten verläuft und verteilt wird. Über den Kanal von Södertälje führt heute eine Hochbrücke der für den Schnellverkehr ausgebauten Eisenbahn von Stockholm nach Göteborg, die weit höher ist als die größten Schiffe, die den Kanal passieren. Auch ein Bahnhof ist in diese Brücke integriert; er liegt hoch über der Stadt.

Kleine Kanäle wurden auch zwischen der Ostsee und dem Hinterland in Ostpreußen gebaut. Außerdem baute man die Flußmündungen so weit aus, daß sie von Schiffen gut befahren werden können, zum Beispiel die Mündung der Oder. Letzteres war für die Entwicklung des Hafens von Stettin besonders wichtig; Hochseeschiffe erreichen den Hafen über einen kurzen Kanal.

Der Saimaa-Kanal im Süden Finnlands wurde im 20. Jahrhundert in Etappen gebaut, allerdings mit Verzögerungen. Denn der Kanal wurde nach dem Zweiten Weltkrieg zu einem Politikum: Er lag zum Teil im Ostteil Kareliens, den Finnland an die Sowjetunion abtreten mußte. 1962 pachtete Finnland den Kanal und einen etwa dreißig Meter breiten Streifen beiderseits der Wasserstraße für eine Dauer von fünfzig Jahren von der Sowjetunion. Nach dem dann fortgesetzten Ausbau können Schiffe mit einer Größe bis zu 1500 Tonnen und einer Länge von maximal 78 Metern den Kanal nutzen. Holz läßt sich seitdem ohne Umladen von den Sägewerken Kareliens an die anderen Küsten der Ostsee und in die Küstenhäfen der Nordsee bringen. Um den Schiffen eine ungehinderte Durchfahrt zu ermöglichen, mußten für die Bahnlinie und die Straße von Helsinki nach Sankt Petersburg Hochbrücken gebaut werden.

Nachdem die wichtigsten Landengen durchstochen waren, begann man vor dem Zweiten Weltkrieg, besonders aber danach, Wege für den internationalen und überregionalen Landverkehr über die Meerengen zu schaffen. Dies geschah auf zweierlei Art: Schmale Wasserstraßen wurden mit langen und zum Teil sehr hohen Brücken überspannt, unter denen Schiffe ungehindert passieren können; später kamen Tunnelbauten hinzu. Die Ufer breiter Wasserstraßen werden von Fährverbindungen verknüpft. Innerhalb weniger Jahrzehnte wurden sie zu den wichtigsten der Welt.

Lange und zum Teil sehr hohe Brücken wurden in Dänemark gebaut, so zwischen Jütland und den Inseln Fünen und Alsen. Ein besonders wichtiges Projekt war der Bau der Vogelfluglinie zwischen Mitteleuropa und Skandinavien. Sie wurde bereits 1864 projektiert, in dem Jahr, in dem Dänemark Schleswig-Holstein verlor. Mit ihrem Bau wurde erst im 20. Jahrhundert begonnen, und zwar in Dänemark. 1937 errichtete man die kilometerlange Storstrøms-Brücke zwischen den Inseln Falster und Seeland. Später kam eine landfeste Verbindung zwischen den Inseln Falster und Lolland dazu, so daß eine durchgehende Bahn- und Straßenverbindung zwischen Rødby und Kopenhagen bzw. Helsingør eingerichtet war. In Deutschland wurde die Fehmarnsundbrücke als Verbindung der Insel Fehmarn zum Festland gebaut. 1963, beinahe ein Jahrhundert nach den ersten Plänen für diese wichtige europäische Verkehrsverbindung, war so und mit Hilfe von Fähren die eigentliche Vogelfluglinie zwischen Hamburg und Kopenhagen fertiggestellt: Auf ihr geht die Reise per Bahn und Auto zum Hafen von Puttgarden auf Fehmarn, von wo aus eine Fähre nach Rødby über den Fehmarnbelt verkehrt. Von Rødby aus bestehen landfeste Verbindungen durch Dänemark in den Norden.

Große Hochbrücken baute man in Schweden, um einen Straßenanschluß der Inseln Öland von Kalmar aus und Alnön von Sundsvall aus herzustellen. Eine weitere kühne Straßenbrücke führt im Verlauf der Fernstraße von Stockholm nach Nordschweden über die Mündung des Ångermanälv bei Kramfors.

Nicht nur die Brücken wurden prägend für den Landverkehr zwischen den Ostseeländern, sondern auch die immer größeren und leistungsfähigeren Fähren. Sie sollen an genau auf sie abgestimmten Terminals möglichst rasch be- und entladen werden. Die Fährschiffe und

die Terminals müssen zentimetergenau aneinander passen, und die Schiffe müssen sich schnell und exakt manövrieren lassen. Eisenbahnzüge und Autos sollen an mehreren Toren gleichzeitig die Schiffe verlassen, und andere Fahrzeuge müssen wenige Minuten später auf die Fähren fahren können. Schiffe und Terminals sind so konstruiert, daß möglichst alle Fahrzeuge auf die Fähren ein- und ausfahren können, ohne zu wenden. Der Be- und Entladevorgang darf nur wenige Minuten in Anspruch nehmen, weil auf mehreren Strecken der Zeitabstand zwischen den einzelnen Fährschiffen bei lediglich dreißig Minuten liegt oder gar noch kürzer ist; das gilt besonders für die sehr stark frequentierten Fährlinien der Vogelfluglinie zwischen Puttgarden und Rødby sowie zwischen Helsingør und Helsingborg.

Selbstverständlich muß die Paßgenauigkeit zwischen Schiffen und Anlegestellen auch bei anderen Fährlinien garantiert sein, die nicht in so dichtem Takt befahren werden. Denn auch bei diesen Linien dürfen die Liegezeiten in den Häfen nur kurz sein. Große Fährterminals befinden sich außer an den genannten Häfen unter anderem in Kiel, Lübeck, Rostock und Saßnitz-Mukran in Deutschland, Swinemünde und Danzig in Polen, Memel/Klaipeda in Litauen, Tallinn/Reval in

Über die 1963 gebaute Fehmarnsundbrücke auf der Vogelfluglinie führen Straße und Eisenbahngleise nach Fehmarn und zum Fährhafen Puttgarden.

Estland, Helsinki, Turku/Åbo, Hanko/Hangö, Mariehamn und Vaasa/Wasa in Finnland, Trelleborg, Ystad, Oskarshamn, Nynäshamn, Visby, Stockholm, Kapellskär und Umeå in Schweden sowie in Rønne auf Bornholm. Die zwischen Schweden und Finnland verkehrenden Fähren gehören zu den größten der Welt.

Neben den Fährhäfen nahmen weitere Häfen an der Ostsee im 20. Jahrhundert einen besonderen Aufschwung oder wurden gar neu gegründet. In Polen baute man nach dem Ersten Weltkrieg den Hafen Gdingen/Gdynia neben dem Hafen von Danzig. Danzig war damals Freistaat unter der Hoheit des Völkerbundes; Polen hatte über den sogenannten polnischen Korridor direkten Zugang zur Ostsee erhalten und brauchte einen eigenen Hochseehafen. Zu Polen kam nach dem Ersten Weltkrieg auch Oberschlesien mit seinen zahlreichen Kohlengruben. Von diesen Bergwerken aus wurde eine durchgehende Eisenbahnverbindung nach Gdingen geschaffen, damit Steinkohle aus Polen möglichst optimal exportiert werden konnte, insbesondere in die kohlenarmen Länder im Norden des Ostseeraumes.

Der nach dem Ersten Weltkrieg neu geschaffene Staat Litauen suchte den Kontakt zum Meer. Einige Jahre später kam Memel/Klaipeda zu Litauen, und dort entwickelte sich unter litauischer, nach dem Zweiten Weltkrieg sowjetischer, seit 1991 erneut litauischer Hoheit ein weiterer wichtiger Hafen des Ostseeraumes.

Nach der Gründung der DDR 1949 brauchte auch dieser Staat einen modernen Hafen an der Ostsee. Denn Stettin mit seinem früher für den Osten Deutschlands bedeutenden Hafen in der Odermündung war ja zu Polen gekommen. Nun wurde der Hafen von Rostock erheblich ausgebaut. Auch der Hafen von Wismar wurde vergrößert, kaum aber der Hafen von Stralsund, der für größere Schiffe schlecht zu erreichen und im Winter lange vereist ist. Für den Ausbau des Hafens von Rostock sprachen vor allem die guten Eisenbahnverbindungen ins Hinterland.

Nach dem Zweiten Weltkrieg bauten die Sowjets große Terminals zum Export von Erdöl. Einer davon wurde Memel/Klaipeda; ein weiterer Exporthafen für Öl entstand in Windau/Ventspils im heutigen Lettland. In sowjetischer Zeit wurden ferner die Ölschieferbergwerke von Kohtla-Järve im Nordosten Estlands erheblich ausgebaut. Das damit verbundene Kraftwerk übernahm die Versorgung nicht nur weiter Teile Estlands, sondern auch Lettlands und Leningrads mit elektrischem Strom. Die Abgase dieses Kraftwerkes verursachen eine erhebliche Luftverunreinigung.

In jüngerer Zeit gewann man auch Erdöl aus Gesteinsschichten unter der Ostsee: 1984 begann mit der ersten deutschen Offshore-Bohrinsel die Gewinnung von Erdöl aus dem Schwedeneck-Ölfeld in Sichtweite des Ferienzentrums von Damp nördlich von Kiel. Nach jahrelanger ergiebiger Ölförderung wurde der Betrieb aber wieder eingestellt.

Vor allem in Finnland unternahm man enorme Anstrengungen, leistungsstarke Eisbrecher zu bauen, mit denen die Wasserstraßen des Nordens den ganzen Winter über offen gehalten werden können. Finnland ist nämlich das einzige Land der Welt, das von Natur aus über keinen einzigen eisfreien Hafen verfügt. Seit etwa 1890 wird diejenige Fahrrinne von der zentralen Ostsee nach Finnland freigehalten, die am wenigsten vereist ist, nämlich die nach Hanko/Hangö. Dieser Hafen liegt auf einer vom Südwesten des Landes weit ins Meer hinausragenden Endmoräne, die in der Eiszeit gebildet worden war. Später gelang es, auch den Hafen von Turku/Åbo den ganzen Winter offen zu halten. Seit 1970 befahren die weltberühmten finnischen Eisbrecher den ganzen Winter über die Routen in den Norden des Landes. Auch in der Sowjetunion und den nach ihrem Zerfall neu entstandenen Ländern sowie in Schweden gelingt es seit dieser Zeit, die wichtigsten Schiffahrtsrouten während der kalten Jahreszeit freizuhalten. Seitdem kann der Export von Holz, Papier, Erz und Stahl den ganzen Winter über auf der Ostsee erfolgen, und das ganze Jahr über können Handelsgüter in die abgelegenen Gebiete des Nordens auf dem Wasserweg transportiert werden.

Der Schiffsverkehr wird nun nicht mehr so stark saisonal begrenzt wie unter natürlichen Bedingungen. Andererseits ist ein durchgehendes Befahren der Eisdecke mit Schlitten und Autos quer über den nördlichen Bottnischen Meerbusen wie in früheren Zeiten nun nicht mehr möglich. Neue Fährlinien entstanden. Seit 1977 verkehrt zwischen Deutschland und Finnland die schnelle Gasturbinenfähre «Finnjet», ein Meisterstück finnischer Ingenieurkunst. Sie schafft die früher drei Tage lange Fährpassage in 22 Stunden, fährt aber wegen ihres enormen Energiebedarfs nur in der Hauptsaison mit voller Kraft.

Der Größe der Schiffe, die den Ostseeraum befahren, sind allein schon aus wirtschaftlichen Gründen Grenzen gesetzt, die heute nahezu erreicht sind. Es ist nicht rentabel, große Containerfrachter wie auf den Weltmeeren in die Häfen des Ostseeraumes mit ihrem relativ kleinen Frachtaufkommen verkehren zu lassen. Allenfalls könnte sich der Transport von Containern von und nach Kopenhagen lohnen, aber die Stadt liegt am stellenweise nur einige Meter tiefen Öresund, der mit tiefgängigen Schiffen nicht befahrbar ist. Sogar der Nord-Ostsee-Kanal ist tiefer als der Sund. Kopenhagen wird als Hafen dadurch in eine gewisse Randlage gedrängt. Hamburg und andere Häfen an der Nordsee gewinnen für den Ostseeraum mehr und mehr an Bedeutung. Hierhin fahren die großen Schiffe, deren Einsatz sich in der Ostsee nicht lohnt. Die Güter werden in den Nordseehäfen in die kleineren Schiffe der sogenannten «Feeder» umgeladen, die zu den Ostseehäfen verkehren und von dort aus Güter zurück in die Nordseehäfen bringen können.

In Zukunft sollen den Interkontinentalverkehr Schiffe übernehmen, die mehr als 17 Meter Tiefgang haben. Für sie können Häfen, über deren genauen Standort noch nicht entschieden ist, an der Nordsee mit erheblichem Aufwand ausgebaut werden, an der Ostsee aber nicht. Denn die tiefste Wasserstraße in die Ostsee hinein: durch den Großen Belt, den Fehmarnbelt und die Kadet-Rinne zwischen dem Darß und den dänischen Inseln, erlaubt nur einen Verkehr von Schiffen mit einem maximalen Tiefgang von 15 bis 17 Metern. Eine Ausbaggerung der Belte und der Kadet-Rinne ist technisch kaum möglich. Damit bleibt das Umladen von Gütern, die in die Ostsee transportiert werden sollen, unumgänglich. Dies ergibt sich nicht nur aus wirtschaftlichen, sondern auch aus naturräumlichen Gründen.

Die Bedeutung von Kopenhagen für den Schiffsverkehr geht zwar zurück, nicht aber für den internationalen Überlandverkehr. Zur Jahrtausendwende wurde mit Brücken und Tunnel eine neue durchgehende Landverbindung zwischen Mitteleuropa und Skandinavien über die dänischen Inseln bis nach Südschweden geschaffen. Über sie sind nun durchgehende Eisenbahnverbindungen zwischen Mittel- und Nordeuropa via Kopenhagen möglich, und auch mit dem Auto kann man diese Strecke ohne die Nutzung von Fährschiffen befahren. Auf der traditionellen Vogelfluglinie ist aber die Verkehrsdichte der-

Finnische Eisbrecher im Hafen von Helsinki.

art hoch, daß die Fähren immer noch sehr stark ausgelastet sind. Der Eisenbahnverkehr wird mehr und mehr über die landfesten Verbindungen geleitet. Die Güterzüge zwischen Deutschland und Dänemark sowie sämtliche Züge zwischen Dänemark und Schweden verkehren über Brücken. Nur die meisten Fernschnellzüge zwischen Kopenhagen und Hamburg benützen noch die Fähre; die Dänische Staatsbahn setzt spezielle Triebwagenzüge ein, die ohne Rangierlokomotiven direkt auf die Fähren fahren und sie auch so wieder verlassen können. Der größte Teil der weiträumigen Fährbahnhöfe von Puttgarden und Rødby wird heute nicht mehr genutzt.

Die weitere Zunahme des Landverkehrs und die technischen Fortschritte beim Bau der Verkehrswege zwischen den dänischen Inseln führen dazu, daß man über den Bau weiterer Brücken und Tunnel im Ostseeraum nachdenkt, beispielsweise über den Fehmarnbelt, was den Betrieb auf der überlasteten Fährlinie zwischen Puttgarden und Rødby entbehrlich machen würde. Ferner zwischen Schweden und Finnland sowie quer über den Finnischen Meerbusen zwischen Helsinki und Tallinn/Reval.

19. ZWISCHEN BODENSTÄNDIGKEIT UND GLOBALISIERUNG: DIE MODERNE LANDWIRTSCHAFT IN DEN OSTSEELÄNDERN

Durch die neuen Eisenbahnlinien und Straßen, die seit dem 19. Jahrhundert gebaut wurden, rückten nicht nur die Staaten und die Metropolen näher zusammen. Es entstand auch eine engere Verbindung zwischen Stadt und Land. Industrieprodukte gelangten in großer Menge aus den Städten auf das Land; und Erzeugnisse der Landwirtschaft konnten in Massen vom Land in die rasch größer werdenden Städte transportiert werden, um die Ernährung der Stadtbevölkerung zu sichern.

Zwar gibt es viele Sonderentwicklungen, die vom Klima und Boden sowie von der wirtschaftspolitischen Orientierung der Länder gesteuert wurden; sie trugen und tragen dazu bei, daß die landschaftlichen Unterschiede der einzelnen Küstenregionen an der Ostsee mit der Zeit noch größer wurden. Aber es gibt generelle Tendenzen der Landwirtschaftspolitik in allen Industrieländern der Erde, zu denen die Staaten am Baltischen Meer zu rechnen sind.

Besonders wichtige Ziele der staatlich gesteuerten Landwirtschaftspolitik waren die Bekämpfung des Hungers, der immer wieder vor allem die ärmere Bevölkerung bedrohte, und die Garantie der kontinuierlichen Bereitstellung von preisgünstigen Lebensmitteln. Diese Ziele mußten in vielen Fällen auch gegen den Adel durchgesetzt werden, der vielerorts bis in das 20. Jahrhundert hinein die Produktion von Agrargütern beherrschte. Nicht nur immer mehr Menschen waren zu versorgen. Immer mehr von ihnen kamen zu Wohlstand und verlangten hochwertigere Nahrung. Nur dann, wenn Nahrungsmittel kontinuierlich nicht nur in ausreichender Menge, sondern im Übermaß zur Verfügung standen, konnte sich das immer kompliziertere Räderwerk der industriellen Entwicklung weiter drehen. Insgesamt mußten auf dem Land ständig höhere Überschüsse an Agrargütern produziert werden, damit immer mehr Lebensmittel auf den urban geprägten Märkten angeboten werden konnten.

Diese Entwicklungen spielten sich in dem recht kurzen Zeitraum von nicht einmal zwei Jahrhunderten ab. Ohne staatliche Lenkung und Subventionen wären sie kaum möglich gewesen. Im 19. Jahrhundert wurden die Bauern in vielen Ländern von der Bindung an die Grundherrschaft befreit; Angehörige aller Stände durften nun Land erwerben. Aber dazu fehlte den Bauern das notwendige Kapital, so daß die Vorherrschaft des Adels auf dem Land erhalten blieb. Die befreiten Bauern besaßen entweder überhaupt kein Land oder nur kleine Landparzellen, durch deren Bewirtschaftung sie nicht überleben, erst recht nicht Überschüsse für die Versorgung der Stadtbevölkerung erzielen konnten. Sie schlugen sich als Landarbeiter durch, wanderten aber in der zweiten Hälfte des 19. Jahrhunderts mehr und mehr in die Industrieregionen ab, wo die Verdienste höher waren. Auf vielen adligen Gütern an der südlichen Ostseeküste kam es zu einem Mangel an Arbeitskräften. Zwar warb man nun vermehrt Saisonarbeiter aus dem Osten, die «polnischen Schnitter», an, aber vielerorts sank die Agrarproduktion, weil zu wenige Arbeitskräfte vorhanden waren. Zu Veränderungen der Agrarlandschaft kam es erst, als unter staatlicher Lenkung Güter aufgekauft, verteilt und verkleinert wurden. Besonders durchgreifend erfolgten diese Reformen im Baltikum, vor allem in Lettland, wo nach der Agrarreform von 1928 über die Hälfte des adligen Grundbesitzes aufgeteilt wurde.

Auch in den anderen Ländern an der Ostsee mit adligem Grundbesitz teilte und verkleinerte man Güter. Vielerorts kauften die Staaten Güter auf, um sie an Bauern verteilen zu können, beispielsweise nach 1871 in Pommern und ab etwa 1900 in Dänemark. In Dänemark schuf man im Lauf des 20. Jahrhunderts Zehntausende von Siedlerstellen für Bauern, die neue Agrarbetriebe gründeten. Umfangreiche Kredite erleichterten ihnen den Anfang der Bewirtschaftung des eigenen Betriebes. Vor allem in der Zeit der Inflation zwischen den beiden Weltkriegen ließen sich diese Kredite günstig abbezahlen, so daß die Bauern einen unverhofft guten Start in die Selbständigkeit hatten. Es begann eine der günstigsten Perioden für die Landwirtschaft, die heute im Rückblick die «gute alte Zeit» genannt wird, in der das Leben auf dem Land prosperierte und eine weitreichende ländliche Infrastruktur geschaffen wurde.

Für die Regulierung der Aufteilung landwirtschaftlichen Besitzes waren die Landgesellschaften zuständig. Die neuen Siedlungen legte man bevorzugt an die Achsen der Infrastruktur, in die Nähe von Bahnhöfen oder an die Straßen. In Dänemark entwickelte sich auf diese Weise ein eigener Siedlungstyp, das «Stationsdorf», und daraus konnte sogar eine kleine Agrarstadt werden. Am Bahnhof, in einigen Orten auch am Hafen, wurden Silos gebaut, in denen Getreide getrocknet und aufbewahrt wurde. Auch Düngemittel wurden in Lagerhäusern bereitgehalten. An den Bahnhöfen gab es Verladerampen und Pferche für das Vieh.

Viele bäuerliche Betriebe wurden auch aus den Dörfern ausgesiedelt; in Dänemark entstanden Tausende solcher Höfe. Die neuen Bauernhäuser ähnelten von Land zu Land denjenigen, die man früher bewohnt hatte. Doch man mußte bei der Errichtung der Höfe auch an die Bedingungen der neuen Zeit denken: Mehr Korn und Futter mußte in den Scheunen gelagert werden können, mehr Vieh aufgestallt werden. Mit der Zeit wurde der Einfluß der Industriearchitektur auf die ländliche Architektur immer deutlicher: Große Scheunen aus Ziegelstein ähnelten Fabrikhallen. Vor allem in Preußen, dem deutschen Staat, der sich im späten 19. Jahrhundert weit um die südliche Ostsee herumzog, läßt sich das gut erkennen: Zwischen dem Schleswiger Land und Ostpreußen baute man ähnliche «Preußenhäuser». In den meisten anderen Ländern der Ostsee blieb man vorzugsweise bei Holz als Baustoff für ländliche Gebäude. In Finnland wurden viele neue Gehöfte gebaut, die aus mehreren Holzhäusern bestanden.

Die Neuansiedlung von Bauern war in Finnland wie auch andernorts an der Ostsee mit der politisch forcierten Umsiedlung von großen Menschenmassen verbunden. Als Folge der Weltkriege des 20. Jahrhunderts wurden viele Menschen aus dem Osten Europas in den Westen vertrieben; andere flohen in die gleiche Richtung, um dem Einflußbereich des Kommunismus zu entgehen, der sich von der Sowjetunion aus in Europa ausbreitete. Viele Menschen kamen aus dem von der Sowjetunion annektierten Karelien in die übrigen finnischen Gebiete. Finnland ist neben Kanada das einzige hochindustrialisierte Land der Erde, in dem auch lange nach dem Zweiten Weltkrieg noch eine umfangreiche Agrarkolonisation betrieben wurde. Hunderttausende von landwirtschaftlichen Voll- und Nebenerwerbsbetrieben entstanden neu, vor allem als Folge der Umsiedlungen.

Deutsche wurden aus dem Baltikum und Polen vertrieben. Menschen aus allen Teilen der Sowjetunion wurden im Baltikum und Vertriebene aus dem Osten Polens in Pommern neu angesiedelt. Während die Bevölkerungsdichte trotz des nahezu kompletten Austausches der Bevölkerung an der südöstlichen Ostseeküste zunächst ungefähr gleich blieb, mußten besonders in Finnland und Deutschland zahlreiche Siedler zusätzlich auf dem vorhandenen Land untergebracht werden, und zwar so, daß sie in wirtschaftlich schwieriger Zeit in die Lage versetzt wurden, sich eine neue Existenz aufzubauen und sich in neu entstehende Wirtschafts- und Sozialordnungen einzubringen.

Während man in der Bundesrepublik Deutschland dafür Güter verkleinerte, enteignete man sie in der DDR, wo «Junkerland in Bauernhand» kam; dies war im südlichen Küstenland der Ostsee schon in der Zeit des Dritten Reiches angestrebt worden. In Finnland konnte man dagegen noch echte Neukolonisation betreiben, Ländereien also von einem unkultivierten in einen kultivierten Zustand wandeln. Wichtig dafür waren die sogenannten Meliorationen, die seit dem 19. Jahrhundert im Ostseeraum durchgeführt wurden. Sie hatten einen vielfältigen Landschaftswandel zur Folge.

Durch Veränderungen der Böden sollten möglichst günstige Bedingungen für das Wachstum von Kulturpflanzen geschaffen werden. Dabei war eine Nivellierung nicht zu umgehen: Es gibt nur einen einzigen oder wenige diverse Zustände des Landes, die für die Pflanzenproduktion optimal sind. Wasser, Luft, anorganische und organische Nährstoffe müssen in einem möglichst ausgewogenen Verhältnis zur Verfügung stehen. Die Pflanzen wurden durch Züchtung verändert, damit sie an unterschiedlichen Wuchsorten höchste Erträge erbrachten. Die im 19. Jahrhundert aufkommende wissenschaftliche Landwirtschaft befaßte sich damit; umgesetzt wurden ihre Empfehlungen mit staatlicher Unterstützung, wobei sowohl an Beratung als auch an Finanzierung gedacht wurde, die den einzelnen Bauern zugute kam.

An der Ostsee gibt es nur wenige Gegenden mit ausgeprägtem Wassermangel; auftreten kann er beispielsweise auf den Inseln Gotland und Öland. Ein viel größeres Problem ist der schlechte Wasserabfluß in vielen Gebieten rings um die Ostsee. Der Grundwasserspiegel mußte gesenkt werden, damit der Wurzelraum der Kulturpflanzen nicht monatelang von der Luft abgeschlossen war: Das Wasser im Wurzelraum schränkt die Atmung der Wurzeln erheblich ein, so daß die Entwicklung der Gewächse gehemmt wird, und es kann sogar zu Fäulnis im Wurzelbereich kommen. Auf dauernd feuchtem Moorboden kön-

nen Kulturpflanzen überhaupt nicht wachsen. Je trockener das Land ist, desto länger ist die Vegetationsperiode. In einem feuchten Boden wird die Wärme schlecht geleitet, es dauert lange, bis er von der sommerlichen Sonne erwärmt ist. Trockenes Land wird viel schneller warm, und es kühlt auch nicht merklich ab, solange das Grundwasser in ihm nicht ansteigt. Je trockener ein Boden also ist, desto besser lassen sich Kulturpflanzen anbauen, vorausgesetzt, das zum Wachstum notwendige Wasser wird immer wieder durch Regen geliefert.

Die ausgedehnten Moore im Norden Schwedens und vor allem in Finnland legte man trocken, indem man breite und tiefe Gräben zog. Viele Moore wurden zuerst abgetorft, bevor man sie zu Ackerland meliorierte. Die Gräben zwischen den Feldparzellen gehören heute zu den typischen Merkmalen der nördlichen Agrarlandschaft. Auffällig sind im Spätsommer die üppig blühenden Weidenröschen in den Gräben. Andernorts verlegte man Tonröhren im Boden, um Wasser abzuleiten. Diese Form der Drainage bevorzugte man im Süden des Ostseeraums, in Dänemark, in Schweden und im Südwesten Finnlands. Durch Trockenlegungen gewann man in der Region um Malmö zwischen 1880 und 1935 beinahe 20 000 Hektar neues Ackerland.

Jung kolonisiertes Land im finnischen Lappland (südlich von Rovaniemi). In den Gräben zwischen den Ackerparzellen wachsen Weidenröschen.

Der Charakter der Landschaft veränderte sich ebenso durch viele kleinere Meliorations-Maßnahmen. Tümpel wurden gefüllt, vor allem die kleinen Sölle, die sich am Ende der eiszeitlichen Gletscherbedeckung dort gebildet hatten, wo isolierte Eisbrocken im Untergrund zurückgeblieben und erst später geschmolzen waren, so daß die Erdoberfläche eingebrochen war. Kleine Hügel wurden eingeebnet, so daß die Bodenbearbeitung auf möglichst ebenem Gelände erfolgen konnte. Man ebnete zum einen die Hügel gezielt ein, zum anderen ergab sich die Planierung von selbst als Folge der Arbeit mit großen Pflügen, kräftigen Traktoren, Eggen und Walzen.

Zur Melioration gehörte auch die Gewinnung von Neuland an der Ostseeküste. Flächen, die nur gelegentlich vom Wasser überspült wurden, konnten trockengelegt werden. Eingedeicht wurden an der Ostsee aber nur wenige größere Flächen wie der Weichselwerder, das Gebiet des Flußdeltas zwischen Weichsel, Mottlau und Nogat. Hinzu kamen einige kleinere Eindeichungen. Jedoch spielte die Neulandgewinnung an der Ostsee nicht eine auch nur annähernd vergleichbare Rolle wie an der Nordsee. Nach mehreren früheren Versuchen wurde in den 1820er Jahren eine Niederung an der Geltinger Birk im äußersten Nordosten Schleswig-Holsteins mit Deichen versehen. Mit dem Bau von Dämmen allein ließ sich aber das niedrig liegende Land am Meer nicht dauerhaft trockenlegen, es mußte zugleich entwässert werden. An der Geltinger Birk errichtete man dafür eine Windmühle. Das Windrad trieb eine archimedische Schraube an, mit der die Niederung ständig gelenzt werden konnte. In späterer Zeit baute man elektrische Schöpfwerke, mit deren Hilfe das Niederungsgebiet effizienter trocken gehalten werden konnte und kann. Elektrische Pumpwerke an kleinen Deichen errichtete man auch in Ostholstein und Fehmarn. Nach der Sturmflut von 1872, die durch starken Ostwind verursacht wurde, der das Wasser der Ostsee an ihre westlichen Küsten preßte, und die zu umfangreichen Zerstörungen geführt hatte, wurden viele Deiche erhöht oder neu gebaut.

Seit der zweiten Hälfte des 19. Jahrhunderts wurde Mineraldünger verwendet, um den Entzug der Nährstoffe aus dem Boden zu kompensieren, der mit der Kultivierung von Pflanzen verbunden war. Vor allem Phosphat, Stickstoffverbindungen und Kalium mußte den Äckern zugeführt werden, um hohe Erträge zu erzielen. In Deutschland gibt es reiche Lagerstätten an Kalisalz, die man seit dem 19. Jahrhundert, als die Agrikulturchemie von Justus von Liebig begründet worden war, zur Herstellung von Mineraldünger in Bergwerken abbaute. Zuvor hatte Kalisalz lediglich als Abfallprodukt gegolten, das beim Abbau von Steinsalz auf den Abraum gekommen war. Seit 1877 kam das Thomasmehl als Phosphatdünger hinzu. Thomasmehl ist ebenfalls ein Abfallprodukt, es entsteht bei der Verhüttung von Eisen aus phosphathaltigem Gestein; bei der Verarbeitung schwedischen Eisenerzes fällt es in großen Mengen an. Seit 1913 schließlich konnte man über das Haber-Bosch-Verfahren aus dem in der Atmosphäre reichlich vorhandenen, aber von den meisten Pflanzen unerreichbaren Stickstoff Ammoniumdünger herstellen.

Die für die mineralische Düngung notwendigen Stoffe gab es in großer Menge und zu kleinen Preisen. Man konnte mit Mineraldünger auch unfruchtbare, sandige Böden fruchtbar machen, zum Beispiel in Jütland. Der Sand der eiszeitlichen Sanderflächen auf der jütischen Halbinsel und im südlichen Ostseeraum ließ sich zwar leicht bearbeiten, er enthielt aber, wenn er längere Zeit landwirtschaftlich genutzt, jedoch nicht oder nur unzureichend gedüngt worden war, keine Nährstoffe mehr, so daß der Anbau von Kulturpflanzen keine guten Erträge mehr abwarf. Mit Nitrophoska-Dünger konnte und kann man sogar nicht oder nicht mehr nutzbare Heideflächen in landwirtschaftliches Kulturland überführen.

Bei der Züchtung neuer Sorten von Kulturpflanzen kam es nicht nur auf die Erhöhung der Erträge an. Gefordert wurden auch Varietäten der Pflanzen, die in den kurzen Vegetationsperioden des Nordens heranreifen und weitgehend unempfindlich gegen Kälte sind. Solche Sorten brauchte man vor allem in Finnland. In diesem Land, das seit der Erlangung seiner staatlichen Unabhängigkeit eine möglichst weitgehende Autarkie in der Versorgung mit Agrargütern anstrebte, findet heute der am weitesten nördliche Anbau von Weizen und Zuckerrüben auf der Erde statt. Finnische Geographen haben im 20. Jahrhundert die Anbaugrenzen des Getreides und anderer Kulturpflanzen immer wieder untersucht. Nicht ohne Stolz stellte man fest, daß sie dank der Erfolge der Pflanzenzüchtung immer weiter nach Norden vorrücken konnten. Um 1920 gab es lediglich Sorten von Winterweizen, die in den Regionen südlich von Vaasa/Wasa vernünftige Erträge versprachen. Um 1960 konnte Winterweizen überall am Bottnischen Meerbusen angebaut werden, auch weit nördlich von Vaasa/Wasa.

Winterweizen und Zuckerrüben wurden vor allem in den Küstenregionen des finnischen Südwestens kultiviert. Zur Verarbeitung der Rüben errichtete man bereits 1919, zwei Jahre nach der Erlangung der finnischen Unabhängigkeit, in Salo eine erste Zuckerfabrik; weitere Werke kamen in den folgenden Jahren hinzu. Sommerweizen baute man im Norden bis in die Umgebung von Oulu an. Noch weiter nördlich wird bis heute Gerste auf den Feldern geerntet, und zwar eine mehrzeilige Sorte mit plump wirkenden Ähren, die besonders widerstandsfähig ist und sich wegen ihres großen Eiweißgehaltes als Futtermittel eignet. Auch Kartoffeln kann man im Norden Finnlands anbauen, vorausgesetzt der Boden wurde zuvor gründlich drainiert.

Die Kartoffel spielte keineswegs nur in Finnland, sondern mehr noch in anderen Ländern an der Ostsee eine wichtige Rolle für die Versorgung der wachsenden Industriearbeiterschaft. Die Knollen sind nahrhaft, haltbar und billig zu produzieren, und sie lassen sich vorzüglich mit der Eisenbahn, ja sogar per Schiff von ihren Erzeugungsorten zu den Verbrauchszentren transportieren.

In Verbindung mit der Neuordnung des Agrarlandes, der Meliorierung und der Einführung neuer Sorten von Kulturpflanzen stand die umfassende Mechanisierung der Landwirtschaft. Die neuen Geräte waren und sind teuer; ihre Anschaffung lohnt sich nur, wenn entsprechend hohe Erträge aus dem Verkauf landwirtschaftlicher Güter zu erzielen sind. Viele Bauern gründeten Maschinenringe und schafften gemeinsam Maschinen an, die dann auf den Ländereien mehrerer Betriebe nacheinander zur Arbeit herangezogen wurden: Mähdrescher und Pflüge, Drillmaschinen zum Säen sowie Erntegerät für Zuckerrüben und Kartoffeln.

In Schweden hatte die Mechanisierung der Landwirtschaft die deutlichsten Auswirkungen. Denn dort war bis in die zweite Hälfte des 19. Jahrhunderts, oft sogar noch zu Beginn des 20. Jahrhunderts nur eine rückständige Landwirtschaft zur Eigenversorgung betrieben worden. Viele bäuerliche Betriebe Schwedens schafften erst damals einen eisernen Pflug an, mit dem sich die Bodenbearbeitung selbstverständlich sehr viel effizienter betreiben ließ als mit primitiverem

Gerät. Viele Höfe wandelten sich innerhalb weniger Jahre vom extensiven Eigenversorgungsbetrieb zum profitablen Unternehmen mit Überproduktion. Es gab allerdings auch viele Betriebe, die aufgegeben oder deren Land prosperierenden Höfen zugeschlagen wurden.

Die Mechanisierung führte auch zum Bau von Anlagen, in denen Agrargüter weiterverarbeitet werden. Die schon erwähnte Errichtung von Zuckerfabriken, zu der es keineswegs nur in Finnland, sondern vor allem in den günstigen Agrargebieten im südlichen Ostseeraum kam, gehört dazu, ebenfalls der Bau von Molkereien und Meiereien. In ihnen wird Milch erhitzt, so daß sie haltbarer wird, über Land transportiert und in den Großstädten der Umgebung verkauft werden kann. In den 1870er Jahren wurde die Zentrifuge für die Homogenisierung der Milch und die Abtrennung von Butter erfunden. Wenige Jahre später errichtete man die ersten Molkereien oder Milchfabriken in Schleswig-Holstein. Viele derartige Betriebe baute man in Dänemark, wodurch eine umfassende Umstellung der Agrarwirtschaft ausgelöst wurde. 1875 exportierte Dänemark vor allem noch Getreide. In den Folgejahren wurde die Getreideproduktion für den Export jedoch erheblich herabgesetzt. Statt dessen baute man nun viel mehr Futtergetreide an, erhöhte die Viehbestände und exportierte mehr Milchprodukte und Fleisch. In Dänemark hatte der Export von Tieren zwar eine lange Tradition, denn schon im späten Mittelalter und in der frühen Neuzeit hatte man Rinder auf dem sogenannten Ochsenweg in die frühurbanen Zentren der Niederlande exportiert. Nun aber nahm die Viehproduktion erheblich zu, und die dänische Agrarwirtschaft stellte sich darauf ein, Butter und Schinken für die Industriezentren Europas zu produzieren. Zwar führte Dänemark um 1885 bereits Getreide ein, weil die Produktion im eigenen Land für den Eigenbedarf nicht mehr ausreichte. Aber mit dem Export von tierischen Produkten, von Gütern der sogenannten «Veredelung», ließ sich viel mehr Geld verdienen. Heute verkauft Dänemark Fleisch nicht nur in Europa, sondern liefert Schweinefleisch auch nach Ostasien.

Die dänische Landwirtschaft setzte sich mit dieser Umstrukturierung an die Weltspitze. Zwar zahlt der Staat an die Bauern hohe Subventionen, aber Dänemark ist dank der staatlichen Unterstützung einer der erfolgreichsten Agrarstaaten der Erde und erzielt aus seiner Landwirtschaft Erträge, die zu den höchsten weltweit zählen. In den benachbarten Regionen im östlichen Schleswig-Holstein und in Schonen betreibt man eine ähnlich profitable Agrarwirtschaft. Die Umstellung auf sogenannte «Veredelungswirtschaft», also auf tierische anstelle von pflanzlicher Produktion, lohnt sich, wenn sie intensiv und in großem Rahmen betrieben wird. Dies war schon bekannt, als man im 18. Jahrhundert die Verkoppelung durchführte, also kleine Felder zusammenlegte und mit einem Zaun oder einem Wall umgab. Viele Koppeln dienten ja der intensiven Viehhaltung.

Im 20. Jahrhundert stieg die Nachfrage nach Fleisch, Milch und Milchprodukten. Denn die Einkünfte der Stadtbevölkerung nahmen zu, man kaufte mehr Fleisch und andere Produkte aus der Tierproduktion. Der Anteil von tierischen Produkten an der Ernährung stieg immer weiter an. Vor allem in Dänemark und Schleswig-Holstein trat der Anbau von Brotgetreide weiter in den Hintergrund. Statt dessen wurde immer mehr Futtergetreide angebaut, namentlich Gerste. Als nach dem Zweiten Weltkrieg Maissorten zur Verfügung standen, die auch im regenreichen nordmitteleuropäischen Klima gediehen, brachte man immer mehr Mais auf den Feldern aus. Er ließ sich nicht nur anstelle von Getreide kultivieren, sondern auch in feuchten Niederungen, in den traditionellen Grünlandbereichen, wo zuvor Wiesen und Weiden gelegen hatten.

Mit dem Übergang von der Pflanzen- zur Tierproduktion sind zahlreiche Probleme verbunden. Pro Hektar Landfläche können mit tierischen Produkten im Prinzip weniger Menschen als mit pflanzlichen ernährt werden. Nur ein Teil des Futtergetreides wird im Tier zu Körpersubstanz umgebaut, die sich für die menschliche Ernährung eignet. Einen großen Teil des Futters verwendet der tierische Organismus zur Aufrechterhaltung seiner Körperfunktionen, und viel organische Substanz wird wieder ausgeschieden. Bei Rindern handelt es sich dabei nicht nur um Gülle, sondern auch um Gase, die von den Bakterien im Pansen abgegeben werden. Diese Mikroorganismen zerlegen die Zellulose der Pflanzen, die vom Rind nicht verdaut werden kann. Erst nach der Zerlegung der Nahrung im Pansen kann ein Wiederkäuer sie aufnehmen. Das von Bakterien im Pansen der Rinder freigesetzte Methan trägt möglicherweise erheblich zur Veränderung der Erdatmosphäre bei, was heute als Ursache für den «Global Change» angesehen wird.

Die Erträge auf den Feldern können und müssen so weit wie möglich hochgeschraubt werden, um in den Ställen möglichst viele Tiere mästen zu können; anderes Futter wird zugekauft, beispielsweise Soja, das aus Ländern der Dritten Welt importiert wird. Hohe Erträge lassen sich bei erheblicher organischer Düngung erzielen; dazu kommt die Gülle aus den Ställen. Der Boden kann aber die großen Mengen an Phosphor- und Stickstoffverbindungen aus der Gülle nicht komplett aufnehmen und den Pflanzen verfügbar machen; Phosphate und Nitrate dringen ins Grundwasser ein, so daß dieses in vielen Gebieten an der Ostsee nicht mehr als Trinkwasserquelle für die Menschen dienen kann. Große Phosphat- und Nitratmengen werden in den Sedimenten der trägen Gewässer abgelagert, die in die Ostsee münden. Schließlich gelangen die Abfälle aus der Gülledüngung mit Flutwellen der Flüsse in die Ostsee. Wegen des geringen Wasseraustausches mit den anderen Weltmeeren sammelt sich in dem flachen Binnenmeer immer mehr Dünger an, der Algen und andere Lebewesen wachsen läßt. Sie verbrauchen Sauerstoff: Ein gedüngtes Meer wird daher immer ärmer an Sauerstoff, der in seinem Wasser gelöst ist. Es besteht die Gefahr, daß auf diese Weise die Ostsee schließlich zu einer lebensfeindlichen Kloake verkommt.

Jahrzehntelang wurde die Landwirtschaft staatlich gefördert, man wollte für die breite Bevölkerung ein reichhaltiges Angebot an Fleisch, Milch und Eiern sowie den daraus hergestellten Lebensmitteln bereitstellen. Dieses Ziel verfolgte man auch in den Ländern des Ostens, die im 20. Jahrhundert jahrzehntelang unter dem Einfluß der Sowjetunion standen. Vor allem im Baltikum und in der DDR, dagegen weniger in Polen schritt die Kollektivierung der Landwirtschaft voran. Oft nur wenige Jahre nach der Zerschlagung des Großgrundbesitzes und der Schaffung kleinerer Agrarbetriebe wurden diese wieder zu Produktionsgenossenschaften zusammengelegt, die viel größer waren als die ehemaligen Gutswirtschaften. In vielen Orten lebten die Bauern weiter in den kleinen Häusern, die ihre Vorfahren als abhängige Bauern und Landarbeiter bewohnt hatten; die Gutshäuser verfielen oder wurden abgerissen, oder man brachte Gemeinschaftseinrichtungen in ihnen unter. Das Interesse der Bauern an einer ordnungsgemäßen Bewirtschaftung der Flächen ließ erheblich nach.

In Litauen beispielsweise sank das Ertragsniveau 1955 mancherorts

Viele ehemalige Agrarflächen im Baltikum (hier: in der Mitte Litauens) werden nicht mehr bewirtschaftet und fallen brach.

auf ein Niveau, das demjenigen des Mittelalters entsprach und weit unter dem von 1939 lag: Nur die doppelte Menge des ausgesäten Korns wurde geerntet. Die Deportation von estnischen Landwirten nach Sibirien, die sich der Kollektivierung widersetzten, führte beinahe zu einem völligen Zusammenbruch der Landwirtschaft im Norden des Baltikums. Denn nach der Deportation der estnischen Bauern fehlte es an Fachleuten, die mit dem traditionell geprägten Landbau dort vertraut waren.

Nach dem Zweiten Weltkrieg nahm die landwirtschaftliche Nutzfläche in Estland und in den anderen baltischen Republiken erheblich ab; der Wald breitete sich auf ehemaligem Acker- und Grünland aus. In früher fruchtbare Regionen mußte Getreide importiert werden. Zudem hatten im Bereich des COMECON eine übertriebene Melioration von einzelnen Feldschlägen und auch die Verschiebung von Getreideproduktion zur Tierproduktion erhebliche Auswirkungen auf die Umwelt und die menschliche Ernährung. Bei interesselosem Umgang mit Abfällen aus riesigen Viehställen kam es zu einer erheblichen Umweltverschmutzung, deren Ausmaße bis heute noch schwer zu erfassen sind. In sowjetischer Zeit wurde bei Balbieriškis in Litauen,

Strand und Dünen von Fischland Darß werden durch Buhnen und die Einsaat von Strandhafer gesichert (bei Ahrenshoop).

nur etwas mehr als einen Kilometer entfernt vom Fluß Nemunas/Memel, eine große Rinderfarm errichtet. Die Gülle aus den Ställen wurde in konzentrierter Form auf einer Fläche zwischen Farm und Fluß ohne Sachverstand ausgebracht; die Verseuchung des Grundwassers mit Nitrat war die Folge, so daß man in der nahegelegenen Kleinstadt die Grundwasserbrunnen nicht mehr nutzen konnte. Unklar bleibt in diesem wie in anderen Fällen das Ausmaß der Verunreinigung des Flusses, der direkt in das Kurische Haff und in die Ostsee mündet.

Etwas anders verlief die Entwicklung in Polen, wo viel ländliches Privateigentum erhalten blieb; in den Gebieten an der Ostsee bekamen Bauern aus Ostpolen neues Land zugewiesen, das sie gegen die Kollektivierung verteidigten. Allerdings besaßen sie sehr wenig Kapital, so daß die Mechanisierung der Landwirtschaft in Polen weit hinter derjenigen anderer Länder zurückblieb.

Spezialisierung und Intensivierung prägen die Landwirtschaft in allen Ländern rings um die Ostsee. Seit Jahrzehnten zu beobachten ist das Höfesterben. Dieser Prozeß erfolgt schleichend: Alte Bauern bewirtschaften ihr Land mit geringen Überschüssen weiter, so gut sie können, die jungen verlassen den Hof. Viele von ihnen behalten noch ein paar Stück Vieh und bewirtschaften einige Wiesen am Feierabend, vielleicht auch einen Getreideacker. Die nächste Generation gibt diese Form der extensiven Landbewirtschaftung auf. Ihr Land wird in den fruchtbaren Regionen anderen Höfen zugeschlagen, die so immer größer werden. In unfruchtbaren Gebieten wird die landwirtschaftliche Produktion nahezu völlig eingestellt, und viele Flächen werden aufgeforstet. In Dänemark werden auf solchen Flächen nun Weihnachtsbäume für den Verkauf in Mitteleuropa produziert. Der landschaftliche Gegensatz zwischen intensiv bewirtschafteten waldarmen und einsamen waldreichen Gegenden wird auf diese Weise seit einigen Jahrzehnten verstärkt. Man schätzt, daß in den Jahrzehnten nach dem Zweiten Weltkrieg in Schweden jährlich 6000–7000, in Dänemark sogar 8000 Betriebe pro Jahr stillgelegt wurden. Viele von ihnen waren erst wenige Jahrzehnte zuvor als Siedlerstellen neu geschaffen worden.

Auch dieser Prozeß wird staatlich gefördert: durch Stillegungsprämien für Kleinbetriebe, aber auch durch günstige Kredite für größer werdende Betriebe, die neues Agrargerät anschaffen wollen. In der Europäischen Union ist als Tendenz klar auszumachen, daß Großbetriebe viel eher unterstützt werden als kleinere. Wegen dieser Konstellation der finanziellen Förderung sind viele landwirtschaftliche Großbetriebe, die in der früheren DDR zwangsweise begründet wurden, nach 1990 noch nicht oder nicht wesentlich verkleinert worden; viele von ihnen werden nach wie vor genossenschaftlich bewirtschaftet, aber nun mit Unterstützung der Europäischen Union. Die Bewirtschaftung vieler landwirtschaftlicher Flächen in Polen und im Baltikum lohnt sich derzeit nicht; ganz besonders fällt in der Kaliningradskaja Oblast, dem ehemaligen Königsberger Gebiet, das viele und weite Brachland auf.

Es kann zwar sein, daß man auf den Anbau von Getreide in weiten Landstrichen des Baltikums und Polens nicht angewiesen ist, um die Menschen in Mitteleuropa zu ernähren; denn es herrscht Überproduktion. Weltweit gesehen ist es aber trotzdem unbedingt notwendig, mehr Getreide anzubauen, weil in den Ländern der sogenannten Dritten Welt viele Menschen hungern; in den Ostseeländern ist Getreidebau unter viel günstigeren Bedingungen möglich als in manchen Bereichen der Tropen mit ihren unfruchtbaren Böden. Allerdings wird der Anbau von Getreide zum Export in die armen Länder der Erde für die Staaten in Europa hohen Aufwand erfordern, denn in der Dritten Welt gibt es zu wenig Kapital, um Getreide aus reichen Industrieländern mit ihrem viel höheren Lohnniveau zu kaufen.

Heute unterscheiden sich die Agrarlandschaften an der Ostsee erheblich voneinander. In einigen Ländern wird intensiver Ackerbau betrieben, und zwar bis dicht an die Grenzen zwischen Land und Meer heran, anderswo zeigen sich vor allem Verbrachung und Landflucht der Bevölkerung; Dörfer werden verlassen und ehemalige Weideflächen von Gebüsch oder sogar schon von Wald überwuchert.

Dieser Wandel der Agrarlandschaft wirkt dramatisch, er ist allerdings reversibel. Man kann das Land neu kultivieren, erneut Binnenkolonisation betreiben, neues Land aus Wildnis gewinnen, die sich nach den Prinzipien der dynamischen Natur auf dem Brachland entwickelt. Andernorts verkleinert die dynamische Natur die Agrarflächen irreversibel: Das Meer nagt an den weichen Steilküsten im Süden der Ostsee. Stück für Stück bricht das Agrarland ab und fällt ins Meer. An der Südseite der dänischen Insel Møn geht alljährlich ein Hektar Agrarland durch Abbruch der Küste verloren. In Mecklenburg-Vorpommern verlagert sich die Küstenlinie in jedem Jahrhundert um durchschnittlich 35 Meter ins Landesinnere, auf dem Fischland bricht in hundert Jahren ein 50 Meter breiter Uferstreifen ab, und auf Usedom ist dieser Streifen sogar bis zu 90 Meter breit.

Schon seit Jahrhunderten werden Uferverbauungen und Dünen angelegt, um den Landverlust so gering wie möglich zu halten. Seit dem 15. Jahrhundert gibt es an den südlichen Küsten der Ostsee Zäune als Sandfänger, seit dem 16. Jahrhundert sät man Strandhafer, Kiefern und Weiden an, um Dünen zu befestigen und das dahinterliegende Land zu sichern; für das Jahr 1579 ist eine solche Saataktion für die Warnemünder Ostdüne nördlich von Rostock überliefert. Heute soll sich der Sand vor allem an den Buhnen fangen, die als Barrieren vom Strand ausgehend ins Meer hinein errichtet wurden. Der Sand wird aber heute nicht nur festgehalten, um das Agrarland zu sichern, das bis ans Meer heranreicht. Breite Strände und Dünen sind das wertvolle «Kapital» der Badeorte an der südlichen Ostseeküste, mit denen die Touristen an das Baltische Meer gelockt werden sollen.

20. DIE KULTURELLE ENTDECKUNG DER OSTSEE, DER NATIONALISMUS, DIE UMWELTVERSCHMUTZUNG UND DIE FERIENIDYLLEN

In der zweiten Hälfte des 18. Jahrhunderts begann man, die Ostsee aus einem anderen Blickwinkel zu betrachten. Es ging dabei nicht nur um die Erschließung neuen Landes, die Entwicklung von Handelsbeziehungen, Industrie und Gewerbe oder um die Verbesserung der Landwirtschaft. Die Ostsee wurde reflektierend betrachtet, sie wurde nunmehr zum Objekt der Wissenschaft. Der reflektierende Blick auf das Meer führte zu ganz neuen politischen und militärischen Überlegungen, ja zu deren Übersteigerung und Perversion. Dies war aber nicht das genuine Anliegen, auch wenn das vielleicht im nachhinein so ausgelegt werden könnte.

Der neue Blick auf die Ostsee und ihre Küstenländer trug zur kulturellen Selbstfindung der Nationen bei. Man begann, die eigene Geschichte und Kultur zu erforschen, und entdeckte darüber die jeweils eigene Identität der Völker, der Nationen. Großen Einfluß auf diese Entwicklung hatte das Tagebuch Johann Gottfried Herders, das dieser im Jahre 1769 auf einer Reise über die Ostsee, sozusagen im Geiste des «Sturm und Drang», verfaßte. Während der Reise fand er die Ruhe, universale Gedanken seiner produktiven Unruhe zu Papier zu bringen, die ihn vor seiner Abreise erfüllt hatte.

Das mittelalterliche Danzig wurde nach der beinahe vollständigen Zerstörung im Zweiten Weltkrieg mustergültig wieder aufgebaut (Blick auf Langgasse und Rathaus).

Herder forderte, den Charakter der einzelnen Völker zu erforschen, vor allem ihre Sprache und Kultur, ihre Überlieferungen, Märchen und Sagen. Besonders wichtige und charakteristische «Stimmen der Völker» seien die Volkslieder. Damit legte er die Fundamente für kultur- und sprachwissenschaftliche Forschung und Lehre, wie man sie heute unter der Bezeichnung «Landeskunde» kennt. Man versteht darunter die Darstellung von Sprache und Kultur eines Landes, aber nicht der Gegebenheiten und Bedingungen seiner Natur. Diese sind die Arbeitsbereiche anderer Disziplinen, und hierin liegt der Grund, daß es selten zu wissenschaftlichen Arbeiten über die Verbindung von Natur und Kultur kommt.

Herders Ideen standen den zentralen Forderungen der Französischen Revolution entgegen. Ihm ging es nicht um Freiheit, Gleichheit und Brüderlichkeit, vor allem nicht um ihre pauschale Umsetzung, sondern um die Entdeckung der Individualität der Völker. Die Völker seien nicht gleich. Die Naturwissenschaftler dagegen folgten in ihren Überlegungen immer wieder eher den Ideen der Französischen Revolution. Sie verallgemeinerten und abstrahierten, wählten sich Themen der exemplarischen Forschung, von denen sie hofften, daß sie auf andere Sachverhalte, andere Bereiche übertragen werden könnten. Auf die Individualitäten eines Landes gingen sie wenig ein, viel mehr auf eine Typisierung der dort beobachteten Erscheinungen. Eine neue Form von Landeskunde müßte heute nicht nur die Synthese zwischen Kultur- und Naturwissenschaften leisten, die sich im 18. Jahrhundert auseinander zu entwickeln begannen, sondern auch das Verhältnis zwischen verallgemeinernder Abstraktion und der Entdeckung des Individuellen in Kultur und Natur neu beleuchten.

Herders Thesen ist auch heute noch unbedingt zuzustimmen, und zwar nicht nur von seiten der Kultur-, sondern auch der Naturwissenschaftler, an die der Philosoph weniger dachte. Die Völker und ihre Kulturen entwickelten sich unterschiedlich, weil die Menschen ihr Land, auf dem sie Nahrung gewannen, verschieden behandeln mußten, um überleben zu können. Jedes Volk erlebte jeweils andere Rückschläge und Fortschritte, je nach den natürlichen Bedingungen des betreffenden Landes.

Herders Ideen wurden von vielen Zeitgenossen und Nachfahren begeistert aufgenommen. Deutschland fand mit ihrer Hilfe nicht nur eine neue geistige, sondern auch seine staatliche Identität. Deutsche Philologen und der baltische Adel gaben entscheidende Impulse bei der Erweckung des «Volksbewußtseins» im Baltikum. Johan Ludvig Runeberg und Elias Lönnrot, deren Muttersprache Schwedisch war, setzten sich für die Renaissance des Finnischen ein. Lönnrot entdeckte das für die Entwicklung finnischen Traditionsbewußtseins besonders wichtige Kalewala-Epos neu, und Runeberg dichtete die spätere finnische Nationalhymne. Die Erinnerung an die Volkslieder spielt bis heute eine besonders wichtige Rolle in Estland, zum Teil auch in Lettland. Die weitgehend mündliche Überlieferung der Lieder trug zur Erhaltung des Nationalbewußtseins der baltischen Völker in sowjetischer Zeit wesentlich bei. Die politische Wende in Estland wird die «Singende Revolution» genannt. Das Volk versammelte sich seit 1869 regelmäßig auf den Sängerfesten, die zunächst in Tartu/Dorpat, später in Tallinn/Reval stattfanden. Besonders viele Teilnehmer hatten die Feste 1990 und 1994, in der Zeit des Umbruchs. Damals kamen über 300 000 Menschen zum Sängerfest nach Tallinn/Reval.

Herders Gedanken fielen bei den Philologen auch deswegen auf fruchtbaren Boden, weil das historische Archiv als Institution zu Beginn des 19. Jahrhunderts eine erheblich größere Bedeutung bekam als zuvor. In der napoleonischen Ära wurde Mitteleuropa weitreichend umgestaltet. Im Zuge der politischen Veränderungen wurden zahlreiche Dokumente, die bislang zur Basis des staatlichen Lebens gehört hatten, zu historischen Quellen. Die Archive öffneten sich, und es schlug die Geburtsstunde der quellenkritisch fundierten Geschichtswissenschaft. Nicht nur die Historiker suchten nun nach Quellen zur mittelalterlichen Geschichte. Auch Maler und Dichter entdeckten die mittelalterliche Vergangenheit Deutschlands und deuteten sie um. Baudenkmale aus dem Mittelalter wurden als Werte erkannt, kurz vor 1800 beispielsweise die Marienburg im damaligen Ostpreußen. Friedrich Gillys Darstellungen der Burg von 1794 führten dazu, daß sie als Denkmal des Vaterlands erkannt, anschließend restauriert und ihre Bauausstattung historisierend ergänzt wurde.

So wie die Deutschen das Mittelalter entdeckten, befaßten sich die Dänen, angeführt von dem Philosophen und Naturforscher Heinrich Steffens und dem Theologen, Historiker und Dichter Nikolai Frederik Severin Grundtvig, mit ihrer nordischen Vorzeit, mit den Liedern der «Edda» und anderen Heldengesängen, mit den monumentalen «Hünengräbern» und den archäologischen Funden aus der dänischen Urzeit. Denkmäler aus dem Mittelalter gibt es in Dänemark in viel geringerer Zahl als die Zeugen der Urzeit. Die Beschäftigung mit ihnen führte Jahrzehnte später zum Beginn der wissenschaftlichen Erforschung der Ostsee und ihrer Geschichte.

Die «Edda» sah man als literarisches Zeugnis aus dem alten Island und konstruierte aus ihr eine heroische Vorzeit im Norden, die es gar nicht gegeben hatte. Denn Island wurde erst im frühen Mittelalter besiedelt, ja konnte erst dann besiedelt werden, weil die Menschen auf der Insel von Anfang an über Handelsbeziehungen mit dem Lebensnotwendigen versorgt werden mußten. Daher konnte die Insel nicht die Heimat von Menschen sein, die sich über Europa ausbreiteten.

Zwischen Deutschland und Dänemark bestand ein intensiver geistiger und kultureller Kontakt. Friedrich Gottlieb Klopstock, der lange Zeit in Kopenhagen lebte, stellte eine innere Gemeinsamkeit zwischen nordischem und deutschem Volkstum fest. Heinrich Steffens wurde später Professor in Halle; auch er wies auf die geistige Verwandtschaft der Deutschen und der nordischen Völker hin. Ausgehend davon mag die auch heute noch immer lebendige Idee von der Heimat der Germanen im Norden entstanden sein, die aber eine Illusion ist. Nicht nur Island, sondern auch andere Gebiete im Norden konnten erst zu einer Zeit besiedelt werden, als Menschen schon längst in den anderen Teilen Europas ansässig geworden waren. Entgegen vieler haltloser Spekulationen muß festgehalten werden: Nordeuropa ist der am spätesten von Menschen bewohnte Teil des Kontinents. Sogenannte Völkerwanderungen aus dem Norden in den Süden wurden als Belege für die nordische Herkunft germanischer Stämme gesehen. Aber es ging dabei keineswegs um eine Massenbewegung, sondern allenfalls um eine Wanderung von Menschengruppen aus einer staatenlosen Welt ohne Wirtschaftsbeziehungen hin zu einer staatlich und wirtschaftlich organisierten Gemeinschaft, wie das alte Hellas es war.

Auch die Künstler entdeckten den Norden. Der deutsche Maler Caspar David Friedrich hielt sich schon vor 1800 an der Kopenhagener Akademie auf, später kam auch Georg Friedrich Kersting dorthin, und Johan Christian Claussen Dahl malte, aus dem Norden kommend, lange Zeit in Deutschland. Im frühen 19. Jahrhundert wurde die Kunstakademie von Kopenhagen unter dem Einfluß der Malerschule von Christopher Wilhelm Eckersberg zu einem Zentrum der Malerei. Pflanzen aus der einheimischen Flora, der Wasserfall, das Hünengrab, die mittelalterliche Kirche, das Renaissanceschloß, die Ruine, das Wrack, schließlich immer wieder das Meer: Sie wurden zu Gegenständen der Malerei.

Daß nun immer wieder die Ostsee und ihre Küsten gemalt wurden, hing damit zusammen, daß die Ostsee in Verbindung mit der geistigen Haltung gesehen wurde, die wir Romantik nennen; sie stand im Gegensatz zu den Ideen der Französischen Revolution, die sich auf die römische Klassik berief und eher mit einem anderen Meer verbunden war, nämlich dem Mittelmeer. Sicherlich trugen die Kriege

Der Dom von Königsberg steht heute inmitten von Bäumen. Sie wuchsen nach dem Zweiten Weltkrieg dort empor, wo ehemals dicht bebaute Stadtquartiere lagen.

Napoleons dazu bei, daß sich nationalistische Gedanken entwickelten. Man blieb nicht mehr bei der reinen philologischen Betrachtung und Beobachtung, sondern leitete politische Ziele daraus ab. Die Idee der Eigenständigkeit und Individualität der Völker bildete die Grundlage für deren gegenseitige nationalistische Abschottung. Auch der Zusammenhalt des Ostseeraumes litt darunter.

In diesem Sinne wurde auch der Deutsche Ritterorden neu bewertet. Bis zum Ende des 18. Jahrhunderts hatte er als grausamer Gegner der Preußen gegolten. Nun aber hielt man ihn für den Vorreiter des Deutschtums im Osten. Dabei übersah man die eigentliche Bedeutung der Kolonisierung, nämlich die Einführung fester staatlicher und wirtschaftlicher Strukturen, und stellte statt dessen die Überlegenheit der Eroberer über alteingesessene Völker in den Vordergrund, wie es der national-konservative Historiker Heinrich von Treitschke 1862 in seiner Geschichte des Deutschen Ordens tat, indem er schrieb: «Die massiven Gaben deutscher Gesittung, das Schwert, der schwere Pflug, der Steinbau ... verbreitete(n) sich über die leichtlebigen Völker des Ostens.»

Von solchen Gedanken war der Weg nicht mehr weit zu den nationalistischen und imperialistischen Perversionen des 20. Jahrhunderts.

Erster Weltkrieg, das Dritte Reich, der Zweite Weltkrieg mit Flucht und Vertreibung, der Kalte Krieg und der Sowjetimperialismus beeinflußten die Geschichte der Landschaften an der Ostsee tiefgreifend, vor allem im Süden und Osten des Meeres sowie in Finnland. Viele Städte und ihre Bewohner wurden dem Verderben preisgegeben. Leningrad, wie das stolze Sankt Petersburg inzwischen hieß, wurde erbarmungslos von den Deutschen belagert und ebenso erbittert von den Russen verteidigt. Die Stadt wurde im alten Stil wieder aufgebaut, genauso wie andere Städte: das für die Art seines Wiederaufbaus berühmte Danzig und auch Lübeck. Kolberg an der polnischen Ostseeküste und Prenzlau südlich der Odermündung, zwei Städte, die ebenfalls so gut wie vollständig im Zweiten Weltkrieg zerstört worden waren, entstanden als unpersönliche, gesichtslose Plattenbausiedlungen neu. Anderswo, in Stettin sowie besonders in Königsberg/Kaliningrad und seiner Umgebung, sind die Folgen des Krieges noch immer deutlich zu erkennen. In der Kaliningradskaja Oblast, wie das seit dem Zweiten Weltkrieg zu Rußland gehörende nördliche Ostpreußen genannt wird, herrschten in den Nachkriegsjahren chaotische Verhältnisse. Hier wird deutlich, wie schnell sich ein staatlich und wirtschaftlich eingebundener Landstrich zu einer Wildnis wandeln kann, wenn er von den Menschen verlassen wird und seine Einbindung in seine früheren Strukturen nicht mehr besteht. «Wolfskinder» nannte man bezeichnenderweise die in der Nachkriegszeit zwischen dem Königsberger Gebiet und Litauen herumstreunenden Kinder und Jugendlichen, die ihre Familien verloren hatten. Ihre Schicksale rückten nach 1990 ins Interesse der Öffentlichkeit. Wölfe sind ein Symbol der Wildnis, auch für diejenige, die sich nach 1945 in vielen Teilen Königsbergs/Kaliningrads und seiner Umgebung entwickelte.

Während sich in der ersten Hälfte des 20. Jahrhunderts die Großmächte Deutschland und Rußland im Süden der Ostsee bekämpften, die Grenzen der Länder im Osten verschoben und dabei ihre Einflußgebiete neu unter sich aufteilten, hatte sich Schweden in den Status der Neutralität zurückgezogen und damit in eine Art von innerer Emigration; später folgten andere nordische Länder, Dänemark und Finnland, in bestimmten Bereichen diesem Beispiel. Schweden blieb von den Kriegen des 20. Jahrhunderts weitgehend unangetastet, man verdiente aber am Verkauf der Rohstoffe, besonders dem Erz, das zu «Schwedenstahl» wurde. Vor allem in den achtziger Jahren des 20. Jahrhunderts sah man in Schweden stärker als im übrigen Ostseeraum mancherlei neuartige Bedrohungen. Man erkannte die negativen Auswirkungen von Schadstoffen, die von außen kommend Ökosysteme bedrohen. Im Niederschlag auftretende Säuren, vor allem Schwefelsäure aus Industrieabgasen, wurden als Ursachen dafür angesehen, daß Schwedens Seen versauerten. Der Säuregrad in zahlreichen Gewässern stieg derart an, daß die Tier- und Pflanzenwelt abstarb. Die Säuren setzten außerdem Aluminium-Ionen frei, die auf die Lebenswelt giftig wirkten. Organismen, die nicht von Säure zerfressen wurden, starben an einer Aluminiumvergiftung. Es ist bezeichnend, daß die Schweden die Quelle dieses Übels vor allem im Ausland sahen, nämlich in den Industriegebieten, in denen Kohle und Erdöl verbrannt wurden. Dabei freigesetzte schwefelhaltige Emissionen gingen als Schwefelsäure in den Niederschlägen über Schweden nieder.

Teilweise ist dies wohl richtig. Doch müssen auch weitere Sachverhalte beachtet werden, die mit der Landschaftsgeschichte Schwedens zusammenhängen und in diesem Zusammenhang immer nur am Rande erwähnt werden, obwohl sie große Bedeutung haben. Säuren, die in den Boden und in Gewässer gelangen, können gepuffert werden, wenn beispielsweise genügend Kalium-, Calcium- und Magnesium-Ionen im Boden zur Verfügung stehen. Sie werden durch die Verwitterung von Gesteinen freigesetzt. In den nördlichen Ländern, die von eiszeitlichen Gletschern bedeckt waren, wurde alles lockere Gesteinsmaterial, das diese Ionen enthielt, beseitigt und in den Süden verschoben. In den wenigen Jahrtausenden nach der letzten Eiszeit konnte sich vielerorts in Skandinavien nur eine dünne Bodendecke bilden. Aus abgestorbener organischer Substanz an der Bodenoberfläche entwickelten sich ebenfalls Säuren, die in den Boden und die Gewässer eindrangen. Ihre Menge nahm zu, je länger die Böden sich entwickelten und je länger Nadelbäume auf ihnen standen; die noch vorhandenen Ionen wurden von den Säuren ausgewaschen.

Diese natürlichen Auswirkungen auf jungen, mineralstoffarmen Böden konnten lange Zeit einigermaßen kompensiert werden, und zwar durch die Landwirtschaft, wenn sie darauf achtete, daß die für das Wachstum von Kulturpflanzen notwendigen Mineralstoffe im Boden vorhanden waren. Um dies zu erreichen, führte man jahrhundertelang Brandrodungswirtschaft durch. Dabei blieb die Asche, die aus wertvollen Mineralstoffen besteht, auf dem Boden liegen. Bestandteile der Asche gelangten anschließend in die Gewässer und neutralisierten die Säuren. Dies geschah nicht mehr nach dem Aufgeben von Landwirtschaft und der Aufforstung mit Nadelbäumen in den abgelegenen Regionen, in denen die Seen lagen; so kam es zur Versauerung junger Böden und junger Gewässer. In Nordeuropa gibt es noch keine alten Ökosysteme: Sie sind besonders anfällig gegenüber Veränderungen. Auch in dieser Beziehung wurde die Ewigkeit des Nordens als Region der Stabilität und Beständigkeit falsch eingeschätzt.

In einem anderen Fall jedoch war die Tatsache der Einwirkung von Schadstoffen aus anderen Teilen Europas klar: Eine Wolke mit hoher Radioaktivität bewegte sich, von südöstlichen Winden angetrieben, im April 1986, nach der Katastrophe von Tschernobyl, von der Ukraine über die Ostsee hinweg direkt nach Schweden. Im Gebiet von Gävle, Sundsvall und Härnösand wurden die höchsten radioaktiven Belastungen gemessen. In Pilzen, in den Körpern von Waldtieren, Fischen und Waldbeeren wurden radioaktive Substanzen in derart großen Mengen angesammelt, daß ein Verzehr nicht mehr möglich war; die schwedische Regierung zahlte hohe Ausgleichsbeträge an die Samis, wie die Lappen heute genannt werden, weil diese kein Fleisch von Rentieren verkaufen konnten.

Die Bedrohung durch Luftverschmutzung von außen besteht zweifelsohne besonders in Schweden; und sicher sind die Ökosysteme des Landes dagegen besonders empfindlich. Aber die Ursachen für Umweltschädigungen suchten die Schweden immer wieder bei Schuldigen außerhalb des Landes, und im Zusammenhang mit der Aufdeckung von Umweltskandalen wurde mindestens latent ein Ruf nach Abschottung gegenüber benachbarten Ländern deutlich. Der Friede und die Einmaligkeit der schwedischen Natur schienen von außen bedroht zu sein. Heute ist allerdings auch in Schweden klar: Im eigenen Land trägt man zur Verbreitung von Schadstoffen sehr viel bei, weshalb man jetzt gegen die Gewässerverschmutzung durch die Papierfabriken energisch zu Felde zieht – mit großem Erfolg übrigens.

Zu einem anderen politisch ruhigen Pol im Norden Europas entwickelte sich Finnland, das nach dem Zweiten Weltkrieg eine Brückenfunktion zwischen West und Ost einnahm. In Helsinki, wo die Konferenz über Sicherheit und Zusammenarbeit in Europa (KSZE) tagte, wurden wichtige Grundlagen für die Überwindung der Kriegsfolgen und des Kalten Krieges gelegt.

Vor allem von den beiden Ländern im Norden der Ostsee, von Schweden und Finnland, gingen internationale Schutzbemühungen zur Bewahrung des Ökosystems Ostsee aus. Denn gedankenlos und fahrlässig wurden und werden zahlreiche Schadstoffe in das Meer eingeleitet, darunter chlorierte Kohlenwasserstoffe, Erdöl und dessen Derivate, Schwermetalle und weitere Industrieabfälle, Nitrate und Phosphate aus ungeklärtem Abwasser der Kommunen und der Landwirtschaft. Sie gelangen ins Meer, weil Kläranlagen fehlen, übermäßig gedüngt wird, Schiffe bei Havarien Ladung verlieren.

Insgesamt war die Ostsee noch bis zur Mitte des 19. Jahrhunderts ein derart nährstoffarmes Gewässer, daß man von ihrer Oberfläche aus über zehn Meter in die Tiefe blicken konnte; nun ist dies nicht mehr möglich, der Blick ins Wasser getrübt. Die Menge an Lebewesen im Meer hat erheblich zugenommen. Das ist an sich kein Nachteil; doch wird, je mehr Pflanzen und Tiere im Wasser leben, auch um so mehr Sauerstoff verbraucht. Vor allem im Sommer kann es zu Sauerstoffmangel kommen, dem in manchen Teilen der Ostsee immer wieder Lebewesen zum Opfer fallen.

Internationale Kooperationen, die vor allem durch die Konvention zum Schutz der marinen Umwelt der Ostsee (Helsinki-Konvention) von 1974 begannen, führten inzwischen zu einigen Erfolgen. Die Menge vieler Schadstoffe im Meer ging zurück, und der Zustand des Wassers in dem empfindlichen, aber noch nicht bedenklich belasteten Meer hat sich in den letzten Jahrzehnten verbessert. Allerdings: Obwohl die Verwendung von Düngemitteln in den Ländern am Ostufer des Meeres nach 1990 erheblich zurückging, ist noch nicht festzustellen, daß diese Stoffe in geringerer Menge in die Ostsee gelangen. Offenbar werden Nitrate und Phosphate längere Zeit im Boden und in den Sedimenten der Flußläufe gespeichert, bevor sie ins Meer gespült werden; erst in der Zukunft werden voraussichtlich weniger Stickstoff- und Phosphorverbindungen in das Meerwasser gelangen. Ein nährstoffarmes Gewässer ist die Ostsee wegen der Einleitung dieser Substanzen nicht geblieben, und damit änderte sich ihre Identität erheblich, wenn auch glücklicherweise der Grad der Verschmutzung des Meeres niemals dazu führte, daß vom Verzehr von Ostseefisch abgeraten werden mußte oder Badeverbote verhängt wurden. Vor allem dies hätte für den während der letzten Jahrzehnte im Ostseeraum immer wichtiger gewordenen Tourismus verheerende Folgen gehabt.

Auf die geistigen Impulse der Romantik gingen nicht nur das neue Interesse an Kultur und Vergangenheit der Völker sowie die daraus fälschlicherweise abgeleiteten Perversionen von Nationalismus und Imperialismus zurück. Zur gleichen Zeit, in der Kriege tobten und nationale Barrieren zwischen Staaten und politischen Lagern errichtet wurden, entwickelte sich die Ostsee zu einem bevorzugten Ziel des Fremdenverkehrs: Bewohner des Binnenlandes wollten neu entdeckte Naturschönheiten erleben.

Günstig für den Fremdenverkehr oder den Badetourismus an der Ostsee ist einerseits die Beständigkeit des Wassers. Es gibt kaum Tidenhub, allenfalls ein paar Dezimeter Unterschied zwischen Hoch- und Niedrigwasser in der westlichen Ostsee. Man kann einen ganzen Tag lang dort am Strand liegenbleiben, wo man sich niedergelassen hat, und vom Strandkorb oder vom Lagerplatz aus das Wasser in stets der gleichen Situation erreichen. An der Nordsee, wo der Tidenhub Meter beträgt, ist das nicht so. Dort muß man immer wieder mit Sack und Pack umziehen, weil das Wasser bei Flut rasch ansteigt. Im Gebiet der westlichen Ostsee dominiert ablandiger Wind, der von West nach Ost weht; daher bilden sich meistens keine großen Wellen aus, die für westexponierte Küsten charakteristisch sind, also für die deutsche Nordseeküste und die östlichen Gestade der Ostsee. Urlauber schätzen ferner den geringen Salzgehalt der Ostsee; das Salz brennt nicht so stark in den Augen wie nach einem Bad in der Nordsee oder im Mittelmeer.

Neben der erkennbaren Beständigkeit ist auch die unmerkliche, aber stetige Veränderung der Ostsee und ihrer Küsten ein Grund für die Beliebtheit des Meeres als Urlaubsziel. Diese Dynamik ist kaum direkt sichtbar, allerdings sind ihre Folgen deutlich. Sie wirkt sich im Norden und Süden des Meeres unterschiedlich aus.

An den felsigen Küsten des Nordens tauchten im Verlauf von Jahrhunderten und Jahrtausenden immer wieder neue Schären aus dem Wasser auf. Auf den mehr oder weniger kahlen Inseln stehen nun Ferienhäuser; die ersten von ihnen waren früher Fischerhütten, weitere Häuschen wurden im Stile dieser Hütten neu errichtet. Auf den Schären genießt man Ferien in der Einsamkeit. Als Folge der dynamischen Entwicklung der Ostsee ist auf diesen Inseln der feine Boden auf ihrer Oberfläche vom Meer abgespült worden, wenn er nicht schon von den über die Felsen schrammenden Gletschern entfernt worden war. Die Lage früherer Küstenlinien kann man auf einigen Inseln an der Lage ehemaliger Strandwälle ablesen. Und im Norden Schwedens und Finnlands kann man zahlreiche Orte besuchen, die noch vor wenigen Jahrzehnten direkten Zugang zum Meer hatten, heute aber weit im Hinterland liegen.

Auch die Sandküsten im Süden der Ostsee, an denen man andere Ferien verbringen kann als im Norden, sind ein Resultat der dynamischen Entwicklung des Meeres. Sie konnten und können sich am besten dort ausbilden und erhalten, wo das Land unter dem Einfluß des Meeres zurückweicht, wo Steilküsten unter der Einwirkung des Wassers abbrechen. An den Steilküsten sind die Auswirkungen der Dynamik klar zu erkennen, wenn man Findlinge, Bäume oder sogar Gebäude und deren Teile erblickt, die beim Abbrechen der Ufer in die Brandung gestürzt sind. Doch auch der Sand breiter Strände ist durch die Dynamik des Meeres abgelagert worden: Wo der stetig steigende Wasserspiegel Küsten abbaut, können daneben neue Sandstrände aufgebaut werden. Wo der Wasserspiegel ungefähr die gleiche Höhe behält, an der Südküste von Bornholm und auf anderen dänischen Inseln, im Norden der schleswig-holsteinischen Ostseeküste, in Südschweden und an der Rigaer Bucht, bilden sich ebenfalls breite Strände. Dort verändert sich der Strand von Jahr zu Jahr: Das Meer baut immer wieder an anderen Stellen Strandwälle und Dünen ab, die es Jahrzehnte zuvor «errichtet» hatte, und verlagert den Sand erneut an einen anderen Ort. Aus altem Strand wird neuer, der Sand wird immer feiner, weil das Wasser die Körner immer wieder nach der Größe sortiert.

Im Zuge jener Dynamik, der Entstehung einer Ausgleichsküste zwischen Steilabbruch und Strandbildung, entwickeln sich parallel zum Ufer mehrere untermeerische Strandwälle und Riffe, deren Lage recht konstant bestehen bleibt, obwohl in ihnen unaufhörlich Sand verlagert wird. Das erste ufernahe Riff grenzt einen Flachwasserbereich vom übrigen Meer ab, der ein idealer Spielplatz für Kleinkinder ist. Das Wasser ist dort nicht tief, die Wellen laufen in diesen Bereich bereits gebrochen ein, weil die Gischt über dem Riff entsteht und die Kraft der Wellen dort herabgesetzt wird. Das Riff ist eine Abgrenzung des Flachwasserbereiches. Weil wenig Kontakt zwischen dem Wasserkörper in Ufernähe und dem offenen Meer besteht, kann das Wasser am Ufer an einem warmen Sommertag bis weit über 20 Grad aufgeheizt werden, während das Wasser im offenen Meer eine weit geringere Temperatur aufweist.

An den breiten Sandstränden konnten Einrichtungen für den Massentourismus aufgebaut werden, aber kaum an den Felsküsten im Norden, wo man üblicherweise im kleinen Ferienhaus den Urlaub verbringt. Daher gibt es an den südlichen Küsten der Ostsee große Hotels, in dem Gebiet, in dem die Küste abbricht und Strand neu gebildet wird. Im Norden, wo die kahlen Granithöcker aus dem Wasser emportauchten und -tauchen, sind sie nicht üblich, sieht man von Ausnahmen ab, zum Beispiel dem südfinnischen Badeort Naantali oder dem Hotelzentrum am Hafen östlich von Tallinn/Reval, von dem aus die Segelwettbewerbe der Olympischen Spiele von 1980 gestartet wurden.

Die ersten Reisenden, die an die Küsten kamen, waren Maler und andere Künstler, von denen weiter oben schon die Rede war. Seit den 1880er Jahren nahmen die Künstlerkolonien an der Ostsee einen erheblichen Aufschwung. Bekannte Treffpunkte wurden für die Maler Ekensund an der Flensburger Förde, mehr noch Ahrenshoop auf dem Darß, Rügen, Vilm und Hiddensee, ferner Nidden auf der Kurischen Nehrung. Zu den besonders prominenten Feriengästen, die im 20. Jahrhundert die Ostseeküsten besuchten, zählte unter anderen der Dichter Gerhart Hauptmann, der immer wieder auf Hiddensee weilte, sich 1930 Haus Seedorn in Kloster auf Hiddensee kaufte und auf der Insel begraben ist. Thomas Mann und seine Familie besuchten Hauptmann 1924 auf Hiddensee; 1929 bezog die Familie Mann ein Ferienhaus in Nidden auf der Kurischen Nehrung.

Der Bädertourismus hatte zunächst einen exklusiven Charakter. Das erste deutsche Seebad, Heiligendamm in Mecklenburg, wurde

Eine knorrige alte Eiche auf der Insel Vilm im Südosten Rügens. Solche malerischen Baumformen bildeten sich nicht durch Einwirkung von Natur, sondern in Hudewäldern, in denen das Vieh weidete.

1793 gegründet, in etwa der Zeit, in der Caspar David Friedrich begann, die Ostseeküste zu malen. 1802 folgte die Gründung des Seebades in Travemünde, das erste Bad auf Rügen wurde Putbus-Lauterbach im Jahre 1818. Um 1820 kamen die ersten Badegäste nach Grömitz, wenige Jahre später nach Scharbeutz und von etwa 1865 an nach Timmendorfer Strand an der Lübecker Bucht. Rügentouristen fuhren seit den 1860er Jahren nach Saßnitz, doch das bevorzugte Ziel auf der größten deutschen Insel wurde zwei Jahrzehnte später das elegantere Binz. Nach 1870 entstanden weitere Seebäder, die weiter im Norden der schleswig-holsteinischen Ostseeküste lagen, nämlich Burg auf Fehmarn und Heiligenhafen.

In vielen Seebädern entwickelte sich ein eigener Stil der Bäderarchitektur: weiße Villen mit Stuck, manche wie kleine Schlösser aussehend. Sie stehen in Boltenhagen an der Nordküste Mecklenburgs, in Sellin und Göhren auf Rügen, in Heringsdorf, Ahlbeck und Zinnowitz auf Usedom, in Misdroy, den Bäderorten nördlich von Danzig, in Cranz und Rauschen an der Samlandküste, in Jurmala bei Riga.

Die Zentren der Seebäder entwickelten sich oft dort, wo die Küste des Abbruchs und der neu gebildete Sand aneinanderstießen. Dort hatten zuvor die Fischerhütten gelegen, denn dort mußte man weder über die Steilküste ans Ufer klettern noch zu weit über den Sand wandern oder gar Haff und Nehrung überqueren, sondern kam auf einem leicht geneigten Weg ans Meeresufer. Als der Strand von Feriengästen bevölkert wurde und dort Strandkörbe standen, verlängerte man in vielen Badeorten den alten Weg ins Meer hinaus. Man baute Seebrücken, an denen die Seebäderschiffe anlegten. Sie brachten die Badegäste aus den großen Städten des Hinterlandes.

Der Massentourismus mit dem Ferienziel «Meeresküste» entwickelte sich an der Ostsee als Gegenbewegung zur fortschreitenden Industrialisierung im 20. Jahrhundert. Damit ist die Institutionalisierung, die Festschreibung des Urlaubs verbunden. Vor und nach dem Zweiten Weltkrieg entstanden an der deutschen Ostseeküste riesige Ferienzentren. Das größte liegt in Prora zwischen Binz und Saßnitz auf Rügen. Der kilometerlange Gebäudekomplex, dessen Bau in der Nazizeit begonnen und nicht fertiggestellt wurde, ist heute teilweise eine Bauruine mit ungewisser Zukunft. Riesige Ferienzentren entstanden später an der schleswig-holsteinischen Ostseeküste, von denen das größte «Damp 2000» mit 7000 Gästebetten ist. Die Hochhäuser der Hotels bestimmen das Aussehen der Ferienorte; das Hotel Maritim in Lübeck-Travemünde trägt in 115 Meter Höhe eines der höchsten Leuchtfeuer der Welt.

Auch nach der politischen Wende von 1989/90 in Mitteleuropa kamen die meisten Ostseeurlauber an die deutsche Küste. Ferien an der Ostsee liegen dort gewissermaßen im Trend; vor allem wird die Eleganz der renovierten Villen in den Seebädern Mecklenburg-Vorpommerns wieder entdeckt und geschätzt. Doch allen Befürchtungen zum Trotz: Die Strände am sinkenden Land an der Ostsee, zwischen den dänischen Inseln und der Rigaer Bucht, sind so lang, daß sie nicht überlaufen sind. Selbst auf Rügen, wo derzeit sehr viele Menschen Urlaub machen, kann man einsame Strandpartien finden. Nahezu menschenleere Strände gibt es an der Ostsee noch immer, vor allem im Osten; so zum Beispiel an der polnisch-pommerschen Küste und an der beinahe einhundert Kilometer langen Kurischen Nehrung.

EPILOG

Wenn man sich die Entstehung der Ostsee vor Augen führt, fällt einem vor allem der Unterschied zwischen dem Norden und dem Süden auf. Im Norden liegen die alten Gebirge, aus dem Norden kam das Eis der Eiszeiten; es transportierte Gestein und Schutt in den Süden. Dort wurde der lockere Schutt vom Gletscher zusammengeschoben wie von einer Planierraupe. Im Norden hebt sich das Land noch immer, weil die Belastung der Erdoberfläche durch die Eismassen nachließ. Im Süden senkt sich die Landoberfläche im Ausgleich zur Hebung des Nordens. Im Norden tauchen kahle Felseninseln aus dem Meer auf, auf denen einsame Hütten stehen, im Süden werden Steilküsten abgetragen und aus ihrem Sand breite Strände aufgebaut: Sie bestehen nicht für die Ewigkeit, aber bleiben zumindest für die Dauer eines Sommerurlaubs stabil. Im Norden, teilweise auch im Osten des Ostseeraumes dominiert Nadelwald, im Süden der Laubwald. Die Böden im Süden des Meeres konnten früher unter den Pflug genommen werden als die meisten der nördlichen Regionen, was weniger am Klima, mehr an der Konsistenz der Böden liegt. Landwirtschaft des Mittelalters und der frühen Neuzeit mußte im Süden Überschüsse abwerfen, damit über den Handel der Norden mit Lebensmitteln versorgt werden konnte. Aus dem Norden brachte man im Austausch Holz und Erz in den Süden.

Aus kultureller und kulturgeschichtlicher Sicht gibt es im Ostseeraum auch einen Gegensatz zwischen dem Westen und dem Osten, der heute deutlicher zutage tritt als der Kontrast zwischen dem Süden und dem Norden. Dieser Gegensatz geht auf die historischen Entwicklungen der Erschließung des Ostseeraumes zurück: Sie begann im äußersten Südwesten des Meeres. Neue Landstriche wurden im Lauf des Mittelalters in immer festere politische und wirtschaftliche Strukturen eingebunden. Doch kam es dabei zu nationalen Konflikten, schließlich zur Bildung politischer Lager, wobei von Dänemark und Schweden, Deutschland oder deutsch beherrschten Ländern, Polen, Litauen und Rußland Expansionsbestrebungen und Aggressivität ausgingen. Die historischen Prozesse, die dabei eine Rolle spielten, sind in diesem Buch nur am Rande erwähnt worden, denn nicht sie waren sein Thema, sondern die Geschichte der Ostsee und der Landschaften ihrer Küsten.

Das Erscheinungsbild der Länder wird allerdings von der heutigen Situation und der jüngeren Geschichte beeinflußt. Nach dem Ende des Kalten Krieges, in den Jahren seit 1989/90, bestehen neue Bemühungen der Kooperation, vor allem zur Überwindung des West-Ost-Gegensatzes. Doch die Unterschiede sind nicht zu übersehen: In der politischen und wirtschaftlichen Diskussion werden die Unterschiede zwischen Ost und West heute viel stärker betont als diejenigen zwischen Nord und Süd, die früher, im Mittelalter, die Handelsbeziehungen bestimmt hatten.

In Dänemark wird das Land am intensivsten bewirtschaftet; die Landwirtschaft wird profitabel betrieben. Auch in Deutschland ist das vielerorts der Fall, doch gibt es hier Bereiche, die heute von Landflucht betroffen sind; die Bevölkerungsdichte in küstenfernen Landstrichen von Mecklenburg-Vorpommern und einigen abgelegenen Gegenden von Schleswig-Holstein geht zurück. Schweden ist ein modernes Agrarland im Westen der Ostsee, in dem aber auch die Industrie in den Küstenorten eine große Rolle spielt. Dies führt zu einem Erscheinungsbild der Küsten des Landes, das sich von demjenigen anderer Ostseeanrainer deutlich unterscheidet. Finnland ist derzeit eines der sich am raschesten entwickelnden Industrieländer der Erde; es ist außerdem das am weitesten nördlich gelegene Gebiet auf der Welt mit intensiver Agrarwirtschaft.

Die Länder im Osten sind vom Umbruch betroffen, vom Zusammenbruch des Sozialismus und vom Aufbau junger Demokratien. Weite Landstriche in Estland, Lettland und Litauen sind noch von der großräumigen Landwirtschaft der ehemaligen Kolchosen geprägt. Nur noch ein Teil des Landes wird bewirtschaftet, weite Bereiche liegen brach und könnten neu in intensive Kultur genommen werden. Dies gilt auch für Polen, wo die Agrarlandschaft weniger durch die Schaffung überdimensionaler Felder der Kolchosen bestimmt wurde als durch die private Landwirtschaft. Sie litt aber in den Jahrzehnten des Sozialismus unter starkem Kapitalmangel, so daß der Mechanisierungsgrad der Landwirtschaft hinter demjenigen anderer Länder zurückblieb. Rußland stößt an zwei Stellen an die Ostseeküste: in Sankt Petersburg, der am weitesten nördlich liegenden Millionenstadt der Erde und der größten urbanen Agglomeration an der Ostsee überhaupt, und in der Umgebung von Kaliningrad, dem ehemaligen Königsberg. Dieses Gebiet ist heute, nachdem das angrenzende Litauen unabhängig geworden ist, vom übrigen Rußland abgetrennt und sieht einer ungewissen Zukunft entgegen. Weil Polen und die Baltischen Staaten eine Mitgliedschaft in der Europäischen Union anstreben, Rußland aber nicht, besteht die Gefahr, daß das Gebiet um Kaliningrad zu einer Insel der Instabilität inmitten der Europäischen Union wird. Die ungeklärten Verhältnisse dort zeigen sich darin, daß weite Agrarflächen zu Brachen wurden und Dörfer verlassen sind. Gebüsch und Wälder breiten sich auf den Flächen aus, die seit 1945 nicht mehr besiedelt oder bewirtschaftet wurden.

Die neuen politischen und wirtschaftlichen Konstellationen am Ende des 20. und am Beginn des 21. Jahrhunderts könnten zu einer Wiederbelebung der Ideen Johann Gottfried Herders führen. Nach Meinung von Lennart Meri, des früheren estnischen Staatspräsidenten, der den Umbruch in seinem Land nicht nur politisch, sondern auch geistig weitreichend prägte, ist es nötig, wie Herder es gefordert hatte, die Identität und die besonderen Traditionen der Völker zu erkennen und zu erfassen. Die Frage des Umganges der Staaten miteinander muß neu bedacht werden, im Sinne des «Ewigen Friedens» von Immanuel Kant. Die Ostsee wurde in der Propaganda des Ostens zwar ein «Meer des Friedens» genannt, doch war das eine reine Worthülse, die der Realität nicht entsprach. Heute aber kann dies anders werden.

Die kulturellen Eigenheiten der Völker sollten anerkannt und ihre friedliche Koexistenz nicht durch finanzielle und andere Gleichmacherei ermöglicht werden. Die Eigenart der Küstenländer an der Ostsee sind nicht nur von Beständigkeit, sondern auch von Dynamik geprägt. Ihre Menschen haben sich in unterschiedlicher Weise mit den vielfältigen Veränderungen in einer geologisch jungen Gegend der Erde auseinandergesetzt. Eine dafür offene Kultur kann diese Dynamik erkennen, nicht aber der Totalitarismus, der von «ewigen» Zuständen ausgeht.

Eine kulturell begründete Heimatliebe ohne Nationalismus – beides hat keineswegs zwingend etwas miteinander zu tun – schafft die Kraft zur friedlichen Annäherung der Völker. Auf ihr sollte die neue Partnerschaft im Ostseeraum beruhen. Ihre Etablierung ist viel wichtiger als die Herstellung gleicher Lebensbedingungen durch immer wieder neue Subventionen. Sie sind selbst von der reichen Europäischen Union auf Dauer nicht aufzubringen, und sie führen zu neuen Ausgrenzungen, wenn man etwa bedenkt, daß Rußland zumindest in naher Zukunft nicht zum gemeinsamen Wirtschaftsraum der EU gehören wird. Die bedingungslose Schaffung gleicher Lebensverhältnisse ist überdies eine sozialpolitische Illusion: Gerade in den Ländern an der Ostsee wird deutlich, daß deren Probleme sich aus den geschilderten Gründen stets stark unterschieden haben und sich auch stets unterscheiden werden.

Die Kräfte, die man aus einer vernünftigen, andere nicht ausgrenzenden Heimatliebe gewinnen kann, sind mächtiger als diejenigen, die durch Nivellierung der Menschen und Länder an der Ostsee erreicht werden können. Sie sind notwendig, um die Probleme von Gegenwart und Zukunft zu überwinden. Altlasten müssen beseitigt werden. Wracks und Überreste von Waffen sowie militärischen Anlagen aus den Kriegen des 20. Jahrhunderts und aus der Periode des Kalten Krieges von 1945 bis 1990; ebenso Rückstände aus Abfällen der Industrie; die Folgen von Überdüngung und Bodenerosion sind einzudämmen, vor allem auf den großräumigen Feldern der ehemaligen Landwirtschaftlichen Produktionsgenossenschaften. Auch das Land um Kaliningrad gehört zu den «Altlasten» aus der Zeit seit 1945, für die eine Zukunft gefunden werden muß.

Es ist völlig klar, daß der reichere Westen dem ärmeren Osten bei der Lösung der Umweltprobleme helfen muß. Aber dies gelingt nur, wenn die Koexistenz zwischen den Ländern unbestritten ist und sie sich als kulturell ebenbürtige Partner gegenüberstehen. Daher ist es wichtig, nicht nur an wirtschaftliche und umweltpolitische Ziele zu denken, sondern auch an die Schaffung einer eigenständigen kulturellen Basis.

Doch die Umweltprobleme sind nicht die einzigen, die in den kommenden Jahrzehnten zur Lösung anstehen. Der Verkehr ist neu zu ordnen. Die grenzüberschreitenden Eisenbahnlinien sind zwischen den meisten Ländern unzureichend; in West und Ost werden unterschiedliche Spurweiten verwendet, die einen durchgehenden Bahnverkehr zwischen Schweden und Finnland, Polen und den Baltischen Republiken sowie Polen und Rußland einschränken. Auch die meisten Fernstraßen zwischen den Ländern sind unzureichend ausgebaut, abgesehen von den Verbindungen innerhalb Dänemarks sowie zwischen Dänemark und Schweden. Die Häfen müssen erheblich erweitert werden, um dem Verkehr gewachsen zu sein. Da die großen Überseeschiffe den Ostseeraum nicht erreichen können, braucht man neue Häfen an der Nordsee, um Güter von den Ozeanriesen auf kleinere Schiffe umzuladen, die auf der Ostsee verkehren.

Die Zentren der Besiedlung in Europa verschieben sich deutlich. Im Ostseeraum entwickeln sie sich derzeit entlang der Achse Kopenhagen – Malmö – Lund, im Raum Stockholm und im Süden Finnlands; die übrigen Siedlungszentren mit wachsender Bevölkerung liegen nicht an der Ostsee, sondern in anderen Teilen Europas. In vielen Regionen an der Ostsee droht eine mehr oder weniger deutliche Abwanderung der Bevölkerung. Landwirtschaft wird in den entlegenen Regionen des Nordens mehr und mehr unrentabel, dort und anderswo überleben einige immer größer werdende Höfe auf Kosten der kleineren aufgegebenen. Immer weniger Bauern sind in der weiträumiger werdenden Agrarlandschaft ansässig. Weil für viele ehemals in der Landwirtschaft tätigen Menschen dort keine Möglichkeit des Broterwerbs mehr besteht, wandern sie ab. Die Gewährleistung der Infrastruktur durch Schulen, Läden, Verwaltungen, Ärzte und Verkehrsmittel lohnt sich nicht mehr, so daß es einsam wird für die Bauern auf ihren großen Landwirtschaftsbetrieben. Wo können ihre Kinder die Schule besuchen? Wie können die immer weniger werdenden Menschen auf den einsamen Höfen mit dem Lebensnotwendigen versorgt werden? Ganz abgesehen von den fehlenden sozialen und kulturellen Kontakten.

Auch aus den Städten im Osten könnten Menschen in den Westen aufbrechen, die Bevölkerung der Millionenstädte Sankt Petersburg und Riga sowie anderer Großstädte wie Tallinn/Reval, Vilnius/Wilna, Kaliningrad/Königsberg, Danzig oder Stettin könnte erheblich zurückgehen, wenn die europäischen Grenzen sich immer mehr öffnen, sich andernorts bessere Verdienstmöglichkeiten bieten und immer häufiger propagiert wird, daß unsere Zukunft eher im globalen Agieren als im bodenständigen Aufbau von Existenzen liegt.

In der Mitte der Länder liegt das Meer, die Ostsee. Die Ostsee und die Länder, die sie umgeben, haben eine eigentümliche enge Bindung an sie. Meer und Land lassen sich nicht voneinander trennen; Tomas Tranströmer hat dies in dem Zitat, das Motto zu diesem Buch ist, dichterisch zum Ausdruck gebracht. Die Ostsee läßt sich genauso wenig typisieren wie die Länder, Landstriche und Küsten, die sie einrahmen. Sie sind allesamt einzigartig auf der Welt. Nicht nur in ihren vorgeschichtlichen Ablagerungen, sondern auch in ihrem jetzigen Erscheinungsbild ist die Ostsee das Produkt ihrer dynamischen Geschichte. Nur diejenigen Tiere und Pflanzen konnten sich in dem geologisch jungen Meer entwickeln und dort bis heute überleben, die dort stets geeignete Lebensbedingungen vorfanden oder sich auf deren Veränderungen einstellen konnten. Das gilt genauso für das Land, von dem die Ostsee eingerahmt ist. Die Vielfalt der Ökosysteme wird zwar mit naturwissenschaftlichen Methoden erfaßt; aber Bedeutung hat sie ebenso für unser kulturelles Selbstverständnis, gemeinsam mit den Baudenkmälern, der Sprache, Kultur und Geschichte der einzelnen Länder. Johann Gottfried Herders Forderung, die Individualität des Werdens der Völker zu untersuchen, muß erweitert werden: Es geht viel umfassender um das Erkennen der individuellen Einheit von Natur und Kultur in jedem einzelnen Land.

Die universale Sicht auf die Individuen der Meere, der Länder, der Seen, der Flüsse, Wälder, Dörfer, Städte ist ein wichtiger Teil der Kultur, nicht das Ermitteln der Gleichheit von Typen der Ökosysteme und der Wohnorte der Menschen. Wir brauchen dieses Wissen als notwendigen Hintergrund für unser Dasein und unser Tun. Freiheit und Brüderlichkeit müssen nicht gemeinsam mit Gleichheit durchgesetzt werden. Dies zeigt sich nicht nur an der Ostsee, kann aber von dort ausstrahlen. Die Menschen wollen dort am liebsten leben, wo sie von der Einmaligkeit ihres Daseins und ihrer Umwelt überzeugt sind. Die Ostsee als einmalig zu erkennen fällt nicht schwer: Kein anderes Meer ist so jung, war in den letzten Jahrtausenden so vielen Veränderungen unterworfen. Nirgendwo sonst tauchten in den letzten Jahrzehnten derartig viele Inseln aus dem Meer empor, nirgendwo sonst werden in ähnlicher Weise Küsten zerstört und neu aufgebaut, nirgendwo sonst auf der Welt gibt es so viel Brackwasser.

Man ist gespannt auf die Zukunft der Ostsee. Denn trotz der geologischen Dynamik hoffen die Menschen wie schon vor Jahrtausenden, daß das Meer ihre Lebensgrundlagen letztlich erhält und fördert.

LITERATURVERZEICHNIS

Widmung

Tranströmer, T., Ostseen, übersetzt von Hans Grössel. Hanser, München 1997.

1. Das alte Land unter dem jungen Meer

Arnold, V., Vergessene Einschlüsse – Blütenstaub in Baltischem Bernstein. Mitteilungen aus dem Geologisch-Paläontologischen Institut der Universität Hamburg 81, 1998, 269–282.

Behrens, S., Kullaberg och Hallands Väderö: Geomorfologiska studier. Svensk Geografisk Årsbok 1949, 222–244.

Behrens, S., Morphometrische, morphogenetische und tektonische Studien der nordwest-schonischen Urgebirgsrücken, mit besonderer Berücksichtigung von Kullaberg. Lund Studies in Geography A 5, 1953, 3–35, Tafel I–IX.

Bismarck, R. von, Bernstein – Schatz aus der Vergangenheit. In: J. Newig & H. Theede (Hrsg.), Die Ostsee. Natur und Kulturraum. Husum 1985, 66–69.

Forchhammer, G., Om de Bornholmske Kulformationer. Kopenhagen 1838.

Giere, W., Die Entstehung der Ostsee. Königsberg, Berlin 1938.

Granö, O., Natur und Wirtschaft an der Schärenküste von Porvoo in Südfinnland. Geographische Untersuchungen über räumlichen Wandel in dem Übergangsgebiet zwischen offenem Meer und Festland. Fennia 78(5), Helsinki 1955.

Granö, O., Die Ufer der Südküste Finnlands. Fennia 83(3), Helsinki 1960.

Hausen, H., Materialien zur Kenntnis der pleistozänen Bildungen in den russischen Ostseeländern. Helsingfors 1913.

Hurtig, T., Der gotländische Klint. Geographische Rundschau 14(12), 1962, 469 bis 478, Abb. 1–8.

Hurtig, T., Die Ålandinseln im Gesamtrahmen von geomorphologischen Fragenkomplexen des Ostseeraumes. Geographische Zeitschrift 53(2/3), 1965, 140–161.

Hurtig, T., Zum letztglazialen Abschmelzmechanismus im Raume des Baltischen Meeres. Erdkundliches Wissen 22, Wiesbaden 1969.

Hyvärinen, H., The history of the Baltic Sea. In: P. Sandgren (Hrsg.), Environmental changes in Fennoscandia during the Late Quaternary. Lundqua Report 37, Lund 2000, 45–54.

Jaatinen, S., Die Schären – eine eigenartige Inselwelt. In: J. Newig & H. Theede (Hrsg.), Die Ostsee. Natur und Kulturraum. Husum 1985, 105–110.

Köster, E., Versuch einer paläogeographischen Einordnung der Kågerödformation von Südschweden. Neues Jahrbuch für Geologie und Paläontologie 12, 1958, 544–550.

Köster, R., & K. Schwarzer, Geologie und Geographie. In: G. Rheinheimer (Hrsg.), Meereskunde der Ostsee. 2. Auflage Berlin, Heidelberg, New York 1996, 11–41.

Markgren, M., Glacialtektoniken i vens och Glumslövsområdets strandklintar. Svensk Geografisk Årsbok 37, 1961, 115–123.

Rudberg, S., The sub-Cambrian peneplain in Sweden and its slope gradient. Zeitschrift für Geomorphologie Supplementband 9, 1970, 157–167.

Rudberg, S., Geology and geomorphology of Norden. Introduction. In: U. Varjo & W. Tietze (Hrsg.), Norden. Man and Environment. Berlin, Stuttgart 1987, 54–65.

Schou, A., Die Naturlandschaften Dänemarks. Geographische Rundschau 8(11), 1956, 413–423.

Schubert, K., Neue Untersuchungen über Bau und Leben der Bernsteinkiefern [Pinus succinifera (CONW.) emend.]. Ein Beitrag zur Paläohistologie der Pflanzen. Beihefte zum Geologischen Jahrbuch 45, Hannover 1961.

Stehen, E., Bankning i Bohusläns granitområde. Dess användbarhet för beräkning av glacialerosionen. Svensk Geografisk Årsbok 1951, 134–146.

Svensson, H., & R. Frisén, Hällmorfologi och isrörelser inom ett Alvaraområde vid Degerhamn. Svensk Geografisk Årsbok 40, 1964, 19–30.

Weiß, G., Die baltische Glintlandschaft. Dissertation Leipzig 1937.

2. Die Ostsee entsteht

Björck, S., A review of the history of the Baltic Sea, 13.0–8.0 ka BP. Quaternary International 27, 1995, 19–40.

Giere, W., Die Entstehung der Ostsee. Königsberg, Berlin 1938.

Hausen, H., Materialien zur Kenntnis der pleistozänen Bildungen in den russischen Ostseeländern. Helsingfors 1913.

Hupfer, P., Die Ostsee – kleines Meer mit großen Problemen. Leipzig 1984.

Hurtig, T., Zum letztglazialen Abschmelzmechanismus im Raume des Baltischen Meeres. Erläuterungen zu einer Karte. Erdkundliches Wissen 22, Wiesbaden 1969.

Hyvärinen, H., The history of the Baltic Sea. In: P. Sandgren (Hrsg.), Environmental changes in Fennoscandia during the Late Quaternary. Lundqua Report 37, Lund 2000, 45–54.

Köster, R., Die Entstehung der Ostsee. In: J. Newig & H. Theede (Hrsg.), Die Ostsee. Natur und Kulturraum. Husum 1985, 62–65.

Köster, R., Entstehung der Ostsee. In: G. Rheinheimer (Hrsg.): Meereskunde der Ostsee. 2. Auflage Berlin, Heidelberg, New York 1996, 12–17.

Kvasov, D.D., The Late-Quaternary history of large lakes and inland seas of Eastern Europe. Helsinki 1979.

Lemke, W., Die kurze und wechselvolle Entwicklungsgeschichte der Ostsee. In: B. Hentzsch (Hrsg.), Die Ostsee – unser Lebensraum. Warnemünde 1995, 41–50.

Lindroth, C.H., Die skandinavische Käferfauna als Ergebnis der letzten Vereisung. Verhandlungen des VII. Internationalen Kongresses für Entomologie, Berlin 1938, 240–265.

Lüttig, G., Ostsee-Küstenlinien, Nordsee-Ingressiva und Geochronologie des Holozäns. Geologiska Föreningens i Stockholm Förhandlingar 88, 1967, 520–532.

Nordseth, K., Climate and hydrology of Norden. In: U. Varjo & W. Tietze (Hrsg.), Norden. Man and Environment. Berlin, Stuttgart 1987, 120–128.

Richter, G., Untersuchungen zum spätglazialen Gletscherrückgang im mittleren Mecklenburg. Forschungen zur deutschen Landeskunde 138, Bad Godesberg 1963.

Saarnisto, M., The Last Glacial Maximum and the deglaciation of the Scandinavian ice sheet. In: P. Sandgren (Hrsg.), Environmental changes in Fennoscandia during the Late Quaternary. Lundqua Report 37, Lund 2000, 26–31.

Svensson, H., Ölands Alvar. En studie i naturgeografisk flygbildstolkning. Svensk Geografisk Årsbok 37, 1961, 190–199.

Svensson, H., & R. Frisén, Hällmorfologi och isrörelser inom ett alvarområde vid Degerhamn. Svensk Geografisk Årsbok 40, 1964, 19–30.

Thomson, P.W., Die regionale Entwickelungsgeschichte der Wälder Estlands. Tartu Ülikooli Geoloogia-Instituudi Toimetused 19, Dorpat 1929.

Tralau, H., The recent and fossil distribution of some boreal and arctic montane plants in Europe. Arkiv för Botanik, Andra Serien 5(3), Stockholm, Göteborg, Uppsala 1963.

Varjo, U., Über finnische Küsten und ihre Entstehung. Helsinki 1964.

3. Altersdatierungen im Ostseeraum

Aario, L., Landhebung und Eisisostasie in Finnland. In: Aktuelle Probleme geographischer Forschung. Festschrift für Joachim Heinrich Schultze aus Anlaß seines 65. Geburtstages. Abhandlungen des 1. Geographischen Instituts der Freien Universität Berlin 13, Berlin 1970, 55–68.

Andrén, E., T. Andrén & H. Kunzendorf, Holocene history of the Baltic Sea as a background for assessing records of human impact in the sediments of the Gotland basin. The Holocene 10(6), 2000, 687–702.

Björck, S., A review of the history of the Baltic Sea, 13.0–8.0 ka BP. Quaternary International 27, 1995, 19–40.

Björck, S., B. Kromer, S. Johnsen, O. Bennike, D. Hammarlund, G. Lemdahl, G. Possnert, D. Lander Rasmussen, B. Wohlfarth, C.U. Hammer, M. Spurk, Synchronized terrestrial-atmospheric deglacial records around the North Atlantic. Science 274, 1996, 1155–1160.

De Geer, G., Quaternary sea-bottoms in Western Sweden. Geologiska Föreningens i Stockholm Förhandlingar 32, Stockholm 1910.

De Geer, G., A geochronology of the last 12000 years. Comptes Rendus du 11ème Congrès Géologiques International à Stockholm 1910, Stockholm 1912, 241–253.

Hyvärinen, H., The history of the Baltic Sea. In: P. Sandgren (Hrsg.), Environmental changes in Fennoscandia during the Late Quaternary. Lundqua Report 37, Lund 2000, 45–54.

Kossack, G. & H. Küster, Rezension zu P. Breunig, 14C-Chronologie des vorderasiatischen, südost- und mitteleuropäischen Neolithikums. Köln, Wien 1987. Germania 69(2), 1991, 433–445.

Lüttig, G., Ostsee-Küstenlinien, Nordsee-Ingressiva und Geochronologie des Holozäns. Gedanken zu internationalen Diskussionen über die Holozän-Stratigraphie. Geologiska Föreningens i Stockholm Förhandlingar 88, 1967, 520–532.

Matiskainen, H., Discrepancies in deglaciation chronology and the appearance of man in Finland. Acta Archaeologica Lundensia Series in 8°, 24, 1996, 251–262.

Saarnisto, M., Annually laminated sediments. In: B.E. Berglund (Hrsg.), Handbook of Holocene Palaeoecology and Palaeohydrology. Chichester 1986, 343–370.

Saarnisto, M., The Last Glacial Maximum and the deglaciation of the Scandinavian ice sheet. In: P. Sandgren (Hrsg.), Environmental changes in Fennoscandia during the Late Quaternary. Lundqua Report 37, Lund 2000, 26–31.

Sauramo, M., Die Geschichte der Ostsee. Annales Academiae Scientiarum Fennicae Series A III 51, Helsinki 1958.

Willkomm, H., Altersbestimmungen im Quartär. München 1976.

4. Die junge Ostsee

Aaris-Sørensen, K., Development of the terrestrial mammal fauna in Fennoscandia after the last glaciation. In: P. Sandgren (Hrsg.), Environmental changes in Fennoscandia during the Late Quaternary. Lundqua Report 37, Lund 2000, 36–44.

Aikio, P., Reindeer herding in Norden. In: U. Varjo & W. Tietze (Hrsg.), Norden. Man and Environment. Berlin, Stuttgart 1987, 332–337.

Björck, S., A review of the history of the Baltic Sea, 13.0–8.0 ka BP. Quaternary International 27, 1995, 19–40.

Carpelan, C., On the Postglacial colonisation of Eastern Fennoscandia. In: M. Huurre, Dig it all. Papers dedicated to Ari Siiriäinen. Helsinki 1999, 151–171.

Groß, H., Die Renntierjäger-Kulturen Ostpreußens. Praehistorische Zeitschrift 30/31(1/2), 1939/40, 39–67.

Hellberg, K., Ljungarumsdeltat. Ett randdelta i mellersta Skåne. Svensk Geografisk Årsbok 40, 1964, 39–44.

Helle, R., An investigation of reindeer husbandry in Finland. Oulun Yliopiston Maantieteen Laitoksen Julkaisuja 11, Rovaniemi 1966.

Hurtig, T., Zum letztglazialen Abschmelzmechanismus im Raume des Baltischen Meeres. Erläuterungen zu einer Karte. Erdkundliches Wissen 22, Wiesbaden 1969.

Hyvärinen, H., Shore displacement and Stone Age dwelling sites near Helsinki, Southern coast of Finland. In: M. Huurre, Dig it all. Papers dedicated to Ari Siiriäinen. Helsinki 1999, 79–89.

Hyvärinen, H., The history of the Baltic Sea. In: P. Sandgren (Hrsg.), Environmental changes in Fennoscandia during the Late Quaternary. Lundqua Report 37, Lund 2000, 45–54.

Johnsson, G., Deglaciation of the highland of South Sweden. Lund Studies in Geography A 3, 1952, 1–13.

Königsson, L.-K., The Holocene History of the Great Alvar of Öland. Acta Phytogeographica Suecica 55, Uppsala 1968.

Köster, R., Entstehung der Ostsee. In: G. Rheinheimer (Hrsg.): Meereskunde der Ostsee. 2. Auflage Berlin, Heidelberg, New York 1996, 12–17.

Küster, H., Auswirkungen von Klimaschwankungen und menschlicher Landschaftsnutzung auf die Arealverschiebung von Pflanzen und die Ausbildung mitteleuropäischer Wälder. Forstwissenschaftliches Centralblatt 115, 1996, 301–320.

Küster, H., Geschichte der Landschaft in Mitteleuropa. Von der Eiszeit bis zur Gegenwart. München 1995, 3. Auflage München 1999.

Küster, H., Geschichte des Waldes. Von der Urzeit bis zur Gegenwart. München 1998.

Kvasov, D.D., The Late-Quaternary history of large lakes and inland seas of Eastern Europe. Helsinki 1979.

Lemke, W., Die kurze und wechselvolle Entwicklungsgeschichte der Ostsee. In: B. Hentzsch (Hrsg.), Die Ostsee – unser Lebensraum. Warnemünde 1995, 41–50.

Matiskainen, H., The palaeoenvironment of Askola, Southern Finland. Mesolithic settlement and subsistence 10 000–6000 b.p. Iskos 8, 1989, 1–97.

Matiskainen, H., Discrepancies in deglaciation chronology and the appearance of man in Finland. Acta Archaeologica Lundensia Series in 8°, 24, 1996, 251–262.

Nordström, O., & B. Wendel, Skurugata – en klippkanjon på Sydsvenka höglandet. Svensk Geografisk Årsbok 1952, 30–35.

Norrman, J.O., Skallhultsplatån, en supraakvatisk deltayta bildad innanför inlandsisens rand under isavsmältningen i Vätterbäckenet. Geologiska Föreningens i Stockholm Förhandlingar 93, 1971, 215–224.

Räihälä, O., Neolithic settlement on the River Emäjoki, North-East Finland. In: M. Huurre, Dig it all. Papers dedicated to Ari Siiriäinen. Helsinki 1999, 201–217.

Rust, A., Vor 20000 Jahren. Rentierjäger der Eiszeit. 3. Aufl., Neumünster 1972.

Saarnisto, M., The Last Glacial Maximum and the deglaciation of the Scandinavian ice sheet. In: P. Sandgren (Hrsg.), Environmental changes in Fennoscandia during the Late Quaternary. Lundqua Report 37, Lund 2000, 26–31.

Saarnisto, M., T. Grönlund & L. Ikonen, The Yoldia Sea – Lake Ladoga connexion. Biostratigraphical evidence from the Karelian Isthmus. In: M. Huurre, Dig it all. Papers dedicated to Ari Siiriäinen. Helsinki 1999, 117–130.

Salonen, V.-P., & G. Glückert, Late-Weichselian glacial activity and sediments in southwestern Finland. Sveriges Geologiska Undersökning, Ser. Ca 81, 1992, 313 bis 318.

Sauramo, M., Geochronologische Studien über die spätglaziale Zeit in Südfinnland. Fennia 41(1), Helsingfors 1918.

Sauramo, M., The Quaternary Geology of Finland. Bulletin de la Commission Géologique de Finlande, Helsinki 1929.

Sauramo, M., Fennoskandien im Quartär. In: K. Andrée, H.A. Brouwer & W.H. Bucher, Regionale Geologie der Erde. Band 1: Die alten Kerne. Leipzig 1941.

Sauramo, M., Die Geschichte der Ostsee. Annales Academiae Scientiarum Fennicae Series A III 51, Helsinki 1958.

Tammekann, A., Salpausselkä – Die Hauptendmoräne Finnlands im Lichte der neueren Forschung. Geographische Rundschau 7(3), 1955, 94–100.

Tralau, H., The recent and fossil distribution of some boreal and arctic montane plants in Europe. Arkiv för Botanik, Andra Serien 5(3), Stockholm, Göteborg, Uppsala 1963.

Treter, U., Die borealen Waldländer. Braunschweig 1993.

Uino, P., On the Stone Age of the former Heinjoki parish, Karelian Isthmus, Russia. In: M. Huurre, Dig it all. Papers dedicated to Ari Siiriäinen. Helsinki 1999, 241–248.

Varjo, U., The Baltic Sea. In: U. Varjo & W. Tietze (Hrsg.), Norden. Man and Environment. Berlin, Stuttgart 1987, 42–53.

5. Finnland wird eisfrei

Aario, L., Landhebung und Eisisostasie in Finnland. In: Aktuelle Probleme geographischer Forschung. Festschrift für Joachim Heinrich Schultze aus Anlaß seines 65. Geburtstages. Abhandlungen des 1. Geographischen Instituts der Freien Universität Berlin 13, Berlin 1970, 55–68.

Björck, S., A review of the history of the Baltic Sea, 13.0–8.0 ka BP. Quaternary International 27, 1995, 19–40.

De Geer, G., A geochronology of the last 12000 years. Comptes Rendus du 11ème Congrès Géologiques International à Stockholm 1910, Stockholm 1912, 241–253.

Glückert, G., The Ancylus and Litorina transgressions of the Baltic in Southwest Finland. Quaternary International 9, 1991, 27–32.

Helle, R., Strandwallbildungen im Gebiet am Unterlauf des Flusses Siikajoki. Fennia 95(1), Helsinki 1965.

Hyvärinen, H., The history of the Baltic Sea. In: P. Sandgren (Hrsg.), Environmental changes in Fennoscandia during the Late Quaternary. Lundqua Report 37, Lund 2000, 45–54.

Jiang, H., S. Björck & K.L. Knudsen, A palaeoclimatic and palaeoceanographic record of the last 11000 14C years from the Skagerrak-Kattegat, northeastern Atlantic margin. The Holocene 7(3), 1997, 301–310.

Jørgensen, S., Early Postglacial in Aamosen. Geological and Pollen-Analytical Investigations of Maglemosian Settlements in the West-Zealand Bog Aamosen. Danmarks Geologiske Undersøgelse II, 87, København 1963.

Koivula, L., M. Raatikainen, T. Kankainen & Y. Vasari, Ihmisen Vaikutus Luontoon Keski-Suomessa Siitepölytutkimuksen Valossa. Jyväskylän Yliopisto Historian Laitos. Suomen Historian Julkaisuja 21, Jyväskylä 1994.

Korhola, A.A., & M.J. Tikkanen, Evidence for a more recent occurrence of water chestnut (Trapa natans L.) in Finland and its palaeoenvironmental implications. The Holocene 7(1), 1997, 39–44.

Korhola, A.A., & K. Tolonen, The natural history of mires in Finland and the rate of peat accumulation. In: H. Vasander (Hrsg.), Peatlands in Finland. Helsinki 1996, 20–26.

Küster, H., Die Entstehung von Vegetationsgrenzen zwischen dem östlichen und dem westlichen Mitteleuropa während des Postglazials. In: A. Lang, H. Parzinger & H. Küster (Hrsg.), Kulturen zwischen Ost und West. Das Ost-West-Verhältnis in vor- und frühgeschichtlicher Zeit und sein Einfluß auf Werden und Wandel des Kulturraums Mitteleuropa. Berlin 1993, 473–492.

Lang, G., Quartäre Vegetationsgeschichte Europas. Methoden und Ergebnisse. Jena, Stuttgart, New York 1994.

Lemke, W., Die kurze und wechselvolle Entwicklungsgeschichte der Ostsee. In: B. Hentzsch (Hrsg.), Die Ostsee – unser Lebensraum. Warnemünde 1995, 41–50.

Lumiala, O.V., Zwei Moorprofile aus Siilinjärvi, dem nördlichsten bekannten Fundort fossiler Trapa natans in Finnland. Helsingin Yliopiston Maantieteellisen Laitoksen Julkaisuja 4, Helsinki 1940.

Matiskainen, H., Discrepancies in deglaciation chronology and the appearance of man in Finland. Acta Archaeologica Lundensia Series in 8°, 24, 1996, 251–262.

Saarnisto, M., The Last Glacial Maximum and the deglaciation of the Scandinavian ice sheet. In: P. Sandgren (Hrsg.), Environmental changes in Fennoscandia during the Late Quaternary. Lundqua Report 37, Lund 2000, 26–31.

Sauramo, M., Fennoskandien im Quartär. In: K. Andrée, H.A. Brouwer & W.H. Bucher, Regionale Geologie der Erde. Band 1: Die alten Kerne. Leipzig 1941.

Sauramo, M., Die Geschichte der Ostsee. Annales Academiae Scientiarum Fennicae Series A III 51, Helsinki 1958.

Thomson, P.W., Die regionale Entwickelungsgeschichte der Wälder Estlands. Tartu Ülikooli Geoloogia-Instituudi Toimetused 19, Dorpat 1929.

Valovirta, E.J., Untersuchungen über die säkulare Landhebung als pflanzengeographischer Faktor. Acta Botanica Fennica 20, Helsingfors 1937.

Varjo, U., Die Steinwälle am Nordufer der Insel Jurmo («Finnland») und ihre Entstehung. Zeitschrift für Geomorphologie 4(3/4), 1960, 246–263.

Vasari, Y., The Holocene development of the nordic landscape. In: L.-K. Königsson (Hrsg.), Late Quaternary Biology and Ecology. Striae 24, Uppsala 1986, 15–19.

Wastegård, S., J. Björck & J. Risberg, Deglaciation, shore displacement and early-Holocene vegetation history in eastern middle Sweden. The Holocene 8(4), 1998, 433–441.

6. Die Ostsee wird endgültig zum Meer

Ackermann, C., Beiträge zur physischen Geographie der Ostsee. Hamburg 1883.

Björck, S., A review of the history of the Baltic Sea, 13.0–8.0 ka BP. Quaternary International 27, 1995, 19–40.

Burkhardt, A. (Hrsg.), Vineta. Sagen und Märchen vom Ostseestrand. 4. Auflage, Rostock 1990.

Filipowiak, W., Wollin/Vineta im Lichte archäologischer Forschungen. In: J. Newig & H. Theede (Hrsg.), Die Ostsee. Natur und Kulturraum. Husum 1985, 36–40.

Filipowiak, W., & H. Gundlach, Wolin Vineta. Die tatsächliche Legende vom Untergang und Aufstieg der Stadt. Rostock 1992.

Glückert, G., The Ancylus and Litorina transgressions of the Baltic in Southwest Finland. Quaternary International 9, 1991, 27–32.

Granqvist, G., Zur Kenntnis der Temperatur und des Salzgehaltes des Baltischen Meeres an den Küsten Finnlands. Helsinki 1938.

Hupfer, P., Die Ostsee – kleines Meer mit großen Problemen. Leipzig 1984.

Hyvärinen, H., The history of the Baltic Sea. In: P. Sandgren (Hrsg.), Environmental changes in Fennoscandia during the Late Quaternary. Lundqua Report 37, Lund 2000, 45–54.

Jiang, H., S. Björck & K.L. Knudsen, A palaeoclimatic and palaeoceanographic record of the last 11000 14C years from the Skagerrak-Kattegat, northeastern Atlantic margin. The Holocene 7(3), 1997, 301–310.

Koivula, L., M. Raatikainen, T. Kankainen & Y. Vasari, Ihmisen Vaikutus Luontoon Keski-Suomessa Siitepölytutkimuksen Valossa. Jyväskylän Yliopisto Historian Laitos. Suomen Historian Julkaisuja 21, Jyväskylä 1994.

Krauß, W., Hydrographische Besonderheiten der Ostsee. In: J. Newig & H. Theede (Hrsg.), Die Ostsee. Natur und Kulturraum. Husum 1985, 79–81.

Küster, H., Die Entstehung von Vegetationsgrenzen zwischen dem östlichen und dem westlichen Mitteleuropa während des Postglazials. In: A. Lang, H. Parzinger & H. Küster (Hrsg.), Kulturen zwischen Ost und West. Das Ost-West-Verhältnis in vor- und frühgeschichtlicher Zeit und sein Einfluß auf Werden und Wandel des Kulturraums Mitteleuropa. Berlin 1993, 473–492.

Lang, G., Quartäre Vegetationsgeschichte Europas. Methoden und Ergebnisse. Jena, Stuttgart, New York 1994.

Lemke, W., Die kurze und wechselvolle Entwicklungsgeschichte der Ostsee. In: B. Hentzsch (Hrsg.), Die Ostsee – unser Lebensraum. Warnemünde 1995, 41–50.

Manegold, W., Die Wetterabhängigkeit der Oberflächenströmungen in den Pforten der Ostsee. Aus dem Archiv der Deutschen Seewarte 54(4), Hamburg 1936.

Matthäus, W., Die Ostsee – der Welt größter Fjord. In: B. Hentzsch (Hrsg.), Die Ostsee – unser Lebensraum. Warnemünde 1995, 10–18.

Nordische Volksmärchen. I. Teil: Dänemark/Schweden. Übersetzt von Klara Stroebe. Jena 1922.

Nordseth, K., Climate and hydrology of Norden. In: U. Varjo & W. Tietze (Hrsg.), Norden. Man and Environment. Berlin, Stuttgart 1987, 120–128.

Saarnisto, M., The Last Glacial Maximum and the deglaciation of the Scandinavian ice sheet. In: P. Sandgren (Hrsg.), Environmental changes in Fennoscandia during the Late Quaternary. Lundqua Report 37, Lund 2000, 26–31.

Sarmaja-Korjonen, K., Latitudinal differences in the influx of microscopic charred particles to lake sediments in Finland. The Holocene 8(5), 1998, 589–597.

Schmitz, H., Die Waldgeschichte Ostholsteins und der zeitliche Verlauf der postglazialen Transgression an der holsteinischen Ostseeküste. Berichte der Deutschen Botanischen Gesellschaft 66(3), 1953, 151–166.

Schmitz, H., Der zeitliche Verlauf der postglazialen Transgression an der holsteinischen Ostseeküste. Mitteilungen aus dem Geologischen Staatsinstitut in Hamburg 23, 1954, 150–155.

Schou, A., Die Naturlandschaften Dänemarks. Geographische Rundschau 8(11), 1956, 413–423.

Thomson, P.W., Die regionale Entwickelungsgeschichte der Wälder Estlands. Tartu Ülikooli Geoloogia-Instituudi Toimetused 19, Dorpat 1929.

Thomson, P.W., Das Pleistozän (Quartär) des nördlichen Ostbaltikums (Estland). In: E. Rübel & W. Lüdi (Hrsg.), Bericht über das Geobotanische Forschungsinstitut Rübel in Zürich für das Jahr 1951, Zürich 1952, 79–80.

Varjo, U., The Baltic Sea. In: U. Varjo & W. Tietze (Hrsg.), Norden. Man and Environment. Berlin, Stuttgart 1987, 42–53.

Vasari, Y., The Holocene development of the nordic landscape. In: L.-K. Königsson (Hrsg.), Late Quaternary Biology and Ecology. Striae 24, Uppsala 1986, 15–19.

Wetzel, W., Vom gegenwärtigen Stand des Atlantis-Problems. Meyniana 17, 1967, 111–115.

7. Die Ostsee und die Flüsse

Aartolahti, T., The morphology and development of the river valleys in southwestern Finland. Annales Academiae Scientiarum Fennicae A III: Geologica – Geographica 116, Helsinki 1975.

Ahlmann, H.W., De stora Dalarna. Svenska Turistföreningens Årsskrift 1939, 57–78.

Arnborg, L., The delta of Ångermanälven. Geografiska Annaler 1948, 673–690.

Arnborg, L., The lower Ångermanälven. A study of fluvial morphology and processes. Meddelanden från Uppsala Universitets Geografiska Institution A 147, Uppsala 1959.

Bartels, W., Die Gestalt der Deutschen Ostseeküste. Geographische Arbeiten 1, Stuttgart 1908.

Castelli, A., La vallée de l'Ångermanälven entre Åsele et la mer. Geografiska Annaler 1948, 708–727.

Griesel, R., Die Beziehungen zwischen Gezeiten, Strömungen und Salzgehalt in der Trave. Mitteilungen der Geographischen Gesellschaft und des Naturhistorischen Museums in Lübeck 37, 1934, 3–36.

Gripp, K., Erdgeschichte von Schleswig-Holstein. Neumünster 1964.

Hjulstrom, F., Studien über das Mäander-Problem. Geografiska Annaler 1942, 233–268.

Hurtig, T., Physische Geographie von Mecklenburg. Berlin 1957.

Kumsare, A.J., Gidrobiologija reki Daugavi (russisch). Riga 1967.

Micas, L., Urstromtäler und fluvioglazialen (sic!) Flusstäler aus der anthropogenen Periode des Nemunasbeckens innerhalb der Grenzen der Litauischen SSR (russ., dt. Zusammenfassung). Vilnius 1974.

Paul, K.H., Morphologie und Vegetation der Kurischen Nehrung. I. Gestaltung der Bodenformen in ihrer Abhängigkeit von der Pflanzendecke. Nova Acta Leopoldina Neue Folge 13(96), Halle (Saale) 1944.

Säntti, A.A., Die rezente Entwicklung des Kokemäenjoki-Deltas. Turun Yliopiston Maantieteellisen Laitoksen Julkaisuja 29, Turku 1954.

Säntti, A.A., Die Vegetation des Kokemäenjoki-Deltas im Lichte von Bodentopographie und Deltaentwicklung. Acta Geographica 14(22), 1954, 359–378.

Spethmann, H., Forschungen im innersten Winkel der südwestlichen Ostsee. Mitteilungen der Geographischen Gesellschaft und des Naturhistorischen Museums in Lübeck 44, 1953, 3–135.

8. Land vergeht, Land entsteht

Ackermann, C., Beiträge zur physischen Geographie der Ostsee. Hamburg 1883.

Bartels, W., Die Gestalt der Deutschen Ostseeküste. Geographische Arbeiten 1, Stuttgart 1908.

Chamisso, A. von, Über die Torfmoore bei Colberg, Gnageland und Swinemünde. Archiv für Bergbau und Hüttenwesen 11, 1826. Wiederabdruck in: R. Schneebeli-Graf (Hrsg.), Adelbert von Chamisso, … und lassen gelten, was ich beobachtet habe. Naturwissenschaftliche Schriften mit Zeichnungen des Autors. Berlin 1983, 121–143.

Chamisso, A. von, Untersuchung eines Torfmoors bei Greifswald und ein Blick auf die Insel Rügen. Archiv für Bergbau und Hüttenwesen 8(1), 1824. Wiederabdruck in: R. Schneebeli-Graf (Hrsg.), Adelbert von Chamisso, … und lassen gelten, was ich beobachtet habe. Naturwissenschaftliche Schriften mit Zeichnungen des Autors. Berlin 1983, 111–120.

Davidsson, J., Sandhammaren. Några synpunkter på marin uppbyggnadsmekanik. Svensk Geografisk Årsbok 34, 1958, 50–66.

Haack, E., Das Achterwasser. Eine geomorphologische und hydrographische Untersuchung. Berlin 1960.

Hartnack, W., Über Sandriffe. Untersuchungen an der Pommerschen Küste. Jahrbücher der Geographischen Gesellschaft Greifswald, 40/42, 1924, 47–70.

Hartnack, W., Zur Entstehung und Entwicklung der Wanderdünen an der deutschen Ostseeküste. Eine vergleichende Wanderdünenstudie. Zeitschrift für Geomorphologie 6(4/5), 1931, 174–217.

Hintz, R.A., Die Entwicklung der Schleimündung. Meyniana 4, 1955, 66–77.

Hurtig, T., Die mecklenburgische Boddenlandschaft und ihre entwicklungsgeschichtlichen Probleme. Ein Beitrag zur Küstengeschichte der Ostsee. Berlin 1954.

Hurtig, T., Physische Geographie von Mecklenburg. Berlin 1957.

Kannenberg, E.-G., Die Steilufer der Schleswig-Holsteinischen Ostseeküste. Probleme der marinen und klimatischen Abtragung. Schriften des Geographischen Instituts der Universität Kiel 14(1), Kiel 1951.

Kliewe, H., Die Insel Usedom in ihrer spät- und nacheiszeitlichen Formenentwicklung. Berlin 1960.

Klug, H., Küstenformen der Ostsee. In: J. Newig & H. Theede (Hrsg.), Die Ostsee. Natur und Kulturraum. Husum 1985, 70–78.

Köster, R., Die Morphologie der Strandwall-Landschaften und die erdgeschichtliche Entwicklung der Küsten Ostwagriens und Fehmarns. Meyniana 4, 1955, 52–65.

Lampe, R., Küstentypen. In: In: G. Rheinheimer (Hrsg.), Meereskunde der Ostsee. 2. Auflage. Berlin, Heidelberg, New York 1996, 17–25.

Ludwig, F., Die Küstenseen des Rigaer Meerbusens. Chemische und geophysikalische Untersuchungen. Arbeiten des Naturforscher-Vereins zu Riga. Neue Folge 11, Riga 1908.

Meyer, E., Die Insel Poel. Eine landes- und inselkundliche Untersuchung. Mitteilungen der Geographischen Gesellschaft zu Rostock, Beiheft 12, Rostock 1940.

Mikkelsen, V.M., Præstø Fjord. The development of the post-glacial vegetation and a contribution to the history of the Baltic Sea. Dansk Botanisk Arkiv 13(5), Copenhagen 1949.

Möbus, G., Wie Hiddensee zur Insel wurde. Aus der geologischen Vergangenheit und Gegenwart. Schwerin 2001.

Mortensen, H., Die Morphologie der samländischen Steilküste auf Grund einer physiologisch-morphologischen Kartierung des Gebietes. Veröffentlichungen des Geographischen Instituts der Albertus-Universität zu Königsberg 3, Hamburg 1921.

Muuß, U., & M. Petersen, Die Küsten Schleswig-Holsteins. Neumünster 1971.

Ostrowski, M. & E. Symonides, Słowiński park narodowy. Warszawa 1994.

Paul, K.H., Morphologie und Vegetation der Kurischen Nehrung. I. Gestaltung der Bodenformen in ihrer Abhängigkeit von der Pflanzendecke. Nova Acta Leopoldina Neue Folge 13(96), Halle (Saale) 1944.

Piotrowskiej, H. (Hrsg.), Przyroda Słowińskiego parku narodowego. Poznań, Gdańsk 1997.

Reinhard, H., Der Bock. Entwicklung einer Sandbank zur neuen Ostsee-Insel (ein Beitrag zur Küstenforschung). Petermanns Geographische Mitteilungen, Ergänzungsheft 251. Gotha 1953.

Schmidt, H., Der Strelasund und seine morphologischen Probleme. Berlin 1957.

Schmitz, H., Der zeitliche Verlauf der postglazialen Transgression an der holsteinischen Ostseeküste. Mitteilungen aus dem Geologischen Staatsinstitut in Hamburg 23, 1954, 150–155.

Schou, A., The coastline of Djursland. A study in East-Danish shoreline development. Geografisk Tidsskrift 59, 1960, 10–27.

Schwarzer, K., Dynamik der Küste. In: G. Rheinheimer (Hrsg.), Meereskunde der Ostsee. 2. Auflage. Berlin, Heidelberg, New York 1996, 25–33.

Seifert, G., Die postglaciale Geschichte der Warder und der Eichholz-Niederung bei Heiligenhafen. Meyniana 4, 1955, 37–51.

Seifert, G., Die Steilufer als Materiallieferanten der Sandwanderung. Meyniana 4, 1955, 78–83.

Spethmann, H., Forschungen im innersten Winkel der südwestlichen Ostsee. Mitteilungen der Geographischen Gesellschaft und des Naturhistorischen Museums in Lübeck 44, 1953, 3–135.

Tobolski, K., A. Mocek & W. Dzięciołowski, Gleby. Słowińskiego parku narodowego w świetle historii roślinności i podłoża. Bydgoszcz, Poznań 1997.

Voss, F., Der Einfluß des jüngsten Transgressionsablaufes auf die Küstenentwicklung der Geltinger Birck im Nordteil der westlichen Ostsee. Die Küste 20, 1970, 101–113.

Voss, F., Die morphologische Entwicklung der Schleimündung. Hamburger Geographische Studien 20, Hamburg 1967.

Voss, F., Junge Erdkrustenbewegungen im Raume der Eckernförder Bucht. Mitteilungen der Geographischen Gesellschaft in Hamburg 57, 1968, 95–190, Karte 1.

Zander, R., Die rezenten Änderungen der Mecklenburgischen Küste. Mitteilungen der Geographischen Gesellschaft zu Rostock 1, Rostock 1934.

9. Die ersten Ackerbauern

Aario, L., Die regionale Differenzierung der Landwirtschaft Finnlands. Wissenschaftliche Zeitschrift der Universität Halle 18(1), 1969, 95–115.

Berglund, B., Vegetation and human influence in South Scandinavia during prehistoric times. Oikos Supplement 12, 1969, 9–28.

Berglund, B., The cultural landscape during 6000 years in southern Sweden. The Ystad project. Copenhagen 1991.

Clark, J.G.D., Prehistoric Europe – the economic basis. London 1952.

Credner, W., Landschaft und Wirtschaft in Schweden. Schriften der Baltischen Kommission zu Kiel 1, Breslau 1926.

Donner, J., Some comments on the pollen-analytical records of cereals and their dating in Southern Finland. Fennoscandia Archaeologica 1, 1984, 13–17.

Ehlers, E., Das boreale Waldland in Finnland und Kanada als Siedlungs- und Wirtschaftsraum. Geographische Zeitschrift 55(4), 1967, 279–322.

Ekholm, G., Norrland. En studie i landsdelens äldre bebyggelsehistoria och kulturgeografi. Svensk Geografisk Årsbok 1941, 142–168.

Emanuelsson, U., Samspelet mellan landskapets utveckling och människans produktionsmetoder. In: B.M.P. Larsson, M. Morell & J. Myrdal (Hrsg.), Agrarhistoria. Stockholm 1997, 47–55.

Fogelfors, H., Uppkomst och förädling av svenskodlade kulturväxter. In: B.M.P. Larsson, M. Morell & J. Myrdal (Hrsg.), Agrarhistoria. Stockholm 1997, 66–81.

Forsberg, L., The Bronze age site at Mårtenfäboda in Nysätra and the settlement context of the cairns on the coast of North Sweden. In: M. Huurre, Dig it all. Papers dedicated to Ari Siiriäinen. Helsinki 1999, 251–285.

Fries, M., Studies of the sediments and the vegetational history in the Össbysjö basin north of Stockholm. Oikos 13(1), 1962, 76–96, Tafel 1–3.

Giere, W., Grundfragen der Siedlungsforschung in Nordosteuropa. Königsberg 1938.

Granö, J.G., Die geographische Provinzen Finnlands. Geographische Rundschau 7(3), 1955, 81–94.

Häkkinen, K., & T. Lempiäinen, Die ältesten Getreidepflanzen der Finnen und ihre Namen. Finnisch-ugrische Forschungen 53, 1996, 115–182.

Häusler, A., Über Archäologie und Ursprung der Indogermanen. In: M. Kuna & N. Venclová (Hrsg.), Whither Archaeology? Papers in Honour of Evzen Neustupný. Praha 1995, 211–229.

Hjelmqvist, H., Die älteste Geschichte der Kulturpflanzen in Schweden. Lund 1955.

Kampp, A.H., Die landwirtschaftlichen Regionen Dänemarks. Geographische Rundschau 8(11), 1956, 435–441.

Kant, E., Bevölkerung und Lebensraum Estlands. Ein anthropoökologischer Beitrag zur Kunde Baltoskandias. Tartu 1935.

Koff, T., The development of vegetation. In: J.-M. Punning (Hrsg.), The influence of natural and anthropogenic factors on the development of landscapes. The results of a comprehensive study in NE Estonia. Ökoloogia Instituut, Eesti Teaduste Akadeemia 2, Tallinn 1994, 24–57.

Königsson, L.-K., The Holocene History of the Great Alvar of Öland. Acta Phytogeographica Suecica 55, Uppsala 1968.

Körber-Grohne, U., Nutzpflanzen in Deutschland. Stuttgart 1987.

Küster, H., Geschichte der Landschaft in Mitteleuropa. Von der Eiszeit bis zur Gegenwart. München 1995, 3. Auflage München 1999.

Küster, H., Geschichte des Waldes. Von der Urzeit bis zur Gegenwart. München 1998.

Küster, H., Indo-European and Finno-Ugric cultures and languages from the perspective of biology and environmental history. In: K. Julku & K. Wiik (Hrsg.), The roots of peoples and languages of northern Eurasia I. Turku 1998, 69–83.

Magnusson, E., Pollen-analytical investigations at Tåkern, Dagsmosse and the neolithic settlement at Alvastra, Sweden. Sveriges Geologiska Undersökning, Avhandlingar och uppsatser. Serie C, 597, Stockholm 1964.

Matiskainen, H., Essay über die Ökonomie, die Migration und die Adaption des Einheitshorizontes der Schnurkeramik speziell unter dem Gesichtspunkt des Ost-Balticums und Finnlands. Suomen Museo 1993, 9–26.

Matiskainen, H., Umwelt- und Kulturveränderungen während der Bronzezeit in Finnland. In: B. Hänsel (Hrsg.), Mensch und Umwelt in der Bronzezeit Europas. Kiel 1998, 293–306.

Moe, D., K. Kihno & R. Pirrus, Anthropogenic disturbance of vegetation in Estonia through the Holocene based on some selected pollen diagrams. A preliminary survey. PACT 37(II.1), 1992, 79–95.

Nordström, O., Die Landwirtschaft des Nordens. Geographische Rundschau 12(3), 1960, 85–92.

Poska, A., Three pollen diagrams from coastal Estonia. Sediments, vegetational development, climatic events and the environmental impact of man. Kvartärgeologiska Avdelningen, Uppsala Universitet 170, Uppsala, Tallinn 1994.

Poutiainen, H., E. Grönlund & M. Koponen, Joining the forces: Archaeologists and palaeoecologists in the traces of North Karelian settlement and land-use history. Fennoscandia Archaeologica 12, 1995, 153–159.

Punning, J.-M., M. Ilomets, T. Koff, U. Paap & R. Rajamäe, On the development of Lake Úmarjärv (NE Estonia) in the Holocene. In: Academy of Sciences of the Estonian S.S.R., Institute of Geology (Hrsg.), Palaeohydrology of the Temperate Zone Vol. II: Lakes. Tallinn 1987, 123–136.

Räty, J., The red ochre graves of Vaateranta in Taipalsaari. Fennoscandia Archaeologica 12, 1995, 161–172.

Sajantila, A., & S. Pääbo, Language replacement in Scandinavia. Nature Genetics 11, 1995, 359–360.

Segerström, U., The natural Holocene vegetation development and the introduction of agriculture in Northern Norrland, Sweden. Studies of soil, peat and especially varved lake sediments. Dissertation Umeå 1990.

Siiriäinen, A., Recent studies on the Stone Age economy in Finland. Fennoscandia Antiqua 1, 1982, 17–26.

Taavitsainen, J.-P., L. Ikonen & A. Saksa, On early agriculture in the archipelago of Lake Ladoga. Fennoscandia Archaeologica 11, 1994, 29–39.

Tack, R., Bornholms Besiedlung. Eine siedlungsgeographische Inselstudie. Rostock o.J.

Tolonen, M., Cereal cultivation with particular reference to rye: some aspects on pollen-analytical records from SW Finland. Fennoscandia Archaeologica 2, 1985, 85–89.

Torvinen, M., Sär 1 – Comb ware of the Säräisniemi style. In: A.N. Kirpitschnikowa, E.A. Ryabinina & A.I. Saksei, Slavjane i Finno-Ugrei. Archeologija, istorija, kultura. Sankt-Peterburg 1997, 21–31.

Varjo, U., Zonengliederung in südwestfinnischer Landschaft und Landwirtschaft. Fennia 82(4), Helsinki 1959.

Vuorela, I., Pollen evidence of Stone Age and Early Metal Age settlement in Taipalsaari, Southern Karelia, Eastern Finland. Fennoscandia Archaeologica 12, 1995, 207–214.

Vuorela, I., & T. Lempiäinen, Archaeobotany of the site of the oldest cereal grain find in Finland. Annales Botanici Fennici 25, 1988, 33–45.

10. Landbau und weniger Meersalz verändern die Umwelt

Berglund, B., Vegetation and human influence in South Scandinavia during Prehistoric time. Oikos, Supplement 12, 1969, 9–28.

Berglund, B., The cultural landscape during 6000 years in southern Sweden. The Ystad project. Copenhagen 1991.

Björkman, L., Long-term population dynamics of Fagus sylvatica at the northern limits of its distribution in Southern Sweden: a palaeoecological study. The Holocene 6(2), 1996, 225–234.

Björkman, L., The history of Fagus forest in southwestern Sweden during the last 1500 years. The Holocene 7(4), 1997, 419–432.

Björkman, L., The establishment of Fagus sylvatica at the stand-scale in southern Sweden. The Holocene 9(2), 1999, 237–245.

Fries, M., Vegetationsutveckling och oddlingshistoria i Varnhemstrakten. En pollenanalytisk undersökning i Västergötland. Acta Phytogeographica Suecica 39, Uppsala 1958.

Fries, M., Studies of the sediments and the vegetational history in the Ösbysjö basin north of Stockholm. Oikos 13(1), 1962, 76–96, Tafel 1–3.

Hjelmqvist, H., Die älteste Geschichte der Kulturpflanzen in Schweden. Lund 1955.

Hafsten, U., The immigration and spread of spruce forest in Norway, traced by biostratigraphical studies and radiocarbon datings. A preliminary report. Norsk Geografisk Tidsskrift 39, 1985, 99–108.

Hueck, K., Pflanzengeographie Deutschlands. Berlin-Lichterfelde o.J.

Hvass, S., Ländliche Siedlungen der Kaiser- und Völkerwanderungszeit in Dänemark. Offa 39, 1982, 189–195.

Iversen, J., Landnam i Danmarks stenalder. En pollenalytisk undersøgelse over det første landbrugs indvirkning paa vegetationsudviklingen. Danmarks Geologiske Undersøgelse II, 66, København 1941.

Iversen, J., Viscum, Hedera and Ilex as climate indicators. Geologiska Föreningens i Stockholm Förhandlingar 66, 1944, 463–483.

Iversen, J., The influence of prehistoric man on vegetation. Danmarks Geologiske Undersøgelse IV, 3(6), København 1949.

Klimanov, V., About climatic changes in the northern part of the East-European plain. In: Academy of Sciences of the Estonian S.S.R., Institute of Geology (Hrsg.), Palaeohydrology of the Temperate Zone Vol. III: Mires and Lakes. Tallinn 1987, 23–37.

Königsson, L.-K., The Holocene History of the Great Alvar of Öland. Acta Phytogeographica Suecica 55, Uppsala 1968.

Koff, T., The development of vegetation. In: J.-M. Punning (Hrsg.), The influence of natural and anthropogenic factors on the development of landscapes. The results of a comprehensive study in NE Estonia. Ökoloogia Instituut, Eesti Teaduste Akadeemia 2, Tallinn 1994, 24–57.

Koivula, L., M. Raatikainen, T. Kankainen & Y. Vasari, Ihmisen Vaikutus Luontoon Keski-Suomessa Siitepölytutkimuksen Valossa. Jyväskylän Yliopisto Historian Laitos. Suomen Historian Julkaisuja 21, Jyväskylä 1994.

Korhola, A.A., & M.J. Tikkanen, Evidence for a more recent occurrence of water chestnut (Trapa natans L.) in Finland and its palaeoenvironmental implications. The Holocene 7(1), 1997, 39–44.

Korhola, A., & K. Tolonen, The natural history of mires in Finland and the rate of peat accumulation. In: H. Vasander (Hrsg.), Peatlands in Finland. Helsinki 1996, 20–26.

Kossack, G., Dörfer im nördlichen Germanien vornehmlich aus der römischen Kaiserzeit. Lage, Ortsplan, Betriebsgefüge und Gemeinschaftsform. München 1997.

Küster, H., Vom Werden einer Kulturlandschaft. Weinheim 1988.

Küster, H., Die Entstehung von Vegetationsgrenzen zwischen dem östlichen und dem westlichen Mitteleuropa während des Postglazials. In: A. Lang, H. Parzinger & H. Küster (Hrsg.), Kulturen zwischen Ost und West. Das Ost-West-Verhältnis in vor- und frühgeschichtlicher Zeit und sein Einfluß auf Werden und Wandel des Kulturraums Mitteleuropa. Berlin 1993, 473–492.

Küster, H., Geschichte der Landschaft in Mitteleuropa. Von der Eiszeit bis zur Gegenwart. München 1995, 3. Auflage München 1999.

Küster, H., Auswirkungen von Klimaschwankungen und menschlicher Landschaftsnutzung auf die Arealverschiebung von Pflanzen und die Ausbildung mitteleuropäischer Wälder. Forstwissenschaftliches Centralblatt 115, 1996, 301–320.

Küster, H., The role of farming in the postglacial expansion of beech and hornbeam in the oak woodlands of central Europe. The Holocene 7(2), 1997, 239–242

Küster, H., Geschichte des Waldes. Von der Urzeit bis zur Gegenwart. München 1998.

Lang, G., Quartäre Vegetationsgeschichte Europas. Methoden und Ergebnisse. Jena, Stuttgart, New York 1994.

Latałowa, M., Type region P-t: Baltic coastal zone. Acta Palaeobotanica 29(2), 1989, 103–108.

Latałowa, M., Man and vegetation in the pollen diagrams from Wolin Island (NW Poland). Acta Palaeobotanica 32(1), 1992, 123–249.

Magnusson, E., Pollen-analytical investigations at Tåkern, Dagsmosse and the neolithic settlement at Alvastra, Sweden. Sveriges Geologiska Undersökning, Avhandlingar och uppsatser. Serie C, 597, Stockholm 1964.

Mikkelsen, V.M., Præstø Fjord. The development of the post-glacial vegetation and a contribution to the history of the Baltic Sea. Dansk Botanisk Arkiv 13(5), Copenhagen 1949.

Mikkelsen, V.M., Beech as a natural forest tree in Bornholm. Botanisk Tidsskrift 58, 1963, 253–280.

Moe, D., The Post-glacial immigration of Picea abies into Fennoscandia. Botaniska Notiser 123, 1970, 61–66.

Punning, J.-M., T. Koff, M. Ilomets & J. Jõgi, The relative influence of local, extra-local, and regional factors on organic sedimentation in the Vällamäe kettle hole, Estonia. Boreas 24, 1995, 65–80.

Ralska-Jasiewcz, M., Correlation between the Holocene history of the Carpinus betulus and prehistoric settlement in North Poland. Acta Societatis Botanicorum Poloniae 33(2), 1964, 461–468.
Saarse, L., Bottom deposits of small Estonian lakes. Tallinn 1994.
Sarmaja-Korjonen, K., Y. Vasari & C.-A. Hæggström, Taxus baccata and influence of Iron Age man on the vegetation in Åland, SW Finland. Annales Botanici Fennici 28, 1991, 143–159.
Schiemann, E., Vitis im Neolithicum der Mark Brandenburg. Der Züchter 23 (10/11), 1953, 318–327.
Segerström, U., The natural Holocene vegetation development and the introduction of agriculture in Northern Norrland, Sweden. Studies of soil, peat and especially varved lake sediments. Dissertation Umeå 1990.
Tallantire, P.A., Some reflections on hazel (Corylus avellana L.) on its boundary in Fennoscandia during the post-glacial. Acta Palaeobotanica 21(2), 1981, 161 bis 171.
Thomson, P.W., Die regionale Entwickelungsgeschichte der Wälder Estlands. Tartu Ülikooli Geoloogia-Instituudi Toimetused 19, Dorpat 1929.
Vasari, Y., The Holocene development of the nordic landscape. In: L.-K. Königsson (Hrsg.), Late Quaternary Biology and Ecology. Striae 24, Uppsala 1986, 15–19.

11. Das bronzene und das eiserne Zeitalter

Aalto, M., The cultivated plants of Finnish Iron Age. In: A.N. Kirpitschnikowa, E.A. Ryabinina & A.I. Saksei, Slavjane i Finno-Ugrei. Archeologija, istorija, kultura. Sankt-Peterburg 1997, 47–61.
Baudou, E., The continuity of Iron Age settlement in Ostrobothnia: A problem of research. Fennoscandia Archaeologica 10, 1993, 65–69.
Biegel, G., & J. Jaskanis (Hrsg.), Die Balten. Die nördlichen Nachbarn der Slawen. Freiburg 1987.
Bierbrauer, V., Archäologie und Geschichte der Goten vom 1.-7. Jahrhundert. Versuch einer Bilanz. Frühmittelalterliche Studien 28, 1994, 51–171.
Brøndsted, J., Nordische Vorzeit 2. Bronzezeit in Dänemark. Neumünster 1962.
Die Edda des Snorri Sturluson. Ausgewählt, übersetzt und kommentiert von A. Krause. Stuttgart 1997.
Donner, J., Some comments on the pollen-analytical records of cereals and their dating in Southern Finland. Fennoscandia Archaeologica 1, 1984, 13–17.
Dörfler, W., M. Ganzelewski, H. Jöns & R. Kruse, Untersuchungen am frühgeschichtlichen Eisenverhüttungs- und Siedlungsplatz bei Joldelund, Kreis Nordfriesland. Archäologische Nachrichten aus Schleswig-Holstein 3, 1992, 28–38.
Engelmark, R., U. Segerström & J.-E. Wallin, The palaeoecological record of cul-

tivation in Ostrobothnia during the Iron Age. Fennoscandia Archaeologica 10, 1993, 70–75.

Eriksson, G., Advance and retreat of charcoal iron industry and rural settlement in Bergslagen. Geografiska Annaler 42(4), 1960, 267–284.

Eriksson, G., Der Bergbau, die Eisen- und die Stahlindustrie im Norden. Geographische Rundschau 12(6), 1960, 233–243.

Fennel, W., Wasserhaushalt und Strömungen. In: G. Rheinheimer (Hrsg.), Meereskunde der Ostsee. 2. Auflage. Berlin, Heidelberg, New York 1996, 56–67.

Gimbutas, M., Die Balten. Geschichte eines Volkes im Ostseeraum. München, Berlin 1983.

Hatt, G., Landbrug i Danmarks oldtid. København 1937.

Helmfrid, S., Eine pollenanalytische Untersuchung zur Geschichte der Kulturlandschaft im westlichen Teil der Provinz Östergötland, Schweden. Geografiska Annaler 40(3–4), 1958, 244–265.

Hjelmqvist, H., Die älteste Geschichte der Kulturpflanzen in Schweden. Lund 1955.

Huurre, M., The eastern contacts of northern Fennoscandia in the Bronze Age. Fennoscandia Archaeologica 3, 1986, 51–58.

Jokipii, M., The historical shaping of the Nordic countries. In: U. Varjo & W. Tietze (Hrsg.), Norden. Man and Environment. Berlin, Stuttgart 1987, 3–19.

Karin, T., Estland. Kulturelle und landschaftliche Vielfalt in einem historischen Grenzland zwischen Ost und West. Köln 1995.

Körber-Grohne, U., Nutzpflanzen in Deutschland. Stuttgart 1987.

Kosmenko, M.G., The culture of Bronze Age net ware in Karelia. Fennoscandia Archaeologica 13, 1996, 51–67.

Küster, H. Indo-European and Finno-Ugric cultures and languages from the perspective of biology and environmental history. In: K. Julku & K. Wiik (Hrsg.), The roots of peoples and languages of northern Eurasia I. Turku 1998, 69–83.

Küster, H., Die Suche nach Yggdrasil. Der Palmengarten 65(1), 2001, 7–12.

Kuz'minych, S.V., Osteuropäische und fennoskandische Tüllenbeile des Mälartyps: Ein Rätsel der Archäologie. Fennoscandia Archaeologica 13, 1996, 3–27.

Lang, G., Quartäre Vegetationsgeschichte Europas. Methoden und Ergebnisse. Jena, Stuttgart, New York 1994.

Lang, V., Excavations in ancient fields of Saha-Loo and Proosa near Tallinn. Eesti Teaduste Akadeemia Toimetised. Humanitaar- ja Sotsiaalteadused 43, Tallinn 1994, 379–382.

Ludwig, C., Estland. München 1999.

Mäkivuoti, M., An iron-age dwelling site and burial mounds at Rakanmäki, near Tornio. Fennoscandia Archaeologica 5, 1988, 35–45.

Matiskainen, H., Getreidekörner aus der späteisenzeitlichen Siedlungskammer Domargård in Karjaa, Südfinnland. Fennoscandia Archaeologica 1, 1984, 43–50.

Miettinen, M., & I. Vuorela, Archaeological and palynological studies of the agricultural history of Vörå and Malax, Southern Ostrobothnia. Fennoscandia Archaeologica 5, 1988, 47–68.

Montelius, S., The burning of forest land for the cultivation of crops. «Svedjebruk» in Central Sweden. Geografiska Annaler 35(1), 1953, 41–54.

Müller-Wille, M., Eisenzeitliche Fluren in den festländischen Nordseegebieten. Münster 1965.

Newcomb, R.M., Celtic fields in Himmerland, Denmark, as revealed by vertical photography at a scale of 1:25,000. Photogrammetria 27, 1971, 101–113.

Orrman, E., Geographical factors in the spread of permanent settlement in parts of Finland and Sweden from the end of the Iron Age to the beginning of modern times. Fennoscandia Archaeologica 8, 1991, 3–21.

Orrman, E., Where source criticism fails. Fennoscandia Archaeologica 10, 1993, 76–82.

Quack, U., Gotland. Köln 1997.

Ränk, G., Die Bauernhausformen im baltischen Raum. Würzburg 1962.

Reinwaldt, I., Bericht über geologische Untersuchungen am Kaalijärv (Krater von Sall) auf Ösel. Tartu Ülikooli Geoloogia-Instituudi Toimetused 11, Tartu 1928.

Renberg, I., M.W. Persson & O. Emteryd, Pre-industrial atmospheric lead contamination detected in Swedish lake sediments. Nature 368, 1994, 323–326.

Rußwurm, C., Sagen aus Hapsal, der Wiek, Ösel und Runö. Reval 1861.

Rying, B. (Hrsg.), Bornholm med Ertholmene. København 1969.

Sarmaja-Korjonen, K., Y. Vasari & C.-A. Hæggström, Taxus baccata and influence of Iron Age man on the vegetation in Åland, SW Finland. Annales Botanici Fennici 28, 1991, 143–159.

Taavitsainen, J.-P., L. Ikonen & A. Saksa, On early agriculture in the archipelago of Lake Ladoga. Fennoscandia Archaeologica 11, 1994, 29–39.

Taavitsainen, J.-P., H. Simola & E. Grönlund, Cultivation history beyond the periphery: Early agriculture in the North European Boreal Forest. Journal of World Prehistory 12(2), 1998, 199–253.

Tolonen, M., Cereal cultivation with particular reference to rye: some aspects on pollen-analytical records from SW Finland. Fennoscandia Archaeologica 2, 1985, 85–89.

Vikkula, A., S.-L. Seppälä & T. Lempiäinen, The ancient field of Rapola. Fennoscandia Archaeologica 11, 1994, 41–59.

Vuorela, I., Palynological and historical evidence of slash-and-burn cultivation in South Finland. In: K.-E. Behre (Hrsg.), Anthropogenic Indicators in Pollen Diagrams. Rotterdam, Boston 1986, 53–64.

Wennberg, B., Iron Age agriculture at Trogsta, North Sweden. Fornvännen 80(4), 1985, 254–261.

12. Neue Ordnungen für Leben und Landschaft

Benl, R., Pommern bis zur Teilung von 1368/72. In: W. Buchholz, Deutsche Geschichte im Osten Europas: Pommern. Berlin 1999, 21–126.

Bierbrauer, V., Archäologie und Geschichte der Goten vom 1.-7. Jahrhundert. Versuch einer Bilanz. Frühmittelalterliche Studien 28, 1994, 51–171.

Björkman, L., Long-term population dynamics of Fagus sylvatica at the northern limits of its distribution in Southern Sweden: a palaeoecological study. The Holocene 6(2), 1996, 225–234.

Björkman, L., The history of Fagus forest in southwestern Sweden during the last 1500 years. The Holocene 7(4), 1997, 419–432.

Björkman, L., The establishment of Fagus sylvatica at the stand-scale in southern Sweden. The Holocene 9(2), 1999, 237–245.

Boockmann, H., Deutsche Geschichte im Osten Europas: Ostpreußen und Westpreußen. 2. Auflage Berlin 1993.

Buchholz, W., Grundlagen und europäische Bezüge der Geschichte Pommerns. In: W. Buchholz, Deutsche Geschichte im Osten Europas: Pommern. Berlin 1999, 13–20.

Callmer, J., To stay or to move. Some aspects of the settlement dynamics in Southern Scandinavia in the seventh to twelfth centuries A.D. with special reference to the province of Scania, Southern Sweden. Meddelanden från Lunds Universitets Historiska Museum New Series 6, 1985–1986, 167–208.

Eriksson, G., Advance and retreat of charcoal iron industry and rural settlement in Bergslagen. Geografiska Annaler 42(4), 1960, 267–284.

Gimbutas, M., Die Balten. Geschichte eines Volkes im Ostseeraum. München, Berlin 1983.

Herzog, R., Staaten der Frühzeit. Ursprünge und Herrschaftsformen. 2. Auflage München 1998.

Hirschheydt, M.v., Das Baltikum und die Deutschen. Darmstadt o.J.

Hvass, S., Ländliche Siedlungen der Kaiser- und Völkerwanderungszeit in Dänemark. Offa 39, 1982, 189–195.

Jokipii, M., The historical shaping of the Nordic countries. In: U. Varjo & W. Tietze (Hrsg.), Norden. Man and Environment. Berlin, Stuttgart 1987, 3–19.

Karin, T., Estland. Kulturelle und landschaftliche Vielfalt in einem historischen Grenzland zwischen Ost und West. Köln 1995.

Koivula, L., M. Raatikainen, T. Kankainen & Y. Vasari, Ihmisen Vaikutus Luontoon Keski-Suomessa Siitepölytutkimuksen Valossa. Jyväskylän Yliopisto Historian Laitos. Suomen Historian Julkaisuja 21, Jyväskylä 1994.

Kossack, G., Ortsnamen und Wohnplatzmobilität. In: V. Setschkareff, P. Rehder & H. Schmid (Hrsg.), Ars Philologica Slavica. Festschrift für Heinrich Kunstmann. München 1988, 254–269.

Kossack, G., Dörfer im nördlichen Germanien vornehmlich aus der römischen Kaiserzeit. Lage, Ortsplan, Betriebsgefüge und Gemeinschaftsform. München 1997.

Küster, H., Die Entstehung von Vegetationsgrenzen zwischen dem östlichen und dem westlichen Mitteleuropa während des Postglazials. In: A. Lang, H. Parzinger & H. Küster (Hrsg.), Kulturen zwischen Ost und West. Das Ost-West-Verhältnis in vor- und frühgeschichtlicher Zeit und sein Einfluß auf Werden und Wandel des Kulturraums Mitteleuropa. Berlin 1993, 473–492.

Küster, H., Geschichte der Landschaft in Mitteleuropa. Von der Eiszeit bis zur Gegenwart. München 1995, 3. Auflage München 1999.

Küster, H., Auswirkungen von Klimaschwankungen und menschlicher Landschaftsnutzung auf die Arealverschiebung von Pflanzen und die Ausbildung mitteleuropäischer Wälder. Forstwissenschaftliches Centralblatt 115, 1996, 301–320.

Küster, H., The role of farming in the postglacial expansion of beech and hornbeam in the oak woodlands of central Europe. The Holocene 7(2), 1997, 239–242

Küster, H., Geschichte des Waldes. Von der Urzeit bis zur Gegenwart. München 1998.

Mühlen, H. von zur, Livland von der Christianisierung bis zum Ende seiner Selbständigkeit (etwa 1180–1561). In: G. von Pistohlkors, Deutsche Geschichte im Osten Europas: Baltische Länder. Berlin 1994, 26–172.

Petermann, K., Bernt Notke. Arbeitsweise und Werkstattorganisation im späten Mittelalter. Berlin 2000.

Quack, U., Gotland. Köln 1997.

Rogall, J., Nachbarn in Europa. In: J. Rogall, Deutsche Geschichte im Osten Europas: Land der großen Ströme. Von Polen nach Litauen. Berlin 1996, 13–20.

Sarmaja-Korjonen, K., Y. Vasari & C.-A. Hæggström, Taxus baccata and influence of Iron Age man on the vegetation in Åland, SW Finland. Annales Botanici Fennici 28, 1991, 143–159.

Scheibe, E., Siedelungsgeographie der Inseln Ösel und Moon. München 1934.

Struve, K.W., Frühe Völker und Stämme an der Ostsee. In: J. Newig & H. Theede (Hrsg.), Die Ostsee. Natur und Kulturraum. Husum 1985, 35–36.

Westerdahl, C., Amphibian transport systems in Northern Europe. A survey of a medieval pattern of life. Fennoscandia Archaeologica 13, 1996, 69–82.

13. Mit Segeln und Rudern

Aalto, M., & H. Heinäjoki-Majander, Archaeobotany and palaeoenvironment of the Viking age town of Staraja Ladoga (Russia). In: U. Miller & H. Clarke, Environment and Vikings. Scientific methods and techniques. Birka Studies 4, Stockholm 1997, 13–30.

Behre, K.-E., Ernährung und Umwelt der wikingerzeitlichen Siedlung Haithabu. Die Ergebnisse der Untersuchungen der Pflanzenreste. Neumünster 1983.

Behre, K.-E., Zur Geschichte der Bierwürzen nach Fruchtfunden und schriftlichen Quellen. In: W. van Zeist & W.A. Casparie (Hrsg.), Plants and ancient man. Rotterdam 1984, 115–122.

Behre, K.-E., The history of rye cultivation in Europe. Vegetation History and Archaeobotany 1, 1992, 141–156.

Behre, K.-E., The history of beer additives in Europe – a review. Vegetation History and Archaeobotany 8, 1999, 35–48.

Callmer, J., Urbanization in Scandinavia and the Baltic region c AD 700–1100: Trading places, centres and early urban sites. In: B. Ambrosiani & H. Clarke (Hrsg.), Developments around the Baltic and the North Sea in the Viking age. Birka Studies 3, Stockholm 1994, 50–90.

Cederlund, C.O., Wikingerschiffe, Koggen und andere Schiffstypen. In: J. Newig & H. Theede (Hrsg.), Die Ostsee. Natur und Kulturraum. Husum 1985, 29–33.

Filipowiak, W., Wollin/Vineta im Lichte archäologischer Forschungen. In: J. Newig & H. Theede (Hrsg.), Die Ostsee. Natur und Kulturraum. Husum 1985, 36–40.

Holmboe, J., Nytteplanter og ugraes i Osebergfundet. Osebergfundet 5, Kristiania 1927, 1–78.

Hubatsch, W., Im Bannkreis der Ostsee. Grundriß einer Geschichte der Ostseeländer in ihren gegenseitigen Beziehungen. Marburg 1948.

Jankuhn, H., Frühe Städte im Nord- und Ostseeraum (700–1100 n.Chr.). Settimane di studio del Centro italiano di studi sull'alto medioevo 21: Topografia urbana e vita cittadina sull'alto medioevo in occidente. Spoleto 1974, 153–201, Tafel 1–4.

Jankuhn, H., Haithabu. Ein Handelsplatz der Wikingerzeit. 6. Auflage Neumünster 1976.

Jokipii, M., The historical shaping of the Nordic countries. In: U. Varjo & W. Tietze (Hrsg.), Norden. Man and Environment. Berlin, Stuttgart 1987, 3–19.

Karlsson, S., & A.-M. Robertsson, Human impact in the Lake Mälaren region, south-central Sweden during the Viking age (AD 750–1050): a survey of biostratigraphical evidence. In: U. Miller & H. Clarke, Environment and Vikings. Scientific methods and techniques. Birka Studies 4, Stockholm 1997, 47–72.

Kiryanov, A.V., Istoriya zemledeliya Novgorodskoi zemli X–XV vv. In: A. Artsikhovsky & B. Kolchin (Hrsg.), Trudy Novgorodskoi arkheologicheskoi ekspeditsii II. Materialy i issledovaniya po arkheologii SSSR 65, Moskva 1959, 306–362.

Körber-Grohne, U., Nutzpflanzen in Deutschland. Stuttgart 1987.

Latałowa, M., The last 1500 years on Wolin Island (NW Poland) in the light of palaeobotanical studies. Review of Palaeobotany and Palynology 73, 1992, 213–226.

Latałowa, M., Some problems in the palaeoecological interpretation of archaeological layers in the early medieval port of Wolin, Northwest Poland. In: U. Miller & H. Clarke, Environment and Vikings. Scientific methods and techniques. Birka Studies 4, Stockholm 1997, 91–104.

Lempiäinen, T., & G. Levkovskaya, Grain and seed impressions on ceramics from Vasilievskoye, Novgorod, Russia. Annales Botanici Fennici 31, 1994, 191–196.

Ludat, H., Vorstufen und Entstehung des Städtewesens in Osteuropa. Zur Frage der vorkolonialen Wirtschaftszentren im slavisch-baltischen Raum. Köln-Braunsfeld 1955.

Neugebauer, W., Von Truso nach Elbing. Leitlinien der Frühgeschichte des Elbinger Raumes. Bremerhaven, Münster 1975.

Sethe, P., Russische Geschichte. Frankfurt, Berlin 1968.

Struve, K.W., Haithabu und die Handelsplätze der Wikinger im Ostseeraum. In: J. Newig & H. Theede (Hrsg.), Die Ostsee. Natur und Kulturraum. Husum 1985, 41–43.

Theede, H., Leben am Meeresboden. In: J. Newig & H. Theede (Hrsg.), Die Ostsee. Natur und Kulturraum. Husum 1985, 184–192.

Voss, R., Slawische Teersiederei im frühen Mittelalter. Alt-Thüringen 30, 1996, 185–208.

Westerdahl, C., Amphibian transport systems in Northern Europe. A survey of a medieval pattern of life. Fennoscandia Archaeologica 13, 1996, 69–82.

14. Die Hanse

Andersson, H., Veränderungen oder Kontinuität im mittelalterlichen schwedischen Städtewesen des 12. und 13. Jahrhunderts unter besonderer Berücksichtigung der Entwicklung im Ostseegebiet. In: Amt für Vor- und Frühgeschichte (Bodendenkmalpflege) der Hansestadt Lübeck (Hrsg.), Seehandelszentren des nördlichen Europa. Der Strukturwandel vom 12. zum 13. Jahrhundert. Beiträge des Ostsee-Kolloquiums Lübeck 1981. Lübecker Schriften zur Archäologie und Kulturgeschichte 7, Bonn 1983, 185–194.

Bagrow, L., Norden i den äldsta kartografien. Svensk Geografisk Årsbok 1951, 119–133.

Benninghoven, F., Rigas Entstehung und der frühhansische Kaufmann. Hamburg 1961.

Boehncke, H., & H. Sarkowicz, Mit Totenkopf und Enterhaken. Die Abenteuer der Seeräuber in Nord- und Ostsee. Frankfurt 1994.

Borries, H.K. von, Die Handels- und Schiffahrtsbeziehungen zwischen Lübeck und Finnland. Jena 1923.

Crumlin-Pedersen, O., Schiffe und Seehandelsrouten im Ostseeraum 1050–1350 – von der schiffsarchäologischen Forschung aus gesehen. In: Amt für Vor- und

Frühgeschichte (Bodendenkmalpflege) der Hansestadt Lübeck (Hrsg.), Seehandelszentren des nördlichen Europa. Der Strukturwandel vom 12. zum 13. Jahrhundert. Beiträge des Ostsee-Kolloquiums Lübeck 1981. Lübecker Schriften zur Archäologie und Kulturgeschichte 7, Bonn 1983, 229–237.

Dahlbäck, G., «Ein Schloß vor den Mälarsee zu hängen ...». Die Entstehung Stockholms und ihre politischen und ökonomischen Konsequenzen für das Mälarsee-Gebiet im Licht der kürzlich abgeschlossenen Ausgrabungen auf Helgeandsholmen in Stockholm. In: Amt für Vor- und Frühgeschichte (Bodendenkmalpflege) der Hansestadt Lübeck (Hrsg.), Seehandelszentren des nördlichen Europa. Der Strukturwandel vom 12. zum 13. Jahrhundert. Beiträge des Ostsee-Kolloquiums Lübeck 1981. Lübecker Schriften zur Archäologie und Kulturgeschichte 7, Bonn 1983, 219–224.

Dollinger, P., Die Hanse. Stuttgart 1966.

Ellmers, D., Frühmittelalterliche Handelsschiffahrt in Mittel- und Nordeuropa. Neumünster 1972.

Erdmann, W., Entwicklungstendenzen des Lübecker Hausbaus 1100 bis um 1340 – Eine Ideenskizze. In: Amt für Vor- und Frühgeschichte (Bodendenkmalpflege) der Hansestadt Lübeck (Hrsg.), Seehandelszentren des nördlichen Europa. Der Strukturwandel vom 12. zum 13. Jahrhundert. Beiträge des Ostsee-Kolloquiums Lübeck 1981. Lübecker Schriften zur Archäologie und Kulturgeschichte 7, Bonn 1983, 19–38.

Eriksson, G., Advance and retreat of charcoal iron industry and rural settlement in Bergslagen. Geografiska Annaler 42(4), 1960, 267–284.

Eriksson, G., Der Bergbau, die Eisen- und die Stahlindustrie im Norden. Geographische Rundschau 12(6), 1960, 233–243.

Fick, K.E., Ostseehäfen. Grundlagen, Entwicklungen, Perspektiven. Lübeck, Rostock, Stettin, Danzig in Vergangenheit und Gegenwart (1. Teil). Deutsche Ostkunde 34(1), 1988, 3–56.

Fischer, B., Hanse-Städte. Geschichte und Kultur. Köln 1981.

Friedland, K., Die Hanse – Mittler zwischen Ost und West. In: J. Newig & H. Theede (Hrsg.), Die Ostsee. Natur und Kulturraum. Husum 1985, 44–47.

Gnegel-Waitschies, G., Bischof Albert von Riga. Ein Bremer Domherr als Kirchenfürst im Osten (1199–1229). Hamburg 1958.

Hammel-Kiesow, R., Die Hanse. München 2000.

Hehn, J. von, Riga. Bollwerk des Abendlandes am Baltischen Meer. Kitzingen o.J. (1954).

Higounet, C., Die deutsche Ostsiedlung im Mittelalter. Berlin 1986.

Hoffmann, E., Die schrittweise Ablösung Schleswigs durch Lübeck als wichtigstes Seehandelszentrum an der westlichen Ostsee (ca. 1150–1250). In: Amt für Vor- und Frühgeschichte (Bodendenkmalpflege) der Hansestadt Lübeck (Hrsg.), Seehandelszentren des nördlichen Europa. Der Strukturwandel vom 12. zum

13. Jahrhundert. Beiträge des Ostsee-Kolloquiums Lübeck 1981. Lübecker Schriften zur Archäologie und Kulturgeschichte 7, Bonn 1983, 39–46.

Hubatsch, W., Im Bannkreis der Ostsee. Grundriß einer Geschichte der Ostseeländer in ihren gegenseitigen Beziehungen. Marburg 1948.

Kampp, A.H., Kopenhagen – Kaufmannshafen. In: J. Newig & H. Theede (Hrsg.), Die Ostsee. Natur und Kulturraum. Husum 1985, 170–174.

Klose, H., Über die alte Waldbienenwirtschaft in der früheren Provinz Westpreußen. Beiträge zur Naturdenkmalpflege 14(4), 1931, 293–360.

Küster, H., Geschichte des Waldes. Von der Urzeit bis zur Gegenwart. München 1998.

Küster, H., Gedanken zur Holzversorgung von Werften an der Nord- und Ostsee im Mittelalter und in der frühen Neuzeit. Deutsches Schiffahrtsarchiv 22, 1999, 315–328.

Laurell, E., & B. Hedenstierna, Stockholmstraktens topografiska huvuddrag. Ymer 2–4, 1938, 127–146, Tafel 1.

Lundén, T., Stockholm – alles begann in Gamla Stan. In: J. Newig & H. Theede (Hrsg.), Die Ostsee. Natur und Kulturraum. Husum 1985, 167–169.

Miller, U., & A.-M. Robertsson, The Helgeandsholmen excavation: An outline of biostratigraphical studies to document shore displacement and vegetational changes. Second Nordic Conference on the Application of Scientific Methods in Archaeology. Helsingør (Elsinore), Denmark, 17–19 August 1981. PACT 7, Strasbourg 1982, 311–328.

Müller-Sternberg, R., Zwischen Lübeck und Reval. Deutsche Geistesgeschichte im Ostseeraum. Oldenburg und Hamburg 1964.

Pfotenhauer, A., Backsteingotik. Bonn 1999.

Renken, F., Der Handel der Königsberger Großschäfferei des Deutschen Ordens mit Flandern um 1400. Weimar 1937.

Rutkis, J., Latvia. Country and People. Stockholm 1967.

Sernander, R., Stockholms Natur. Uppsala 1926.

Spethmann, H., Forschungen im innersten Winkel der südwestlichen Ostsee. Mitteilungen der Geographischen Gesellschaft und des Naturhistorischen Museums in Lübeck 44, 1953, 3–135.

Stoob, H., Über Wachstumsvorgänge und Hafenausbau bei hansischen See- und Flußhäfen im Mittelalter. In: H. Stoob (Hrsg.), See- und Flußhäfen vom Hochmittelalter bis zur Industrialisierung. Städteforschung A 24, Köln, Wien 1986, 1–65.

Tietze, W., Stockholm. Geographische Rundschau 12(6), 1960, 251–253, 8 Abb.

Vollack, M., Riga – Porträt einer Ostseestadt. Mare Balticum 1988, Hamburg 1988, 42–54.

Voss, R., Slawische Teersiederei im frühen Mittelalter. Alt-Thüringen 30, 1996, 185–208.

Weidhagen-Hallerdt, M., Från Birger Jarl till Gustav Wasa. Katalog till Stockholms Medeltidsmuseum. Stockholm 1993.

Weigand, K., Flensburg Atlas. Die Stadt Flensburg in der deutsch-dänischen Grenzregion in Geschichte und Gegenwart. Flensburg 1978.

Weisflog, R., Die Entwicklungsgeschichte der finnisch-deutschen Handelsbeziehungen. Greifswald 1925.

Zaleski, J., & C. Wojewódka, Baltycka. Zarys monografii gospodarczej. Wrocław, Warszawa, Kraków, Gdańsk 1977.

Zientara, B., Die Entwicklung der Städte im Niederoderraum im 13. Jahrhundert im Zusammenhang mit den Anfängen des Kornexports. In: Amt für Vor- und Frühgeschichte (Bodendenkmalpflege) der Hansestadt Lübeck (Hrsg.), Seehandelszentren des nördlichen Europa. Der Strukturwandel vom 12. zum 13. Jahrhundert. Beiträge des Ostsee-Kolloquiums Lübeck 1981. Lübecker Schriften zur Archäologie und Kulturgeschichte 7, Bonn 1983, 147–157.

15. Landwirtschaft als Haupt- und Nebensache

Andersson, H., Parzellierung und Gemengelage. Studien über die ältere Kulturlandschaft in Schonen. Lund 1959.

Baumgarten, K., & A. Heim, Landschaft und Bauernhaus in Mecklenburg. Berlin 1987.

Benl, R., Pommern bis zur Teilung von 1368/72. In: W. Buchholz, Deutsche Geschichte im Osten Europas: Pommern. Berlin 1999, 21–126.

Boockmann, H., Deutsche Geschichte im Osten Europas: Ostpreußen und Westpreußen. 2. Auflage Berlin 1993.

Cederkreutz, C., Studien über Laubwiesen in den Kirchspielen Kyrkslätt und Esbo in Südfinnland mit besonderer Berücksichtigung der Verbreitung und Einwanderung der Laubwiesenarten. Acta Botanica Fennica 3, 1927, 1–181.

Credner, W., Landschaft und Wirtschaft in Schweden. Schriften der Baltischen Kommission zu Kiel 1, Breslau 1926.

Dahl, S., En översiktskarta över Skånes byar vid mitten av 1600-talet. Svensk Geografisk Årsbok 1940, 26–31.

Dahl, S., Strip fields and enclosure in Sweden. The Scandinavian Economic History Review 9(1), 1961, 56–67.

Ekström, T., Till frågan om Sveriges naturliga jordbruksregioner. Ymer 1, 1936, 42–80, Tafel 2. .

Enequist, G., Övre Norrlands storbyar i äldre tid. Ymer 2, 1935, 143–184.

Enequist, G., Eine Karte der Siedlungen in Schweden um etwa 1700. In: H. Jäger, A. Krenzlin & H. Uhlig, Beiträge zur Genese der Siedlungs- und Agrarlandschaft in Europa. Beihefte zur Geographischen Zeitschrift = Erdkundliches Wissen 18, Wiesbaden 1968, 31–37.

Engel, Franz: Das Rodungsrecht der Hagensiedlungen. Quellen zur Entwicklungsgeschichte der spätmittelalterlichen Kolonisationsbewegung. Quellenhefte zur niedersächsischen Geschichte 3, Hildesheim 1949.

Fransson, R., Å. Hermansson, S. Lundkvist & I. Sjödahl, Örtugadelning och ägoinnehav före storskiftet. Studier i mellansvenska lantmäteriakter och uppländska domböcker. Upplands Fornminnesförening Tidskrift 48(1), 1957, 7–67.

Gissel, S., E. Jutikkala, E. Österberg, J. Sandnes & B. Teitsson, Desertion and land colonization in the Nordic countries c. 1300–1600. Comparative Report from the Scandinavian research project on deserted farms and villages. Stockholm 1981.

Göransson, S., Field and village on the island of Öland. A study of the genetic compound of an east Swedish rural landscape. Geografiska Annaler 40(2), 1958, 101–158, Tafel 1–2.

Granö, J.G., Gehöfte und Siedlungen in Finnland. Eine geographische Übersicht. Fennia 63(6), Helsinki 1937.

Hæggström, C.-A., Vegetation and soil of the wooded meadows in Nåtö, Åland. Acta Botanica Fennica 120, 1983, 1–66.

Hæggström, C.-A., Wooded meadows and the use of deciduous trees for fodder, fuel, carpentry and building purposes. In: Protoindustries et Histoire des Forêts: Actes du Colloque tenu à la Maison de la Forêt (Loubières, Ariège), les 10–13 octobre 1990. Les Cahiers de l'Isard 3, 1992, 151–162.

Hæggström, C.-A., Lövängar i norden och Balticum. Nordenskiöld-samfundets Tidskrift 54, 1995, 21–58.

Hannerberg, D., Schonische «Bolskiften». Lund Studies in Geography B 20, Lund 1960.

Hedenstierna, B., Skärgården som forskningsobjekt. Några kulturgeografiska studieglimtar. Ymer 4, 1943, 233–255.

Hedenstierna, D., Näringslivet i Sotholms Härad under 1600–talet. Geografiska Annaler 3–4, 1951, 85–164.

Helmfrid, S., Östergötland «Västanstång». Studien über die ältere Agrarlandschaft und ihre Genese. Geografiska Annaler 44(1–2), 1962, 1–277.

Higounet, C., Die deutsche Ostsiedlung im Mittelalter. Berlin 1986.

Hult, J., The areal differentiation of farming in the Oulu district, Finland. Fennia 94(2), Helsinki 1966.

Hultblad, F., De första nybyggarna i Jokkmokks och Gällivare socknar. Norrbotten 1940, 33–44.

Jahn, L., Memel als Hafen- und Handelsstadt (1913–1922). Jena 1926.

Jeansson, N.R., Flygfotografier och fossila åkrar. Svensk Geografisk Årsbok 37, 1961, 152–157.

Kampp, A.H., Die landwirtschaftlichen Regionen Dänemarks. Geographische Rundschau 8(11), 1956, 435–442.

Kampp, A.H., The agricultural geography of Møn. A survey and examples. Erdkunde 16(3), 1962, 173–190.

Kampp, A.H., Die Aufteilung der dänischen Majorate. Ein Beitrag zum Problem des Großgrundbesitzes in Dänemark. Geographische Rundschau 16(12), 1964, 477–485.

Krause, H., Die Agrarreformen in Lettland und Estland. Berlin 1927.

Krenzlin, A., Dorf, Feld und Wirtschaft im Gebiet der großen Täler und Platten östlich der Elbe. Forschungen zur Deutschen Landeskunde 70, Remagen 1952.

Krenzlin, A., Historische und wirtschaftliche Züge im Siedlungsformenbild des westlichen Ostdeutschland unter besonderer Berücksichtigung von Mecklenburg-Vorpommern und Sachsen. Frankfurter Geographische Hefte 27–29, Frankfurt 1955, 3–64, Karte 1–4.

Küster, H., Geschichte der Landschaft in Mitteleuropa. Von der Eiszeit bis zur Gegenwart. München 1995, 3. Auflage München 1999.

Lagerstedt, T., Livsmedel och livsmedelsproduktion under stormarktstiden. Ymer 1, 1946, 1–22.

Lewan, N., Tottarp i Bara Härad. Utveckling av bebyggelse och domänstruktur sedan enskiftet. Svensk Geografisk Årsbok 43, 1967, 75–85.

Marquardt, G., Die Schleswig-Holsteinische Knicklandschaft. Kiel 1950.

Moberg, I., Gotland um das Jahr 1700. Eine kulturgeographische Kartenanalyse. Geografiska Annaler 1–2, 1938, 3–112, Tafel 1.

Montelius, S., The burning of forest land for the cultivation of crops. «Svedjebruk» in central Sweden. Geografiska Annaler 35(1), 1953, 41–54.

Mühlen, H. von zur, Livland von der Christianisierung bis zum Ende seiner Selbständigkeit (etwa 1180–1561). In: G. von Pistohlkors, Deutsche Geschichte im Osten Europas: Baltische Länder. Berlin 1994, 26–172.

Mühlen, H. von zur, Das Ostbaltikum unter Herrschaft und Einfluß der Nachbarmächte (1561–1710/1795). In: G. von Pistohlkors, Deutsche Geschichte im Osten Europas: Baltische Länder. Berlin 1994, 174–264.

Myrdal, J., Jordbruket under feodalismen 1000–1700. Borås 1999.

Nichtweiss, J., Das Bauernlegen in Mecklenburg. Eine Untersuchung zur Geschichte der Bauernschaft und der zweiten Leibeigenschaft in Mecklenburg bis zum Beginn des 19. Jahrhunderts. Berlin 1954.

Nissen, N.R., Landwirtschaft im Wandel. Natur und Technik einst und jetzt. Heide 1989.

Nordell, P.O., & H. Rydberg, From the plains of Middle Sweden to the high mountains. Congrès Internationale de Géographie, Norden 1960. Geografiska Annaler 2–3, 1959, 170–192.

Nordström, O., Plogen som innovation. Svensk Geografisk Årsbok 33, 1957, 29–37.

Nordström, O., Die Landwirtschaft des Nordens. Geographische Rundschau 12(3), 1960, 85–92.

Olsson, A., Den extensiva foderfångsten i Ytterbergs by i Härjedalen. Rig 1938, 177–206.

Pistohlkors, G. von, Die Ostseeprovinzen unter russischer Herrschaft. In: G. von Pistohlkors, Deutsche Geschichte im Osten Europas: Baltische Länder. Berlin 1994, 266–450.

Prange, W., Die Anfänge der großen Agrarreformen in Schleswig-Holstein bis um 1771. Quellen und Forschungen zur Geschichte Schleswig-Holsteins 60, Neumünster 1971.

Ränk, G., Die Bauernhausformen im baltischen Raum. Würzburg 1962.

Reynaud, C., & M. Hjelmroos, Vegetational history and evidence of settlement on Hailuoto, Finland, established by means of pollen analysis and radiocarbon dating. Aquilo Series Botanica 14, 1976, 46–60.

Sarmela, M., Swidden cultivation in Finland as a cultural system. In: J. Raumolin, Special issue on swidden cultivation. Suomen Antropologi 12(4), 1987, 241–262.

Scheibe, E., Siedelungsgeographie der Inseln Ösel und Moon. München 1934.

Slotte, H., Lövtakt i Sverige och på Åland. Metoder och påverkan på landskapet. Uppsala 2000.

Stenström, I., Till det Sytgotländska ängets minne. Ymer 4, 1945, 284–308.

Taavitsainen, J.-P., Wide-range hunting and swidden cultivation as prerequisities of Iron Age colonization in Finland. In: J. Raumolin, Special issue on swidden cultivation. Suomen Antropologi 12(4), 1987, 213–233.

Tack, R., Bornholms Besiedlung. Eine siedlungsgeographische Inselstudie. Rostock o.J.

Thiesen, E., Das neue Angelnbuch. Neumünster 2001.

Thorpe, H., The influence of inclosure on the form and pattern of rural settlement in Denmark. The Institute of British Geographers. Transactions and Papers 17, 1951, 113–129.

Torbrand, D., Stux i Bunge – en Nordgotländsk «gard». En kulturgeografisk studie. Svensk Geografisk Årsbok 1956, 90–118.

Vasari, Y., The role of peatlands and flooded meadows in the economic history of Kuusamo. Oulanka Reports 8, 1988, 96–102.

Veirulf, O., Bygdestudier i Västerdalarna. Bebyggelsen i Lima och Transtrands socknar under 1600-talet, sådan den framträder i de historiska akterna. Meddelanden från Uppsala Universitets Geografiska Institution A 12, Uppsala 1935.

Wester, E., Några Skånska byar enligt lantmäterikartorna. Svensk Geografisk Årsbok 36, 1960, 162–180.

Wilke, E., Die Landwirtschaft im Kreis Kolberg-Körlin und in der Woiwodschaft Köslin. Hamburg 1994.

16. Die Bauern als Bergleute

Alexandersson, G., Verkehr auf der Ostsee. In: J. Newig & H. Theede (Hrsg.), Die Ostsee. Natur und Kulturraum. Husum 1985, 55–61.

Arpi, G., The supply with charcoal of the Swedish iron industry from 1830 to 1950. Geografiska Annaler 35(1), 1953, 11–27.

Arpi, G., Vattenkraften och äldre tiders järnhantering. Ymer 1, 1953, 24–37.

Austrup, G., Schweden. 2. Auflage München 1997.

Bergfeld, G., Schweden. Kunst- und Reiseführer mit Landeskunde. Stuttgart, Berlin, Köln, Mainz 1987.

Bergsten, K.E., A methodological study of an ancient hinterland. The iron factory of Finspong, Sweden. Lund Studies in Geography B1, Lund 1949.

Böcher, S.B., Three waterpowered industrial centres in Nordsjælland. Transactions of the 2. International Symposium on Molinology, Denmark, May 1969. Lyngby 1971, 249–268.

Credner, W., Landschaft und Wirtschaft in Schweden. Schriften der Baltischen Kommission zu Kiel 1, Breslau 1926.

Eriksson, G., The decay of blast-furnaces and ironworks in Väster Bergslagen in Central Sweden 1860–1940. Geografiska Annaler 35(1), 1953, 1–10.

Eriksson, G., Advance and retreat of charcoal iron industry and rural settlement in Bergslagen. Geografiska Annaler 42(4), 1960, 267–284.

Eriksson, G., Der Bergbau, die Eisen- und die Stahlindustrie im Norden. Geographische Rundschau 12(6), 1960, 233–243.

Gadolin, A. von, Eisenerz und Eisenindustrie in Finnland. Zeitschrift für Wirtschaftsgeographie 3, 1959, 65–70.

Häkkilä, M., Manufacturing in Finland. In: U. Varjo & W. Tietze (Hrsg.), Norden. Man and Environment. Berlin, Stuttgart 1987, 35/–374.

Karın, T., Estland. Kulturelle und landschaftliche Vielfalt in einem historischen Grenzland zwischen Ost und West. Köln 1995.

Küster, H., Geschichte der Landschaft in Mitteleuropa. Von der Eiszeit bis zur Gegenwart. München 1995, 3. Auflage München 1999.

Lappalainen, E., Historical review of the utilization of peatlands in Finland. In: H. Vasander (Hrsg.), Peatlands in Finland. Helsinki 1996, 60–63.

Lindberg, O., An economic-geographical study of the localization of the Swedish paper industry. Geografiska Annaler 35(1), 1953, 28–40.

Matiskainen, H., & G. Haggrén, Finland's oldest glass furnaces. Studies in industrial archaeology. Annales du 13e Congrès de l'Association Internationale pour l'Histoire du Verre, Pays Bas, 28 août – 1 septembre 1995, 447–462.

Matiskainen, H., G. Haggrén & S. Vanhatalo, The archaeology of the early glass industry in Finland. The glassworks of Åvik in Somero (1748–1833) and Mariedal in Sipoo (1776–1824). Lasitutkimuksia – Glass Research VI, Riihimäki 1991.

Moberg, I., Gotland um das Jahr 1700. Eine kulturgeographische Kartenanalyse. Geografiska Annaler 1–2, 1938, 3–112, Tafel 1.

Nordström, O., Die Beziehungen zwischen Hüttenwerken und ihrem Umland in Südschweden von 1750 – 1950. Lund Studies in Geography B 8, Lund 1953.

Quack, U., Gotland. Köln 1997.

Stålberg, H., Studier över köpingen Almviks uppland vid mitten av 1700–talet. Svensk Geografisk Årsbok 1953, 127–135.

Torbrand, D., Stux i Bunge – en Nordgotländsk «gard». En kulturgrafisk studie. Svensk Geografisk Årsbok 1956, 90–118.

Wester, E., Befolkningen i Kristianstad omkring år 1680. Svensk Geografisk Årsbok 1956, 71–89.

17. Wer ist die Schönste am ganzen Meer?

Albrecht, W., & M. Kantola, Finnland. München 1992.

Alten, J. von, Weltgeschichte der Ostsee. Berlin 1996.

Améen, L., Stadsplanetyper. Svensk Geografisk Årsbok 37, 1961, 43–63.

Améen, L., Stadsplanestudier över Kalmar. Svensk Geografisk Årsbok 41, 1965, 7–18.

Bergfeld, G., Schweden. Kunst- und Reiseführer mit Landeskunde. Stuttgart, Berlin, Köln, Mainz 1987.

Dey, R., Finnland. Köln 1986.

Etzold, G., Seehandel und Kaufleute in Reval nach dem Frieden von Nystad bis zur Mitte des 18. Jahrhunderts. Marburg/Lahn 1975.

Hall, T., Planung europäischer Hauptstädte. Zur Entwicklung des Städtebaues im 19. Jahrhundert. Stockholm 1986.

Hedenstierna, B., Studier över Stockholms äldre kartverk och sambandet mellan topografi och stadsplan. Ymer 2–4, 1938, 147–180, Tafel 2–5.

Hubatsch, W., Im Bannkreis der Ostsee. Grundriß einer Geschichte der Ostseeländer in ihren gegenseitigen Beziehungen. Marburg 1948.

Jaatinen, S., Helsinki – Finnlands Metropole. In: J. Newig & H. Theede (Hrsg.), Die Ostsee. Natur und Kulturraum. Husum 1985, 164–166.

Kampp, A.H., Kopenhagen – Kaufmannshafen. In: J. Newig & H. Theede (Hrsg.), Die Ostsee. Natur und Kulturraum. Husum 1985, 170–174.

Kommer, B.R., Hansestadt Lübeck. In: J. Newig & H. Theede (Hrsg.), Die Ostsee. Natur und Kulturraum. Husum 1985, 139–142.

Laur, W., Riga – Handelsstadt zwischen Deutschland und Rußland. In: J. Newig & H. Theede (Hrsg.), Die Ostsee. Natur und Kulturraum. Husum 1985, 157.

Lenz, W., Die Entwicklung Rigas zur Großstadt. Kitzingen am Main 1954.

Ludwig, K., Lettland. München 2000.

Lundén, T., Stockholm – alles begann in Gamla Stan. In: J. Newig & H. Theede (Hrsg.), Die Ostsee. Natur und Kulturraum. Husum 1985, 167–169.

Newig, J., Leningrad – Schlüssel zum Westen. In: J. Newig & H. Theede (Hrsg.), Die Ostsee. Natur und Kulturraum. Husum 1985, 161–163.

Palomaki (recte «Palomäki»), M., Land emergence and its impact on harbor development in the Vaasa area, Finland. In: A.G. Noble, B. Thakur, A.B. Mukherji & F.J. Costa (Hrsg.), Geographical Planning Research Themes for the New Millennium. Felicitations in Honour of Professor Ashok K. Dutt. New Delhi 2000, 183–199.

Pistohlkors, G. von, Die Ostseeprovinzen unter russischer Herrschaft (1710/95–1914). In: G. von Pistohlkors, Deutsche Geschichte im Osten Europas: Baltische Länder. Berlin 1994, 265–450.

Tietze, W., Stockholm. Geographische Rundschau 12(6), 1960, 251–253, 8 Abb.

18. Die späte Industrialisierung

Alexandersson, G., Verkehr auf der Ostsee. In: J. Newig & H. Theede (Hrsg.), Die Ostsee. Natur und Kulturraum. Husum 1985, 55–61.

Alexandersson, G., Manufacturing industries and services in Sweden. In: U. Varjo & W. Tietze (Hrsg.), Norden. Man and Environment. Berlin, Stuttgart 1987, 400–404.

Améen, L., Sveriges järnvägar 100 år. Svensk Geografisk Årsbok 1956, 119–138.

Améen, L., Die Verkehrsverhältnisse des Nordens. Geographische Rundschau 12(4), 1960, 152–161.

Ängeby, O., Ångermanälven som kraftkälla. Svensk Geografisk Årsbok 1952, 7–29.

Arpi, G., Vattenkraften och äldre tiders järnhantering. Ymer 1, 1953, 24–37.

Arpi, G., Das Sundsvallgebiet im nördlichen Schweden 1850–1950. Geographische Rundschau 7(5), 1955, 173–177.

Bergfeld, G., Schweden. Kunst- und Reiseführer mit Landeskunde. Stuttgart, Berlin, Köln, Mainz 1987.

Böcher, S.B., Dänemarks Industrie. Geographische Rundschau 8(11), 1956, 431–435.

Böcher, S.B., Træk af vejudviklingen i Danmark. Geografisk Tidsskrift 65, 1966, 129–176, Tafel 1.

Bundesministerium für Verkehr (Hrsg.), Die Vogelfluglinie. Planung und Bau der Verkehrsanlagen in der Bundesrepublik Deutschland. Neumünster 1963.

Bylund, E., Die Entwicklungsprobleme im «Nordkalottgebiet» Schwedens. Geoforum 5, 1971, 37–46.

Credner, W., Landschaft und Wirtschaft in Schweden. Breslau 1926.

Enequist, G., Advance and retreat of rural settlement in north-western Sweden. Geografiska Annaler 42(4), 1960, 211–220.

Enequist, G., & L. Bäck, Central places in sparsely populated areas. Three examples from northernmost Sweden. Geografiska Annaler 48B(1), 1966, 36–50.

Eriksson, G., Der Bergbau, die Eisen- und die Stahlindustrie im Norden. Geographische Rundschau 12(6), 1960, 233–243.

Gadolin, A. von, Eisenerz und Eisenindustrie in Finnland. Zeitschrift für Wirtschaftsgeographie 3, 1959, 65–70.

Granö, O., Die finnische Segelschiffahrt. Fennia 81(2), Helsinki 1957.

Granö, O., Räumliche Verschiebungen im finnischen Reedereigewerbe in den letzten hundert Jahren. Fennia 82(2), Helsinki 1958.

Grundström, S., Norrbottens järnverk. En storindustri under utbyggnad. Svensk Geografisk Årsbok 1946, 125–140.

Häkkilä, M., Manufacturing in Finland. In: U. Varjo & W. Tietze (Hrsg.), Norden. Man and Environment. Berlin, Stuttgart 1987, 357–374.

Hall, T., Planung europäischer Hauptstädte. Zur Entwicklung des Städtebaues im 19. Jahrhundert. Stockholm 1986.

Jahn, L., Memel als Hafen- und Handelsstadt (1913–1922). Jena 1926.

Karin, T., Estland. Kulturelle und landschaftliche Vielfalt in einem historischen Grenzland zwischen Ost und West. Köln 1995.

Krämer, H.R., Die Ostsee als Wirtschaftsraum der Anrainerstaaten. In: J. Newig & H. Theede (Hrsg.), Die Ostsee. Natur und Kulturraum. Husum 1985, 48–54.

Lundholm, K.O., North Scandinavia, or Nordkalotten, a region of northern Europe. In: K.O. Lundholm, Ö.J. Groth & R.Y. Petersson, North Scandinavian History. Luleå 1996, 9–114.

Nelson, H., Indalsälven. Sveriges mest utnyttjade kraftkälla. Svensk Geografisk Årsbok 1946, 141–171.

Norling, G., Abandonment of rural settlement in Västerbotten Lappmark, North Sweden, 1930–1960. Geografiska Annaler 42(4), 1960, 232–243.

Ruotsalo-Aario, R., Wirtschaftsleben und Verkehrsbedingungen im Einflußbereich des Saimaa-Kanals in Finnland. Wirtschaftsgeographie 3, 1969, 69–76.

Säntti, A.A., & O. Inkinen, Über die Wandlungen verkehrsgeographischer Verhältnisse im Schärenhof vor Turku seit der letzten Jahrhundertwende. Turun Yliopiston Maantieteellisen Laitoksen Julkaisuja 30, Turku 1954.

Spindler, B., Die Seeschiffahrt der DDR. In: H. Bei der Wieden (Hrsg.), Schiffe und Seefahrt in der südlichen Ostsee. Mitteldeutsche Forschungen 91, Köln, Wien 1986, 265–293.

Tietze, W., Verkehrsgeographische Probleme Dänemarks. Geographische Rundschau 8(11), 1956, 443–449.

Varjo, U., Über die Straßen Finnlands. Fennia 92(6), Helsinki 1965.

Vuoristo, K.-V., Die Wirkung der Veränderung von Verkehrsverhältnissen auf die Entwicklung einiger zentralen (sic!) Küstenorte in Finnland. Fennia 94(1), Helsinki 1966.

Westerdahl, C., Amphibian transport systems in Northern Europe. A survey of a medieval pattern of life. Fennoscandia Archaeologica 13, 1996, 69–82.

19. Zwischen Bodenständigkeit und Globalisierung

Aario, L., Die regionale Differenzierung der Landwirtschaft Finnlands. Wissenschaftliche Zeitschrift der Universität Halle 18(1), 1969, 95–115.

Abrahamson, H., Geografiska synpunkter på åkerarealens struktur. Svensk Geografisk Årsbok 1963, 7–36, Tafel 1.

Albrecht, W., & M. Kantola, Finnland. München 1992.

Alestalo, J., Die Anbaugebiete von Ackerpflanzen in Finnland. Fennia 92(4), Helsinki 1965.

Böcher, S.B., Dänemarks Industrie. Geographische Rundschau 8(11), 1956, 431 bis 435.

Cajander, E., Geographische Übersicht des Landbaus in Finnland. Fennia 47(14), Helsinki 1927.

Ehlers, E., Kuparivaara – Puolakkavaara – Jouttiaapa. Beispiele gegenwärtiger Agrarkolonisation in Nordfinnland. Erdkunde 21(3), 1967, 212–226.

Ehlers, E., Nordfinnland. Möglichkeiten und Grenzen seiner wirtschaftlichen Erschließung. Geographische Rundschau 20(2), 1968, 46–59.

Ehnbom, K., Statsunderstödda torrläggningar och nyodlingen i Malmöhus län åren 1880–1935. Svensk Geografisk Årsbok 1941, 22–48.

Eiben, H., Schutz der Ostseeküste von Schleswig-Holstein. In: J. Kramer & H. Rohde (Hrsg.), Historischer Küstenschutz. Deichbau, Inselschutz und Binnenentwässerung an Nord- und Ostsee. Stuttgart 1992, 517–534.

Endriss, G., Die innere Kolonisation Finnlands im 19. Jahrhundert nach der Darstellung in Alexis Kivis «Die sieben Brüder» (1870). Regio Basiliensis 9(1), 1968, 193–198.

Enequist, G., Agricultural holding and population in the rural districts of Sweden 1950–1960. In: F. Dussart (Hrsg.), L'Habitat et les Paysages Ruraux d'Europe. Comptes rendus du Symposium tenu à l'Université de Liège du 29 juin au 5 juillet 1969. Liège 1971, 117–127.

Eriksson, G.A., Jordbrukspolitiken och det Svenska jordbruket. Geografiska Notiser 1–2, 1962, 1–16.

Fogelberg, P., Regionale Differenzierung in der finnischen Landwirtschaft. Einige Beispiele im Lichte der Landwirtschaftszählung 1959. Fennia 92(5), Helsinki 1965.

Granö, J.G., Gehöfte und Siedlungen in Finnland. Eine geographische Übersicht. Turun Yliopiston Maantieteellisen Laitoksen Julkaisuja 15, Helsinki 1937.

Hannerberg, D., Jordbrukets yttre rationalisering från det medeltida solskiftet till 1947 års jordbruksreform. Några synpunkter på kulturlandskapets utformning. Svensk Geografisk Årsbok 1950, 155–176.

Hansen, V., Den rurale by. De bymæssige bebyggelsers opståen og geografiske udbredelse. Geografisk Tidsskrift 64, 1965, 54–69.

Heikinheimo, A., Siedlungsgeographie des Kirchspiels Kustavi in Südwestfinnland. Übersicht. Turun Yliopiston Maantieteellisen Laitoksen Julkaisuja 15, Helsinki 1939.

Juodkazis, V., Groundwater quality and its monitoring in the Baltic states. Geojournal 33(1), 1994, 63–70.

Kampp, A.H., Die landwirtschaftlichen Regionen Dänemarks. Geographische Rundschau 8(11), 1956, 435–441.

Kampp, A.H., Die dänische Agrarreform im 20. Jahrhundert. Geographische Rundschau 8(11), 1956, 441–442.

Kampp, A.H., Danish agricultural subdivision and the majorats. Geografisk Tidsskrift 59, 1960, 132–144.

Kampp, A.H., The agricultural geography of Møn. A survey and examples. Erdkunde. Archiv für wissenschaftliche Geographie 16(3), 1962, 175–190.

Kampp, A.H., Some changes in structure of Danish farming, particularly from 1940–1960. Geografisk Tidsskrift 62, 1963, 80–101.

Kampp, A.H., Die heutige Lage der Landwirtschaft in Dänemark. Geographische Rundschau 15(3), 1963, 124–127.

Kampp, A.H., Die Aufteilung der dänischen Majorate. Ein Beitrag zum Problem des Großgrundbesitzes in Dänemark. Geographische Rundschau 16(12), 1964, 477–485.

Kampp, A.H., Entwicklungstendenzen der dänischen Landwirtschaft. Deutscher Geographentag Kiel, 21.-26.7.1969. Wiesbaden o.J., 86–94.

Kluge, U., Ökowende. Agrarpolitik zwischen Reform und Rinderwahnsinn. Berlin 2001.

Krause, H., Die Agrarreformen in Lettland und Estland. Berlin und Breslau 1927.

Küster, H., Geschichte der Landschaft in Mitteleuropa. Von der Eiszeit bis zur Gegenwart. München 1995, 3. Auflage München 1999.

Lundholm, K.O., North Scandinavia, or Nordkalotten, a region of northern Europe. In: K.O. Lundholm, Ö.J. Groth & R.Y. Petersson, North Scandinavian History. Luleå 1996, 9–114.

Mander, Ü., & H. Palang, Changes of landscape structure in Estonia during the Soviet period. Geojournal 33(1), 1994, 45–54.

Melluma, A., Metamorphoses of Latvian landscapes during fifty years of Soviet rule. Geojournal 33(1), 1994, 55–62.

Myrdal, J., En agrarhistorisk syntes. In: B.M.P. Larsson, M. Morell & J. Myrdal (Hrsg.), Agrarhistoria. Stockholm 1997, 302–322.

Nissen, N.R., Landwirtschaft im Wandel. Heide 1989.

Nordström, O., Die Landwirtschaft des Nordens. Geographische Rundschau 12(3), 1960, 85–92.

Pfeifer, G., Das Siedlungsbild der Landschaft Angeln. Schriften der Baltischen Kommission zu Kiel 14, Breslau 1928.

Rauch, G.v., Geschichte der baltischen Staaten. 2. Aufl., München 1977.

Säntti, A.A., & O. Inkinen, Über die Wandlungen verkehrsgeographischer Verhältnisse im Schärenhof vor Turku seit der letzten Jahrhundertwende. Turun Yliopiston Maantieteellisen Laitoksen Julkaisuja 30, Turku 1954.

Söderman, I., Uppsala län. Jordbruksnedläggelse och storleksrationalisering 1951–1961.

Thiesen, E., Das neue Angelnbuch. Neumünster 2001.

Tietze, W., Verkehrsgeographische Probleme Dänemarks. Geographische Rundschau 8(11), 1956, 443–449.

Weiss, D., Schutz der Ostseeküste von Mecklenburg-Vorpommern. In: J. Kramer & H. Rohde (Hrsg.), Historischer Küstenschutz. Deichbau, Inselschutz und Binnenentwässerung an Nord- und Ostsee. Stuttgart 1992, 535–567.

Wilke, E., Die Landwirtschaft im Kreis Kolberg-Körlin und in der Woiwodschaft Köslin. Hamburg 1994.

Zunde, P., Die Landwirtschaft Sowjetlitauens. Wissenschaftliche Beiträge zur Geschichte und Landeskunde Ost-Mitteleuropas 58, Marburg/Lahn 1962.

20. Die kulturelle Entdeckung der Ostsee

Alten, J. von, Weltgeschichte der Ostsee. Berlin 1996.

Andrén, E., G. Shimmield & T. Brand, Environmental changes of the last three decades indicated by siliceous microfossil records from the southwestern Baltic Sea. The Holocene 9(1), 1999, 25–38.

Austrup, G., Schweden. 2. Auflage München 1997.

Boockmann, H., Deutsche Geschichte im Osten Europas: Ostpreußen und Westpreußen. 2. Auflage Berlin 1993.

Coblenz, K., Vorwort zu: G.L.T. Kosegarten, Briefe eines Schiffbrüchigen. 3. Auflage Bremen 1998, 7–14.

Duinker, J.C., & S.A. Gerlach, Verschmutzung. In: G. Rheinheimer (Hrsg.), Meereskunde der Ostsee. 2. Auflage Berlin, Heidelberg, New York 1996, 272–275.

Faust, M., Das Capri von Pommern. Geschichte der Insel Hiddensee von den Anfängen bis 1990. Rostock 2000.

Gerlach, S.A., Eutrophierung. In: G. Rheinheimer (Hrsg.), Meereskunde der Ostsee. 2. Auflage Berlin, Heidelberg, New York 1996, 275–282.

Gerlach, S.A., Schutzmaßnahmen. In: G. Rheinheimer (Hrsg.), Meereskunde der Ostsee. 2. Auflage Berlin, Heidelberg, New York 1996, 288–289.

Gerlach, S.A., Helsinki-Konvention. In: G. Rheinheimer (Hrsg.), Meereskunde der Ostsee. 2. Auflage Berlin, Heidelberg, New York 1996, 289–292.

Hempel, G., Aufgaben der internationalen Ostseeforschung. In: G. Rheinheimer (Hrsg.), Meereskunde der Ostsee. 2. Auflage Berlin, Heidelberg, New York 1996, 313–319.

Herder, J.G., Journal meiner Reise im Jahr 1769. In: Sturm und Drang. Kritische Schriften. Plan und Auswahl von E. Loewenthal. Heidelberg 1949, 289–397.

Hoppe, B., Auf den Trümmern von Königsberg. Kaliningrad 1946–1970. Schriftenreihe der Vierteljahreshefte für Zeitgeschichte 80, München 2000.

Hubatsch, W., Im Bannkreis der Ostsee. Grundriß einer Geschichte der Ostseeländer in ihren gegenseitigen Beziehungen. Marburg 1948.

Hupfer, P., Die Ostsee – kleines Meer mit großen Problemen. Leipzig 1984.

Jahn, W., Im Lichte Caspar David Friedrichs. Frühe Freilichtmalerei in Dänemark und Norddeutschland. Vernissage 24, 1999, 8–15.

Kibelka, R., Wolfskinder. Grenzgänger an der Memel. 3. Auflage Berlin 1999.

Knupp-Uhlenhaut, C., Künstlerkolonien zwischen Flensburg und Memel. In: J. Newig & H. Theede (Hrsg.), Die Ostsee. Natur und Kulturraum. Husum 1985, 8–16.

Korsman, T., I. Renberg & N.J. Anderson, A palaeolimnological test of the influence of Norway spruce (Picea abies) immigration on lake-water acidity. The Holocene 4(2), 1994, 132–140.

Küster, H., Versauerung schwedischer Seen. Naturwissenschaftliche Rundschau 47(9), 1994, 369–370.

Kurz, R., Ferienzentren an der Ostsee. Geographische Untersuchungen zu einer neuen Angebotsform im Fremdenverkehrsraum. Forschungen zur deutschen Landeskunde 212, Trier 1979.

Lachauer, U., Die Brücke von Tilsit. Begegnungen mit Preußens Osten und Rußlands Westen. Reinbek bei Hamburg 1995.

Lass, H.U., & D. Nehring, Umweltüberwachung. In: G. Rheinheimer (Hrsg.), Meereskunde der Ostsee. 2. Auflage Berlin, Heidelberg, New York 1996, 292–296.

Ludwig, K., Estland. München 1999.

Meri, L., Das Baltikum – Prüfstein für die Union Europas. Stuttgart 1993.

Müller, G., Die Ostsee in der Literatur. In: J. Newig & H. Theede (Hrsg.), Die Ostsee. Natur und Kulturraum. Husum 1985, 21–24.

Müller-Sternberg, R., Zwischen Lübeck und Reval. Deutsche Geistesgeschichte im Ostseeraum. Oldenburg und Hamburg 1964.

Nausch, G., Die Ostsee – eine Schadstoffdeponie? In: B. Hentzsch (Hrsg.), Die Ostsee – unser Lebensraum. Warnemünde 1995, 93–98.

Nehring, D., Neun Anrainer – ein Meer. In: B. Hentzsch (Hrsg.), Die Ostsee – unser Lebensraum. Warnemünde 1995, 110–116.

Newig, J., Freizeit und Fremdenverkehr an der Ostsee. In: J. Newig & H. Theede (Hrsg.), Die Ostsee. Natur und Kulturraum. Husum 1985, 175–184.

Renberg, I., T. Korsman & H.J.B. Birks, Prehistoric increases in the pH of acid-sensitive Swedish lakes caused by land-use changes. Nature 362, 1993, 824–827.

Schneider, B., Bilanzen und Kreisläufe von Spurenmetallen in der Ostsee. In: B. Hentzsch (Hrsg.), Die Ostsee – unser Lebensraum. Warnemünde 1995, 99–109.

Schulz-Bull, D., & J.C. Duinker, Schadstoffe und ihre Auswirkungen. In: G. Rheinheimer (Hrsg.), Meereskunde der Ostsee. 2. Auflage Berlin, Heidelberg, New York 1996, 282–287.

Varvas, M., & J.-M. Punning, Use of the 210Pb method in studies of the development and human-impact history of some Estonian lakes. The Holocene 3(1), 1993, 34–44.

Velner, H., Maßnahmen zum Schutz der Ostsee – die Helsinki-Konvention. In: J. Newig & H. Theede (Hrsg.), Die Ostsee. Natur und Kulturraum. Husum 1985, 249–251.

Verlaan, P.A., L. Magaard & H.-J. Brosin, Management der Ostsee. In: G. Rheinheimer (Hrsg.), Meereskunde der Ostsee. 2 Auflage Berlin, Heidelberg, New York 1996, 302–312.

Wulff, F.V., L.A. Rahm & P. Larsson (Hrsg.), A systems analysis of the Baltic Sea. Ecological Studies 148, Berlin 2001.

REGISTER

Åbo *siehe* Turku
Achterwasser 114
Adelsö 183
Adlerfarn 153
Agrarkolonisation 273
Agrarkrise 220
Agrarreform 224f., 228, 272
Agrikulturchemie 277
Ahlbeck 300
Ahrenshoop 283, 298
Akkulturation 163, 176
Åland-Inseln 15f., 59, 67f., 143, 216, 261
Albert von Bremen 197
Ålborg 188
Almindingen 22
Alnön 265
Alsen 265
Altenkirchen 173
Altenkrempe 205
Alt-Ladoga *siehe* Staraja Ladoga
Altona 253
Altsteinzeit 61, 126
Alt-Uppsala *s.* Gamla Uppsala
Alvar 50, 52, 216
Alvastra 207
Ammoniumdünger 277
Ancylus fluviatilis 65
Ancylus-See 65f., 75f., 81, 85, 92, 98
Angeln 113
Angerdorf 211
Ångermanälv 96, 150, 152, 258, 265
Anklam 184
Apenrade 254
Arensburg *siehe* Kuressaare

Arkona *siehe* Kap Arkona
Aschebrennen 213
Auerochse 60
Ausgleichsküste 112f., 118, 120, 166, 297
Aussiedlung 224

Backstein 203f., 249
Bäderarchitektur 300
Balbieriškis 282
Ballung 221
Balten 158, 165f.
Baltijsk *siehe* Pillau
Baltischer Eisstausee 37f., 48f., 52, 55ff.
Bänderton *siehe* Warven
Bär *siehe* Braunbär
Barth 86, 262
Bauernbefreiung 222
Bauernlegen 212
Bauta-Stein 155
Beifuß 49
Belemnit 24, 109
Belgard 172
Bergslagen 229
Berlin 32, 232, 239, 254
Bernstein 24f., 109, 151f., 186
Bier 180, 196
Billinger Pforte 56f.
Binz 118f., 300
Birger Jarl 200f.
Birgitta, Birgittenorden 207f., 236
Birka 183ff.
Birke 49, 51f., 55, 60f., 69, 72, 76, 89ff., 123, 143, 145, 157, 216, 220, 249
Björneburg *siehe* Pori

Blaue Erde 24
Blei 151, 156
Bock (Zingst) 113
Bodden 111, 113ff.
Boden (Nordschweden) 254
Bohrmuschel 179
Bolskifte 213
Boltenhagen 300
Borealer Nadelwald 90, 155, 179, 198, 223, 230, 249, 252
Bornholm 21f., 33, 38, 49, 59, 67, 118ff., 128, 131, 150, 152, 167, 171f., 174, 196, 198, 208, 213f., 226, 297
Borstenkiefer 42
Borstgras 138
Bottenwiek 82, 84
Bottnischer Meerbusen 13ff., 63f., 82f., 97, 131f., 135, 144f., 147, 236, 250, 257, 260f., 268, 278
Brahestad *siehe* Raahe
Brandenburg 89, 197
Brandrodung, Brandwirtschaft 152f., 157, 220, 294
Braunbär 61, 72
Bremen 197
Bro 173, 219
Brodtener Steilufer 107
Bronzezeit 127, 132, 147f., 150ff., 159
Bruk 231ff., 252
Brunkeberg 229
Brunsbüttel 263f.
Buche 142f., 164f., 168, 192
Buhne 283, 285
Burg/Fehmarn 300
Burgsvik 235

C14-Chronologie 42ff.
Celtic field 158
Chamisso, Adelbert von 9f., 33, 105
Christentum 168f., 171, 173f., 176, 186f., 191, 197
Christian IV., König von Dänemark 245
COMECON 282
Cranz 185, 300

Dahl, Johan Christian Claussen 290
Dalarna 96
Damp 268, 301
Dampfsäge 254
Dana-Fluß 65
Danebrog 177
Danewerk 185, 193
Danzig 172, 188, 202ff., 207, 232, 239, 248, 252, 254, 266f., 286f., 292, 300, 306
Danziger Bucht 112, 116
Darß 82, 113f., 262, 269, 283, 298
Darßer Schwelle 82
Daugava *siehe* Düna
Daugmale 188
De Geer, Gerard Jakob 41, 46
Dendrochronologie 42ff.
Deutscher Bund 253
Deutscher Orden, Ritterorden 169f., 172, 191, 207, 212, 240, 291
Devon 20
Diatomeen 39, 58, 200
Dierkow 184
Dinkel 130, 153f.
Djursland 118
Dnjepr 37
Doberan 207
Docksta 64

Doggerbank 33
Doppelküste 114
Dornbusch 106f., 199
Dorpat *siehe* Tartu
Dortmund 194
Drachen 173f., 176, 229
Drainage 275, 278
Dreifelderwirtschaft 171, 211f., 221
Dreißigjähriger Krieg 212, 240f.
Dresden 239
Drottningholm 245
Dryas *siehe* Silberwurz
Dueodde 119f.
Düna 157, 188, 197, 248

Eckernförde 116
Eckernförder Bucht 115f.
Eckersberg, Christopher Wilhelm 290
Edda 159ff., 289
Efeu 140f., 145
Eibe 143, 165
Eiche 86ff., 91, 123, 136, 143, 153, 179, 191f., 196f., 298f.
Eichelhäher 88
Eichhörnchen 88
Eider 184
Eiderstedt 253
Eifel 186
Eisbrecher 268, 270
Eisen 155f., 179, 186f., 191, 199f., 206, 228f., 231ff., 277
Eisenbahn 203, 252ff., 257, 259ff., 263ff., 269ff., 278, 305
Eisenvitriol 229f.
Eisenzeit 78, 127, 132, 150, 155ff., 163, 165, 174
Eisstau, Eisversatz 101
Eiszeit 9, 25ff., 30ff., 34, 37f., 49f., 68, 71, 92f., 105f., 112, 120, 124, 126, 137, 184, 192, 200, 204, 213, 223, 268, 276f., 293, 302
Ekensund 298
Elbe 37, 89, 93f., 197, 263
Elbing 183
Elch 60f., 72, 174
Eldena 207
Elektrifizierung, Elektrizitätswerk 258f.
Emmer 130, 158
Endmoräne 32, 35f., 59f., 63, 268
Engel, Carl Ludwig 247
Enskifte 223
Erik-Chronik 201
Erlenbruchwald 123
Erster Weltkrieg 267, 292
Erzgebirge 197
Esche 123, 140, 161f., 216
Eskilstuna 188
Esten (Volksstamm) 165, 173
Europäische Union 304f.

Falster 82, 265
Falsterbo 196
Falun 200, 229f., 244
Faluröd 229f.
Fårö 51, 66, 68, 70, 162, 214, 218
Fårösund 235
Fehmarn 115, 265f., 276, 300
Fehmarnbelt 265, 269f.
Fehmarnsundbrücke 265f.
Feldgraswirtschaft 214, 220
Felszeichnung 152
Fennoskandien 14f., 20f., 24f., 104, 223
Ferienhaus 297
Ferienzentrum 300
Feuerstein 24
Feuersteinfelder 118f.
Fichte 78f., 90, 143, 145, 147f., 154, 157, 164, 186, 193, 197, 220, 252

Finnen (Volksstamm) 165
Finnischer Meerbusen 17, 55f., 61, 82, 156f., 165, 254, 270
Finnjet 268
Finno-ugrische Sprachen, Stämme 134f., 165f.
Fischland 113, 283, 285
Fiskeläge 213f.
Flachs siehe Lein
Flatterulme 91
Flensburg 205, 252f.
Flensburger Förde 114f., 298
Flurbereinigung 225
Flurzwang 171, 211f., 228
Foraminiferen 24
Forchhammer, Johann Georg 9f., 21, 33, 85
Fördenküste 115
Französische Revolution 287f., 290
Frauenburg 204
Friedrich, Caspar David 290, 300
Friesen 181, 186
Frigg, Fricka 160
Frische Nehrung 116f.
Frisches Haff 38, 100, 116f.
Fünen 265

Gagelstrauch 180
Gällivare 233, 257
Gamla Uppsala 182f., 188
Gammelstaden 250
Gänsefuß 49
Gästrikland 96
Gävle 96, 231, 257, 294
Gdingen, Gdynia 267
Gellenstrom 113
Geltinger Birk 114f., 276
Georg, Heiliger, 174, 229
Germanen 158, 165, 290

Gerste 127, 130, 153, 158, 180, 187, 219, 224f., 278, 280
Gewannflur 228
Gewässerverschmutzung 256
Gewürze 191, 193, 196, 206
Gilly, Friedrich 289
Gjallarhorn 161
Glas, Glashütte 235f.
Glaubensflüchtlinge 232
Gletscherschliff 30, 68
Glint 17, 19, 56, 132
Global Change 40, 44, 280
Godfred 184
Goethe, Johann Wolfgang von 161
Göhren 300
Göta-Älv 65
Götakanal 253, 255
Göteborg 253, 264
Gotland 17ff., 38, 48, 51, 59, 67f., 70, 82, 151f., 167, 172f., 183, 186, 188, 194f., 204f., 207, 213, 216, 219, 235f., 244, 256, 274
Gotlandium 18
Göttrik 184
Granitz 35
Greifswald 204, 207
Gripsholm 242, 245
Grobin 183
Grömitz 300
Grönland 177
Grönlandrobbe 60f.
Groß Strömkendorf 183
Großer Belt 67, 85, 269
Großer Binnensee 113
Großer Nordischer Krieg 240f., 243, 245
Grundmoräne 36, 105
Grundtvig, Nikolai Frederik Severin 289

Haber-Bosch-Verfahren 277
Hadersleben 205, 254
Hafer 219
Haff 112, 116f., 300
Hagenhufendorf 210
Hainbuche 143, 164f., 196
Haithabu 184ff., 193
Haken 111f., 114ff., 120
Hallsberg 258
Hälsingland 230
Hamburg 193, 197, 253, 269f.
Hämeenlinna 203
Hamlet 229
Hammarshus 21, 208
Hanf 179, 198, 219
Hanko, Hangö 267f.
Hannibal (Untiefe) 116
Hanse 192f., 196ff., 200ff., 208, 210, 212, 228, 239, 243, 247
Härnösand 14, 294
Hartholzaue 100
Harz (Gebirge) 196
Hasel, Haselnuß 74, 76f., 143, 145ff., 153, 216
Hasle 196
Hasselberg 115
Hauptmann, Gerhart 298
Heide (Pflanzenformation) 139
Heidekraut 49, 138, 153
Heiligendamm 298
Heiligenhafen 115, 300
Heinrich der Löwe 193
Hela 112, 116
Helgö 183
Helgumannen 214
Hellweg 194
Helsingborg 188, 266
Helsingfors siehe Helsinki
Helsingør 83, 229, 265f.
Helsinki 17f., 236, 240, 246ff., 251, 254, 260ff., 267, 270, 295

Helsinki-Konvention 295
Herder, Johann Gottfried 287ff., 304, 307
Hering 192, 196, 198
Heringsdorf 300
Hiddensee 106f., 113, 199, 207, 298
Hinterpommern 126
Hirse 153, 158, 187
Hochflutlehm 101
Höfesterben 283
Höft 111f., 114f.
Höga Kusten 64
Hohwachter Bucht 113, 115
Holk 196
Hollingstedt 185
Holstein 253, 276
Hopfen 180
Hudewald 298f.
Hudson Bay 13
Huflattich 108
Hugenotten 232
Hulk *siehe* Holk

Imperium Romanum 163, 167f.
Indalsälv 254, 258
Indogermanische (indoeuropäische) Sprachen 125, 134f., 166
Industrialisierung, Industrielle Revolution 235, 252f., 300
Island 160f., 177, 192, 289f.

Jasmund 118
Jüngere Dryas-Zeit 63
Jungsteinzeit 126, 129, 132, 136
Jurmala 118, 300
Jütland 32, 49, 59f., 93, 120, 179, 184, 193, 265, 277

Kaali 159ff.
Kadet-Rinne 269
Kaiser-Wilhelm-Kanal *siehe* Nord-Ostsee-Kanal
Kalevipoeg 162
Kalewala 288
Kaliningrad *siehe* Königsberg
Kaliningradskaja Oblast 24, 284, 292, 305
Kalium, Kalisalz 276f.
Kalix 78, 254
Kalmar 18, 249, 265
Kalmarer Union 228f., 235
Kambrium 17ff.
Kaninchen 108
Kant, Immanuel 304
Kap Arkona 106f., 118
Kapellskär 267
Karelien 56, 59ff., 90, 132, 135, 145, 157, 264, 273
Karolinger 163, 183
Kartoffel 225, 278
Kaspisches Meer 37
Kattegat 49, 57, 59, 66f., 81f.
Kaupang 185
Kemi 254
Kersting, Georg Friedrich 290
Kiefer 51f., 60f., 69, 72, 74, 76f., 88ff., 98, 123, 143, 145, 154, 157, 179, 186, 191, 193, 197ff., 220, 285
Kiel 205, 252, 263f., 266, 268
Kieler Förde 115
Kielkanal *siehe* Nord-Ostsee-Kanal
Kieselalgen *siehe* Diatomeen
Kiew 182
Kiruna 233, 257
Klaipeda *siehe* Memel (Stadt)
Kleiner Belt 85
Klint 17

Klopstock, Friedrich Gottlieb 290
Kloster/Hiddensee 207, 298
Kogge 180, 196
Köhlerei 213
Kohtla-Järve 19, 267
Kokemäenjoki 97f., 120
Køkkenmødding 85
Kolberg 204, 254, 292
Kolberger Heide 115
Kollektivierung 281ff.
Kolonisation, Kolonisierung 163, 165, 169, 175ff., 191, 202, 208, 212, 233, 273f., 285, 291
Königsberg 117, 203f., 239, 284, 291f., 304ff.
Königsstuhl 22f., 118
Konferenz über Sicherheit und Zusammenarbeit in Europa (KSZE) 295
Kopenhagen 175f., 229, 240, 245, 248, 251, 253f., 262, 265, 269f., 290, 306
Kopfweide 140
Koppel 225
Koralle 109
Kraftwerk 258
Krähenbeere 49
Kramfors 265
Kreidezeit 24
Kriechweide 49
Kronborg 83, 229
Kullen 21
Künstlerkolonie 298
Kupfer 151, 155, 200, 206, 228f., 244
Kupferzeit 127
Kuren (Volksstamm) 165
Kuressaare 208, 245
Kurische Nehrung 116ff., 185, 298, 301

Kurisches Haff 38, 100, 116, 185, 188, 217, 283
Kurland 20, 49, 116, 183
Küstenebene 128, 133
Kvarken 16, 63f., 77

Lachs 221
Ladogasee 56, 58f., 156f.
Laga Skifte 222
Lahti 59
Lambsgift 216, 218
Landflucht 303
Landreform 222, 248
Langstreifen, Langstreifenflur 211f., 214, 224
Lappen (Volksstamm) 233, 294
Lappland 54, 126, 130, 233, 252, 257, 275
Læsø 59
Laubheu 139f., 216f.
Laubwiese 216, 219
Lauterbach, Putbus- 300
Lebasee 112
Lein 124, 137, 198, 219
Leningrad *siehe* Sankt Petersburg
Letten (Volksstamm) 165
Lettgaller 165
Libau 183
Libby, Willard Frank 41f., 44
Liebig, Justus von 277
Liiva 161, 173
Limes Norrlandicus 148
Lindaunis 263
Linde 100, 123, 139ff., 153, 196, 216
Linné, Carl von 139, 252
Litauer (Volksstamm) 165, 185, 191
Litorina-Meer (Littorina-Meer) 80f., 83, 92, 98, 117, 121

Littorina (Litorina) littorea 81
Liven 165
Livland 20, 197, 212, 222, 224
Ljungan 254
Loimaa-Ebene 132
Lolland 265
Lönnrot, Elias 288
Löß 49, 126f., 137
Lübeck 116, 190f., 193f., 196f., 199, 203ff., 239, 248, 252, 254, 266, 292
Lübecker Bucht 113, 115, 300
Lübeck-Travemünde 107, 115, 300f.
Luch-Landschaft 37, 94, 123
Luleå 71, 233, 250f., 257, 259
Luleälv 120, 258f.
Lund 188, 306
Lüneburg 196

Maasholm 115
Mais 280
Mälarsee 56, 173, 182f., 185f., 188, 200ff., 237, 242, 244, 264
Malmberget 257
Malmö 275, 306
Mandel 196
Mann, Thomas 298
Mariefred 242
Mariehamn 261, 267
Marienburg 170, 172, 207f., 289
Massentourismus 298, 300
Mecklenburg 36, 38, 48, 76, 88, 172, 207, 210f., 220, 224f., 298, 300
Mecklenburg-Vorpommern 199, 285, 301, 303
Meierei *siehe* Molkerei
Melioration 275f., 278, 282
Memel (Fluß) 100, 102f., 116, 149, 157, 185, 217, 283

Memel (Stadt) 117, 266f.
Mennoniten 232
Menzlin 184
Meri, Lennart 160, 304
Mesolithikum *siehe* Mittlere Steinzeit
Mimir 159ff.
Mineraldünger 276f.
Misdroy 300
Mistel 140f., 145
Mittelalter 136, 159, 163ff., 168f., 171, 191, 194, 196, 199f., 205, 208, 210, 213, 221, 226f., 231, 239, 243, 247, 250, 286f., 289, 302
Mittlere Steinzeit 9, 61, 72f., 75ff., 126, 146
Mjöllnir 160
Molkerei 279
Møn 24, 106, 204, 285
Mönchgut 118
Moon *siehe* Muhu
Moskau 241
Motala 249, 255
Mottlau 276
Muhu 161, 173, 261
Mukran 266

Naantali 207, 298
Nacheiszeit (Holozän) 45f., 51, 63, 72, 89, 148
Næstved 188
Närke 66
Narvik 257f.
Näsåker 150, 258
Nehrung 112f., 115ff., 120f., 123, 205, 300
Nemoraler Laubwald 155
Nemunas *siehe* Memel (Fluß)
Neolithikum *siehe* Jungsteinzeit

Neulandgewinnung 276
Neustadt/Holstein 205
Neustädter Bucht 115
Newa 98f., 157, 241f., 246
Nidden 118, 298
Niederwald 196
Nigardsbreen 26f.
Nitrat 101, 281, 283, 295
Nitrophoska-Dünger 277
Nogat 100, 116, 170, 172, 183, 207, 276
Nordkvarken, Nordquarken siehe Kvarken
Nord-Ostsee-Kanal 263, 269
Normannen 181
Norrland 14, 62f., 78, 126, 131, 145, 150, 218, 230, 237, 258
Notke, Bernt 174, 229
Nowgorod 182f., 185f.
Nunatak 28
Nyköping 188
Nynäshamn 267
Nyslott siehe Savonlinna
Nystad siehe Uusikaupunki

Oberschlesien 267
Ochsenweg 279
Odense 188
Oder 37, 86, 93, 99ff., 106, 112, 115, 126, 184f., 197, 264, 267, 292
Odin 161
Odyssee 151
Öhe 115
Öjebyn 251
Ökotopengrenzlage 133, 223
Öland 17ff., 38, 50, 52, 59, 67, 167, 204ff., 213, 216, 236, 265, 274
Olav, Heiliger, norwegischer König 174

Oliva 207
Olskerke 171, 174
Ordovizium 17ff.
Öresund 21, 55, 83, 85, 228f., 245, 269
Örnsköldsvik 64
Os, Osrücken 200, 202
Osebergschiff 178f.
Ösel siehe Saaremaa
Oskarshamn 267
Oslo 178f.
Oslofjord 21, 185
Ostpreußen 145, 147, 212, 264, 273, 289, 292
Ostseeslawen 165
Otepää 188
Oulu 234ff., 278
Oxelösund 257

Paläolithikum siehe Altsteinzeit
Palmse 210
Papierfabrik 294
Papiermühle 237
Pappel 100
Paradisbakkerne 22
Parainen/Pargas 30, 86f.
Pärnau 20, 59
Paviken 183, 186
Pech (siehe auch Teer) 179, 235f.
Peene 184
Peipus-See 20
Pest 220f.
Peter der Große 241, 243
Peterhof 238f., 243f.
Petersburg siehe Sankt Petersburg
Phosphat, Phosphatdünger 101, 276f., 281, 295
Pillau 117
Pirita 207f.
Piteå 251

Piteälv 120
Poel 116
Pollenanalyse, Pollendiagramm 158, 164f., 168, 221
Polotsk 188
Polygonboden 51
Pommern 38, 48, 105, 165, 198, 222, 240, 272f., 301
Pommerscher Landrücken 204
Pori 97f., 120
Portlandia arctica 58
Pottasche 236
Pregel 100, 116
Prenzlau 292
Preußen 191, 232, 239, 253, 273, 291
Prora 118, 300
Protestantismus 232, 240
Prussen 165, 191
Pskov 186
Putbus 249, 300
Puttgarden 266, 270
Putziger Nehrung 112, 116

Quarken siehe Kvarken
Quartär 27

Raahe 250, 260
Radiokarbonmethode 41
Ralswiek 184
Raseneisenerz 155
Råshult 139
Ratzeburger See 204
Rauk 70f.
Rauma 247, 249
Rauschen (Samland) 300
Rebala 177
Reformation 232, 240
Rendsburg 264
Rentier 53ff., 60f., 72, 233, 257, 294

Rentierflechte 53, 216
Rentierjäger 53ff.
Reric, Rerik 183f.
Reval *siehe* Tallinn
Reykjavik 240
Rheider Au 184f.
Riege (Scheune) 158, 217
Riff 109ff., 117, 120, 297f.
Riga 118, 173f., 197ff., 204f., 212, 239f., 245, 247f., 251, 300, 306
Rigaer Bucht, Meerbusen 32, 49, 59, 118, 121, 166, 297, 301
Rigebach 205
Rind 279f.
Ringsted 188
Rødby 265f., 270
Roggen 130, 158, 187, 203, 219, 224f.
Rogslösa 174f.
Rohrglanzgras 100
Romakloster 207
Romantik 290, 296
Römer, Römerzeit 156, 167f.
Rønne 196
Roskilde 188
Rostock 102, 116, 173, 184, 204, 239, 248, 266f., 285
Roterde 229
Rovaniemi 54, 275
Rübe 219
Rügen 22ff., 33, 35, 67, 106f., 110, 113f., 118f., 121, 142, 173, 184, 204, 249, 262, 298ff.
Ruhrgebiet 257
Rundkirche 171f., 174
Runeberg, Johan Ludvig 288
Runenstein 174
Rurik 182

Słowinski-Nationalpark 112
Saaremaa 52, 59, 67, 74, 159ff., 167, 173, 194, 205, 208, 216, 245, 261
Sägewerk 254, 260
Saimaa-See, Saimaa-Kanal 254, 264
Sall *siehe* Kaali
Salo 278
Salpausselkä 59f., 63
Salz (Handelsgut) 196, 206
Samis *siehe* Lappen
Samland 24, 107, 116, 185f., 300
Sanddorn 49f., 69
Sandriff 109
Sandvig 226
Sankt Petersburg 56, 64, 82, 98f., 238ff., 246, 248, 251, 254, 264, 268, 292, 303
Saßnitz 22f., 142, 266, 300, 306
Savonlinna 203
Schaar 109
Schabe 118
Scharbeutz 300
Schäre 18, 31, 59, 64, 67, 104, 121, 129, 216, 223, 261f., 297
Schlei 92, 113, 115, 184f., 187, 193, 262f.
Schleswig (Stadt) 184, 188, 193, 205
Schleswig-Holstein 86, 92, 106, 113, 224f., 253, 263ff., 273, 276, 279f., 297, 300, 303
Schmale Heide 118
Schneitelung 139ff., 161
Schonen 21, 118, 128f., 144f., 148f., 167, 172, 184, 196, 198, 212f., 220f., 224f., 252, 280
Schorre 109
Schwansen, Schwansener See 113
Schwarzes Meer 37
Schwedeneck 268

Schwefelkies 229, 255f.
Schwein 279
Schwermetalle 101, 155
Schwertbrüderorden 191, 212
Seebrücke 300
See-Erz 231
Seegras 112, 216
Seehund (*siehe* auch Grönlandrobbe) 129
Seeigel 24, 109
Seeland 265
Sekundärsukzession von Gehölzen 143, 146, 164, 168
Selen (Volksstamm) 165
Sellin 300
Semgaller 165
Setter 215
Shakespeare, William 229
Sigtuna 173, 188
Silber 196, 206, 233
Silberwurz 49, 63
Silur 17ff.
Skagerrak 55, 57
Skärså 230
Sklaven 187
Skuleberget 62ff.
Slawen 107, 158, 165, 193
Småland 21, 139, 148, 167, 231, 237, 252
Snorri Sturluson 160
Söderköping 188, 200, 253
Södertälje 188
Södertälje-Kanal 264
Soest 194
Soja 280
Soll 36, 106, 276
Solskifte 221
Sonnenröschen 49f.
Spätglazial 63
Speckstein 186
Speicherkraftwerk 258f.

Stahlwerk 259f.
Staraja Ladoga 183
Starnberger See 27
Stationsdorf 273
Stechpalme 145
Steenstrup, Johannes Japetus Smith 9f., 85
Steffens, Heinrich 289f.
Steinzeit (*siehe* auch Altsteinzeit, Mittlere Steinzeit, Jungsteinzeit) 53, 55, 61
Stenkyrka 195
Stettin 185, 202, 204, 239, 252, 264, 267, 292, 306
Stickstoffdünger 276f.
Stockfisch 193
Stockholm 16, 41, 174, 183, 185, 188f., 200ff., 216, 229, 235f., 240, 242, 244ff., 251, 253f., 257, 264f., 267, 306
Stolp 248
Storskifte 222
Storstrøms-Brücke 265
Stralsund 113, 204, 239, 248, 252, 254, 262, 267
Strandacker 216
Strandhafer 283, 285
Strandpfeiler 22
Strandplatte 108
Strandsee 112f., 118, 120, 205
Strandwall 66, 68, 110, 112, 117ff., 297
Strelasund 113
Strömmen 201f., 244
Strömsbergska bruk 231
Stromschnelle 95, 97, 233, 254, 257
Stubbenkammer 22f., 107
Sturmflut 107f.
Sumpferz 155, 231

Sund, *siehe* auch Öresund 48, 81, 85, 269
Sundsteuer, Sundzoll 229, 245, 253
Sundsvall 254, 265, 294
Suomenlinna 17f.
Svedjebruk 218
Swinemünde 266

Taiga 91, 154
Tåkern-See 73
Tallinn 11, 172f., 177, 188, 203ff., 207f., 212, 239f., 243, 245, 247f., 251, 266, 270, 289, 298, 306
Tang 112, 216
Tanne 186, 197
Tartu 188, 289
Tavastehus *siehe* Hämeenlinna
Teer (*siehe* auch Pech) 191, 198f., 213, 234ff.
Tertiär 24, 27
Thermohaline Trennschicht 82
Thiessow 110
Thomasmehl 277
Thor 160
Thule 160f.
Thüringer Wald 197
Timmendorfer Strand 300
Tönning 253
Torniojoki/Torneälv 95
Tornquistsche Linie 21f.
Toteisloch 36, 106
Transhumanz 154
Tranströmer, Tomas 7, 307
Träsk 50
Trave 94, 99, 115f., 193
Travemünde *siehe* Lübeck-Travemünde
Treene 184
Treitschke, Heinrich von 291

Trelleborg 267
Truso 183, 185
Tschernobyl 294
Tulesaar 160
Tundra 49, 52
Tunneltal 36, 92, 106, 184f.
Turkansaari 234f.
Turku 16, 31, 132, 202ff., 207f., 246f., 249, 254, 260f., 267f.

Überdüngung 101
Uckermark 126
Uferschwalbe 108
Ulme 91, 100, 123, 140f., 161, 196, 216
Ulmensterben 141
Umeå 16, 222, 249, 267
Uppland 183, 231
Uppsala 122f., 134, 188, 223, 229
Urstromtal 36ff., 92f.
Usedom 86, 106, 113f., 262, 285, 300
Uusikaupunki 236, 241, 245

Vaara-Siedlung 223
Vaasa 16, 249, 267, 277f.
Vadstena 207, 236
Valsgärde 122f., 183
Vänersee 56, 66
Vårdkasberget 14
Vätternsee 48, 56, 66, 73, 175, 207, 236, 249
Vaxholm 244
Vendel, Vendelzeit 183
Ventspils *siehe* Windau
Veredelung, landwirtschaftliche 279f.
Verkoppelung 224f., 228, 280
Viborg 188
Viippuri *siehe* Vyborg
Viljandi 188

Vilm 298f.
Vilnius 239, 306
Vineta 86, 188, 206
Visby 172, 183, 194f., 197, 199, 204ff., 239, 251, 267
Vitalienbrüder 191
Vitebsk 188
Vogelfluglinie 265f., 270
Völkerwanderungszeit 158
Vorpommern 113, 179
Vyborg 202f., 254

Wacholder 49, 69, 138, 153
Wakenitz 204
Waldaihöhe 37
Waldbrand 89, 91, 160
Waldglashütte 236
Walroß-Elfenbein 186, 192
Waräger 181
Warnemünde 285
Warnow 94, 99, 102, 113, 116, 204
Warschau 239
Warthe 37
Warven, Warvenchronologie 41ff.
Wasa *siehe* Vaasa
Wassernuß 75, 77, 129, 146ff.
Weichsel 27, 93, 99ff., 112, 116, 145, 148f., 157, 165, 170, 184, 197, 204, 220, 232, 276
Weichsel-Eiszeit 27f., 31f., 34, 38, 63, 92
Weide (Strauch, Baum) 49, 69, 100, 140, 285
Weidenröschen 275
Weihnachtsbaum 284
Wein 144, 186, 191ff., 196, 206
Weißes Meer 58, 60
Weizen 130, 158, 224f., 277f.
Werg 198
Werra 187
Weser 197
Westpreußen 212
Wiesenerz 155
Wiesenraute 49
Wik 181
Wikinger 181ff., 192, 196
Wilna *siehe* Vilnius
Windau 267
Windebyer Noor 116, 205
Wisła *siehe* Weichsel
Wiskiauten 185, 188
Wismar 116, 204, 239, 248, 252, 254, 267
Wismarer Bucht 112, 116, 183f.
Wittow 118
Wolga 37

Wolgast 262
Wollin 86, 106, 113, 184f., 188
Wormshöfter Noor 115
Worsaae, Jens Jacob Asmussen 9f., 85
Woten 165
Würm-Eiszeit 27
Wüstung 220f.

Yggdrasil 161f.
Yoldia arctica 58
Yoldia-Meer 57ff., 65, 73, 83
Ystad 267
Yyteri 98

Zellstoffabrik, Zellstoffwerk 255f., 260
Zingst 86, 111, 113, 263
Zinn 151, 155
Zinnowitz 300
Zisterzienser 207
Zuckerfabrik, Zuckerrübe 277ff.
Zungenbecken 36, 85, 106
Zweiter Weltkrieg 243, 264f., 267, 273, 280, 282, 286f., 291f., 295, 300
Zwergbirke 49

NATUR- UND KULTURGESCHICHTE BEI C.H.BECK

Hansjörg Küster
Geschichte der Landschaft in Mitteleuropa
Von der Eiszeit bis zur Gegenwart
1999. 424 Seiten mit 211 Abbildungen und Karten, davon 193 in Farbe.
Broschierte Sonderausgabe

Hansjörg Küster
Geschichte des Waldes
Von der Urzeit bis zur Gegenwart
1998. 267 Seiten mit 53 Abbildungen, davon 47 in Farbe.
Leinen

Werner Bätzing
Die Alpen
Entstehung und Gefährdung einer europäischen Kulturlandschaft
Neubearbeitete und erweitere Auflage 1991.
287 Seiten mit 42 Abbildungen und 21 Karten.
Gebunden

Louis Beyens
Arktische Passionen
Ein Reisebericht
Aus dem Niederländischen von Janneke Panders
2000. 352 Seiten mit 31 Karten und 40 Farbabbildungen auf Tafeln.
Gebunden

Dirk Draulans
Im Dschungel
Afrika, Affen und andere Leidenschaften
Aus dem Niederländischen von Annette Löffelholz
2001. 349 Seiten mit 1 Karte. Gebunden